그러므로 그분은 우리의 샬롬이시니, 둘을 하나로 만드시고 분리된 장벽, 곧 서로 원수 되게 하는 원인을 자기 육체로 허무신 분입니다. 그분은 선포된 계명들의 전통을 무효케 하심으로 둘, *곧 유대인과 비유대인(이방인)*을 한 새 사람으로 창조하여 샬롬을 이루게 하시고, 십자가를 통해 이 둘을 한 몸으로 만드셔서 하나님과 화해시키셨습니다. 예슈아를 통해 그들의 적개심을 없애 버리신 것입니다. (엡 2:14-16)

님께

The One New Man Bible

by Rev. William J. Morford

원뉴맨 성경(신약)

초판 발행 | 2022년 2월 25일
초판 2쇄 | 2024년 2월 28일

펴 낸 이 | 허철
옮 긴 이 | 조용식, 심현석
디 자 인 | 이보다나
총 괄 | 허현숙
인 쇄 소 | (주)프리온

펴 낸 곳 | 도서출판 순전한 나드
등록번호 | 제2010-000128
주 소 | 서울특별시 강남구 언주로69길 16, (역삼동) 2층
도서문의 | 02) 574-6702
팩 스 | 02) 574-9704
홈페이지 | www.purenard.co.kr

ISBN 978-89-6237-390-5 03230

서문

성경은 모든 성도가 하나님께서 부여하신 능력 안에서 행해야 한다고 말씀한다! 바로 이 능력에 대해 알리고 상세하게 설명하는 것이 《원뉴맨 성경》의 목표이다. 뿐만 아니라 《원뉴맨 성경》에는 기독교의 근본에 자리하고 있는 유대적 뿌리를 생생하게 설명해 놓았다.

《원뉴맨 성경》 신약은 《United Bible Society》 4판 본문을 오늘날 사용하는 영어로 신선하게 번역하되, 전통에 따라 번역되던 단어들 대부분은 문자 그대로 번역하는 방법을 취했다. 그리고 교단이나 교리적 해석의 틀에서 벗어나 최대한 본문에 충실하게 번역하기 위해 노력했다.

> **14** 그러므로 그분은 우리의 샬롬이시니, 둘을 하나로 만드시고, 분리된 장벽, 곧 서로 원수
> 되게 하는 원인을 자기 육체로 허무신 분입니다. **15** 그분은 선포된 계명들의 전통을 무효케
> 하심으로 둘, *곧 유대인과 비유대인*(이방인)을 한 새 사람으로 창조하여 샬롬을 이루게 하
> 시고, **16** 십자가를 통해 이 둘을 한 몸으로 만드셔서 하나님과 화해시키셨습니다. 예슈아
> 를 통해 그들의 적개심을 없애 버리신 것입니다. **17** 그리고 그분은 오셔서 멀리 있는 여러
> 분에게 샬롬의 복음을 전하셨고, 가까이 있는 자들에게도 샬롬을 전하셨습니다. **18** 그분
> 을 통해 우리 둘 다 한 영(성령) 안에서 아버지께 인도되었기 때문입니다. **19** 그러므로 여러
> 분은 더 이상 이방인이나 낯선 자들이 아니라 성도들과 같은 시민이며, 하나님의 가족입니
> 다. **20** 여러분은 사도들과 선지자들의 기초 위에 세워졌습니다. 그리고 메시아 예슈아께서
> 는 그 모퉁잇돌이 되셨습니다. (엡 2:14-20)

본문은 바울이 '이방인'으로 불리던 사람들(용어 해설에서 '이방인'을 찾아보라)에게 보

낸 서신의 일부로, 모든 사람이 아브라함과 이삭, 야곱의 '살아 계신 하나님'을 예배해야 한다고 이야기하고 있다. 그분께서는 온 우주의 왕이시며, 육신이 되어 우리 가운데 거하시던 하나님이시다. 지금은 이 말씀이 풍성하게 열매 맺는 시기이다. 《원뉴맨 성경》은 이 말씀대로 우리의 마음과 생각의 변화를 촉진시킬 것이다.

《원뉴맨 성경》의 목적은 '한 새 사람'(One New Man, 유대인과 비유대인을 하나로 연합시키시는 사역)을 창조하시는 하나님의 온전한 계획을 성도들에게 알려 주는 데 있다. 이를 위해 성경 속에서 유대적 뿌리를 발견하게 하고, 예슈아께서 유대인으로 태어나 유대인으로 자라셨으며, 어제나 오늘이나 동일하시다(유대인이시다)는 사실을 이해하도록 돕는다(히 13:8 참조).

예슈아는 물론 신약성경의 모든 저자들이 구약을 읽었다. 그런데 안타깝게도 교회는 이 책에 '구약, 옛 언약'이라는 다소 불경스러운 이름을 붙여 주었다. 그러나 우리는 이 성경을 '옛것'으로 치부해서는 안 된다. 구약은 오늘을 사는 우리에게 꼭 필요한 성경이다. 이 엄중한 사실을 잊지 말라!

일례로 신약의 마태복음이 흘려보내는 위대한 축복을 살펴보자. 끊임없이 흘러나오는 이 축복의 샘의 근원은 구약의 역대기이다. 마태복음 1장에 등장하는 예슈아의 족보는 역대기 기록을 근거로 한 것이다(히브리 성경을 번역한 《원뉴맨 성경》의 구약은 말라기가 아닌 역대기로 끝나서 마태복음과 연결된다 - 역자 주). 성경은 과거와 오늘을 이어 주는 살아 있는 말씀이며, 오직 하나님만이 이를 가능케 하신다! 《원뉴맨 성경》을 통해 이 살아 있는 말씀이 '생명'으로 전달되기를 기도한다.

《원뉴맨 성경》 곳곳에 4,000개가 넘는 각주를 달아 두었다. 또한 뒷부분에 용어해설을 수록하여 1세기 유대인들의 다양한 풍습과 히브리 성경에 대해 찾아볼 수 있게 하였다. 또한 성경을 보다 '생생하게' 전달하기 위해 다양한 유대 자료(고대·현대 유대인 성경주석 등)를 참고했다. 이러한 자료 연구 덕분에 용어 해설에 깊이가 더해졌을 뿐만 아니라 신약성경의 저자와 사도들, 무엇보다 예슈아에 대한 통찰이 더욱 풍성해졌다. 21세기의 독자들이 성경을 기록한 저자들의 의도와 그들이 선택한 단어의 뜻을 찾아보고 제대로 이해하기 위해 노력하는 일은 매우 중요하다.

《원뉴맨 성경》 신약은 《United Bible Society》 4판을 그대로 옮겨 놓은 것인데, 이 책의 편집자들은 5,000여 개의 고대 헬라어 사본 중 1세기 저작에 가장 가까운 사본을 찾기 위해 '문서 비평'(textual criticism)이라는 과학적 방법을 사용했다. '문서 비평'은 헬라어 문학의 편집자들이 가장 정확한 고대 사본을 찾기 위해 사용하던 방법과 유사하다.

1515년, 신약성경의 첫 번째 헬라어 사본이 인쇄·출판되기까지 모든 사본은 손으로 일일이 옮겨 적었다. 따라서 표준 사본(물론 원본은 없다. 원본에 가장 가까운 사본을 표준 사본이라고 한다 – 역자 주)을 찾는 작업은 참으로 어려운 일이다. 손으로 옮겨 적는 과정에서 오자, 첨자, 탈자 등의 오류가 발생했을 것이고, 또 그것을 그대로 옮겨 적는 과정이 반복되었을 것이다.

이러한 이유로 체계적 유사성(비슷한 탈자, 오자, 첨자 등)을 지닌 사본들을 일련의 그룹으로 묶을 수 있다. 특히 동일한 지역에서 발굴된 사본들에서 체계적 유사성이 발견되는데, 이러한 사본들을 이집트에서 발견된 알렉산드리아 사본, 이스라엘 가이사랴에서 발견된 가이사랴 사본, 소수이지만 웨스턴 사본(서양 사본) 그리고 로마 교회에 의해 영국과 서구 유럽에 전달된 비잔틴 사본 등으로 묶을 수 있다. 이와 관련된 더 자세한 내용은 용어 해설에서 '사본' 항목을 찾아보기 바란다.

1세기 신약 헬라어 사본 편집자들은 히브리 성경을 많이 인용했다. 본서는 그들이 사용한 인용구 대부분을 (본서 번역을 위해 사용했던) 헬라어 텍스트(UBS 개정 4판)에서 추려냈다.

문서학자들은 헬라어 본문이 수세기에 걸쳐 증보되었음을 밝혀 냈다. 증보(첨가)된 부분은 다른 사본에는 있으나 특정 사본에는 생략된 내용을 찾아 첨부한 경우이거나 편집자가 직접 기술한 경우이다. 또한 후대 편집본에서 첨가된 문장들도 있는데, 이러한 경우 각주에 설명해 두었다.

이 책의 몇몇 단어들은 전통적인 번역과 다르다. 전통적 번역이 저자 본연의 의도와 어긋난 뜻을 전하고 있기 때문이다. 그중 하나가 헬라어 '에클레시아'(Ekklesia)이다. 이 단어는 '특정한 부름을 받고 각자의 집에서 나와 특정한 지역에 모인 무리'를 뜻한다. 그러므로 에클레시아에는 '소환'이라는 뜻이 내포되어 있다. 단순히 사람들이 모인 것을 에클레시아라고 하지는 않는다. 특정한 목적을 위해 특정 장소에 소환된 사람들의 모임이 에클레시아이기 때문이다.

오늘날 대부분의 성경에서 에클레시아는 '교회'로 번역된다. 그러나 현대인의 특성상 '교회'라고 하면 교회 건물이나 조직을 떠올리기 마련이다. 그러나 건물이나 조직은 에클레시아가 가진 본연의 의미와 다른 이미지이다. 이러한 폐단에서 벗어나고자 이 책에서는 에클레시아를 '회중'(congregation)으로 번역했다.

헬라어 '노모스'(Nomos)는 거의 대부분의 성경에 '법' 또는 '율법'으로 번역되었다.

그런데 히브리어 '토라'도 '율법'으로 번역되었다. 그러나 토라는 '율법'이 아니다. 토라의 본래 의미는 '가르침'이다. 이 책에서 '토라'라는 단어를 보거든 율법 대신 자녀를 가르치시는 하나님 아버지의 사랑을 떠올리기 바란다. 토라는 더 나은 삶의 길을 제시하는 하나님의 가르침이다. 용어 해설에서 '토라'를 찾아보라.

본서의 목적은 원문 본연의 의미를 퇴색시키지 않는 읽기 쉬운 역본을 제공하는 것이다. 이를 위해 유대 문화 고유의 특성, 유대인으로서의 예슈아 그리고 히브리어와 헬라어의 풍성한 표현을 살리기 위해 노력했다.

살아 계신 하나님의 성령께서 안수하시므로 우리는 각양 좋은 은사를 받을 수 있다. 온 우주의 왕이신 그분께서는 어제나 오늘이나 변함없는 분이시다. 그분은 영원토록 동일하시다.

본서는 하늘 아버지를 예배하는 마음으로 오랜 시간 공부하고 연구한 결과물로, 진리 추구에 목적을 둔다! 독자들 모두가 이 헌신의 열매를 기쁘게 받아 누리기를 바란다.

– 윌리엄 J. 모포드 박사

한국어판 서문

할렐루야!

《원뉴맨 성경》 한국어판을 출간하도록 인도해 주신 하나님께 감사와 영광을 올려 드립니다. 이 귀한 일을 감당하게 된 것은 하나님의 큰 은혜이자 축복입니다.

이미 훌륭한 역본들이 많은 가운데 《원뉴맨 성경》을 출간한 것은 성경의 본래 언어, 곧 원어를 정확하게 이해하고자 하는 많은 목회자들과 성도들의 오랜 갈망 때문입니다. 목회자로서 설교를 준비하며 원문을 살펴볼 때마다, 원어의 뜻을 제대로 살리지 못한 성경 역본들이 적지 않다는 사실을 알게 됐습니다. 성경 시대와 우리 시대의 간극 때문에 성경의 내용을 온전히 이해하기가 쉽지 않은 것이 사실이지만, 가급적 우리말로 쉽게 번역해야 한다는 번역자들의 피치 못할 고충이 가장 큰 원인이 아니었을까 짐작합니다. 하지만 반복해서 그런 일을 겪으면서 원어의 뜻을 최대한 살린 성경의 필요성을 늘 절감했습니다.

아울러 성지순례와 선교 목적으로 이스라엘을 자주 방문하면서 유대인들의 문화에 대해 우리가 잘못 알고 있는 것들이 제법 많다는 것도 자연스럽게 알게 되었습니다. 이스라엘에서는 '빵'을 먹는데, 우리말 성경에는 '떡'으로 되어 있는 것 외에도, 유대인들 고유의 언어가 우리말 어감에 맞게 적당히 번역된 것들이 많다는 것을 발견했습니다. 번역 당시 성경에 대한 대중의 거리감을 좁히기 위한 고육지책이었겠지만, 이제는 성경을 원어에 부합하게 이해하고자 하는 성도들의 갈망이 비등해진 만큼 유대적 색채와 원어의 본 뜻을 그대로 살려 번역하는 것이 좋겠다고 생각했습니다.

신·구약성경은 유대적인 뿌리에서 나왔습니다. 그런데 지금 우리가 읽고 있는 대부분의 성경은 그러한 요소가 희석되어 있는 것이 사실입니다. 엄밀히 말해 유대교는 메시아이신 우리 주 예슈아(예수님)에 대한 지식이 부족하고, 기독교는 성경의 유대적 배경을 제대로 인지하지 못하고 있는 형편입니다. 그런데 우리 주님은 유대적 뿌리와 역사적 배경 가운데 하나님 나라의 복음을 전하셨습니다. 그렇기 때문에 주님과 그분의 말씀을 온전히 이해하고 실천하기 위해서라도 가급적 그 뿌리와 배경을 최대한 이해할 필요가 있습니다.

원어에 충실한 성경에 대한 갈망이 무르익어 갈 즈음, 미국과 한국을 오가며 사역하시는 제임스 A. 더함 목사님에게 이 《원뉴맨 성경》을 소개받았습니다. 제임스 A. 더함 목사님은 이스라엘에 대한 관심과 애정이 남다르신 분인데, "지금까지 본 성경 중에서 가장 좋은 성경"이라며 강력하게 추천해 주셨습니다. 그렇게 목사님의 권유로 《원뉴맨 성경》을 구입한 뒤, 역자인 윌리엄 J. 모포드 박사님의 동영상도 찾아보았습니다.

윌리엄 J. 모포드 박사님은 현대 히브리어를 이스라엘의 모국어로 만드는 데 평생을 바친 랍비 엘리에젤 벤 예후다에게서 히브리어를 직접 사사받고, 유대의 문화와 각종 교훈도 전수받으신 분입니다. 그분이 20여 년간 히브리어와 헬라어 단어와 숙어의 의미를 연구한 끝에 탄생시킨 것이 바로 이 《원뉴맨 성경》입니다. 동영상을 보는 동안 가장 인상 깊었던 것은, 민수기 6장 24-26절에 대한 그분의 해석이었습니다. "주님은 당신을 축복하시고 당신을 지키실 것입니다. 주님은 그의 얼굴을 빛나게 하고 당신에게 비추실 것이며, 당신에게 은혜를 주실 것입니다." 그분은 이 부분을 약속의 말씀으로 번역하셨습니다. 바로 이 부분에서 저는 《원뉴맨 성경》이 신뢰할 만하다는 확신이 들었습니다.

《원뉴맨 성경》을 정독하며, 윌리엄 J. 모포드 박사님이 성경 자체의 유대적 뿌리와 문화를 제대로 구현하기 위해 오랫동안 엄청난 정성을 쏟으셨다는 사실을 어렵지 않게 알 수 있었습니다. 그는 유대인과 이방인 모두가 예슈아(예수님)를 제대로 이해하고 믿게 하려고, 각주와 용어 해설을 통해 유대인들의 문화에 대해서도 꼼꼼히 설명했습니다. 나아가 구약성경을 신약성경과 연결시킨 구절들뿐만 아니라 신약성경에 인용된 구약성경의 구절들도 명시하여 구약과 신약에 하나님의 일관된 구원 역사가 나타난다는 것을 보여 주었습니다.

《원뉴맨 성경》은 현대의 유대인들이 메시아를 정확하게 알고, 기독교인들은 유대적인 배경을 더욱 잘 이해하도록 원어의 뜻을 최대한 살려 '예슈아'(예수님)를 '메시아'로 믿게 하는 데 초점을 맞추었습니다. 유대교로 퇴행하지도, 유대적 배경을 무시하지도 않으면서 신·구약성경이 전하는 그 예슈아(예수님)를 온전히 이해할 수 있게 하였습니다.

이 성경의 이러한 방향은 오랫동안 품어온 제 갈망을 해소하기에 충분했습니다. 그래서 저는 물론 한국 교회에도 유익이 될 것이라는 확신에 《원뉴맨 성경》 한국어판 작업에 뛰어들었지만, 성경 전체를 번역하고 편집하는 과정은 결코 만만치 않았습니다. 원어의 본 뜻을 살리면서도 독자들이 읽는 데 어려움이 없게 하려다 보니, 예정보다 출간이 많이 지연되었습니다. 신·구약성경 통합본을 단번에 내려던 애초의 계획을 수정해서 부득불 신약성경만 먼저 출간하게 됐습니다. 구약성경도 차후 순차적으로 출간할 예정입니다.

목회 사역을 내려놓고 마지막 소명으로 여긴 《원뉴맨 성경》 번역본을 한국 교회에 선보이게 되어 매우 감격스럽고 기쁩니다.

이 성경을 읽는 모든 분들이 성경 원어의 본 뜻과 하나님 나라 복음의 유대적 뿌리를 발견하고, 우리 주 예슈아(예수님)를 더욱 온전히 이해하기를 소망합니다. 또한 말씀을 통해 우리 하나님 아버지의 온전한 뜻을 깨닫고, 그분께서 부어 주시는 능력을 풍성히 받아 누리기를 바랍니다. 궁극적으로는 유대인과 이방인이 하나 되는 한 새 사람(One New Man)의 비전이 우리 시대에 온전히 성취되기만을 간절히 소망하고 또 기도합니다.

– 발행인 **허철**

| 일러두기 |

1. 본문의 의도에 집중하기 – 《원뉴맨 성경》은 직역도 아니고 의역도 아닌 해석학적인 방식(The Hermeneutic Approach)으로 번역한 성경이다. 성경 번역에서 해석이란, 단어나 문장의 뜻을 풀어내는 것이 아니라, 본문의 의도에 집중하는 것이다.

2. 접속사 – 헬라어 성경은 거의 모든 문장이 'Kai'(And)로 시작된다. 이것에 대한 다양한 해석과 설명이 있지만, 사실 정확한 의도는 모른다. 그래서 일부 성경은 단어의 뜻 그대로 'And'로 번역하지만, 대부분의 영역본들은 아예 생략하였다. 그러나 헬라어 원문에서 아무런 의도 없이 거의 모든 문장이 'Kai'로 시작되지는 않았을 것이다. 그런 의미에서 《원뉴맨 성경》은 헬라어 원문의 'Kai'를 가급적 살리되, 문맥에 맞는 접속사 'and, then, so, thus' 등으로 번역하였다.

3. 예슈아 – 헬라어 성경의 '호 이에수스'(예수)를 《원뉴맨 성경》은 'Y'shua'(예슈아)로 번역하였다. 기독교의 세력이 유대교를 압도할 정도로 커지자, 유대교에서는 '예수'라는 단어를 모욕적인 의미로 해석하였다. 즉 헬라식 표기인 '예수'는 히브리어에는 없는 단어로, 원래의 히브리식 표기인 '예슈아'와 전혀 관계가 없다는 것이다. 그러나 헬라어 성경의 의도는 분명히 '예수=예슈아'일 것이다. 《원뉴맨 성경》에서 '예수' 대신 '예슈아'라는 표기를 사용하는 것은 이러한 헬라어 성경의 의도를 살리는 일이다.

4. 메시아 – 《원뉴맨 성경》은 헬라어 '그리스도'를 히브리어의 영어식 표기인 'Messiah'(메시아)로 번역하였다. 이것은 《원뉴맨 성경》의 정체성과 관계가

있다. 'One New Man'이라는 말은 에베소서 2장 15절의 "둘, *곧 유대인과 비유대인*(이방인)을 한 새 사람으로 창조하여 샬롬을 이루게 하시고"라는 표현에서 왔다. 여기서 '둘'이란 이방인과 유대인을 가리키는 것으로(엡 2:12 참조), 《원뉴맨 성경》은 히브리적 배경과 헬라적 배경이 '그분' 안에서 하나가 되어야 한다는 개념을 가지고 원문을 번역한 것이다. 그런 맥락에서 히브리 성경(구약)에서 이미 사용되는 '메시아'라는 표현을 신약에서도 사용하여 통일하였다.

5. 신학적 번역 – 《원뉴맨 성경》은 헬라어 성경의 문법을 신학적으로 정교하게 번역한다. 예를 들어, 마태복음 9장 9절에서 예슈아께서 마태를 부르실 때, 모든 영역본은 "Follow me"라고 번역한다. 헬라어 원문에서도 이 문장은 '명령문'이기 때문이다. 그러나 《원뉴맨 성경》은 "You must follow me"로 번역하는데, 이것은 신약성경 전체에 걸쳐 사용되는 《원뉴맨 성경》의 '명령문' 표현 방식으로, 우리말로 옮기면 "너는 나를 따라야 한다"이다. 이것은 그렇게 하는 것이 '당연하다'는 사실을 전제로 하는 말이다. 즉, 마땅한 일(당위성)이라는 것이다. 그러므로 똑같은 명령이라도 당위성이 없는 명령은 강압적이지만, 당위성이 있는 명령은 권위로 하는 것이다. 예슈아께서는 마땅히 해야 할 일을 명령하시는 분이라는 것이다.

6. 성경의 제목 – 《원뉴맨 성경》의 일부 책들의 제목은 기존의 성경과 다른데, 그런 경우 기존에 사용하던 제목을 괄호 안에 병기하였다.

7. 인용된 구약 성구의 장과 절 – 《원뉴맨 성경》의 구약은 히브리 성경을 기준으로 하여 일부 장절이 기존의 성경과 다르다. 특히 시편이 전반적으로 그런 편인데, 히브리 성경은 시의 표제부터 1절로 표기하기 때문이다. 그리고 기존 성경의 말라기에는 3장과 4장에 나누어 기록된 말씀이 《원뉴맨 성경》에는 모두 3장 안에 담겨 있다. 또 우리가 가진 성경의 민수기 16장 35–50절은 히브리 성경에서는 17장 1–9절에 해당된다. 하지만 추가되거나 빠진 내용은 없고, 장과 절의 구분만 다를 뿐이다. 이러한 이유로 구약의 인용 구절 중 기존의 성경과 장과 절이 다른 경우 각주에 따로 설명해 두었다.

8. 후대에 추가된 본문 – 성경 본문 중 편집자에 의해 기술된 부분은 이탤릭체로 표기해 두었다. 또한 후대 편집본에서 첨가된 문장은 [ ]로 표시하고 각주에 설명해 두었다.

9. 보충 설명 – 원문만으로는 이해되지 않는 문장의 경우, 이해를 돕기 위해 필요한 내용을 괄호 안에 추가하였다.

10. 인명과 지명 – 《원뉴맨 성경》의 인명과 지명은 대부분 기존의 성경과 동일하게 하였지만, '아테네', '이탈리아', '아르테미스' 등은 통상적으로 사용되고 있는 용어로 바꾸었다. 또한 '마리아'의 경우 본래의 히브리식 이름인 '미리암'으로 표기하였다.

11. 각주 – 원어나 시대적·문화적 배경에 대한 설명 등을 각주로 처리하였다.

12. 용어 해설 – 성경에 대한 이해를 돕는 다양한 히브리 용어들에 대한 해설이 수록되어 있다. 풍성한 유대 자료들을 통해 성경과 예슈아를 보다 생생하고 깊이 있게 이해할 수 있다.

목차

마태에 따르면[1]
(마태복음)

예슈아 메시아의 계보(눅 3:23-38)

1 **1** *이것은* 예슈아 메시아, 다윗의 자손,[2] 아브라함 자손의 계보 두루마리
이다.
2 아브라함이 이삭을 낳고, 이삭이 야곱을 낳고, 야곱이 유다와 그의 형제들을 낳
았다. **3** 그리고 유다가 다말에게서 베레스와 세라를 낳고, 베레스가 헤스론을 낳고,
헤스론이 람을 낳았으며, **4** 람이 아미나답을 낳고, 아미나답이 나손을 낳고, 나손
이 살몬을 낳았으며, **5** 살몬이 라합에게서 보아스를 낳고, 보아스가 룻에게서 오벳
을 낳고, 오벳이 이새를 낳았으며, **6** 이새가 다윗 왕을 낳았다(대상 2:10-12).

그리고 다윗이 우리야의 아내에게서 솔로몬을 낳았으며, **7** 솔로몬이 르호보암
을 낳고, 르호보암이 아비야를 낳고, 아비야가 아사를 낳았으며, **8** 아사가 여호사
밧을 낳고, 여호사밧이 요람을 낳고, 요람이 웃시야를 낳았으며, **9** 웃시야가 요담
을 낳고, 요담이 아하스를 낳고, 아하스가 히스기야를 낳았으며, **10** 히스기야가 므
낫세를 낳고, 므낫세가 아몬을 낳고, 아몬이 요시야를 낳았으며, **11** 요시야가 바벨
론 포로 시절에 여고냐와 그의 형제들을 낳았다.

1) 마태복음은 아마도 AD 50년경에 기록되었을 것이다.

2) 용어 해설에서 '다윗의 자손/요셉의 자손'을 찾아보고, 역대기부터 마태복음까지의 계보가 어떻게 기록되어 있는지 살펴보라. 역대기와 마태복음 사이에는 400년이라는 간극이 존재한다. 그러나 하나님께서는 일하고 계셨고, 성경의 이러한 연속성은 '한 새 사람'(One New Man)이 온전히 나타날 때까지 계속된다.

역자 주: '아브라함의 자손, 다윗의 자손'이 연대상으로는 맞지만, 헬라어 원문은 '다윗의 자손, 아브라함의 자손'의 순서로 기록하여 강조점이자 출발점이 예슈아라는 사실을 알 수 있다.

3) '마리아'라는 이름은 원래 히브리어로 '미리암'이며, 헬라어 사본에는 이 이름이 '마리암'(Mariam)으로 표기되어 있다. 라틴어 역본에서 이것을 '마리아'로 옮기면서 영어 메리(Mary)와 이 이름이 널리 알려지게 되었다. 헬라어 원문은 여성형 관계사를 사용하여 예슈아께서 요셉이 아닌 미리암에게서 태어나셨음을 강조하고 있다. 용어 해설에서 '배열 순서'와 '예슈아의 계보'를 찾아보라.

12 바벨론 포로 시절 후에 여고냐가 스알디엘을 낳고, 스알디엘이 스룹바벨을
낳았으며, **13** 스룹바벨이 아비훗을 낳고, 아비훗이 엘리아김을 낳고, 엘리아김이
아소르를 낳았으며, **14** 아소르가 사독을 낳고, 사독이 아킴을 낳고, 아킴이 엘리
웃을 낳았으며, **15** 엘리웃이 엘르아살을 낳고, 엘르아살이 맛단을 낳고, 맛단이
야곱을 낳았으며, **16** 야곱이 미리암의 남편 요셉을 낳고, 미리암[3]에게서 예슈아,
곧 메시아라고 불리는 분이 태어나셨다.[4]

17 그러므로 모든 세대가 아브라함부터 다윗까지 열네 대이고, 다윗부터 바벨
론 포로 시절까지 열네 대이며, 그리고 바벨론 포로 시절부터 메시아까지 열네 대
이다.

예슈아 메시아의 탄생(눅 2:1-7)

18 그리고 예슈아 메시아께서는 이렇게 태어나셨다. 그분의 어머니 미리암이 요
셉과 약혼하고[5] 함께 살기도 전에 성령으로 말미암아 임신하게 된 것이 알려졌
다. **19** 그런데 그녀의 남편 요셉은 의로운 사람이므로, *그것을 공개적으로* 드러내고
싶지 않아서 그녀와 은밀하게 파혼하기를 원했다. **20** 그래서 그가 이 일들을 고민
하고 있을 때에 보라, 주의 천사가 꿈에서 그에게 나타나 말하기를, "다윗의 자손
요셉이여, 네가 미리암을 데려와서 아내 삼는 것을 두려워하지 않아야 한다. 그녀
안에 잉태된 분은 성령으로 말미암았기 때문이다. **21** 또 그녀가 아들을 낳을 것이
니, 너는 그의 이름[6]을 예슈아[7]라고 불러야 할 것이다. 그분께서 자기 백성을 그
들의 죄들에서 구원하실 것이기 때문이다"라고 했다. **22** 그런데 이 모든 일은 주께
서 선지자를 통해 선포하신 말씀이 이루어지게 하려고 일어난 것이었으니, 말씀
하시기를,

23 "보라, 처녀가 잉태하여 아들을 낳을 것이며

4) 요셉은 예슈아의 생물학적 아버지가 아니다. 그래서 마태복음 기자는 예슈아의 출생을 기록하면서 '에게네센'(낳다)이라는 능동형 동사가 아닌 수동형 '에게네떼'(태어나다)를 사용했다. 용어 해설에서 '다윗의 자손/요셉의 자손'과 '예슈아의 계보'를 찾아보라.

5) 유대인의 결혼은 먼저 결혼 서약서인 '케투바'에 서명하는 것으로 시작되어 나중에 예식을 거행하면 모든 절차가 마무리되었다. 유대인의 법대로라면 요셉과 미리암은 이미 케투바에 서명했으므로 약혼 관계가 아니라 결혼한 사이였다. 용어 해설에서 '결혼'을 찾아보라.

6) 이름에 해당하는 헬라어 '오노마'는 하나님의 속성과 활동성을 의미한다. 용어 해설에서 '오노마'를 찾아보라.

7) '예수'(이에수스)는 '구원자', '구세주'를 뜻하는 히브리 이름 '예슈아'를 헬라어로 옮긴 것이다. 용어 해설에서 '예슈아'를 찾아보라.

사람들이 그의 이름을 임마누엘이라고 부를 것이다"(사 7:14)라고 하셨고,
임마누엘은 '하나님이 우리와 함께하신다'는 뜻이다. **24** 이에 요셉이 잠에서 깨
어 일어난 후에 주의 천사가 명령한 대로 하여 그의 아내를 데려왔으나 **25** 그녀가
아들을 낳을 때까지 동침하지 않았다. 그리고 그의 이름을 예슈아라고 불렀다.

점성가들[8]의 방문

2 **1** 그리고 헤롯 왕 때에 예슈아께서 유대 베들레헴[9]에서 태어나신 후, 보
라, 동쪽에서 온 점성가들이 예루살렘에 이르러 **2** 말하기를, "유대 백성
의 왕으로 태어나신 분이 어디 계십니까? 우리가 동쪽에서 그분의 별을 보고 그
분께 경배하러 왔습니다"라고 했다. **3** 이에 헤롯 왕이 듣고, 그는 물론 예루살렘[10]
전체가 심기가 상하여 **4** 모든 대제사장들과 백성의 서기관들을 불러 모아 메시아
가 어디에서 태어날 것인지 그들에게 물었다. **5** 이에 그들이 그에게 말했다. "유대
베들레헴입니다. 선지자를 통해 다음과 같이 기록되었기 때문입니다.

6 '그러므로 너 베들레헴', 유대 지방이여,
'네가' 결코 '유대의 통치자들 가운데 가장 작지 않으니,
네게서 한 통치자가 나올 것이며
그가 내 백성 이스라엘의 목자가 될 것이기 때문이다'(미 5:1)."

7 그러자 헤롯이 점성가들을 몰래 불러 그들로부터 그 별이 나타난 때를 확인
하고, **8** 그들을 베들레헴으로 보내며 말했다. "당신들은 가서 그 아이에 대해 신
중하게 조사하고 *아이를* 발견하는 즉시 내게 알려야 할 것이오. 그러면 내가 가
서 그에게 경배할 것이오." **9** 이에 그들이 왕의 말을 듣고 떠났다. 그런데 오! 그 별,
그들이 동쪽에서 보았던 그 별이 그들을 인도하며 가다가, 그 아기가 있는 곳 위에

8) 점성가는 '천문학자', '마술사', '지혜자', '해몽가', '예언자', '의사' 등으로 번역할 수도 있다. 라틴어 '마기'(Magi)는 '마술사'를 뜻한다.

9 '베들레헴'은 히브리어 '베이트-레헴'을 헬라어로 음차하여 표기한 것으로, '빵집'을 뜻한다. "하나님의 빵은 하늘에서 내려와 세상에 생명을 준다"(요 6:33)고 말씀하신 분의 탄생지로 베들레헴만큼 적절한 곳은 없을 것이다.

10) 헤롯을 비롯하여 예루살렘에 거하는 자들 대부분이 헬라주의자들이었다. 로마 제국의 비호 아래 부와 권력을 누리던 이들은 '유대 백성의 왕'이라는 말에 동요하며 불편한 심기를 드러냈다. 용어 해설에서 '헬라주의자'를 찾아보라.

11) 그들은 동굴이나 헛간이 아니라 '집'으로 들어갔다. 이것은 예슈아께서 탄생하시고 어느 정도 시간이 지난 후임을 암시한다.

서 멈추었다. **10** 그래서 그들은 그 별을 보고 크게 기뻐했다. **11** 그들은 그 집[11] 안
으로 들어가서 그의 어머니 미리암과 함께 있는 아기를 보고 엎드려 그에게 경배
하고, 그들의 보물상자를 열어 황금과 유향[12]과 몰약을 예물로 드렸다. **12** 그들은
꿈에서 헤롯에게 돌아가지 말라는 계시를 받았기 때문에 다른 길로 자기 나라에
돌아갔다.

이집트로 피신하다

13 그리고 그들이 떠난 후, 보라, 주의 천사가 꿈에 요셉에게 나타나 말했다. "너
는 일어나서 즉시 그 아기와 그의 어머니를 데리고 이집트로 피하여 내가 네게 지
시할 때까지 거기 있어야 한다. 헤롯이 아기를 찾아 죽이려 하기 때문이다." **14** 이
에 요셉이 그 밤에 일어나 아기와 그 어머니를 데리고 이집트로 갔으며, **15** 헤롯이
죽을 때까지 그곳에 있었다. 이는 선지자를 통해 하신 주의 말씀이 이루어지게
하려는 것으로, 말씀하시기를, "내가 내 아들을 이집트에서 불러내었다"(호 11:1)라
고 했다.

유아 학살

16 그러자 헤롯이 점성가들에게 속은 것을 알고 크게 노하여 사람을 보내 베들
레헴과 그 근처 모든 지역에서 점성가들로부터 확인한 그 시간을 기준으로 두 살
이하의 사내아이를 모두 죽였다. **17** 이로써 선지자 예레미야에 의해 선포된 것이
이루어졌으니, 말하기를,

18 "라마에서 울며 심하게 통곡하는 소리가 들린다.
라헬이 자녀를 *위해* 울고 있으니,
그녀가 위로받지 못함은 자녀들이 없기[13] 때문이다"(렘 31:14)라고 했다.

이집트에서 돌아오다

19 그리고 헤롯이 죽은 후, 보라, 주의 천사가 이집트에서 요셉에게 꿈으로 나타
나 **20** 말하기를, "너는 일어나서 즉시 그 아기와 그의 어머니를 데리고 이스라엘로
가야 한다. 아기의 생명을 찾던 자들이 죽었기 때문이다"라고 했다. **21** 이에 그가

12) 유향은 헌신을 상징한다.
13) '자녀들이 없다'는 것은 죽음을 뜻하는 히브리 관용 표현이다. 용어 해설에서 '죽음'을 찾아보라.

일어나 그 아기와 그의 어머니를 데리고 이스라엘 땅으로 들어갔다. **22** 그런데 요
셉은 아켈라오가 그의 아버지 헤롯을 대신하여 유대에서 통치한다는 소식을 듣
고 거기로 돌아가는 것을 두려워하였다. 또 꿈에서 계시를 받아 갈릴리 지역으로
돌아가 **23** 나사렛이라는 도시에 거주하였다. 이렇게 하여 선지자를 통해 그분이
나사렛 사람으로 불릴 것이라던 말씀이 이루어졌다(사 11:1).[14)]

침례자[15)] 요한의 선포(막 1:1–8; 눅 3:1–9, 15–17; 요 1:19–28)

3 **1** 그리고 그 당시에 침례자 요한이 나아와 유대 광야에서 선포하며 **2** 말
하기를, "너희는 끊임없이 회개해야 한다. 하늘들의 왕국[16)]이 가까이 왔기
때문이다"라고 했다. **3** 이 사람은 선지자 이사야를 통해 선포된 자로서 다음과 같
이 말하였다.

"광야에서 외치는 소리가
'너희는 즉시 주의 길을 예비해야 하며,
끊임없이 그분의 길을
곧게 만들어야 한다'라고 했다"(사 40:3).

14) 이사야 11장 1절의 '가지'에 해당하는 히브리어는 '네쩨르'이며, '나사렛'은 이것의 헬라식 발음이다.

15) '침례자'는 '(물에) 담그다'를 뜻하는 헬라어 '밥티조'(baptidzo)에서 파생된 말이다. 용어 해설에서 '침례'를 찾아보라.

16) 본문과 같이 '하늘들의 왕국'은 '하나님의 왕국'을 지칭하는 경우가 많다. 히브리인들은 하늘이 여러 층으로 되어 있다고 생각하여 항상 복수형을 사용한다. 용어 해설에서 '하늘'을 찾아보라.

역자 주: 여기서 '하늘'에 해당하는 헬라어 '우라논'은 복수형이다. 하늘을 뜻하는 히브리어 'שמים'(샤마임)은 복수형으로, 단수형이 없는 반면, 헬라어는 '우라노스'라는 단수형이 존재하기 때문에 복수형으로 표기한 경우에는 그 의도를 염두에 두어야 한다. 여기서는 두 가지 가능성이 있다.
첫째, 히브리적 개념을 나타내려는 의도. 즉, 히브리어의 '하늘'이 복수형이라서 동일하게 표현한 것이라는 말이다. 둘째, 신학적 개념을 나타내려는 의도. 하늘이라고 다 똑같은 게 아니라, 우리 눈에 보이는 '하늘'과 하나님이 계시는 '하늘'이 다르다는 의미로, 바울이 말한 '셋째 하늘' 개념과 같은 것이다. 따라서 우리말 표현이 어색하더라도, 주의를 환기시키는 의미에서 '하늘들의 왕국'으로 옮겼다.

17) 역자 주: 헬라어 원문은 문자 그대로 '메뚜기들'이다. 탕자가 먹었던 쥐엄열매가 메뚜기 모양이라고 하여 중세시대에 메뚜기콩이라 부르던 것이 와전되어 침례자 요한이 메뚜기가 아니라 쥐엄열매(메뚜기콩)를 먹었다는 학설이 생겼고, 나아가 그것을 메뚜기로 잘못 기록했다는 이론까지 등장하면서 지금까지도 이 이론을 정설로 여기는 사람들이 많다. 참고로 레위기 11장에 따르면, 메뚜기는 먹을 수 있는 곤충이다.

18) 요한이 강둑에 서서 말씀을 전하면, 회개한 사람들은 스스로 물에 들어가 몸을 머리부터 발끝까지 담갔다. 용어 해설에서 '침례'를 찾아보라.

19) 헬라어로 '밥티조'(baptidzo)이며, 물에 몸을 담그는 것은 천 년 이상 이어진 유대인들의 정결 예식이었다. 용어 해설에서 '침례'를 찾아보라.

4 이 요한은 낙타털로 만든 외투를 입고, 허리에는 가죽띠를 둘렀으며, 그의 음식
은 메뚜기[17]와 야생 꿀이었다. **5** 그때 예루살렘과 온 유대와 요단강 주변 모든 지역
에서 그에게 나아와 **6** 그들의 죄들을 고백하며 요단강에서 그에게 침례를 받았다.[18]
7 요한은 많은 바리새파와 사두개파 사람들이 침례를 받으러 오는 것을 보고
그들에게 말했다. "독사의 후예들아, 누가 너희에게 임박한 진노를 피하라고 경고
했느냐? **8** 그러므로 너희는 즉시 회개에 합당한 열매를 맺어야 한다. **9** 이제 속으
로 '우리에게는 아브라함이 조상으로 있다'고 말할 생각조차 해서는 안 된다. 그러
므로 내가 너희에게 말한다. 하나님은 이 돌들로도 아브라함의 자손들을 일으키실
수 있다. **10** 이제 도끼가 나무들 뿌리에 놓여 있다. 그러므로 좋은 열매를 맺지 않
는 나무는 모두 찍혀서 불에 던져질 것이다. **11** 나는 사실상 너희에게 물로 회개
의 침례[19]를 주고 있으나 내 뒤에 오시는 분은 나보다 더 강하시니, 나는 그분의
신발을 들고 다닐 자격도 없다. 이분은 성령과 불로 너희에게 침례를 베푸실 것
이며, **12** 그분의 손에 키를 들고 타작마당을 깨끗하게 하여 그분의 알곡은 곳간
안에 모으시고, 쭉정이는 꺼지지 않는 불에 던져서 태우실 것이다."

예슈아께서 침례를 받으시다(막 1:9-11; 눅 3:21-22)

13 그때 예슈아께서 갈릴리에서 요단을 가로질러 요한에게 침례를 받으러 오
셨다. **14** 그러나 요한이 그분을 만류하며 말하기를, "제가 당신에게 침례를 받아
야 하는데, 당신이 제게 오십니까?"라고 했다. **15** 이에 예슈아께서 "지금은 네가
그것을 허락해야 한다. 그렇게 하는 것이 우리가 모든 의를 이루는 것이기 때문
이다"라고 하셨다. 그래서 요한은 그분을 받아들였다. **16** 그런데 예슈아께서 침례
를 받고 물에서 나오신 직후, 보라, 하늘들이 그분께 열렸고, 그는 하나님의 영이 비
둘기처럼 그분 위로 내려오는 것을 보았다. **17** 그리고 하늘에서 소리가 있어 말하기
를, "이 사람은 내 사랑을 받는 아들이니, 내가 그를 매우 기뻐한다"라고 했다.

예슈아를 유혹함(막 1:12-13; 눅 4:1-13)

4 **1** 그때 예슈아께서 그 영(성령)에 의해 광야 가운데로 이끌려 마귀에게 시
험을 받으셨다. **2** 그리고 그분께서 사십 일 낮과 사십 일 밤을 금식하신
후에 주리셨다. **3** 그러자 시험하는 자, *마귀가* 와서 그분께 말했다. "만일 당신이

하나님의 아들이라면, 지금 이 돌들에게 빵이 되라고 말해야 하오." 4 이에 그분,
예수아께서 대답하셨다. "기록되기를,

'사람이 빵으로만 사는 것이 아니라
하나님의 입을 통해 나오는
모든 말씀으로 살아야 한다'(신 8:3)라고 했다."

5 그러자 마귀가 그분을 데리고 거룩한 성으로 가서 성전 꼭대기에 세우고 6 그
분께 말했다. "만일 당신이 하나님의 아들이라면, 즉시 당신의 몸을 던져야 하오.
기록되기를,

'그분께서 너에 관하여 그분의 천사들에게 명령하실 것이며,
그들이 자기들의 손*바닥*으로 너를 들어올릴 것이니,
그러므로 네 발이 돌에 부딪히지 않게 될 것이다'(시 91:11-12)라고 했소."

7 예수아께서 그에게 말씀하셨다. "또 기록되기를, '너는 주 너의 하나님을 시험
하지 말라'[20](신 6:16) 하였다." 8 다시 마귀가 그분을 데리고 지극히 높은 산으로 가
서 세상의 모든 왕국과 그것들의 영광을 보이며 9 그분께 말했다. "당신이 엎드려
내게 경배한다면, 내가 이 모든 것을 당신에게 줄 것이오." 10 그러자 예수아께서 그
에게 말씀하셨다. "사탄[21]아, 너는 즉시 왔던 곳으로 돌아가야 한다. 기록되기를,

'너는 주 너의 하나님께 예배할 것이며
오직 그분만을 섬겨야 할 것이다'(신 6:13)라고 했다."

11 그러므로 마귀는 그분을 떠났고, 보라, 천사들이 와서 그분을 섬겼다.

갈릴리 사역의 시작(막 1:14-15; 눅 4:14-15)

12 이어서 그분은 요한이 체포되었다는 소식을 들으시고 갈릴리로 돌아가셨다.
13 그리고 나사렛을 떠난 후에는 스불론과 납달리 지역 호숫가 가버나움[22]에 가
서 머무셨다. 14 이는 선지자 이사야를 통해 선포된 것이 이루어지게 하려는 것이
니, 말하기를,

15 "스불론 땅과 납달리 땅, 호숫길, 요단 건너편,

20) 헬라어 원문은 미래형 시제를 사용하고 있는데, 미래 시제는 '명령'으로 번역되는 경우가 많다. 용어 해설에서 '미래 시제'를 살펴보라.

21) 용어 해설에서 '사탄'을 찾아보라.

22) '가버나움'은 히브리어 '카페르 나훔'(Kafer Nahum)을 라틴어로 음역한 것이다. '카페르'는 '마을', '동네'를, '나훔'은 '위로', '긍휼'을 뜻한다.

이방인들의 갈릴리여,
16 어둠 속에 살던 백성이 큰 빛을 보았고,
사망의 땅과 어둠 속에 사는 자들,
그들을 위해 한 빛이 일어났다"(사 9:1-2)라고 했다.
17 그때부터 예수아께서 전파하며 말씀하기 시작하셨다. "너희는 계속해서 회개
해야 한다.[23] 하늘들의 왕국이 가까이 왔기 때문이다."

어부 넷을 부르심(막 1:16-20; 눅 5:1-11)

18 한편 그분께서 갈릴리 호숫가를 걸어가시다가 두 형제, 곧 베드로[24]라고 불
리는 시몬과 그의 형제 안드레가 호수에 그물을 던지고 있는 것을 보셨다. 그들
은 어부였기 때문이다. 19 그런데 그분께서 그들에게 말씀하셨다. "너희는 나를 따
라와야 한다. 그러면 내가 너희를 사람들의 어부가 되게 하겠다." 20 그러자 그들
이 즉시 자기들의 그물을 버리고 그분을 따랐다. 21 그리고 거기서 가시다가 그분
께서 다른 형제들, 곧 세베대의 아들 야고보와 그의 형제 요한을 보셨는데, 그들
은 아버지 세베대와 함께 배에서 그물을 수선하고 있었다. 그분께서 그들을 부르
시자, 22 그들은 즉시 배와 그들의 아버지를 버려두고 그분을 따랐다.

큰 무리에게 사역하시다(눅 6:17-19)

23 이어서 그분은 온 갈릴리를 다니며 회당들에서 가르치시고, 그 왕국의 복
음[25]을 전파하며 백성들 가운데 있는 모든 질병과 아픔을 낫게 하셨다. 24 이에
그분의 명성이 시리아 전체에 퍼져 사람들이 온갖 악한 것들[26]과 각종 질병에 시
달리는 자들과 고통받는 자들과 귀신에게 사로잡힌 자들과 발작하는[27] 자들과
마비된 자들을 그분께 데려왔고, 그분께서는 그들을 고쳐 주셨다. 25 그러므로 큰

23) 헬라어 원문의 시제에 의하면 우리가 이미 어린양의 피로 정결하고 의롭게 되었어도 날마다 회개해야 한다. 이것은 우리가 온전하지 않아서가 아니라 점점 더 그리스도를 닮아 가야 하기 때문이다(엡 5:1).

24) 베드로(페트로스, Petros)는 남성 명사로, '돌멩이'(반석에서 떨어져 나온 돌조각)를 뜻한다. 신약에서는 오직 베드로의 이름으로만 사용되었다.

25) 여기서 예수아께서는 성부 하나님에 대해 가르치셨다. 그러므로 '왕국'은 성부 하나님의 신성(神性)과 그분의 사랑을 지칭한다.

26) 헬라어 '카코스'(kakos)를 문자 그대로 옮기면 '악'이다. 종종 '질병'으로도 번역된다.

27) 간질

무리가 갈릴리와 데가볼리[28]와 예루살렘과 유대와 요단강 건너편에서 나와 그분을 따랐다.

산상수훈(마 5:1-7:29)

5 1 그리고 예수아께서 무리를 보시고 산으로 올라가 앉으시니, 제자들이 그
분께 나아왔다. 2 이어서 그분께서 입을 열어 그들을 가르치며 말씀하셨다.

팔복(눅 6:20-23)

3 "마음이 가난한[29] 자들은 복이 있다.[30]
하늘들의 왕국이 바로 그들의 것이기 때문이다(사 61:1).
4 애통하는 자들은 복이 있다.
그들이 위로받을 것이기 때문이다(사 61:2-3).
5 끝까지 충성된 자들[31]은 복이 있다.
그들이 땅을 상속받을 것이기 때문이다(시 37:11).
6 의[32]에 굶주리고 목마른 자들은(요 6:53) 복이 있다.
그들이 채워지고 만족할 것이기 때문이다(호 10:12; 마 6:33).
7 용서하는[33] 자들은 복이 있다.
그들이 용서받을 것이기 때문이다(삼하 22:26).
8 마음이 순수한 자들은 복이 있다.
그들이 하나님을 볼 것이기 때문이다(삼하 22:27; 시 24:3-4).
9 평화롭게 하는 자들은(시 37:37; 사 32:17) 복이 있다.

28) '열 개(데카)의 도시(폴리스)'라는 뜻이다. 요단 동쪽의 아홉 도시와 요단 서쪽의 '벧산'(벧스안)이 포함된다. 이들 열 도시는 로마 정부에 의해 '자유 도시들'로 선포되었다. 요단강 서쪽 디베랴 호수에서 남쪽으로 40km 정도 떨어진 곳에 위치해 있는 벧산은 오늘날에도 번영하고 있는 도시이다. 용어 해설에서 '데가볼리'를 찾아보라.

29) 문자 그대로 옮기면 '마음이 가난하다'이지만, 이것은 히브리 관용 표현으로 '참회하다', '뉘우치다', '회개하다'의 뜻이다.

30) 헬라어 '마카리오스'(makarios)는 '복이 있는', '행복한'을 뜻한다.

31) 문자 그대로 옮기면 '겸손한 자들'이다. 용어 해설에서 '겸손'을 찾아보라.

32) '의'는 하나님의 온전하신 뜻을 행하는 것이다. 따라서 '의에 굶주리고 목마른 자들'은 열정적으로 하나님의 온전한 뜻을 행하고 싶어 하는 사람들을 가리킨다. 용어 해설에서 '의'를 찾아보라.

33) 문자 그대로 해석하면 '자비로운'(긍휼히 여기는)인데, 이것은 '용서하다'를 뜻하는 히브리 관용 표현이다. 용어 해설에서 '죄 사함'을 찾아보라.

그들이 '하나님의 자녀들'로 불릴 것이기 때문이다.
10 의를 위하여 박해받는 자들은 복이 있다.
하늘들의 왕국이 바로 그들의 것이기 때문이다[34](잠 21:21; 마 11:12).
11 사람들이 나 때문에 너희를 욕하고 핍박하고 너희에게 거짓으로 온갖 악한
말을 할 때에 너희가 복이 있다(대하 36:16). 12 너희는 계속해서 기뻐하고 지극히 즐
거워해야 한다. 너희 상이 하늘에서 크다. 이와 같이 사람들이 너희 전에 있었던
선지자들도 핍박했기 때문이다.

빛과 소금(막 9:50; 눅 14:34-35)

13 "너희는 이 땅의 소금[35]이다. 그러나 만일 소금이 맛을 잃으면, 무슨 방법으
로 다시 짜게 되겠느냐? 그것은 밖에 던져져 사람들에게 밟히는 것 외에는 더 이
상 쓸모가 없다. 14 너희는 세상의 빛이다. 산 위에 놓여 있는 도시는 감추어질 수
없다. 15 그리고 사람들은 등불을 켜서 그것을 말 아래 두지 않고 등잔대 위에 두
는데, 그러면 그것이 집 안에 있는 모든 사람을 비춘다. 16 이제 너희 빛을 이와
같이 모든 사람 앞에 비추어 그들로 하여금 너희의 선한 행위들[36]을 보고 하늘에
계신 너희 아버지께 영광을 돌리게 해야 한다."

토라에 대한 가르침

17 "내가 토라[37]나 선지자들[38]을 없애거나 *옳지 않은 해석을 가하기 위해* 왔다
고 생각하지 말라. 나는 없애러 온 것이 아니라 (영적인) 풍성함[39]을 가져오려고 온
것이니, 토라(가르침)가 성취된 하나님의 약속으로 지켜지게 하려는 것이다. 18 진실
로 내가 너희에게 말한다. 하늘과 땅이 사라지게 될 때까지 철자 '요드'[40] 하나 또

34) 이것은 하나님의 모든 약속 가운데 살아가는 사람들에 관한 구절이다.

35) 조미료나 보존제로도 사용되는 소금은 '영원'을 상징한다. 민수기 18장 18-19절에서 '소금 언약'을 찾아보라.

36) '선한 행위'는 히브리어로 '미츠보트'이다. 용어 해설에서 '미츠바'를 찾아보라.

37) 여기서는 성경의 처음 다섯 권을 말한다. 용어 해설에서 '토라'(가르침)를 찾아보라.

38) 히브리인들의 성경 타나크의 '선지자들의 글'에는 다니엘을 제외한 이사야부터 말라기까지와 여호수아, 사사기, 사무엘상·하, 열왕기상·하가 포함된다.

39) 여기서는 영적인 영역의 풍성함을 말하는 것이 분명하다. 예슈아께서는 다음과 같이 말씀하셨다. "너희는 끊임없이 깨달아 자신을 모든 탐심으로부터 지켜야 한다. 사람의 생명이 그 소유가 풍브한 데 있지 않기 때문이다"(마 6:19-21; 눅 12:15).

40) '요드'는 히브리어 알파벳에서 가장 작은 글자이다. 용어 해설에서 '요드'를 찾아보라.

는 '바브'[41] 하나도 결코 토라(가르침)에서 사라질 수 없으니, 모든 일이 일어날 때
까지 그럴 것이다(눅 16:17). **19** 그러므로 누구든지 이 계명들[42] 가운데 가장 작은
것 하나라도 어기고 사람들에게 이렇게 하라고 가르치면 하늘들의 왕국에서 가
장 작은 자라고 불릴 것이지만, 누구든지 (계명들을) 행하고 가르치면 하늘들의 왕
국에서 큰 자라 불릴 것이다. **20** 그러므로 내가 너희에게 말한다. 만일 너희 의로
움이 서기관들과 바리새파 사람들보다 더 많지 않으면, 결코 하늘들의 왕국에 들
어가지 못할 것이다."

분노에 대한 가르침

21 "옛 사람들에게 말하기를, '살인하지 말라(출 20:13). 누구든지 살인하면 심판
에서 정죄될 것이라 하였다'는 말을 너희가 들었다. **22** 그러나 내가 너희에게 말하
는데, 자기 형제에게 화를 내는 모든 사람은 심판받을 것이다. 그리고 누구든지 자
기 형제를 '바보'[43]라고 하면 그 사람은 산헤드린에 갈 죄인이며, 누구든지 '어리
석은 자'라고 말하는 자는 불타는 게헨나[44]에 들어갈 죄인이다. **23** 그러므로 네가
제단 위에 예물을 드리다가 네 형제가 네게 반감을 가진 것이 기억나면, **24** 즉시
제단 앞에 예물을 두고 가서 먼저 네 형제와 화해하라. 그 다음에 돌아와서 네
예물을 바쳐야 한다. **25** 너는 (법적으로) 너를 대적하는 자와 함께 길에 있을 때라
도, 속히 그와 화해해야 한다. 그렇지 않으면 대적하는 자가 너를 재판관에게 넘
겨주고, 재판관은 간수에게 넘겨주어, 네가 감옥에 들어가게 될 것이다. **26** 진실로
내가 네게 말한다. 네가 마지막 동전까지 갚기 전에는 결코 거기에서 나오지 못
할 것이다."

간음에 관한 가르침

27 "너희가 듣기를, '네가 간음하지 않아야 할 것이다'(출 20:14)라고 했다. **28** 그

41) '바브'는 히브리어 알파벳에서 요드 다음으로 작은 글자이다. '요드'와 '바브'는 단어에서 탈락시켜도 오탈자로 여기지 않아 '연문자'(soft letters)라 불린다. 용어 해설에서 '요드'를 찾아보라.

42) 여기서 중요한 것은 예슈아께서 말씀하신 '계명들'이 무엇이냐는 것이다. 예슈아께서는 마태복음 25장 35-40절에서 그분의 우선순위를 보여 주셨는데, 사람들에 대한 사역, 이를테면 굶주린 사람들을 먹이고, 아픈 사람들과 옥에 갇힌 사람들을 방문하는 것 등이 포함된다. 우리는 다른 사람들을 판단하지 말고(마 7:1-6) 진심으로 그들에게 관심을 기울이며 이웃 사랑을 실천해야 한다.

43) 헬라어 '라가'는 '바보 같은', '부도덕한', '부족한' 등을 뜻한다.

44) 용어 해설에서 '게헨나'를 찾아보라.

러나 내가 너희에게 말한다. 누구든지 욕망을 품고 여자를 바라보면 그 마음으
로 이미 그녀와 간음한 것이다.[45] **29** 그러므로 만일 네 오른쪽 눈이 죄를 짓게 만
들면, 즉시 뽑아 던져 버려야 한다.[46] 이는 네 신체 일부를 잃고 온몸이 게헨나에
던져지지 않는 것이 네게 더 유익하기 때문이다. **30** 그리고 만일 네 오른손이 너로
죄를 짓게 해도 그것을 베어 던져 버려야 한다. 이는 네 신체 일부를 잃고 온몸이
게헨나에 넘겨지지 않는 것이 네게 더 낫기 때문이다."

이혼에 관한 가르침(마 19:9; 막 10:11-12; 눅 16:18)

31 "그리고 말하기를, '누구든지 자기 아내와 이혼하면, 그녀에게 즉시 이혼 증
서를 주어야 한다'(신 24:1)라고 했다. **32** 그러나 내가 너희에게 말한다. 누구든지 부
도덕함(음행) 이외의 이유로 자기 아내와 이혼하면 그녀를 간음하게 만드는 것이
며, 누구든지 이혼당한 여인과 결혼하면 간음하는 것이다."

맹세에 대한 가르침

33 "또 옛 사람들에게 말하기를, '거짓으로 맹세하지 말고(민 30:3), 주께 맹세한
것을 지킬 것이다'(신 23:22)라고 한 것을 너희가 들었다. **34** 그러나 내가 너희에게 말
하는데, 결코 맹세하지 말라. 하늘로도 맹세하지 말 것이니, 그것이 하나님의 보
좌이기 때문이며, **35** 땅으로도 말 것이니, 그것이 그분의 발판이기 때문이다. 예
루살렘으로도 말 것이니, 그곳이 위대한 왕의 성이기 때문이며, **36** 네 머리로도 말
것이니, 네가 머리털 한 올도 희거나 검게 만들 수 없기 때문이다. **37** 다만 네 말은
항상 확실하게 '예!' 또는 확실하게 '아니요!'[47]가 되어야 하니, 이것들보다 지나친
것은 악한 것에서 비롯된 것이다"(레 19:12; 민 30:3; 신 23:22-23; 시 76:12; 전 5:4; 약 5:12).

보복에 대한 가르침(눅 6:29-30)

38 "너희가 듣기를, '눈에는 눈, 이에는 이'[48](출 21:24; 레 24:20; 신 19:21)라고 했다. **39**
그러나 내가 너희에게 말한다. 악한 사람을 대적하여 맞서지 말고, 오히려 누가

45) 이것은 예슈아 당시의 가르침과 일치하는 것이었다.

46) 이것은 하던 행동을 즉시 중단해야 한다는 뜻이다.

47) 원문을 문자 그대로 옮기면, "예, 예 또는 아니요, 아니요"이다. 용어 해설에서 '예, 예 또는 아니요, 아니요'를 찾아보라.

48) 누가 당신의 눈을 쳐서 상하게 했다면 그 사람의 눈을 뽑아도 된다는 말이 아니다. 용어 해설에서 '토라'를 찾아보라.

네 오른쪽 뺨을 치면 너는 즉시 다른 쪽도 그에게 돌려야 한다. **40** 그리고 너를
고소하여 네 튜닉[49]을 가지려는 자에게 네 외투도 갖게 하며, **41** 누가 네게 일 밀리
온[50]을 강요하면, 그와 함께 이 밀리온을 가야 한다. **42** 그러므로 너는 네게 요구하
는 자에게 주고, 네게 빌리기 원하는 자를 거절하지 말아야 한다."

원수를 사랑하라(눅 6:27-28, 32-36)

43 "너희는 '네 이웃을 사랑해야 할 것이며(레 19:18), 네 원수를 미워해야 할 것
이다'[51]라고 했다는 것을 들었다. **44** 그러나 내가 너희에게 말한다. 너희 원수들을
사랑해야 하며, 너희를 핍박하는 자들을 위해 기도해야 한다(잠 24:17-18). **45** 이는
너희가 하늘에 계신 분, 곧 너희 아버지의 자녀가 되게 하려는 것이다. 그분께서
는 악한 자와 선한 자에게 그분의 해를 비추시며, 의로운 자들과 불의한 자들에
게 비를 내리시기 때문이다. **46** 그러므로 만일 너희가 너희를 사랑하는 사람들만
사랑한다면 무슨 상을 받겠느냐? 세리들도 이렇게 하지 않느냐? **47** 그리고 너희가
너희 형제들만 존중한다면 다를 것이 무엇이냐? 이방인들도 이렇게 하지 않느냐?
48 그러므로 너희의 하늘 아버지께서 완전하신 것처럼 너희도 완전해야 한다."

구제

6 **1** "또 너희는 사람들 앞에서 보이려고 너희 의로움을 행하지[52] 않도록 늘
세심하게 주의해야 한다. 그렇지 않으면 너희가 하늘에 계신 너희 아버지
에게서 상을 받지 못한다."

2 "그러므로 네가 구제[53]할 때에 위선자들이 사람들에게 칭찬을 받으려고 회당
과 골목에서 하는 것처럼 네 앞에서 나팔을 불지 말라. 진실로 내가 너희에게 말
한다. 그들은 자기 상을 받고 있는 것이다. **3** 오히려 너는 구제할 때에 네 오른손
이 하는 일을 왼손이 모르게 하여 **4** 네 구제를 은밀히 해야 한다. 그러면 은밀하

49) 용어 해설에서 '튜닉'을 찾아보라.

50) 대략 일천 걸음 정도를 말한다.

51) '네 원수를 미워하라'는 말은 타나크(유대인의 성경)나 구전 토라에서 찾아볼 수 없다. 이방 종교에서 들어온 것으로 보인다.

52) '의로움을 행하는 것'은 '선한 일을 하는 것'을 말한다. 용어 해설에서 '미츠바'를 찾아보라.

53) '쯔다카'를 말한다. 용어 해설에서 '미츠바'와 '의'를 함께 찾아보라.

게 보시는 네 아버지께서 네게 갚아 주실 것이다."

기도에 대한 가르침(눅 11:2-4)

5 "또 너희는 기도할 때에 위선자들과 같이 되어서는 안 된다. 그들은 사람들
에게 드러내려고 회당이나 큰 길모퉁이에 서서 기도하기를 좋아하기 때문이다. 진
실로 내가 너희에게 말한다. 그들은 자기 상을 받고 있는 것이다. 6 그러나 기도할
때에 너는 골방에 들어가서 그 문을 닫고 은밀하게 보시는 네 아버지께 기도해야
한다. 그러면 네 아버지, 곧 은밀하게 보시는 분께서 네게 상을 주실 것이다. 7 그
리고 너희는 기도할 때에 이방인들처럼 공허하게 되풀이하지 않아야 한다. 그들
은 자기들의 말이 많아서 들어주신다고 생각하기 때문이다. 8 따라서 너희는 그들
처럼 되어서는 안 된다. 너희 아버지께서는 너희가 구하기 전에 무엇이 필요한지
아시기 때문이다. 9 그러므로 너희는 이렇게 기도하라.

주기도문

'하늘에 계신 우리 아버지여,
아버지의 이름[54]은 즉시 거룩해져야 하며,
10 아버지의 왕국이 지금 와야 하며,
아버지의 뜻이 하늘에서처럼
땅에서도 곧 이루어져야 합니다.
11 아버지께서는 지금 우리가 오늘을 사는 데 필요한 것[55]을 주셔야 하며,
12 우리에게 잘못한 모든 사람의 크고 작은 모든 일을
우리가 완전히 용서한 것처럼
아버지께서 우리 죄를 즉시 용서해 주셔야 합니다.[56]
13 그리고 우리를 유혹[57]으로 이끌지 마시고,
아버지께서 우리를 악한 자에게서 구해 주셔야 합니다.'

54) 이름에 해당하는 헬라어 '오노마'는 하나님의 속성과 활동성을 의미한다. 용어 해설에서 '오노마'를 찾아보라.

55) '사는 데 필요한 것'에 해당하는 헬라어는 마태복음 6장 11절과 누가복음 11장 3절에만 나타나는데, 그 의미가 명확하지 않다. 용어 해설에서 '일용할 양식'을 찾아보라.

56) 우리는 하나님과 언약 관계이기 때문에 예슈아의 가르침에 따라 이렇게 요청할 수 있다. 용어 해설에서 '죄 사함'을 찾아보라.

57) '시련'으로 번역할 수도 있다.

[그 왕국과 권세와 영광이 영원토록 아버지의 것입니다. 아멘.][58]
14 그러므로 만일 너희가 *다른 모든* 사람의 잘못들을 용서하면, 너희의 하늘
아버지께서도 너희를 용서하실 것이다. **15** 그러나 만일 너희가 *다른 모든* 사람을
용서하지 않으면, 너희 아버지께서도 너희의 죄를 용서하지[59] 않으실 것이다"(골
3:13).

금식에 대한 가르침

16 "또 너희는 금식하려고 할 때에 위선자들처럼 슬픈 안색을 보이지 말라. 그
들은 금식하는 것을 사람들에게 드러내려고 그런 얼굴을 하기 때문이다. 진실로
내가 너희에게 말하는데, 그들은 자기 상을 받고 있다. **17** 그러나 너는 금식할 때
에 네 머리에 기름을 바르고, 네 얼굴을 씻어야 한다. **18** 이는 네가 금식하는 것을
사람들에게 드러내지 않고, 은밀하게 네 아버지께 보이기 위함이다. 그러면 은밀
하게 보시는 네 아버지께서 네게 갚아 주실 것이다."

하늘에 있는 보물(눅 12:33-34)

19 "너희를 위해 땅에서 보물을 모으지 말라. 거기서는 좀먹고 녹슬며, 도둑이
뚫고 훔쳐 간다. **20** 그러나 너희를 위해 하늘에 보물을 쌓아 두라. 거기서는 좀먹
거나 녹슬지 않고, 도둑이 뚫지도, 훔쳐 가지도 않는다. **21** 네 보물이 있는 곳에
네 마음도 있다."

몸의 등불(눅 11:34-36)

22 "눈은 몸의 등불이다. 그러므로 네 눈이 건전하면 온몸이 밝을 것이지만, **23**
네 눈이 악하면[60] 온몸이 어두워질 것이다. 그러므로 네 안에 있는 빛이 어둡다
면, 그 어두움이 얼마나 심하겠느냐?"(잠 22:9; 28:22)

하나님과 재물(눅 16:13)

24 "아무도 두 주인을 섬길 수 없다. 한 사람을 미워하고 다른 사람을 사랑하거
나, 한 사람에게 헌신하고 다른 사람을 무시할 것이기 때문이다. 너희가 하나님도

58) 주기도문의 마지막 문장, 곧 '송영'은 5세기경에 덧붙여진 것이다. 용어 해설에서 '주기도문'을 찾아보라.
59) 용서는 하나님과의 온전한 관계를 위해 반드시 필요한 것이다. 용어 해설에서 '죄 사함'을 찾아보라.
60) '눈이 악하다'는 것은 '인색함'이나 '탐욕'을 뜻하는 히브리 관용 표현이다(신 15:9; 잠 23:6-7; 28:22).

섬기고, 재물도 섬길 수는 없다."

근심과 염려(눅 12:22-34)

25 "이로 인해 내가 너희에게 말한다. 너희 목숨을 위해 무엇을 먹어야 할지, 또
는 무엇을 마셔야 할지, 또는 너희 몸에 무엇을 걸쳐야 할지 염려하는 것을 멈추
어라. 목숨이 음식보다, 몸이 옷보다 더 귀하지 않느냐? **26** 너희는 하늘의 새들이
심지도 않고, 거두지도 않고, 창고에 모으지도 않는데, 너희 하늘 아버지께서 그
들을 먹이신다는 사실을 생각해야 한다. 너희는 그것들보다 더 귀하지 않으냐?
27 그리고 너희 중 누가 걱정한다고 해서 자기 나이에 한 시간이라도 더할 수 있느
냐? **28** 또 너희는 왜 옷에 대해 염려하느냐? 너희는 들판의 백합들이 어떻게 자라
는지 보아야 한다. 그것들은 일도 하지 않고, 옷감도 짜지 않는다. **29** 그러나 내가
너희에게 말한다. 솔로몬은 자기의 모든 영광으로도 이것들 가운데 하나처럼 차려
입지 못했다. **30** 오늘 *여기* 있다가 내일 화로에 던져지는 들판의 풀도 하나님께서
이렇게 입히시는데, 너희는 훨씬 더 잘 입히시지 않겠느냐, 믿음이 적은 자들아?
31 그러므로 너희가 염려하여 말하기를, '무엇을 먹을 수 있을까?' 또는 '무엇을 마
실 수 있을까?' 또는 '무엇을 입어야 할까?' 하지 않아야 한다. **32** 이 모든 것은 이
방인들이 구하려고 애쓰는 것이며, 참으로 너희 하늘 아버지께서 이 모든 것이
너희에게 필요하다는 것을 아시기 때문이다. **33** 그러나 너희는 먼저 하나님의 왕
국과 그분의 의를 끊임없이 찾아야 한다. 그러면 이 모든 것이 너희에게 주어질
것이다. **34** 그러므로 너일을 염려하지 말라. 내일은 내일이 염려할 것이기 때문이
다. 그날의 고생은 그날로 충분하다"(잠 27:1).

다른 사람 판단하기(눅 6:37-38, 41-42)

7 **1** "판단하지 말라. 그러면 너희가 판단받지 않을 것이다. **2** 너희가 판단하
는 판단으로 너희가 판단받고, 너희가 평가하는 기준으로 너희가 평가받
게 될 것이기 때문이다(롬 14:10-13). **3** 그런데 너는 왜 네 형제의 눈 속에 있는 티끌
은 보면서 네 눈 속에 들보가 있는 것은 깨닫지 못하느냐? **4** 또 네 눈 속에 이 들
보가 있는데, 어떻게 네 형제에게 말하기를, '너는 내게 네 눈 속의 티끌을 빼 달
라고 해야 한다'라고 하겠느냐? **5** 위선자여! 너는 먼저 네 눈 속의 들보를 빼야 한

다. 그래야 네가 제대로 보면서 네 형제의 눈 속에서 티끌을 뺄 것이다.[61] 6 거룩한
것들을 개들에게 주지 말고, 너희 진주를 돼지들 앞에 던지지 말라. 이는 그것들
이 진주를 발로 밟고 돌아선 다음 너희를 찢지 않게 하려는 것이다."

구하라, 찾으라, 두드려라(눅 11:9-13)

7 "너희는 계속 구해야 한다. 그러면 너희에게 주어질 것이다. 너희는 끊임없이
찾아야 한다. 그러면 너희가 얻을 것이다. 너희는 계속해서 두드려야 한다. 그러
면 너희에게 열릴 것이다. 8 구하는 자는 누구든지 갖게 되며, 찾는 자는 발견하
고, 두드리는 자에게 열릴 것이기 때문이다. 9 또 너희 가운데 누가 자기 아들이
빵을 구하는데 돌을 주겠느냐?[62] 10 아니면 생선을 구하는데 뱀을 주겠느냐? 11
그러므로 너희가 스스로는 악할지라도 자기 자녀에게 좋은 선물을 줄 줄 안다면,
하늘에 계신 너희 아버지께서는 구하는 자들에게 좋은 것들을 얼마나 더 주시겠
느냐? 12 그러므로 사람들이 너희에게 해 주기를 바라는 모든 것을 너희도 그와
같이 그들에게 해 주어야 한다. 이것이 토라(가르침)와 선지자들[63]이기 때문이다."

좁은 문(눅 13:24)

13 "너는 즉시 좁은 문으로 들어가야 한다. 멸망으로 이어지는 문은 크고 길이
넓어서 그것으로 들어가는 사람들이 많기 때문이다. 14 생명으로 이어지는 문은
얼마나 좁고 그 길이 협소한지, 그것을 발견하는 사람들이 거의 없다."

열매로 아는 나무(눅 6:43-44)

15 "너희는 항상 거짓 선지자들을 조심해야 한다. 그들은 양의 옷을 입고 너희
에게 오지만, 속에는 굶주린 이리들이 있기 때문이다. 16 너희는 그 열매로 (사람을)
알아보게 될 것이다. 누가 가시덤불에서 포도를, 엉겅퀴에서 무화과를 거두겠느
냐? 17 이와 같이 좋은 나무는 모두 좋은 열매를 맺고, 썩은 나무는 나쁜 열매를
낸다. 18 좋은 나무가 나쁜 열매를 맺을 수 없고, 썩은 나무가 좋은 열매를 맺을
수도 없다. 19 좋은 열매를 맺지 않는 모든 나무는 찍혀서 불 속에 던져진다. 20 따

61) 이것은 탈무드에도 기록되어 있다.

62) 본 절과 10절은 부정적인 대답을 유도하고 있다.

63) '토라와 선지자들'에는 성경의 처음 다섯 권과 여호수아, 사사기, 사무엘상·하, 열왕기상·하 그리고 다니엘을 제외한 이사야부터 말라기까지가 포함된다. 이것은 또한 히브리 성경 전체를 지칭하는 표현이기도 하다. 용어 해설에서 '토라'를 찾아보라.

라서 너희는 그들의 열매 때문에 그들을 확실히 알게 될 것이다."

나는 너희를 모른다(눅 13:25-27)

21 "내게 '주여, 주여!'[64] 한다고 모두가 하늘들[65]의 왕국에 들어가는 것이 아니라,
하늘에 계신 내 아버지의 뜻을 행하는 사람이 들어갈 것이다. **22** 그날에 많은 사람이
내게 '주여, 주여! 우리가 당신의 이름으로 예언하지 않았습니까? 또 우리가 당신
의 이름으로 귀신들을 쫓아내고, 당신의 이름으로 많은 기적들을 행하지 않았습니
까?' 라고 말할 것이다. **23** 그러나 그때에 내가 그들에게 '나는 너희를 전혀 모른다. 토
라(가르침) 없이[66] 일하는 너희는 내게서 영원히 떠나야 한다' 라고 선언할 것이다."

두 개의 기초(눅 6:47-49)

24 "그러므로 나의 이러한 말을 듣고 그것들을 행하는 모든 사람은 바위 위에
집을 지은 신중한 사람처럼 될 것이다. **25** 그리하여 비가 내리고 강물이 넘치며 바
람이 불어 그 집에 몰아쳤으나, 바위 위에 기초를 두었으므로 그것이 무너지지 않
았다. **26** 그러나 나의 이러한 말을 듣고 그것들을 행하지 않는 모든 사람은 모래
위에 집을 지은 어리석은 사람처럼 될 것이다. **27** 그리하여 비가 내리고 강물이 넘
치며 바람이 불어 그 집에 몰아치자 그것이 무너졌는데, 그 무너짐이 컸다."

28 그리고 다음과 같은 일이 있었다.[67] 예슈아께서 이 말씀을 마치셨을 때에 무
리가 그분의 가르침에 놀랐다. **29** 그분께서 권위 있는 자처럼 그들을 가르치셨고,
그들의 서기관들과 같지 않으셨기 때문이다.

나병[68]환자를 깨끗하게 하심(막 1:40-45; 눅 5:12-16)

8 **1** 예슈아께서 산에서 내려오셨을 때에 큰 무리가 그분을 따랐다. **2** 그런
데 보라, 한 나병환자가 와서 그분 앞에 무릎을 꿇고 말하기를, "주여! 당

64) 주님의 관심을 끌 것이라 확신하며 절박하게 외치는 것이다. 용어 해설에서 '이름 두 번 부르기'를 찾아보라.

65) 히브리인들은 '하늘'을 복수형으로 사용한다. 용어 해설에서 '하늘'을 찾아보라.

66) 토라의 가르침대로 행하는 일에 실패했다는 뜻이다. 토라는 성경의 첫 다섯 권을 말한다.

67) 역자 주: 우리말 성경에는 그 의미가 전혀 반영되어 있지 않지만, 《원뉴맨 성경》에서는 "And it happened" 형식으로 표현한다. 우리말에서는 문맥에 따라 약간씩 다르게 번역된다(이하 참조).

68) 성경의 '나병'은 오늘날의 한센병과는 다르다. 용어 해설에서 '나병'을 찾아보라.

신이 원하시면, 저를 깨끗하게 하실 수 있습니다"라고 했다. **3** 이에 그분께서 손을
내밀어 그를 만지며[69] 말씀하셨다. "내가 원한다. 너는 즉시 깨끗해져라." 그러자
즉시 그의 나병이 깨끗해졌다. **4** 그때 예슈아께서 그에게 말씀하셨다. "너는 아무
에게도 말하지 말고, 다만 이제 가서 제사장에게 네 몸을 보이고, 모세가 명령한
예물을 드려 그들에게 증거하라."

백부장의 종을 치유하심(눅 7:1-10; 요 4:43-54)

5 이어서 그분께서 가버나움으로 들어가셨을 때에 한 백부장이 와서 간청하
며 **6** 말하기를, "주여, 제 아이[70]가 전신마비로 집에 누워 극심하게 고통받고 있습
니다"라고 했다. **7** 그러자 그분께서 그에게 말씀하셨다. "내가 가서 그를 고쳐 주
겠다." **8** 이에 백부장이 말했다. "주여, 저는 당신을 제 지붕 아래 모실 자격이 없습
니다. 다만 당신이 한 마디만 하신다면, 제 아이가 낫게 될 것입니다. **9** 저 또한 상
관 아래 있는 사람이고, 제 아래에도 병사들이 있어, 제가 이 사람에게 '네가 가
라' 하면 그가 가고, 다른 사람에게 '네가 와라' 하면 그가 오며, 제 종에게 '네가
이것을 하라' 하면 그가 합니다." **10** 그러자 예슈아께서 듣고 놀라시며 그 따르는
사람들에게 말씀하셨다. "진실로 내가 너희에게 말한다. 지금까지 나는 이스라엘
에서 이렇게 큰 믿음을 본 적이 없다. **11** 내가 너희에게 말한다. 많은 이들이 동쪽
과 서쪽으로부터 와서 아브라함과 이삭과 야곱과 함께 하늘들의 왕국에서 비스
듬히 앉아 먹을[71] 것이며, **12** 그 왕국의 아들들은 바깥 어두운 곳으로 쫓겨나 거
기에서 울며 이를 갈 것이다." **13** 예슈아께서 그 백부장에게 말씀하셨다. "너는 이
제 가라. 네가 믿었으므로 그 일이 네게 즉시 이루어져라." 그러자 그 시간에 그의
아이가 나았다.

많은 사람을 치유하심(막 1:29-34; 눅 4:38-41)

14 또한 예슈아께서 베드로의 집에 들어가신 후에 그의 장모가 침상에 누워 열

69) 나병환자의 몸에 손을 대는 사람은 누구나 부정해진다. 그러나 예슈아께서는 오히려 나병환자를 깨끗하게 하심으로 그분의 신성을 증명하셨다. "너희는 칠 일 동안 제단을 위해 속죄하여 그것을 거룩하게 하라. 그러면 그 제단은 가장 거룩한 것이 될 것이고, 그 제단에 닿는 것마다 거룩해질 것이다"(출 29:37).

70) 이 아이는 '남자아이'로, 누가복음 7장 2절에는 '종'이라고 언급되어 있다.

71) 비스듬히 앉아서 먹는 것은 당시 유대인의 관습이었다. 비스듬히 앉는 것은 그들이 이제 이집트의 노예가 아니라 자유인이라는 것을 보여 주는 행위였다. 용어 해설에서 '비스듬히 앉아서 먹다'를 찾아보라.

72) 헬라어 '켈루오'(keleuo)는 상급자가 아랫사람에게 명령할 때에만 사용한다.

병을 앓고 있는 것을 보셨다. 15 그래서 그분이 그녀의 손을 만지시자 열병이 떠났고, 그녀는 일어나 그분의 시중을 들었다. 16 저녁이 되자, 사람들이 그분께 귀신 들린 자들을 많이 데려왔다. 이에 그분께서 말씀으로 그 영들을 쫓아내시고, 악한 것에 시달리는 모든 사람을 낫게 하셨다. 17 그리하여 선지자 이사야를 통해 선포된 것이 이루어졌으니, 말하기를,

"그분께서 우리의 아픔들을 가져가시고,
우리의 질병들을 감당하셨다"(사 53:4; 벧전 2:24)라고 하였다.

예슈아를 따르려는 자들(눅 9:57-62)

18 그리고 예슈아께서 그분 주변에 있는 무리를 보시고 *호수* 건너편으로 가라고 명령하셨다.[72] 19 그런데 서기관 중 한 사람이 다가와서 그분께 말했다. "선생님! 저는 당신이 가시는 곳이라면 어디든지 당신을 따르겠습니다." 20 그러자 예슈아께서 그에게 말씀하셨다. "여우도 굴이 있고 하늘의 새들도 둥지가 있으나, 그 사람의 아들은 그의 머리를 둘 곳이 아무 데도 없다." 21 그분의 제자들 중 또 다른 사람이 그분께 말했다. "주여, 제가 먼저 가서 제 아버지를 장사하도록 허락해 주셔야 합니다." 22 그러나 예슈아께서 그에게 말씀하셨다. "너는 지금 나를 따르고, *영적으로* 죽은 자들이 그들의 죽은 자들을 장사하게 해야 한다."

폭풍을 잠잠하게 하심(막 4:35-41; 눅 8:22-25)

23 그분께서 배를 타고 가실 때에 그분의 제자들이 따랐다. 24 그런데 보라, 호수에 큰 폭풍이 일어나 배가 파도에 덮이는데도, 그분은 주무시고 계셨다. 25 이에 제자들이 와서 그분을 깨우며 말하기를, "주여, 당신께서 즉시 우리를 구해 주셔야 합니다. 우리가 죽게 되었습니다"라고 했다. 26 그러자 그분께서 그들에게 말씀하셨다. "믿음이 적은 자들아, 왜 겁을 내느냐?" 그리고 그분께서 일어나신 후에 바람과 호수를 꾸짖으시자 아주 잠잠해졌다. 27 이에 사람들이 놀라며 말하기를, "이분이 어떤 분이기에 바람과 호수조차 그분께 복종하는가?"라고 했다.

가다라의 귀신 들린 사람들을 치유하심(막 5:1-20; 눅 8:26-39)

28 또한 그분께서 건너편 가다라 지역으로 가신 후, 귀신 들린 사람 둘이 무덤에서 나왔다가 그분을 만났다. 그들은 몹시 사나운 자들이라 아무도 그 길을 지

나갈 수 없었다. **29** 그런데 보라, 그들이 부르짖으며 말하기를, "하나님의 아들이시
여, 당신이 우리와 무슨 상관이 있습니까? 당신은 때가 되기도 전에 우리를 괴롭
히려고 여기에 오셨습니까?"라고 했다. **30** 그때 그들로부터 멀리 떨어진 곳에 많은
돼지 떼가 먹고 있었다. **31** 이에 귀신들이 그분께 간청하며 말하기를, "만약 당신이
우리를 쫓아내시려거든, 바로 저 돼지 떼 속으로 보내 주셔야 합니다"라고 했다. **32**
그러자 그분께서 귀신들에게 말씀하셨다. "너희는 이제 가라." 이에 그것들이 나와
돼지 떼 속으로 들어갔다. 그런데 보라, 그 모든 돼지 떼가 호숫가의 가파른 길을
달려 내려가 물에 빠져 죽었다. **33** 이에 돼지를 치던 사람들이 달아나 그 도시로
들어가 이 모든 일과 귀신 들렸던 자들에게 일어난 일을 전했다. **34** 보라, 그 도시
사람 모두가 예슈아를 만나러 나와서 그분을 보고 그 지역에서 떠나 달라고 간청
했다.

전신마비 환자를 치유하심(막 2:1-12; 눅 5:17-26)

9 **1** 그리고 그분께서 배에 오르신 후에 호수를 가로질러 그분의 고향으로
들어가셨다. **2** 그런데 보라, 사람들이 들것에 누워 있는 전신마비 환자를
그분께 데려왔다. 그러자 예슈아께서 그들의 믿음을 보시고 전신마비 환자에게
말씀하셨다. "아이야, 너는 용기를 내야 한다. 네 죄들이 사함 받았다." **3** 그런데 보
라, 서기관 몇 명이 속으로 '이 사람이 하나님을 모독하고 있구나'라고 말했다. **4**
그때 예슈아께서 그들의 생각을 아시고 이렇게 말씀하셨다. "너희는 왜 마음속으
로 악한 것을 생각하고 있느냐? **5** 그러므로 '네 죄들이 사함 받았다'고 말하는 것
과 '너는 일어나서 걸어가라'고 말하는 것 중 무엇이 더 쉽겠느냐? **6** 그러나 그 사
람의 아들이 이 땅에서 죄를 사하는 권세가 있음을 너희에게 알려 주려는 것이
다."[73] 그리고 그분께서 전신마비 환자에게 말씀하셨다. "너는 일어나서 들것을 가
지고 즉시 네 집으로 돌아가라." **7** 그러자 그가 일어나서 자기 집으로 갔다. **8** 이에
그 무리가 *이것을* 보고 서서 경외하며 이와 같은 권세를 사람들에게 주신 하나님
을 찬양했다.

73) 예슈아께서는 자신에게 죄를 사할 권세가 있다고 말씀하셨으나 정작 전신마비 환자에게는 "내가 네 죄들을 사한다"가 아니라 "네 죄들이 사함 받았다"고 말씀하셨다. 이것은 회개한 사람에게 누구나 해줄 수 있는 말이었다.

마태를 부르심(막 2:13-17; 눅 5:27-32)

9 그때 예수아께서 거기를 떠나 가시다가 마태라고 불리는 사람이 세관에 앉아
있는 것을 보시고 그에게 말씀하셨다. "너는 충실히 나를 따라야 한다." 이에 그가
일어나 그분을 따랐다.[74] **10** 그리고 다음과 같은 일이 있었다. 그분께서 그 사람의
집에서 비스듬히 앉아 식사하시는[75] 동안, 많은 세리들과 죄인들이 와서 예수아와
그분의 제자들과 함께 비스듬히 앉아서 먹었다. **11** 그런데 바리새파 사람들이 그들
을 보고 그분의 제자들에게 이렇게 말했다. "당신들의 스승은 왜 세리와 죄인들과
함께 음식을 먹는 것이오?" **12** 그때 그분께서 듣고 말씀하셨다. "건강한 사람에게
는 의사가 필요 없으나 악한 것[76]에 시달리는 사람에게는 필요하다. **13** 그러므로
너희가 가서 배워야 할 것은 '내가 사랑에서 우러난 친절을 원하고, 제사를 원하지
않는다'(호 6:6)는 말씀이다. 나는 의인들이 아니라 죄인들을 부르러 왔기 때문이다."

금식에 대한 질문(막 2:18-22; 눅 5:33-39)

14 그 후에 요한의 제자들이 그분께 와서 말하기를, "우리와 바리새파 사람들은
자주 금식하는데, 당신의 제자들은 왜 금식하지 않습니까?"라고 했다. **15** 이에 예
슈아께서 그들에게 말씀하셨다. "신방의 아이들[77]이 신랑과 함께 있는 동안 곡을
할 수 있겠느냐? 그러나 신랑을 빼앗길 날이 올 것인데, 그때에는 그들이 금식할
것이다. **16** 또 새 천 조각을 낡은 옷에 덧대는 사람은 아무도 없다. 그렇게 하면 덧
댄 것이 그 옷을 잡아당겨 더 심하게 찢어지기 때문이다. **17** 그리고 새 포도주를
낡은 가죽 부대에 담는 사람은 아무도 없다. 그렇게 하면 낡은 가죽 부대가 터져
포도주가 쏟아지고, 가죽 부대는 버리게 되기 때문이다. 그러나 사람들이 새 포
도주를 새 부대에 넣으면, 둘 다 보존된다."

지도자의 딸(막 5:21-43; 눅 8:40-56)

18 그분께서 그들에게 이 말씀을 하신 후에 보라, 한 지도자가 와서 그분 앞에

74) 세리인 마태는 부유한 상류층 사람이었을 것이다. 그런 그가 모든 것을 버리고 예슈아의 제자가 되어 그분을 따랐다.

75) 비스듬히 앉아서 먹는 것은 당시 유대인의 관습이었다. 비스듬히 앉는 것은 그들이 이제 이집트의 노예가 아니라 자유인이라는 것을 보여 주는 행위였다. 용어 해설에서 '비스듬히 앉아서 먹다'를 찾아보라.

76) 헬라어 '카코스'(kakos)의 문자적 의미는 '악'(惡)이다. 그러나 '질병'으로 번역되는 경우가 많다.

77) 결혼식 준비를 돕는 신랑의 친구들을 가리킨다.

무릎을 꿇으며 말하기를, "제 딸이 지금 죽어가고 있습니다. 그러나 당신이 오셔
서 손을 그 위에 얹으시면 아이가 살아날 것입니다"라고 했다. **19** 그리고 그가 일
어나자, 예슈아와 그분의 제자들이 그를 따라갔다.

예슈아의 기도숄(탈리트)을 만진 여인

20 그때 십이 년 동안 만성출혈로 고통을 겪고 있는 한 여인이 있었다. 그녀가
그분의 뒤로 다가와서 그분의 기도숄(탈리트) 가장자리의 술[78]을 만졌다. **21** 그녀가
속으로 말하기를, "내가 그분의 기도숄(탈리트)만 만질 수 있어도 나을 것이다"[79]라
고 했기 때문이다. **22** 그런데 예슈아께서 돌아서서 그 여인을 보시며, "딸아, 용기
를 내라. 네 믿음이 너를 구원했다"[80]라고 말씀하셨다. 그러자 바로 그 순간 여인
이 나았다. **23** 이어서 예슈아께서 지도자의 집에 도착하신 후, 피리 부는 자들과
곡하는 무리를 보시고 **24** 말씀하시기를, "너희는 이제 물러가야 한다. 그 소녀는
죽은 것이 아니라 자고 있기 때문이다"라고 하셨다. 그러자 그들이 그분을 비웃었
다. **25** 그러나 무리가 쫓겨난 후에 그분이 안으로 들어가서 소녀의 손을 잡으시자,
소녀가 일어났다. **26** 그러자 이 소문이 그 지역에 널리 퍼졌다.

두 명의 눈먼 자를 치유하심

27 그리고 예슈아께서 거기서 떠나려고 하실 때에 두 명의 눈먼 자가 그분을 따
르며 외쳐 말하기를, "다윗의 자손이여,[81] 당신은 이제 우리를 불쌍히 여기셔야 합
니다"라고 했다. **28** 그분께서 집으로 들어가신 후 눈먼 자들이 그분께 왔고, 예슈
아께서 그들에게 말씀하셨다. "너희는 내가 이 일을 할 수 있다고 믿느냐?" 그들이
그분께 대답했다. "주여, 믿습니다." **29** 그러자 그분께서 그들의 눈을 만지며 말씀
하셨다. "이제 그 일이 너희 믿음대로 너희에게 이루어져라." **30** 이에 그들의 눈이
열렸다. 그때 예슈아께서 그들에게 엄중히 경고하시며 "너희는 아무도 이 일을 알
지 못하도록 주의하라"고 말씀하셨다. **31** 그러나 그들은 나가서 이 일을 온 지역에
널리 퍼뜨렸다.

말 못하는 사람을 고치심

32 그들이 나가는 동안, 보라, 사람들이 그분께 귀신이 들려 귀먹고 말 못하는
사람을 데려왔다. **33** 이에 그분께서 귀신을 쫓아내신 후에 말 못하던 사람이 말을

하게 되었고, 무리가 놀라며 "이런 일은 이스라엘에서 본 적이 없다"라고 말했다.
34 그러나 바리새파 사람들은 말하기를, "그는 귀신들의 우두머리로 귀신들을 쫓
아내는 것이다"라고 했다.

예슈아의 긍휼

35 그리고 예슈아께서 모든 도시와 마을을 두루 다니시며 그들의 회당들에서
가르치시고, 그 왕국의 복음을 선포하며 온갖 질병과 연약함을 고쳐 주셨다. 36
또한 그 무리를 보시고 그들을 불쌍히 여기셨는데, 이는 그들이 목자 없는 양처
럼 지치고 버림받았기 때문이다(민 27:17). 37 그때 그분께서 제자들에게 말씀하셨
다. "추수할 것은 많으나 일꾼이 없다. 38 그러므로 너희 모두는 즉시 추수할 주인
에게 간청하여 그분께서 추수할 곳으로 일꾼들을 보내시게 하라"(계 14:15).

열두 제자의 사명(막 3:13-19; 눅 6:12-16)

10 1 그리고 그분께서 열두 제자를 부르신 후에 그들에게 더러운 영들을 다
스릴 권세를 주셔서 그들로 그것들을 쫓아내고, 모든 질병과 연약함을
고칠 수 있게 하셨다. 2 한편 그 열두 사도의 이름은 이러하니, 첫째는 베드로라고
불리는 시몬이고, 그의 형제 안드레, 그리고 세베대의 아들 야고보와 그의 형제
요한, 3 빌립과 바돌로매, 도마와 세리 마태, 알패오의 아들 야고보와 다대오, 4 열
심당원 시몬과 그분을 팔아넘긴 가룟 출신 유다였다.

열두 제자의 파송(막 6:7-13; 눅 9:1-6)

5 예슈아께서 이 열둘에게 다음과 같이 명령하신 후 그들을 보내셨다. "너희는
이방인들에게 이르는 그 길로 가지 말고, 사마리아 사람의 도시로 들어가지 말라.
6 오히려 이스라엘 집의 잃어버린 양들에게 꾸준히 가라. 7 그리고 너희가 가는 동

78) 기도숄(탈리트) 가장자리에 달린 술 장식을 히브리어로 '찌찌트'(tsititsit)라고 하는데, 하나님의 모든 계명과 약속을 상징한다. 용어 해설에서 '탈리트 또는 기도숄'을 찾아보라.

79) 당시에는 기름부음을 받은 하나님의 사람이 입고 있는 기도숄(탈리트)에 치유의 기름부음이 있다고 생각했다. 용어 해설에서 '탈리트 또는 기도숄'을 찾아보라.

80) 누가복음 8장 47절과 그 각주를 참고하라.

81) 용어 해설에서 '다윗의 자손/요셉의 자손'을 찾아보라.

안 '하늘들[82]의 왕국이 가까이 왔다'고 선포하라. 8 너희는 끊임없이 질병들을 고
치고, 죽은 자를 일으키며, 나병[83] 환자를 깨끗하게 하고, 귀신들을 쫓아내라. 너희
가 거저 받았으니, 이제 거저 주어라. 9 너희는 전대에 금도, 은도, 동전도 지닐 수
없고, 10 그 길을 위한 자루 하나, 튜닉 두 벌, 신발, 지팡이 하나도 안 된다. 일꾼
은 자기 음식을 받을 자격이 있기 때문이다. 11 너희가 들어가려는 어느 도시나 거
리에서든지, 너희는 즉시 그곳에서 누가 마땅한 사람인지 살펴보아라. 그리고 언
제든지 떠날 때까지 거기 *그 집에* 머물라. 12 그리고 너희는 어떤 집에 들어갈 때에
즉시 그곳에 샬롬이라고 말하라. 13 그래서 만일 그 집이 합당하면, 너희의 샬롬
이 반드시 거기에 임할 것이다. 그러나 그 집이 합당하지 않으면, 너희의 샬롬이
반드시 너희에게 돌아올 것이다. 14 그리고 누구든지 너희를 맞아들이지[84] 않거나
너희가 전하는 메시지에 귀를 기울이지 않으면, 그 집이나 그 도시에서 나올 때에
너희 발에 있는 먼지를 바로 털어 버려라. 15 진실로 내가 너희에게 말한다. 심판 날
에 그 도시보다 소돔과 고모라 지역에 있는 것이 더 견디기 쉬울 것이다."

임박한 박해(막 13:9-13; 눅 21:12-17)

16 "보라, 내가 너희를 이리들 가운데 있는 양들처럼 보낸다. 그러므로 너희는
뱀처럼 영리하고 비둘기처럼 순수하라. 17 그리고 사람들을 경계해야 한다. 그들
이 너희를 산헤드린[85]에 넘겨주고, 그들의 공적인 모임들[86] 가운데서 너희를 채찍
질할 것이기 때문이다. 18 또 너희는 나 때문에 총독들과 왕들 앞에 끌려가서 그
들과 이방인들에게 증거하게 될 것이다. 19 그리고 그들이 너희를 잡아갈 때에 무
엇을 어떻게 말할까 염려하지[87] 말라. 너희가 해야 할 말을 그 순간에 받을 것이
며, 20 말하는 자는 너희가 아니라 너희를 통해 말씀하시는 너희 아버지의 그 영

82) 히브리어에서 '하늘'은 항상 복수형이다. 용어 해설에서 '하늘'을 찾아보라.

83) 성경의 나병은 오늘날의 한센병과는 다르다. 용어 해설에서 '나병'을 찾아보라.

84) 원문을 문자 그대로 옮기면 '손을 잡다'로, '따뜻하게 맞이하다'의 뜻이다.

85) 산헤드린은 법과 질서를 유지하고 지역 현안을 결정하는 공동체이다.

86) 원문의 일차적인 의미는 '사람들의 모임'으로 '회당'으로 번역할 수도 있지만, 회당에서는 아무도 채찍질하거나 채찍에 맞지 않는다. 누가복음 4장 28-29절은 회중이 예슈아께서 회당에서 전하신 말씀에 분노하여 그분을 회당 밖으로 끌어냈다고 기록하는데, 회당 안에서는 어떤 체벌도 가할 수 없었기 때문이다. 용어 해설에서 '회중'을 찾아보라.

87) 절대로 염려하지 말라. 염려는 저주이기에 우리에게는 염려가 없다. 오직 주님의 일에 대한 열심과 열정만 있다.

(성령)이기 때문이다. 21 그리고 형제가 형제를 배반하여 죽게 하고, 아버지가 자녀
에게, 자녀들이 부모에게 대적하여 일어나서 그들이 서로 죽게 할 것이다. 22 또
너희가 내 이름 때문에 모두에게 미움을 받겠지만, 끝까지 견디는 사람은 구원을
받을 것이다. 23 그리고 그들이 이 도시에서 너희를 박해하거든(또는 뒤쫓거든), 너희
는 다른 곳으로 피신하라. 진실로 내가 너희에게 말한다. 너희가 이스라엘의 도시
들을 다 다니기 전에 그 사람의 아들이 올 것이다."[88]

24 "제자가 자기 스승 위에 있지 않고, 종이 자기 주인 위에 있지 않으므로, 25
제자가 그 스승 같고, 종이 그 주인처럼 되면 충분하다. 만약 사람들이 집주인을
바알세붑이라고 부른다면, 그 집안 사람들에 대해서는 얼마나 더하겠느냐?"

두려워해야 할 분(눅 12:2-7)

26 "그러므로 너희는 그들을 두려워하지 말라. 감추어져서 드러나지 않을 것이
아무것도 없고, 알려지지 않을 비밀도 없기 때문이다. 27 내가 어둠 가운데 너희에
게 말하는 것을 너희는 이제 밝은 데서 말하고, 너희가 귓속말로 들은 것은 즉시
지붕 위[89]에서 선포하라. 28 그리고 몸은 죽여도 *영원한* 생명은 죽일 수 없는 자들
을 두려워하지 말고, 오히려 생명과 몸을 게헨나[90]에서 멸하실 수 있는 분을 두려
워하라. 29 참새 두 마리가 십육분의 일 데나리온[91]에 팔리지 않느냐? 그러나 그
중 한 마리도 너희 아버지께서 모르시거나 허락하지 않으시면 땅에 떨어지지 않
는다. 30 그런데 너희에 대해서는 심지어 너희의 머리털까지 모두 세신다. 31 그러
므로 두려워하지 말라! 너희는 많은 참새보다 더 귀하다."

사람들 앞에서 메시아 시인하기(눅 12:8-9)

32 "그러므로 누구든지 사람들 앞에서 나를 시인하면, 나도 하늘에 계신 내 아
버지 앞에서 그를 시인할 것이다. 33 그러나 누구든지 사람들 앞에서 나를 부인하
면, 나도 하늘에 계신 내 아버지 앞에서 그를 부인할 것이다."

88) 모든 세대의 사람들은 자신들이 '마지막 때'를 살아가고 있음을 깨달아야 한다. 용어 해설에서 '메시아(그리스도)의 재림'을 찾아보라.

89) 고대 이스라엘의 가옥이나 공공건물의 꼭대기 층은 오늘날의 옥상과 같아서 창고나 그 외의 목적으로 사용되는 경우가 많았다. 엘리사 선지자가 거하던 방도 옥상에 설치한 것이었다.

90) 용어 해설에서 '게헨나'를 찾아보라.

91) 헬라어 원문에는 한 앗사리온으로 되어 있다. 이것은 로마 화폐단위로, 십육분의 일 데나리온(1데나리온은 노동자의 하루 품삯)에 해당한다.

평화가 아니라 전쟁(눅 12:51-53; 14:26-27)

34 "내가 땅 위에 평화를 가져다주러 왔다고 생각하지 말라. 나는 평화가 아니
라 전쟁을 가지고 왔다. **35** 그러므로 내가 와서 서로 대적하게 되었으니,

'사람이 그 아버지를 대적하고
딸이 그 어머니를 대적하며
며느리가 그 시어머니를 대적하여

36 사람의 적들이 자기 식구 중에 있을 것이다'(미 7:6).

37 아버지나 어머니를 나보다 더 사랑하는 자는 내게 합당하지 않고, 아들이나
딸을 나보다 더 사랑하는 자도 내게 합당하지 않다. **38** 또 자기 십자가를 지지[92] 않
고 내 뒤를 따르는 사람도 내게 합당하지 않다. **39** 자기 생명을 찾은 사람은 그것
을 잃을 것이며, 나를 위해 자기 생명을 잃어버린 사람은 그것을 찾게 될 것이다."

상(막 9:41)

40 "너희를 받아들이는[93] 자는 나를 받아들이는 것이며, 나를 받아들이는 자
는 나를 보내신 분을 받아들이는 것이다. **41** 선지자의 이름으로[94] 선지자를 받아
들이는 자는 선지자의 상을 받을 것이며, 의인의 이름으로 의인을 받아들이는 자
는 의인의 상을 받을 것이다. **42** 그러므로 누구든지 이 작은 자들 가운데 한 사
람에게 오직 제자의 이름으로[95] 냉수 한 잔이라도 준다면, 진실로 내가 너희에게
말하는데, 그는 결코 그의 상을 잃지 않을 것이다."

11

1 그리고 예수아께서 열두 제자들에게 이르기를 마치셨을 때, 그들의 도
시들에서 가르치고 전파하기 위해 거기를 떠나셨다.

침례자 요한이 보낸 사람들(눅 7:18-35)

2 한편 요한이 감옥에서 메시아께서 하신 일에 대해 듣고 그의 제자들을 보냈
는데, **3** 그들이 그분께 말했다. "당신이 오실 그분입니까, 아니면 우리가 다른 이를

92) 예수아께서는 자신의 예언적 사명, 즉 장차 어떤 죽음을 맞이하실지 언급하셨다.
93) 헬라어 원어의 문자적 의미는 '손으로 잡다'이다. 우리는 주 예수아와 그분의 모든 가르침을 붙잡아야 한다.
94) "그 사람이 선지자라 불리기 때문에"
95) "단지 그가 제자라는 이유 하나만으로"

기다려야 합니까?" **4** 이에 예슈아께서 그들에게 말씀하셨다. "너희는 가서 듣고 보
는 것을 요한에게 보고하라. **5** 눈먼 자들이 보고, 저는 자들이 걸으며, 나병[96] 환자
들이 깨끗해지고, 귀먹은 자가 들으며, 죽은 자가 일어나고, 회개하는[97] 자들에게
복음이 전파되고 있다(사 42:6-8; 61:1). **6** 그러므로 누구든지 나로 인해 걸려 넘어지
지 않는 사람은 복이 있다." **7** 그리하여 그들이 떠난 후에 예슈아께서 무리에게 요
한에 대해 말씀하기 시작하셨다. "너희는 무엇을 보려고 광야로 나갔느냐? 바람
에 흔들리는 갈대냐? **8** 그게 아니라면 너희는 무엇을 보려고 나갔느냐? 부드러운
옷을 입은 사람이냐? 보라, 부드러운 옷을 입은 자들은 왕궁에 있다. **9** 그러면 너
희는 무엇을 보려고 나갔느냐? 선지자냐? 내가 너희에게 분명히 말하는데, 선지
자보다 훨씬 나은 자다. **10** 이것이 그에 대해 기록된 말씀이다.

'보라, 내가 나의 사자를 네 앞서 보내니,
그가 네 앞에서 네 길을 준비할 것이다'(출 23:20; 말 3:1).

11 진실로 내가 너희에게 말한다. 여인이 낳은 자 중 침례자 요한보다 위대한 사
람은 없었다. 그러나 하늘들의 왕국에서는 가장 작은 사람이라도 그보다 더 위대
하다. **12** 침례자 요한의 시대부터 지금까지 하늘들의 왕국은 침노를 당하고 있다.
뜨거운 열정과 열심을 품고 하늘들의 왕국의 몫을 구하는 자들이 그것을 차지하
고 있으며, 각자가 열정적으로 요구하고 있다(눅 16:16). **13** 모든 선지자[98]와 토라(가
르침)의 예언이 요한까지이기 때문이다. **14** 만일 너희가 이 예언을 받아들이기 원한
다면, 그가 바로 엘리야, 곧 오기로 예정된 자다(말 3:23).* **15** 귀 있는 자는 계속해서
들어야 한다."

16 "그러나 이 세대는 무엇과 같은가? 마치 아이들이 시장에 앉아 다른 아이들
을 부르며 **17** 말하기를,

'우리가 너희에게 피리를 불어도 너희가 춤을 추지 않았고,
우리가 장송곡을 불러도 너희는 곡하지 않았다'라고 한 것과 같다.

18 요한이 와서 먹지도 않고 마시지도 않았더니, 사람들이 말하기를, '그가 귀

96) 성경의 '나병'은 오늘날의 한센병과는 다르다. 용어 해설에서 '나병'을 찾아보라.

97) 원문의 문자적 의미는 '가난하다'이다. 이것은 '회개하다'를 뜻하는 히브리 관용 표현이다.

98) '선지자'는 '선지서'를 말한다. 유대인의 성경 타나크의 선지서는 기독교의 선지서와 구성이 다르다. 다니엘을 제외한 이사야에서 말라기까지의 선지서들 외에 여호수아, 사사기, 사무엘상·하, 열왕기상·하가 포함된다.

* 히브리 성경을 기준으로 한 것이며, 우리말 성경은 말라기 4장 5절이다.

신 들렸다'고 한다. 19 그 사람의 아들이 와서 먹고 마셨더니,[99] 사람들이 말하기
를, '보라, 저 사람은 먹기를 탐하는 자이자 술꾼이며, 세리와 죄인들의 친구다!'라
고 한다. 그러나 지혜는 그의 행한 것들로 옳게[100] 되는 것이다."

회개하지 않는 도시들에 미칠 화(눅 10:13-15)

20 그때 예슈아께서 책망하기 시작하셨는데, 그분께서 대부분의 기적들을 행하
신 도시들이 회개하지 않았기 때문이다. 21 "고라신아, 네게 화가 있다. 벳새다[101]
야, 네게 화가 있다. 너희 가운데 있었던 기적들을 두로와 시돈에서 행했다면, 그
들은 오래전에 베옷을 입고 재 위에 앉아 회개했을 것이다. 22 그러므로 내가 너
희에게 말한다. 심판 날에 너희보다 두로와 시돈에 있는 것이 더 견디기 좋을 것
이다. 23 그리고 너 가버나움아,

'네가 하늘까지 들려 올라가겠느냐?
네가 하데스[102]까지 던져질 것이다'(사 14:13, 15).

네 안에서 행한 기적들을 소돔에서 행하였다면, 그곳이 오늘까지 남아 있었을
것이다. 24 그러므로 내가 너희에게 말한다. 심판 날에 너보다 소돔 땅에 있는 것
이 더 견디기 좋을 것이다."

내게 와서 쉬어라(눅 10:21-22)

25 그 무렵 예슈아께서 말씀하셨다. "하늘과 땅의 주인[103]이신 아버지, 아버지를
찬양합니다. 아버지께서 이것들을 지혜와 지식이 있는 자들에게는 숨기시고 어린
아이들에게는 드러내셨기 때문입니다. 26 그렇습니다, 아버지, 이렇게 하는 것이 아
버지 앞에 즐거움이기 때문입니다. 27 모든 것이 내 아버지께서 내게 주신 것이므로,
아버지 외에는 아들을 아는 자가 아무도 없고, 아들과 그 아들이 계시해 주려는 자

99) 헬라어 '피나오'(pinao)는 포도주뿐 아니라 모든 종류의 액체를 마신다는 의미이다.

100) '의롭게', 토라를 듣고 온전히 해석하여 행했다는 말이다.

101) '벳새다'는 히브리 지명 '베이트-치데'(Beit-Tside)를 헬라어로 표기한 것으로, '낚시하는 집(장소)'이라는 뜻이다. 문자적인 의미는 '사냥'이지만, '치데'는 낚시와 사냥 모두에 사용된다.

102) 히브리어로는 '스올'이다. 용어 해설에서 '게한나'를 찾아보라.

103) 예슈아 시대는 물론 오늘날에도 유대인들은 기도를 시작하며 하나님을 '하늘과 땅의 주인'으로 지칭하는 경우가 많다.

104) 예슈아께서는 유대교의 주요 교사들이라 할 수 있는 랍비들, 바울의 스승이었던 가말리엘(행 22:3) 같은 사람들에게는 자신을 드러내지 않으셨다(행 5:34).

105) 본 절과 29절의 '쉼'은 일하다가 잠시 쉬는 것과 같은, 일시적인 휴식이다. 용어 해설에서 '안식'을 찾아보라.

외에는 아버지를 아는 자가 아무도 없습니다.[104] 28 수고하고 무거운 짐진 자들은 모
두 내게로 오라. 그러면 내가 너희에게 쉼[105]을 주겠다. 29 너희는 즉시 내 멍에[106]
를 메고, 이제는 내게 배워야 한다. 나는 온유하고 마음이 겸손하여 너희가 삶에서
쉼을 얻을 것이다. 30 내 멍에는 즐겁고, 내 짐은 무겁지 않기[107] 때문이다."

안식일에 이삭을 뽑다(막 2:23-28; 눅 6:1-5)

12 1 그 무렵 예슈아께서 안식일들[108]에 알곡이 여문 들판을 지나가시는
데, 그분의 제자들이 허기져서[109] 낟알들을 뽑아서 먹기 시작했다(신
23:26). 2 그러자 바리새파 사람들이 그들을 보고 그분께 말했다. "보시오! 당신의
제자들이 안식일에 허락되지 않은 일을 하고 있소." 3 이에 그분께서 그들에게 말
씀하셨다. "너희는 다윗이 그와 그의 일행이 허기질 때에 어떻게 했는지 읽어 본 적
이 없느냐? 4 그는 어떻게 하나님의 집에 들어갔고, 그들은 어떻게 진설병을 먹었
느냐?(삼상 21:7) 오직 제사장들 외에 그나 그의 일행이 그것을 먹는 것은 불법이었
다. 5 또 토라(가르침)[110]에서 안식일마다 제사장들이 성전에서는 안식일을 범해도
결백하다[111]는 것을 읽어 본 적이 없느냐? 6 그러므로 내가 너희에게 말하는데, 성
전보다 더 큰 자가 여기 있다. 7 그리고 만일 너희가 '나는 사랑에서 우러난 친절
을 원하고 제사를 원하지 않는다'(호 6:6)는 말씀을 이해했더라면, 무죄한 자들을
정죄하지 않았을 것이다. 8 그러므로 그 사람의 아들은 안식일(샤밧)의 주인이다."

한쪽 손이 오그라든 사람(막 3:1-6; 눅 6:6-11)

9 그 후 그분은 거기서 떠나 그들의 회당[112]에 들어가셨다. 10 그런데 거기에 한

106) 랍비들은 주님의 멍에가 영적으로 철저하게 복종하는 것을 뜻한다고 말한다(신 6:5; 마 22:36-37). 용어 해설에서 '멍에'를 찾아보라.

107) 감지할 수 없을 정도의 무게감으로, "깃털처럼 가볍다"로 번역할 수도 있다.

108) 원문이 복수형으로 되어 있는 것으로 보아 오순절(또는 칠칠절, 샤부오트) 기간이었을 가능성이 있다(이를테면 '일곱 안식일들'은 7주간을 뜻한다). 또 오순절은 밀 수확기였다. 수확은 안식일에는 허용되지 않는 노동 행위였다. 그러나 한 줌 정도를 따는 것은 노동으로 여기지 않았다. 게다가 안식년에는 머일 필요한 만큼 거둬들일 수 있었다. 용어 해설에서 '안식일'을 찾아보라.

109) 구전 율법에서는 굶주림 등의 인도적인 이유로 계명을 범할 수 있었다.

110) 성경의 처음 다섯 권을 말한다. 용어 해설에서 '토라'를 찾아보라.

111) 제사장들이 안식일마다 직무를 수행하느라 안식일을 범했다는 말이다.

112) 1세기의 회당은 주로 개인 가옥 형태였다.

쪽 손이 오그라든 사람이 있었다. 그러자 사람들이 그분께 묻기를, "안식일에 병을
고쳐도 됩니까?"라고 했다. 이는 그들이 그분을 고소하려는 것이었다. **11** 이에 그분
께서 그들에게 대답하셨다. "너희 중 양 한 마리를 가진 사람이 있는데, 만약 그것
이 안식일에 구덩이에 빠진다면, 그것을 붙잡고 끌어내지 않겠느냐? **12** 사람이 양
보다 얼마나 더 귀하냐? 그러므로 안식일에 선을 행하는 것은 허용된다." **13** 그리
고 그분은 그 사람에게 말씀하셨다. "너는 즉시 네 손을 내밀어라." 이에 그가 손
을 내밀자 다른 손처럼 온전하게 회복되었다. **14** 그 후 바리새파 사람들이 나가서
어떻게 그분을 죽일지, 그분에 대한 음모를 꾸몄다.

선택받은 종

15 그러나 예슈아께서 그것을 아셨으므로 거기서 떠나셨다. 그런데 큰 무리가
그분을 따랐고, 그분께서 그들을 모두 고치셨으나 **16** 사람들에게 그것을 알리지
말라고 경고하셨다. **17** 이는 선지자 이사야를 통해 선포된 것을 이루시려는 것으
로, 말씀하시기를,

18 "보라, 내가 택한 나의 자녀(종),
내 마음을 기쁘게 하는 내 사랑을 받는 자라.
내가 그에게 내 영을 부을 것이며,
그는 이방인들에게 공의를 선포할 것이다.
19 또 그는 다투지도 않고, 소리도 지르지 않을 것이므로,
거리에서 그의 음성을 듣는 자가 아무도 없을 것이다.
20 그는 굽은 갈대를 부러뜨리지 않겠고
연기 나는 심지를 끄지 않을 것이니,
그가 공의의 힘으로 승리할 때까지 그럴 것이다.
21 그리고 이방인들이 그의 이름에 소망을 둘 것이다"(사 42:1-4)라고 하셨다.

예슈아와 바알세붑(막 3:20-30; 눅 11:14-23; 12:10)

22 그때 사람들이 귀신 들려 눈이 멀고 귀먹고 말 못하는 사람을 예슈아께 데
려왔다. 이에 그분께서 그를 고쳐 주셔서, 그 귀먹고 말 못하는 자가 말하고 보
게 되었다. **23** 그러자 모든 무리가 놀라며 말했다. "이 사람은 다윗의 자손[113)]이
아닌가?" **24** 그러나 바리새파 사람들이 그 말을 듣고 말했다. "귀신들의 우두머리

인 바알세붑으로 말미암지 않고는 이 사람은 귀신들을 쫓아내지 못하오." 25 이에
그분께서 그들의 생각을 아시고 그들에게 말씀하셨다. "자기들끼리 대적하여 분
열된 왕국들은 모두 황폐해질 것이며, 자기들끼리 싸우는 도시나 집은 하나도
서지 못할 것이다. 26 그러니 만약 사탄[114]이 사탄을 쫓아내면, 그가 분열하여 스
스로 대적하는 것인데, 어떻게 그 왕국이 서겠느냐? 27 그리고 만일 내가 바알세
붑의 힘을 빌려 귀신들을 쫓아낸다면, 너희 아들들은 누구의 권세로 그것들을
내쫓는 것이냐? 이러한 이유로 그들이 너희를 심판하는 자가 될 것이다. 28 그러
나 만일 내가 하나님의 영으로 귀신들을 쫓아내는 것이라면, 하나님의 왕국이
이미 너희에게 임한 것이다. 29 아니면 누군가 강한 자를 먼저 묶어 놓지 않고서,
어떻게 그 강한 자의 집에 들어가서 그 소유를 훔칠 수 있겠느냐? 그런 다음에야
그는 그 집을 완전히 약탈할 수 있다. 30 나와 함께하지 않는 자는 나를 대적하는
것이며, 나와 함께 모으지 않는 자는 흩어 버리는 것이다. 31 이러한 이유로 내가
너희에게 말한다. 사람들의 모든 죄와 신성모독은 용서받을 것이나, 그 영(성령)에
대한 모독은 용서받지 못할 것이다. 32 그리고 만일 누군가 그 사람의 아들을 대
적하는 말을 한다면, 그는 그것을 사함 받을 것이다. 그러나 누구든지 성령을 대
적해서 말한다면, 그는 이 세대와 다가올 세대에도 사함 받지 못할 것이다."

나무와 그 열매(눅 6:43-45)

33 "너희는 그 나무도 좋고 그 열매도 좋다고 하든지, 그 나무도 썩었고 그 열
매도 썩었다고 하든지 해야 한다. 나무는 그 열매로 알기 때문이다. 34 독사의 후
예들아, 너희가 악한데 어떻게 좋은 것을 말할 수 있겠느냐? 그러므로 그 입은
그 마음에 가득한 것을 말하는 법이다. 35 선한 사람은 그의 선한 창고에서 선한
것을 내고, 악한 사람은 그의 악한 창고에서 악한 것을 내는 법이다. 36 그리고 내
가 너희에게 말하는데, 사람들이 말하는 모든 헛된 말조차도 심판 날에 그 말에
따라 보응받게 될 것이다. 37 그러므로 너[115]는 네 말 때문에 정당해지고 의롭다고
선포될 것이며, 또 네 말 때문에 정죄받을 것이다"(레 19:16; 시 5:5-7; 52:2-5; 잠 6:2; 10:11;
18:20-21; 전 5:5; 10:12).

113) 사람들은 '다윗의 자손'을 '통치하는 메시아'로 생각했다. 용어 해설에서 '다윗의 자손/요셉의 자손'을 찾아보라.

114) 용어 해설에서 '사탄'을 찾아보라.

115) 37절에 사용된 2인칭 대명사는 모두 단수형이다.

표적을 요구함(막 8:11-12; 눅 11:29-32)

38 그때 서기관과 바리새파 몇 사람이 그분께 답하여 말하기를, "선생님, 우리
가 당신에게서 표적을 보고 싶습니다"라고 했다. **39** 이에 그분께서 그들에게 말씀
하셨다. "악하고 음란한 세대가 표적을 찾으나, 선지자 요나의 표적 외에는 이 세
대에 표적이 주어지지 않을 것이다. **40** 그러므로 '요나가 큰 물고기 뱃속에서 삼 일
낮과 삼 일 밤을 있었던'(욘 2:1) 것처럼, 그 사람의 아들도 땅의 중심에서 삼 일 낮
과 삼 일 밤[116]을 있을 것이다. **41** 니느웨 사람들이 이 세대 사람들과 함께 심판 때
에 일어나 이 세대를 정죄할 것이니, 그들이 요나의 선포로 인해 회개했기 때문이
다. 그런데 보라, 요나보다 더 위대한 이가 여기 있다. **42** 남방 여왕[117]이 이 세대와
함께 심판 때에 일어나 이 세대를 정죄할 것이니, 그녀가 솔로몬의 지혜를 듣기 위
해 땅끝에서 왔기 때문이다. 그런데 보라, 솔로몬보다 더 위대한 이가 여기 있다."

더러운 영의 복귀(눅 11:24-26)

43 "더러운 영이 어떤 사람에게서 나올 때, 안식처를 찾아 마른 곳을 두루 다니지
만 찾지 못한다. **44** 이에 '내가 나온 내 집으로 돌아가야겠다' 하며 가서 보니, 그 집
이 빈 채로 깨끗이 청소되고 정돈되어 있었다. **45** 그러면 그것이 가서 자기보다 더
악한 다른 영 일곱을 데려와 그것들이 들어가서 거기 살게 되니, 그 사람의 나중
상태가 처음보다 더 나빠지는 것이다. 그런데 이 악한 세대가 그렇게 될 것이다."

예슈아의 어머니와 형제들(막 3:31-35; 눅 8:19-21)

46 그분께서 여전히 무리에게 말씀하시는 동안, 보라, 그분의 어머니와 형제들
이 그분과 이야기할 틈을 찾으며 밖에 서 있었다. **47** 이에 어떤 사람이 그분께 말
했다. "보십시오, 당신의 어머니와 형제들이 당신과 이야기할 틈을 찾으며 밖에
서 있습니다."[118] **48** 그러자 그분께서 자기에게 말한 그 사람에게 말씀하셨다. "누
가 내 어머니이며 내 형제들이냐?" **49** 그리고 그분의 제자들을 향해 손을 뻗으며
말씀하셨다. "보라, 내 어머니와 형제들이다. **50** 그러므로 누구든지 하늘에 계신

116) 예슈아의 부활을 언급하며 '삼 일 낮과 삼 일 밤'이라는 표현을 사용한 것은 여기뿐이다. 마태복음 16장 4절과 누가복음 11장 29절에는 '요나의 표적'이 언급되어 있으며, 마태복음 16장 21절, 17장 23절, 20장 19절, 27장 64절, 누가복음 9장 22절, 18장 33절, 24장 7절과 46절 등에는 '제삼일'이라는 표현이 등장한다. 용어해설에서 '예비일'을 찾아보라.

117) 스바의 여왕

118) 일부 초기 사본에는 이 절이 빠져 있다.

내 아버지의 뜻을 행하려는 자, 이런 사람이 바로 내 형제요 자매이며 어머니이
다"(시 22:23;[119] 히 2:12).

씨 뿌리는 자의 비유(막 4:1-9; 눅 8:4-8)

13 1 그날 그 집을 떠나신 후, 예슈아께서는 호숫가에 앉아 계셨다. 2 그러
자 큰 무리가 그분께 모였으므로 그분은 배에 올라 앉으셨고, 무리 전체
는 물가에 서 있었다. 3 그때 그분께서 많은 것을 그들에게 비유로 말씀하셨다. "보
라, 씨 뿌리는 자가 뿌리러 나갔는데, 4 그가 씨를 뿌리는 동안 어떤 것은 길가에
떨어져 새가 와서 다 먹어 버렸다. 5 그러나 어떤 것은 흙이 많지 않은 돌밭에 떨
어져, 흙이 깊지 않아 곧 싹이 났으나 6 해가 뜨자 타 버렸다. 뿌리가 없어 말라 버
린 것이다. 7 그리고 어떤 것은 가시덤불 위에 떨어져, 가시덤불이 자라서 그것을
눌러 버렸다. 8 그러나 어떤 것은 좋은 땅에 떨어져 열매를 맺었는데, 하나는 백
배, 다른 것은 육십 배, 또 다른 것은 삼십 배가 되었다. 9 귀 있는 자는 계속해서
들어야 한다."

비유의 목적(막 4:10-12; 눅 8:9-10)

10 그때 제자들이 와서 그분께 물었다. "왜 그들에게 비유로 말씀하십니까?" 11 그
러자 그분께서 그들에게 말씀하셨다. "너희에게는 하늘들의 왕국 비밀들을 알게
해 주었지만, 그들에게는 그렇게 해 주지 않았기 때문이다. 12 그러므로 가진 자에
게는 주어질 것이므로 그가 많이 갖게 될 것이다. 그러나 없는 자는 가진 것조차
빼앗기게 될 것이다. 13 이로 인해 내가 그들에게 비유로 말하는 것이니, 곧 그들
이 보아도 보지 못하고, 그들이 들어도 듣지 못하며 깨닫지 못하기 때문이다. 14
그리하여 이사야의 예언이 그들에게 이루어진 것이니, 그가 말하기를,

'듣고 깨달으려 너희가 듣겠지만 이해하지 못할 것이고,
본다고 너희가 보겠지만 보지도 깨닫지도 못할 것이다.
15 이 백성의 마음이 무디어졌고
그들이 귀로 듣는 것을 힘들어하며

119) 히브리 성경을 기준으로 한 것이며, 우리말 성경은 시편 22편 22절이다. 히브리 성경은 시의 표제부터 1절로 표기하여 한 절씩 차이가 난다.

그들의 눈은 감겨 있다.
이는 그들이 눈으로 보지 못하고
그 귀로 듣지 못하며
그들의 마음으로 깨닫지 못하게 하여 돌이키지 않고,
내가 그들을 고치지 않게 하려는 것이다'(사 6:9-10)라고 했다.

16 그리고 너희 눈과 너희 귀는 복이 있으니, 그것들이 보고 듣기 때문이다. **17** 그러
므로 진실로 내가 너희에게 말한다. 많은 선지자들과 의인들이 너희가 보고 있는 것
을 간절히 보고 싶어 했으나 보지 못했고, 너희가 듣고 있는 것을 듣고자 했으나 듣
지 못했다."

씨 뿌리는 사람의 비유에 대한 설명(막 4:13-20; 눅 8:11-15)

18 "그러므로 너희는 이제 씨 뿌리는 자의 비유를 들어야 한다. **19** 누구든지 그
왕국의 메시지를 듣고도 깨닫지 못하면, 악한 자가 와서 그의 마음에 뿌려진 것
을 빼앗아 가는데, 이런 사람이 바로 길가에 뿌려진 것이다. **20** 그리고 돌밭에 뿌
려진 것은 바로 이런 사람이다. 그는 메시지를 듣고 즉시 기쁘게 받아들이지만,
21 그 안에 뿌리가 없어서 잠시 견디다가, 그 메시지 때문에 환난과 박해가 일어나
면 곧 걸려 넘어지게 된다. **22** 그리고 가시덤불 가운데 뿌려진 것은 바로 이런 사
람이다. 그는 말씀을 들었으나 그 시대의 걱정과 재물(마 6:24)의 속임수가 그 말씀
을 억눌러 그것이 쓸모없어진다. **23** 그리고 좋은 땅에 뿌려진 것은 바로 이런 사람
이다. 그는 말씀을 듣고 깨달아 실제로 열매를 맺는데,[120] 어떤 사람은 백 배, 다
른 사람은 육십 배, 또 다른 사람은 삼십 배가 된다."

곡식 가운데 있는 가라지 비유

24 그분께서 사람들 앞에서 또 다른 비유를 들어 말씀하셨다. "하늘들의 왕국
은 자기 밭에 좋은 씨를 뿌린 어떤 사람과 같다. **25** 그런데 사람들이 자는 동안 그
의 원수가 와서 밀밭 가운데 가라지[121]를 뿌리고 갔다. **26** 이에 곡식이 싹을 틔우
고 결실할 때에 가라지도 보였다. **27** 그러자 종들이 주인에게 와서 말했다. '주인님,
당신이 밭에 좋은 씨를 뿌리지 않으셨습니까? 그런데 *저* 가라지는 어디서 났을까
요?' **28** 그러자 주인이 그들에게 말했다. '원수가 이렇게 했구나.' 그때 종들이 그
에게 말했다. '그러면 저희가 가서 그것들을 따로 모을까요?' **29** 그가 말했다. '아니

다. 너희가 가라지를 뽑다가 그것들과 함께 밀도 뽑을 것이다. **30** 지금은 추수 때
까지 그것들이 함께 자라도록 두어야 한다. 그러나 추수 때가 되면 내가 추수꾼
들에게 말하기를, "너희는 먼저 가라지를 모아 단으로 묶어서 태워 버리고, 밀은
내 창고에 모아 들여야 한다"라고 할 것이다.'"

겨자씨와 누룩의 비유(막 4:30-32; 눅 13:18-21)

31 그분께서 사람들 앞에서 또 다른 비유를 들어 말씀하셨다. "하늘들의 왕국
은 겨자씨 한 알과 같다. 어떤 사람이 그것을 가져다가 자기 밭에 심었다. **32** 그것
은 모든 씨 중에서 가장 작으나 어떤 채소들보다 더 크게 자라 나무가 되어, 하늘
의 새들이 와서 그 가지에 둥지를 틀게 된다."

33 그분께서 또 다른 비유를 그들에게 말씀하셨다. "하늘들의 왕국[122]은 누룩[123]
과 같아서, 어떤 여자가 그것을 가져다가 밀가루 세 포대에 넣어 전체를 부풀게
했다."

비유들을 사용하심(막 4:33-34)

34 예슈아께서는 이것들을 무리에게 비유로 말씀하셨는데, 비유 외에는 아무것
도 그들에게 말씀하지 않으셨다. **35** 그리하여 선지자를 통해 선포된 것이 이루어
지게 되었으니, 그가 말하기를,

"내가 비유로 내 입을 열 것이며,
세상의 시작부터 감추어졌던 것들을
선포할 것이다"(시 78:2)라고 했다.

가라지 비유에 대한 설명

36 그때 그분께서 무리를 흩으신 후에 집으로 들어가셨다. 그러자 그분의 제자
들이 와서 그분께 말하기를, "이제 저희에게 밭의 가라지 비유를 설명해 주셔야

120) 마태복음 7장 16절에서 예슈아께서는 '열매', 곧 우리가 '살아온 길'로 우리를 평가하신다고 말씀하셨다.

121) 보리와 비슷하게 생긴 잡초로, 먹을 수 없다.

122) '하늘들의 왕국'이 '하나님'을 가리키는 경우도 있다. 히브리인들은 항상 '하늘'을 복수형으로 사용한다. 용어 해설에서 '하늘'과 '하나님의 왕국'를 찾아보라.

123) 보통 '죄'를 상징하는 누룩이 여기서는 천국과 관련하여 선한 습관이나 경건 등 다른 이들에게 본이 되는 행동을 가리키고 있다.

합니다"라고 했다. **37** 이에 그분께서 대답하며 말씀하셨다. "좋은 씨를 뿌리는 자
는 그 사람의 아들이며, **38** 밭은 세상이고, 좋은 씨는 그 왕국의 아들들이다. 그
리고 가라지는 악한 자의 아들들이고, **39** 마귀는 바로 그것들을 뿌린 원수이며,
추수는 그 시대의 종말이고, 추수꾼들은 천사들이다. **40** 그러므로 가라지를 모아
불에 태워 버리는 것과 같이 그 시대의 종말에도 그렇게 될 것이다. **41** 그 사람의
아들이 자기 천사들을 보내어 그들이 그분의 왕국에서 죄짓게 만드는 자들과 토
라 없이 행하는[124] 자들을 모두 모아서 **42** 그들을 불가마 속에 던져 넣을 것이니,
그곳에는 통곡과 이를 갊이 있을 것이다. **43** 그때 의로운 자들은 그들의 아버지의
왕국에서 해처럼 빛날 것이다. 귀 있는 자는 계속해서 들어야 한다."

하늘들의 왕국 비유

44 "하늘들의 왕국은 밭에 숨겨진 보물 상자와 같다. 어떤 사람이 그것을 발견하
고 감춰 두었다가 기쁘게 가서 자기가 가진 모든 것을 팔아 그 밭을 샀다."

45 "또 하늘들의 왕국은 좋은 진주들을 찾는 상인과 같다. **46** 그런데 그가 매우
귀한 진주 하나를 발견하자, 가서 자기가 가진 모든 것을 팔아 그것을 샀다."

47 "또 하늘들의 왕국은 호수에 던져 모든 종류의 물고기를 모으는 그물[125]과
같다. **48** 그물이 가득 차면, 사람들이 그것을 물가로 끌어낸 후에 자리에 앉아 좋
은 것은 그릇에 담고, 나쁜 것[126]은 밖으로 던져 버린다. **49** 그러므로 그 시대의 종
말에도 그렇게 될 것이니, 천사들이 나아와 의인들 가운데서 악한 자들을 가려내
어 **50** 그들을 맹렬한 화로에 던져 넣을 것이다. 그곳에는 통곡과 이를 갊이 있을
것이다."

새 보화와 옛 보화

51 "너희가 이 모든 것을 깨달았느냐?" 그들이 그분께 대답했다. "예, 그렇습니
다!" **52** 그러자 그분께서 그들에게 말씀하셨다. "이러한 이유로 하늘들의 왕국에서
제자가 된 모든 서기관은 자기 보물 상자에서 새것과 옛것을 꺼내 오는 집주인과
같은 사람이다."[127]

124) 성경이 가르쳐 준 대로 행하지 않는 상태를 말한다.

125) 돌(추)을 매단 큰 그물로, 깊은 물에 던져 대규모 어업에 활용하는 저인망을 말한다. 용어 해설에서 '그물'을 찾아보라.

126) 여기서 '나쁜 것'은 비늘과 지느러미가 없어서 부정한 물고기를 말한다.

나사렛에서 예슈아를 거절함(막 6:1-6; 눅 4:16-30)

53 그리고 다음과 같은 일이 있었다. 예슈아께서 이 비유들을 마치시고 거기서
떠나셨다. **54** 이어서 그분께서 고향으로 들어가셔서 회당에서 사람들을 가르치실
때에 그들이 놀라며 말했다. "이 사람 안에 있는 지혜는 어디서 얻은 것이고, 기적
들은 어디서 오는 것인가? **55** 이 사람은 목수의 아들이 아닌가? 그의 어머니는 미
리암이고, 그의 형제들은 야고보와 요셉과 시몬과 유다가 아닌가? **56** 또 그의 누
이들은 모두 우리와 함께 있지 않은가? 그렇다면 이 사람 안에 있는 이 모든 것
은 어디에서 오는 것인가?" **57** 이에 그들은 그분 때문에 불쾌해졌다. 그러나 예슈
아께서는 그들에게 말씀하셨다. "선지자가 자기 고향과 자기 집을 제외하고는 존
중받지 않는 경우가 없다." **58** 그래서 그분은 그들의 불신 때문에 거기서 많은 기
적을 행하지 않으셨다.[128)]

침례자 요한의 죽음(막 6:14-29; 눅 9:7-9)

14 **1** 그 무렵 사분령 통치자[129)]인 헤롯이 예슈아의 명성을 듣고 **2** 자기 신하
들에게 말했다. "이 사람은 침례자 요한이다. 그가 죽은 자들 가운데서
일어났기 때문에 그 사람 안에서 기적들이 역사하는 것이다." **3** 헤롯이 요한을 체
포하고 결박하여 감옥에 가두었는데, *그의 아내* 헤로디아가 동생인 빌립의 아내
였기 때문이다. **4** 요한이 그에게 말하기를, "당신이 그 여자를 취하는 것은 허락되
지 않았소"라고 했던 것이다. **5** 그래서 헤롯은 요한을 죽이고 싶었지만, 군중이 두
려웠다. 그들이 그를 선지자로 여겼기 때문이다. **6** 그런데 헤롯의 생일잔칫날, 헤로
디아의 딸이 그들 가운데서 춤을 추며 헤롯을 기쁘게 하자, **7** 헤롯이 맹세하며 그
녀가 요구하는 것은 무엇이든지 들어주겠다고 약속했다. **8** 이에 그녀는 자기 어머

127) 우리는 새로운 해석과 기존의 원칙을 모두 가르쳐야 한다.

128) 주님께서 능력을 행하지 않으신 곳은 나사렛뿐이었다(막 6:5; 눅 5:17).

129) **역자 주:** 헬라어 '테트라아르케스'는 본래 한 나라의 1/4에 해당하는 지역을 다스리는 영주를 가리키는 말이지만, 성경에서는 왕이나 황제의 허락 하에 한 나라의 일정 지역을 다스리는 군주를 가리킨다. 예슈아 탄생 당시에는 헤롯 대왕이 이스라엘을 다스리고 있었는데, 그의 사후(마 2:19, 요셉은 이집트로 피신했다가 돌아옴) 이스라엘은 그의 세 아들 헤롯 아켈라오, 헤롯 안티파스, 헤롯 빌립 2세에 의해 분할 통치되었다. 아켈라오는 예루살렘과 유대, 사마리아, 이두매를 다스리는 '왕'이 되었고, 안티파스는 갈릴리와 베레아를, 빌립 2세는 드라고닛과 이두래를 다스리는 분봉왕이 되었다. 본 절에 등장하는 헤롯은 갈릴리의 분봉왕 헤롯 안티파스이다. 그는 나바테아 왕국의 공주를 버리고 이복형제인 헤롯 빌립 2세의 아내 헤로디아를 취하였다가 침례자 요한의 질책을 받았다.

니가 시킨 대로 말했다. "당신께서는 즉시 침례자 요한의 머리를 쟁반에 담아 제
게 주셔야 합니다." **9** 그때 왕은 애석했지만, 자기가 맹세한 것과 함께 비스듬히 앉
아 식사하는 손님들 때문에 그녀의 요구를 들어 주라고 명령하고, **10** 사람을 보내
어 감옥에서 요한의 목을 베었다. **11** 그리고 그 머리를 쟁반에 담아 소녀에게 주었
고, 그녀는 그것을 자기 어머니에게 가져갔다. **12** 그 후 요한의 제자들이 와서 그
의 몸을 가져다가 장사하고 예슈아께 가서 *일어난 일*을 알렸다.

오천 명을 먹이시다(막 6:30-44; 눅 9:10-17; 요 6:1-14)

13 그때 예슈아께서 들으신 후 거기를 떠나 배를 타고 홀로 광야[130]로 가셨다.
그러나 무리가 듣고 여러 도시에서 걸어서 그분을 따라왔다. **14** 이에 그분께서 나
오셔서 큰 무리를 보시고 그들을 불쌍히 여기시며 그들의 아픈 곳을 고쳐 주셨
다. **15** 그리고 저녁이 되자, 제자들이 그분께 와서 말하기를, "여기는 광야이며 이
제 시간이 다 되었으니, 즉시 무리를 흩어 보내어 그들이 시내로 가서 각자 음식
을 사 먹게 하셔야 합니다"라고 했다. **16** 그러자 예슈아께서 그들에게 말씀하셨
다. "그들이 떠날 필요가 없다. 지금 너희가 그들에게 먹을 것을 주어야 한다." **17** 이
에 그들이 그분께 말했다. "저희는 빵 다섯 개와 생선 두 마리 외에 가진 것이 없
습니다." **18** 그러자 그분께서 말씀하셨다. "그것들을 내게 가져오라." **19** 그리고 그분
은 무리를 풀밭에 비스듬히 앉게 하신 다음, 빵 다섯 개와 생선 두 마리를 들고 하
늘을 우러러 보시며 하나님을 찬송하신 후 빵을 뜯어 제자들에게 주셨고, 제자들
은 그것을 무리에게 나누어 주었다. **20** 이에 모두가 먹고 배가 불렀으며, 그들은 부
스러기로 채운 바구니[131]를 열두 개나 모았다(왕하 4:42-44). **21** 그때 먹은 사람들은
여자와 아이들을 세지 않고도 남자만 약 오천 명이었다.

물 위를 걸으시다(막 6:45-52; 요 6:15-21)

22 그 후 예슈아께서 즉시 제자들을 재촉하여 그분보다 앞서 배를 타고 호수
건너편으로 가게 하시고, 그동안 무리를 흩어 보내셨다. **23** 그리고 무리들을 보내
신 후 그분은 혼자 기도하러 산에 오르셨다. 이어서 저녁이 되었을 때, 그분만 거
기에 혼자 계셨다. **24** 그때 배는 호숫가에서 여러 스타디온[132] 떨어져 있었는데, 바

130) 용어 해설에서 '오천 명을 먹이신 곳'을 찾아보라.
131) 나중에 사천 명을 먹이시고 남은 조각은 바구니보다 훨씬 큰 광주리에 거두었다.
132) 1스타디온은 대략 183m이다.

람이 거슬러 불어 파도에 시달리고 있었다. **25** 그래서 밤 사경[133]에 그분께서 호수
위를 걸어 그들에게 오셨다. **26** 그러나 제자들은 그분께서 호수 위를 걸어오시는
모습을 보고 동요하며 겁에 질려 "유령이다!"라고 소리쳤다. **27** 이에 예슈아께서 즉
시 그들에게 "너희는 담대하라! 나 스스로 있는 자다! 두려워 말라."고 말씀하셨
다. **28** 그러자 베드로가 그분께 대답하며 말하기를, "주여, 만일 당신이시라면, 저
에게 지금 바로 물 위로 당신에게 오라고 명령하셔야 합니다"라고 했다. **29** 그러자
그분께서 말씀하셨다. "너는 지금 오라!" 이에 베드로가 배에서 내려 물 위를 걸
어 예슈아를 향해 갔다. **30** 그러나 그는 강한 바람을 보고 겁을 먹었고, 물속으로
가라앉기 시작하자, "주여! 지금 저를 구해 주십시오!"라고 부르짖었다. **31** 이에 예
슈아께서 즉시 손을 뻗어 그를 붙잡으며 그에게 말씀하셨다. "믿음이 작은 자야,
왜 의심했느냐?" **32** 그리고 그들이 배에 오르자, 바람이 멈추었다. **33** 이에 배 안에
있는 사람들이 그분께 경배하며[134] 말했다. "진실로 당신은 하나님의 아들이십니
다."

게네사렛의 병자를 치유하심(막 6:53-56)

34 그리고 그들은 건너가서 게네사렛 땅[135]에 이르렀다. **35** 그러자 그곳 사람들
이 그분을 알아보고 주변 모든 지역에 (사람들을) 보냈다. 이에 사람들이 악한 것[136]
에 시달리는 모든 자를 데려와 **36** 그분께 그분의 기도숄(탈리트)에 있는 찌찌트[137]라
도 만지게 해 달라고 간청했는데, 만진 사람들은 구원을 받았다.[138]

장로들의 전통(막 7:1-23)

15 **1** 그때 바리새파 사람들과 서기관들이 예루살렘에서 예슈아께 와서 말
했다. **2** "당신의 제자들은 왜 장로들의 전통을 어기는 것입니까? 그들은

133) 로마 시간으로 새벽 3시에서 6시 사이이다.
134) 경배할 때는 무릎을 꿇고 이마가 바닥에 닿도록 절을 했다. 용어 해설에서 '경배하다'를 찾아보라.
135) 갈릴리 호수 북서쪽 가버나움 근처에 위치한 비옥한 평원이다. 마가복음 6장 53절에도 이 지명이 등장한다.
136) 헬라어 '카코스'(kakos)의 문자적 의미는 '악'이지만, 질병뿐 아니라 앞을 보지 못하거나 듣지 못하는 상태, 전신마비 등 고통받는 모든 상황을 지칭하기도 한다.
137) 기도숄 가장자리 끝에 달린 술을 가리킨다. 용어 해설에서 '탈리트 또는 기도숄'을 찾아보라.
138) 헬라어 '디아소조'(diasodzo)의 뜻은 '완전히 고침을 받다'이다.

음식을 먹을 때에 그들의 손을 씻지 않고 있습니다." **3** 그러자 예슈아께서 그들에
게 말씀하셨다. "그러면 너희는 왜 너희 전통 때문에 하나님의 계명을 어기는 것
이냐? **4** 하나님께서 말씀하시기를, '네 부모를 공경하라'(출 20:12) 그리고 '아버지나
어머니에 대해 악한 말을 하는 사람은 죽어야 한다'(출 21:17)고 하셨다. **5** 그러나 너
희는 누구든지 자기 부모에게 '제게서 도움 받으실 것을 하나님께 바쳤습니다'라
고 하면, **6** 그는 자기 아버지를 공경하지 않아도 될 것이라 한다. 그렇게 너희는 너
희 전통 때문에 하나님의 말씀을 무효로 만든 것이다. **7** 위선자들아! 이사야가 너
희에 대해 옳게 예언했다.

8 '이 백성이 그들의 입술로는 나를 공경하나
그들의 마음은 내게서 멀리 떠나 있다.
9 또 그들은 내게 헛되이 경배하여
사람들의 계명이 되어 버린 교훈들[139]을 가르치고 있다'(사 29:13)."

10 그 후 그분은 무리를 불러 모으고 그들에게 말씀하셨다. "너희는 듣고 깨달
아야 한다. **11** 입으로 들어가는 것[140]이 사람을 더럽히는 것이 아니라 입에서 나오
는 것이 사람을 더럽힌다." **12** 그러자 제자들이 그분께 와서 말했다. "바리새파 사
람들이 이 말씀을 듣고 감정이 상한 것을 아십니까?" **13** 그러자 그분께서 말씀하
셨다. "내 하늘 아버지께서 심지 않으신 모든 식물은 뿌리째 뽑힐 것이다. **14** 너희
는 그들을 내버려 두어야 한다. 그들은 눈먼 자를 인도하는 눈먼 자들이니, 눈먼 자
가 눈먼 자를 인도하면 둘 다 구덩이에 빠질 것이다." **15** 이에 베드로가 그분께 말했
다. "당신께서 이제 우리에게 이 비유를 설명해 주셔야 합니다." **16** 그러자 그분께서
말씀하셨다. "너희가 아직도 깨닫지 못했느냐? **17** 입으로 들어가서 배로 가는 모든
것은 뒤로 내버려지는 것을 알지 못하느냐? **18** 그러나 입에서 나오는 것들은 마음
에서 나오며, 이런 것들이 사람을 더럽힌다.[141] **19** 그러므로 마음에서 악한 생각과
살인과 간음과 부도덕과 도둑질과 거짓 증언과 신성모독이 나온다. **20** 이런 것들이
사람을 더럽히는 것이지, 씻지 않은 손으로 먹는 것은 사람을 더럽히지 않는다."

139) 신조, 교훈, 가르침

140) 성경이 금하는 음식 때문에 영생을 잃어버리지는 않는다. 그러나 사도행전 15장 20절과 히브리 성경의 경고들을 무시하고 금지된 음식을 과도하게 또는 습관적으로 섭취하면 수명이 단축된다.

141) 예슈아께서는 우리가 먹는 것 때문에 영생을 잃는 일은 없다고 말씀하고 계신다.

142) '가나안'은 요단강 서쪽 지역 사람을 가리킨다. 마가복음 7장 26절에서는 이 여인의 출신지를 좀 더 구체적으로 '수로보니게'라고 언급하는데, 이곳은 가나안 북쪽 해안 지역에 위치해 있었다.

가나안[142] 여인의 믿음(막 7:24-30)

21 그 후 예슈아께서는 거기에서 나와 두로와 시돈 지역으로 들어가셨다. **22** 그
때 거기에 그 지역 출신인 가나안 여인이 있었는데, 그녀가 나와서 부르짖어 말
하기를, "주여, 다윗의 자손이여![143] 당신은 지금 저를 불쌍히 여겨 주셔야 합니
다.[144] 제 딸이 악한 영에 사로잡혔습니다"라고 했다. **23** 그러나 그분께서는 그녀
에게 한 마디도 대답하지 않으셨다. 이에 제자들이 그분께 다가와 간청하며 말하
기를, "그녀가 우리 뒤에서 부르짖으므로, 당신께서 그녀를 보내셔야 합니다"라고
했다. **24** 그러자 그분께서 대답하셨다. "나는 이스라엘 집의 잃어버린 양들에게만
보냄을 받았다." **25** 그러나 이미 와 있던 그 여인은 그분 앞에 무릎을 꿇으며 "주
여, 당신께서 저를 도와주셔야 합니다"라고 말했다. **26** 그러자 그분께서 말씀하셨
다. "자녀들의 빵을 집어서 개들에게 던지는 것은 좋지 않다."[145] **27** 그때 그녀가 말
했다. "맞습니다, 주여. 그러나 개들도 자기 주인의 식탁에서 떨어지는 부스러기를
먹습니다." **28** 그러자 예슈아께서 그녀에게 말씀하셨다. "오, 여인아! 네 믿음이 크
다. 이제 네가 원하는 대로 이루어져라." 그리고 그 순간 그녀의 딸이 나았다.

많은 사람을 치유하심

29 이어서 예슈아께서 거기에서 떠나 갈릴리 호숫가에 이르러 산으로 올라가
서 거기에 앉아 계셨다. **30** 그러자 큰 무리가 그분께 왔다. 그들은 다리 저는 자와
눈먼 자와 기형적인 자와 귀먹고 말 못하는 자 그리고 다른 많은 이들을 데려와
서 그분의 발앞에 두었고, 그분은 그들을 고쳐 주셨다. **31** 이에 그 무리가 귀먹고
말 못하는 자가 말하고, 불구가 된 사람이 온전해지며, 다리 저는 자가 걷고, 눈
먼 자가 보는 것을 목격하고 놀라서 이스라엘의 하나님께 영광을 돌렸다.

사천 명을 먹이심(막 8:1-10)

32 그리고 예슈아께서 제자들을 부르신 후에 말씀하셨다. "내가 무리를 불쌍히
여기니, 그들이 벌써 삼 일이나 나와 함께 지냈는데, 그들에게 먹을 것이 없기 때문
이다. 나는 그들을 굶주린 채 돌려보내고 싶지 않다. 그들이 길에서 지쳐 쓰러질까

143) 용어 해설에서 '다윗의 자손/요셉의 자손'을 찾아보라.

144) '불쌍히 여겨 달라'는 말은 용서를 구하는 관용 표현이다. 당시 사람들은 죄 때문에 병에 걸린다고 생각했다.

145) 예슈아 시대에는 비스듬히 앉아 음식을 먹었기 때문에 식탁의 높이가 낮았다. 따라서 강아지 정도만 식탁 밑에 들어갈 수 있었을 것이다.

염려된다." **33** 이에 제자들이 그분께 말했다. "저희가 광야 어디에서 이 큰 무리를 먹
일 만큼 많은 음식을 얻을 수 있겠습니까?" **34** 그러자 예슈아께서 그들에게 말씀하
셨다. "너희가 가진 음식이 얼마나 되느냐?" 이에 그들이 말했다. "빵 일곱 개와 작은
생선 몇 마리입니다." **35** 그러자 그분께서 무리에게 땅에 비스듬히 앉으라고 지시하
신 다음, **36** 빵 일곱 개와 생선을 들어 감사하신 후 *그것들을* 떼어 제자들에게 주
셨고, 제자들은 그것을 무리에게 주었다. **37** 이에 그들 모두가 배불리 먹었다. 그
리고 사람들이 남은 조각을 모으니, 일곱 광주리[146]에 가득 찼다(왕하 4:42-44). **38** 그
때 먹은 사람들이 여자와 아이들을 세지 않고도 남자만 사천 명이었다.[147] **39** 이어
서 그분께서 무리를 흩어 보내신 후 배에 올라 마가단 지역으로 가셨다.

표적을 요구함(막 8:11-13; 눅 12:54-56)

16 **1** 그때 바리새파와 사두개파 사람들이 와서 그분을 시험했다. 그들은
그분께 하늘에서 오는 표적을 보여 달라고 요구했다. **2** 그러자 그분께서
그들에게 말씀하셨다. "너희가 저녁이 되면 말하기를, '하늘이 불같이 붉으니 날씨
가 좋겠다'고 하고, **3** 이어서 이른 아침에는 '어둑한 하늘이 불같이 붉어지니, 오늘
은 날씨가 좋지 않겠다'고 한다. 너희가 하늘의 모습은 판단할 줄 알면서, 시대들
의 표적들은 판단할 줄 모르느냐? **4** 악하고 음란한 세대가 표적을 구하나, 요나의
표적 외에는 어떠한 표적도 받지 못할 것이다." 그리고 그분께서 그들을 떠나셨다.

바리새파와 사두개파 사람들의 누룩(막 8:14-21)

5 그런데 제자들이 건너편으로 갈 때, 빵을 가져가는 것을 잊었다. **6** 이에 예슈
아께서 그들에게 말씀하셨다. "너희는 바리새파와 사두개파 사람들의 누룩[148]을
조심하고 주의해야 한다." **7** 그러자 그들이 서로 논의하다가 "우리가 빵을 가져오
지 않았다"는 말을 했다. **8** 이에 예슈아께서 아시고 말씀하셨다. "믿음이 적은 자
들아, 너희가 서로 무엇을 논의하느냐? 빵이 없느냐? **9** 너희가 아직도 깨닫지 못
하느냐? 빵 다섯 개로 오천 명을 먹이고 몇 바구니를 거두었는지 기억하지 못하

146) 이것은 사도행전 9장 25절에서 사도 바울을 다마스쿠스 성벽에서 달아 내릴 때 사용할 정도로 큰 것이었다(마 16:10; 막 8:8, 20).

147) 용어 해설에서 '인구 조사'를 찾아보라.

148) 바리새파의 누룩은 '율법주의', 사두개파의 누룩은 '헬레니즘'이다. 용어 해설에서 '헬라주의자'를 찾아보라.

느냐? 10 또 빵 일곱 개로 사천 명을 먹이고 몇 광주리를 거두었는지 기억하지 못하느냐? 11 어째서 너희는 내가 빵에 대해 말하지 않았음을 깨닫지 못하느냐? 다만 너희는 바리새파와 사두개파 사람들의 누룩을 주의해야 한다." 12 그러자 그들은 그분께서 조심하라고 말씀하신 것은 빵의 누룩이 아니라 바리새파와 사두개파 사람들의 교훈에서 나오는 것임을 깨달았다.

예슈아에 대한 베드로의 고백(막 8:27-30; 눅 9:18-21)

13 한편 예슈아께서는 가이사랴 빌립보 지역으로 들어오신 후에 그분의 제자들에게 물으셨다. "사람들은 그 사람의 아들이 누구라고 말하느냐?" 14 이에 그들이 말했다. "어떤 이들은 분명히 침례자 요한이라고 하고, 다른 이들은 엘리야, 또 다른 이들은 예레미야나 선지자들 가운데 한 사람이라고 합니다." 15 그분께서 그들에게 말씀하셨다. "그러면 너희는 나를 누구라고 말하느냐?" 16 그러자 시몬 베드로가 말했다. "당신은 메시아, 살아 계신 하나님의 아들이십니다." 17 그러자 예슈아께서 그에게 말씀하셨다. "시몬 바-요나, 네가 복이 있다! 살과 피가 아니라 하늘에 계신 내 아버지께서 네게 이것을 계시하셨기 때문이다. 18 그러므로 내가 네게 말하는데, 너는 베드로다. 이 반석[149] 위에 내가 내 회중(교회)[150]을 세울 것이니, 하데스[151]의 문들이 *이 회중(교회)을* 대항하여 이기지 못할 것이다. 19 내가 네게 하늘들의 왕국 열쇠들을 줄 것이다. 그러므로 무엇이든 네가 땅에서 묶으면 *지속되는 효과로* 하늘에서도 묶일 것이고, 무엇이든 네가 땅에서 풀면 *지속되는 효과로* 하늘에서도 풀릴 것이다."[152] 20 이어서 그분께서는 제자들에게 자기가 메시아인 것을 말하지 말라고 명령하셨다.

예슈아께서 자신의 죽음과 부활[153]을 예고하시다(막 8:31-9:1; 눅 9:22-27)

21 그때부터 예슈아께서 제자들에게 자신이 예루살렘으로 가야 할 것과 장로

149) '반석'은 여성 명사다. 그러나 베드로라는 이름은 남성 명사로 반석에서 떨어져 나온 돌 조각을 뜻하며, 신약 성경에서 오직 그의 이름으로만 사용되었다. 베드로의 실제 이름은 남자의 손 크기 만한 돌을 뜻하는 아람어 '케파'(게바)였다.

150) 보통 '교회'로 번역되지만, '교회'를 뜻하는 헬라어는 신약 성경에 나타나지 않는다. 용어 해설에서 '회중'을 찾아보라.

151) 히브리어로는 '스올'이다. 용어 해설에서 '게헨나'를 찾아보라.

152) 묶는다는 것은 '금지'를, 푼다는 것은 '허용'을 뜻하는 히브리 관용 표현이다. 여기서 '묶고 푸는' 것은 구체적으로 음식과 안식일 등 다른 모든 규칙과 규례들, 영적인 영역까지 법적으로 적용된다.

153) 용어 해설에서 '부활'을 찾아보라.

들과 대제사장들과 서기관들에게 큰 고난을 받아야 할 것과 죽임 당한 후 제삼
일에 일으킴 받아야 할 것을 보여 주기 시작하셨다. **22** 이에 베드로가 그분을 따
로 붙잡고 비난하기 시작했다. "안 됩니다, 주여! 이 일은 절대로 당신께 일어나지
않을 것입니다." **23** 그러자 그분께서 몸을 돌려 베드로에게 말씀하셨다. "사탄[154]아,
너는 내 뒤로 물러나야 한다![155] 네가 나를 시험하고 있으니, 하나님의 일들을 생각
하지 않고 사람들의 일들을 생각하기 때문이다." **24** 그리고 예슈아께서 제자들에게
말씀하셨다. "만일 어떤 사람이 나를 따라오기 원한다면, 그는 자기 자신을 부인하
고 자기 십자가를 지고 계속해서 나를 따라야 한다. **25** 그러므로 누구든지 자기 생
명을 구하고자 하면 그것을 잃을 것이며, 누구든지 나를 위하여 자기 생명을 잃
고자 하면 그것을 찾을 것이다. **26** 사람이 온 세상을 얻으려다가 자기 생명을 빼
앗긴다면 그에게 무슨 유익이 있겠느냐? 또 사람이 자기 생명 대신 무엇을 주겠느
냐? **27** 그러므로 그 사람의 아들은 그의 천사들과 함께 그의 아버지의 영광으로 올
것이니, 그때 각 사람에게 그의 행위[156]에 따라 돌려줄 것이다. **28** 진실로 내가 너희
에게 말한다. 여기에 서 있는 사람들 중 어떤 이들은 그 사람의 아들이 그의 왕국
과 함께 오는 것을 보게 될 때까지 죽음을 맛보지 않을 것이다"(막 9:1).

예슈아의 모습 변화(막 9:2-13; 눅 9:28-36)

17

1 그리고 엿새 후에 예슈아께서 베드로와 야고보와 그의 형제 요한만 데
리고 높은 산으로 올라가셨다. **2** 그때 그분께서 그들 앞에서 모습이 변
하셔서 그분의 얼굴은 해같이 빛났고, 그분의 옷은 빛처럼 희게[157] 되었다. **3** 그리
고 보라, 모세와 엘리야가 그분과 대화하는 것이 그들에게 보였다. **4** 이에 베드로
가 예슈아께 말했다. "주여, 우리가 여기 있는 것이 좋습니다. 만일 당신이 원하신
다면, 제가 초막 셋을 세우되 하나는 당신을 위하여, 하나는 모세를 위하여, 그리
고 하나는 엘리야를 위하여 하겠습니다." **5** 그가 아직 말하고 있을 때, 보라, 빛나는
구름이 그들을 감싸며 구름에서 한 목소리가 말하기를, "이는 내 사랑하는 아들이

154) 용어 해설에서 '사탄'을 찾아보라.

155) 헬라어 '휘파고'(hupago)는 '왔던 곳으로 돌아가라'는 뜻이다. 광야에서 시험받으시던 예슈아께서 사탄에게 '물러가라'고 말씀하실 때도 같은 단어가 사용되었다(마 4:10).

156) 야고보서 2장 14절을 참고하라. 용어 해설에서 '미츠바'와 '의'를 찾아보라.

다. 그로 인해 내가 매우 기쁘니, 너희는 늘 그의 말을 들어야 한다"고 했다. 6 이에
제자들이 듣고 그들의 얼굴을 땅에 대고 엎드리며 매우 두려워했다. 7 그때 예슈아
께서 오셔서 그들에게 손을 대시며 말씀하셨다. "너희는 즉시 일어나고 두려워하
지 말라." 8 그리고 그들이 눈을 떴을 때에 예슈아 외에는 아무도 보지 못했다.

9 이어서 그들이 산을 내려오는 동안 예슈아께서 그들에게 명령하며 말씀하시
기를, "그 사람의 아들이 죽은 자들 가운데서 일어날 때까지 너희가 본 것을 아무
에게도 말하지 말라"고 하셨다. 10 그러자 제자들이 그분께 물으며 말했다. "그런
데 왜 서기관들은 엘리야가 먼저 와야 한다고 말합니까?" 11 이에 그분께서 말씀
하셨다. "엘리야가 참으로 와서 모든 것을 회복시킬 것이다. 12 그러나 내가 너희에
게 말하는데, 엘리야가 이미 왔으나 사람들이 그를 알아보지 못하고 그들 마음대
로 그를 대우하였다. 그러므로 그 사람의 아들 또한 그들에게 고난당할 것이다." 13
이에 제자들은 그분께서 침례자 요한에 대해 말씀하신 것임을 깨달았다.

귀신 들린 소년을 치유하심(막 9:14-29; 눅 9:37-43상)

14 그리고 그들이 무리에게 왔을 때, 어떤 사람이 그분께 와서 무릎을 꿇으며
15 말했다. "주여, 당신이 제 아들을 불쌍히 여겨 주셔야 합니다.[158] 그가 발작으로
극심한 고통을 겪으며 자주 불에도 뛰어들고, 물에도 뛰어들기 때문입니다. 16 그
래서 제가 그를 당신의 제자들에게 데려왔으나 그들이 그를 낫게 하지 못했습니
다." 17 이에 예슈아께서 대답하셨다. "아, 믿음이 없는 비뚤어진 세대여! 내가 얼마
동안이나 너희와 함께 있어야 하느냐? 내가 언제까지 너희를 참아야 하느냐? 당
신은 그 아이를 여기 내게로 데려오시오." 18 그리고 예슈아께서 귀신을 꾸짖으시
자 그것이 그 아이에게서 나갔고, 그 순간 아이가 나았다. 19 그때 제자들이 따로
예슈아께 와서 말했다. "저희는 왜 그것을 내쫓을 수 없었습니까?" 20 그러자 그분
께서 그들에게 말씀하셨다. "너희의 작은 믿음 때문이다. 그러므로 진실로 내가
너희에게 말한다. 너희가 겨자씨 한 알 같은 믿음을 가졌다면, 이 산에게 '네가
여기서 저쪽으로 당장 옮겨져야 한다'고 말할 것이며, 그것이 움직일 것이다. 따라
서 너희에게 불가능한 일이 아무것도 없을 것이다." 21 [그러나 이런 부류는 기도

157) 흰옷은 영적으로 준비된 상태를 상징한다. 전도서 9장 8절은 다음과 같이 말씀한다. "네 의복을 항상 희게 하며 네 머리에 기름이 떨어지지 않게 하라."

158) '불쌍히 여겨 달라'는 말은 용서를 구하는 관용적 표현이다. 당시 사람들은 죄 때문에 병에 걸린다고 생각했다.

와 금식이 아니면 나가지 않는다.][159]

예수아께서 또다시 그분의 죽음과 부활[160]을 예고하시다(막 9:30-32; 눅 9:43하-45)

22 그리고 그들이 갈릴리에서 모였을 때, 예수아께서 그들에게 말씀하셨다. "그
사람의 아들이 사람들의 손에 넘겨지고, **23** 그들이 그를 죽일 것이나 제삼일에 그
가 일으켜질 것이다"(마 16:21). 그러자 그들은 매우 슬퍼했다.

성전세 지불

24 그런데 그들이 가버나움[161]에 들어온 후에 두 드라크마[162] 걷는 자들이 베드
로에게 말했다. "당신들의 스승은 두 드라크마를 내지 않습니까?"(출 30:13; 38:26) **25**
그가 말했다. "당연히 내십니다." 그리고 그가 집에 들어간 후에 예수아께서 먼저
그에게 말씀하셨다. "시몬아, 너는 어떻게 생각하느냐? 세상의 왕들이 누구에게
서 세금과 인두세를 거두느냐? 그들의 아들에게서냐, 아니면 다른 사람들에게서
냐?" **26** 그러자 그가 말했다. "다른 사람들에게서입니다." 예수아께서 그에게 말씀
하셨다. "그렇다면 아들들은 분명히 면제다. **27** 그러나 우리가 그들로 실족하지 않
게 하기 위해 너는 호수로 곧장 가서 즉시 낚시 바늘을 던져 처음 올라오는 물고
기를 잡아라. 그리고 그 입을 열면 동전 하나가 있을 것이다. 그것을 가져다가 즉
시 나와 너를 위해 그들에게 주어라."

그 왕국에서 가장 큰 자 (막 9:33-37; 눅 9:46-48)

18 **1** 그때 제자들이 예수아께 와서 말했다. "하늘들의 왕국에서 가장 큰
자는 누구입니까?" **2** 그러자 그분께서 한 아이를 불러 그들 가운데 세
우고 **3** 말씀하셨다. "진실로 내가 너희에게 말한다. 너희가 변하여 아이들처럼 되
지 않으면 하늘들의 왕국에 들어가지 못한다. **4** 그러므로 누구든지 자신을 이 아
이처럼 낮추는 사람이 하늘들의 왕국에서 가장 큰 자이다. **5** 그리고 누구든지 내

159) 5세기에 덧붙여진 것으로, 초기 사본에는 21절이 없다.

160) 용어 해설에서 '부활'을 찾아보라.

161) '가버나움'은 히브리어 '카페르 나훔'(Kafer Nahum)을 라틴어로 음역한 것이다. '카페르'는 '마을', '동네'를, '나훔'은 '위로', '긍휼'을 뜻한다.

162) 출애굽기 30장 13절과 38장 26절에 명시되어 있는 '반 세겔'의 성전세를 가리킨다.

163) '받아들이다'에 해당하는 헬라어의 문자적 의미는 '손을 잡다'이다.

이름으로 이런 아이 하나를 받아들이는 자는 나를 받아들이는[163] 것이다."

죄의 유혹(막 9:42-48; 눅 17:1-2)

6 "누구든지 나를 믿는 이들 가운데 가장 작은 자 하나를 죄짓게 하면, 연자
맷돌[164]을 자기 목에 걸고 깊은 바다에 빠지는 것이 더 나을 것이다. 7 죄를 짓게
하는 사람들 때문에 이 세상에 화가 있다! 죄의 유혹이 없을 수는 없으나 그 유
혹을 초래하는 사람에게 화가 있기 때문이다. 8 그러므로 만일 네 손이나 발이 너
로 죄를 짓게 하면, 너는 즉시 그것을 잘라 내어 던져 버려라. 네가 저는 다리나
불구로 생명에 들어가는 것[165]이 두 손과 두 발을 가지고 영원한 불 속에 던져지
는 것보다 더 낫다. 9 또 만일 네 눈이 너로 죄를 짓게 하면, 너는 즉시 그것을 빼
내어 던져 버려라. 한쪽 눈만 가지고 생명에 들어가는 것이 두 눈을 가지고 불타
는 게헨나[166]에 던져지는 것보다 더 낫다."

잃은 양의 비유(눅 15:3-7)

10 "너희는 계속해서 이 *아이들* 가운데 가장 작은 자 하나라도 업신여기지 않도
록 주의해야 한다. 내가 너희에게 말하는데, 하늘에 있는 그들의 천사들이 모든 아
이들을 위해 하늘에 계신 내 아버지의 얼굴을 뵙기 때문이다. 11 [그 사람의 아들
은 잃은 자들을 구원하러 왔다.][167] 12 너희는 어떻게 생각하느냐? 만일 어떤 사람
에게 백 마리의 양이 있는데 그중 한 마리가 길을 잃는다면, 아흔아홉 마리를 산에
남겨 두고 길 잃은 양을 찾으러 가지 않겠느냐? 13 그리하여 그가 그것을 찾는다
면, 진실로 내가 너희에게 말하는데, 그가 길을 잃지 않은 아흔아홉 마리의 양보
다 그 한 마리 때문에 더 기뻐할 것이다. 14 이와 같이 이 작은 자들 가운데 단 하
나도 잃지 않는 것이 하늘에 계신 너희 아버지 앞에 있는 뜻이다."

죄를 지은 형제(눅 17:3)

15 "그러므로 만일 네 형제가 네게 죄를 지으면, 너는 가서 너와 그 사람 사이

164) 예수아께서는 이 돌이 나귀가 끄는 맷돌이라는 것을 언급하실 필요가 있었다. 보통 가정에서는 소량의 곡식을 가는 데 3-4.5kg 정도의 맷돌을 사용했다.

165) 예수아께서는 우리가 '죽음'이라 부르는 것을 '생명에 들어가는 것'이라고 여러 차례 언급하시면서 우리를 기다리고 있는 놀라운 '영생'에 대해 분명하게 말씀하셨다.

166) '게헨나'는 히브리어 '게힌놈'을 헬라어로 음역한 것이다. 용어 해설에서 '게헨나'를 찾아보라.

167) 5세기경에 덧붙여진 것으로, 초기 사본에는 11절이 없다.

에서만 그 죄를 깨닫게 해야 한다. 만일 그가 네 말을 들으면, 너는 네 형제를 얻
은 것이다(레 19:17). **16** 그러나 만일 그가 듣지 않으면, 너는 한두 사람을 함께 데려
가서 '두세 증인의 입으로 모든 말을 확증하도록'(신 19:15) 해야 한다. **17** 그런데 만
일 그가 그들의 말도 듣지 않으려 한다면, 너는 즉시 회중(교회)[168]에 말해야 하며,
만일 그가 회중(교회)의 말도 듣지 않으려 한다면, 너는 그들을 이방인이나 세리같
이 여겨야 한다."

18 "진실로 내가 너희에게 말한다. 무엇이든지 너희가 이 땅에서 묶으면[169] *지속
되는 효과로* 하늘에서도 묶일 것이며, 무엇이든지 너희가 이 땅에서 풀면[170] *지속되
는 효과로* 하늘에서도 풀릴 것이다.[171] **19** 또다시 진실로 내가 너희에게 말한다. 만일
너희 중 두 사람이 어떤 문제에 관해서든 이 땅에서 마음을 같이하여 무엇이든 구
하면, 그 일이 그들을 위해 하늘에 계신 내 아버지 앞에서 이루어질 것이다. **20** 그러
므로 두세 사람이 내 이름으로 함께 모인 곳, 거기에 내가 그들 가운데 있다."

용서하지 않는 신하의 비유

21 그때 베드로가 와서 그분께 말했다. "주여, 제 형제가 저에게 죄를 지으면 제
가 몇 번이나 그를 용서해 주어야 합니까?[172] 일곱 번까지입니까?" **22** 예슈아께서
그에게 말씀하셨다. "나는 네게 일곱 번까지라 하지 않고, 일흔 번씩 일곱 번까지
라고 말한다. **23** 이러한 이유로 하늘들의 왕국은 어떤 사람, 곧 그의 종들과 정산
하려는 왕과 같다. **24** 그가 정산을 시작했을 때에 일만 달란트[173] 빚진 사람을 그
앞에 데려왔다. **25** 그러나 그에게 갚을 것이 없으므로 주인이 명령하기를, *즉시* 그
와 그의 아내와 자녀와 그가 가진 모든 소유를 팔아서 갚으라고 했다. **26** 그러자
그 종이 그 앞에 엎드려 말하기를, '당신이 지금 제 빚에 대해 기다려 주시면, 제
가 모두 갚겠습니다'라고 했다. **27** 그때 그 종의 주인은 불쌍한 마음이 들어서 그
를 풀어 주고, 그의 빚을 면제해 주었다. **28** 그런데 그 종이 나오다가 자기 동료 하

168) 용어 해설에서 '회중'을 찾아보라.

169) 묶는다는 것은 '금지'를 뜻하는 히브리 관용 표현이다. 여기서 '묶고 푸는' 것은 구체적으로 음식과 안식일 등 다른 모든 규칙과 규례들, 영적인 영역까지 법적으로 적용된다.

170) '푼다'는 것은 허용을 뜻하는 히브리 관용 표현이다.

171) 원문의 시제는 묶고 푸는 효과와 영향력이 영원히 계속될 것을 의미한다.

172) 용어 해설에서 '죄 사함'을 찾아보라.

173) 1달란트는 약 34kg으로, 6천 드라크마 또는 6천 데나리온의 가치가 있다. 300데나리온이 노동자의 1년 치 임금이므로, 1달란트는 20년 치 임금이 된다. 따라서 1만 달란트는 실로 어마어마한 액수이다.

나를 보았는데, 그는 그에게 일백 데나리온[174] 빚진 자였다. 이에 그가 그를 붙잡
고 목을 누르며 말하기를, '네가 진 빚을 당장 갚아야 한다'라고 했다. **29** 그러자
그 동료가 무릎을 꿇고 그에게 간청하며 '자네가 나를 기다려 주면, 내가 꼭 갚겠
네'라고 말했다. **30** 그러나 그는 그렇게 하지 않고, 가서 빚을 갚을 때까지 동료를
옥에 가두었다. **31** 그러므로 그의 동료들이 일어난 일을 보고 너무 안타까워 그들
의 주인에게 가서 그 모든 일을 알렸다. **32** 그러자 주인이 그를 불러 말했다. '악한
종아! 네가 간청하여 내가 네 모든 빚을 사해 주었다. **33** 그러니 너도 내가 너를 불
쌍히 여긴[175] 것처럼 네 동료를 불쌍히 여겼어야 하지 않느냐?' **34** 그리고 그의 주
인은 분노에 차서 모든 빚을 갚을 때까지 그를 간수들에게 넘겨주었다. **35** 그러므
로 하늘에 계신 내 아버지께서도 너희 각 사람이 마음에서 우러나 그 형제를 용
서하지 않으면, 너희에게 이렇게 하실 것이다."

이혼에 대한 가르침(막 10:1-12)

19 **1** 그리고 다음과 같은 일이 있었다. 예수아께서 이러한 것들을 가르치기
를 마치시고, 갈릴리를 떠나 요단강 건너편에 있는 유대 지역으로 들어가
셨다. **2** 이어서 큰 무리가 그분을 따랐고, 그분께서는 거기서 그들을 고치셨다.

3 그런데 바리새파 사람들이 그분께 와서 그분을 시험하며, "어떤 이유로든 남
자가 그 아내와 이혼하는 것이 허락됩니까?"라고 말했다. **4** 이에 그분께서 대답하
셨다. "너희는 창조하신 분이 처음부터 '그들을 남자와 여자로 만드셨다'(창 1:27)는
말씀을 읽어 본 적이 없느냐?" **5** 그리고 그분께서 말씀하셨다. "이러한 이유로 '남
자[176]가 부모를 떠나 그의 아내와 연합하여[177] 그 둘이 한 몸이 될 것이다'(창
2:24). **6** 이와 같이 그들은 둘이 아니라 한 몸이다. 그러므로 하나님께서 합치신 것
을 사람이 나누지 못한다." **7** 그들이 그분께 말했다. "그러면 모세는 왜 '이혼 증서
를 주고 아내와 헤어지라'(신 24:1)고 명령했습니까?" **8** 그분께서 그들에게 대답하

174) 이것은 몇 개월 치 임금에 해당된다.

175) '불쌍히 여긴다'는 것은 '용서한다'는 의미이다. 따라서 "내가 네 빚을 사해 준 것처럼"으로 번역할 수도 있다.

176) 헬라어 '안트로포스'(anthropos)는 '사람'으로 번역하는 것이 적절하다.

177) 남편과 아내 모두 각자의 부모를 떠나 연합해야 한다. 고대 이스라엘 사회에서 결혼은 아내가 남편의 집안에 들어가는 것이었다. 이것을 현대적으로 해석하면 다음과 같다. "사람이 부모를 떠나 배우자와 연합할 것이다." 창세기 2장 24절은 결혼할 때에 남자가 부모를 떠난다고 말한다. 용어 해설에서 '결혼'을 찾아보라.

셨다. "모세는 너희의 완고한 마음 때문에 아내와의 이혼을 허락했으나, 처음부
터 그런 것은 아니었다. 9 그러나 내가 너희에게 말한다. 누구든지 불미스러운 사
유[178]가 아닌 것으로 자기 아내와 이혼하고 다른 여인과 결혼하는 것은 간음하는
것이다." 10 그분의 제자들이 그분께 말했다. "만일 남편과 아내의 관계가 이와 같
다면, 결혼하는 것이 유익하지 않습니다." 11 그러자 그분께서 그들에게 말씀하셨
다. "누구나 이 말씀을 받아들일 수 있는 것은 아니고, 그것이 주어진 사람들만
받아들일 수 있다. 12 그러므로 모태에서부터 고자로 태어난 자들이 있고, 사람들
이 고자로 만든 자도 있으며, 하늘들의 왕국 때문에 스스로 고자가 된 사람들도
있다. *이 진리를* 받아들일 수 있는 자는 받아들여야 한다."

아이들이 복되다(막 10:13-16; 눅 18:15-17)

13 그때 (사람들이) 그분께 아이들을 데려와 머리에 손을 얹고 기도해 주시기를
바랐으나 제자들이 그들을 꾸짖었다. 14 이에 예슈아께서 말씀하셨다. "너희는 즉
시 아이들을 허용하고, 그들이 내게 오는 것을 금하지 않아야 한다. 하늘들의 왕
국이 이러한 자들의 것이기 때문이다." 15 그리고 그분께서 그들에게 안수하신 후
에 그곳을 떠나셨다.

부자 청년(막 10:17-31; 눅 18:18-30)

16 그리고 보라, 어떤 사람이 그분께 와서 말했다. "선생님, 영생을 얻기 위해 제
가 해야 할 선한 일이 무엇입니까?" 17 이에 그분께서 그에게 말씀하셨다. "너는 왜
선한 일에 관하여 내게 묻는 것이냐? 선한 분은 오직 한 분뿐이다. 그러니 만일 네
가 영생[179]을 소망한다면, 그 계명들[180]을 지켜야 한다." 18 그가 그분께 말했다. "어
떤 것들입니까?" 그러자 예슈아께서 말씀하셨다. "너는 살인하지 않고, 간음하지
않으며, 도둑질하지 않고, 거짓 증언하지 않아야 할 것이다. 19 *네* 부모를 공경하
고, 이웃을 자신처럼 사랑해야 한다"(레 19:18). 20 그 청년이 그분께 말했다. "제가
이 모든 것을 다 지켰는데, 아직도 제게 부족한 것이 무엇입니까?" 21 예슈아께서
그에게 말씀하셨다. "만일 네가 완전해지고 싶다면,[181] 즉시 가서 네 소유를 팔아

178) 음행

179) 예슈아께서는 여러 차례 우리가 죽음이라 부르는 것을 영생이라 칭하시며, 우리를 기다리는 놀라운 영생에 대해 분명하게 말씀하신다.

180) 성경의 처음 다섯 권에 기록된 계명들을 말하는 것으로, 18-19절에 요약되어 있다.

가난한 자들에게 주어야 한다. 그러면 하늘의 보화를 얻을 것이다. 그리고 와서 나를 계속 따르라." **22** 그러나 그 청년은 그 말씀을 들은 후에 슬퍼하며 떠났다. 그에게는 재산이 많았기 때문이다.

23 그때 예슈아께서 그분의 제자들에게 말씀하셨다. "진실로 내가 너희에게 말하는데, 부자는 하늘들의 왕국에 들어가기가 어려울 것이다.[182] **24** 내가 또다시 너희에게 말한다. 낙타가 바늘귀[183]를 통과하는 것이 부자가 하나님의 왕국에 들어가는 것보다 더 쉽다." **25** 이에 제자들이 듣고 크게 놀라며 말했다. "그러면 누가 구원받을 수 있습니까?" **26** 그러자 예슈아께서 그들을 보시며 말씀하셨다. "사람에게는 이것이 불가능하나 하나님께는 모든 것이 가능하다"(창 18:14; 렘 32:17, 27; 욥 42:2). **27** 그때 베드로가 그분께 말했다. "보십시오, 저희가 모든 것을 버리고 당신을 따랐습니다. 그러면 우리에게 무엇이 있습니까?" **28** 이에 예슈아께서 그들에게 말씀하셨다. "진실로 내가 너희에게 말한다. 나를 따르는 너희는 그 사람의 아들이 모든 것을 회복하여[184] 그의 영광의 보좌[185]에 앉을 때에 열두 보좌에 앉아 이스라엘의 열두 지파를 심판할 것이다. **29** 그리고 내 이름을 위해 집이나 형제나 자매나 아버지나 어머니나 자녀나 경작지를 버린 모든 사람은 백 배로 받을 것이며, 영생을 상속할 것이다. **30** 그러나 많은 첫째들이 마지막이 될 것이며, 마지막에 있는 자들이 첫째가 될 것이다."

포도밭의 일꾼들

20 **1** "그러므로 하늘들의 왕국[186]은 자기 포도원의 일꾼들을 구하기 위해 아침 일찍 나온 집주인과 같다. **2** 그래서 그는 일꾼들과 하루 품삯으로

181) "도덕적으로 완전한 단계에 이르고자 한다면"

182) 이 말씀은 바리새파 사람들의 가르침에 배치되는 것이었다. 바리새파 사람들은 토라와 전통을 준수하면 이 땅에서 재물을 얻게 된다고 가르쳤다. 그들의 이러한 가르침은 오늘날 '번영 신학'과 유사하다. 용어 해설에서 '부'를 찾아보라.

183) 바늘귀는 성문이 닫힌 후 사람이 드나들게 열어 두는 작은 문을 지칭하기도 한다. 낙타가 이 문을 통과하려면 안장과 모든 짐을 내린 후, 무릎을 꿇려 기어가거나 사람이 뒤에서 밀어 줘야 했다.

184) 부활의 삶

185) 우주를 다스리시는 왕의 보좌는 임재의 영광으로 이루어져 있다. 예레미야 14장 21절에는 '주의 영광의 보좌'에 대한 언급이 있고, 유대 주석에는 '영광의 보좌'에 대한 해설이 많다. 마태복음 25장 31절에도 '영광의 보좌'라는 표현이 나온다.

186) '하늘들의 왕국'은 여기서 '하나님'을 가리킨다. 용어 해설에서 '하늘'을 찾아보라.

한 데나리온에 합의한 후 그들을 그의 포도원으로 보냈다. **3** 그리고 제삼시[187] 무렵에 그가 나와서 일을 얻지 못해서 장터에 서 있는 다른 이들을 보았다. **4** 이에 그가 그들에게 말했다. '당신들도 포도원으로 들어가면, 내가 당신들에게 적당히 (품삯을) 주겠소.' **5** 그리하여 그들은 갔다. 이어서 그는 제육시와 제구시[188] 무렵에도 다시 나와 이렇게 했다. **6** 그런데 그가 제십일시[189] 무렵에 나왔을 때, 다른 사람들이 서 있는 것을 발견하고 그들에게 말했다. '당신들은 왜 하루 종일 여기에 할 일 없이 서 있소?' **7** 그들이 그에게 말했다. '아무도 우리를 써 주지 않았기 때문입니다.' 그가 그들에게 말했다. '당신들도 포도원으로 들어가시오.' **8** 그리고 저녁이 되었을 때, 포도원 주인이 관리인에게 말했다. '이제 일꾼들을 불러서 마지막 사람부터 첫 번째까지 품삯을 치르시오.' **9** 이에 제십일시 무렵에 온 사람들이 한 데나리온씩 받았다. **10** 이에 첫 번째 사람들은 오면서 자신들이 더 받을 것이라고 생각했다. 그러나 그들도 한 데나리온을 받았다. **11** 이에 그들은 받은 후에 주인에게 불평하며 **12** 말했다. '마지막에 온 사람들은 한 시간만 일했는데, 당신은 그들을 우리와 똑같이 대우했습니다. 그러나 우리는 하루 종일 수고하고 뜨거운 열기를 견뎠습니다.' **13** 그러자 주인이 그들 중 한 사람에게 답하며 말했다. '친구여, 나는 당신에게 잘못한 것이 없소. 당신이 나와 한 데나리온에 합의하지 않았소? **14** 당신은 이제 당신의 몫을 가지고 가야 하오. 그리고 나는 이렇게 당신에게 준 것처럼 마지막 사람들에게도 주고 싶소. **15** 아니면 내가 내 것을 가지고 원하는 것을 할 수 없다는 것이오? 아니면 내가 선하기 때문에 당신의 눈에는 악한[190] 것이오?' **16** 이와 같이 마지막인 자들이 첫째가 되고, 첫째들이 마지막이 될 것이다."

예슈아의 죽음과 부활에 대한 세 번째 예고(막 10:32-34; 눅 18:31-34)

17 그리고 예슈아께서 예루살렘으로 올라가시는 동안, 열두 제자만 따로 데려다가 길에서 그들에게 말씀하셨다. **18** "보라, 우리가 예루살렘으로 올라갈 것인데, 그 사람의 아들이 대제사장들과 서기관들에게 넘겨지겠고, 그들은 그에게 사형을 선고할 것이다. **19** 그리고 그를 이방인들에게 넘겨주어 조롱하고 채찍질하여 십자가에 매달 것이지만, 그는 제삼일에 일으켜질 것이다."

187) 오전 9시

188) 각각 오후 12시와 오후 3시

189) 오후 5시

190) 원문을 그대로 옮기면 '눈이 악하다'이다. 이것은 '탐욕스럽다'는 뜻이다(신 15:9; 잠 23:6-7; 28:22).

야고보와 요한의 요청(막 10:35-45)

20 그때 세베대의 아들들의 어머니가 그녀의 아들들과 함께 그분께 왔다. 그녀
는 그분께 경의를 표하며[191] 무엇인가 요청하려고 했다. **21** 이에 그분께서 그녀에
게 말씀하셨다. "네가 무엇을 원하느냐?" 그녀가 그분께 말했다. "이제 당신께서 제
두 아들에게 당신의 왕국에서 하나는 당신의 오른편에, 하나는 당신의 왼편에 앉
을 것이라고 말씀해 주셔야 합니다." **22** 그러자 예슈아께서 말씀하셨다. "너희는 스
스로 무엇을 구하고 있는지 모르고 있다. 내가 마실 잔을 너희가 마실 수 있겠느
냐?" 그들이 그분께 말했다. "우리가 할 수 있습니다." **23** 그분께서 그들에게 말씀하
셨다. "참으로 너희가 내 잔을 마시게 될 것이다. 그러나 내 오른편과 왼편에 앉는
이 일은 내가 주는 것이 아니라, 내 아버지께서 예비해 두신 자를 위한 것이다." **24**
그러자 (나머지) 열 명이 듣고 두 형제에게 분개했다. **25** 이에 예슈아께서 제자들을
불러 놓고 말씀하셨다. "너희는 이방인의 지도자들이 사람들을 지배하고, 높은 자
들이 그들에게 권세 부리는 것을 안다. **26** 너희 중에서는 이와 같지 않아야 할 것
이니, 누구든지 너희 중에 높아지기를 원하는 사람은 너희를 섬기는 자[192]가 될
것이며, **27** 또 누구든지 너희 중에 첫째가 되기를 원하는 사람은 너희의 종[193]이
되어야 할 것이다. **28** 이는 그 사람의 아들이 섬김을 받으러 온 것이 아니라 섬기
기 위해, 그리고 그의 생명을 많은 사람들의 대속물로 주기 위해 온 것과 같다."

눈먼 두 사람을 치유하심(막 10:46-52; 눅 18:35-43)

29 그리고 그들이 여리고를 떠날 때, 큰 무리가 그분을 따랐다. **30** 그런데 보라,
길가에 앉아 있던 눈먼 두 사람이 예슈아께서 지나가신다는 말을 듣고 부르짖었
다. "주여! 다윗의 자손[194]이여! 당신께서 우리를 불쌍히 여기셔야 합니다!" **31** 그
러자 무리가 조용히 하라고 그들을 꾸짖었다. 그러나 그들은 더 큰 소리로 외쳤
다. "주여! 다윗의 자손이여! 당신께서 이제 우리를 불쌍히 여기셔야 합니다!" **32** 이
에 예슈아께서 멈추신 후 그들을 불러서 말씀하셨다. "너희는 내가 무엇을 해 주기
를 원하느냐?" **33** 그들이 그분께 말했다. "주여, 우리의 눈이 열리는 것입니다." **34**

191) 원문을 그대로 옮기면 '경배하다'이다. 이것은 무릎을 꿇고 땅에 이마를 대며 높은 사람들을 맞이하는 방법이다. 용어 해설에서 '경배하다'를 찾아보라.

192) 종. 용어 해설에서 '종'을 찾아보라.

193) 노예. 용어 해설에서 '종'을 찾아보라.

194) 여기서 '다윗의 자손'은 '통치하는 메시아'를 뜻한다.

이에 예슈아께서 가엾게 여기셔서 그들의 눈[195]을 만져 주시자, 즉시 그들이 다시
보게 되어 그분을 따랐다.

예루살렘으로 승리의 입성(막 11:1-11; 눅 19:28-38; 요 12:12-19)

21 1 그리고 그들이 예루살렘에 가까이 가서 올리브산에 있는 벳바게[196]에
도착했을 때, 예슈아께서 제자 둘을 보내며 2 그들에게 다음과 같이 말씀
하셨다. "너희 맞은편에 있는 마을로 들어가라. 그러면 너희가 묶여 있는 나귀[197]
와 그 새끼가 함께 있는 것을 즉시 발견할 것이니, 그것들을 풀어서 내게 끌어오
라. 3 그런데 만일 누가 너희에게 뭐라고 하거든, 너희는 '주께서 그것들을 필요로
하십니다. 그리고 그분은 그것들을 곧 돌려보내실 것입니다'라고 말하라." 4 그러
므로 이 일이 일어난 것은 선지자가 말한 것을 이루기 위함이니, 말하기를,

5 "너희는 시온의 딸에게 말해야 한다.
보라, 너희 왕이 너희에게 오시니,
겸손하여 나귀 위에 올라타셨는데,
그것도 어린 나귀, 곧 나귀 새끼 위에 타셨다"(슥 9:9)라고 했다.

6 그러므로 제자들이 가서 예슈아께서 그들에게 지시하신 대로 했다. 7 그들이
나귀와 나귀 새끼를 끌어다가 그 위에 자기들의 겉옷[198]을 얹었고, 그분께서 그것
들 위에 앉으셨다. 8 그러자 매우 큰 무리가 그들의 겉옷[199]을 길 위에 펼치고, 다
른 사람들은 나뭇가지를 꺾어 길 위에 깔았다. 9 이어서 그분 앞에서 가는 무리와
따라가는 자들이 외치며 말하기를,

"호쉬아나,[200] 다윗의 자손이여![201]
찬송받으소서, 주의 이름으로 오시는 분이여,

195) 헬라어 '옴마'(omma)는 이곳과 마가복음 8장 23절에서만 사용되었다. '영혼의 눈'이라는 의미도 있다.
196) '벳바게'는 히브리어 '베이트-파그'(Beit-Pag)를 헬라어로 음역한 것으로, '익지 않은 무화과의 집'이라는 뜻이다. 벳바게는 베다니 근처에 있었다.
197) 용어 해설에서 '나귀'를 찾아보라.
198) 이런 겉옷 대부분은 탈리트였다.
199) 이것들도 대부분 탈리트였을 것이다.
200) 히브리어 '호쉬아나'를 헬라어로 음차한 것이 '호산나'이며, 이것을 문자 그대로 번역하면 '지금 구원하소서!'이다. '호쉬아나'를 외치며 행진하는 것은 전통적으로 수콧(초막절) 여섯째 날에 진행하는 의식이었다. 용어 해설에서 '호산나'를 찾아보라.

가장 높은 곳에서 호쉬아나!"(시 118:25-26)라고 했다.[202)]

10 이어서 그분께서 예루살렘에 들어가셨을 때, 온 도시가 소란스럽게 말하기
를, "이 사람이 누구인가?"라고 했다. 11 이에 무리가 말하기를, "이분이 바로 선지
자 예슈아, 갈릴리 나사렛에서 오신 분이오"라고 했다.

성전을 깨끗하게 하심(막 11:15-19; 눅 19:45-48; 요 2:13-22)

12 이어서 예슈아께서 성전에 들어가셔서 성전에서 사고파는 자들을 모두 쫓아
내셨고, 환전상들의 탁자와 비둘기 파는 자들의 의자를 엎으시며 13 그들에게 말
씀하셨다. "기록되기를,

'내 집은 기도의 집으로 불릴 것이나'(사 56:7)

'너희가 그것을 강도들의 소굴로 만들고 있다'(렘 7:11)라고 했다."

14 그때 성전에서 눈먼 자들과 다리 저는 자들이 그분께 나아왔고, 그분은 그
들을 고쳐 주셨다. 15 그러자 대제사장들과 서기관들은 그분께서 행하신 기적
과 "다윗의 자손께 호쉬아나"라고 외치는 아이들을 보고 분개했다. 16 이에 그들
이 그분께 말했다. "당신은 그들이 말하는 것을 듣고 있소?" 그러자 예슈아께서
그들에게 말씀하셨다. "그렇다. 그런데 너희는 '아기들과 젖먹이들의 입에서 나오
는 찬송을 예비하셨나이다'(시 8:3)라는 것을 읽어 본 적이 없느냐?" 17 그리고 그분
은 그들을 떠나 그 도시 밖의 베다니[203)]로 가셔서 거기에 묵으셨다.

무화과나무에 대한 저주(막 11:12-14, 20-24)

18 한편 아침 일찍 그분께서 그 도시로 들어갈 때에 시장하셨다. 19 이에 그분께
서 길가에 있는 무화과나무 한 그루를 보시고 거기로 다가가셨는데, 잎사귀 외에
는 아무것도 찾지 못하시자 그 나무에게 말씀하셨다. "너는 더 이상 열매를 맺지
못할 것이다." 그러자 그 무화과나무가 즉시 말라 버렸다. 20 그때 제자들이 보고
놀라서 말했다. "저 무화과나무가 어떻게 즉시 말라 버린 것입니까?" 21 그러자 예
슈아께서 그들에게 말씀하셨다. "진실로 내가 너희에게 말한다. 만일 너희에게 믿
음이 있고 의심하지 않으면, 너희가 무화과나무에게 일어난 일을 할 뿐만 아니라,
심지어 너희가 이 산에게 '네가 즉시 옮겨져서 바다에 던져져라'고 말해도 그 일

201) 용어 해설에서 '다윗의 자손/요셉의 자손'을 찾아보라.

202) 1.7km 정도 되는 거리를 수천 명이 이동했을 것이다.

203) 베다니는 히브리어 '베이트-아냐'(Beit-Anyah)를 헬라어로 음역한 것으로, '고통의 집'이라는 뜻이다.

이 일어날 것이다. 22 그리고 너희가 믿고 기도로 구하는 모든 것을 받게[204] 될 것
이다"(막 11:23).

예슈아의 권위에 대한 문제 제기(막 11:27–33; 눅 20:1–8)

23 그 후 예슈아께서 성전에 들어오셔서 가르치고 계시는데, 대제사장들과 백
성의 장로들이 와서 말하기를, "당신은 무슨 권위로 이런 일들을 행하는 것이
오?" 그리고 "누가 당신에게 이런 권위를 주었소?"라고 했다. 24 그러자 예슈아께서
그들에게 말씀하셨다. "그러면 내가 너희에게 한 가지 질문을 하고 너희가 내게 무
슨 말이라도 한다면, 내가 무슨 권위로 이러한 일들을 행하는지 너희에게 말해 주
겠다. 25 요한의 침례는 어디에서 왔느냐? 하늘에서냐, 아니면 사람에게서냐?" 이에
그들이 서로 의논하며 말하기를, "만일 우리가 '하늘에서'라고 하면, 그가 우리에
게 '그러면 너희는 왜 그를 믿지 않았느냐?'라고 말할 것이다. 26 그리고 만일 우리
가 '사람에게서'라고 한다면, 무리가 모두 요한을 선지자로 여기고 있으니, 그들이
두렵다"라고 했다. 27 그래서 그들은 예슈아께 대답하며 말했다. "우리는 모르겠
소." 그러자 그분께서 그들에게 말씀하셨다. "그러면 나도 무슨 권위로 내가 이런
일들을 하는지 너희에게 말하지 않을 것이다."

두 아들에 대한 비유

28 "그러면 너희는 어떻게 생각하느냐? 어떤 사람에게 아들 둘이 있었는데, 그
가 첫째에게 가서 말했다. '얘야, 네가 오늘 포도원에 가서 일해야겠다.' 29 그러자
첫째 아들이 '싫습니다'라고 대답했다가 나중에 뉘우치고 갔다. 30 그가 작은 아
들에게 가서 똑같이 말했다. 그러나 그 아들은 '예, 제가 가겠습니다'라고 대답했
지만, 가지 않았다. 31 둘 중에 누가 아버지의 뜻을 행했느냐?" 사람들이 대답했

204) '받다'에 해당하는 헬라어는 '손으로 쥐다', '잡다'의 뜻이다.

205) 대제사장들과 장로들은 바른 답을 알고 있었다. 그들은 옳은 말을 하지만 아버지의 뜻을 행하지 않은 둘째 아들 같은 자들이었다(마 23:3).
역자 주: 여기서는 첫째 아들이 결과적으로 뉘우치고 아버지의 뜻을 따른 것으로 되어 있으나, 우리말 성경에는 둘째 아들이 뉘우치고 간 것으로 되어 있다. 이것은 헬라어 사본상의 차이로, 시내산 사본과 알렉산드리아 사본은 첫째 아들, 바티칸 사본은 둘째 아들로 되어 있다. 흥미로운 점은 KJV에서도 첫째 아들이 아버지의 뜻을 따른 것으로 번역했으며, 현재 헬라어 성서의 교과서로 사용되는 NA28이나 UBS에서도 첫째 아들이 아버지의 뜻을 따른 것으로 되어 있다. 그런데 우리말 성경은 왜 여전히 둘째 아들이라는 입장을 따르는 걸까? 그것은 아마도 신학적 의도 때문이 아닐까 한다. 이 비유의 첫째 아들과 둘째 아들을 각각 유대인과 (세리와 죄인으로 대표되는) 이방인의 상징으로 본다면, 아무래도 둘째 아들이 회개하고 아버지의 뜻을 따르는 것이 어울리기 때문이다.

다. "첫째입니다."[205] 예슈아께서 그들에게 말씀하셨다. "진실로 내가 너희에게 말
하는데, 세리들과 창녀들이 너희보다 먼저 하나님의 왕국에 들어갈 것이다. **32** 왜
냐하면 요한이 의의 길로 너희에게 왔어도 너희는 그를 믿지 않았지만, 세리들과
창녀들은 그를 믿었기 때문이다. 그리고 너희는 나중에 이것을 보고도 뉘우치지
않았고, 그를 믿지도 않았다."

포도원과 소작인에 대한 비유(막 12:1-12; 눅 20:9-19)

33 "너희는 이제 또 다른 비유를 들어야 한다. 어떤 집주인이 포도원을 만든 후
그 주위에 울타리를 치고, 그 안에 포도즙 틀을 파고 망대를 세운 다음, 그것을
농부들[206]에게 임대하고 외국으로 떠났다. **34** 그리고 열매 익을 때가 가까워져서
그가 농부들에게 그의 종들을 보내 그 열매를 얻으려고 했다. **35** 그런데 농부들이
그의 종들을 붙잡아 한 종은 때리고, 한 종은 죽이고, 또 다른 종은 돌로 쳤다.
36 또다시 그가 다른 종들을 처음보다 더 많이 보냈더니, 그들에게도 똑같이 했다.
37 그러자 나중에 그가 그의 아들을 그들에게 보내며 말하기를, '그들이 내 아들은
존중하겠지'라고 했다. **38** 그러나 농부들은 그 아들을 보고 자기들끼리 '이 사람은
상속자다. 와서 그를 죽이자. 그러면 우리가 그의 유업을 차지할 것이다'라고 하며
39 그를 붙잡아 포도원 밖으로 던져서 죽였다. **40** 그렇다면 포도원 주인이 와서 이
농부들에게 어떻게 하겠느냐?" **41** 사람들이 그분께 말했다. "그는 그 악한 사람들
을 멸하고, 제때에 소출을 바칠 다른 농부들에게 포도원을 임대할 것입니다." **42** 예
슈아께서 그들에게 말씀하셨다. "그러면 너희는 성경에서 다음과 같은 말씀을 읽
어 본 적이 없느냐?

'건축자들이 버린 돌이 모퉁잇돌이 되었다.
이 일은 주로 말미암아 되었으니, 우리 눈에 경이롭다'(시 118:22-23).

43 이 때문에 내가 너희에게 말하는데, 너희에게서 하나님의 왕국을 빼앗아 그
왕국의 열매를 맺는 백성에게 줄 것이다. **44** 그리고 이 돌 위에 떨어지는 자는 깨
질 것이며, 그 돌이 누구 위에 떨어지든지 그를 부술 것이다."

45 그때 대제사장들[207]과 바리새파 사람들은 그분의 비유를 듣고, 그분이 자기
들에 대해 말씀하시는 것임을 알았다. **46** 그래서 그들은 그분을 잡으려 했지만, 무

206) 이 비유에서 탐욕스런 농부들은 대제사장과 다른 유대 지도자들의 모습을 보여 준다.
207) 대제사장들은 사두개파였다. 용어 해설에서 '헬라주의자'를 찾아보라.

리를 두려워했다. 무리가 그분을 선지자로 여겼기 때문이다.

혼인 잔치에 대한 비유(눅 14:15-24)

22 1 또 예슈아께서 대답하시며 다시 그들에게 비유로 일러 말씀하셨다.
2 "하늘들의 왕국은 어떤 왕과 같으니, 그는 자기 아들을 위해 혼인 잔
치를 베풀었다.[208] 3 그래서 그는 자기 종들을 보내어 잔치에 초대받은 사람들을
부르려고 했으나 그들이 오고 싶어 하지 않았다. 4 그는 다시 다른 종들을 보내며
말했다. '너희는 초대받은 자들에게 말하기를, "보시오, 내가 소와 살진 송아지들
을 잡아 음식을 준비하여 모든 것이 갖추어졌으니, 혼인 잔치에 오시오"라고 해야
한다.' 5 그러나 그 사람들이 개의치 않고 어떤 사람은 자기 밭으로, 다른 사람은
장사하러 떠났고, 6 나머지 사람들은 그 종들을 잡은 후에 모욕하고 죽였다. 7 그
러자 그 왕이 화가 나서 군사들을 보내어 그 살인자들을 멸하고, 그 도시에 불을
놓은 후 8 그의 종들에게 말했다. '잔치가 준비되었으나, 초대받은 자들이 마땅치
않구나. 9 그러므로 너희는 길거리로 가서 누구를 보든지 그 잔치에 초대해야 한
다.' 10 이에 그 종들이 길로 나가서 악하건, 선하건 그들이 만난 사람들을 함께 모
았다. 그리하여 잔치 자리가 비스듬히 앉은[209] 자들로 가득 찼다. 11 그런데 그 왕이
비스듬히 앉은 자들을 보려고 들어왔다가 혼인 예복을 입지 않은 어떤 사람을 보고
12 그에게 말했다. '친구여, 당신은 어떻게 혼인 예복도 입지 않고 여기에 들어왔는
가?' 그러나 그가 침묵하자 13 왕이 그 종들에게 말했다. '너희는 그의 손과 발을
묶은 후에 멀리 어둠 속으로 던져 버려야 한다. 그곳에는 통곡과 이를 갊이 있을
것이다.' 14 많은 사람들이 초대받으나 택함 받은 자는 적기 때문이다."

가이사에게 세금을 내는 문제(막 12:13-17; 눅 20:20-26)

15 그때 바리새파 사람들이 가서 어떤 질문으로 그분을 올무에 걸리게 할 수
있을지 모의했다. 16 이에 그들이 헤롯의 사람들[210]과 함께 자기 제자들을 그분께

208) 용어 해설에서 '결혼'을 찾아보라.

209) 비스듬히 앉아서 먹는 것은 '자유인'이라는 상징이었다. 용어 해설에서 '비스듬히 앉아서 먹다'를 찾아보라.

210) 이들은 헬라주의자들로, 여기에 사두개파 사람들이 포함되었을 것이다. 용어 해설에서 '헬라주의자'를 찾아보라.

211) 히브리어로 '아노키'라고 한다. 용어 해설에서 '아노키'를 찾아보라.

보내며 말하기를, "선생님, 우리는 당신께서 참되며, 진리로 하나님의 도를 가르치
시고, 누구의 호의도 받지 않으심을 압니다. 이는 당신께서 사람의 겉모습을 보지
않으시기 때문입니다. 17 그러므로 당신의 생각이 어떤지 우리에게 말씀하셔야 합
니다. 가이사에게 세금을 내는 것이 합법적입니까, 합법적이지 않습니까?"라고 했
다. 18 그러자 예슈아께서 그들의 사악한 의도를 아시고 이렇게 말씀하셨다. "위선
자들아! 너희는 왜 나를 시험하느냐? 19 너희가 세금으로 내는 동전을 내게 보이
라." 이에 그들이 그분께 한 데나리온을 가져왔다. 20 그러자 그분께서 그들에게 말
씀하셨다. "그것이 누구의 형상과 새긴 글씨냐?" 21 이에 그들이 그분께 말했다. "가
이사의 것입니다." 그때 그분께서 그들에게 말씀하셨다. "그러므로 너희는 가이사
의 것은 가이사에게, 하나님의 것은 하나님께 드려야 한다." 22 그러자 그들이 듣고
놀라 결국 포기하고 그분을 떠났다.

부활에 대한 논쟁(막 12:18-27; 눅 20:27-40)

23 그날 부활이 없다고 말하는 사두개파 사람들이 그분께 와서 물으며 24 말했
다. "선생님, 모세가 말하기를, '만일 어떤 사람이 자녀가 없이 죽으면, 그 형제가
그의 아내와 결혼하여 그 형제의 씨를 세울 것이다'(신 25:5)라고 했습니다. 25 그리
고 우리 곁에 일곱 형제가 있었습니다. 그런데 결혼한 첫째가 죽자, 상속자가 없
으므로 자기 아내를 형제에게 남겼습니다. 26 이어서 둘째와 셋째, 마침내 일곱째까
지 그렇게 되었습니다. 27 그리고 마지막에 그 아내도 죽었습니다. 28 그러므로 그들
이 모두 그녀를 취하였으니, 그 일곱이 부활할 때에 그녀는 누구의 아내가 되겠습
니까?" 29 이에 예슈아께서 그들에게 말씀하셨다. "너희가 성경도, 하나님의 능력
도 모르기 때문에 오해하고 있다. 30 그러므로 부활 때에 사람들은 장가도, 시집
도 가지 않고, 하늘에 있는 천사들처럼 될 것이다. 31 그리고 너희는 죽은 자들의
부활에 대해 하나님께서 너희에게 이르신 것을 읽어 보지 않았느냐? 말씀하시기
를, 32 '나 스스로 있는 자는[211] 아브라함의 하나님, 이삭의 하나님 그리고 야곱의 하
나님이다'(출 3:6)라고 하셨다. 그분께서는 죽은 자들의 하나님이 아니라 살아 있는
자들의 하나님이시다." 33 이에 무리가 듣고 그분의 가르침에 놀랐다.

가장 큰 계명(막 12:28-34; 눅 10:25-28)

34 그때 그분께서 사두개파 사람들을 잠잠케 하셨다는 것을 듣고 바리새파 사람

들이 같은 장소에 함께 모였는데, **35** 그들 중 한 사람, 곧 토라(가르침)[212] 교사가 물
었다. **36** "선생님, 토라(가르침)에서 어느 것이 가장 큰 계명입니까?" **37** 이에 그분께서
그에게 말씀하셨다. " '너는 주 너의 하나님을 네 마음과 생명과 네 모든 생각을 다
해 사랑해야 할 것이다'(신 6:5). **38** 이것이 가장 크고 으뜸 되는 계명이다. **39** 그리고
두 번째는 다음과 같다. '너는 네 이웃을 네 자신처럼 사랑해야 할 것이다'[213](레
19:18). **40** 토라(가르침)와 선지자들[214] 전체가 바로 이 두 계명에 달려 있다."

다윗의 자손에 대한 질문(막 12:35-37; 눅 20:41-44)

41 그리고 바리새파 사람들이 모여 있을 때, 예슈아께서 그들에게 물으며 **42** 말씀
하시기를, "너희는 메시아에 대해 어떻게 생각하느냐? 그는 누구의 자손이냐?"라
고 하셨다. 그들이 그분께 말했다. "다윗의 자손입니다." **43** 그분이 그들에게 말씀하셨
다. "그렇다면 어떻게 다윗이 그 영(성령)에 감동되어 그를 주님이라고 부른 것이냐?

44 '주께서 내 주님께 말씀하시기를,
내가 네 원수들을 네 발아래[215] 둘 때까지
너는 내 오른편[216]에 앉아야 한다고 하셨다'(시 110:1).

45 그러므로 만일 다윗이 그를 주님이라고 부른다면, 그가 어떻게 다윗의 자손
이 되겠느냐?" **46** 그러자 아무도 그분께 한 마디도 대답하지 못했고, 그날부터 아
무도 감히 그분께 아무것도 묻지 못했다.

서기관들과 바리새파 사람들을 비난하심(막 12:38-40; 눅 11:37-52; 20:45-47)

23 **1** 그때 예슈아께서 무리와 그분의 제자들에게 일러 **2** 말씀하셨다. "서기
관들과 바리새파 사람들이 *회당 안에 있는* 모세의 자리[217]에 앉아 있
다. **3** 그러므로 그들이 너희에게 말하는 것은 행하고 지켜야 하나 그들의 행위는

212) 토라는 '가르침', '지침'을 뜻하는 말로, 성경의 '처음 다섯 권'을 지칭하기도 한다. 용어 해설에서 '토라'를 찾아보라.

213) 힐렐(Hillel)이라는 랍비가 1세기에 갈릴리 지역에서 이러한 강화(講話)를 전했다.

214) 성경의 처음 다섯 권과 여호수아, 사사기, 사무엘상·하, 열왕기상·하 그리고 다니엘을 제외한 이사야에서 말라기까지가 모두 포함된다. 이것은 성경 전체를 가리키는 표현이기도 하다.

215) 용어 해설에서 '발판'을 찾아보라.

216) '오른편'은 능력과 힘을 뜻하는 히브리 관용 표현이다(출 15:6). 용어 해설에서 '오른손'을 찾아보라.

217) 지혜롭고 권위 있는 자가 앉을 수 있는 '명예의 자리'를 말한다.

따르지 않아야 한다. 그들은 말만 하고 행하지 않기 때문이다. **4** 그리고 그들은 무
거워서 지기 어려운 짐을 묶어 사람들의 어깨에 올려놓고, 자신들은 손가락 하나
도 들어서 돕지 않는다. **5** 또 그들은 자신들의 모든 일을 사람에게 보이려고 한다.
그래서 그들은 성구함[218)]을 넓게 하고, 옷 가장자리의 술[219)]을 길게 하며, **6** 잔치에
서 영광의 자리[220)]와 회당에서 가장 좋은 자리[221)]에 앉기를 좋아하고, **7** 시장에서
문안받는 것과 사람들에게 '랍비'라 불리는 것을 좋아한다. **8** 그러나 너희는 '랍
비'라고 불리지 않아야 한다. 오직 한 분만이 너희 스승이며, 너희는 모두 형제이
기 때문이다. **9** 그리고 땅 위에서 (아무도) 너희 아버지라 부르지 말라. 오직 한 분
만이 너희의 하늘 아버지이시기 때문이다. **10** 또한 너희는 스승으로 불리지 않아
야 한다. 오직 메시아 한 분만이 너희 스승이시기 때문이다. **11** 그러므로 너희 중
에서 가장 위대한 자는 너희를 섬기는 자가 되어야 한다. **12** 그러나 자기를 높이는
자는 낮아질 것이며, 자기를 낮추는 자는 높아질 것이다."

13 "그러므로 위선적인 서기관들과 바리새파 사람들아, 너희에게 화가 있다. 너
희가 사람들 앞에서 하늘들의 왕국을 막고 있으니, 너희는 들어가지도 않으면서
들어가려는 사람들까지 용납하지 않기 때문이다. **14** [그러므로 위선적인 서기관들
과 바리새파 사람들아, 너희에게 화가 있다. 너희가 과부들의 집을 삼키고 길게
기도하면서 예언하기 때문이다. 이 때문에 너희는 더 큰 심판을 받을 것이다.]"[222)]

15 "위선적인 서기관과 바리새파 사람들아, 너희에게 화가 있다. 너희가 바다와 육
지를 두루 다녀 한 사람을 개종시키면, 그때부터 그를 너희보다 갑절로 게헨나[223)]의
아들이 되게 하기 때문이다."

16 "너희 눈먼 인도자들에게 화가 있다. 너희는 '누구든지 성소로 맹세하면 효
력이 없으나, 그 성소의 금으로 맹세하면 반드시 갚거나 행해야 한다'고 말한다.
17 어리석고 눈먼 자들아, 그러므로 어느 것이 더 크냐? 금이냐, 아니면 그 금을
거룩하게 하는 성소냐? **18** 그리고 너희는 '누구든지 제단을 두고 맹세하면 효력
이 없으나 그 위에 있는 예물로 맹세하면 반드시 지켜야 한다'고 말한다. **19** 눈먼

218) 특정 성경 구절을 담아 놓은 작은 말씀 상자로, 줄을 달아 이마나 팔에 묶었다.
219) 탈리트 가장자리에 달린 술을 말한다. 용어 해설에서 '탈리트 또는 기도숄'을 찾아보라.
220) 이러한 명예의 자리를 '아브라함의 무릎'이라 불렀다. 용어 해설에서 '비스듬히 앉아서 먹다'를 찾아보라.
221) 회당에서 가장 명예로운 자리인 '모세의 자리'를 가리킨다.
222) 14절은 5세기에 덧붙여진 것이다.
223) '힌놈의 골짜기'를 뜻하는 히브리어 '게힌놈'을 헬라어로 음역한 것이다. 용어 해설에서 '게헨나'를 찾아보라.

자들아, 어느 것이 더 크냐? 예물이냐, 아니면 그 예물을 거룩하게 하는 제단이
냐?[224] 20 그러므로 제단으로 맹세하는 사람은 제단과 그 위에 있는 모든 것에 대
해 맹세하는 것이고, 21 성소로 맹세하는 사람은 그것과 그 안에 거하시는 분에
대해 맹세하는 것이며, 22 하늘에 대해 맹세하는 사람은 하나님의 보좌와 그 위에
앉으신 분에 대해 맹세하는 것이다."

23 "위선적인 서기관과 바리새파 사람들아, 너희에게 화가 있다. 너희가 박하와
약초와 향신료를 십일조[225]로 바치면서, 토라(가르침)의 더 중요한 것들인 공의와
자비와 믿음은 저버렸기 때문이다. 그러나 이것들[226]을 해야 했다면, 저것들도 저
버리지 않았어야 한다. 24 눈먼 인도자들아, 하루살이는 걸러내면서 낙타는 삼키
는 자들아."

25 "위선적인 서기관과 바리새파 사람들아, 너희에게 화가 있다. 너희가 잔과 접
시의 겉은 닦으면서 그 안은 탐욕과 방탕으로 가득하기 때문이다. 26 눈먼 바리새
파 사람아, 너는 먼저 그 잔의 안을 닦아야 한다. 그러면 그 바깥도 정결해질 것
이다."[227]

27 "위선적인 서기관과 바리새파 사람들아, 너희에게 화가 있다. 너희가 하얗게 칠
한 무덤들 같아서 참으로 겉은 아름답게 빛나지만, 그 안은 죽은 자들의 뼈와 모든
부정한 것으로 채워져 있기 때문이다. 28 그러므로 너희도 겉으로만 사람들에게 의
롭게 보이고, 안은 위선으로 가득 차서 토라(가르침)가 없다."

29 "위선적인 서기관과 바리새파 사람들아, 너희에게 화가 있다. 너희가 선지
자들의 무덤을 만들고 의인들의 묘를 장식하면서 30 말하기를, '우리가 만일 우
리 조상들의 시대에 있었다면, 선지자들의 피를 흘리는 데 동참하지 않았을 것이
다'라고 하기 때문이다. 31 이처럼 너희가 스스로 선지자들을 죽인 자들의 후손임
을 증언하고 있다. 32 그러니 이제 너희는 그 조상들의 분량을 채워야 한다. 33 뱀
들아, 독사의 후예들아, 너희가 어떻게 게헨나의 심판을 피하겠느냐? 34 그러므로
보라, 내가 너희에게 선지자들과 학식 있는 자들과 서기관들을 보내고 있으니, 너
희가 그들 중 몇은 죽이고 십자가에 매달 것이며, 그들 중 몇은 너희 모임들[228]에

224) 제단에 닿는 것은 무엇이든 거룩해진다(출 29:37).

225) 용어 해설에서 '십일조'를 찾아보라.

226) 모든 소득과 이익의 십일조를 반드시 바쳐야 한다.

227) 내면, 곧 생각과 동기를 정결하게 하면 행위도 깨끗해진다(시 19:15). 주님은 열매로 그 사람을 알 것이라 하셨다(마 7:15-20; 12:33-37; 눅 6:43-45).

서 채찍질하고 이 도시에서 저 도시로 잡으러 다닐 것이다. **35** 그러므로 의인 아벨
의 피로부터 너희가 성소와 제단 사이에서 살해한 바라갸의 아들 사가랴의 피에
이르기까지, 이 땅에 뿌려진 모든 의로운 피가 너희 위에 임하게 될 것이다. **36** 진
실로 내가 너희에게 말한다. 이 모든 일이 이 세대에 임할 것이다."

예루살렘을 위한 애가(눅 13:34-35)

37 "예루살렘아, 예루살렘아! 선지자들을 죽이고 자기에게 보냄 받은 자들을 돌
로 친 자야! 암탉이 제 새끼를 날개 아래 품듯, 내가 얼마나 여러 번 네 자녀들을
모으고 싶어 했느냐! 그러나 너희가 원하지 않았다. **38** 보라, 네 집은 버림받아 황폐
한 곳이다. **39** 그러므로 내가 너희에게 말한다. '찬송받으소서, 여호와[229]의 이름으
로 오시는 분이여'(시 118:26)라고 할 때까지 너희가 나를 다시 보지 못할 것이다."

성전의 파괴를 예고하시다(막 13:1-2; 눅 21:5-6)

24 **1** 그리고 예수아께서 성전에서 나온 후에 떠나시는데, 제자들이 와서 그
분께 성전 건물을 보여 드렸다. **2** 그러자 그분께서 그들에게 말씀하셨
다. "너희가 이 모든 것을 보지 않느냐? 진실로 내가 너희에게 말한다. 여기에 무
너지지 않고 돌 위에 놓아 있을 돌이 하나도 없을 것이다."

재난의 시작(막 13:3-13; 눅 21:7-19)

3 그분께서 올리브산에 앉으신 후에 제자들이 따로 그분께 와서 말하기를, "당
신께서 이제 우리에게 말씀해 주셔야 합니다. 이 일들은 언제 있게 될 것이며" 또
한 "당신의 오심[230]과 그 시대의 종말에 대한 징조는 무엇입니까?"라고 했다. **4** 그
러자 예수아께서 그들에게 말씀하셨다. "아무도 너희를 미혹하지 않도록 주의하

228) '회당'으로 번역할 수도 있지만, 이 단어의 일차적 의미는 '사람들의 모임'이다. 누가복음 4장 28-29절은 분노한 회중이 예수아를 성 밖으로 끌고 나갔다고 기록하는데, 회당에서는 어떠한 체벌도 가할 수 없었기 때문이다. 이 '모임'은 지역 법정 역할을 하던 산헤드린과 관련이 있는 것 같다. 용어 해설에서 '회중'을 찾아보라.

229) 헬라어로는 '퀴리오스', 즉 '주'이지만, 시편 118편은 '여호와'로 되어 있다. 헬라어에는 바브의 음가가 없어서 '여호와'('요드, 헤이, 바브, 헤이')를 헬라어로 표기할 수 없다. 1세기에 갈릴리의 랍비 힐렐이 이것에 대해 강화(講話)했다.

230) 용어 해설에서 '메시아(그리스도)의 재림'을 찾아보라.

라. **5** 많은 사람들이 내 이름으로 와서 말하기를, '내가 메시아다'[231]라고 하면서
많은 사람들을 속일 것이기 때문이다. **6** 그리고 너희가 전쟁과 전쟁에 대한 소문
을 들을 것이나 두려워하지 않도록 주의하라. 그것은 일어나야 할 일이지만, 아직
끝이 아니기 때문이다. **7** 그러므로 민족이 민족을, 나라가 나라를 대적하여 일어
나고, 여러 지역에서 기근과 지진이 있을 것이다. **8** 이 모든 일은 산고의 시작이다.
9 그때 사람들이 너희를 고문하기 위해 넘겨주고 죽일 것이며, 너희가 내 이름 때
문에 모든 민족에게 미움받을 것이다. **10** 그러므로 그때에 많은 사람들이 넘어지
게 되어 그들이 서로 넘겨주고 미워하게 될 것이다. **11** 많은 거짓 선지자들이 일어
나게 되어 그들이 많은 사람들을 미혹할 것이며, **12** 불법의 증가로 많은 사람들의
사랑이 식을 것이다. **13** 그러나 끝까지 견디는 자, 이 사람은 구원받을 것이다. **14**
그리하여 그 왕국의 이 복음이 모든 민족에게 증거되어 온 세상에 선포되면, 그
때 끝이 올 것이다."

대환난(막 13:14-23; 눅 21:20-24)

15 "그러므로 너희가 거룩한 곳에 그 파멸의 가증한 것이 세워진 것을 보게
될 때, 그것은 선지자 다니엘을 통해 미리 말했던 것(단 9:27; 11:31; 12:11)이니,[232] 읽
는 자는 진지하게 생각해야 하고, **16** 그때 유대에 있는 자들은 산으로 피해야 한
다. **17** 지붕 위에 있는 자는 무엇을 가지러 집에 내려가지 않아야 하고, **18** 들에 있
는 자는 기도숄(탈리트)을 가지러 돌아가지 않아야 한다. **19** 그래서 그날이 아이 밴
자들과 젖 먹이는 자들에게는 재앙이다. **20** 그러나 너희가 도망하는 날이 겨울이
나 안식일이 되지 않도록 기도해야 한다. **21** 그때에 세상이 시작된 이래 지금까지
일어나지 않았고, 결코 일어나지 않을 큰 환난이 있을 것이기 때문이다. **22** 그리고
이날들이 줄어들지 않으면, 어떤 육체도 구원받지 못할 것이나 택함 받은 자들
때문에 그날들이 줄어들 것이다. **23** 그때 누군가 너희에게 말하기를, '보라, 메시아
가 여기 있다' 또는 '저기 있다' 해도 믿지 말라. **24** 거짓 메시아들과 거짓 선지자들
이 일어나 가능한 한 택함 받은 자들까지 미혹하기 위해 큰 표적과 징조를 보일
것이기 때문이다. **25** 보라, 내가 너희에게 미리 말했다. **26** 그러므로 사람들이 너희

231) 이렇게 말하는 사람은 모두 반메시아다. 여기서 '반'은 '…을 대신한다'는 의미이다.

232) BC 167년에 시리아의 안티오코스 4세가 예루살렘 성전 제단에서 돼지를 잡아 그 피를 뿌리면서 이 일이 성취되었다고 보는 이들도 있고, AD 70년 로마의 티투스 장군이 성전을 파괴한 사건을 말하는 것이라고 보는 이들도 있다.

에게 말하기를, '보라, 그분이 광야에 있다'고 해도 나가지 말고, '보라, 그분이 골
방에 있다'고 해도 믿지 말라. 27 번개가 동쪽에서 나와 서쪽까지 번쩍이듯, 그 사
람의 아들이 오는 것도 그와 같을 것이기 때문이다. 28 어디든지 주검이 있는 곳
에 독수리들이 모일 것이다."

사람의 아들의 오심(막 13:24-27; 눅 21:25-28)

29 "'그러나 그 환난의 날들 직후에
해가 어두워지고 달이 빛을 내지 않을 것이며,
별들이 하늘에서 떨어지고
하늘들[233]의 권능들이 흔들릴 것이다'(사 13:10; 겔 32:7).

30 그리고 그때 그 사람의 아들의 징조가 하늘에서 계시될 것이니, 지상의 모
든 족속이 통곡하며, 권세와 큰 영광으로 '하늘의 구름을 타고 오시는 그 사람의
아들'(단 7:13)을 볼 것이다. 31 또 그 사람의 아들이 큰 쇼파르(양각나팔)[234] 소리와 함
께 자기 천사들을 보낼 것이며, 그들이 그분의 택함 받은 자들을 하늘 끝 사방에
서 모을 것이다."

무화과나무의 교훈(막 13:28-31; 눅 21:29-33)

32 "그러나 너희는 무화과나무에게서 비유를 배웠다. 이제 그 가지가 연해지고
잎이 나오면, 너희는 여름이 가까워졌음을 안다. 33 그렇다면 너희가 이 모든 일을
보게 될 때에 그분께서 문들 가까이 계심을 아는 것이다. 34 진실로 내가 너희에
게 말한다. 이 모든 일이 일어날 때까지는 이 세대가 지나가지 않을 것이다. 35 하
늘과 땅은 사라질 것이나 내 말들은 결코 사라지지 않을 것이다."

알려지지 않은 그 날짜와 시간(막 13:32-37; 눅 17:26-30, 34-36)

36 "그러나 아무도 그 날짜와 시간[235]에 대해서는 알지 못하니, 오직 그 아버지
외에는 하늘의 천사들도, 그 아들도 모른다. 37 그러므로 노아의 때와 같이 그 사

233) '하늘'은 히브리어에서는 항상, 헬라어에서는 자주 복수형으로 나타난다. 용어 해설에서 '하늘'을 찾아보라.

234) 심판 날에 쇼파르가 울릴 것이다. 계시록 20장 4절과 11-14절을 살펴보라. 용어 해설에서 '쇼파르'와 '욤 키푸르'를 찾아보라.

235) 모든 세대는 주님이 곧 오실 것을 믿어야 하지만, 그 시기는 아무도 모른다. 용어 해설에서 '메시아(그리스도)의 재림'을 찾아보라.

람의 아들이 오는 것도 그렇게 될 것이다. **38** 홍수 이전 시대에 사람들 가운데 먹
고, 마시고, 장가 가고, 시집 가는 일이 노아가 그 상자(방주) 안에 들어가던 날까지
있었으나 **39** 홍수가 나서 모든 것을 쓸어 버릴 때까지도 그들이 몰랐던 것처럼, 그
사람의 아들이 오는 것도 그럴 것이다. **40** 그때 두 사람이 들에 있는데, 한 사람
은 *그분께* 데려감을 당하겠고[236] 한 사람은 남으며, **41** 두 여인이 맷돌을 갈고 있
는데, 한 사람은 데려감을 당하고 한 사람은 남는다. **42** 그러므로 너희는 끊임없이
깨어 있어야 한다. 어떤 날에 너희 주님이 오실지 너희가 알지 못하기 때문이다.
43 그러나 너희가 아는 대로, 몇 시에 도둑이 올지 집주인이 알았다면, 그는 깨어
있다가 자기 집을 뚫지 못하게 했을 것이다. **44** 이 때문에 너희는 항상 준비되어
있어야 한다. 너희가 그 사람의 아들이 올 시간에 대해서는 지속적으로 생각하지
말아야 하기 때문이다."[237]

충성된 종(눅 12:41-48)

45 "그러면 주인이 그 집 종들을 다스리게 하여 때에 맞춰 음식을 주게 할 충
성스럽고 지혜로운 종은 누구냐? **46** 그 주인이 와서 그렇게 하고 있는 것을 보면,
그 종은 복이 있다. **47** 진실로 내가 너희에게 말하는데, 주인이 자신의 모든 소유
를 그에게 맡길 것이다. **48** 그러나 만일 악한 종이 속으로 말하기를, '내 주인이 더
디 오는구나' 하고 **49** 그 동료들을 때리기 시작하며 술친구들과 함께 먹고 마신다
면,[238] **50** 그 종의 주인이 그가 예상하지 못한 날, 그가 알지 못하는 시간에 와서
51 그를 엄히 벌하며, 그의 몫이 위선자들과 함께 있게 될 것이니, 그곳에는 통곡
과 이를 갊이 있을 것이다."

열 처녀 비유

25

1 "또 하늘들의 왕국은 각각 자기 등불을 가지고 신랑을 맞으러 나간
열 명의 처녀와 같다.[239] **2** 그런데 그들 중 다섯은 어리석었고, 다섯은 지

236) 헬라어 '파라람바노'(paralambano)는 '신랑이 신부를 맞다'의 의미이다(요 14:3).

237) 우리는 마지막 때와 관련하여 주님이 언제 오실지가 아니라 그분과 그분이 우리에게 맡겨 주신 일들에 초점을 맞춰야 한다. 용어 해설에서 '메시아(그리스도)의 재림'을 찾아보라.

238) 헬라어 '피네'(pin-e)로는 무엇을 마셨는지 알 수 없다. 술을 마신다고 할 때에 사용하는 헬라어는 '메투오'(methu-o)이다.

혜로웠다. 3 그때 어리석은 처녀들은 등불을 가져가면서 올리브 기름[240]을 챙기지
않았다. 4 그러나 지혜로운 처녀들은 자기 등불과 함께 통에 든 올리브 기름을 가
져갔다. 5 그런데 신랑이 늦어서 그들 모두 졸다가 잠이 들었다. 6 그때 한밤중에
외침이 있었다. '보라, 신랑이다. 너희가 그를 맞으러 나와야 한다!' 7 그러자 모든
처녀가 일어나 각자의 등불을 켰다. 8 그런데 어리석은 처녀들이 지혜로운 처녀들
에게 말했다. '우리의 등불이 꺼져 가니, 너희는 우리에게 올리브 기름을 주어야
한다.' 9 그러나 지혜로운 처녀들이 대답하여 말하기를, '그러면 우리에게나 너희에
게도 충분하지 않으니, 너희는 차라리 상인에게 가서 너희가 쓸 기름을 사야 한
다'라고 했다. 10 이에 그들이 사러 간 동안 신랑이 왔다. 준비된 사람들은 신랑과
함께 혼인잔치에 들어갔고 문이 닫혔다. 11 그리고 나중에 남은 처녀들이 와서 말
하기를, '주여, 주여! 지금 우리에게 문을 열어 주셔야 합니다'라고 했다. 12 그러나
그가 말했다. '진실로 내가 너희에게 말하는데, 나는 너희를 모른다.' 13 그러므로
너희는 늘 주의해야 한다. 너희가 그날과 그 시간[241]을 알지 못하기 때문이다."

달란트 비유(눅 19:11-27)

14 "(하늘들의 왕국은) 어떤 사람이 여행을 떠나려 하는 중에 종들을 불러 그들에게
자기 소유를 맡김과 같으니, 15 그 능력에 따라 먼저 한 사람에게 다섯 달란트[242]를
주었고, 또 한 사람에게 두 달란트, 또 한 사람에게 한 달란트를 주고 여행을 떠
났다. 즉시 16 그가 떠난 후에 다섯 달란트 받은 사람은 그것으로 사업을 해서 다
섯 달란트를 더 벌었다. 17 마찬가지로, 두 달란트 받은 사람도 두 달란트를 더 벌
었다. 18 그러나 한 달란트 받은 사람은 가서 땅을 파고 자기 주인의 돈을 감추었
다. 19 그리고 오랜 시간 후에 그 종들의 주인이 와서 그들과 정산했다. 20 이에 그
가 돌아온 후에 다섯 달란트 받았던 사람이 또 다른 다섯 달란트를 가져와 말하
기를, '주여, 당신이 제게 다섯 달란트를 주셨는데, 보십시오, 제가 다섯 달란트를
더 벌었습니다'라고 했다. 21 그의 주인이 그에게 말했다. '잘했다! 착하고 충성스러

239) 용어 해설에서 '결혼'을 찾아보라.

240) 탈무드에서 '올리브 기름'은 영적 깨달음을 주는 토라의 지식을 상징한다. 이사야 51장 3절에서는 '기름'이 '기쁨'을 상징한다. 그래서 '즐거움의 기름'이라 불리기도 한다.

241) '때' 혹은 '시기'로 번역할 수도 있다.

242) 1달란트는 약 34kg으로 6천 데나리온(드라크마) 정도이다. 300데나리온이 노동자의 1년 치 품삯이었으므로, 1달란트는 20년 치 연봉에 해당한다.

운 종아, 네가 작은 일에 충실했으니, 내가 네게 더 많이 맡기겠다. 너는 네 주인
의 즐거움에 들어가야 한다.' 22 이어서 두 달란트 받은 사람이 다가와 말했다. '주
여, 당신이 제게 두 달란트를 주셨는데, 보십시오, 제가 두 달란트를 더 벌었습니
다.' 23 그의 주인이 그에게 말했다. '잘했다! 착하고 충성스러운 종아, 네가 작은
일에 충실했으니, 내가 네게 더 많이 맡기겠다. 너는 네 주인의 즐거움에 들어가
야 한다.' 24 그리고 한 달란트 받은 사람이 와서 말했다. '주여, 제가 알기에 당신
은 엄한 분이라 심지 않은 곳에서 거두고, 뿌리지 않은 곳에서 모으시므로, 25 제
가 두려워하여 가서 주인님의 달란트를 땅속에 감춰 두었습니다. 보십시오! 당신
의 것이 여기 있습니다.' 26 이에 그 주인이 그에게 말했다. '악하고 게으른 종아,
너는 내가 심지도 않은 곳에서 거두고, 뿌리지 않은 곳에서 모은다고 생각했느
냐? 27 그렇다면 네가 내 돈을 환전상들에게 맡겨 놓았어야 했다. 그러면 내가 왔
을 때에 내 돈과 함께 이자라도 받았을 것이다. 28 따라서 너희는 그에게서 달란
트를 빼앗아 열 달란트 가진 자에게 주어야 한다. 29 모든 것을 가진 사람은 받아
서 풍성해질 것이나, 가진 것이 없는 사람은 그가 가진 것조차 빼앗기게 될 것이
기 때문이다. 30 그러니 너희는 저 무익한 종을 가장 어두운 곳으로 쫓아 버려야
한다. 그곳에는 통곡과 이를 갊이 있을 것이다.'"

무리에 대한 심판

31 "그러므로 그 사람의 아들이 그의 영광으로 모든 천사와 함께 올 때(신 33:2)
에 그분께서 그의 영광의 보좌[243]에 앉으실 것이다. 32 모든 무리가 그분 앞에 모
이겠고, 그분께서 마치 목자가 염소들 가운데서 양들을 구분하는 것같이 그들을
서로 구분하실 것이다. 33 그렇게 하여 그분께서 실제로 자기 오른편에 양들을, 자
기 왼편에 염소들을 둘 것이다.[244] 34 그때 그 왕께서 자기 오른편에 있는 사람들
에게 말씀하실 것이다. '오라, 내 아버지의 복을 받은 자들아, 너희는 이제 세상의
기초를 놓을 때부터 준비된 너희를 위한 왕국을 상속받아야 한다. 35 왜냐하면

243) 우주의 왕이 앉으실 보좌는 임재의 영광이 덮고 있다. 예레미야 14장 21절은 '영광의 보좌'에 대해 언급하고 있으며, 유대 주석에도 '영광의 보좌'에 대한 언급이 많다. 마태복음 19장 28절에도 '영광의 보좌'라는 표현이 나온다.

244) 여기서 '오른편'은 하나님의 구원(시 20:6)을, '왼편'은 심판과 재앙을 상징한다. 용어 해설에서 '오른손'을 찾아보라.

245) 핵심은 '이웃을 네 자신과 같이 사랑하라'는 것이다(레 19:18).

내가 주릴 때에 너희가 내게 먹을 것을 주었고, 내가 목마를 때에 너희가 내게 마
실 것을 주었으며, 내가 나그네 되었을 때에 너희가 나를 받아들였고, 36 내가 헐
벗었을 때에 너희가 나를 입혀 주었으며, 내가 아플 때에 너희가 나를 방문했고,
내가 갇혔을 때에 너희가 내게 왔기 때문이다.' 37 그때 의로운 사람들이 그분께
대답하며 말하기를, '주여, 언제 우리가 당신이 주리신 것을 보고 대접했으며, 목
이 마르신 것을 보고 마실 것을 드렸습니까? 38 그리고 언제 우리가 당신이 나그
네 되심을 보고 당신을 받아들였으며, 또한 헐벗으심을 보고 입혀 드렸습니까? 39
또 언제 우리가 당신이 아프거나 갇히신 것을 보고 당신께 갔습니까?' 라고 할 것
이다. 40 그러면 그 왕이 그들에게 말할 것이다. '진실로 내가 너희에게 말한다. 너
희가 이들 중에 한 사람, 곧 내 형제들 중에 가장 작은 자를 위해 한 것이 바로
나를 위해 한 것이다'[245] (사 58:6-10)."

41 "그런 다음 그분께서 자기 왼편에 있는 사람들에게도 말씀하실 것이다. '너
희 저주받은 자들아, 내게서 떨어져 마귀와 그의 사자들을 위해 준비된 영원한
불 속으로 가야 한다. 42 왜냐하면 내가 굶주릴 때에 너희가 내게 먹을 것을 주지
않았고, 내가 목이 말라도 내게 마실 것을 주지 않았으며, 43 내가 나그네 되었어
도 너희가 나를 받아들이지 않았고, 헐벗어도 나를 입혀 주지 않았으며, 아프거
나 갇혔어도 나를 방문하지 않았기 때문이다.' 44 그때 그들도 그분께 대답하며 말
하기를, '주여, 언제 우리가 당신이 주리거나 목마르거나 나그네 되거나 헐벗거나
아프거나 갇히신 것을 보고도 당신을 섬기지 않았습니까?' 라고 할 것이다. 45 그
러면 그분께서 그들에게 대답하며 말씀하실 것이다. '진실로 내가 너희에게 말한
다. 이들 중에 가장 작은 한 사람을 위해 너희가 하지 않은 것이 바로 너희가 나
를 위해 하지 않은 것이다.' 46 그러므로 그들은 영원한 형벌로, 의로운 사람들은
영원한 생명으로 들어갈 것이다."

예슈아를 죽이려는 음모(막 14:1-2; 눅 22:1-2; 요 11:45-53)

26 1 이어서 다음과 같은 일이 있었다. 예슈아께서 이 모든 말씀을 마치셨을
때에 자기 제자들에게 말씀하셨다. 2 "너희가 아는 대로 이틀 후에 유월절
이 올 것이며, 그 사람의 아들이 십자가에 달리기 위해 넘겨질 것이다." 3 그때 대제
사장들과 백성의 장로들이 가야바라는 대제사장의 뜰에 모여 4 예슈아를 몰래 잡

아서 죽이기 위해 서로 의논했다. **5** 그러나 그들이 말하기를, "절기 동안에는 아니
다"라고 했으니, 백성들 가운데 소란이 일어나지 않게 하려는 것이었다.

베다니의 향유(막 14:3-9; 요 12:1-8)

6 한편 예슈아께서 베다니[246]에 있는 나병[247]환자 시몬의 집에 계시는 동안, **7**
한 여인이 매우 비싼 향유 한 병을 가지고 와서 그분의 머리에 부었는데, 그분은
비스듬히 앉아 식사하시는 중이었다. **8** 그런데 제자들이 *이것*을 보고 화를 내면서
말하기를, "왜 이것을 낭비하는 것이오?"라고 했다. **9** 그녀가 그것을 비싸게 팔아
가난한 자들에게 줄 수 있었기 때문이다. **10** 이에 예슈아께서 *그들이 뭐라고 말하
는지* 아시고 그들에게 말씀하셨다. "너희는 왜 그 여인을 괴롭히느냐? 그녀가 나
를 위해 좋은 일[248]을 했다. **11** 가난한 사람들은 항상 너희와 함께 있지만(신 15:11),
나는 항상 있는 것이 아니기 때문이다. **12** 그녀는 내 몸에 향유를 부어 내 장례를
준비한 것이다. **13** 진실로 내가 너희에게 말한다. 어디든지 온 세상에 이 복음이
선포되는 곳마다 이 여인이 한 일을 말하며 그녀를 기념할 것이다."

유다가 예슈아를 대제사장에게 넘겨주기로 하다(막 14:10-11; 눅 22:3-6)

14 그때 열둘 중 한 명으로 가룟 출신의 유다로 불리는 자가 대제사장들에게
가서 **15** 말했다. "내가 그를 넘겨주면 당신들은 내게 무엇을 주겠소?" 그러자 그들
이 은 삼십 개를 그에게 주었다(슥 11:12). **16** 그래서 그때부터 그는 그분을 넘겨줄
적당한 순간을 찾고 있었다.

제자들과의 세데르(유월절 만찬)[249](막 14:12-21; 눅 22:7-14, 21-23; 요 13:21-30)

17 그리고 무교절 첫날에 제자들이 예슈아께 와서 물었다. "우리가 어디에 '세
데르'(유월절 만찬)를 드시도록 준비하기 원하십니까?" **18** 그러자 그분께서 말씀하셨
다. "너희는 그 도시에 가서 어떤 사람에게 이렇게 말해야 한다. '스승께서 이르시
기를, "내 때가 가까워졌으니, 내가 제자들과 함께 네 집에서 세데르(유월절 만찬)를
기념할 것이다"라고 하셨다.'" **19** 이에 제자들이 예슈아께서 지시하신 대로 행하여

246) 베다니는 히브리어 '베이트-아냐'(Beit-Anyah)를 헬라어로 음역한 것으로, '고통의 집'이라는 뜻이다.
247) 이것은 오늘날의 한센병과는 다르다. 용어 해설에서 '나병'을 찾아보라.
248) 용어 해설에서 '미츠바'를 찾아보라.
249) 여기서는 유월절에 먹는 음식을 말한다. 용어 해설에서 '세데르'를 찾아보라.

세데르(유월절 만찬)를 준비했다. 20 그리고 저녁이 되어 그분께서 그 열둘과 함께 비
스듬히 앉으셨다. 21 그런데 식사 중에 그분께서 말씀하셨다. "진실로 내가 너희에게
말하는데, 너희 중 하나가 나를 넘겨줄 것이다." 22 그러자 그들이 매우 슬퍼하며,
각각 그분께 말하기 시작했다. "주님, 그 사람이 결코 저는 아니지요?" 23 이어서
그분께서 말씀하셨다. "나와 함께 그릇에 손을 넣는 자가 나를 넘겨줄 것이다(시 41:10).
24 사실 그 사람의 아들은 자기에 대해 기록된 대로 갈 것이나 그 사람의 아들을
넘겨준 그 사람에게는 화가 있다. 그 사람은 태어나지 않았더라면 그에게 더 좋을
뻔했다." 25 그때 유다, 곧 그분을 배반한 자가 대답하며 말했다. "랍비여, 그 사람
이 저는 아니지요?" 그분께서 그에게 말씀하셨다. "네가 스스로 말했다."

세데르(최후의 만찬)(막 14:22-26; 눅 22:15-20; 고전 11:23-26)

26 이어서 그들이 먹으려 할 때, 예슈아께서 빵을 집어 하나님을 찬양한 후에
그것을 떼어서 제자들에게 주며 말씀하셨다. "너희가 *이것을* 받아 지금 먹어야 한
다. 이것은 내 몸이다." 27 이어서 그분은 잔을 들고 감사하신 후 *그 잔을* 그들에게
주며 말씀하시기를, "너희 모두가 이것을 마셔야 한다. 28 이것은 언약에 대한 내
피요, 죄를 사하려고 많은 사람들을 위해 쏟는[250] 것이기 때문이다. 29 그러므로
내가 너희에게 말한다. 지금부터 내 아버지 왕국에서 너희와 함께 이것을 새롭게
마시게 될 그날까지 내가 이 포도나무 열매에서 난 것을 마시지 않을 것이다"라고
하셨다. 30 이어서 그들은 할렐[251]을 노래한 후에 올리브산으로 나갔다.

베드로가 부인할 것을 예고하시다(막 14:27-31; 눅 22:31-34; 요 13:36-38)

31 그때 예슈아께서 그들에게 말씀하셨다. "오늘 밤 너희 모두가 나로 인해 죄를
지을 것이다. 기록되기를,

'내가 목자를 칠 것이니,
양 떼가 흩어질 것이다'(슥 13:7)라고 하였기 때문이다.

32 그러나 나는 부활[252] 후에 너희를 갈릴리에서 만날 것이다." 33 그러자 베드

250) 현재 시제를 사용하여 그분의 피가 오늘날에도 여전히 쏟아지고 있음이 암시되어 있다. 유대인들은 유월절 만찬 중 총 네 잔의 포도주를 마시는데, 본문에서 마시는 포도주는 식사 후에 다시는 세 번째 잔으로 '구속의 잔'이라 불린다(출 6:6). 용어 해설에서 '성찬'을 찾아보라.

251) 시편 113-118편을 말한다. 지금도 유대인들은 '할렐'을 부르며 유월절 만찬을 마무리한다. 용어 해설에서 '할렐'을 찾아보라.

252) 용어 해설에서 '부활'을 찾아보라.

로가 그분께 말했다. "비록 모두가 당신 때문에 죄를 짓게 될지라도, 저는 결코 죄를 짓지 않을 것입니다." 34 예슈아께서 그에게 말씀하셨다. "진실로 내가 네게 말한다. 오늘 밤 닭 울기 전에 네가 나를 세 번 부인할 것이다." 35 베드로가 그분께 말했다. "비록 제가 당신과 함께 죽어야 한다 해도, 당신을 부인하지 않을 것입니다." 그리고 모든 제자들도 그렇게 말했다.

겟세마네에서 하신 기도(막 14:32-42; 눅 22:39-46)

36 그때 예슈아께서 제자들과 함께 겟세마네[253]라 불리는 곳으로 들어가셔서 그들에게 말씀하셨다. "내가 저쪽에 가서 기도하는 동안 너희는 여기에 있어야 한다." 37 그리고 그분께서 베드로와 세베대의 두 아들을 데리고 가시면서 슬퍼하며 고민하시기 시작했다. 38 이에 그분께서 그들에게 말씀하셨다. "내 심정이 너무 괴로워 죽을 지경이니, 너희는 여기 남아 나와 함께 깨어 있어야 한다"(시 42:5, 11; 43:5). 39 그리고 그분께서 조금 떨어진 곳으로 가셔서 자기 얼굴을 땅에 대고 기도하며 말씀하시기를, "내 아버지여, 가능하다면 이 잔이 제게서 지나가야 합니다. 그렇지만 제가 원하는 대로가 아니라 아버지께서 원하시는 대로 되어야 합니다"라고 하셨다. 40 그리고 그분께서 제자들에게 오셔서, 그들이 자는 것을 보시고 베드로에게 말씀하셨다. "너희가 한 시간도 나와 함께 깨어 있을 힘이 없느냐? 41 너희는 끊임없이 깨어 기도해야 한다. 이는 너희가 시험에 들지 않게 하려는 것이다. 그 영은 기꺼이 하고자 하나 그 육체가 약하다." 42 다시 그분께서 떠나서 두 번째 기도하며 말씀하시기를, "내 아버지여, 제가 마시지 않고는 이 잔이 저를 지나갈 수 없다면, 이제 아버지의 뜻대로 되어야 합니다"라고 하셨다. 43 그런 다음 그분께서 다시 오셔서 그들이 자는 것을 보셨는데, 그들의 눈이 무거웠기 때문이다. 44 이에 그분께서 그들을 다시 남겨 두고 떠나서 이 내용을 한 번 더 말씀하시며 세 번째로 기도하셨다. 45 그리고 그분께서 제자들에게 오셔서 말씀하셨다. "너희는 이제부터 자고 쉬어야[254] 한다. 그러나 보라, 그 시간이 가까웠으니, 그 사람의 아들이 죄인들의 손에 넘겨지게 될 것이다. 46 일어나라, 우리가 같이 가자. 보라, 나를 넘겨줄 자가 가까이 왔다."

253) 히브리어로는 '가트 쉬모님'(Gat Sh'monim)이다. 가트는 '즙 짜는 틀', 쉬모님은 '올리브 기름'으로, '올리브 기름 짜는 틀'을 뜻한다. 겟세마네는 올리브 숲이지 동산이 아니다.

254) 이것은 잠시 쉬는 것을 말한다. 용어 해설에서 '안식'을 찾아보라.

유다의 배신과 예슈아의 체포(막 14:43-50; 눅 22:47-53; 요 18:3-12)

47 한편 그분께서 여전히 말씀하고 계시는데, 보라, 열둘 중의 하나인 유다가 왔고, 대제사장들과 백성의 장로들이 보낸 큰 무리가 단검과 곤봉을 가지고 그와 함께 왔다. **48** 그런데 그분을 넘겨줄 자가 그들과 신호를 정하며 말하기를, "누구든지 내가 입 맞추는 자가 그분이니, 당신들은 그를 즉시 잡아야 하오"라고 했다. **49** 이에 그가 곧바로 예슈아께 오면서 말했다. "랍비여, 안녕하십니까?" 그리고 그는 그분께 입을 맞추었다. **50** 그러자 예슈아께서 그에게 말씀하셨다. "친구여, 네가 하려고 온 일을 하라." 그때 사람들이 와서 손으로 예슈아를 잡았다. **51** 그런데 보라, 예슈아와 함께 있던 자들 중 한 사람이 자기 손에 있던 칼을 뽑아 대제사장의 종을 쳐서 그의 귀를 베었다. **52** 그러자 예슈아께서 그에게 말씀하셨다. "너는 네 칼을 칼집에 도로 넣어라. 칼을 쓰는 사람은 모두 칼로 죽을 것이기 때문이다. **53** 또한 너는 내가 내 아버지께 구하여 당장 열두 군단[255]도 넘는 천사들을 내가 거느리도록[256] 하실 수 없다고 생각하느냐? **54** 그러면 이 일이 일어나야 한다고 기록된 것들이 어떻게 이루어지겠느냐?" **55** 곧이어 예슈아께서 무리에게 말씀하셨다. "너희는 마치 강도에게 하듯이 칼과 곤봉으로 나를 잡으러 온 것이냐? 내가 매일 성전에 앉아 가르쳤어도 너희는 나를 잡지 않았다." **56** 그러나 이 모든 일이 일어난 것은 선지자들의 글이 이루어지게 하려는 것이었다. 그때 모든 제자가 그분을 버리고 달아났다.

공회 앞의 예슈아(막 14:53-65; 눅 22:54-55, 63-71; 요 18:13-14, 19-24)

57 그리고 예슈아를 잡은 사람들은 그분을 대제사장 가야바에게 끌고 갔는데, 거기에 서기관들과 장로들이 모여 있었다. **58** 그때 베드로가 아주 멀리 떨어져서 그분을 따라 대제사장 관저까지 들어가서, 그 결과를 보려고 하인들과 함께 안에 앉아 있었다. **59** 한편 대제사장들과 온 산헤드린은 예슈아를 죽이려고 그분을 칠 거짓 증거들을 찾았으나, **60** 많은 거짓 증인들이 나와도 찾을 수 없었다. 그런데 나중에 두 사람이 나와서 **61** 말했다. "이 사람은 '내가 하나님의 성소를 헐고 삼 일 만에 지을 수 있다'고 했습니다." **62** 그러자 대제사장이 벌떡 일어나서 그분께 말했다. "이 사람들이 당신에 대해 불리한 증언을 하는데, 당신은 답변하지 않

255) 로마군 '한 군단(레기온)'은 최대 6,826명으로 구성되었다.

256) 역자 주: 예슈아께서는 단순히 아버지께서 보내신 천사들의 도움을 받으시는 수동적인 분이 아니라, 그들을 '지휘하시는' 권세 있는 분이다.

을 것이오?" 63 그러나 예슈아께서는 잠잠하셨다. 그러자 대제사장이 그분께 말했
다. "내가 살아 계신 하나님으로 당신에게 맹세하게 하니, 당신이 하나님의 아들
메시아인지 우리에게 말해야 하오." 64 예슈아께서 그에게 말씀하셨다. "네가 그렇
게 말했다. 그러나 내가 너희에게 말한다.

지금부터 너희는 '그 사람의 아들이
그 권능의 오른편[257]에 앉은 것(시 110:1)과
하늘의 구름을 타고 오는 것'(단 7:13)을 볼 것이다."

65 그때 대제사장이 자기 옷을 찢으며 말했다. "그가 하나님을 모독했다! 우리
에게 더 이상 무슨 증거가 필요하겠는가? 자 보시오, 여러분이 하나님 모독하
는 것을 들었소. 66 여러분이 보기에는 어떻소?" 그러자 사람들이 대답하며 말했
다. "그는 죽는 것이 합당합니다." 67 이에 사람들이 그분의 얼굴에 침을 뱉고 주먹
으로 그분을 쳤다. 그리고 뺨을 때리며 68 말하기를, "메시아여, 네가 우리에게 예
언해야 한다. 너를 친 자가 누구냐?"라고 했다.

베드로가 부인하다(막 14:66-72; 눅 22:56-62; 요 18:15-18, 25-27)

69 그때 베드로는 안뜰 바깥쪽에 앉아 있었다. 그런데 한 여종이 그에게 와서
말하기를, "당신도 갈릴리의 예슈아와 함께 있었습니다"라고 했다. 70 그러나 그
가 모든 사람 앞에서 부인하며 "나는 당신이 무슨 말을 하는지 모르겠소"라고 말
했다. 71 이어서 그가 문으로 나갔을 때, 또 다른 여종이 그를 보고 거기 있는 사
람들에게 말했다. "이 사람은 나사렛의 예슈아와 함께 있었습니다." 72 그러자 그
가 맹세하며 또다시 부인했다. "나는 그 사람을 모르오." 73 그런데 잠시 후 주변
에 서 있던 사람들이 다가와서 베드로에게 말했다. "당신은 분명히 그들 중 한 사
람이오. 당신의 말투는 속이지 못하오." 74 그러자 그가 저주하며 맹세하기 시작
했다. "나는 그 사람을 모르오." 그리고 즉시 닭이 울었다. 75 그때 베드로는 예슈
아께서 "닭이 울기 전에 네가 나를 세 번 부인할 것이다"라고 하신 말씀이 기억났
다. 이에 그는 밖으로 나가 통곡했다.

257) 오른편은 권세를 상징한다(출 15:6). 용어 해설에서 '오른손'을 찾아보라.

258) 하나님께 드리는 예물. 용어 해설에서 '고르반'을 찾아보라.

259) 사도행전 1장 18절은 유다가 이 밭을 샀다고 말한다. 누가 그 밭을 샀느냐는 중요하지 않다. 문제는 그 밭을 은 삼십 개로 샀다는 사실이다.

260) 여러 고대 사본에 이 사람의 이름이 '예수스 바라바스'(Iesous Barabbas)로 기록되어 있다.

빌라도 앞에 서시다(막 15:1; 눅 23:1-2; 요 18:28-32)

27 1 그리고 이른 아침에 모든 대제사장들과 백성의 장로들이 예슈아에 대
한 계획을 세워 그분을 죽이려 했다. 2 이어서 그들은 그분을 결박하여
끌고 가서 총독 빌라도에게 넘겨주었다.

유다의 죽음(행 1:18-19)

3 한편 유다, 곧 그분을 넘겨준 자는 그분이 정죄된 것을 본 후, 그의 마음이 바
뀌어 은 삼십 개를 대제사장들과 장로들에게 돌려주면서 4 "내가 무죄한 피를 배신
하는 죄를 지었소"라고 말했다. 이에 그들이 말했다. "그것이 우리에게 무슨 의미가
있소? 당신이 알아서 하시오!" 5 그러자 그는 그 은을 성소 안으로 던진 후에 물러가
서 스스로 목을 매어 죽었다. 6 그러자 대제사장들이 그 은을 취하며 말했다. "이
것은 핏값이니, 고르반[258]에 던져넣는 것은 적절하지 않다." 7 이어서 그들은 상의
한 후에 이것으로[259] 토기장이의 밭을 사서 이방인들의 매장지로 삼았다. 8 이러한
이유로 그 밭은 오늘날까지 피 밭으로 불린다. 9 그때 선지자 예레미야를 통한 말씀
이 이루어졌으니, 말씀하시기를, "그러므로 그들이 은 삼십 개, 곧 이스라엘 자손이
그분에 대해 정한 값을 가져다가 10 주께서 내게 지시하신 대로 그것을 토기장이의
밭 값으로 주었다"(슥 11:12-13)라고 했다.

빌라도에게 질문받으신 예슈아(막 15:2-5; 눅 23:3-5; 요 18:33-38)

11 그때 예슈아께서 총독 앞에 서셨다. 총독이 그분께 묻기를, "당신이 유대인의
왕이오?"라고 했다. 그러자 예슈아께서 말씀하셨다. "네가 그렇게 말하고 있다." 12
그러나 그분께서는 대제사장들과 장로들이 고소하는 동안, 답변하지 않으셨다. 13
이에 빌라도가 그분께 말했다. "당신은 그들이 얼마나 많은 것들로 당신에게 불리
한 증언을 하는지 들리지 않소?" 14 그러나 그분께서 그에게 한 마디도 대답하지
않으시므로, 총독이 크게 놀랐다(사 53:7).

사형선고를 받으신 예슈아(막 15:6-15; 눅 23:13-25; 요 18:39-19:16)

15 한편 *이* 절기(유월절)에는 총독이 늘 무리가 원하는 죄수 한 명을 풀어 주었다.
16 그런데 그때 그들에게는 바라비[260]라는 유명한 죄수가 있었다. 17 그러므로 사람
들이 모였을 때에 빌라도가 그들에게 말했다. "여러분은 내가 누구를 사면하기 원하

오? 바라바요, 아니면 메시아라 불리는 예슈아요?" 18 왜냐하면 그는 그들이 질투심
때문에 그분을 넘겨준 것을 알았기 때문이다. 19 그리고 그가 재판석에 앉아 있는
동안, 그의 아내가 그에게 사람을 보내어 말을 전하기를, "그 의로운 사람과 연루
되지 마십시오. 제가 오늘 꿈속에서 그분 때문에 무척 괴로웠습니다"라고 했다.

20 그러나 대제사장들과 장로들은 무리[261]를 설득하여 그들로 하여금 바라바
를 요구하고 예슈아를 죽이게 했다. 21 그리하여 총독이 그들에게 대답하며 말
했다. "여러분은 내가 둘 중에 누구를 풀어 주기 원하오?" 그러자 사람들이 말했
다. "바라바입니다." 22 빌라도가 그들에게 말했다. "그러면 메시아라고 불리는 예
슈아는 내가 어떻게 해야겠소?" 모든 사람이 말했다. "그는 십자가에 못 박혀야
합니다!" 23 그러나 빌라도가 말했다. "그가 무슨 악을 행하였소?" 그러자 사람들
이 더욱 크게 소리지르며 말하기를, "그는 십자가에 못 박혀야 합니다!"라고 했다.
24 이에 빌라도는 그것이 유익이 되지 않고 오히려 더 소란스러워지는 것을 보면서
물을 가져다가 무리 앞에서 손을 씻으며 말했다. "나는 이 피로부터 결백하니, 당
신들이 처리하시오"(신 21:6-9; 시 26:6). 25 그러자 모든 백성이 말했다. "그의 피는 우
리와 우리 자녀들 위에!"(겔 33:5) 26 이에 그는 바라바를 풀어 주고, 예슈아를 채찍
질한 후 십자가에 매달도록 넘겨주었다.

군인들이 예슈아를 조롱하다(막 15:16-20; 요 19:2-3)

27 그때 총독의 군사들이 예슈아를 프라에토리움[262]으로 끌고 들어가서 부
대[263] 전체를 예슈아 주위에 모았다. 28 그들은 그분의 옷을 벗긴 후 붉은 옷을 입
히고, 29 가시로 엮은 관을 그분의 머리에 씌우고, 갈대를 그분의 오른손에 들
게 하고, 그분 앞에 무릎을 꿇고 조롱하며 말하기를, "유대인의 왕이여, 만세"라
고 했다. 30 이어서 그들은 그분께 침을 뱉은 후, 갈대를 빼앗아 그분의 머리를 쳤
다. 31 그리고 그들은 그분을 조롱한 후, 그 옷을 벗기고 그분의 겉옷을 입혀 십자
가에 매달기 위해 끌고 나갔다.

십자가에 달린 예슈아(막 15:21-32; 눅 23:26-43; 요 19:17-27)

32 그런데 그들이 나오다가 시몬이라는 구레네 사람을 보게 되었다. 그들은 이
사람을 강제로 돕게 하여 그분의 십자가를 지고 가게 했다. 33 그런 다음 그들은
골고다라는 곳, 곧 '해골의 장소'라 불리는 곳에 도착하여 34 그분께 쓸개즙 섞은

포도주를 주어 마시게 했다. 그분께서는 그것을 맛보시고는 마시기를 원치 않으
셨다(시 69:22). **35** 그리고 그들은 그분을 십자가에 못 박은 후, 그분의 옷들을 제비
뽑아 나누었으며(시 22:19), **36** 거기 앉아 그분을 계속 지켰다. **37** 한편 그들은 그분
의 머리 위에 다음과 같이 죄목을 적어 놓았다. "이 사람은 예슈아, 유대인의 왕
이다." **38** 그때 두 명의 강도가 그분과 함께 십자가에 달렸는데, 하나는 오른편에,
하나는 왼편에 있었다(사 53:12).

39 한편 지나가는 사람들이 고개를 흔들며 그분을 모독하여(시 22:17; 109:25; 애
2:15) **40** 말하기를, "성소를 무너뜨리고 그것을 삼 일 만에 세우는 자야, 너는 즉시
자기를 구원해야 한다. 만일 네가 하나님의 아들이라면, 즉시 십자가에서 내려와
야 한다"라고 했다. **41** 마찬가지로 대제사장들도 서기관과 장로들과 함께 조롱하
며 말했다. **42** "그가 다른 사람들은 구원했으나 자기 자신은 구원하지 못하는구
나. 그가 이스라엘의 왕이라면, 지금 바로 십자가에서 내려와야 한다. 그러면 우
리가 그를 믿을 것이다. **43** 그가 하나님을 신뢰했으니, 하나님이 그를 원하시면 당
장 구원하실 것이다(시 22:9). 그가 말하기를, '나는 하나님의 아들이다'라고 했기
때문이다." **44** 또한 그분과 함께 십자가에 달린 강도들도 그분께 욕을 했다.

예슈아의 죽음(막 15:33-41; 눅 23:44-49; 요 19:28-30)

45 그런데 제육시부터 제구시까지[264] 온 땅이 어둠에 덮였다(암 8:9). **46** 그리고
제구시쯤에 예슈아께서 *히브리어로* 크게 외치며 이르시기를, "엘리! 엘리! 라마
아자브타니?"라고 하셨다. 이것은 "나의 하나님! 나의 하나님! 왜 나를 버리십니
까?"(시 22:2)라는 뜻이다. **47** 그때 거기 서 있던 사람들 중에 어떤 이들이 듣고 말
하기를, "이 사람이 엘리야를 부른다"라고 했다. **48** 이어서 그들 중 한 사람이 바
로 뛰어가서 신 포도주에 적신 해면을 가져다가 갈대에 끼워 그분께 주어 마시게
했다(시 69:22). **49** 그러자 나머지 사람들이 말했다. "그만두라! 우리는 엘리야가 그를
구하러 오는지 보아야겠다." **50** 그 후 예슈아께서 큰 소리로 다시 외치신 후에 그분

261) 이들은 헬라주의자들로, 프라에토리움이 그리 넓지 않았기 때문에 200-300명 정도가 모였을 것이다. 반면 예루살렘에 입성하시는 예슈아를 맞이하던 무리는 수천 명이었다. 용어 해설에서 '헬라주의자'를 찾아보라.

262) 로마 총독의 관저

263) 대략 600명 정도

264) 대략 정오부터 오후 3시까지

의 영혼이 떠났다. **51** 그때 보라, 성소의 휘장이 위에서 아래까지 둘로 찢어지고,
땅이 흔들리며, 바위들이 갈라져서 **52** 무덤들이 열리더니, 잠을 자던[265] 많은 성도
들[266]의 몸이 일으켜졌다. **53** 그리고 그분의 부활 후에 그들이 무덤에서 나와서 거
룩한 성에 들어가 많은 사람들에게 나타났다. **54** 그러자 백부장 및 그와 함께 예
슈아를 지키던 사람들이 그 지진과 일어난 일들을 보고 몹시 두려워하며 말하기
를, "참으로 그분은 하나님의 아들이었다"라고 했다. **55** 그리고 많은 여인들, 곧 갈
릴리에서부터 예슈아를 섬기기 위해 따라온 자들도 멀리서 보며 거기 있었다. **56**
그들 중에는 막달라 사람 미리암과 야고보 및 요셉의 어머니 미리암과 세베대의
아들들의 어머니가 있었다.

예슈아를 장사함(막 15:42-47; 눅 23:50-56; 요 19:32-42)

57 한편 그날 늦게[267] 요셉으로 불리는 아리마대 출신의 부자가 왔는데, 그도 예
슈아의 제자였다. **58** 그가 빌라도에게 가서 예슈아의 몸을 요구하자, 빌라도가 넘
겨주라고 명령했다. **59** 이에 요셉이 그분의 시신을 가져다가 깨끗한 아마포 천으
로 감싼 후에 **60** 바위 속을 깎은 자신의 새 무덤에 안치하고, 무덤 입구에 큰 돌을
굴려 놓은 후 떠났다. **61** 그때 막달라 사람 미리암과 다른 미리암이 무덤 맞은편에
앉아 있었다.

무덤의 경비병들

62 그리고 다음 날, 곧 *안식일을 위한* 예비일[268] 후에 대제사장들과 바리새파
사람들이 빌라도에게 모여 **63** 말하기를, "각하, 그 속이는 자가 살아 있을 때에 '내
가 삼 일 후에 일어날 것이다'라고 말한 것을 기억합니다. **64** 그러므로 당신은 그
삼 일째까지 무덤을 지키라고 명령하셔야 합니다. 그래서 그의 제자들이 와서 그
를 훔치고는 백성들에게 '그가 죽은 자들로부터 일어났다'고 말하지 못하게 하여
나중 속임수가 처음보다 더 나빠지지 않게 해야 합니다"라고 했다. **65** 빌라도가 그
들에게 말했다. "당신들에게 경비병이 있으니, 가서 당신들이 아는 대로 당신들의
경비병들에게 지키게 하시오." **66** 이에 그들은 가서 경비병과 함께 그 돌에 봉인을

265) 죽음을 잠자는 것으로 묘사한 수많은 구절 중 하나이다. 용어 해설에서 '죽음'을 찾아보라.

266) 이 성도들은 누구였을까? 이들은 예슈아께서 돌아가시고 부활하시기 전에 살아났다.

267) 오후 5시 이후

268) 용어 해설에서 '예비일'을 찾아보라.

함으로 무덤을 지켰다.

예슈아의 부활(막 16:1-8; 눅 24:1-12; 요 20:1-10)

28 1 그리고 안식일[269] 후, 곧 그 주간의 첫날 새벽에 막달라 사람 미리암
과 다른 미리암이 무덤을 보러 왔다. 2 그런데 보라, 큰 지진이 일어났다.
그리고 하늘에서 내려온 주의 천사가 (무덤에서) 돌을 굴려 보내고 그 위에 앉아 있
었다. 3 그런데 그의 모습은 마치 번개 같았고, 그의 옷은 눈처럼 희었다.[270] 4 이
에 지키던 자들이 천사 때문에 두려워 떨다가 죽은 사람같이 되었다. 5 그러자 천
사가 여인들에게 말했다. "너희는 두려워하지 말라. 너희가 십자가에 못 박히신 예
슈아를 찾는 것을 내가 알고 있기 때문이다. 6 그분은 여기 계시지 않는다. 그분께
서 말씀하셨던 대로 일어나셨기 때문이다. 와서 그분께서 누우셨던 곳을 보라. 7
그리고 너희는 속히 가서 그분의 제자들에게 '그분께서 죽은 자들로부터 일어나
셨다. 보라, 그분께서 너희보다 먼저 갈릴리로 가실 것이니, 너희가 거기서 그분
을 뵙게 될 것이다'라고 말해야 한다. 보라, 내가 너희에게 말했다." 8 이에 여인들
이 두려움과 큰 기쁨으로 서둘러 무덤을 떠나 그분의 제자들에게 소식을 전하려
고 달려갔다. 9 그런데 보라, 예슈아께서 그녀들을 만나 말씀하시기를, "샬롬"이라
고 하셨다. 이에 그들이 다가가서 그분의 발을 붙잡고 그분께 경배했다.[271] 10 그러
자 예슈아께서 그들에게 말씀하셨다. "너희는 두려워하지 말고 내 형제들에게 가
서 갈릴리로 가라고 말하라. 그러면 그들이 거기서 나를 볼 것이다."

경비병들의 보고

11 한편 그들이 떠난 후, 보라, 경비병 몇 명이 성안으로 들어가서 대제사장들
에게 일어난 모든 일을 알렸다. 12 그러자 대제사장들이 장로들과 함께 모여 계획
을 세우고, 은전을 가져와서 경비병들에게 주며 13 말하기를, "당신들은 '그의 제
자들이 밤중에 와서 우리가 잠든 사이에 그를 훔쳐갔다'고 말해야 하오. 14 그래
야 이 일이 총독의 귀에 들어가더라도, 우리가 그를 설득하여 당신들에게 문제가

269) 원문은 복수형으로, 이날은 매주 돌아오는 안식일이자 무교절 첫날이었다(레 23:7).

270) '흰옷'은 영적으로 완전히 준비된 상태를 상징한다(전 9:8). "네 옷을 항상 희게 하고, 네 머리에 기름이 부족하지 않게 하라."

271) 용어 해설에서 '경배하다'를 찾아보라.

되지 않게 할 것이오"라고 했다. **15** 이에 은을 받은 경비병들은 그들의 지시대로 했다. 그래서 이 말이 오늘날까지도 유대인들 사이에 널리 퍼졌다.

제자들의 사명(눅 24:36-49; 요 20:19-23; 행 1:6-8)

16 한편 열한 제자는 갈릴리로 들어가 예슈아께서 그들에게 정해 주신 산으로
갔다. **17** 그들은 그분을 뵙고 경배했지만, 의심하는 이들도 있었다. **18** 그때 예슈아
께서 오셔서 그들에게 말씀하셨다. "하늘과 땅의 모든 권세[272]가 내게 주어졌다.
19 그러므로 너희는 가서 모든 이방인을 제자로 삼고, 그들에게 아버지와 아들과
성령의 이름[273]으로 침례를 주어야 하며,[274] **20** 내가 너희에게 명령한 모든 것을 그
들이 지키도록 가르쳐야 한다(암 9:12). 그러므로 보라, 바로 내가 그 시대의 종말까
지 항상 너희와 함께 있을 것이다."

272) 죽음에 대한 권세도 포함된다(사 25:8; 호 13:14; 고전 15:54-55).

273) 이름에 해당하는 헬라어 '오노마'는 하나님의 속성과 활동성을 의미한다. 용어 해설에서 '오노마'를 찾아보라.

274) 용어 해설에서 '마태복음 28장 19절'을 찾아보라.

마가에 따르면[1]

(마가복음)

침례자 요한의 선포(마 3:1-12; 눅 3:1-9, 15-17; 요 1:19-28)

1 **1** *이것이* 하나님의 아들 예슈아 메시아의 복음의 시작이다. **2** 선지자 이사
야가 기록하기를,

"보라, 내가 나의 사자[2]를 네 앞으로 보낼 것이니,
그가 네 길을 예비할 것이다"(출 23:20; 말 3:1),

3 "광야에서 외치는 자의 소리가 있어
'너희는 곧 주의 길을 준비하고,
그분의 행로들을 곧게 해야 한다'"(사 40:3)라고 한 것과 같이

4 침례자 요한은 광야에 있으면서 죄 사함을 위한 회개의 침례[3]를 선포했다. **5**
그러자 온 유대 지방과 예루살렘에서 온 모든 사람이 나아와 자기 죄를 고백하
고, 요단강에서 그에게 침례를 받았다.[4] **6** 그때 요한은 낙타털 옷을 입고, 가죽 띠
를 허리에 두르고, 메뚜기와 야생꿀을 먹었다. **7** 또 그가 선포하며 말하기를, "나보
다 더 강한 분이 내 뒤에 오고 계신다. 나는 몸을 굽혀 그분의 신발 끈을 풀 자격
도 없다. **8** 나는 너희에게 물로 침례를 주었으나, 그분은 너희에게 성령으로 침례
를 베푸실 것이다"라고 했다.

1) 마가복음은 AD 50-60년경에 기록되었다. 매우 기본적인 사실 위주로 전달하여 누가복음이나 마태복음 같은 배경 지식은 기대하기 힘들다. 마가복음은 문자 그대로 읽고 해석해야 한다. 마가복음은 사복음서 중 가장 먼저 읽기에 적합하다. 용어 해설에서 '배열 순서'를 찾아보라.

2) '천사'로 번역할 수도 있다.

3) 유대교에서 지금도 행하는 예식으로, 예식 참가자는 자신의 몸을 물속에 완전히 담가야 한다. 용어 해설에서 '침례'를 찾아보라.

4) 사람들이 회개하고 물속에 들어가 자신의 몸을 담그는 동안 요한은 강둑에 서 있었다.

예슈아의 침례(마 3:13-17; 눅 3:21-22)

9 그리고 그 무렵 이런 일이 있었다. 예슈아께서 갈릴리 나사렛에서 오셔서 요
단강에서 요한에게 침례를 받으셨다. **10** 그런데 곧 그분께서 물에서 일어나시는데
하늘이 갈라지면서, 그 영(성령)이 비둘기처럼 자기에게 내려오는 것을 보셨다. **11**
그리고 하늘에서 "너는 내 사랑하는 아들이다. 내가 너를 기뻐한다"라는 소리가
있었다.

예슈아의 시험(마 4:1-11; 눅 4:1-13)

12 그리고 그 영(성령)이 즉시 그분을 광야로 이끌어 냈다. **13** 그래서 그분은 광
야에 계시면서 사십 일을 사탄[5]에게 시험을 받으셨고, 들짐승들과 함께 계시니,
천사들이 그분의 시중을 들었다.

갈릴리 사역을 시작하심(마 4:12-17; 눅 4:14-15)

14 그리고 요한이 잡힌 후에 예슈아께서 갈릴리로 들어가셔서 하나님의 복음을
선포하며 **15** 다음과 같이 말씀하셨다. "때가 찼고 하나님의 왕국이 가까이 왔다.
너희는 끊임없이 회개하고 복음을 믿어라."

네 명의 어부를 부르심(마 4:18-22; 눅 5:1-11)

16 그 후 그분께서 갈릴리 호숫가를 지나가시다가 시몬과 그의 형제 안드레가
호수에 그물 치는 것을 보셨다. 그들이 어부였기 때문이다. **17** 그런데 예슈아께서
그들에게 말씀하셨다. "와서 나를 따르라. 그러면 내가 너희를 사람들의 어부가
되게 할 것이다." **18** 그러자 그들이 즉시 그물을 버리고 그분을 따랐다. **19** 또 그분
께서 조금 더 가시다가 세베대의 아들 야고보와 그의 형제 요한을 보셨는데, 그
들은 배 안에서 그물을 깁고 있었다. **20** 이에 그분께서 즉시 그들을 부르시자, 그
들은 그 아버지 세베대를 일꾼들과 함께 배에 남겨 둔 채 그분을 따라갔다.[6]

더러운 영이 들린 사람(눅 4:31-37)

21 그리고 그들은 가버나움[7]으로 갔다. 그분은 안식일들에 곧바로 회당[8]에 들

5) 용어 해설에서 '사탄'을 찾아보라.

6) 이것은 제자가 되었음을 뜻하는 관용 표현이다.

7) 가버나움은 히브리어 '카페르 나훔'의 라틴어 표기이다. '카페르'는 '마을', '동네', '나훔'은 '위로'를 뜻한다.

어가셔서 가르치셨다.[9] **22** 이에 사람들이 그분의 가르침에 충격을 받았다. 이는 그
분께서 권위 있게 가르치시고 서기관들 같지 않으셨기 때문이다. **23** 그런데 곧 그
들의 회당 안에 더러운 영이 들린 사람이 소리 지르며 **24** 말했다. "나사렛 예수아여,
이것이 당신과 무슨 상관입니까? 당신은 우리를 멸망시키러 오셨습니까? 나는 당신
이 누구인지 아니, 하나님의 거룩하신 분입니다." **25** 그러자 예수아께서 그를 꾸짖
으시며 "너는 조용히 하고 그 사람에게서 즉시 나와라!" 하고 말씀하셨다. **26** 이
에 그 더러운 영이 그 사람을 쓰러뜨리고, 큰 소리를 지르며 그 사람 밖으로 나
왔다. **27** 그러자 사람들이 모두 놀라 서로 수군거리며 말하기를, "이는 누구인가?
권위 있는 새로운 가르침이다. 그가 더러운 영들에게 명령하면, 그것들도 그에게
복종한다"라고 했다. **28** 그리하여 그분에 대한 소문이 곧 갈릴리 온 지역에 두루
퍼졌다.

많은 사람들을 치유하심(마 8:14-17; 눅 4:38-41)

29 그리고 그들은 즉시 회당에서 나와 야고보와 요한과 함께 시몬과 안드레의
집으로 갔다. **30** 그런데 시몬의 장모가 열병으로 자리에 누워 있었다. 사람들이
곧바로 그분께 그녀에 대해 말씀드렸다. **31** 이에 그분이 *다가*가셔서 그녀의 손을
잡아 일으키시자 열병이 떠났고, 그녀는 그들을 섬겼다. **32** 그리고 해가 지고 저녁
이 되어 *안식일이 끝나자*, 사람들이 모든 악한 것[10]에 시달리는 자와 귀신 들린
자들을 그분께 데려왔으니, **33** 그 도시 전체가 그 문 앞에 모였다. **34** 이에 그분께
서 악한 것과 다양한 질병에 시달리는 많은 사람들을 고치시고, 많은 귀신들을
쫓아내시며, 그것들이 말하는 것을 허락하지 않으셨는데, 귀신들이 그분을 알기
때문이었다.

전도 여행(눅 4:42-44)

35 그리고 매우 이른 아침 아직 어두울 때, 그분은 일어나 나오셔서 한적한 곳
으로 가셨다. 그리고 거기에서 기도하셨다. **36** 이에 시몬과 그와 함께한 자들이
그분을 찾다가 **37** 만나서 그분께 이렇게 말했다. "모든 사람이 당신을 찾고 있습니
다." **38** 그러자 그분께서 그들에게 말씀하셨다. "우리가 인근의 장이 서는 다른 도

8) 1세기의 회당은 보통 가정집 형태였다.

9) 예수아께서는 안식일마다 회당에서 말씀을 가르치셨다. 용어 해설에서 '안식일'을 찾아보라.

10) 헬라어 '카코스'의 문자적인 의미는 '악', '사악함'이다. 라틴어 역본에서는 보통 '질병'으로 번역되었다.

시들로 가야겠다. 그러면 내가 거기서도 전파할 것이다. 참으로 내가 이 일을 위
해 왔다." 39 그리고 그분은 갈릴리 온 지역을 다니며 그들의 회당에서 전도하고
귀신들을 쫓아내셨다.

한 나병[11]환자를 깨끗하게 하심(마 8:1-4; 눅 5:12-16)

40 이어서 한 나병환자가 그분께 와서 간구하며 무릎을 꿇고 말하기를, "당신께
서 원하시면 저를 깨끗하게 하실 수 있습니다"라고 했다. 41 그러자 그분이 불쌍
히 여기셔서 자기 손을 내밀어 그에게 대시며[12] 말씀하셨다. "내가 원한다. 즉시
깨끗해져라." 42 그러므로 즉시 그에게서 나병이 떠나고, 그가 깨끗해졌다. 43 이에
그분께서 그에게 엄히 명하시고 즉시 그를 보내며 44 말씀하시기를, "아무에게 아
무 말도 하지 않도록 주의하라. 다만 가서 제사장에게 자신을 보이고, 네 정결함
을 위하여 모세가 명령한 예물을 그들에게 증거로 드려야 한다"(레 14:2-32)라고 하
셨다. 45 그러나 그 사람이 가서 이 일을 공공연하게 여러 번 전파하며 널리 퍼뜨
리기 시작했다. 그리하여 그분은 더 이상 드러나게 도시 안으로 들어가실 수 없
어서 다만 바깥 들판에 계셨다. 그런데도 사람들이 사방에서 그분께 몰려왔다.

전신마비 환자를 치유하심(마 9:1-8; 눅 5:17-26)

2 1 그리고 그분께서 가버나움으로 다시 들어가신 후 며칠 사이에 그분이
집에 계신다는 소문이 퍼졌다. 2 그러자 많은 사람들이 모여들어 심지어
문 앞에도 더 이상 자리가 없었고, 그분께서는 사람들에게 말씀을 전하고 계셨다.
3 그때 네 사람이 그분께 전신마비 환자를 데리고 왔다. 4 그런데 무리 사이로 그
를 데려갈 수 없어서 그분이 계신 곳의 지붕을 뜯고 구멍을 내어 그 전신마비 환
자가 누운 침상을 내려 보낼 수 있었다. 5 그러자 예슈아께서 그들의 믿음을 보시
고 전신마비 환자에게 말씀하셨다. "아이야, 네 죄들을 사함 받았다."[13] 6 그때 거
기 앉아 있던 서기관 몇 명이 속으로 생각했다. 7 '이 사람이 어떻게 이런 말을 하

11) 이것은 오늘날의 한센병과는 다르다. 용어 해설에서 '나병'을 찾아보라.

12) 나병환자와 접촉하는 사람은 누구든지 부정해졌다. 그러나 예슈아의 손이 나병환자의 몸에 닿자 오히려 정결해졌다(레 6:27). 용어 해설에서 '정결하게 함'을 찾아보라.

13) 예슈아께서 자신에게 죄를 사할 권세가 있다는 것을 말씀하셨다는 사실이 흥미롭다. 예슈아께서는 전신마비 환자에게 '네 죄들을 사함 받았다'고 말씀하셨다. 이것은 회개한 사람만이 들을 수 있는 말이다.

는가? 이것은 하나님을 모독하는 것이다. 하나님 한 분 외에 누가 죄들을 사할 수
있는가?' 8 그러자 예슈아께서 즉시 그들이 속으로 이렇게 생각하는 것을 아시고
그들에게 말씀하셨다. "너희는 어떻게 속으로 이런 생각을 하는 것이냐? 9 전신마
비 환자에게 '네 죄들을 사함 받았다'고 말하는 것과 '너는 즉시 일어나 네 침상
을 가지고 가야 한다'고 말하는 것 중 무엇이 더 쉽겠느냐? 10 다만 그 사람의 아
들이 여기 땅에서 죄들을 사하는 권세가 있음을 너희로 알게 하려는 것이다." 그분
은 전신마비 환자에게 말씀하셨다. 11 "내가 네게 말한다. 네가 이제 일어나야겠다!
너는 즉시 네 침상을 가지고 집으로 가야 한다." 12 이에 그가 일어나서 즉시 침상
을 들고 모든 사람 앞에서 나가자, 모두가 놀라 하나님께 영광을 돌리며 "우리가
이런 일을 본 적이 없다"라고 말했다.

레위를 부르심(마 9:9-13; 눅 5:27-32)

13 그리고 그분은 다시 호숫가로 나가셨다. 그러자 온 무리가 그분께 왔고, 그분
은 계속해서 그들을 가르치셨다. 14 또 그분께서 지나가시다가 알패오의 (아들) 레
위[14]가 세관에 앉아 있는 것을 보시고 그에게 말씀하셨다. "너는 이제 나를 따라
야 한다." 그러자 그가 일어나 그분을 따랐다. 15 그리고 그분께서 그의 집에서 비
스듬히 앉아 잡수시는 동안, 많은 세리들과 죄인들까지 예슈아와 그분의 제자들
과 더불어 비스듬히 앉아서 먹었다.[15] 이에 참으로 많은 사람들이 그분을 따랐다.
16 그런데 그분께서 죄인들 및 세리들과 함께 잡수시는 것을 보고 바리새파의 서
기관들[16]이 그분의 제자들에게 말했다. "그분은 왜 세리들 및 죄인들과 함께 먹는
것이오?" 17 그러자 예슈아께서 그들이 말하는 것을 들으시고 그들에게 말씀하셨
다. "건강한 자들에게는 의사가 필요 없으나 악한 것에 시달리는 자들에게는 필
요하다. 나는 의인들이 아니라 죄인들을 부르러 왔다."

금식에 대한 질문(마 9:14-17; 눅 5:33-39)

18 그때 요한의 제자들과 바리새파 사람들이 금식하고 있었다. 이에 사람들이

14) 레위는 '마태'라고도 불렸다.

15) 예슈아와 열두 제자, 그리고 수많은 세리와 죄인들이 레위의 집에 모여 음식을 먹었다는 것에서 그의 집이 얼마나 넓었는지 짐작할 수 있다. 바리새파 사람들이 이 광경을 볼 수 있었던 것으로 보아 이들은 앞뜰에서 저녁을 먹었을 것이다. 비스듬히 앉아서 먹는 것은 당시 유대인의 관습으로, 그들이 이집트의 노예가 아니라 자유인이라는 것을 보여 주는 행위였다.

16) 제사장들과 서기관 대다수가 헬라주의자가 아닌 바리새파였다. 용어 해설에서 '헬라주의자'를 찾아보라.

그분께 와서 물었다. "요한의 제자들과 바리새파 제자들은 금식하고 있는데, 왜
당신의 제자들은 금식하지 않습니까?" **19** 그러자 예슈아께서 그들에게 말씀하셨
다. "혼인(결혼) 잔치에 온 손님들(신랑의 친구들)이 신랑과 함께 있는 동안 금식할 수
있겠느냐? 그들이 신랑과 함께 있는 동안에는 금식할 수 없다. **20** 그러나 그들이
신랑을 빼앗길 날들이 올 것이니, 그날에는 그들이 금식할 것이다."

21 "아무도 새로운 천 조각을 낡은 옷에 대고 깁지 않는다. 그러면 덧댄 것이 옷
자체를, 곧 새것이 낡은 것을 잡아당겨 더 심하게 찢어진다. **22** 그리고 아무도 새 포
도주를 낡은 포도주 자루에 담지 않는다. 그러면 포도주가 그 자루를 터뜨려 포도
주도, 자루도 못쓰게 된다. 그래서 새 포도주는 새 포도주 자루에 넣는 것이다."

안식일에 이삭을 뜯다(마 12:1-8; 눅 6:1-5)

23 한편 안식일들[17]에 이런 일이 있었다. 그분께서 곡식 밭 사이로 지나가시는
데, 제자들이 길을 내면서 곡식 알갱이를 뜯기 시작했다(신 23:26). **24** 그러자 바리
새파 사람들이 그분께 말했다. "당신은 그들이 안식일에 허락되지 않은 일을 하는
것을 보고 계십니까?" **25** 이에 그분께서 그들에게 말씀하셨다. "너희는 다윗이 곤
경에 처하여 그와 그 일행이 주렸을 때에 어떻게 했는지 읽어 본 적이 없느냐?[18]
26 그가 아비아달 대제사장 때에 하나님의 집에 들어가서 제사장들 외에는 먹는
것이 허락되지 않는 진설병을 먹고, 그 일행에게도 주지 않았느냐?" **27** 그리고 그
분은 계속해서 그들에게 말씀하셨다. "안식일이 사람 때문에 만들어진 것이지, 사
람이 안식일 때문에 만들어진 것이 아니다. **28** 그러므로 그 사람의 아들은 또한
안식일(샤밧)의 주인이다."

안식일에 한쪽 손이 오그라든 사람을 고치심(마 12:9-14; 눅 6:6-11)

3 **1** 그리고 그분께서는 다시 회당에 들어가셨다. 그런데 거기에 한쪽 손이
오그라든 사람이 있었다. **2** 이에 사람들은 그분을 고발하려고 그분께서
안식일에 그를 고치시는지 주시했다. **3** 그런데 그분께서 손이 오그라든 사람에게
말씀하셨다. "너는 일어나 *회중 가운데* 서야 한다." **4** 이어서 그분께서 사람들에게

17) '안식일들'은 특정 절기를 지칭하는 것일 수도 있고, 칠칠절을 가리키는 것일 수도 있다. 혹은 문자 그대로 '여러 안식일'일 수도 있다. 용어 해설에서 '안식일'을 찾아보라.

18) 구전 율법에서는 굶주림 등 인도적 차원에서 계명을 어기는 것을 허용한다.

말씀하셨다. "안식일에 선을 행하는 것이 합당하냐, 아니면 악을 행하는 것이 합
당하냐? 생명을 구하는 것이 합당하냐, 아니면 죽이는 것이 합당하냐?" 그러나
사람들은 침묵했다. **5** 이에 그분께서 노하시며 그들을 둘러보시고, 그들의 무심함
에 슬퍼하시며 그 사람에게 말씀하셨다. "네 손을 내밀어라." 이에 그가 손을 내밀
자, 그의 손이 회복되었다. **6** 그러자 바리새파 사람들은 나가자마자 즉시 헤롯의
추종자들[19]과 함께 어떻게 그분을 죽일까 모의했다.

호숫가에 있는 큰 무리

7 이어서 예슈아께서 제자들과 함께 호수로 떠나셨는데, 갈릴리에서 큰 무리가
따랐다. 또 유대와 **8** 예루살렘과 이두매[20]와 요단강 건너편과 두로 및 시돈 근방
에서도 그분이 하시는 일을 들은 큰 무리가 그분께 나아왔다. **9** 그러자 그분은 무
리 때문에 사람들이 밀려드는 것을 피하시려고 그분을 위해 작은 배를 준비하라
고 제자들에게 말씀하셨다. **10** 그분께서 많은 사람들을 고쳐 주셔서, 고통받는[21]
사람들이 그분께 몰려들어 모두 그분을 만지려고 했기 때문이다. **11** 그리고 더러
운 영들은 그분을 볼 때마다 그분 앞에 엎드려 큰 소리로 외치며 말하기를, "당신
은 하나님의 아들이십니다"라고 했다. **12** 그러나 그분은 그들에게 엄중히 명령하
여 그분을 알리지 못하게 하셨다.

열둘을 택하심(마 10:1-4; 눅 6:12-16)

13 그리고 그분은 산에 올라가셔서 자신이 원하는 자들을 불러내셨다. 그러자
그들이 그분께 나아왔다. **14** 그래서 그분은 열둘을 세우셔서 사도라고 부르셨는
데, 그들이 그분과 함께 있게 하시고, 그들을 보내 전도하고 **15** 귀신들을 쫓아내
는 권세를 갖게 하시려는 것이었다. **16** 그분께서 이 열둘을 세우셨으니, 시몬에게
는 베드로라는 이름을 주셨고, **17** 세베대의 아들 야고보와 그의 형제 요한에게
는 '브네이-레게쉬'[22] 곧 '천둥의 아들들'이라고 이름 지으셨으며, **18** 안드레와 빌립

19) 헤롯의 추종자들은 헬라주의자들로, 사두개파 사람들도 여기에 포함되었을 것이다. 이들은 보통 바리새파 사람들과 상종하지 않았다. 용어 해설에서 '헬라주의자'를 찾아보라.

20) 이두매는 '에돔'을 헬라어로 표기한 것이다.

21) 문자 그대로 번역하면 '하나님이 자기 백성을 징계하셔서 채찍질 당하는'이다. 당시 사람들은 질병이 죄의 결과라고 생각했다.

22) 헬라어 원문은 '보아너게(스)'이다. '브네이-레게쉬'는 이것을 히브리어로 바꾼 것이다.

과 바돌로매와 마태와 도마와 알패오의 아들 야고보와 다대오와 열심당원 시몬
과 **19** 가룟 유다, 곧 그분을 판 자가 있었다.

예슈아와 바알세붑(마 12:22-32; 눅 11:14-23; 12:10)

20 그리고 그들이 어떤 집에 들어갔는데, 무리[23]가 다시 몰려와 식사도 할 수
없었다. **21** 그러자 그분의 일행(제자들)이 *이 소식을* 듣고 그분을 붙들러 왔다. 사
람들이 그분이 미쳤다고 말하고 있었기 때문이다. **22** 그리고 예루살렘에서 내려
온 서기관들은 "그에게 바알세붑이 들려 있다" 또는 "그가 귀신의 왕을 통해 귀신
들을 쫓아낸다"라고 말했다. **23** 이에 그분께서 그들을 부르셔서 비유로 말씀하셨
다. "어떻게 사탄[24]이 사탄을 쫓아낼 수 있겠느냐? **24** 또 한 나라가 분열하여 스스
로 싸운다면, 그 나라는 버틸 수 없다. **25** 그리고 어떤 집안이 분열하여 스스로 싸
운다면, 그 집안은 버틸 수 없을 것이다. **26** 그런데 만약 사탄이 자기 자신과 싸우
겠다고 일어나서 분열한다면, 그는 버티지 못하고 멸망할 것이다. **27** 또 강한 자의
집에 들어가서 먼저 그 강한 자를 묶어 놓지 않으면, 아무도 그의 물건을 훔칠 수
없다. 그 후에야 그 집을 약탈할 수 있을 것이다. **28** 진실로 내가 너희에게 말한다.
사람들의 아들들이 저지른 모든 죄들, 그들이 얼마나 심하게 모독하는 말을 하든
지 그것까지도 용서받을 것이다. **29** 그러나 누구든지 성령을 모독하면, 결코 용서
받지 못하고 영원히 정죄받을 것이다." **30** *그분이 이렇게 말씀하신 것은* 그들이 계
속해서 "그가 더러운 영에 사로잡혔다"고 말하고 있었기 때문이다.

예슈아의 어머니와 형제들(마 12:46-50; 눅 8:19-21)

31 그리고 그분의 어머니와 형제들이 찾아와 밖에 서서 사람을 보내어 그분
을 불러내려고 했다. **32** 그러므로 무리가 그분 주위에 앉아 있다가 그분께 말하기
를, "보십시오, 당신의 어머니와 형제자매들이 밖에서 당신을 찾고 있습니다"라고 했
다. **33** 그러자 그분께서 그들에게 대답하며 말씀하셨다. "누가 내 어머니와 형제들
이란 말이냐?" **34** 그리고 그분은 둘러보시며 주위에 앉아 있는 모든 사람에게 말
씀하셨다. "보라, 내 어머니와 형제들이다. **35** 누구든지 하나님의 뜻을 행하려는
사람이 바로 내 형제이고 자매이며 어머니이다"(시 22:23; 히 2:17).

씨 뿌리는 사람의 비유(마 13:1-9; 눅 8:4-8)

4 **1** 그리고 그분께서는 다시 호숫가에서 가르치기 시작하셨다. 매우 큰 무리가 그분께 모이니, 그분께서는 호수에 있는 작은 배에 올라 앉으셨고, 무리는 호숫가에 있었다. **2** 이에 그분은 많은 비유로 그들을 가르치시고, 그분의 교훈으로 그들에게 말씀하셨다. **3** "들으라. 보라, 씨 뿌리는 사람이 씨를 뿌리러 나갔다. **4** 그리하여 그가 씨를 뿌리는 동안 다음과 같은 일이 있었다. 어떤 것은 길가에 떨어져 새들이 와서 먹어 버렸다. **5** 다른 씨는 흙이 적은 돌밭에 떨어졌는데, 흙이 깊지 않으므로 즉시 싹이 났으나 **6** 해가 뜨자 타버렸으니, 뿌리가 없어 말라 버린 것이다. **7** 또 다른 씨는 가시덤불에 떨어졌는데, 가시덤불이 올라와서 그것을 막아 버려 열매를 맺지 못했다. **8** 다른 것들은 좋은 땅에 떨어져 그것들이 자라 열매를 맺고 무성해졌으니, 어떤 것은 삼십 배, 어떤 것은 육십 배, 그리고 또 다른 것은 백 배가 되었다." **9** 이어서 그분이 말씀하시기를, "귀 있는 자는 끊임없이 들으라" 하셨다.

비유의 목적(마 13:10-17; 눅 8:9-10)

10 그리하여 그분께서 혼자 계시게 되었을 때, 그분 주위에 있던 사람들이 그 열둘과 함께 그 비유에 대해 물었다. **11** 이에 그분께서 그들에게 말씀하셨다. "너희에게는 하나님 왕국의 비밀이 주어졌다. 그러나 밖에 있는 자들에게는 모든 것이 비유로 주어지니, **12** 이것은

'그들이 볼 때에 본다고 해서 알아보는 것은 아니며,
그들이 들을 때에 듣는다고 해서 깨닫는 것은 아니니,
아무 때나 그들이 돌아와서 *회개하고* 사함 받지 않게 하려는 것이다'(사 6:9-10)."

씨 뿌리는 사람의 비유 설명(마 13:18-23; 눅 8:11-15)

13 그리고 그분께서 그들에게 말씀하셨다. "너희가 이 비유를 알지 못하면, 어떻게 모든 비유를 알겠느냐? **14** 씨 뿌리는 자는 말씀을 뿌리는 것이다. **15** 이런 것들이 바로 길가에 뿌려진 것이니, 곧 말씀이 뿌려진 곳에서 사람들이 듣지만 사

23) 이들은 집 밖에 모여 있던 평범한 사람들이다. 예수아를 붙잡으러 온 것은 제자들이었다.
24) 용어 해설에서 '사탄'을 찾아보라.

탄이 즉시 와서 그들에게 뿌려진 말씀을 빼앗아 간다. **16** 그리고 이런 것들이 바
로 돌밭에 뿌려진 것들이니, 사람들이 그 말씀을 들을 때에 그것을 즉시 기쁘게
받으나 **17** 그들 속에 뿌리가 없으므로 잠시 견디다가 그 말씀 때문에 압제와 핍박
이 닥치면 즉시 죄를 짓게 된다. **18** 또 다른 것들은 바로 가시덤불 속에 뿌려진 것
이니, 이들은 그 말씀을 들은 자들이나 **19** 그 시대의 염려들과 재물의 속임과 그
외의 다른 것들에 대한 욕망이 그 말씀을 막아 열매가 없게 된다. **20** 그리고 좋은
땅에 뿌려진 것들이 있으니, 이는 곧 그 말씀을 듣고 받아 열매 맺는 자들로, 어떤
것은 삼십 배, 어떤 것은 육십 배, 그리고 다른 것은 백 배가 된다."

말 아래의 등불(눅 8:16-18)

21 또 그분께서 그들에게 말씀하셨다. "등불을 말이나 침상 아래 두려고 가져오
느냐? 그것을 등잔대 위에 두려고 가져오지 않느냐? **22** 그러므로 드러날 것 외에
는 숨겨지지 않으며, 공개적으로 보이게 될 것 외에는 아무것도 감춰지지 않는다.
23 귀 있는 자는 누구든지 꾸준히 들어야 한다."

24 그리고 그분께서 그들에게 말씀하셨다. "너희는 듣는 것을 주의하라. 너희가
재고 있는 그 잣대로 너희가 측정될 것이며, 그것이 너희에게 더해질 것이다. **25** 그러
므로 가진 자에게 주어질 것이며, 갖지 않은 자는 가진 것까지도 빼앗길 것이다."

자라는 씨 비유

26 그리고 그분께서 말씀하셨다. "이와 같이 하나님의 왕국은 땅에 씨를 뿌리려
는 사람과 같아서, **27** 그 사람이 밤낮 자고 일어나는 동안 어떻게 그 씨가 싹이 트
고 키가 자라는지 알지 못한다. **28** 땅은 스스로 열매를 맺으니, 처음에는 줄기, 다
음에는 이삭, 그리고 이삭에 알곡이 가득해진다. **29** 그 열매가 익으면, 그 사람은
즉시 낫을 대는데, 추수할 때가 임박했기 때문이다."

겨자씨 비유(마 13:31-32; 눅 13:18-19)

30 또 그분께서 말씀하셨다. "우리가 하나님의 왕국을 어떤 것에 비교하며, 무
엇에 비유할까? **31** 겨자씨 한 알과 같으니, 그것이 땅에 뿌려질 때는 땅에 있는 모든
씨보다 작지만, **32** 뿌려지면 자라서 모든 채소보다 더 커서 큰 가지들을 내어 하늘
의 새들이 그 그늘 아래 깃들일 수 있게 된다."

비유들을 사용하심(마 13:34-35)

33 그리고 그분은 그들이 알아들을 수 있는 한, 이와 같이 많은 비유로 그들에
게 그 말씀을 전하셨다. 34 그들에게는 비유 없이 말씀하지 않으셨지만, 제자들에
게는 모든 것을 따로 설명해 주셨다.

풍랑을 잠잠케 하심(마 8:23-27; 눅 8:22-25)

35 그리고 그날 저녁이 된 후에 예슈아께서 그들에게 말씀하셨다. "호수 건너편으
로 가자." 36 이에 그들은 무리를 보낸 후 그분을 배에 계신 그대로[25] 모시고 갔고,
다른 배들도 그분과 함께했다. 37 그런데 큰 폭풍이 일어나 물결이 들이쳐 배 안
에 가득 찼다. 38 한편 그분은 배 뒤쪽에서 베개를 베고 주무셨다. 이에 그들이 그
분을 깨우며 말하기를, "스승님, 당신은 우리가 죽게 되었는데도 걱정하지 않으십
니까?"라고 했다. 39 그러자 그분이 잠에서 깨어 바람을 꾸짖고 호수에게 말씀하
셨다. "너희는 조용하고 잠잠하라." 이에 바람이 그치고 매우 평온해졌다. 40 그때
그분께서 그들에게 말씀하셨다. "너희는 왜 겁을 내느냐?[26] 너희에게 아직도 믿음
이 없느냐?" 41 이에 그들이 매우 두려워하며 서로 말했다. "이분이 도대체 누구시
기에 바람과 호수까지도 복종하는가?"

거라사의 귀신 들린 자를 낫게 하심(마 8:28-34; 눅 8:26-39)

5 1 그리고 그들은 호수 건너편 거라사 지역으로 갔다. 2 그런데 그분이 배
에서 내리셨을 때, 즉시 더러운 영이 들린 어떤 사람이 무덤에서 나와 그
분을 만났다. 3 이 사람은 무덤 가운데 살고 있었는데, 사슬이나 그 어떤 것으로
도 그를 묶어 놓을 수 없었다. 4 여러 번 족쇄와 사슬로 그를 묶어 두었으나 사슬
도 끊고 족쇄도 부수니, 그를 제압할 만큼 강한 사람이 아무도 없었기 때문이다. 5
또 그는 밤낮으로 무덤들과 그 근처에서 소리를 지르며 돌로 자해하고 있었다. 6 그
런데 그가 멀리서 예슈아를 보고 달려와서 엎드려 경배하고[27] 7 큰 소리로 외치며
말했다. "예슈아, 지극히 높으신 하나님의 아들이시여, 당신은 저에게 무엇을 원하십니까?

25) 예슈아께서는 이미 배에 앉아 계셨던 것으로 보인다(막 4:1; 마 13:2).

26) 여기서 '겁을 낸다'는 것은 예슈아처럼 권능을 사용하지 못하는 것을 말한다.

27) 그는 한쪽 무릎을 꿇고 이마를 땅에 댔다. 용어 해설에서 '경배하다'를 찾아보라.

제가 하나님을 두고 당신께 간청합니다. 저를 괴롭히지 마십시오." 8 그러자 그분께서 그에
게 말씀하시기를, "더러운 영아! 너는 즉시 그 사람에게서 나와라"라고 하셨다. 9 이
어서 그에게 물으셨다. "네 이름이 무엇이냐?" 그러자 그가 그분께 말하기를, "제 이
름은 레기온[28]이니, 우리가 많기 때문입니다"라고 했다. 10 그리고는 자기들을 그
지방에서 내쫓지 말아 달라고 그분께 거듭 간청했다.

11 그때 언덕 옆에서 큰 돼지 떼가 먹이를 먹고 있었다. 12 이에 *그 더러운 영들
이* 그분께 간청하며 말하기를, "당신은 지금 우리를 저 돼지들에게 보내셔서 그
안에 들어가게 해 주셔야 합니다"라고 했다. 13 그러자 그분께서 그것들에게 허락
하셨다. 이에 더러운 영들이 나와 돼지들에게 들어간 후, 약 이천 마리의 떼가 가
파른 비탈을 달려 내려가 호수에 빠져 죽었다. 14 그러자 돼지를 치던 사람들이 달
아나서 도시와 그 주변에 이 사실을 알렸다. 이에 사람들이 무슨 일이 일어났는
지 보려고 왔다. 15 그들은 예슈아께 와서 귀신 들렸던 사람, 곧 레기온에 들렸던
자가 옷을 입고 온전한 정신으로 앉아 있는 것을 보고 두려워하였다. 16 그때 이
일을 지켜본 사람들이 귀신 들렸던 자에게 어떤 일이 있었는지와 돼지들에 대해
이야기해 주었다. 17 그러자 사람들이 그분께 그 지방에서 떠나 달라고 간청하기
시작했다. 18 이에 그분께서 배에 오르시자, 귀신 들렸던 사람이 그분과 함께하게
해 달라고 간청했다. 19 그러나 그분은 허락하지 않으시고 그에게 말씀하셨다. "너
는 가족들이 있는 집으로 가서 주께서 너를 위해 하신 일과 너를 불쌍히 여겨 주
신 것을 그들에게 알려야 한다." 20 이에 그가 떠나 예슈아께서 자기를 위해 하신
일을 데가볼리[29]에서 공개적으로 전파하기 시작했고, 모든 사람이 놀라워했다.

야이로의 딸과 예슈아의 기도숄(탈리트)을 만진 여인(마 9:18-26; 눅 8:40-56)

21 그리고 예슈아께서 배를 타고 건너편으로 다시 가셨는데, 큰 무리가 그분 주
위에 모였고, 그분은 호숫가에 계셨다. 22 그때 회당장 중 한 명인 야이로라는 사람
이 *예슈아를 찾으러* 와서 그분을 보고 그 발 앞에 엎드려 23 간청하며 반복해서
말했다. "제 어린 딸이 죽어가고 있습니다. 당신이 오셔서 그 손을 얹으신다면, 아
이가 구원받아 살 것입니다." 24 그러자 그분께서 그와 함께 떠나셨다. 그런데 큰
무리가 따르면서 그분을 밀었다. 25 그때 십이 년 동안 혈루증을 앓던 한 여인이
있었는데, 26 여러 의사들에게 많은 고통을 받고 가진 것 이상으로 모든 것을 다
써버리고도 나아지기는커녕 오히려 더 악화되었다. 27 그 여인이 예슈아에 대해 들

고, 그 무리 뒤로 와서 그분의 기도숄(탈리트),[30] *그 가장자리의* 술을 만졌다. **28** 그녀가 말하기를, "내가 그분의 기도숄(탈리트)을 만지기만 해도 구원받을 것이다"라고 했기 때문이다. **29** 이에 즉시 그녀의 혈루가 말랐고, 그녀는 자기 몸이 병에서 치유되었음을 알았다. **30** 그때 예슈아께서 즉시 자기 속에서 능력이 나간 것을 아시고 무리 가운데서 돌아보시며 "누가 나의 기도숄을 만졌느냐?"라고 말씀하셨다. **31** 이에 제자들이 그분께 말했다. "당신은 무리가 에워싸고 미는 것을 보시고도 '누가 나를 만졌느냐?'고 말씀하십니다." **32** 그러나 그분은 누가 이렇게 했는지 보시려고 주위를 살피셨다. **33** 이에 그 여인이 자기에게 무슨 일이 일어났는지 알고, 두려워 떨며 나아와서 그분 앞에 엎드려 모든 사실을 말씀드렸다. **34** 그러자 그분께서 그녀에게 말씀하셨다. "딸아, 네 믿음이 너를 구원했다. 너는 계속해서 평안히 지내야 한다. 네가 그 고통에서 치료되었다."[31]

35 그분께서 여전히 말씀하시는 동안, 그 회당장의 집에서 사람들이 와서 말했다. "당신의 딸이 죽었습니다. 왜 아직도 그 선생을 괴롭히는 겁니까?" **36** 그러나 예슈아께서 말하는 내용을 곁에서 들으시고 그 지도자에게 말씀하셨다. "너는 두려워하지 말고, 계속 믿기만 해야 한다." **37** 그리고 그분은 베드로와 야고보와 그의 형제 요한 외에는 아무도 동행하는 것을 허락하지 않으셨다. **38** 그 후 그들은 그 지도자의 집에 이르렀다. 그분은 소란한 것과 울며 심히 통곡하는 것을 보시고 **39** 들어가셔서 그들에게 말씀하셨다. "너희는 왜 애통하고 슬퍼하는 것이냐? 그 아이는 죽은 것이 아니라 자고 있다." **40** 그러자 사람들이 그분을 비웃었다. 그런데 그분께서는 그들을 모두 내보내신 후, 그 아이의 부모와 자신의 일행을 데리고 아이가 있는 곳으로 가셨다. **41** 그리고 아이의 손을 잡고 말씀하셨다. "탈리타 쿰!"[32] **42** 그러자 소녀가 즉시 일어나 걸었는데, 그 소녀는 열두 살이었다. 그 순간 사람들은 크게 놀랐다. **43** 그러나 그분께서는 그들에게 아무도 이 일

28) 또는 군단. 예슈아 시대에는 한 레기온(군단)에 최대 6,826명의 병사가 소속되었다.

29) '열 개의 도시'라는 뜻이다. 용어 해설에서 '데가볼리'를 찾아보라.

30) 기도숄 가장자리에 달린 '찌찌트'를 말한다.

31) 누가복음 8장 47절 각주 내용을 참조하라.

32) "이 말은 '소녀야, 내가 네게 말하니 일어나라'는 뜻이다"라는 내용은 후대에 덧붙여진 것이다. 후대의 필사자가 이 말을 히브리어 '탈리트'(기도숄)가 아닌 아람어 '탈리야타'(어린 암양, 어린 여인)를 음차한 것으로 오해한 것이다. 히브리어로 "탈리타 쿰"은 "기도숄아, 일어나라"이다. 예슈아께서는 자신의 기도숄로 아이를 덮으신 후, 기도숄을 향해 "일어나라"고 명령하셨을 것이다. 용어 해설에서 '기도숄 또는 탈리트'를 찾아보라.

을 알지 않게 하라고 엄히 명령하시고, 소녀에게 먹을 것을 주라고 말씀하셨다.

나사렛에서 예슈아를 배척함(마 13:53-58; 눅 4:16-30)

6 1 그리고 그분께서는 거기를 떠나 그분의 고향으로 들어가셨고, 제자들도
그분을 따랐다. 2 그런데 안식일(샤밧)이 되어 그분께서 회당에서 가르치시
기 시작하자, 많은 사람들이 듣고 놀라며 말했다. "그는 어디에서 이런 *권세와 지*
식을 얻었을까? 이 사람에게 어떤 지혜가 주어졌기에 이와 같은 권능이 그의 손
을 통해 나오는가? 3 이 사람은 목수이고, 미리암의 아들이며, 야고보와 요세[33]와
유다와 시몬의 형제가 아닌가? 그의 누이들이 우리와 함께 여기 있지 않은가?" 그
래서 그들은 그분이 못마땅했다. 4 그러자 예슈아께서 그들에게 말씀하셨다. "선지
자가 그의 고향과 그의 친척들과 그의 집을 제외하고는 존중받지 못하는 경우가
없다." 5 그리하여 그분은 거기서 어떤 능력도 행하실 수 없었고, 단지 소수의 병자
에게 손을 얹어 고쳐 주셨다.[34] 6 그분은 그들의 불신 때문에 놀라셨다.

열두 제자의 사명(마 10:1, 5-15; 눅 9:1-6)

이어서 그분께서는 여러 마을들을 두루 다니며 가르치셨다. 7 그리고 열둘을
부르시고 둘씩 보내기 시작하시며 더러운 영들을 다스리는 권세를 주셨다. 8 또한
그들에게 여행을 위한 지팡이 하나 외에는 양식도, 배낭도, 허리띠에 돈도, 아무
것도 가져가지 말라고 명령하셨고, 9 그들이 신을 신자, "너희는 두 벌의 튜닉[35]을
입지 말아야 한다"고 하셨다. 10 이어서 그분은 계속해서 그들에게 말씀하셨다. "너
희가 어느 집에 들어가든지, *그곳을* 떠날 때까지 거기서 머물라. 11 그리고 너희를
받아들이지[36] 않고 너희 말을 들으려 하지 않는 곳을 떠날 때에 너희는 그 증거
로 너희 발 밑에 있는 먼지를 털어내야 한다." 12 그래서 제자들은 떠나서 *사람들*

33) 히브리 이름 '미리암'을 헬라어로 옮기면 '마리암'이다. 라틴어 역본에서 이것을 '마리아'로 옮기면서 이 이름이 널리 알려지게 되었다. 요세의 정확한 헬라어 발음은 '요세스'이며, '요셉'의 별칭이다(막 15:40, 47).

34) 예슈아께서는 나사렛에서만 능력을 행하지 못하셨다(마 13:58).

35) 용어 해설에서 '튜닉'을 찾아보라.

36) 문자적 의미는 '손을 잡다'이다. 따뜻하게 맞아 주는 것을 뜻한다.

37) 탈무드에서 올리브 기름은 영적 깨달음을 주는 토라의 지식을 상징한다. 또 기름은 '기쁨'을 상징한다. 그래서 '즐거움의 기름'이라 불리기도 한다(사 51:3).

에게 회개할 것을 전파했으며, 13 많은 귀신들을 쫓아냈고, 많은 병자들에게 올리
브 기름[37]을 발라 낫게 했다.

침례자 요한의 죽음(마 14:1-12; 눅 9:7-9)

14 한편 그분의 이름이 알려져서 헤롯 왕이 듣게 되었는데, 사람들은 침례자
요한이 죽은 자들로부터 일어났기 때문에 그분 속에서 기적이 역사하는 것이라
고 말했다. 15 그러나 다른 사람들은 "그분은 엘리야다"라고 했고, 또 다른 사람들
은 "*그분은* 그 선지자들 중 하나와 같은 선지자다"라고 말했다. 16 그러자 헤롯이
듣고 말하기를, "내가 목을 벤 요한, 그가 일어났다"라고 했다. 17 헤롯이 자기 동
생 빌립의 아내*였던* 헤로디아 문제로 사람을 보내어 요한을 붙잡아 감옥에 가둔
적이 있었다. 헤롯이 헤로디아와 결혼한 것에 대해 18 요한이 그에게 "당신이 동생
의 아내를 취한 것은 허락되지 않은 일이오"(레 18:16)라고 말했기 때문이다. 19 이
에 헤로디아가 요한에게 원한을 품고 죽이려 했으나 그럴 수 없었다. 20 헤롯이 그
를 의롭고 거룩한 사람으로 알고 두려워하며 보호해 주었기 때문이다. 또 그는 그
의 말을 들을 때에 많이 괴로워하면서도 기꺼이 그의 말을 경청했다. 21 그런데 마
침 적당한 날이 왔으니, 헤롯이 자기 생일을 축하하려고 고관들과 군 지휘관들과
갈릴리의 유지들에게 잔치를 베풀었다. 22 그러자 헤로디아가 낳은 딸이 들어와서
춤을 추며 헤롯과 그 자리에 있는 손님들을 기쁘게 했다. 왕이 그 소녀에게 말했
다. "네가 무엇을 원하든지 내게 요구하면, 내가 네게 주겠다." 23 그러면서 그는 소
녀에게 굳게 맹세했다. "무엇이든 네가 요구한다면, 나는 내 왕국의 절반이라도 네
게 주겠다." 24 그래서 소녀는 가서 그 어머니에게 말했다. "내가 무엇을 요구해야
할까요?" 그러자 그 어머니가 말했다. "침례자 요한의 머리를 구하라." 25 이에 소
녀가 즉시 들어와 왕에게 요구하며 말하기를, "저는 당신이 침례자 요한의 머리를
쟁반에 담아 제게 주시기를 원합니다"라고 했다. 26 이에 왕은 매우 근심했으나 그
맹세와 자리에 앉아 있는 손님들 때문에 그녀에게 거절하고 싶지 않았다. 27 그래
서 왕은 즉시 사형집행관을 보내어 요한의 머리를 가져오라고 명령했다. 이에 그
가 가서 감옥에 있는 요한의 목을 베고, 28 그 머리를 쟁반에 얹어 소녀에게 주었
더니, 소녀는 그것을 자기 어머니에게 가져갔다. 29 그 후 요한의 제자들이 듣고
와서 그의 시신을 가져가 무덤에 두었다.

오천 명을 먹이심(마 14:13–21; 눅 9:10–17; 요 6:1–14)

30 한편 사도들은 예수아께 모여 그들이 행하고 가르친 모든 것을 보고했다. **31**
그러자 그분께서 그들에게 말씀하셨다. "따로 한적한 곳으로 가서 잠시 쉬어라." 이
는 오가는 사람들이 많아서 그들이 음식을 먹을 겨를도 없었기 때문이다. **32** 그
래서 그들은 따로 배를 타고 한적한 곳으로 떠났다. **33** 그러나 많은 사람들이 그
들이 가는 것을 보았고, 모든 도시 사람들이 알아보고는 함께 달려가서 그들보다
먼저 육로로 거기에 가 있었다. **34** 이에 그분은 큰 무리가 오는 것을 보시고 그들
을 불쌍히 여기셨다. 그들이 목자 없는 양과 같았기 때문이다. 그래서 그분은 그
들에게 많은 것을 가르치시기 시작했다. **35** 시간이 많이 지난 후에 제자들이 그
분께 와서 말했다. "여기는 빈 들이고 시간이 늦었으니, **36** 사람들을 즉시 흩어 보
내어 근처 동네와 마을로 들어가서 각자 먹을 것을 사게 하셔야 합니다." **37** 그러
나 그분께서 그들에게 말씀하셨다. "너희가 지금 그들에게 먹을 것을 주어라." 이에
그들이 그분께 말했다. "우리가 간다 해도, 그들을 먹일 이백 데나리온어치의 빵을
사겠습니까?" **38** 그러자 그분께서 그들에게 말씀하셨다. "너희에게 빵이 얼마나 있
는지 가서 보라." 그래서 그들이 알아보고 말했다. "빵 다섯 덩어리와 생선 두 마리
입니다." **39** 그러자 그분은 그들에게 명령하셔서 모든 사람이 무리를 지어 풀밭에
비스듬히 앉게 하셨다. **40** 이에 사람들이 백 명 혹은 오십 명씩 무리 지어 비스듬
히 기대앉았다.[38)] **41** 그리하여 그분은 빵 다섯 덩어리와 생선 두 마리를 들고 하늘
을 우러러 감사하신 후, 빵을 떼어 제자들에게 주시며 사람들 앞에 차려 놓게 하
셨고, 생선 두 마리도 모두에게 나누어 주셨다. **42** 그래서 모두가 먹고 배불렀으며
(왕하 4:42–44), **43** 그들이 남은 조각들을 거두었더니 생선까지 열두 바구니[39)]에 가득
찼고, **44** 그것을 먹은 사람들은 남자만 오천 명이었다.[40)]

물 위를 걸으심(마 14:22–23; 요 6:15–21)

45 이어서 그분은 즉시 제자들을 재촉하여 먼저 배를 타고 건너편 벳새다[41)]로

38) 용어 해설에서 '비스듬히 앉아서 먹다'를 찾아보라.

39) 이 바구니는 사천 명을 먹이시고 남은 음식을 거두는 데 사용된 '광주리'보다 작은 것이었다.

40) 용어 해설에서 '인구 조사'를 찾아보라.

41) '벳새다'는 히브리어 '베이트–짜데'를 헬라어로 표기한 것으로, '낚시의 집'이란 뜻이다(문자 그대로 해석하면 '사냥'이지만 '낚시'에도 사용할 수 있다). 벳새다는 갈릴리 호수 서쪽에 위치해 있다. 용어 해설에서 '오천 명을 먹이신 곳'을 찾아보라.

가게 하시고, 그동안 무리를 흩어 보내셨다. 46 그리고 그분께서는 그들을 떠나 기
도하러 산에 오르셨다. 47 그리고 저녁이 되어 배가 호수 가운데 있을 때에 그분
만 육지에 계셨다. 48 그때 그분은 맞바람이 쳐서 제자들이 힘들게 노 젓는 것을
보시고, 밤 사경[42] 즈음에 호수 위로 걸어 그들에게 오시더니, 그들 옆으로 지나가
시려고 했다. 49 그러자 제자들이 호수 위로 걸어오시는 그분을 보고 유령으로 생
각하여 소리를 질렀다. 50 그들 모두가 그분을 보고 놀랐기 때문이다. 그러나 그분
께서 즉시 그들에게 말을 걸며 말씀하셨다. "힘을 내라! 나 스스로 있는 자다! 두려
워하지 말라!" 51 그리고 그분께서 그들이 탄 배에 오르시자 바람이 그쳤다. 제자
들은 이 비범한 일로 인해 서로 놀랐다. 52 그들이 그 빵에 대한 일을 깨닫지 못하
고,. 그 마음이 무뎌져 있었기 때문이다.

게네사렛의 병자들을 낫게 하시다(마 14:34-36)

53 그 후 그들은 기슭으로 건너가 게네사렛[43] 땅에 이르러 배를 댔다. 54 그런데
그들이 배에서 내리자, 사람들이 즉시 그분을 알아보고 55 온 지역을 두루 뛰어다
니며 악한 것[44]에 시달리는 자들을 침상에 눕혀 그분이 계신다는 곳마다 데려오
기 시작했다. 56 그래서 그분께서 가시는 촌락이나 도시나 마을 어느 곳에서든지
사람들이 환자들을 장터에 눕혀 놓고 그분의 기도숄(탈리트)의 술[45]이라도 만질
수 있게 해 달라고 간청했는데, 그것을 만진 사람들은 다 나음을 받았다.

장로들의 전통(마 15:1-20)

7 1 한편 예루살렘에서 온 바리새파 사람들과 서기관 몇 명이 그분께 모여
들었다. 2 그리고 그분의 제자 몇 사람이 깨끗하지 않은 손, 곧 씻지 않은
손으로 음식을 먹는 것을 보았다. 3 바리새파 사람들과 모든 유대인은 장로들의

42) 로마 시간으로 새벽 3시에서 6시 사이

43) '게네사렛'은 호수의 북서쪽에 위치한 평원으로 가버나움 가까이에 있다. 45절에 따르면 제자들은 벳새다로 가고 있었다. 폭풍 때문에 배가 경로를 이탈한 것으로 보인다(마 14:34).

44) 또는 나쁜 것. 다양한 종류의 질병, 연약함, 혹은 마귀의 영향력 등을 지칭한다.

45) 기도숄에 달린 찌찌트는 하나님의 모든 계명과 약속을 상징한다. 이스라엘 백성은 하나님의 기름부음을 받은 사람이 두르고 있는 기도숄 술에 하나님의 모든 능력이 담겨 있다고 생각했다. 용어 해설에서 '탈리트 또는 기도숄'을 찾아보라.

전통을 지켜 주먹 쥔 손으로[46] (손바닥을 문질러) 씻지 않고는 음식을 먹지 않았으며,
4 장터에서 돌아와 침례 탕에서 몸을 씻지 않고는 음식을 먹지 않았다. 또 이외에
도 잔과 주전자와 냄비와 뚜껑 등을 물에 담가 씻는 등 받아들여 지키는 것들이
많았다. 5 그래서 바리새파 사람들과 서기관들이 그분께 물었다. "당신의 제자들
은 왜 장로들의 전통을 따르지 않고, 씻지 않은 손으로 음식을 먹습니까?" 6 그러
자 그분께서 그들에게 말씀하셨다. "이사야가 너희 위선자들에 대해 적절하게 예
언했으니, 기록되기를,

'이 백성이 그들의 입술로는 나를 공경하나
그들의 마음은 내게서 멀리 떠났다.
7 그들이 나를 헛되이 경배하니,
사람의 계명을 교훈이라고 가르친다'(사 29:13)라고 했다.

8 너희는 하나님의 계명을 폐하고 사람들의 전통을 세우고 있다." 9 그리고 그분
께서는 계속해서 그들에게 말씀하셨다. "너희는 너희 전통을 세우기 위해 하나님
의 계명을 버리고 있을 뿐이다. 10 그러므로 모세가 말하기를, '네 부모를 공경하
라'(출 20:12) 하였고 '부모에 대해 악한 말을 하는 자는 반드시 죽으리라'(출 21:17) 하
였다. 11 그러나 너희는 어떤 사람이 아버지나 어머니에게 '무엇이든 당신이 제게
받으실 것이 고르반,[47] 곧 하나님께 드릴 예물이 되었습니다'라고 하면 된다고[48]
말한다. 12 그러면서 그가 더 이상 자기 부모에게 아무것도 해드리지 못하게 하여
13 너희가 전한 그 전통[49]으로 하나님의 말씀을 헛되게 하면서 이런 일들을 많이
행하고 있다."

14 이어서 그분께서는 다시 무리를 모으신 후에 계속 그들에게 말씀하셨다. "너희
는 모두 내 말을 듣고 깨달아야 한다. 15 사람의 몸 밖에서 그 사람 안으로 들어가
는 것은 아무것도 그를 더럽힐 수 없다.[50] 다만 사람에게서 나오는 것들이 그를 더
럽히는 것이다"(롬 14:17; 요일 5:17). 16 [귀 있는 자는 이제 들어야 한다.][51] 17 그리고 그

46) 헬라어 '퓌그메'를 문자 그대로 해석하면 '주먹'이다. 이것을 '퓌크나'로 변형하여 '자주, 부지런히'의 의미로 읽는 경우도 있다.

47) 고르반은 예물을 드리기 위해 하나님께 나아가는 것을 말한다. 용어 해설에서 '고르반'을 찾아보라.

48) 하나님께 드린다는 핑계로 부모를 무시하는 것을 뜻한다.

49) 예슈아께서는 전통이 아니라 성경의 계명을 지키라고 강조하셨다(마 5:18).

50) 먹는 것 때문에 구원을 잃어버리지는 않지만, 음식과 관련된 하나님의 지시(가르침)를 무시하면 수명이 단축될 수도 있다.

51) 이 구절은 5세기경에 덧붙여진 것으로, 초기 사본에는 빠져 있다.

분께서 무리를 떠나 집에 들어가시자, 제자들이 그 비유에 대해 물었다. 18 그러자
그분께서 그들에게 말씀하셨다. "너희도 깨달음이 없느냐? 밖에서 사람 안으로 들
어가는 것은 무엇이든 그를 더럽힐 수 없다는 것을 너희가 이해하지 못하느냐? 19
그것은 사람의 마음속이 아니라 뱃속으로 들어가서 소화되어 배설물로 나오기 때
문이다." 20 이어서 그분은 계속해서 말씀하셨다. "사람에게서 나오는 것이 그 사람
을 더럽힌다. 21 사람의 마음에서 나오는 악한 생각들, 곧 부도덕한 것들[52]과 도둑
질과 살인과 22 간음과 탐욕과 악함과 속임과 호색과 인색함[53]과 신성모독과 교만
과 어리석음 등 23 이 모든 악한 것이 속에서 나와 그 사람을 더럽히기 때문이다."

수로보니게[54] 여인의 믿음(마 15:21-28)

24 그 후 그분은 거기서 일어나 두로 지역에 가셨다. 그리고 어떤 집에 들어가
아무도 아는 것을 원치 않으셨으나 사람들의 눈을 피하실 수가 없었다. 25 그런데
더러운 영이 들린 어린 딸을 둔 한 여인이 그분에 대해 듣고, 곧바로 와서 그분의
발치에 엎드렸다. 26 이 여인은 수로보니게 태생의 헬라인이었다. 그녀는 그분께 자
기 딸에게서 귀신을 쫓아내 달라고 간청했다. 27 그러나 그분께서 그녀에게 말씀
하셨다. "너는 자녀들[55]을 먼저 배불리 먹게 해야 한다는 사실을 인정해야 한다.
그러므로 자녀의 빵을 가져다가 개들에게 던져 주는 것은 옳지 않다." 28 그러자
그녀가 답하며 그분께 말했다. "주여, 식탁 아래 있는 작은 개들도 자녀들이 떨어
뜨린 부스러기를 먹습니다." 29 그러자 그분께서 그녀에게 말씀하셨다. "이렇게 대
답하니, 가라, 그 귀신이 네 딸에게서 나갔다." 30 그 후 그녀는 집에 들어가서 아이
가 침상에 누워 있는 것과 귀신이 떠난 것을 보았다.

귀먹고 말 못하는 사람이 나음

31 그리고 그분은 다시 두로에서 나오셔서 시돈을 통과하여 열 개의 도시[56] 지역을
지나 갈릴리 호수로 오셨다. 32 그때 사람들이 귀먹고 말을 더듬는 사람을 그분께

52) '부도덕한 것들'에는 이교 등 모든 종류의 우상숭배가 포함된다.

53) 문자 그대로 해석하면 '악한(나쁜) 눈'이다. 이것은 '탐욕' 또는 '인색함'을 뜻하는 히브리 관용 표현이다.

54) '수로보니게'는 가나안 북서쪽 지중해와 맞닿은 해변에 위치해 있었다.

55) 이스라엘 백성을 지칭한다.

56) 열 개의 도시에는 요단 동쪽의 아홉 도시와 벧스안이 포함되었다. 로마에 의해 '자유 도시'로 선포된 이 도시들은 모두 갈릴리 호수 남동쪽에 위치해 있었고, 두로와 시돈은 호수 북서쪽에서 약 80km 떨어진 곳에 있었다. 즉, 예슈아께서는 약 80km를 도보로 이동하신 것이다.

데려와서 손을 얹어 달라고 간청했다. 33 그러자 그분께서 그 사람을 무리로부터 따
로 불러내셔서 그분의 손가락을 그의 귀에 넣으시고, 침을[57] 뱉어 그의 혀에 대셨
다. 34 그리고 하늘을 우러러 보며 깊은 숨을 내쉬고 그에게 말씀하셨다. "에바다!"[58]
(사 61:1) 이는 "너는 즉시 열려라"라는 뜻이다. 35 그러므로 즉시 그의 (영적인 눈과) 귀
가 열려 듣고, 그의 묶인 혀가 풀리면서 그 사람이 제대로 말하기 시작했다. 36 그리
고 그분은 사람들에게 아무 말도 하지 말라고 명령하셨다. 그러나 그럴수록 사람들은
더 널리 전파했다. 37 이에 사람들이 크게 놀라며 말했다. "그분께서 이 모든 일을 잘
행하셨다. 심지어 귀먹은 사람도 듣게 하시고, 말 못하는 사람도 말하게 하신다."

사천 명을 먹이심(마 15:32-39)

8 1 그 무렵 또다시 큰 무리가 모여 있었는데, 그들에게 먹을 것이 없으므
로 그분께서 제자들을 부르신 후 말씀하셨다. 2 "내가 무리를 불쌍히 여
기니, 지금 그들이 삼 일째 나와 함께 있는데 먹을 것이 없기 때문이다. 3 그러므
로 내가 그들을 흩어 굶주린 채 집으로 보내면, 그들이 길에서 힘이 빠질 것이다.
그들 중에는 멀리서 온 사람들도 있다." 4 그러자 그분의 제자들이 대답했다. "여기
광야에서 누가 이 사람들을 빵으로 배부르게 할 수 있겠습니까?" 5 이에 그분께서
그들에게 물으셨다. "너희에게 빵이 얼마나 있느냐?" 그러자 그들이 말했다. "일곱
덩어리입니다." 6 이에 그분은 무리에게 비스듬히 땅에 기대앉으라고 지시하셨다.
그리고 빵 일곱 덩어리를 들고 감사 기도를 드리신 후 떼어 제자들에게 주시며 사
람들 앞에 차려 놓게 하시니, 제자들이 그것을 무리 앞에 놓았다. 7 또 그들에게
작은 생선 몇 마리도 있었는데, 그분은 그것에 대해 하나님께 감사드리신 후, 그
것도 무리 앞에 놓으라고 말씀하셨다. 8 그래서 사람들이 배불리 먹고 남은 부스
러기들을 일곱 광주리[59]에 모았다(왕하 4:42-44). 9 그때 거기에는 사천 명 정도가 있
었다. 이후 그분은 사람들을 흩어 보내시고, 10 즉시 제자들과 함께 배에 올라 달
마누다[60] 지방으로 가셨다.

57) 유대인들은 위대한 사람들의 타액에 치유의 능력이 있다고 믿었다.

58) 히브리어로는 '히파타크'이다. 이 말은 이사야 61장 1절에서 '감옥을 열다'(파카흐)의 뜻으로 사용되었다. 예수아께서는 구체적으로 신체적인 눈과 귀뿐만 아니라 영적인 눈과 귀까지 열릴 것을 명령하셨다.

59) '광주리'에 해당하는 헬라어는 다마스쿠스 성벽에서 바울을 달아 내릴 때에 사용된 것으로, 상당히 컸다 (행 9:25; 마 16:10).

표적을 구함(마 16:1-4)

11 그러자 바리새파 사람들이 나아와서 그분과 논쟁을 시작하여 하늘로부터
오는 표적을 구하며 그분을 시험했다. **12** 이에 그분께서는 심령으로 깊이 탄식하
시며 말씀하셨다. "이 세대가 무슨 표적을 구하는가? 진실로 내가 너희에게 묻는
다. 이 세대에 과연 표적이 더 주어지겠느냐?" **13** 그리고 그분은 그들을 흩으시고
다시 배에 오르신 후, 건너편으로 가셨다.

바리새파 사람들과 헤롯의 누룩(마 16:5-12)

14 한편 그들이 빵 가져오는 것을 잊어서 배 안에는 빵이 한 덩어리밖에 없었
다. **15** 그때 그분께서 그들에게 명령하며 말씀하시기를, "너희는 끊임없이 주의하
고, 바리새파 사람들의 누룩과 헤롯의 누룩을 항상 조심해야 한다"[61]라고 하셨
다. **16** 그러자 그들은 빵을 가져오지 않았기 *때문이라며* 서로 수군거렸다. **17** 이에
그분께서 아시고 그들에게 말씀하셨다. "너희는 왜 빵이 없는 것을 논의하느냐?
너희가 아직도 알지 못하고, 깨닫지 못하느냐? 너희 마음이 굳었느냐? **18** 너희가
눈이 있어도 보지 못하고, 귀가 있어도 듣지 못하느냐? 또 너희가 기억하지 못하
느냐? **19** 내가 빵 다섯 덩어리를 오천 명에게 떼어 주었을 때에 너희가 남은 부스
러기를 몇 바구니에 채웠느냐?" 그들이 그분께 말했다. "열둘입니다." **20** "빵 일곱
개로 사천 명을 먹였을 때에는 남은 부스러기를 몇 광주리에 채웠느냐?" 그러자
그들이 그분께 말했다. "일곱입니다." **21** 이에 그분은 계속해서 그들에게 말씀하셨
다. "너희가 아직도 깨닫지 못하느냐?"

벳새다에서 눈먼 자를 치유하심

22 그리고 그들은 벳새다로 들어갔다. 그러자 사람들이 그분께 눈먼 사람 하나
를 데리고 와서 만져 달라고 간청했다. **23** 이에 그분께서 그 눈먼 자의 손을 잡고
마을 밖으로 데리고 나가셨다. 그리고 그의 눈에 침을 뱉으시고, 그에게 손을 얹
으시며 물으셨다. "무엇이 보이느냐?" **24** 그러자 그가 올려다보면서 말하기를, "사람
들의 모습이 보입니다. 그런데 마치 나무들 같은 것이 걸어 다니는 것 같습니다"라
고 했다. **25** 이에 그분께서 다시 그의 눈에 손을 얹으시자 그 사람이 똑바로 앞을

60) '달마누다'는 갈릴리 호수의 서쪽, 디베랴 바로 북쪽에 위치해 있었다.

61) 바리새파 사람들의 누룩은 율법주의이고, 헤롯의 누룩은 헬라주의이다. 용어 해설에서 '헬라주의자'를 찾아보라.

보더니, 치유되어 모든 것을 분명하게 보게 되었다. **26** 그리고 그분은 그를 집으로
보내며 말씀하시기를, "마을에는 들어가지 말라"라고 하셨다.

예슈아에 대한 베드로의 선언(마 16:13–20; 눅 9:18–21)

27 그 후 예슈아와 그분의 제자들이 빌립보의 가이사랴[62]의 여러 마을들로 나
오셨다. 도중에 그분께서 제자들에게 물으시며 말씀하셨다. "사람들이 나를 누구
라고 하느냐?" **28** 이에 그들이 그분께 대답하여 이르기를, "침례자 요한이라고 하
거나 엘리야라고 하는 사람도 있고, 선지자들 중 하나라고 하는 사람들도 있습니
다"라고 했다. **29** 그러자 그분께서 그들에게 물으셨다. "너희는 나를 누구라고 하
느냐?" 베드로가 대답하며 그분께 말했다. "당신은 메시아이십니다." **30** 그러자 그
분께서 그들에게 이것을 아무에게도 말하지 말라고 경고하셨다.

예슈아께서 그분의 죽음과 부활[63]을 예고하시다(마 16:21–28; 눅 9:22–27)

31 또 그분은 제자들에게 그 사람의 아들이 많은 고난을 당하고, 장로들과 대
제사장들과 서기관들에게 시험을 받은 후에 버림받고 죽임 당하여 삼 일 후에 일
으킴 받아야 할 것을 가르치시기 시작했다. **32** 그분께서는 이 메시지를 공개적으
로 말씀하셨다. 그런데 베드로가 그분을 만류하며 비난하기 시작했다. **33** 그러자
그분께서 돌아서서 제자들을 보시고 베드로를 꾸짖으며 말씀하셨다. "사탄아, 너
는 네가 왔던 곳으로 돌아가야 한다.[64] 네가 하나님의 일을 생각하지 않고 사람
의 일을 생각하기 때문이다." **34** 그리고 그분은 제자들과 함께 무리를 부르신 후
그들에게 말씀하셨다. "누구든지 나를 따르기 원한다면, 그는 즉시 자기를 부인하
고 자기 십자가[65]를 지고 계속해서 나를 따라야 한다. **35** 누구든지 자기 목숨을
구하기 원하면 그것을 잃을 것이고, 누구든지 나와 복음 때문에 자기 목숨을 잃
으면 구원을 얻을 것이다. **36** 그러므로 사람이 온 세상을 얻고 자기 목숨을 빼앗
기면 무슨 유익이 있겠느냐? **37** 또 사람이 자기 목숨을 무엇과 바꾸겠느냐? **38** 그
러므로 누구든지 음란하고 죄 많은 이 세대 가운데서 나와 내 말을 부끄럽게 여

62) 빌립보의 가이사랴는 벳새다에서 북쪽으로 48km 이상 떨어진 곳으로, 예슈아는 상당히 먼 거리를 걸어서 이동하셨다.

63) 용어 해설에서 '부활'을 찾아보라.

64) 헬라어 '휘파고'(hupago)는 '왔던 곳으로 돌아가라'는 뜻이다. 광야에서 시험받으시던 예슈아께서 사탄에게 '물러가라'고 말씀하실 때도 같은 단어가 사용되었다(마 4:10; 16:23).

기면, 그 사람의 아들이 아버지의 영광으로 거룩한 천사들과 함께 올 때에 그를
부끄럽게 여길 것이다"(마 25:31; 살전 3:13; 유 1:14; 계 19:14).

임박한 하나님의 왕국

9 **1** 그리고 그분은 계속 그들에게 말씀하셨다. "진실로 내가 너희에게 말한
다. 여기 서 있는 사람들 중 몇 사람은 하나님의 왕국이 권능으로 오는
것을 볼 때까지 결코 죽음을 맛보지 않을 것이다"(마 16:28).

예슈아의 변모(마 17:1-13; 눅 9:28-36)

2 한편 엿새 후에 예슈아께서 베드로와 야고보와 요한만 데리고 높은 산에 오
르셨다. 그런데 그분께서 그들 앞에서 변모되어 **3** 그분의 옷이 매우 하얗게 빛나
는데, 지상의 그 어떤 세제로도 그렇게 희게 할 수 없었다. **4** 그때 엘리야가 모세
와 함께 그들에게 나타나 예슈아와 대화를 나누었다. **5** 이에 베드로가 예슈아께
말했다. "랍비여, 우리가 여기에 있는 것이 좋으니, 초막 셋을 짓되 하나는 당신을
위해, 하나는 모세를 위해, 하나는 엘리야를 위해 지으면 좋겠습니다." **6** 베드로는
그분이 뭐라고 대답하실지 몰랐고, 그들이 겁에 질려 있었기 때문이다. **7** 그런데
구름이 그들을 가리더니, 구름 속에서 한 음성이 들렸다. "이는 내 사랑하는 아들
이다. 너희는 늘 그에게 귀를 기울여야 한다." **8** 그때 갑자기 그들이 주위를 둘러보
자, 예슈아만 그들과 함께 계시고 더 이상 아무도 보이지 않았다.

9 그리고 그들이 산에서 내려오는 동안, 그분께서 그들에게 그 사람의 아들이
죽은 자들 가운데서 일어날 때까지 그들이 본 것을 아무에게도 말하지 말라고 명
령하셨다. **10** 이에 그들은 그 말씀을 속에 담아 두고, 그분이 죽은 자들 가운데서
일어나실 때까지 그것이 무엇인지 논의하지 않았다(눅 9:36 참조). **11** 그리고 그들이 그
분께 물으며 말하기를, "서기관들은 왜 엘리야가 먼저 와야 한다고 말합니까?"라고
했다. **12** 그러자 그분께서 그들에게 말씀하셨다. "참으로 엘리야가 먼저 와서 모든
것을 회복시켰다.[66] 그런데 어떻게 그 사람의 아들의 때에 그가 많은 고난을 당하
고 멸시를 받아야 한다고 기록되었겠느냐?(사 53:3; 시 22:1-18) **13** 그러나 내가 너희에

65) 예슈아께서는 자신이 어떻게 죽으실지 예언하신 것이다.

66) 마태복음 17장 10-13절을 참조하라.

게 말하는데, 전에 기록된 대로 엘리야가 왔는데도(말 3:23, 24)[67] 사람들이 그에게
자기들 마음대로 행했다."

더러운 영이 들린 소년을 치유하심(마 17:14-20; 눅 9:37-43상)

14 그리고 그들이 나머지 제자들에게 가서 보니, 그들이 큰 무리에게 둘러싸여
서기관들과 논쟁하고 있었다. **15** 이에 즉시 온 무리가 그분을 보고 크게 놀라서
달려와 그분께 문안했다. **16** 그러자 그분께서 그들에게 물으셨다. "너희는 그들과
무엇을 논쟁하고 있느냐?" **17** 그때 무리 중 한 사람이 그분께 대답했다. "선생님,
제 아들을 당신께 데려왔는데, 그 아이는 말을 못하는 영이 들렸습니다. **18** 그래
서 어디서든 그것이 아이를 붙잡으면 땅에 쓰러뜨리고, 아이는 입에 거품을 물고
이를 갈며 마비됩니다. 그래서 제가 당신의 제자들에게 그것을 쫓아 달라고 부탁
했지만, 그들은 하지 못했습니다."[68] **19** 그러자 그분께서 그들에게 대답하며 말씀
하셨다. "오, 믿지 않는 세대여, 내가 언제까지 너희와 함께 있어야 하겠느냐? 내가
얼마 동안이나 너희를 참아야 하겠느냐? 그 아이를 내게 데려오라." **20** 이에 사람
들이 아이를 그분께 데려왔다. 그러자 그 (더러운) 영이 그분을 보고 즉시 아이에
게 경련을 일으키니, 아이가 땅에 넘어져 구르며 입에 거품을 물었다. **21** 그때 그
분께서 그 아버지에게 물으셨다. "언제부터 아이에게 이런 일이 있었느냐?" 그러자
그가 말했다. "어릴 때부터입니다. **22** 그 (더러운) 영이 아이를 죽이려고 여러 번 불
과 물에 던졌습니다. 그러나 만약 당신이 무엇이든 하실 수 있다면, 우리를 불쌍
히 여기셔서 도와주셔야 합니다." **23** 그러자 예슈아께서 그에게 말씀하셨다. "만일
네가 할(믿을) 수만 있다면, 믿는 자에게는 모든 것이 가능하다." **24** 이에 즉시 그
아이의 아버지가 부르짖으며 말하기를, "제가 믿습니다. 제가 믿음이 없는 것을 당
신께서 계속 도와주셔야 합니다"라고 했다. **25** 그러자 예슈아께서 무리가 함께 달
려오는 것을 보시고, 그 더러운 영에게 다음과 같이 말씀하며 꾸짖으셨다. "말 못
하고 귀먹은 영아, 내가 네게 명령한다. 너는 즉시 그에게서 나와라. 그리고 다시
는 그에게 들어갈 수 없다." **26** 이에 그것이 큰 소리를 지르고, 아이에게 여러 번 경
련을 일으킨 후에 떠났다. 그리고 아이가 죽은 것처럼 되어 많은 사람들이 아이가
죽었다고 했다. **27** 그러나 예슈아께서 그의 손을 잡아 일으키시자, 아이가 일어났

67) 히브리 성경을 기준으로 한 것이며, 우리말 성경은 말라기 4장 5, 6절이다.

68) 또는 "충분히 강하지 않았습니다."

다. 28 그리고 그분께서 집으로 들어가시자, 제자들이 그분께 따로 물었다. "우리는
왜 그것을 쫓아낼 수 없었습니까?" 29 그러자 그분께서 그들에게 말씀하셨다. "이
런 부류는 기도[69] 외에는 어떤 방법으로도 나갈 수 없다."

예슈아께서 다시 죽음과 부활을 예고하시다(마 17:22-23; 눅 9:43하-45)

30 그리고 그들이 거기서 나와 갈릴리를 지나는데, 그분은 아무도 아는 것을
원하지 않으셨다. 31 그분께서 제자들을 가르치며 말씀하시기를, "그 사람의 아들
이 사람들의 손에 넘겨져 그들이 그를 죽일 것이며, 그는 죽었다가 삼 일 만에 일
어날 것이다"라고 하셨기 때문이다. 32 그러나 그들은 그 말씀을 깨닫지 못했고,
그분께 묻는 것을 두려워했다.

누가 가장 큰가?(마 18:1-5; 눅 9:46-48)

33 그리고 그들은 가버나움[70]으로 들어갔다. 그런데 그분께서 집에 계시는 동
안, 제자들에게 물으셨다. "너희는 길에서 무엇을 논쟁하였느냐?" 34 그러나 그들
은 잠잠했다. 그들이 길에서 서로 누가 더 큰지 논쟁했기 때문이다. 35 그러자 그
분께서 앉으신 후에 그 열둘을 불러 말씀하셨다. "누구든지 첫째가 되기를 원하
면, 모든 사람의 마지막이 되고, 모두의 종이 되어야 할 것이다." 36 그리고 그분은
어린아이 하나를 데려다가 그들 가운데 세우시고 팔로 안으시며 그들에게 말씀
하셨다. 37 "누구든지 내 이름으로 이런 어린아이 하나를 받아들이면 나를 받아
들이는 것이고, 누구든지 나를 받아들이면[71] 내가 아니라 나를 보내신 그분을 받
아들이는 것이다."

우리를 위하는 자(눅 9:49-50)

38 요한이 그분께 말했다. "스승님, 어떤 사람이 당신의 이름으로 귀신들을 쫓아
내는 것을 보고 막았는데, 그가 우리를 따르지 않았기[72] 때문입니다." 39 이에 예

69) 어떤 사본에는 '기도와 금식'으로 되어 있다. 3세기의 사본 조각에서 '금식'이 덧붙여진 본문이 발견되었는데, 원본도 그와 같았을지도 모른다. 이사야 58장 6절에서 '기도와 금식'에 대한 성경적 근거를 찾아볼 수 있다.

70) '가버나움'은 히브리어 '카페르 나훔'(Kafer Nahum)을 라틴어로 음역한 것이다. '카페르'는 '마을', '동네'를, '나훔'은 '위로', '긍휼'을 뜻한다.

71) '받아들이다'에 해당하는 헬라어는 문자적으로 '손을 잡다', '붙들다'의 뜻이다.

72) 여기서 '따르지 않는다'는 것은 예슈아의 제자가 아니라는 말이다.

슈아께서 말씀하셨다. "그를 방해하지 말라! 내 이름으로 이적을 행하면서 즉시
내게 대해 악한 말을 할 자는 아무도 없다. **40** 우리를 대적하지 않는 자들은 우리
를 위하는 자들이다. **41** 누구든지 너희가 메시아의 사람이라 하여 내 이름으로 너
희에게 물 한 잔이라도 주면, 진실로 내가 너희에게 말하는데, 그는 결코 그의 상
을 잃지 않을 것이다."

죄짓게 하는 시험(마 18:6-9; 눅 17:1-2)

42 "또한 누구든지 나를 믿는 이 작은 사람들 중 하나라도 죄를 짓게 하면, 그
는 연자 맷돌[73]을 그 목에 두르고 바다에 던져지는 것이 더 낫다. **43** 그리고 만일
네 손이 너로 죄짓게 하면, 너는 즉시 그것을 잘라 내야 한다. 네가 장애를 가
지고 영원한 생명[74]으로 들어가는 것이 두 손을 가지고 게헨나[75]의 꺼지지 않
는 불 속에 들어가는 것보다 더 낫다. **44** [거기서는 그들의 벌레도 죽지 않고, 그
불도 소멸되지 않는다.][76] **45** 그리고 네 발이 너로 죄짓게 하면, 너는 즉시 그것을
잘라 내야 한다. 네가 저는 다리로 영원한 생명에 들어가는 것이 두 발을 가지고
게헨나에 던져지는 것보다 더 낫다. **46** [거기서는 그들의 벌레도 죽지 않고, 그 불
도 소멸되지 않는다.][77] **47** 그리고 네 눈이 너로 죄짓게 하면, 너는 즉시 그것을
빼내야 한다. 한 눈으로 하나님의 왕국에 들어가는 것이 두 눈을 가지고 게헨
나에 던져지는 것보다 더 유익하다. **48** 거기서는 그들의 벌레도 죽지 않고, 그 불
도 소멸되지 않는다(사 66:24). **49** 그러므로 모든 사람이 소금에 절여지듯이 불에 절
여지게 될 것이다. **50** 소금은 좋은 것이다. 그러나 만약 소금이 싱거워지면, 너희
가 무엇으로 간을 맞추겠느냐? 너희 속에 소금[78]을 간직하고 서로 평화롭게 살아
야 한다."

73) 헬라어 '오니코스'를 문자 그대로 해석하면 '당나귀에 의한'이다. 이것은 가정에서 소량의 곡식을 갈 때 사용하는 작은 맷돌이 아니라 당나귀가 돌릴 만큼 큰 것을 말한다.

74) 예슈아께서는 여러 차례 우리가 '죽음'이라 부르는 것을 '생명에 들어가는 것'이라고 말씀하시면서, 놀라운 영생이 우리를 기다리고 있음을 분명히 하신다.

75) 히브리어로 '게힌놈', 곧 '힌놈의 골짜기'를 지칭한다. 용어 해설에서 '게헨나'를 찾아보라.

76) 초기 사본에는 44절이 없다. 이것은 5세기경에 덧붙여진 것이다.

77) 초기 사본에는 46절이 없다. 이것은 5세기경에 덧붙여진 것이다.

78) 방부제 역할을 하는 소금은 '소금 언약'처럼 영원성을 나타낸다(민 18:18-19).

이혼에 대한 가르침(마 19:1–12)

10 1 그리고 그분은 거기서 일어나 유대 지역과 요단강 건너편으로 가셨는
데, 무리가 다시 그분과 함께 갔다. 그래서 그분은 늘 하시던 대로 여전
히 그들을 다시 가르치고 계셨다. 2 그때 바리새파 사람들이 와서 그분을 시험하
며 남편이 아내와 이혼해도 되는지 물었다. 3 이에 그분께서 그들에게 말씀하셨
다. "모세가 너희에게 뭐라고 명령했느냐?" 4 그러자 그들이 말했다. "모세는 아내
에게 이혼 증서를 써 주고 이혼하는 것을 허락했습니다." 5 그러자 예수아께서 그
들에게 말씀하셨다. "너희의 완악한 마음 때문에 그가 너희에게 이 규정을 쓴 것
이다. 6 그러나 창조의 시작부터 '그분께서 그들을 남자와 여자로 만드셨다'(창 1:27;
5:2). 7 이러한 이유로 '남자가 그의 부모를 떠나 그의 아내와 연합하여 8 그 둘이
한 몸이 될 것이다'(창 2:24). 따라서 그들은 더 이상 둘이 아니라 한 몸이다. 9 그러
므로 하나님께서 짝 지으신 것을 사람이 나누어서는 안 된다." 10 그런데 다시 제
자들이 집에서 이것에 대해 그분께 물었다. 11 그러자 그분께서 그들에게 말씀하
셨다. "누구든지 자기 아내를 버리고 다른 사람과 결혼하는 것은 아내에게 간음
하는 것이며, 12 남편과 이혼한 여인이 다른 사람과 결혼하는 것도 간음하는 것이
다."

어린아이들을 축복하심(마 19:13–15; 눅 18:15–17)

13 한편 사람들이 아이들을 그분 앞에 데리고 와서 만져 주시기를 바랐으나 제
자들이 그들을 꾸짖었다. 14 그러자 예수아께서 보시고 화를 내시며 제자들에게
말씀하셨다. "너희는 아이들이 내게 오는 것을 허락하고, 그들을 막지 않아야 한
다. 하나님의 왕국이 이런 자들의 것이기 때문이다. 15 진실로 내가 너희에게 말한
다. 누구든지 하나님의 왕국을 어린아이처럼 받아들이지 않으면 그곳에 들어갈
수 없다." 16 그런 다음 그분께서는 그들을 팔로 안으신 후 그들 위에 손을 얹고
축복하셨다.

부자들(마 19:16–30; 눅 18:18–30)

17 그리고 그분께서 길을 떠나시는데, 어떤 사람이 그분께 달려와서 무릎을 꿇
고 물었다. "선한 선생님, 제가 영생을 얻으려면 어떻게 해야 합니까?" 18 그러자 예
수아께서 그에게 말씀하셨다. "너는 왜 나를 선하다고 하느냐? 하나님 한 분 외에

는 선한 이가 아무도 없다. **19** 너는 계명들을 알고 있다. '살인하지 말라, 간음하지
말라, 도둑질하지 말라, 거짓 증거하지 말라, 속이지 말라, 네 부모를 공경하라'(출
20:12-16) 하였다." **20** 이에 그가 그분께 말했다. "선생님, 저는 어려서부터 이 모든 것
을 지켜 왔습니다." **21** 그러자 예슈아께서 그를 보시고 사랑하셔서 그에게 말씀하
셨다. "너에게 한 가지가 부족하다. 가서 가진 것을 팔아 가난한 자들에게 주어라.
그러면 네가 하늘에서 보화를 갖게 될 것이다. 그리고 와서 계속 나를 따라야 한
다." **22** 그러나 그 사람은 그 메시지에 충격을 받고 근심하며 떠났다. 그에게 재산
이 많았기 때문이다.

23 그때 예슈아께서 주위를 둘러보며 제자들에게 말씀하셨다. "재물[79]을 소유
한 사람들이 하나님의 왕국에 들어가는 것이 얼마나 어려운가!" **24** 이에 제자들
이 그분의 말씀에 놀랐다.[80] 그러자 예슈아께서 대답하며 다시 말씀하셨다. "자녀
들아, 하나님의 왕국에 들어가는 것이 얼마나 어려운지, **25** 낙타가 바늘귀[81]를 통
과하는 것이 부자가 하나님의 왕국에 들어가는 것보다 더 쉽다." **26** 이에 제자들
이 너무 놀라 서로 말하기를, "그러면 누가 구원을 받을 수 있는가?"라고 했다. **27**
예슈아께서 그들을 둘러보시며 말씀하셨다. "사람들에게는 불가능해도 하나님께
서는 하실 수 있다. 하나님의 능력 안에서 모든 것이 가능하기 때문이다"(창 18:14;
렘 32:17,27; 욥 42:2). **28** 베드로가 그분께 말하기 시작했다. "보십시오, 우리가 모든 것
을 버리고 당신을 따랐습니다." **29** 예슈아께서 말씀하셨다. "진실로 내가 너희에게
말한다. 나와 복음 때문에 자기 집이나 형제나 자매나 어머니나 아버지나 자녀나
토지를 버린 사람은 **30** 지금 이 시대에 박해와 더불어 집과 형제와 자매와 어머니
와 자녀와 토지를 백 배로 받지 않을 자가 없고, 오는 시대에 영원한 생명을 얻지
못할 자가 없을 것이다. **31** 그러므로 많은 첫째들이 마지막이 될 것이며, 마지막에
있는 자들이 첫째가 될 것이다"(마 20:16; 눅 13:30).

예슈아의 죽음과 부활에 대한 세 번째 예고(마 20:17-19; 눅 18:31-34)

32 그리고 그들이 예루살렘으로 올라가는 길에 예슈아께서 그들보다 앞서가시
니, 제자들은 놀라고 따르는 자들은 두려워했다. 그러자 그분께서 다시 열둘을
따로 데려가셔서 자신에게 일어날 일을 그들에게 말씀하시기 시작했다. **33** "보라,
우리는 예루살렘으로 올라갈 것이다. 그런데 그 사람의 아들이 대제사장들과 서
기관들에게 넘겨질 것이며, 그들은 그에게 사형 선고를 내리고 이방인들에게 넘

겨줄 것이다. 34 그러면 이방인들은 그를 조롱하고, 그에게 침을 뱉고, 채찍질하여
그를 죽일 것이다. 그러나 그는 삼 일 후에 일어날 것이다."

야고보와 요한의 부탁(마 20:20-28)

35 그때 세베대의 아들들인 야고보와 요한이 그분께 나아와 말했다. "스승님,
우리가 당신께 부탁하는 것을 해 주시기 원합니다." 36 그러자 그분께서 그들에게
말씀하셨다. "너희는 내가 무엇을 해 주기 원하느냐?" 37 이에 그들이 그분께 말했
다. "당신은 이제 우리를 그 영광 중에 하나는 당신의 오른편에, 하나는 왼편에 앉
게 해 주셔야 합니다." 38 그러자 예슈아께서 그들에게 말씀하셨다. "너희는 너희가
무엇을 구하고 있는지 모른다. 내가 마시는 그 잔을 너희가 마시고, 내가 받는 침
례를 너희가 받을 수 있느냐?" 39 곧 그들이 그분께 말했다. "할 수 있습니다." 이에
예슈아께서 그들에게 말씀하셨다. "내가 마시는 잔을 너희가 마실 것이고, 내가
받는 그 침례를 너희가 받을 것이다. 40 그러나 내 오른편이나 왼편에 앉는 것은
내가 주는 것이 아니라, 준비된 자를 위한 것이다." 41 그러자 *나머지* 열 제자가 들
고 야고보와 요한에 대해 분개하기 시작했다. 42 이에 예슈아께서 그들을 불러 모
으신 후 말씀하셨다. "너희는 이방인들의 지도자로 여김 받는 자들이 사람들 위
에 군림하며, 그들 가운데서 높은 자들이 사람들을 압제하는 것을 안다. 43 그러
나 너희 가운데서는 그렇지 않다. 오히려 누구든지 너희 가운데서 높아지고 싶은
자는 섬기는 사람[82]이 되고, 44 누구든지 너희 가운데서 첫째가 되고 싶으면 모든
사람의 종[83]이 되어야 할 것이다. 45 그 사람의 아들도 섬김을 받으러 온 것이 아
니라 섬기기 위해, 그리고 자기 생명을 많은 사람들의 대속물로 주려고 왔기 때문
이다."

눈먼 바디매오를 치유하심(마 20:29-34; 눅 18:35-43)

46 그리고 그들은 여리고로 왔다. 그런데 그분과 그분의 제자들과 큰 무리가 여

79) 당시 사람들은 토라와 전통에 순종할 때에 적절한 부와 번영을 보상받게 된다고 믿었다. 이는 바리새파의 율법주의와 다를 바가 없었다.

80) 바리새파 사람들은 전통을 지키면 부(富)를 상으로 받게 된다고 가르쳤다.

81) '바늘귀'는 성문이 닫힌 후 사람들이 드나들던 작은 문을 지칭하기도 했다. 낙타가 이 문을 지나가려면 짐과 안장을 다 내린 다음, 무릎을 꿇리고 억지로 밀어 넣어야 했다.

82) 헬라어 '디아코노스'는 '종', '사역자', '집사' 등으로 번역된다. 용어 해설에서 '종'을 찾아보라.

83) 헬라어 '둘로스'는 '종' 또는 '노예'로 번역된다. 용어 해설에서 '종'을 찾아보라.

리고에서 나오는데, 디매오의 아들 바디매오라는 눈먼 걸인이 길가에 앉아 있었
다. **47** 그런데 그가 나사렛 예슈아라는 말을 듣자, 큰 소리로 외치며 말하기 시작
했다. "다윗의 자손[84] 예슈아여! 당신께서 이제 저를 불쌍히 여기셔야 합니다!"[85]
48 그러자 많은 사람들이 조용히 하라고 그를 꾸짖었으나, 그는 더 크게 부르짖었
다. "다윗의 자손이여, 당신께서 이제 저를 불쌍히 여기셔야 합니다!" **49** 예슈아께
서 걸음을 멈추시고 말씀하셨다. "그를 부르라." 이에 사람들이 그 눈먼 자를 부르
며 말하기를, "힘을 내시오! 일어나시오. 그분께서 당신을 부르고 계시오"라고 했
다. **50** 그러자 그가 *거지의* 겉옷[86]을 벗어 던지고 벌떡 일어나 예슈아께 왔다. **51**
이에 예슈아께서 그에게 답하며 말씀하셨다. "너는 내가 무엇을 해 주기 원하느
냐?" 그러자 그 눈먼 자가 그분께 말했다. "나의 랍비시여, 제가 보기 원합니다." **52**
그러자 예슈아께서 그에게 말씀하셨다. "너는 이제 가라. 네 믿음이 너를 구원했
다." 이에 즉시 그가 다시 보게 되어 길에서 그분을 따랐다.

예루살렘으로 승리의 입성(마 21:1-11; 눅 19:28-40; 요 12:12-19)

11 **1** 그리고 그들이 예루살렘에서 가까운 올리브산 부근의 벳바게[87]와 베
다니[88]에 이르자, 예슈아께서 제자 둘을 보내며 **2** 그들에게 말씀하셨
다. "너희는 맞은편 시내로 가야 한다. 그곳에 들어가는 즉시 지금까지 아무도 타
본 적이 없는 어린 나귀[89] 한 마리가 묶여 있는 것을 너희가 볼 것이다. 그것을 풀
어서 끌고 오라. **3** 그리고 만일 누가 너희에게 '당신들은 왜 이렇게 하는 거요?'라고
말하거든, '주님께서 그것을 필요로 하시니, 그분께서 그것을 즉시 이곳으로 돌려보
내실 것이오'라고 말하라." **4** 이에 그들이 가서 문 밖 거리에 묶여 있는 어린 나귀를

84) 용어 해설에서 '다윗의 자손/요셉의 자손'을 찾아보라.

85) 용서를 구하는 히브리 관용 표현이다. 바디매오는 앞을 보지 못하는 것이 자신의 죄 때문이라고 생각하고 있었다.

86) 구걸하는 사람은 누구나 제사장의 허가를 받아야 했고, 제사장은 허가받았다는 표로 특별한 겉옷을 주었다. 바디매오는 이 겉옷을 벗어 던짐으로 자신이 치유받아 더 이상 그 옷이 필요하지 않을 것이라는 믿음을 보여 주었다.

87) '벳바게'는 히브리어 '베이트-파그'(Beit-Pag)를 헬라어로 음역한 것으로, '설익은 무화과가 열린 곳'이라는 뜻이다. 베다니에서 가까운 곳에 위치해 있었다.

88) 베다니는 히브리어 '베이트-아냐'(Beit-Anyah)를 헬라어로 음역한 것으로, '고통의 집'이라는 뜻이다.

89) 용어 해설에서 '나귀'를 찾아보라.

발견하고 그것을 풀었다. 5 그러자 거기 서 있던 몇 사람이 그들에게 말했다. "당신
들은 무엇 때문에 어린 나귀를 푸는 것이오?" 6 이에 그들이 예슈아께서 말씀하신
대로 대답했더니, 그들이 허락해 주었다. 7 그리고 제자들이 어린 나귀를 예슈아께
끌고 와서 그들의 기도숄(탈리트)을 그 위에 얹자, 그분께서 그 위에 앉으셨다. 8 그
러자 많은 사람들이 자기들의 겉옷[90]을 길에 펼쳤고, 들에서 잎이 무성한 나뭇가
지들을 베어 길에 까는 사람들도 있었다. 9 그리고 앞서가는 자들과 뒤따르는 자들
이 외치기를,

"호쉬아나[91]
주의 이름으로 오시는 그분이여, 찬송받으소서"(시 118:25-26),
10 "복되도다, 장차 임할 우리 조상 다윗의 왕국이여,
가장 높은 곳에서 호쉬아나"라고 했다.

11 그리고 그분은 예루살렘으로 들어가셔서 성전에서 모든 것을 둘러보신 뒤,
날이 저물어 열둘과 함께 베다니로 가셨다.

무화과나무를 저주하심(마 21:18-19)

12 그리고 다음 날 그들이 베다니에서 나올 때, 예슈아께서 시장하셨다. 13 그래
서 멀리 잎이 무성한 무화과나무를 보시고, 혹시 열매가 있을까 하여 다가가셨다.
그런데 잎사귀 외에는 아무것도 찾지 못하셨다. 무화과 철이 아니었기 때문이다. 14
그러자 그분께서 나무에게 말씀하셨다. "앞으로 아무도 네게서 열매를 먹지 못할
것이다." 그때 제자들이 듣고 있었다.

성전을 정화하시다(마 21:12-17; 눅 19:45-48; 요 2:13-22)

15 이어서 그들은 예루살렘으로 들어갔다. 그런데 그분께서 성전에 들어가셔서
성전에서 사고파는 사람들을 쫓아내시기 시작하셨다. 환전상들의 탁자와 비둘기
파는 자들의 의자를 엎으시고, 16 아무도 성전을 가로질러 물건을 옮기지 못하게
하셨다. 17 그리고 그분께서 가르치시며 그들에게 말씀하셨다.

"'내 집은 모든 민족을 위해 기도하는 집으로 불릴 것이다'(사 56:7),

90) 이것은 기도숄이었을 것이다. 남자들은 기도숄을 두르고 있었고, 자신들이 메시아의 통치를 맞이하고 있다는 것을 알고 있었기 때문이다.

91) '호쉬아나'는 '지금 우리를 구원하소서'라는 뜻이다. 사람들은 메시아가 와서 왕위에 오른 뒤, 로마인들을 쫓아내고 메시아의 통치를 시작할 것이라고 생각했다. 용어 해설에서 '호산나'를 찾아보라.

'그러나 너희가 그것을 강도의 소굴로 만들었다'(렘 7:11)라고 기록되어 있지 않
느냐?"

18 그러자 대제사장들과 서기관들이 듣고 어떻게 그분을 없애 버릴까 모의했
다. 그들은 그분을 두려워했는데, 모든 무리가 그분의 가르침에 놀랐기 때문이다.
19 이어서 날이 저물어 그들은 성 밖으로 나갔다.

말라 죽은 무화과나무의 교훈(마 21:20-22)

20 그리고 아침에 그들이 지나가다가 그 무화과나무가 뿌리부터 말라 버린 것
을 보았다. **21** 그러자 베드로가 기억이 나서 그분께 말했다. "랍비여, 보십시오! 당
신께서 저주하신 무화과나무가 말라 버렸습니다." **22** 이에 예슈아께서 제자들에게
말씀하셨다. "너희는 하나님을 믿어야 한다. **23** 진실로 내가 너희에게 말한다. 누
구든지 이 산에게 말하기를, '네가 즉시 옮겨져서 바다에 던져져야 한다' 하고, 마
음으로 의심하지 않으며 자기가 말한 일이 일어날 줄 믿으면 그대로 될 것이다. **24**
이로 인해 내가 너희에게 말한다. 너희는 모든 것을 위해 끊임없이 기도해야 한
다. 그리고 너희가 구하는 것이 무엇이든지 그것을 받은 줄로 믿으면, 그대로 될
것이다. **25** 또 너희가 서서 기도할 때에 누구를 적대하는 마음이 있든지 용서하
라.[92] 그러면 하늘에 계신 너희 아버지께서 너희 죄를 사해 주실 것이다. **26** [그러
나 만일 너희가 용서하지 않는다면, 하늘에 계신 너희 아버지께서도 너희 죄를
사하지 않으실 것이다.]"[93]

예슈아의 권위를 묻다(마 21:23-27; 눅 20:1-8)

27 그리고 그들은 다시 예루살렘으로 들어갔다. 그런데 그분께서 성전에서 거
니시는 동안 대제사장들과 서기관들과 장로들이 그분께 와서 **28** 말하기를, "당신
은 무슨 권위로 이런 일들을 하는 것이오?" 또는 "누가 당신에게 권위를 주었기에
이런 일들을 하는 것이오?"라고 했다. **29** 그러자 예슈아께서 그들에게 말씀하셨
다. "내가 너희에게 한 가지 질문을 할 것인데, 너희가 내게 대답해야 한다. 그러면
나도 무슨 권위로 이런 일들을 하는지 말해 주겠다. **30** 요한의 침례가 하늘에서

92) 용어 해설에서 '죄 사함'을 찾아보라.

93) 초기 사본에는 이 부분이 빠져 있다.

94) 이 비유에서 탐욕스런 소작인들은 대제사장과 그 외 유대교 지도자들을 나타낸다.

온 것이냐, 아니면 사람에게서 온 것이냐? 너희는 즉시 내게 대답해야 한다!" 31 그
러자 그들이 서로 의논하며 말하기를, "만일 우리가 '하늘에서'라고 말한다면, 이
사람은 '왜 그를 믿지 않았느냐'고 할 것이다. 32 그렇다고 우리가 '사람에게서'라고
하면?" 그들은 무리를 두려워하고 있었는데, 모든 사람이 요한을 참된 선지자라
고 주장하고 있었기 때문이다. 33 이에 그들이 예수아께 대답하며 말했다. "우리는
모르겠소." 그러자 예수아께서 그들에게 말씀하셨다. "그렇다면 나도 내가 무슨 권
위로 이러한 일들을 하는지 말하지 않겠다."

포도밭과 소작인들의 비유[94](마 21:33-46; 눅 20:9-19)

12 1 그리고 그분께서는 그들에게 비유로 이야기하시기 시작했다. "어떤 사
람이 포도원을 만든 다음, 그 주위에 울타리를 치고, 포도즙 짜는 구덩
이를 파고, 망대를 세운 후에 그 포도원을 소작농들에게 세주고 멀리 떠났다. 2
그리고 그는 때가 되어 종 하나를 보내어 농부들에게서 포도원의 소출을 받으려
고 했다. 3 그런데 그 농부들이 그 종을 잡아서 때리고 빈손으로 보냈다. 4 그래서
주인은 또 다른 종을 그들에게 보냈다. 이번에도 그들은 그의 머리를 때리고 모욕
하였다. 5 이에 그가 또 다른 종을 보냈더니, 그들이 그를 죽여 버렸다. 그리고 다
른 많은 종들도 때리기도 하고, 죽이기도 했다. 6 주인에게는 사랑하는 아들이 하
나 있었다. 그는 마지막으로 그 아들을 그들에게 보내며 다음과 같이 말했다. '그
들이 내 아들은 존중할 것이다.' 7 그러나 그 농부들은 속으로 말하기를, '이는 상
속자다. 자, 우리가 그를 죽이면, 그 유업이 우리 소유가 될 것이다'라고 했다. 8 그
래서 그들은 그 아들을 잡아 죽이고 포도원 밖으로 던져 버렸다. 9 그렇다면 그
포도원 주인은 어떻게 하겠느냐? 그가 와서 그 농부들을 죽이고, 그 포도원을 다
른 사람들에게 줄 것이다. 10 그러므로 너희는 이 성경을 읽어 보지 않았느냐?

'건축자들이 버린 돌 하나,
그것이 모퉁잇돌이 되었다.
11 이 일이 주로부터 비롯되었으니,
우리 눈에 놀랍도다'(시 118:22-23)."

12 그러자 그들은 그분께서 말씀하신 비유가 자기들을 가리키는 줄 알고 그분
을 붙잡으려고 했으나, 무리를 두려워하여 그분을 포기하고 떠났다.

가이사에게 바치는 세금(마 22:15-22; 눅 20:20-26)

13 그 후 그들이 그분의 가르침에서 트집을 잡으려고 바리새파 사람들과 헤롯
의 추종자[95] 몇 사람을 보냈다. 14 이어서 그들이 그분께 와서 말했다. "선생님, 우
리는 당신이 정직하며, 어떤 것에도 개의치 않는 분이라는 것을 알고 있습니다.
당신이 사람들의 낯을 보지 않고[96] 하나님의 참된 도를 가르치시기 때문입니다.
가이사에게 세금을 내는 것이 합당합니까, 합당하지 않습니까? 우리가 내야 합
니까, 내지 않아야 합니까?" 15 그런데 그분께서는 그들의 위선을 아시고 그들에
게 말씀하셨다. "너희는 왜 나를 시험하느냐? 데나리온 하나를 내게 가져와 보이
라." 16 이에 그들이 가져오니, 그분께서 그들에게 말씀하셨다. "이것이 누구의 형상
과 새겨진 글씨냐?" 그러자 그들이 그분께 말했다. "가이사의 것입니다." 17 그때 예
슈아께서 그들에게 말씀하셨다. "가이사에게는 가이사의 것을, 하나님께는 하나
님의 것을 바쳐야 한다." 그러자 그들이 그분에 대해 크게 놀랐다.

부활에 대한 질문(마 22:23-33; 눅 20:27-40)

18 그 후 부활이 없다고 말하는 사두개파 사람들이 그분께 와서 질문하며 말
했다. 19 "선생님, 모세가 우리에게 써 주기를, '어떤 형제가 죽고 아내를 남겼으나 자
녀를 남기지 않았다면, 그의 형제가 그 아내를 취하여 그 형제를 위해 대를 이어야
한다'(창 38:8; 신 25:5)라고 했습니다. 20 일곱 형제가 있었는데, 첫째가 아내를 얻고 죽
으면서 씨[97]를 남기지 않았습니다. 21 그래서 둘째가 그녀를 취했으나 씨를 남기지
않고 죽었으며, 셋째도 마찬가지였습니다. 22 그리하여 그 일곱이 씨를 하나도 남
기지 않았습니다. 그리고 마지막으로 그 아내도 죽었습니다. 23 부활의 때에 그들
이 일어나면, 그 여자는 그들 중 누구의 아내가 되어야 합니까? 일곱 사람이 그
녀를 아내로 취했으니 말입니다." 24 이에 예슈아께서 그들에게 말씀하셨다. "너희
가 성경도, 하나님의 능력도 모르니, 이것을 오해한 것이 아니냐? 25 사람들이 죽
은 자들로부터 일어날 때에 그들은 장가도 가지 않고, 시집도 가지 않으며, 마치
하늘에 있는 천사들과 같이 될 것이다. 26 그리고 죽은 자들이 일어나는 것에 대해
하나님께서 가시나무 떨기 가운데서 그에게 말씀하여 이르시기를, '나 스스로 있는

95) 헤롯의 추종자들은 헬라주의자들로, 사두개파 사람들이 여기에 포함되었던 것 같다. 용어 해설에서 '헬라주의자'를 찾아보라.

96) 이것은 '편애하지 않는다'는 히브리 관용 표현이다(행 10:34).

97) 아들

자는[98] 아브라함의 하나님이요, 이삭의 하나님이며, 야곱의 하나님이다'(출 3:6)라고 하신 것을 너희가 모세의 책에서 읽어 보지 않았느냐? **27** 그분은 죽은 자들의 하나님이 아니라 살아 있는 자들의 하나님이시다. 너희는 크게 속고 있다."

큰 계명(마 22:34-40; 눅 10:25-28)

28 그러자 서기관들 중 한 명이 와서 그들의 질문을 듣다가, 그분께서 그들에게 대답을 잘하시는 것을 보고 그분께 물었다. "모든 것 중에서 가장 중요한 계명은 무엇입니까?" **29** 예슈아께서 그에게 다음과 같이 대답하셨다. "첫째는 이것이다. '들으라, 오 이스라엘이여. 주는 우리 하나님이시요 한 분이시니, **30** 너는 온 마음으로, 온몸으로 그리고 모든 생각과 힘을 다해 주 너의 하나님을 사랑해야 할 것이다'(신 6:4-5). **31** 둘째는 이것이다. '너는 네 이웃을 네 자신처럼 사랑해야 할 것이다'(레 19:18). 이것들보다 더 큰 다른 계명은 없다." **32** 그러자 그 서기관이 그분께 말했다. "선생님, 옳습니다! 당신께서 '하나님은 한 분이시며, 그분 외에 다른 이가 없다'(사 45:21)고 하신 말씀은 진리입니다. **33** 그러므로 온 마음과 모든 생각과 힘으로 그분을 사랑하고, 자기 자신처럼 그 이웃을 사랑하는 것이 모든 번제물과 희생제물보다 더 큽니다"(삼상 15:22; 호 6:6). **34** 이에 예슈아께서는 그가 지혜롭게 대답하는 것을 보고 그에게 말씀하셨다. "네가 하나님의 왕국으로부터 멀리 있지 않다." 그 후 아무도 더 이상 감히 그분께 묻지 않았다.

다윗의 자손에 대한 질문(마 22:41-46; 눅 20:41-44)

35 그리고 예슈아께서는 성전에서 가르치시며 말씀하셨다. "어떻게 서기관들은 메시아가 다윗의 자손[99]이라고 말하느냐? **36** 다윗 자신이 성령으로 말했다.

'주께서 내 주님께 말씀하시기를,
"내가 네 원수들을 네 발아래[100] 둘 때까지
내 오른편[101]에 앉으라"(시 110:1) 하셨다.'

37 다윗 스스로 그분을 주님이라고 불렀으니, 어떻게 그분이 다윗의 자손이 되겠느냐?" 그러자 큰 무리가 그분의 말씀을 기쁘게 들었다.

98) 히브리어로 '아노키'라고 한다. 용어 해설에서 '아노키'를 찾아보라.
99) 용어 해설에서 '다윗의 자손/요셉의 자손'을 찾아보라.
100) 용어 해설에서 '발판'을 찾아보라.
101) '오른편'은 '능력'과 '힘'을 나타내는 히브리 관용 표현이다(출 15:6). 용어 해설에서 '오른손'을 찾아보라.

서기관들을 책망하심(마 23:1-36; 눅 20:45-47)

38 또 그분께서 가르치시며 말씀하셨다. "서기관들을 조심하라. 그들은 끌리는
긴 옷[102]을 입고 걸으며, 시장에서 문안 받기와 39 회당에서의 높은 좌석과 잔치에
서의 좋은 자리를 원하는 자들이다. 40 그들은 과부들의 집을 삼키며, 드러내려고
길게 기도하는 자들이니, 더 큰 심판을 받을 것이다."

과부의 헌금(눅 21:1-4)

41 그리고 그분은 예물함 맞은편에 앉으신 후 무리가 어떻게 예물함에 동전을
넣는지 지켜보고 계셨다. 그때 많은 부자들이 큰돈을 넣고 있는데, 42 가난한 과
부가 와서 작은 동전 두 개를 넣었다. 43 이에 그분께서 제자들을 불러 말씀하셨
다. "진실로 내가 너희에게 말하는데, 이 가난한 과부가 모든 사람보다 예물함에
더 많이 넣었다. 44 그들은 모두 풍족한 중에 넣었으나 그녀는 궁핍한 중에 생활
비 전부를 넣었기 때문이다."

성전이 파괴될 것을 예고하시다(마 24:1-2; 눅 21:5-6)

13 1 그 후 그분께서 성전을 떠나실 때에 제자들 중 하나가 말했다. "스승
님, 이 돌과 건물들이 얼마나 큰지 보십시오." 2 그러자 예슈아께서 그에
게 말씀하셨다. "네가 이 큰 건물들을 보느냐? 여기에 돌 하나도 돌 위에 남지 않
고 무너질 것이다."

재앙의 시작(마 24:3-14; 눅 21:7-19)

3 그리고 그분께서 성전 맞은편 올리브산에 앉아 계실 때, 베드로와 야고보와
요한과 안드레가 그분께 따로 물었다. 4 "당신께서 우리에게 말씀해 주셔야 합니
다. 언제 이런 일들이 있으며, 무슨 징조가 있겠습니까? 언제 이 모든 일이 이루
어집니까?" 5 그러자 예슈아께서 그들에게 말씀하시기 시작했다. "너희는 아무에게
도 속지 않도록 주의하라. 6 많은 이들이 내 이름으로 와서 '나는 스스로 있는 자
다'라고 말하며 많은 사람을 속일 것이다. 7 그리고 너희는 전쟁이나 전쟁에 대한
소문을 들을 때에 두려워하지 않아야 한다. 그 일이 반드시 있겠지만, 아직 종말은
아니다. 8 그러므로 민족들이 민족들과, 왕국이 왕국과 대적하여 일어나고, 곳곳

에서 지진이 일어나며, 기근이 있을 것인데, 이런 일들은 고통의 시작일 뿐이다.
9 또 너희는 스스로 조심해야 한다. 사람들이 너희를 공회에 넘겨줄 것이고, 너희
가 공적인 모임들[103] 중에서 매를 맞을 것이며, 나 때문에 총독들과 왕들 앞에 증
인으로 서게 될 것이다. **10** 그러나 먼저 복음이 모든 이방인 가운데 전파되어야
한다. **11** 그리고 사람들이 너희를 붙잡아 끌고 갈 때에 무슨 말을 해야 할지 염려
하지 말라. 무엇이든 그 순간에 주시는 말씀을 말해야 한다. 말하는 자는 너희가
아니라 성령이시기 때문이다. **12** 그리고 형제가 형제를, 아버지가 자녀를 죽음에 넘
겨주고, 자녀가 부모를 대적하여 일어나 그들을 죽게 할 것이다. **13** 또 너희는 내 이
름[104] 때문에 모든 사람에게 미움을 받을 것이다. 그러나 끝까지 남아 있는 자는 구
원받을 것이다."

대환난(마 24:15-28; 눅 21:20-24)

14 "너희가 파멸의 가증한 것이 있어서는 안 될 곳에 놓인 것[105]을 볼 때(단 9:27;
11:31; 12:11)에 읽는 자는 깨달아야 한다. 유대에 있는 사람들은 산으로 달아나야
하고, **15** 지붕 위에 있는 사람은 내려가서 무엇을 꺼내러 집으로 들어가서는 안 되
며, **16** 들에 있는 사람은 겉옷[106]을 가지러 뒤로 돌아가서는 안 된다. **17** 그리고 그
날에는 아이 밴 자들과 젖 먹이는 자들에게 재앙이다. **18** 따라서 너희는 이런 일
이 겨울에 일어나지 않도록 기도해야 한다. **19** 그날에 창조의 시작, 곧 하나님이
창조하신 이래 지금까지 일어난 적이 없고, 결코 다시 일어나지도 않을 고난이 있
을 것이기 때문이다. **20** 그러므로 주께서 그날들을 줄여 주시지 않으면, 어떤 육체
도 구원받지 못할 것이다. 그러나 택함 받은 자들, 곧 그분께서 택하신 자들 때문
에 그날들을 줄여 주셨다. **21** 그러므로 그때 어떤 사람이 너희에게 말하기를, '보

102) '끌리는 긴 옷'은 사회적으로 높은 지위에 있음을 나타낸다(창 37:3; 삼하 13:19).

103) 헬라어 쉬나고게는 '회당'으로 번역할 수도 있지만, 일차적인 의미는 '사람들의 모임'이다. 회당에서는 채찍질을 할 수 없다. 이런 이유로 누가복음 4장 28-29절에서는 분노한 회중이 예슈아를 도시 밖으로 끌고 나갔다고 기록한다. 여기서 군중들은 지방 법원 역할을 하던 산헤드린 공회를 말하는 것 같다(눅 21:12). 용어 해설에서 '회중'을 찾아보라.

104) 이름에 해당하는 헬라어 '오노마'는 하나님의 속성과 활동성을 의미한다. 용어 해설에서 '오노마'를 찾아보라.

105) 이것을 BC 167년에 시리아의 안티오코스 에피파네스가 예루살렘 성전 제단 위에 돼지를 제물로 바친 사건이나 AD 70년에 로마의 티투스 장군이 예루살렘 성전을 파괴한 사건으로 보는 이들이 많다.

106) 기도숄, 곧 탈리트를 말하는 것으로 보인다. 기도숄처럼 중요한 것을 놔두고 갈 정도로 시급한 상황을 이야기하는 것이다.

라! 여기에 메시아가 있다!', '보라! 저기에 있다!' 하여도 너희는 믿지 않아야 한다.
22 거짓 메시아들과 거짓 선지자들이 일어나 할 수만 있다면 택함 받은 자들을 속
이려고 표적과 기사를 행할 것이기 때문이다. 23 그러나 너희는 주의해야 한다. 나
는 미리 너희에게 모든 것을 말했다."

그 사람의 아들이 오심 (마 24:29-31; 눅 21:25-28)

24 "그러나 환난이 지나가고 그날에
해가 어두워지고 달이 빛을 내지 않을 것이며,
25 별들이 하늘에서 떨어지고
하늘에 있는 권능들이 흔들릴 것이다(사 13:10; 34:4; 겔 32:7-8; *욜 2:10).
26 또한 그때 사람들이 큰 권능과 영광으로 '구름 타고 오는 그 사람의 아들'을
볼 것이다(단 7:13). 27 그 후에 그분께서 천사들을 보내어 그가 택한 자들을 사방
땅끝에서 하늘의 경계까지 모으실 것이다."

무화과나무의 교훈(마 24:32-35; 눅 21:29-33)

28 "그러나 너희는 무화과나무 비유에서 배웠다. 그 가지가 이미 연해지고 잎이
나면, 여름이 가까워졌음을 안다. 29 이와 같이 너희도 이런 일들이 일어나는 것
을 보게 되면, 그 사람의 아들이 문 앞에 있음을 안다. 30 진실로 내가 너희에게
말하는데, 이 세대가 지나가기 전에 이 모든 일이 일어날 것이다. 31 하늘과 땅이
사라져도, 내 말은 결코 사라지지 않을 것이다."

알려지지 않은 날과 시간(마 24:36-44)

32 "그러나 그날과 그 시간에 대해서는 아무도 모르니, 심지어 하늘에 있는 천
사들도 모르고, 그 아들도 모르며, 아버지만 아신다. 33 너희는 주의해야 한다! 너
희는 늘 깨어 있어야 한다. 그때가 언제인지 너희가 모르기 때문이다. 34 이는 마
치 어떤 사람이 그 집을 떠나 외국으로 가면서 자기 종들에게 각각 그 일에 대한
권한을 주고, 문지기에게는 깨어 있어야 한다고 명령한 것과 같다. 35 그러므로 너
희는 항상 깨어 있어야 한다. 이는 집주인이 언제 올지, 저녁일지, 한밤중일지, 닭
이 울 때일지, 아니면 이른 아침일지 너희가 모르기 때문이다. 36 그러므로 그가
갑자기 오더라도 너희가 자는 것을 보지 않게 하라. 37 내가 너희에게 하는 이 말

은 모두에게 하는 것이다. 너희는 항상 깨어 있어야 한다."

예슈아를 죽이려는 음모(마 26:1-5; 눅 22:1-2; 요 11:45-53)

14 1 그리고 유월절과 무교절 이틀 전이었다. 그때 대제사장들과 서기관들
은 어떻게 그분을 붙잡아 죽일지 계략을 꾸미고 있었다. 2 그러나 그들
이 말하기를, "백성들의 소요가 있을지도 모르니, 절기 중에는 안 된다"라고 했다.

예슈아의 머리에 기름을 부음(마 26:6-13; 요 12:1-8)

3 그리고 그분께서 베다니에 있는 나병환자[107] 시몬의 집에서 비스듬히 앉아 식
사하시는 동안, 한 여인이 매우 비싼 나드 향유 옥합을 가져와서 그것을 깨뜨린 후
그분의 머리에 부었다. 4 그러자 그들 가운데 몇 사람이 화를 내며 말하기를, "무엇
때문에 이렇게 기름을 낭비하는가? 5 이 향유를 삼백 데나리온[108] 이상에 팔아
가난한 사람들에게 줄 수도 있었다"라고 하며 그녀를 꾸짖었다. 6 그러자 예슈아
께서 말씀하셨다. "너희는 그녀를 허락해야 한다. 왜 그녀를 괴롭히느냐? 이 여인은
나를 위해 선한 일[109]을 하고 있다. 7 가난한 자들은 늘 너희와 함께 있어서(신 15:11)
너희가 원하면 언제든지 잘해 줄 수 있으나, 나는 항상 너희와 있는 것이 아니기
때문이다. 8 이 여인은 자기가 할 수 있는 일을 했다. 그녀는 내 몸에 기름을 부어
장례를 준비했다. 9 그러므로 진실로 내가 너희에게 말한다. 온 세상 어디에서든 복
음이 선포되는 곳마다 이 여인이 한 일도 말하여 그녀를 기억하게 될 것이다."

예슈아 배반에 동의한 유다(마 26:14-16; 눅 22:3-6)

10 한편 열둘 중 하나인 가룟 유다가 대제사장들에게 가서 그분을 그들에게 팔
아넘기기로 했다. 11 그러자 그들이 듣고 기뻐하며 그에게 돈을 주기로 약속했다.
그 후 그는 어떻게 그분을 팔아넘기는 것이 좋을지 기회를 찾기 시작했다.

* 히브리 성경을 기준으로 한 것이며, 우리말 성경은 요엘 2장 31절과 3장 15절이다.

107) 시몬은 나병환자였으나 깨끗이 나은 상태였다. 그래서 사람들이 그의 집에 드나들 수 있었던 것이다. 용어 해설에서 '정결하게 함'을 찾아보라.

108) 이것은 대략 노동자의 1년 치 연봉이었다.

109) 히브리어로 '미츠바'이다. 용어 해설에서 '미츠바'를 찾아보라.

제자들과의 세데르(유월절 만찬)[110](마 26:17-25; 눅 22:7-14, 21-23; 요 13:21-30)

12 그리고 무교절 첫날, 사람들이 유월절 양을 잡을 때(눅 22:7), 제자들이 그분
께 물었다. "우리가 어디로 가서 당신께서 드실 세데르(유월절 만찬)를 준비하기 원하
십니까?" 13 그러자 그분은 제자들 중 둘을 보내시며 말씀하셨다. "너희가 시내로
들어가면 물 항아리를 들고 가는 사람을 만나게 될 것이다. 그러면 그를 따라가
서 14 그가 어디로 들어가든지 그 집주인에게 이렇게 말해야 한다. '스승님이 말씀
하시기를, "나의 제자들과 세데르(유월절 만찬)를 먹을 수 있는 방이 어디냐?"고 하
셨습니다.' 15 그러면 그가 너희에게 모든 것이 갖추어진 위층 큰 방을 보여 줄 것
이다. 너희는 거기서 우리를 위해 준비해야 한다." 16 이에 제자들이 가서 시내로
들어가니, 그분께서 말씀하신 그대로였다. 그래서 그들은 세데르(유월절 만찬)를 준
비했다. 17 그 후 저녁이 되어 그분께서 그 열둘과 함께 오셨다. 18 그들이 비스듬
히 앉아 먹는 동안, 예슈아께서 말씀하셨다. "진실로 내가 너희에게 말하는데, 나
와 함께 먹는 너희 중 하나가 나를 팔아넘길 것이다." 19 그들은 근심하며 한 사람
씩 그분께 말하기 시작했다. "저는 아니지요?" 20 그러자 그분께서 그들에게 말씀
하셨다. "열둘 중에 한 사람으로, 나와 함께 그릇에 손을 넣는 자이다. 21 그 사람
의 아들은 자기에 대해 기록된 대로 가지만, 그 사람의 아들을 넘겨주는 그에게
는 화가 있다. 그는 태어나지 않는 것이 더 나을 뻔했다."

마지막 만찬(마 26:26-30; 눅 22:15-20; 고전 11:23-25)

22 그리고 그들이 먹을 때, 그분께서 무교병을 들어 하나님을 찬양하신 후에 그
것을 떼어 그들에게 주며 말씀하셨다. "너희는 이것을 받아야 한다. 이것은 내 몸
이다." 23 그리고 잔을 들어 감사하신 후 그들에게 주셨고, 모두가 그 잔을 마셨다.
24 그러자 그분께서 그들에게 말씀하셨다. "이것은 많은 사람을 위해 흘리는 내 언
약의 피다(출 24:8; 슥 9:11). 25 진실로 내가 너희에게 말하는데, 하나님의 왕국에서
새것을 마시는 날까지 결코 포도나무에서 난 것을 마시지 않을 것이다." 26 그리고
그들은 할렐을 부른[111] 후에 올리브산으로 갔다.

베드로의 부인을 예고하시다(마 26:31-35; 눅 22:31-34; 요 13:36-38)

27 그리고 예슈아께서 그들에게 말씀하셨다. "너희가 모두 배신할 것이니, 기록
되기를,

'내가 목자[112]를 칠 것이며,

양들이 흩어질 것이다'(슥 13:7)라고 하였기 때문이다.

28 그러나 내가 일으킴을 받은 후에 너희보다 먼저 갈릴리로 갈 것이다." 29 그
러자 베드로가 그분께 말했다. "모두 배신할지라도 저는 그러지 않겠습니다." 30 이
에 예슈아께서 그에게 말씀하셨다. "진실로 내가 네게 말하는데, 오늘 밤 닭이 두
번 울기 전에 네가 나를 세 번 부인할 것이다." 31 그러자 그는 더욱 힘주어 말했
다. "제가 당신과 함께 죽는 한이 있어도, 당신을 부인하지 않겠습니다." 이어서 모
두 그렇게 말했다.

겟세마네의 기도(마 26:36-46; 눅 22:39-46)

32 그리고 그들이 겟세마네[113]라는 곳에 들어갔는데, 그분께서 제자들에게 말
씀하셨다. "너희는 내가 기도하는 동안 여기 앉아 있어야 한다." 33 그리고 그분은
베드로와 야고보와 요한을 데리고 가시며 고민하고 근심하시기 시작했다. 34 그러
더니 그들에게 말씀하셨다. "내 속사람이 깊은 슬픔에 빠져 죽을 지경이니, 너희
는 여기 남아서 계속 깨어 있어야 한다." 35 그런 다음 그분은 조금 더 나아가 땅
에 엎드려, 가능하다면 그 시간이 자기를 지나가게 해 달라고 기도하며 36 말씀하
셨다. "아바,[114] 아버지, 아버지 안에서는 모든 것이 가능하니, 내게서 이 잔을 가
져가 주셔야 합니다. 그러나 제가 원하는 것이 아니라 아버지께서 원하시는 것을
하셔야 합니다." 37 그 후 그분이 오셔서 그들이 자는 것을 보시고 베드로에게 말
씀하셨다. "시몬아, 네가 자느냐? 네가 한 시간도 깨어 있을 힘이 없느냐? 38 너는
유혹에 빠지지 않도록 늘 깨어서 기도해야 한다. 그 영은 참으로 원하나 그 육신
이 약하구나." 39 그리고 그분은 다시 가셔서 같은 내용을 말씀하시며 기도하셨다.
40 그리고 다시 오셔서 제자들이 자는 것을 보셨는데, 그들의 눈이 무거웠기 때문
이다. 그들은 그분께 무슨 말로 대답해야 할지 몰랐다. 41 그때 그분께서 세 번째
오셔서 그들에게 말씀하셨다. "너희가 자야겠다. 이제부터는 또한 쉬어야[115] 한다.

110) 유월절 음식을 말한다. 용어 해설에서 '세데르'를 찾아보라.

111) 할렐, 곧 시편 113-118편을 부르는 것은 세데르의 절차 중 하나였다. 용어 해설에서 '할렐'을 찾아보라.

112) '목자'에 대해서는 용어 해설에서 '다윗의 자손/요셉의 자손'을 찾아보라.

113) 히브리어 '가트 쉬모님'(Gat Sh'monim)으로, '올리브 기름 짜는 틀'을 뜻한다. 겟세마네는 올리브 숲이지 동산이 아니다.

114) '아바'는 '아버지'를 뜻하는 아람어이며 헬라어이다. 히브리어로는 '아브'(Av)이다.

115) 여기서 쉼은 아주 짧은 휴식을 말한다. 용어 해설에서 '안식'을 찾아보라.

충분하다. 시간이 되었다. 보라, 그 사람의 아들이 죄인들의 손에 넘겨진다. **42** 일
어나서 가자. 보라, 나를 팔아넘길 자가 가까이 왔다."

예수아께서 체포되시다(마 26:47-56; 눅 22:47-53; 요 18:3-12)

43 그리고 곧바로 그분께서 아직 말씀하시는 동안 열둘 중의 하나인 유다가 도
착했는데, 대제사장들과 서기관들과 장로들이 보낸 무리도 칼[116]과 몽둥이를 들
고 그와 함께 왔다. **44** 한편 그분을 배신한 자가 무리와 신호를 정하여 말하기
를, "누구든지 내가 입 맞추는 자가 바로 그 사람이니, 그를 붙잡아 안전하게 끌고
가야 하오"라고 했다. **45** 그래서 그는 오자마자 그분께 다가가서 "랍비여"라고 하
며 입을 맞추었다. **46** 그러자 사람들이 그분께 손을 대어 붙잡았다. **47** 그런데 현
장에 있던 사람들 중 하나가 자기 칼을 뽑아 대제사장의 종을 쳐서 그 귀를 잘라
버렸다. **48** 이에 예수아께서 그들에게 말씀하셨다. "너희는 강도에게 하듯 칼과 몽
둥이를 들고 나를 잡으러 왔느냐? **49** 내가 날마다 너희와 함께 성전에서 가르쳤으
나 너희는 나를 잡지 않았다. 그러나 이것은 성경이 이루어지게 하려는 것이다." **50**
그러자 모든 사람이 그분을 남겨 둔 채 달아났다.

달아난 청년

51 그런데 한 청년이 거의 벗은 몸에 아마포 튜닉을 걸치고 그분을 따라가고 있
는데, 사람들이 그를 붙잡았다. **52** 그러나 그는 튜닉을 버리고 거의 벗은 몸[117]으
로 달아났다.

공회 앞의 예수아(마 26:57-68; 눅 22:54-55, 63-71; 요 18:13-14, 19-24)

53 그리고 그들은 예수아를 대제사장에게 끌고 갔는데, 모든 대제사장과 장로
와 서기관들이 함께 모였다. **54** 그때 베드로는 멀리 떨어져서 그분을 따라 대제사
장 관저의 뜰 안까지 들어갔다. 그리고 하인들과 함께 앉아 불 옆에서 몸을 녹이
고 있었다. **55** 한편 대제사장들과 산헤드린 전체가 예수아에 대한 증거를 찾아 죽
이려고 했지만, 아무것도 발견하지 못했다. **56** 많은 사람들이 그분에 대해 거짓으

116) 이것은 개인용 단검이다.

117) 이것은 속옷(요의: 한 장의 천으로 스커트 또는 기저귀처럼 샅을 싸서 허리에 감아 고정시키는 원시적인 옷)만 입고 있는 상태, 곧 벌거벗었음을 뜻하는 히브리 관용 표현이다. 이 청년이 두르고 있던 아마포 겉옷은 기도숄이었다. 기도숄은 넓고 커서 쉽게 잡아 벗길 수 있다. 용어 해설에서 '탈리트 또는 기도숄'을 찾아보라.

로 증언했으나 그 증거들이 일치하지 않았기 때문이다. **57** 그런데 어떤 사람들이 일어나 그분에 대해 거짓으로 증언하며 말했다. **58** "우리가 그의 말을 들으니, '내가 손으로 지은 이 성소를 무너뜨리고, 삼 일 만에 손으로 짓지 않은 다른 성전을 세우겠다'라고 했소." **59** 그러나 그들의 증언도 정확하게 일치하지 않았다. **60** 그러자 대제사장이 가운데서 일어나 예슈아께 물으며 말하기를, "당신은 이 사람들이 당신에 대해 증언하는 어떤 것에도 답변하지 않을 것이오?"라고 했다. **61** 그런데도 그분은 침묵하며 아무런 대답을 하지 않으셨다. 다시 대제사장이 그분께 물으며 말했다. "당신이 메시아, 찬송받으실 분의 아들이오?" **62** 그러자 예슈아께서 말씀하셨다. "내가 바로 그다.

그러므로 '너희는 그 사람의 아들이
권능의 우편에 앉았다가(시 110:1)
하늘의 구름을 타고 오는 것을 보리라'(단 7:13)."

63 그러자 대제사장이 자기 옷을 찢으며 말했다. "어찌 우리에게 증거가 더 필요하겠소? **64** 당신들은 하나님 모독하는 것을 들었소. 어떻게 생각하시오?" 이에 그들 모두가 그분을 죽여야 한다고 정죄했다. **65** 그러자 어떤 사람들이 그분께 침을 뱉으며 그분의 얼굴을 가리고 주먹으로 치면서 "너는 예언하라!"라고 말하기 시작했고, 종들은 그분을 손바닥으로 때렸다.

베드로의 예슈아 부인(마 26:69-75; 눅 22:56-62; 요 18:15-18, 25-27)

66 한편 베드로가 뜰 아래 있는 동안, 대제사장의 여종 하나가 와서 **67** 몸을 녹이고 있는 베드로를 유심히 보며 말했다. "당신은 나사렛 예슈아와 함께 있었어요." **68** 그러나 그가 부인하며 말하기를, "나는 당신이 무슨 말을 하는지 알아듣지 못하겠소"라고 했다. 그리고 그가 밖으로 나가 문으로 들어가는데, 닭이 울었다.[118] **69** 그런데 그 여종이 그를 보고 다시 곁에 서 있던 사람들에게 말하기 시작했다. "이 사람은 그들 중 하나예요." **70** 그러자 그가 다시 부인했다. 그런데 잠시 후 곁에 있던 사람들이 다시 베드로에게 말했다. "분명히 당신은 그들과 한패요. 당신도 갈릴리 출신이기 때문이오." **71** 그러자 그가 저주하기 시작하며 맹세하기를, "나는 당신들이 말하는 그 사람을 모르오!"라고 했다. **72** 그때 곧 닭이 두 번째 울었다.[119] 그러

118) 온전한 형태로 가장 오려된 '알레프'(Alef) 사본 등에는 '닭이 울었다'는 구절이 빠져 있다.
119) '닭이 두 번째 울었다'는 구절도 온전한 초기 사본들에는 빠져 있다.

자 베드로는 "닭이 두 번 울기 전에 네가 나를 세 번 부인할 것이다"라고 하신 예
슈아의 말씀이 생각났다. 그래서 그는 (예슈아의 말씀을) 생각하며 울었다.

빌라도 앞의 예슈아(마 27:1-2, 11-14; 눅 23:1-5; 요 18:28-38)

15 **1** 이어서 아침이 되자마자, 대제사장들은 장로들과 서기관들과 산헤드
린 전체와 계획을 세운 대로 예슈아를 결박해서 끌어다가 빌라도에게
넘겼다. **2** 이에 빌라도가 그분께 물었다. "당신이 유대인의 왕이오?" 그러자 그분께
서 그에게 말씀하셨다. "네가 말하고 있다." **3** 한편 대제사장들은 많은 것으로 그
분을 고소하고 있었다. **4** 그래서 빌라도가 다시 그분께 물으며 말했다. "당신은 아
무 대답도 하지 않소? 그들이 얼마나 많은 것으로 당신을 고소하는지 보시오." **5** 그
러나 예슈아께서 아무런 대답을 하지 않으시자, 빌라도는 놀랍게 여겼다.

사형선고를 받으신 예슈아(마 27:15-26; 눅 23:13-25; 요 18:39-19:16)

6 그런데 빌라도는 절기에 맞춰 백성을 위해 그들이 요구하는 죄수 하나를 풀
어 주어야 했다. **7** 그때 바라바라는 사람이 반역자들과 함께 있었는데, 그는 폭
동 중에 살인을 저지른 죄수였다. **8** 이어서 무리가 올라와서 *빌라도가* 자신들을
위해 해 주던 것처럼 *죄수 한 명을* 요청하기 시작했다. **9** 이에 빌라도가 그들에게
물으며 말하기를, "내가 너희를 위해 유대인의 왕을 풀어 주기 원하는가?"라고 했
다. **10** 왜냐하면 그는 대제사장들이 시기심으로 그분을 넘겨주었다는 사실을 알
았기 때문이다. **11** 그러나 대제사장들은 무리[120]를 더욱 선동하여 빌라도가 그들
을 위해 바라바를 풀어 주게 했다. **12** 이에 빌라도는 다시 물으며 그들에게 말했
다. "그러므로 너희는 누구를 말하는가? 너희는 내가 유대인의 왕에게 어떻게 하
기 원하는가?" **13** 그러자 그들은 또다시 외쳤다. "당신은 지금 그를 십자가에 못 박
아야 하오!" **14** 그러자 빌라도가 그들에게 계속 말했다. "그가 무슨 악한 짓을 했는
가?" 이에 그들이 더 크게 외쳤다. "당신은 그를 십자가에 못 박아야 하오!" **15** 그러
자 빌라도는 무리를 만족시키기 위해 그들에게 바라바를 풀어 주고, 예슈아를 채

120) 대제사장들과 이 무리는 모두 헬라주의자들이었다. 용어 해설에서 '헬라주의자'를 찾아보라.

121) 약 600명의 병사로 구성되어 있었다.

122) 자주색은 왕권, 왕족을 상징한다.

찍질한 후에 넘겨주어 십자가에 못 박게 했다.

군인들이 예슈아를 조롱하다(마 27:27-31; 요 19:2-3)

16 이어서 군인들이 그분을 총독 관저 뜰 안으로 끌고 가서 보병대[121] 전체를
소집했다. 17 그 후 그들은 그분께 자주색[122] 겉옷을 입힌 후 가시로 엮은 관을 씌
우고 18 "유대인의 왕이여, 만세!"라고 인사하기 시작했다. 19 그러면서 갈대로 그
분의 머리를 치고 침을 뱉으며, 무릎을 꿇고 그분께 절했다. 20 그리고 그들은 그
분을 조롱한 뒤에 자주색 겉옷을 벗기고 그분의 옷을 입혔다. 이어서 그분을 십
자가에 못 박으려고 끌고 갔다.

예슈아의 십자가 처형(마 27:32-44; 눅 23:26-43; 요 19:17-27)

21 한편 그들은 시몬이라는 사람에게 강제로 그분의 십자가를 지고 가게 했는
데, 그는 시골에서 올라와 지나가던 구레네 사람으로, 알렉산더와 루포의 아버지
였다. 22 그리고 그들은 그분을 데리고 골고다, 곧 '해골의 장소'라는 곳으로 갔다.
23 이어서 그들이 그분께 몰약 섞은 포도주를 주었으나, 그분은 그것을 받지 않으
셨다. 24 그리하여 그들은 그분을 십자가에 못 박고,

"그분의 겉옷을 나누며
누가 어느 것을 가져갈지 제비를 뽑았다"(시 22:19).[123]

25 제삼시[124]가 되어 그들은 그분을 십자가에 못 박았다. 26 그때 그분의 죄목
을 새긴 패에는 '유대인의 왕'이라고 기록되었다. 27 그들은 그분과 함께 강도 둘을
십자가에 못 박았는데, 하나는 오른편에 그리고 하나는 그분의 왼편에 있었다. 28
[그래서 "그분은 토라가 없는 자들과 함께 헤아려질 것이다"(사 53:12)라고 하신 성
경이 이루어졌다.][125] 29 그때 지나가는 사람들이 그분을 모독했는데, 고개를 흔들
며 말하기를, "아하, 성소[126]를 파괴하고 삼 일 만에 짓는 자야, 30 당신은 십자가
에서 내려와 당신 자신이나 구원해야겠다"라고 했다. 31 마찬가지로 대제사장들도
서기관들과 함께 서로 조롱하며 말하기를, "그가 남들은 구원했는데, 자신은 구
원할 수 없네. 32 메시아, 이스라엘의 왕이여, 이제 십자가에서 내려와 우리로 보

123) 히브리 성경을 기준으로 한 것이며, 우리말 성경은 시편 22편 18절이다.

124) 오전 9시경

125) 초기 사본에는 이 부분이 빠져 있다.

126) 성소는 성소와 지성소로 구성되어 있었다. 용어 해설에서 '성소'를 찾아보라.

고 믿게 해야 하오"라고 했다. 그리고 그분과 함께 십자가에 못 박힌 자들도 그분을 비난했다.

예슈아의 죽음(마 27:45-56; 눅 23:44-49; 요 19:28-30)

33 그리고 제육시가 되자, 온 땅이 어두워지더니 제구시[127]까지 계속되었다. **34** 그러더니 제구시에 예슈아께서 큰 소리로 부르짖으시기를, "엘로이! 엘로이! 라마 아자브타니?"(시 22:2)[128]라고 하셨는데, 이것은 "나의 하나님! 나의 하나님! 왜 저를 완전히 버리셨습니까?"라는 뜻이다. **35** 그러자 곁에 서 있던 몇 사람이 듣고 말하기를, "보라, 그가 엘리야를 부르는 중이다"라고 했다. **36** 이에 어떤 사람이 뛰어 올라가 해면을 신 포도주에 흠뻑 적신 다음(시 69:22)[129] 갈대에 꿰어 마시라고 주는데, (누군가) 말하기를, "가만 두어라, 엘리야가 와서 그를 내려주는지 우리가 보자"라고 했다. **37** 그때 예슈아께서 큰 소리를 내고 숨을 거두셨다. **38** 그러자 성소의 휘장이 위에서 아래로 찢어져 양쪽으로 갈라졌다. **39** 그때 백부장이 그분의 맞은편에 서 있다가 그분께서 이렇게 숨을 거두시는 것을 보고 말했다. "진실로 이 사람은 하나님의 아들이었다." **40** 그때 어떤 여인들이 멀리서 보고 있었는데, 그들 중에는 막달라의 미리암, 작은 야고보와 요세의 어머니 미리암, 그리고 살로메도 있었다. **41** 이들은 갈릴리에 있을 때에 그분을 따르고 섬겼다. 그리고 그분과 함께 예루살렘으로 올라온 다른 많은 여인들도 있었다.

예슈아의 장례(마 27:57-61; 눅 23:50-56; 요 19:38-42)

42 그리고 이제 저녁이 되니, 그날은 예비일,[130] 곧 안식일 전날이어서 **43** 산헤드린의 저명한 회원이며 하나님의 왕국을 고대하는 아리마대 출신 요셉이 용기를 내어 빌라도에게 가서 예슈아의 몸을 요구했다. **44** 그러자 빌라도는 그분이 벌써 죽은 것을 이상하게 여기고, 백부장을 불러 그분이 벌써 죽었는지 물었다. **45** 그는 백부장에게 알아본 후 그분의 시신을 요셉에게 주었다. **46** 이에 그는 아마포를 사 두었으므로 그분을 눕혀 아마포로 싸서 무덤에 두었는데, 그것은 바위를 깎아

127) 오후 3시

128) '아자브타니'는 시편 22편 2절에 사용된 히브리어를 그대로 옮겨 놓은 것이다. '사박다니'는 아람어이다. 우리말 성경으로는 시편 22편 1절이다.

129) 히브리 성경을 기준으로 한 것이며, 우리말 성경은 시편 69편 21절이다.

130) 용어 해설에서 '예비일'을 찾아보라.

만든 것이었다. 그는 돌을 굴려와서 무덤 입구를 막았다. **47** 그때 막달라의 미리암
과 요세의 어머니 미리암이 그분이 놓인 곳을 지켜보고 있었다.

예슈아의 부활(마 28:1-10; 눅 24:1-12; 요 20:1-10)

16 **1** 그리고 안식일이 지난 후, 막달라의 미리암과 야고보의 어머니 미리암,
그리고 살로메가 향유를 사 와서 그분께 바르려고 했다.[131] **2** 그래서 그
들은 그 주간의 첫날[132] 매우 이른 아침 해가 뜰 때에 무덤으로 갔다. **3** 그들이 서
로 말하기를, "누가 우리를 위해 무덤 입구의 돌을 굴려 옮겨 주겠는가?"라고 했
다. **4** 그런데 그들이 올려다보니, 돌이 이미 굴려져 있었다. 그것은 매우 큰 돌이었
다. **5** 이에 그들은 무덤 안으로 들어가서 흰옷[133]을 입은 한 청년이 오른편에 앉아
있는 것을 보고 크게 놀랐다. **6** 그러자 그가 여인들에게 말했다. "놀라지 말라! 너
희가 나사렛 예슈아, 십자가에 못 박히신 분을 찾고 있으나, 그분은 일으켜지셔서
여기에 계시지 않는다. 사람들이 그분을 두었던 자리를 보라. **7** 다만 너희는 이제
가서 그분의 제자들과 베드로에게 말하기를, '그분께서 당신들보다 먼저 갈릴리로
가실 것이니, 그분이 말씀하신 그대로 당신들이 거기서 그분을 뵐 것이다'라고 해
야 한다." **8** 이에 그들은 밖으로 나가 무덤에서 달아났는데, 놀라서 아무 말도 하
지 못하고 떨었다.[134]

미리암에게 나타나시다[135] (요 20:11-18)

9 그리고 그 주간의 첫날 이른 시간에 그분께서 일어나셔서 먼저 전에 일곱
귀신을 쫓아내 주신 여인 막달라의 미리암에게 나타나셨다. **10** 그녀는 거기를 떠
나서 그분과 함께 있던 자들에게 이 소식을 전했는데, 그들은 애통하며 울고 있었
다. **11** 그들은 그분이 살아나셔서 그녀에게 보이셨다는 말을 듣고도 믿지 않았다.

131) 이들이 향품을 가지고 무덤으로 간 것은 일반적인 일이 아니었다. 당시 여인은 남자의 시신에 향품을 바를 수 없었고, 남자도 여인의 시신에 향품을 바를 수 없었다. 요한복음 19장 38-40절은 니고데모가 예슈아의 시신에 바르기 위해 향품 100리트라(35kg 정도)를 가져왔다고 말씀한다.

132) '그 주간의 첫날'은 일요일이다. 이것은 안식일 다음 날(안식 후 첫날)을 가리키는 히브리 관용 표현이다.

133) '흰옷'은 '영적으로 준비된 상태'를 상징한다(전 9:8). "네 옷을 항상 희게 하고 네 머리에 기름이 부족하지 않게 하라."

134) 초기 마가복음 사본은 여기서 끝이 난다. 이후에 진행되는 내용은 5세기경에 덧붙여진 것이다.

135) 9-20절은 4세기경에 'ms A'(이집트 알렉산드리아 사본)에 추가되었다.

두 제자에게 나타나시다

12 그 후 그분께서는 제자들 중 두 사람에게 또 다른 모습으로 나타나셨는데,
그들은 시골로 걸어가는 중이었다. 13 그래서 그들이 가서 나머지 제자들에게 이
소식을 전했으나, 그들은 믿지 않았다.

지상 명령

14 나중에 그들이 비스듬히 앉아 먹는 동안, 그분께서 그 열한 제자에게 나타
나셔서 그들의 믿지 않음과 완악한 마음을 꾸짖으셨다. 그들이 그분을 보았다는
사람들의 말을 믿지 않았기 때문이다. 15 또 그분은 그들에게 말씀하셨다. "너희는
이제 온 세상, 모든 피조물에게 복음을 선포해야 한다. 16 믿고 침례를 받는 자는
구원받을 것이나 믿지 않는 자는 정죄를 받을 것이다. 17 그리고 믿는 자들에게
표적과 기사가 따를 것이다. 그들은 내 이름으로 귀신들을 쫓아내고, 새로운 방
언들을 말하며, 18 뱀을 집어도 상하지 않고, 독을 마셔도 해를 입지 않을 것이며,
그들이 병든 자들에게 손을 얹으면 나을 것이다."

19 그리하여 참으로 주 예수아께서 그들에게 말씀하신 후에 하늘로 들려 올라
가셔서 하나님 오른편에 앉으셨다. 20 그리고 제자들이 선포하러 나가는 모든 곳
에서 주께서 그들과 함께 역사하셔서 뒤따르는 표적들을 통해 그 말씀을 확증
해 주셨다.

누가에 따르면[1]
(누가복음)

데오빌로[2]에게 헌정

1 **1** 많은 사람들이 우리 가운데서 이루어진 그 일들에 대한 이야기를 정리
하려고 손을 댔습니다. **2** 첫 번째 증인들이 그 말씀의 종이 된 우리에게
전해 준 그대로 **3** 모든 것을 처음부터 차례대로 주의 깊게 살핀 후에 경애하는 데
오빌로님께 쓰는 것이 좋겠다고 생각했습니다. **4** 그러면 당신이 이미 배우신 것들
을 확실히 이해하시게 될 것입니다.

침례자 요한의 출생 예고

5 유대의 왕 헤롯 시대에 아비야 계열[3]에 사가랴라는 제사장이 있었는데, 그의
아내는 아론의 후손이며 이름은 엘리사벳[4]이었습니다. **6** 그리고 그들은 둘 다 하
나님 앞에서 의로워서, 주님의 모든 계명과 요구를 흠 없이 수행했습니다. **7** 그러
나 엘리사벳이 아이를 갖지 못하여 그들에게는 아이가 없었고, 두 사람 다 나이
가 많았습니다. **8** 그런데 사가랴가 하나님 앞에서 자기 계열의 차례대로 제사장
직무를 맡게 되어 **9** 그 예식의 관례에 따라 주의 성소[5]에 들어가 분향하게 되었는
데, **10** 백성의 모든 무리는 분향하는 시간에 밖에서 기도하고 있었습니다. **11** 그때

1) AD 59-63년경에 기록되었다. 의사인 누가가 기록한 본서에는 의료 관련 용어들이 많이 등장하며, 치유 사건도 다른 복음서들보다 많이 기록되어 있다.

2) '데오빌로'는 헬라어로 '하나님을 사랑하는 자' 또는 '하나님의 친구'이다. 이 서신이 데오빌로라는 특정 인물에게 전달된 것인지, 하나님을 사랑하는 여러 성도들에게 전달된 것인지는 명확하지 않지만, 전자로 보는 것이 지배적이다.

3) '아비야 계열'은 아론의 제사장직의 24계열 중 하나였다. 용어 해설에서 '아비야 계열'을 찾아보라.

4) '엘리사벳'은 히브리 이름 '엘리세바'를 헬라어로 표기한 것으로, 아론의 아내의 이름도 엘리세바였다. 아론의 자손인 엘리사벳은 레위 지파였다(레 21:14).

5) 헬라어 '나오스'(naos)는 보통 '성전'으로 번역되지만, '성소'가 정확한 번역이다. 분향 제단은 성소의 외소에 위치해 있었다.

주의 천사가 그에게 나타나서 분향 제단 오른편에 서 있었습니다. **12** 이에 사가랴
는 천사를 보고 당황하여 두려움이 엄습했습니다. **13** 그러자 천사가 그에게 말했습
니다. "사가랴야, 두려워하지 말라. 네 간절함이 들려 네 아내 엘리사벳이 아들을 낳
을 것이니, 그 이름을 요한이라 부를 것이다. **14** 그리고 네게는 즐거움과 기쁨이 있
겠고, 많은 사람들이 그 아이의 태어남을 기뻐할 것이다. **15** 그 아이는 주님 앞에
서 크게 될 것이니, 포도주나 독한 술을 마시지 않아야 한다. 그리고 그 어머니의
뱃속에서부터 이미 성령으로 충만하여 **16** 많은 이스라엘 자녀들을 그들의 주 하
나님께 돌아오게 할 것이다. **17** 또 그분보다 먼저 엘리야의 영과 권능으로 와서 아
버지들의 마음을 그 자녀들에게로, 그리고 불순종하는 자들을 의를 깨닫는 마음으
로 돌아오게 하여 주께서 예비하신 백성을 준비시킬 것이다"(말 3:23-24).[6] **18** 그러자
사가랴가 천사에게 말했습니다. "내가 어떻게 이 일을 알겠습니까? 나는 늙었고,
내 아내도 나이가 많으니 말입니다." **19** 그러자 천사가 그에게 말했습니다. "나는
가브리엘, 하나님 앞에 서 있는 자인데, 네게 이 좋은 소식을 전하라고 보냄을 받
았다. **20** 자, 보라, 네가 내 말을 믿지 않았으므로 잠잠하게 되어 이 일들이 일어
날 때까지 말을 할 수 없게 될 것이다. 그러나 내 말은 제때에 이루어질 것이다."

21 한편 백성들은 사가랴를 기다리다가 그가 성소에서 무엇 때문에 지체하는
지 궁금해하고 있었습니다. **22** 그런데 그가 나와서 그들에게 말을 하지 못하자, 사
람들은 그가 성소에서 어떤 환상을 본 것이라고 이해했습니다. 그는 그들에게 손
짓으로 표현하고 말 못하는 채로 지냈습니다. **23** 그리하여 그는 임무 기간을 완수
하고 자기 집으로 돌아갔습니다. **24** 그런데 이후에 그의 아내 엘리사벳이 아이를
갖게 되어 다섯 달 동안 숨어 지내며 말하기를, **25** "주께서 나를 위해 이렇게 하
셨습니다. 곧 이날들에 사람들 가운데서 나의 수치를 없애려고 배려해 주셨습니
다"라고 했습니다.

예슈아의 탄생 예고

26 그리고 *임신한 지* 여섯 달째에 천사 가브리엘이 나사렛이라는 갈릴리의 한 도
시로 하나님의 보내심을 받아 **27** 다윗 가문에서 난 요셉이라는 남자와 약혼한 처
녀에게 갔는데, 그 처녀의 이름은 미리암[7]이었습니다. **28** 그때 그가 그녀에게 와서
말했습니다. "기뻐하라, 큰 은총을 받은 이여, 주께서 너와 함께하신다." **29** 그러나
그녀는 그 말에 당황하며 왜 이런 인사를 하는지 궁금해하고 있었습니다. **30** 이에

천사가 그녀에게 말했습니다. "미리암아, 두려워하지 말라. 네가 하나님께 은총을
입었기 때문이다. **31** 그리고 보라, 네가 잉태하여 아들을 낳을 것인데, 그의 이름
을 예슈아[8]라고 부를 것이다. **32** 이분은 크게 되어 지극히 높으신 분의 아들이라
불릴 것이고, 주 하나님께서 그분에게 그 조상 다윗의 보좌를 주실 것이다. **33** 그분
께서 야곱의 집을 영원히 다스리실 것이며, 그분의 왕국은 끝이 없을 것이다." **34**
그러자 미리암이 천사에게 말했습니다. "어떻게 이런 일이 있겠습니까? 저는 남편
과의 친밀함이 없었는데 말입니다." **35** 이에 천사가 그녀에게 말했습니다. "성령이
네게 임하시고, 지극히 높으신 분의 능력이 너를 덮을 것이다. 이런 이유로 태어나
시는 그 거룩하신 분은 하나님의 아들이라 불릴 것이다. **36** 그리고 보라, 네 친족
엘리사벳도 늙은 나이에 아들을 가졌고, 불임이라던 그녀가 이제 육 개월이 되
었다. **37** 하나님께는 불가능한 것이 아무것도 없기 때문이다"(창 18:14; 렘 32:17, 27; 욥
42:2). **38** 그러자 미리암이 말했습니다. "보십시오, 주의 종이니, 당신의 말씀대로 되
기를 원합니다." 그리고 천사는 그녀를 떠났습니다.

미리암이 엘리사벳을 방문하다

39 또 그때에 미리암이 일어나서 산지에 있는 유대의 한 도시로 서둘러 갔습니
다. **40** 그리고 사가랴의 집으로 들어가서 엘리사벳에게 문안했습니다. **41** 그런데
다음과 같은 일이 있었습니다. 엘리사벳이 미리암의 인사를 들을 때에 아기가 뱃
속에서 뛰었고(눅 1:15), 엘리사벳은 성령이 충만하여 **42** 큰 소리로 외치며 말하였습
니다. "여인들 가운데 그대가 복이 있고, 그대의 태의 열매가 복이 있습니다. **43** 그
런데 내 주의 어머니가 내게 오시다니, 이게 어찌된 일입니까? **44** 보십시오, 그대
의 문안하는 소리가 내 귀에 들릴 때에 내 뱃속의 아기가 기뻐서 뛰었습니다. **45**
그러므로 주께서 자기에게 말씀하신 것이 이루어질 것을 믿은 여자에게 복이 있
습니다."

미리암의 찬송

46 그때 미리암이 말했습니다.
47 "내 혼이 주를 높이고

6) 히브리 성경을 기준으로 한 것이며, 우리말 성경은 말라기 4장 5-6절이다.
7) '마리아'라는 이름은 히브리어로 '미리암'이다.
8) 용어 해설에서 '예슈아'를 찾아보라.

내 영은 나의 구주이신 하나님으로 인해 즐거워하니,
48 그분께서 자기 여종의 비천한 처지를 돌아보셨기 때문입니다.
그러므로 보십시오, 이제부터 모든 세대가 나를 축복할 것이니,
49 전능하신 분께서 나를 위해 큰 일들을 하셨기 때문입니다.
그러므로 그분의 이름은 거룩하고,
50 그분의 긍휼은 대대로
그분을 경외하는 자들과 함께 있습니다.
51 그분께서 그 팔로 전능한 일들을 행하셨고,
그 마음의 생각이 교만한 자들을 흩으셨습니다.
52 그분께서 통치자들을 보좌에서 끌어내리시고,
낮은 자들을 높이셨습니다.
53 그분께서 주린 자들을 좋은 것들로 배부르게 하시고,
부유한 자들을 빈손으로 보내셨습니다.
54 그분께서 긍휼을 기억하심으로
자기의 자녀 이스라엘을 도우시니,
55 우리 조상들에게, 아브라함과 그의 씨에게
영원히 말씀하신 바로 그대로입니다."
56 그리고 미리암은 엘리사벳과 함께 석 달 정도 머물다가 자기 집으로 돌아갔습니다.[9)]

침례자 요한의 출생

57 한편 엘리사벳은 출산 기한이 차서 아들을 낳았습니다. 58 그러자 그 이웃
과 친척들은 주께서 그녀에게 큰 긍휼을 보이셨다는 소식을 듣고 그녀와 함께 기
뻐했습니다. 59 그런데 다음과 같은 일이 있었습니다. 팔 일째 되는 날에 사람들이
아기에게 할례를 하러 와서 그 아기를 아버지 사가랴의 이름으로 부르려고 했습
니다. 60 그러자 아기의 어머니가 말했습니다. "아니요, 그 아이는 '요한'이라고 불
릴 것입니다." 61 이에 사람들이 그녀에게 말했습니다. "당신의 친척 중에 그런 이름

9) 임신하고 처음 3개월 동안은 온전하게 안식을 취하는 것이 중동 지역의 관습이었다.

10) 히브리 성경을 기준으로 한 것이며, 우리말 성경은 시편 41편 13절이다.

11) 히브리 성경을 기준으로 한 것이며, 우리말 성경은 말라기 4장 2절이다.

으로 불리는 사람은 아무도 없소." 62 그리고 그들은 고갯짓으로 그 아버지에게 아
기의 이름을 뭐라고 부르기 원하는지 *알아보려* 했습니다. 63 그러자 사가랴가 서
판을 요구한 후에 쓰며 말하기를, "그의 이름은 요한이오"라고 했습니다. 이에 모
두가 놀랐습니다. 64 그때 그의 입과 그의 혀가 풀리더니, 말을 하고 하나님을 찬
양했습니다. 65 그러자 그 주변에 사는 모든 사람에게 경외심이 임했습니다. 온 유
대 산지의 사람들이 이 모든 소식에 대해 이야기했고, 66 소문을 들은 모든 사람
이 속으로 말하기를, "도대체 이 아이는 어떤 사람이 될 것인가?"라고 했습니다.
참으로 주님의 손이 그 아이와 함께 있었기 때문입니다.

사가랴의 예언

67 그때 그의 아버지 사가랴가 성령이 충만하여 예언하며 말했습니다.
68 "이스라엘의 주 하나님을 찬양하라(시 41:14;[10] 72:18; 106:48).
그분께서 자기 백성을 돌아보시고 그들을 위해 구원을 이루셨고(시 111:9),
69 그분께서 우리를 위해 그분의 자녀 다윗의 집에서
구원의 뿔을 일으키셨으며(시 18:3),
70 오래전부터 거룩한 선지자들의 입을 통해
그분께서 말씀하신 그대로,
71 우리의 적들과
우리를 미워하는 모든 자의 손에서 건져내셨고(시 106:10),
72 우리 선조들에게 긍휼을 보이시고
그분의 거룩한 언약이 기억되게 하셨으며(시 106:45),
73 그분께서 우리 조상 아브라함에게 언약하신 맹세(창 17:7; 시 105:8-9)를
우리에게 주셔서
74 우리가 두려움 없이 대적들의 손에서 벗어나(창 22:16-17) 그분을 섬기기를
75 일평생 경건함과 의로움으로 그분 앞에 있게 하셨기 때문이다.
76 또한 아이야, 너는 '지극히 높으신 분의 선지자'로 불릴 것이니,
네가 먼저 가서 주의 길을 예비하여(사 40:3; 말 3:1)
77 그분의 백성에게 그들의 죄들을 사하는 구원의 지식을 전하며,
78 우리 하나님의 긍휼하심의 그 깊은 자비,
곧 떠오르는 태양이 높은 곳에서 우리를 비추는(말 3:20)[11] 그 긍휼하심 때문에

79 흑암과 사망의 그늘에 앉은 자들에게 빛을 가져오고,
우리의 발을 평화의 길로 인도할 것이다"(사 9:2; 58:8; 60:1-2).
80 그리하여 그 아이는 자라서 영적으로 강해졌고, 이스라엘 앞에 나타나는 날
까지 광야에 있었습니다.

예슈아의 탄생(마 1:18-25)

2 1 한편 그 당시에 다음과 같은 일이 있었습니다. 가이사 아구스도로부터
칙령이 공포되어 모든 주민에게 호적을 만들라고 했습니다. 2 이 첫 번째
인구 조사는 구레뇨가 시리아의 총독일 때에 있었습니다. 3 그래서 모든 사람이
호적을 만들기 위해 각자 자기 고향으로 갔습니다. 4 그때 요셉은 다윗 족속의 한
가문 출신이었으므로, 갈릴리의 한 도시 나사렛[12]에서 유대에 있는 다윗의 도시,
곧 베들레헴[13]이라고 불리는 곳으로 가서 5 약혼한 사이인 미리암과 함께 등록하
려 했는데, 그녀는 아이를 가져 배가 불러 있었습니다. 6 그리하여 그들이 거기 있
는 동안 날이 차서 그녀가 아이를 낳을 때가 되었습니다. 7 이에 그녀는 자기의 아
들, 곧 첫 아이를 낳아 그를 싸서 구유[14]에 뉘었는데, 숙소에 그들을 위한 자리가
없었기 때문입니다.

목자들과 천사들

8 그런데 이 지역 들판에 목자들이 있어, 밖에서 지내며 밤에 양떼를 지키고 있
었습니다.[15] 9 그때 주의 천사가 그들에게 나타나고 주의 영광이 그들을 둘러 비
추니, 그들은 크게 두려워했습니다. 10 그러자 천사가 그들에게 말했습니다. "너희
는 두려워하지 말라. 보라, 내게 너희를 위한 좋은 소식이 있으니, 모든 백성에게
큰 기쁨이 될 것이다. 11 오늘 다윗의 도시에서 너희를 위해 구세주가 나셨기 때문
이다. 그분은 바로 메시아, 주님이시다. 12 그러므로 이것이 너희에게 표적이 될 것

12) '나사렛'의 히브리식 발음은 '네쩨르'이며, 이사야 11장 1절처럼 '가지 또는 싹'을 뜻한다.

13) '베들레헴'은 히브리어 지명 '베이트-레헴'을 헬라어로 표기한 것이며, '빵집'이라는 뜻이다. 예슈아는 "하나님의 빵은 하늘에서 내려와 세상에 생명을 준다"고 말씀하셨다(요 6:33). 예슈아께서 태어나실 곳으로 베들레헴(빵집)보다 나은 곳이 있겠는가?

14) 칠십인역에서는 '구유'에 해당하는 헬라어가 '마구간, 외양간'을 번역하는 데 사용되었다. 예슈아는 마구간의 구유에 누워 계셨을 것이다.

15) 12월에는 목자들이 들에서 거하지 않으므로, 예슈아께서 탄생하셨을 가능성이 거의 없다. 용어 해설에서 '아비야 계열'을 찾아보라.

이다. 너희가 강보에 싸여 구유에 누워 있는 아기를 볼 것이다." **13** 그대 갑자기 천
사와 함께 수많은 하늘의 군대[16]가 하나님을 찬양하며 말하기를,

14 "가장 높은 곳에는 하나님께 영광이,
땅에는 평화가,
그리고 사람들 가운데 선한 뜻이"[17]라고 했습니다.

15 그리하여 천사들이 그들을 떠나 하늘로 돌아가자, 목자들이 서로 말했습니
다. "우리가 이제 베들레헴으로 가서 주께서 우리에게 계시해 주신 이 소식이 무엇
인지 알아봐야겠다." **16** 그리고 그들은 서둘러 가서 미리암과 요셉과 구유에 누인
아기를 찾았습니다. **17** 이에 그들이 보고는 그 아기에 대해 들은 메시지를 그들에
게 알려 주었습니다. **18** 그러자 그것을 들은 사람들은 모두 목자들이 들려준 것에
대해 놀랐고, **19** 미리암은 이 모든 말을 간직하여 그녀의 마음에 새겼습니다. **20** 그
후 목자들은 그들이 듣고 본 모든 것이 들었던 그대로이므로, 그 모든 것으로 인
해 하나님께 영광을 돌리고 찬양하며 돌아갔습니다.

21 이어서 팔 일이 되어 아이에게 할례를 행할 때(레 12:2-3), 그 이름을 예슈아[18]
라고 불렀는데, 이것은 그가 잉태될 때에 천사가 부른 이름입니다.

성전에서 예슈아를 봉헌하다

22 그리고 정결 예식[19]의 날이 차자, 그들은 모세의 토라(가르침)[20]에 따라 아기
를 예루살렘으로 데리고 올라가 주께 바쳤습니다. **23** 주의 토라(가르침)에 "태에서
나온 모든 남자는 주께 거룩하다 칭할 것이라"(출 13:2)고 기록된 그대로 한 것이었
고, **24** 주의 토라(가르침)에 "산비둘기 한 쌍이나 집비둘기 새끼 두 마리"라고 말씀
하신 대로 예물을 드렸습니다.

25 그런데 보십시오, 시므온이라는 이름의 남자가 예루살렘에 있었는데, 의롭고
경건한 이 사람은 이스라엘의 위로를 기다리고 있었으며, 성령이 그 위에 있었습
니다. **26** 그가 성령으로 주의 메시아를 보기 전에는 결코 죽지 않을 것이라는 계

16) 문자 그대로 옮기면 '하나님의 군사들'이다. 엘리사가 도단에서 본 군대(왕하 6:16-17)와 '여호와 체바오트', 즉 '만군의 여호와'를 언급할 때도 사용되었다.

17) 문자 그대로 옮기면 "땅에는 선한 뜻을 입은 사람들에게 평화가"이다.

18) '예슈아'는 예수님의 히브리식 이름이다. 용어 해설에서 '예슈아'를 찾아보라.

19) 레위기 12장 2-4절에서는 각각 7일과 33일, 총 40일의 기간을 채우라고 말씀한다.

20) 토라는 '가르침' 또는 '지시'를 뜻한다. 용어 해설에서 '토라'를 찾아보라.

시를 받았습니다. 27 그때 그는 그 영(성령)으로 성전에 들어왔습니다. 그리고 그 부
모가 아기 예슈아를 데리고 들어와 토라(가르침)의 관례대로 그에 관한 일을 행하
려고 하자, 28 시므온이 그의 팔로 아기를 안고 하나님을 찬양하며 말했습니다.

29 "주여, 이제 주의 말씀대로
주의 종을 평안하게 놓아 주십니다.
30 제 눈이 주의 구원을 보았으니,
31 주께서 모든 백성의 얼굴 앞에 예비하신 바로 그분이요,
32 계시로 이방을 비추는 빛이며(사 42:6; 49:6),
주의 백성 이스라엘의 영광입니다."

33 이에 그 부모는 아기에 대해 말하는 것을 듣고 놀랐습니다. 34 그때 시므온이
그들을 축복하며 그의 어머니 미리암에게 말했습니다. "보십시오, 이 아이는 이스
라엘에서 많은 사람들의 몰락과 흥함, 반박당하는 표적으로 세움을 입었습니다.
35 그러나 그때 당신에게는 칼[21]이 당신의 속사람도 관통할 것이니, 또한 많은 사
람들의 마음속 생각들이 드러날 것입니다."

36 한편 안나[22]라는 여선지자가 있었으니, 아셀 지파 바누엘의 딸이었습니다.
그녀는 나이가 아주 많았는데, 처녀 시절을 끝내고[23] 남편을 만나 칠 년을 살다
가 37 과부가 되어 팔십사 세가 되었습니다. 그녀는 성전을 떠나지 않고 밤낮 금식
과 기도로 섬기는 중이었습니다. 38 그런데 바로 이때 그녀가 서서 하나님께 감사하
며, 예루살렘의 구원을 기다리는 모든 사람에게 그 아기에 대해 말하였습니다.

나사렛으로 돌아오다

39 그리하여 그들은 주의 토라(가르침)에 규정된 대로 모든 것을 완수하고 갈릴
리에 있는 그들의 고향 나사렛[24]으로 돌아왔습니다. 40 그리고 아이는 자라며 강
건해지고 지혜가 충만해졌으며, 하나님의 은총이 그의 위에 있었습니다.

21) 이것은 야만인들이 사용하는 육중한 칼을 말한다.

22) 헬라어 원문에는 '한나'로 되어 있다. 이것은 사무엘의 어머니와 같은 이름이다.

23) '결혼하여'

24) 나사렛의 히브리식 발음은 '네쩨르'로, '가지 또는 싹'을 뜻한다(사 11:1).

25) 여행할 때에 여자와 아이들은 중앙에서 앞뒤로 남자들의 보호를 받으며 이동했다. 예슈아는 예루살렘으로 가는 동안에는 여자와 아이들과 더불어 중앙에서 걸으셨지만, 돌아올 때는 성인으로 인정받으셨기 때문에 앞뒤의 남자들 무리와 함께 이동하셨을 것이다. 그래서 요셉은 예슈아께서 다른 무리의 남자들과 함께 이동하고 있을 것이라고 생각했던 것 같다.

성전의 소년 예슈아

41 그런데 그의 부모는 매년 유월절이 되면 예루살렘으로 올라갔습니다. 42 그
래서 아이가 열두 살이 되었을 때, 그들은 그들의 관례에 따르는 *절기와 그의 바르*
*미츠바**를 위해 올라갔습니다. 43 그리고 그 기간을 채우고 돌아가는 길에 아이
예슈아는 예루살렘에 남았습니다. 그러나 그의 부모는 그것을 모르고 44 그가 행
렬 가운데 있다고 생각하며 하룻길을 오고서야[25] 친지들 중에서 그를 찾기 시작
했습니다. 45 그러나 찾지 못하자, 그를 찾아 예루살렘으로 되돌아갔습니다. 46 그
리하여 그들은 삼 일 후에 그를 성전에서 찾았는데, 그는 선생들 가운데 앉아 그
들의 말을 듣기도 하고 그들에게 질문[26]도 하고 있었습니다. 47 그리고 그에게 듣
는 모든 사람이 그의 총명함과 대답에 놀랐습니다. 48 한편 그의 부모가 그를 보
고 놀라 말했습니다. "얘야, 네가 왜 이렇게 했느냐? 보아라, 네 아버지와 내가 너
를 찾으면서 고생하고 있었다." 49 그러자 그가 그들에게 말했습니다. "왜 나를 찾
으셨습니까? 내가 내 아버지의 이 일들 가운데 있어야 한다는 것을 알지 못하셨
습니까?" 50 그러나 그의 부모는 그가 하는 말을 이해하지 못했습니다. 51 그리고
그는 부모와 함께 나사렛으로 내려와 그들에게 순종했습니다. 그때 그의 어머니
는 그 모든 말을 마음속에 간직했습니다. 52 그리고 예슈아는 지혜와 키가 자라면
서 하나님과 사람들에게 은총을 입었습니다.

침례자 요한의 설교(마 3:1-12; 막 1:1-8; 요 1:19-28)

3 1 가이사 디베료[27]가 다스린 지 십오 년 되던 해, 본디오 빌라도가 유대
총독, 헤롯이 갈릴리 분봉왕, 그의 형제 빌립이 이두래와 드라고닛 지방
의 분봉왕, 루사니아가 아빌레네의 분봉왕, 2 안나스와 가야바가 대제사장이었을
때에 하나님의 말씀이 요한, 곧 광야에 있는 사가랴의 아들에게 임했습니다. 3 그
래서 그는 요단강 주변 모든 지역으로 가서 죄 사함을 위한 회개의 침례를 선포했
는데, 4 그것은 선지자 이사야의 두루마리에 기록된 그대로였습니다.

"광야에서 외치는 소리가 있다.

26) 예슈아는 대부분 질문의 형태로 답하셨을 것이다. 오늘날에도 동일한 방식으로 토라를 공부한다.

* 이것은 예슈아 당시에도 수백 년간 지속되어 온 예식으로, 유대인 남자아이는 열두 살에 어른의 종교적 책임을 지게 된다.

27) 티베리우스(디베료) 황제의 재위기간은 AD 14-37년이다.

'너희는 즉시 주님의 길을 예비해야 하며,
계속해서 그분의 행로들을 곧게 만들어야 하니,
5 모든 골짜기가 메워지고
모든 산과 언덕이 낮아질 것이며,
굽은 곳들이 곧게 되고
험한 곳들이 매끄러운 길이 되어
6 모든 육체가 하나님의 구원을 볼 것이다'(사 40:3-5)."

7 그리하여 그는 자기에게 침례를 받으러[28] 나오는 무리에게 다음과 같이 말
했습니다. "독사의 후예들아, 누가 너희에게 다가올 진노를 피하라고 가르쳤느
냐? 8 그러므로 너희는 이제 회개에 어울리는 열매를 맺어야 하며, 너희끼리 '우리
에게는 아버지 아브라함이 있다'고 말하지 말라. 내가 너희에게 말하는데, 하나
님은 이 돌들로부터 아브라함의 후손들을 일으키실 수 있기 때문이다. 9 그러나
도끼가 이미 나무 뿌리에 놓여 있다. 그러므로 좋은 열매를 맺지 않는 나무는 다
찍혀 불에 던져질 것이다." 10 그때 무리가 그에게 물으며 말하기를, "그러면 우리
는 무엇을 해야 합니까?"라고 했습니다. 11 이에 요한이 그들에게 말했습니다. "튜
닉[29] 두 벌 있는 자는 하나도 없는 자와 나누어야 하며, 먹을 것이 있는 자도 그
렇게 해야 한다." 12 그때 세리들도 침례를 받으러 왔다가 그에게 말했습니다. "선생
님, 우리가 무엇을 해야 합니까?" 13 이에 요한이 그들에게 말했습니다. "너희는 정
해진 것보다 더 거두지 않아야 한다." 14 그러자 복무 중인 군인들도 그에게 물으
며 말하기를, "이제 우리가 무엇을 해야 합니까?"라고 했고, 요한은 그들에게 말했
습니다. "돈을 강탈하지 말고, 거짓으로 고소하지 말며, 너희 급여에 만족해야 한
다."

15 그런데 사람들은 속으로 요한에 대한 모든 것을 살피며 그가 메시아인가 생
각했습니다. 16 요한이 모든 사람에게 대답하며 말하기를, "사실 나는 너희에게
물로 침례를 베풀지만, 나보다 더 힘있는 분이 오고 계시니, 나는 그분의 신발 끈
을 풀 자격도 없다. 그분은 너희에게 성령과 불로 침례를 베푸실 것이고, 17 그분
의 손에 키가 있어 그분의 타작마당을 치우고, 알곡을 모아 그분의 곳간에 들일

28) 사람들은 침례자 요한이 선포한 메시지에 반응하여 침례를 받았다. 하지만 유대인의 침례는 과거는 물론 지금도 스스로 물에 몸을 담그는 것이다. 용어 해설에서 '침례'를 찾아보라.

29) 용어 해설에서 '튜닉'을 찾아보라.

것이나 쭉정이는 꺼지지 않는 불에 태우실 것이다"라고 했습니다. **18** 그러면서 요
한은 다른 많은 말로 권하며 백성에게 좋은 소식을 전했습니다. **19** 그러나 분봉왕
헤롯은 자기 동생의 아내 헤로디아의 일과 자신이 저지른 모든 악한 일에 대해 그
가 추궁했다는 이유로, **20** 그 모든 악행에 이 일을 더하여 요한을 옥에 가두었습
니다.

예슈아의 침례(마 3:13-17; 막 1:9-11)

21 한편 모든 백성이 침례[30]를 받는 동안 예슈아께서도 침례를 받으셨는데, 그
분께서 기도하시는 동안 하늘이 열리며 **22** 성령이 비둘기와 같은 형체로 그분 위
에 내려오셨고, 한 음성이 하늘로부터 나왔습니다. "너는 내가 사랑하는 아들이
다. 나는 너로 인해 매우 기쁘다."[31]

예슈아의 계보[32](마 1:1-17)

23 그때 예슈아께서 서른 살[33] 즈음에 그분의 사역을 시작하셨는데, 사람들의
생각대로 요셉[34]의 아들이었으며, 그 위로는 엘리,[35] **24** 맛닷, 레위, 멜기, 얀나, 요
셉, **25** 맛다디아, 아모스, 나훔, 에슬리, 낙개, **26** 마앗, 맛다디아, 세머인, 요섹, 요
다, **27** 요아난, 레사, 스룹바벨, 스알디엘, 네리, **28** 멜기, 앗디, 고삼, 엘마담, 에르,
29 예슈아, 엘리에제르, 요림, 맛닷, 레위, **30** 시므온, 유다, 요셉, 요남, 엘리아김, **31**
멜레아, 멘나, 맛다다, 나단, 다윗, **32** 이새, 오벳, 보아스, 살몬, 나손, **33** 아미나답,
아드민, 아르니, 헤스론, 베레스, 유다, **34** 야곱, 이삭, 아브라함, 데라, 나홀, **35** 스
룩, 르우, 벨렉, 헤버(에벨), 살라(셀라), **36** 가이난,[36] 아박삿(아르박삿), 셈, 노아, 레멕,
37 므두셀라, 에녹, 야렛, 마할랄렐, 가이난, **38** 에노스, 셋, 아담, 그리고 (그 위로는)
하나님입니다.

30) 유대 관습에 따라 정결을 위해 스스로를 물에 담그는 행위를 말한다.

31) 원문의 시제는 예슈아께서 행하신 모든 일을 하나님께서 기뻐하신다는 의미이다.

32) 용어 해설에서 '예슈아의 계보'를 찾아보라.

33) 서른 살은 아론의 자손들이 제사장 직무를 시작하는 나이이다(민 4장).

34) '요셉'이라는 이름에 대해 자세히 알고 싶다면 용어 해설에서 '다윗의 자손/요셉의 자손'을 찾아보라.

35) 어떤 헬라어 사본에는 '헬리'로 되어 있다. 그러나 가장 오래된 헬라어 사본에는 '엘리'로 기록되어 있다.

36) 칠십인역 창세기 10장 24절과 11장 12절에는 '게난'으로 되어 있다.

예슈아께서 시험을 받으심(마 4:1-11; 막 1:12-13)

4 **1** 이제 예슈아께서 성령이 충만하여 요단에서 돌아오셨는데, 그 영(성
령)으로 광야로 인도함을 받아 **2** 사십 일 동안 마귀에게 시험받으셨습니
다.[37)] 그런데 그동안에 그분께서 아무것도 드시지 않아 그 기간이 끝날 때 주리셨
습니다. **3** 그때 마귀가 그분께 말했습니다. "만일 당신이 하나님의 아들이라면, 이
돌들에게 빵이 되라고 말해야 하오." **4** 그러자 예슈아께서 그에게 대답하셨습니
다. "기록되기를, '사람이 빵으로만 살 것이 아니다'(신 8:3)라고 했다". **5** 이에 마귀가
그분을 데리고 올라가 잠깐 사이에 세상의 모든 왕국을 보여 주고는 **6** 그분께 말
했습니다. "내가 당신에게 이 모든 것에 대한 권세와 영광을 줄 것이니, 그것이 나
에게 넘겨져서 그것을 내가 원하는 누구에게든지 줄 수 있기 때문이오. **7** 그러므
로 당신이 내게 경배한다면, 그것은 모두 당신의 것이 될 것이오." **8** 그때 예슈아께
서 그에게 말씀하셨습니다. "기록되기를,

'너희는 주 너희 하나님을 예배하고[38)]
그분만을 섬기라'(신 6:13)고 했다."

9 이에 마귀가 그분을 데리고 예루살렘으로 올라가서 성전 꼭대기에 세우고 그
분께 말했습니다. "만일 당신이 하나님의 아들이라면, 즉시 여기서 스스로 뛰어내
려야 하오. **10** 기록되기를,

'그분의 천사들이 너에 대한 명령을 받아
너를 보호할 것이며'(시 91:11),

11 또한

'그들이 너를 *손바닥으로* 떠받쳐
네 발이 돌에 부딪히지 않게 할 것이다'(시 91:12)라고 했소."

12 그러자 예슈아께서 그에게 말씀하셨습니다. "이르시되, '너는 주 너의 하나님
을 시험하지 말라'(신 6:16)고 했다." **13** 이에 마귀는 모든 시험을 마친 후 기회가 올
때까지 그분을 떠났습니다.

갈릴리 사역의 시작(마 4:12-17; 막 1:14-15)

14 그 후 예슈아께서 그 영(성령)의 능력으로 갈릴리로 돌아오셨습니다. 이어서

37) 시험은 40일이 끝나갈 무렵에 임했다.
38) 헬라어 '프로스쿠네오'(proskuneo)의 뜻은 '엎드리다', '경의를 표하다'이다. 용어 해설에서 '경배하다'를 찾아 보라.

그분에 대한 소문이 온 지역에 퍼졌습니다. **15** 그리고 그분은 그들의 회당에서 가
르치며 모든 사람에게 찬양받으셨습니다.

나사렛에서 예슈아를 배척하다(마 13:53-58; 막 6:1-6)

16 그리고 그분께서 나사렛, 곧 그분이 자란 곳에 오셔서 안식일에[39] 늘 하시던
대로 회당[40]에 들어가 낭독하려고 일어나셨습니다. **17** 그때 선지자 이사야의 두루
마리가 그분께 넘겨졌고, 그분은 그 두루마리를 펼쳐 다음과 같이 기록된 곳을
찾으셨습니다.

18 "주의 영이 내 위에 있으니,
그분께서 내게 기름을 부으셔서
마음이 상한 자들[41]에게 복음을 전하고
나를 보내어 포로 된 자들에게 해방을,
눈먼 자들에게 다시 볼 것을 선포하며(사 61:1),
억압당한 자들을 풀어서 보내고(사 58:6)
19 주께서 받으실 그해를 선포하게 하시려는 것이다"(사 61:2).

20 그리고 그분께서 두루마리를 말아 맡은 자에게 돌려주신 후 자리에 앉으셨
습니다. 이어서 회당에 있는 모든 사람의 시선이 그분께 집중되었습니다. **21** 그러
자 그분께서 그들에게 말씀하기 시작하셨습니다. "오늘 이 성경이 너희 귀에 이루
어졌다." **22** 이에 모든 사람이 그분에 대해 좋게 말하며, 그분의 입에서 나오는 말
씀의 은혜에 놀라 이렇게 말했습니다. "이 사람은 요셉의 아들이 아닌가?" **23** 그러
자 그분께서 그들에게 말씀하셨습니다. "분명히 너희는 비유로 내게 말하기를, '의
사여, 너는 이제 너 자신이나 고쳐라' 하면서 '가버나움[42]에서 일어났다고 우리가
들은 것을 이제 여기 네 고향에서도 해야 한다'고 할 것이다." **24** 이어서 그분께서
말씀하셨습니다. "진실로 내가 너희에게 말하는데, 어떤 선지자도 그의 고향에서
는 환영을 받지 못했다. **25** 그래서 진실로 내가 너희에게 말한다. 엘리야 때에 이
스라엘에 수많은 과부가 있었지만, 하늘이 삼 년 육 개월 동안 닫히고 온 땅에 극

39) 말 그대로 '안식일들' 외에 절기나 절기 주간을 말하는 것일 수도 있다. 용어 해설에서 '안식일'을 찾아보라.

40) 1세기의 회당은 보통 가족 회당이었다.

41) 문자 그대로 번역하면 '가난한 자들'이다. 이것은 '회개하는 자'를 뜻하는 히브리 관용 표현이다.

42) '가버나움'은 히브리어 '카페르 나훔'(Kafer Nahum)을 헬라어로 표기한 것이다. '카페르'는 '마을, 동네', '나훔'은 '위로, 위안', '긍휼'을 뜻한다.

심한 기근이 들었을 때, **26** 엘리야는 시돈 땅 사렙다에 있던 한 과부를 제외하고는 그들 중 단 한 사람에게도 보냄을 받지 않았다(왕상 17:9). **27** 그리고 선지자 엘리사 때에 이스라엘에 수많은 나병환자들[43]이 있었지만, 시리아 사람 나아만을 제외하고 그들 중 한 사람도 깨끗함을 받지 못했다"(왕하 5:1-14). **28** 그러자 이 말을 듣고 회당 안에 있던 모든 사람이 분노에 차서 **29** 일어나 그분을 그 도시가 세워진 언덕 꼭대기 외곽으로 몰아내어 떨어뜨리려 했습니다. **30** 그러나 그분은 사람들 사이를 지나 떠나셨습니다.

더러운 영이 들린 사람(막 1:21-28)

31 그리고 그분은 가버나움, 곧 갈릴리의 한 도시로 내려가셔서 안식일(샤밧)마다 사람들을 가르치셨습니다. **32** 이에 사람들이 그분의 가르침에 놀랐으니, 그분의 말씀에 권위가 있었기 때문입니다. **33** 그런데 더러운 귀신의 영이 들린 한 사람이 회당에 있어, *그 귀신이* 큰 소리로 외치기를, **34** "아, 나사렛 예슈아여, 이것이 당신과 무슨 상관이 있습니까? 당신은 우리를 멸하러 오셨습니까? 나는 당신이 누구인지 아는데, 하나님의 거룩한 자이십니다"라고 했습니다. **35** 그때 예슈아께서 그것(귀신)에게 명령하여 말씀하시기를, "너는 잠잠하고 즉시 그 사람에게서 나와라" 하시자, 귀신이 그를 사람들 가운데에 쓰러뜨리고 나갔으나 그 사람은 전혀 상하지 않았습니다. **36** 그래서 모두가 놀라 그들이 서로 말하기를, "이것이 무슨 말씀이기에 그분이 권세와 능력으로 더러운 영들에게 명령하면 그것들이 나가는가?"라고 했습니다. **37** 이에 그분에 관한 소문이 그 지역 모든 곳에 퍼져 나갔습니다.

많은 사람들을 고치시다(마 8:14-17; 막 1:29-34)

38 그리고 그분은 회당에서 나와 시몬의 집으로 들어가셨습니다. 그런데 시몬의 장모가 열병을 크게 앓고 있어서 사람들이 그분께 그녀를 부탁했습니다. **39** 그래서 그분께서 그녀 앞에 서서 그 열병에게 명령하시자 병이 그녀를 떠났고, 그녀는 바로 일어나 그들을 섬겼습니다. **40** 이어서 해가 져서 *안식일이 끝나자* 사람들이 그분께 각종 질병 앓는 자들을 많이 데려왔고, 그분은 그들 각 사람에게 손을 얹어 낫게 하셨습니다. **41** 그러자 많은 사람들에게서 귀신들이 쫓겨나면서 외쳐 말하기를, "당신은 하나님의 아들입니다"라고 했습니다. 그러나 그분께서는 귀신들을 꾸

짖으시며 말하는 것을 허락하지 않으셨는데, 그분이 메시아라는 것을 그것들이 알았기 때문입니다.

전도 여행(막 1:35-39)

42 그리고 날이 밝자, 그분이 나가셔서 한적한 곳으로 가셨는데, 무리가 그분을 찾아 나섰습니다. *그들은* 그분을 *발견할 때까지* 계속 찾았고, 그분이 자기들을 떠나시지 못하게 막았습니다. **43** 그러자 그분께서 그들에게 말씀하셨습니다. "나는 다른 도시에서도 하나님 왕국의 복음을 전해야 한다. 내가 이 일 때문에 보내심을 받았기 때문이다." **44** 그리고 그분은 유대의 여러 회당에서 계속 전도하셨습니다.

제자들을 부르시다(마 4:18-22; 막 1:16-20)

5 **1** 그리하여 그분께서 게네사렛[44] 호숫가에 서 계시는 동안, 무리가 하나님의 말씀을 들으려고 그분께 몰려들었습니다. **2** 그때 그분께서 호숫가에 세워져 있는 배 두 척을 보셨는데, 어부들이 거기서 내려 그물[45]을 씻고 있었습니다. **3** 그러자 그분은 그 배 가운데 한 척, 곧 시몬의 배에 올라 물가에서 조금 떨어질 것을 부탁하시고, 그 배에 앉으신 후 무리를 계속 가르치셨습니다. **4** 그리고 그분께서 말씀을 멈추고 시몬에게 이르셨습니다. "너는 이제 깊은 *물로* 나아가 즉시 고기 잡는 그물을 던져라." **5** 그러자 시몬이 말했습니다. "선생님, 우리가 밤새 일했지만, 아무것도 건지지 못했습니다. 그러나 제가 당신의 말씀대로 그물을 내리겠습니다." **6** 그리고 그들이 이렇게 했더니, 그들의 그물이 많은 물고기로 가득 채워져 찢어지고 있었습니다. **7** 이에 그들이 다른 배에 있는 동료들에게 신호를 보냈고, 동료들이 와서 도와주었습니다. 그들이 와서 두 배에 물고기를 가득 채우니, 배가 *거의* 가라앉으려 했습니다. **8** 그러자 시몬 베드로가 보고 예슈아 앞에 무릎을 꿇고 엎드려 말하기를, "주님, 당신은 이제 제게서 떠나셔야 합니다. 제가 죄인이기

43) 오늘날의 한센병과는 다른 질환이다. 용어 해설에서 '나병'을 찾아보라.

44) 이 호수는 히브리어로 '긴네렛'이라 부르는데, '디베랴(티베리우스) 호수'나 '갈릴리 호수'로 불리기도 한다. 용어 해설에서 '갈릴리 호수'를 찾아보라.

45) 이것은 한 사람이 사용하는 둥근 형태의 소형 그물을 가리킨다. 하지만 지름이 6m나 되기 때문에 그물이 가득 찰 경우에는 혼자 들어 올릴 수 없었다. 용어 해설에서 '그물'을 찾아보라.

때문입니다"라고 했습니다. **9** 베드로는 물론 그와 함께 있는 모든 사람이 자기들
이 잡은 물고기 때문에 놀랐고, **10** 세베대의 아들이며 시몬의 동료인 야고보와 요
한도 마찬가지였기 때문입니다. 그때 예슈아께서 시몬에게 말씀하셨습니다. "너는
두려워하지 말라. 이제부터 너는 사람들을 낚는 자가 될 것이다." **11** 그러자 그들은
호숫가에 배를 댄 후 모든 것을 버려 두고 그분을 따랐습니다.

나병환자를 깨끗케 하심(마 8:1-4; 막 1:40-45)

12 한편 그분께서 어느 도시에 계실 때에 다음과 같은 일이 있었습니다. 거기에
온몸에 나병이 퍼진 사람이 있었는데, 그가 예슈아를 보고 엎드려 얼굴을 땅에
대고 간청하며 말하기를, "주님, 당신이 원하시면, 저를 깨끗하게 하실 수 있습니
다"라고 했습니다. **13** 이에 그분께서 손을 내밀어 그를 만지며[46] 말씀하시기를, "내
가 원한다. 즉시 깨끗해져라"라고 하시자, 나병이 즉시 그에게서 떠났습니다. **14** 그
때 그분께서 그에게 아무에게도 말하지 말라고 명령하시면서 "다만 너는 가서 제
사장에게 네 몸을 보이고, 네가 깨끗해진 것에 대해 모세가 명령한 대로 예물을
드려 사람들에게 증거로 삼아야 한다"(레 14:2-32)라고 하셨습니다. **15** 그럼에도 그분
에 대한 소문이 더욱 퍼져 나가 많은 무리가 듣고 병 고침을 받으려고 모여들었으
나 **16** 그분은 오히려 광야로 물러나 기도하셨습니다.

전신마비 환자의 치유(마 9:1-8; 막 2:1-12)

17 또 그분께서 가르치시고 바리새파 사람들과 토라(가르침) 교사들이 앉아서 듣
고 있던 어느 날, 다음과 같은 일이 있었습니다. 그들은 갈릴리와 유대와 예루살
렘 전 지역에서 온 사람들이었고, 그분 안에는 낫게 하는 주의 능력이 있었습니
다.[47] **18** 그때 사람들이 전신이 마비된 사람을 들것에 실어서 안으로 데려와 그분
앞에 두려고 했습니다. **19** 그런데 무리 때문에 그를 안으로 데리고 들어갈 방법을
찾지 못하자, 그들은 지붕에 올라간 후 들것에 누운 전신마비 환자를 지붕을 통
해 예슈아 앞 한가운데로 달아 내렸습니다. **20** 이에 그분께서 그들의 믿음을 보시

46) 나병환자와 접촉하는 사람은 누구나 부정해졌다(레 14:2-32). 그러나 예슈아께서 나병환자에게 손을 대시자 오히려 나병이 깨끗하게 나았다. 용어 해설에서 '정결하게 함'을 찾아보라.

47) 예슈아께서 능력을 행하지 못하신 것으로 기록된 장소는 나사렛뿐이다(마 13:58; 막 6:5).

48) 당시에는 죄로 인해 질병이나 건강에 문제가 생긴다고 믿었다. 예슈아께서는 자기에게 죄를 사할 권세가 있다고 말씀하셨지만, 전신마비 환자에게는 '네 죄가 사해졌다'라고 하시며 회개한 사람에게 할 수 있는 말을 하셨다.

고 말씀하셨습니다. "사람아, 네 죄가 사해졌다."[48] **21** 그러자 서기관들과 바리새
파 사람들이 논의하기 시작하며 말하기를, "이 사람이 누구인데 하나님을 모독하
는가? 오직 하나님 외에 누가 죄를 사할 수 있는가?"라고 했습니다. **22** 이에 예슈
아께서 그들이 논의하는 내용을 잘 아시고 그들에게 말씀하셨습니다. "너희는 마
음속으로 무엇을 논의하고 있느냐? **23** '네 죄를 사함 받았다'고 말하는 것과 '너
는 일어나 걸어야 한다'고 말하는 것 중에 무엇이 더 쉽겠느냐? **24** 그러나 이 땅에
서 그 사람의 아들에게 죄 사하는 권세가 있음을 너희로 알게 하려는 것이다." 그
분께서 전신마비 환자에게 말씀하셨습니다. "내가 네게 말한다. 너는 일어나서 네
들것을 들고 즉시 네 집으로 가라." **25** 그러자 곧 그가 사람들 앞에서 일어나 자기
가 누워 있던 것을 들고 하나님께 영광을 돌리며 집으로 갔습니다. **26** 그때 모두
놀라움에 사로잡혀 하나님을 찬양하며 경외심으로 가득 차 말하기를, "우리가 오
늘 놀라운 일을 보았다"라고 했습니다.

레위를 부르시다(마 9:9-13; 막 2:13-17)

27 그리고 이 일들 후에 그분이 나가서 레위라고 불리는 한 세리가 세금 받는 곳
에 앉아 있는 것을 보시고 그에게 말씀하셨습니다. "너는 나를 따라야 한다." **28** 그
러자 그가 일어나 모든 것을 버려 두고 그분을 따랐습니다. **29** 그리고 레위는 그분
을 위해 자기 집에서 큰 잔치를 베풀었고, 세리들의 큰 무리와 다른 사람들이 그들
과 함께 비스듬히 앉아서 먹었습니다.[49] **30** 그러자 바리새파 사람들과 서기관들이
그들에 대해 불평하며 그분의 제자들에게 말하기를, "당신들은 왜 세리 및 죄인들
과 함께 먹고 마시는 것이오?"라고 했습니다. **31** 그러자 예슈아께서 그들에게 말씀
하셨습니다. "건강한 사람들은 의사가 필요 없으나 악한 것[50]에 시달리는 사람들은
필요하다. **32** 나는 의인들을 부르러 온 것이 아니라 죄인들을 회개시키러 왔다."

금식에 관한 논쟁(마 9:14-17; 막 2:18-22)

33 그때 그들이 그분께 말했습니다. "요한의 제자들과 바리새파 사람들도 마찬
가지로 자주 금식하며 하나님께 간구하는데, 당신과 함께 있는 자들은 먹고 마시
고 있습니다."[51] **34** 그러자 예슈아께서 그들에게 말씀하셨습니다. "잔치에 온 손님

49) 용어 해설에서 '비스듬히 앉아서 먹다'를 찾아보라.

50) 헬라어 '카코스'는 '악', '악한 것들'을 뜻하는데, 보통 '질병'으로 번역한다.

51) 헬라어 '피노'(pino)는 취하지 않는 일반적 음료를 마시는 것을 말한다.

들이 신랑과 함께 있는 동안 금식할 수 있겠느냐? **35** 그러나 날들이 이르러 그들
에게서 신랑을 빼앗을 것이니, 그날에는 사람들이 금식할 것이다." **36** 이어서 그분
께서 비유로 그들에게 말씀하셨습니다. "또한 아무도 새 옷에서 오려 낸 천을 헌
옷 위에 대지는 않는다. 그렇게 하면 새 옷도 찢어지고, 새 옷에서 오려 낸 천 조
각이 헌 옷에 맞지도 않을 것이다. **37** 그리고 아무도 새 포도주를 낡은 가죽 부대
에 담지 않는다. 그렇게 하면 새 포도주가 가죽 부대를 터뜨려 포도주가 쏟아지
고, 가죽부대는 망가질 것이다. **38** 그러므로 너희는 새 포도주를 새 가죽 부대에
담아야 한다. **39** 그러나 아무도 오래된 포도주를 마시면서 새것을 원하지는 않으
니, 그는 '오래된 것이 좋다'고 말하기 때문이다."

안식일의 주인(마 12:1–8; 막 2:23–28)

6 **1** 한편 안식일(샤밧)에 그분께서 밀밭 사이를 지나시게 되었는데, 그분의 제
자들이 이삭을 꺾어 손으로 비벼서 먹고 있었습니다(신 23:26).[52] **2** 그러자 몇
몇 바리새파 사람들이 말했습니다. "당신들은 왜 안식일에 합당하지 않은 일을 하
고 있소?"[53] **3** 이에 예슈아께서 그들에게 말씀하셨습니다. "너희는 다윗이 어떻게
했는지 읽어 보지 않았느냐? 그와 그의 일행이 굶주렸을 때,[54] **4** 어떻게 그가 하
나님의 집에 들어가 진설병을 가져다가 먹고, 자기와 함께 있는 사람들에게 주었
는지 말이다. 그것은 오직 제사장들 외에는 먹을 권한이 없는 것이었다." **5** 또 그
분께서 그들에게 계속 말씀하셨습니다. "그 사람의 아들은 안식일의 주인이다."

손이 오그라든 사람(마 12:9–14; 막 3:1–6)

6 그리고 또 다른 안식일에 다음과 같은 일이 있었습니다. 그분께서 회당[55]에
들어가 가르치셨는데, 거기에 오른손이 오그라든 사람이 있었습니다. **7** 그런데 서
기관들과 바리새파 사람들은 악한 의도로 그분이 안식일에 낫게 하시는지 유심히
보며, 그분을 고소할 거리를 찾고 있었습니다. **8** 그러자 그분께서 그들의 생각을 아
시고도 손이 오그라든 사람에게 말씀하셨습니다. "너는 일어나서 이제 한가운데

52) 히브리 성경을 기준으로 한 것이며, 우리말 성경은 신명기 23장 25절이다.
53) 이 일은 밀 수확기인 '칠칠절'(샤부오트) 기간에 일어났을 것으로 추측된다.
54) 구전법은 '굶주림' 등에 대해 인도적 차원에서 계명을 어기는 것을 허용한다.
55) 1세기의 회당은 보통 가족 회당이었다..

서야 한다." 그가 일어나 *거기에* 서자 9 예슈아께서 그들에게 말씀하셨습니다. "내
가 너희에게 묻겠다. 안식일에 합당한 일은 선을 행하는 것이냐, 아니면 악을 행
하는 것이냐? 생명을 구하는 것이냐, 아니면 생명을 멸하는 것이냐?" 10 그리고 그
분께서 그들 모두를 둘러보시며 손이 오그라든 사람에게 말씀하셨습니다. "너는
즉시 그 손을 내밀어라." 이에 그가 그대로 했고, 그 손이 회복되었습니다. 11 그러
나 그들은 분노에 가득 차서 예슈아께 무엇이라도 하려고 서로 의논했습니다.

열두 제자를 택하시다(마 10:1–4; 막 3:13–19)

12 그리고 그 무렵에 그분께서 기도하러 산으로 나가셔서 밤새 하나님께 기도하
셨습니다. 13 날이 밝자, 그분께서 제자들을 부르시고, 그들 가운데 열둘을 택하
셔서 사도라고 부르셨습니다. 14 그들은 그분께서 베드로[56]라고도 부르신 시몬과
그의 형제 안드레, 그리고 야고보와 요한과 빌립과 바돌로매와 15 마태와 도마와
알패오의 아들 야고보와 셀롯(열심당원)으로 불리는 시몬과 16 야고보의 아들 유다
와 가룟 유다인데, 그는 배신자가 되었습니다.

큰 무리에게 역사하심(마 4:23–25)

17 이어서 그분께서 그들과 함께 산에서 내려오셔서[57] 평지에 서 계시는데, 그
분의 제자들의 큰 무리와 수많은 사람들이 온 유대와 예루살렘과 두로 및 시돈
해안 지역에서 18 나아와 그분의 말씀을 듣고, 자신들의 질병에서 고침을 받았습
니다. 그런데 더러운 영들에게 시달리던 자들이 나음을 입으니[58] 19 온 무리가 그
분을 만지려고 애썼습니다. 능력이 그분에게서 나와 모든 사람들을 낫게 하였기
때문입니다.

복과 화(마 5:1–12)

20 그때 그분께서 눈을 들어 제자들에게 말씀하기 시작하셨습니다.

56) '베드로'(Petros)는 히브리어 '카프'(Kaf) 또는 아람어 '케파'(Kefa)를 헬라어로 음역한 것이다. 용어 해설에서 '게바'를 찾아보라.

57) 예슈아께서 산을 내려오셨다는 사실에 주목하라. 이것은 산상수훈(마 5:1–7:28)의 또 다른 기록이 아니라, 다른 시간과 장소에서 가르치신 내용임을 말해 준다.

58) 헬라어 '테라퓨오'(therapeuo)의 일차적 의미는 '섬기다'이지만, 거의 대부분 '치유하다'로 번역되어 치유와 축사의 연관성을 강화시켜 주고 있다.

"마음이 상한 자들은[59] 복이 있다.
하나님의 왕국이 너희의 것이기 때문이다(사 61:1).
21 지금 주리는 자들은(요 6:53) 복이 있다.
너희가 배부를 것이기 때문이다(민 25:11; 시 4:6; 호 10:12).
지금 우는 자들은 복이 있다.
너희가 웃을 것이기 때문이다(사 61:2-3).

22 그 사람의 아들 때문에 그들이 너희를 미워하고 쫓아내며 모욕하고, 너희
이름을 악하다고 배척할 때에 너희가 복이 있다(대하 36:16). 23 너희가 그날에 기뻐
서 뛰어다녀야 한다.[60] 보라, 너희의 상이 하늘에서 크니, 그들의 조상들이 선지
자들에게 늘 하던 일이기 때문이다.

24 그러나 부유한 너희에게(약 5:1) 화가 있다.
너희가 이미 위로를 받고 있기 때문이다.
25 너희 지금 배부른 자들에게 화가 있다.
너희가 굶주릴 것이기 때문이다.
지금 웃는 자들에게 화가 있다.
너희가 슬퍼하며 울 것이기 때문이다.

26 또한 모든 사람이 너희를 좋게 말할 때에 화가 있다. 왜냐하면 그들의 조상
들이 거짓 선지자들을 이처럼 대하였기 때문이다"(약 4:4).

원수들에 대한 사랑(마 5:38-48; 7:12상)

27 "그러나 내가 듣고 있는 너희에게 말한다. 너희는 원수들을 끊임없이 사랑하
고(잠 25:21), 너희를 미워하는 자들에게 선을 행하며, 28 너희를 저주하는 자들을
늘 축복하고, 너희를 모욕하는 자들을 위해 계속해서 기도해야 한다. 29 너희 뺨
을 때리는 자에게 다른 쪽 뺨도 대주고, 너희의 외투를 빼앗는 자에게 너희의 튜
닉[61]도 거절하지 않아야 한다. 30 너희는 누구든지 너희에게 부탁하는 자에게 주
고, 너희 것을 가져간 사람에게 돌려 달라고 요구하지 않아야 한다. 31 그리고 사
람들이 너희에게 해 주기를 바라는 그대로 너희도 그들에게 해야 한다. 32 그러

59) 이것은 '회개하는 자들'을 뜻하는 히브리 관용 표현이다.
60) 또는 "춤추라"
61) 용어 해설에서 '튜닉'을 찾아보라.

므로 너희가 너희를 사랑하는 자들을 사랑한다면, 너희에게 무슨 칭찬이 있겠느
냐? 죄인들도 그들을 사랑하는 자들을 사랑하기 때문이다. 33 그러므로 너희가
너희에게 선을 행하는 자들에게 선을 베풀더라도, 너희에게 무슨 칭찬이 있겠느
냐? 죄인들도 똑같이 한다. 34 그리고 너희가 누구에게서 돌려받으려고 꾸어 준
다면, 너희에게 무슨 칭찬이 있겠느냐? 죄인들도 돌려받기 위해 죄인들에게 꾸어
준다. 35 그러나 너희는 원수를 사랑하고 선을 행하며, 아무것도 바라지 말고 꾸
어 주어야 한다. 그러면 너희 상이 클 것이며, 너희가 지극히 높으신 분의 자녀가
될 것이니, 그분은 은혜를 모르는 악한 자들에게도 친절하시기 때문이다. 36 너희
는 긍휼을 베풀되, 너희 아버지처럼 긍휼을 베풀어야 한다."

판단과 정죄(마 7:1-5)

37 "그리고 너희가 판단하지 않으면 판단받지 않을 것이고, 정죄하지 않으면 정
죄받지 않을 것이다. 너희는 풀어 주어야 한다. 그러면 너희가 풀릴 것이다. 38 너
희는 주어야 한다. 그러면 너희에게 주어질 것이요, 사람들이 넉넉하게 담아서 누
르고 흔들어 너희 품에 쏟아 부어 줄 것이다. 너희가 헤아리는 그대로 헤아려서
너희에게 돌려줄 것이기 때문이다." 39 그분께서 또 비유로 그들에게 말씀하셨습
니다. "눈먼 사람이 눈먼 사람을 인도할 수 있느냐? 둘 다 구덩이에 빠지지 않겠느
냐? 40 제자가 스승 위에 있지 않다. 그러나 그가 모든 것을 갖춘 후에는 스승과
같아질 것이다. 41 그러므로 어째서 네 형제의 눈에 있는 티를 보면서 자기 눈에
들보가 있음을 깨닫지 못하느냐? 42 자기 눈 속에 있는 들보는 보지 못하면서 어
떻게 네 형제에게 '형제여, 나로 네 눈 속에 있는 티를 빼내게 하라'고 말할 수 있
느냐? 위선자여, 너는 먼저 네 눈에서 들보를 꺼내야 한다. 그래야 네가 분명하게
보고 네 형제의 눈에서 티를 꺼낼 것이다."

그 열매로 아는 나무(마 7:17-20; 12:34하-35)

43 "그러므로 좋은 나무는 썩은 열매를 맺지 않고, 또 썩은 나무는 좋은 열매를
맺지 않는다. 44 나무마다 그 열매로 아는데, 사람들이 가시나무에서 무화과를 거
두지 않고, 가시덤불에서 포도송이를 거두지 않기 때문이다. 45 선한 사람은 그
마음에 쌓인 선으로부터 선한 것을 내고, 악한 사람은 그 마음에 있는 악에서 악
한 것을 낸다. 사람의 입은 마음에 가득한 것을 말하기 때문이다."

두 집의 토대(마 7:24-27)

46 "너희는 나를 '주님, 주님!'[62] 부르면서 왜 내가 말하는 것을 행하지 않느냐?
47 그러므로 내게 와서 내 말을 듣고 그것들을 행하는 모든 사람이 어떤 사람인
지 너희에게 보여 주겠다. 48 그는 땅을 깊게 파서 바위 위에 기초를 세워 집을 지
은 사람과 같아서 홍수가 나서 강이 그 집에 범람해도 잘 지었기 때문에 그것이
흔들리지 않았다. 49 그러나 듣고도 행하지 않는 자는 기초 없이 맨 땅에 집을 지은
사람과 같아서, 강물이 들이치자 곧 무너져 그 집의 잔해들만 잔뜩 널려 있었다."

백부장의 종을 치유하시다(마 8:5-13; 요 4:43-54)

7 1 사람들이 듣는 가운데 그분께서 모든 말씀[63]을 다 마치신 후에 가버나
움으로 들어가셨습니다. 2 그때 어떤 백부장의 사랑받는 종[64] 하나가 악
한 것에 시달리며[65] 죽어 가고 있었습니다. 3 그런데 그 백부장이 예슈아에 대한
소문을 듣고 유대 민족의 장로들을 보내어, 오셔서 그의 종을 고쳐 주시기를 부
탁했습니다. 4 그리고 예슈아께 온 사람들이 간절히 청하여 말하기를, "이 사람은
당신이 이렇게 해 주실 만한 사람입니다. 5 그는 우리 민족을 사랑하고, 우리를 위
해 회당을 지었습니다"라고 하였습니다. 6 이에 예슈아께서 그들과 함께 가셨습니
다. 그런데 그분께서 그 집에서 멀지 않은 곳에 계실 때에 백부장이 친구들을 보
내 그분께 말했습니다. "주여, 당신이 신경 쓰지 않으셔야 하니, 제가 당신을 제 지
붕 아래 모실 만한 자격이 없기 때문입니다. 7 이런 이유로 저는 당신께 직접 나아
갈 자격도 되지 못합니다. 다만 당신께서 한 말씀만 해 주시면 내 아이가 치유될
것입니다. 8 저 역시 지휘받는 사람이고, 제 *지휘* 아래에도 병사들이 있어서 이
사람에게 말하여 '지금 가야 한다'고 명령하면 그가 가고, 다른 사람에게 '네가
와야 한다'고 하면 그가 오며, 제 종에게 '지금 이것을 해야 한다'고 하면 그가 하
기 때문입니다." 9 그러자 이 말을 들으시고 예슈아께서 그를 놀랍게 여기시며 자

62) 두 번 부르는 것은 주님의 주의를 끌어야만 하는 간절함을 보여 준다. 용어 해설에서 '이름 두 번 부르기'를 찾아보라.

63) 헬라어 '레마'(rhema)는 말이나 소리에 강조점을 둔 메시지를 뜻한다. 용어 해설에서 '로고스/레마'를 찾아보라.

64) 7절과 마태복음, 요한복음에는 이 종이 '아이'로 기록되어 있는 것으로 보아 나이가 어린 남자 사환이었던 것이 분명하다.

신을 따르는 무리에게 돌아서서 말씀하셨습니다. "내가 너희에게 말하는데, 나는
이스라엘 안에서 이런 강한 믿음을 본 적이 없다." 10 그 후 소식을 전하러 보냄을
받았던 사람들은 집으로 돌아가 그 종이 나은 것을 보았습니다.

나인에서 과부의 아들을 일으키심

11 이어서 다음과 같은 일이 있었습니다. 그 다음 날 그분께서 나인이라는 한
도시로 들어가실 때에 그분의 제자들과 큰 무리가 그분과 함께했습니다. 12 그분
께서 성문에 가까이 가셨는데, 보십시오, 한 어머니의 외아들이 죽어서 메어 나
오고 있었습니다. 그런데 그녀는 과부로, 그 도시 사람 한 무리가 함께 있었습
니다. 13 그때 주님께서 과부를 보시고 불쌍히 여기시며 그녀에게 말씀하셨습니
다. "울지 말라!" 14 그리고 그분께서 가셔서 관[66]에 손을 대시자, 메고 가는 자들
이 그대로 섰습니다. 이에 그분께서 말씀하셨습니다. "젊은이여! 내가 네게 말한
다. 너는 즉시 일어나라!" 15 그러자 죽었던 자가 일어나 앉아서 말하기 시작했고,
그분은 그를 그 어머니에게 돌려주셨습니다. 16 이에 경이로운 두려움이 모든 사
람을 사로잡았고, 사람들은 하나님께 영광을 돌리며 "큰 선지자가 우리 가운데
일어나셨다", "하나님께서 그분의 백성을 돌아보셨다"라고 했습니다. 17 그리고 그
분에 대한 이 메시지는 온 유대와 그 인근 지역에 퍼져 나갔습니다.

침례자 요한이 보낸 사람들(마 11:2-19)

18 그러자 요한의 제자들이 이 모든 일에 대해 요한에게 전했습니다. 이에 요
한은 그의 제자들 중 둘을 불러 19 주님께 보내며 말하기를, "당신이 오실 그분입
니까, 아니면 우리가 또 다른 이를 기다려야 합니까?"라고 했습니다. 20 이에 그들
이 그분께 와서 말했습니다. "침례자 요한이 우리를 당신께 보내며 말하기를, '당
신이 오실 그분입니까, 아니면 우리가 또 다른 이를 기다려야 합니까?'라고 했습
니다." 21 바로 그 시각에 그분은 많은 사람들을 질병과 괴로움과 악한 영들에게
서 고쳐 주시고, 많은 눈먼 자들을 보게 하셨습니다. 22 이에 그분께서 그들에게
말씀하셨습니다. "너희는 가서 너희가 보고 들은 것을 요한에게 전하라. 눈먼 자

65) '병을 앓다'와 같은 말이다.

66) 전통적으로 유대인은 관을 사용하지 않고 천이나 고인이 사용하던 기도숄로 시신을 덮어서 네 사람이 어깨에 메고 무덤으로 옮겼다.

가 다시 보게 되고, 다리 저는 자가 걸으며, 나병환자들이 깨끗해지고, 귀먹은 자
들이 들으며, 죽은 자가 일어나고, 마음이 상한 자들[67])이 복음을 듣고 있다고 말
이다. 23 그러므로 누구든지 나로 인해 넘어지지 않는 자는 복이 있다." 24 요한의
말을 전한 자들이 떠난 후, 그분께서 무리에게 요한에 대해 말씀하시기 시작했습
니다. "너희는 무엇을 보려고 광야로 나갔느냐? 바람에 흔들리는 갈대냐? 25 아니
라면 너희는 무엇을 보려고 나갔느냐? 고운 옷을 입은 사람이냐? 보라, 화려하고
비싼 옷을 입은 사람들은 왕궁에서 우아하게 살고 있다. 26 그러면 너희는 무엇을
보려고 나갔느냐? 선지자냐? 참으로 내가 너희에게 말하는데, 선지자보다 더 큰
사람이다. 27 이 사람은 바로 다음과 같이 기록되어 있는 사람이다.

'보라, 내가 나의 사자를 네 앞서 보내니,
그가 네 앞에서 네 길을 예비할 것이다'(말 3:1).

28 내가 너희에게 말한다. 여자에게서 태어난 사람 중에 요한보다 큰 자가 아무
도 없다. 그러나 하나님의 왕국에서는 가장 작은 자가 그보다 더 크다." 29 그러자
모든 백성과 심지어 세리들까지 듣고 하나님의 의로우심을 인정했으니, 그들이 요
한의 침례를 받았기 때문입니다. 30 하지만 바리새파 사람들과 토라(가르침)의 학식
이 있는 사람들(서기관들)은 그에게 침례를 받지 않았기 때문에 자기들을 향한 하
나님의 뜻을 거부했습니다.

31 "그러므로 내가 이 세대 사람들을 무엇에 비유하며 누구와 같다고 할까? 32
그들은 마치 시장에 앉아 서로를 부르며,

'우리가 너희를 위해 피리를 불어도
너희가 춤을 추지 않았고,
우리가 장송곡을 불러도
너희가 슬퍼하지 않았다'라고 말하는 아이들과 같다.

33 그러므로 침례자 요한이 와서 빵도 먹지 않고 포도주도 마시지 않았더니,
너희는 '그가 귀신이 들렸다'고 말한다. 34 그 사람의 아들은 와서 먹고 마시니,
너희는 '보라, 그 사람은 음식을 탐하는 자요, 술꾼이며, 세리들과 죄인들의 친구
다'라고 말한다. 35 그래서 지혜는 그 모든 자녀들에 의해 옳다고 선포된다."

죄를 사함 받은 여인

36 그리고 어떤 바리새파 사람 하나가 그분께 함께 식사할 것을 요청하여, 그분

께서 그 바리새파 사람의 집에 들어가서 식탁에 비스듬히 앉으셨습니다. **37** 그런
데 보십시오, 죄를 지은 어떤 여인이 그 도시에 있었는데, 그분께서 그 바리새파
사람의 집에서 식사 중이시라는 소식을 듣고 향유가 든 옥합을 가져왔습니다. **38**
그리고 그분의 발치에 서서 눈물로 그분의 발을 적시기 시작하더니, 자기 머리털
로 닦고 그분의 발에 입 맞추며 그 향유를 부었습니다. **39** 그런데 그분을 초청한
바리새파 사람이 속으로 말하기를, '만일 이분이 선지자라면 자신을 만지는 사람
이 어떤 여자인지 알 것이니, 그녀는 죄인이기 때문이다'라고 했습니다. **40** 그러자
예슈아께서 그에게 말씀하셨습니다. "시몬아, 내가 네게 말할 것이 있다." 그러자
그가 말했습니다. "선생님, 말씀하십시오." **41** "어떤 채주에게 빚진 사람 둘이 있
었는데, 한 사람은 오백 데나리온을, 다른 사람은 오십 데나리온을 빚졌다. **42** 그
들은 그것을 갚을 수 없었기 때문에 채주가 두 사람 모두 탕감해 주었다. 그러면
그들 중에 누가 채주를 더 사랑하겠느냐?" **43** 시몬이 말했습니다. "저는 더 많이
탕감받은 사람이라고 생각합니다." 그러자 그분께서 그에게 말씀하셨습니다. "네
가 옳게 판단했다." **44** 그리고 그분께서 여인을 돌아보며 시몬에게 말씀하셨습니
다. "너는 이 여인을 보느냐? 내가 네 집에 들어왔을 때, 너는 내게 발 씻을 물도 주
지 않았으나 이 여인은 자신의 눈물로 내 발을 적시고, 자신의 머리털로 닦아 주었
다. **45** 너는 내게 입 맞추지도 않았으나 이 여인은 내가 들어온 후 내 발에 쉬지 않
고 입을 맞추었다. **46** 너는 내 머리에 올리브 기름도 붓지 않았으나 이 여인은 내
발에 향유를 부었다. **47** 그러므로 내가 다시 네게 말한다. 이 여인의 많은 죄가 사
함 받았으니, 이 여인이 많이 사랑했기 때문이다. 그러나 사함 받은 것이 적은 사람
은 적게 사랑한다." **48** 그리고 그분께서 그녀에게 말씀하셨습니다. "네 죄들이 사해
졌다." **49** 그러자 비스듬히 앉아 식사하던 사람들이 서로 말하기 시작했습니다. "죄
들을 사하는 이 사람은 도대체 누구인가?" **50** 그러나 그분께서 그 여인에게 말씀
하셨습니다. "네 믿음이 너를 구원했으니, 너는 계속해서 평안히 가라."

예슈아와 동행한 여인들

8
1 그리고 이후에 다음과 같은 일이 있었습니다. 그분께서 도시와 마을을
지나시며 전도하고 하나님의 왕국의 복음을 전하셨는데, 그 열둘이 그분

67) '회개한 사람들'을 뜻하는 히브리 관용 표현이다.

과 함께했습니다. **2** 악한 영들과 질병에서 고침 받은 여인들도 있었는데, 막달레나로 불리는 미리암은 일곱 귀신이 그녀에게서 나갔고, **3** 요안나는 구사의 아내로 남편은 헤롯 *집안의* 관리인이었으며, 수산나와 다른 많은 여인들이 자신들의 소유로 그들을 섬겼습니다.

씨 뿌리는 사람 비유(마 13:1-9; 막 4:1-9)

4 그때 큰 무리가 모여서 그분과 함께 또 다른 도시로 내려가는 동안, 그분께서 비유로 그들에게 말씀하셨습니다. **5** "씨 뿌리는 사람이 씨를 들고 나갔는데, 그가 뿌린 것들 가운데 어떤 것은 길가에 떨어져 발에 밟히다가 하늘의 새들이 그것을 먹어 버렸다. **6** 그리고 다른 것은 바위에 떨어져 자라다가 수분이 없어서 말라 죽었다. **7** 또 다른 것은 가시덤불 사이에 떨어져서 자랐으나 가시나무들이 그것을 막아 버렸다. **8** 그리고 다른 것은 좋은 땅에 떨어져 자라서 백 배나 되는 열매를 맺었다." 그분은 이것들을 말씀하신 후에 외치셨습니다. "귀 있는 자는 계속해서 들어라!"

비유로 말씀하시는 목적(마 13:10-17; 막 4:10-12)

9 그런데 그분의 제자들이 이 비유가 무엇이냐고 물었습니다. **10** 이에 그분께서 말씀하셨습니다. "하나님의 왕국의 비밀들을 너희에게는 알려 주었으나 다른 사람에게는 비유로 하는 것은,

'그들이 보면서도 보지 못하고
들으면서도 깨닫지 못하게'(사 6:9-10) 하려는 것이다."

씨 뿌리는 사람의 비유에 대한 설명(마 13:18-23; 막 4:13-20)

11 "그 비유는 이와 같다. 씨는 하나님의 말씀이다. **12** 길가에 있는 것들은 말씀을 듣지만, 곧 마귀가 와서 그들의 마음에서 그 말씀을 빼앗아 가는 자들이다. 그리하여 그들은 *믿었어야 하는데* 믿지 못하기에 구원받지 못하게 된다. **13** 그리고 바위에 있는 것들은 말씀을 듣고 기쁘게 받아들이지만, 뿌리가 없어서 잠시 믿다가 시련이나 시험의 때에 넘어지는 사람들이다. **14** 그리고 가시덤불 사이에 떨어진 것들은 말씀을 듣고 살아가는 동안에 염려와 재물과 삶의 즐거움에 눌려 열매를

맺지 못하는 사람들이다. 15 그러나 좋은 땅에 떨어진 것들은 착하고 바른 마음
을 가진 사람들로, 그들은 그 말씀을 듣고 인내로 열매를 맺는다."

등불 비유(막 4:21-25)

16 "아무도 등불을 켜서 그릇으로 덮어 두거나 침상 밑에 놓지 않고, 등잔대 위
에 올려놓아 들어오는 사람들이 그 빛을 보게 한다. 17 감춰져 드러나지 않을 것
이 없기 때문이다. 알려지지 않았던 것도 공개될 것이다.[68] 18 그러므로 너희는 항
상 어떻게 들어야 할지 주의하라. 누구든지 가지려 하면 그에게 주어질 것이나,
누구든지 가지려 하지 않으면 심지어 그가 가졌다고 생각하는 것까지 빼앗길 것
이기 때문이다."

예슈아의 어머니와 형제들(마 12:46-50; 막 3:31-35)

19 한편 그분의 어머니와 형제들이 그분께 왔으나 무리 때문에 그분을 만날 수 없
었습니다. 20 그래서 사람들이 그분께 알렸습니다. "당신의 어머니와 형제들이 당신
을 보려고 밖에 서 있습니다." 21 그러자 그분이 그들에게 말씀하셨습니다. "나의 어
머니와 형제들은 하나님의 말씀을 듣고 행하는 바로 이 사람들이다."

폭풍을 잠잠케 하심(마 8:23-27; 막 4:35-41)

22 그리고 어느 날 다음과 같은 일이 있었습니다. 그분과 제자들이 배에 오르
자, 그분께서 그들에게 "호수를 건너가자"고 말씀하셔서 그들은 출발했습니다. 23
이어서 그들이 항해하는 동안 그분께서 잠드셨습니다. 그때 강한 돌풍이 호수에
몰아쳐서 사람들이 파도에 휩쓸려 위험해졌습니다. 24 그러자 그들이 가서 그분을
깨우며, "선생님, 선생님! 우리가 죽게 되었습니다"라고 말했습니다. 이에 그분께서
일어나셔서 바람과 파도 치는 물결을 꾸짖으시자, 그것이 멈추고 잠잠해졌습니다.
25 이어서 그분이 그들에게 말씀하셨습니다. "너희 믿음이 어디에 있느냐?" 그러나
그들은 두려워하면서 놀라 서로 말하기를, "이분이 도대체 누구시기에 바람과 물
에게도 명령하시면 그것들이 그분께 복종하는가?"라고 하였습니다.

68) 알려지지 않은 모든 영적 비밀이 드러나게 된다는 말이다. 예슈아의 재림과 마지막 때, 그리고 그와 관련하여 세간에 떠도는 다양한 소문들, 심판 날에 드러나게 될 불순종과 죄악으로 점철된 습관들이 여기에 포함된다.

거라사의 귀신 들린 사람을 낫게 하심(마 8:28-34; 막 5:1-20)

26 그 후 그들은 갈릴리 *호수* 건너편 거라사 지역으로 배를 타고 갔습니다. **27**
이어서 그분께서 물가로 나오시다가 귀신이 들린 그 도시의 한 남자와 마주치셨
습니다. 그는 오랫동안 옷도 입지 않은 채 집이 아니라 무덤들 안[69]에 머물렀습니
다. **28** 그런데 그가 예슈아를 보고 부르짖으며 그분 앞에 엎드려 큰 소리로 말했
습니다. "예슈아, 지극히 높으신 하나님의 아들이여, 당신이 나와 무슨 상관이 있
습니까?[70] 내가 당신께 간청하니, 나를 괴롭히지 마십시오." **29** 왜냐하면 그분께서
그 더러운 영에게 그에게서 나오라고 명령하셨기 때문입니다. 더러운 영이 여러 번
그 사람을 사로잡아서, 사슬과 족쇄로 묶고 감시해도 사슬을 끊고 귀신에게 몰려
광야로 나갔습니다. **30** 그러자 예슈아께서 그에게 물으셨습니다. "네 이름이 무엇
이냐?" 이에 그가 "레기온"[71]이라고 말했는데, 많은 귀신들이 그에게 들어갔기 때
문입니다. **31** 그래서 그것들은 그분께 밑 없는 구덩이(무저갱)로 들어가라고 명령하
지 말아 달라고 간청했습니다.

32 그런데 거기 산 위에 많은 돼지 떼가 먹이를 먹고 있었습니다. 이에 그것들
이 그분께 돼지 떼에 들어가게 해 달라고 간청했고, 그분은 *그 귀신들이 돼지들
속으로 들어가는 것을* 허락하셨습니다. **33** 그래서 귀신들이 그 사람에게서 나와
돼지들에게 들어가니, 그 떼가 비탈을 달려 내려가 호수에 빠져 죽었습니다. **34** 그
러자 돼지를 치던 사람들이 그 일이 일어난 것을 보고 달아나 시내와 마을에 알
렸습니다. **35** 이에 사람들은 무슨 일인지 보려고 나왔다가 예슈아께 와서, 그 사
람에게서 귀신들이 나가 그가 온전한 정신으로 옷을 입고 그분의 발치에 앉아 있
는 것을 발견하고 두려워했습니다. **36** 그리고 귀신 들렸던 사람이 어떻게 구원받
았는지 본 사람들이 그들에게 알려 주었습니다. **37** 그때 거라사 지역의 모든 무리
가 크게 두려워하여 그분께 자신들을 떠나 달라고 부탁했습니다. 이에 그분은 배
를 타고 돌아오셨습니다. **38** 그런데 귀신들이 나간 그 사람은 그분께 함께 있게 해
달라고 간청했습니다. 그러나 그분은 그를 보내며 말씀하시기를, **39** "너는 집으로
돌아가 하나님께서 너를 위해 행하신 일을 끊임없이 전하라"고 하셨습니다. 이에
그는 가서 예슈아께서 그를 위해 행하신 일을 온 도시에 두루 전했습니다.

69) 고대 이스라엘의 무덤은 동굴 형태였다.

70) 예슈아는 가나의 혼인 잔치에서 동일한 표현을 사용하셨다(요 2:4).

71) 당시 레기온은 최대 6,826명의 군사로 이루어진 로마의 군단이었다.

야이로의 딸과 그분의 기도숄(탈리트)[72]을 만진 여인(마 9:18-26; 막 5:21-43)

40 그리고 예슈아께서 돌아오시자, 무리가 그분을 기쁘게 맞았습니다. 그들 모두가 그분을 기다리고 있었기 때문입니다. **41** 그런데 보십시오, 야이로라는 사람이 왔는데, 이 사람은 회당장으로 예슈아의 발 앞에 엎드려 자기 집에 와 주시기를 간청했습니다. **42** 그의 열두 살짜리 외동딸이 죽게 되었기 때문입니다.

그분께서 가실 때에 인파가 그분 주위를 에워쌌습니다. **43** 그때 열두 해 동안 혈루증을 앓던 한 여인이 있었는데, 의사들에게 전 재산을 쓰고도 낫지 못했습니다. **44** 그런데 그녀가 그분의 뒤에서 기도숄(탈리트)에 달린 술[73]을 만지자, 즉시 그녀의 혈루증이 멈추었습니다. **45** 그때 예슈아께서 말씀하셨습니다. "나를 만진 사람이 누구냐?" 이에 모두가 부인하는 중에 베드로가 말했습니다. "선생님, 무리가 당신을 에워싸서 밀고 있습니다." **46** 그러자 예슈아께서 말씀하셨습니다. "누군가 나를 만졌다. 이는 내게서 능력이 나간 것을 내가 알기 때문이다." **47** 이에 그 여인은 숨길 수 없음을 알고, 떨면서 나와 그분 앞에 엎드려 모든 사람 앞에서 그분을 만진 이유와 그녀가 즉시 나았다는[74] 사실을 알렸습니다. **48** 그러자 그분께서 그녀에게 말씀하셨습니다. "딸아, 네 믿음이 너를 구원했다. 너는 계속해서 평안히 가라."

49 그분께서 여전히 말씀하시는데, 어떤 사람이 회당장의 집에서 와서 말하기를, "당신의 딸이 죽었으니, 당신은 더 이상 선생님을 괴롭히면 안 됩니다"라고 했습니다. **50** 그러나 예슈아께서 들으시고 그에게 대답하셨습니다. "두려워하지 말라! 네가 믿기만 하면 아이가 구원받을 것이다." **51** 그리고 그 집에 들어가신 후에 그분은 베드로와 요한과 야고보[75]와 아이의 부모 외에 아무도 그분과 함께 들어가는 것을 허락하지 않으셨습니다. **52** 그때 (곡하는 사람들이) 모두 울면서 아이를 애도하는데, 그분께서 말씀하셨습니다. "울지 말라! 아이는 죽은 것이 아니라 자고 있는 것이다." **53** 그러자 그들은 아이가 이미 죽은 것을 알고 있었기 때문에 그분을 비웃었습니다. **54** 그러나 그분께서 아이의 손을 잡고 말씀하시기를, "아이야, 일어나라"고 하셨습니다. **55** 그러자 아이의 영이 돌아와 즉시 일어났고, 그분은 아이에게

72) 당시 거의 모든 유대인 남성들이 기도숄을 둘렀다. 용어 해설에서 '탈리트 또는 기도숄'을 찾아보라.

73) 기도숄 끝에 달려 있는 '찌찌트'라는 술로, 하나님의 모든 계명과 약속을 상징한다(민 15:37-41). 용어 해설에서 '탈리트 또는 기도숄'을 찾아보라.

74) '없는 것들을 있는 것처럼 부르셔서 있게 하시는 하나님'(롬 4:17)에 대한 그녀의 믿음이 이 기적을 일으켰다.

75) 여기서 처음으로 요한이 야고보보다 먼저 언급되었다.

먹을 것을 주라고 명하셨습니다. 56 이에 아이의 부모가 놀랐지만, 그분은 그들에
게 일어난 일을 아무에게도 말하지 말라고 당부하셨습니다.

열두 제자의 사명(마 10:5–15; 막 6:7–13)

9 1 이어서 그분께서 그 열둘을 불러 모으신 후에 그들에게 능력과 모든 귀
신을 제압하고 병을 낫게 하는 권세를 주셨습니다. 2 그리고 그분께서 그
들을 보내어 하나님의 왕국을 전파하고 병든 자들을 낫게 하시며, 3 그들에게 말
씀하셨습니다. "그러므로 너희는 그 여정을 위해 아무것도 가져가지 않아야 하니,
지팡이도, 배낭도, 양식도, 돈도, 두 벌의 기도숄(탈리트)도 가져가지 말라. 4 그리
고 너희가 어떤 집에 들어가든지, 그곳에 머물다가 거기서 (들어가고) 나와야 한다.
5 그런데 너희를 받아들이지 않거든, 너희가 그 도시에서 나올 때에 너희 발의 먼
지를 털어 그들에 대한 증거로 삼으라." 6 이에 그들이 떠나 복음을 전파하며 그
지역을 두루 다니고, 가는 곳마다 병을 고쳐 주었습니다.

헤롯의 근심(마 14:1–12; 막 6:14–29)

7 그러자 사분령 통치자[76)]인 헤롯이 일어난 모든 일을 듣고 당황했습니다. 침
례자 요한이 죽은 자들 가운데서 일어났다고 말하는 사람도 있고, 8 엘리야가 나
타났다고 말하는 사람도 있고, 또 옛 선지자들 중 한 사람이 살아났다고 말하는
사람도 있었기 때문입니다. 9 그러나 헤롯은 말했습니다. "내가 요한의 목을 베었
는데, 소문에 들리는 이 사람은 누구인가?" 그래서 헤롯은 그분을 보려고 했습
니다.

오천 명을 먹이심(마 14:13–21; 막 6:30–44; 요 6:1–14)

10 한편 사도들이 돌아와 자신들이 한 일을 그분께 보고했습니다. 그러자 그분
께서 그들만 따로 데리고 벳새다[77)]라는 도시로 다시 가셨습니다. 11 그런데 무리
가 알고 그분을 따라왔습니다. 이에 그분께서 그들을 맞아 하나님의 왕국에 대해
말씀하셨고, 병 고침이 필요한 자들은 나음을 입었습니다. 12 그런데 날이 저물기

76) 마태복음 14장 1절의 각주를 보라.

77) 히브리 지명 '베이트-짜데'(Beit-Tside)를 헬라어로 표기한 것으로, '낚시(문자적으로는 사냥)의 집'이라는 뜻이다. 용어 해설에서 '오천 명을 먹이신 곳'을 찾아보라.

시작하자, 그 열둘이 와서 그분께 말했습니다. "여기는 외진 곳이니, 이제 무리를
보내셔서 그들이 마을이나 근처에 들어가 숙소와 음식을 구할 수 있게 하셔야 합
니다." **13** 이에 그분께서 그들에게 말씀하셨습니다. "너희가 그들에게 먹을 것을 주
어라." 그러자 그들이 말했습니다. "가서 이 모든 사람을 위해 음식을 사오지 않는
한, 우리에게는 빵 다섯 덩어리와 물고기 두 마리밖에 없습니다." **14** 그때 거기에는
남자만[78] 약 오천 명이 있었기 때문입니다. 그러나 그분은 제자들에게 말씀하셨습
니다. "너희는 사람들을 오십 명 또는 그 이상 무리 지어 앉게 해야 한다." **15** 이에
제자들이 그대로 했고, 사람들은 모두 비스듬히 앉았습니다. **16** 이어서 그분께서
빵 다섯 덩어리와 물고기 두 마리를 들고 하늘을 우러러 보시며 하나님께 감사하
신 후, 그것들을 떼어 제자들에게 주어 무리 앞에 차려 놓게 하셨습니다. **17** 이에
사람들이 모두 배불리 먹었고, 남은 음식 부스러기를 열두 바구니[79]에 거두었습
니다(왕하 4:42-44).

예슈아에 대한 베드로의 고백(마 16:13-19; 막 8:27-29)

18 그리고 다음과 같은 일이 있었습니다. 그분께서 기도하시는 동안 제자들만
그분 곁에 있었는데, 그분께서 그들에게 묻기를, "무리들이 나를 누구라고 하느
냐?"라고 하셨습니다. **19** 이에 그들이 대답했습니다. "침례자 요한이라고 하는 이
들도 있고, 엘리야라고 하는 이들도 있고, 옛 선지자들 가운데 어떤 이가 일어났
다고 하는 이들도 있습니다." **20** 그러자 그분께서 그들에게 말씀하셨습니다. "그러
면 너희는 나를 누구라고 말하느냐?" 그때 베드로가 말했습니다. "하나님의 메시
아이십니다."

예슈아께서 그분의 죽음과 부활[80]을 예고하시다(마 16:20-28; 막 8:31-9:1)

21 그러나 그분은 그들에게 이것을 말하지 말라고 엄히 명하시며 **22** 이르시기
를, "그 사람의 아들이 많은 것들로 고난을 받고, 장로들과 대제사장들과 서기관
들에게 버림받아 죽임 당하고 제삼일에 일으킴 받아야 할 것이다"라고 하셨습니
다. **23** 그리고 그분은 계속해서 모두에게 말씀하셨습니다. "만일 누가 나를 따르기

78) 민수기 1장 3절은 20-50세의 남자만 계수하라고 명령한다. 용어 해설에서 '인구 조사'를 찾아보라.
79) '바구니'는 4천 명을 먹이신 기적에 사용된 광주리보다 작은 것이다.
80) 용어 해설에서 '부활'을 찾아보라.

원한다면, 이제 자신을 부인하고 즉시 자기 십자가를 지고 날마다 계속해서 나를 따르라. **24** 그러므로 누구든지 자기 목숨을 구하기 원하면 잃을 것이나, 누구든지 나 때문에 자기 목숨을 잃으면 그것을 구할 것이다. **25** 그러니 만일 사람이 온 세상을 얻고도 자신을 잃거나 빼앗긴다면[81] 무슨 유익이 있겠느냐? **26** 그러므로 누구든지 내 메시지들[82]을 부끄럽게 여기면, 그 사람의 아들이 자신과 아버지와 거룩한 천사들의 영광으로 올 때에[83] 이 사람을 부끄럽게 여길 것이다. **27** 그러나 진실로 내가 너희에게 말한다. 여기에 서 있는 사람들 중에 어떤 이들은 하나님의 왕국이 올 때까지 죽음을 맛보지 않을 것이다."

예슈아의 변모(마 17:1-8; 막 9:2-8)

28 그리고 이 말씀을 하시고 팔 일쯤 되어, 그분께서 베드로와 요한과 야고보를 데리고 그분 자신을 위해 기도하러[84] 산에 오르셨습니다. **29** 그런데 그분께서 기도하시는 동안 그분의 얼굴 모습이 변화되고, 그분의 옷[85]이 희어져 빛이 났습니다. **30** 그런데 보십시오, 두 사람이 그분과 이야기를 나누고 있었는데, 그들은 모세와 엘리야로, **31** 영광 가운데 나타나서 그분의 죽음에 대해, 곧 그분께서 예루살렘에서 완수하실 그 일에 대해 이야기하고 있었습니다. **32** 그때 베드로와 그와 함께 있는 자들은 깊이 잠들었다가 깨어나 그분의 영광과 그분과 함께 서 있는 두 사람을 보았습니다. **33** 그리고 그들이 그분과 헤어지는 동안 베드로가 예슈아께 이렇게 말했습니다. "스승님, 우리가 여기 있는 것이 좋으니, 이제 초막 셋을 짓되, 하나는 당신을 위해, 하나는 모세를 위해, 그리고 하나는 엘리야를 위해 짓게 해 주십시오." 그러나 그는 자기가 무슨 말을 하는지 알지 못했습니다. **34** 그가 이런 말을 하고 있을 때에 구름이 와서 그들을 가렸고, 그들은 구름 속에 들어가면서 두려워졌습니다. **35** 그때 한 음성이 구름 속에서 나며 말하기를, "이 사람은 나의 아들, 택함 받은 자이니, 너희는 끊임없이 그의 말을 들어야 한다"라고 했습니다. **36** 그리고 그 음성이 들린 후에는 예슈아만 보이셨습니다. 이에 제자들은 잠잠했고, 그 당시에는 아무도 그들이 본 것을 알리지 않았습니다.

81) 이 사람은 영생을 얻을 기회를 상실했다.

82) 헬라어 원어는 '로고스'이다. 용어 해설에서 '로고스/레마'를 찾아보라.

83) 이것은 심판 날에 대한 묘사이다(계 20:4, 11-14).

84) 동사의 형태를 보아 예슈아께서는 자신을 위해 기도하러 가셨다. 이것은 모세와 엘리야가 나타나 그들과 나누신 대화 내용으로 확인된다(30-31절).

악한 영에 사로잡힌 소년을 낫게 하시다(마 17:14-18; 막 9:14-27)

37 그리고 그 다음 날 그들이 산에서 내려왔을 때, 큰 무리가 그분을 맞이했습니다. **38** 그런데 보십시오, 무리에서 어떤 사람이 큰 소리로 말하기를, "선생님, 제가 당신께 간청합니다. 제 아들을 봐 주십시오. 하나밖에 없는 아들인데, **39** 보십시오, 악한 영이 그 아이를 붙잡아 갑자기 소리치고 경련을 일으켜 입에 거품을 물게 하여 아이를 지치게 하고서야 간신히 떠납니다. **40** 그래서 제가 당신의 제자들에게 그것을 쫓아 달라고 요청했으나 그들은 하지 못했습니다"라고 했습니다. **41** 그러자 예슈아께서 말씀하셨습니다. "오, 믿음이 없고 비뚤어진 세대야, 내가 얼마 동안이나 너희와 함께 있으며, 너희에 대해 참아야 하느냐? 당신은 즉시 아들을 여기로 데리고 오시오." **42** 그런데 그가 오는 동안에도 귀신이 그를 넘어뜨리고 경련을 일으켰습니다. 그러나 예슈아께서 그 더러운 영을 꾸짖고 아이를 낫게 하셔서 그 아버지에게 돌려보내셨습니다. **43** 그러자 모든 사람이 하나님의 위대하심에 놀랐습니다.

예슈아께서 다시 그분의 죽음을 예고하심(마 17:22-23; 막 9:30-32)

그러므로 모든 사람이 그분께서 행하시는 모든 일에 놀라고 있을 때, 그분께서 제자들에게 말씀하셨습니다. **44** "너희는 이제 이 말들을 귀담아들어야 한다. 그 사람의 아들이 사람들의 손에 넘겨질 것이기 때문이다." **45** 그러나 그들은 이 말씀을 이해하지 못했습니다. 그들이 이해할 수 없도록 그것이 감추어져 있었고, 그분께 이 말씀에 대해 묻는 것도 두려워했기 때문입니다.

누가 가장 큰가(마 18:1-5; 막 9:33-37)

46 그런데 그들 가운데 자기들 중 누가 가장 크냐는 생각이 들어왔습니다. **47** 그러나 예슈아께서는 그들의 마음속 생각을 아시고, 어린아이 하나를 데려다 곁에 세우시고 **48** 그들에게 말씀하셨습니다. "누구든지 내 이름으로 이 어린아이를 받아들이는 자는 나를 받아들이는 것이며, 누구든지 나를 받아들이는 자는 나를 보내신 그분을 받아들이는[86] 것이다. 그러므로 너희 모든 사람 중 가장 작은 자가 가장 큰 사람이다."

85) 그분의 기도솔이었을 것이다.

86) 원문의 문자적 의미는 '손을 잡다'이다. 우리는 하나님의 일들을 꼭 붙잡아야 한다(마 11:12).

반대하지 않는 사람(막 9:38-40)

49 그때 요한이 말했습니다. "스승님, 어떤 사람이 당신의 이름으로 귀신을 쫓아
내는 것을 보고 우리가 그를 막았는데, 그가 우리와 함께 따르는[87] 사람이 아니
었기 때문입니다." 50 그러자 예슈아께서 그에게 말씀하셨습니다. "너희는 그를 막
으면 안 된다. 너희를 반대하지 않는 자는 누구든지 너희를 위하는 사람이기 때
문이다."

예슈아를 배척한 사마리아 마을

51 한편 그분의 승천이 이루어질 때가 되어 그분은 변함없이 예루살렘을 향하
여 나아가셨습니다. 52 이어서 자기보다 앞서 사자들을 보내셨습니다. 이에 그들이
그분을 위해 준비하려고 사마리아인들의 한 도시로 들어갔습니다. 53 그런데 그
도시 사람들은 그분께서 예루살렘을 향하여 가시는 중이었으므로, 그분을 환영
하지 않았습니다. 54 제자인 야고보와 요한이 보고 말했습니다. "주님, 우리가 하
늘에서 불을 내려 저들을 멸하기 원하십니까?" 55 그러나 그분께서 돌아서서 그들
을 꾸짖으셨습니다. 56 그리고 그들은 다른 마을로 갔습니다.

예슈아를 따르려는 자들(마 8:19-22)

57 그런데 그들이 길을 가는 동안 어떤 사람이 그분께 말했습니다. "저는 당신
이 가시는 곳은 어디든지 따라가겠습니다." 58 그러자 예슈아께서 그에게 말씀하셨
습니다. "여우도 굴이 있고, 하늘의 새들도 둥지가 있으나 그 사람의 아들은 그의
머리를 둘 곳이 아무데도 없다." 59 그리고 그분께서 또 다른 사람에게 말씀하셨
습니다. "너는 끊임없이 나를 따르라." 그러자 그가 말했습니다. "주님, 당신은 먼저
제가 아버지의 장례를 치르러 돌아가는 것을 허락해 주셔야 합니다."[88] 60 그러나
그분은 그에게 말씀하셨습니다. "죽은 자들이 그들의 죽은 자를 장사하게 하고,
너는 가서 하나님의 왕국을 널리 전파해야 한다." 61 그런데 또 다른 사람이 말했
습니다. "주님, 제가 당신을 따르겠습니다. 그러나 당신은 먼저 제가 집안 사람들
에게 작별 인사를 하도록 허락해 주셔야 합니다." 62 그러자 예슈아께서 그에게 말
씀하셨습니다. "누구든지 손에 쟁기를 잡고 뒤에 있는 것들을 돌아보는 자는 하나

87) '따른다'는 것은 '제자가 된다'는 뜻이다. 용어 해설에서 '제자'를 찾아보라.

88) 유대 관례상 사람이 죽으면 24시간 안에 매장해야 했다. 실제로 그의 아버지가 죽었다면 그는 장례 준비로 분주했을 것이다. 예슈아는 그 사람이 자기 아버지가 돌아가실 때까지 기다려 달라고 말한 것임을 아셨다.

님의 왕국에 합당하지 않다."

칠십이 인*의 사명

10 1 그리고 이 일들 후에 주님은 다른 칠십이 인*을 임명하시고, 그들을
둘씩 짝지어 자신이 곧 가시게 될 모든 도시와 장소들로 앞서 보내셨습
니다. 2 그리고 그분께서 그들에게 말씀하셨습니다. "추수할 것이 많으나 일꾼들
이 적구나. 그러므로 너희는 추수하는 주인에게 간청하여 추수할 일꾼들을 보내
달라고 하여라. 3 너희는 가라. 보라, 내가 너희를 보내는 것이 마치 이리들 가운
데 어린양들을 보내는 것 같다. 4 전대도, 배낭도, 신발도 가져가지 말고, 길을 가
다가 아무에게도 인사하지 말라. 5 그리고 너희가 어느 집에 들어가든지 항상 먼
저 말하기를, '이 집에 샬롬이 있으라'고 하라. 6 그래서 거기에 샬롬의 아들[89]이
있다면 너희의 샬롬이 그 사람 위에 머물겠지만,[90] 그렇지 않다면 그것이 너희에
게로 돌아올 것이다. 7 그러므로 너희는 그 집에 머물며 그들과 함께 먹고 마셔라.
일꾼은 자기 삯을 받을 자격이 있기 때문이다. 너희는 이 집에서 저 집으로 옮기지
말라. 8 그리고 너희가 들어가려는 어느 도시든지 너희를 받아들이면,[91] 너희 앞에
차려 놓은 것을 먹고, 9 계속 그곳에서 병을 고치고, 그들에게 '하나님의 왕국이
너희에게 가까이 왔다'고 말하라. 10 그러나 너희가 들어가려는 어느 도시든지 사
람들이 너희를 환영하지 않으면, 너희는 거리로 나가 즉시 이렇게 말하라. 11 '우
리가 너희 도시에서 우리 발에 묻은 먼지까지 떨어 버리니, 하나님의 왕국이 가까
이 왔다는 이 사실을 알라.' 12 내가 너희에게 말한다. 그날에는 그 도시보다 소돔
이 더 견디기 쉬울 것이다."

회개하지 않는 성읍에 화가 있다(마 11:20-24)

13 "너 고라신아, 화가 있다. 너 벳새다야, 화가 있다. 만일 너희 가운데 일어난

* 사본에 따라 칠십 인으로 되어 있는 곳도 있다.

89) 대단히 경건한 사람을 말한다. 성경은 이러한 사람에 대해 "온전한 사람을 지켜보고, 정직한 사람을 바라보라. 평화의 사람에게는 미래가 있다"(시 37:37)고 말씀한다.

90) 헬라어 '에파나파우오마이'(epanapauomai)의 뜻은 '기대다', '의지하다'이다. 신약에서는 이곳과 로마서 2장 17절에서만 사용되었다.

91) 문자적 의미는 '손을 잡다'로, '따뜻하게 맞아 준다'는 의미이다.

기적들이 두로와 시돈에서 일어났다면, 그들은 오래전에 베옷을 입고 재에 앉아
회개했을 것이다. 14 그럼에도 심판 때에는 두로와 시돈이 너희보다 더 잘 견딜 것
이다. 15 그리고 너 가버나움아,

'네가 하늘까지 높아지겠느냐?[92]

아니다, 너는 하데스[93]까지 내려갈 것이다'(사 14:13-15).

16 너희 말을 듣는 자는 내 말을 듣는 것이며, 너희를 거절하는 자는 나를 거절
하는 것이다. 그리고 나를 거절하는 자는 나를 보내신 그분을 거절하는 것이다."

칠십이 인이 돌아옴

17 그 후 칠십이 인이 기쁘게 돌아와 말하기를, "주여, 당신의 이름에 귀신들도
우리에게 복종합니다"라고 했습니다. 18 그러자 그분께서 그들에게 말씀하셨습니
다. "나는 사탄[94]이 하늘에서 번개처럼 떨어지는 것을 보고 있었다(사 14:12; 계 9:1).
19 보라, 내가 너희에게 뱀과 전갈과 원수의 모든 능력을 밟는 권세를 주었으니,
아무것도 너희를 해치지 못할 것이다. 20 그러나 너희는 영(귀신)들이 너희에게 복종
하는 이런 것에 기뻐하지 말고, 너희 이름이 하늘에 기록된 것에 기뻐하라."

예슈아께서 기뻐하시다(마 11:25-27; 13:16-17)

21 바로 이때 그분께서 성령으로 기뻐하며 말씀하셨습니다. "아버지, 하늘과 땅
의 주인이시여, 제가 주를 찬양합니다. 주께서 이것들을 지혜롭고 명철한 자들에
게 감추시고, 아이들에게 드러내셨기 때문입니다. 그렇습니다, 아버지여, 이렇게
하는 것이 아버지 앞에서 참된 기쁨이기 때문입니다. 22 모든 것이 내 아버지로 인
해 내게 주어졌으므로, 아버지 외에는 그 아들이 누구인지 아무도 모르고, 그 아
들과 그 아들이 계시하려는 사람들 외에는 아무도 아버지를 알지 못합니다." 23 그
리고 그분께서 제자들을 따로 돌아보시며 말씀하셨습니다. "너희가 보고 있는 그
것을 보는 너희 눈은 복이 있다. 24 그러므로 내가 너희에게 말한다. 많은 선지자
들과 왕들이 너희가 보고 있는 것을 보기 원했으나 보지 못했고, 너희가 듣고 있
는 것을 듣기 원했으나 듣지 못했다."

92) 이사야 14장 13절을 그대로 인용하신 것이 아니다. 용어 해설에서 '성경 암송'을 찾아보라.
93) 히브리어로는 '스올'이다. 용어 해설에서 '게헨나'를 찾아보라.
94) 용어 해설에서 '사탄'을 찾아보라.

선한 사마리아인

25 그런데 보십시오. 어떤 토라(가르침)[95] 학자가 일어나 그분을 시험하며 말하기
를, "선생이여, 영생을 상속받으려면 내가 무엇을 해야겠습니까?"라고 했습니다.
26 그러자 그분께서 그에게 말씀하셨습니다. "토라(가르침)에 무엇이라 기록되어 있
으며, 너는 그것을 어떻게 읽느냐?" 27 이에 그가 말했습니다. "'너는 온 마음과 온
몸과 온 힘과 모든 생각으로 주 너의 하나님을 사랑할 것이라' 그리고 '네 이웃을
네 자신처럼 사랑하라' 입니다"(신 6:5; 레 19:18). 28 그러자 그분이 그에게 말씀하셨습
니다. "네가 옳게 대답했다. 너는 이것을 행해야 한다. 그러면 네가 *영원히* 살 것이
다." 29 그러나 그는 의롭게 보이고 싶어서 예슈아께 말했습니다. "실제로 누가 내
이웃입니까?" 30 예슈아께서 대답하시며[96] 말씀하셨습니다. "어떤 사람이 예루살
렘에서 여리고로 내려가다가 강도들을 만났는데, 그들이 그의 옷을 벗기고 상처
를 입혀 거의 죽게 된 상태로 버리고 갔다. 31 그때 마침 어떤 제사장이 그 길로 내
려오다가 그를 보더니 다른 쪽으로 지나갔다. 32 그리고 어떤 레위인도 마찬가지로
그곳에 왔다가 그를 보고 지나가 버렸다. 33 그런데 여행 중이던 어떤 사마리아인이
그에게 와서 그를 보고 불쌍한 마음이 들어 34 그에게 가서 상처를 싸매고, 올리브
기름[97]과 포도주를 붓고, 그를 자기 짐승에 태워 여관으로 데려가 돌보았다. 35 그
리고 다음 날 그가 떠나야 해서 여관 주인에게 두 데나리온을 주며 말하기를, '당
신은 그를 보살펴 주어야 하오. 당신이 추가로 얼마를 쓰든지, 내가 돌아올 때에
갚겠소' 라고 했다. 36 너는 이 셋 중에 누가 강도 만난 자의 이웃이 되었다고 생각
하느냐?" 37 이에 그가 말했습니다. "그를 불쌍히 여긴 사람입니다." 그러자 예슈아
께서 그에게 말씀하셨습니다. "가서 너도 계속 그와 같이 하라."

마르다와 미리암을 방문하심

38 이어서 그들이 가는 동안 그분께서 어느 마을에 들어가셨는데, 마르다라는
여인이 그분을 초청했습니다. 39 그런데 그녀에게는 미리암이라는 동생이 있었습
니다. 미리암은 주님의 발치에 앉아 그분의 가르침을 듣고 있었습니다. 40 그때 마
르다가 시중들 것이 너무 많아서 힘이 들자, 옆에 서서 그분께 말했습니다. "주님,

95) 토라는 '가르침', '교훈'을 뜻한다. 용어 해설에서 '토라'를 찾아보라.

96) 예슈아께서는 핵심을 말씀하시고자 비유로 대답하셨다.

97) 탈무드에서 '올리브 기름'은 영적 깨달음을 주는 토라의 지식을 상징한다. 또 '기름'은 '기쁨'을 상징한다(사 51:3). 그래서 '즐거움의 기름'이라 불린다.

제 동생이 저 혼자 시중들게 하는 것이 아무렇지도 않으십니까? 당신은 동생에
게 저를 도우라고 말씀하셔야 합니다." 41 그러자 주님께서 그녀에게 말씀하셨습니
다. "마르다야, 마르다야! 너는 많은 일에 대해 염려하고 걱정하지만 42 필요한 것
은 하나이니, 미리암은 참으로 빼앗기지 않을 좋은 것을 선택했다."

기도에 대한 가르침(마 6:9-15; 7:7-11)

11 1 그 후 그분께서 어떤 곳에서 기도하시는 동안 다음과 같은 일이 있었
습니다. 그분께서 기도를 마치셨을 때에 제자 중 하나가 그분께 말했습
니다. "주님, 요한이 그의 제자들에게 가르쳐 주었던 것처럼 당신은 이제 우리에게
기도를 가르쳐 주셔야 합니다." 2 그러자 그분께서 그들에게 말씀하셨습니다. "너희
는 기도할 때에 다음과 같이 하라.

'아버지, 지금 아버지의 이름[98]을 거룩하게 하시며,
아버지의 왕국이 임하게 하셔야 합니다.
3 날마다 우리의 생존에[99] 필요한 것들[100]을
끊임없이 우리에게 주시고,
4 우리가 우리에게 잘못한 모든 사람들을 용서했으니,[101]
우리의 죄를 즉시 사해 주셔야 합니다.
그리고 우리를 시험[102]에 빠지지 않게 하옵소서.'"

구하고 찾고 두드리라

5 그러면서 그분께서 그들에게 말씀하셨습니다. "너희 중 누구에게 친구가 하나
있는데 한밤중에 가서 그에게 말하기를, '친구여, 내게 빵 세 덩이를 빌려 주게. 6

98) 이름에 해당하는 헬라어 '오노마'는 하나님의 속성과 활동성을 의미한다. 용어 해설에서 '오노마'를 찾아보라.

99) 헬라어 '에피우시오스'는 이곳과 누가복음 11장 3절, 마태복음 6장 11절에서만 사용되었는데, 그 뜻은 명확하지 않다. 용어 해설에서 '일용할 양식'을 찾아보라.

100) 원문은 '아르톤'(아르토스), '빵'이다. 이것은 '생활에 필요한 모든 것'을 뜻하는 관용 표현이다.

101) 용어 해설에서 '죄'와 '죄 사함'을 찾아보라.

102) 또는 유혹

103) 여기서 우리는 아버지께 성령을 달라고 구해야 한다는 결론을 얻을 수 있다.

내 친구가 여행 중에 내게 왔는데, 그에게 차려 줄 음식이 아무것도 없다네'라고
하면, 7 그가 안에서 대답하며 말하기를, '자네는 나를 귀찮게 하지 말아야 하네.
문이 이미 닫혔고 아이들도 나와 함께 잠자리에 들었으므로, 내가 일어나서 자네
에게 빵을 줄 수 없네'라고 하겠느냐? 8 내가 너희에게 말한다. 그가 친구라서 일
어나 그에게 주지는 않을지라도, 그의 끈질긴 간청 때문에 일어나서 필요한 것을
줄 것이다. 9 그러므로 내가 너희에게 말한다. 너희는 끊임없이 구해야 한다. 그러
면 그것이 너희에게 주어질 것이다. 너희는 끊임없이 찾아야 한다. 그러면 너희가
찾을 것이다. 너희는 끊임없이 두드려야 한다. 그러면 너희에게 열릴 것이다. 10 구
하는 모든 사람이 받고, 찾는 사람이 찾으며, 두드리는 자에게 열릴 것이기 때문
이다. 11 그러므로 너희 가운데 어떤 이가 생선을 구하는 아들에게 생선 대신 뱀
을 주겠느냐? 12 또는 알을 구하는데 전갈을 주겠느냐? 13 그러므로 너희 악한 자
들도 자녀에게는 좋은 선물을 줄 줄 아는데, 하물며 하늘에 계신 아버지께서 구
하는 자들에게 성령을 주시지 않겠느냐?"[103]

예슈아와 바알세붑(마 12:22-30; 막 3:20-27)

14 그리고 그분께서 귀먹고 말 못하는 귀신을 쫓아내셨습니다. 그리하여 귀신
이 나간 후에 말 못하던 사람이 말을 하게 되자 무리가 놀랐습니다. 15 그러나 그
들 중에 어떤 사람들이 말했습니다. "그는 귀신들의 왕 바알세붑으로 그 귀신들을
쫓아내고 있소." 16 또 다른 사람들은 시험하며 그분께 하늘로부터 오는 표적을 구
하기도 했습니다. 17 그러자 그분께서 그들의 생각을 아시고 그들에게 말씀하셨습
니다. "서로 분열하는 나라들마다 망하고, 서로 대적하는 집은 무너진다. 18 그러
므로 만일 사탄이 스스로 분열한다면, 그 나라가 어떻게 서 있겠느냐? 그런데도
너희는 내가 바알세붑으로 귀신들을 쫓아낸다고 말한다. 19 그러나 만일 내가 바
알세붑으로 귀신들을 쫓아내는 것이라면, 너희 아들들은 누구의 힘으로 그것들
을 내쫓는 것이냐? 이 때문에 그들이 너희의 재판관이 될 것이다. 20 그러나 만일
내가 하나님의 손가락으로 귀신들을 내쫓는 것이라면, 하나님의 왕국이 이미 너
희에게 임한 것이다. 21 '강한 자가 무장을 하고 자기 집을 지키면, 그의 재산은 안
전할 것이다. 22 그러나 그보다 더 강한 자가 그를 이기면, 그는 상대가 믿고 있던
무기를 빼앗고 자기의 전리품을 나눠 줄 것'이라고 했다. 23 나와 함께하지 않는
자는 나를 대적하는 것이며, 나와 함께 모으지 않는 자는 흩어 버리는 것이다."

더러운 영이 돌아옴(마 12:43-45)

24 "더러운 영이 어떤 사람에게서 나와 마른 곳들을 두루 다니며 쉴[104] 곳을
찾다가 아무데도 찾지 못하자 말하기를, '내가 나온 집으로 돌아가야겠다'라고 한
다. 25 그리하여 와서 보니, 그 집이 청소되고 정리되어 있었다. 26 그러면 그것은
가서 자기보다 더 악한 영 일곱을 데려와서 거기 들어가 살게 된다. 그리하여 그
사람의 나중이 처음보다 더 나빠지는 것이다."

참된 복

27 또 그분께서 이것들을 말씀하시는 중에 다음과 같은 일이 있었습니다. 무리
중 어떤 여인이 목소리를 높여 그분께 말했습니다. "당신을 밴 태와 당신을 양육
한 자가 복이 있습니다!" 28 그러자 그분께서 말씀하셨습니다. "오히려 하나님의 말
씀을 듣고 지키는[105] 자들이 복이 있다."

표적을 요구하다(마 12:38-42; 막 8:12)

29 그런데 무리가 훨씬 더 많이 모이자, 그분께서 말씀하기 시작하셨습니다. "이
세대는 악한 세대로 표적을 구하나, 요나의 표적 외에는 아무것도 주어지지 않을
것이다. 30 그러므로 요나가 니느웨 사람들에게 표적이 되었던 것처럼, 그 사람의
아들도 이 세대에게 표적이 될 것이다. 31 심판 때에 남방 여왕[106]이 이 세대 사람
들과 함께 일으킴을 받아 그들을 정죄할 것이니, 그녀가 솔로몬의 지혜를 들으려
고 땅끝에서 왔기 때문이다. 그런데 보라, 솔로몬보다 더 위대한 이가 여기에 있
다. 32 심판 때에 니느웨 사람들이 이 세대와 함께 일어나서 이 세대를 정죄할 것
이니, 그들이 요나의 선포를 듣고 회개했기 때문이다. 그런데 보라, 요나보다 더
큰 이가 여기에 있다."

몸의 등불(마 5:15; 6:22, 23)

33 "아무도 등불을 켜서 숨겨 두거나 말 아래에 두지 않고 그것을 등잔대 위에
두는 것은 들어오는 이들이 그 빛을 보게 하려는 것이다. 34 네 눈은 그 몸의 등불

104) 이것은 잠시 쉬는 것을 의미한다. 귀신들은 잠깐의 휴식도 얻지 못한다.

105) 헬라어 '휠라쏘'(fulasso)는 '보호하다, 지키다, 범하지 않으려고 주의하다'의 뜻이다.

106) 스바의 여왕

이다. 네 눈이 순전하면[107] 온몸이 빛으로 가득할 것이나, 네 눈이 악하면[108] 그 몸이 어둡게 된다. **35** 그러므로 너는 네 안에 있는 빛이 어둠이 아닌지 주의하여 살펴보아라. **36** 그런데 단일 네 온몸이 빛으로 가득하여 어떠한 부분도 어둡지 않다면, 마치 등불이 광채로 너를 비추는 것처럼 그 *몸* 전체가 빛으로 가득할 것이다."

바리새파 사람들과 서기관들을 책망하심(마 23:1-36; 막 12:38-40; 눅 20:45-47)

37 그분께서 말씀하시는 동안 한 바리새파 사람이 그분께 함께 식사하자고 청하므로 그분께서 들어가셔서 비스듬히 앉으셨습니다. **38** 그런데 그분께서 식사 전에 먼저 씻지 않으셨으므로, 바리새파 사람이 보고 이상하게 여겼습니다. **39** 그러자 주님께서 그에게 말씀하셨습니다. "지금 너희 바리새파 사람들은 잔과 접시의 겉은 씻으나 너희 속에는 탐욕과 악독이 가득하다. **40** 어리석은 자들아, 겉을 만드신 분이 속도 만들지 않으셨느냐? **41** 그러나 너희는 이제 너희 안에 있는 것을 가난한 자들에게 선물로 주어야 한다. 그러면 보라, 모든 것이 너희 속에서 깨끗해진다. **42** 그러나 너희 바리새파 사람들에게 화가 있다. 너희가 박하와 향초와 각종 채소의 십일조[109]는 하면서 하나님의 공의와 사랑을 무시하기 때문이다. 이런 것들, 곧 *십일조*도 행해야 하지만, 다른 것, 곧 *구제*들도 무시해선 안 된다(레 27:30). **43** 너희 바리새파 사람들에게 화가 있다. 너희가 회당에서 귀빈석[110]에 앉기를 좋아하고, 장터에서 인사받기를 좋아하기 때문이다. **44** 너희에게 화가 있다. 너희는 눈에 띄지 않는 무덤 같아서 그 위를 걸어 다니는 사람들이 알지 못하기 때문이다."

45 그러나 토라 학자들 중 한 사람이 반발하며 그분께 말했습니다. "선생이여, 당신이 이렇게 말하면 우리까지 모욕하는 것이오." **46** 그러자 그분께서 말씀하셨습니다. "그러므로 너희 토라 학자들에게 화가 있다. 너희가 사람들에게 힘든 짐을 지우고는 그 짐을 드는 데 손가락 하나도 대지 않기 때문이다. **47** 너희에게 화가 있다. 너희가 선지자들의 무덤을 세우고 있는데, 너희 조상들이 그들을 죽였기 때문이다. **48** 이제는 너희가 증인이 되어 조상들의 행위를 인정하고 있으니, 조상들이 참으로 그들을 죽였고, 너희가 그들의 무덤을 만들고 있기 때문이다. **49** 이

107) '좋은 눈', '순전한 눈'은 '관대함'을 뜻하는 히브리 관용 표현이다.

108) '악한 눈'은 '인색하고 이기적인 것'을 뜻하는 히브리 관용 표현이다(신 15:9; 잠 23:6-7; 28:22).

109) 용어 해설에서 '십일조'를 찾아보라.

110) '모세의 자리(의자)'라 불리는 곳으로, 권위를 인정받은 자가 앉을 수 있었다.

때문에 하나님의 지혜도 말씀하셨다. '내가 그들 가운데 선지자들과 사도들을 보
내면, 그들이 일부는 죽이고 나머지는 박해할 것이다.' **50** 그리하여 모든 선지자들
의 피, 곧 세상의 기초가 놓인 때부터 흘린 피를 이 세대에게 요구할 것이니, **51** 아
벨의 피부터 제단과 그 집[111] 사이에서 죽임 당한 사가랴의 피까지이다(대하 24:20-
22). 참으로 내가 너희에게 말한다. 그 피의 대가를 이 세대가 치르게 될 것이다.
52 너희 토라(가르침) 학자들에게 화가 있다. 너희가 지식의 열쇠를 빼앗아 너희는
들어가지 않으면서 들어가는 자들을 막았기 때문이다." **53** 그리고 그분께서 거기
에서 나오셨을 때에 서기관들과 바리새파 사람들이 매우 증오하면서 그분께 더
많은 것들을 묻기 시작했는데, **54** 그분이 하실 말씀으로 그분을 트집 잡으려는
계략이었습니다.

위선에 대해 경고하심

12 **1** 그때 수많은 무리가 모여 서로 밟힐 지경이었으므로, 그분께서 먼저
제자들에게 말씀하시기 시작했습니다. "너희는 바리새파 사람들의 누
룩,[112] 곧 위선으로부터 자신을 지켜야 한다. **2** 그러나 가려진 것이 드러나지 않거
나 숨겨진 것이 알려지지 않을 일은 없다. **3** 왜냐하면 너희가 어두운 데서 말한 것
이 밝은 데서 들릴 것이고, 너희가 골방에서 귓속말한 것이 지붕에서 선포될 것이
기 때문이다."

두려워할 분(마 10:28-31)

4 "그러나 나의 친구들아, 내가 너희에게 말한다. 육신은 죽여도 그 다음에는
더 이상 아무것도 할 수 없는 자들을 두려워하지 말라. **5** 그러나 너희가 두려워해
야 할 것을 내가 보여 주겠다. 너희를 죽인 후에 게헨나에 던질 권세 가진 분을
두려워해야 한다. 참으로 내가 너희에게 말한다. 너희는 이제 그분을 두려워해야
한다! **6** 참새 다섯 마리가 두 앗사리온[113]에 팔리지 않느냐? 그런데 그중의 한 마

111) 헬라어 '오이코스'로, 성경 전반에 걸쳐 '성전'이나 '성소'를 가리키는 말로 사용되었다. 여기서는 '성소'로 보는 것이 옳다. 성전 안에서 번제단을 지나 들어갈 수 있는 구조물은 '성소'이기 때문이다. 누가는 '성전' 전체를 '집'으로 표현하기도 했다(행 2:2).

112) '율법주의'를 말한다. 바리새파 사람들은 자기들도 지킬 수 없는 것을 전통으로 만들어 위선의 덫에 빠져 버렸다.

113) 굉장히 적은 돈. 한 앗사리온은 16분의 1 데나리온이다.

리도 하나님 앞에서 잊혀지지 않는다. 7 그러나 너희는 머리털까지도 모두 세어 두셨다. 너희는 두려워하지 말라. 너희는 수많은 참새보다 더 귀하다."

사람들 앞에서 메시아 인정하기(마 10:32–33; 12:32; 10:19–20)

8 "그리고 내가 너희 모두에게 말한다. 누구든지 사람들 앞에서 나를 인정하
면, 그 사람의 아들이 하나님의 천사들 앞에서 그를 인정할 것이다. 9 그러나 사
람들 앞에서 나를 부인하는 자는 하나님의 천사들 앞에서 부인당할 것이다. 10 또
한 누구든지 그 사람의 아들을 대적하는 말을 하면, 그것은 용서받을 것이다. 그
러나 성령을 모독하는 자는 용서받지 못할 것이다. 11 그러므로 사람들이 너희를
회당 안으로 또는 지도자들과 권세자들 앞으로 끌고 갈 때에 어떻게 변호할지,
또는 무슨 말을 해야 할지 염려하지 말라.[114] 12 그 순간에 무슨 말을 해야 할지 성
령께서 너희에게 가르쳐 주실 것이다."

어리석은 부자의 비유

13 그런데 무리 가운데 어떤 사람이 그분께 말했습니다. "선생님, 지금 제 형제에
게 저와 유산을 나누라고 말씀해 주십시오." 14 이에 그분께서 그에게 말씀하셨습
니다. "사람아, 누가 나를 너희 재판관이나 중재자로 세웠느냐?" 15 그리고 그분께서
사람들에게 말씀하셨습니다. "너희는 끊임없이 깨달아 자신을 모든 탐심으로부터
지켜야 한다. 사람의 생명이 그의 소유가 풍부한 데 있지 않기 때문이다"(요 10:10).
16 이어서 그분께서 그들에게 비유로 일러 말씀하셨습니다. "어떤 부자의 밭에 풍
년이 들었다. 17 그래서 그가 속으로 생각하며 말하기를, '내 소출을 모아 둘 곳이
없으니 어떻게 할까?' 라고 하였다. 18 그리고 '이렇게 해야겠다. 내가 곳간을 부수
고 더 크게 지어 거기에 모든 곡식과 물건들을 쌓아 두고 19 나 자신에게 말할 것
이다. "네가 여러 해 동안 쓸 많은 재산을 쌓아 두었으니, 계속 쉬면서[115] 당장 먹
고 마시고 즐겨야 한다"' 라고 하였다. 20 그때 하나님께서 그에게 말씀하셨다. '어리
석은 사람아, 오늘 밤 네게서 네 생명을 도로 찾아갈 것이다. 그러면 네가 준비한
것들은 누구에게로 돌아가겠느냐?' 21 자신을 위해 재물을 쌓고 하나님께는 쌓지

114) '염려'는 '저주'다. 그러므로 우리에게는 염려가 없어야 한다. 대신 우리는 주님의 일에 열심과 열정을 불태워야 한다.

115) 헬라어 원어는 잠시의 쉼을 뜻한다. 이 부자는 하나님이 주실 영원한 안식을 기대하지 않았다. 그는 일을 하지 않고 지낼 수 있는 일종의 지속적인 휴가를 바랐을 뿐이다. 용어 해설에서 '안식'을 찾아보라.

않는 사람은 이와 같을 것이다."

걱정과 염려(마 6:25-34, 19-21)

22 또한 그분께서 제자들에게 말씀하셨습니다. "이 때문에 내가 너희에게 말한
다. 너희는 목숨을 위해 무엇을 먹어야 할까, 또는 몸에 무엇을 입어야 할까 염려
하지 말라. **23** 목숨이 음식보다 더 중요하고, 몸이 옷보다 더 중요하기 때문이다.
24 너희는 이제 까마귀들을 생각해야 한다. 그것들은 씨를 뿌리지도, 거두지도 않
고, 창고나 곳간이 없어도 하나님께서 그것들을 먹이시기 때문이다. 너희는 새들
보다 얼마나 더 소중하냐? **25** 그런데 너희 중 누가 염려한다고 그 키를 한 규빗이
라도 늘릴 수 있겠느냐? **26** 그러므로 이처럼 너희가 가장 작은 일도 할 수 없는데,
왜 나머지 일들에 대해 염려하느냐? **27** 너희는 이제 백합화들이 어떻게 자라는지
생각해야 한다. 그것들은 일도 하지 않고, 옷감을 짜지도 않는다. 그러나 내가 너
희에게 말한다. 솔로몬도 그의 모든 영광 가운데 이것들 중 하나만큼 차려 입지
못했다. **28** 따라서 하나님께서 오늘은 들에 있다가 내일은 화로에 던져질 풀을 그렇
게 입히신다면, 너희는 얼마나 더 잘 입히시겠느냐, 작은 믿음들아. **29** 그러므로 너
희는 무엇을 먹을까, 무엇을 마실까 구하지 말고, 염려하기를 그쳐라. **30** 세상의
이방인들이 이 모든 것을 구하고 있지만, 이 모든 것이 너희에게 계속 필요한 것
을 너희 아버지께서 아시기 때문이다. **31** 그러나 너희는 늘 그분의 왕국을 구하라.
그러면 이것들이 너희에게 더해질 것이다. **32** 너희 어린 양떼여, 두려워하지 말라.
너희에게 그 왕국을 주는 것을 너희 아버지께서 기뻐하시기[116] 때문이다. **33** 너희
는 이제 너희 소유를 팔아 가난한 자들에게 주고, 자신을 위해 해지지 않는 전대를
만들어 고갈되지 않는 보물을 하늘에 두라. 거기는 도둑이 오지 않고, 좀먹지도 않
는다. **34** 그러므로 너희 보물이 있는 곳에 너희 마음도 있을 것이다."

깨어 있는 종들(마 24:45-51)

35 "항상 너희 허리에 띠를 매고, 너희 등불은 타고 있어야 한다. **36** 너희는 혼인
잔치[117]에서 돌아올 주인을 기다리다가, 그가 와서 두드리면 즉시 문을 열어 주는
자들과 같아야 한다. **37** 주인이 와서 그들의 깨어 있음을 보게 될 종들은 복이 있

116) 이미 이루어진 일이다. 하나님께서는 이미 우리에게 그분의 왕국을 주시는 것을 기뻐하셨다.

117) 용어 해설에서 '결혼'을 찾아보라.

다. 진실로 내가 너희에게 말하는데, 그가 자신의 허리에 띠를 두르고 그들과 함
께 비스듬히 앉을 것이며, 그가 와서 그들을 섬길 것이다. **38** 그러므로 그 주인이
이경[118]이나 혹은 삼경에 오더라도 이렇게 하고 있는 것을 보게 될 그 사람들은
복이 있다. **39** 그러나 너희가 아는 대로, 집주인이 몇 시에 도둑이 올지 알았다면
아무도 그 집을 뚫지 못하게 했을 것이다. **40** 그러므로 너희는 준비하고 있어야 한
다. 그 사람의 아들이 너희가 생각지도 못한 시간에 올 것이기 때문이다."[119]

41 그러자 베드로가 말했습니다. "주님, 당신은 이 비유를 우리에게 말씀하시는
것입니까, 아니면 모든 사람에게 말씀하시는 것입니까?" **42** 그때 주님께서 말씀하
셨습니다. "그 주인을 위해 정해진 때에 몫을 나눠 주는 일을 맡아 수행할 참으로
충성스럽고 지혜로운 청지기는 누구인가? **43** 그의 주인이 와서 그렇게 하고 있는 것
을 보게 될 그 종은 복이 있다. **44** 진실로 내가 너희에게 말하는데, 그가 그의 모든
소유를 그에게 맡길 것이다. **45** 그러나 만일 그 종이 속으로 '내 주인이 오는 것이
지연된다'라고 말하면서 남녀 종들을 때리고 먹고 마시고, 심지어 취하기 시작하
면, **46** 그 종의 주인이 그가 예상하지 않은 날, 그가 알지 못하는 시간에 와서 그
를 엄하게 벌하고, 그의 몫을 믿지 않는 자들과 함께 둘 것이다. **47** 그러므로 그
종, 곧 주인의 뜻을 알면서 그의 뜻대로 준비하거나 행하지 않은 자는 많이 맞을
것이다. **48** 그러나 알지 못하여 매맞을 일을 한 종은 적게 맞을 것이다. 그리하여
누구든지 많이 받은 사람에게 많이 찾을 것이며, 그분께서 많이 맡기신 자에게
더 요구하실 것이다."

분열의 원인 예수아(마 10:34-36)

49 "내가 땅에 불을 던지러 왔으니, 그 불이 이미 붙었기를 내가 얼마나 원하겠
느냐! **50** 그러나 내가 받아야 할 침례[120]가 있으므로, 그것이 이루어질 때까지 잠
시 견디고 있는 것이다. **51** 너희는 내가 땅에 평화를 주려고 왔다고 생각하느냐? 내
가 너희에게 말한다. 아니다. 오히려 분열이다. **52** 그러므로 이제부터 한 집에서 다
섯 명이 반대파로 나누어질 것이니, 셋이 둘을 대항하고, 둘이 셋을 대항하여

118) 이스라엘에서 이경은 자정부터 새벽 3시까지이다.

119) 주님이 언제 오실지 아무도 모른다. 따라서 각 사람은 매일, 매 순간 준비해야 한다. 용어 해설에서 '메시아(그리스도)의 재림'을 찾아보라.

120) 주님께서 받으실 수난과 십자가 죽음을 말한다.

53 '그들이 갈라져 아버지가 아들을 대적하고
아들이 아버지를 대적하며,
어머니가 딸을 대적하고
딸이 어머니를 대적하며,
시어머니가 며느리를 대적하고
며느리가 시어머니를 대적하리라'(미 7:6)."

때를 분별하기(마 16:2-3)

54 그때 그분은 무리에게 계속해서 말씀하셨습니다. "너희는 서쪽에서 구름이 일
어나는 것을 보면, 즉시 말하기를 '폭풍우가 오겠다'고 하며, 그렇게 된다. 55 그리고
남풍이 불면, 너희가 말하기를 '뜨거워지겠다'고 하며, 그렇게 된다. 56 위선자들아!
너희가 땅과 하늘의 모습은 볼 줄 알면서 어떻게 이 시대는 살필 줄 모르느냐?"

너희를 고소하는 사람과 화해하라(마 5:25-26)

57 "그런데 너희는 왜 옳은 것을 스스로 판단하지 않느냐? 58 그러므로 너는 너
를 고소하는 사람과 재판관에게 갈 때, 도중에 그에게서 풀려나기를 힘써야 한
다. 그렇지 않으면 그가 너를 재판관에게 끌고 갈 것이며, 재판관은 너를 집행관
에게 넘겨주고, 집행관은 너를 감옥에 넣을 것이다. 59 내가 네게 말한다. 마지막
동전 한 닢까지 갚기 전에는 결코 거기서 나오지 못할 것이다."

회개하지 않으면 멸망한다

13 1 그런데 바로 그때 그분과 함께 있던 어떤 사람들이 그분께 알리기를,
빌라도가 갈릴리 사람들의 피를 그들의 희생제물에 섞었다고 했습니다.
2 그러자 그분께서 그들에게 말씀하셨습니다. "너희는 갈릴리의 희생자들이 이런
일을 당했다고 해서 다른 갈릴리 사람들보다 더 큰 죄인들이라고 생각하느냐? 3
아니다. 내가 너희에게 말하는데, 너희가 다 회개하지 않으면 그렇게 멸망할 것이
다. 4 또 실로암[121] 망대가 무너져서 죽은 열여덟 명이 예루살렘에 거주하는 다른
모든 사람보다 더 악한 죄인이라고 생각하느냐? 5 아니다. 내가 너희에게 말한다.

121) 실로암은 예루살렘 근방에 있었다. 1913년에 비둘기장이 발견되었는데, 그 높이가 3.7-6m 정도였다.

너희가 다 회개하지 않으면 그렇게 멸망할 것이다."

열매 맺지 못하는 무화과나무의 비유

6 그러면서 그분은 이것을 계속해서 비유로 이렇게 말씀하셨습니다. "어떤 사람
이 자기 과수원에 무화과나무 한 그루를 심고, 그 열매를 얻으러 왔으나 아무것
도 없었다. 7 그래서 그가 관리인에게 말했다. '보라, 내가 삼 년 동안 와서 이 무화
과나무에서 열매를 구했는데, 아무것도 없었다. 그런데 왜 그것으로 땅을 못 쓰
게 하느냐? 그러므로 너는 이제 그것을 베어야 한다.' 8 그러자 관리인이 그에게
말했다. '주인님, 올해만 놔 두셔야 합니다. 제가 그 주위를 파서 거름을 주겠습니
다. 9 그러면 내년에는 참으로 열매를 맺을 것입니다. 그러나 만일 그렇지 않으면
베어 버리셔도 됩니다.'"

안식일에 등이 굽은 여인을 고치심

10 그리고 그분은 안식일(샤밧)마다 회당들 중 한 곳에서 가르치셨습니다. 11 그
런데 보십시오, 십팔 년 동안 질병의 영에 사로잡힌 한 여인이 있었는데, 그녀는
등이 굽어서 똑바로 설 수 없었습니다. 12 그런데 예슈아께서 그 여인을 보시고 불
러내어 그녀에게 말씀하셨습니다. "여인아, 네가 그 질병으로부터 풀려났다." 13 그
리고 그분의 손을 그녀에게 얹으시자 즉시 그녀의 등이 곧게 펴졌고, 그녀는 하나
님께 영광을 돌리기 시작했습니다. 14 그러나 예슈아께서 안식일에 병 고치신 것
에 분노하여 회당장이 무리에게 이렇게 말했습니다. "일해야 할 날이 엿새나 있으
니, 당신들은 그날 중에 와서 병을 고침 받아야지, 안식일에는 안 되오." 15 그러자
주님께서 대답하며 말씀하셨습니다. "위선자들아! 너희가 안식일이라도 외양간에
서 소나 나귀를 풀어 끌고 나가 물을 먹이지 않느냐? 16 그러나 이 여인은 아브라
함의 딸로서 십팔 년 동안 사탄에게 매여 있었으니, 안식일에라도 그녀를 이 속박
에서 풀어 주어야 하지 않겠느냐?" 17 그때 그분께서 이렇게 말씀하시는 동안 그
분께 반박하던 사람들이 모두 부끄러워하였고, 온 무리는 그분 아래서 일어난 모
든 놀라운 일에 기뻐했습니다.

겨자씨와 누룩의 비유(마 13:31-33; 막 4:30-32)

18 이어서 그분께서 말씀하셨습니다. "하나님의 왕국은 무엇과 같으며, 그것을

무엇에 비유하겠느냐? 19 그것은 겨자씨 한 알과 같아서, 한 사람이 그것을 가져
다가 자기 정원에 뿌렸더니, 그것이 자라서 나무가 되었고, 하늘의 새들이 그 가
지에 깃들였다."

20 그리고 그분께서 다시 말씀하셨습니다. "내가 하나님의 왕국을 무엇에 비유
하겠느냐? 21 그것은 누룩과 같아서, 한 여자가 그것을 가져다가 반죽 세 사톤[122)]
에 쳐서 그 전체가 부풀게 되었다."

좁은 문(마 7:13-14, 21-23)

22 그리고 그분은 도시들과 마을들을 지나가며 가르치시고 예루살렘으로 나아
가셨습니다. 23 그런데 어떤 사람이 그분께 말했습니다. "주님, 구원받는 자들이 그
렇게 적습니까?" 그러자 그분께서 그들에게 말씀하셨습니다. 24 "너희는 끊임없이
좁은 문으로 들어가려고 힘써야 한다. 내가 너희에게 말한다. 많은 사람들이 들어
가기를 구하겠지만, 그만큼 굳건하지 않을 것이기 때문이다. 25 그 집주인이 일어나
문을 닫을 때에 너희가 밖에 서서 문을 두드리기 시작하며 '주인님, 당신은 즉시 우
리에게 문을 열어 주셔야 합니다'라고 말하면, 그는 너희에게 '나는 너희가 어디에
서 왔는지 모른다'고 말할 것이다. 26 그러면 너희는 '우리는 당신이 계신 데서 먹고
마셨으며, 당신은 우리의 거리에서 가르치셨습니다'라고 말하기 시작할 것이다. 27
그래도 그는 너희에게 말하여 이르기를, '나는 너희가 어디에서 왔는지 모르니, 너
희 모든 불의한 일꾼들아, 너희는 즉시 나를 떠나야 한다'고 할 것이다. 28 아브라
함과 이삭과 야곱과 모든 선지자는 하나님의 왕국에 있는데, 너희는 바깥으로 쫓
겨나 있는 것을 보게 되면, 거기에서 울며 이를 갈게 될 것이다. 29 그리고 사람들
이 동서남북으로부터 와서 참석하여 하나님의 왕국에서 비스듬히 앉을 것이다.[123)]
30 보라, 첫째인 자들은 마지막이 되고, 마지막인 자들은 첫째가 될 것이다."

예루살렘에 대한 애가(마 23:37-39)

31 같은 시간에 어떤 바리새파 사람들[124)]이 그분께 와서 말하기를, "헤롯이 당
신을 죽이려 하니, 당신은 즉시 이곳에서 나와 떠나야 하오"라고 했습니다. 32 그

122) 이것은 14리터 정도이다.

123) 성도들은 천국에서 비스듬히 앉아서 음식을 먹게 될 것이다. 용어 해설에서 '비스듬히 앉아서 먹다'를 찾아보라.

러자 그분께서 그들에게 말씀하셨습니다. "너희는 가서 그 여우에게 말하기를, '보
라, 내가 귀신들을 쫓아내며 병을 고치고 있으니, 오늘과 내일 이 일을 마치고, 제
삼일에 내 목표에 이를 것이다'라고 해야 한다. **33** 그럼에도 내가 오늘도, 내일도
계속해서 *예루살렘으로* 가야 할 것이다. 예루살렘 밖에서는 선지자를 죽일 수 없
기 때문이다. **34** 예루살렘아, 예루살렘아! 선지자들을 죽이고 네게 보낸 자들을
돌로 치는 자야, 암탉이 자기 새끼들을 날개 아래 품듯이 내가 네 자녀를 모으려
고 한 것이 몇 번이냐? 그러나 너희는 원하지 않았다. **35** 보라, 네 집이 버림 받아
황량하게 남아 있구나. 그러나 내가 너희에게 말한다. 그분이 오셔서 너희가 '주님
의 이름으로 오시는 그분이 복이 있다'(시 118:26)라고 말할 때까지 너희가 나를 보
지 못할 것이다."

몸이 붓는 사람을 고치시다

14 **1** 그리고 다음과 같은 일이 있었습니다. 그분께서 안식일에 어떤 바리새
파 지도자의 집에 가서 식사하시는 동안, 사람들이 그분을 주목하고 있
었습니다. **2** 그런데 보십시오, 몸이 붓는 병으로 고통받는 한 남자가 그분 앞에 있
었습니다. **3** 그러자 예슈아께서 토라 학자들과 바리새파 사람들에게 말씀하여 이
르시기를, "안식일에 병을 고치는 것이 합법적이냐, 합법적이지 않느냐?"라고 하
셨습니다. **4** 이에 그들이 잠잠했습니다. 그러자 그분께서 그 사람의 손을 잡고 낫
게 하여 돌려보내셨습니다. **5** 이어서 그분께서 그들에게 말씀하셨습니다. "너희
가운데 누가 아들이나 소가 우물에 빠진다면 안식일에도 즉시 끌어내지 않겠느
냐?" **6** 그래서 그들은 이 말씀에 반박할 수 없었습니다.

손님과 주인에게 주시는 교훈

7 그때 그분께서 초대받은 자들이 어떻게 귀빈석[125]을 고르는지 보시고, 그들에
게 비유 하나를 말씀하셨습니다. **8** "네가 어떤 사람의 혼인 잔치에 초대받았을 때
에 귀빈석에 비스듬히 앉지 않아야 한다. 너보다 더 귀한 사람이 초대받을 수도
있기 때문이다. **9** 그래서 너를 초대한 사람이 와서 '지금 그 자리를 내어 주어야 하

124) 예슈아께서는 바리새파 사람들의 율법주의에는 분노하셨지만, 신학적으로 일치하는 부분도 많았다. 그래서 바리새파 사람들 중에도 예슈아의 친구들이 있었다.

125) 이 자리는 '아브라함의 무릎'이라고도 불린다. 용어 해설에서 '비스듬히 앉아서 먹다'를 찾아보라.

오'라고 말하면, 너는 부끄러워하며 제일 끝자리를 잡기 시작할 것이다.[126)] **10** 그러나 네가 초대받았을 때에 가서 제일 끝자리에 비스듬히 앉아야 한다. 그러면 너를 초대한 사람이 와서 네게 말하기를, '친구여, 당신은 더 높은 곳으로 올라와야 하오'라고 할 것이다. 그러면 너와 함께 비스듬히 앉아 있는 모든 사람 앞에서 네가 존귀해질 것이다. **11** 그러므로 누구든지 스스로 높이는 사람은 낮아질 것이며, 스스로 낮추는 자는 높임 받을 것이다." **12** 그리고 그분은 자신을 초대한 사람에게도 계속해서 말씀하셨습니다. "네가 오찬이나 만찬을 베푼다면, 친구도, 형제도, 친척도, 부유한 이웃도 부르지 말라. 이는 그들이 너를 초대해 네게 갚지 못하게 하려는 것이다. **13** 그러나 네가 잔치를 베푼다면, 항상 가난하고 장애가 있으며, 다리를 절고 앞을 보지 못하는 자들을 초대해야 한다. **14** 그러면 네게 복이 있을 것이니, 그들에게는 네게 갚을 *방법이* 없기에 의인들의 부활 때에 네게 보상이 주어질 것이다."

큰 잔치 비유(마 22:1-10)

15 그러자 함께 비스듬히 앉아 있던 사람들 중 어떤 사람이 이 말씀을 듣고 그분께 말했습니다. "하나님의 왕국에서 음식을 먹을 사람이 복이 있습니다!" **16** 이에 그분께서 그에게 말씀하셨습니다. "어떤 사람이 큰 만찬을 준비하면서 많은 사람들을 초대하고, **17** 잔치 시간에 그의 종을 보내어 초대받은 사람들에게 이렇게 말하게 했다. '지금 다 준비되었으니, 당신들은 즉시 와야 합니다.' **18** 그러자 그들 모두가 처음부터 끝까지 변명하기 시작했다. 첫 번째 사람이 그에게 말했다. '내가 밭을 샀으니, 그것을 보러 나가야 하겠소. 청컨대, 당신은 나를 용서해 주어야 하오.' **19** 그리고 또 다른 사람이 말하기를, '내가 황소 다섯 겨리를 샀는데, 그것들을 살피러 가는 중이오. 청컨대, 당신은 나를 용서해 주어야 하오'라고 했고, **20** 또 다른 사람은 말하기를, '내가 결혼해서 아내를 맞았는데, 이 때문에 갈 수 없소'라고 했다. **21** 이에 종이 돌아와 그 주인에게 이 일들을 보고하자, 집주인이 화가 나서 종에게 말했다. '너는 당장 도시의 거리와 골목으로 나가서, 가난하고 몸이 불편하며 앞을 보지 못하고 저는 자들을 이리로 데려와야 한다.' **22** 그 후 종이 말했다. '주인님, 당신이 명령하신 대로 했으나 여전히 자리가 남았습니다.' **23** 이에

126) "왕 앞에서 자기를 높이지 말고, 위대한 자들의 자리에 서지 말라. 통치자들 앞에서 하대받는 것보다 '여기로 올라오라'는 말을 듣는 것이 낫다"(잠 25:6, 7).

127) 밭과 밭 사이의 길을 뜻한다. 즉, 이 종은 성읍 밖까지 나갔다 온 것이다.

그 주인이 종에게 말하기를, '너는 이제 도로와 울타리[127]로 나가서 사람들을 강
권하여 데려와 내 집을 채워야 한다. **24** 그러므로 내가 너희에게 말하는데, 초대받
은 사람들 가운데 아무도 내 만찬을 맛보지 못할 것이다'라고 했다."[128]

제자가 되려면(마 10:37-38)

25 한편 큰 무리가 그분과 함께 가고 있었는데, 그분께서 돌아서서 그들에게 말씀
하셨습니다. **26** "누구든지 내게 오면서 그의 부모와 아내와 자녀와 형제자매와 심지
어 자기 목숨까지도 미워하지[129] 않으면, 내 제자가 될 수 없다. **27** 자기 십자가[130]
를 지지 않고 내 뒤로 오는 사람은 내 제자가 될 수 없다. **28** 그러므로 너희 가운
데 누가 망대를 세우려 한다면, 앉아서 먼저 그것을 완성할 만큼 충분한지 비용
을 계산하지 않겠느냐? **29** 그리하여 그가 기초를 놓은 후에 끝내지 못한다면, 그것
을 본 모든 사람이 그를 조롱하기 시작하며 **30** 말하기를, '이 사람이 세우기 시작했
으나 끝낼 수는 없었다'고 할 것이다. **31** 또 어떤 왕이 다른 왕과 전쟁하러 나가려
한다면, 먼저 앉아서 이만 명을 데리고 싸우러 오는 자를 일만 명으로 상대할 수
있는지 따져 보지 않겠느냐? **32** 상대할 수 없다면, 그가 아직 멀리 있을 때에 사절
단을 보내 평화를 요청할 것이다. **33** 그러므로 이와 같이 너희 중 자기의 소유를
모두 버리지 않은 사람은 내 제자가 될 수 없다."

맛을 잃은 소금(마 5:13; 막 9:50)

34 "소금은 분명 좋은 것이다. 그러나 만일 그 소금의 맛이 변하면 무엇으로 간
을 맞추겠느냐? **35** 그것은 땅에도, 거름에도 쓸모가 없어 밖에 버려진다. 들을 귀
있는 자는 항상 들어야 한다."

잃어버린 양의 비유(마 18:12-14)

15 **1** 그런데 모든 세리와 죄인들이 그분께 다가와서 귀를 기울였습니다. **2**
그러자 바리새파 사람들과 서기관들이 불평하며 말하기를, "이 사람이

128) 오늘날 얼마나 많은 이들이 바쁘다는 핑계로 왕 중의 왕이신 주님과의 교제(식사)를 멀리하고 있는가?

129) 문자 그대로 '미워하라'는 의미로 받아들여서는 안 된다. 이것은 신명기 21장 15절, 말라기 1장 3절 등과 같이 비유적인 표현으로, '덜 사랑하라'는 뜻이다.

130) 예수아께서는 이것으로 자신이 어떻게 죽을지 예언하셨다.

죄인들을 환영하고, 그들과 함께 먹는다"라고 했습니다. 3 이에 그분께서 그들에
게 이 비유를 이야기하셨습니다. 4 "너희 가운데 어떤 사람에게 일백 마리의 양이
있는데 그중 한 마리를 잃어버렸다면, 그가 아흔아홉 마리를 광야에 두고 그 잃어
버린 한 마리를 찾을 때까지 찾아 다니지 않겠느냐? 5 그리고 그 양을 찾으면, 그
가 기뻐하며 그것을 어깨에 둘러메고 6 집으로 들어와서 친구들과 이웃들을 함께
불러 그들에게 말하기를, '너희는 이제 나와 함께 기뻐해야 한다. 내가 잃었던 양
을 찾았기 때문이다'라고 할 것이다. 7 내가 너희에게 말한다. 이와 같이 하늘에서
도 회개할 필요 없는 의인 아흔아홉보다 회개하는 죄인 하나를 더 기뻐한다."

잃어버린 동전의 비유

8 "또한 어떤 여인이 열 드라크마[131]를 갖고 있다가 한 드라크마를 잃어버린다
면, 등불을 켜고 집안을 쓸며 그것을 발견할 때까지 부지런히 찾지 않겠느냐? 9 그
리고 그것을 찾으면, 친구들과 이웃들을 불러모아 말하기를, '나와 함께 기뻐해 주
십시오. 내가 잃어버렸던 드라크마를 찾았습니다'라고 할 것이다. 10 그러므로 내가
너희에게 말한다. 회개하는 죄인 한 사람이 하나님의 천사들 앞에서는 기쁨이다."

돌아온 탕자

11 이어서 그분이 말씀하셨습니다. "어떤 사람에게 두 아들이 있었는데, 12 작은
아들이 그 아버지에게 말하기를, '아버지, 재산 중 제게 속한 몫을 지금 주셔야 합
니다'라고 했다. 이에 아버지는 그들에게 재산을 나누어 주었다. 13 얼마 후에 작
은 아들은 모든 것을 모아 먼 나라로 떠나 방탕하게 살며 그의 재산을 탕진했다.
14 그가 모든 것을 허비했을 때, 그 나라 전체에 극심한 기근이 들어 그는 궁핍해
졌다. 15 그래서 그는 그 나라 백성 중 한 사람에게 가서 붙어 살게 되었는데, 그
사람이 그를 돼지 치는 들판으로 보냈다. 16 그는 돼지가 먹는 쥐엄나무 열매로 배
를 채우고 싶었으나 아무도 그에게 주지 않았다. 17 그러자 그가 정신을 차리고 말
했다. '내 아버지에게는 양식이 풍족한 품꾼들이 얼마나 많은가? 그러나 나는 여
기서 굶어 죽는구나. 18 내가 일어나서 아버지에게 간다면 이렇게 말해야겠다. "아
버지, 저는 하늘과 당신께 죄를 지었습니다. 19 저는 더 이상 당신의 아들이라 불
릴 자격이 없으니, 저를 당신이 고용한 품꾼 중 하나로 취급하셔야 합니다."' 20 이
에 그가 일어나 자기 아버지에게 갔는데, 그가 아직 멀리 있는데도 그의 아버지가

그를 보고 불쌍히 여겨 달려가 그의 목을 안고 입을 맞추었다. **21** 그러자 아들이
아버지에게 말했다. '아버지, 저는 하늘과 아버지께 죄를 지었습니다. 저는 더 이
상 아버지의 아들이라 불릴 자격이 없습니다.' **22** 그러나 그의 아버지는 자기 종들
에게 말했다. '너희는 속히 가장 좋은 옷을 가져다가 그에게 입히고, 그 손에 반지
를 끼우고, 발에 신을 신기고, **23** 살진 송아지를 끌고 와서 그것을 잡아 우리가 먹
고 즐길 수 있게 해야 한다. **24** 나의 이 아들이 죽었다가 다시 살아왔기 때문이다.
그를 잃었다가 다시 찾은 것이다.' 그리고 그들은 즐기기 시작했다.

25 그러나 그의 큰 아들은 밭에 있다가 집 근처에 와서 음악과 춤추는 소리를
듣고, **26** 종들 중 하나[132)]를 불러 이것이 무슨 일인지 물었다. **27** 그러자 그에게 말
하기를, '당신의 아우가 돌아와서 당신의 아버지가 살진 송아지를 잡으셨으니, 그분
이 건강하게 돌아온 그를 되찾으셨기 때문입니다'라고 했다. **28** 이에 그는 화가 나서
집에 들어가려 하지 않았고, 아버지가 나와서 그를 설득했다. **29** 그러자 그가 아버
지에게 말했다. '보십시오! 저는 여러 해 동안 아버지를 섬기며 아버지의 명령을 어
기지 않았습니다. 그래도 당신은 제가 친구들과 즐길 수 있도록 염소 새끼 한 마리
주시지 않았습니다. **30** 그런데 창녀들과 어울리며 아버지의 재산을 삼켜 버린 아
들이 오자, 그를 위해 살진 소를 잡으셨습니다.' **31** 이에 그의 아버지가 그에게 말
했다. '얘야, 너는 항상 나와 함께 있었고, 내 모든 것이 네 것이지만, **32** 네 동생은
죽었다가 살았고, 잃었다가 이제 찾았으니, 기뻐하고 즐거워해야 하는 것이다.'"

불의한 관리인 비유

16 **1** 그리고 그분은 제자들에게 계속해서 말씀하셨습니다. "어떤 부자에게
관리인이 있었다. 그런데 그가 주인의 재산을 허비하고 있었기 때문에
주인이 그에게 책임을 물었다. **2** 그래서 주인이 그를 불러 말했다. '내가 너에 대해
들었는데, 이것이 무슨 일이냐? 너는 더 이상 관리할 수 없으니, 당장 직분을 내놓
아야 한다.' **3** 그러나 그 관리인은 속으로 말했다. '주인이 내 직분을 빼앗으니, 어
떻게 할 것인가? 내게는 땅을 팔 힘이 없고, 빌어먹기는 부끄럽다. **4** 내가 무엇을
해야 할지 알았으니, 내가 그 자리에서 쫓겨날 때에 사람들이 나를 자기 집에 맞

131) 1드라크마는 노동자의 하루 품삯이다.

132) 문자 그대로 번역하면 '자녀 중 하나'로, 고용 계약한 어린 종을 뜻한다. 용어 해설에서 '종'을 찾아보라.

아들이게 해야겠다.' 5 이에 그는 자기 주인에게 빚진 사람들을 각각 불러서 첫 번
째 사람에게 말했다. '당신은 내 주인에게 얼마나 빚졌소?' 6 그가 대답했다. '올리
브 기름 일백 바투스[133]입니다.' 그러자 그에게 말했다. '당신은 채무증서를 가져다
가 얼른 오십이라고 써야 하오.' 7 그리고 또 다른 사람에게 말했다. '그러면 당신
은 얼마나 빚졌소?' 그러자 그가 말했다. '밀 일백 코루스[134]입니다.' 그에게 말했
다. '당신은 채무증서를 가져다가 팔십이라고 써야 하오.' 8 그런데 그 주인은 이 불
의한 관리인을 칭찬했다. 그가 지혜롭게 행하였으니, 이 시대의 아들들이 자기들
의 세대에서는 빛의 아들들보다 더 지혜롭기 때문이다.[135] 9 그러므로 내가 너희
에게 말한다. 너희는 즉시 불의한 재물로 너희 자신을 위해 따로 친구들을 사귀
어 끝날에 그들이 너를 영원한 처소로 영접하게 해야 한다.[136] 10 가장 작은 것에
충성스러운 자는 큰 것에도 충성스럽고, 가장 작은 것에 불의한 자는 많은 것에
도 불의하다. 11 그러므로 너희가 불의한 재물에 충실하지 않았다면, 누가 너희에
게 참된 부를 맡기겠느냐? 12 그리고 너희가 남의 것에 충실하지 않으면, 누가 너
희에게 너희 몫의 것을 주겠느냐? 13 그러므로 집의 종이 두 주인을 섬길 수 없으
니, 그가 한쪽을 미워하고 다른 쪽은 사랑하든지, 한쪽에 헌신하고 다른 쪽은 멸
시할 것이기 때문이다. 너희는 하나님과 재물[137]을 함께 섬길 수 없다"(마 6:24).

토라(가르침)와 하나님의 왕국(마 11:12-13)

14 바리새파 사람들이 이 모든 것을 들으면서도, 돈을 사랑하는 자들이므로 그
분을 비웃었습니다.[138] 15 그러자 그분께서 그들에게 말씀하셨습니다. "너희는 사
람들 앞에서 자신들을 정당화하고 있으나 하나님은 너희의 마음을 알고 계신다.
사람들 중에서 높임을 받는 것이 하나님 앞에서 가증한 것이기 때문이다. 16 토라
(가르침)와 선지자들[139]은 요한까지 선포되었다. 그 후로는 하나님의 왕국이 전파되

133) 100바투스는 대략 3,000-3,400리터이다.

134) 100코루스는 대략 35,000리터이다.

135) 믿는 자들은 물질이 아니라 하나님의 왕국을 구해야 한다(마 6:33).

136) 우리가 영생으로 들어갈 때, 의인들이 우리를 맞아 줄 것이다.

137) 헬라어로 '맘몬'이다. 용어 해설에서 '맘몬'을 찾아보라.

138) 바리새파 사람들은 의인들이 이 땅에서 '번영'을 상으로 받는다고 가르쳤다(눅 12:15).

139) '토라와 선지자들'은 구약 전체를 말한다. 즉 요한의 때까지가 구약 시대임을 말씀하신 것이다. '토라와 선지자들'을 엄밀히 구분하자면 구약의 처음 다섯 권이 '토라'이고, 여호수아, 사사기, 사무엘상·하, 열왕기상·하, 그리고 다니엘을 제외한 이사야부터 말라기까지가 '선지자들'이다. 용어 해설에서 '토라'를 찾아보라.

고 있으며, 모든 사람이 그 안으로 밀고 들어간다(마 11:12). **17** 그러나 하늘과 땅이
사라지는 것이 토라(가르침)의 철자 바브[140] 하나가 떨어져 나가는 것보다 더 쉽다
(마 5:18). **18** 누구든지 그의 아내와 이혼하고 다른 여자와 결혼하는 자는 간음하는
것이며, 남편에게 이혼 당한 여자와 결혼하는 남자도 간음하는 것이다."

부자와 나사로

19 "또 어떤 부자가 있었는데, 그는 좋은 아마포로 만든 자주색 옷을 입고 날
마다 호화롭게 즐겼다. **20** 한편 나사로라는 불쌍한 사람은 상처로 덮여 그 대문에
누워 **21** 그 부자의 식탁에서 떨어지는 부스러기라도 먹으려 했다. 그런데 심지어
개들이 와서 그의 상처를 핥았다. **22** 그러다가 이 불쌍한 사람이 죽어서 천사들
이 그를 아브라함의 품[141]으로 데려갔고, 이어서 부자도 죽어 장사되었다. **23** 그런
데 그 부자가 하데스[142]에서 고통을 받다가, 눈을 들어 저 멀리 아브라함과 그 앞
에 있는 나사로를 보고 **24** 큰 소리로 말했다. '아버지 아브라함이여, 당신은 저를
불쌍히 여기셔서 나사로를 보내어 그 손가락으로 물을 찍어 제 혀를 식혀 주셔야
합니다. 제가 이 불길 속에서 고통받고 있기 때문입니다.' **25** 그러나 아브라함이 말
했다. '얘야, 너는 사는 동안 좋은 것들을 가졌고, 나사로는 나쁜 것들을 가졌으나
이제 그는 여기서 위로받고, 너는 큰 고통 속에 있다는 사실을 기억해야 한다. **26**
그리고 너와 우리 사이에 큰 구렁이 있어 여기서 네게 건너갈 수도 없고, 사람들
이 거기에서 우리에게 건너올 수도 없다.' **27** 그러자 부자가 말했다. '그러면 아버지
여, 그를 제 아버지 집으로 보내 주시기를 부탁드립니다. **28** 제게 형제 다섯이 있
는데, 나사로가 그들에게 경고하여 그들이 이 고통스러운 곳으로 오지 않게 하려
는 것입니다.' **29** 그러나 아브라함이 말했다. '그들에게는 모세와 선지자들[143]이 있
으니, 그들에게 들어야 한다.' **30** 그러자 부자가 말했다. '아닙니다, 아버지 아브라
함이여, 죽은 자들로부터 누군가 간다면 그들이 회개할 것입니다.' **31** 아브라함이
그에게 말했다. '만일 모세와 선지자들의 말을 듣지 않는다면, 죽은 자들 가운데
서 일어나는 사람이 있어도 그들이 설득되지 않을 것이다.'"

140) '바브'는 히브리어 알파벳 중 두 번째로 작은 글자이다. 용어 해설에서 '요드와 바브'를 찾아보라.

141) '아브라함의 품'은 잔칫집의 상석을 뜻하는 관용 표현이지만, 여기서는 '아브라함의 옆자리', 즉 '낙원에서 아브라함의 복에 참여하는 것'을 뜻한다. 용어 해설에서 '비스듬히 앉아서 먹다'를 찾아보라.

142) 히브리어로는 '스올'이다. 용어 해설에서 '게헨나'를 찾아보라.

143) '모세와 선지자들'은 '토라와 선지자들'과 같은 표현이다.

예슈아의 말씀들(마 18:6-7, 21-22; 막 9:42)

17 1 그리고 그분께서 제자들에게 말씀하셨습니다. "걸려 넘어지게 하는 것
이 없을 수는 없으나, 그렇게 하는 자에게 화가 있다. 2 그가 자기 목에
맷돌을 매달고 바다에 던져지는 것이 이들 가운데 가장 작은 자 하나를 죄 짓게
하는 것보다 낫다. 3 너희는 항상 그것들로부터 스스로를 지켜야 한다. 만일 네
형제가 죄를 지으면 너는 즉시 그를 꾸짖어야 하며, 그가 뉘우치면 바로 그를 용
서해야 한다.[144] 4 그리고 그가 하루에 일곱 번 네게 죄를 짓고, 일곱 번 돌아와
서 '내가 뉘우친다'라고 하거든, 너는 그를 용서해야 할 것이다."

5 그때 사도들이 주님께 말했습니다. "당신이 우리에게 믿음을 더해 주셔야 합
니다." 6 그러자 주님께서 말씀하셨습니다. "만일 너희에게 겨자씨 한 알 같은 믿음
이 있다면, 너희가 이 뽕나무를 향하여 '너는 즉시 뿌리째 뽑혀 바다에 심겨져야
한다'라고 말하게 될 것이다. 그러면 그것이 너희에게 복종할 것이다."

7 "그리고 너희 중 누구에게 밭을 갈거나 양을 치는 종이 있는데, 그가 들에서
왔을 때에 '자, 와서 네가 비스듬히 앉으라'고 말하겠느냐? 8 오히려 그에게 말하
기를, '너는 즉시 내가 먹을 것을 준비하고, 네 허리를 묶고 내가 먹고 마실 때까
지 시중을 들어라. 그 다음에 네가 먹고 마셔야 할 것이다'라고 하지 않겠느냐? 9
그 종이 명령대로 했다고 주인이 그에게 감사하겠느냐? 10 이와 같이 너희도 명령
받은 모든 것을 완수했을 때에 '우리는 무익한 종으로, 우리가 해야 할 것을 했습
니다'[145]라고 말하라."

나병환자 열 명을 고쳐 주시다

11 그리고 그분께서 예루살렘으로 가시는 동안 사마리아와 갈릴리 사이의 경
계를 통과하시게 되었습니다. 12 그런데 그분께서 어느 마을에 들어가시다가 나병
환자 열 명을 만나셨습니다. 그들은 멀리 서서 13 목소리를 높이며 말하기를, "예
슈아, 주여, 당신은 우리를 불쌍히 여기셔야 합니다"라고 했습니다. 14 그러자 그
분께서 보시고 그들에게 말씀하셨습니다. "너희는 즉시 가서 제사장에게 자신의
몸을 보여야 한다"(레 14:2-3). 그런데 그들이 가는 동안에 깨끗해졌습니다. 15 그러
자 그들 중 한 사람이 자신이 치유된 것을 보고 돌아와 큰 소리로 하나님께 영광

144) 용어 해설에서 '죄'와 '죄 사함'을 찾아보라.
145) '의'를 행하는 것은 우리에게 최소한의 기준이다.

을 돌리며 16 그분의 발 앞에 얼굴을 대고 엎드려 그분께 감사드렸는데, 이 사람
은 사마리아 사람이었습니다. 17 그러자 예슈아께서 말씀하셨습니다. "열 명이 깨
끗해지지 않았느냐? 그런데 아홉은 어디에 있느냐? 18 이 이방인 외에는 하나님께
영광을 돌리려고 돌아오는 이가 아무도 없는 것이냐?" 19 그리고 그분께서 그에게
말씀하셨습니다. "너는 일어나서 바로 가야 한다. 네 믿음이 너를 구원했다."

하나님의 왕국이 임함(마 24:23-28, 37-41)

20 그리고 바리새파 사람들에게 하나님의 왕국이 언제 오느냐는 질문을 받자,
그분께서 그들에게 대답하며 말씀하셨습니다. "하나님의 왕국은 볼 수 있게[146] 임
하지 않는다. 21그러므로 '보라, 그것이 여기 있다, 저기 있다'고 말하지 않아야 할
것이니, 보라, 하나님의 왕국[147]이 너희 안에 있기 때문이다." 22 그리고 그분께서
제자들에게 말씀하셨습니다. "너희가 그 사람의 아들의 날들 가운데 하루라도 보
고 싶어 할 때가 올 것이나 보지 못할 것이다. 23 그때 사람들이 너희에게 '저기를
보시오' 또는 '여기를 보시오'라고 말할 것이나, 너희는 가지도 말고 따르지도 말
라. 24 번개가 하늘 아래 이쪽에서 저쪽까지 번쩍이듯이, 그의 날에는 그 사람의
아들이 그렇게 될 것이다. 25 그러나 먼저 그가 많은 고난을 겪고, 이 세대로부터
거절당해야 한다. 26 그러므로 노아의 시대와 마찬가지로 그 사람의 아들 시대에
도 그렇게 될 것이니, 27 사람들은 먹고 마시고 장가가고 시집가기를, 노아가 방주
에 들어가고 홍수가 나서 모두가 죽는 그날까지 계속되었다. 28 마찬가지로 롯의
시대에도 똑같은 일이 있었으니, 사람들이 먹고 마시고 사고 팔고 심고 지었으나
29 롯이 소돔에서 나오는 날, 하늘에서 불과 유황이 비처럼 쏟아져 그들 모두를
죽였다. 30 그 사람의 아들이 드러나는 날에 이런 일들이 있을 것이다. 31 그날에
지붕에 있는 사람은 자기 소유가 집 안에 있다고 그것을 가지러 내려가지 말며,
들에 있는 사람도 마찬가지로 뒤에 있는 물건을 가지러 되돌아가지 말라. 32 너희
는 끊임없이 롯의 아내를 기억하라. 33 누구든지 자기 목숨을 지키려고 애쓰면 그
것을 잃게 될 것이나, 누구든지 잃고자 하면 그것이 살아서 보존될 것이다. 34 내

146) 기다린다고 메시아의 재림이 앞당겨지는 것이 아니다. 또 표적을 구한다고 눈에 보이는 것도 아니다. 오직 아버지의 뜻을 행해야 한다.

147) 바울은 고린도전서 15장 50절에 "그러나 형제들이여, 내가 이것을 말합니다. 살과 피는 하나님의 왕국을 상속받을 수 없고…"라고 기록했다. 하나님의 왕국은 영적인 것이다. 용어 해설에서 '하나님의 왕국'을 찾아보라.

가 너희에게 말한다. 그날 밤 둘이 한 침대에 누워 있다가 한 명은 데려감을 당하
고 다른 한 명은 남겨질 것이며, **35** 두 여인이 함께 맷돌을 갈고 있다가 한 명은 데
려감을[148] 당하고 다른 한 명은 남겨질 것이다. **36** [둘이 들에 있을 것인데, 한 명
은 데려감을 당하고 다른 한 명은 남겨질 것이다.]"[149] **37** 이에 그들이 대답하며 그
분께 물었습니다. "주님, 어디에서 말입니까?" 그러자 그분께서 그들에게 말씀하셨
습니다. "주검이 있는 곳에는 독수리들도 모이게 될 것이다."

과부와 재판관에 대한 비유

18 **1** 그리고 그분께서 사람들에게 그들이 늘 기도하고 낙심하지 않아야 할
것을 비유로 이야기하셨습니다. **2** "어느 도시에 하나님을 두려워하지 않
고, 사람을 존중하지 않는 어떤 재판관이 있었다. **3** 한 과부가 그 도시에 있어 재
판관에게 와서 말하기를, '당신은 즉시 저를 고소한 사람에게서 혐의를 벗겨 주셔
야 합니다'라고 했다. **4** 그리고 얼마 동안 그 재판관은 들어주려고 하지 않았다. 그
러나 이러한 일들 후에 속으로 말했다. '비록 내가 하나님을 두려워하지 않고 사람
을 존중하지 않으나 **5** 이 과부가 나를 귀찮게 하니, 그녀의 혐의를 벗겨 주어야겠
다. 그러면 결국 그녀가 찾아와서 *을러대며* 나를 힘들게 하지 않을 것이다.'" **6** 이어
서 주께서 말씀하셨습니다. "너희는 이제 이 불의한 재판관이 말하는 것을 들어
야 한다. **7** 그러므로 하나님께서 그분의 택함 받은 백성들, 그분께 밤낮으로 부
르짖는 자들에게 공정한 판결을 실행하지 않으시고 참기만 하시겠느냐? **8** 내가
너희에게 말하는데, 그분께서 그들에게 공정한 판결이 속히 실행되게 하실 것이
다. 그럼에도 불구하고 그 사람의 아들이 올 때에 그가 이 땅에서 믿음을 찾을
수 있겠느냐?"[150]

바리새파 사람과 세리의 비유

9 또 그분께서 이 비유를 스스로 의롭다고 확신하면서 다른 사람들을 무시하
기까지 하는 사람들에게 이야기하셨습니다. **10** "두 사람이 성전에 기도하러 올라

148) 헬라어 '파라람바노'(paralambano)에는 신랑이 신부를 데려간다는 뜻이 내포되어 있다.

149) 초기 사본에는 36절이 없다.

150) 구조상 부정적인 대답을 유도하는 질문이다. 또 질문하는 사람의 안타까운 마음이 서려 있다.

151) 헬라어 '데코마이'는 '열정적으로 붙잡다', '마음에 새기다'의 뜻이다.

갔는데, 한 사람은 바리새파 사람이었고 다른 사람은 세리였다. 11 바리새파 사람
은 따로 서서 *큰 소리로* 이렇게 기도하고 있었다. '하나님, 저는 제가 다른 사람
들, 곧 착취하는 자들, 불의한 자들, 간음하는 자들과 같지 않고, 심지어 이 세리
와 같지 않음을 감사드립니다. 12 저는 일주일에 두 번 금식하고, 모든 수입의 십일
조를 드립니다.' 13 그러나 그때 세리는 멀리 서서 그 눈을 들어 하늘을 보지도 못
하고, 오히려 가슴을 치며 말하기를, '하나님, 이제 저를 불쌍히 여겨 주셔야 합니
다. 저는 죄인입니다'라고 했다. 14 내가 너희에게 말한다. 바로 이 사람이 의롭다
함을 받아 자기 집으로 내려갔다. 왜냐하면 자기 자신을 높이는 사람은 누구나
낮아지겠지만, 자기 자신을 낮추는 사람은 높임을 받을 것이기 때문이다."

어린아이들을 축복하시다(마 19:13-15; 막 10:13-16)

15 그때 사람들이 어린아이들을 그분께 데려와 만져 주시기를 바랐으나, 제자
들이 보고 그들을 꾸짖었습니다. 16 그러자 예슈아께서 그들을 불러 이렇게 말씀
하셨습니다. "너희는 아이들이 내게 오는 것을 허락하고, 그들을 막으면 안 된다.
왜냐하면 하나님의 왕국이 이런 자들의 것이기 때문이다. 17 진실로 내가 너희에
게 말한다. 누구든지 하나님의 왕국을 어린아이처럼 받아들이지[151] 않는 자는 그
곳에 들어갈 수 없다."

부유한 지도자(마 19:16-30; 막 10:17-31)

18 그때 어떤 관리가 그분께 묻기를, "선한 선생님, 제가 영생을 상속받으려면
무엇을 해야 합니까?"라고 했습니다. 19 그러자 예슈아께서 그에게 말씀하셨습니
다. "너는 왜 나를 선하다고 부르느냐? 하나님 한 분 외에는 선한 이가 아무도 없
다. 20 네가 계명들을 알고 있으니, '간음하지 말라, 살인하지 말라, 도둑질하지 말
라, 거짓 증언하지 말라, 네 부모를 공경하라'고 했다." 21 그러자 그가 말했습니
다. "저는 어려서부터 이 모든 것을 지켰습니다." 22 그러자 예슈아께서 들으시고
그에게 말씀하셨습니다. "네게는 아직 한 가지가 부족하다. 너는 즉시 가지고 있
는 모든 것을 팔아 곧바로 가난한 자들에게 나눠 주어라. 그러면 네가 하늘에 있
는 보물을 얻게 될 것이다. 그리고 와서 계속 나를 따르라." 23 그러나 그는 큰 부
자였기 때문에 이 말씀을 듣고 매우 슬퍼했습니다.

24 그때 예슈아께서 그가 슬퍼하는 것을 보시고 말씀하셨습니다. "재물(눅 16:9)

을 가진 자들이 하나님의 왕국에 들어가는 것이 얼마나 어려운지, **25** 낙타가 바
늘귀[152]로 들어가는 것이 부유한 자가 하나님의 왕국에 들어가는 것보다 더 쉽
다." **26** 그러자 듣고 있던 사람들이 말했습니다. "그러면 누가 구원을 받을 수 있겠
습니까?" **27** 이에 그분께서 말씀하셨습니다. "사람들에게는 할 수 없는 것들이 하
나님께는 가능하다." **28** 그러자 베드로가 말했습니다. "보십시오, 우리는 당신을 따
르면서 우리의 소유를 버렸습니다." **29** 그러자 그분께서 그들에게 말씀하셨습니
다. "진실로 내가 너희에게 말한다. 하나님의 왕국을 위해 집이나 아내나 형제나
부모나 자녀들을 버린 자는 **30** 이 시대에 여러 배로 돌려받지 못할 자가 아무도
없고, 오는 세대에 영생을 얻지 못할 자가 없을 것이다."

예슈아께서 세 번째로 죽음과 부활을 예고하시다(마 20:17-19; 막 10:32-34)

31 이어서 그분께서 열둘을 데리고 가시면서 그들에게 말씀하셨습니다. "보라,
우리가 예루살렘으로 올라가고 있으니, 선지자들이 그 사람의 아들에 대해 기록
한 모든 것이 이루어질 것이다. **32** 그리하여 그는 이방인들에게 넘겨져 조롱당하
고 모욕을 당하며 침 뱉음을 당할 것이고, **33** 사람들이 채찍질을 한 후에 그를 죽
일 것인데, 제삼일에 그는 일으켜질 것이다." **34** 그러나 그들은 이 일들을 이해하
지 못했으니, 이 말씀이 그들에게 감추어져 있어서 말씀하신 것을 깨닫지 못했습
니다.

여리고의 눈먼 거지를 고쳐 주시다(마 20:29-34; 막 10:46-52)

35 그리고 그들이 여리고로 가까이 가는 중에 한 눈먼 사람이 길가에 앉아서
구걸하고 있었습니다. **36** 그는 무리가 지나가는 소리를 듣고 무슨 일인지 물었습
니다. **37** 이에 사람들이 그에게 알려 주었습니다. "나사렛 예슈아께서 오시는 중이
오." **38** 그러자 그가 외치며 말하기를, "예슈아, 다윗의 자손[153]이여, 지금 저를 불
쌍히 여겨 주십시오!"라고 했습니다. **39** 그때 *그분보다* 앞서가던 사람들이 조용히
하라고 했으나 그는 더 크게 외쳤습니다. "다윗의 자손이여! 지금 저를 불쌍히 여
겨 주십시오!" **40** 그러자 예슈아께서 걸음을 멈추시고 그를 데려오라고 명령하셨습

152) '바늘귀'는 성문이 닫힌 후 사람들이 드나들던 작은 문을 지칭하기도 한다. 이 문으로 낙타가 지나가려면 일단 짐과 안장을 내리고 무릎을 꿇린 다음, 억지로 낙타를 밀어 넣어야 했다. 게다가 베들레헴 같은 곳은 성문 자체가 작았고, 아주 작은 문밖에 없었다(눅 14:33).

153) 용어 해설에서 '다윗의 자손/요셉의 자손'을 찾아보라.

니다. 그리고 그가 가까이 오자 그에게 물으셨습니다. 41 "너는 내가 무엇을 해 주기 를 원하느냐?" 이에 그가 말했습니다. "주여, 제가 다시 보게 되는 것입니다." 42 그 때 예슈아께서 그에게 말씀하셨습니다. "눈을 들어 보라!* 네 믿음이 너를 구원하였다." 43 그러자 그는 즉시 다시 보게 되어 그분을 따르면서 하나님께 영광을 돌렸습니다. 이에 모든 사람이 *이 기적을* 보고 하나님을 찬송했습니다.

예슈아와 삭개오

19 1 예슈아께서 여리고에 들어가 지나가시고 있었습니다. 2 그런데 거기에 삭개오라는 사람이 있었는데, 그는 세리장이요[154] 부자였습니다. 3 그는 예슈아가 어떤 분이신지 보려고 애를 썼으나 무리에 가려 볼 수 없었으니, 그의 키가 작았기 때문입니다. 4 이에 그가 *사람들보다* 앞서 달려가서 그분을 보려고 돌무화과나무 위에 올라갔는데, 그분이 그 옆으로 지나가실 것이기 때문이었습니다. 5 그런데 예슈아께서 그곳에 이르러 위를 보고 그에게 말씀하셨습니다. "삭개오야, 네게 *주를 향한* 열정이 있으니, 너는 이제 내려와야 한다. 오늘 내가 네 집에 머물러야겠다." 6 이에 그가 서둘러 내려와 기뻐하며 그분을 영접했습니다. 7 그러자 모든 사람이 보고 불평하며 말하기를, "그분이 죄인의 집에 주무시러 들어가셨다"라고 했습니다. 8 그때 삭개오가 서서 주님께 말했습니다. "주님, 보십시오, 제 소유의 절반을 가난한 자들에게 줄 것이며, 제가 누구를 속여 빼앗은 것이 있으면 네 배로 갚겠습니다." 9 그러자 예슈아께서 그에게 말씀하셨습니다. "오늘 이 집에 구원이 임했으니, 이 사람도 아브라함의 자손이기 때문이다. 10 그러므로 그 사람의 아들은 잃은 자를 찾아서 구원하러 왔다."

열 므나[155] 비유(마 25:14-30)

11 그리고 사람들이 이 말씀을 듣는 동안, 그분께서 다시 비유 하나를 이야기하셨습니다. 그분께서 예루살렘에 가까워지면서 사람들이 하나님의 왕국이 즉시 드러날 것이라고 생각했기 때문입니다. 12 이에 그분께서 말씀하셨습니다. "어떤 귀

* "지금 시력이 회복될지어다"로 번역할 수도 있다.

154) 세리들은 모두 이스라엘 사회에서 집안이 좋고, 상류층 가문에 부유한 자들이었다.

155) 1므나는 수개월 치 급여로 50세겔이나 100드라크마, 100데나리온에 해당한다.

족이 왕국을 받아 돌아오려고 먼 나라로 가게 되었다. **13** 그래서 그는 종 열 명을 불러 그들에게 열 므나를 주며 말했다. '너희는 내가 가 있는 동안 사업을 해야 한다.' **14** 그러나 그 시민들은 그를 미워하여 사절을 뒤따라 보내며 말하기를, '우리는 이 사람이 우리를 다스리는 것을 원치 않습니다'라고 했다. **15** 그런데 그가 왕국을 받아 돌아오면서 다음과 같은 일이 있었다. 그는 전에 돈을 준 종들이 얼마나 벌었는지 알고자 하여 그들을 불러 모으라고 명령했다. **16** 그때 첫 번째 종이 와서 '주인님, 당신의 한 므나로 열 므나를 벌었습니다'라고 말했다. **17** 그러자 주인이 그에게 말했다. '잘했다! 훌륭한 종아, 네가 가장 작은 일에 충실했으니 열 개의 도시를 다스릴 권세를 가져야겠다.' **18** 이어서 두 번째 종이 와서 '주인님, 당신의 한 므나로 다섯 므나를 만들었습니다'라고 말했다. **19** 그러자 주인이 그에게도 말했다. '그러면 너는 다섯 도시를 다스려야겠다.' **20** 그런데 다른 종이 와서 '주인님, 당신의 한 므나를 보십시오. 제가 이것을 수건에 싸 놓았습니다. **21** 저는 당신이 두려웠는데, 당신은 엄한 사람이라 맡기지 않은 것을 가져가고, 심지 않은 것을 거두시기 때문입니다'라고 말했다. **22** 주인이 그에게 말했다. '악한 종아, 네 입의 말로 내가 너를 심판할 것이다. 너는 내가 엄한 사람이라 맡기지 않은 것을 가져가고, 심지 않은 것을 거둔다고 알고 있었느냐? **23** 그렇다면 너는 왜 내 돈을 환전상들에게 맡기지 않았느냐? 그러면 내가 와서 이자를 받아 냈을 것이다.' **24** 그리고 그는 곁에 서 있는 자들에게 말했다. '너희는 그가 가진 한 므나를 빼앗아 즉시 열 므나 가진 자에게 주어야 한다.' **25** 그러자 그들이 주인에게 말했다. '주인님, 그에게는 열 므나가 있습니다.' **26** 내가 너희에게 말한다. 누구든지 가진 자는 받을 것이나, 가진 것이 없는 자는 심지어 있는 것마저 빼앗길 것이다. **27** 아울러 너희는 내 원수들, 곧 내가 다스리는 것을 원하지 않는 자들을 즉시 여기로 끌어다가 내 앞에서 죽여야 한다."

예루살렘으로의 입성(마 21:1-11; 막 11:1-11; 요 12:12-19)

28 그리고 그분께서는 이러한 것들을 말씀하신 후에 *그들보다* 앞장서서 예루살렘으로 계속 올라가셨습니다. **29** 그리고 다음과 같은 일이 있었습니다. 그분께서 올리브산이라 불리는 곳 근처의 벳바게[156]와 베다니[157]에 가까이 오셨을 때, 제자 중 두 명을 보내며 **30** 말씀하셨습니다. "너희는 맞은편[158] 마을로 가야 하는데, 그곳에 들어가면 아무도 타지 않은 나귀[159] 새끼 한 마리가 묶여 있는 것을 볼 것이

다. 그러면 너희는 그것을 풀어 이리로 끌어와야 한다. 31 만일 누군가 너희에게
묻기를, '당신들은 왜 그것을 푸는 거요?' 라고 하면, 너희는 이렇게 말해야 할 것
이다. '주님이 그것을 필요로 하십니다' 라고 말이다." 32 이에 보내심을 받은 자들
이 가서 그분께서 말씀하신 그대로 발견했습니다. 33 그리고 그들이 나귀 새끼를
풀자, 그 주인들이 그들에게 말했습니다. "당신들은 왜 그 나귀 새끼를 푸는 거
요?" 34 이에 그들이 말했습니다. "주님께 그것이 필요합니다." 35 그 후 그들은 나
귀 새끼를 예슈아께 끌고 와서 자기들의 기도숄[160]을 그 위에 얹어 예슈아를 거기
에 태웠습니다. 36 그리고 그분께서 가시는 동안, 사람들이 자기들의 기도숄을 길
위에 펼쳐 놓았습니다.

37 그리하여 그분이 이제 올리브산 기슭으로 가까이 오시는 동안, 제자들의 무
리가 그들이 본 모든 기적에 대해 기뻐하며 큰 소리로 하나님을 찬양하기 시작하
여 38 말하기를,

"찬송받으소서, 오시는 분이여,
주의 이름으로 오시는 왕이여(시 118:26),
하늘에 평화를,
가장 높은 곳에 영광을"이라고 했습니다.

39 그러자 바리새파 사람 몇 명이 무리 가운데서 그분께 말했습니다. "선생님,
당신은 즉시 당신의 제자들을 꾸짖어야 합니다." 40 그러나 그분께서 대답하며 말
씀하셨습니다. "내가 너희에게 말한다. 그들이 잠잠하면 돌들이 외칠 것이다"(합
2:11).

41 그리고 그분께서 가까이 오셔서 그 도시를 보시고 그곳을 위해 우시며 42 말
씀하셨습니다. "오늘 네가 평화에 관한 것을 알았더라면! 그러나 그것이 네 눈에
는 감추어져 있었다. 43 왜냐하면 날들이 네게 이르러 네 원수들이 네 주위에 토
성을 쌓고, 너를 포위하여 사방에서 공격하여 44 그들이 너와 네 자녀들을 쳐서

156) '벳바게'는 히브리어 '베이트-파그'(Beit-Pag)를 헬라어로 표기한 것으로, '익지 않은 무화과의 집'이란 뜻이다. 베다니에서 가까운 곳에 위치해 있었다.

157) '베다니'는 히브리어 '베이트-아냐'(Beit-Anyah)를 헬라어로 표기한 것으로, '고통의 집', 또는 '가난한 자의 집'이라는 뜻이다.

158) 계곡 건너편을 뜻한다.

159) 용어 해설에서 '나귀'를 찾아보라.

160) 헬라어 '히마티아'(himatia)는 '외투', '겉에 두르는 옷' 등을 뜻한다. 이 단어는 여기와 36절 두 군데에서만 사용되었다. 유대인들에게 겉옷은 기도숄을 말한다. 용어 해설에서 '탈리트 또는 기도숄'을 찾아보라.

바닥에 쓰러뜨리고, 네 안에서 돌 위에 돌 하나도 남기지 않을 것이니, 네가 방문
의 때를 알지 못했기 때문이다"(렘 8:12).

성전을 정화하시다(마 21:12–17; 막 11:15–19; 요 2:13–22)

45 그리고 그분께서 성전에 들어가서 장사하는 사람들을 쫓아내기 시작하며 **46**
그들에게 말씀하셨습니다. "기록되기를,

'그러므로 내 집은 기도하는 집이 되어야 할 것이다'(사 56:7),

'그러나 너희는 그것을 강도의 소굴로 만들어 버렸다'(렘 7:11)라고 했다."

47 그리고 그분께서는 날마다 성전에서 가르치셨습니다. 그러자 대제사장들과
서기관들과 백성의 지도자들이 그분을 죽이려고 했으나 **48** 어떻게 할지 생각해 내
지 못했습니다. 모든 백성이 그분의 말씀을 듣는 데 매달려 있었기 때문입니다.

예슈아의 권위에 대해 묻다(마 21:23–27; 막 11:27–33)

20 **1** 그런데 어느 날 다음과 같은 일이 있었습니다. 그분이 성전에서 백성
들을 가르치며 복음을 선포하시는 동안, 대제사장들과 서기관들이 장
로들과 가까이 서서 **2** 말하며 그분께 이르기를, "당신은 무슨 권위로 이런 일들을
하는지, 또는 누가 당신에게 이 권위를 주었는지 즉시 우리에게 말해야 하오"라고
했습니다. **3** 그러자 예슈아께서 그들에게 말씀하셨습니다. "그러면 내가 너희에게
한 가지 묻겠으니, 너희가 즉시 내게 대답해야 한다. **4** 요한의 침례가 하늘에서냐,
아니면 사람에게서냐?" **5** 이에 그들은 서로 의논하며 말하기를, "만일 우리가 하
늘에서 왔다고 하면, '너희는 왜 그를 믿지 않았느냐?'라고 할 것이다. **6** 그러나 만
일 우리가 사람에게서 왔다고 하면, 모든 백성이 요한을 선지자로 확신하고 있으
니, 그들이 우리를 돌로 칠 것이다"라고 했습니다. **7** 그래서 그들은 어디에서 왔는
지 모른다고 대답했습니다. **8** 그러자 예슈아께서 그들에게 말씀하셨습니다. "그러
면 나도 무슨 권위로 이런 일들을 하는지 너희에게 말해 주지 않겠다."

포도원과 소작인들[161]에 관한 비유(마 21:33–46; 막 12:1–12)

9 그리고 그분은 백성들에게 이 비유를 이야기하기 시작하셨습니다. "어떤 사람
이 포도원에 포도를 심고, 그것을 농부들에게 세준 다음 오랫동안 여행을 떠났

다. 10 그리고 때가 되어 그가 포도원의 소출을 받으려고 농부들에게 종을 보냈으
나, 농부들이 그를 때린 후에 빈손으로 보냈다. 11 그래서 그 사람이 다시 다른 종
을 보냈으나, 그들이 그도 때리고 모욕을 주어 빈손으로 보냈다. 12 이에 그가 다
시 세 번째로 종을 보냈더니, 농부들이 그에게도 상처를 입혀 내쫓았다. 13 그러
자 그 포도원 주인이 말했다. ‘내가 어떻게 해야 할까? 내가 사랑하는 아들을 보
낸다면, 그들이 아마 그는 존중할 것이다.’ 14 그러나 농부들은 그를 보고 서로 의
논하며 말하기를, ‘이 사람은 상속자니, 우리가 그를 죽이면 그 유산이 우리의 것
이 될 것이다’라고 했다. 15 이에 그들은 그를 포도원 밖으로 내쫓아 죽였다. 그러
므로 포도원 주인이 그들에게 어떻게 하겠느냐? 16 그가 와서 이 농부들을 진멸하
고, 포도원을 다른 사람들에게 줄 것이다.” 사람들이 듣고 말했습니다. “그렇게 되
지 않기를 바랍니다!” 17 그러자 그분께서 그들을 바라보며 말씀하셨습니다. “그렇
다면 왜 이렇게 기록되어 있겠느냐?

‘건축자들이 버린 돌,
이것이 바로 모퉁잇돌이 되었다’(시 118:22).

18 누구든지 저 돌 위에 떨어지면 부서지겠고, 그것이 누구 위에든지 떨어지면
그를 가루로 만들어 버릴 것이다.” 19 그러자 서기관들과 대제사장들은 그분께서
이 비유로 자신들에 대해 말씀하신 것을 알고, 당장 그분을 붙잡으려고 했습니
다. 그러나 그들은 백성을 두려워했습니다.

가이사에게 바치는 세금(마 22:15-22; 막 12:13-17)

20 그때 그들은 그분을 주시하고 있었기 때문에, 의로운 척하는 정탐꾼들을 보
내어 그분의 말씀을 책잡아 그분을 지도자와 당국자에게 넘기려고 했습니다. 21 그
래서 그들이 그분께 묻기를, “선생님, 우리는 당신이 옳게 말하고 가르치며, 사람을
편애하지[162] 않고 진리로 하나님의 도를 가르친다고 알고 있습니다. 22 우리가 가
이사에게 세금을 내는 것이 합당합니까, 아니면 합당하지 않습니까?”라고 했습니
다. 23 그러나 그분께서는 그들의 속셈을 아시고 그들에게 말씀하셨습니다. 24 “너
희는 내게 데나리온 하나를 보여 주어야 한다. 그 위에 누구의 형상과 글이 새겨

161) 욕심 많은 농부들은 대제사장과 유대 지도자들을 조명하고 있다.

162) 원문을 문자 그대로 번역하면 ‘사람을 외모로 취하다’이다. 이것은 히브리 관용 표현으로 ‘편애하다’의 뜻이다(신 10:17).

져 있느냐?" 이에 그들이 말했습니다. "가이사의 것입니다." 25 그러자 그분께서 그
들에게 말씀하셨습니다. "그러므로 너희는 가이사의 것은 가이사에게, 하나님의
것은 하나님께 바쳐야 한다." 26 그리하여 그들은 백성들 앞에서 그분께서 말씀하
시는 것을 책잡지 못하고, 그분의 답변에 놀라 잠잠해졌습니다.

부활에 관한 논쟁(마 22:23-33; 막 12:18-27)

27 그리고 사두개파 사람들 몇 명이 그분께 왔는데, 그들은 부활이 없다고 말
하는 사람들이었습니다. 그들이 그분께 물으며 28 말했습니다. "선생님, 모세가 우
리에게 써 주기를, 만일 어떤 사람이 죽었는데 그에게 아내가 있고 자녀가 없었다
면, 그의 형제가 그 아내를 데려다가 그 형제의 씨를 세우라고 했습니다. 29 일곱 형
제가 있었는데, 첫째가 아내를 맞이한 뒤 자녀 없이 죽었습니다. 30 그래서 둘째
에 이어 31 셋째가 그녀를 맞아들였고, 일곱 명이 마찬가지로 자녀를 남기지 않고
죽었습니다. 32 나중에 그 아내도 죽었습니다. 33 그러므로 그 아내는 부활 때에
누구의 아내가 되는 것입니까? 일곱이 모두 그녀를 아내로 맞아들였으니 말입니
다." 34 그러자 예슈아께서 그들에게 말씀하셨습니다. "이 시대의 자녀들은 장가도
가고 시집도 가지만, 35 그 시대 사람들, 곧 죽은 자들 가운데서 부활에 이를 자격
이 있는 사람들은 장가도 가지 않고, 시집도 가지 않는다. 36 따라서 그들은 다시
죽을 수도 없으니, 부활의 자녀들로서 천사들과 같이 되어 하나님의 자녀가 되기
때문이다. 37 그러나 죽은 자들이 일어날 것이기에, 모세는 가시나무 떨기 이야기에
서 밝히기를, '주님, 아브라함의 하나님, 이삭의 하나님, 야곱의 하나님'이라고 말
했다. 38 그러므로 그분께서는 죽은 자들의 하나님이 아니라 살아 있는 자들의 하
나님이시니, 모두가 그분 안에서 살아가야 할 것이기 때문이다"(출 3:6, 15-16). 39 그
러자 서기관 몇 명이 말했습니다. "선생님, 당신이 말씀을 잘하셨습니다." 40 그러
므로 사람들은 더 이상 감히 그분께 아무것도 묻지 못했습니다.

다윗의 자손에 관한 논쟁(마 22:41-46; 막 12:35-37)

41 그때 그분께서 그들에게 말씀하셨습니다. "사람들은 어떻게 메시아가 다윗의
자손이라고 말하는 것이냐? 42 다윗이 직접 시편 두루마리에서 말했다.

'주께서 내 주님께 말씀하셨다.
너는 내 오른편[163]에 앉아 있어야 한다.

43 내가 네 원수들을
네 발 밑의 발판으로 만들 때까지 말이다'(시 110:1).
44 그러므로 다윗이 그분을 주님으로 부르는데, 어떻게 그분이 다윗의 자손이
되겠느냐?"

서기관들을 꾸짖으시다(마 23:1-36; 막 12:38-40; 눅 11:37-54)

45 그런데 그때 모든 백성은 그분께서 제자들에게 하시는 말씀을 들었습니다.
46 "서기관들을 조심하라. 그들은 길게 늘어뜨린 옷[164]을 입고 걷는 것을 원하며,
장터에서 인사받는 것과 회당에서 귀빈석에 앉는 것과 만찬에서 윗자리 차지하는
것을 좋아하고, 47 과부들의 집을 삼키며 사람들에게 보이려고 길게 기도하니, 그
들이 더 큰 심판을 받을 것이다."

과부의 헌금(막 12:41-44)

21 1 한편 그분께서 눈을 들어 부유한 자들이 헌금함에 예물 넣는 것을 보
셨습니다. 2 이어서 어떤 가난한 과부가 거기에 작은 동전 두 개 넣는 것
을 보시고 3 말씀하셨습니다. "진실로 내가 너희에게 말하는데, 이 가난한 과부가
모든 사람보다 더 많이 넣었다. 4 그들은 모두 풍족한 중에 예물을 넣었지만, 이
과부는 궁핍한 중에 그녀의 생활비 전부를 드렸기 때문이다."

성전이 파괴될 것이다(마 24:1-2; 막 13:1-2)

5 그때 어떤 사람들이 아름다운 돌과 봉헌물[165]로 장식된 성전에 대해 말하고
있는데, 그분께서 말씀하셨습니다. 6 "너희가 보고 있는 이것들은 날이 이르면 돌
하나도 다른 돌 위에 남지 않고 다 무너질 것이다."

표적과 박해(마 24:3-14; 막 13:3-13)

7 그러자 사람들이 그분께 물으며 말하기를, "선생님, 그러면 언제 이런 일들이
있을 것이며, 이 일들이 일어날 때의 징조는 무엇입니까?"라고 했습니다. 8 이에

163) '오른편'은 능력과 힘을 상징하는 히브리 관용 표현이다(출 15:6). 용어 해설에서 '오른손'을 찾아보라.
164) '길게 늘어뜨린 옷'은 신분을 상징한다(창 37:3; 삼하 13:18; 막 12:38).
165) 성전 장식을 위해 바쳐진 값비싼 예물을 말한다.

그분께서 말씀하셨습니다. "너희는 미혹되지 않도록 조심하라. 많은 사람들이 내
이름으로 와서[166] '내가 바로 그(메시아)이다', '그때가 가까이 왔다'고 말할 것이기
때문이다. 그들을 따라가지 말라. **9** 그러나 전쟁과 폭동에 대해 들을 때에 두려워
하지 말라. 이런 일들이 먼저 있어야 하지만, 아직 끝이 아니기 때문이다." **10** 그런
다음 그분께서는 계속해서 그들에게 말씀하셨습니다. "이방인이 이방인을, 왕국
이 왕국을 대항하여 싸울 것이며, **11** 큰 지진이 있고, 곳곳에 기근과 전염병과 공
포가 있겠고, 하늘에서 큰 표적과 *두려운 징조들이* 있을 것이다. **12** 그러나 이 모
든 일이 일어나기 전에 사람들이 너희를 붙잡아 박해하고 공회와 감옥에 넘겨줄
것이며, 너희는 내 이름 때문에 왕들과 총독들 앞으로 끌려갈 것인데, **13** 그로 인
해 너희가 증언하게 될 것이다. **14** 그러나 너희는 스스로 변호할 준비를 하지 않
겠다고 마음먹어야 한다. **15** 내가 너희에게 설득력과 지혜로 말하는 능력을 주
어 너희를 대적하는 모든 사람이 반박할 수 없게 할 것이기 때문이다. **16** 그런데
너희는 부모와 형제와 친척과 친구들에게도 배반당할 것이며, 그들이 너희 가운
데 몇 사람을 죽게 할 것이다. **17** 그리고 너희는 내 이름 때문에 모든 사람에게 미
움을 받을 것이다. **18** 그러나 너희의 머리카락 하나도 잃지 않을 것이다. **19** 너희는
인내하면서 영원한 생명을 얻게 될 것이다."

예루살렘의 멸망을 예고하시다(마 24:15-21; 막 13:14-19)

20 "그리고 너희가 군대들에 의해 예루살렘이 에워싸이는 것을 볼 때에 멸망
이 가까워졌음을 알게 될 것이다. **21** 그때 유대에 있는 사람들은 산으로 피신해야
하고, 그 도시, *예루살렘에* 있는 사람들은 그곳에서 나오며, 그 주변 지역에 있
는 사람들은 거기로 들어가지 않아야 한다. **22** 이것들은 기록된 모든 것이 이루어
지는 징벌의 날들이기 때문이다. **23** 그날에 아이 밴 자들과 젖 먹이는 자들은 화
가 있다. 땅에는 큰 괴로움이, 이 백성에게는 진노가 있을 것이기 때문이다. **24** 그
러므로 그들이 칼날에 쓰러지고, 모든 이방 민족들[167] 가운데 포로로 끌려갈 것
이며, 예루살렘은 이방인들의 때[168]가 찰 때까지 이방인들에게 짓밟힐 것이다"(창
48:19; 단 12:7; 롬 11:25; 롬 11:25 각주 참조).

166) 이들은 모두 '적그리스도' 또는 '반메시아'이다. 용어 해설에서 '반메시아'를 찾아보라.
167) 나라들 또는 민족들

인자의 재림(마 24:29-31; 막 13:24-27)

25 "그리고 해와 달과 별들 가운데 징조가 있겠고(사 13:10; 겔 32:7; *욜 3:3-4), 땅에
서는 혼란에 빠진 이방인들의 곤고함과 성난 바다와 물결(사 24:19; 시 46:2-3; 65:8)이
있을 것이다. 26 그때 사람들은 세상에 닥쳐올 일들을 내다보고 두려움에 숨이 멎
을 것이니, 하늘의 권능들이 흔들릴 것이기 때문이다(학 2:6, 21). 27 그리고 그때 그
들은 그 사람의 아들이 능력과 큰 권세로 구름 가운데 오는 것을 볼 것이다(단
7:13). 28 그러나 이런 일들이 일어나기 시작하면, 너희는 일어나 즉시 머리를 들어
야 한다. 값을 치르고 얻은 너희의 구속이 가깝기 때문이다."

무화과나무의 교훈(마 24:32-35; 막 13:28-31)

29 그리고 그분께서 사람들에게 이 비유를 이야기하셨습니다. "너희는 무화과
나무와 모든 나무들을 보았다. 30 그것들이 잎을 내는 것을 보면, 너희는 이미 여
름이 가까운 줄을 안다. 31 그러므로 너희도 이 일들이 일어나는 것을 보면, 하나
님의 왕국이 가까운 줄 알아야 한다(눅 17:21). 32 진실로 내가 너희에게 말한다. 이
모든 일들이 일어날 때까지 이 세대가 지나가지 않을 것이다. 33 하늘과 땅은 사라
져도, 내 말들은 결코 사라지지 않을 것이다."

항상 깨어 있으라

34 "그러나 너희는 스스로 조심하여 너희 마음을 방탕과 술 취함[169]이나 삶의 염
려에 빼앗기지 않아야 한다. 그날, 곧 심판이 생각지 않을 때에 너희에게 올 것인
데, 35 덫처럼 갑자기 온 세상 위에 거하는 모든 사람을 덮칠 것이다(사 24:17). 36 그
러므로 너희는 끊임없이 매 시간 깨어 있으면서 앞으로 일어날 이 모든 일을 피하
고, 그 사람의 아들 앞에 설 수 있도록 간구해야 한다."

37 그리고 그분께서 낮에는 성전에서 가르치시고, 밤에는 나가서 올리브산이라
불리는 곳에 머무셨습니다. 38 한편 모든 백성이 그분 때문에 일찍 일어나 성전에
서 그분의 말씀에 귀를 기울였습니다.

168) '이방인의 때' 또는 '이방인의 충만함'은 로마서 11장 25절과 창세기 48장 19절에서 야곱이 에브라임을 축복할 때도 나타난다. 히브리어 '멜로 하고임'(m'lo hagoyim)을 직역하면 '이방인들의 가득 찬 수'로, '여러 나라(민족)들' 또는 '나라(민족)들'로 번역할 수도 있다.

* 히브리 성경을 기준으로 한 것이며, 우리말 성경은 요엘 2장 30-31절이다.

169) 헬라어 '메데'(methe)는 취하게 하는 모든 것을 지칭한다. 용어 해설에서 '주술'을 찾아보라.

예슈아를 죽이려는 음모(마 26:1-5, 14-16; 막 14:1-2, 10-11; 요 11:45-53)

22 1 그때 유월절이라고 불리는 무교절이 다가오고 있었습니다. 2 그런데 대
제사장들과 서기관들은 어떻게 그분을 죽일지 방법을 찾고 있었지만,
백성을 두려워하고 있었습니다. 3 그러나 사탄[170]이 가룟이라고 불리는 유다에게
들어갔는데, 그는 열둘 중의 하나였습니다. 4 그가 나가서 대제사장들과 관리들과
더불어 어떻게 그들에게 그분을 넘겨줄지 의논했습니다. 5 그러자 그들이 기뻐하
며 유다에게 돈을 주기로 합의했습니다. 6 유다는 이에 동의하여 무리가 없을 때
에 그분을 넘겨주려고 기회를 찾기 시작했습니다.

세데르(유월절 만찬)[171] 준비(마 26:17-19; 막 14:12-16; 요 13:21-30)

7 그리고 유월절 양을 잡아야 하는 무교절이 되었습니다(막 14:12). 8 그분께서 베
드로와 요한을 보내며 말씀하셨습니다. "너희는 즉시 가서 우리가 먹을 수 있도
록 유월절을 준비하라." 9 이에 그들이 그분께 말했습니다. "저희가 어디에서 준비
하기를 원하십니까?" 10 그러자 그분께서 그들에게 말씀하셨습니다. "보라, 너희가
시내로 들어가면, 물동이를 옮기는 사람을 만날 것이다. 즉시 따라가 그가 들어
가는 집으로 가라. 11 그리고 그 집주인에게 말해야 할 것이다. '스승님이 당신에게
말씀하시기를, "내가 나의 제자들과 세데르(유월절 만찬)를 먹을 방이 어디 있소?"라
고 하십니다.' 12 그러면 그 사람이 너희에게 자리가 펼쳐진 위층에 있는 큰 방을
보여 줄 것이다. 너희는 즉시 거기에서 준비하라." 13 그들은 가서 그분께서 말씀하
신 그대로 발견하고 세데르(유월절 만찬)를 준비했습니다.

세데르(유월절 만찬)(마 26:26-30; 막 14:22-26; 고전 11:23-25)

14 그리고 시간이 되어, 그분과 사도들은 함께 비스듬히 앉았습니다.[172] 15 이어
서 그분께서 그들에게 말씀하셨습니다. "내가 고난당하기 전에 너희와 함께 이 세
데르(유월절 만찬) 먹기를 간절히 원했다. 16 그러므로 내가 너희에게 말한다. 이것이
하나님의 왕국에서 이루어질 때까지 나는 다시 그것을 먹지 않을 것이다." 17 그리

170) 용어 해설에서 '사탄'을 찾아보라.

171) 절기에서 사용되는 의식 순서를 '세데르'라고 한다. 세데르의 내용은 절기마다 다르다. 여기서는 유월절 음식을 순서대로 먹는 것을 말한다. 용어 해설에서 '세데르'를 찾아보라.

172) 당시 사람들은 헬라 문화의 영향을 받아 비스듬히 앉아서 음식을 먹었다.

고 그분께서 잔[173]을 들어 감사하신 후에 말씀하셨습니다. “너희가 이 잔을 받아
즉시 너희끼리 나누어라. **18** 그러므로 내가 너희에게 말한다. 이제부터 나는 하나
님의 왕국이 올 때까지 포도나무에서 난 것을 결코 마시지 않을 것이다.” **19** 그리고
무교병을 들어 감사하신 후에 그것을 떼어 제자들에게 주며 말씀하셨습니다. “이
것은 너희를 위해 주는 내 몸이니, 너희가 항상 나를 기념하여 이것을 행해야 한
다.” **20** 그들이 (무교병을) 먹은 후에 마찬가지로 잔을 들고[174] 말씀하셨습니다. “이것
은 새[175] 언약(렘 31:30-33)[176]의 잔으로 너희를 위해 쏟는 나의 피다. **21** 그렇지만, 보
라, 나를 넘겨줄 자의 손이 내 손과 함께 식탁 위에 있다. **22** 그 사람의 아들은 정해
진 대로 갈 것이나, 그를 팔아넘기는 자에게는 화가 있다.” **23** 그러자 제자들은 자
기들 중 누가 이런 일을 할 것인지 서로 논쟁하기 시작했습니다.

누가 더 크냐에 대한 논쟁

24 이어서 그들 사이에 다툼이 벌어졌는데, 그들 중 누가 더 큰 사람으로 보이
느냐는 것이었습니다. **25** 그러나 그분께서 그들에게 말씀하셨습니다. “이방인의 왕
들은 백성 위에 군림하고, 백성에게 권세를 행하는 자들은 은인이라 불린다. **26** 그
러나 너희는 그렇지 않아야 한다. 오히려 너희 중 가장 큰 자는 끊임없이 가장 어
린 자와 같아지고, 다스리는 자는 섬기는 자처럼 되어야 한다. **27** 그러므로 누가
더 크냐? 비스듬히 앉은 자냐, 아니면 시중드는 사람이냐? 비스듬히 앉은 자가
아니냐? 그러나 바로 내가 너희 가운데 섬기는 자로 있다. **28** 너희는 나와 함께 내
고난 가운데 서 있는 자들이다. **29** 그러므로 내 아버지께서 내게 왕국을 맡기신
것처럼 나도 너희에게 맡긴다. **30** 따라서 너희는 내 왕국에서 내 식탁에 앉아 먹
고 마시며, 이스라엘 열두 지파를 심판하는 보좌에 앉게 될 것이다.”

173) 세데르에서 마시는 첫 잔을 ‘키두시’(Kiddush)라고 하는데, ‘정화’ 또는 ‘성결’을 뜻한다. 이 잔은 저녁 식탁을 정결하게 한다. 출애굽기 6장 6절을 찾아보라.

174) 세데르에서는 총 네 잔의 포도주를 마신다. 용어 해설에서 ‘세데르’를 찾아보라.

175) 헬라어 ‘카이노스’(kainos)와 예레미야 31장에 사용된 히브리어 ‘하다쉬’(chadash)에는 기본적으로 기존의 언약을 ‘새롭게 세우다’, 곧 ‘갱신하다’의 뜻이 있다. 성찬을 행할 때마다 우리는 하나님과 언약을 갱신하는 것이다. 용어 해설에서 ‘성찬’을 찾아보라.

176) 예레미야 31장 33절의 ‘죄’에 해당하는 히브리어는 ‘하타’(hatah)이다. 이것은 부주의하여 실수로 범한 죄를 가리킨다. 용어 해설에서 ‘죄’를 찾아보라.

베드로의 부인을 예고하시다(마 26:31–35; 막 14:27–31; 요 13:36–38)

31 "시몬아, 시몬아![177] 보라, 사탄이 너희[178] *모두*를 밀처럼 체로 치려고 요구
했으나 **32** 나는 너[179]에 대해 네 믿음이 실패하지 않도록 기도했다. 그러므로 너
는 돌이킨[180] 뒤에 즉시 네 형제들을 강하게 해야 한다." **33** 그러자 그가 말했습
니다. "주여, 저는 당신과 함께 감옥은 물론 죽는 데까지 갈 준비가 되어 있습니
다." **34** 이에 그분께서 말씀하셨습니다. "내가 네게 말한다. 베드로야, 바로 오늘 닭
이 울기 전에 네가 나를 모른다고 세 번 부인할 것이다."

전대, 배낭, 그리고 신발

35 그리고 그분께서 제자들에게 말씀하셨습니다. "내가 너희를 전대나 배낭이
나 신발도 없이 보낼 때, 너희에게 부족한 것이 있었느냐?" 그러자 그들이 말했습니
다. "전혀 없었습니다." **36** 이어서 그분께서 그들에게 말씀하셨습니다. "그러나 이
제 전대가 있는 자는 챙기고, 배낭도 마찬가지며, 없는 자는 당장 자기 겉옷을 팔
아 칼[181]을 사야 한다. **37** 그러므로 내가 너희에게 말한다. '그는 불법[182]을 행하는
자들과 한 패로 여겨졌다'(사 53:12)고 기록된 말씀이 내게 이루어져야 하니, 그러므
로 나에 관해 기록된 것이 사실상 이루어졌다." **38** 그러나 그들은 말했습니다. "주
여, 보십시오, 여기 칼 두 자루가 있습니다." 그러자 그분께서 그들에게 말씀하셨습
니다. "그것으로 충분하다."

올리브산에서의 기도(마 26:36–46; 막 14:32–42)

39 그리고 그분께서 나오셔서 습관에 따라 올리브산으로 가셨는데, 제자들이
그분을 따랐습니다. **40** 이어서 그분은 그 장소에 이르러 제자들에게 말씀하셨습
니다. "너희는 시험에 들지 않게 계속해서 기도해야 한다." **41** 그리고 그분은 그들로
부터 돌 던지면 닿을 만한 거리로 물러가셔서 무릎을 꿇고 기도하며 **42** 말씀하시

177) 이름을 두 번 부르는 것은 즉각적으로 강하게 관심을 끄는 것이다. 용어 해설에서 '이름 두 번 부르기'를 찾아보라.

178) 헬라어 원문은 복수형을 사용하고 있다.

179) 여기서는 단수로 베드로를 지칭한다.

180) 또는 '회개한'

181) 작고 굽곡진 휴대용 칼을 지칭한다.

182) 이사야서에 사용된 히브리어는 '고의적인 죄'를 지칭한다. 용어 해설에서 '죄'를 찾아보라.

기를, "아버지, 만일 아버지께서 원하신다면, 이제 이 잔을 제게서 가져가셔야 합
니다. 그렇지만 제 뜻이 아니라 아버지의 뜻이 지속적으로 이루어지게 하소서"[183]
라고 하셨습니다. **43** [그때 그분께 하늘에서 온 천사가 보였고, **44** 고통 가운데 더
열심히 기도하시니, 땀이 마치 땅에 떨어지는 피 같았습니다.][184] **45** 그리고 그분
께서 기도하시고 일어나 제자들에게 오셔서 그들이 슬퍼하다가 잠든 것을 보시고
46 그들에게 말씀하셨습니다. "왜 자고 있느냐? 너희는 시험에 들지 않도록 일어나
서 끈질기게 기도해야 한다."

배신당하고 체포되신 예슈아(마 26:47-56; 막 14:43-50; 요 18:3-11)

47 그분께서 여전히 말씀하고 계시는데, 보십시오, 한 무리가 오더니, 유다라 불
리는 그 열둘 중의 하나가 그들보다 앞서 와서 예슈아께 입 맞추려고 다가왔습니
다. **48** 이에 예슈아께서 그에게 말씀하셨습니다. "유다야, 너는 입맞춤으로 그 사람
의 아들을 배신하느냐?" **49** 그러자 그분과 함께 있던 자들이 이것을 보고 말했습
니다. "주님, 우리가 칼로 칠까요?" **50** 그리고 그들 중 한 사람이 대제사장의 종을
쳐서 그의 오른쪽 귀를 베었습니다. **51** 그러자 예슈아께서 "너는 이것까지 허락해
야 한다"라고 말씀하시며 그의 귀를 만져 치유해 주셨습니다. **52** 이어서 예슈아께
서 그분 앞에 있는 자들, 곧 대제사장들과 성전 경비병들과 장로들에게 말씀하셨
습니다. "너희는 강도[185]를 잡는 것처럼 칼과 몽둥이를 들고 왔느냐? **53** 내가 날마
다 너희와 함께 성전에 있는 동안, 너희는 내게 손을 대지 않았다. 그러나 이제는
너희의 시간이며 어둠의 권세이다."

예슈아를 부인한 베드로(마 26:57-58, 69-75; 막 14:53-54, 66-72; 요 18:12-18, 25-27)

54 그때 그들이 그분을 붙잡아 대제사장의 집으로 끌고 갔고, 베드로는 멀리서
따라갔습니다.[186] **55** 그리고 사람들이 뜰 한가운데 불을 피우고 둘러앉자, 베드로
도 그들과 함께 앉아 있었습니다. **56** 그때 불 쪽에 앉아 있던 어떤 여종이 그를 유
심히 보고 말했습니다. "그런데 이 사람은 그와 함께 있었어요." **57** 그러나 베드로
가 부인하며 말하기를, "여자여, 나는 그 사람을 모르오"라고 했습니다. **58** 그런데

183) 모든 성도가 드려야 할 기도이다. 우리는 성령과 동행해야 한다.

184) 43-44절은 초기 사본에는 빠져 있다.

185) 헬라어 '레스테스'(lestes)는 '혁명가', '선동가', '폭동 주동자'로 번역할 수도 있다.

186) 이때 요한은 베드로와 함께 있지 않았고, 대제사장과 안면이 있는 다른 제자가 곁에 있었다(요 18:15).

잠시 후 또 다른 사람이 그를 보고 말했습니다. "당신도 그들 중 하나요." 그러자
베드로가 말했습니다. "여보시오, 나는 아니오." **59** 그리고 약 한 시간 후에 또 다
른 사람이 주장하며 말하기를, "참으로 이 사람은 그와 함께 있었소. 그 역시 갈
릴리 사람이니까"라고 했습니다. **60** 그러나 베드로가 말했습니다. "여보시오, 나는
당신이 무슨 말을 하는지 모르겠소." 그런데 베드로가 아직 말하고 있는데, 그 순
간 닭이 울었습니다. **61** 그때 주님께서 몸을 돌려 베드로를 보셨고, 베드로는 "바로
오늘[187] 닭 울기 전에 네가 나를 세 번 부인할 것이다"라고 하신 주님의 말씀이 생
각났습니다. **62** 그래서 그는 밖으로 나가 통곡했습니다.

예슈아를 조롱하고 때리다(마 26:67-68; 막 14:65)

63 한편 그분을 잡은 사람들은 그분을 모욕하고 때리기 시작했습니다. **64** 이후
그분의 눈을 가리고 묻기를, "네가 이제 예언해야 한다. 너를 친 자가 누구냐?"라
고 했습니다. **65** 그리고 그들은 그분께 다른 수많은 저주의 말을 계속 했습니다.

공회 앞의 예슈아(마 26:59-66; 막 14:55-64; 요 18:19-24)

66 이어서 날이 밝자, 백성의 장로들, 대제사장과 서기관들이 모여서 그분을 자
신들의 산헤드린으로 끌고 가서 **67** 말하기를, "만일 당신이 메시아라면, 즉시 우
리에게 말해야 하오"라고 했습니다. 이에 그분께서 그들에게 말씀하셨습니다. "내
가 말해도 너희는 나를 믿지 않을 것이다. **68** 또 내가 물어도 너희가 대답하지 않
을 것이다. **69** 그러므로 이제부터 그 사람의 아들이 하나님의 권능의 오른편[188]에
앉게 될 것이다"(시 110:1). **70** 그러자 그들이 모두 말했습니다. "그러면 당신이 하나
님의 아들이오?" 이에 그분께서 그들에게 말씀하셨습니다. "내가 바로 그라고 너
희가 말하고 있다." **71** 그러자 그들이 말했습니다. "그렇다면 우리에게 아직도 무슨
증거가 필요하오? 우리가 그의 입에서 나오는 말을 직접 들었으니 말이오."

빌라도 앞으로 끌려가신 예슈아(마 27:1-2, 11-14; 막 15:1-5; 요 18:28-38)

23 **1** 이어서 그 무리 전체가 일어나 그분을 빌라도에게 데려갔습니다. **2** 그
리고 그들이 그분을 고소하기 시작하며 말하기를, "우리는 이 사람이 우
리 민족을 미혹하고, 가이사에게 세금 바치는 것을 금지하며, 자기가 메시아, 곧

왕이라고 말하는 것을 알아냈습니다"라고 했습니다. 3 이에 빌라도가 그분께 묻기
를, "당신이 유대 민족의 왕이오?"라고 했습니다. 그러자 그분께서 그에게 말씀하
셨습니다. "네가 그렇게 말하고 있다." 4 이에 빌라도가 대제사장들과 무리에게 말
했습니다. "내가 보기에 이 사람은 아무런 죄가 없소." 5 그러나 그들은 주장하며
말하기를, "그는 갈릴리에서 시작해서 여기까지 유대 전역에서 두루 가르치며 사
람들을 선동하고 있습니다"라고 했습니다.

헤롯 앞의 예슈아

6 그러자 빌라도가 듣고 그 사람이 갈릴리 출신인지를 묻고는 7 그분이 헤롯의
관할에 있음을 알고 헤롯에게 보냈는데, 그 무렵 그도 예루살렘에 있었기 때문입
니다. 8 헤롯은 예슈아를 보고 매우 기뻐했습니다. 오래전부터 그분에 대한 소문
을 듣고 그분을 만나고 싶어 했으며, 그분에게서 나오는 기적을 보리라 기대했기
때문입니다. 9 이에 그는 그분께 많은 질문을 했으나 그분께서는 대답하지 않으셨
습니다. 10 그리고 대제사장들과 서기관들은 강력하게 그분을 고소하며 *거기에* 서
있었습니다. 11 그러자 헤롯은 자기 군사들과 함께 그분을 모욕적으로 대하고, 화
려한 옷을 입히고 조롱한 후에 빌라도에게 돌려보냈습니다. 12 이에 그날에 헤롯
과 빌라도가 서로 친구가 되었으니, 전에는 서로에게 적대적이었습니다.

사형선고를 받으신 예슈아(마 27:15-26; 막 15:6-15; 요 18:39-19:16)

13 이어서 빌라도가 대제사장들과 지도자들[189]과 백성을 불러 모으고 14 그들에
게 말했습니다. "당신들은 이 사람이 백성을 미혹시킨다고 내게 데려왔는데, 보시
오, 내가 당신들 앞에서 재판했으나 당신들이 그에 대해 고소한 것 중 아무런 죄
를 찾지 못했소. 15 그리고 헤롯 역시 아무것도 찾지 못하고 그를 우리에게 돌려보
냈으니, 보시오, 그는 죽일 만한 일을 아무것도 하지 않았소. 16 그러므로 나는 그
를 채찍질한 후에 풀어 줄 것이오." 17 [절기마다 그는 한 사람을 풀어 주어야 했습
니다.][190] 18 그러나 그들이 다 함께 외치며 말하기를, "당신은 이 사람을 들어 올

187) 이것은 유대인의 시간 개념을 보여 준다. 유대인들의 하루는 해가 질 때 시작된다. 예슈아께서는 이미 해가 진 후 세데르 식사 중에 이 말씀을 하셨다.

188) '오른편'은 능력과 힘을 상징하는 히브리 관용 표현이다(출 15:6). 용어 해설에서 '오른손'을 찾아보라.

189) 대제사장들과 지도자들은 헬라주의자들이었다.

190) 이 구절은 4세기경 덧붙여진 것이다.

리고,[191] 우리에게 바라바를 풀어 주어야 합니다"라고 했습니다. 19 바라바는 도성
에서 일어난 폭동과 살인 때문에 감옥에 갇혀 있었습니다. 20 이에 빌라도는 다시
예슈아를 풀어 주려고 그들에게 큰 소리로 말했습니다. 21 그러나 사람들이 외치
며 말하기를, "십자가에 못 박아야 합니다. 당신은 그를 즉시 십자가에 못 박아야
합니다!"라고 했습니다. 22 그러자 빌라도가 세 번째로 그들에게 말했습니다. "도대
체 그가 무슨 악행을 저질렀소? 나는 그에게서 죽일 만한 죄를 찾지 못하고 있소.
그러므로 나는 그를 채찍질한 후에 풀어 줄 것이오." 23 그러나 사람들이 큰 소리
로 그분을 십자가에 못 박아야 한다고 요구하며 압력을 가하여 그들의 소리가 이
겼습니다. 24 이에 빌라도가 그들의 요청대로 행하기로 결정하여 25 사람들이 요구
하는 대로 폭동과 살인으로 감옥에 갇혀 있던 자를 풀어 주고, 그들이 원하는 대
로 예슈아를 넘겨주었습니다.

십자가에 못 박히신 예슈아(마 27:32-44; 막 15:21-32; 요 19:17-27)

26 그리고 그들이 그분을 끌고 가다가 시골에서 올라오는 구레네 시몬이라는
사람을 붙잡아 그에게 예슈아 뒤에서 십자가를 지고 가게 했습니다. 27 그때 백성
의 큰 무리와 그분을 위해 슬퍼하고 애통하는 여인들이 그분을 따라가고 있었습
니다. 28 그러자 예슈아께서 그들을 돌아보시며 말씀하셨습니다. "예루살렘의 딸
들아, 나를 위해 울지 말고, 너희 자신과 너희 자녀를 위해 울어야 한다. 29 보라,
사람들이 말하기를, '불임과 아이를 갖지 않은 태와 젖을 먹이지 않는 가슴이 복
이 있다'라고 할 날들이 올 것이기 때문이다.

30 그때 사람들이 산에게 말하기 시작하기를,
'네가 즉시 우리 위로 무너져야 한다'라고 하고,
언덕을 향해
'네가 즉시 우리를 가려야 한다'라고 할 것이니(호 10:8),

31 만일 사람들이 푸른 나무에 이런 일들을 한다면, 마른 나무에는 무슨 일이
일어나겠느냐?"

32 그때 두 명의 다른 죄수가 그분과 함께 처형되기 위해 끌려가고 있었습니다.
33 그리고 그들은 해골이라고 불리는 장소에 이르러 그분과 죄인들을 십자가에
못 박았는데, 하나는 그분의 오른편[192]에, 하나는 그분의 왼편에 있었습니다. 34
[예슈아께서 말씀하셨습니다. "아버지, 저들을 용서하옵소서. 자기들이 무엇을 하

고 있는지 알지 못하기 때문입니다."][193] 그리고 그들은 제비를 뽑아 그분의 옷을
나누었습니다. 35 그때 백성들이 서서 지켜보고 있었습니다. 이어서 그들과 지도
자들이 비웃으며 말하기를, "그가 다른 사람들을 구원했으니, 자신도 구원하게 하
시오. 만일 그가 메시아, 하나님의 택하신 분이라면 말이오"라고 했습니다. 36 그
러자 근처에 있던 군인들도 그분을 조롱하면서(시 22:8) 그분께 신 포도주를 가져와
37 말하기를, "만일 당신이 유대 민족의 왕이라면, 이제 자신이나 구원해 보시오"라
고 했습니다. 38 그리고 그분 위에는 다음과 같이 새겨져 있었습니다. "이는 유대
민족의 왕이다."

39 그리고 거기에 매달려 있던 죄수 중 하나가 그분을 모독하며 말하기를, "당
신은 메시아가 아니오? 당신은 이제 자신과 우리를 구원해야 하오"라고 했습니다.
40 그러자 다른 죄수가 그를 꾸짖으며 말했습니다. "네가 동일한 심판을 받으면서
도 하나님을 두려워하지 않느냐? 41 우리는 참으로 우리가 저지른 일에 합당한 벌
을 받고 있으나 이분은 잘못하신 것이 아무것도 없다." 42 그리고 그가 계속 말하기
를, "예슈아여, 당신의 왕국에 들어가실 때에 저를 즉시 기억해 주셔야 합니다"라
고 했습니다. 43 그러자 그분께서 그에게 말씀하셨습니다. "진실로 내가 네게 말한
다. 바로 오늘 네가 나와 함께 낙원에 있을 것이다."

예슈아의 죽음(마 27:45-56; 막 15:33-41; 요 19:28-30)

44 그리고 이제 제육시쯤 되어 온 땅에 어둠이 깔려 제구시[194]까지 계속되었고,
45 해가 어두워지더니 성소 가운데 있는 휘장이 찢어졌습니다. 46 그때 예슈아께서
큰 소리를 내며 말씀하셨습니다. "아버지, 당신의 손에 내 영을 맡깁니다"(시 31:6).
그리고 이 말씀을 하신 후에 마지막 숨을 내쉬셨습니다. 47 그러자 백부장이 일어
난 일을 보고 하나님께 영광을 돌리며 말하기를, "진실로 이 사람은 의인이었다"라
고 했습니다. 48 그리고 그 자리에 함께 왔던 모든 무리도 일어난 일을 보고 그들의
가슴을 치며 돌아갔습니다. 49 그러나 그분과 알고 지내는 모든 사람과 갈릴리에서
부터 동행했던 여인들은 이 일들을 보기 위해 멀리 서 있었습니다.

191) 십자가형을 말한다.

192) '오른편'은 하나님의 구원을(시 20:7), '왼편'은 재앙과 심판을 상징한다.

193) 초기 사본에는 이 부분이 빠져 있다.

194) 정오부터 오후 3시까지

예슈아의 장례(마 27:57-61; 막 15:42-47; 요 19:38-42)

50 그리고 보십시오, 요셉이라는 남자는 공회[195] 의원이며 선하고 의로운 사람
이었는데, **51** 이 사람은 그들의 결정과 그들이 행한 일에 동의하지 않았습니다. 그
는 유대의 도시 아리마대 출신으로, 하나님의 왕국을 기다리고 있었습니다. **52** 이
사람이 빌라도에게 와서 예슈아의 시신을 요구했습니다. **53** 그는 그분의 시신을
내려 고운 아마포에 싸서 아무도 사용한 적이 없는 바위를 깎아 만든 무덤에 두
었습니다. **54** 그런데 그날은 예비일[196]로, 안식일이 가까워지고 있었습니다. **55** 그때
갈릴리에서부터 그분과 함께 온 여인들이 따라와서 무덤과 그분의 몸이 어떻게
놓였는지를 보고, **56** 돌아가서 향품과 향유를 준비했습니다.[197]

부활하시다(마 28:1-10; 막 16:1-8; 요 20:1-10)

그러나 안식일이 되었으므로, 그들은 계명에 따라 쉬었습니다.

24

1[198] 그리고 그 주간 첫째 날[199]에 그들은 매우 일찍 준비한 향품을 가지
고 무덤으로 왔습니다. **2** 그런데 무덤에서 돌이 멀리 굴려져 있는 것을 발
견하고 **3** 들어가서 보니, 주 예슈아의 시신이 없었습니다. **4** 그리고 다음과 같은 일
이 있었습니다. 이 일로 그들이 어리둥절하는 동안, 보십시오, 두 사람이 광채 나
는 옷을 입고 그들 곁에 서 있었습니다. **5** 그러자 그들이 두려워 얼굴을 땅에 대고
엎드리니, 두 사람이 그들에게 말했습니다. "너희는 왜 살아 있는 자를 죽은 자들
가운데서 찾고 있느냐? **6** 그분은 여기 계시지 않고 일어나셨다. 너희는 그분이 갈
릴리에서 너희에게 이르신 말씀을 기억해야 하니, **7** 말씀하시기를, '그 사람의 아들
이 죄인들의 손에 넘겨져 십자가에 못 박힌 후 제삼일에 일으킴 받아야 한다'라고

195) 산헤드린

196) 안식일 전날을 말한다. 당시 남자들은 해가 지기 전, 즉 안식일이 시작되기 전에 몸을 물에 담가 정결례를 행했다(요 19:14). 용어 해설에서 '예비일'을 찾아보라.

197) 예슈아를 따르던 여인들의 명단은 24장 10절에 기록되어 있다. 당시 여인들은 남성의 시신에 향품을 바를 수 없었다. 또 시신을 무덤에 안치하기 전에 향품을 바르는 것이 순서였기 때문에 이들이 향품을 가져왔다는 것은 이해하기 어려운 부분이다. 요한복음 19장 39절에는 니고데모가 몰약과 알로에(침향) 백 근(리트라) 정도와 아마포를 가져왔다고 말하는데, 니고데모와 아리마대 요셉이 이 아마포로 예슈아의 시신을 감쌌다.

198) 용어 해설에서 '장과 절 숫자들'을 찾아보라.

199) '주일'(일요일)을 지칭하는 히브리식 표현이다. 일요일은 토요일 해 질 녘에 시작된다.

하셨다." 8 그러자 그들은 그분의 말씀이 기억났습니다. 9 이에 그들은 무덤에서 돌
아와 이 모든 것을 열한 제자와 나머지 모든 사람에게 전했습니다. 10 그들은 막
달라의 미리암과 요안나와 야고보의 어머니 미리암과 그들과 함께한 나머지 여인
들로, 이 모든 것을 사도들에게 이야기했습니다. 11 그러나 이러한 말들이 그들의
눈에는 헛된 이야기로 보였으므로 믿지 않았습니다. 12 그런데 베드로는 일어나
무덤으로 달려가 몸을 굽혀 보니, 아마포만 있었습니다. 그래서 그는 무슨 일이
일어났는지 궁금해하며 떠났습니다.

엠마오로 가던 두 제자

13 그리고 보십시오, 이날 그들 중 두 사람이 예루살렘에서 육십 스타디온[200]
떨어진 엠마오라는 마을로 가고 있었습니다. 14 그때 그들이 일어난 모든 일에 대
해 서로 이야기하고 있었습니다. 15 그런데 그들이 이 일에 대해 대화하며 논의
하고 있는데, 예슈아께서 직접 다가오셔서 그들과 동행하셨으나 16 그들의 눈이
가려져 그분을 알아보지 못했습니다. 17 이에 그분께서 그들에게 말씀하셨습니
다. "당신들이 걸으면서 서로 나누는 그 이야기들은 무엇이오?" 그러자 그들이 슬
퍼하고 우울해하며 멈춰 섰습니다. 18 그리고 글로바[201]라는 사람이 그분께 말했
습니다. "당신은 예루살렘에 살면서 최근에 일어난 일을 혼자만 모르고 있습니
까?" 19 그러자 그분께서 그들에게 말씀하셨습니다. "무슨 일이오?" 이에 그들이 그
분께 말했습니다. "나사렛 예슈아에 관한 일이니, 그분은 하나님과 모든 백성 앞
에서 행함과 말씀에 능력 있는 사람이자 선지자셨는데, 20 다름 아닌 우리 대제사
장들과 지도자들이 그분을 넘겨주어 사형선고를 받게 하고 십자가에 못 박았습
니다. 21 그러나 우리는 그분께서 이스라엘을 구속하실 분[202]이라는 소망을 갖고
있었고, 또 이 모든 일이 일어난 지 벌써 삼 일이 지났습니다. 22 그런데 우리 가운
데 있던 여인들이 우리를 놀라게 했습니다. 그들이 아침 일찍 무덤에 갔다가 23 그
분의 시신은 보지 못하고 돌아와서 말하기를, 환상 중에 천사들을 보았는데 '그
분이 살아 계시다'고 말했다는 것입니다. 24 그래서 우리와 함께 있던 자들 중 몇

200) 약 11km

201) 헬라어 원문은 '클레오파스'(Kleopas)로, 요한복음 19장 25절의 '글로바'(Klopa)와는 철자가 다르다. Klopa의 'o'는 '오메가'(ω)이고, Kleopas의 'o'는 '오미크론'(ό)이다. 둘 다 소유격 어미를 사용하여 Klopa는 남성 명사, Kleopas는 여성 명사이다. 34절의 각주를 보라.

202) 제자들은 '통치하는 메시아'를 기대했다. 용어 해설에서 '메시아(그리스도)의 재림'을 찾아보라.

사람이 무덤에 가서 여인들이 말한 그대로라는 것을 알게 됐는데, 그분을 보지는
못했다고 합니다." **25** 그러자 그분께서 그들에게 말씀하셨습니다. "오, 어리석어서
선지자들이 말한 모든 것을 그 마음으로 더디 믿는 자들아, **26** 메시아께서 이러한
고난들을 겪고 그의 영광으로 들어가야 하는 것이 아니냐?" **27** 그리고 그분께서 모
세와 모든 선지자로 시작해서 자신에 대한 모든 성경을 그들에게 설명해 주셨습
니다.

28 이어서 그들이 가려는 마을에 가까이 이르렀는데, 그분은 더 멀리 가시려는
듯했습니다. **29** 그러나 그들이 그분께 강권하며 말하기를, "당신이 우리와 함께 머
무셔야 하니, 저녁이 되어 날이 이미 저물었기 때문입니다"라고 했습니다. 이에 그
분께서 그들과 함께 머물기 위해 들어오셨습니다. **30** 그런데 그분께서 그들과 함께
비스듬히 앉아 있을 때였습니다. 그분이 빵을 들어 하나님께 감사하신 후 그것을
떼어 그들에게 주시자, **31** 그들의 눈이 열려 그분을 알아보았습니다. 그러나 그분
은 그들에게 보이지 않았습니다.[203] **32** 이에 그들이 서로 말했습니다. "그분께서 길
에서 우리에게 이야기하며 성경을 설명해 주실 때에 우리 속에서 마음이 뜨겁지
않았는가?" **33** 그래서 그들이 일어나 예루살렘[204]으로 돌아가 보니, 그 시간에 열
한 제자와 그들과 함께하는 자들이 모여 **34** 주께서 참으로 일어나셨고, 시몬[205]에
게도 보이셨다는 말을 하고 있었습니다. **35** 그래서 그 둘도 길에서 예슈아께서 하
신 말씀과 그분이 빵을 떼어 주실 때에 그분을 알아본 이야기를 했습니다.

제자들에게 나타나심(마 28:16-20; 요 20:19-23; 행 1:6-8)

36 그런데 그들이 이런 일들을 이야기하는 동안, 그분께서 그들 가운데 서서 그
들에게 말씀하셨습니다. "너희에게 샬롬이 있으라." **37** 그러나 그들은 놀라고 두려
워서 영을 보고 있다 생각했습니다. **38** 그러자 그분께서 그들에게 말씀하셨습니
다. "너희는 왜 불안해하며 너희 마음에 의심이 생기느냐? **39** 너희는 내 손과 내
발을 보아야 한다. 바로 내가 그니, 너희는 나를 만져 보라. 영은 살과 뼈가 없으

203) 용어 해설에서 '부활'을 찾아보라.

204) 엠마오에서 예루살렘으로

205) 바울이 고린도전서 15장 5절에서 밝힌 바와 같이 '시몬 베드로'를 말한다. 엠마오로 가는 길에 주님을 만난 열심당원 시몬을 가리키는 것이 아니다. 18절에는 시몬과 동행했던 또 다른 제자의 이름이 '글로바'라고 밝힌다. 사람들은 보통 글로바가 남자일 것으로 추정하지만, 원문은 여성 소유격 어미 변화를 따르고 있다. 그래서 시몬 베드로와 함께 엠마오로 가던 그의 아내였을 것이라고 추측하는 학자들도 있다.

나 너희가 보듯이 나에게는 있다." 40 그러더니 이 말씀을 하시고 그분은 그들에게
그분의 손과 발을 보여 주셨습니다. 41 그러나 그들이 기뻐하면서도 여전히 믿지
못하고 놀랍게 여기자, 그분께서 그들에게 말씀하셨습니다. "여기에 먹을 것이 있
느냐?" 42 이에 그들이 그분께 구운 생선 한 토막을 드리자, 43 그분께서 그것을 받
아 그들 앞에서 드셨습니다.

44 그리고 그분께서 그들에게 말씀하셨습니다. "이것들은 내가 너희와 함께 있
을 때에 이야기한 말들로, 모세의 토라(가르침)와 선지자들과 시편[206]에 나에 대해
기록된 모든 것은 성취되어야 한다." 45 그러면서 그분이 그들의 마음을 열어 주시
니, 그들이 성경을 깨달았습니다. 46 그때 그분께서 그들에게 다음과 같이 말씀하
셨습니다. "그러므로 기록되기를, 메시아가 고난을 받고(사 53:5) 제삼일에 죽은 자
들로부터 일으킴을 받으며, 47 그의 이름[207]으로 죄들을 사함 받는 회개가 예루살
렘에서 시작하여 모든 이방인에게 전파될 것이라고 했다. 48 너희가 이 일에 대한
증인들이다. 49 보라, 내가 친히 내 아버지께서 약속하신 것[208]을 너희에게 보낼 것
이다. 그러나 너희는 위로부터 능력을 입을 때까지 이 도시에 머물러야 한다."

예슈아의 승천(행 1:9-11)

50 그리고 그분께서는 그들을 베다니까지 데리고 나가서 손을 들어 그들을 축
복하셨습니다. 51 그런데 그분께서 그들을 축복하실 때, 그들을 떠나 하늘로 들려
올라가셨습니다. 52 이에 그들은 그분을 경배한 후에 크게 기뻐하며 예루살렘으
로 돌아갔습니다. 53 그리고 늘 성전에 머물면서 하나님을 찬양했습니다.

206) 성경 전체를 지칭하는 표현이다.

207) 이름에 해당하는 헬라어 '오노마'는 하나님의 속성과 활동성을 의미한다. 용어 해설에서 '오노마'를 찾아 보라.

208) '성령 세례'를 말한다. 요엘 3장 1절(우리말 성경 욜 2:28-29)에 예언된 이 말씀은 사도행전 2장 1-12절에서 처음으로 성취되었다.

요한에 따르면[1]

(요한복음)

말씀이 육신이 되다

1 **1** 태초에 말씀이 계셨다. 그 말씀은 하나님과 함께 계셨고, 그 말씀이 곧
하나님이셨다. **2** 그분은 태초에 하나님과 함께 계셨다. **3** 모든 것이 그분을
통해 창조되었고, 그분 없이 만들어진 것은 하나도 없었다.[2] **4** 그분 안에는 생명이
있었으니, 그 생명은 모든 사람들의 빛이었다. **5** 그 빛이 어둠 가운데 비추었으나
어둠은 그것을 받아들이지 않았다(요 3:19).

6 하나님에게서 보내심을 받은 한 사람이 있었는데, 그의 이름은 요한이다. **7** 그
가 증인으로 온 것은 그 빛에 대해 증거하고, 모든 사람이 그를 통해 믿게 하려는
것이었다. **8** 그는 그 빛이 아니었다. 다만 그 빛에 대해 증언하려고 온 사람이었다.
9 그분은 세상에 오셔서 참 빛이 되셨고, 모든 인류를 비추어 주셨다. **10** 그분께서
세상에 계셨고, 세상이 그분에 의해 생겨났으나 세상은 그분을 알지 못했다. **11** 그
분은 자기 백성 가운데 오셨지만, 그분의 백성이 그분을 받아들이지[3] 않았다. **12**
그분은 그분을 받아들이는 자, 곧 그분의 이름[4]을 믿는[5] 자들에게 하나님의 자
녀가 되는 권세를 주셨으니, **13** 그들은 피[6]와 육신의 욕망과 사람의 뜻으로 난 것

1) 본서는 AD 85년경에 기록되었다. 요한은 자신만의 독특한 문체로 '길', '진리', '생명', '빛', '말씀', '빵', '선한 목자', '부활과 생명' 등 수많은 비유를 사용하여 예슈아에 대해 기록했다. 이러한 방식은 계시록에도 분명하게 드러난다. 용어 해설에서 '배열 순서'를 찾아보라.

2) **역자 주**: 사본에 따라 '만들어진 것' 다음에 마침표를 찍기도 하고, 그 앞에 마침표를 찍기도 한다. 전자의 경우, "(그분 없이) '만들어진 것'은 하나도 없었다"로 옮길 수 있다. 본문은 후자의 경우를 택했다.

3) '배우자로 취하다'를 뜻하는 말로, 예슈아께서 오셔서 확고하게 하신 친밀한 관계를 언급하고 있다.

4) 이름에 해당하는 헬라어 '오노마'는 하나님의 속성과 활동성을 의미한다. 용어 해설에서 '오노마'를 찾아보라.

5) 예슈아와 그분의 말씀을 듣는 이들은 모두 '믿는다'는 것에는 행동의 변화가 따라야 한다는 것을 알았다. 하나님의 자녀 된 관계는 지적인 것이 아니라 육신의 부모처럼 실질적인 것이다. 차이가 있다면 하늘 아버지께서는 완전하신 분이라는 것이다.

6) 혈통

이 아니라 하나님에게서 난 자들이다.
14 그런데 그 말씀이 육신이 되어 우리 가운데 사셨고, 우리는 그분의 영광을
보았는데, 곧 아버지의 독생자의 영광이며 은혜와 진리가 충만했다. **15** 요한이 그
분에 대해 증거하며 외쳐 말했다. "이분이 내가 전에 말하기를, '내 뒤에 오시는 그
분이 나를 앞서신 것은 그분이 나보다 뛰어나시기 때문이다'라고 한 그분이다." **16**
우리는 모두 그분의 충만함으로부터 은혜 위에 은혜를 받았다. **17** 토라(가르침)[7]는
모세를 통해 주어졌고, 은혜와 진리는 예슈아 메시아를 통해 왔다. **18** 아무도 하나
님을 본 적이 없는데, 하나님의 독생자, 곧 아버지의 품 속에 계시는 바로 그분께서
선포하셨다.

침례자 요한의 증언(마 3:1-12; 막 1:2-8; 눅 3:15-17)

19 또 이것도 요한의 증언이니, 유대인 *지도자*들이 예루살렘의 제사장들과 레
위인들을 그에게 보내어 물었다. "당신은 누구요?" **20** 그는 거부하지 않고 솔직
하게 말했다. "나는 메시아가 아니다." **21** 이에 그들은 그에게 "그러면 누구요? 당
신은 엘리야요?"라고 물었다. 그러나 그가 말했다. "나는 (엘리야가) 아니다." "당신
은 그 예언자요?" 그러자 그가 대답했다. "아니다!" **22** 그러자 그들이 그에게 말했
다. "당신은 누구요? 우리를 보낸 이들에게 대답할 수 있게 해 주시오. 당신은 자
신에 대해 뭐라고 하시오?" **23** 그가 말했다.

"나는 선지자 이사야가 말한 대로
'너희는 지금 주의 길을 곧게 만들어야 한다'고
'광야에서 외치는 소리'(사 40:3)이다." **24** 그때 보냄을 받은 사람들은 바리새파
출신이었다. **25** 그래서 그들은 요한에게 물었다. "그러면 당신이 메시아도 아니고,
엘리야나 그 선지자도 아니면서 왜 침례를 베푸는[8] 것이오?" **26** 요한은 그들에게
대답하며 이렇게 말했다. "나는 물로 침례를 주고 있으나 너희 가운데 너희가 모르
는 분이 서 계시는데, **27** 내 뒤에 오시는 분으로, 나는 그분의 신발 끈을 풀 자격도
없다." **28** 이 일들은 요한이 침례를 베풀던 요단강 건너편 베다니[9]에서 일어났다.

7) 토라는 '가르침' 또는 '지침'을 뜻한다. 용어 해설에서 '토라'를 찾아보라.

8) 요한이 말씀을 선포하면, 그의 메시지를 들은 사람들이 스스로 강으로 들어가서 정결을 위해 몸을 담갔다. 용어 해설에서 '침례'를 찾아보라.

9) '베다니'는 '근심의 집'을 뜻하는 히브리어 '베이트 아냐'(Beit-Anyah)의 헬라어 표기이다. 이곳은 예루살렘 근처의 베다니와는 다른 곳이다.

하나님의 어린양

29 다음 날 요한은 예슈아께서 자기에게 오시는 것을 보고 말했다. "보라, 하나
님의 어린양, 세상 죄를 가져가시는 분이다. **30** 이분이 내가 '내 뒤에 오시는 분이
나보다 먼저 계신 것은 그분이 나보다 뛰어나시기 때문이다'라고 말한 바로 그분
이다. **31** 나도 그분을 알지 못했다. 그러나 이것을 통해 그분이 이스라엘에 드러나
시게 하려고 내가 와서 물로 침례를 주는 것이다." **32** 또 요한은 증거하며 이렇게
말했다. "나는 그 영(성령)이 하늘에서 비둘기처럼 내려와 그분 위에 머물러 있는
것을 보았다. **33** 나도 그분을 몰랐으나, 물로 침례를 베풀라고 나를 보내신 분께서
말씀하시기를, '누구든지 그 위에 성령이 내려와 머무는 것을 보면, 그가 바로 성
령으로 침례를 베풀[10] 자이다'라고 하셨다. **34** 그리고 내가 보았으므로, 이분이 하
나님의 아들이라고 증거한 것이다."

첫 제자들

35 다음 날 다시 요한과 그의 두 제자가 서 있다가 **36** 예슈아께서 걸어가시는
것을 보고 그가 말하기를, "너희가 지금 하나님의 어린양을 보아야 한다"라고 했
다. **37** 이에 그 두 제자는 요한의 말을 듣고 예슈아를 따르는 제자가 되었다. **38** 그
때 예슈아께서 돌이켜 그들이 자신을 따라오는 것을 보고 말씀하셨다. "너희는 누
구를 찾고 있느냐?" 그러자 그들이 그분께 "랍비여, 어디에 머물고 계십니까?"라
고 말했는데, '랍비'는 곧 '선생님'이다. **39** 그분이 그들에게 말씀하셨다. "너희는 와
서 보아야 한다." 그러므로 그들이 와서 그분께서 머물고 계시는 곳을 보고 그날
그분과 함께 지냈는데, 제십시[11]쯤이었다. **40** 시몬 베드로의 형제 안드레는 요한에
게 듣고 나중에 그분을 따른 두 사람 중 하나였다. **41** 그는 먼저 자기 형제 시몬을
찾아서 그에게 말하기를, "우리가 마시아흐[12]를 찾았네"라고 했으니, 이것은 메시
아[13]로 번역된다. **42** 그는 시몬을 예슈아께 데려갔다. 예슈아께서 시몬을 보시고 말
씀하셨다. "너는 요한의 아들 시몬이나 게바[14]라고 불릴 것이다." 게바는 베드로[15]
를 뜻한다.

10) 원문은 현재 시제로 되어 있다. 예슈아께서는 지금도 성령으로 침례를 베풀고 계신다.
11) 오후 4시
12) '메시아' 또는 '기름부음 받은 자'를 뜻하는 히브리어이다. 용어 해설에서 '그리스도'를 찾아보라.
13) 메시아를 헬라어로 옮긴 것이 '그리스도'(Xristos 또는 Christos)이다. 용어 해설에서 '그리스도'를 찾아보라.
14) '게바'는 손바닥에 맞는 크기의 돌멩이를 뜻하는 아람어 '케파'를 라틴어로 표기한 것이다.

빌립과 나다나엘을 부르심

43 다음 날 그분께서 갈릴리로 나가려 하시다가 빌립을 보셨다. 그러자 예슈아께서 그에게 말씀하셨다. "너는 계속 나를 따라야 한다." 44 빌립은 안드레와 베드로의 도시인 벳새다[16] 출신이었다. 45 빌립은 나다나엘을 찾아 그에게 말했다. "우리가 모세와 선지자들이 토라(가르침)[17]에 기록한 그분을 찾았으니, 바로 요셉의 아들 예슈아로, 나사렛 출신이시다." 46 그러자 나다나엘이 그에게 말했다. "나사렛에서 훌륭한 것이 나올 수 있겠는가?" 빌립이 그에게 말했다. "와서 보게." 47 그런데 예슈아께서는 나다나엘이 자기를 향해 오는 것을 보시고 그에 대해 말씀하셨다. "보라, 그 속에 거짓이 없는 참된 이스라엘 사람이다." 48 그러자 나다나엘이 그분께 말했다. "어떻게 저를 아십니까?" 예슈아께서 그에게 대답하셨다. "나는 빌립이 너를 부르기 전, 네가 무화과나무 아래 있는 동안에 너를 보았다." 49 나다나엘이 그분께 대답했다. "랍비여, 당신은 하나님의 아들, 이스라엘의 왕이십니다." 50 예슈아께서 그에게 대답하셨다. "너는 내가 무화과나무 아래에서 너를 보았다고 말했기 때문에 믿는 것이냐? 너는 이것들보다 더 훌륭한 일들을 볼 것이다." 51 그리고 그분은 그에게 말씀하셨다. "진실로 진실로 내가 너희에게 말한다. 하늘이 열리고 하나님의 사자들이 그 사람의 아들 위에서 오르내리는[18] 것을 너희가 볼 것이다."

가나의 혼인 잔치

2 1 그리고 화요일[19]에 갈릴리 가나에서 혼인 잔치[20]가 있었는데, 예슈아의 어머니가 거기 계셨다. 2 이에 예슈아와 그분의 제자들도 그 잔치에 초대받았다. 3 그런데 포도주가 떨어지자, 예슈아의 어머니가 그분께 말하기를, "포도

15) '반석'을 뜻하는 헬라어 '페트라'는 여성형 명사이다. 이것의 남성형 명사인 '페트로스'(베드로)의 뜻은 '돌멩이'이며, 신약 성경에서 오직 '베드로'의 이름으로만 사용되었다.

16) '벳새다'는 '고기 잡는 곳(집)' 또는 '사냥하는 곳'을 뜻하는 히브리어 '베이트-짜데'(Beit-Tside)를 헬라어로 표기한 것이다. '벳새다'라 불린 도시는 두 곳이었다. 하나는 갈릴리 호수 서편 가버나움 아래쪽에 있었고, 다른 하나는 갈릴리 호수 북동쪽 가버나움에서 11-13km 떨어진 곳에 있었다.

17) 구약 성경 전체를 가리키는 말이다. 용어 해설에서 '토라'를 찾아보라.

18) 천사들이 내려와서 올라가는 것이 아니라, 하늘로 올라가서 내려온다는 것은 그들이 처음부터 이 땅에 있음을 의미한다.

19) 문자 그대로 옮기면, '셋째 날'이다. 이것은 '화요일'을 가리키는 히브리식 표현이다. 화요일은 결혼식에 이상적인 날로 여겨졌는데, 먼 거리에서 오는 사람들이 안식일을 보낸 후 출발하여 결혼식에 참석할 수 있었기 때문이다.

20) 용어 해설에서 '결혼'을 찾아보라.

주가 없다"라고 했다. **4** 그러자 예슈아께서 그녀에게 말씀하셨다. "여인이여, 그것
이 내게 무슨 상관입니까?[21] 아직 정해진 내 때가 오지 않았습니다." **5** 그분의 어
머니가 종들에게 말했다. "너희는 무엇이든 그분이 너희에게 말씀하시는 것을 즉
시 해야 한다." **6** 그런데 거기에 유대인들의 정결 의식[22]에 쓸 물을 두세 통[23]씩 담
을 수 있는 돌[24] 항아리 여섯 개가 놓여 있었다. **7** 예슈아께서 그들에게 말씀하셨
다. "너희는 즉시 그 항아리를 물로 채워라." 이에 그들이 항아리들을 아귀까지 채
웠다. **8** 이어서 그분이 그들에게 말씀하시기를, "너희는 이제 떠서 예식 책임자에게
가져가야 한다"라고 하시자, 그들이 가져갔다. **9** 예식 책임자가 포도주로 변한 물을
맛보았을 때, 그 사람만 그것이 어떻게 만들어졌는지 알지 못했고, 물을 떠 간 종들
은 알고 있었다. 예식 책임자가 신랑을 불러서 **10** 그에게 말했다. "모든 사람이 처음
에 좋은 포도주를 내놓고, 사람들이 취한 다음에 더 못한 것을 내놓는데, 당신은 지
금도 좋은 포도주를 갖고 있었소." **11** 예슈아께서 이 첫 번째 표적을 갈릴리 가나에
서 행하여 그분의 영광을 드러내셨고, 제자들은 그분을 믿게 되었다.

12 이후에 그분과 그분의 어머니와 형제들과 그분의 제자들은 가버나움[25]으로
내려가 거기서 그리 많지 않은 날을 머물렀다.

성전 정화(마 21:12-13; 막 11:15-17; 눅 19:45-46)

13 이어서 유대 민족의 유월절이 가까워지자, 예슈아께서는 예루살렘으로 올라
가셨다. **14** 그런데 그분은 성전에 소와 양과 비둘기 파는 사람들과 환전상들이 앉
아 있는 것을 보시고 **15** 노끈으로 채찍을 만드신 후, 모든 양과 소를 성전 밖으로
몰아내시고, 환전상들의 돈을 쏟아 버리시며, 그들의 탁자를 엎어 버리셨다. **16** 그
리고 비둘기 파는 사람들에게 말씀하셨다. "너희는 이제 그것들을 이곳에서 치우
고, 내 아버지의 집을 장사하는 집으로 만들지 않아야 한다." **17** 제자들은 다음

21) 문자 그대로 번역하면 '당신과 저에게 무슨 상관입니까?'이다. 히브리 관용 표현으로 누가복음 8장 28절에도 나타난다.

22) 우리가 '침례'라고 부르는 의식을 말한다. 정결 의식을 위한 목욕탕은 보통 회당에만 있었으므로, 이 혼인 잔치는 회당에서 열렸던 것이 분명하다. 정결 의식에 사용되는 물은 시냇물이나 샘물 또는 빗물 등과 같은 '흐르는 물'이어야 했다. 용어 해설에서 '침례'를 찾아보라.

23) 각 항아리에는 75-110리터의 물을 담을 수 있었다. 따라서 돌로 만들어진 항아리의 무게까지 더하면 적어도 70kg은 되었을 것이다.

24) 돌은 의식적으로 부정해지지 않았다. 따라서 정결 의식에 쓸 물을 받아 놓는 데 적합했다.

25) '가버나움'은 히브리어 '카페르 나훔'(Kafer Nahum)을 헬라어로 표기한 것이다. '카페르'는 '마을, 동네'를, '나훔'은 '위로, 위안', '긍휼'을 뜻한다.

과 같이 기록된 것이 기억났다. "당신의 집을 위한 열심이 나를 삼킬 것입니다"(시
69:10). 18 그러자 유대인 *지도자*들이 그분께 대답했다. "당신이 이런 일들을 하는
것에 대해 우리에게 무슨 표적을 보여 주려는 것이오?" 19 예슈아께서 그들에게 대
답하셨다. "너희가 이 성소를 헐어야 한다. 그러면 내가 삼 일 안에 그것을 일으키
겠다." 20 그러자 유대인 *지도자*들이 말했다. "이 성소를 사십육 년 동안 지었는데,
당신이 그것을 삼 일 안에 일으킨다는 것이오?" 21 그러나 그분은 자신의 몸인 성
소[26]에 대해 말씀하시는 것이었다. 22 그런데 제자들은 그분께서 죽은 자들 가운
데서 일으킴 받으신 후에야 그분이 이렇게 말씀하신 것을 기억했고, 성경과 그분
이 일러 주신 말씀들을 믿었다.

예슈아께서는 모든 사람을 아신다

23 그분이 예루살렘에 계시던 유월절 기간 동안에 많은 사람들이 그분과 그분
이 행하시는 표적들을 보고 그분의 이름을 믿었다. 24 그러나 예슈아께서는 그들
에게 자신을 맡기지 않으셨는데, 모든 사람을 아셨고, 25 사람의 마음속에 무엇이
있는지 아셔서 사람에 대한 어느 누구의 증거도 필요하지 않으셨기 때문이다.

예슈아와 니고데모

3 1 그때 바리새파 중에 니고데모라는 사람이 있었는데, 유대 민족의 지도
자였다. 2 이 사람이 밤에 그분께 와서 말했다. "랍비여, 우리는 당신이 하
나님에게서 오신 선생님이심을 압니다. 하나님께서 함께하시지 않는다면, 아무도
당신이 하시는 이 표적들을 행할 수 없기 때문입니다." 3 예슈아께서 그에게 대답
하셨다. "진실로 진실로 내가 네게 말한다. 사람이 위로부터 태어나지 않으면 하나
님의 왕국을 볼 수 없다." 4 니고데모가 그분께 말했다. "사람이 나이가 들었는데,
어떻게 태어날 수 있습니까? 그가 어머니의 태로 들어가서 두 번째로 태어날 수
있다는 것입니까?"[27] 5 예슈아께서 대답하셨다. "진실로 진실로 내가 네게 말한다.
사람이 물[28]과 그 영(성령)으로 나지 않으면 하나님의 왕국에 들어갈 수 없다. 6 육

26) 헬라어 '나오스'(naos)는 '성전'보다는 구체적으로 '성소'를 가리킨다. 바울도 우리 '몸'을 '성소'라고 했다(고전 6:19; 고후 6:16). 용어 해설에서 '성소'를 찾아보라.

27) 문장 구조상 부정적인 대답을 유도하고 있다.

28) '물로 난다'는 것은 침례뿐 아니라 '토라'도 언급하는 것이다(출 14:22; 사 55:1).

신으로 난 것은 육신이며, 그 영(성령)으로 난 것은 영이다. 7 '내가 위로부터 태어
나야 한다'고 말한 것을 놀랍게 여기지 말라. 8 바람은 원하는 곳으로 불고, 너는
그 소리를 들어도 그것이 어디서 오며, 어디로 가는지 알지 못한다. 그 영(성령)으
로 난 모든 사람이 이와 같다." 9 니고데모가 그분께 대답했다. "어떻게 이런 일들
이 일어날 수 있습니까?" 10 예슈아께서 그에게 대답하셨다. "너는 이스라엘의 선
생인데, 이런 것들을 알지 못하느냐? 11 진실로 진실로 내가 네게 말한다. 우리는
우리가 아는 것을 말하고 우리가 본 것을 증언하지만, 너희는 우리의 증언을 받아
들이지 않고 있다. 12 내가 너희에게 땅의 것들을 말해도 너희가 믿지 않는데, 하
물며 하늘의 것들을 말한다면 어떻게 믿겠느냐? 13 그러므로 아무도 하늘로 올라
간[29] 적이 없으니, 하늘에서 내려온 자, 곧 그 사람의 아들 외에는 없다. 14 그리고
모세가 광야에서 뱀을 들어 올린 것처럼 그 사람의 아들도 들려야 하니, 15 그를 믿
는 자는 누구든지 영원한 생명을 얻게 하려는 것이다."

16 "그러므로 하나님이 세상을 이처럼 사랑하셔서 독생자를 주셨으니, 그를 믿
는 자는 누구든지 멸망하지 않고 영원한 생명을 얻게 하려는 것이다. 17 하나님께
서 그분의 아들을 세상에 보내신 것은 세상을 정죄하려는 것이 아니라, 그를 통
해 세상을 구원하시려는 것이기 때문이다. 18 그 아들을 믿는 자는 정죄를 받지
않으나 믿지 않는 자는 이미 정죄를 받았으니, 그가 하나님의 독생자의 이름을
믿지 않았기 때문이다. 19 이제 그 판결은 바로 이것이니, 그 빛이 세상에 왔는데
도 사람들이 그 빛보다 어둠을 더 사랑했다는 것이다. 자기들이 하는 일들이 악
했기 때문이다(요 1:5). 20 그러므로 악한 일들을 행하는 자는 누구든지 그 빛을 미
워하여 그 빛으로 오지 않는데, 이는 그의 행위들을 드러내지 않으려는 것이다.
21 그러나 진리를 행하는 자는 그 빛으로 오는데, 이는 그가 하는 일들이 하나님
을 통해 이루어졌기에 드러내려는 것이다."

예슈아와 침례자 요한

22 이러한 일들 후에 예슈아와 그분의 제자들은 유대 지방으로 들어왔고, 그분
은 그들과 함께 거기 머물며 침례[30]를 베푸셨다. 23 한편 요한은 살렘 근처 애논
지역에서 침례를 주고 있었는데, 거기에 물이 많았기 때문이다. 그래서 사람들이

29) 예슈아께서는 자신이 올라가셨다고 말씀하고 계신다. 따라서 그분은 전에 거기 계셨던 것이 분명하다. 용어 해설에서 '성육신하신 하나님'을 찾아보라.

30) 이것은 고대 유대의 관습에 따른 침례이다. 용어 해설에서 '침례'를 찾아보라.

계속 지나가면서 침례를 받았다. 24 이때는 요한이 아직 감옥에 갇히기 전이었다.
25 그때 요한의 제자들이 정결 예식에 관해 어떤 유대인과 논쟁을 벌였다. 26 그리
고 그들이 요한에게 와서 말했다. "랍비여, 보십시오, 요단 건너편에서 당신과 함
께 있던 그분, 당신이 증거하신 그분이 침례[31)]를 베푸시니, 모두가 그분께 가고 있
습니다." 27 요한이 대답했다. "사람은 하늘로부터 주어진 것이 아니면 아무것도 받
을 수 없다. 28 바로 너희가 '나는 메시아가 아니며, 그분보다 먼저 보냄을 받은 것
이다'라고 한 나의 말의 증인이다. 29 신부를 얻는 자는 신랑이며, 신랑의 친구는
그 곁에 서 있는 자로, 신랑이 즐거워하는 것을 듣고 그의 음성으로 인해 기뻐한
다.[32)] 그러므로 이 기쁨이 내 안에서 이루어졌다. 30 그분은 흥해야 하고, 나는 쇠
해야 한다."

하늘에서 오신 분

31 "위에서 오시는 그분이 만물 위에 계신다. 땅에서 오는 자는 땅에서 나와 땅
에 있는 것으로 말하지만, 하늘에서 오시는 그분은 모든 것 위에 계신다. 32 이분,
곧 보고 들으신 분께서 증거하시는데, 아무도 그분의 증거를 받아들이지 않는다.
33 그분의 증거를 받아들이는 자는 하나님을 참되다고 확증했다. 34 그러므로 하
나님께서 보내신 그분은 하나님의 말씀을 전하시니, 그분께서 그 영(성령)을 한없
이 주시기 때문이다. 35 아버지께서는 아들을 사랑하여 모든 것을 그의 손에 맡기
셨다. 36 그 아들을 믿는[33)] 자는 영생을 가졌으나, 그 아들을 믿지 않는 자는 생
명을 보지 못하겠고, 하나님의 진노가 그 위에 머무른다."

예슈아와 사마리아 여인

4 1 그때 예슈아께서 요한보다 더 많이 제자를 삼고 침례[34)]를 베푸신다는
것을 바리새파 사람들이 들었다는 사실을 아시고, 2 - 그러나 사실 예슈
아께서 직접 침례를 베푸신 것이 아니라 그분의 제자들이 준 것이었다 - 3 그분은
유대를 떠나 다시 갈릴리로 가셨다. 4 그런데 그분은 사마리아를 통과하셔야 했

31) 이것은 스스로 몸을 물에 담그는 것을 말한다. 용어 해설에서 '침례'를 찾아보라.

32) 용어 해설에서 '결혼'을 찾아보라.

33) 유대인들에게 '믿음'은 반드시 '행동'으로 나타나야 한다.

34) 유대인들이 행하던 침례는 물속에 완전히 잠기는 것이었다. 용어 해설에서 '침례'를 찾아보라.

다. 5 이에 그분이 수가라는 사마리아의 한 도시로 들어가셨는데, 야곱이 그의 아
들 요셉에게 준 장소 근처였고(창 33:19; 48:22), 6 거기에 야곱의 우물이 있었다. 그때
예슈아께서 그 여정으로 지치셔서 그 우물 곁에 앉아 계셨는데, 제육시[35] 쯤이었다.

7 어떤 사마리아 여인이 물을 길으러 왔다. 예슈아께서 여인에게 말씀하셨
다. "너는 내게 마실 것을 주어야 한다." 8 그분의 제자들이 먹을 것을 사러 시내에
갔기 때문이다. 9 그러자 사마리아 여인이 그분께 말했다. "어떻게 유대인인 당신이
사마리아 여자인 내게 물을 달라고 하십니까?" 유대 사람들은 사마리아인들과 교
류하지 않았기 때문이다. 10 예슈아께서 그녀에게 대답하셨다. "만일 네가 하나님
의 선물이 무엇인지, 그리고 '내게 마실 것을 주어야 한다'고 말하는 사람이 누군
지 알았다면, 그에게 청했을 것이고, 그는 너에게 생명의 물을 주었을 것이다." 11
그 여인이 그분께 말했다. "주여, 당신에게는 물 길을 그릇도 없고, 우물은 깊습니
다. 그러니 당신은 어디에서 생명의 물을 길어 올리시겠습니까? 12 당신이 우리 조
상 야곱보다 더 위대하시다는 말입니까?[36] 그는 우리에게 이 우물을 주었고, 그
와 그의 아들들과 가축들이 이 물을 마셨습니다." 13 예슈아께서 대답하며 그녀에
게 말씀하셨다. "이 물을 마시는 자는 누구든지 다시 목이 마르겠지만, 14 내가 주
는 그 물[37]을 마시는 사람은 누구나 결코 목마르지 않을 것이다. 오히려 내가 주
는 그 물은 그 사람 안에서 샘솟는 샘물이 되어 영원한 생명에 이르게 할 것이
다." 15 여인이 그분께 말했다. "주여, 당신이 제게 이 물을 주셔서 제가 목마름으로
고통받지 않고, 이곳에 물을 길으러 오지 않게 해 주셔야겠습니다."

16 그분께서 여인에게 말씀하셨다. "너는 가서 네 남편을 이곳으로 불러와야 한
다." 17 여인이 그분께 대답했다. "저는 남편이 없습니다." 예슈아께서 여인에게 말씀
하셨다. "너는 남편이 없다고 정직하게 말했다. 18 너에게 다섯 명의 남편이 있었고,
지금 있는 사람은 네 남편이 아니므로, 너는 진실을 말한 것이다." 19 그 여인이 그
분께 말했다. "주님, 당신이 선지자라는 것을 제가 알겠습니다. 20 우리 조상들은 이
산[38]에서 예배드렸는데, 당신들은 예루살렘에 예배해야 할 곳이 있다고 말합니

35) 정오

36) 부정적인 대답을 기대하는 문장이다.

37) '토라'를 비유한 것이다(사 55:1; 출 14:22).

38) '에발산'을 말한다. 신명기 27장 12-14절은 레위인들이 그리심산에서 축복(신 28:1-14)을, 에발산에서는 저주(신 27:15-26)를 선포했다고 기록한다. 이 두 산은 모두 사마리아에 있는 산들이다. 레위인들은 두 산 사이에 서서 두 산에 나누어 서 있는 이스라엘 백성들을 향해 복과 저주의 말씀을 선포했다(신 11:29; 수 8:33). 야곱의 우물은 에발산 산자락에 위치해 있다.

다." **21** 예슈아께서 그 여인에게 말씀하셨다. "여인이여, 너는 나를 믿어야 한다. 너
희가 이 산에서도 아니고, 예루살렘에서도 아닌 곳에서 아버지를 예배할 때가 오
고 있다. **22** 너희는 알지 못하는 이를 예배하나 우리는 아는 분을 예배하니, 구원
이 유대인에게서[39] 나기 때문이다. **23** 참으로 정해진 때가 오고 있는데, 이제 진실
한 예배자는 영과 진리로 아버지를 예배할 것이니, 아버지께서 이렇게 예배하는
자를 찾으시기 때문이다. **24** 하나님은 영이시니, 그분께 예배하는 자들은 영과 진
리로 예배해야 한다." **25** 여인이 그분께 말했다. "저는 마시아흐, 곧 메시아라는 분
이 오실 것을 압니다. 그분께서 오시면 우리에게 모든 것을 이야기해 주실 것입니
다." **26** 예슈아께서 여인에게 말씀하셨다. "너에게 이야기하는 내가 바로 그다."

27 그리고 그 순간 그분의 제자들이 와서 그분께서 어떤 *사마리아* 여인과 이야
기하시는 것을 보고 놀랐으나[40] 아무도 말하기를, "무엇을 구하십니까?" 또는 "그
녀와 무슨 말씀을 하십니까?"라고 하지 않았다. **28** 그러자 그 여인이 물동이를 버
려 두고 시내로 들어가서 사람들에게 말했다. **29** "와서 내가 한 모든 일을 내게 말
해 준 그분을 보십시오. 이분이 메시아가 아닐까요?" **30** 이에 그 도시 사람들이 나
와 그분께 왔다.

31 그사이에 제자들은 그분께 권하며 말하기를, "랍비여, 지금 드셔야 합니다"라
고 했다. **32** 그러나 예슈아께서 그들에게 말씀하셨다. "나에게는 너희가 알지 못하
는 먹을 양식이 있다." **33** 이에 제자들이 서로 말하기를, "누가 그분께 드실 것을 가
져다 드렸는가?"라고 했다. **34** 예슈아께서 그들에게 말씀하셨다. "내 양식은 나를
보내신 분의 뜻을 행하여 그분의 일을 완수하는 것이다. **35** 너희는 '아직도 넉 달
은 있어야 추수 때가 올 것이다'라고 말하지 않느냐? 보라, 내가 너희에게 말하는
데, 너희는 눈을 들어 추수 때가 되어 희게 된 들판을 보아야 한다. 이제 **36**[41] 추수
꾼이 삯을 받고 영생을 위한 열매를 모으니, 씨 뿌리는 자가 추수하는 사람과 함께
기뻐할 것이다. **37** 그러므로 '한 사람은 뿌리고, 다른 사람은 거둔다'(미 6:15)는 이
말이 참되다. **38** 내가 너희를 보내어 너희가 일하지 않은 것을 거두게 했으니, 다른
사람들은 일해 놓았고, 너희는 그들의 수고에 참여하게 되었다."

39 그래서 그 도시의 많은 사마리아인들이 그분을 믿었는데, 그 여인이 "그분께

39) 헬라어 전치사 '에크'(ek)는 유대인들이 구원의 기원임을 말해 준다. 즉 구원이 그들에게서 나온다는 것이다.
40) 예슈아의 대화 상대가 '여자'라서가 아니라 '사마리아 사람'이었기 때문이다(9절).
41) 용어 해설에서 '장과 절 숫자들'을 찾아보라.

서 내가 한 모든 일을 나에게 말씀하셨다”라고 증언했기 때문이다. **40** 그때 사마
리아인들이 그분께 와서 자신들과 함께 머물러 달라고 간청했다. 그래서 그분은
거기서 이틀을 머무르셨다. **41** 그러자 더 많은 사람들이 그분의 말씀 때문에 믿게
되었고, **42** 그들은 그 여인에게 이렇게 말하였다. “우리는 더 이상 당신이 말해 준
것 때문에 믿는 것이 아니니, 그분께서 참으로 세상의 구세주이심을 우리가 직접
듣고 알았기 때문이오.”

왕의 관리의 아들을 치유하심(마 8:5-13; 눅 7:1-10)

43 그리고 이틀 후에 그분께서 거기서 나와 갈릴리로 들어가셨다. **44** 예슈아께
서는 친히 선지자가 자기 고향에서 존경받지 못한다고 증거하셨다(마 13:57; 막 6:4).
45 그리하여 그분이 갈릴리에 들어오셨는데, 갈릴리 사람들이 그분을 환영했다.
그들이 절기를 지키러 갔다가 그 기간에 그분이 예루살렘에서 행하신 모든 일을
보았기 때문이었다.

46 그 후 그분이 갈릴리 가나로 다시 들어오셨는데, 그곳은 그분께서 물로 포
도주를 만드신 곳이다. 그때 어느 왕의 관리[42]의 아들이 병들어 가버나움에 있었
다. **47** 그는 예슈아께서 유대에서 갈릴리로 들어오셨다는 소식을 듣고, 그분께 가
서 내려오셔서 아들을 고쳐 달라고 간청했다. 아이가 죽어 가고 있었기 때문이
다. **48** 그러자 예슈아께서 그에게 말씀하셨다. “너희는 표적과 기사를 보지 않으면
믿지 못한다.” **49** 왕의 관리가 그분께 말했다. “주님, 제 아이가 죽기 전에 당신이 내
려오셔야 합니다.” **50** 예슈아께서 그에게 말씀하셨다. “가 보아라. 네 아들이 살아
있다.” 그 사람은 예슈아께서 그에게 하신 그 말씀을 믿고 떠났다. **51** 이에 그가 내
려가는 동안 그의 종들이 그를 맞이하며 아이가 살았다고 말했다. **52** 그때 그 사
람이 아이가 나아지기 시작한 시간을 묻자, 그들이 대답하며 말했다. “어제 제칠
시[43] 경에 열이 떨어졌습니다.” **53** 그러자 그 아버지는 예슈아께서 그에게 “네 아들
이 살아 있다”라고 말씀하신 바로 그 시간이라는 것을 알고, 그와 그의 온 집안
이 믿었다. **54** 그러므로 이것은 예슈아께서 유대에서 갈릴리로 오신 후에 행하신
두 번째 표적이다.

42) 마태복음과 누가복음에는 이 왕의 관리가 ‘백부장’으로 등장한다. 그는 로마 황제의 지휘 통제를 받는 군관이었다. 위 구절에서는 로마 황제가 ‘왕’으로 기록되었다.

43) 오후 1시

44) 베데스다를 히브리어로 바꾸면 ‘사랑과 친절의 집’을 뜻하는 ‘베이트-헤세드’(Beit-Hesed)가 된다.

연못에서 치유하심

5 1 이러한 일들 후에 유대 민족의 절기가 있어, 예슈아께서는 예루살렘으
로 올라가셨다. 2 그리고 그분은 예루살렘 *사람들과 함께* 양들의 문이 있
는 연못, 히브리어로 베데스다[44]라는 곳에 계셨는데, 거기에 다섯 개의 행각이 있
었다. 3 이 행각 안에는 수많은 병자들과 앞 못 보는 자들, 다리 저는 자들, 손발
이 마비된 자들이 누워 있었다. 4 [때때로 주의 천사가 그 연못에서 씻으며 그 물
을 움직이는데, 물이 출렁거린 후에 가장 먼저 들어가는 자는 무슨 질병에 걸렸
든지 나았기 때문이다.][45] 5 그런데 거기에 삼십팔 년 동안 병을 앓아 온 어떤 사
람이 있었다. 6 예슈아께서는 이 사람이 누워 있는 것을 보시더니, 그가 이미 거기
에 오랫동안 있었음을 아시고 그에게 말씀하셨다. "네가 낫기를 원하느냐?" 7 그 환
자가 그분께 대답했다. "주님, 물이 출렁일 때에 저를 연못에 넣어 줄 사람이 없어
서 제가 가는 동안 다른 사람이 먼저 들어갑니다." 8 예슈아께서 그에게 말씀하셨
다. "너는 지금 당장 일어나 네 침상을 들고 계속 걸어가라."[46] 9 그러자 즉시 그 사
람이 나아서 자기 침상을 들고 걸어갔다.

그런데 그날은 안식일이었다. 10 이에 유대인 *지도자들*이 병이 나은 사람에게
말했다. "오늘은 안식일이니, 당신이 침상을 들고 가는 것은 허락되지 않소."[47] 11 그
러자 그 사람이 그들에게 대답했다. "나를 낫게 하신 분이 '너는 침상을 들고 계
속 걸어가라'고 말씀하셨습니다." 12 그러자 그들이 그에게 물었다. "누가 당신에
게 '침상을 들고 걸어가라'고 말했소?" 13 그런데 병이 나은 사람은 그가 누구인지
알지 못했는데, 그곳에 사람이 많아 예슈아께서 물러나셨기 때문이다. 14 이러한 일
들 후에 예슈아께서 성전에서 그를 보시고 말씀하셨다. "보라, 네가 나았으니, 더욱
나빠지지 않도록 더 이상 죄를 짓지 말라." 15 그 사람은 가서 유대인 *지도자들*에게
자기를 낫게 하신 분이 바로 예슈아임을 알렸다. 16 그러자 이 일로 인해 유대인
*지도자들*이 예슈아를 잡으려고 했는데, 그분께서 이러한 일들을 안식일에 하셨
기 때문이다. 17 그런데 예슈아께서 그들에게 대답하시기를, "내 아버지께서 지금

45) 이 구절은 초기 사본에는 빠져 있다.

46) 이것이 치유를 받아들이는 방식이다. 즉시 치유를 받아들이고 계속해서 치유받은 상태로 행하는 것이다. 악한 것이 돌아오도록 허락하지 말라. 시간이 걸려 치유되는 경우도 있지만, 치유받았다는 고백과 태도를 견지해야 한다. 보이는 것이 아니라 믿음으로 행하라(고후 5:7).

47) 바리새파 사람들은 안식일에 들고 가는 것은 무엇이든 '짐'으로 규정했다. 그러나 예슈아께서는 그들의 해석을 받아들이지 않으셨다. 용어 해설에서 '안식일'을 찾아보라.

까지 일하고 계시니, 나도 그대로 일하는 것이다"라고 하셨다. **18** 이 때문에 유대
인 *지도자*들은 더욱더 그분을 죽이려 했다. 그분이 안식일을 어기실 뿐만 아니
라, 또한 하나님을 자신의 아버지라고 하면서 자신을 하나님과 동등하게 여기셨
기 때문이다.

아들의 권세

19 그러므로 예슈아께서 그들에게 다음과 같이 대답하셨다. "진실로 진실로 내
가 너희에게 말한다. 아들은 아버지가 하시는 것을 보지 않고는 아무것도 스스로
할 수 없다. 그러므로 그분이 무엇을 하시든지 아들도 그대로 하는 것이다. **20** 아
버지께서 그 아들을 사랑하셔서 그분께서 하시는 모든 것을 그에게 보여 주시는
데, 이것들보다 더 큰 일들을 그에게 보이셔서 너희가 놀라게 될 것이다. **21** 그러
므로 아버지께서 죽은 자들을 일으켜 살리시는 것처럼(신 32:39; 사 26:19) 아들도 자
기가 원하는 자들을 살리는 것이다. **22** 그리고 아버지는 아무도 심판하지 않으실
뿐만 아니라 모든 심판을 아들에게 맡기셨으니, **23** 모든 사람이 아버지를 공경하
는 것같이 아들을 공경하게 하시려는 것이다. 아들을 공경하지 않는 자는 그 아
버지, 곧 그를 보내신 분을 공경하지 않는 것이다. **24** 진실로 진실로 내가 너희에
게 말한다. 나의 말을 듣고[48] 나를 보내신 분을 믿는 자는 영원한 생명이 있어 심
판에 이르지 않을 뿐만 아니라 죽음에서 생명으로 옮겼다. **25** 진실로 진실로 내가
너희에게 말한다. 때가 오고 있으니, 이제 죽은 자들이 하나님의 아들의 음성을
들을 것이며(벧전 4:6), 듣는 자들은 살 것이다. **26** 그러므로 아버지께서 그분 안에
생명을 가지신 것처럼 자기 아들도 그 안에 생명이 있게 해 주셨다. **27** 그리고 그
분께서 그에게 심판하는 권세를 주셨는데, 그가 바로 그 사람의 아들이기 때문이
다. **28** 이 말에 놀라지 말라. 무덤 속에 있는 모든 자가 그의 음성을 들을 때가 오
고 있으니, **29** 선한 일을 행한 자들은 생명의 부활[49]로, 악한 일을 행한 자들은 심
판의 부활[50]로 나아갈 것이기 때문이다."

30 "나는 아무것도 스스로 할 수 없다. 나는 들은 대로 심판하고, 내 심판은 의

48) 여기서 듣는다는 것은 '마음에 둔다'는 뜻으로, 듣기만 하는 것이 아니라 행동을 바꿔 예슈아께서 말씀하신 대로 행하는 것이다.

49) 용어 해설에서 '부활'을 찾아보라.

50) 요한계시록 20장 11-15절과 마태복음 25장 31-33절을 참조하라.

로우니, 내가 나의 뜻이 아니라 나를 보내신 분의 뜻을 구하기 때문이다."

예슈아에 대한 증거

31 "만일 내가 나 자신에 대해 증거하면, 내 증거는 참되지 않다. **32** 나에 대해
증거하는 또 다른 분이 계시니, 나는 그분이 나에 대해 증거하는 그 증거가 참되
다는 것을 알고 있다. **33** 너희가 요한에게 사람을 보냈고, 그는 진리를 증거했다.
34 그러나 나는 사람의 증거를 받아들이지 않는데, 너희로 구원받게 하려고 이런
말을 하는 것이다. **35** 요한은 타면서 빛을 내는 등불이었고, 너희는 잠시 동안 그
의 빛 가운데서 즐거워하려 했다. **36** 그런데 나에게는 요한보다 더 좋은 증거가 있
다. 내가 완수하도록 아버지께서 내게 주신 일들, 곧 내가 하고 있는 이 일들이
바로 내가 아버지께서 보내신 자라는 사실에 대해 증거하고 있다. **37** 그리고 나를
보내신 분, 곧 아버지께서 나에 대해 이미 증거하셨다. 그러나 너희는 어느 때에
도 그분의 음성을 들은 적이 없고, 그분의 모습을 본 적도 없으며, **38** 너희 속에
그분의 메시지가 남아 있지 않으니, 그분께서 보내신 이 사람을 너희가 믿지 않기
때문이다. **39** 너희가 성경 안에서 영생을 얻는다고 알고 있으니, 이제 그 성경을
자세히 살펴보아라. 바로 그 성경이 나에 대해 증거하고 있다. **40** 그런데도 너희는
영원한 생명을 얻기 위해 내게 오려 하지 않는다."

41 "나는 사람의 칭송을 받지 않으나, **42** 너희 속에 하나님에 대한 사랑이 없다
는 것을 알고 있다. **43** 내가 내 아버지의 이름[51]으로 왔는데도, 너희는 나를 받아
들이지 않는다. 만일 다른 사람이 자신의 이름으로 온다면, 너희는 그 사람은 받
아 줄 것이다. **44** 너희는 서로 영광을 주고받으면서도 유일하신 하나님[52]에게서 오
는 영광은 구하지 않고 있는데, 어떻게 믿을 수 있겠느냐? **45** 내가 아버지 앞에서
너희를 고소할 것이라고 생각하지 말라. 모세, 바로 너희가 소망을 두고 있는 그
사람이 너희를 고소할 것이다. **46** 너희가 모세를 믿고 있었다면 나를 믿을 것이니,
그 사람이 나에 대해 기록했기 때문이다(신 18:15). **47** 그런데 너희가 그 사람의 글
을 믿지 않는다면, 어떻게 나의 가르침들을 믿겠느냐?"[53]

51) 이름에 해당하는 헬라어 '오노마'는 하나님의 속성과 활동성을 의미한다. 용어 해설에서 '오노마'를 찾아보라.

52) 하나님은 한 분이시다(신 6:4).

53) 예슈아의 예루살렘 사역 여정은 여기서 마무리된다. 요한은 예슈아께서 갈릴리로 돌아가신 여정은 기록하지 않았다.

오천 명을 먹이시다(마 14:13-21; 막 6:30-44; 눅 9:10-17)

6 1 이러한 일들 후에 예슈아께서 디베랴에서 갈릴리 호수 건너편[54]으로 가
셨다. 2 이어서 큰 무리가 그분을 따랐는데, 그분이 병든 자들에게 행하시
는 표적들을 보았기 때문이다. 3 그러자 예슈아께서 산으로 올라가 제자들과 함께
거기에 앉으셨다. 4 그때 유대 민족의 절기인 유월절이 가까워졌다. 5 그러므로 예슈
아께서 눈을 들어 큰 무리가 그분께 오는 것을 보시고 빌립에게 말씀하셨다. "우리
가 어디에서 그들이 먹을 빵을 살 수 있겠느냐?" 6 그런데 그분은 빌립을 시험하려
고 이렇게 말씀하시는 것이었으니, 자신이 어떻게 하려는지 아셨기 때문이다. 7 빌
립이 그분께 대답했다. "이백 데나리온[55]어치의 빵으로도 각자 조금씩 먹이기에도
부족할 것입니다." 8 그분의 제자 중 하나인 안드레, 곧 시몬 베드로의 형제가 그
분께 말했다. 9 "여기에 보리 빵 다섯 덩어리와 구운 생선 두 마리를 가진 소년이
있습니다만, 이것들이 그 많은 사람에게 무슨 소용이 있겠습니까?" 10 예슈아께서
말씀하셨다. "사람들을 비스듬히 앉게 하라."[56] 그때 그곳에 풀이 많이 있었다. 이
에 사람들이 비스듬히 앉았는데, 그 수가 남자만 약 오천 명이었다. 11 그 후 예슈
아께서 빵을 들어 감사 기도를 드린 후에 비스듬히 앉은 사람들에게 나누어 주시
고, 생선도 그와 같이 하셨는데, 사람들이 원하는 만큼 주셨다. 12 그리고 그들이
배부르게 먹은 후에 그분이 제자들에게 말씀하셨다. "너희는 남은 부스러기를 모
아서 하나도 버려지지 않게 해야 한다." 13 그래서 그들이 모았더니, 사람들이 배부
르게 먹은 보리로 만든 빵 다섯 개의 부스러기가 열두 바구니[57]에 가득 찼다(왕하
4:42-44). 14 그러자 사람들이 그분께서 행하신 표적을 보고 "이분은 진실로 세상에
오실 그분, 바로 그 선지자다"라고 말했다. 15 이에 예슈아께서는 사람들이 와서 그
분을 붙잡아 왕으로 삼으려는 것을 아시고 다시 산으로 물러나 홀로 계셨다.

물 위를 걸으심(마 14:22-27; 막 6:45-52)

16 한편 저녁이 되자, 그분의 제자들은 호수로 내려가서 17 배를 타고 호수를 건
너 가버나움으로 가고 있었다. 그런데 날이 이미 어두워졌고, 예슈아께서는 아직
그들에게 오지 않으셨다. 18 그때 강한 바람이 불어 호수를 요동치게 했다. 19 그럼

54) '갈릴리 호수 건너편'을 '디베랴 호수 너머'로도 번역할 수 있다. 용어 해설에서 '오천 명을 먹이신 곳'을 찾아보라.

55) 이것은 8-9개월 치 급여이다.

56) 용어 해설에서 '비스듬히 앉아서 먹다'를 찾아보라.

에도 그들이 노를 저어 이십오에서 삼십 스타디온[58]쯤 갔을 때, 예슈아께서 호수
위를 걸어 마침내 배 가까이 오시는 것을 보고 그들은 겁에 질렸다. 20 이에 그분
이 그들에게 말씀하셨다. "바로 나다. 너희가 두려워해서는 안 된다." 21 그러므로
그들은 그분을 배 안으로 모셔 들이려 했고, 곧 그 배는 그들이 가려던 물가에
닿았다.

생명의 빵이신 예슈아

22 다음 날 호수 건너편에 서 있던 무리는 거기에 배 한 척 외에는 또 다른 작
은 배가 없고, 예슈아께서 제자들과 함께 가지 않으시고 그분의 제자들만 떠났음
을 알게 되었다. 23 마침 작은 배들이 디베랴에서 주님이 감사 기도를 드리시고 사
람들이 빵을 먹었던 곳 근처에 이르렀다. 24 그때 무리가 예슈아와 그분의 제자들
이 거기에 없음을 보고, 작은 배들에 올라 예슈아를 찾아 가버나움으로 갔다. 25
그리고 그들이 호수 건너편에서 그분을 발견하고 그분께 말했다. "랍비여, 당신은
언제 여기에 오셨습니까?" 26 예슈아께서 그들에게 대답하셨다. "진실로 진실로 내
가 너희에게 말한다. 너희가 나를 찾는 것은 표적을 보았기 때문이 아니라 빵을
먹고 배가 불렀기 때문이다. 27 썩을 양식을 위해 일하지 말고, 영생에 이르도록 남
아 있을 양식을 위해 하라. 그것은 그 사람의 아들이 너희에게 줄 것이다. 아버지
하나님께서 이것을 인정하셨다." 28 그러자 사람들이 그분께 말했다. "우리가 어떻
게 해야 하나님의 일을 할 수 있습니까?" 29 예슈아께서 그들에게 대답하셨다. "이
것이 바로 하나님의 일이니, 그분이 보내신 자를 믿는[59] 것이다." 30 그러자 그들이
그분께 말했다. "그러면 당신은 무슨 표적을 행하여 우리로 보고 당신을 믿게 하
시겠습니까? 31 우리 조상들이 광야에서 만나를 먹었습니다. 그것은 '그분께서 그
들이 먹을 빵을 하늘로부터 내려주셨다'(출 16:15; 민 11:7-9; 시 78:24)라고 기록된 그대
로입니다." 32 그러자 예슈아께서 그들에게 말씀하셨다. "진실로 진실로 내가 너희
에게 말한다. 모세가 하늘로부터 빵을 내려 준 것이 아니라 내 아버지께서 하늘
로부터 참된 빵을 주시는 것이다. 33 하나님의 빵은 하늘에서 내려와 세상에 생명
을 준다."

57) '바구니'는 사천 명을 먹이신 후 거둔 '광주리'보다 작은 것이다.

58) 5-6km

59) 유대인들에게 '믿음'은 반드시 '행동의 변화'로 이어져야 한다.

34 그러자 그들이 그분께 말했다. "주님, 당신은 늘 우리에게 이 빵을 주셔야 합니
다." **35** 예슈아께서 그들에게 말씀하셨다. "나 스스로 있는 자가 바로 생명의 빵[60]
이니, 내게 오는 자는 결코 주리지 않을 것이며, 나를 믿는 자는 절대로 목마르지
않을 것이다. **36** 그러나 나는 너희가 나를 보고서도 나를 믿지 않는다고 너희에게
말했다. **37** 아버지께서 내게 주시는 사람은 모두 내게 올 것이며, 나는 내게 오는
사람을 쫓아내지 않을 것이니, **38** 내가 하늘에서 내려온 것은 내 뜻이 아니라 나
를 보내신 그분의 뜻을 행하려 하기 때문이다. **39** 이것이 나를 보내신 그분의 뜻이
니, 바로 그분께서 내게 주신 그분의 소유를 하나도 잃지 않고 그를 마지막 날[61]
에 일으키는 것이다. **40** 이것이 바로 내 아버지의 뜻이니, 곧 그 아들을 보고 그를
믿는 모든 사람이 영생을 얻게 되어, 내가 그를 마지막 날에 일으키는 것이다."

41 그러므로 유대인들이 그분에 대해 수군거리기 시작했는데, 그분께서 "나 스
스로 있는 자는 하늘에서 내려온 빵이다"라고 말씀하셨기 때문이다. **42** 이에 그들
이 말하기를, "이 사람은 요셉의 아들 예슈아로, 우리가 그의 아버지와 어머니를
알지 않는가? 그런데 어떻게 그는 '내가 하늘에서 내려왔다'고 말하는가?"라고 했
다. **43** 예슈아께서 그들에게 대답하셨다. "서로 수군거리지 말라. **44** 아버지, 곧 나
를 보내신 분께서 이끌지 않으시면 아무도 내게 올 수 없고, 나는 마지막 날에 그
를 일으킬 것이다. **45** 그것이 선지자들(선지서)에 기록되기를, '그러므로 모든 사람
이 하나님의 가르침을 받을 것이다'(사 54:13)라고 하였다. 아버지께 듣고 배운 사람
은 다 내게 오는 것이다. **46** 하나님과 함께 있던 그 사람 외에는 아무도 아버지를
본 적이 없다. **47** 진실로 진실로 내가 너희에게 말한다. 믿는 자에게는 영생이 있
다. **48** 나 스스로 있는 자는 생명의 빵이다. **49** 너희 조상은 광야에서 만나를 먹고
도 죽었다. **50** 이것이 바로 하늘에서 내려오는 빵이니, 누구든지 그것을 먹는 사
람은 죽지 않을 것이다. **51** 바로 내가 하늘에서 내려온 살아 있는 빵이다. 누구든
지 이 빵을 먹으면 그는 영원히 살 것인데, 내가 세상의 생명을 위해 줄 그 빵은
또한 바로 내 살이다."[62]

52 그러자 유대인들이 서로 다투기 시작하며 말하기를, "어떻게 그가 우리에게
그의 살을 먹으라고 줄 수 있다는 것인가?"라고 했다. **53** 그러자 예슈아께서 그

60) 빵은 먹을 양식과 입을 옷, 거할 곳뿐만 아니라 영적인 필요까지 모두 포함한다.

61) 심판의 날(계 20:4, 11-14)

62) 용어 해설에서 '복음'을 찾아보라.

들에게 말씀하셨다. "진실로 진실로 내가 너희에게 말한다. 그 사람의 아들의 살
을 먹지 않고 그의 피를 마시지 않으면, 너희 속에는 생명이 없다(마 5:6). **54** 내 살
을 씹어 먹고[63] 내 피를 마시는[64] 사람은 영생을 가졌고, 내가 그를 마지막 날에
일으킬 것이다. **55** 내 살이 참된 양식이며, 내 피가 참된 음료이기 때문이다. **56** 내
살을 씹어 먹고 내 피를 마시는 사람은 내 안에 거하고, 나는 그 안에 거한다. **57**
살아 계신 아버지께서 나를 보내셨고, 아버지 때문에 내가 사는 것처럼, 나를 씹
어 먹는 사람도 나 때문에 살 것이다. **58** 이것이 바로 하늘에서 내려온 빵이니, 조
상들이 먹고도 죽은 것과 같지 않다. 이 빵을 씹어 먹는 사람은 영원히 살 것이
다." **59** 그분은 가버나움에 있는 회당[65]에서 가르치시며 이렇게 말씀하셨다.

영생의 말씀

60 그때 그분의 제자 중 많은 사람이 이 말씀을 듣고 말했다. "이 말씀은 어렵
다. 그것을 누가 알아들을 수 있겠는가?" **61** 그러나 예슈아께서는 제자들이 이것
에 대해 수군거리는 것을 아시고 그들에게 말씀하셨다. "이 말이 너희에게 거슬리
느냐? **62** 그렇다면 너희가 그 사람의 아들이 전에 있던 곳으로 올라가는 것을 본
다면 어떻게 되겠느냐? **63** 생명을 주는 것은 영이다. 육신은 아무런 유익도 주지
않는다. 내가 너희에게 이른 말들이 영이요 생명이다. **64** 그러나 너희 중에 믿지
않는 자들이 있다." 예슈아께서는 처음부터 믿지 않는 자들과 자신을 넘겨줄 자가
누군지 아셨던 것이다. **65** 이어서 그분은 계속 말씀하셨다. "이것 때문에 내가 너
희에게 아버지께서 주신 자가 아니면 아무도 내게 올 수 없다고[66] 말한 것이다."

66 이러한 이유로 그분의 제자들 중 많은 자들이 뒤로 물러가 (뒤에 남겨둔 것들
을 찾아) 떠나갔고, 더 이상 그분과 함께 다니지 않았다. **67** 그때 예슈아께서 그 열
둘에게 말씀하셨다. "자, 너희도 가려느냐?" **68** 시몬 베드로가 그분께 대답했다. "주
님, 우리가 누구에게 가겠습니까? 당신께 영생의 말씀이 있습니다. **69** 또 우리는
당신이 하나님의 거룩하신 분임을 믿고 압니다." **70** 예슈아께서 그들에게 대답하셨

63) 말씀을 여러 조각으로 분해하여 연구하고 토론하며 묵상한다는 뜻이다(렘 15:16; 요 1:14).

64) '피를 마신다'는 것은 하나님의 말씀을 먹고 소화시켜 행동을 변화시킨다는 말이다. 생명은 그 '피'(레 17:11), 곧 말씀을 행동으로 옮기는 것에 있다. 랍비들은 오래전부터 '피'를 상징하는 포도주를 사용하여 언약을 표현했다.

65) 1세기의 회당은 주로 개인 가옥 형태였다.

66) 에베소서 1장 11절의 원문에 의하면 우리는 제비뽑기로 선택받은 것이다. 그럴 만해서 선택받은 사람은 아무도 없다.

다. "내가 너희 열둘을 택하지 않았느냐? 그런데 너희 중 하나는 마귀다." 71 그러면
서 그분은 가룟 사람 시몬의 아들 유다에 대해 말씀하시는 것이었으니, 이 사람은
열둘 중 하나로 그분을 배반할 것이었기 때문이다.

예슈아의 형제들이 믿지 않다

7 1 이어서 이 일들 후에 예슈아께서는 갈릴리를 두루 다니셨다. 그분은 유
대로 가지 않으려 하셨는데, 유대인 *지도자들*이 그분을 죽이려 했기 때
문이다. 2 그런데 유대 민족의 초막절[67]이 가까워졌다. 3 그래서 그분의 형제들이
그분께 말했다. "당신은 이곳을 떠나 유대로 가서 당신이 하는 일을 당신의 제자
들도 보게 해야 합니다. 4 어떤 일이든 알려지기를 바라면서 은밀하게 하는 사람
은 아무도 없기 때문입니다. 만일 당신이 이런 일들을 해야 한다면, 자신을 세상
에 드러내야 합니다."* 5 왜냐하면 그분의 형제들도 그분을 믿지 않고 있었기 때문
이다. 6 그러자 예슈아께서 그들에게 말씀하셨다. "내게 정해진 때는 아직 오지 않
았으나, 너희의 때는 항상 준비되어 있다. 7 세상이 너희는 미워할 수 없으나 나는
미워하니, 내가 세상의 일들이 악하다고 증거하기 때문이다. 8 너희는 절기를 지키
러 올라가야 한다. 나는 이 절기에 올라가지 않을 것이니, 내게 정해진 때[68]가 아
직 차지 않았기 때문이다." 9 그리고 이 말씀을 하신 후에 그분은 갈릴리에 머물
러 계셨다.

초막절의 예슈아

10 그리고 그분의 형제들이 절기를 지키러 올라가자, 그분도 드러내지 않고 은
밀하게 올라가셨다. 11 한편 유대인들은 절기 중에 그분을 찾으며 "그 사람은 어디
에 있는가?"라고 말했다. 12 그리고 무리 가운데 그분에 대해 많은 말들이 있었는
데, "그는 선하다"라고 하는 사람들도 있었지만, "아니다, 그는 무리를 속이려는 것
이다"라고 하는 사람들도 있었다. 13 그럼에도 불구하고 유대인 *지도자들*이 무서

67) '수콧'. 장막절이라고도 한다. 절기 기간에는 가정마다 종려나무 잎과 가지를 가져다가 초막을 짓는다.

* 원서에는 "자신을 세상에 드러낼 곳으로 가야 합니다"로 되어 있다.

68) 예슈아께서 예루살렘에서 공개적으로 드러나시도록 하나님께서 예정하신 때를 말한다. 초막절은 남자들이 반드시 참석해야 하는 절기 중 하나이기에, 예슈아의 형제들은 예루살렘으로 올라갔다. 하지만 예슈아께서 공개적으로 드러나시도록 하나님이 정하신 때는 아니었다.

워서 아무도 그분에 대해 공개적으로 말하지 않고 있었다.

14 한편 절기 중반에 예슈아께서는 성전으로 올라가 가르치기 시작하셨다. 15
그러자 유대인들이 놀라며 "그가 교육을 받은 적이 없는데, 어떻게 기록된 것[69]을
아는가?"라고 말했다. 16 그때 예슈아께서 그들에게 대답하셨다. "내 가르침은 내
것이 아니라 나를 보내신 분의 것이다. 17 만일 어떤 사람이 하나님의 뜻대로 하기
를 원한다면, 그 사람은 그 가르침이 하나님에게서 온 것인지, 내가 스스로 말하는
것인지 알게 될 것이다. 18 자기 스스로 말하는 사람은 자신의 영광을 구하는 것이
다. 하지만, 자기를 보내신 분의 영광을 구하는 자, 바로 이 사람은 참되며 그 속
에는 불의가 없다. 19 모세가 너희에게 토라(가르침)[70]를 주지 않았느냐? 그런데 너
희 가운데 한 사람도 토라(가르침)를 행하지[71] 않는다. 너희는 왜 나를 죽이려 하
는 것이냐?" 20 무리가 대답했다. "당신은 귀신 들렸소! 누가 당신을 죽이려 한다는
말이오?" 21 예슈아께서 그들에게 대답하셨다. "내가 한 가지 일을 했는데, 너희가
모두 놀라고 있다. 22 모세가 너희에게 할례를 주었기 때문에 - 그것은 모세에게
서 온 것이 아니라 조상에게서 온 것이다 - 너희는 안식일에도 사람에게 할례를
행한다. 23 어떤 사람은 모세의 토라(가르침)를 어기지 않으려고 안식일에 할례를
받는데,[72] 내가 안식일에 어떤 사람의 온몸을 낫게 해 주었다고 너희가 내게 화를
내는 것이냐? 24 보이는 대로 판단하지 말고 의로운 판단을 하라."

이분이 메시아인가?

25 그러므로 예루살렘 사람들 가운데 몇 명이 이렇게 말했다. "이 사람은 바로
그들이 죽이려는 그 사람이 아닌가? 26 그런데 보시오, 그가 공개적으로 말하는데
도 그들은 그에게 아무 말도 하지 않고 있소. 혹시 통치자들은 참으로 이 사람이
메시아임을 알고 있는 것인가? 27 사실 우리는 이 사람이 어디서 왔는지 알고 있
소. 그러나 메시아가 올 때는 그분이 어디서 오시는지 아무도 모르오." 28 그때 예
슈아께서 큰 소리로 성전에서 가르치시며 이렇게 말씀하셨다. "그러므로 너희는
나를 알고, 내가 어디서 왔는지 알고 있다. 그런데 나는 *내 뜻을 행하기 위해* 스

69) '성경'을 말한다.

70) '토라'는 성경의 처음 다섯 권을 말한다. 용어 해설에서 '토라'를 찾아보라.

71) 토라를 행하는 것은 레위기 19장 18절의 "네 이웃을 네 자신처럼 사랑하라"에 요약되어 있다.

72) 레위기 12장 3절은 생후 8일이 지나면 할례를 행하라고 명령한다.

스로 온 것이 아니다. 나를 보내신 그분은 참되시니, 너희는 그분을 알지 못하나
29 내가 그분을 아는 것은, 내가 그분에게서 왔기 때문이다. 그분께서 나를 보내
셨다." 30 이에 사람들이 그분을 잡으려 했으나 아무도 그분께 손을 대지 못했다.
그분의 때가 아직 오지 않았기 때문이다. 31 그러자 무리 가운데 많은 사람들이
그분을 믿기 시작하며 이렇게 말했다. "메시아가 오시면, 이 사람이 한 것보다 더
많은 표적들을 행하시겠는가?"

예슈아를 잡으려고 온 관리들

32 무리가 그분에 대해 이렇게 수군거리는 것을 바리새파 사람들이 듣고, 대제
사장들과 바리새파 사람들이 그분을 잡으려고 종들을 보냈다. 33 그러자 예슈아
께서 말씀하셨다. "내가 아직은 너희와 조금 더 있다가 나를 보내신 분께 갈 것이
다. 34 너희는 나를 찾아도 발견하지 못할 것이며, 내가 있는 그곳에 올 수도 없
다." 35 그러자 유대인들이 서로 말했다. "이 사람이 어디로 가려 하기에 우리가 그
를 발견할 수 없다는 것인가? 그가 그리스의 디아스포라 사이에 들어가서 그리스
인들을 가르치려는 것인가?[73] 36 그가 '너희는 나를 찾아도 발견하지 못할 것이며,
내가 있는 그곳에 올 수도 없다'라고 말한 것은 무슨 뜻인가?"

생수의 강

37 이어서 절기의 마지막 안식일[74]에 예슈아께서 서서 큰소리로 이렇게 말씀하
셨다. "누구든지 목마르거든 끊임없이 내게 와서 계속 마셔야 한다. 38 나를 믿는
자는 성경이 말씀하신 그대로 '그의 속사람으로부터 생수의 강들이 흘러나올 것
이다'(잠 18:4; 사 58:11)." 39 그런데 그분이 말씀하신 것은 그분을 믿는 자들이 곧 받
게 될 그 영(성령)에 대한 것이었다. 아직 그 영(성령)이 주어지지 않은 것은 예슈아
께서 아직 영광을 받지 않으셨기 때문이었다.

사람들 사이에 편이 갈리다

40 그때 무리 가운데 이 말씀을 듣고 "이 사람은 참으로 선지자다"라고 말하는
사람들도 있었고, 41 "이분은 메시아다"라고 하는 사람들도 있었는데, 어떤 사람
들은 "뭐라고? 메시아가 갈릴리에서 나오겠는가?" 42 "성경은 메시아가 다윗의 씨
에서 나오며, 다윗이 살던 도시 베들레헴[75] 출신이라고 하지 않았는가?"라고 했

다. 43 그리하여 그분 때문에 무리 가운데 분열이 있었다. 44 그들 중에는 그분을
붙잡고 싶어 하는 자들도 있었지만, 아무도 그분께 손을 대지 않았다.

지도자들이 믿지 않다

45 그 후 종들이 대제사장과 바리새파 사람들에게 돌아왔다. 이에 그들은 종들
에게 말했다. "너희는 왜 그를 데려오지 않았느냐?" 46 그 종들이 대답했다. "어떤 사
람도 이렇게 말한 적이 없었습니다." 47 그러자 바리새파 사람들이 그들에게 대답했
다. "너희도 미혹된 것이 아니냐? 48 지도자들이나 바리새파 사람들 가운데 누가 그
를 믿더냐? 49 그러나 트라(가르침)[76]를 모르는 이 무리는 저주를 받는다." 50 그들
중 한 사람, 전에 그분께 왔던 니고데모가 그들에게 이렇게 말했다. 51 "우리의 토라
(가르침)는 먼저 그 말을 들어 보고 그가 무슨 일을 하고 있는지 알아보지도 않고
그 사람을 판단하오?" 52 그러자 그들이 그에게 대답했다. "당신도 갈릴리 사람이
오? 찾아보고 확인해 보시오. 갈릴리에서는 선지자가 일어나지 않소."[77]
53 [그리고 각 사람은 자기 집으로 갔다.]

8 [1 그 후 예슈아께서는 올리브산으로 가셨다. 2 이어서 그분께서 아침 일찍
다시 성전으로 가시자, 모든 사람들이 그분께 나아왔다. 이에 그분은 앉아
서 그들을 가르치셨다. 3 그러자 서기관들과 바리새파 사람들이 간음하다가 잡힌
한 여인을 끌고 와서 그들 가운데 세우고 4 그분께 이렇게 말했다. "선생이여, 이 여
인이 간음하다가 잡혔는데, 5 모세의 토라(가르침)에서는 우리에게 이러한 자들을
돌로 치라고 명령합니다. 그런데 당신은 뭐라고 하시겠습니까?" 6 그때 그들은 그
분을 고소하려고 시험 삼아 이렇게 말하는 것이었다. 이에 예슈아께서 몸을 굽혀

73) 문장 구조상 부정적인 대답을 기대하고 있다.

74) 초막절의 마지막 날, 곧 여덟째 날을 말한다. 수콧의 첫째 날과 여덟째 날은 성회로 모이기 때문에 '안식일'이라고 한다(매주 돌아오는 안식일과는 다르다). 용어 해설에서 '수콧'을 찾아보라.

75) 베들레헴은 '빵집'을 뜻하는 히브리어 지명 '베이트-레헴'을 헬라어로 표기한 것이다. '하나님의 빵은 하늘에서 내려와 세상에 생명을 준다'(요 6:33)고 말씀하신 분께서 탄생하실 곳으로 베들레헴(빵집)만한 곳이 있겠는가?

76) '가르침'을 뜻하는 말로, 여기서는 성경의 처음 다섯 권을 지칭한다.

77) 마태복음 2장 23절은 이사야 11장 1절을 근거로 갈릴리를 메시아와 연결시키고 있다. 메시아와 갈릴리의 연관성은 '뿌리(이새의 뿌리), 순, 가지' 등을 언급하는 데 사용된 히브리어 '네쩨르'에서 기인한다. 나사렛은 히브리어로 '나쯔랏'(네쩨르)이다.

그분의 손가락으로 땅에 쓰셨다. **7** 그리고 그들이 계속해서 그분께 묻자, 그분은 몸을 일으키시며 그들에게 말씀하셨다. "너희 가운데 죄 없는 자가 먼저 돌을 던져라." **8** 그리고 그분은 다시 몸을 굽혀 땅에 쓰셨다. **9** 그러자 듣는 사람들이 나이 많은 자들부터 하나씩 떠났다. 그리고 그분과 가운데 있는 여인만 남았다. **10** 그 때 예슈아께서 몸을 일으켜 그녀에게 말씀하셨다. "여인이여, 그들은 어디에 있느냐? 너를 정죄하는 자가 아무도 없느냐?" **11** 그러자 그 여인이 말했다. "주님, 아무도 없습니다." 그러자 예슈아께서 말씀하셨다. "나도 너를 정죄하지 않는다. 가라, 이제부터 더 이상 죄를 짓지 말라."][78]

세상의 빛이신 예슈아

12 그러므로 예슈아께서 다시 그들에게 일러 말씀하시기를, "나 스스로 있는 자는 세상의 빛이니, 나를 따르는 자는 어둠 속에서 걷지 않고 생명의 빛을 갖게 될 것이다"라고 하셨다. **13** 그러자 바리새파 사람들이 그분께 말했다. "당신이 당신 자신을 증거하고 있으니, 당신의 증거는 참이 아니오." **14** 예슈아께서 그들에게 대답하셨다. "내가 나 자신에 대해 증거하고 있어도 내 증거가 참된 것은, 내가 어디로부터 와서 어디로 갈지 알기 때문이다. 그러나 너희는 내가 어디로부터 와서 어디로 갈지[79] 알지 못한다. **15** 너희는 육신을 따라 판단하나 나는 아무도 판단하지 않는다. **16** 그리고 내가 판단할지라도 내 판단은 참되니, 나는 혼자 있는 것이 아니라 나를 보내신 아버지께서 나와 함께 계시기 때문이다. **17** 그리고 너희의 토라(가르침)에도 두 사람이면 참된 증인이라고 기록되어 있다(신 17:6; 19:15). **18** 바로 내가 나 자신에 대해 증거하는 자이며, 나를 보내신 아버지도 나에 대해 증거해 주신다." **19** 그러자 그들이 계속해서 그분께 말했다. "당신의 아버지는 어디에 있소?" 예슈아께서 대답하셨다. "너희는 나도 모르고 아버지도 모르니, 만일 너희가 나를 알았더라면, 내 아버지도 알았을 것이다." **20** 그분이 성전에서 가르치는 동안 연보(헌금)하는 곳에서 이러한 것들을 말씀하셨으나 아무도 그분을 잡지 않았다. 아직 그분의 때가 오지 않았기 때문이다.

78) 7장 53절-8장 11절은 초기 사본에는 없는 부분으로, 유대 성경을 잘 모르는 사람이 5세기경에 덧붙인 것으로 보인다. 간음 현장에서 여인을 붙잡았다면 분명 남자도 그 자리에 있었을 것이다. 율법은 간음을 저지른 남녀를 모두 돌로 치라고 한다.

79) 본문에 나타난 두 차례의 '가다'는 모두 예슈아께서 오신 곳(하늘)으로 돌아가신다는 의미이다.

너희는 내가 가는 곳에 올 수 없다

21 그때 그분께서 다시 그들에게 말씀하셨다. "나는 돌아갈 것이고, 너희는 나를
찾다가 너희의 죄 가운데서 죽을(잃어버릴) 것이니, 너희는 내가 가는 곳에 올 수 없
다." 22 이에 유대인들이 말했다. "'너희는 내가 가는 곳에 올 수 없다'고 하니, 그는
스스로 죽겠다는 것인가?" 23 그러자 그분이 그들에게 말씀하셨다. "너희는 아래에
서 왔고, 나는 위에서 왔다. 너희는 이 세상에서 왔고, 나는 이 세상에서 오지 않
았다. 24 그래서 나는 너희가 너희의 죄들 가운데서 죽을 것이라고 말했다. 내가
그[80]라는 것을 너희가 믿지 않으면, 너희의 죄들 가운데서 죽을 것이기 때문이
다." 25 이에 그들이 그분께 물었다. "당신은 누구요?" 예슈아께서 그들에게 말씀하
셨다. "그래서 내가 너희에게 처음부터 뭐라고 말했느냐? 26 나는 너희에 대해 할
말과 판단할 것이 많다. 그러나 나를 보내신 분은 참되시며, 내가 세상에 말하는
이것들은 바로 그분에게서 들은 것이다." 27 그분은 그들이 아버지를 모른다고 말
씀하시는 것이었다. 28 이어서 예슈아께서 그들에게 말씀하셨다. "너희는 그 사람
의 아들을 들어올릴 때,[81] 내가 바로 그라는 것과 내가 아무것도 스스로 하지 않
고 아버지께서 나를 가르치신 그대로 이것들을 말한다는 것을 알게 될 것이다. 29
그리고 나를 보내신 분께서 나와 함께 계시고, 나를 홀로 두지 않으시니, 내가 항
상 그분이 기뻐하시는 일을 하기 때문이다." 30 그분이 이것들을 말씀하신 후에 많
은 사람들이 그분을 믿었다.

진리가 자유롭게 할 것이다

31 그러므로 예슈아께서 자기를 믿은 유대인들에게 이렇게 말씀하셨다. "만일
너희가 내 말 안에 머무르면,[82] 진실로 너희는 내 제자가 되어 32 진리를 알 것이
고, 그 진리가 너희를 (죄나 악으로부터) 자유롭게[83] 할 것이다." 33 그들이 그분께 대
답했다. "우리는 아브라함의 씨로 노예였던 적이 없는데, 어째서 당신은 '너희가
자유롭게 될 것이다'라고 말씀하십니까?" 34 예슈아께서 그들에게 대답하셨다. "진

80) 이것은 하나님의 이름이다. 따라서 예슈아께서는 자신이 하나님의 성육신이심을 선포하신 것이다. 용어 해설에서 '성육신하신 하나님'을 찾아보라.

81) '예슈아께서 높임 받으시는 것'과 '십자가에 못박히시는 것'을 모두 의미한다.

82) '머무르다'의 헬라어는 '살다'로도 번역할 수 있다. 우리는 하나님의 말씀으로 살아야 한다. 기록된 말씀을 행동으로 옮기며 하나님의 사랑을 온 인류에 전해야 한다.

83) '…로부터의 자유', 이를테면 '죄'나 '악'으로부터의 자유를 말한다. 마음대로 행할 자유가 아니다(갈 5:13).

실로 진실로 내가 너희에게 말한다. 죄를 짓는 사람은 모두 죄의 종이다. 35 그리
고 종은 그 집에 영원히 머무르지 않는데, 아들은 영원히 머무르는 법이다. 36 그
러므로 아들이 너희를 자유롭게 해 주면, 너희가 참으로 자유롭게 되는[84] 것이
다. 37 나는 너희가 아브라함의 씨라는 것을 알고 있다. 그러나 너희는 나를 죽이
려 하는데, 내 말이 너희 속에 자리잡지 않았기 때문이다. 38 나는 아버지에게서
본 것을 말하고 있으나 너희는 너희 아버지에게 들은 것을 행하고[85] 있다."

너희 아비 마귀

39 그들이 그분께 대답했다. "아브라함이 우리의 아버지입니다." 예수아께서 그
들에게 말씀하셨다. "만일 너희가 아브라함의 자손이라면, 너희는 계속해서 아브
라함이 행한 일들을 해야 한다. 40 그러나 지금 너희는 나를 죽이려 하는데, 나는
하나님께 들은 진리를 너희에게 말해 준 사람이다. 아브라함은 이렇게 하지 않았
다. 41 너희는 너희 아버지의 일들을 하고 있는 것이다." 그러자 그들이 그분께 말
했다. "우리는 부정하게[86] 태어나지 않았으며, 우리에게 한 분 아버지 하나님이 계
십니다." 42 예수아께서 그들에게 말씀하셨다. "만일 하나님이 너희 아버지라면, 너
희는 내가 하나님에게서 나왔기 때문에 나를 사랑했을 것이다. 나 스스로 온 것
이 아니라 그분이 나를 보내셨기 때문이다. 43 너희는 왜 내 말[87]을 알아듣지 못
하는 것이냐? 너희가 나의 말을 듣지 못하기 때문이다. 44 너희는 너희 아버지 마
귀에게서 나왔기 때문에 너희 아버지의 욕망을 행하려 한다. 그 자는 처음부터 살
인자였고 진리 가운데 서지 않았으니, 그 안에 진리가 없기 때문이다. 그가 거짓말
을 할 때에는 자기의 말을 하는데, 그가 거짓말의 아버지이기 때문이다. 45 그러나
나는 진리를 말하고 있기 때문에 너희가 나를 믿지 않는 것이다. 46 너희 중 누가
내게서 죄에 대해 드러내겠느냐? 만일 내가 진리를 말하고 있다면, 너희는 왜 나
를 믿지 않는 것이냐? 47 하나님에게서 난 자는 하나님의 말씀을 들으니, 너희가

84) 이제 우리는 죄의 노예가 아니다.

85) 가장 오래된 사본에는 '행하다' 대신 '말하다'로 되어 있다.

86) 온갖 형태의 우상숭배를 뜻한다.

87) 화자의 출신지를 확인할 수 있는 '어투'(사투리)를 뜻한다. 이 경우 예수아께서는 자신이 '하늘' 출신임을 강조하셨다.

88) '사마리아 사람'은 경멸의 표현으로, 자신들과 달리 예수아께서 예루살렘 출신이 아니라며 비아냥거린 것이다.

듣지 않는 것은 하나님에게서 나지 않았기 때문이다."

아브라함보다 먼저 나 스스로 있는 자가 있었다

48 유대인들이 그분께 대답했다. "우리가 당신은 사마리아 사람[88]이며 귀신이
들렸다고 하는 것이 맞지 않습니까?" 49 예슈아께서 대답하셨다. "나는 귀신 들린
것이 아니라 내 아버지를 공경하는 것인데, 너희는 나를 모욕하고 있다. 50 그러나
나는 내 영광을 구하지 않는다. (영광을) 구하는 자는 또한 판단하는 것이다. 51 진
실로 진실로 내가 너희에게 말한다. 누구든지 내 말을 지키면, 결코 죽음을 보지
않을 것이다." 52 그러자 유대인들이 그분께 말했다. "이제 우리는 당신이 귀신 들
린 것을 알겠습니다. 아브라함과 선지자들도 죽었는데, 당신은 '어떤 사람이 내 말
을 지키면, 그는 결코 죽음을 맛보지 않을 것이다'라고 말합니다. 53 당신이 죽은
우리 조상 아브라함보다 더 위대합니까? 게다가 선지자들도 죽었는데, 당신은 자
신을 어떤 존재라고 여깁니까?" 54 예슈아께서 대답하셨다. "만일 나가 나에게 영
광을 돌린다면, 그것은 내게 영광이 아니다. 내 아버지께서 바로 나를 영광스럽
게 하시는 분이니, 곧 너희가 '우리 하나님'이라고 말하는 분이다. 55 너희는 그분
을 알지 못하나 나는 그분을 알고 있다. 그러므로 만일 내가 그분을 알지 못한다
고 말한다면, 나는 너희처럼 거짓말쟁이가 될 것이다. 그러나 나는 분명히 그분을
알기에 그분의 말씀을 지키고 있다. 56 너희 아버지 아브라함은 나의 날을 볼 것
이기에 기뻐하였고, 그것을 보고 즐거워했다." 57 그러자 유대인들이 그분께 말했
다. "당신이 아직 오십 세도 되지 않았는데 아브라함을 보았다는 말입니까?" 58 예
슈아께서 그들에게 말씀하셨다. "진실로 진실로 내가 너희에게 말한다. 아브라함
이 있기 전에 나 스스로 있는 자가 있었다." 59 그러자 그들이 돌을 집어 그분께 던
지려 했다. 그러나 예슈아께서는 몸을 숨겨 성전을 떠나셨다.

선천적으로 눈먼 자를 치유하심

9 1 그리고 그분께서 지나가시다가 태어날 때부터 눈먼 사람을 보셨다. 2 그
러자 그분의 제자들이 그분께 물었다. "랍비여, 이 사람이나 그의 부모 중
누가 죄를 지어 그가 눈이 멀어서 태어났습니까?" 3 예슈아께서 대답하셨다. "그도,
그의 부모도 죄를 짓지 않았지만, 하나님의 일들을 그에게 드러내려는 것이다. 4

낮 동안에는 우리가 나를 보내신 분의 일을 행해야 한다. 아무도 일할 수 없는 밤
이 오고 있다.[89] 5 내가 세상에 있는 동안에는 내가 세상의 빛이다." 6 그분은 이것
들을 말씀하신 후에 땅에 침을 뱉고,[90] 그 침으로 진흙을 이겨 그 사람의 눈에 바
르셨다. 7 그리고 그에게 "실로암[91] 연못으로 가서 씻으라"고 말씀하셨는데, 실로
암은 '보냄을 받았다'는 뜻이다. 그러자 그 사람이 가서 씻고, 보면서 왔다. 8 그러므
로 그의 이웃들과 전에 그가 걸인이었던 것을 본 사람들이 말하기를, "이 사람은 앉
아서 구걸하던 자가 아닌가?"라고 했다. 9 "이 사람이 그 사람이다"라고 말하는 사
람도 있었고, "아니다, 그는 그 사람을 닮은 것이다"라고 말하는 사람도 있었다. 그
사람이 말하기를, "내가 그 사람이오"라고 했다. 10 그러자 사람들이 그에게 말했
다. "그러면 당신은 어떻게 눈을 뜨게 되었소?" 11 그 사람이 대답했다. "예슈아라
는 사람이 진흙을 이겨 내 눈에 바르고 내게 말하기를, '실로암으로 가서 씻으라'고
하기에, 내가 가서 씻은 후에 시력이 회복되었소."[92] 12 그러자 그들이 그에게 말했
다. "그 사람은 어디에 있소?" 그가 말했다. "나는 모르오."

바리새파 사람들이 치유를 의심하다

13 사람들은 전에 눈이 멀었던 사람을 바리새파 사람들에게 데려갔다. 14 그
런데 예슈아께서 진흙을 이겨 그 사람의 눈을 뜨게 하신 날은 바로 안식일이었
다. 15 그러므로 바리새파 사람들은 어떻게 보게 되었는지 다시 그에게 물었다. 이
에 그가 다시 그들에게 말했다. "그분께서 내 눈에 진흙을 바르셔서 내가 씻었더
니 보게 된 것이오." 16 그러자 바리새파 사람들 가운데 몇 명이 말했다. "이 사람
이 안식일을 지키지 않았으니, 하나님에게서 온 것이 아니오." 그러나 다른 사람들
이 말했다. "어떻게 죄인이 이러한 표적을 행할 수 있겠소?" 그리하여 그들 사이에
분열이 일어났다. 17 그래서 그들은 다시 그 눈멀었던 자에게 말했다. "당신은 그에
대해 뭐라고 말하오? 그가 당신의 눈을 뜨게 했으니 말이오." 그러자 그가 말했

89) '낮'은 '빛'을 말하고, '새벽'은 '구원'을, '밤'은 '하나님의 임재에서 분리되는 것' 혹은 '도망하는 것'을 암시한다.

90) 당시 사람들은 첫째 아들의 침(타액)에 치유의 기름부음이 있다고 생각했다.

91) 히브리어 '실로'(Shiloh)의 뜻은 '보냄을 받다'이다. '실로'는 성전산 근처, 히스기야 터널 끝부분에 위치했는데, 이 물에 붉은 암소를 태운 재를 섞어 정결례를 위한 물로 사용했다. 실로암 연못의 유적은 21세기 초에 발견되었다.

92) 날 때부터 앞을 못지 못했는데 어떻게 시력을 '회복'했다고 말할 수 있을까? 어쩌면 뱃속에서는 온전하게 지음 받았으나 태어나면서 시력을 잃은 게 아닐까?

다. “그분은 선지자입니다.”

18 그때 유대인 *지도자*들은 전에 눈이 멀었다가 보게 되었다는 그 사람의 말을
믿지 않고, 그의 부모를 불러 **19** 그들에게 물으며 말했다. “이 사람이 당신들의 아
들, 곧 눈이 멀어서 태어났다는 그 사람이오? 그런데 어떻게 그가 지금은 보고 있
소?” **20** 그러자 그의 부모가 대답했다. “우리는 이 사람이 우리 아들인 것과 태어날
때부터 눈이 멀었다는 것은 알지만, **21** 어떻게 그가 지금 보고 있는지, 또 누가 그의
눈을 뜨게 해 주었는지 알지 못합니다. 당신들은 그에게 물어야 합니다. 그가 나이
가 들었으니 스스로 말할 것입니다.” **22** 그의 부모는 유대인 *지도자*들이 두려워서 이
렇게 말한 것이었다. 유대인 *지도자*들이 누구든지 그분을 메시아로 고백하는 자는
(회당에서) 출교시키기로 결의했기 때문이다. **23** 이 때문에 그의 부모가 “그가 나이가
들었으니 그에게 물어야 합니다”라고 말했던 것이다.

24 그래서 그들은 눈멀었던 사람을 두 번째로 불러서 그에게 말했다. “당신은
이제 하나님께 영광을 돌리시오. 우리는 이 사람이 죄인임을 알고 있소.” **25** 그러
자 그가 대답했다. “나는 그분이 죄인인지는 모릅니다. 내가 아는 한 가지 사실은
눈이 멀었던 내가 본다는 것입니다.” **26** 그러자 그들이 그에게 말했다. “그가 당신에
게 무슨 짓을 했소? 어떻게 당신의 눈을 뜨게 한 것이오?” **27** 그가 그들에게 대답
했다. “내가 이미 말했는데, 당신들이 듣지 않았습니다. 당신들은 왜 다시 듣기를
원하십니까? 당신들도 그분의 제자가 되기를 원하십니까?” **28** 그러자 그들이 그에
게 욕하며 말했다. “당신은 그 사람의 제자이지만, 우리는 모세의 제자들이오. **29**
우리는 하나님께서 모세에게 말씀하셨다는 것은 알지만, 이 자가 어디에서 왔는
지는 모르오.” **30** 그 사람이 그들에게 대답했다. “참으로 이상한 일입니다. 당신들
은 그분이 어디에서 왔는지 모르는데, 그분은 내 눈을 뜨게 하셨으니 말입니다.
31 우리는 하나님께서 죄인들의 말은 듣지 않으시지만, 하나님을 경외하는 사람이
자기 소망을 아뢰면 들어 주신다는 것을 알고 있습니다. **32** 태초부터 눈이 멀어서
태어난 사람의 눈을 뜨게 해 주었다는 말을 들은 적이 없으니, **33** 만일 이분이 하
나님에게서 온 것이 아니라면, 아무것도 하시지 못했을 것입니다.” **34** 그들이 그에
게 대답했다. “네가 전적으로 죄 가운데 태어났으면서[93] 우리를 가르치는가?” 그
리고 그를 쫓아냈다.[94]

93) 사람들은 그가 앞을 못 보는 것이 그의 죄 때문이라고 생각했다.

94) 지역 공동체에서 출교시킨 것이다.

영적인 소경

35 예슈아께서 그들이 그 사람을 쫓아냈다는 소식을 들으시고, 그를 찾아 말씀
하셨다. "너는 그 사람의 아들을 믿느냐?" 36 그 사람이 말했다. "그런데 누가 그분
입니까, 주님? 내가 그분을 믿으려 합니다." 37 예슈아께서 그에게 말씀하셨다. "너
는 이미 그를 보았다. 너와 이야기하고 있는 사람이 바로 그 사람이다." 38 그러자
그가 "주님, 내가 믿습니다"라고 말하며 그분 앞에 엎드렸다. 39 이어서 예슈아께
서 말씀하셨다. "나는 심판하러 이 세상에 왔으니, 보지 못하는 자는 보게 하고,
보는 자는 그 눈을 멀게 할 것이다."

40 그분과 함께 있던 어떤 바리새파 사람들이 이 말씀을 듣고 그분께 말했
다. "그러면 우리는 눈이 멀었습니까?" 41 예슈아께서 그들에게 말씀하셨다. "만일
너희가 눈이 멀었다면, 너희에게 죄가 없을 것이다. 그러나 지금 너희가 '우리는
본다'고 말하고 있으니, 너희의 죄가 남아 있다."

양 우리 비유

10 1 "진실로 진실로 내가 너희에게 말한다. 문을 통해 양 우리에 들어가지
않고 다른 곳으로 넘어가는 자, 그는 도둑이며 강도이지만, 2 문으로 들
어가는 사람은 그 양들의 목자이다. 3 문지기는 그에게 문을 열어 주고, 양들은
그의 음성을 들으며, 목자는 자기 양들의 이름을 불러 그것들을 밖으로 인도한
다. 4 그는 자기 양들을 모두 데리고 나온 후에 앞장서고, 양들은 그의 음성을 알
기 때문에 그를 따라간다. 5 그러나 양들은 낯선 사람은 따르지 않고 그에게서 달
아날 것이니, 그들이 낯선 자들의 음성을 모르기 때문이다." 6 예슈아께서 이 비유
를 그들에게 말씀하셨으나, 그들은 그분께서 무슨 말씀을 하시는지 알지 못했다.

선한 목자이신 예슈아

7 그러자 예슈아께서 다시 말씀하셨다. "진실로 진실로 내가 너희에게 말하는
데, 나 스스로 있는 자는 양들의 문이다. 8 나보다 먼저 온 자들은 모두 도둑이며
강도였으며, 양들은 그들의 말을 듣지 않았다. 9 바로 내가 문이니, 누구든지 나를
통해 들어온다면, 그는 구원을 받아 들어오고 나가며 초장을 발견할 것이다. 10
도둑이 오는 것은 오직 훔치고, 죽이고, 파멸시키기 위해서지만, 나는 그들로 생명

과 그것[95]에 속한 것을 지속적이고 풍성하게 얻게 하려고 왔다. 11 나 스스로 있
는 자는 선한 목자[96]이다. 선한 목자는 그의 양들을 위해 자기 생명을 버리지만,
12 삯꾼은 목자가 아니고 그 양들이 자기의 것이 아니므로, 이리가 오는 것을 보
면 양들을 버리고 도망쳐서 이리가 양들을 잡고 흩어 버린다. 13 삯꾼은 양들에게
조금도 관심이 없기 때문이다. 14 나 스스로 있는 자는 선한 목자이다. 나는 내 양
들을 알고, 내 양들은 나를 아는 것이 15 마치 아버지께서 나를 아시고, 내가 아
버지를 아는 것과 같다. 그러므로 나는 양들을 위해 내 생명을 버린다. 16 그러나
내게는 이 우리에 속하지 않은 다른 양들[97]도 있다. 내가 그들을 인도해야 하니,
그들이 내 음성을 들을 것이며, 그들은 한 목자의 한 무리[98]가 될 것이다(겔 37:17,
24). 17 이러한 이유로 아버지께서 나를 사랑하시니, 내가 내 생명을 다시 얻기 위
해 그것을 버리기 때문이다. 18 아무도 내게서 이 생명을 빼앗지 않으나, 내가 *내
의지에 따라* 이것을 스스로 버리는 것이다. 내게는 그것을 버릴 권세도 있고, 다
시 찾을 권세도 있다. 나는 이 명령을 내 아버지에게서 받았다."
19 이 말씀 때문에 유대인들 사이에 다시 분란이 있었다. 20 그리고 그들 가운데
많은 사람들이 말했다. "그가 귀신 들렸고 미쳤는데, 당신들은 왜 그의 말을 듣는
것이오?" 21 다른 사람들은 이렇게 말했다. "이러한 것들은 귀신 들린 사람의 말이
아니오. 귀신이 눈먼 자의 눈을 뜨게 할 수 있겠소?"

하누카의 예슈아

22 그 무렵 예루살렘에 있는 사람들에게 수전절[99]이 왔다. 때는 겨울이었고, 23
예슈아께서 성전 안에 있는 솔로몬의 주랑을 걷고 계셨다. 24 이에 유대인들이 그
분을 둘러싸고 말했다. "당신은 언제까지 우리를 궁금하게 할 것이오? 만일 당신
이 메시아라면, 지금 당장 우리에게 솔직하게 말해야 하오." 25 예슈아께서 그들
에게 대답하셨다. "내가 너희에게 말했으나 너희가 믿지 않는다. 내가 내 아버지의

95) 영원한 생명과 영적인 풍요를 뜻한다. 누가복음 12장 15절과 14장 33절을 참조하라.

96) 용어 해설에서 '다윗의 자손/요셉의 자손'을 찾아보라.

97) 비유대인으로 믿는 자들, 다시 말해 이방인 크리스천을 분명하게 언급하신 것이다. 에베소서 2장 11-18절을 참조하라.

98) 유대인과 비유대인이 한 몸을 이루는 것을 말한다. 이사야 44장 5절, 에스겔 34장 23절과 37장 17, 24절, 로마서 11장, 에베소서 2장 15절을 참조하라.

99) 봉헌의 절기를 '하누카'라고 한다. 초막절(수콧) 절기가 끝나는 날로부터 두 달 후에 돌아오는 명절이다. 용어 해설에서 '하누카'(수전절)를 찾아보라.

이름으로 행하고 있는 일들이 나에 대해 이렇게 증거하는 것이다. **26** 그러나 너희
가 믿지 않는 것은 내 양들이 아니기 때문이다. **27** 내 양들은 내 음성을 듣고, 나
는 그들을 알기에, 그들은 나를 따라온다. **28** 내가 그들에게 영원한 생명을 줄 것
이니, 그들은 결코 죽지 않을 것이며, 아무도 그들을 내 손에서 빼앗을 수 없다.
29 그들을 내게 주신 내 아버지께서는 모든 것보다 크시다. 그러므로 아무도 아버
지의 손에서 그들을 빼앗을 수 없다. **30** 우리, 곧 아버지와 나는 하나이다."

31 유대인 *지도자*들은 다시 돌을 집어 그분을 치려고 했다. **32** 예슈아께서 그들
에게 대답하셨다. "내가 아버지에게서 나온 선한 일들을 많이 보여 주었는데, 이
러한 일들 중 어떤 것 때문에 너희가 나를 돌로 치는 것이냐?" **33** 유대인 *지도자*
들이 그분께 대답했다. "우리는 선한 일 때문이 아니라 하나님을 모독하기 때문
에 당신을 돌로 치는 것이니, 당신이 사람이면서 하나님을 자처하고 있기 때문이
오." **34** 예슈아께서 그들에게 대답하셨다. "너희의 토라(가르침)[100]에 '내가 너희를
신들이라 하였다'(시 82:6)고 기록되지 않았느냐? **35** 만일 그분이 하나님의 말씀이
임한 자들에게 신들이라고 하셨다면, 성경이 없어질 수는 없다. **36** 너희는 아버지
께서 거룩하게 하여 세상에 보내신 이가 '나 스스로 있는 자는 하나님의 아들이
다'라고 말했다 하여 '당신은 하나님을 모독하고 있다'고 말하는 것이냐? **37** 만일
내가 내 아버지의 일을 하지 않거든 나를 믿지 말라. **38** 그러나 내가 그 일들을 하
고 있다면, 비록 나를 믿지 않더라도 그 일들은 믿어라. 그러면 너희는 아버지가 내
안에 계시고, 내가 아버지 안에 있다는 사실을 알게 되고, 계속해서 깨닫게 될 것
이다." **39** 그러자 그들이 다시 그분을 붙잡으려고 했으나 그분은 그들의 손에서 벗
어나셨다.

40 그리고 그분은 다시 요단을 건너 요한이 처음 침례를 주던 곳으로 가셔서 거
기에 머무르셨다. **41** 그러자 많은 사람들이 그분께 와서 침례자 요한은 표적을 행
하지는 않았지만, 이분에 대해 말한 것은 참되다고 말했다. **42** 그리고 거기에서 많
은 사람들이 그분을 믿었다.

100) '가르침'과 '지침'의 뜻을 지닌 '토라'는 기본적으로 모세오경을 뜻한다. 그러나 여기서는 구약 성경 전체를 지칭하는 말로 사용되었다. 용어 해설에서 '토라'를 찾아보라.

101) '마리아'라는 이름은 히브리어로 '미리암'이다.

102) '필레오'라는 동사가 사용되었다.

나사로의 죽음

11 1 한편 어떤 사람이 병들었는데, 그는 미리암[101]과 그 자매 마르다의 마을인 베다니 출신 나사로였다. 2 그리고 미리암은 주님께 향유를 붓고 자기 머리털로 그분의 발을 닦은(요 12:3) 여인으로, 그녀의 오빠 나사로가 병이 든 것이었다. 3 그러므로 그 자매들이 그분께 사람을 보내어 "주님, 보십시오, 당신이 사랑하시는[102] 자가 병들었습니다"라고 말했다. 4 예슈아께서 이 말을 들으시고 말씀하셨다. "이 병은 죽을 병이 아니라 하나님의 영광을 위한 것이니, 이 일을 통해 하나님의 아들이 영광을 받을 것이다." 5 그런데 예슈아는 마르다와 그 자매, 그리고 나사로를 사랑하셨다.[103] 6 그러므로 그분은 그가 병들었다는 말을 듣고도 계시던 곳에서 이틀을 머물러 계시다가 7 즉시 제자들에게 말씀하셨다. "우리가 다시 유대로 가야겠다." 8 제자들이 그분께 말했다. "랍비여, 방금 유대인 *지도자*들이 당신을 돌로 치려고 했는데, 다시 거기로 가십니까?" 9 예슈아께서 대답하셨다. "낮은 열두 시간이 아니냐? 만일 사람이 낮에 걸으면, 그가 이 세상의 빛을 보기 때문에 넘어지지 않을 것이다. 10 그러나 사람이 밤에 걸으면 넘어질 것이니, *세상에** 그 빛이 없기 때문이다."[104] 11 그분이 이러한 것들을 말씀하신 후에 그들에게 말씀하셨다. "우리 친구 나사로가 잠들었으나 내가 깨우러 갈 것이다." 12 그러자 제자들이 예슈아께 말했다. "주님, 만일 그가 잠들었다면 나을 것입니다." 13 그러나 예슈아께서는 그의 죽음에 대해 말씀하신 것인데, 제자들은 그분이 단지 일상적인 잠에 대해 말씀하신다고 생각했다. 14 그래서 예슈아께서 그들에게 분명하게 말씀하셨다. "나사로가 죽었다. 15 그런데 나는 너희로 믿게 하려고 내가 거기에 있지 않았던 것을 기뻐한다. 그러나 이제 우리가 그에게 가자." 16 그러자 '쌍둥이'로 불리는 도마가 동료 제자들에게 말했다. "우리도 그분과 함께 죽으러 가자."

부활이며 생명이신 예슈아

17 그리하여 예슈아께서 오셔서 나사로가 무덤에 있은 지 나흘째가 된 것을 보셨다. 18 그리고 베다니는 예루살렘에서 가까워 약 십오 스타디온[105] 떨어진 곳에

103) '아가파오'라는 동사가 사용되었다.
* 다른 성경은 "그 사람 안에"로 되어 있다.
104) '낮'은 '빛'을, '새벽'은 '구원'을, '밤'은 '하나님의 임재에서 분리되는 것'을 말한다.
105) 대략 3km

있었다. 19 그러므로 많은 유대인들이 그 오빠의 일로 마르다와 미리암을 위로하러 왔다. 20 그때 마르다는 예슈아께서 오신다는 말을 듣고 그분을 만나러 갔고, 미리암은 집에 앉아 있었다. 21 그러므로 마르다가 예슈아께 말했다. "주님, 만일 당신이 여기 계셨더라면, 제 오빠가 죽지 않았을 것입니다. 22 그러나 저는 지금 당신이 무엇을 구하시든지 하나님께서 주실 것이라는 사실도 압니다." 23 예슈아께서 그녀에게 말씀하셨다. "네 오빠가 일어날 것이다." 24 마르다가 그분께 말했다. "저는 그가 마지막 날[106]에 부활해서 일어날 것을 압니다." 25 예슈아께서 마르다에게 말씀하셨다. "나 스스로 있는 자는 부활이며 생명이니, 나를 믿는 자는 죽어도 살 것이며, 26 살아서 나를 믿는 모든 자는 죽지 않을 것이다. 네가 분명히 이것을 믿느냐?" 27 그녀가 그분께 말했다. "그렇습니다, 주님, 제가 당신이 분명히 메시아, 곧 하나님의 아들, 세상에 오셔야 할 그분이심을 믿습니다."

예슈아께서 눈물을 흘리시다

28 그 후 그녀는 이 말을 하고 가서 그 자매 미리암에게 은밀하게 말했다. "선생님이 여기 계시는데, 너를 부르신다." 29 그러자 미리암이 이 말을 듣고 급히 일어나 그분께 갔다. 30 한편 예슈아께서는 아직 마을로 들어오시지 않고, 여전히 마르다가 그분을 만났던 곳에 계셨다. 31 그때 미리암과 함께 집에서 그녀를 위로하던 유대인들은 그녀가 급히 일어나 밖으로 나가는 것을 보고 따라왔다. 그녀가 통곡하러 무덤으로 간다고 생각했기 때문이다. 32 이어서 미리암이 예슈아께서 계신 곳에 와서 그분을 보고 그분의 발 앞에 엎드려 "주님, 만일 당신이 여기 계셨다면, 내 오빠가 죽지 않았을 것입니다"라고 말했다. 33 그러자 예슈아께서는 그녀가 우는 것과 그녀와 함께 우는 유대인들을 보시고 마음이 심히 아프고 괴로우셨다. 34 그래서 그분이 말씀하셨다. "그를 어디에 두었느냐?" 사람들이 대답했다. "주님, 당신이 와서 보십시오." 35 예슈아께서 우셨다. 36 그러자 유대인들이 말했다. "그분이 그를 얼마나 사랑하셨는지[107] 보시오." 37 그들 중 어떤 사람들이 말했다. "눈먼 자의 눈을 뜨게 하신 분이 그가 죽지 않게 *무언가* 하실 수는 없었는가?"

나사로가 살아나다

38 그러므로 예슈아께서 다시 마음 아파하시며 무덤으로 가셨다. 그곳은 동굴이라 입구에 돌이 놓여 있었다. 39 예슈아께서 말씀하셨다. "너희는 그 돌을 치워

야 한다." 그 죽은 자의 누이 마르다가 그분께 말했다. "주님, 그가 죽은 지 나흘이
되어 벌써 냄새가 납니다." 40 예슈아께서 그녀에게 말씀하셨다. "네가 믿으면 하
나님의 영광을 볼 것이라고 내가 말하지 않았느냐?" 41 이에 사람들이 돌을 치웠
다. 그러자 예슈아께서 우러러 보시며 말씀하셨다. "아버지, 제가 아버지께 감사드
립니다. 아버지께서 저의 말을 들으셨기 때문입니다.[108] 42 그리고 저는 아버지께서
항상 저의 말을 들으신다는 것을 알고 있습니다. 다만 주위에 서 있는 무리 때문에
제가 말한 것이니, 이는 그들로 하여금 아버지께서 저를 보내신 것을 믿게 하려는
것입니다." 43 그리고 그분은 이 말씀을 하신 후에 큰 소리로 외치셨다. "나사로야,
나오너라." 44 죽은 자가 밖으로 나왔는데, 손과 발은 천으로 감겨져 있었고, 얼굴
은 수건으로 싸여 있었다. 예슈아께서 사람들에게 말씀하셨다. "너희는 즉시 그를
풀어 주어 그가 다닐 수 있게 해야 한다."[109]

예슈아를 죽이려는 음모(마 26:1-5; 막 14:1-2; 눅 22:1-2)

45 그리하여 유대인들 중 많은 사람들이 미리암에게 왔다가 그분이 하신 일을
보고 그분을 믿었다. 46 그들 중 어떤 사람들은 바리새파 사람들에게 가서 예슈아
께서 하신 일을 알렸다. 47 그러자 대제사장들과 바리새파 사람들이 산헤드린에
모여서 말했다. "이 사람이 많은 표적을 행하니, 우리가 어떻게 하면 좋겠소? 48 만
일 우리가 그를 이대로 내버려 둔다면, 모든 사람이 그를 믿을 것이며, 로마인들
이 와서 우리가 있는 곳[110]과 이 민족을 빼앗을 것이오." 49 그런데 그들 중 한 사
람으로 그해의 대제사장인 가야바가 그들에게 말했다. "당신들은 아무것도 모르
고 있소. 50 한 사람이 백성을 위해 죽음으로 민족 전체를 잃지 않는 것이 당신들
에게 유익하다는 사실을 깨닫지 못하고 있소." 51 그러나 이것은 그가 스스로 한
말이 아니었다. 그가 그해의 대제사장이었기 때문에 예슈아께서 그 백성[111]을 위
해 죽으실 것을 예언하면서 52 그 민족뿐만 아니라 흩어졌다가 하나로 모이게 될

106) 심판의 날. 요한계시록 20장 4절과 11-14절을 참조하라.

107) 여기 사용된 동사는 '필레오'이다.

108) 예슈아는 이미 기도를 마치셨기에 이제 자신이 하실 일만 남았다는 것을 아셨다.

109) 히브리어의 시적 대구가 '허용하다', '허락하다'를 뜻하는 관용 표현 '풀어 주다'와 함께 사용되어 강조 효과를 냈다.

110) 당시 성전은 대제사장 '가야바의 자리'였다. 그러나 통치하시는 메시아께서 오신다면 대제사장인 가야바와 다른 헬라주의자들은 메시아께 그 자리를 내주어야 했다. 용어 사전에서 '헬라주의자'를 찾아보라.

111) 세상의 모든 사람을 지칭한다. 52절의 '하나님의 자녀들'은 예슈아께 돌아올 유대인을 가리킨다.

하나님의 자녀들을 위해서도[112] 그렇게 하실 것을 예언한 것이었다. **53** 이에 그날부터 그들은 그분을 죽이기로 결의했다.

54 그래서 예수아께서는 더 이상 유대인들 사이로 드러나게 다니지 않으시고, 그곳을 떠나 광야 근처의 에브라임이라는 도시로 가서 제자들과 함께 거기에 머물러 계셨다.

55 그러다가 유대인의 유월절이 가까워지자, 많은 사람들이 지방에서 예루살렘으로 올라와 유월절 전에 자신들을 정결하게[113] 하려고 했다. **56** 그때 그들은 예수아를 찾다가 성전에 서서 서로 말했다. "어떻게 생각하시오? 그분이 이 절기에 오시지 않겠소?" **57** 이에 대제사장들과 바리새파 사람들은 누구든지 그분이 있는 곳을 알면 보고하라는 명령을 내려 그분을 붙잡으려고 했다.[114]

미리암이 예수아께 향유를 붓다(마 26:6-13; 막 14:3-9)

12 **1** 한편 유월절 엿새 전에 예수아께서 베다니로 가셨는데, 거기에 그분이 죽은 자들로부터 일으키신 나사로가 있었다. **2** 그래서 사람들이 그분을 위해 거기에 만찬을 준비하여 마르다는 시중들고 있었고, 나사로는 그분과 함께 먹는 사람들 가운데 비스듬히 앉아 있었다. **3** 그때 미리암이 값비싼 순수한 나드 향유 일 리트라를 가져와 예수아의 발에 바르고, 그녀의 머리털로 그분의 발을 닦아 드리자, 그 집이 향유 냄새로 가득했다. **4** 이에 가룟 유다, 곧 그분의 제자 중 하나로 그분을 팔아넘길 자가 말했다. **5** "왜 이 향유를 삼백 데나리온[115]에 팔아서 가난한 사람들에게 나눠 주지 않는 것이오?" **6** 그런데 그가 이렇게 말한 것은 가난한 사람들을 염려해서가 아니라 그가 도둑이었기 때문이니, 그에게 돈궤가 있어서 들어온 것을 꺼내 가고 있었던 것이다. **7** 그러자 예수아께서 말씀하셨다. "너는 그녀를 가만두어 나를 장사 지낼 날을 대비하여 이것을 사용하게 해

112) 용어 해설에서 '대체 신학'을 찾아보라.

113) 그들은 바울이 사도행전 21장 24절에서 행한 것처럼 자신을 정결하게 했다. 정결례의 마무리는 물에 몸을 담그는 것이었다. 용어 해설에서 '침례'를 찾아보라.

114) 헬라주의자인 대제사장들과 율법주의적 전통을 엄격히 준수하는 바리새파 사람들의 공조는 이례적인 일이었다. 대제사장들은 로마 정권에 기대어 기득권을 유지하는 상황에서 예수아를 통해 메시아의 통치가 이뤄질 것을 두려워했고, 바리새파 사람들은 예수아께서 그들의 종교적 권위를 짓밟아 버리셨기 때문에 위협을 느끼고 있었다. 용어 해설에서 '헬라주의자'를 찾아보라.

115) 대략 노동자의 1년 치 품삯에 해당한다.

야 한다. 8 가난한 자들은 늘 너희와 함께 있으나(신 15:11) 나는 늘 너희 곁에 있는
것은 아니기 때문이다."

나사로를 죽이려는 음모

9 유대인의 큰 무리가 그분께서 거기에 계신 것을 알고 왔는데, 예수아 때문만
이 아니라 그분께서 죽은 자들로부터 일으키신 나사로를 보려는 것이었다. 10 이에
대제사장들이 나사로도 죽이려 했으니, 11 그를 통해 많은 유대인들이 돌이켜[116] 예
슈아를 믿게 되었기 때문이다.

환호와 함께 예루살렘에 들어가시다(마 21:1-11; 막 11:1-11; 눅 19:28-40)

12 다음 날, 절기를 지키기 위해 온 큰 무리가 있었다. 그들은 예슈아께서 예루
살렘으로 오신다는 말을 듣고는 13 종려나무 가지를 들고 그분을 맞이하러 나와
서 큰 소리로 외쳤다.[117]

"호쉬아나"[118](시 118:25),
"찬송받으소서, 주의 이름으로 오시는 그분이여"(시 118:26),
"이스라엘의 왕이시여!"[119]

14 그리고 그때 예슈아께서 나귀 새끼[120]를 보고 그것을 타셨으니,
그것은 기록된 그대로였다.
15 "시온의 딸아, 너는 무서워하지 않아야 한다.
보라, 네 왕이 오시니,
그가 나귀의 새끼 위에 앉아 계신다"(슥 9:9).

16 제자들은 처음에는 이것들이 그분에 대한 것이라고 생각하지 못했지만, 예
슈아께서 영광을 받으신 후에 이것들이 그분을 위해 기록되었다는 사실과 사람
들이 그분과 함께 이 일들을 행했다는 것을 기억했다. 17 그때 그분께서 나사로
를 무덤에서 불러내 죽은 자들로부터 일으키실 때에 그분과 함께 있던 무리가 증

116) 헬라어 '휘파고'에는 '왔던 곳으로 되돌아가다', '돌이키다', 즉 '회개'의 의미가 함축되어 있다.

117) 1km가 넘는 길을 따라 수천 명이 운집했을 것이다.

118) '호쉬아나'의 뜻은 '지금 우리를 구원하소서!', '이제 우리를 구해 주십시오!'이다. 용어 해설에서 '호산나'를 찾아보라.

119) 제자들을 포함하여 여기 모인 사람들은 예슈아께서 메시아의 (정치적) 통치를 시작하실 것으로 착각했다. 용어 해설에서 '다윗의 자손/요셉의 자손'을 찾아보라.

120) 용어 해설에서 '나귀'를 찾아보라.

거하고 있었다. 18 이 때문에 무리가 그분을 맞으러 갔으니, 이분께서 친히 그 기
적을 행하셨다고 들었기 때문이다. 19 그러자 바리새파 사람들이 자기들끼리 말했
다. "아무 소용도 없소. 보시오, 세상이 그를 따르고 있소."

예슈아를 찾아온 헬라인들

20 그런데 명절에 예배하러 올라간 사람들 중에는 헬라인이 몇 명 있었는데, 21
이들은 갈릴리 벳새다 출신인 빌립에게 와서 그에게 부탁하며 이렇게 말했다. "선생
님, 우리가 예슈아를 뵙고 싶소." 22 빌립이 와서 안드레에게 말했고, 안드레와 빌립
이 가서 예슈아께 말을 전했다. 23 그러자 예슈아께서 그들에게 대답하며 말씀하셨
다. "그 사람의 아들이 영광을 받을 때가 왔다. 24 진실로 진실로 내가 너희에게 말
한다. 밀알 하나가 땅에 떨어져 죽지 않으면 그것만 그대로 남아 있을 뿐이지만, 그
것이 죽으면 많은 열매를 맺는다. 25 자기 목숨을 사랑하는 사람은 그 목숨을 잃을
것이다. 그러나 이 세상에서 자기 목숨을 미워하는 사람은 영원한 생명 안에서 그
목숨을 보존하게 될 것이다. 26 만일 사람이 나를 섬기려면 끊임없이 나를 따라야
하니, 바로 내가 있는 곳에 내 종도 있을 것이다. 만일 사람이 나를 섬기면, 아버지
께서 그를 영광스럽게 하실 것이다."

그 사람의 아들이 들려야[121] 한다

27 "지금 제 마음이 괴로우니, 제가 무엇을 말할 수 있겠습니까? 아버지, 저를
이 시간에서 구원해 주시겠습니까? 그러나 바로 이것 때문에 제가 이 시간에 온
것입니다. 28 아버지, 이제 아버지의 이름을 영광스럽게 하셔야 합니다." 그러자 한
음성이 하늘에서 났다. "그래서 내가 영광스럽게 했고, 다시 영광스럽게 할 것이
다." 29 그때 서 있던 무리도 듣고 천둥이 쳤다고 말하는가 하면, 다른 이들은 "천
사가 그분께 이야기했다"라고 말했다. 30 예슈아께서 대답하셨다. "이 음성은 나
를 위한 것이 아니라 너희를 위한 것이다. 31 이제 이 세상에 대한 심판이 있을 것
이니, 이 세상의 통치자(요 14:30)가 밖으로 내던져질 것이다(계 20:1-3). 32 그리고 내
가 땅에서 들려지면, 나는 모든 사람을 내게로 이끌 것이다." 33 그런데 그분은 이
말씀을 하시면서 자신이 어떤 죽음으로 돌아가실지 알려 주신 것이었다. 34 그러
자 무리가 그분께 대답했다. "우리는 토라(가르침)[122]에서 메시아가 영원히 계신다
(사 9:7; 단 2:44; 7:14)고 들었는데, 당신은 어떻게 그 사람의 아들이 들려야 한다고 말

씀하십니까? 그 사람의 아들은 누구입니까?" **35** 그러자 예슈아께서 그들에게 말씀하셨다. "아직은 잠시 동안 너희 가운데 그 빛이 있다. 너희는 그 빛이 있는 동안 계속해서 걸어 어둠이 너희를 붙잡지 않게 해야 한다. 그러므로 어둠 가운데 걷는 자는 자기가 어디로 가는지 알지 못한다. **36** 너희에게 빛이 있는 동안 너희는 그 빛을 믿어야 한다. 그러면 너희가 빛의 자녀가 될 것이다."

유대인들의 불신

예슈아께서는 이 말씀을 하시고 떠나가셔서 몸을 숨기셨다. **37** 그러나 그분께서 사람들 앞에서 그렇게 많은 표적을 행하신 후에도 그들은 그분을 믿지 않고 있었는데, **38** 이는 선지자 이사야가 한 말이 이루어지게 하려는 것이다.

"주님, 우리가 전하는 것을 누가 믿었습니까?
그리고 주님의 팔이 어떤 사람에게 나타났습니까?"(사 53:1)

39 이로 인해 그들은 믿을 수 없었으니, 이사야가 또한 이렇게 말했기 때문이다.
40 "그분이 그들의 눈을 멀게 하시고
그들의 마음을 완고하게 하셨으니,
그들이 그 눈으로 보지도 못하고
그 마음으로 깨닫지도 못하며 돌이키지도 못하여
내가 그들을 고치지 않게 하려는 것이다"(사 6:9-10).

41 이사야가 이것들을 말한 것은 그분의 영광을 보았기 때문이다. 그러므로 그는 그분에 대해 이야기한 것이었다. **42** 그럼에도 불구하고 지도자들 중 많은 사람들이 그분을 믿었다. 그러나 바리새파 사람들 때문에 회당[123)]에서 쫓겨나지 않으려고 *자기들의 믿음은* 고백하지 못하고 있었다. **43** 그들이 하나님의 영광보다 사람의 칭찬을 더 사랑했기 때문이다.

예슈아의 말씀으로 심판받다

44 그때 예슈아께서 외치며 말씀하셨다. "나를 믿는 자는 내가 아니라 나를 보내신 그분을 믿는 것이며, **45** 나를 보는 자는 나를 보내신 그분을 보는 것이다. **46**

121) 십자가 사건을 말한다. 또한 부활하신 예슈아를 높이 찬양해야 한다는 의미도 담겨 있다.
122) 여기서 '토라'는 '타나크'(히브리 성경, 구약) 전체를 의미한다. 용어 해설에서 '토라'를 찾아보라.
123) 1세기의 회당은 주로 개인 가옥 형태였다.

내가 세상에 빛을 가져왔으니, 누구든지 나를 믿는 자는 어둠 속에 머물지 않게
하려는 것이다. 47 그러므로 어떤 사람이 내 말을 듣고도 지키지 않아도, 나는 그
를 심판하지 않는다. 나는 세상을 심판하러 온 것이 아니라 세상을 구원하러 왔
기 때문이다. 48 나를 거부하고 내 메시지[124)]를 받아들이지 않는 자에게는 그를
심판하는 것이 있으니, 내가 한 그 말이 마지막 날에 그를 심판할 것이다. 49 내가
스스로 이야기한 것이 아니라 아버지, 곧 나를 보내신 그분께서 내가 말하고 이
야기할 것을 내게 명령하셨기 때문이다. 50 그리고 나는 그분의 명령이 영원한 생
명을 *가져온다는 것을* 알고 있다. 그러므로 내가 이야기하는 것은 아버지께서 내
게 일러 주신 것을 그대로 이야기하는 것이다."

세데르(유월절 만찬)

13 1 한편 예슈아께서는 유월절 전에 그분의 때가 되었다는 것을, 세상을
떠나 아버지께 갈 것을 아셨다. 그분은 세상에 있는 자신의 사람들을
사랑하시되, 힘을 다해 사랑하셨다. 2 그리고 만찬[125)] 동안에 마귀가 이미 시몬의
아들 가룟 유다의 마음에 그분을 넘겨주려는 생각을 넣었지만, 3 그분은 아버지
께서 이 모든 것(고난)을 자기 손(통제하)에 맡기신 것과 자신이 하나님에게서 나와
하나님께로 돌아가실 것을 아셨다.

제자들의 발을 씻기시는 예슈아

4 그분은 만찬 자리에서 일어나 겉옷을 벗고 수건을 가져다가 허리에 두르셨
다. 5 그 후 대야에 물을 담아 제자들의 발을 씻기시고, 허리에 두른 수건으로 닦
아 주셨다. 6 그리하여 그분께서 시몬 베드로에게 오시자, 그가 그분께 말했다. "주
님, 당신이 제 발을 씻기십니까?" 7 예슈아께서 그에게 대답하셨다. "내가 하는 일
을 지금은 네가 알지 못하나 나중에는 알게 될 것이다." 8 베드로가 그분께 말했
다. "당신은 절대로 제 발을 씻기실 수 없습니다." 예슈아께서 그에게 대답하셨
다. "만일 내가 너를 씻어 주지 않는다면, 너는 나와 관계가 없다." 9 시몬 베드로가
그분께 말했다. "주님, 제 발뿐만 아니라 제 손과 머리도 씻어 주소서." 10 예슈아께

124) 레마의 복수형으로 예슈아께서 선포하신 모든 말씀을 가리킨다. 용어 해설에서 '로고스/레마'를 찾아보라.

125) 예슈아께서는 이 유월절 식사가 자신의 죽음과 부활을 앞두고 제자들에게 마지막으로 사역하실 기회라는 사실을 일찌감치 알고 계셨다.

서 그에게 말씀하셨다. “이미 목욕한[126] 사람은 발 외에는 씻을[127] 필요가 없으니, 그
는 전체가 깨끗하다. 그러므로 너희가 깨끗하나 모두가 그런 것은 아니다.” **11** 그분께
서는 누가 자신을 배신할 것인지 아셨기 때문에, ‘모두가 깨끗한 것은 아니다’라고
말씀하신 것이다.

12 그리하여 그분은 그들의 발을 다 씻기시고 겉옷을 입으신 후 다시 비스듬
히 기대어 앉으며 그들에게 말씀하셨다. “너희는 내가 너희에게 무엇을 했는지 아
느냐? **13** 너희가 나를 ‘스승님’ 그리고 ‘주님’이라고 부르는데, 너희가 옳게 말하고
있으니, 내가 그런 사람이기 때문이다. **14** 따라서 만일 내가 주와 스승으로서 너
희 발을 씻겨 주었다면, 너희도 서로 발을 씻겨 주어야 한다. **15** 내가 너희에게 본
을 보인 것은, 내가 한 것처럼 너희도 하게 하려는 것이다. **16** 진실로 진실로 내가
너희에게 말한다. 종이 그의 주인보다 더 크지 않고, 보냄을 받은 자가 그를 보낸
자보다 더 크지 않다. **17** 만일 너희가 이것을 알고 그대로 행한다면, 너희에게 복
이 있다.[128] **18** 내가 너희 모두에 대해 말하는 것이 아니니, 나는 내가 택한 자들을
알지만, ‘내 빵을 먹은 자가 나를 대적하여 그의 발꿈치를 들었나이다’(시 41:10)라
는 성경이 이루어지게 하려는 것이다. **19** 지금 내가 그 일이 일어나기 전에 너희에
게 일러 주는 것은, 그 일이 일어났을 때에 너희로 하여금 나, 곧 스스로 있는 자
를 믿게 하려는 것이다. **20** 진실로 진실로 내가 너희에게 말한다. 내가 보내는 자
를 받아들이는 자는 나를 받아들이는 것이며, 나를 받아들이는 자는 나를 보내
신 그분을 영접하는 것이다.”

예슈아께서 배반당하실 것을 예고하시다(마 26:20-25; 막 14:17-21; 눅 22:21-23)

21 이렇게 말씀하신 후에 예슈아께서 심령이 괴로워하시더니 증거하며 말씀하
셨다. “진실로 진실로 내가 너희에게 말하는데, 너희 가운데 하나가 나를 팔아넘
길 것이다.” **22** 제자들은 그분의 말씀에 당황하여 서로 쳐다보았다. **23** 예슈아 옆
에[129] 그분의 제자 중 하나인 예슈아께서 사랑하시는[130] 자가 있었다. **24** 시몬 베

126) 정결례를 위해 몸을 담그는 예식으로, ‘침례’라고도 부른다. 용어 해설에서 ‘침례’를 찾아보라.

127) 이것은 성령의 처소가 될 그들의 몸을 씻어 성소에 들어갈 준비를 하는 것이다.

128) 헬라어 ‘마카리오스’(makarios)에는 ‘복이 있다’ 외에도 ‘행복하다’의 의미도 있다.

129) 문자 그대로 번역하면 ‘…의 가슴에 기대어’이다. 이것은 ‘…앞에 비스듬히 앉아서 먹다’를 뜻하는 관용 표현이다. 용어 해설에서 ‘비스듬히 앉아서 먹다’를 찾아보라.

130) ‘사랑’으로 번역된 헬라어는 ‘필레오’이다.

드로가 그에게 신호하여 그분께 누구에 대해 말씀하시는지 물어보게 했다. **25** 그리하여 예수아 앞에 있는[131] 그 사람이 말했다. "주님, 누구입니까?" **26** 예수아께서 대답하셨다. "내가 빵 조각을 적셔서 주는 사람이 바로 그 사람이다." 그리고 빵을 적셔서 시몬의 아들 가룟 유다에게 주셨다. **27** 그런데 빵 조각을 받은 후 사탄[132]이 그 사람 속에 들어왔다. 그때 예수아께서 그에게 말씀하셨다. "너는 네가 하려는 일을 속히 해야 한다." **28** 그러나 비스듬히 앉아 있던 자들 중 한 사람도 그분께서 그에게 무엇에 대해 말씀하시는지 알지 못했다. **29** 그러므로 어떤 사람들은 유다가 돈궤를 갖고 있기에 예수아께서 그에게 "너는 명절에 우리에게 필요한 것을 사야 한다"고 말씀하셨거나 또는 그것을 가난한 자들에게 주게 하셨다고 생각하고 있었다. **30** 그때 유다는 빵 조각을 받고 즉시 떠났는데, 밤이었다.

새 계명

31 유다가 떠나자, 예수아께서 말씀하셨다. "이제 그 사람의 아들이 영광을 받았고, 하나님께서는 그 안에서 영광을 받으셨다. **32** 만일 하나님께서 그 안에서 영광을 받으셨다면, 하나님도 자기 안에서 그를 영광스럽게 하실 것이니, 그를 즉시 영광스럽게 하실 것이다. **33** 어린 자녀들아, 아직은 내가 잠시 동안 너희와 함께 있을 것이다. 너희가 나를 찾을 것인데, 내가 유대인 *지도자*들에게 '내가 가는 곳에 너희는 올 수 없다'고 말한 것처럼 이제 나는 너희에게 말한다. **34** 내가 너희에게 주는 새 계명은 '너희가 끊임없이 서로 사랑해야 한다'[133]는 것이다. 내가 너희를 사랑한 것같이 너희도 서로 사랑해야 한다. **35** 만일 너희가 서로 사랑하면, 모든 사람이 이것으로 너희가 내 제자임을 알 것이다."

베드로의 부인을 예고하시다(마 26:31-35; 막 14:27-31; 눅 22:31-34)

36 시몬 베드로가 그분께 말했다. "주님, 당신은 어디로 가십니까?" 예수아께서 그에게 대답하셨다. "내가 가려는 곳에 지금은 네가 따라올 수 없으나 나중에는 뒤따르게 될 것이다." **37** 베드로가 그분께 말했다. "주님, 왜 지금은 제가 당신을 따를 수 없습니까? 저는 당신을 위해 제 목숨을 버리겠습니다." **38** 예수아께서 대답

131) 문자 그대로 옮기면, '~의 가슴에 바짝 기대어'이다. 23절과는 다른 표현을 사용하여 매우 가까이에 있음을 나타내고 있다.

132) 용어 해설에서 '사탄'을 찾아보라.

133) 레위기 19장 18절을 참고하라.

하셨다. "네가 나를 위해 네 목숨을 버리겠느냐? 진실로 진실로 내가 네게 말하는
데, 닭이 울기 전에 네가 나를 세 번 부인할 것이다."

예슈아, 아버지께 가는 길

14 1 "너희는 근심하지 않아야 한다. 너희는 계속 하나님을 믿고 나를 믿어
야 한다. 2 내 아버지 집에 머물 곳[134]이 많으니, 만일 그렇지 않았다면
내가 너희가 있을 곳을 준비하러 간다고 말하겠느냐?(왕상 8:13) 3 그러므로 내가 가
면, 너희가 있을 곳을 준비할 것이다. 나는 다시 와서 너희를 데려다가[135](출 6:7)
내가 있는 바로 그곳에 너희도 있게 할 것이다. 4 그러므로 너희는 내가 가려는 그
길을 안다." 5 도마가 그분께 말했다. "주님, 당신이 어디로 가시는지 알지 못하는
데, 어떻게 우리가 그 길을 알겠습니까?" 6 예슈아께서 그에게 말씀하셨다. "나 스
스로 있는 자는 그 길이고 진리이며 생명[136]이니, 나를 통하지[137] 않고는 아무도
아버지께 오지 못한다. 7 만일 너희가 나를 알고 있다면, 내 아버지도 알게 될 것
이다. 그러므로 이제부터 너희는 분명히 그분을 아는 것이며, 이미 그분을 보고
있는 것이다." 8 빌립이 그분께 말했다. "주님, 당신은 지금 우리에게 아버지를 보
여 주셔야 합니다. 저희는 그것으로 충분합니다." 9 예슈아께서 그에게 말씀하셨
다. "빌립아, 내가 그렇게 오랫동안 너희와 함께 있었는데, 나를 모르느냐? 나를
본 자는 아버지를 본 것인데, 어떻게 너는 '당신은 우리에게 아버지를 보여 주셔
야 합니다'라고 말할 수 있느냐? 10 너는 내가 아버지 안에 있고, 아버지가 내 안
에 계신 것을 믿지 않느냐? 내가 너희에게 하는 말들은 내게서 나오는 것을 이르
는 것이 아니다. 내 안에 거하시는 아버지께서 그분의 일을 하시는 것이다. 11 나
를 믿으라. 곧 내가 아버지 안에, 아버지께서 내 안에 계시는 것을 믿으라. 그렇게
하지 못하겠다면, 이러한 일들 때문에라도 믿으라. 12 진실로 진실로 내가 너희에

134) 전통적으로 '거처' 또는 '저택' 등으로 번역하지만, 건물을 의미하는 것이 아니다. 헬라어 '몬-아이'(mon-ai)의 주된 의미는 '머물다', '체류하다'이다. 용어 해설에서 '거처'를 찾아보라.

135) 헬라어 '파라람바노'는 신랑이 신부를 취하는 것을 의미한다. 마태복음 24장 40절을 참고하라.

136) 영원한 생명과 영적인 풍요를 뜻한다. 누가복음 12장 15절과 14장 33절을 참고하라.

137) 예슈아의 길, 곧 아버지께서 행하시는 것을 보고 그대로 순종하는 것이며, 성령이 모든 성경을 통해 말씀하시는 대로 행하는 것을 말한다. 이것은 율법주의적인 태도가 아니다. 다른 사람의 행동을 신경 쓰거나 판단하지 않고, 오직 아버지께 집중하는 것이다. 이사야 43장 11절을 참고하라.

게 말한다. 나를 믿는 자는 내가 하고 있는 그 일들을 할 것이며, 그는 심지어 이
것들보다 더 큰 일들을 할 것이니, 내가 아버지께 가기 때문이다. **13** 너희가 내 이
름으로 무엇을 구하든지 내가 행하여 아버지께서 아들 안에서 영광을 받으시게 될
것이다. **14** 무엇이든지 너희가 내 이름으로 내게 구하는 것을 내가 행할 것이다."

성령에 대한 약속

15 "만일 너희가 나를 사랑하면 내 계명들을 지킬 것이다. **16** 그러면 내가 아버
지께 구하겠고, 그분은 영원히 너희와 함께 계시기 위해 또 다른 보혜사를 너희
에게 주실 것이니, **17** 그분은 진리의 영이시다. 그런데 세상은 그분을 받아들일 수
없으니, 그분을 보지도 못하고, 알지도 못하기 때문이다. 그러나 너희가 그분을
아는 것은, 그분께서 너희 곁에 머무시고, 너희 안에 계실 것이기 때문이다. **18** 나
는 너희를 고아로 버려 두지 않겠고, 너희에게로 올 것이다. **19** 조금 있으면 세상은
더 이상 나를 보지 못할 것이나 너희는 나를 볼 것이다. 내가 살아 있으므로 너희
도 살 것이다. **20** 그날에 너희는 내가 내 아버지 안에, 너희가 내 안에, 내가 너희
안에 있음을 알게 될 것이다. **21** 내 계명들을 가지고 지키는 사람, 그가 바로 나
를 사랑하는 사람이니, 나를 사랑하는 자는 내 아버지의 사랑을 받을 것이며, 나
도 그를 사랑하여 그에게 나 자신을 나타낼 것이다." **22** 가룟 사람이 아닌 유다가
그분께 물었다. "주님, 그렇다면 당신은 무슨 일로 우리에게는 당신을 드러내시고,
세상에는 드러내지 않으십니까?" **23** 예슈아께서 그에게 대답하셨다. "만일 사람이
계속해서 나를 사랑하면, 그는 내 말을 지킬 것이다. 내 아버지께서 그를 사랑하
셔서 우리가 그에게 갈 것이며, 우리는 그와 함께 우리를 위한 처소[138]를 마련할
것이다. **24** 나를 사랑하지 않는 자는 내 말들을 지키지 않는다. 너희가 듣는 메시
지는 나의 것이 아니라 나를 보내신 아버지의 것이다."

25 "내가 너희와 함께 머무는 동안 이것들을 너희에게 이야기했으나 **26** 보혜사
성령, 곧 아버지께서 내 이름으로 보내실 그분이 모든 것을 너희에게 가르치시고,
내가 너희에게 말한 모든 것을 생각나게 하실 것이다. **27** 나는 너희에게 샬롬을
남겨 주며, 나의 샬롬을 너희에게 준다. 내가 너희에게 주는 것은 세상이 주려는
것과 같지 않다. 너희는 근심하거나 겁내지 않아야 한다. **28** 너희는 '내가 왔던 곳
으로 갔다가 너희에게 올 것이다'라고 말한 것을 들었다. 만일 너희가 나를 사랑

138) 134번 각주를 참고하라.

했다면, 내가 아버지께 가는 것을 기뻐했을 것이니, 아버지께서 나보다 더 크시기
때문이다. **29** 그런데 지금 내가 그 일이 일어나기 전에 너희에게 말해 준 것은 그
일이 일어날 때에 너희로 믿게 하려는 것이다. **30** 그러므로 이제 나는 더 이상 너
희에게 많은 것을 말하지 않을 것이니, 이는 세상의 통치자가 오기 때문이다. 그
는 나와 아무런 관계도 없다. **31** 그러나 세상이 내가 아버지를 사랑하여 아버지께
서 내게 명령하신 그대로 이것을 하고 있다는 사실을 알게 될 것이다. 너희는 일
어나야 한다. 여기를 떠나자."

참 포도나무이신 예수아

15 **1** "나, 곧 스스로 있는 자는 참 포도나무이며, 내 아버지는 농부이시다.
2 아버지께서는 내 안에서 열매 맺지 않는 가지는 다 쳐 내시고, 열매 맺
는 모든 가지는 더 많은 열매를 맺도록 다듬으신다. **3** 너희는 이미 내가 너희에게
일러 준 그 말씀으로 다듬어져 **4** 이제 너희가 내 안에, 내가 너희 안에 거해야 한
다. 가지가 포도나무에 붙어 있지 않으면 스스로 열매를 맺을 수 없는 것처럼, 너
희도 항상 내 안에 거하지 않으면 열매를 맺을 수 없게 된다. **5** 나는 포도나무요,
너희는 가지다. 내 안에 거하면서 나도 그 안에 거하는 바로 이 사람은 많은 열매
를 맺으니, 나와 떨어져서는 너희가 아무것도 할 수 없기 때문이다. **6** 사람이 내
안에 거하지 않으면, 그는 가지처럼 밖으로 던져지고 말라 버리니, 사람들이 그것
을 모아 불 속에 던져 태워 버린다. **7** 만일 너희가 내 안에 거하고, 내 말들이 너
희 안에 거하면, 무엇이든지 너희가 원하는 것을 즉시 구해야 한다. 그러면 그것
이 너희에게 이루어질 것이다. **8** 너희가 많은 열매를 맺으면 내 아버지께서 이것으
로 영광을 받으시고, 너희는 내 제자가 될 것이다. **9** 아버지께서 나를 사랑하신 것
처럼 나도 너희를 사랑했으므로, 너희가 내 사랑 안에 거하고 있는 것이다. **10** 만
일 너희가 내 계명들을 지킨다면 내 사랑 안에 거할 것이니, 이는 내가 아버지의
계명들을 지켜 그분의 사랑 안에 거하는 것과 같다."

11 "내가 이것들을 너희에게 일러 준 것은 내 기쁨이 너희 안에 있어 너희 기쁨
이 충만하게 하려는 것이다. **12** 이것이 내 계명이니, 내가 너희를 사랑한 것처럼 너
희도 서로 사랑하라는 것이다. **13** 사람이 그의 친구들을 위해 자기 목숨을 버리
는 것보다 더 큰 사랑은 없다. **14** 내가 너희에게 무엇을 명령하든지 너희가 그대로

행한다면, 너희는 나의 친구다. **15** 내가 너희를 더 이상 종[139]이라고 부르지 않으니, 종은 그의 주인이 무엇을 하는지 알지 못하기 때문이다. 그러나 내가 너희를 친구라고 부르는 것은 아버지께 들은 모든 것을 너희에게 알려 주었기 때문이다.
16 너희가 나를 택한 것이 아니라 내가 너희를 택하여 세웠으니, 이는 너희가 가서 열매를 맺고[140] 너희 열매가 남아 있게 하려는 것이며, 무엇이든 너희가 내 이름으로 아버지께 구하는 것을 그분께서 너희에게 해 주실 것이다. **17** 내가 너희에게 이것들을 명령하는 것은 너희가 서로 사랑하게 하려는 것이다."

세상의 증오

18 "만일 세상이 너희를 미워하면, 너희는 세상이 너희보다 먼저 나를 미워했다는 사실을 알게 된다. **19** 만일 너희가 세상에 속했다면, 세상이 자기 소유를 사랑할 것이다. 그러나 너희는 세상에 속하지 않고 내가 너희를 세상에서 택하였으므로 세상이 너희를 미워하는 것이다. **20** 너희는 그 말, 곧 내가 너희에게 '종이 그 주인보다 더 크지 않다'고 한 말을 계속 기억해야 한다. 만일 사람들이 나를 핍박한다면 너희도 핍박할 것이며(딤후 3:12), 사람들이 내 말을 지킨다면 너희의 말도 지킬 것이다. **21** 그러나 그들은 내 이름 때문에 너희에게 이 모든 일을 행할 것이니, 그들은 나를 보내신 분을 알지 못하기 때문이다. **22** 만일 내가 와서 그들에게 말하지 않았다면, 그들은 죄가 없었을 것이다. 그러나 이제 그들은 자기들의 죄에 대해 변명할 것이 없다. **23** 나를 미워하는 자는 내 아버지도 미워한다. **24** 만일 내가 그들 가운데서 아무도 행한 적이 없는 일들을 행하지 않았다면, 그들에게는 죄가 없었겠지만, 이제 그들은 보았는데도 나와 내 아버지를 미워한다. **25** 그러나 그들의 토라(가르침)[141]에 '그들이 이유 없이 나를 미워하였다'(시 35:19; 69:5)고 기록된 말씀이 이루어지게 하려는 것이다."

26 "내가 아버지에게서 너희에게 보낼 분인 보혜사,[142] 곧 아버지에게서 나오는 진리의 영이 오시면 나에 대해 증거하실 것이다. **27** 그리고 너희도 처음부터 나와 함께 있었으므로 증거하고 있다."

139) 또는 노예. 용어 해설에서 '종'을 찾아보라.

140) 사람은 하나님께서 기뻐하시는 일을 행함으로 열매를 맺는다. 마태복음 25장 35–40절을 참고하라. 용어 해설에서 '미츠바'를 찾아보라.

141) 여기서는 타나크, 곧 히브리 성경 전체(구약)를 가리킨다. 용어 해설에서 '토라'를 찾아보라.

핍박이 임함

16 1 "내가 이것들을 너희에게 말한 것은, 너희로 죄에 끌려 들어가지 않게
하려는 것이다. 2 사람들이 너희를 출교시킬 것이니, 너희를 죽이는 모든
이가 자신이 하나님을 섬기고 있다고 생각할 때가 올 것이다. 3 그런데 그들은 아
버지도 모르고, 나도 모르기 때문에 이런 일들을 하게 될 것이다. 4 그러나 내가
너희에게 이것들을 이야기한 것은, 그들의 시간이 올 때에 내가 너희에게 말한 것
을 생각나게 하려는 것이다."

성령께서 오심

"내가 처음부터 이것들을 너희에게 말하지 않은 것은, 내가 너희와 함께 있었
기 때문이다. 5 그러나 이제 나는 나를 보내신 분께 돌아가고[143] 있는데, 너희 가
운데 아무도 '당신은 어디로 가고 계십니까?' 라고 내게 묻지 않는다. 6 오히려 내가
너희에게 이런 것들을 말했기 때문에 슬픔이 너희 마음에 가득하다. 7 그러나 내
가 너희에게 진실을 말하는데, 내가 떠나는 것이 너희에게 유익하다. 만일 내가 떠
나지 않으면, 보혜사가 너희에게 오시지 않는다. 그러나 내가 돌아가면 그분을 너희
에게 보낼 것이다. 8 그리하여 그분께서 오시면 죄에 대해, 의에 대해, 심판에 대
해 세상을 드러내실 것이다. 9 참으로 죄에 대한 것은 사람들이 나를 믿지 않기
때문이지만, 10 의에 대한 것은 내가 아버지께 돌아가고 있으므로 너희가 더 이상
나를 보지 못할 것이기 때문이며, 11 심판에 대한 것은 이 세상의 통치자가 심판
을 받았기 때문이다"(계 20:1-3).

12 "내가 아직도 너희에게 할 말이 많으나 지금은 너희가 *그것을* 감당할 수 없
다. 13 그러므로 그[144]가 올 때에 진리의 영인 그가 너희를 모든 진리로 인도하실
것이다. 그는 스스로 이야기하는 것이 아니라 무엇이든 그가 들은 것을 말하고,
너희에게 일어날 일들을 알려 주실 것이기 때문이다. 14 그분께서는 내게서 받아
너희를 가르치실 것이기 때문에 나를 영광스럽게 하실 것이다. 15 무엇이든지 아버
지께서 가지고 계신 것들은 내 것이니, 이로 인해 나는 그분이 내게서 받아 너희
를 가르치실 것이라고 말한 것이다."

142) 요한복음 14장 16절과 26절을 참고하라.

143) 헬라어 '휘파고'는 왔던 곳으로 돌아간다는 의미이다.

144) 성령

슬픔은 기쁨으로 변할 것이다

16 "조금 있으면 너희가 더 이상 나를 보지 못할 것이며, 다시 조금 있으면 너희
가 나를 볼 것이다." 17 그러자 그분의 제자들 중 몇 사람이 서로 말했다. "그분께
서 우리에게 '조금 있으면 너희가 더 이상 나를 보지 못할 것이며, 다시 조금 있으
면 너희가 나를 볼 것이다' 그리고 '내가 아버지께로 돌아갈 것이기 때문이다' 라고
하시는 것은 무슨 말씀인가?" 18 이어서 사람들이 계속 말했다. "그분께서 말씀하
시는 '조금 있으면' 이란 무엇인가? 우리는 그분께서 무슨 말씀을 하시는지 이해할
수 없다." 19 그들이 그분께 묻고 싶어 하는 것을 아시고 예슈아께서 그들에게 말
씀하셨다. "너희는 내가 '조금 있으면 너희가 더 이상 나를 보지 못할 것이며, 다시
조금 있으면 너희가 나를 볼 것이다' 라고 말했기 때문에 서로에게 이것에 대해 묻
고 있느냐? 20 진실로 진실로 내가 너희에게 말한다. 너희는 울면서 통곡할 것이
나 세상은 즐거워할 것이니, 너희는 슬퍼하겠으나 너희 슬픔이 기쁨으로 변할 것
이다. 21 여인이 해산할 때가 되면 자기의 때가 왔기 때문에 염려하나, 아이를 낳으
면 사람이 세상에 태어났다는 기쁨 때문에 더 이상 그 고통을 기억하지 않는다.
22 그러므로 너희가 지금은 슬퍼한다. 그러나 내가 너희를 다시 볼 것이니, 너희
마음이 즐거울 것이며, 아무도 너희에게서 그 기쁨을 빼앗지 못할 것이다. 23 그리
고 그때에는 너희가 내게 아무것도 묻지 않을 것이다. 진실로 진실로 내가 너희에
게 말한다. 너희가 내 이름으로 아버지께 구하는 것은 무엇이든지 그분께서 너희
에게 주실 것이다. 24 지금까지는 너희가 내 이름으로 아무것도 구하지 않았으나
너희는 계속 구해야 한다. 그러면 너희가 받을 것이니, 너희 기쁨이 충만해질 것
이다."

내가 세상을 이겼다

25 "내가 이것들을 너희에게 비유로 말했으나 더 이상 비유로 말하지 않고, 아
버지에 대해 분명하게 알려 줄 때가 오고 있다. 26 그날에는 너희가 내 이름으로
구할 것이니, 내가 너희를 위해 아버지께 구하겠다는 말이 아니다. 27 너희가 나
를 사랑하고 내가 하나님에게서 왔다는 사실을 믿었으므로 아버지께서 친히 너희
를 사랑하시기 때문이다. 28 내가 아버지를 떠나 세상에 왔으니, 다시 세상을 떠나
아버지께 돌아갈 것이다." 29 그분의 제자들이 말했다. "보십시오, 지금 당신은 있는
그대로 말씀하시며, 어떤 비유도 말씀하지 않고 계십니다. 30 이제 우리는 당신이

모든 것을 알고 계셨으므로 누구의 질문도 받으실 필요가 없다는 것을 압니다.
이것으로 우리는 당신이 하나님에게서 오셨음을 믿습니다." 31 예슈아께서 그들에
게 대답하셨다. "너희가 이제 믿느냐? 32 보라, 때가 오고 있으며 이미 왔으니, 너
희가 각자 자기 일을 위해 *집으로* 흩어져 나를 홀로 남겨 둘 것이다. 그러나 나는
홀로 있지 않으니, 아버지께서 나와 함께 계시기 때문이다. 33 내가 이것들을 너희
에게 말한 것은 너희가 나로 인해 샬롬을 누리게 하려는 것이다. 세상에서는 너
희가 환난을 당할 것이나 용기를 내어라. 내가 세상을 이겼다."

예슈아의 기도

17 1 예슈아께서 이것들을 말씀하시고 그분의 눈을 들어 하늘을 향해 말
씀하셨다. "아버지, 때가 왔으니, 이제 아들을 영광스럽게 하셔야 합니
다. 그러면 아들이 아버지를 영광스럽게 할 것입니다. 2 아버지께서 아들에게 모든
육체를 다스리는 권한을 주신 것을 보았으므로, 그는 아버지께서 자기에게 주신
모든 사람에게 영원한 생명을 줄 것입니다. 3 그리고 이것이 영원한 생명이니, 사
람들이 아버지, 곧 유일하신 참 하나님과 아버지께서 보내신 자, 곧 예슈아 메시
아를 아는 것입니다. 4 저는 이 땅에서 아버지를 영광스럽게 하였으니, 곧 제게 행
하라고 주신 그 일을 완수하였습니다. 5 아버지여, 이제 세상이 창조되기 전에 제
가 아버지 곁에서 누리던 그 영광으로 저를 영광스럽게 해 주셔야 합니다."

6 "저는 세상에서 제게 주신 사람들에게 아버지의 이름[145)]을 드러냈습니다. 그
들이 아버지의 것이었는데 그들을 제게 주셨고, 그들은 아버지의 말씀을 지켰습
니다. 7 이제 그들은 제게 주신 모든 것이 아버지에게서 왔음을 압니다. 8 제가 그
들에게 아버지께서 제게 주신 그 말씀을 주었는데, 그들이 받아들이고, 참으로
제가 아버지 곁에서 왔음을 알며, 아버지께서 저를 보내셨음을 믿었기 때문입니
다. 9 제가 그들을 위해 간구하는 것은 세상을 위해서가 아니라 아버지께서 제게
주신 사람들을 위한 것이니, 그들이 아버지의 것이기 때문입니다. 10 제 모든 것
은 아버지의 것이고, 아버지의 것은 제 것이므로 제가 그들 가운데서 영광을 받
았습니다. 11 그런데 저는 더 이상 세상에 있지 않으나 그들은 세상에 있고, 저는

145) 이름에 해당하는 헬라어 '오노마'는 하나님의 속성과 활동성을 의미한다. 용어 해설에서 '오노마'를 찾아 보라.

아버지께 갑니다. 거룩하신 아버지, 아버지께서 제게 주신 그들을 아버지의 이름
으로 지켜주셔야 합니다. 그러면 우리가 하나인 것처럼 그들도 하나가 될 것입니
다.[146] **12** 제가 그들과 함께 있을 때에는 아버지께서 제게 주신 아버지의 이름으로
제가 직접 그들을 지키고 보호했는데, 멸망의 아들[147] 외에는 그들 가운데 하나
도 잃지 않은 것은 성경을 이루기 위함이었습니다. **13** 그리고 이제 제가 아버지께
가면서 세상에서 이것들을 말하는 것은 그들 안에서 제 기쁨이 온전해지게 하려
는 것입니다. **14** 제가 그들에게 아버지의 말씀을 주었는데, 세상이 그들을 미워했
습니다. 바로 제가 세상에 속하지 않은 것처럼 그들도 세상에 속하지 않았기 때문
입니다. **15** 저는 아버지께서 그들을 세상 밖으로 데려가는 것이 아니라 그 악한 자
로부터 보호해 주시기를 간구합니다. **16** 바로 제가 세상의 소유가 아닌 것처럼 그
들도 세상의 소유가 아닙니다. **17** 이제 아버지께서 그들을 진리로 거룩하게 해 주셔
야 합니다. 아버지의 말씀은 진리입니다. **18** 아버지께서 저를 세상으로 보내신 것처
럼 저도 그들을 세상으로 보냈습니다. **19** 그러므로 제가 그들을 위해 제 자신을 구
별하여 *아버지께* 드립니다. 이것은 그들도 진리로 구별되게 하려는 것입니다."

20 "저는 그들뿐만 아니라 그들이 전하는 메시지 때문에 저를 믿게 될 사람들
에 대해서도 구합니다. **21** 이는 아버지께서 제 안에, 제가 아버지 안에 있는 것같
이 모두 하나가 되어 세상으로 하여금 아버지께서 저를 보내셨다는 사실을 믿게
하려는 것입니다. **22** 그래서 제게 주신 영광을 그들에게 주었으니, 우리가 하나인
것처럼 그들도 하나가 되게 하려는 것입니다. **23** 제가 그들 안에 있고, 아버지께서
제 안에 계신 것은, 그들이 완벽하게 하나가 되어 아버지께서 저를 보내셨고, 아
버지께서 저를 사랑하듯 그들을 사랑하신다는 사실을 세상이 알게 하려는 것입
니다. **24** 아버지, (그들을) 제게 주신 분이여, 제가 있는 곳에 저들도 저와 함께하여
아버지께서 이 세상의 기초가 놓이기 전에 저를 사랑하심으로 제게 주신 영광을
그들이 보게 해 주시기를 원합니다. **25** 의로우신 아버지, 세상은 아버지를 알지 못
했으나 제가 아버지를 알았고, 이 사람들은 아버지께서 저를 보내셨다는 사실을
알았습니다. **26** 그러므로 제가 아버지의 이름을 그들에게 알게 하였고, 또 알게 할
것이니, 아버지께서 저를 사랑하신 그 사랑이 그들 안에 있게 하고, 저도 그들 안

146) 예슈아께서는 성도들의 연합이 지속되기를 기도하셨다. 이 연합은 기독교 초기에 와해된 이래로 지금까지 회복되지 못하고 있다.

147) 멸망이 예정된 사람

에 있으려는 것입니다."

배신과 예슈아의 체포(마 26:47-56; 막 14:43-50; 눅 22:47-53)

18 **1** 예슈아는 이렇게 말씀하신 후에 제자들과 함께 나오셔서 기드론 시내 건너편에 있는 동산[148]으로 들어가셨다. **2** 한편 그분을 넘겨줄 자인 유다도 그 장소를 알고 있었는데, 예슈아께서 그분의 제자들과 함께 그곳에서 자주 모이셨기 때문이다. **3** 그래서 유다는 로마 보병대[149]와 대제사장들과 바리새파 사람들이 보낸 경비병들을 데리고 횃불과 기름 등불과 무기를 들고 거기로 왔다. **4** 이에 예슈아께서 그분께 닥칠 이 모든 일을 아시고 가서 그들에게 말씀하셨다. "너희는 누구를 찾고 있느냐?" **5** 그들이 그분께 대답했다. "나사렛의 예슈아요." 그분께서 그들에게 말씀하셨다. "바로 나다." 그때 유다, 곧 그분을 넘겨줄 자도 그들과 함께 서 있었다. **6** 그런데 그분께서 그들에게 "바로 나다"라고 말씀하시자, 그들, *곧 잡으러 온 사람 모두가* 뒷걸음치며 땅에 넘어졌다.[150] **7** 이에 그분께서 다시 그들에게 물으셨다. "너희는 누구를 찾고 있느냐?" 그러자 그들이 대답했다. "나사렛의 예슈아요." **8** 예슈아께서 대답하셨다. "내가 너희에게 '바로 나다'라고 이야기했다. 그러므로 너희가 나를 찾는 것이라면, 이 사람들은 가게 하라." **9** 이는 다음과 같이 "저는 아버지께서 제게 주신 자들 가운데 하나도 잃지 않았습니다"라고 하신 말씀이 이루어지게 하려는 것이었다. **10** 그때 시몬 베드로에게 작은 칼이 있어 그가 그것을 뽑아 대제사장의 종을 쳐서 그의 오른쪽 귀를 베어 버렸는데, 그 종의 이름은 말고였다. **11** 그러자 예슈아께서 베드로에게 말씀하셨다. "너는 그 칼을 칼집에 넣어야 한다. 아버지께서 내게 잔을 주셨는데, 그것을 내가 마셔야 하지 않겠느냐?"

대제사장 앞의 예슈아(마 26:57-58; 막 14:53-54; 눅 22:54)

12 이어서 그 보병대와 지휘관과 유대인 *지도자*들의 수행원들이 예슈아를 잡고

148) 이 동산의 이름은 '가트 쉬모님'(Gat Sh'manim 겟세마네)으로, '올리브 기름 짜는 틀'이라는 뜻이다. 이곳은 올리브 기름 짜는 틀이 있는 올리브 농장이었다.

149) 보통 로마 보병대(cohort)는 600명의 군사로 구성되었다.

150) 예슈아께서 "바로 나다"라고 말씀하시자, 그들의 영은 그 기름부음에 꼼짝 못하게 되었다.

결박하여 **13** 먼저 안나스에게 끌고 갔다. 그가 그해의 대제사장인 가야바의 장인
이었기 때문이다. **14** 그리고 가야바는 한 사람이 민족을 위해 죽는 것이 유익하다
고 유대인 *지도자*들에게 조언한 사람이었다(요 11:49-52).

베드로가 예슈아를 부인하다(마 26:69-70; 막 14:66-68; 눅 22:55-57)

15 그때 시몬 베드로와 또 다른 제자가 예슈아를 따라가고 있었다. 그런데 그
제자는 대제사장과 아는 사이[151]여서 예슈아와 함께 대제사장의 마당까지 들어
갔으나 **16** 베드로는 문 밖에 서 있었다. 그때 대제사장이 아는 그 다른 제자가 나
와 입구에서 말하자, 그녀가 베드로를 들여보냈다. **17** 그런데 문을 지키는 그 여종
이 베드로에게 말했다. "당신은 이 사람의 제자 중 한 명이 아닌가요?" 베드로가
말했다. "나는 아니오." **18** 그때 추위 때문에 종들과 수행원들이 숯불을 피우고 서
서 몸을 녹이고 있었고, 베드로도 그들 곁에 서서 몸을 녹이고 있었다.

대제사장의 심문(마 26:59-66; 막 14:55-64; 눅 22:66-71)

19 한편 대제사장이 예슈아께 그분의 제자들과 그분의 가르침에 대해 물었다.
20 예슈아께서 그에게 대답하셨다. "내가 공개적으로 세상에 말했고, 항상 회당과
성전에서 가르쳤으며, 거기에는 모든 유대인이 모였고, 나는 아무것도 은밀하게
말하지 않았다. **21** 너는 왜 내게 묻는 것이냐? 너는 내가 말한 것을 들은 그 사람
들에게 물어야 한다. 보라, 그들은 내가 무엇을 말했는지 알고 있다." **22** 그때 그분
이 이렇게 말씀하신 후에 곁에 서 있던 수행원 중 하나가 예슈아를 치며 이렇게
말했다. "네가 대제사장에게 이런 식으로 대답하는가?" **23** 예슈아께서 그에게 대
답하셨다. "만일 내가 잘못 말했다면 네가 그 잘못을 증거해야 한다. 그러나 내가
옳게 말했다면 왜 나를 치느냐?" **24** 그러자 안나스는 그분을 결박하여 대제사장
가야바에게 보냈다.

베드로가 또다시 예슈아를 부인하다(마 26:71-75; 막 14:69-72; 눅 22:58-62)

25 한편 시몬 베드로는 서서 몸을 녹이고 있었다. 그때 사람들이 그에게 말했
다. "당신도 그의 제자들 중 한 명이 아니오?" 베드로가 부인하며 말했다. "나는
아니오." **26** 대제사장의 종들 중 한 사람, 곧 베드로가 귀를 베었던 사람의 친척이
말했다. "당신이 동산에서 그 사람과 함께 있는 것을 내가 보지 않았소?" **27** 그래

도 베드로가 다시 부인하자, 곧 닭이 울었다.

빌라도 앞의 예슈아(마 27:1-2, 11-14; 막 15:1-5; 눅 23:1-5)

28 이어서 사람들이 예슈아를 가야바에게서 총독의 관저[152]로 끌고 갔는데, 새벽이었다. 그러나 그들은 몸을 더럽히지 않고 세데르[153](유월절 만찬)를 먹으려고 관저에 들어가지 않았다.[154] **29** 이에 빌라도가 밖으로 나와 그들에게 갈했다. "당신들은 무슨 일로 이 사람을 고발하는 것이오?" **30** 그러자 그들이 그에게 대답했다. "이 사람이 악을 행하지 않았다면, 우리가 그를 당신에게 넘기지 않았을 것입니다." **31** 그러자 빌라도가 그들에게 말했다. "당신들이 그를 데려가서 당신들의 토라(가르침)에 따라 판결하시오." 유대인 *헬라주의자들*은 그에게 말했다. "우리에게는 아무도 죽일 권한이 없습니다." **32** 이는 예슈아의 말씀, 곧 그분께서 어떤 죽음으로 돌아가실 것인지 암시하며 말씀하신 것이 이루어지게 하려는 것이었다.[155] **33** 그러자 빌라도가 다시 총독의 관저로 들어가 예슈아를 불러 그분께 말했다. "당신이 유대인의 왕이오?" **34** 예슈아께서 대답하셨다. "너는 스스로 이 말을 하는 것이냐, 아니면 다른 사람이 나에 대해 너에게 말한 것이냐?" **35** 빌라도가 대답했다. "내가 유대인이오? 당신의 동족과 대제사장들이 당신을 내게 넘겨주었는데, 당신은 무슨 짓을 했소?" **36** 예슈아께서 대답하셨다. "내 왕국은 이 세상에 속하지 않았다. 만일 내 왕국이 이 세상에 속했다면, 내 종들이 싸워서 내가 유대인 *지도자들*에게 넘겨지지 않게 했을 것이다. 그러나 지금 내 왕국은 여기에 있지 않다." **37** 그러자 빌라도가 그분께 말했다. "그러면 당신이 왕이오?" 예슈아께서 대답하셨다. "너는 내가 왕이라고 말하고 있다. 나는 이것을 위해 태어났고, 이것을 위해 세상에 왔으니, 진리를 증거하기 위함이다. 진리에서 난 사람은 모두 내 음성을 듣는다." **38** 빌라도가 그분께 말했다. "무엇이 진리요?"

151) 대제사장의 집에 들어갈 수 있었던 것으로 보아 '또 다른 제자'는 아마도 니고데모나 아리마대 사람 요셉 같은 지도층이었을 것이다. 안나스는 전임 대제사장, 가야바는 당시 대제사장이었다.

152) 프라에토리움

153) 여기서는 유월절에 먹는 음식을 말한다. 용어 해설에서 '세데르'를 찾아보라.

154) 예슈아께서 잡히시던 날 밤이 니산 월 13일에서 14일로 넘어갈 때였다면, 그들은 14일 새벽에 빌라도의 관저로 간 것이다. 따라서 그날 오후까지 충분히 정결례를 행할 수 있었다. 만일 예슈아께서 잡히시던 날 밤이 니산 월 14일에서 15일(유월절)로 넘어가는 시간대였다면, 그들은 이미 세데르를 먹은 후였을 것이다. 용어 해설에서 '예비일'을 찾아보라.

155) 예슈아께서는 마태복음 20장 19절에서 자신의 죽음과 다시 일으켜지실 것에 대해 말씀하셨다.

사형선고를 받으신 예슈아(마 27:15-31; 막 15:6-20; 눅 23:13-25)

그러더니 빌라도는 이 말을 마친 후, 다시 유대인 *지도자들*[156]에게 가서 말했
다. "나는 그를 고소할 이유를 하나도 발견하지 못했소. **39** 그러나 유월절에 내
가 당신들에게 *죄수* 한 사람을 풀어 주는 관례가 있으니, 그러면 당신들은 내가
유대인의 왕을 풀어 주기를 원하오?" **40** 그러자 그들이 다시 소리지르며 말하기
를, "이 사람이 아니라 바라바입니다"라고 했다. 그런데 바라바는 강도였다.

19

1 그리하여 빌라도는 예슈아를 데려다가 채찍질하게 했다.[157] **2** 이어서 병
사들이 그분께 가시로 관을 엮어 그 머리에 씌우고 자주색 겉옷을 입힌
다음, **3** 그분께 와서 "만세, 유대인의 왕이여"라고 말하면서 그분을 쳤다. **4** 그리고
빌라도는 다시 밖으로 나와 사람들에게 말했다. "보시오, 내가 그를 당신들 앞으
로 끌어낼 것이니, 당신들은 내가 그에게서 *그를 정죄할* 아무런 죄도 찾지 못했음
을 알아야 하오." **5** 그때 예슈아께서 밖으로 나오셨는데, 가시관을 쓰시고 자주색
겉옷을 입으셨다. 그러자 빌라도가 사람들에게 말했다. "이 사람을 보시오." **6** 그런
데 그분을 보자 대제사장들과 그 시종들이 소리지르며 말했다. "십자가에 못 박으
십시오! 십자가에 못 박으십시오!" 빌라도가 그들에게 말했다. "당신들이 그를 데
려다가 십자가에 못 박으시오. 나는 그에게서 죄를 찾지 못했소." **7** 유대인들이 그
에게 대답했다. "우리에게 토라(가르침)가 있는데, 그 토라(가르침)에 따르면 그는 죽
어 마땅하니, 자신을 하나님의 아들이라고 했기 때문입니다."[158]

8 그러므로 빌라도는 이 말을 듣고 더욱 두려워져서 **9** 총독의 관저로 다시 들어
가서 예슈아께 말했다. "당신은 어디서 왔소?" 그러나 예슈아는 그에게 대답하지
않으셨다. **10** 그러자 빌라도가 그분께 말했다. "당신은 내게 말하지 않을 것이오?
나에게 당신을 풀어 줄 권한도 있고, 십자가로 처형할 권한도 있다는 것을 모르
오?" **11** 예슈아께서 그에게 대답하셨다. "위로부터 주어지지 않았다면 너에게는 나
에 대한 아무런 권한도 없었을 것이다. 이 때문에 나를 너에게 넘겨준 자에게 더

156) 이들은 헬라주의자들이었다. 용어 해설에서 '헬라주의자'를 찾아보라.

157) 유대인들은 죄인을 채찍질할 때에 율법대로 40대를 넘기지 않으려고 39대까지 때렸지만, 로마인들은 제한을 두지 않았다. 예슈아께서는 로마인들에게 채찍질 당하셨다.

158) 토라, 특히 레위기 24장 16절에 의하면 여호와의 이름을 모독하는 자는 반드시 죽여야 한다.

큰 죄가 있는 것이다." 12 이때부터 빌라도는 그분을 풀어 주려고 애썼다. 하지만, 유대인 *헬라주의자*들은 소리지르며 말하기를, "만일 당신이 이 사람을 풀어 준다면, 당신은 가이사의 편이 아닙니다. 누구든지 자신을 왕이라고 말하는 자는 가이사의 적입니다"[159]라고 했다.

13 그래서 빌라도는 이 말을 듣고 예슈아를 밖으로 끌어낸 후 리토스트로토스(돌로 포장된 길)라고 불리는 재판석에 앉았는데, 히브리어로는 가바다였다. 14 그런데 그날은 유월절을 위한 예비일[160]로 제육시[161]쯤이었다. 이어서 그가 유대인 *헬라주의자*들에게 말했다. "보시오, 당신들의 왕이오." 15 그러자 그들이 소리쳤다. "당신은 그를 제거해야 합니다! 당신은 없애 버려야 합니다! 이제 당신은 그를 십자가에 못 박아야 합니다!" 빌라도가 그들에게 말했다. "당신들의 왕을 내가 십자가에 달아야겠소?" 대제사장들이 대답했다. "가이사 외에 우리에게는 왕이 없습니다."[162] 16 그제서야 그가 그분을 그들[163]에게 넘겨주어 십자가형에 처하게 했다.

예슈아의 십자가(마 27:32-44; 막 15:21-32; 눅 23:26-43)

그래서 그들은 예슈아를 끌고갔으며, 17 그 후 그분께서 친히 십자가를 지고 해골의 장소라 불리는 곳, 히브리어로 '골고다'(굴골렛)라는 곳으로 가셨다. 18 거기서 그들이 그분을 십자가에 못 박았고, 그분과 함께 다른 두 사람도 예슈아를 가운데 두고 양 옆에 하나씩 십자가형에 처했다. 19 그리고 빌라도는 글도 새겨서 십자가에 두었는데, "나사렛의 예슈아, 유대인의 왕"이라고 기록되어 있었다. 20 그러므로 많은 유대인들이 새겨진 글을 읽었으니, 예슈아께서 십자가에 달리신 곳이 그 도시와 가까웠기 때문이다. 그 글은 히브리어, 로마어,[164] 그리고 헬라어(그리스어)로 기록되었다. 21 그러자 유대인의 대제사장들이 빌라도에게 말했다. "당신은 '유대인의 왕'이라고 쓰지 말고, '"나는 유대인의 왕이다"라고 말하는 자'라고 기록해

159) 당시 대제사장직은 로마 정부의 임명을 받았다. 그래서 새롭게 임명을 받거나 지위를 유지하려면 로마의 관리에게 뇌물을 제공해야 했다. 가야바도 당시 총독인 빌라도에게 뇌물을 제공했을 것이다. 그는 메시아가 오시면 모든 것이 끝나 버릴 정치인에 불과했다. 용어 해설에서 '헬라주의자'를 찾아보라.

160) 남자들은 예비일, 곧 안식일이 시작되기 전 오후까지 정결례를 행해야 했다. 용어 해설에서 '예비일'을 찾아보라.

161) 정오

162) 로마 점령기의 대제사장들은 헬라주의자들이었다. 용어 해설에서 '헬라주의자'를 찾아보라.

163) 로마 군인들을 말한다.

164) 이 언어는 나중에 라틴어로 알려진다.

야 합니다." 22 빌라도가 대답했다. "나는 써야 할 것을 썼소."

23 한편 병사들은 예슈아를 십자가에 못 박으면서, 그분의 옷을 가져다가 네 부분으로 나누어 각자 한 부분씩 가졌고, 튜닉도 그렇게 했는데, 그 튜닉은 이음새 없이 위에서부터 통으로 짠 것이었다.[165] 24 그래서 그들은 서로 "그것은 나누지 말고, 누구의 것이 될지 제비를 뽑자"고 말했다. 그리하여 성경이 이루어지게 되었으니, 말하기를,

"그들이 내 겉옷을 자기들끼리 나누고,
내 옷을 제비 뽑았다"(시 22:19)라고 했다.

그래서 병사들이 이런 일을 한 것이었다. 25 그때 그분의 어머니와 글로바[166]의 아내 미리암, 곧 그분의 이모와 막달라의 미리암이 예슈아의 십자가 옆에 서 있었다. 26 그때 예슈아께서 그분의 어머니와 그분께서 사랑하는 제자가 가까이 서 있는 것을 보시고 그분의 어머니에게 말씀하셨다. "여인이여, 당신의 아들을 보십시오." 27 그리고 그분께서 그 제자에게 말씀하셨다. "여기, 네 어머니이시다." 그래서 그때부터 그 제자가 그분의 어머니를 자기 어머니*로 모셨다.

예슈아의 죽음(마 27:45-56; 막 15:33-41; 눅 23:44-49)

28 이후에 예슈아께서는 마침내 모든 것이 다 완수되었음을 아시고 성경을 이루기 위해 말씀하셨다. "내가 목이 마르다." 29 *근처에* 신 포도주가 가득 담긴 그릇이 있으므로, 사람들이 해면에 신 포도주를 흠뻑 적신 뒤 우슬초 가지에 매어 그분의 입에 댔다. 30 그러자 예슈아께서 그 신 포도주를 받으시고 "다 이루어졌다"[167]라고 말씀하시며 머리를 숙인 후 자신의 영을 넘겨주셨다.

예슈아의 옆구리를 찌르다

31 그날은 예비일[168]이었으므로, 유대인들은 안식일에 시신들이 십자가 위에 남

165) 이 튜닉은 기도숄이었다. 당시에는 큼직한 판초 형태에 중앙에 머리를 넣는 구멍이 있고, 네 모서리에 술이 달려 있었다. 용어 해설에서 '탈리트 또는 기도숄'을 찾아보라.

166) 이 이름이 누가복음 24장 18절에는 '클레오파스'(Kleopas)로 표기되어 있다. 여기에 기록된 글로바의 'o'는 오메가(ω)지만, 누가복음은 오미크론(ό)이 사용되었다. 둘 다 소유격 어미를 사용했지만, 이곳의 글로바(Klopa)는 남성명사인 반면, 클레오파스는 여성명사이다.

* 대부분의 역본에는 '자기 집으로'로 되어 있다.

167) 라틴어 사본에는 '다 끝났다'로 기록되어 있다.

168) 이날은 예비일, 곧 안식일 전날이었다. 따라서 남자들은 해 지기 전에 정결례를 행해야 했다.

아 있지 않게 하려고 그들의 다리를 꺾어서 치워 달라고 빌라도에게 요청했다. 그 *다음 날은* 그 안식일의 큰 날[169]이었기 때문이다. **32** 이에 병사들이 와서 그분과 함께 십자가형을 받은 첫 번째 사람과 다른 사람의 다리를 꺾은 다음 **33** 예슈아께 와서 그분이 이미 돌아가신 것을 보고 그분의 다리는 꺾지 않았다. **34** 그러나 병사들 중 하나가 자기 창으로 그분의 옆구리를 찌르자, 곧 피와 물[170]이 나왔다.
35 그리하여 (그것을) 본 사람이 증거하였으므로 그의 증거가 신뢰할 수 있으며, 그도 자기가 진실을 말하고 있음을 알고 있으니, 당신들도 믿게 될 것이다. **36** 그리고 이러한 일들이 일어난 것은 "그분의 뼈가 꺾이지 않을 것이요"(시 34:21)라고 한 성경을 이루기 위함이다. **37** 또 다른 성경은 말하기를, "그들은 자기들이 찌른 분을 볼 것이다"(슥 12:10)라고 했다.

예슈아의 장례(마 27:57-61; 막 15:42-47; 눅 23:50-56)

38 그리고 이러한 일들 후에 유대인 *지도자들*에 대한 두려움 때문에 예슈아의 제자임을 숨겨 온 아리마대 출신의 요셉이 빌라도에게 예슈아의 시신을 가져가겠다고 요청했다. 이에 빌라도가 허락하자, 그가 와서 그분의 시신을 모셔갔다. **39** 그리고 일찍이 밤중에 그분을 찾아왔던 니고데모도 몰약과 알로에 섞은 것을 백 리트라[171] 정도 가지고 왔다. **40** 그리하여 그들이 예슈아의 시신을 가져다가 향료와 함께 린넨 천(가는 베, 아마포)으로 쌌는데, 그것이 장례를 준비하는 유대인들의 관습이었다. **41** 그런데 그분께서 십자가에 달리신 곳에 동산이 있었고, 그 동산에는 새 무덤, 아직 아무도 둔 적이 없는 무덤이 있었다.[172] **42** 그러므로 그날은 유대인들의 예비일이고, 무덤이 가까이 있었기 때문에 그들은 예슈아를 거기에 모셨다.

169) '샤바트 하 가돌'(Shabbat HaGadol), 곧 '큰 안식일'은 유월절 직전의 안식일을 가리킨다. 그러나 본문의 안식일은 유월절이 끝난 후의 안식일이다. 그래서 '큰 안식일' 대신 '안식일의 큰 날'이라는 표현을 사용한 것이다. 공동번역에서는 이날을 안식일과 무교절 또는 초실절과 겹치는 특별한 날이라고 번역한다.

170) '피'는 '생명'(레 17:11, 요 6:54)을, '물'은 '토라, 곧 하나님의 말씀'(출 14:22, 사 55:1)을 상징한다.

171) 이것은 약 33kg 정도로 왕족의 장례에만 사용할 수 있는 양이었다. 여자가 남자의 시신에 손을 대거나 남자가 여자의 시신에 손을 댈 수 없었기에, 남자들이 예슈아의 시신을 처리해야 했다. 마가복음 16장 1절에는 세 여자가 향품을 가져왔다고 기록되어 있는데, 이것은 유대 관습을 잘 모르는 사람이 후대에 덧붙인 것으로 보인다.

172) 유대인들은 가족묘에 시신을 안치했다가, 시신이 부패하고 남은 뼈를 돌로 된 유골함에 넣어 무덤 안에 두었다. 이렇게 하여 또 다른 시신을 안치할 공간이 마련되었고, 바위를 깎아 만든 비좁은 무덤에 여러 대를 수용할 수 있었다.

예슈아의 부활(마 28:1-10; 눅 24:1-12)

20 1 그리고 그 주간의 첫날[173]에 막달라 미리암이 아침 일찍 아직 어두울
때 무덤에 와서 보니, 그 돌이 무덤에서 옮겨져 있었다. 2 이에 그녀는 시
몬 베드로와 또 다른 제자, 곧 예슈아께서 사랑하셨던 제자에게 달려가서 말했
다. "사람들이 우리 주님을 무덤에서 가져갔는데, 우리는 그들이 그분을 어디에 두
었는지 모릅니다." 3 그러자 베드로와 그 다른 제자가 나와서 무덤으로 갔다. 4 그
런데 두 사람이 함께 달렸지만, 다른 제자가 더 빨리 달려서 베드로보다 앞서 무
덤에 도착했다. 5 그리고 그가 몸을 숙여 린넨 천이 놓여 있는 것을 보았으나 안으
로 들어가지는 않았다. 6 그때 시몬 베드로도 그의 뒤를 따라와서 무덤 안으로 들
어가 그 천이 놓여 있는 것을 보았다. 7 그분의 머리를 쌌던 천은 린넨 천과 함께
놓여 있지 않고, 한쪽에 따로 개어져 있었다. 8 그때 무덤에 먼저 도착한 다른 제
자도 들어와서 보고 믿었으니, 9 그들은 그분이 죽은 자들 가운데서 일으키심을
받아야 한다는 성경 말씀을 아직 이해하지 못했기 때문이다(시 16:10). 10 그 후 제
자들은 다시 자기들의 집으로 돌아갔다.

막달라의 미리암에게 나타나시다

11 한편 미리암은 무덤 밖에 서서 울고 있었다. 그러다가 울면서 무덤 안으로 몸
을 숙여 12 보니, 흰옷 입은 두 천사가 하나는 예슈아의 몸이 눕혀 있던 곳 머리
쪽에, 다른 천사는 발치에 있었다. 13 그러자 그 천사들이 미리암에게 말했다. "여
인이여, 왜 울고 있느냐?" 그녀가 그들에게 말했다. "사람들이 내 주님을 옮겨다가
어디에 두었는지 모릅니다." 14 그녀는 이렇게 말한 후에 그들을 뒤에 두고 돌아서
서 예슈아께서 서 계신 것을 보았으나, 그분이 예슈아[174]이심을 알아차리지 못했
다. 15 예슈아께서 그녀에게 말씀하셨다. "여인이여, 왜 울고 있느냐? 누구를 찾고
있느냐?" 그녀는 그분이 동산지기라고 생각하여 그분께 말했다. "선생님, 만일 당
신이 그분을 옮겼다면, 그분을 어디로 옮겼는지 제게 말씀해 주셔야 합니다. 그
러면 제가 그분을 모셔가겠습니다." 16 예슈아께서 그녀에게 말씀하셨다. "미리암
아!" 미리암은 그분을 향해 돌아서서 히브리 말로 "랍비여"라고 했는데, 이것은 선
생님이라는 뜻이다. 17 예슈아께서 그녀에게 말씀하셨다. "나를 만지지 말라. 내가

173) 토요일 해 질 녘에 시작되어 일요일 해 질 녘에 끝나는 히브리인의 일요일을 가리키는 명칭이다.
174) 용어 해설에서 '부활한 몸'을 찾아보라.

아직 아버지께 올라가지 않았기 때문이다. 너는 내 형제들에게 가서 말하기를, '내
가 내 아버지, 곧 너희 아버지 그리고 내 하나님, 곧 너희 하나님께 올라갈 것이
다'라고 해야 한다." 18 막달라의 미리암이 와서 제자들에게 "내가 주님을 보았습니
다"라고 하면서, 그분이 자기에게 이런 것들을 말씀하셨다고 전했다.

제자들 앞에 나타나신 예슈아(마 28:16-20; 눅 24:36-49)

19 그 후 그 주간의 첫날 늦은 시간에 유대인 *지도자*들을 두려워하여 제자들[175]이
있는 곳의 문을 닫았는데, 예슈아께서 오셔서 그들 가운데 서서 말씀하셨다. "너
희에게 샬롬이 있기를 바란다(샬롬 알레이켐)." 20 이어서 이 말씀을 하신 후에 그분
께서 그 손과 옆구리를 그들에게 보여 주셨다. 그러자 제자들은 주님을 보았으므
로 기뻐했다. 21 그리고 예슈아께서 그들에게 다시 말씀하셨다. "너희에게 샬롬이
있기를 바란다. 아버지께서 나를 보내신 것같이 내가 너희를 보낸다." 22 그러면서
그분은 이렇게 말씀하시고 *그들에게* 숨을 내쉬며 말씀하셨다. "너희는 즉시 성령
을 받아들여야 한다[176] 23 누구든지 너희가 용서하면[177] 그들의 죄들이 사해지며,
누구든지 그대로 두면 그대로 있다."

예슈아와 도마

24 그런데 열둘 중 한 명이며 쌍둥이라고 불리는 도마는 예슈아께서 오셨을 때에
그들과 함께 있지 않았다. 25 그러므로 다른 제자들이 그에게 "우리가 주님을 보았
다"고 이야기했으나 그가 그들에게 말했다. "내가 그분의 손에 있는 못 자국을 보
고, 그 못 자국에 내 손가락을 넣어 보며, 그분의 옆구리에 내 손을 넣어 볼 수 없다
면, 절대로 믿지 않을 것이다." 26 그리고 팔 일 후에[178] 그분의 제자들이 다시 안에
있었고, 도마도 그들과 함께 있었다. 문이 닫힌 후에 예슈아께서 오셔서 *방* 한가운
데서 말씀하셨다. "너희에게 샬롬이 있기를 바란다(샬롬 알레이켐)." 27 이어서 그분께
서 도마에게 말씀하셨다. "네 손가락을 여기에 넣어 보고, 내 손을 확인해 보아라.

175) 열한 제자 중 열 명이 이곳에 있었다. 그러나 다른 사람들도 있었을 가능성도 있다.

176) 우리는 진심으로 성령의 침례를 구해야 한다. 용어 해설에서 '받다/취하다'를 찾아보라.

177) "내가 너를 용서한다"고 말하라는 뜻이 아니다. 어떤 사람이 진심으로 뉘우치고 회개했다면, 예슈아께서 말씀하신 것처럼 그에게 "네 죄가 사해졌다"고 말해 줄 수 있다는 것이다.

178) 부활하신 예슈아께서 제자들과 계속 함께 계셨다고 생각하는 경우가 많은데, 그렇지 않았다. 제자들에게는 예슈아 없이 지내는 8일이 꽤 긴 시간이었을 것이다.

그리고 네 손을 내밀어 내 옆구리[179]에 넣어 보아라. 그리하여 믿음 없는 자가 되지
말고 믿음을 가져라." **28** 도마가 그분께 대답했다. "나의 주님이시며 나의 하나님이십
니다." **29** 예슈아께서 그에게 말씀하셨다. "네가 나를 보았기 때문에 믿느냐? 보지 않
고도 믿는 자들은 복이 있다."

이 책의 목적

30 분명히 예슈아께서는 다른 많은 표적들을 그분의 제자들 앞에서 행하셨는
데, 그것들은 이 두루마리[180]에 기록되지 않았다. **31** 그러나 이런 것들이 기록된
것은, 너희가 예슈아께서 메시아, 곧 하나님의 아들이심을 믿게 하고, 또 너희로
믿고 그분의 이름 안에서 *영원한* 생명을 얻게 하려는 것이다.

예슈아께서 일곱 명의 제자들에게 나타나시다

21 **1** 이러한 일들 후에 예슈아께서 다시 디베랴 호수에서 제자들에게 자기
를 드러내셨는데, 그분은 이와 같이 나타내셨다. **2** 시몬 베드로와 쌍둥
이라 불리는 도마와 갈릴리 가나 출신의 나다나엘과 세베대의 두 아들과 그분의
제자들 중 다른 두 사람이 함께 있었다. **3** 시몬 베드로가 그들에게 말했다. "이제
나는 가서[181] 물고기를 잡겠소."[182] 그들이 그에게 말했다. "우리도 가서 당신과 함
께하겠소."[183] 그들이 가서 배에 탔으나 밤새도록 아무것도 잡지 못했다. **4** 그런데
동이 튼 후에 예슈아께서 이미 호숫가에 서 계셨으나, 제자들은 아직 예슈아이신
지 몰랐다. **5** 그러자 예슈아께서 말씀하셨다. "얘들아, 물고기를 좀 잡았느냐?"[184]
그들이 그분께 대답했다. "아니요." **6** 그러자 그분께서 그들에게 말씀하셨다. "너희
는 그물을 배 오른편에 던져야 한다. 그러면 너희가 *물고기를* 잡을 것이다." 이에
그들이 그물을 던졌더니, 물고기가 너무 많아서 더 이상 그물을 끌어올릴 수 없

179) 용어 해설에서 '부활한 몸'을 찾아보라.
180) 요한은 파피루스 두루마리에 이 말씀을 기록했다.
181) 헬라어 '휘파고'는 '왔던 곳으로 되돌아가다'의 의미이다.
182) 헬라어의 현재 시제는 지속적인 행위를 나타낸다. 즉 '계속 물고기를 잡겠다'는 말이다.
183) 이들은 부활하신 예슈아를 만났는데도 세속의 직업으로 되돌아가려는 것이다.
184) 문장 구조상 예슈아께서는 제자들이 부정적인 대답을 할 것을 예상하고 계신다.
185) 예슈아께서 마지막으로 보이신 지 수일이 흘렀고, 제자들은 그분께서 언제 어떻게 나타나실지 알지 못했다.

었다. 7 그때 예슈아께서 사랑하시는 제자가 베드로에게 말했다. "주님이시다!"[185]
그러자 시몬 베드로는 주님이시라는 말을 듣고 벗었던 겉옷[186]을 두른 채 호수에
뛰어들었다. 8 그러나 다른 제자들은 작은 배를 타고 왔는데, 물가에서 불과 이백
규빗[187] 정도 떨어진 멀지 않은 곳에 있었으므로, 물고기 그물을 끌고 왔다. 9 그
후 그들은 호숫가에 내려서 숯불이 있고 그 위에 물고기가 놓인 것과 빵도 있는
것을 보았다. 10 예슈아께서 그들에게 말씀하셨다. "너희가 방금 잡은 물고기를 조
금 가져와야겠다." 11 이에 시몬 베드로가 올라가 그물을 육지로 끌어올리니, 백쉰
세 마리의 큰 물고기로 가득했다. 물고기가 그렇게 많은데도 그물은 찢어지지 않
았다. 12 예슈아께서 그들에게 말씀하셨다. "자, 너희가 아침을 먹어야 한다." 이에
제자들 중 아무도 감히 예슈아께 "당신이 누구십니까?"라고 묻지 않았으니, 그분
이 주님이심을 알았기 때문이다. 13 예슈아께서 오셔서 빵을 가져다가 제자들에게
주셨고, 구운 생선도 그와 같이 주셨다. 14 이제 이것은 예슈아께서 죽은 자들로
부터 일어나신 후 세 번째로 제자들에게 나타나신 것이었다.[188]

예슈아와 베드로

15 그리하여 그들이 아침을 먹는 동안 예슈아께서 시몬 베드로에게 말씀하셨
다. "요한의 아들 시몬아, 네가 이 사람들보다 나를 더 사랑하느냐?" 그가 그분께
말했다. "그렇습니다, 주님. 제가 당신을 사랑하는 줄 당신이 아십니다." 그분께서
그에게 말씀하셨다. "너는 계속해서 내 어린양들을 먹여야 한다." 16 다시 그분께서
두 번째로 그에게 말씀하셨다. "요한의 아들 시몬아, 네가 나를 사랑하느냐?" 그가
그분께 말했다. "그렇습니다, 주님. 제가 당신을 사랑하는 줄 당신이 아십니다." 그
분께서 그에게 말씀하셨다. "너는 계속해서 내 양들을 쳐야 한다."[189] 17 그분께서
그에게 세 번째로 말씀하셨다. "요한의 아들 시몬아, 네가 나를 사랑하느냐?" 그
분께서 그에게 "네가 나를 사랑하느냐?"라고 세 번째로 말씀하시자, 베드로는 걱
정이 되었다. 그래서 그가 그분께 말했다. "주님, 당신이 모든 것을 아십니다. 당신
은 제가 당신을 사랑하는 줄 아십니다." 예슈아께서 그에게 말씀하셨다. "너는 계

186) 베드로는 일하려고 벗어 둔 자신의 기도숄을 입었다.

187) 약 90m

188) 바울은 모든 사도들이 부활하신 예슈아를 적어도 세 번은 만났다고 전한다(고전 15:5-7).

189) 양을 치는 것(돌보는 것)은 선한 목자의 사역을 말한다. 용어 해설에서 '다윗의 자손/요셉의 자손'을 찾아보라.

속해서 내 양들을 먹여야 한다. 18 진실로 진실로 내가 네게 말한다. 네가 젊었을
때는 스스로 허리를 동이고 네가 원하는 곳으로 다녔다. 그러나 나이 들면 네 팔
을 뻗을 것이며, 다른 사람이 네게 옷을 입혀 네가 원하지 않는 곳으로 너를 데려
갈 것이다." 19 그런데 그분은 이렇게 말씀하시며 그가 어떤 죽음으로 하나님께 영
광을 돌릴 것인지 알려 주신 것이었다. 이 말씀을 하신 후 그분은 "너는 계속해서
나를 따라야 한다"고 하셨다.

예슈아께서 사랑하시는 제자

20 그때 베드로가 돌아서서 예슈아께서 사랑하시는 제자가 따라오는 것을 보
았는데, 그는 만찬에서 그분 곁에[190] 비스듬히 앉아 "주님, 당신을 팔아넘길 자가
누구입니까?"라고 말한 자였다. 21 이에 베드로가 그를 보고 예슈아께 말했다. "주
님, 그는 어떻게 되겠습니까?" 22 예슈아께서 그에게 말씀하셨다. "내가 올 때까지
그를 남아 있게 하기를 원한다 해도, 네게 무슨 상관이냐? 너는 계속 나를 따르
라." 23 그래서 이 말이 형제들 사이에 그 제자는 죽지 않을 것이라고 알려졌다. 그
러나 예슈아께서는 그가 죽지 않을 것이라고 말씀하신 것이 아니라, "만일 내가
올 때까지 그를 남아 있게 하기를 원한다 해도, 네게 무슨 상관이냐?"라고 하신
것이었다.

24 이 사람이 바로 이러한 일들에 대해 증거하며 기록한 제자이니, 우리는 그의
증거가 참된 것을 안다.

25 그리고 예슈아께서 행하신 다른 일들도 많이 있는데, 그 모든 것이 기록된다
면, 세상에는 기록될 그 책들을 둘 공간이 없을 것이라고 생각한다.

190) 문자 그대로 옮기면 '예슈아의 가슴에'이다. 그는 예슈아 옆에 비스듬히 앉아서 먹었다. 용어 해설에서 '비스듬히 앉아서 먹다'를 찾아보라.

사도들의 행적[1]
(사도행전)

성령을 약속하시다

1 1 오 데오빌로여,[2] 진실로 제가 모든 것, 곧 예슈아께서 행하시고 가르치
시기 시작한 것에 대해 기록한 첫 번째 이야기는 2 그분이 택하신 사도들
에게 성령을 통해 명령하시고 들려 올라가시던 날까지의 일을 기록한 것입니다. 3
그분은 고난 받으신 후에 확실하고 많은 증거로 살아 계심을 보여 주셨고, 사십
일 동안 그들에게 나타나 하나님의 왕국에 대해 이러한 것들을 말씀하셨습니다.
4 또 그분은 그들과 함께 머무시는 동안 그들에게 명령하셨습니다. "예루살렘을 떠
나지 말고, 너희가 내게 들은 아버지의 약속을 기다려라. 5 요한은 물로 침례[3]를
주었으나, 너희는 머지않아 성령 안에 잠기는 침례를 받을[4] 것이기 때문이다."

예슈아의 승천

6 그러자 그들이 와서 그분께 물으며 말하기를, "주님, 당신은 지금 이스라엘에
서 그 왕국을 회복하실 것입니까?"[5]라고 했습니다. 7 그러나 그분이 그들에게 말
씀하셨습니다. "아버지께서 그분의 권한으로 정하신 때와 시기는 너희가 알 것이
아니다. 8 그러나 성령이 너희에게 임하시면 너희가 권능을 받고, 예루살렘과 온
유대와 사마리아와 땅끝까지 내 증인이 될 것이다." 9 그리고 그분은 이런 것들을
말씀하신 후에 그들이 지켜보는 동안 들려 올라가셨는데, 구름이 그분을 가려 그

1) AD 63-70년경에 기록되었다.

2) '데오빌로'는 '하나님을 사랑함' 또는 '하나님의 친구(사람)들'이라는 뜻이다. 이 편지가 데오빌로라는 사람에게 보낸 것인지, 믿는 자들에게 보낸 것인지는 분명하지 않지만, 전자가 지배적인 견해이다.

3) 헬라어 '밥티조'는 '잠기다 담그다'의 뜻이다. 용어 해설에서 '침례'를 찾아보라.

4) 중요한 것은 이 일이 '곧' 일어난다는 사실이다. 이 일은 예슈아께서 승천하시고 열흘 후에 일어났다.

5) 사도들은 예슈아의 통치가 곧 시작되리라 기대했다.

들의 시야에서 사라지셨습니다. **10** 그런데 그들이 하늘을 주목하며 그분이 가시는 모습을 보고 있는데, 흰옷[6]을 입은 두 사람이 그들 곁에 서서 **11** 말했습니다. "갈릴리 사람들아, 너희는 왜 하늘을 쳐다보고 있느냐? 너희에게서 하늘로 올려지신 이 예슈아께서는 너희가 하늘로 가심을 본 그대로 다시 오실 것이다."[7]

유다의 후임 선택

12 그 후 그들은 올리브 숲이라 불리는 산에서 예루살렘으로 돌아왔는데, 그곳은 안식일에 걸어서 다닐 정도로 예루살렘 가까이 있었습니다. **13** 그리고 그들은 들어가서 자기들이 머물고 있는 위층으로 올라갔습니다. 그들은 곧 베드로와 요한과 야고보와 안드레와 빌립과 도마와 바돌로매와 마태와 알패오의 아들 야고보와 열심당원 시몬, 그리고 야고보의 아들 유다였습니다.[8] **14** 이들은 모두 한 가지 목적으로 여자들과 예슈아의 어머니 미리암과 그분의 형제들과 함께 기도하며 기다리고 있었습니다.

15 한편 그 무렵[9] 베드로가 믿는 자들 가운데서 일어났습니다. 그곳에는 약 백이십 명 정도의 무리가 있었는데,[10] 그(베드로)가 말했습니다. **16** "형제 여러분, 성령께서 다윗의 입을 통해 미리 말씀하신 유다에 관한 성경이 이루어져야 했습니다. 그는 예슈아를 체포하는 사람들의 앞잡이가 되었던 자로, **17** 우리 가운데 계수되어 이 거룩한 사역[11]의 한 몫을 받은 자였기 때문입니다. **18** 그런데 실제로 그는 자기의 불의의 삯으로 땅을 사고,[12] 거꾸로 떨어져서 배가 터져 그의 창자가 다 흘러나왔습니다. **19** 이 일은 예루살렘에 사는 모든 사람들에게 알려졌습니다. 그리하

6) '흰옷'은 영적으로 준비된 상태를 상징한다. "네 의복을 항상 희게 하고 네 머리에 기름이 부족하지 않게 하라"(전 9:8).

7) "그날에 그분의 발이 예루살렘 동쪽에 있는 올리브산 위에 서실 것이며, 올리브산은 그 중앙이 동쪽과 서쪽으로 갈라져 거대한 골짜기가 생기겠고, 산의 절반은 북쪽으로, 나머지 절반은 남쪽으로 옮겨질 것이다"(슥 14:4).

8) 이 열한 명은 이 방에 머물러 있던 것이 분명하다.

9) 앞의 절들과는 다른 때이다.

10) 이곳은 그들이 머물던 위층 방이 아니라 어느 공공장소이다. 그들이 머물던 방은 120명을 수용할 수 없었다.

11) 또는 섬김. 용어 해설에서 '종'을 찾아보라.

12) 원문은 '중간태'(middle voice) 시제를 사용하여 유다가 직접 이 땅을 샀음을 암시한다. 그러나 마태복음 27장 3, 7절에는 유다가 예슈아를 배신하고 받은 돈을 성전 안에 던져 넣었다고 기록되어 있다. 따라서 여기서 말하는 불의의 삯은 그가 맡은 돈궤에서 훔쳐 낸 돈을 말하는 것일 수도 있다.

13) 헬라어 사본에는 이 말 앞에 '그들의 언어로'라는 문구가 있는데, 이것은 후대에 덧붙여진 것이다.

여 그 밭은 아겔다마,[13] 곧 '피의 밭'이라 불리게 되었습니다. **20** 시편에 기록되어 있기를,

'그의 집이 황폐하게 하시고

그 안에 사는 자가 없게 하소서'(시 69:26)라고 하였고,

또 '다른 사람이 그를 대신하여 감독자가 되게 하소서'(시 109:8)라고 하기 때문입니다.

21 그러므로 주 예슈아께서 우리 가운데 오셨다가 떠나가신 날 동안 우리와 함께 다닌 사람들[14] 중 한 사람이 필요하니, **22** 곧 요한의 침례[15]가 시작될 때부터 그분이 우리 가운데서 들림 받으신 그날까지 그분의 부활[16]에 대한 증인으로, 우리 가운데 하나가 될 사람입니다." **23** 이에 그들은 바사바라고도 하고 유스도라는 별명을 가진 요셉과 맛디아 두 사람을 놓고 **24** 기도하면서 말했습니다. "주님, 당신은 모든 사람의 마음을 아시니, 이 두 사람 중 한 사람, 곧 당신이 택하신 사람을 분명하게 보여 주셔서 **25** 그로 이 사역과 사도의 직분을 감당하게 하옵소서. 유다는 이것을 버리고 자신이 속한 곳으로 갔습니다." **26** 그리고 그들이 제비를 뽑았더니, 맛디아가 뽑혀 그가 택함을 받아 열한 사도에 추가되었습니다.

성령이 오심

2 **1** 한편 샤부오트(오순절)[17] 날이 되었을 때, 그들은 모두가 함께 한자리에 있었습니다. **2** 그때 갑자기 하늘에서 강한 바람이 부는 것 같은 소리가 나며, 그들이 앉아 있는 그 집[18]을 가득 채웠습니다. **3** 그리고 불처럼 갈라진 혀들이 보이더니, 각 사람 위에 *그 불꽃이* 앉았습니다. **4** 그러자 모두가 성령 충만해져서 성령께서 그들로 담대히 말하게 하시는 대로 다른 언어들로 말하기 시작했습니다.

14) 용어 해설에서 '제자들'을 찾아보라.

15) 헬라어 '밥티스마'(baptisma)는 '(몸을) 담그는 것'을 뜻한다. 몸을 물에 담그는 행위는 예슈아 당시 이미 천 년 이상 지켜지던 유대인의 관습으로, 정결례에 꼭 필요한 행위였다. 용어 해설에서 '침례'를 찾아보라.

16) 용어 해설에서 '부활'을 찾아보라.

17) 또는 칠칠절. 헬라어로는 '펜테코스트'(Pentecost)이다. 용어 해설에서 '샤부오트'를 찾아보라.

18) 이곳은 '성전'이다. 히브리어는 성전을 '집'으로 표현하는 경우가 많다. 이들이 앉아 있는 성전 계단, 곧 솔로몬 행각의 계단은 예루살렘에서 수천 명이 운집할 수 있는 몇 안 되는 곳 중 하나였다. 거리는 비좁았고, 백여 명을 수용할 정도로 큰 방이 있는 집도 거의 없었다. 누가복음 11장 51절에서도 성소를 '그 집'이라고 언급한다. 누가복음 24장 53절을 참고하라.

5 그때 하늘 아래 있는 모든 민족으로부터 온 경건한 유대인들이 예루살렘에
머물고 있었습니다. 6 그런데 이런 소리가 나자 큰 무리가 함께 왔다가 놀랐습니다.
그들이 말하는 동안 모든 사람이 자신들의 언어로 듣고 있었기 때문입니다. 7 그래
서 사람들은 깜짝 놀라며 이렇게 말했습니다. "보십시오, 말하는 사람들은 모두
갈릴리 출신 아닙니까? 8 그런데 어떻게 우리가 각자 태어난 곳의 언어로 듣는 것
입니까? 9 바대 사람들, 메대 사람들, 엘람 사람들 그리고 메소포타미아, 유대와
심지어 갑바도기아,[19] 본도와 아시아에 거하는 사람들, 10 브루기아와 밤빌리아,
이집트와 구레네 부근의 리비아 여러 지방에 사는 사람들과 로마인 방문자들, 11
크레타 사람들과 아라비아인들로, 유대인과 유대교로 개종한 사람들인 우리 모
두가 우리의 언어들로 그들이 하나님의 위대하심을 말하고 있는 것을 듣고 있습
니다." 12 그러면서 모두가 놀라고 당황하여 서로 말하기를, "이것은 무슨 의미인
가?"라고 했습니다. 13 그러나 조롱하면서 "그들이 달콤한 새 포도주에 취했다"라
고 말하는 이들도 있었습니다.

샤부오트(오순절)에 한 베드로의 설교

14 그러자 베드로가 그 열한 명과 함께 일어나서 목소리를 높여 그들에게 말
했습니다. "여러분, 유대인들과 예루살렘을 방문 중인 모든 사람이여, 여러분에게
이 일을 알게 할 것이니, 내 말에 집중해 주십시오. 15 이 사람들은 여러분이 생각
하듯이 술 취한 것이 아니니, 지금은 제삼시[20]이기 때문입니다. 16 다만 이 일은
선지자 요엘을 통해 선포된 것입니다.

17 하나님께서 말씀하시기를, '마지막 날들에 그 일이 있어
내가 나의 영을 모든 육신에게 부어 줄 것이니,
너희 아들들과 딸들은 예언할 것이고
너희 젊은이들이 환상을 볼 것이며
너희 장로들은 꿈을 꿀 것이다.
18 또 그때에 내 남종들과 여종들[21] 위에도
내 영으로부터 부어 줄 것이니,

19) '갑바도기아'는 소아시아 내륙에 위치해 있다. 성경의 다른 곳에는 '용사들' 또는 '감맛 사람'으로 언급되어 있다(겔 27:11).

20) 오전 9시경으로 아침 기도 시간이다.

21) 이들은 온전히 하나님께 헌신된 종들, 즉 '여호와의 제사장들'을 말한다.

그들이 예언할 것이다.
19 그리고 내가 위로는 하늘의 기적과
아래로는 땅의 표적을 줄 것이니,
곧 피와 불과 자욱한 연기이다.
20 주의 크고 영광스러운 그날이 나타나기 전에
해가 흑암으로 변하고, 달은 피로 변할 것이다.
21 그러나 누구든지 주[22)]의 이름을 부르는 자는 구원받을 것이다'(욜 3:1-5)[23)]라
고 하셨습니다.

22 이스라엘 사람들이여, 이 말을 들으십시오! 하나님께서 나사렛 예슈아를 통
해 여러분 가운데서 행하신 이적과 기사와 표적으로 그를 증거하셨으니, 여러분
도 알고 있는 그대로입니다. 23 그런데 여러분은 하나님께서 미리 정하신 뜻(목적)
과 섭리로 넘겨주신 분을 불법자들의 손으로 못 박아 죽였습니다. 24 그러나 하나
님께서 사망의 줄을 푸시고(시 18:5; 116:3) 그분을 일으키셨습니다. 그분을 사망 아
래 단단히 묶어 놓을 수 없었기 때문입니다. 25 다윗이 이 일에 대해 말했습니다.

'나는 모든 것을 통해 내 앞에 계신 주님의 임재를 이미 보았습니다.
내가 흔들리지 않도록 그분께서 내 오른편에 계시기 때문입니다.
26 이로 인해 내 마음이 기쁘고, 내 혀가 즐거워했을 뿐 아니라
내 육신도 여전히 소망 안에서 살 것입니다.
27 주께서 내 생명을 하데스[24)]에 버리지 않으시며,
주의 거룩한 자로 하여금 썩음을 보지 않게 하실 것이기 때문입니다.
28 주께서 내게 생명의 길을 알게 하셨고,
주의 임재 안에서 내게 기쁨을 채우실 것입니다'(시 16:8-11).

29 여러분, 형제들이여, 내가 조상 다윗에 대해 자신 있게 말하는 것을 허락해
주십시오. 그는 죽어서 장사되어 그의 무덤이 지금까지 우리 가운데 있습니다. 30
그런데 그(다윗)는 선지자였기에 하나님께서 그에게 '그의 허리의 결매로부터 한
사람을 그 보좌에 앉힐 것이다'(삼하 7:12-13; 시 132:11)라고 맹세로 약속하신 것을 알
고 있었습니다. 31 그리고 미리 보았으므로 메시아의 부활에 대해 말하기를,

22) 요엘서에는 '여호와'로 되어 있다.

23) 히브리 성경을 기준으로 한 것이며, 우리말 성경은 요엘 2장 28-32절이다.

24) 용어 해설에서 '게헨나'를 찾아보라.

'그분은 하데스에 버림 받지 않으실 것'이며,
그분의 육신이 '썩음을 보지도 않으실 것'(시 16:10)이라고 했습니다.
32 하나님께서 이 예슈아를 부활시키셨으니, 우리 모두가 이 일의 증인입니다.
33 그러므로 그분은 하나님의 오른편으로 올려지셨고 아버지로부터 성령을 약속
받으셨기 때문에, 여러분도 보고 듣는 성령을 부어 주셨습니다. **34** 다윗은 하늘로
올려지지 않았지만, 말하기를,
'주께서 내 주님께 말씀하셨다.
너는 내 오른편[25]에 앉아 있어야 한다.
35 내가 네 원수들을 네 발 밑에 둘 때까지 말이다'(시 110:1)라고 했습니다.
36 그러므로 이스라엘 온 집이 계속해서 분명히 알아야 할 사실은 여러분이 십
자가에 못 박은 이 예슈아를 하나님께서 주님과 메시아로 삼으셨다는 것입니다."
37 그러자 사람들이 이 말을 듣고 마음이 찔렸습니다. 그들은 베드로와 다른 사
도들에게 말했습니다. "형제 여러분, 우리가 어떻게 하면 되겠습니까?" **38** 베드로
가 그들에게 말했습니다. "여러분은 즉시 회개하고, 각 사람이 즉시 메시아이신
예슈아의 이름으로 죄 사함을 위한 침례를 받아야 합니다. 그러면 여러분은 성령
을 선물로 받을 것입니다. **39** 그러므로 이 약속은 여러분과 여러분의 자녀들과 먼
곳에 있는 모든 사람, 곧 우리 주 하나님께서 자기에게 부르실 모두를 위한 것입
니다." **40** 또 그는 다른 여러 가지 말로 그들에게 증거하고 권면하며 말하기를, "당
신들은 이 비뚤어진 세대[26]로부터 즉시 구원받아야 합니다"라고 했습니다. **41** 그
러자 실제로 그의 메시지를 받아들인 사람들이 침례[27]를 받았고, 그날 약 삼천
명의 생명들이 더해졌습니다.[28] **42** 그들은 지속적으로 견고하게 사도들의 가르침
안에 머물렀고, 빵을 떼며 교제하는 일과 기도에 힘썼습니다.

믿는 자들의 생활

43 그때 경건한 두려움이 모두에게 임했고, 많은 기사와 표적들이 사도들을 통
해 일어났습니다. **44** 그리고 모든 믿는 자가 함께 지내며 모든 물건을 공유했으니,

25) 오른편은 '능력과 힘'을 상징하는 히브리 관용 표현이다. 용어 해설에서 '오른손'을 찾아보라.
26) 우리를 포함한 모든 세대를 가리킨다.
27) 성전에는 침례탕이 굉장히 많았다. 그래서 이 많은 사람들이 침례를 받는 데 20분 정도 걸렸을 것이다.
28) 솔로몬 행각은 성전 남쪽에 있는 계단식 구조물로, 예루살렘에서 이렇게 많은 무리에게 말씀을 전할 수 있는 유일한 장소였을 것이다.

45 그들은 자기 재산과 소유물을 팔아 각 사람의 필요에 따라 나누어 주었습니다.
46 그리고 날마다 한마음이 되어 열심히 성전에 모였고, 집집마다 돌아가며 빵을 떼
었습니다. 그들은 기쁘고 순수한 마음으로 음식을 나누면서 47 하나님을 찬양하여
모든 백성에게 칭찬을 받았습니다. 그리고 주께서 날마다 구원받는 사람들을 늘
어나게 하셨습니다.

걷지 못하는 자를 고치다

3 1 한편 베드로와 요한은 제구시[29]에 기도하러 성전으로 올라가고 있었습
니다. 2 그런데 어머니의 뱃속에서부터 걷지 못하는 자를 사람들이 메어
다가 매일[30] 아름다운 문[31]이라 불리는 성전 문 옆에 두어 성전으로 들어가는 사
람들에게 구걸하게 했습니다. 3 그 사람은 베드로와 요한이 막 성전으로 들어가
는 모습을 보고 돈을 달라고 간청했습니다. 4 그러자 베드로가 요한과 함께 그 사
람을 유심히 보며 말했습니다. "우리를 보시오." 5 이에 그는 그들을 주목하며 그
들로부터 무엇을 얻기를 기대했습니다. 6 그러자 베드로가 말했습니다. "은과 금은
내게 없으나 내가 가진 이것을 당신에게 주겠소. 나사렛 예슈아 메시아의 이름으
로 일어나 계속 걸어가시오." 7 그러면서 베드로가 그의 오른손을 잡아 일으키자,
즉시 그의 발과 발목에 힘이 들어갔고, 8 그가 벌떡 일어나더니 걸으며 그들과 함
께 성전으로 들어가서 걷기도 하고, 뛰기도 하면서 하나님을 찬양했습니다. 9 그
리하여 모든 백성이 그가 걸어 다니는 것과 하나님을 찬양하는 모습을 보았습니
다. 10 사람들은 그가 성전의 아름다운 문에 앉아서 구걸하던 사람이라는 것을 알
고, 그에게 일어난 일로 인해 놀라움과 경이로움으로 가득했습니다.

베드로의 설교

11 그 사람이 베드로와 요한을 붙들고 있는데, 크게 놀란 모든 백성이 그들이
있는 솔로몬의 행각으로 달려왔습니다. 12 이에 베드로가 그들을 보고 백성들에
게 대답했습니다. "이스라엘 백성이여, 여러분은 왜 이 일에 놀라며, 어째서 마치

29) 오후 3시. 오후 기도 시간이었다.

30) 여러 해 동안 매일같이 이 문 옆에 있었다는 것은 예슈아께서도 수차례 이 사람을 지나치셨다는 말이다. 4장 22절은 이 사람의 나이가 마흔이 넘었다고 말씀한다.

31) '아름다운 문'은 성전 바깥뜰에서 안뜰로 들어가는 문이었다.

우리 자신의 힘이나 경건으로 그를 걷게 한 것처럼 여기는 것입니까? **13** 아브라함
의 하나님과 이삭의 하나님과 야곱의 하나님, 곧 우리 조상들의 하나님(출 3:6, 15)
께서 그분의 자녀인 예슈아, 바로 여러분이 빌라도 앞에서 넘겨주고 부인한 분을
영광스럽게 하셨습니다. 빌라도가 그분을 풀어 주기로 결정했는데도, **14** 여러분
은 그 거룩하고 의로운 분을 거부하고 한 사람, 곧 살인자를 여러분에게 놓아 달
라고 요청하여 **15** 생명의 근원이신 분을 죽였습니다. 하지만 하나님께서는 그분
을 죽은 자들로부터 일으키셨습니다. 우리는 이 일의 증인들입니다. **16** 그분의 이
름을 믿음으로 인해 여러분이 보고 아는 이 사람에게 그분의 이름이 힘을 주었
습니다. *하나님이* 예슈아를 통해 이 사람에게 주신 믿음이 여러분 앞에서 이렇게
완전하고 온전히 낫게 한 것입니다. **17** 그런데 형제들이여, 이제 나는 여러분이 여
러분의 지도자들과 마찬가지로 무지해서 그렇게 행하였다는 것을 알고 있습니다.
18 하나님께서는 모든 선지자의 입을 통해 그분의 메시아가 고난받아야 한다고 미
리 선포하신 것을[32] 이와 같이 성취하셨습니다. **19** 그러므로 여러분은 즉시 회개
하고, *하나님*께 돌아가서 여러분의 죄가 제거되게 해야[33] 합니다(사 43:25). **20** 그러
면 안식[34]의 때가 주님으로부터 올 것이며, 그분께서 여러분에게 메시아로 지명되
신 예슈아를 보내실 것입니다. **21** 하늘은 하나님께서 그분의 거룩한 선지자들의
입을 통해 영원 전부터 말씀하신 만물의 회복 때까지 그분을 받아들여야 합니다.
22 참으로 모세가 말하기를, '너희 하나님 여호와께서 너희를 위해 나와 같은 선지
자 하나를 너희 형제들 가운데서 일으키실 것이니, 너희는 그분께서 너희에게 무
슨 말씀을 하시든지 모든 일에 그분의 말씀을 들어야 할 것이다'(신 18:18)라고 했습
니다. **23** '또한 그 선지자의 말을 듣지 않는 자는 누구든지 그 백성 가운데서 완전
히 멸망할 것이다'(신 18:19)라고 했습니다. **24** 그뿐만 아니라 사실상 사무엘과 그 이
후의 모든 선지자들도 말할 때마다 이날을 선포했습니다. **25** 여러분은 그 선지자
들과 언약의 자손으로, 하나님께서는 아브라함에게 다음과 같이 말씀하시며 여
러분의 조상들과 그 언약을 세우셨습니다. '그러므로 네 씨로 땅의 모든 민족이

32) 이사야 53장과 다른 구절들. 용어 해설에서 '다윗의 자손/요셉의 자손'을 찾아보라.

33) 헬라어 '엑살레이포'(exaleipho)의 뜻은 '지우다', '제거하다', '완전히 없애 버리다'이다. 이 단어는 양피지를 재사용하려고 잉크를 녹이는 과정을 설명할 때도 사용된다. 진정으로 회개한 사람에게는 죄가 없다. 용어 해설에서 '죄'와 '죄 사함'을 찾아보라.

34) '의지하고 신뢰하는 것'을 뜻하는 헬라어 '아납쉭시스'(anapsuxis)를 사용하여 성육신하신 하나님을 의지하게 될 메시아의 통치를 표현하고 있다.

복을 받을 것이다'(창 22:18; 26:4). **26** 그래서 하나님께서 먼저 여러분을 위해 그분의
아들을 일으키셨습니다. 그분은 그를 보내셔서 여러분 각자가 자기의 악에서 돌
이켜 복을 받게 하셨습니다."

공회 앞에 선 베드로와 요한

4 **1** 한편 사도들이 백성에게 말하는 동안, 제사장들과 성전 관리인과 사두
개파 사람들이 그 옆에 서 있었습니다. **2** 그들은 사도들이 백성을 가르치
며 예슈아 안에 죽은 자들로부터 부활이 있다고 선포하는 것에 격분하여 **3** 베드
로와 요한을 붙잡아 다음 날 아침까지 감옥에 가두었습니다. 이미 저녁이 되었기
때문입니다. **4** 그럼에도 불구하고 많은 사람들이 그 말씀을 듣고 믿었는데, 남자
의 수가 약 오천 명이었습니다.

5 그런데 다음 날 다음과 같은 일이 있었습니다. 그들의 지도자들과 장로들과
서기관들이 예루살렘에 모였고, **6** 대제사장 안나스와 가야바와 요한과 알렉산
더, 그리고 대제사장 가문에 속한 사람들도 다수가 있었습니다. **7** 그들은 사도들
을 가운데 세우고 물었습니다. "당신들은 무슨 권세나 명분으로 이 일을 한 것이
오?" **8** 그때 베드로가 성령으로 충만하여 그들에게 말했습니다. "백성의 지도자들
과 장로들이여, **9** 만약 우리가 오늘 몸이 불편한 사람에게 행한 선한 일 때문에
이 사람이 어떤 선한 일로 구원받았는지에 대해 재판을 받는 것이라면, **10** 여러분
모두와 모든 이스라엘 백성은 알아야 합니다. 그것은 나사렛 예슈아 메시아의 이
름으로, 곧 당신들이 십자가에 못 박았지만 하나님께서 죽은 자들 가운데서 일으
키신 바로 그분으로 인해 이 사람이 여러분 앞에 온전하게 서 있다는 사실입니다.
11 이분은 바로,

'건축자들' 곧 여러분에게 '버림받고 모퉁잇돌이 되신'(시 118:22) 분입니다.

12 그러므로 다른 어떤 것에도 구원이 없습니다. 하늘 아래에서 우리가 구원받
는 데 필요한 다른 어떤 이름이 사람에게 주어진 적이 없기 때문입니다." **13** 이에
그들은 베드로와 요한이 거침없는 것을 보고 배우지 못해[35] 훈련되지 않은 사람
들로 알고 있다가 크게 놀랐습니다. 또 이들이 예슈아와 함께 있던 사람들이라

35) 유대인들의 교육 기관인 예쉬바에서 공부하지 않았다는 말이다. 유대인들은 모두 성경을 암송했는데, 이것은 유대인으로 성장하는 과정의 일부였다.

는 것도 알게 되었습니다. 14 그뿐만 아니라 그들과 함께 서 있는 사람, 곧 치유받
은 자를 보고는 더 이상 반박할 수도, *그 기적을 부인할* 수도 없었습니다. 15 그래
서 그들에게 산헤드린 밖으로 나가라고 명령한 후에 서로 의논하며 16 말했습니
다. "우리가 이 사람들을 어떻게 해야 하겠습니까? 참으로 그들을 통해 매우 주
목할 만한 표적이 일어나서 예루살렘에 사는 모든 사람에게 알려지고 드러났으
므로 우리가 부인할 수는 없습니다. 17 다만 그것이 백성들 가운데 더 이상 퍼지
지 않도록 그들에게 경고하여 더는 아무에게도 이 이름으로 말하지 못하게 해야
합니다." 18 그래서 그들을 불러다가 예슈아의 이름에 대해 절대 말하지도 말고,
가르치지도 말라고 경고했습니다. 19 그러자 베드로와 요한이 그들에게 말했습니
다. "하나님 앞에서 하나님의 말씀 대신 여러분의 말을 듣는 것이 더 정당한지 여
러분이 판단해야 합니다. 20 우리는 보고 들은 것을 말하지 않을 수 없기 때문입니
다." 21 그래서 그들은 백성들 때문에 그들을 처벌할 방법을 찾지 못하여 한층 더
위협하고 그들을 놓아 주었습니다. 모두가 일어난 그 일에 대해 하나님께 영광을
돌리고 있었고, 22 또 치유의 기적이 일어난 사람이 사십 세가 넘었기 때문입니다.

담대함을 위한 기도

23 그 후 그들은 풀려나서 자기들의 자리로 돌아와 대제사장들과 장로들이 자
기들에게 한 말을 사람들에게 전했습니다. 24 그러자 듣는 사람들이 한마음과 한
목소리로 하나님께 말씀드렸습니다. "주여, 당신은 하늘과 땅과 바다와 그 안의
만물을 지으신 분입니다. 25 우리 아버지시여, 아버지께서 아들 다윗의 입을 통해
성령으로 말씀하셨습니다.

'왜 이방인들이 교만하며 민족들은 헛된 일들을 꾸미는가?
26 또한 땅의 왕들이 나서며
통치자들이 함께 모여 그분을 대적하니,
곧 주님과 그분의 메시아를 대적했다'(시 2:1-2).

27 그러므로 헤롯과 본디오 빌라도가 이방인들과 이스라엘 백성과 함께 이 성
에서 아버지의 거룩한 자녀 예슈아, 곧 아버지께서 기름 부으신 자를 참으로 대적
하여 28 아버지의 손과 뜻으로 섭리하신 모든 것이 일어나게 했습니다. 29 그러므
로 주여, 이제 그들의 위협을 보시고, 즉시 아버지의 종들에게 아버지의 말씀을
담대하게 말할 수 있게 해 주소서. 30 그리고 당신의 손을 펴셔서 아버지의 거룩한

자녀 예슈아의 이름으로 치유와 표적과 기사가 일어나게 해 주소서." **31** 그들이 간
구를 마친 후에 모인 곳이 흔들리더니, 모두가 성령으로 충만해져서 하나님의 말
씀을 담대히 선포하기 시작했습니다.

모든 것을 공유하다

32 그리고 믿는 자들의 무리는 한마음과 한뜻이 되어 아무도 자기 소유를 자기
것이라 말하지 않고, 그들 모두가 공동으로 소유했습니다. **33** 그러면서 사도들은
주 예슈아의 부활에 대해 큰 능력으로 증거를 제시하고 있었고, 그들 모두에게
큰 은총이 임했습니다. **34** 그리하여 실제로 그들 가운데 궁핍한 사람이 아무도 없
었습니다. 땅이나 집을 소유한 사람들이 그것들을 팔고 그 값을 가져와 **35** 사도들
의 발치에 두었고, 그것이 각 사람에게 필요한 만큼 분배되었기 때문입니다. **36** 그
때 키프로스 태생의 레위인으로 사도들에게 바나바, 곧 '격려의 아들'이라 불리는
요셉도 **37** 자기 소유의 밭을 팔고, 그 판 돈을 가져다가 사도들의 발 앞에 놓았습
니다.

아나니아와 삽비라

5 **1** 그런데 아나니아라는 어떤 사람은 자기 아내 삽비라와 함께 재산을 팔
아서 **2** 그 값의 일부를 감춰 두었는데, 그의 아내도 알고 있었습니다. 그
후 그는 일부를 가져와 사도들의 발치에 두었습니다. **3** 이에 베드로가 말했습니
다. "아나니아여, 왜 당신의 마음에 사탄[36]이 가득하여 성령을 속이고 그 땅 값의
일부를 감춘 것이오? **4** 그 땅은 팔기 전이나 당신의 권한으로 팔았을 때나 당신의
것이 아니었소? 당신은 왜 이런 일을 마음에 품은 것이오? 당신은 사람들이 아니
라 하나님께 거짓말을 한 것이오." **5** 그러자 아나니아가 이 말을 듣고 쓰러져 숨을
거두었고, 이것을 듣고 있던 모든 사람에게 큰 두려움이 임했습니다. **6** 이에 젊은
남자들이 일어나 그를 싸서 옮기고 장사 지냈습니다.

7 이어서 약 세 시간 간격을 두고 그의 아내가 무슨 일이 일어났는지 알지 못한
채 들어왔습니다. **8** 그때 베드로가 그녀에게 말했습니다. "그 밭을 그 값에 팔았는
지 내게 말해 보시오." 그러자 그녀가 말했습니다. "분명 그 가격입니다." **9** 이에 베

36) 용어 해설에서 '사탄'을 찾아보라.

드로가 그녀에게 "왜 당신들은 주의 성령을 시험하기로 합의한 것이오? 보시오,
당신의 남편을 매장한 사람들의 발이 문 앞에 있으니, 그들이 당신을 옮길 것이
오"라고 했습니다. **10** 그러자 그녀가 즉시 그의 발 앞에 쓰러져 죽었습니다. 젊은 남
자들이 들어왔다가 그녀가 죽은 것을 보고 옮겨다가 남편 옆에 묻었습니다. **11** 그리
하여 큰 두려움이 온 회중(교회)과 이 일을 들은 모든 사람에게 임했습니다.

표적들과 기사들

12 그리고 사도들의 손을 통해 많은 표적과 기사가 백성들 가운데서 일어났습
니다. 그리하여 그들이 모두 함께 솔로몬 행각에 모였는데, **13** 다른 사람들은 아무
도 감히 그들에게 합류하지 못했습니다. 하지만 백성들은 계속해서 그들을 높이
평가했습니다. **14** 그리하여 주를 믿는 남녀의 무리가 점점 더 늘어갔습니다. **15** 심
지어 사람들은 환자들을 거리로 데리고 나와 들것이나 침상에 눕혀 놓고, 베드로
가 지나갈 때에 그의 그림자라도 드리워지게 하려 했습니다. **16** 그리고 그 무리는
예루살렘 주변의 여러 도시에서 환자들과 더러운 영들에게 시달리는 자들을 데
리고 왔는데, 모두 치유되었습니다.

사도들을 박해하다

17 그때 대제사장 및 그와 함께 있는 모든 자, 곧 사두개파 사람들이 시기심으
로 가득 차서 일어나 **18** 사도들을 체포하여 공공 감옥에 넣었습니다. **19** 그러나 주
의 천사가 밤에 감옥 문을 열고 그들을 밖으로 인도한 후에 말했습니다. **20** "가라.
너희는 성전에 서서 모든 백성에게 계속 이 *영원한* 생명의 말씀을 전해야 한다." **21**
그래서 그들은 이 말을 듣고 해가 뜨기 전에 성전에 들어가 가르치기 시작했습니
다. 한편 대제사장이 도착하여, 자기와 함께한 사람들과 더불어 산헤드린과 이스
라엘 자손들의 모든 원로회의까지 소집하고, 감옥으로 사람을 보내 사도들을 잡
아오게 했습니다. **22** 그런데 수행원들이 감옥에 도착해서 보니, 사도들이 감옥 안
에 없었습니다. 그래서 그들이 돌아와 보고하며 **23** 다음과 같이 말했습니다. "우리
가 보니, 감옥은 모든 것이 철저하게 지켜지고 간수들이 문 옆에 서 있었지만, 문
을 열고 보니 안에는 아무도 없었습니다." **24** 이에 성전 경비대장과 대제사장들은
이 말을 듣고 이것이 어떻게 된 일인지 당황해했습니다. **25** 마침 그때 어떤 사람이
와서 그들에게 말했습니다. "보시오, 당신들이 감옥에 넣은 사람들이 성전에 서서

사람들을 가르치고 있소." **26** 그러자 그 대장이 수행원들과 함께 가서 그들을 끌
어왔으나 강제로 하지는 않았습니다. 백성들이 자기들에게 돌을 던질까 두려웠기
때문입니다.

27 그 후 그들은 사도들을 데려와 산헤드린 가운데 세웠습니다. 그리고 대제사
장이 그들에게 물으며 **28** 말했습니다. "우리가 너희에게 이 이름으로 가르치지 말
라고 엄히 명령하지 않았느냐? 그런데 보라, 너희는 너희 가르침으로 예루살렘
을 가득 채워 놓고 이 사람의 피를 우리에게 돌리려 하고 있다." **29** 그러자 베드로
와 사도들이 말했습니다. "사람들보다는 하나님께 복종하는 것이 마땅합니다. **30**
우리 조상들의 하나님께서 예슈아, 곧 여러분이 나무에 매달아 죽인 바로 그분을
죽은 자들 가운데서 일으키셨으니, **31** 하나님은 이스라엘에게 회개와 속죄함을
주시려고 그분을 통치자와 구세주로 들어 올리셔서 자기 오른편에 두셨습니다. **32**
그러므로 우리는 이 일의 증인들이며, 하나님께서 복종하는 자들에게 주시는 성령
도 그렇습니다."

33 그런데 그들이 이것을 듣더니, 격분하여 사도들을 죽이려고 했습니다. **34** 그
때 공회에서 가말리엘[37]이라는 바리새파 사람, 곧 토라(가르침)[38] 선생으로 온 백
성에게 존경을 받는 자가 일어나 그들을 잠깐 밖으로 내보내라고 명령했습니다.
35 그리고 공회원들에게 말했습니다. "이스라엘 사람들이여, 당신들은 이 사람들
을 어떻게 할 것인지 신중하게 생각해야 합니다. **36** 얼마 전에 드다가 일어나 자기
가 대단한 사람이라고 말하여 사백 명 정도가 그에게 붙었습니다. 그런데 그가
죽임을 당하자, 그에게 가담했던 사람들이 모두 흩어져 다 없어졌습니다. **37** 그 후
갈릴리의 유다가 인구 조사를 할 때에 일어나 자기를 따르는 사람들로 하여금 반란
을 일으키게 했습니다. 그러나 그 사람도 죽었고, 그를 따르던 모든 사람이 흩어졌습
니다. **38** 그래서 지금 내가 이 일들을 당신들에게 말하는 것입니다. 당신들은 이 사
람들에게서 떨어져 그들을 그대로 두어야 합니다. 만일 그 일이 사람에게서 나온
것이라면 그것은 끝날 것이지만, **39** 하나님에게서 나온 것이라면 당신들은 그들을
멈추게 할 수 없을 것입니다. 또 당신들은 결코 하나님을 대적하는 자가 되고 싶
지 않을 것입니다." 그러자 사람들이 그에게 설득되었습니다. **40** 그리하여 그들은
사도들을 불러서 때리고, 예슈아의 이름에 대해 말하지 말라고 경고한 뒤 풀어

37) 사도 바울은 가말리엘의 '예쉬바'(학교)에서 배운 문하생이었다(행 22:3).

38) 여기서는 히브리 성경(구약) 전체와 전승들을 통칭한다. 용어 해설에서 '토라'를 찾아보라.

주었습니다. **41** 이에 사도들은 자기들이 그 이름을 위해 모욕당할 만한 자로 여겨
진 것을 기뻐하며 공회 앞을 떠나 **42** 날마다 쉬지 않고 메시아이신 예슈아의 복음
을 성전과 각 집에서 가르치고 선포했습니다.

일곱 명을 뽑다

6 **1** 그런데 그 무렵 제자들의 수가 늘어나면서 헬라파 사람들[39]이 히브리
사람들에게 불만이 생겼습니다. 그들의 과부들이 매일의 구제[40]에서 제외
되었기 때문입니다. **2** 이에 열두 사도가 제자들의 무리를 불러 말했습니다. "우리가
하나님의 말씀을 버려 두고 식탁을 돌보는 것이 좋지 않소. **3** 그러므로 형제들이여,
이제 여러분 가운데 그 영(성령)과 지혜가 충만하고 인정받는 일곱 사람, 곧 우리가
이 일을 맡길 사람을 정해야 하오. **4** 그러면 우리는 기도와 말씀 나누는 것에 전념
하겠소." **5** 그러자 온 무리가 그 요청을 기뻐하며 믿음과 성령이 충만한 사람인 스데
반 그리고 빌립과 브로고로와 니가노르와 디몬과 바메나와 안디옥 출신 개종자인
니골라를 뽑아 **6** 사도들 앞에 세우니, 사도들이 기도하고 그들에게 안수했습니다.
7 그리하여 하나님의 말씀이 계속 퍼져 나가면서 예루살렘에서 제자들의 수가
크게 늘어났고, 제사장들의 큰 무리도 그 믿음에 굴복했습니다.

스데반의 체포

8 한편 스데반은 은혜와 능력이 충만하여 백성들 사이에서 큰 기사와 표적을
행하고 있었습니다. **9** 그런데 해방된 종들이라고 불리는 회당 사람들과 구레네,
알렉산드리아, 길리기아, 그리고 아시아에서 온 사람들이 일어나 스데반과 논쟁
을 벌였습니다. **10** 그러나 그들은 그가 지혜와 영으로 말하는 것을 당해낼 수 없
었습니다. **11** 이에 그들이 사람들을 부추겨 "우리는 그가 모세와 하나님을 모독하
는 것을 들었다"라고 말하게 했습니다. **12** 그리고 백성과 장로들과 서기관들을 선
동하자, 그들이 와서 스데반을 붙잡아 산헤드린으로 끌고 갔습니다. **13** 그리고 거
짓 증인들을 세워 이렇게 말하게 했습니다. "이 사람은 성소와 토라(가르침)를 대적
하는 말을 쉬지 않고 합니다. **14** 우리는 이 나사렛 예슈아가 이곳을 파괴하고, 모

39) 헬라 문화를 받아들인 이스라엘 사람들을 말한다. 용어 해설에서 '헬라주의자'를 찾아보라.
40) 교회에서 제공하는 음식, 옷, 일용품 등을 가리킨다.

세가 우리에게 준 규례들을 바꿀 것이라고 말하는 것을 들었습니다." 15 그러자 공
회에 앉아 있던 모든 사람이 스데반을 주목했는데, 그들이 보기에 그 얼굴이 천
사와 같았습니다.

스데반의 설교

7 1 그때 대제사장이 말했습니다. "이것들이 사실이오?" 2 그러자 스데반이
말했습니다. "형제들과 아버지들이여,[41] 여러분은 들으셔야 합니다. 우리
조상 아브라함이 하란에 거하기 전 메소포타미아에 있을 때, 영광의 하나님께서 그
에게 보이셔서(시 29:3) 3 말씀하셨습니다. '너는 지금 네 땅과 네 친척을 떠나 내가 네
게 보여 줄 땅으로 들어가라'[42](창 11:31-12:1). 4 이에 그는 갈대아인의 땅을 떠나 하
란에 거주했습니다. 거기에서 그의 아버지가 죽은 후, 그분께서 그를 지금 여러분
이 살고 있는 이 땅으로 다시 이주시키셨는데, 5 여기서 그에게 발 디딜 땅도 유업
으로 주시지 않고, 다만 자식도 없는 그에게 '그것을 그와 그의 뒤를 잇는 씨에게
소유로 주겠다'(창 12:7; 13:15 등)고 약속만 하셨습니다. 6 또 하나님은 이와 같이 말씀
하셨습니다. '그의 씨가 이방 땅에서 이주민이 될 것이며, 사람들이 노예로 삼아
사백 년 동안 괴롭게 할 것이다. 7 그러나 내가 어디에서든 그들을 노예로 삼는 민
족을 심판할 것이다.' 또 하나님께서 말씀하셨습니다. '그리하여 이런 일들 후에 그
들이 나올 것이며, 이곳에서 나를 경배할 것이다'(창 15:13-14; 출 3:12). 8 그러면서 그
분께서는 아브라함에게 할례의 언약을 주셨고, 그는 그렇게 이삭의 아버지가 되
어 팔 일째에 그에게 할례를 행했으며(창 17:10-14), 이삭은 야곱의 아버지가 되었고,
야곱은 열두 조상의 아버지가 되었습니다.

9 그런데 그 조상들이 시기하여 요셉을 이집트에 팔았습니다. 그러나 하나님께
서 그와 함께하시며 10 모든 환난에서 그를 벗어나게 하셨고, 이집트 왕 바로 앞에
서 그에게 은혜와 지혜를 주셨습니다. 그래서 바로는 그에게 이집트와 그의 온 집
을 다스리게 했습니다. 11 그 후 기근과 큰 환난이 이집트와 가나안 전역에 임하여

41) 남자들만 언급했다고 남자들만 있었던 것은 아니다. '형제들'은 '자매들'도 아우르는 호칭이었다. 당시 여자보다 남자가 훨씬 많이 모여 있었던 것은 사실인데, 남자들은 반드시 예식에 참여해야 했지만 여자들은 자녀를 돌보기 위해 빠질 수 있었기 때문이다.

42) 헬라어 '듀로'(deuro)는 '여기로 오라'는 뜻이다. 여호와께서 '가라'가 아니라 '오라'고 하셨다는 사실에 주목하라. 그분께서는 앞서 가시며 아브라함과 동행하셨고, 오늘 우리와도 동행해 주신다. 34절의 '오라'도 같은 단어를 사용하여 모세와 동행하실 것을 말씀하신다.

우리 조상들은 필요한 양식을 구할 수도 없었습니다. 12 그러나 야곱이 이집트에
곡식이 있다는 소식을 듣고 우리 조상들을 처음으로 그곳에 보냈습니다. 13 그리
고 두 번째 보냈을 때, 형제들이 요셉을 알아보면서 요셉의 출신 민족이 바로에게
알려졌습니다. 14 그 후에 요셉은 사람을 보내 그의 아버지 야곱과 모든 친족 일흔
다섯 명을 불렀습니다. 15 그래서 야곱은 이집트로 내려갔고, 그와 우리 조상들이
거기서 죽은 뒤 16 야곱의 시신은 세겜으로 옮겨져, 아브라함이 세겜에서 하몰의
아들들에게서 은을 주고 산 무덤에 안치되었습니다.

17 한편 하나님께서 아브라함에게 약속하신 때가 가까워지면서 그 백성이 이집
트에서 크게 늘어나자, 18 '요셉을 알지 못하는 다른 왕이 일어나 이집트를 다스
리게'(출 1:7, 8) 되었습니다. 19 이 왕은 우리 백성을 교묘하게 속이고 우리 조상들을
학대해 아기들을 내버려 살지 못하게 했습니다. 20 그 무렵 모세가 태어났는데, 그
는 하나님이 받으실 만한 자였습니다. 그는 자기 아버지 집에서 석 달 동안 양육
받다가 21 버려진 후에 바로의 딸이 그를 입양하여 자기 아들로 키웠습니다. 22 이
에 모세는 이집트의 모든 지혜를 배웠고, 그의 말과 행동에 힘이 있었습니다.

23 그런데 그가 이렇게 사십 년*의 배움*을 채웠을 때, 그의 형제 이스라엘 자손
들을 돌볼 마음이 들었습니다. 24 그래서 그는 불의한 일을 당하는 사람을 보고
이집트 사람을 죽여 학대받은 사람의 원수를 갚아 주었습니다. 25 그러면서 모세
는 자기 손을 통해 하나님께서 형제들에게 구원을 베푸실 것을 그들이 알게 되리
라고 생각했으나, 그들은 깨닫지 못했습니다. 26 그리하여 다음 날 모세는 사람들
이 싸우는 것을 보고 그들을 화해시키려고 이렇게 말했습니다. '당신들은 동족인
데, 왜 서로 악을 행하는 것이오?' 27 그러자 그 이웃에게 악하게 굴던 사람이 모
세를 밀치며 말하기를, '누가 당신을 우리의 지도자와 재판관으로 삼았소? 28 당신
은 어제 이집트 사람을 죽인 것처럼 나도 죽이려는 것이오?' 라고 했습니다. 29 모
세는 이 말을 듣고 도망하여 미디안 땅에서 나그네가 되었고, 거기서 두 아이의
아버지가 되었습니다.

30 그리고 시내산의 광야에서 사십 년이 지났을 때, 한 천사가 가시나무 떨기를
태우는 불꽃 가운데 그에게 나타났습니다(출 3:2-3). 31 이에 모세가 그 광경을 보고
놀라 그것을 살펴보려고 다가오자, 주의 음성이 임했습니다. 32 '나, 곧 스스로 있
는 자는[43] 네 조상들의 하나님, 곧 아브라함과 이삭과 야곱의 하나님이다'(출 3:15).
이에 모세는 떨면서 감히 쳐다보지도 못했습니다. 33 그때 주께서 그에게 말씀하

셨습니다. '너는 이제 네 발의 신을 벗어라. 네가 서 있는 곳은 거룩한 땅이기 때
문이다. **34** 나는 내 백성이 이집트에서 학대당하는 것을 분명히 보았고, 그들의 신
음을 들었으므로 그들을 나오게 하려고 내려왔다. 그러니 이제 오라. 내가 너를
이집트로 보내겠다'(출 3:4-10). **35** 이 모세는 사람들이 '누가 당신을 지도자나 재판
관으로 세웠소?'라고 하며 배척하던 자입니다. 하나님께서는 이 모세를 또다시 가
시나무 떨기 가운데서 나타난 천사의 손과 함께 지도자와 구속자로 보내셨습니
다. **36** 모세는 이집트 땅과 홍해와 광야에서 사십 년 동안 기사와 표적들을 행한
후에 사람들을 인도해 냈습니다. **37** 이 사람 모세는 이스라엘 자손들에게 '하나
님께서 너희를 위해 너희 형제들 가운데서 나와 같은 한 선지자를 일으키실 것이
다'(신 18:15)라고 말한 바로 그 사람입니다. **38** 이 사람은 시내산에서 자기에게 말한
천사와 우리 조상들과 함께 광야의 회중(교회) 가운데 있으면서 살아 있는 말씀을
받아 우리에게 준 바로 그 사람입니다. **39** 그러나 우리 조상들은 그 말씀에 순종
하려 하지 않고, 오히려 거부했습니다. 그들은 이집트로 돌아가려 마음먹고 **40** 아
론에게 말했습니다. '당신은 즉시 우리를 위해 우리 앞에서 나아갈 신들을 만들어
야 하오. 이 사람 모세는 우리를 이집트 땅에서 이끌어 냈지만, 우리는 그에게 무
슨 일이 생겼는지 알지 못하기 때문이오'(출 32:1, 23). **41** 그래서 그들은 송아지 형상
을 만들어 그 우상에게 제물을 바치면서 자기들의 손으로 만든 것을 기뻐했습니
다. **42** 이에 하나님께서 돌아서시고 그들이 하늘의 군대[44]를 섬기도록 내버려 두
셨으니, 선지자들의 두루마리에 기록되어 있는 그대로입니다.

'이스라엘 집이여,
너희가 광야에서 사십 년 동안 희생과 예물을
내게 가져온 적이 있느냐?
43 그런데 너희는 몰록의 거처와
너희 신 레판의 별,
곧 너희가 섬기려고 만든 그 형상들의 거처를 세웠다.
그러므로 내가 너희를 바벨론 너머로 쫓아낼 것이다'(암 5:25-27).

44 우리 조상들에게는 광야에서 증거의 장막이 있었습니다. 그것은 모세에게 말
씀하신 분이 그에게 보여 주신 양식대로 만들게 하신 것이었습니다(출 27:21). **45** 그래

43) 히브리어로 '아노키'라고 한다. 용어 해설에서 '아노키'를 찾아보라.

44) 별들. 포괄적으로 거짓 종교를 가리킨다.

서 우리 조상들은 그것을 받아 이방인들의 땅을 점령할 때, 여호수아와 함께 가지
고 들어왔습니다. 하나님은 우리 조상들 앞에서 이 이방인들을 쫓아내셨습니다. 그
것은 다윗의 시대까지 있었습니다. **46** 다윗은 하나님 앞에 은총을 입고 야곱의 자
손들의 하나님이 거하실 처소(성소)를 구하였습니다. **47** 그리고 솔로몬이 그분을 위
해 집을 지었습니다. **48** 그러나 지극히 높으신 분은 사람의 손으로 지은 곳에 거하
지 않으시니, 선지자가 말한 그대로입니다.

49 '하늘이 나의 보좌요, 땅이 나의 발판이니,
너희가 나를 위해 무슨 집을 짓겠느냐?
주께서 말씀하신다. 그러므로 내가 쉴[45] 곳이 어디냐?
50 내 손이 이 모든 것을 만들지 아니하였느냐?' (사 66:1-2)

51 완고하고 마음과 귀에 할례 받지 못한 사람들이여, 여러분은 조상들과 똑
같이 늘 성령을 거역하고 있습니다. **52** 여러분의 조상들이 박해하지 않은 선지자
가 누구입니까? 그들은 의로우신 분께서 오실 것에 대해 미리 선포한 자들을 죽
였고, 이제 여러분은 그분을 배반하고 죽인 자들이 되었습니다. **53** 천사들을 통해
지시하신 토라(가르침)를 받은 여러분이 그것을 지키지 않은 것입니다."

스데반을 돌로 치다

54 그런데 이 말을 듣고 그들의 마음에 분노가 일어나서 스데반에게 이를 갈았습
니다. **55** 그러나 스데반은 성령이 충만하여 하늘을 바라보다가 하나님의 영광과 하
나님 오른편에 서 계신 예슈아를 보았습니다. **56** 이에 그가 말했습니다. "보십시오,
하늘이 열린 것과 그 사람의 아들이 하나님 오른편에 서 계신 것이 보입니다." **57** 그
러자 사람들이 큰 소리를 지르며 다 함께 귀를 막고 일제히 그에게 달려들었습니
다. **58** 그 후 그들은 스데반을 성 밖으로 끌어낸 후에 돌로 쳤습니다. 그러면서 증
인들은 자기들의 기도숄(탈리트)을 사울이라는 청년의 발 앞에 두었습니다. **59** 그들
이 스데반에게 돌을 던지고 있는데, 그가 부르짖으며 말하기를, "주 예슈아여, 이
제 제 영을 받아 주셔야[46] 합니다"라고 했습니다. **60** 그리고 그는 무릎을 꿇으며
큰 소리로 외쳤습니다. "주님, 이 죄를 그들에게 돌리지 마옵소서." 이 말을 하고

45) 헬라어 '카타파우신'(katapausin)은 하나님의 영원한 안식을 뜻한다.

46) 원문의 일차적 의미는 '손을 잡다'이다.

47) 용어 해설에서 '죽음'을 찾아보라.

그는 잠들었습니다.[47]

8

1[48] 그때 사울은 그를 죽이는 데 동조했습니다.

사울이 회중(교회)을 박해하다

그리고 그날 예루살렘에 있는 회중(교회) 가운데 큰 박해가 일어나서 사도들을
제외한 모든 사람이 유대와 사마리아 지역으로 흩어졌습니다. 2 이에 신실한 사람
들이 스데반을 장사하며 그를 위해 크게 애곡했습니다. 3 한편 사울은 회중(교회)
을 파멸시키려고 사람들의 집에 들어가 남녀를 끌어내어 감옥에 넘겼습니다.

사마리아에 전파된 복음

4 그리하여 흩어진 사람들이 *유대와 사마리아를* 두루 다니면서 그 말씀을 선
포했습니다. 5 그때 빌립은 사마리아의 도시로 내려가 그들에게 메시아를 선포했
습니다. 6 그러자 무리가 빌립이 전하는 말에 귀를 기울였습니다. 그들은 한마음으
로 빌립이 행하는 표적들을 듣고 보았습니다. 7 이에 그들 중 많은 사람들에게 있던
더러운 영들이 큰 소리[49]를 지르면서 나왔고, 몸이 마비된 자, 저는 자들 다수가
치유받았습니다. 8 그리하여 그 도시에 큰 기쁨이 있었습니다.

9 한편 시몬이라고 불리는 사람이 그 도시에서 마술을 행하여 사마리아 사람
들을 놀라게 하며 자신이 대단한 사람이라고 말하고 있었습니다. 10 그래서 가
장 작은 자부터 큰 자에 이르기까지 모든 사람이 그를 따르며 말하기를, "이 사람
은 '크다'고 일컬음을 받는 신의 능력이다"라고 했습니다. 11 그가 오랫동안 마술로
사람들을 놀라게 하였기에 사람들은 그를 주목하고 있었습니다. 12 그런데 사람들
이 하나님의 왕국과 메시아이신 예슈아에 대한 빌립의 선포를 믿고, 남녀 모두가
침례를 받았습니다. 13 그리고 시몬 자신도 믿고 침례를 받은 후, 계속 빌립과 함
께 지내면서 표적과 큰 기적이 일어나는 것을 보고 놀라워했습니다.

14 그때 예루살렘에 있던 사도들은 사마리아 사람들이 하나님의 말씀을 받아들
였다는 소식을 듣고 베드로와 요한을 그들에게 보냈습니다. 15 그들은 *예루살렘에*

48) 용어 해설에서 '장과 절 숫자들'을 찾아보라.

49) 원문에는 '소리'에 해당하는 단수형 명사와 복수형 동사가 함께 사용되고 있는데, 이것은 집합적 단수라 불리는 히브리 어법으로 성경에서는 대단히 흔하게 나타난다.

서 내려가서 사마리아 사람들이 성령을 받게 하려고 그들을 위해 기도했습니다. 16
아직 그들 중 아무에게도 성령이 내리지 않았고, 단지 주 예슈아의 이름으로 침례
만 받았기 때문입니다. 17 이에 베드로와 요한이 그들에게 손을 얹고 있는데, 그들
이 성령을 받았습니다.[50] 18 그때 사도들이 손을 얹음으로 성령이 임하는 것을 보
고, 시몬이 그들에게 재물을 주며 19 말하기를, "이제 당신들은 내가 손을 얹는 자
마다 성령을 받도록 이 권능을 내게 주셔야 합니다"라고 했습니다. 20 이에 베드로
가 그에게 말했습니다. "당신이 돈으로 하나님의 선물을 얻는다고 믿었으니, 당신
의 은과 함께 망할 것이오. 21 당신의 마음이 하나님 앞에서 바르지 않으므로, 이
말씀에는 당신의 자리나 몫이 없소. 22 그러므로 당신은 즉시 당신의 악함을 회개
하고, 그 마음의 생각을 용서해 달라고 주님께 간구해야 하오. 23 내가 보니 당신
은 지독한 악독에 젖어 있고 죄에 묶여 있소." 24 그러자 시몬이 말했습니다. "당신
은 즉시 나에 대해 주님께 간구하여 당신이 말한 것이 내게 하나도 임하지 않게
해 주셔야 합니다."

25 그렇게 그들은 주님의 말씀을 증거하고 전하며 예루살렘으로 돌아가는 길에
사마리아의 여러 도시에서 복음을 선포했습니다.

빌립과 구스인 환관

26 그때 주의 천사가 빌립에게 일러 말하기를, "일어나 예루살렘에서 가사로 내
려가는 남쪽 광야 길로 가라"라고 했습니다. 27 이에 그가 일어나서 갔더니, 거기
에 에티오피아[51] 환관 한 사람이 있었습니다. 그는 에티오피아 여왕 간다게 휘하
의 큰 권력자이자 여왕의 모든 재산을 관리하는 자로, 예루살렘에 예배하러 왔
다가 28 돌아가는 중이었습니다. 그는 자기 병거에 앉아 선지자 이사야의 글을 읽
고 있었습니다. 29 그러자 그 영(성령)이 빌립에게 말씀하셨습니다. "너는 가까이 접
근하여 이 사람의 병거에 합류하라." 30 이에 그가 달려가서 그 사람이 이사야 선
지자의 글 읽는 것을 듣고 말했습니다. "당신이 읽고 있는 것이 진정 이해되십니
까?" 31 그러자 그가 말했습니다. "누군가 나를 지도해 주지 않는데, 내가 어떻게
이해할 수 있겠습니까?" 그는 빌립에게 올라와서 자기 옆에 앉으라고 권했습니다.
32 그때 그가 읽고 있던 성경은 바로 이 부분이었습니다.

"도살당하러 끌려가는 양처럼,
그리고 털 깎는 자 앞에 있는 어린양처럼

그는 이와 같이 입을 열지 않았다.
33 그는 모욕 가운데 자기에 대한 정당한 판결을 박탈당했으니,
누가 그의 세대를 설명하겠느냐?
그의 생명이 땅에서 빼앗김을 당했기 때문이다"(사 53:7-8).

34 이에 환관이 빌립에게 말했습니다. "내가 당신에게 청합니다. 선지자는 누구에
대해 이렇게 말하는 것입니까? 자기 자신입니까, 아니면 다른 사람입니까?" 35 그러
자 빌립이 그 입을 열어 그에게 이 성경부터 시작하여 예슈아에 대한 복음을 선
포했습니다. 36 그렇게 그들이 길을 따라 가다가 물 있는 곳에 이르자, 환관이 말
했습니다. "보십시오, 물입니다! 내가 침례[52] 받지 못하게 가로막는 것이 무엇입니
까?" 37 [이에 빌립이 그에게 말했습니다. "만일 당신이 온 마음으로 믿으면, 구원
받을 것입니다." 그러자 그가 대답하며 말했습니다. "내가 메시아, 곧 하나님의 아
들을 믿습니다."][53] 38 이에 환관이 병거를 세우라고 명령했고, 빌립과 환관이 둘
다 물로 내려가 침례를 행했습니다.[54] 39 그리고 그들이 물 밖으로 나오자, 주의 영
이 빌립을 데려가셔서 환관은 더 이상 그를 보지 못했으나 기쁘게 자기 길을 갔
습니다. 40 그 후 빌립은 아스돗[55]에 나타났는데, 가이사랴에 들어올 때까지 모든
도시를 두루 다니며 복음을 전했습니다.

예슈아께서 사울을 부르시다

9 1 한편 사울은 주의 제자들 사이에서 여전히 위협과 살기를 내뿜으며 대
제사장에게 가서 2 다마스쿠스의 회당들에 편지를 써 달라고 요청했습니
다. 그 도(道)에 속한 자[56]를 발견하면 남녀 모두 예루살렘으로 잡아오기 위해서

50) '성령 침례를 위한 안수'가 여기에서 유래했다(행 19:6). 안수받은 사람들이 성령을 받게 되었음에 주목하라. 우리는 성령 침례를 구해야 한다.

51) '에티오피아'는 히브리어로 '구스'이다.

52) 빌립이 이 사람에게 유다인들의 일반적인 관행인 침례를 준 것은 흔치 않은 일이었다. 용어 해설에서 '침례'를 찾아보라.

53) 이것은 초기 사본에는 없지만, 10세기 이후에 덧붙여진 것으로 보인다.

54) 빌립은 침례를 주면서 자기 손으로 환관의 머리를 눌러 물속에 잠기게 했다. 물 밖으로 나오려는 몸부림은 마치 아기가 양수를 터뜨리고 태어나는 것처럼 자아의 죽음과 새로 태어남을 연상시킨다.

55) 다른 성경에는 '아소도'로 되어 있는데, 이것은 이스라엘의 도시 '아스돗'을 헬라어로 표기한 것이다.

56) 하나님께 전적으로 헌신된 사람들, 메시아이신 예슈아를 따르는 사람들을 가리킨다. '도'(道)라는 말은 창세기 18장 19절에서 처음으로 사용되었다.

였습니다. 3 그런데 그가 가는 동안에 다음과 같은 일이 있었습니다. 그가 다마스
쿠스에 가까이 가자, 하늘로부터 한 줄기 빛이 그의 주위를 비추는 것이었습니다. 4
그래서 그가 땅에 엎드렸더니, 그에게 이렇게 말하는 음성이 들렸습니다. "사울아,
사울아![57] 너는 왜 나를 핍박하느냐?" 5 이에 그가 말했습니다. "주님, 당신은 누
구십니까?" 그러자 그분이 말씀하셨습니다. "나는 네가 핍박하는 예수아다. 6 너
는 일어나 그 도시로 들어가라. 그러면 네가 해야 할 일이 무엇인지 듣게 될 것이
다." 7 한편 사울과 동행하던 사람들은 말없이 서 있었습니다. 목소리는 들리는데
아무도 보이지 않았기 때문입니다. 8 사울은 땅에서 일어나 눈을 떴는데, 아무것
도 보이지 않았습니다. 그래서 사람들이 그의 손을 잡고 다마스쿠스로 데려갔습
니다. 9 그는 삼 일 동안 시력을 잃은 채 먹지도, 마시지도 않았습니다.

10 한편 다마스쿠스에 아나니아라는 제자가 있었는데, 주님께서 환상으로 그
에게 말씀하셨습니다. "아나니아야." 그가 대답했습니다. "주님, 제가 여기 있습니
다." 11 그러자 주님께서 그에게 말씀하셨습니다. "너는 일어나 곧은 길이라는 거리
로 가라. 그리고 즉시 유다의 집에서 다소 사람 사울이라는 자를 찾아라. 보라,
그는 기도하면서 12 환상 가운데 아나니아라는 사람이 들어와 그 손을 자기에게
얹은 뒤 시력이 회복되는 것을 보았다." 13 이에 아나니아가 대답했습니다. "주님,
제가 많은 이들에게 들었는데, 이 사람은 예루살렘에 있는 주님의 성도들에게 악
한 짓을 했다고 합니다. 14 또 여기서도 주님의 이름을 부르는 모든 사람들을 결박
할 권한을 대제사장에게서 받았다고 합니다." 15 그러자 주님이 그에게 말씀하셨습
니다. "너는 가라. 이 사람은 나를 위해 택함 받은 그릇이니, 내 이름을 이방인들과
심지어는 왕들과 이스라엘 자손들 앞에 가져갈 것이다. 16 아울러 나는 그에게 내
이름을 위해 그가 얼마나 많은 고난을 겪어야 하는지 보여 줄 것이다." 17 이에 아
나니아는 가서 그 집으로 들어가 사울에게 손을 얹고 말했습니다. "사울 형제여,
주님, 곧 당신이 오는 동안 길에서 임하신 예수아께서 나를 보내셔서 당신이 시력
을 회복하고 성령으로 충만하게 하셨소." 18 그러자 즉시 그의 눈에서 비늘 같은
것이 떨어지며 그가 다시 보게 되었습니다. 그는 일어나 침례[58]를 받은 후 19 음식

57) 이름을 두 번 부르는 것은 '강한 질책'을 의미한다. 용어 해설에서 '이름 두 번 부르기'를 찾아보라.

58) 여기서는 정결례를 위해 몸을 담그는 것을 말한다. 용어 해설에서 '침례'를 찾아보라.

59) '광주리'는 굉장히 큰 바구니로, 예슈아께서 4천 명을 먹이신 기적의 현장에서 남은 조각들을 거둬들일 때에도 사용되었다(마 15:37; 막 8:8). 밧줄을 꼬아 만든 것으로 고린도후서 11장 33절에도 등장한다.

을 먹고 다시 힘을 얻었습니다.

사울이 다마스쿠스에서 전도하다

그 후 그는 며칠 동안 제자들과 함께 다마스쿠스에 있으면서 **20** 즉시 회당에서
예슈아를 전도하며 그분이 하나님의 아들이라고 했습니다. **21** 그러자 (그것을) 들은
모든 사람이 놀라며 말하기 시작했습니다. "이 사람은 예루살렘에서 그 이름을
부르는 자들을 멸하던 자가 아닌가? 그리고 그 사람들을 묶어서 대제사장들에게
끌어가려고 여기에 온 것이 아닌가?" **22** 그러나 사울은 더 강하게 예슈아는 메시
아라고 증거하면서 다마스쿠스에 사는 유대인들을 충격에 빠뜨렸습니다.

사울이 몸을 피하다

23 많은 날이 지난 후에 유대인 *지도자*들은 그를 죽이려고 음모를 꾸몄습니다.
24 그러나 그들의 음모가 사울에게 알려졌습니다. 그들은 사울을 죽이려고 밤낮
으로 성문을 지키고 있었습니다. **25** 그래서 사울의 제자들이 밤에 그를 광주리[59]
에 태워 성벽으로 내려 보냈습니다.

예루살렘에 간 사울

26 그 후 사울은 예루살렘에 도착하여[60] 제자들에게 합류하려고 했지만, 그들 모
두가 사울을 두려워하면서 그가 제자가 되었다는 사실을 믿지 않았습니다. **27** 그러나
바나바가 사울을 붙들고 사도들에게 데려가서 어떻게 그가 길에서 주님을 보았
고, 그분께서 그에게 말씀하셨는지, 그리고 어떻게 그가 다마스쿠스에서 예슈아
의 이름을 담대하게 선포했는지 전했습니다. **28** 그리하여 사울은 예루살렘에서 그
들 가운데 드나들며 주님의 이름을 담대하게 선포했습니다. **29** 또 그는 헬라파 사
람들[61]과도 대화하고 논쟁하였는데, 그들은 그를 죽이려 했습니다. **30** 그러나 형
제들이 눈치채고 그를 가이사랴로 데리고 내려갔다가 다소로 보냈습니다.

31 그때 사실상 유대와 갈릴리와 사마리아 전역의 회중(교회)이 평안을 누리며
세워졌고, 주님을 경외하게 되었으며, 성령의 위로 가운데 사람들로 가득 채워졌
습니다.

60) 사울은 다메섹으로 가는 길에 예슈아를 만나고 3년 뒤에 예루살렘으로 갔다(갈 1:18).

61) 유대인으로 헬라 문화를 받아들인 자들을 말한다. 용어 해설에서 '헬라주의자'를 찾아보라.

애니아를 치유함

32 한편 다음과 같은 일이 있었습니다. 베드로가 그 모든 도시들을 두루 다니
다가 룻다에 사는 성도들에게도 내려가게 되었습니다. **33** 그런데 그는 거기서 애니
아라는 사람이 마비 상태로 팔 년째 누워 있는 것을 발견했습니다. **34** 이에 베드
로가 그에게 말했습니다. "애니아여, 메시아 예슈아께서 당신을 치유하고 계시니,
즉시 일어나 그 침상을 정리하시오." 그러자 그가 즉시 일어났습니다. **35** 그리하여
룻다와 샤론에 사는 모든 사람이 그를 보고 주님께 돌아왔습니다.

다비다가 살아나다

36 한편 욥바에 다비다라는 제자가 있었는데, 그 이름은 헬라어로 도르가, 곧
가젤이라는 뜻이었습니다. 이 여인이 행하는 선행[62]과 구제가 많았습니다. **37** 그
런데 그 무렵 그녀가 병들어 죽고 말았습니다. 그래서 사람들이 그녀를 씻어[63] 위
에 있는 방에 두었습니다. **38** 그런데 룻다가 욥바와 가까워서 제자들이 베드로가
룻다에 있다는 소식을 듣고 두 사람을 보내어 "지체하지 말고 우리에게 와 주십
시오"라고 간청했습니다. **39** 이에 베드로가 일어나 그들과 함께 갔습니다. 그들이
도착하자 사람들이 그를 위에 있는 방으로 데리고 올라갔는데, 모든 과부가 그에
게 와서 울며 도르가가 그들과 함께 있을 때에 얼마나 많은 튜닉과 겉옷을 만들
어 주었는지 보여 주었습니다. **40** 그래서 그는 모든 사람을 밖으로 내보내고 무릎
을 꿇은 다음, 기도하다가 그 시신을 향해 돌아서며 말했습니다. "다비다여, 즉시
일어나시오." 그러자 그녀가 눈을 떴고, 베드로를 보더니 일어나 앉았습니다. **41** 이
에 그가 손을 내밀어 그녀를 일으켜 세우고, 성도들과 과부들을 불러 그녀가 살
아 있는 것을 보여 주었습니다. **42** 그리하여 그 일이 욥바 전체에 알려졌고, 많은
사람들이 주님을 믿었습니다. **43** 그 후 그는 여러 날 동안 욥바에서 가죽 장인 시
몬의 집에 머물러 있게 되었습니다.

베드로와 고넬료

10 **1** 한편 가이사랴에 고넬료라는 사람이 있었는데, 이탈리아 보병부대[64]
소속 백부장으로, **2** 경건하고 그의 온 집과 함께 하나님을 경외하며[65] 백
성들에게 많은 자선을 베풀고, 쉬지 않고 하나님께 기도하는 사람이었습니다. **3**

그날 제구시[66] 쯤 그는 환상 가운데 하나님의 천사가 그에게 와서 "고넬료여"라고
말하는 것을 분명하게 보았습니다. 4 그래서 그는 천사를 뚫어져라 보고 두려워져
서 말하기를, "주여, 무슨 일이십니까?"라고 했습니다. 이에 하나님의 천사가 그에
게 말하기를, "네 기도와 구제가 올라와 하나님 앞에서 기억되었다. 5 그러므로 이
제 너는 사람들을 즉시 욥바[67]로 보내어 베드로라는 시몬을 불러오라. 6 이 사람
은 시몬이라는 가죽 장인과 함께 바닷가의 어떤 집에 머물고 있다"라고 했습니다.
7 자기에게 말을 한 천사가 떠나자, 그는 자기 집안의 종 둘과 자기에게 배속된 신
실한 병사 한 명을 불러 8 그들에게 모든 일을 설명해 주고 욥바로 보냈습니다.

9 그리하여 다음 날 길을 떠난 사람들이 그 도시 근처에 이르렀을 때는 제육시[68]
쯤으로, 베드로는 기도하러 지붕으로 올라갔습니다. 10 그때 그는 매우 배가 고파
져서 먹으려 하고 있었습니다. 이에 사람들이 식사를 준비하는 동안, 그는 황홀
해지면서[69] 11 하늘이 열리고 큰 덮개 같은 것이 내려오는 것을 보았는데, 그 네
귀퉁이에는 끈이 달려 있었습니다. 12 그 안에는 모든 네 발 가진 짐승과 땅에 기
어다니는 것들(파충류들)과 공중의 새들이 있었습니다. 13 그리고 한 음성이 그에게
임했습니다. "베드로야 일어나라, 네가 즉시 잡아 먹어야 한다." 14 이에 베드로가
말했습니다. "주님, 절대로 못합니다. 제가 속되거나 부정한 것을 먹은 적이 없기
때문입니다"(겔 4:14). 15 그러자 다시 두 번째로 한 음성이 그에게 말했습니다. "하나
님께서 깨끗하게 하신 것[70]을 네가 부정하다고 단언하지 말라." 16 이어서 이 일이
세 번 있더니, 그 물건이 즉시 하늘로 올라갔습니다.

17 그 후 베드로가 자신이 본 그 환상이 도대체 무슨 의미인지 깊이 고민하고

62) 미츠보트. 용어 해설에서 '미츠바'를 찾아보라.

63) 시신을 씻는 것은 유대인들의 장례 의식이다.

64) 대략 600명으로 이루어진 부대였다.

65) '하나님을 경외하는 자들'은 유대인은 아니지만 회당 예배에 참석하고 유대교 교리를 배우는 사람들을 말한다. 그러나 완전히 개종한 자들은 아니었다.

66) 오후 3시. 오후 기도를 위한 시간이다.

67) 가이사랴는 욥바에서 북쪽으로 약 80km 떨어져 있다.

68) 정오

69) 하나님께서 허락하신 황홀경 상태로, 의식은 있지만 이 세상에 대한 인지(認知)는 전적으로 혹은 부분적으로 정지된 상태이다.

70) 중요한 것은 '하나님께서 깨끗하게 하신 것'이다. 모든 것이 다 정결하다고 하지 않고 오직 하나님께서 깨끗하게 하신 것만 정결하다고 말했다. 회심자들은 하나님을 더 많이 알고자 하는 갈망 가운데 정결해졌고, 이후 성령 침례로 그 사실을 확증받는다.

있는데(행 10:28-29; 11:5-12 참조), 보십시오, 고넬료가 보낸 사람들이 시몬의 집을 수
소문하여 문 앞에 서 있었습니다. 18 그들은 사람을 불러 베드로라는 시몬이 여기
에 머무는지 물었습니다. 19 그때 베드로는 그 환상에 대해 곰곰이 생각하고 있었
는데, 그 영(성령)이 그에게 말씀하셨습니다. "보라, 세 사람이 너를 찾고 있으니, 20
너는 일어나서 내려가 그들과 함께 가라. 내가 그들을 보냈다는 사실을 의심하지
말라." 21 이에 베드로가 내려가서 그 사람들에게 말했습니다. "보십시오, 내가 바
로 당신들이 찾는 사람입니다. 당신들은 무슨 일로 여기에 왔습니까?" 22 그러자
그들이 말했습니다. "백부장 고넬료는 의롭고 하나님을 경외하는 사람으로, 심지
어 온 유대 민족에게도 칭찬을 받고 있습니다. 그가 당신을 그의 집으로 불러 당
신이 해야 할 말을 들으라는 거룩한 천사의 지시를 받았습니다." 23 그러자 베드
로가 그들을 안으로 들여 쉬게 했습니다. 그리고 다음 날 그는 일어나서 그들과
함께 떠났는데, 욥바의 형제 몇 사람이 그와 함께 갔습니다. 24 그리하여 다음 날
그는 가이사랴에 들어갔습니다. 그리고 고넬료는 자기 친척과 가까운 친구들을
불러 놓고 그를 기다리고 있었습니다. 25 베드로가 들어올 때에 고넬료가 그를 맞
이하며 그의 발 앞에 엎드려 경의를 표했습니다.[71] 26 그러나 베드로가 그를 일으
키며 말했습니다. "당신은 일어나십시오. 나도 사람입니다." 27 베드로는 그와 대
화를 나누면서 들어가 많은 사람들이 모여 있는 것을 보고 28 그들에게 말했습니
다. "유대인들에게는 이방인과 교제하거나 가까이하는 것이 불법이며 불의라는 것
을 당신들도 알 것입니다. 그러나 하나님께서는 어떤 경우에도 사람이 속되거나
부정하다고 말하지 말라고 설명하셨습니다. 29 그래서 이런 이유로 여러분이 나를
부르러 왔을 때, 내가 어떤 거부감도 없이 왔습니다. 그러므로 묻겠습니다. 무슨
이유로 나를 찾았습니까?" 30 그러자 고넬료가 말했습니다. "나흘 전 오후 이 시
간에 집에서 제구시[72] 기도를 하고 있었는데, 보십시오, 어떤 사람이 빛나는 옷을
입고 제 앞에 서서 31 말했습니다. '고넬료여, 하나님 앞에 네 기도가 들렸고, 네 구
제가 기억되었다. 32 그러므로 이제 너는 욥바로 사람을 보내어 베드로라는 시몬
을 불러오라. 그는 바닷가에 있는 가죽 장인 시몬의 집에 머물고 있다.' 33 그래서
제가 즉시 당신께 사람을 보냈는데, 오셨으니 잘하셨습니다. 지금 우리는 모두 주
님께서 당신에게 명령하신 모든 것을 듣기 위해 하나님 앞에 있습니다."

71) 한쪽 무릎을 꿇고 머리가 땅에 닿도록 절하는 것을 말한다. 용어 해설에서 '경배하다'를 찾아보라.

72) 오후 3시. 오후 기도 시간

베드로가 고넬료의 집에서 말씀을 전하다

34 이에 베드로가 입을 열어 말했습니다. "참으로 나는 하나님께서 편애하지
않으시며[73] (신 10:17; 대하 19:7; 막 12:14), **35** 오히려 모든 민족 가운데서 그분을 경외하고
의[74]를 행하는 자를 받으시는 줄 깨달았습니다. **36** 그분께서 이스라엘 자손에게
보내신 말씀은 만물의 주님이신 메시아 예슈아를 통해 그분께서 선포하신 평화
의 복음입니다. **37** 여러분은 그 소식, 곧 요한이 선포한 침례[75] 이후 갈릴리에서 시
작되어 온 유대에서 일어난 사건을 알고 있습니다. **38** 하나님께서 나사렛 출신의
이 예슈아에게 성령과 능력으로 기름 부으셨습니다. 이분은 선을 행하시고 귀신
에 눌린 자들을 치유하시며 두루 다니셨는데, 하나님께서 이분과 함께하셨기 때
문입니다. **39** 그리고 우리는 그분이 유대 지방과 예루살렘에서 행하신 모든 일의
증인입니다. 그런데 사람들이 그분을 나무에 매달아 죽였습니다. **40** 하나님께서는
삼 일째에 그분을 일으키셔서 나타나게 하셨습니다. **41** 하지만 모든 사람이 아니
라 하나님께서 미리 택하신 증인들, 곧 그분께서 죽은 자들 가운데서 일으켜지신
후에 그분과 함께 먹고 마셨던 우리에게만 나타나셨습니다. **42** 또 그분은 우리에
게 하나님께서 자신을 산 자와 죽은 자의 심판자로 세우셨음을 사람들에게 전도
하고 열심히 증거하라고 명령하셨습니다. **43** 모든 선지자가 증거하기를, 그분을 믿
는[76] 모든 사람은 그분의 이름으로 죄 사함을 받을 것이라고 하였습니다"(사 33:24;
렘 31:33; 단 9:24).

이방인들이 성령을 받다

44 베드로가 여전히 이 말을 하고 있는데, 성령이 말씀을 듣고 있는 모든 사람
에게 임했습니다. **45** 그러자 베드로와 함께 왔던 할례 받은 믿는 자들이 놀랐습니
다. 성령의 은사가 이방인들에게도 임하여 **46** 그들이 방언을 하면서 하나님께 영
광 돌리는 것을 들었기 때문입니다. 이에 베드로가 답하기를, **47** "아무도 (침례의)
그 물을 거부하지 못할 것이니, 우리처럼 성령을 받은 이들 가운데 누구나 침례
받을 수 있지 않습니까?"라고 했습니다. **48** 그리고 그는 그들에게 메시아 예슈아

73) 문자 그대로 번역하면 '얼굴을 보지 않으신다'이다. '사람을 차별대우하지 않는다'는 뜻의 히브리 관용 표현이다.

74) 미츠보트. 용어 해설에서 '미츠바'와 '의'를 찾아보라.

75) 정결례를 위해 물에 몸을 담그는 것을 말한다. 용어 해설에서 '침례'를 찾아보라.

76) 베드로는 물론 그와 함께 있던 모든 사람에게 '믿음'은 전적인 행위의 변화를 요구하는 것이었다.

의 이름으로 침례를 받으라고 명령했습니다. 그러자 그들은 베드로에게 *자신들과*
함께 며칠 더 머물러 달라고 간청했습니다.

베드로가 예루살렘 회중(교회)에게 보고하다

11 1 한편 사도들과 유대 전역에 있는 형제들이 이방인들도 하나님의 말씀
을 받았다는 소식을 들었습니다. 2 그래서 베드로가 예루살렘으로 올
라가자, 할례 받은 자들이 그와 논쟁하며 3 말하기를, "당신은 무할례자들과 함
께 들어가서 그들과 함께 먹었소"라고 했습니다. 4 그러자 베드로는 그들에게 차
근차근 설명하며 말했습니다. 5 "내가 욥바 성에서 기도하다가 놀라운 환상을 보
았는데, 하늘로부터 큰 보자기 같은 그릇이 네 귀퉁이에 끈이 달려 내게 다가왔
습니다. 6 내가 그 안을 주의 깊게 살펴보니, 네 발 가진 땅의 짐승과 들짐승과 파
충류와 공중의 새들이 보였습니다. 7 그리고 내가 또 어떤 음성을 들었는데, '베드
로야, 너는 일어나 그것들을 즉시 잡아 먹어야 한다'라고 했습니다. 8 그래서 내가
말했습니다. '주여, 제가 그럴 수는 없으니, 속되거나 부정한 것을 제 입에 넣어 본
적이 없기 때문입니다.' 9 그러자 하늘에서 두 번째로 그 음성이 들렸습니다. '하
나님께서 깨끗하게 하신 것을 네가 부정하다고 단정하지 말라.' 10 그리고 이런 일
이 세 번 있고, 모든 것이 다시 하늘로 올려졌습니다. 11 그런데 보십시오, 바로 그
때 세 사람이 우리가 있던 그 집 앞에 서 있었는데, 가이사랴에서 내게 보낸 사람
들이었습니다. 12 그러자 성령이 나에게 그들과 함께 가고 구별을 짓지 말라 하셨
습니다. 그들과 이들 여섯 형제가 나와 함께 가서 그 사람의 집에 들어갔습니다.
13 그러자 그 사람이 어떻게 자기 집에 서 있는 천사를 보았는지 우리에게 전해 주
었습니다. 천사가 말하기를, '너는 즉시 욥바로 사람을 보내어 베드로라는 시몬을
불러 와야 한다. 14 그가 너에게 너를 비롯해 온 집이 구원받을 말씀을 전할 것이
다'라고 했다고 합니다. 15 그런데 내가 말을 하기 시작하자, 성령이 그들에게 임하
시는데, 처음 우리 위에 임하신 것과 같았습니다. 16 그때 나는 주님의 말씀이 기
억났습니다. 그분이 말씀하시기를, '요한은 물로 침례를 주었으나 너희는 성령으로
침례를 받을 것이다'라고 하셨습니다. 17 그러므로 만일 하나님께서 주 예슈아 메
시아를 믿는 우리에게 주신 것과 동일한 선물을 그들에게도 주신다면, 내가 누
구이기에 하나님을 막을 수 있겠습니까?" 18 그러자 그들은 이 말을 듣고 잠잠해

지더니, 하나님께 영광을 돌리며 말하기를, "그렇다면 하나님께서 이방인들에게도 생명으로 들어가는 회개를 주신 것이다"라고 했습니다.

안디옥 회중(교회)

19 한편 스데반에게 일어났던 핍박 때문에 흩어진 사람들이 베니게와 키프로
스와 안디옥까지 갔는데, 유대인이 아니면 아무에게도 그 말씀을 전하지 않았습
니다. **20** 그러나 그들 가운데 키프로스와 구레네 출신 몇 사람이 안디옥에 들어와
서 주 예슈아의 복음을 헬라파 사람들[77]에게도 전했습니다. **21** 그러자 주님의 손
이 그들과 함께하셔서 많은 사람들이 믿고 주님께 돌아왔습니다. **22** 그 후 그들에
대한 소식이 예루살렘에 있는 회중(교회)의 귀에 들려, 사람들이 바나바를 안디옥
까지 보냈습니다. **23** 그는 도착해서 하나님의 은혜를 보고 기뻐하며 계속 주님께
헌신하도록 모든 사람을 격려했습니다. **24** 바나바는 선하고 성령과 믿음이 충만한
사람이기에 큰 무리가 주님께 더해졌습니다. **25** 그때 그는 사울을 찾으러 다소로
왔고 **26** 그를 만나 안디옥으로 데려왔습니다. 그리하여 그 사람들과 함께 일 년 내
내 머물며 회중(교회) 가운데 많은 사람들을 만나고 가르쳤습니다. 그리고 제자들
이 안디옥에서 처음으로 그리스도인들이라 불리게 되었습니다.

27 한편 그 무렵 선지자들이 예루살렘에서 안디옥으로 내려왔습니다. **28** 그들 가
운데 아가보(행 21:10)라는 사람이 일어나 온 세상에 큰 기근이 올 것이라고 성령을
통해 알려 주었는데, 그것이 글라우디오 시대[78]에 일어났습니다. **29** 그러자 제자들
사이에서 각자의 형편에 따라 유대에 살고 있는 형제들에게 구제금을 보내기로 결
정하고 **30** 실행하여 바나바와 사울의 손을 통해 장로들에게 보냈습니다(갈 1:18; 2:1).

야고보의 순교와 베드로의 투옥

12 **1** 한편 그때 헤롯 왕이 회중(교회) 가운데 몇 명을 해치려고 붙잡았습니다.
2 그리고 그는 요한의 형제 야고보를 칼로 죽였습니다. **3** 그런데 그가 유대
인 *지도자들*이 기뻐하는 것을 보고 베드로까지 붙잡으려 했습니다. 때는 무교절[79]

77) 혈통은 유대인이지만 이방인들의 땅에서 태어나 살면서 헬라 문화를 답습하던 사람들을 가리킨다. 용어 해설에서 '헬라주의자'를 찾아보라.

78) 글라우디오 황제의 재위 기간은 AD 41–54년이다.

79) 용어 해설에서 '무교병'을 찾아보라.

기간이었습니다. 4 그는 베드로를 붙잡은 후에 감옥에 가두고 네 명으로 구성된
네 개 조의 군사들에게 넘겨 지키게 했습니다. 유월절 후에 그를 사람들 앞으로
끌어내려는 것이었습니다. 5 베드로는 이렇게 감옥에 갇히게 되었으나, 그를 위한
회중(교회)의 간절한 기도가 하나님께 드려졌습니다.

감옥에서 풀려 난 베드로

6 그런데 헤롯이 그를 끌어내려고 하던 날 밤, 베드로는 두 군사 사이에서 이중
으로 사슬에 묶여 자고 있었고, 문 곁에는 감옥을 지키는 경비병들이 있었습니다.
7 그런데 보십시오, 주의 천사가 서 있고 감옥 안에 빛이 비치더니, 그가 베드로의
옆구리를 쳐서 깨우며 말하기를, "너는 빨리 일어나라" 했습니다. 그러자 사슬이
그의 손에서 풀렸습니다. 8 이어서 천사가 그에게 말하기를, "너는 즉시 허리띠를
매고 신을 신으라" 했습니다. 이에 그가 그렇게 했더니, 천사가 또 말하기를, "네
겉옷[80]을 입고 나를 따라오라" 하였습니다. 9 그래서 그들이 나온 뒤, 베드로는 따
라가면서도 그 천사를 통해 일어나고 있는 일이 실제인지 알지 못하고, 오히려 환
상을 보고 있다고 생각했습니다. 10 그런데 그들이 첫 번째 경비병들에 이어 두 번
째 경비병들을 지나 도시로 이어지는 철문에 이르자, 그것이 저절로 열렸습니다.
그래서 그들이 밖으로 나와 한 골목으로 내려갔는데, 천사가 갑자기 그를 떠났습
니다. 11 그때 베드로가 정신을 차리며 말했습니다. "이제 나는 주께서 그분의 천
사를 보내셔서 나를 헤롯의 손과 모든 유대인 *지도자들*의 기대에서 구하셨다는
것을 분명히 알았다." 12 이에 그가 *무슨 일이 일어났는지* 깨닫고 마가라 불리는
요한의 어머니 미리암의 집으로 갔습니다. 거기에는 많은 사람들이 모여 기도하고
있었습니다. 13 그때 그가 현관 문을 두드리자, 로데라는 여종이 문을 열려고 나왔
다가 14 베드로의 목소리를 알아듣고 너무 기뻐서 문도 열지 않고 뛰어가서 베드
로가 밖에 서 있다는 소식을 알렸습니다. 15 그러자 사람들이 그녀에게 "네가 미
쳤다"고 말했습니다. 그래도 그녀가 맞다고 주장하자 사람들은 "그것은 그의 천사
다"라고 말했습니다. 16 한편 베드로는 계속 문을 두드리고 있었습니다. 그래서 사
람들이 문을 열고 그를 보더니 놀랐습니다. 17 그 후 그는 그들에게 조용히 하라
고 손으로 신호를 한 다음, 주님께서 어떻게 그를 감옥에서 인도해 내셨는지 설명
하며 말했습니다. "이 일을 *예슈아의 형제* 야고보와 형제들에게 보고하시오." 그리
고 그는 나가서 다른 곳으로 갔습니다.

18 이어서 날이 밝자, 베드로에게 일어난 사건에 대해 군사들 사이에 작지 않은
소동이 있었습니다. 19 헤롯은 그를 찾다가 발견하지 못하자 경비병들을 심문한
후에 끌어내어 처벌하라고 명령했습니다. 그리고 유대에서 내려가 가이사랴[81]에
서 시간을 보냈습니다.

헤롯의 죽음

20 한편 헤롯은 두로와 시돈 사람들에게 크게 화가 나 있었습니다. 그들은 한
마음으로 그 앞에 나와 왕의 신하인 블라스도를 설득하여 화해를 요청했는데, 그
지방이 왕의 영토에서 식량을 공급받았기 때문입니다. 21 헤롯이 정해진 날에 왕의
옷을 입고 재판석에 앉아서 그들에게 연설을 하자 22 백성들이 외치기를, "신의 음
성이지 사람의 소리가 아니다"라고 했습니다. 23 그런데 헤롯이 하나님께 영광을 돌
리지 않으므로 즉시 주의 천사가 헤롯을 쳤더니, 벌레들이 그를 먹어 치웠습니다.[82]
24 한편 하나님의 말씀은 널리 퍼지고 있었습니다. 25 그리고 바나바와 사울은
예루살렘에서 그 사역[83]을 완수하고 돌아오면서 마가라고 불리는 요한을 데리고
안디옥으로 왔습니다.

바나바와 사울이 파송받다

13 1 그때 안디옥 회중(교회) 가운데 선지자들과 교사들이 있었는데, 바나
바와 니게르라고 불리는 시몬, 구레네 사람 루기오와 분봉왕 헤롯의 어
릴 적 친구인 마나엔, 그리고 사울이었습니다. 2 그런데 그들이 주님을 섬기며 금
식할 때에 성령께서 말씀하시기를, "지금 당장 나를 위해 바나바와 사울을 따로
세워 내가 그들에게 맡길 일을 하게 하라" 하셨습니다. 3 그래서 사람들은 금식하
며 기도한 후에 그들에게 안수했고, 그들은 떠났습니다.

바나바와 사울이 키프로스에서 전도하다

4 그 후 그들은 성령으로 보내심을 받아 실루기아로 내려가 거기서부터 키프로

80) 모든 유대인 남자들의 겉옷은 기도숄이었다. 용어 해설에서 '탈리트 또는 기도숄'을 찾아보라.

81) 당시 가이사랴는 유대의 수도였다. '유대에서 가이사랴로 내려간다'는 말은 오직 랍비들만 사용하는 표현이었다.

82) AD 44년의 일이다. 헤롯 아그립바 1세의 재위 기간은 AD 37–44년이다.

83) 예루살렘 교회에 구제금을 전달하는 것을 말한다.

스까지 배를 타고 갔습니다. 5 그리고 그들은 살라미에 머무는 동안 유대인의 여
러 회당에서 하나님의 말씀을 선포했습니다. 그때 그들에게는 요한[84]이 수종자
로 있었습니다. 6 한편 그들은 섬 전체를 두루 다니다가 바보까지 가서 마술사요
거짓 선지자인 바-예수라는 이름의 유대인을 만났습니다. 7 바-예수는 총독 서기
오 바울[85]과 함께 있었는데, 그는 지적인 사람이었습니다. 그런데 총독이 바나바
와 사울을 불러 하나님의 말씀을 진지하게 들으려고 했습니다. 8 그러자 그 마술
사 엘루마가, 이 이름을 번역하면 마술사니, 그들을 대적하면서 그 총독이 믿지
못하게 힘썼습니다. 9 이에 바울[86]이라고도 하는 사울이 성령으로 충만하여 그를
쏘아보며 10 말했습니다. "오 너, 모든 거짓과 악행으로 가득 찬 악마의 자식, 모든
의인의 원수여, 주님의 의로운 길을 굽게 하는 일을 멈추지 못하겠느냐? 11 그러
므로 이제 보라, 주님의 손이 네 위에 있어 네가 눈이 멀어 한동안 해를 보지 못
할 것이다." 그러자 즉시 안개와 어둠이 그 위에 내리더니, 그가 손을 저으며 인도
해 줄 사람을 찾았습니다. 12 그때 총독이 일어난 일을 보고 믿었으며, 주님의 가
르침에 놀랐습니다.

비시디아 안디옥으로 가다

13 이어서 바울과 그 일행은 바보에서 출항하여 밤빌리아의 버가로 들어왔는
데, 요한은 그들을 떠나 예루살렘으로 돌아갔습니다. 14 그 후 그들은 버가를 떠
나 비시디아의 안디옥으로 갔고, 안식일[87]마다 회당에 들어가 앉았습니다. 15 그런
데 토라(가르침)와 선지자들[88]의 글을 읽은 후에 회당의 인도자들이 그들에게 사
람을 보내어 말했습니다. "형제 여러분, 여러분 가운데 누가 백성들을 위해 격려
할 말이 있으면 해 주십시오." 16 그러자 바울이 일어나 손으로 의사를 표시하고
말했습니다.

"이스라엘 사람들과 하나님을 경외하는 자들[89]이여, 여러분은 들어야 합니다.
17 이 백성 이스라엘의 하나님께서 우리 조상들을 택하여 그들이 이집트 땅에서

84) 마가 요한

85) 2000년경 '총독, 서기오 바울(세르기우스 파울로스)'이라고 새겨진 비석이 파포스(바보) 근처에서 발견되었다.

86) 사울이 처음으로 '바울'이라 불리는 구절이다.

87) 원문에는 복수형 즉, '안식일들'로 되어 있는데, 이것은 절기들 중 한 날이었기 때문일 수도 있다. 용어 해설에서 '안식일'을 찾아보라.

88) 성경의 처음 다섯 권을 '토라' 그리고 여호수아, 사사기, 사무엘상·하, 열왕기상·하 그리고 다니엘을 제외한 이사야부터 말라기까지의 선지서를 '선지자들'이라고 한다.

나그네로 있는 동안, 그 백성을 높이시고 들어 올린 팔로 그곳에서 인도하여 내셨습니다. **18** 그리고 약 사십 년 동안 광야에서 그들의 행위를 참아 주시다가 **19** 가나안 땅의 일곱 족속을 멸하시고 그 땅을 기업으로 분배하신 것이 **20** *이집트로 내려간 지* 약 사백오십 년 후였습니다. 그리고 이러한 일들 후에 그분은 그들에게 선지자 사무엘에 이르기까지 사사들을 주셨습니다. **21** 그 후에 백성들이 왕을 요구하자, 하나님께서는 베냐민 지파 출신인 기스의 아들 사울을 사십 년 동안 주셨습니다. **22** 그러다가 그분께서 그를 폐하시고 다윗을 그들의 왕으로 세우셨는데, 또한 그에 대해 이렇게 증거하셨습니다. '내가 이새의 아들 다윗, 곧 내 마음에 드는 사람을 찾아냈으니, 그가 나의 모든 뜻을 행할 것이다'(삼상 16:12-13; 사 44:28; 시 89:21). **23** 하나님은 이 사람의 씨에서 이스라엘에 약속하신 대로 구세주, 곧 예슈아를 세우셨는데, **24** 요한이 이스라엘 모든 백성에게 회개의 침례[90]를 선포한 때는 그분이 오시기 전이었습니다. **25** 그리고 요한은 삶의 여정을 마치면서 다음과 같이 말했습니다. '여러분은 나를 누구라고 생각하시오? 나는 그분이 아니오. 그러나 보시오, 그분은 내 뒤에 오고 계시는데, 나는 그분의 발에서 신발 끈을 풀 자격도 없소.'"

26 "여러분, 형제들이여, 아브라함의 자손과 여러분 가운데서 하나님을 경외하는 자들이여, 이 구원의 메시지는 우리 가운데 보내졌습니다. **27** 그러나 예루살렘 주민들과 그들을 인도하는 자들은 그분을 알지 못했고, 안식일마다 낭독하는 선지자들의 음성도 이해하지 못했습니다. 그리하여 *지도자들은* 그분을 정죄하여 그 예언들을 성취하였습니다. **28** 그들은 사형에 처할 아무런 명분을 발견하지 못했지만, 빌라도에게 요구하여 그분께 사형 판결을 내렸습니다. **29** 아울러 그들은 그분에 대해 기록된 모든 것을 완수하여 그분을 십자가에서 내려 무덤 안에 두었으나, **30** 하나님께서는 그분을 죽은 자들로부터 일으키셨습니다. **31** 그분은 갈릴리에서 예루살렘까지 함께 올라갔던 자들에게 여러 날 동안 보이셨는데, 바로 그 사람들이 이제 백성들에게 그분의 증인이 된 것입니다. **32** 그래서 우리가 여러분에게 복음, 곧 우리 조상들에게 주신 그 약속을 가져온 것이니, **33** 하나님께서 우리를 위해 예슈아를 일으키심으로 이것을 그들의 후손들에게 이뤄 주셨습니다.

89) '하나님을 경외하는 자들'은 유대인은 아니지만 회당 예배에 참석하고 유대교 교리를 배우는 사람들을 말한다. 그러나 완전히 개종한 자들은 아니었다.

90) 정결례는 천 년 넘게 행하여 온 유대인의 관행이었다. 용어 해설에서 '침례'를 찾아보라.

이것은 시편 둘째 편에 기록되어 있는 그대로입니다.

'너는 내 아들이다.
오늘 내가 너를 낳았다'(시 2:7).

34 따라서 그분을 죽은 자들로부터 일으키셨다는 말은 더 이상 썩게 버려 두지
않으시겠다는 것이니, 다음과 같이 말씀하신 그대로입니다.

'내가 너희에게 다윗의 확실하고 거룩한 것들을 줄 것이다'(사 55:3).

35 그러므로 다른 곳에서는 말씀하시기를,

'주는 주의 거룩한 이가 썩음을 보지 않게 하실 것입니다'(시 16:10)라고 하신
것입니다.

36 그런데 다윗은 참으로 하나님의 뜻대로 자기 세대를 섬긴 후에 잠들었고, 그
의 조상들과 함께 놓여 썩음을 보았습니다. **37** 그러나 하나님께서 일으키신 분은
썩음을 보지 않으셨습니다. **38** 그러므로 형제 여러분, 여러분이 알아야 할 것은 이
분을 통해 여러분에게 죄 사함이 선포되었다는 것입니다. 또한 모세의 전통으로
는 하나님과 올바른 관계 안으로 들어갈 수 없었던 모든 것으로부터 정결하게 되
어 **39** 그분을 믿는[91] 자는 누구든지 하나님과의 올바른 관계 안에 있게 되었습니
다. **40** 그러므로 여러분은 선지자들에 의해 다음과 같이 선포된 것이 임하지 않도
록 주의해야 합니다.

41 '보라, 비웃는 자들아, 놀라고 멸망하라.
내가 너희 시대에 한 가지 일을 행할 것이니,
어떤 사람이 너희에게 자세히 말해 줄지라도
너희는 절대로 믿지 않을 일이다'(합 1:5)."

42 그런데 *바울과 바나바가* 떠나려 하자, 사람들[92]이 다음 안식일에도 이러한
가르침들에 대해 말해 달라고 간청했습니다. **43** 아울러 회당에서 흩어진 다음에
도 유대인들과 경건한 개종자들 가운데 많은 사람들이 바울과 바나바를 따르자,
바울과 바나바는 그들에게 계속 하나님의 은혜 안에 있으라고 권면했습니다.

44 그리고 안식일이 되자, 거의 도시 전체가 주님의 말씀을 듣기 위해 모였습니
다. **45** 그런데 유대 사람들[93]이 무리들을 보고 시기심에 가득 차서, 바울이 전파한

91) 유대인들은 믿음이 반드시 행동의 변화로 나타나야 한다고 생각했다.

92) 회당 안에 있던 유대인들, 하나님을 경외하는 자들, 유대교 개종자들을 말한다.

93) 이들은 지난 안식일에 바울이 전한 메시지를 받아들이지 않은 유대인들이다.

것들을 비난하며 대적하는 말을 했습니다. **46** 바울과 바나바는 담대하게 전파하며
말했습니다. "하나님의 말씀이 당신들에게 먼저 전파되어야 했으나 당신들이 그것
을 거절하고, 자신들이 영원한 생명에 대해 자격이 있다고 판단하지 않고 있으니,
보시오, 우리는 이방인들에게 갈 것이오. **47** 그러므로 주님께서 우리에게 명령하시
기를,

'내가 너를 이방인들의 빛으로 세웠으니,
네가 땅끝까지 구원을 전하게 하려는 것이다'(사 49:6)라고 하셨소."

48 그러자 이방인들이 이 말을 듣고 주님에 대한 그 말씀을 기뻐하며 찬양했
고, 믿는 사람들마다 영생 안에 굳게 자리잡게 되었습니다. **49** 그러면서 주님에 대
한 그 메시지는 전 지역에 퍼졌습니다. **50** 그러나 유대인 *지도자*들은 예배하는 귀
부인들과 그 도시의 지도자들을 선동하여 바울과 바나바에게 핍박을 가하게 하
고, 그 지역에서 쫓아내게 했습니다. **51** 그러자 그들은 그 발에서 먼지를 떨어 낸
후에 이고니온으로 갔으며, **52** 제자들은 기쁨과 성령으로 충만해져 있었습니다.

바울과 바나바가 이고니온으로 가다

14 **1** 그리하여 그들이 이고니온에서 유대인의 회당에 함께 들어가 이와 같
이 전하자, 많은 유대인과 헬라인들이 모두 믿게 되었습니다. **2** 그러나 믿
지 않는 유대인들이 일어나 이방인들로 하여금 그 형제들에 대해 나쁜 마음을 먹게
했습니다. **3** 하지만 그들이 오히려 오랫동안 머물면서 주님에 대해 담대하게 전하자,
주님께서 그들의 손을 통해 표적과 기사가 나오게 해 주심으로 그분의 은혜에 대
한 말씀을 끊임없이 증거해 주셨습니다. **4** 그러자 그 도시 사람들이 나뉘어 한쪽은
유대인 편에, 다른 쪽은 사도들 편에 섰습니다. **5** 그렇게 이방인들은 물론 유대인들
도 그들의 지도자들과 함께 사도들을 대적하여 해를 끼치고 돌로 치려 했습니다.
6 이에 그들이 알아차리고 루가오니아의 루스드라와 더베라는 도시들 및 그 주변
지역들로 내려가서 피하였는데, **7** 거기에서도 복음을 선포했습니다.

루스드라의 바울과 바나바

8 그때 루스드라에 두 발에 힘이 없어 걷지 못하는 사람이 앉아 있었는데, 그
는 모태에서부터 걷지 못하는 자였습니다. **9** 그가 바울이 말하는 것을 들을 때에

바울이 그를 주목하다가 그 사람에게 구원받을 만한 믿음이 있는 것을 보고 **10**
큰 소리로 말했습니다. "당신은 즉시 그 발로 일어서시오." 그러자 그가 벌떡 일어
나서 걷기 시작했습니다. **11** 그때 무리가 바울이 행한 일을 보고 소리 높여 루가오
니아 말로 "신들이 인간의 모습으로 우리에게 내려오셨다"고 하면서, **12** 바나바를
제우스, 바울을 헤르메스라고 불렀는데, 그가 주로 말을 했기 때문입니다. **13** 그러
자 그 도시 밖에 있는 제우스 사제가 황소들과 화관을 가지고 와서 무리들과 함
께 성문에서 제사를 지내려고 했습니다. **14** 그러나 두 사도들, 곧 바나바와 바울
이 듣고 그들의 옷을 찢으며 무리 가운데로 뛰어들어 외쳐 **15** 말했습니다. "사람들
이여, 왜 이런 짓을 하고 있습니까? 우리도 여러분과 본성이 같은 사람입니다. 우
리가 여러분에게 복된 소식을 전하는 것은 이 헛된 일들로부터 하늘과 땅과 바다
와 그 가운데 있는 모든 것을 만드신 살아 계신 하나님께로 돌아오게 하려는 것
입니다. **16** 그분은 지나간 세대들 가운데서는 모든 이방인에게 각자의 길로 가는
것을 허락하셨습니다. **17** 그렇다고 그분 자신을 증거하지 않고 그대로 두신 것이
아닙니다. 그분은 자비를 보이셔서 하늘에서 비를 내리시고, 여러분의 마음을 양
식과 기쁨으로 만족케 하는 결실의 계절들을 주셨습니다." **18** 그들은 이렇게 말하
면서 무리들이 자기들에게 제사 지내려는 것을 겨우 막았습니다.

19 그때 유대인들이 안디옥과 이고니온에서 와서 무리들을 선동하여 바울을
돌로 치고는 그가 죽었다고 생각하여 도시 밖으로 끌어냈습니다. **20** 그런데 제자
들이 에워싸자, 바울이 일어나더니[94)] 그 도시로 들어갔습니다. 그리고 다음 날 그
는 바나바와 함께 더베로 떠났습니다.

시리아의 안디옥으로 돌아가다

21 그리하여 그들은 그 도시에서 전도하여 많은 제자들을 얻은 후에 루스드라
와 이고니온과 안디옥으로 돌아가서 **22** 제자들의 영혼을 강건하게 하고 믿음을 지
키라고 격려하면서, 우리가 하나님의 왕국에 들어가려면 많은 어려움을 통과해야
한다고 말했습니다. **23** 그들은 각 회중(교회)마다 장로들을 세운 후에 기도하고 금
식하며 그들이 믿는 주님께 그들을 맡겼습니다. **24** 그 후 그들은 비시디아를 거쳐

94) 바울은 죽었다가 제자들이 그를 에워싸고 기도할 때 살아난 것일까? 죽지 않았다면 성 밖으로 내쳐지지 않았을 것이다. 어쩌면 바울은 고린도후서 12장 2절에서 말한 '몸 밖의 체험'을 했을지도 모른다.

* 원서에는 "여러분은 여러분 가운데 회중(교회)이 시작되던 날부터 이방인들이 내 입을 통해 그 복음의 말씀을 듣고 믿게 하도록 하나님께서 정하셨다는 것을 알고 있습니다"로 되어 있다.

밤빌리아로 들어와서 25 버가에서 말씀을 전한 후에 앗달리아로 내려가 26 거기에
서 배를 타고 안디옥으로 갔습니다. 그곳은 그들이 완수한 사역을 위해 하나님의
은혜에 넘겨진 곳입니다. 27 그런 다음 그들은 도착해서 회중(교회)을 모으고, 하나
님께서 그들과 함께 행하신 것과 이방인들에게 믿음의 문을 열어 주신 것을 보고
했습니다. 28 그리고 그들은 많은 시간을 제자들과 함께 보냈습니다.

예루살렘 공회

15 1 한편 유대에서 내려온 사람들이 형제들을 가르치기를, "당신들이 모세
의 관례대로 할례를 받지 않으면(레 12:3) 구원받을 수 없다"라고 했습니
다. 2 그래서 바울과 바나바, 그리고 그들 사이에 다툼과 적지 않은 논쟁이 일어나
자, 사람들이 바울과 바나바와 그들 가운데 몇 사람을 정하여 그 문제에 관한 사
항을 예루살렘에 있는 사도들과 장로들에게 올려 보냈습니다. 3 그리하여 그들은
회중(교회)의 파송을 받고 가는 길에 베니게와 사마리아를 지나가면서 이방인들
의 회심을 자세하게 들려주어 모든 형제에게 큰 기쁨을 주었습니다. 4 이어서 그
들은 예루살렘에 도착하여 회중(교회)과 사도들과 장로들의 환영을 받고, 하나님
께서 그들 가운데 행하신 역사를 보고했습니다. 5 그러자 그들 가운데 바리새파
출신의 믿는 사람 몇 명이 일어나서 그들에게 할례를 행하고, 모세의 토라(가르침)
를 지키라고 명령해야 한다고 말했습니다.

6 이에 사도들과 장로들이 이 문제에 대해 알아보려고 소집되었습니다. 7 그리
고 충분히 논의한 후에 베드로가 일어나서 그들에게 말했습니다. "형제 여러분, 여
러분은 하나님께서 처음부터 나를 여러분 가운데 택하셔서 이방인들이 내 입을 통
해 그 복음의 메시지를 듣고 믿게 하셨다는 것을 알고 있습니다.* 8 또한 마음을 아
시는 하나님께서 우리처럼 그들에게도 성령을 주심으로 증거하셔서 9 우리와 그들
사이에 아무런 차이를 두지 않으셨습니다. 그들의 마음을 믿음으로 깨끗하게 하
셨기 때문입니다. 10 그런데 지금 여러분은 왜 우리 조상들은 물론 우리도 감당할
수 없는 그 멍에를 제자들의 목에 씌우면서 하나님을 시험하는 것입니까? 11 그러
나 우리는 주 예슈아의 은혜로 우리가 구원받았다는 것을 믿고 있고, 그들도 마
찬가지입니다."

12 그러자 모든 무리가 말을 멈추고, 바나바와 바울의 말에 귀를 기울였습니다.

그들은 하나님께서 이방인들 가운데서 자신들을 통해 어떤 표적과 기사를 행하
셨는지 설명했습니다. 13 그리고 그들이 말을 마치자, 야고보가 대답하며 말했습
니다. "여러분, 형제들이여, 여러분은 이제 내 말을 들어야 합니다. 14 시몬은 하나
님께서 처음에 어떻게 관심을 보이시며 이방인들 가운데서 한 백성을 그분의 이
름으로 택하셨는지 설명해 주었습니다. 15 선지자들의 말도 이것과 일치하여 다음
과 같이 기록되어 있는 그대로입니다.

16 '이러한 일들 후에 내가 돌아와서
무너졌던 다윗의 장막[95]과 파괴된 것들을 다시 세울 것이며,
내가 그 폐허를 다시 일으키고 그것을 복구할 것이니,
17 *유대* 백성의 남은 자들과 내 이름으로 호명되는 모든 이방인[96]이
주를 찾게 하려는 것이다.
이 모든 일을'(암 9:11, 12) 행하시는 주께서 말씀하신다.
18 그것은 영원전부터 알려진 일이다.[97]

19 그러므로 나는 다음과 같이 판단합니다. 우리가 이방인들 가운데 하나님께
로 돌아오는 이들을 힘들게 하지 말고, 20 우상들로 더럽혀진 것과 부도덕함[98]과
목을 매어 죽인 짐승의 고기와 피를 금하도록(레 17:10) 그들을 가르치는 것이 좋겠
습니다. 21 옛날부터 모든 도시마다 모세를 전하는 사람이 있어, 안식일마다 회당
에서 낭독되기 때문입니다."

공회의 결정

22 이에 사도들과 장로들과 온 회중(교회)은 바울과 바나바와 더불어 그 형제들
가운데 지도자인 바사바라고 불리는 유다와 실라를 택하여 안디옥으로 보내는 것
을 가장 좋게 여겨 23 자기들의 손으로 다음과 같이 썼습니다. "형제인 사도들과 장

95) 히브리어 '수카'(Sukkah), 헬라어 '스케네'(skene)는 '장막'보다는 초막절에 만드는 개인용 '초막'에 가까운 의미이다. 다윗의 장막이 의미하는 것은 두 가지이다. 첫 번째는 다윗 왕국의 회복이다. 이것은 메시아의 통치로 실현될 것이다. 두 번째는 다윗의 주권이다. 이것은 왕권이 세워지는 것, 곧 다윗의 통치(메시아의 통치)의 적법성을 말한다. 물론 이것은 이스라엘 주권의 적법성을 뜻하기도 한다.

96) 다윗의 장막을 세우는 것은 이방 민족에게 복음을 전하는 것과 긴밀하게 연결되어 있다.

97) 이것은 히브리어 사본이나 칠십인역 본문을 그대로 옮긴 것이 아니다. 용어 해설에서 '성경 암송'을 찾아보라.

98) 이것은 대인 관계와 관련된 구약 성경 전반을 아우르는 넓은 의미의 부도덕을 말하는 것이 분명하다. 바울의 서신서들도 이것을 뒷받침한다(롬 1:28-32; 9:29-31; 13:9; 고전 5:9-10; 갈 5:19-21; 골 3:8-9; 딤전 1:8-11 등).

99) '형제'라는 호칭은 남녀 모든 구성원을 아우르는 말로 사용되는 경우가 많다. 그러나 22절의 '형제'는 남자들이다.

로들은 안디옥과 시리아와 길리기아에 있는 자들, 곧 이방인들 가운데서 형제[99]
된 자들에게 문안합니다. **24** 우리에게서 나간 어떤 사람들[100]이, 우리가 명하지 않
았는데도 그들의 메시지로 여러분을 괴롭히고 아프게 했다는 소식을 듣고, **25** 우
리가 한마음으로 사랑하는 바나바와 바울과 함께 택한 사람들을 여러분에게 보
내기로 결정했습니다. **26** 바나바와 바울은 메시아이신 우리 주 예슈아의 이름을
위해 자기 목숨을 내놓은 사람들입니다. **27** 그래서 우리는 유다와 실라를 보냅니
다. 그들은 그 입의 말르 같은 내용을 전할 것입니다. **28** 성령과 우리의 생각은 다
음의 필수적인 사항들 외에는 여러분에게 더 이상 어떤 짐도 지우지 않는 것입니
다. **29** 곧 우상에게 바친 고기와 피와 목 졸라 죽인 짐승과 부도덕함을 금하는 것
이니, 여러분이 스스로 이런 것들을 지키면 잘하는 것입니다. 샬롬이 있기를 바랍
니다."

30 그렇게 그들은 보냄을 받아 안디옥으로 내려가서 회중(교회)을 모으고 편지를
전했습니다. **31** 그러자 사람들이 읽고, 그 권면에 기뻐했습니다. **32** 또 유다와 실라
모두 선지자였으므로, 많은 메시지로 형제들을 격려하고 힘을 주었습니다. **33** 그들
은 시간을 보낸 후 그 형제들을 떠나 샬롬 가운데 자신들을 보낸 자들에게로 돌아
갔습니다. **34** [그런데 실라는 거기에 머문 것 같습니다.][101] **35** 바울과 바나바는 다른
많은 사람들과 함께 안디옥에 머물면서 복음, 곧 주님의 말씀을 가르치고 전파했
습니다.

바울과 바나바가 갈라서다

36 그런데 얼마 후에 바울이 바나바에게 말했습니다. "자, 우리가 돌아가서 주
의 말씀을 전했던 각 도시의 형제들을 방문하여 어떻게 행하고 있는지 살펴봅시
다." **37** 그런데 바나바는 마가라고 불리는 요한을 데려가고 싶어 했습니다. **38** 그러
나 바울은 그를 데려가지 않는 것이 합당하다고 생각했는데, 그가 밤빌리아에서
그들을 버리고(행 13:13) 이 사역에 함께하지 않았기 때문입니다.[102] **39** 그리하여 심
한 다툼 끝에 서로 갈라져 바나바는 마가를 데리고 배로 키프로스까지 가고, **40**
바울은 실라를 택하여 주의 은혜 안에서 형제들의 인도를 받으며 떠났습니다. **41**

100) 이들은 어떤 권위의 통제도 받지 않고 독단적으로 행하면서 '나는 오직 하나님께 말씀드린다'고 주장했다. 이런 모습은 오늘날에도 찾아볼 수 있다.

101) 초기 사본에는 없는 구절로, 9세기경에 덧붙여진 것이다.

102) 바울은 나중에 마가에 대한 생각을 바꾸었다(딤후 4:11).

그리하여 그는 시리아와 길리기아를 지나가면서 회중(교회)에게 힘을 주었습니다.

디모데가 바울과 실라와 동행하다

16 **1** 그 후 바울은 더베와 루스드라로 내려갔습니다. 그런데 보십시오, 디
모데라는 어떤 제자가 그곳에 있었는데, 그는 믿는 유대인 여자의 아들
이었습니다. 하지만 아버지는 헬라인이었습니다. **2** 그는 루스드라와 이고니온[103]에
있는 형제들에게 칭찬을 받고 있었습니다. **3** 바울이 디모데와 함께 가고 싶어서 그
를 데려다가 할례를 행했는데, 그 지역에 있는 유대인들이 모두 그의 아버지가 헬라
인이라는 것을 알고 있었기 때문입니다. **4** 그리하여 그들은 그 도시들을 다니면서
예루살렘의 사도들과 장로들이 정한 규례를 전하여 지키게 했습니다. **5** 이렇게 회
중(교회)은 믿음 안에서 강해지고, 날마다 숫자가 크게 늘어 갔습니다.

마케도니아 사람에 대한 바울의 환상

6 한편 그들은 브루기아와 갈라디아 지역을 통과했는데, 성령께서 아시아에서
하나님의 말씀을 전하지 못하게 막으셨기 때문입니다. **7** 그리하여 그들은 무시아
로 내려가 비두니아로 들어가려고 애를 썼으나, 예슈아의 영이 허락하지 않으셨
습니다. **8** 그래서 그들은 무시아를 지나 드로아로 내려갔습니다. **9** 그런데 그날 밤
바울에게 어떤 환상이 보였는데, 마케도니아 사람 하나가 서서 그에게 간청하며
이렇게 말하는 것이었습니다. "당신은 지금 즉시 마케도니아로 넘어와 우리를 도
와주어야 합니다." **10** 이에 바울이 그 환상을 보고, 우리[104]는 즉시 떠나 마케도니
아로 들어갔습니다. 하나님께서 그들에게 복음을 전하라고 우리를 부르셨다는 것
을 깨달았기 때문입니다.

루디아의 회심

11 그리하여 우리는 배를 타고 드로아에서 사모드라게로 직행하여 다음 날 네
압볼리에 이르렀고, **12** 거기서 빌립보로 들어갔습니다. 그곳은 마케도니아 지역의

103) 루스드라와 이고니온의 거리는 약 32km로, 1세기 당시에는 꼬박 하루가 걸리는 거리였다. 그런데도 모두가 디모데를 알고 또 그의 부친이 헬라인인 것을 알 만큼 두 회당 간에 교류가 많았던 것이다.

104) 누가는 여기서 처음으로 '우리'라는 대명사를 사용한다. 그는 드로아에서 바울, 실라, 디모데와 합류했을 지도 모른다.

주요 도시로, 로마의 식민지였습니다. 그래서 우리는 그 도시에서 며칠 머물렀습니다. 13 그리고 안식일[105]에 우리가 기도처로 여기는 성문 밖 강가로 나가서 앉아 있다가 함께 모여 있는 여인들에게 말하기 시작했습니다. 14 그런데 두아디라 시의 자주 옷감 장수이며 하나님을 경배하는 루디아[106]라는 여인이 말씀을 듣고 있었습니다. 주께서 그녀의 마음을 여셔서 바울이 전하는 말에 주목하였습니다. 15 그리하여 그녀와 그 식구들이 침례[107]를 받으니, 그녀가 간청하며 말하기를, "만일 여러분이 내가 주님을 믿는다고 판단하셨다면, 내 집에 오셔서 거기에 머무르셔야 합니다"라고 했습니다.

빌립보에서 투옥되다

16 한편 우리는 기도하러 가는 동안에 어떤 신접한 여종과 마주치게 되었습니다. 그녀는 앞일을 미리 봐 주면서 자기 주인들에게 많은 이익을 가져다주고 있었습니다. 17 그녀가 바울과 우리를 따라오면서 큰 소리로 말하기를, "이 사람들은 지극히 높으신 하나님의 종들로, 당신들에게 구원의 길을 전하고 있습니다"라고 했습니다. 18 그런데 그녀가 여러 날 동안 이렇게 하자, 바울이 괴로워서 몸을 돌려 악한 영에게 말했습니다. "내가 메시아 예슈아의 이름으로 네게 명령하니, 그 여자에게서 나오라." 그러자 그 순간 악한 영이 그녀에게서 나왔습니다. 19 그러나 그녀의 주인들은 그들의 이익에 대한 소망이 사라져 버린 것을 보고 바울과 실라를 붙잡아 관리들이 있는 광장으로 끌고 갔습니다. 20 그리고 그들을 행정관들에게 데리고 가서 말했습니다. "이 사람들은 유대인으로서 우리 도시를 동요시키고, 21 우리 로마인들이 받아들이거나 행할 수도 없는 합법적이지 않은 관습들을 주장하고 있습니다." 22 그리고 무리가 함께 일어나 그들을 대적하자, 관리들은 그들의 기도숄(탈리트)을 찢으면서 그들을 매로 치라고 명령했습니다. 23 그래서 그들을 많이 친 후에 옥에 가두고 간수에게 잘 지키라고 명령했습니다. 24 간수는 그러한 명령을 받고, 그들을 데리고 가서 감옥 안에 밀어 넣고 그들의 발에 족쇄를 채웠습니다.

105) 절기를 말하는 것일 수도 있고, 단순히 안식일을 말하는 것일 수도 있다. 용어 해설에서 '안식일'을 찾아보라.

106) 루디아는 유대인이었다. 루디아와 다른 유대인 여자들은 이곳에서 정기적으로 모여 기도하고 함께 경배드리는 가운데 믿음을 견고히 했을 것이다.

107) 유대 관습에 따라 정결례를 행하는 것을 말한다. 용어 해설에서 '침례'를 찾아보라.

25 그런데 한밤중에 바울과 실라가 기도하면서 하나님께 찬송*과 시편을* 올려
드리자, 죄수들이 그들에게 귀를 기울였습니다. 26 그때 갑자기 큰 지진이 일어나더
니, 감옥의 터가 흔들렸습니다. 그러면서 즉시 모든 문이 열리고, 모든 족쇄가 풀렸
습니다. 27 이에 간수가 잠에서 깨어 감옥 문이 열린 것을 보고 죄수들이 달아났
다고 생각하여 칼을 뽑아 자결하려고 했습니다. 28 그때 바울이 큰 소리로 외치며
말하기를, "자기 자신에게 그런 악을 행하지 마시오. 우리 모두 여기 있소"라고 했
습니다. 29 이에 그는 등불을 요청하여 안으로 뛰어들어가 바울과 실라 앞에 엎드
려 떨다가 30 그들을 밖으로 인도하며 말했습니다. "선생들이여, 내가 구원을 받으
려면 어떻게 해야 합니까?" 31 그러자 그들이 말했습니다. "당신은 즉시 주 예슈아
를 믿으시오.[108] 그러면 당신과 당신의 식구들이 구원을 받을 것입니다." 32 그리하
여 그들은 그와 그의 집에 있는 모든 사람에게 주님의 말씀을 전했습니다. 33 그
러자 간수가 그날 밤 그 시각에 그들을 데려다가 상처를 씻어 주고, 그 자리에서
그와 온 가족이 침례를 받았습니다. 34 또 그는 그들을 집으로 데리고 들어가서
그 앞에 식탁을 차려 주고, 온 가족과 함께 자신들이 하나님을 믿게 된 것에 기뻐
했습니다.

35 그런데 날이 밝자, 관리들이 집행관들을 보내어 "그 사람들을 풀어 주라"고
말했습니다. 36 그래서 간수는 이 말을 바울에게 전하며 "관리들이 사람을 보내
당신들을 풀어 주라고 했으니, 이제 떠나서 평안히 가십시오"라고 했습니다. 37 그
러나 바울은 그들에게 말했습니다. "그들이 판결도 없이 로마 시민인 우리를 공개
적으로 때린 후에 감옥에 가두더니, 이제는 우리를 몰래 풀어 주는 것이오? 이는
있을 수 없는 일이니, 그들이 직접 와서 우리를 데리고 나가야 하오." 38 그러자 수
행원들이 이 말을 관리들에게 보고했고, 관리들은 로마인이라는 말을 듣고 두려
워하며[109] 39 와서 바울과 실라를 불러내어 데리고 나가서 그 도시를 떠나 달라고
부탁했습니다. 40 그리하여 그들은 감옥에서 나와 루디아의 집으로 가서 그녀를
본 후 거기서 만난 형제들[110]을 격려하고 떠났습니다.

108) 바울이 가진 유대적 사고방식에 의하면, 믿음에는 반드시 '행동의 변화'가 따라야 했다.

109) 로마 시민을 공정한 재판 과정도 없이 매로 치거나(22절) 족쇄를 채우는 것(24절)은 불법이었다. 바울과 실라가 그들을 고소할 수도 있었다.

110) 히브리 화법에서 '형제들'은 그 자리에 모인 모든 사람을 지칭한다.

데살로니가에서 소동이 벌어지다

17 1 그리고 그들은 암비볼리와 아볼로니아를 거쳐 데살로니가로 들어왔습
니다. 거기에는 유대인들의 회당이 하나 있었습니다. 2 이에 바울이 그
관습대로 거기에 들어가서 세 번에 걸쳐 안식일마다 그들에게 성경을 강론하며
3 메시아가 고난당한 후에 죽은 자들 가운데서 일으켜져야 할 것을 설명하고 "그
메시아가 바로 내가 여러분에게 전하고 있는 이 예슈아입니다"라고 설명하고 강
조했습니다. 4 그러자 그들 가운데 설득되어 바울과 실라를 따르는 사람들이 있
었는데, 한 무리의 경건한[111] 헬라인들과 적지 않은 상류층 여인들이었습니다. 5
그런데 유대인 *지도자*들이 시기심에 가득 차서 불량배 몇 명을 데려와 폭도들
을 일으킨 뒤 그 도시를 소란스럽게 했습니다. 폭도들은 바울과 실라가 야손의
집에 있을 것이라고 생각하여 그들을 무리 앞에 끌어내려고 했습니다. 6 그런데
그들을 찾지 못하자 야손과 몇 명의 형제들을 그 도시의 관리들에게 끌고 가서 외
쳤습니다. "이들은 사람 사는 곳마다 소란스럽게 하는 자들인데, 여기까지 와서 7
야손이 그들을 맞아들였습니다. 이들은 모두 예슈아라고 하는 다른 왕을 말하면
서 가이사의 법령들을 위반하고 있습니다." 8 그러자 이 말을 듣고 무리와 관리들
이 동요했습니다. 9 그러나 그들은 야손과 나머지 사람들에게 보석금을 받고 그들
을 석방했습니다.

베리아에서 전도하다

10 한편 형제들은 그날 밤 즉시 바울과 실라를 베리아로 보냈고, 그들은 도착하
여 유대인의 회당으로 들어갔습니다. 11 그런데 이 사람들은 데살로니가 사람들보
다 마음이 넓어서 진심으로 그 메시지들을 받아들이고,[112] 그들이 받은 이 말씀들
이 그러한지 날마다 성경을 자세히 살펴보았습니다. 12 그리하여 그들 가운데 참
으로 많은 사람들이 믿게 되었는데, 적지 않은 수의 저명한 헬라인 남녀들이었습
니다. 13 그러나 데살로니가의 유대인들은 바울을 통해 하나님의 말씀이 베리아에
서도 전파된다는 사실을 알고, 거기까지 가서 무리를 선동하고 소동을 일으켰습
니다. 14 이에 형제들이 즉시 바울을 내보내어 바다로 가게 했지만, 실라와 디모데
는 그곳에 남아 있었습니다. 15 바울을 데려온 사람들은 그를 아테네까지 안내하고

111) 유대교로 개종한 사람들

112) 베리아 사람들은 바울의 설교를 듣고 하나님에 대해 알고자 힘썼다.

떠났습니다. 실라와 디모데를 가능한 빨리 바울에게 데려와 달라는 부탁을 받았기 때문입니다.

바울이 아테네에서 전도하다

16 한편 바울은 아테네에서 그들(실라와 디모데)을 기다리는 동안, 그 도시가 각
종 우상들로 가득한 것을 보고 크게 속이 상했습니다. **17** 그래서 그는 회당에서는
유대인 및 예배 드리러 온 하나님을 경외하는 자들과, 광장에서는 우연히 만나는
사람들과 계속 논쟁을 했습니다. **18** 그리고 몇몇 에피쿠로스와 스토아 철학자들
도 만났는데, 어떤 사람들은 이렇게 말했습니다. "이 말쟁이는 무슨 말을 하고 싶
은 것인가? 그가 예슈아와 부활[113]을 전파하고 있으니, 자기를 이방신들의 대변자
로 여기는 것 같다." **19** 그들은 그를 붙들어 아레오바고(최고 회의장) 앞으로 데려가
서 이렇게 말했습니다. "당신이 전하는 이 새로운 가르침을 우리가 알 수 있겠소?
20 당신은 우리에게 이상한 것들을 가지고 왔는데, 우리는 이것들이 무엇을 의미
하는지 알고 싶소." **21** 그때 모든 아테네 사람들과 외국의 방문자들은 더 새로운
것을 듣고 말하는 일 외에는 다른 일로 시간을 보내지 않았습니다.

22 그래서 바울은 아레오바고, 곧 *최고 회의장* 가운데 서서 말했습니다. "아테
네 사람들이여, 내가 보니 여러분은 모든 면에서 매우 종교적입니다. **23** 내가 두루
다니면서 여러분이 섬기는 대상들을 살펴보다가, 심지어 '알려지지 않은 신께'라
는 글이 쓰여진 제단도 발견했기 때문입니다. 그렇다면 여러분이 알지도 못하면서
섬기는 신, 나는 이것을 여러분에게 전파하고 있는 것입니다. **24** 세상과 그 안에
있는 모든 것을 만드신 하나님, 하늘과 땅의 주인이신 이분은 인간의 손으로 만
든 성소들 가운데 거하지 않으십니다. **25** 또한 그분은 마치 뭔가 필요하신 것처럼
인간의 손으로 섬김을 받는[114] 분도 아닙니다. 왜냐하면 그분이 모든 사람에게 생
명과 호흡과 모든 것을 주셨기 때문입니다. **26** 그분은 한 사람으로부터 땅 위에
거주하는 모든 민족을 만드셨는데, 그 전에 그 거주민들의 시기와 경계들을 정해
두셨습니다. **27** 하나님은 사람들이 그분의 흔적들을 구하며 그분을 발견하려 하
는지 지켜보고 계시니, 참으로 그분은 우리 가운데 어떤 사람에게서도 멀리 떨어

113) 용어 해설에서 '부활'을 찾아보라.

114) 헬라어 '데라페우오'(therapeuo)는 보통 '치유하다'로 번역되지만, 본뜻은 '섬김을 받다'이다.

115) 그리스의 수많은 작가들이 자신의 저서에 이 말을 인용했다. 대표적으로 에피메니데스의 'de oraculis'와 아라투스의 '페노메나'(Phaenomena) 5행, 그리고 클레안데스의 글을 꼽을 수 있다.

져 계시지 않습니다(시 145:18; 렘 23:23).

28 '우리가 그분 안에서 살고 움직이고 존재하기 때문입니다.'[115] 여러분의 시인들 중에도 다음과 같이 말한 사람이 있었습니다.

'그러므로 우리는 또한 그 자손이라.'

29 따라서 우리는 하나님의 자손이기에 그 신성함을 사람의 기술이나 생각으로 새겨 만든 금이나 은이나 돌 같은 것으로 여기면 안 됩니다. 30 그러므로 몰랐을 때는 하나님께서 그냥 넘어가 주셨지만, 이제 그분은 각처에서 사람들에게 모든 것을 회개하라고 명령하고 계십니다. 31 이는 하나님께서 공의로 세상을 심판하실 날을 세우시고, 그분이 정하신 한 사람, 곧 죽은 자들 가운데서 일으키신 그분을 통해 모든 믿는 자에게 확신을 주셨기 때문입니다."

32 그때 죽은 자들의 부활에 대해 듣고 난 후, 조롱하는 사람들도 있었으나 이렇게 말하는 사람들도 있었습니다. "우리는 이것에 대해 당신에게 또 듣겠소." 33 바울은 이렇게 그들에게서 떠났습니다. 34 그러나 어떤 사람들은 그를 따르며 믿었는데, 그들 중에는 최고 회의의 디오누시오와 다마리라는 여인과 다른 사람들이 있었습니다.

고린도에서의 바울

18 1 이 일 후에 바울은 아테네를 떠나 고린도로 갔습니다. 2 그리고 그는 아굴라라는 유대인을 만났는데, 본도 출신으로 모든 유대인은 로마를 떠나라는 글라우디오 황제의 명령[116] 때문에 최근 그의 아내 브리스길라와 함께 이탈리아에서 온 사람이었습니다. 바울이 그들에게 다가가니, 3 그들이 하는 일이 같아서 함께 지내며 일을 했습니다. 그들 모두 기도숄 만드는 것[117]이 직업이었습니다. 4 그러면서 그는 안식일마다 회당에서 토론하며 유대인들과 헬라인들을 모두 설복시켰습니다.

5 실라와 디모데가 마케도니아에서 오자, 바울은 전적으로 말씀만 전하면서 유

116) AD 49년, 글라우디오 황제는 모든 유대인들에게 로마에서 떠나라고 명령했다.

117) 기도숄을 제작하려면 특별한 훈련을 받아야 했다. 헬라어 '스케노포이오이'(skenopoioi)는 '기도숄 제작자' 또는 '천막 제작자'로 번역되는데, 성경의 다른 곳이나 다른 헬라어 기록물에는 나타나지 않는다. 유대인들은 기도숄을 '장막' 또는 '기도의 골방'이라고 했는데, 기도하는 동안 머리에 덮어쓰고 자신의 눈을 가렸기 때문이다. 용어 해설에서 '탈리트 또는 기도숄'을 찾아보라.

대인들에게 예슈아께서 메시아라고 증거했습니다. **6** 그러나 그들이 거부하며 저주
하자, 바울은 자기 외투를 털면서 그들에게 말했습니다. "여러분의 피가 여러분의
머리로 돌아갈 것이니, 나는 이 일에 깨끗합니다. 지금부터 나는 이방인들에게 갈
것입니다."[118] **7** 그리고 그는 그곳을 떠나 디도 유스도라는 사람의 집으로 들어갔
습니다. 그는 하나님을 경배하는 사람[119]으로, 그의 집은 회당 옆에 있었습니다.
8 이에 회당장 그리스보와 그의 온 집안이 주님을 믿었고, 많은 고린도 사람들이
듣고 믿으며 침례를 받았습니다. **9** 그런데 주님께서 밤에 환상을 통해 바울에게
말씀하셨습니다. "너는 두려워해선 안 된다! 오직 너는 계속 전파해야 하니, 침묵
하지 말라. **10** 바로 내가 너와 함께하니, 아무도 너를 해치려고 손을 대지 못할 것
이다. 이 도시에 내 백성이 많기 때문이다." **11** 이에 바울은 그들 가운데 일 년 반
을 머물면서[120] 하나님의 말씀을 가르쳤습니다.

12 그런데 갈리오[121]가 아가야의 총독으로 있는 동안, 유대인들이 합심하여 바
울을 대적하여 일어나 그를 끌고 법정으로 가서 **13** 이렇게 말했습니다. "이 자가
하나님을 경배하라고 사람들을 설득하는 것은 토라(가르침)[122]에 위배됩니다." **14**
바울이 그 입을 열려고 하는데, 갈리오가 유대인들에게 말했습니다. "오 유대인들
이여, 만일 그것이 불법이나 악행이라면 내가 당신들의 말을 들어 주는 것이 합당
하겠으나, **15** 만일 그것이 당신들의 토라(가르침)에 따른 교리나 명칭들에 관한 문제
라면 당신들이 알아서 해야 할 것이오. 나는 이런 것을 판단하고 싶지 않소." **16** 그
리고 그는 그들을 법정에서 쫓아냈습니다. **17** 그러자 그들[123] 모두가 회당장 소스
데네를 붙잡아 법정 앞에서 때렸는데, 갈리오는 이 일들에 대해 전혀 신경 쓰지
않았습니다.

118) 비시디아 안디옥에서 한 말(행 13:46)이 그곳 사람들에게만 해당되는 것처럼(행 18:19), 이것은 특별히 고린도 인들에게 하는 말이었다.

119) 그는 유대교로 개종한 사람이었다.

120) 헬라어 '카디조'(kathizo)의 문자적 의미는 '앉다'이며, 다른 곳에서는 '거하다', '살다'로도 번역되었다. 이것은 히브리 관용 표현으로, 시편 22편 4절을 문자 그대로 옮기면 "이스라엘의 찬양 위에 좌정하신"이지만, 대부분 "이스라엘의 찬양 위에 거하시는(또는 계시는)"으로 번역되어 있다.

121) 델포이에서 '내 친구 갈리오에게'라는 글이 새겨진 클라우디우스(글라우디오) 황제의 비석 조각이 발견되었다. 클라우디우스 황제의 재위 기간은 AD 41-54년이다.

122) 좁은 의미로는 구약의 처음 다섯 권을 지칭하지만, 구약 성경 전체를 통칭하는 표현으로도 사용된다. 용어 해설에서 '토라'를 찾아보라.

123) '그들'이 유대인인지 헬라인인지는 분명하지 않다. '소스데네'는 고린도전서 1장 1절에 등장하는 인물과 동일인일 수도 있다.

안디옥으로 돌아온 바울

18 그런데도 바울은 여러 날 동안 머물다가 형제들[124)]과 작별하고, 브리스길라와
아굴라도 배를 타고 그와 함께 시리아로 갔습니다. 그는* 서원을 완수했기 때문
에 겐그레아에서 머리를 깎았습니다. 19 그 후 그들이 에베소에 들어오자, 바울은
거기서 일행을 떠나 회당으로 가서 유대인들을 논리적으로 설득했습니다. 20 이에
그들이 더 오랜 시간 머물러 달라고 그에게 요청했지만, 그는 받아들이지 않고 21
작별하면서 말했습니다. "하나님의 뜻이라면 내가 다시 돌아오겠습니다." 이어서
그는 배를 타고 에베소를 떠나 22 가이사랴에 도착하여 유월절을 지키려고 예루
살렘으로 올라가서 회중(교회)에게 인사한 뒤 안디옥으로 내려갔습니다. 23 그리고
얼마 동안 지내다가 떠나서 갈라디아와 브루기아 지역을 차례로 다니며 모든 제
자에게 힘을 주었습니다.

아볼로가 에베소에서 말씀을 선포하다

24 한편 아볼로라는 유대인이 에베소에 왔는데, 알렉산드리아 출신으로 성경에
능한 학식이 있는 사람이었습니다. 25 그는 주님의 도를 배웠으며 영적으로 뜨거운
사람이었습니다. 그는 요한의 침례[125)]만 알고 있었는데도, 예수에 대한 것들을
정확하게 전하고 가르치고 있었습니다. 26 그가 회당에서 담대하게 전파하기 시작
하자, 브리스길라와 아굴라가 그의 말을 듣고 그를 따로 데려가서 하나님의 도
를 자세하게 설명했습니다. 27 그 후 아볼로가 아가야로 가고 싶어 하자, 형제들이
격려하고 제자들에게 편지를 써서 그를 맞아들이게 했습니다. 그는 도착하여 은혜
를 통해 믿고 있던 많은 사람들을 도왔습니다. 28 그가 유대인들을 강력하게 논박
하며 성경을 통해 예수께서 메시아라는 것을 공개적으로 증거했기 때문입니다.

에베소로 간 바울

19 1 한편 아볼로가 고린도에 있는 동안, 바울은 내륙 지방을 거쳐 에베소
로 내려가서 몇몇 제자들을 만나게 되었습니다. 2 이에 그가 그들에게 물

124) 히브리어 어법상 믿는 남녀 모두를 지칭한다.

* 문장 구조상 '그'가 누구인지는 분명하지 않다. 원뉴맨성경은 이 사람을 '아굴라'로 본다.

125) '침례'라고도 하는 정결례는 당시 유대인들이 천 년 넘게 행해 오던 것으로, 아볼로가 가르친 '요한의 침례'는 '회개를 촉구하는 것'이었다. 용어 해설에서 '침례'를 찾아보라.

었습니다. "여러분은 믿을 때에 성령을 받았습니까?" 이에 그들이 말했습니다. "사실 우리는 성령이 있다는 것조차 듣지 못했습니다." **3** 그러자 그가 말했습니다. "그렇다면 여러분은 누구의 이름으로 침례를 받았습니까?" 이에 그들이 말했습니다. "요한의 침례입니다." **4** 그때 바울이 말했습니다. "요한이 사람들에게 회개의 침례를 베풀며 자기 뒤에 오시는 분을 믿어야 한다고 말했는데, 곧 예슈아를 믿어야 한다는 것이었습니다." **5** 이에 그들이 듣고 주 예슈아의 이름으로 침례를 받았으며, **6** 바울이 그들에게 손을 얹자,[126] 성령이 임하셔서 그들이 방언으로 말하고 예언하기 시작했습니다. **7** 거기에는 열두 명 정도가 있었습니다.

8 그 후 그는 회당으로 들어가서 삼 개월 동안 담대히 전파하며 하나님의 왕국에 대한 것들을 변론하고 설득했습니다. **9** 그러나 어떤 사람들이 완악해져서 불순종하며 무리 앞에서 그 도에 대해 악한 말을 하자, 바울은 그들을 떠나 제자들을 데리고[127] 두란노의 예쉬바[128]에서 날마다 토론(수업)을 했습니다. **10** 이렇게 두 해가 지나자, 유대인이나 헬라인이나 아시아에 사는 모든 사람이 주의 말씀을 듣게 되었습니다.

스게와의 일곱 아들

11 하나님께서는 바울의 손을 통해 놀라운 기적들을 행하셨습니다. **12** 심지어 바울의 몸에 닿았던 수건이나 앞치마를 가져다가 아픈 사람들 위에 얹기만 해도, 그들의 병이 떠나고 악한 영이 나갔습니다. **13** 그러자 여기저기 돌아다니며 마귀를 쫓아내는 유대인들 중에도 악한 영이 들린 사람들에게 "내가 바울이 전파하는 예슈아로 네게 명한다"라고 하며 주 예슈아의 이름을 선포해 보는 이들도 있었습니다. **14** 유대의 대제사장 스게와라는 사람의 일곱 아들도 이런 일을 하고 있었습니다. **15** 그런데 악한 영이 대답하며 그들에게 말했습니다. "내가 분명히 예슈아도 알고 바울도 안다. 그런데 너희는 누구냐?" **16** 그러고는 악한 영이 들린 사람이 그들에게 달려들었는데, 그들 모두를 제압할 만큼 강력해서 그들은 상처를 입고 거

126) 성령 침례를 위해 안수하는 것이 여기서부터 시작한다(행 8:17).

127) 신약에서 처음으로 회중을 분리시킨 사건이 기록되었다. 이 경우에는 성도들이 주님과 더 깊이 교제하며 동행하게 하려는 것이었다.

128) 유대인들의 배움터를 '예쉬바'(탈무드 학교 등 유대인의 교육현장)라고 한다.

129) 예의를 중시하는 유대인들은 겉옷은 물론 속옷과 허리에 두르는 옷까지 입기 때문에 완전히 벌거벗은 상태는 아니었을 것이다.

130) 오늘날의 화폐 가치로 환산하면 1,150만 원 정도이다.

의 벗은 채로[129] 그 집에서 달아나야 했습니다. 17 그리하여 이 일이 에베소에 사는 유대인과 헬라인 모두에게 알려지면서 두려움이 그들 모두에게 임했고, 주 예슈아의 이름은 영광을 받았습니다. 18 그러자 믿는 사람들이 많이 와서 자기들의 *악한* 행위들을 고백하고 알렸습니다. 19 아울러 마술을 행하던 많은 사람들이 마술에 대한 서적들을 가져와 모든 사람 앞에서 태웠는데, 그것들의 가치를 계산해 보니 은 오만[130]이나 되었습니다. 20 이렇게 주님의 말씀은 점점 그 능력이 힘있게 증가하고 커졌습니다.

에베소의 소요 사태

21 한편 이러한 일들이 마무리되자, 바울은 마케도니아와 아가야를 지나 예루살렘에 가기로 작정하고 다음과 같이 말했습니다. "내가 거기에 갔다가 반드시 로마도 보아야겠다." 22 그래서 그는 자신을 섬기는 사람들 가운데 디모데와 에라스도 두 사람을 마케도니아로 보낸 후, 얼마 동안 아시아에 머물렀습니다.

23 그런데 그 당시에 그 도와 관련된 작지 않은 소동이 있었습니다. 24 데메드리오라는 사람이 있었는데, 은 세공업자로 아르테미스의 신전들을 은으로 만들어 적지 않은 이익을 얻고 있었습니다. 25 그는 동업자들을 모아 놓고 그 일들에 대해 이와 같이 말했습니다. "사람들이여, 여러분은 우리의 부유함이 이 사업에서 나온다는 것을 알아야 합니다. 26 그런데 여러분이 보고 들은 대로, 이 바울이라는 사람이 에베소뿐 아니라 아시아의 거의 모든 곳에서 사람의 손으로 만든 신들은 신이 아니라고 하면서 수많은 사람들을 설득하여 그들의 마음을 바꾸어 놓았습니다. 27 그래서 이 사업의 평판이 나빠지게 될 뿐만 아니라 위대한 아르테미스 여신의 신전도 멸시당할 위험에 처했습니다. 이러다가는 아시아 전역과 온 세상이 숭배하는 아르테미스 여신의 위엄까지도 잃게 될 것입니다."

28 그러자 사람들이 이 말을 듣고 분노로 가득 차서 소리지르며 말하기를, "위대하다, 에베소인들의 아르테미스여"라고 했습니다. 29 그리하여 도시는 혼란으로 가득 찼고, 사람들은 일제히 극장 안으로 달려 들어가서 바울의 일행인 마케도니아 사람 가이오와 아리스다고를 강제로 붙잡았습니다. 30 이에 바울이 군중 속으로 들어가려 했으나 제자들이 그를 말렸습니다. 31 그와 친분이 있는 몇몇 관리들도 그에게 사람을 보내어 극장 안으로 들어가지 말라고 간청했습니다. 32 한편 사람들은 서로 다른 말을 외쳐 대고 있었습니다. 무리는 혼란스러웠고, 자기들이 왜

모였는지도 몰랐습니다. 33 그때 유대인들이 알렉산더를 앞으로 밀어내자, 사람들
이 그를 무리 가운데서 끌어 냈습니다. 이에 알렉산더가 손을 흔들며 무리에게
자신을 변호하려고 했습니다. 34 그러나 사람들은 그가 유대인인 것을 알고 한목
소리로 거의 두 시간 동안 외치기를, "위대하다, 에베소의 아르테미스여"라고 했습
니다. 35 그러다가 그 도시의 서기관이 무리를 진정시킨 후에 말했습니다. "에베소
사람들이여, 사실상 에베소 시가 위대한 아르테미스의 신전을 수호하고 있으며,
제우스에게서 내려왔다는 사실을 모르는 사람이 있습니까? 36 그러므로 이 일들
은 부인할 수 없습니다. 이제 여러분은 진정하고 절대로 성급한 행동을 하지 않는
것이 합당합니다. 37 여러분이 이 사람들을 끌고 왔는데, 그들은 신전에서 도둑질
을 하지도 않았고, 우리 여신을 모독하지도 않았기 때문입니다. 38 그러므로 만일
데메드리오와 함께하는 장인들이 누구든 고소할 근거가 있다면, 법정의 회기가
진행 중이고 총독들이 있으니, 그들이 서로 법정에서 고소할 수 있습니다. 39 그러
나 여러분이 더 알고 싶은 사항들이 있다면, 그것은 합법적인 집회에서 결정되어
야 할 것입니다. 40 우리도 이 일과 관련하여 반역죄로 고소당할 위험이 있고, 이
무질서한 집회에 대해 해명할 어떤 명분도 없기 때문입니다." 그는 이러한 말을 한
후에 그 모임을 해산시켰습니다.

바울이 마케도니아와 헬라 지역을 여행하다

20 1 이에 소동이 그친 뒤, 바울은 제자들을 불러 그들에게 권면하고 작별
한 뒤 마케도니아로 가려고 떠났습니다. 2 그 후 그는 그 지역을 통과하
며 사람들을 크게 격려하고, 헬라로 가서 3 석 달을 머물러 있었습니다. 유대인 *지*
*도자*들이 그를 대적하려는 음모를 꾸미자, 그는 배를 타고 시리아로 가려다가 마
케도니아를 거쳐 되돌아가기로 마음먹었습니다. 4 이에 베뢰아 사람 부로의 아들
소바더와 데살로니가 사람 아리스다고와 세군도 그리고 더베 사람 가이오와 디모
데, 아시아 사람 두기고와 드로비모가 그와 동행했습니다. 5 이들은 먼저 가서 드
로아에서 우리를 기다리고 있었습니다. 6 우리는 무교절 후에 배로 빌립보를 떠나

131) 원문을 그대로 옮기면 '그 주간의 첫날'로, 이것은 토요일 해가 진 후에 시작되는 히브리인의 일요일을 가리키는 표현이다. '하브달라'는 거룩한 안식일에서 일상으로 전환될 때 드리는 예배로, 토요일 저녁 해가 지고(안식일이 끝나고) 두 시간 정도 지나서 시작된다. 용어 해설에서 '하브달라'를 찾아보라.

132) 칠칠절이라고도 한다.

닷새 후에 드로아에 있는 그들에게 가서 칠 일 동안 그곳에 머물렀습니다.

드로아에서 작별을 고하다

7 그리고 안식일이 끝난 저녁에 우리는 *하브달라*[131]*라는 예식으로* 빵을 떼려고
모였습니다. 바울은 다음 날 떠나려고 계획하고 있었기 때문에 그들에게 말씀을
전하기 시작하더니, 밤중까지 계속해서 말씀을 강론했습니다. 8 한편 우리가 모인
그 윗방에 등불이 많았는데, 9 유두고라는 청년이 창가에 앉아 있다가 바울이 계
속해서 강론하는 동안 깊은 잠이 들어 삼층 창문에서 떨어져 죽었습니다. 10 그
러자 바울이 내려가서 그 위에 엎드려 그를 품에 안은 후 다음과 같이 말했습니
다. "걱정하지 마십시오. 생명이 그의 안에 있습니다." 11 그리고 그는 올라가서 빵
을 떼어 먹으며 새벽까지 오랫동안 이야기하고 떠났습니다. 12 이에 사람들은 살
아난 젊은이를 데리고 가면서 크게 위안을 얻었습니다.

드로아에서 밀레도까지의 여정

13 한편 우리는 바울보다 먼저 배를 타고 앗소로 갔습니다. 거기서 바울을 태울
생각이었습니다. 그가 미리 그렇게 정해 두고 도보로 여행을 하고 있었기 때문입
니다. 14 그리하여 그는 앗소에서 우리를 만났고, 우리는 그를 태우고 미둘레네로
들어갔습니다. 15 우리는 배를 타고 그곳을 떠나 다음 날 기오 맞은편에 이르렀고,
그 다음 날 사모에 들렀다가 이튿날 밀레도에 도착했습니다. 16 그때 바울은 아시
아에서 시간을 허비하지 않으려고 에베소를 지나치기로 결정한 상태였습니다. 서
두른다면 샤부오트(오순절)[132]에 맞춰 예루살렘에 갈 수 있었기 때문입니다.

바울이 에베소의 장로들에게 말하다

17 그래서 그는 밀레도에서 에베소로 사람을 보내어 회중(교회)의 장로들을 소
집했습니다. 18 그리하여 그들이 오자, 그가 말했습니다. "여러분은 내가 아시아에
발을 디딘 첫날부터 어떻게 여러분과 함께해 왔는지 알고 있습니다. 19 나는 모든
겸손과 눈물과 유대인 *지도자*들의 음모로 내게 닥치는 모든 시험 가운데 주님을
섬겼습니다. 20 모이기를 두려워하지도 않았고, 공개적으로 집집마다 다니면서 여
러분에게 알리고 가르치는 일을 두려워하지도 않았습니다. 21 그리고 유대인과 헬
라인 모두에게 하나님 안에서 회개하고 우리 주 예슈아를 믿으라고 엄숙히 선포

했습니다. **22** 그런데 이제 보십시오, 나는 성령에 매여 예루살렘으로 가는 중입니
다. *그곳에서* 내게 무슨 일이 일어날지 알지 못하지만, **23** 성령이 내게 증거하시기
를, 어느 도시에서든지 옥에 갇히는 일과 고난이 나를 기다린다고[133] 하셨습니다.
24 그러나 주 예수아에게서 받은 나의 여정과 사명,[134] 곧 하나님의 은혜의 복음을
전적으로 선포하는 일을 완수할 수만 있다면, 나는 내 생명을 조금도 가치 있는 것
으로 여기지 않습니다."

25 "그러니 이제 보십시오. 내가 여러분 가운데 다니며 그 왕국을 전파하였으
나, 여러분 모두가 더 이상 내 얼굴을 보지 못할 것을 압니다. **26** 이런 이유로 바
로 오늘 내가 여러분 모두의 피에 대해 깨끗하다는 사실을 여러분에게 증거하는
것입니다. **27** 나는 여러분에게 하나님의 모든 뜻을 밝히는 데 주저하지 않았습니
다. **28** 여러분 자신과 모든 양 떼를 지키십시오. 성령은 여러분을 바로 그 양 떼를
지키는 자로 세우셔서 하나님께서 자기 피로 사신 회중(교회)을 돌보게 하셨습니
다. **29** 내가 떠나면 사나운 이리들이 여러분 가운데 들어와 양 떼를 해칠 것을 나
는 압니다. **30** 그리고 여러분 가운데서도 사람들이 일어나서 왜곡된 사실들을 말
하며 제자들을 끌어내어 자기들을 따르게 할 것입니다. **31** 이런 이유로 여러분은
계속 깨어 있으면서 내가 밤이나 낮이나 한순간도 쉬지 않고 눈물로 여러분에게
권면한 그 삼 년의 기간을 기억해야 합니다. **32** 그러므로 이제 나는 여러분을 하나
님과 그분의 은혜의 말씀에 맡깁니다. 그분은 그 말씀으로 여러분을 세우셔서 구
별된 모든 사람 가운데 여러분에게 기업을 주실 수 있습니다. **33** 나는 은이나 금
이나 옷을 탐한 적이 없습니다. **34** 내 손으로 나의 필요를 채웠고, 나와 함께 있는
사람들을 섬겼다는 것을 여러분이 알고 있습니다. **35** 나는 여러분에게 모든 것을
보여 주었습니다. 이런 식으로 일하며 연약한 자들을 돕고 '주는 것이 받는 것보
다 더 복되다'고 하신 주 예수아의 말씀을 기억해야 했기 때문입니다."

36 그리고 그는 이렇게 말한 후에 무릎을 꿇고 그들 모두와 함께 기도했습니다.
37 그러자 모든 사람이 크게 울면서 바울의 목을 안고 그에게 입을 맞추었습니다.
38 그들은 특히 더 이상 자신의 얼굴을 볼 수 없을 것이라는 바울의 말 때문에 슬
퍼했습니다. 그 후 그들은 그를 배까지 전송했습니다.

133) 바울은 자기에게 환난이 닥칠 것을 알고 있었다. 그러나 하나님께서 그것을 이겨 내게 하셨다(행 21:7-14).

134) 또는 섬김. 용어 해설에서 '종'을 찾아보라.

135) '가이사랴'는 당시 유대의 수도였다. 따라서 유대에서 가이사랴로 내려왔다는 표현은 논리적으로 맞지 않는다. 이는 랍비들만 사용하던 표현이었다.

바울의 예루살렘 여행

21 **1** 그리하여 우리는 그들과 헤어진 뒤에 출항하여 곧장 고스에 이르렀
고, 다음 날 로도에 들렀다가 거기서 바다라로 갔습니다. **2** 그때 우리는
베니게로 건너가는 배를 만나 그것을 타고 출항하여 **3** 키프로스를 보면서 왼편으
로 지나쳐 시리아로 항해하다가 두로에서 내렸습니다. 그 배가 화물을 내리는 곳
이 바로 거기였기 때문입니다. **4** 그래서 우리는 두로에서 제자들을 찾아내어 그들
과 함께 칠 일을 머물렀습니다. 그들은 성령으로 바울에게 예루살렘으로 올라가
지 말라고 말했습니다. **5** 그런데 시간이 다 되어 우리가 나오자, 모든 제자들이 자
기 아내와 자녀들까지 도시 밖으로 데리고 나와 여정을 떠나는 우리를 배웅해 주
었습니다. 우리는 해변에서 무릎 꿇고 기도한 후 **6** 서로 작별하며 배에 올랐고, 그
들은 자기 집으로 돌아갔습니다.

7 그리하여 우리는 두로에서 시작한 항해를 마치고 돌레마이에 도착하여 형제
들의 영접을 받아 그들과 함께 하루를 머물렀습니다. **8** 그리고 다음 날 우리는 그
곳을 떠나 가이사랴로 들어가서, 일곱 집사 가운데 한 사람인 전도자 빌립의 집
으로 들어가 그와 함께 머물렀습니다(행 6:5). **9** 그런데 *그의 집에는* 예언을 하는 네
명의 처녀 딸들이 있었습니다. **10** 그리고 우리가 거기서 여러 날을 더 머무는 동
안, 아가보(행 11:28)라는 선지자가 유대에서 내려왔습니다.[135] **11** 그가 우리에게 오
더니, 바울의 허리띠를 가져다가 자신의 손과 발을 묶고 다음과 같이 말하였습니
다. "성령께서 이렇게 말씀하십니다. '예루살렘에 있는 유대인들이 이 허리띠의 주
인을 이렇게 묶어 이방인들의 손에 넘겨줄 것이다.'" **12** 이에 우리는 이 말을 듣고
가이사랴 사람들과 함께 그에게 예루살렘으로 올라가지 말라고 간청했습니다. **13**
그러자 바울이 대답했습니다. "여러분은 왜 울면서 내 마음을 아프게 하는 것입
니까? 나는 묶이는 것뿐만 아니라 주 예슈아의 이름을 위해 예루살렘에서 죽을
준비도 되어 있습니다"(행 20:23). **14** 이에 그가 설득되지 않는 것을 보고, 우리는 "주
님의 뜻이 계속 이뤄져야 합니다"라고 하면서 잠잠해졌습니다.

15 그리고 이런 날들이 지난 후에 우리는 짐을 꾸려 예루살렘으로 올라갔습니
다. **16** 그리고 가이사랴 출신 제자들 몇 명도 우리와 동행하였습니다. 그들이 우리
를 저명한 제자인 키프로스 사람 나손[136]의 집으로 안내해 주어 우리는 거기 머
무르게 되었습니다.

136) 이 이름의 정확한 발음은 '므나손'(M'nason)이다.

바울이 야고보를 방문하다

17 우리가 예루살렘에 도착하자, 형제들이 우리를 기쁘게 맞이했습니다. **18** 다
음 날 바울은 우리와 함께 야고보에게 갔는데, 모든 장로가 거기에 있었습니다.
19 바울은 그들에게 따뜻하게 인사한 후에 하나님께서 이방인들 가운데서 그의
사역을 통해 행하신 일들을 하나하나 설명했습니다. **20** 그러자 듣는 사람들이 하
나님을 찬양하며 그에게 말했습니다. "형제여, 당신이 아는 대로 유대 민족들 가
운데 믿는 사람들이 수만 명이며, 모두 토라(가르침)에 대해 열심이 있는 자들입니
다. **21** 그런데 그들이 당신에 대한 소식을 듣기를, 당신이 이방인들 가운데 있는
모든 유대인에게 모세를 벗어난 이단적인 것을 가르치면서 자녀들에게 할례를 행
하지 말고, *우리 조상들의* 전통을 따르지 말라고 했다는 것입니다. **22** 그러니 어떻
게 해야 하겠습니까? 그들은 분명히 당신이 왔다는 소식을 들을 것입니다. **23** 그
러므로 당신은 우리가 말하는 이 일을 하십시오. 우리 가운데 스스로 서원을 한
네 사람이 있습니다. **24** 이제 당신은 그들을 데리고 가서 함께 정결 예식을 행하
고, 그들을 위해 머리 미는 비용을 대 주십시오. 그러면 모두가 당신에 대한 소문
은 사실이 아니고, 오히려 당신이 토라(가르침)를 준수하고 지킨다는 것을 알게 될
것입니다. **25** 아울러 믿는 이방인들에 대해서는 우상에게 바친 제물과 피와 목 졸
라 죽인 짐승의 고기와 부도덕함[137)]을 삼가야 할 것을 지침으로 써 보냈습니다." **26**
이에 다음 날 바울이 그들을 데리고 가서 그들과 함께 정결 예식을 행하고, 성전
으로 들어가 그들 각 사람을 위한 제물을 바칠 때까지 정결 예식 기간이 완수되
었음을 보고했습니다.

성전에서 체포된 바울

27 그런데 그 칠 일이 끝나갈 때에 그들이 성전으로 들어가는데, 아시아에서
온 유대인들이 바울을 보고 온 무리를 선동하여 그를 잡고 **28** 큰 소리로 외쳤습니
다. "이스라엘 사람들이여, 여러분이 도와야 합니다. 이 사람은 어디서든 모든 사
람을 가르치며 우리 민족과 토라(가르침)와 이곳을 대적하고 있는데, 심지어 헬라
인들을 성전 안으로 데려와 이 거룩한 곳을 부정하게 만들었습니다." **29** 그들은 전
에 그 도시에서 에베소 사람 드로비모가 바울과 함께 있는 것을 보았기에, 바울

137) 이것은 대인 관계와 관련된 구약 성경 전반을 아우르는 넓은 의미의 부도덕을 말하는 것이 분명하다. 바울의 서신서들도 이것을 뒷받침한다(롬 1:28–32; 9:29–31; 13:9; 고전 5:9–10; 갈 5:19–21; 골 3:8–9; 딤전 1:8–11 등).

138) 지휘관은 성전산 북쪽 성벽 바깥에 있는 로마군 주둔지에 있었다.

이 그를 성전 안으로 데리고 들어왔다고 생각했던 것입니다. **30** 그러자 온 도시가
들고 일어나더니, 백성들이 함께 달려들어 바울을 붙잡아 성전 밖으로 끌어냈습
니다. 그리고 즉시 그 문들이 닫혔습니다. **31** 그리고 사람들이 그를 죽이려 하는
동안, 보병대의 지휘관[138]에게 온 예루살렘에 소요가 일어났다는 보고가 올라갔
습니다. **32** 그는 즉시 병사들과 백부장을 거느리고 무리에게 달려 내려갔고, 사람
들은 지휘관과 병사들을 보고 바울을 때리던 것을 멈추었습니다. **33** 이에 지휘관
이 다가와 그를 체포하며 두 개의 사슬로 그를 묶으라는 명령을 내리고, 그가 누
구인지, 무슨 짓을 했는지 추궁했습니다. **34** 그러나 무리가 각각 다른 말로 소리를
지르므로, 그는 시끄러운 소리에 진상을 알 수 없어 바울을 병영으로 데려가라고
명령했습니다. **35** 그런데 그들이 층계에 이르렀을 때, 무리가 난폭하게 밀치므로
병사들은 그를 들어서 옮겼습니다. **36** 그 인파가 따라오면서 다음과 같이 계속 소
리 질렀기 때문입니다. "그를 살려두지 말라."

바울이 스스로 변호하다

37 그때 바울은 병영 안으로 끌려가다가 지휘관에게 말했습니다. "내가 당신에
게 말을 좀 해도 되겠습니까?" 그러자 그가 말했습니다. "당신은 헬라어를 아시
오? **38** 당신은 혹시 여러 날 전에 소요를 일으켜 사천 명의 암살자들을 이끌고 광
야로 나간 그 이집트 사람이 아니오?" **39** 그러자 바울이 말했습니다. "나는 진정
한 유대인으로, 길리기아 다소 출신이며, 그리 작지 않은 도시의 시민입니다. 부탁
이니, 내가 이 백성에게 말할 수 있도록 허락해 주십시오." **40** 그리하여 바울은 허
락을 받아 층계 위에 서서 백성에게 손짓을 했습니다. 이에 무리가 매우 조용해지
자, 그가 히브리어로 소리를 높여 이렇게 말했습니다.

22 **1**[139] "여러분, 형제들과 아버지들이여, 여러분은 이제 내 해명을 들어 주
십시오." **2** 이에 사람들이 그가 히브리어로 그들을 부르는 소리를 듣고 더
욱 잠잠해졌습니다. 그러자 그가 말했습니다. **3** "나는 유대인으로 길리기아의 다소
에서 태어났습니다. 그러나 이 도시에서 교육을 받으며, 가말리엘의 발치에서[140]

139) 용어 해설에서 '장과 절 숫자들'을 찾아보라.

140) "가말리엘 문하(행 5:34)에서." 가말리엘의 가르침은 오늘날에도 여러 유대인 학자들에 의해 인용되고 있다.

우리 조상들의 엄격한 전통에 따라 지도를 받아 오늘의 여러분처럼 하나님께 열
심이 있었습니다. 4 그래서 이 도를 핍박하여 죽이기까지 하고, 남자든 여자든 사
슬에 묶어 감옥에 넣었던 사람입니다. 5 마찬가지로 대제사장과 공회의 모든 원로
도 나에 대해 좋게 말했습니다. 심지어 나는 그들에게서 공문을 받아 다마스쿠스
의 형제들에게 가서 *이 도에 속한* 사람들을 묶어 예루살렘의 그곳으로 끌고 와서
처벌받게 하려고 했습니다."

바울이 그의 회심을 말하다

6 "그런데 다마스쿠스에 가까이 갔을 때, 내게 다음과 같은 일이 일어났습니다.
정오쯤에 갑자기 하늘로부터 큰 빛이 내 주위를 비추었습니다. 7 나는 땅에 쓰러졌
고, 내게 '사울아, 사울아! 너는 왜 나를 핍박하느냐?' 라고 말하는 음성을 들었
습니다. 8 그래서 내가 대답했습니다. '주님, 당신은 누구십니까?' 그러자 그분께
서 내게 말씀하셨습니다. '내가 바로 네가 핍박하는 나사렛[141] 예슈아다.' 9 그런
데 나와 함께 있던 자들은 그 빛은 분명히 보았으나 내게 말씀하시는 그분의 음성
은 듣지[142] 못했습니다. 10 그래서 내가 말했습니다. '주님, 제가 무엇을 해야겠습니
까?' 그러자 주님께서 내게 말씀하셨습니다. '너는 일어나 즉시 다마스쿠스로 들어
가라. 그러면 거기서 네가 맡게 될 모든 일에 대해 듣게 될 것이다.' 11 그런데 나는
그 빛의 영광 때문에 볼 수 없어서 나와 동행하는 사람들의 손에 이끌려 다마스
쿠스로 들어왔습니다.

12 한편 토라(가르침)를 따라 경건하게 사는 아나니아라는 사람이 그곳에 사는
모든 유대인에게 칭찬을 받고 있었습니다. 13 그가 내게 오더니 곁에 서서 다음과
같이 말했습니다. '형제 사울이여, 즉시 당신의 시력을 회복하십시오.' 그러자 그
순간 내 시력이 회복되어 그를 보았습니다. 14 이에 그가 말했습니다. '우리 조상들
의 하나님께서 당신을 택하셔서 그분의 뜻을 알리시고, 그 의로운 분을 보게 하
시며, 그분의 입에서 나오는 음성을 듣게 하셨습니다. 15 당신이 그분을 위해 보고
들은 것을 모든 사람에게 증거하는 증인이 될 것이기 때문입니다. 16 그러니 지금

141) 나사렛은 히브리어 '네쩨르'를 헬라어로 음역한 것이다.

142) 또는 "알아듣지"

143) 기도숄은 너무 커서 움직이는 데 방해가 되었다. 용어 해설에서 '탈리트 또는 기도숄'을 찾아보라.

144) 재판받지 않은 로마 시민을 사슬로 묶고 채찍질하는 것은 로마법에 위배되었다.

당신은 무엇을 기다리고 있는 것입니까? 그분의 이름을 부른 후에 즉시 일어나
침례를 받고 당신의 죄들을 씻어 버리십시오.'"

이방인들에게 보냄 받은 바울

17 "그리고 예루살렘으로 돌아와 성전에서 기도하는 동안, 나는 황홀경에 빠져
들어 18 그분이 내게 '너는 서둘러 예루살렘에서 속히 나와라. 사람들이 나에 대
한 네 증거를 인정하지 않을 것이기 때문이다'라고 말씀하시는 것을 보았습니다.
19 이에 내가 말했습니다. '주님, 제가 회당들을 두루 다니며 당신을 믿는 사람들
을 가두고 때렸다는 사실을 그들이 알고 있습니다. 20 또 그들은 당신의 증인 스데
반이 피를 흘릴 때에 제가 곁에 서서 동조하고, 그를 죽이는 사람들의 기도솥(탈
리트)[143]을 지켰다는 사실도 알고 있습니다.' 21 그러자 그분께서 내게 말씀하시기
를, '너는 계속해서 가라. 내가 너를 멀리 이방인들에게 보낼 것이기 때문이다'라고
하셨습니다."

바울과 로마 지휘관

22 그때 사람들이 여기까지 그의 말을 듣다가 목소리를 높여 말하기를, "이런
자는 이 땅에서 없애 버려야 합니다. 이런 자는 살려 두면 안 됩니다"라고 했습니
다. 23 이어서 그들이 소리를 지르고 자신들의 겉옷을 벗어 던지며 공중에 먼지를
뿌려 대자, 24 지휘관이 그를 병영 안으로 데리고 들어가라고 군사들에게 명령하고
는, 그를 채찍질하고 심문하여 사람들이 그에게 소리를 지르며 정죄하는 이유를
알아내라고 했습니다. 25 이에 그들이 바울을 가죽 끈으로 묶는 동안 바울이 옆
에 서 있는 백부장에게 말했습니다. "어떤 사람이 로마인인데, 그를 재판도 없이
채찍질하는 것이 합당한 일입니까?" 26 그러자 백부장이 이 말을 듣고 지휘관에게
가서 보고하며 말했습니다. "이 사람은 로마인인데, 어떻게 하시겠습니까?" 27 이에
지휘관이 바울에게 와서 말했습니다. "당신은 내게 이야기하시오. 당신이 로마인이
오?" 이에 그가 말했습니다. "그렇습니다." 28 그러자 지휘관이 대답했습니다. "나는
많은 돈을 들여 이 시민권을 얻었소." 이에 바울이 말했습니다. "그러나 나는 로마
인으로 태어났습니다." 29 그러자 그를 *고문하여* 심문하려던 자들이 즉시 물러났
고, 지휘관도 그가 로마인이라는 것과 그를 사슬로 묶어 놓았다는 사실을 깨닫고
두려워했습니다.[144]

산헤드린 앞의 바울

30 그리고 다음 날, 지휘관은 무슨 이유로 유대인 *지도자들*이 바울을 고소하
는지 확실히 알고 싶어서 그를 풀어 주며 대제사장들과 모든 산헤드린에게 함께
오라고 명령한 다음, 바울을 데려가 그들 앞에 세웠습니다.

23

1 그러자 바울이 그 눈을 산헤드린으로 향하며 말했습니다. "형제 여러분,
나는 바로 이날까지 모든 일에 선한 양심으로 하나님을 위해 살아왔습니
다." 2 그때 대제사장 아나니아가 그의 곁에 서 있는 사람들에게 그의 입을 치라고 명
령했습니다. 3 이에 바울이 그에게 말했습니다. "회칠한 벽이여, 하나님께서 당신을
치실 것이오. 당신이 토라(가르침)에 따라 나를 심판하는 자리에 앉아서 나를 치라고
명령하며 토라(가르침)를 어길 셈이오?" 4 그러자 곁에 서 있는 사람들이 말했습니
다. "네가 하나님의 대제사장을 모욕하느냐?" 5 이에 바울이 말했습니다. "형제들
이여, 나는 그가 대제사장인 줄 몰랐습니다. 기록되어 있기를, '너는 네 백성의 지
도자에 대해 악하게 말하지 않아야 할 것이다'(출 22:27)라고 했습니다."
6 이어서 바울은 한쪽이 사두개파 사람들이고, 다른 쪽은 바리새파 사람들이
라는 것을 알고 산헤드린에서 외쳤습니다. "형제 여러분, 나는 바리새파 사람이며,
바리새파의 아들입니다. 그런 내가 죽은 자들의 소망과 부활[145) 때문에 재판을
받고 있습니다." 7 그가 이렇게 말한 다음에 바리새파 사람들과 사두개파 사람들
이 충돌하여 무리가 나뉘었습니다. 8 왜냐하면 사두개파 사람들은 부활도, 천사
도, 영도 없다고 말하는 반면, 바리새파 사람들은 이 모두를 인정하고 있었기 때
문입니다. 9 결국 큰 소란이 벌어졌고, 바리새파에 속한 서기관들 몇이 일어나 날
카롭게 반박하며 이렇게 말했습니다. "우리는 이 사람에게서 악한 것을 전혀 찾지
못했소. 만일 영이나 천사가 그에게 말했다면 어떻게 되겠소?" 10 그러면서 다툼이
더 커지자, 지휘관은 바울이 그들에게 찢겨질까 염려하여 병사들에게 내려가서
사람들 가운데 그를 빼내어 병영 안으로 데려가라고 명령했습니다.
11 그리고 그날 밤 주께서 그의 곁에 서서 말씀하셨습니다. "담대하라. 네가 예
루살렘에서 나에 대한 것들을 엄중하게 선포했듯이 로마에서도 증거해야 하기

145) 용어 해설에서 '헬라주의자'와 '부활'을 찾아보라.
146) 밤 9시

때문이다."

바울을 죽이려는 음모

12 한편 낮이 되자, 몇몇 유대인들이 음모를 꾸미면서 바울을 죽일 때까지는 먹
지도 않고, 마시지도 않겠다고 스스로 맹세하며 결의했습니다. 13 이 음모에 가담
한 사람은 사십 명이 넘었습니다. 14 그들은 대제사장들과 장로들에게 가서 말했
습니다. "우리는 바울을 죽일 때까지 전혀 먹지 않겠다고 맹세로 결의했습니다. 15
그러므로 이제 당신들은 즉시 산헤드린과 함께 지휘관에게 알려서 마치 그에 관
한 문제를 정확하게 결정하려는 것처럼 그를 당신들에게 데려오게 하십시오. 그
러면 우리는 그가 가까이 오기 전에 죽일 준비를 해 두겠습니다." 16 그때 바울의
누이의 아들이 그들이 매복한 것을 듣고 가서 병영으로 들어가 바울에게 전했습
니다. 17 이에 바울이 백부장을 불러 말했습니다. "당신은 이 청년을 지휘관에게
데려가 주셔야 합니다. 그에게 보고할 것이 있기 때문입니다." 18 그리하여 그 사람
이 그를 지휘관에게 데려가서 말했습니다. "죄수 바울이 나를 불러 이 청년을 당
신께 데려가 달라고 부탁했습니다. 그가 당신께 전할 말이 있다고 합니다." 19 그러
자 지휘관이 그의 손을 잡고 따로 데려가서 물었습니다. "나에게 전할 말이 무엇
이냐?" 20 이에 그가 말했습니다. "유대인 *지도자*들이 바울을 심문하여 그에 대해
정확히 알아볼 것처럼 하여 내일 그를 데려와 달라고 당신에게 요청하기로 합의
했습니다. 21 그러나 그들에게 설득되지 마십시오. 숨어서 그를 기다리는 사람들이
사십 명이 넘습니다. 그들은 그를 죽이기 전에는 먹지도 않고, 마시지도 않겠다고
맹세로 결의한 자들로, 지금 준비하고 당신의 약속을 기다리고 있습니다." 22 이에
지휘관은 그 청년을 도내며 명령하기를, "네가 나에게 이러한 일을 알렸다고 발설
하지 말라"라고 했습니다.

벨릭스 총독에게 호송된 바울

23 그리고 그는 백부장 둘을 불러 놓고 말했습니다. "이백 명의 병사들과 칠십
명의 기병과 이백 명의 창병을 준비하여 오늘 밤 제삼시[146]까지 가이사랴로 갈
수 있게 준비해 놓고, 24 짐승을 준비한 후에 바울을 태워 안전하게 벨릭스 총독
에게 데려가라." 25 그 후 그는 이런 내용이 담긴 편지 한 통을 썼습니다. 26 "글라
우디오 루시아가 지극히 탁월하신 총독 벨릭스께 문안합니다. 27 이 사람은 유대

인들에게 사로잡혔는데, 그들이 제멋대로 그를 죽이려고 했습니다. 병사들 옆에
서 있던 저는 그가 로마인이라는 것을 알고 그를 끌어냈습니다. **28** 그 후 저는 그
들이 그를 고소하려는 죄목을 알고 싶어서 그를 산헤드린으로 데려갔습니다. **29** 제
가 보니 그들의 토라(가르침) 문제로 그가 고소를 당하는 것이지, 죽이거나 투옥할
만한 이유는 없었습니다. **30** 그런데 그 사람을 해치려는 음모가 드러나 제가 즉시
그를 당신께 보냅니다. 한편 저는 고소하는 사람들에게도 그에 관한 것들은 당신
께 말하라고 명령했습니다."

31 그리하여 병사들은 명령을 받은 대로 바울을 태우고 밤새 안디바드리[147]로
데려간 뒤, **32** 다음 날 기병들을 그와 함께 남겨 두고 *보병들은* 병영으로 돌아갔
습니다. **33** 그들은 가이사랴로 들어가 총독에게 편지를 전달하고, 바울도 그에게
보였습니다. **34** 그러자 그가 편지를 읽고 어느 지방 출신이냐고 묻고는 길리기아
출신임을 알고 **35** "당신을 고발한 사람들이 오면, 내가 당신의 의견을 듣겠소"라
고 말한 다음, 그를 헤롯의 프라에토리움(관저)에 두고 지키라 명령했습니다.

바울의 재판

24

1 그리하여 닷새 후 대제사장 아나니아가 장로들 몇 사람과 더둘로라는
변호사와 함께 내려와서 총독에게 바울을 고소했습니다. **2** 이에 바울이
불려 나오자, 더둘로가 그를 고소하기 시작하며 이렇게 말했습니다. "지금 우리는
당신 덕분에 큰 평화를 얻었고, 당신의 선견지명으로 이 민족에게 혁신들이 일어
났습니다. **3** 지극히 탁월하신 벨릭스여, 우리가 각처의 모든 사람과 함께 깊이 감
사를 드리며 당신을 인정합니다. **4** 그러나 당신을 더 방해하지 않도록 우리가 간단
히 말하겠으니 너그럽게 들어 주십시오. **5** 우리는 이 사람이 전염병 같은 자임을
발견했는데, 도시 전역에서 나사렛 사람들이라는 종파를 통해 세계 곳곳의 모든
유대인에게 소요를 일으키고 있기 때문입니다. **6** 심지어 그가 성전을 더럽히려고
하여 우리가 그를 붙잡았습니다. **7** [그런데 지휘관 루시아가 많은 군사와 함께 우
리 손에서 그를 빼앗아 갔습니다.][148] **8** 당신이 직접 그를 심문하시면, 우리가 그를

147) 헤롯 대왕은 고대 도시 아벡이 있던 자리에 도시를 건설하고 아버지인 '안티파테르'의 이름을 붙였다. '아벡'이라는 지명은 구약에도 수차례 등장하는데, BC 6세기경 느부갓네살에 의해 파괴되었다.

148) 초기 사본에는 이 부분이 빠져 있다. 8세기경에 덧붙여진 것으로 보인다.

고소하는 모든 일들에 대해 아실 수 있을 것입니다." 9 그러자 유대인들도 그 공격
에 가담하여 이 일들이 맞다고 주장했습니다.

바울이 벨릭스 앞에서 자신을 변호하다

10 그 후 총독이 고개를 끄덕여 보이며 말하게 하자, 바울이 대답했습니다. "저
는 당신이 이 나라에서 여러 해 동안 재판관으로 계셨다는 사실을 알기에 기쁘게
저를 변호하며 이 일들을 말씀드립니다. 11 제가 당신이 계신 곳에서 예루살렘으
로 예배하러 올라간 지 십이 일밖에 되지 않았다는 사실을 확인하실 수 있기 때
문입니다. 12 사람들은 제가 누구와 논쟁을 하는 것도, 군중 사이에서나 회당이나
거리에서 소동을 일으키는 것도 본 적이 없습니다. 13 그러므로 그들은 지금 저를
고소하는 것에 대해 당신께 증거할 수 없습니다. 14 그러나 제가 당신께 이 사실
을 고백하는데, 사람들이 이단이라고 부르는 그 도에 관한 것입니다. 이 도는 제
가 하나님 아버지를 섬기는 방식으로, 토라(가르침)와 선지자들[149]에 기록된 이 모
든 것을 믿습니다. 15 제가 그들도 받아들이는 것, 곧 의로운 자와 불의한 자 모두
의 부활이 있을 것이라는 소망(단 12:2)을 하나님께 품고 있기 때문입니다. 16 이렇
게 저는 항상 하나님과 사람들 앞에서 깨끗한 양심을 가지려고 최선을 다하고 있
습니다. 17 그리고 저는 여러 해 만에 오면서 가난한 자들을 위한 선물과 내 동족
을 위한 예물을 마련했습니다. 18 바로 이것 때문에 사람들이 정결 예식을 마친
저를 성전에서 본 것입니다. 그러나 군중과 함께 있지도 않았고, 소동도 없었습니
다. 19 다만 아시아에서 온 유대인 몇 사람이 있었는데, 만일 제게 대적할 일이 있
다면, 그들이 당신께 와서 고소했어야 할 것입니다. 20 제가 산헤드린 앞에 섰을
때에 무슨 잘못을 보았는지 *지금 이 자리에 있는* 사람들에게 말해 보라고 하십시
오. 21 저는 그들 가운데 서서 이 한마디, 곧 '내가 오늘 당신들 앞에서 심판받는
것은 죽은 자들의 부활에 관한 것입니다'라고 외쳤을 뿐입니다."

22 이에 벨릭스는 그 도에 대한 것들을 더 자세히 알고 있었기 때문에 재판을
연기하면서 다음과 같이 말했습니다. "지휘관 루시아가 내려오면,[150] 내가 당신들
에 대한 일을 결정하겠소." 23 그리고 백부장에게 그를 지키되 자유를 주고, 그의

149) 여기서 '토라와 선지자들'은 구약 성경 전체를 가리킨다. 용어 해설에서 '토라'를 찾아보라.

150) 예루살렘은 가이사랴 남쪽 내륙에 위치해 있었다. 루시아는 해발 800m 산악 지대에 위치한 예루살렘에서 해안으로 내려왔다.

친지들이 돌보아 주는 것을 막지 말라는 명령을 내렸습니다.

바울이 갇히다

24 그리고 며칠 후에 벨릭스가 그의 유대인 아내 드루실라와 함께 와서 바울을
불러오게 하여 메시아 예슈아를 믿는 것에 대한 그의 말을 들었습니다. **25** 그런데
그가 의와 절제와 장차 올 심판에 대해 말하자, 벨릭스가 두려워하며 다음과 같
이 대답했습니다. "이번에는 가시오. 그러면 시간 날 때, 내가 당신을 부르겠소." **26**
동시에 바울에게 뇌물을 받을까 기대하며 그를 자주 불러 대화를 했습니다.

27 그리고 이 년이 지난 후, 벨릭스에 이어 보르기오 베스도가 부임했는데도,
벨릭스는 유대인들의 환심을 얻기 위해 바울을 감옥에 두었습니다.

바울이 로마 황제에게 상소하다

25 **1** 한편 베스도는 그 지역에 도착하고 삼 일 후에 가이사랴에서 예루살
렘으로 올라갔습니다. **2** 대제사장들과 유대인 지도자들은 그에게 바울
에 대해 고소하며 거듭 간청했습니다. **3** 그들은 그를 예루살렘으로 압송해 달라
고 요청했는데, 길에서 그를 죽이려고 계획하고 있었기 때문입니다. **4** 그런데 베스
도는 바울이 가이사랴에 감금되어 있으므로 자신이 곧 갈 것이라고 대답했습니
다. **5** 그러면서 그가 말하기를, "당신들 가운데 유력한[151] 사람들이 나와 함께 내
려가서 그 사람에게 잘못한 일이 있는지 고소해야 하오"라고 했습니다.

6 그는 그들과 함께 팔 일 또는 열흘 정도 머물다가 가이사랴로 내려가 다음 날
재판석에 앉아 바울을 데려오라고 명령했습니다. **7** 이에 그가 나타나자, 예루살렘
에서 내려온 유대인들이 그 주위에 서서 여러 가지 중대한 죄로 고소했지만, 증거
를 제시하지는 못했습니다. **8** 바울은 이렇게 말하며 자신을 변호했습니다. "유대 민
족의 토라(가르침)[152]나 성전이나 가이사에 대해 저는 죄를 지은 적이 없습니다." **9** 그러
자 베스도는 유대인들의 환심을 사고 싶어서 바울에게 대답하며 말했습니다. "당
신은 예루살렘으로 올라가서 이 문제에 관하여 내게 재판받기를 원하오?" **10** 그러

151) '권세 있는, 갈 자격이 있는'

152) 구체적으로 성경의 처음 다섯 권을 지칭하지만, 히브리 성경 곧 구약 성경 전체를 의미하는 경우도 있다. 용어 해설에서 '토라'를 찾아보라.

나 바울은 이렇게 말했습니다. "제가 가이사의 법정에 서 있으니, 여기서 재판을 받
아야 합니다. 제가 유대 민족에게 잘못한 것이 아무것도 없음을 당신께서도 매우
잘 아십니다. **11** 만일 제게 잘못이 있어 죽어야 한다면 저는 죽기를 거부하지 않겠습
니다. 그러나 이러한 고소들이 아무것도 아니라면 아무도 저를 그들에게 넘겨줄 수
없습니다. 저는 가이사에게 상소합니다."[153] **12** 이에 베스도는 배심원들과 상의한 후
에 대답했습니다. "당신이 가이사에게 상소했으니, 가이사에게 갈 것이오."

아그립바 왕과 버니게 앞에 서다

13 그리고 며칠 후에 아그립바 왕과 버니게[154]가 베스도에게 인사하러 가이사랴
에 왔습니다. **14** 그런데 그들이 거기에 몇 날을 더 머물러 있자, 베스도가 왕에게
바울에 관한 일들을 언급하며 이렇게 말했습니다. "여기에 벨릭스가 가두어 둔 사
람이 있는데, **15** 내가 예루살렘에 있을 때에 대제사장들과 유대 민족의 장로들이
이 일에 대해 알려 주면서 그를 판결하여 처벌해 달라고 요청했습니다. **16** 나는 그
들에게 대답하기를, 어떤 사람이든지 고소한 자들 앞에서 그 죄에 대해 자신을
변호하기 전에는 결코 넘겨주지 않는 것이 로마인들의 관습이라고 했습니다. **17** 그
러므로 그들이 *저와 함께* 여기 왔을 때, 나는 더 이상 재판을 미루지 않고 바로
다음 날 그를 데려오게 했습니다. **18** 고소하는 자들이 서서 그에 대해 밝히는 고
발 내용 중에는 내가 기대하는 범죄들은 단 한 가지도 없었습니다. **19** 단지 자신
들의 종교에 관한 몇 가지 문제들만 있었는데, 예수라는 죽은 인물에 관한 것
으로, 바울은 그가 살았다는 주장을 하고 있었습니다. **20** 이에 나는 이 문제를 어
떻게 해야 할지 몰라 그에게 예루살렘으로 가서 이러한 기소 건들에 대해 재판을
받겠느냐고 물었습니다.[155] **21** 그러나 바울이 아구스도[156]의 판결을 받기 위해 갇
혀 있겠다고 요청하여, 내가 그를 가이사에게 올려 보낼 때까지 갇혀 있으라고 했
습니다." **22** 그러자 아그립바가 베스도에게 "나도 이 사람의 말을 들어 보고 싶었습
니다"라고 하니, 그가 말하기를, "내일 그의 말을 들어 보실 것입니다"라고 했습니다.

153) 이로 인해 바울은 로마에서 복음을 증거하게 된다(행 23:11).

154) 아그립바 2세와 버니게는 아그립바 1세의 자녀들이었다.

155) 베스도는 바울이 사형 당할 만한 죄를 짓지 않았다는 것을 알면서도 왜 그를 예루살렘으로 데려가서 다시 재판받게 하려 했을까? 그는 유대 지도자들의 환심을 사고 싶었던 것이 분명하지만, 하나님은 이 일을 통해 그분의 뜻을 이루셨다(행 19:21; 20:22-23).

156) 여기서 '아구스도'(아우구스투스)는 로마 황제의 칭호이다. 이미 40년 전에 사망한 카이사르 아우구스투스(옥타비아누스 황제)를 가리키는 것이 아니다.

23 그리하여 다음 날, 아그립바와 버니게가 화려하게 치장하고 와서 지휘관과
그 도시의 저명 인사들과 함께 경청하는 방으로 들어오자, 베스도가 바울을 데
려오라고 명령했습니다. **24** 그러면서 베스도는 말했습니다. "아그립바 왕과 우리와
함께하는 모든 분이여, 여러분은 이 사람에 대해 예루살렘에 있는 유대인 공동체
다수가 그를 더 이상 살려 두지 말라고 제게 간절히 요청하는 것을 보고 계십니
다. **25** 저는 그가 죽을 만한 짓을 아무것도 저지르지 않았다는 것을 확인하였습니
다. 그러나 그가 상소하였기 때문에 그를 황제께 보내기로 결정하였습니다. **26** 그
에 대해 주권자께 써 보낼 확실한 내용이 없어서 그를 여러분 앞에, 특히 아그립
바 왕 당신께 데려온 것이니, 이번 조사에 대해 제가 무엇인가 보고할 것을 얻으
려는 것입니다. **27** 죄수를 보내면서 그에 대한 죄목도 명시하지 않는 것은 제가 보
기에도 이치에 맞지 않기 때문입니다."

바울이 아그립바 앞에서 변호하다

26 **1** 그러자 아그립바가 바울에게 말했습니다. "내가 허락하니, 자신에 대해
말해 보시오." 이에 바울이 손을 내밀며 자신을 변호했습니다. **2** "아그립
바 왕이여, 제가 유대인들로부터 고발당한 모든 것에 대해 오늘 당신 앞에서 변호
하는 것을 복이라고 여깁니다. **3** 특별히 당신께서 유대인의 관습에 따른 모든 규
례와 문제들에 정통하시기 때문입니다. 그러므로 끝까지 제 말을 들어 주시기를
간청합니다. **4** 참으로 모든 유대인이 젊은 시절부터 제 삶의 태도를 알고 있으니,
제가 우리 민족들 가운데 있으면서 예루살렘의 모든 유대인을 알았기 때문입니
다. **5** 그들은 옛날부터 오랫동안 저를 알고 있던 사람들로, 그들이 증거하고자 한
다면 제가 우리 종교에서 가장 엄격한 종파를 따라 바리새파 사람으로 살았다고
할 것입니다. **6** 그런데 지금 저는 하나님께서 우리 조상에게 주신 다가올 그 약속
의 소망 때문에 재판을 받으며 서 있습니다. **7** 그 약속은 우리 열두 지파가 얻기를
바라면서 밤낮으로 열심히 섬기는 것입니다. 왕이시여, 저는 이 소망 때문에 유대
인들에게 고소를 당하고 있습니다. **8** 하나님께서 죽은 자들을 일으키셨는데, 왜
그것이 당신들에게는 믿을 수 없는 일로 판단됩니까? **9** 그러나 사실 저 자신도 *한*
때는 나사렛 예수아의 이름을 대적하는 많은 일들을 해야 한다고 생각했습니다.
10 저는 예루살렘에서 그 일을 했고, 심지어 대제사장들에게서 권한을 받아 직접

많은 성도들을 감옥에 가두었으며, 그들을 사형에 처하는 데 찬성표를 던졌습니
다. **11** 그리하여 모든 회당을 다니며 그들을 자주 처벌하였고, 저주하는 데 앞장섰
으며, 지나치게 분노하여 외국에 있는 도시들까지 쫓아갔습니다."

바울이 자신의 회심 사건을 말하다

12 "이런 목적으로 저는 대제사장으로부터 권한과 위임을 받아 다마스쿠스로
갔습니다. **13** 왕이여, 길을 따라 가는데 한낮에 하늘에서 내려온 빛이 태양보다 더
밝게 저와 함께 가는 일행 주위를 비추었습니다. **14** 이에 우리는 모두 땅에 엎드러
졌고, 저는 히브리어로 제게 말씀하시는 음성을 들었습니다. '사울아, 사울아! 너
는 왜 나를 핍박하느냐? 가시 채찍[157]을 걷어차는 것이 네게 고생이다.' **15** 그래
서 제가 말했습니다. '주님, 당신은 누구십니까?' 그러자 주님께서 말씀하셨습니
다. '나는 네가 핍박하는 예슈아다. **16** 너는 일어나서 그 발을 딛고 서라. 내가 네게
나타난 것은 이 일을 위해, 곧 너를 종으로 임명하고 네가 본 것과 내가 네게 보여
줄 것에 대한 증인으로 삼기 위함이다. **17** 내가 너를 네 백성과 이방인들 가운데서
택하여 이방인들에게 보내는 것은 **18** 그들의 눈을 뜨게 하여 어둠에서 빛으로, 사
탄[158]의 권세에서 하나님께로 돌아와 죄들을 사함 받아, 내 안에 있는 믿음으로
구별된 자들 가운데서 그 분깃을 얻게 하려는 것이다.'"

유대 민족과 이교도들에 대한 바울의 증거

19 "아그립바 왕이여, 그런 이유로 저는 하늘의 환상에 순종하지 않을 수가 없
었습니다. **20** 그래서 먼저 다마스쿠스에 있는 자들에 이어 예루살렘과 유대 모든
지역과 이방인들에게 회개를 촉구하며 하나님께 돌아올 것과 회개에 합당한 일[159]
을 하라고 전했습니다. **21** 이 모든 일 때문에 성전에 있던 유대인들이 저를 붙잡
아 죽이려 했던 것입니다. **22** 그런데 제가 하나님의 도우심을 입어 오늘까지 서서
작은 자에게나 큰 자에게나 증거하고 있는 것입니다. 저는 선지자들과 모세가 앞
으로 일어날 것이라고 말했던 것 외에는 아무것도 말하지 않았습니다. **23** 메시아
께서 고난 받으셨고, 죽은 자들 가운데 가장 먼저 부활하셨다면, 그분은 유대인

157) 소 떼를 몰 때 사용하는 쇠막대기를 말한다.
158) 용어 해설에서 '사탄'을 찾아보라.
159) 용어 해설에서 '미츠바'를 찾아보라.

들과 이방인들 모두에게 빛을 선포하실 것입니다."[160)]

바울이 아그립바에게 믿으라고 호소하다

24 그런데 그가 이런 말로 자신을 변호하자, 베스도가 큰소리로 말했습니
다. "바울, 당신은 미쳤소. 당신의 많은 지식들이 당신을 미치게 했소." **25** 이에 바
울이 말했습니다. "지극히 탁월하신 베스도여, 저는 미친 것이 아니라 진리와 이
성의 말을 담대하게 발언하는 것입니다. **26** 제가 담대하게 말씀드리는 것은 왕께
서 이러한 일들을 알고 계시기 때문입니다. 저는 이러한 일들 가운데 어떤 것이든
왕의 시야에서 벗어났다고 믿지 않습니다. 이 일은 구석에서[161)] 행해진 것이 아니
기 때문입니다. **27** 아그립바 왕이여, 당신은 선지자들을 믿으십니까? 저는 당신이
믿는 것으로 알고 있습니다." **28** 그러나 아그립바는 바울에게 말했다. "당신은 이 짧
은 시간에 나를 설득하여 메시아를 선포하게[162)] 할 수 있다고 생각하지 말라." **29**
그러자 바울이 대답했습니다. "짧은 시간이든 긴 시간이든, 당신뿐만 아니라 오늘
제 말을 듣고 있는 모든 사람이 이렇게 결박을 당하는 것 말고는 저와 같이 되기
를 하나님께 기도합니다."

30 이어서 왕과 총독과 버니게와 그들과 함께 앉아 있던 사람들이 일어났습니다.
31 그들은 물러가서 서로 이야기하며 말하기를, "이 사람은 죽이거나 결박을 당할
만한 일을 아무것도 하지 않았소"라고 했습니다. **32** 이에 아그립바가 베스도에게 말
했습니다. "이 사람이 가이사에게 상소하지 않았다면 석방될 수 있었을 것이오."

바울이 로마로 가다

27 **1** 우리가 배를 타고 이탈리아로 가는 것이 결정되었으므로, 그들은 바울
과 다른 죄수 몇 명을 아구스도 부대[163)]의 율리오라는 백부장에게 넘
겨주었습니다. **2** 우리는 아드라뭇데노라는 배를 타고 아시아 지역의 해안선을 따라
항해했는데, 마케도니아의 데살로니가 사람 아리스다고가 우리와 함께 있었습니다.

160) 유대인과 이방인들을 '한 새 사람'으로 만드신 것을 뜻한다.

161) '은밀하게'

162) '그리스도인이 되라고'

163) '아구스도'는 로마 황제의 칭호이다. 보병대는 600명의 군사로 구성되어 있었다.

3 그리고 다음 날 우리가 시돈에 이르자, 율리오가 바울에게 친절을 베풀어 그가
친구들에게 가서 보살핌을 받도록 허락해 주었습니다. **4** 그 후 우리는 그곳을 떠
났는데, 역풍이 불어서 키프로스를 바람막이 삼아 항해하여 **5** 길리기아와 밤빌리
아를 따라 바다를 가로질러 루기아의 무라에 도착했습니다. **6** 그리고 거기서부터
는 백부장이 이탈리아로 가는 알렉산드리아 배를 발견하고 우리를 거기에 태웠습
니다. **7** 그 후 우리는 여러 날 동안 느리게 항해하다가 힘겹게 니도[164] 앞에 이르렀
습니다. 그러나 바람 때문에 접근하지 못하고, 크레타 섬을 바람막이 삼아 살모네
해안을 따라가며 **8** 어렵게 그곳을 지나 아름다운 항구라 불리는 라사아 근처의 어
떤 도시에 닿았습니다.

9 그러나 많은 시간이 지나서 이제는 참으로 항해하기가 위험해졌는데, 금식 절
기[165]도 이미 지났기 때문입니다. 그래서 바울은 권면하며 **10** 사람들에게 말하기
를, "여러분, 내가 보니 항해에 어려움이 있어 화물과 배뿐만 아니라 우리의 생명
도 큰 위험에 처할 것입니다"라고 했습니다. **11** 그러나 백부장은 바울보다는 선장
과 선주의 말에 설득되었습니다. **12** 그리고 그 항구는 겨울나기에 적합하지 않아
서, 다수가 거기를 떠나 가능하면 크레타의 뵈닉스에 도착하여 겨울을 나기로 결
정했습니다. 그곳에는 남동쪽에서 북동쪽을 향하고 있는 항구가 있었습니다.

폭풍

13 남풍이 부드럽게 불자, 사람들은 의도대로 되었다는 생각에 닻을 올린 후 크
레타를 지나쳐 항해를 했습니다. **14** 그러나 얼마 못 가서 유라굴로라는 폭풍이 북
동쪽에서 몰아쳤습니다. **15** 이에 배가 밀려가는데, 우리는 바람에 맞설 수 없어
서 바람 부는 대로 흘러가고 있었습니다. **16** 그러다가 가우다라는 작은 섬을 바람
막이로 항해하며 가까스로 거룻배를 갑판 위로 끌어올려 제어할 수 있었습니다.
17 사람들은 거룻배를 갑판에 끌어올려 그 선체 주위를 정리하는 데 도움을 주었
고, 스르디스라는 모래톱에 걸리는 것이 두려워서 돛과 밧줄을 풀어 *바람과 파도*
에 밀려 다니게 했습니다. **18** 또 우리가 심하게 폭풍에 시달렸으므로, 다음 날 갑
판에 있던 화물을 던져 버렸고, **19** 삼 일째 되는 날에는 사람들이 자기 손으로 배

164) 또는 '크니도스'

165) 9월 중순에서 10월 중순 사이에 있는 '욤 키푸르' 곧 '대속죄일'을 말한다. 용어 해설에서 '욤 키푸르'를 찾아보라.

의 기구들을 던져 버렸습니다. 20 게다가 여러 날 동안 해와 별들도 보이지 않았고,
적지 않은 풍랑이 몰아치면서 우리가 구출되리라는 소망마저 사라져 버렸습니다.

21 그런데 먹지 못하고 많은 날이 지났으므로, 바울이 그들 가운데 서서 말했
습니다. "여러분이 크레타에서 출항하지 말라는 내 충고를 따랐다면, 이 어려움과
손해를 겪지 않았을 것입니다. 22 하지만 나는 이제 여러분에게 힘을 내라고 권면
합니다. 이 배만 부서질 뿐, 여러분 중에서 한 사람도 생명을 잃지 않을 것이기 때
문입니다. 23 지난 밤에 내가 섬기는 하나님으로부터 온 한 천사가 내 옆에 서서
24 말하기를, '바울아, 너는 두려워하지 말라. 네가 반드시 가이사 앞에 설 것이니,
보라, 하나님께서 너와 함께 항해하는 모든 사람을 네게 맡기셨다'라고 했습니다.
25 그러므로 여러분, 힘을 내십시오. 나는 하나님께서 내게 말씀하신 그대로 될 것
을 믿습니다. 26 따라서 우리는 반드시 어떤 섬에 닿게 될 것입니다."

27 그리고 우리가 아드리아 해에서 밀려다닌 지 십사 일째 되던 날 밤, 자정에
선원들은 우리가 어떤 육지에 접근하고 있음을 짐작했습니다. 28 그래서 수심을
쟀더니 스무 길 정도였고, 조금 더 가서 다시 수심을 쟀더니 열다섯 길[166] 정도였
습니다. 29 이에 그들은 암초에 걸릴까 두려워 고물에서 네 개의 닻을 내리고 날이
밝기를 고대했습니다. 30 그런데 선원들은 배에서 달아날 기회를 엿보다가 뱃머리
에서 닻을 내리는 척하면서 거룻배를 내렸습니다. 31 바울이 백부장과 병사들에
게 말했습니다. "만일 그들이 배에 남지 않으면, 여러분은 구조될 수 없을 것입니
다." 32 그러자 병사들이 거룻배의 밧줄을 끊어 그것을 떨어뜨렸습니다.

33 그리고 날이 밝기 시작할 때, 바울은 모두에게 음식을 먹으라고 권면하면서
이렇게 말했습니다. "여러분은 오늘까지 십사 일째 계속해서 아무것도 먹지 않고
기다렸습니다. 34 이런 이유로 내가 여러분에게 음식을 먹으라고 권면하는 것입니
다. 이것이 여러분의 구원을 위한 길이니, 여러분의 머리카락 하나도 잃지 않을
것입니다." 35 바울은 이런 말을 한 후에 빵을 집어 모든 사람 앞에서 하나님께 감
사드린 다음 떼어 먹기 시작했습니다. 36 그러자 모두 힘을 내어 음식을 먹었습니
다. 37 그때 배 안에는 모두 이백칠십육 명이 있었습니다. 38 사람들은 음식을 배
불리 먹고, 밀을 바다에 던져 배를 가볍게 했습니다.

파선

39 그리고 날이 밝자, 사람들은 그 지역을 몰랐지만, 해변이 있는 어떤 만을 보

고 가능한 한 거기로 배를 몰고 가려 했습니다. 40 그래서 그들은 닻을 제거하여
바다에 빠뜨리면서 동시에 키의 밧줄을 풀고, 불어오는 바람 쪽으로 전면의 돛을
올리며 해변 쪽으로 나아갔습니다. 41 그러나 그때 배가 모래톱에 걸려 좌초되었
습니다. 뱃머리는 단단히 걸려 움직이지 못했고, 고물은 물살에 부서지고 있었습
니다. 42 이에 병사들의 계획은 죄수들이 헤엄쳐 도망하지 못하도록 죽이는 것이
었지만, 43 백부장은 바울을 구하고 싶어서 그들이 계획대로 실행하지 못하게 막
았습니다. 그는 명령을 내려 헤엄칠 수 있는 사람들은 갑판에서 뛰어내려 육지로
피하게 하고, 44 나머지 사람들에게는 널빤지와 배에서 나온 물건들을 잡고 뒤따
르게 했습니다. 그리하여 모든 사람이 구출되어 해안으로 올라왔습니다.

멜리데(몰타) 섬에서의 바울

28 1 한편 우리는 구원받은 후에 그 섬이 멜리데라 불린다는 것을 알았습니
다. 2 원주민들은 우리에게 특별한 환대를 베풀어 불을 피워 놓고 우리
모두를 맞아 주었습니다. 비가 오기 시작하면서 추워졌기 때문입니다. 3 이에 바
울이 나뭇가지들을 조금 모아서 불 위에 놓았는데, 독사 한 마리가 불에서 나와
그의 손을 물었습니다. 4 그러자 원주민들은 그의 손에 매달려 있는 짐승을 보고
서로 말하였습니다. "분명히 이 사람은 살인범이다. 그가 바다에서는 구원받았지만,
공의가 그가 사는 것을 허락하지 않은 것이다." 5 그러나 그는 그 짐승을 불 속에 털
어 넣고 아무런 악한 일도 당하지 않았습니다. 6 그들은 그가 부어 올라서 갑자기
쓰러져 죽을 것이라고 예상했습니다. 그래서 그들 중 많은 이들이 기다리며 보고
있는데, 그에게 아무런 이상이 생기지 않자, 생각을 바꾸어 그를 신이라고 말했
습니다. 7 한편 그곳 주변 *농가 중에는* 보블리오라는 그 섬 추장의 땅이 있었습니
다. 그가 우리를 *자기 집으로* 초대하여 삼 일 동안 친절하게 대접해 주었습니다.
8 그런데 보블리오의 아버지가 열병과 이질로 앓아누워 있었습니다. 이에 바울이
가서 그를 위해 기도하며 그에게 손을 얹어 낫게 했습니다. 9 이 일이 일어난 후에
그 섬의 나머지 병든 자들이 와서 고침을 받게 되었습니다. 10 그들은 보답으로 우
리를 극진하게 대접해 주었고, 우리가 바다로 나갈 때 필요한 것들을 주었습니다.

166) '스무 길'은 약 36m, '열다섯 길'은 27m 정도이다.

바울이 로마에 도착하다

11 이어서 석 달 후에 우리는 그 섬에서 겨울을 난 알렉산드리아 배를 타고 출
항했습니다. 그 배에는 디오스구로[167]의 형상이 표시되어 있었습니다. 12 우리는
수라구사에 들어가 삼 일을 머물다가 13 거기서 계속 나아가 레기온에 도착했습니
다. 그런데 하루 만에 남풍이 불어와 그 다음 날 보디올에 도착했습니다. 14 거기
서 우리는 형제들을 만나 그들의 권유를 받아 칠 일 동안 머물다가 로마에 들어왔
습니다. 15 그때 거기서 우리 소식을 들은 형제들[168]이 압비오 광장[169]과 트레이스
타베르네[170]까지 우리를 맞으러 왔습니다. 바울은 그들을 보고 하나님께 감사드리
고 용기를 얻었습니다.

16 우리는 로마에 들어와서 바울이 자기를 지키는 병사와 함께 따로 지내도 된
다는 허락을 받았습니다.

바울이 로마에서 전도하다

17 그리고 삼 일 후에 바울은 유대인들의 지도자들[171]을 불러 모았습니다. 그들
이 모이자 바울이 말했습니다. "여러분, 형제들이여, 나는 우리 백성이나 조상들
의 관습에 위배되는 짓을 아무것도 하지 않았지만, 예루살렘에서 죄수가 되어 로
마인들의 손에 넘겨졌습니다. 18 그들은 나를 심문한 후에 죽일 만한 이유가 전혀
없으므로 풀어 주려고 했습니다. 19 그러나 유대인 *지도자들*이 *나의 석방을* 반대
해 내가 가이사에게 상소한 것입니다. 내가 내 민족을 고소할 일은 아무것도 없
습니다. 20 그래서 이런 이유로 내가 여러분을 부른 것이니, 여러분을 만나 내가
갇힌 자가 된 것은 바로 이스라엘의 그 소망 때문이라는 것을 말하려는 것입니
다." 21 그러자 그들이 바울에게 말했습니다. "우리는 유대로부터 당신에 대한 편지
를 받지도 않았고, 당신에 대해 나쁘게 전하거나 이야기하는 형제도 없었습니다.
22 하지만 우리는 당신이 생각하는 것을 듣고 싶으니, 우리가 이 종파에 대해 아
는 것은 어디에서든 반대를 받고 있다는 말이 전부이기 때문입니다."

23 그리하여 그들이 바울을 위해 날짜를 정하자, 더 많은 사람들이 그의 숙소
에 왔습니다. 그는 아침부터 저녁까지 엄숙하고 단호하게 하나님의 왕국을 선포
하며 설명해 주면서, 모세의 토라(가르침)와 선지자들로 예슈아에 대해 설득했습니
다. 24 그때 그 가르침에 설득된 사람도 있었지만, 믿지 않는 이들도 있었습니다.
25 그리하여 그들이 이견을 좁히지 못하고 떠날 때, 바울이 *마지막으로* 이렇게 한

마디 했습니다. "성령께서 선지자 이사야를 통해 여러분의 조상들에게 말씀하셨
던 그대로이니, **26** 이르시기를,

'너는 이 백성에게 가서 말해야 한다.
너희가 경청하여 들어도 깨닫지 못할 것이며
주시하며 보아도 알아차리지 못할 것이다.

27 이 백성의 마음이 둔해졌고
그들이 듣기 어려운 귀로 들으며
그들이 눈을 감았으니,
이는 그들이 눈으로 보고,
귀로 듣고,
그 마음으로 깨닫고 돌이키지[172] 못하게 하여
내가 그들을 고치지 못하게 하려는 것이다'(사 6:9-10)라고 했습니다.

28 그러므로 여러분은 그분께서 이러한 하나님의 구원을 이방인들에게 보내셨
다는 것을 알아야 합니다. 그리고 그들이 듣게 될 것입니다." **29** [그런데 이렇게 말
하자, 유대인들은 서로 많은 논쟁을 벌이면서 떠나갔습니다.][173]

30 한편 바울은 꼬박 이 년 동안 그의 셋집에 지내며 자기에게 오는 모든 사람
을 맞이하여 **31** 하나님의 왕국을 선포하고, 주 예슈아 메시아에 대한 것들을 방해
받지 않고 아주 담대하게 가르쳤습니다.

167) 제우스와 레다 사이에서 태어난 쌍둥이 형제 '카스토르'와 '폴룩스'를 말한다.

168) 이들 중에는 바울이 로마의 믿는 자들에게 보낸 편지(로마서)를 이미 받은 자들도 있었을 것이다.

169) 로마에서 70km 정도 떨어져 있었다.

170) '세 여관'이라는 뜻으로 로마에서 53km 정도 떨어져 있었다.

171) 바울은 로마서를 쓰고 적지 않은 시간이 흐른 후 로마에 도착했다. 로마서는 유대인들에게 보낸 것이 아니었다. 바울이 로마서의 수신자인 비유대인 형제들이 아니라 유대인 지도자들을 불러 모은 것이 흥미롭다.

172) '회개하지'

173) 초기 사본에는 이 구절이 없다. 12세기경에 덧붙여진 것으로 보인다.

로마서[1)]

인사

1 1 바울은 메시아 예슈아께 매인 종[2)]이며 사도라고 불리는 자로, 하나님
의 복음을 전파하기 위해 구별되었습니다. 2 이것은 처음부터 그분의 선
지자들을 통해 성경에 약속된 것으로 3 그분의 아들에 관한 것입니다. 그분은 육
신으로는 다윗의 씨에서 나셨고, 4 거룩한 영을 따라서는 죽은 자들 가운데 부활
하셔서[3)] 능력으로 하나님의 아들로 지정되신 우리 주 예슈아 메시아이십니다. 5 우
리는 그분을 통해 믿음에 복종함으로 그분의 이름을 위해 모든 민족에 대한 은
혜와 사도직을 받았습니다. 6 그들 가운데서 여러분도 메시아 예슈아의 부르심을
받았으니, 7 하나님의 사랑을 받는 로마의 모든 이들, 곧 성도라고 불리는 이들에
게 하나님 우리 아버지와 메시아이신 주 예슈아로부터 은혜와 샬롬이 있기를 바
랍니다.

로마 방문에 대한 바울의 소망

8 먼저 나는 여러분 모두에 대해 메시아이신 예슈아를 통해 나의 하나님께 감
사합니다. 여러분의 믿음이 온 세상에 전파되고 있기 때문입니다. 9 내가 그분의
아들의 복음[4)] 안에서 내 심령으로 섬기는 하나님께서 나의 증인이십니다. 나는
끊임없이 여러분을 기억하며, 10 기도할 때마다 어떻게 해서든지 내가 하나님의 뜻

1) 로마서는 데살로니가서를 보내고 몇 년이 흐른 후, 고린도서를 보내고 최소한 2년이 지난 시점인 AD 57년경에 기록되었다. 유대인들이 로마로 돌아오는 것이 허락되었던 네로 5년에 기록되었지만, 수신자는 이방인들이다.

2) 용어 해설에서 '종'을 찾아보라.

3) 용어 해설에서 '부활'을 찾아보라.

4) 용어 해설에서 '복음'을 찾아보라.

5) 이들은 바울이 사도행전 28장 17절에 불러 모은 유대인 지도자들이 아니다. 로마서는 바울이 로마 감옥에 수감되기 전에 기록되었다. 이 편지의 주요 독자는 믿는 이방인들이다.

가운데 은혜를 입어 여러분에게 나아갈 수 있게 해 달라고 항상 간구하고 있습니
다. 11 내가 여러분을 보기를 간절히 원하는 것은 몇 가지 영적인 은사(고전 12:4-11)
를 나눔으로 여러분을 강하게 하기 위함입니다. 12 이것은 여러분과 내 믿음을 통
해 여러분 가운데 서로 격려가 되게 하려는 것입니다. 13 그러나 형제들이여, 나는
여러분이 이 사실을 알았으면 합니다. 지금까지 길이 막혔지만, 나는 여러 번 여
러분[5]에게 가려고 했습니다. 그리하여 다른 이방인들과 마찬가지로 여러분 가운
데서도 몇 가지 열매를 맺고 싶었습니다. 14 나는 헬라인과 이방인, 지혜 있는 자
와 어리석은 자 모두에게 빚진 사람입니다. 15 그러므로 나는 여러분과 로마에 있
는 모든 사람에게 복음을 전하기를 열망합니다.

복음의 능력

16 그러므로 나는 복음을 부끄러워하지 않습니다. 복음이 모든 믿는 자에게 구
원을 위한 하나님의 능력이기 때문입니다. 유대인이 먼저이고, 그 다음은 헬라인입
니다. 17 또한 하나님의 의가 믿음에서 *나와 더 큰* 믿음으로 향하도록 이 복음 안에
서 나타나고 있기 때문입니다. 이는 "의인은 그의 믿음으로 말미암아 살리라"(합 2:4)
고 기록된 그대로입니다.

인류의 범죄

18 또한 하나님의 진노가 하늘에서 나타나 사람들의 모든 불경건함과 불의함,
곧 자신들의 사악함으로 진리를 방해하는 자들의 행위를 대적합니다. 19 하나님
에 대한 것이 그들 가운데 분명히 알려졌으니, 하나님께서 그들에게 *자신을* 드러
내셨습니다. 20 그분께서 세상을 창조하실 때부터 보이지 않는 것들, 곧 그분의 영
원한 능력과 신적 권위가 분명히 보여 그분께서 만드신 것들을 통해 깨달아집니
다. 그러므로 그들은 변명할 수 없습니다. 21 그들은 하나님을 알면서도 하나님을
영광스럽게 하거나 감사하지 않았고, 오히려 그들의 생각들이 헛된 것들을 향하
게 되었으며, 그들의 어리석은 마음과 *생각은* 어둠으로 덮이게 되었습니다. 22 그
들은 지혜롭다고 주장하지만, 어리석게 되어 23 썩지 않는 하나님의 영광을 썩어
버릴 사람과 새와 네 발 가진 짐승과 기는 것(파충류)의 형상으로 바꾸었습니다.

24 이러한 이유로 하나님께서는 그들을 그 마음의 욕망대로 더러움 가운데 버
려 두셨고, 그들의 몸이 서로 수치를 당하게 하셨습니다. 25 그들은 하나님의 진

리를 거짓으로 바꾸어 피조물을 경배하고 섬기며 창조주를 거역했습니다. 그러나
그분은 영원히 찬양받으실 분입니다. 아멘. **26** 이 때문에 하나님께서는 그들을 수
치스러운 정욕 가운데 버려 두셨습니다. 실제로 그들의 여자들은 자연스러운 관
계를 자연에 반하는 것으로 바꿔 버렸고, **27** 마찬가지로 남자들도 여자와의 자연
스러운 관계를 거부하였습니다. 그들은 서로 정욕이 불타서 남자들이 남자들에
게 부적절한 행위를 하여 자기들의 거짓에 합당한 보응을 죄의 결과로 받았습니
다. **28** 또한 그들이 하나님에 대한 참된 지식을 갖는 것을 가치 있게 여기지 않았
기 때문에, 하나님께서 그들을 불의한 생각 가운데 버려 두셔서 부끄러운 행위들
을 하게 하셨습니다. **29** 그들은 모든 불의와 사악과 탐욕과 악의와 탐심과 살인과
논쟁과 사기와 악행이 가득하며, 속삭이는 자, **30** 비방하는 자,[6] 하나님을 미워하
는 자, 무례한 자, 오만한 자, 자랑하는 자, 악한 꾀를 내는 자, 부모를 거역하는
자, **31** 무지한 자, 약속을 어기는 자, 인정이 없는 자, 무자비한 자입니다. **32** 그들은
하나님의 법을 철저하게 알면서도 죽어 마땅한 이러한 일들을 행하고 있기에, 자기
들만 이런 일들을 행할 뿐만 아니라 그렇게 하는 사람들을 두둔하고 있습니다.

하나님의 의로운 심판

2 **1** 판단하는 모든 사람이여, 이 때문에 그대는 변명할 수 없습니다. 그대
가 남을 판단하는 것으로 자기를 정죄하고 있기 때문입니다. 그러므로 판
단하는 그대는 똑같은 일을 하고 있는 것입니다. **2** 그러나 우리는 진리를 따라 이
러한 일들을 행하는 사람들에게 하나님의 심판이 임한다는 사실을 압니다. **3** 그
러한 일들을 행하는 자들을 판단하고도 그것들을 행하는 사람이여, 그대는 하나
님의 심판을 피할 수 없다는 것을 모르십니까? **4** 그대가 그분의 풍성한 자비와 관
용과 인내를 멸시하니, 그대를 회개로 이끄시는 하나님의 자비를 무시하는 것입
니까? **5** 그대는 그대의 완고함과 회개하지 않는 마음에 따라 진노의 날, 곧 하나
님의 의로운 심판이 나타나는 날에 그대[7]에게 임할 진노를 쌓고 있습니다. **6** 그
분은 그 행실[8]대로 각 사람에게 보응하실 것입니다. **7** 선한 일에 끈기와 인내함으
로 영생을 추구하는 자들에게는 영광과 존귀와 불멸로, **8** 자신을 내세우려는 욕

6) 용어 해설에서 '비방/험담'을 찾아보라.

7) 2장에 나타난 2인칭은 모두 단수이다.

8) 용어 해설에서 '미츠바'를 찾아보라.

망에 넘어가서 진리에 설득되도록 *자신을* 내어주지 않는 자들에게는 *그들의* 불의에 대해 진노와 분노가 있을 것입니다. **9** 악을 행하는 모든 사람의 삶에 환난과 고통이 있이 있을 것이니, 유대인이 먼저이고[9] 그 다음은 헬라인입니다. **10** 그러나 선한 일을 하는 모든 사람에게는 영광과 존귀와 샬롬이 있을 것이니, 유대인이 먼저이고 그 다음은 헬라인입니다.[10] **11** 하나님 앞에는 차별이 없기 때문입니다(신 10:17). **12** 그러므로 토라(가르침)[11] 없는 죄인들은 토라(가르침) 없이 멸망할 것이며, 토라(가르침) 안에 있는 죄인들은 토라(가르침)로 심판받을 것입니다.

듣는 자가 아니라 행하는 자

13 토라(가르침)를 듣는 자들이 하나님 앞에서 의로운 것이 아니라 토라(가르침)의 *계명을* 행하는 자들이 의롭다고[12] 선포될 것입니다(약 2:14-26). **14** 또한 이방인들, 곧 토라(가르침) 없는 자들이 옳고 합당한 일에 대한 그들의 본성에 이끌려 토라(가르침)의 일들을 행한다면, 토라(가르침)가 없어도 스스로에게 토라(가르침)가 되는 것입니다. **15** 그들의 양심이 고발하거나 변호하면서 서로 증거가 되어 토라(가르침)의 행위가 자기들의 마음에 기록되어 있음을 보여 줍니다. 그들의 생각은 **16** 내가 전한 복음[13]에 따라 하나님께서 메시아 예슈아를 통해 사람들의 감춰진 것들을 심판하실 바로 그날에 드러나게 될 것입니다.

유대인과 토라[14]

17 그러나 만일 그대가 스스로 유대인이라고 하면서 자신을 토라(가르침)에 맡기고[15] 하나님을 자랑하며, **18** 그분의 뜻을 알고 토라(가르침)의 교훈을 받아서 그 차

9) 이것은 성경을 배운 자의 책임과 관련이 있다. 유대인들은 4-5세 사이에 레위기부터 가르침 받는다. 용어 해설에서 '성경 암송'을 찾아보라.

10) 성경을 오랫동안 공부한 자들이 더 큰 유익, 곧 하나님의 임재와 샬롬을 누린다는 말이다. 성숙한 신자일수록 하나님의 더 큰 선물, 특히 샬롬을 누리게 된다.

11) 구체적으로 성경의 처음 다섯 권을 가리키지만, 구약 성경 전체를 의미하는 경우도 있다. 용어 해설에서 '토라'를 찾아보라.

12) 의는 행동이다. 믿음으로 의롭게 되지만, 그럼에도 의는 다른 사람을 위하는 행동이다. 용어 해설에서 '의'를 찾아보라.

13) 사도들이 예루살렘의 성도들에게 가르치고 있는 복음을 말한다.

14) 문자적 의미는 '가르침'이다. 보통 성경의 처음 다섯 권을 가리키지만, 여기서는 모든 히브리 성경, 곧 구약 성경 전체를 의미한다. 용어 해설에서 '토라'를 찾아보라.

15) 헬라어 '에파나파우오마이'(epanapauomai)의 뜻은 '기대다, 신뢰하다'로, 여기서는 '하나님의 말씀을 신뢰한다'는 말이다. 이 말은 신약에서 이곳과 누가복음 10장 6절(머물다)에만 나타난다.

이점들,[16] *곧 거룩한 것과 속된 것을* 분별하고 있다면, **19** 그리고 스스로 확신하기
를, 눈먼 자들의 인도자요, 어둠에 있는 자들의 빛이요, **20** 토라(가르침)의 지식과
진리의 본질을 터득했으므로 어리석은 자들의 교사요, 어린아이들의 선생이라고
여긴다면, **21** 그대는 왜 남을 가르치는 자로서 자신은 가르치지 않습니까? 도둑질
하지 말라고 설교하면서 왜 도둑질합니까? **22** 간음하지 말라고 말하면서 간음합
니까? 우상들을 미워하면서 신전에서 강탈합니까?[17](말 3:8) **23** 토라(가르침)에 자부
심을 갖는 그대가 토라(가르침)를 범하여 하나님을 욕되게 하고 있습니다. **24** 이것
은 기록되어 있는 그대로입니다. "하나님의 이름[18]이 이방인들 가운데서 모독당
하는 것은 너희 때문이다"(사 52:5; 겔 36:20). **25** 만일 그대가 할례 안에서 토라(가르침)
를 실천한다면, 할례는 유익할 것입니다. 그러나 그대가 토라(가르침)를 범하고 있
다면, 그 할례는 무할례가 됩니다. **26** 그러므로 무할례자가 토라(가르침)에 규정된
것들을 지킨다면, 그의 무할례가 할례로 인정되지 않겠습니까? **27** 그리고 토라(가
르침)를 지키는 육신적인 무할례자[19]가 성경과 할례가 있는데도 토라(가르침)를 범
하는 그대를 정죄할 것입니다. **28** *기도숄이나 키파 등의 의복처럼* 겉모습이 유대
인인 자가 유대인이 아니며, 육신에 행한 할례가 할례가 아닙니다. **29** 내면적으로
유대인인 사람이 유대인이며, 문자가 아닌 영으로 마음에 행해진 할례가 할례입
니다(신 10:16; 30:6; 렘 4:4; 9:25;[20] 겔 44:7). 그의 칭찬은 사람이 아니라 하나님에게서 옵
니다.

3 **1** 그러므로 유대인의 우월성과 할례의 유익은 무엇입니까? **2** 모든 면에서
많은데, 먼저 그들에게 하나님의 말씀들[21]이 맡겨졌기 때문입니다. **3** 그러

16) 에스겔 22장 26절에 나타난 제사장들의 죄목에 근거한 거룩한 것과 속된 것의 차이를 말한다. 우리 각자가 제사장이며 제사장 나라이다(출 19:6; 벧전 2:9; 계 1:6; 5:10). 이 차이점들은 레위기 10장 9-11절에 규정되어 있다.

17) 신전에서 강탈한다는 것은 십일조와 예물을 바치지 않는 것을 말한다.

18) 이름에 해당하는 히브리어 '오노마'는 하나님의 속성과 활동성을 의미한다. 용어 해설에서 '오노마'를 찾아보라.

19) 탈무드는 유대인이 아닌 자들이 노아 언약에 종속되어 있다고 가르친다. 노아 언약은 정의를 진작시키고, 우상숭배와 음행, 신성모독, 살인, 그리고 짐승을 잔인하게 다루는 것과 도둑질을 금하는 일곱 가지 계명으로 되어 있으며, 할례는 포함되어 있지 않다. '마음의 할례'에 대해서는 신명기 10장 16절과 30장 6절, 예레미야 4장 4절과 9장 25절, 에스겔 44장 7절을 찾아보라. 사도행전 15장 13-20절을 참조하라.

20) 히브리 성경을 기준으로 한 것이며, 우리말 성경은 예레미야 9장 26절이다.

니 어떤 사람이 믿지 않았다면 어떻게 되겠습니까? 그들의 불신이 하나님의 신실
하심을 무효로 만들겠습니까? 4 그럴 수 없습니다! 오히려 모든 사람이 거짓말쟁이
라 할지라도(시 116:11) 하나님은 참되시니, 다음과 같이 기록된 그대로입니다.

"주께서 그의 말씀으로 의롭다 함을 받으시고,
판단받으실 때에 승리하실 것입니다"(시 51:6;[22] 마 12:37).

5 그러나 만일 우리의 불의가 하나님의 의를 드러낸다면, 우리가 무슨 말을 하
겠습니까? 진노를 내리시는 하나님이 불의하십니까? 나는 사람이 말하는 대로
말하고 있습니다. 6 있을 수 없는 일입니다! 만일 그렇다면 하나님께서 어떻게 세
상을 심판하실 수 있겠습니까? 7 그러나 어떤 사람들은 말합니다. "만일 나의 거
짓됨으로 하나님의 진리가 넘쳐흘러서 그분의 영광이 된다면, 왜 내가 여전히 죄
인으로 심판을 받는 것인가?" 8 그리고 어떤 이들은 우리를 비방하면서 우리가 "선
한 일들이 이루어지도록 악을 행하자"고 말한다고 주장합니다. 그러므로 그런 자
들이 정죄 받는 것은 당연합니다. 9 그렇다면 무슨 말입니까? 우리가 스스로를 옹
호하는 것입니까? 우리가 변명하는 것입니까? 결코 그럴 수 없습니다! 우리는 이
미 우리 자신을 비난하여 유대인이나 헬라인 모두 죄 아래 있다고 하였습니다. 10
이것은 기록되어 있는 그대로입니다.

"의인은 하나도 없으니"(시 14:3),
11 "깨달음을 얻은 자도 없고,
하나님을 찾는 자도 없다"(시 14:2).
12 "다 함께 길에서 벗어나 타락하였다.
선을 행하는 자가 없으니, 단 한 사람도 없다"(전 7:20).
13 "그들의 목구멍은 열려 있는 무덤 같고,
그들이 그 혀로 속이고 있으며"(시 5:9),
"그들의 입술 아래에는 독사의 독이 있다"(시 140:3).
14 "그들의 입은 쓴 것과 저주로 가득하며"(시 10:7),
15 "그들의 발은 피를 흘리는 데 날렵하고
16 파멸과 비참함이 그들의 길에 있으며

21) 헬라어 '로기온'(logion)은 '신탁'으로 번역되는 경우가 많은데, 유대인들에게 선포된 하나님의 약속의 말씀, 즉 하나님께서 시내산에서 모세에게 하신 모든 말씀을 가리킨다.

22) 히브리 성경을 기준으로 한 것이며, 우리말 성경은 시편 51편 4절이다.

17 그들은 샬롬의 길을 알지 못했다"(사 59:7, 8).

18 "그들의 눈앞에는 하나님을 두려워함이 없다"(시 36:1).

19 그러나 우리는 토라(가르침)가 전하는 것이 토라(가르침) 안에 있는 자들에게
말하는 것이라는 사실을 압니다. 이는 모든 입을 막아 온 세상이 순순히 하나님
의 심판을 받게 하려는 것입니다. 20 어떤 육신도 토라(가르침)의 행위로는 그분 앞
에서 의롭게 되지 못할 것입니다. 토라(가르침)를 통해서는 죄를 알기 때문입니다.

믿음을 통한 의

21 그러나 이제 토라(가르침)와 상관없이 하나님의 의가 나타났습니다. 이것은 토
라(가르침)와 선지자들[23]에 의해 증거된 것입니다. 22 하나님의 의는 믿음으로 인한
것으로, 메시아이신 예슈아를 믿는[24] 모든 사람을 위한 것입니다. 거기에는 차별
이 없으니, 23 모든 사람이 죄를 지어 하나님의 영광에 이르지 못하다가(왕상 8:46)
24 메시아 예슈아의 구속으로 인해 그분의 은혜로 값없이 의롭게 되었기 때문입니
다. 25-26 하나님께서는 이 예슈아를 속죄물로 내세우셔서 그분의 피로 말미암는
믿음으로 그분의 의를 증거하셨습니다. 하나님께서는 오래 참으심으로 그분의 의
가 증거되기 전에 지은 죄들을 지금까지 벌하지 않으셨습니다.[25] 그러므로 그분
은 의로우시며, 예슈아에 대한 믿음을 가진 자들까지 의롭게 하십니다.

27 그렇다면 자랑할 것이 어디에 있습니까? 전혀 없습니다. 어떤 토라(가르침)를
통해서입니까? 행위들(의 토라)입니까? 아닙니다, 믿음으로 말미암는 토라(가르침)를
통해서입니다. 28 우리는 사람이 토라(가르침)의 행위들을 통해서가 아니라 믿음으
로 의롭게 된다고 생각합니다. 29 또 그분은 오직 유대인의 하나님이십니까? 이방
인들의 하나님은 아니십니까? 참으로 이방인들의 하나님도 되십니다. 30 하나님은
한 분이시므로, 할례자뿐 아니라 무할례자도 그의 믿음으로 의롭게 하실 것입니
다.[26] 31 그렇다면 우리가 믿음으로 토라(가르침)를 폐지하는 것입니까? 있을 수 없
는 일입니다! 오히려 우리는 토라(가르침)를 세웁니다.

23) '선지자들'은 여호수아, 사사기, 사무엘상·하, 열왕기상·하, 다니엘을 제외한 이사야에서 말라기까지를 말한다. 용어 해설에서 '토라'를 찾아보라.

24) 유대인의 관점에서 '믿음'에는 반드시 행동의 변화가 따라야 한다.

25) 하나님께서는 오래 참으심으로 예슈아의 대속적 죽음 이전에 지은 죄들을 간과하셨다.

26) 고린도전서 7장 17-24절을 참조하라.

아브라함의 본보기

4 1 그러므로 우리 조상 아브라함이 육신을 따라 얻은 것을 우리는 무엇이
라고 말하겠습니까? 2 만일 아브라함이 행위로 의롭게 되었다면 그에게
자랑할 거리가 있어도, 하나님 앞에서는 없습니다. 3 그러면 성경은 뭐라고 말합
니까? "이에 아브라함이 하나님을 믿으니, 그것이 그에게 의로 여겨졌다"(창 15:6)고
합니다. 4 그러나 일하는 사람에게는 그 보상이 은혜가 아니라 빚, *마땅히 주어야
할* 보수로 여겨집니다. 5 일하지 않는데도 경건하지 않은 자를 의롭게 하시는 분
을 믿는 자에게는 그 믿음이 의로 여겨집니다. 6 다윗도 행위와 상관없이 하나님
께 의롭다고 여김을 받은 사람의 복에 대해 다음과 같이 말했습니다.
7 "죄를 사함 받고, 그 죄들이 가리게 된 불법한 사람들은 복이 있다.
8 주께서 그의 죄를 헤아리지 않으실 사람은 복이 있다"(시 32:1, 2).
9 그렇다면 이 복은 할례 받은 자들에게 있습니까, 아니면 무할례자들에게도 있
습니까? 우리는 "아브라함의 믿음이 의로 여겨졌다"(창 15:6)라고 말합니다. 10 그러
면 그의 믿음은 어떻게 (의로) 여겨졌습니까? (그가) 할례 받았을 때입니까, 아니면
할례 받지 않은 때입니까? 할례 중이 아니라 무할례 중이었습니다. 11 그는 무할
례 상태에서 믿음의 의에 대한 확증으로 나중에 할례의 표를 받았습니다(창 17:10).
그리하여 믿는 모든 사람, 곧 할례 받지 않아도 의인들로 여김 받는 자들의 조상이
될 수 있었고, 12 할례에서 난 자들뿐만 아니라, 우리 조상 아브라함의 발자취 안에
서 믿음으로 그들과 함께 나아가는 무할례자들에게도 할례의 조상이 되었습니다.

믿음으로 실현된 약속

13 그가 세상의 상속자가 된다는 약속은 율법주의가 아니라 믿음의 의를 통해
아브라함에게나 그의 씨에게 하신 것이었습니다. 14 그러므로 만일 그 상속이 율
법주의에서 비롯되었다면, 믿음은 헛된 것이 되고 약속은 폐지되었을 것입니다.
15 율법주의는 진노를 일으키기 때문입니다. 그러나 토라(가르침)가 없는 곳에는 토
라(가르침)의 위반도 없습니다. 16 이 때문에 믿음으로 되는 것입니다. 그 약속이 은
혜를 통해 모든 씨에게, 곧 토라(가르침)에 속한 자들뿐만 아니라 우리 모두의 조
상인 아브라함의 믿음으로 된 자들에게도 확실한 것이 되게 하려는 것입니다. 17
이는 "내가 너를 많은 민족들의 조상으로 세웠다"(창 17:5)라고 기록되어 있는 것과
같습니다. 그렇게 되기 전에 아브라함은 하나님, 곧 죽은 자들에게 생명을 주시

고(사 26:19), 없는 것들을 있는 것처럼[27] 부르셔서 있게 하는(사 48:3) 분을 믿었습니
다. **18** 그는 바랄 수 없는 상황에서 간절히 소망하여 그것을 믿음으로 "네 씨가 그
렇게 될 것이다"(창 15:5)라고 말씀하신 대로 "많은 민족들의 조상"이 되었습니다. **19**
그리고 그가 백 세 정도 되어 그의 몸이 죽은 사람이나 다름없이 여겨지고, 사라
의 태 역시 죽은 상태였음에도 불구하고 믿음으로 자신의 몸이 연약하다고 여기
지 않았습니다. **20** 오히려 그는 하나님의 약속 때문에 조금도 불신으로 흔들리지
않았고, 하나님께 영광을 돌리며, 믿음 가운데 강해졌습니다 **21** 그분께서 약속하
신 것을 또한 행하실 수 있는 분이라는 사실을 확신했기 때문입니다. **22** 바로 이러
한 이유로 "그것이 그에게 의(하나님을 향한 사랑의 담대한 행위들)[28]로 여겨졌다"(창 15:6)
는 것입니다. **23** 그러나 이렇게 (의로) 여김 받았다는 것은 그를 위해서만 기록된 것
이 아니라 **24** 우리, 곧 우리 주 예슈아를 죽음으로부터 일으키신 것을 믿는 우리
를 위한 것이기도 합니다. **25** 그분은 우리의 죄 때문에 *죽음에* 넘겨지셨고, 우리의
의의 필요 때문에 일으켜지셨습니다.

의롭게[29] 된 결과

5 **1** 그러므로 우리는 믿음으로 의롭게 되었으므로 우리 주 예슈아 메시아를
통해 하나님과 샬롬을 누리고 있습니다. **2** 또한 그분을 통해 우리가 믿음으
로 지금 서 있는 이 은혜 안으로 들어오게 되었고, 하나님의 영광을 소망하며 자랑
하고 있습니다. **3** 그뿐만 아니라 우리가 환난 가운데서도 자랑하는 것은 환난이 인
내를 낳고, **4** 인내로 견디는 것이 단련된 성품을, 그리고 그 성품이 소망을 낳는
다는 것을 알기 때문입니다. **5** 그리고 이 소망은 헛되지 않습니다. 하나님의 사랑
이 우리가 받은 성령을 통해 우리 마음에 부어졌기 때문입니다. **6** 우리가 아직 연약
함에도 불구하고 메시아께서 정해진 때에 경건하지 않은 자들을 위해 죽으셨습니
다. **7** 의인들을 위해 죽음을 감수할 사람이 거의 없고, 선한 사람을 위해서는 감

27) 시편 57편 6-11절은 얼마든지 낙담할 수 있는 상황에 다윗이 어떻게 대처했는지 보여 준다.

28) 원문은 히브리어 '쯔다카'이다.

29) 일반적인 의미는 '행위의 결과로 정당하거나 옳다고 선언된다'는 뜻이다. 그러나 우리는 믿음으로 의롭게 된다. 행위가 아니라 믿음이 이러한 사실을 확증한다. '의롭게 하다'에 해당하는 헬라어 '디카이오'(dikaio)는 히브리어의 '쯔다카'와 같은 의미이다. 유대인들이 생각하는 근본적인 의는 우리의 믿음을 하나님께 보이는 것이다. 그래서 믿음이 있다면 삶으로 자연스럽게 드러나게 된다. 즉 믿음과 행위는 함께 가고 나타나는 것이다. 용어 해설에서 '의'를 찾아보라.

히 죽겠다는 사람이 있을지도 모르겠습니다. 8 그런데 하나님께서 우리를 향한 그
분의 사랑을 직접 보여 주셨습니다. 우리가 여전히 죄인임에도 메시아께서 우리
를 위해 죽으셨기 때문입니다. 9 그렇다면 이제는 우리가 그분의 피로 의롭게 되었
으니, 그분으로 인해 그 진노에서 구원받을 것입니다. 10 만일 우리가 하나님의 원
수였을 때에 그 아들의 죽음을 통해 하나님과 화해하게 되었다면, 우리가 그분의
생명으로 화해하게 되었으므로 더욱 구원받게 될 것입니다. 11 또 그뿐만 아니라
우리는 지금 이때에 우리를 화해하게 하신 우리 주 예슈아 메시아로 인해 하나님
안에서 기뻐하고 있습니다.

아담과 메시아

12 이 때문에 한 사람을 통해 죄가 세상에 들어오고, 죄를 통해 사망이 들어온
것처럼, 그렇게 모든 사람이 죄를 지었으므로 사망이 모든 사람에게 이르게 되었습
니다. 13 토라(가르침)가 있기 전에도 죄가 세상에 있었지만, 토라(가르침)가 없어서 죄
로 여겨지지 않았고, 14 사망이 아담부터 모세까지, 심지어 아담의 죄와 같은 것을
범하지 않은 사람들도 통치했습니다. 아담은 오실 그분의 한 유형입니다.

15 그러나 은사는 범죄와 같지 않습니다. 한 사람의 범죄로 많은 사람이 죽었
지만, 하나님의 은혜와 많은 사람들을 향한 선물은 한 사람 예슈아 메시아의 은
혜 안에서 훨씬 더 풍성해졌습니다. 16 그리고 이 선물은 죄를 지은 한 사람, *아담*
으로 인해 생긴 결과와는 달랐습니다. 한 사람으로 인해 정죄의 심판이 있었으나,
이 은사는 우리를 많은 악행들로부터 의로 인도했습니다. 17 그러므로 만일 사망
이 한 사람의 그 한 가지 죄로 통치했다면, 은혜와 의의 선물을 풍성하게 얻는 사
람들은 한 분 예슈아 메시아를 통해 더욱더 생명 가운데 통치할 것입니다. 18 그
렇다면 한 가지 죄를 통해 모든 사람이 정죄 가운데 있게 된 것과 마찬가지로, 한
가지 의로운 행동을 통해 생명의 의가 모든 사람에게 이르게 된 것입니다. 19 그러
므로 한 사람의 불순종을 통해 많은 사람이 죄인 된 것과 같이, 한 분의 순종을
통해 많은 사람이 의인으로 선언될 것입니다. 20 그러나 율법주의가 슬며시 들어
와서[30] 죄가 많아지게 하였습니다. 그러나 죄가 많은 곳에 은혜가 더 넘친 것은 21
죄가 죽음 안에서 통치하던 것처럼, 은혜도 의로 통치하여 예슈아 메시아 우리 주

30) 헬라어 '파레이셀코마이'(pareiserchomai)는 '살짝(몰래) 들어가(오)다'의 뜻이다. 사실, 율법주의는 모든 믿는 자들이 동의하고 이해할 수 있게 성경을 규정하려는 좋은 의도에서 시작되었다. 용어 해설에서 '율법주의'를 찾아보라.

를 통해 영원한 생명에 이르게 할 것입니다.

죄에 대해 죽고, 메시아 안에서 살다

6 1 그러면 우리가 무슨 말을 하겠습니까? 은혜를 풍성하게 하려고 죄 안
에 머물러 있겠습니까? 2 있을 수 없는 일입니다! 죄에 대해 죽은 우리가
어떻게 여전히 그 안에서 살겠습니까? 3 또한 여러분은 메시아 예슈아 안에서 침
례[31] 받은 우리가 그분의 죽음[32] 안으로 침례 받았다는 사실을 알지 못합니까? 4
그러므로 우리가 죽음 안으로 침례를 받음으로 그분과 함께 장사된 것은, 메시아
께서 아버지의 영광으로 죽은 자들로부터 일으켜지신 것처럼, 우리도 생명의 새
로움 안에서 걷게 하려는 것입니다. 5 그러므로 우리가 그분의 죽음과 같은 모양
으로 연합하게 되었다면, 또한 그분의 부활과도 *같은 모양으로* 연합하게 될 것입
니다. 6 우리는 우리의 *거듭나지 않은* 옛 사람이 그분과 함께 십자가에 매달려 죄
의 몸이 정죄를 받았고, 우리가 더 이상 죄를 섬기지 않게 되었다는 것을 압니
다. 7 죽으신 그분께서 죄에서 벗어나 의롭게 되셨기 때문입니다. 8 그러므로 우리
가 메시아와 함께 죽었다면, 또한 그분과 함께 살 것을 믿습니다. 9 우리가 메시아,
곧 죽은 자들로부터 일으켜지신 분은 더 이상 죽지 않으시고, 죽음이 더 이상 그
분을 주관하지 않음을 알기 때문입니다. 10 그러므로 진실로 그분께서 죽으신 것
은 죄 안에 있는 모든 사람을 위해 단번에 죽으신 것이지만, 그분께서 사시는 것
은 하나님을 위해 사시는 것입니다.[33] 11 이와 같이 여러분 자신도 죄에 대해서는
죽은 자로 여기되, 메시아 예슈아 안에서는 하나님을 위해 살아 있는 자로 여기
십시오.

12 그러므로 죄가 여러분의 죽을 몸 가운데 군림하지 못하게 하여 몸의 정욕
에 순종하지 마십시오. 13 또 여러분의 육신의 지체들을 불의함의 도구로 죄에 제
공하는 것을 멈추고, 즉시 여러분 자신을 죽은 자들 가운데 살아 있는 자같이
하나님께 드려 여러분의 지체들이 의의 도구가 되게 하십시오. 14 그러면 죄가 여
러분을 지배하지 않을 것입니다. 여러분은 율법주의가 아니라 은혜 아래 있기 때
문입니다.

31) 헬라어 '밥티조'(baptizo)의 뜻은 '담그다, 잠기다'이다. 용어 해설에서 '침례'를 찾아보라.

32) 유대인의 침례에서는 침례를 주는 사람이 받는 사람의 머리를 물속에 잠기게 하는데, 이것은 자아의 죽음을 상징한다. 또한 물 밖으로 나오려는 몸부림은 아기가 양수에서 나오는 출생 과정과 유사하다.

의의 종들

15 그렇다면 무엇입니까? 우리가 율법주의 아래 있지 않고 은혜 아래 있으니,
죄를 지어야 합니까? 있을 수 없는 일입니다! 16 여러분이 순종하는 사람의 종이
된다는 사실을 알지 못합니까? 여러분은 자신을 종으로 바치는 자에게 굴복하여
죄의 종이 되어 죽음에 이르거나, 순종의 종으로 의에 이르게 됩니다. 17 그러나
하나님께 감사드립니다. 여러분이 죄의 종이었지만, 여러분에게 전달된 *믿음의* 핵
심을 이루는 가르침의 새로운 본에 마음으로 순종했기 때문입니다. 18 여러분은
죄에서 해방되었으니, 이제 의의 종이 되어야 합니다. 19 나는 여러분의 육신적인
연약함 때문에 인간적인 표현으로 말하고 있습니다. 여러분이 전에 자신의 지체
들을 부정한 것과 토라(가르침) 없음의 종으로 내주어 불법에 이른 것처럼, 이제는
여러분의 지체들을 의의 종으로 내주어 거룩함 안에 있어야 하기 때문입니다. 20
여러분이 죄의 종이었을 때는 의에 대해 자유로웠습니다. 21 그런데 그때 여러분
은 무슨 열매를 맺었습니까? 이제 여러분은 그것에 대해 부끄러워합니다. 그것들
의 마지막은 죽음이기 때문입니다. 22 그러나 이제 여러분은 죄로부터 자유로워지
고, 하나님의 종이 되어 거룩에 이르는 열매를 맺고 있으니, 그 결과는 영원한 생
명입니다. 23 그러므로 죄의 삯은 사망이나, 하나님의 은사는 메시아 예슈아 우리
주 안에 있는 영원한 생명입니다.

결혼의 비유

7 1 형제들이여, 내가 토라(가르침)[34]를 아는 자들에게 말합니다. 여러분은
토라(가르침)가 사람이 살아 있는 동안에만 그를 주관한다는 사실을 알지
못합니까? 2 그러므로 토라(가르침)에 의하면, 결혼한 여인은 남편이 살아 있는 동
안에는 그에게 매여 있으나, 남편이 죽으면 토라(가르침)에 의해 남편에게서 풀려납
니다. 3 따라서 남편이 살아 있는 동안 그녀가 다른 남자의 아내가 되면, 간음한
여자라고 불리지 않겠습니까? 그러나 그녀의 남편이 죽으면, 토라(가르침)에 의해
그녀는 자유롭게 되어 다른 남자의 아내가 되어도 간음한 여자가 되지 않습니다.
4 그렇다면 나의 형제들이여, 여러분도 메시아의 몸을 통해 율법주의에 대해 죽었

33) '죽다'와 '살다'의 반복으로 메시아의 죽음과 부활을 강조하고 있다.

34) '토라'의 문자적 의미는 '가르침'이며, 보통 성경의 처음 다섯 권을 가리키지만, 성경 전체를 의미하기도 한다. 용어 해설에서 '토라'를 찾아보라.

고, 이제 죽은 자들로부터 일으켜지신 분께 속하여 우리는 하나님을 위해 열매
맺게 되었습니다. **5** 그러므로 우리가 육신 가운데 있을 때에는 죄악의 욕망들이
율법주의를 통해 우리의 지체들 가운데 활동하여 사망 안에서 열매를 맺게 하였
습니다. **6** 그러나 이제는 우리가 매여 있던 율법주의에 대해 죽음으로 거기서 벗어
났습니다. 그래서 영의 새로운 것으로 섬기고, 문자라는 옛것으로 섬기지 않게 되
었습니다.[35]

우리 속에 거하는 죄의 문제

7 그렇다면 우리가 무슨 말을 하겠습니까? 토라(가르침)가 죄입니까? 있을 수 없
는 일입니다! 그러나 토라(가르침)를 통하지 않았다면 죄를 몰랐을 것입니다. 토라
(가르침)가 말하기를, "너는 탐내지 않아야 할 것이다"(출 20:17)라고 하지 않았다면,
나는 탐내는 것을 몰랐을 것입니다. **8** 그러나 죄가 계명을 통해 기회를 잡아 내 안
에서 온갖 욕망을 생산했습니다. 그러므로 토라(가르침)가 없다면 죄는 죽은 것입
니다. **9** 따라서 한때는 내가 토라(가르침) 없이 살아 있었지만, 계명이 오자 죄가 살
아나게 되었고, **10** 생명을 낳기 위해 내 안에 있던 그 계명이 죽음을 초래하여 나
는 죽었습니다. **11** 죄가 계명을 통해 기회를 잡아 나를 속이고, 이 *계명*을 통해 나
를 죽였기 때문입니다. **12** 그러므로 토라(가르침)는 참으로 거룩하고, 계명도 거룩
하며 의롭고 선한 것입니다.

13 그렇다면 그 선한 토라(가르침)가 내 안에서 죽음이 되었습니까? 있을 수 없
는 일입니다! 그러나 죄가 내 안에서 죽음을 낳으면서 내 안에 있는 선한 토라(가
르침)를 통해 죄가 드러났습니다. 그리하여 계명을 통해 그 죄는 더 큰 죄가 되었
습니다. **14** 그러므로 우리는 토라(가르침)가 영적이라는 사실을 알지만, 나 자신은
죄 아래 종으로 팔려 육신적입니다. **15** 따라서 나는 알지 못하는 것을 행하고 있
는데, 원해서 이렇게 행하는 것이 아니라 증오하면서 행하고 있습니다. **16** 그런데
내가 행하는 이것을 원하지 않는다면, 토라(가르침)가 선하기 때문에 그것에 동의
하는 것입니다. **17** 그러나 이제 이렇게 행하는 것은 더 이상 나 자신이 아니라 내

35) 특정 교파의 지도자들이 규정해 놓은 '하라/하지 말라'를 따르라는 것이 아니라, 이웃을 자기 자신처럼 사랑하며 진실한 마음으로 성령을 따라 살라는 권고이다.

36) 13-20절의 관점을 유지하면서, 바울이 자신을 본받으라고 말한 고린도전서 4장 16절과 11장 1절, 빌립보서 3장 17절을 찾아보라. 그가 여기에 언급한 죄들은 부지중에 범하는 것들이다. 완전한 사람은 없지만, 우리도 바울처럼 다른 이들에게 본이 되어야 한다.

안에 거하는 죄입니다. 18 그러므로 나는 내 안에, 즉 내 육신 가운데 결코 선한
것이 거하지 않는다는 것을 압니다. 내 안에 선을 행하려는 욕구는 있으나 선한
일은 행하지 않기 때문입니다. 19 내가 원하는 선한 일은 행하지 않고, 원하지 않
는 이 악한 일을 행합니다. 20 그러나 내가 원하지 않는 이것을 나 자신이 행할지
라도, 그것을 행하는 것은 더 이상 내가 아니라 내 안에 거하는 죄입니다.[36] 21 그
리하여 나는 이런 토라(가르침)를 발견합니다. 나는 선한 일들을 행하기 원하는데,
내 속에 악이 존재한다는 사실입니다. 22 그러므로 나는 속사람을 따라 하나님의
토라(가르침) 안에서 함께 즐거워하지만, 23 또 다른 법이 내 지체들 가운데서 내 마
음의 토라(가르침)와 전쟁을 하며 나를 죄의 법으로 사로잡는 것을 봅니다. 24 참으
로 나는 불쌍한 사람입니다. 누가 나를 이 죽음의 몸에서 구원하겠습니까? 25 그
러나 예슈아 메시아 우리 주로 말미암아 하나님께 감사드립니다. 그러므로 내 마음
으로는 하나님의 토라(가르침)를, 육신으로는 죄의 법을 섬기고 있습니다.

성령 안에 있는 생명

8 1 그러므로 이제 메시아 예슈아 안에 있는 자들에게는 정죄함이 없습니
다(사 50:9). 2 메시아 예슈아 안에 있는 생명의 영(성령)의 토라(가르침)가 죄
와 죽음의 법에서 여러분을 해방시켰기 때문입니다. 3 그러므로 그 법이 육신의
저항 때문에 연약하여 할 수 없던 것을 하나님께서 하셨습니다. 하나님께서 그
아들을 죄 있는 육신의 모습으로 보내셔서 그 육신 안에서 죄에 대해 정죄하셨습
니다. 4 육신이 아니라 그 영(성령)을 따라 걷는 우리 안에서 토라(가르침)의 요구를
이루게 하시려는 것입니다. 5 육신이 된 사람들은 육신의 일들을 생각하고 있으
나, 그 영(성령)을 따르는 사람들은 그 영(성령)의 일을 생각하기 때문입니다. 6 *생각
과 목적 등* 육신의 사고방식은 사망이지만, 그 영(성령)의 사고방식은 생명과 샬롬
입니다. 7 육신의 사고방식은 하나님을 대적하여 하나님의 토라(가르침)에 순종하지
않으며, 순종할 수도 없습니다. 8 따라서 육신 안에 있는 자들은 하나님을 기쁘시
게 할 수 없습니다. 9 그러나 만일 하나님의 영이 여러분 안에 거하시면, 여러분은
육신 안에 있지 않고 그 영(성령) 안에 있습니다. 그런데 만일 어떤 사람에게 메시
아의 영이 없다면, 그 사람은 그분의 것이 아닙니다. 10 그리고 메시아께서 여러분
가운데 계시면, 몸은 죄로 인해 죽으나 영은 의 때문에 살아 있습니다. 11 또한 예

슈아를 죽은 자들로부터 일으키신 분의 영이 여러분 가운데 거하시면, 메시아를
죽은 자들로부터 일으키신 분께서 여러분 안에 거하시는 그분의 영으로 말미암
아 여러분의 죽을 몸도 살리실 것입니다.

12 그러므로 형제들이여, 우리는 육신을 따라 살면 안 됩니다. **13** 여러분이 육신을
따라 산다면 죽을 것이지만, 그 몸의 행위들에 대해 죽으면 그 영(성령)으로 살 것이
기 때문입니다. **14** 그러므로 하나님의 영으로 인도함을 받는 한, 그 사람들은 하나
님의 자녀입니다. **15** 여러분은 다시 두려움에 매이는 종의 영을 받은 것이 아니라
자녀로서 양자의 영을 받았으므로, 그분께 '아바, 아버지'라고 부르짖는 것입니다.
16 그 영(성령)이 직접 우리 영과 함께 우리가 하나님의 자녀인 것을 증거하십니다.
17 그리고 자녀라면 또한 상속자입니다. 참으로 하나님의 상속자요, 메시아와 공동
상속자니, 우리가 *끝까지* 고난을 함께 받으면, 영광도 함께 받게 될 것입니다.

장차 있을 영광

18 그러므로 나는 현재의 고난이 우리 안에 나타날 그 영광과 비교가 되지 않
는다고 생각합니다. **19** 모든 피조물은 간절한 기대를 가지고 *심판의 날에* 하나님
의 자녀가 나타나기를 인내와 열심으로 기다리고 있습니다. **20** 피조물이 절망에
굴복한 것은 자발적인 것이 아니라 굴복하게 만드신 분 때문입니다. 그러나 소망
이 있으니, **21** 이 피조물도 타락의 속박에서 벗어나 하나님의 자녀들의 영광스러
운 자유 안으로 들어가게 될 것입니다. **22** 우리는 지금까지 모든 피조물이 함께 신
음하고, 함께 고통스러워하는 것을 알고 있습니다. **23** 그뿐 아니라 그 영(성령)의 첫
열매를 가진 우리도 양자 됨, 곧 우리 몸의 구속을 기다리며 속으로 끊임없이 탄
식하고 있습니다. **24** 우리는 소망으로 구원을 받았기 때문입니다. 하지만 보이는
소망은 소망이 아닙니다. 누가 자신이 보고 있는 것을 소망하겠습니까? **25** 그러나
만일 우리가 보지 않은 것을 소망한다면, 인내하며 간절히 기다립니다.

26 그래서 그 영(성령)도 이와 같이 우리의 연약함을 함께 도와주십니다. 우리는
필요에 따라 무엇을 기도해야 할지 모르지만, 그 영(성령)이 친히 말할 수 없는 탄
식으로 중보하시기 때문입니다. **27** 또한 우리의 마음을 살피시는 하나님께서는 그
영(성령)이 무슨 생각을 하는지 아시니, 그가 성도들을 위해 하나님께 간구하시기
때문입니다. **28** 그러므로 우리는 하나님을 사랑하는 자들, 곧 그분의 목적대로 부
름 받은 자들에게는 그분께서 모든 일들을 선에 이르도록 역사하신다는 것을 압

니다. 29 그분께서 전부터 아시던 자들이 그 아들의 형상과 같은 모습을 갖게 하
시려고 미리 정하셨기 때문입니다. 그리하여 그분은 많은 형제들 가운데서 첫 열
매가 되셨습니다(마 12:50; 13:55; 막 6:3 등). 30 그분은 미리 정하신 자들을 또한 부르셨
고, 부르신 자들을 또한 의롭게 하셨으며, 의롭게 하신 이 사람들을 또한 영광스
럽게 하셨습니다.

하나님의 사랑

31 그렇다면 이 일들에 대해 우리가 무슨 말을 하겠습니까? 하나님께서 우리를
위하시면, 누가 우리를 대적할 수 있습니까? 32 그분이 실제로 자기 아들을 아끼지
않고 우리 모두를 위해 넘겨주셨는데, 어떻게 그와 함께 모든 것을 우리에게 기꺼
이 주시지 않겠습니까? 33 누가 하나님께서 택하신 자들을 고소하겠습니까? 하나
님은 의로우신 분입니다. 34 정죄하는 사람은 누구입니까? 메시아 예슈아는 *분명
아닙니다.* 그분은 죽었다가 살아나셔서 하나님 우편에 계시며, 우리를 위해 계속
중보하시는 분입니다. 35 무엇이 우리를 메시아의 사랑에서 분리하겠습니까? 환난
이나 고통이나 핍박이나 기근이나 궁핍이나 위험이나 칼*에 의한* 죽음입니까? 36
기록되어 있는 그대로입니다.

"당신 때문에 우리가 온종일 죽음에 넘겨져
도살당할 양처럼 여겨졌습니다"(시 44:23).[37)]

37 그러나 이 모든 일 가운데서 우리는 우리를 사랑하시는 분을 통해 영광스러운
승리를 얻을 것입니다. 38 그러므로 내가 확신하니 죽음도, 생명도, 천사들도, 지배
자들도, 현재의 *상황들이나* 다가올 일들도, 능력들도, 39 높음도, 깊음도, 다른 어
떤 피조물도 우리를 메시아 예슈아, 우리 주 안에 있는 하나님의 사랑에서 분리할
수 없습니다.

하나님의 이스라엘 선택

9 1 나는 메시아 안에서 진실을 말하고 거짓말을 하지 않으며, 내 양심도
성령을 힘입어 나와 함께 증거하고 있습니다. 2 내게 슬픔이 크고, 내 마
음속에서 고통이 끊이지 않기 때문입니다. 3 나는 내 형제들, 곧 내 육신의 동족들

37) 히브리 성경을 기준으로 한 것이며, 우리말 성경은 시편 44편 22절이다.

을 위해 나 자신이 하나님께 저주를 받아 메시아로부터 분리되어도 좋습니다. **4** 그
들은 이스라엘 사람들로, 양자 되는 것과 영광과 언약들[38]과 토라(가르침)와 예배
와 약속의 소유자들이고, **5** 조상들도 그들의 것이며, 메시아께서 육신을 따라 그
들에게서 나오셨으니, 모든 사람 위에 계신 그분은 영원히 찬송받으실 하나님입
니다. 아멘.

6 그러나 하나님의 말씀은 결코 무력해지지 않았습니다. 이스라엘에게서 난 자
들이 모두 이스라엘이 아닙니다. **7** 모든 자녀가 아브라함의 씨가 아니라 "이삭 안
에 있어야 네 씨라 불릴 것이다"(창 21:12)라고 하셨기 때문입니다. **8** 다시 말해, 이
들 하나님의 자녀들은 육신의 자녀가 아니라, 약속의 자녀들만 씨[39]로 여겨진다
는 것입니다. **9** 그러므로 이것이 약속의 말씀입니다. "이맘때에 내가 올 것이니, 사
라에게 아들이 있을 것이다"(창 18:10, 14). **10** 그뿐 아니라 리브가도 우리 조상 이삭
에 의해 한 번에 두 아이들을 가졌습니다. **11** 그들이 아직 태어나지 않아서 선이나
악을 행한 것도 아니었는데, 하나님께서 택하신 목적에 따라 그 계획이 지속되게
하셨습니다. **12** 행위가 아니라 부르심에 따라 "큰 자가 어린 자를 섬길 것이다"(창
25:23)라고 그녀에게 말씀하신 것입니다. **13** 기록되기를,

"내가 야곱을 사랑했으나
에서는 미워했다"[40](말 1:2, 3)라고 한 그대로입니다.

14 그러므로 우리가 무슨 말을 하겠습니까? 하나님에 의한 불의가 있습니까? 있
을 수 없는 일입니다! **15** 그분은 다음과 같이 모세에게 말씀하셨습니다.

"나는 긍휼히 여길 자를 긍휼히 여기고,
불쌍히 여길 자를 불쌍히 여길 것이다"(출 33:19).

16 그렇다면 원함이나 노력이 아니라 하나님의 긍휼에 의한 것입니다. **17** 그러므
로 성경은 바로에게 "내가 이 일을 위해 너를 세웠으니, 네 안에서 내 능력을 보이
고, 내 이름이 온 땅에 선포되게 하려는 것이다"(출 9:16)라고 말씀하신 것입니다. **18**
그렇다면 그분은 원하시는 자에게 긍휼을 베푸시고, 원하시는 자를 완악하게 하
시는 것입니다.

38) 바울은 '언약들'이라고 복수형을 사용하고 있다. 각 언약은 이전의 언약들 위에 세워지지만, 그것들을 대체하는 것은 아니다.

39) 원문은 단수이지만, 여러 사람을 가리킨다. 이것을 집합적 단수라고 하는데, 히브리어에서는 자주 나타난다(갈 3:16, 29).

40) 야곱이 에서보다 더 사랑받았다는 뜻이지, 말 그대로 미워했다는 말이 아니다.

하나님의 진노와 자비

19 그러면 그대는 내게 이렇게 말할 것입니다. "그런데 그분은 왜 여전히 우리를
비난하십니까? 누가 그분의 뜻을 거부했습니까?" 20 오 사람이여, 도대체 그대는
누구입니까? 하나님께 대꾸하는 자여, 빚어지는 것이 자기를 빚는 이에게 "당신
은 왜 나를 이렇게 만들었습니까?"라고 말하지는 않을 것입니다. 21 또 토기장이
가 진흙 덩어리로 하나는 귀하게, 다른 하나는 천하게 만들 권한이 없습니까? 22
그러므로 만일 하나님께서 진노를 나타내시고 자신의 능력을 알게 하시려고 멸망
하게 될 진노의 그릇들을 커다란 인내로 참아 주셨다면, 23 그렇게 하여 영광을 위
해 미리 준비하신 긍휼의 그릇들에게 그분의 영광의 풍성함을 알게 하시려는 것일
까요? 24 그래서 그분은 유대인들 중에서 우리뿐만 아니라 이방인들 중에서 그들
도 부르셨는데, 25 이는 호세아서에서도 말씀하시는 대로입니다.

"내가 내 백성이 아닌 자들을 내 백성이라 부르고,
사랑받은 적 없는 그녀를 내 사랑하는 자라 부를 것이다"(호 2:25).[41]

26 "그분이 그들에게 '너희는 내 백성이 아니다'라고 말씀하셨던 그곳에서
그들이 살아 계신 하나님의 자녀들이라 불리게 될 것이다"(호 1:10).

27 그리고 이사야도 이스라엘을 위해 이렇게 부르짖었습니다. "비록 이스라엘
자손의 수가 바다의 모래처럼 많을지라도, 남은 자들만 구원받을 것이다. 28 그분
이 긴급한 예언을 이루실 때에 주께서 *선포된 것을* 땅 위에서 행하실 것이기 때
문이다"(사 10:22, 23). 29 그리고 이것은 전에 이사야가 말한 그대로입니다.

"만일 만군의 주께서 우리 가운데 씨를 남겨 놓지 않으셨다면,
우리가 소돔처럼 되고, 고모라와 같이 되었을 것입니다"(사 1:9).

이스라엘과 복음

30 그렇다면 우리가 무슨 말을 하겠습니까? 의를 찾지 않던 이방인들이 믿음으
로 의를 얻었으나 31 이스라엘은 의[42]를 가르치는 토라(가르침)를 추구하면서도 토
라(가르침) 안에서 그것을 얻지 못했습니다. 32 이유가 무엇이겠습니까? 믿음이 아
니라 행위에서 나오는 것처럼 여겼기 때문입니다. 그래서 그들은 걸림돌에 걸려
넘어졌는데, 33 기록된 그대로입니다.

41) 히브리 성경을 기준으로 한 것이며, 우리말 성경은 호세아 2장 23절이다.

42) 우리는 선한 일을 행함으로 구원받는 것이 아니다. 우리가 변화되었기 때문에 선을 행하는 것이다. 용어 해설에서 '의'와 '미츠바'를 찾아보라.

"보라, 내가 시온(사 28:16)에 걸림돌과
걸려 넘어지게 하는 바위를 두었으니(사 8:14),
그분을 믿는 자는 부끄러움을 당하지 않을 것이다"(사 28:16;[43] 54:4).

10 **1** 형제들이여, 참으로 내 마음의 소원과 하나님을 향한 내 기도는 그들,
곧 *이스라엘*의 구원을 위한 것입니다. **2** 그러므로 내가 그들에게 증거하
는 것은, 그들이 하나님을 향한 열심은 가지고 있으나 *참된* 지식에서 나온 것은
아니었다는 것입니다. **3** 그들은 하나님의 의를 알지 못하고, 오히려 자신들의 의로
움을 세우려 하기 때문에 하나님의 의에 복종하지 않았습니다. **4** 토라(가르침)의 목
적이 믿는 모든 자에게 의로움을 주시는 메시아이기 때문입니다.

모든 사람을 위한 구원

5 그러므로 모세가 토라(가르침)에서 비롯된 의로움에 대해 기록하기를, "이 일들
을 행하는 사람은 그것들로 살리라"(레 18:5)라고 했습니다. **6** 그러나 의는 믿음에서
나오므로 이렇게 말했습니다. "네 마음으로 '누가 하늘로 올라갈 것인가?' 라고 말
하지 말라." 이것은 메시아를 *땅으로* 모셔 내리는 것입니다. **7** 또 "누가 깊은 구렁
으로 내려갈 것인가?"라고 하는데, 이것은 메시아를 죽은 자들로부터 모셔 올리
는 것입니다(신 9:4; 30:12-14). **8** 그렇다면 그것은 무엇이라고 말합니까?

"그 말씀이 네게 가까워
네 입 안과 네 마음속에 있다"(신 30:14)라고 하니,

이것이 바로 우리가 공개적으로 선포하고 있는 믿음의 말씀입니다. **9** 그러므로
만일 그대[44]가 그 입으로 주 예슈아를 고백하고, 그 마음으로 하나님께서 그분
을 죽은 자들 가운데서 살리신 것을 믿으면 구원받을 것입니다.[45] **10** 사람이 마음
으로 믿어 의에 이르고, 입으로 고백하여 구원에 이르기 때문입니다. **11** 그러므로
성경이 말하기를, "그분을 믿는 자는 아무도 부끄러움을 당하지 않을 것이다"(사

43) 헬라어는 "부끄러움을 당하지 않을 것이다"이지만, 히브리어 본문은 "믿는 사람은 결코 서두르지 않을 것이다"이다. 12세기의 랍비 이븐 에즈라(Ibn Ezra)는 이렇게 말했다. "오랫동안 일이 이루어지지 않고 지연되더라도 신실한 사람은 확고한 믿음 안에 머물 것이다." 용어 해설에서 '이사야 28장 16절'을 찾아보라.

44) 여기서 '그대'는 단수이다.

45) 유대인들은 믿으면 행동의 변화가 따라야 한다고 생각한다. 사랑한다고 하면서 필요할 때 도움을 주지 않는다면, 사랑한다는 말은 거짓이 된다. 마태복음 7장 21절과 요한일서 2장 4절을 참조하라.

28:16)라고 합니다. 12 유대인이나 헬라인이나 아무런 차별이 없습니다. 동일하신 분
이 모든 사람의 주님이시고, 그분을 부르는 모든 사람에게 넘치도록 복을 주시는
부요한 분이기 때문입니다. 13 그러므로 주의 이름을 부르는 모든 자는 구원을 받
을 것입니다(욜 3:5).[46]

14 그렇다면 사람들이 믿지 않는 분을 어떻게 부르겠습니까? 또 그들이 듣지
못한 것을 어떻게 믿겠습니까? 그리고 전파하지 않으면 사람들이 어떻게 들을 수
있겠습니까? 15 전하는 자들을 보내지 않으면, 그들이 어떻게 전할 수 있겠습니
까? 그것은 기록되어 있는 그대로입니다. "좋은 일들에 대한 복음을 전하는 자들
의 발이 얼마나 아름다운가!"(사 52:7; 나 2:1)[47] 16 그러나 그들이 다 복음을 전하는
자에게 순종한 것은 아니었습니다. 그러므로 이사야가 말했습니다. "주여, 우리의
소식을 누가 믿었습니까?"(사 53:1) 17 따라서 믿음은 들음에서 생기고, 들음은 메시
아의 말씀을 통해 생깁니다. 18 그러나 내가 말하겠습니다. 그들이 듣지 못했습니
까? 그렇지 않습니다.

"그들의 음성이 온 땅으로 나아갔고,
그들의 말은 세상 끝까지 퍼졌다"(시 19:5)[48]라고 했습니다.

19 그러나 내가 말합니다. 이스라엘이 깨닫지 못했습니까? 모세가 처음에 말하기를,

"내가 백성이 아닌 자들로 너희 *모두*를 질투 나게 할 것이며,
어리석은 민족으로 너희를 화나게 할 것이다"(신 32:21)라고 했습니다.

20 이사야도 매우 담대하게 말합니다.

"내가 나를 구하지 않던 자들 가운데서 발견되었고,
나를 찾지 않던 자들 가운데서 모습을 드러냈다"(사 65:1).

21 그러나 이스라엘에게는 이렇게 말했습니다. "내가 불순종하는 완악한 백성
에게 온종일 내 손을 내밀었다"(사 65:2).

이스라엘의 남은 자

11 1 그러므로 너가 묻습니다. 하나님께서 자기 백성을 거부하셨습니까? 있
을 수 없는 일입니다! 나 자신도 이스라엘 사람이며, 아브라함의 씨에

46) 히브리 성경을 기준으로 한 것이며, 우리말 성경은 요엘 2장 32절이다.
47) 히브리 성경을 기준으로 한 것이며, 우리말 성경은 나훔 1장 15절이다.
48) 히브리 성경을 기준으로 한 것이며, 우리말 성경은 시편 19편 4절이다.

서 나온 베냐민 지파 출신이기 때문입니다. **2** 하나님께서는 미리 아신 자기 백성을 버리지 않으셨습니다. 여러분은 엘리야가 이스라엘에 대해 하나님께 중보할 때, 성경이 그에 대해 뭐라고 말씀하는지 알지 못합니까? **3** "주여, 그들이 당신의 선지자들을 죽이고 당신의 제단들을 헐어 버리고 저만 남았는데, 그들이 제 목숨도 찾고 있습니다"(왕상 19:10, 14). **4** 그러나 하나님께서 그에게 뭐라고 답변하십니까? "내가 나를 위해 칠천 명을 남겨 두었으니, 그들은 바알에게 무릎을 꿇지 않은 자들이다"(왕상 19:18)라고 하셨습니다. **5** 그렇다면 지금도 이와 같이 은혜로 택하심을 따라 남은 자[49]가 존재하고 있는 것입니다. **6** 그리고 은혜로 된 것이라면, 더 이상 행위에 의한 것이 아닙니다. *만일 그랬다면* 은혜는 더 이상 은혜가 아닐 것이기 때문입니다. **7** 그러면 어떻게 됩니까? 이스라엘은 자기들이 구하고 있는 것을 얻지 못하고 택한 자들만 얻었으며, 그 나머지는 완고해졌으니, **8** 기록된 그대로입니다.

"바로 오늘까지
하나님께서 그들에게 혼미한 영과
보지 못하는 눈과
듣지 못하는 귀를 주셨다"(신 29:3;[50] 사 29:10; 사 6:10 상).

9 다윗도 말했습니다.
"그들의 식탁[51]이 올무와" 덫이 되어
"걸려서 넘어지는 장애물과 그들이 치를 대가가 되어야 하며,
10 그들의 눈이 어두워져서 보지 못하게 되고(시 69:23, 24; 35:8)
그들의 등은 항상 굽어 있어야 합니다."[52]

이방인들의 구원

11 그러므로 내가 말합니다. 그들이 걸려 넘어져서 완전히 쓰러지게 되었습니까? 있을 수 없는 일입니다! 그러나 그들의 범죄로 이방인들에게 구원이 임하여 그들로 질투하게 하려는 것입니다(신 32:21). **12** 그러므로 그들의 허물이 세상을 위

49) 이사야 61장 1절에서는 '남은 자'를 '가난한 자', '겸손한 자'로 표현한다.

50) 대부분의 성경은 4절이지만, 히브리 성경에서는 3절이다.

51) 시편 69편 22절 원문은 다윗이 자신을 핍박하는 자들의 식탁을 저주하며 복수형을 사용하고 있다.

52) 헬라어 원문을 문자 그대로 번역하면 "그들의 등이 항상 굽어 있게 하셔야 합니다"로, 그들에게 벌을 내려 달라고 하나님께 강력하게 요청하고 있다.

한 부요함이 되고, 그들의 손실이 이방인을 위한 부요함이 된다면, 그들의 성취는
얼마나 더 큰 *부요함이* 되겠습니까?

13 그러나 나는 이방인인 여러분에게 말하고 있습니다. 내가 이방인을 위한 사도
인 만큼, 내 사명을 영광스럽게 여깁니다. **14** 나는 어떻게든 내 혈육을 질투 나게 해
서 그들 가운데 몇이라도 구원할 수 있기를 바랍니다. **15** 그러므로 만일 그들이 그
분을 거절함으로 세상과 화해하게 된다면, 하나님께서 그들을 받아들이심은 죽
음에서 건져내는 생명이 아니고 무엇이겠습니까? **16** 그리고 첫 열매로 바치는 덩
어리[53]가 거룩하다면 반죽 전체가 거룩하고, 그 뿌리가 거룩하다면 그 가지들도
거룩합니다.

17 그러나 가지 몇 개가 부러지고 야생 올리브나무인 그대[54]가 그것들에 접붙여
졌다면, 그 올리브나무 뿌리의 풍성함[55]에 참여하는 자가 된 것입니다. **18** 그 가지
들에 대해 자랑하는 것을 멈추십시오. 그리고 자랑하더라도, 그대가 뿌리를 지
탱하는 것이 아니라 뿌리가 그대를 지탱하는 것입니다. **19** 그러면 그대는 말하기
를, "가지들이 부러져서 내가 거기 접붙임 받았다"라고 할 것입니다. **20** 참으로 그
렇습니다. 그들은 불신으로 꺾였고, 그대는 믿음으로 서 있습니다. 그러므로 자랑
하지 말고, 오히려 끊임없이 스스로 두려워해야 합니다. **21** 만일 하나님께서 그 본
래의 가지들을 아끼지 않으셨다면, 그대도 아끼지 않으실 것이기 때문입니다. **22**
그러므로 이제 그대는 하나님의 선하심과 엄하심을 보아야 합니다. 타락한 자들
에게는 엄하심이 있으나, 그대가 그 선하심 가운데 남아 있으면, 그대 위에는 하
나님의 선하심이 있을 것입니다. 그렇지 않으면 그대도 잘려 나갈 것입니다. **23** 그
리고 이런 그들이라도 불신 가운데 머물러 있지 않는다면, 접붙여질 것입니다. 하
나님께서 그들을 다시 접붙이실 수 있기 때문입니다. **24** 그러므로 만일 그대가 본
래의 야생 올리브나무에서 베어져 본성에 반하는 잘 가꾸어진 올리브나무에 접
붙여진 것이라면, 이러한 본래의 가지들은 자신들의 *잘 가꾸어진* 올리브나무[56]에
훨씬 더 잘 접붙여질 것입니다.

53) 성소의 진설병을 만드는 데 사용되던 반죽의 첫 덩이를 말한다.
54) 17-24절의 '그대'는 모두 단수형이다. 즉, 각 사람이 유대인의 올리브나무에 접붙여진 것이다.
55) 문자 그대로 옮기면 '기름짐, 살짐'으로, 주님과의 관계 가운데 풍성함을 의미한다.
56) 우리가 접붙여진 올리브나무를 가리킨다.

이스라엘의 회복

25 그러므로 형제들이여, 나는 여러분이 이 신비에 대해 무지하기를 바라지 않습니다. 이것은 여러분이 자만하지 않게 하려는 것입니다.[57] 이방인들의 충만함[58]이 들어올 때까지[59] 이스라엘이 부분적으로 무감각해질 것이기 때문입니다(눅 21:24).

26 그러므로 온 이스라엘이 이런 방식으로 구원을 받을 것이니, 기록된 그대로입니다.

"구원하시는 분이 시온에서 오실 것이니,
그분께서 야곱에게서 경건하지 않음을 몰아 내실 것이다.
27 그리고 이것은 그들이 나와 맺은 언약이니,
그때에 내가 그들의 죄악을 없애 버릴 것이다"(사 59:20, 21).

28 그들은 복음에 관해서는 여러분 때문에 원수가 되었으나, 택하심에 관해서
는 그 조상들 때문에 사랑받는 자들입니다. 29 하나님의 은사들과 부르심[60]은 돌
이킬 수 없기 때문입니다. 30 여러분 자신이 한때 하나님께 불순종했다가 이제 그
들의 불순종으로 긍휼히 여기심을 얻게 된 것처럼, 31 지금 그들이 불순종하게 된
것은 여러분에게 보이신 그 긍휼 때문에 이제는 그들도 긍휼을 받게 하려는 것입
니다. 32 하나님께서 불순종 안에 있는 모든 자들을 함께 가두신 것은 그들 모두
에게 긍휼을 베푸시려는 것입니다.

33 오, 하나님의 부요하심과 지혜와 지식의 깊이여, 이와 같이 그분의 판단은 측정되지 않으며, 그분의 길은 오묘합니다.

34 "그러므로 누가 주의 마음을 알았는가?
또 누가 그분의 조언자가 되었는가?"(사 40:13; 렘 23:18; 욥 15:8)
35 "아니면 누가 그분께 먼저 드렸기에
그분께서 그에게 갚으셔야 하는가?"(욥 41:3)[61]

36 모든 것이 그분에게서 나오고, 그분을 통해 그분 안에 있기 때문입니다. 그분께 영광이 영원히 있을 것입니다. 아멘.

57) 직역하면 "여러분은 자기의 지혜를 의지할 만큼 지혜롭지 않습니다"이다.

58) 창세기 48장 19절에서 야곱이 에브라임을 축복할 때에 사용한 히브리어도 문자 그대로 '이방인들의 충만함'(m' lo hagoyim)이다. 우리말 성경에서는 보통 '여러(많은) 민족'으로 번역했다. 이사야 25장 7절을 참조하라.

59) 이방인들은 메시아 예슈아로 인해 유대인들과 한 몸을 이루게 될 것이다.

60) 우리에게는 수많은 은사들이 있으나, 부르심은 하나다.

61) 히브리 성경을 기준으로 한 것이며, 우리말 성경은 욥기 41장 11절이다.

메시아 안에서의 새로운 삶

12 **1** 그러므로 형제들이여, 내가 하나님의 자비로 여러분에게 권면합니다.
여러분의 몸을 하나님께서 기뻐하시는 거룩한 산 제물로 드리십시오.
이것이 여러분의 영적 예배입니다. **2** 아울러 여러분은 이 세대에 순응하는 것을
멈추고, 끊임없이 마음을 새롭게 함으로 *내면으로부터* 또 다른 모습으로[62] 변화
되어 무엇이 하나님의 선하시고 기뻐하시는 완전한 뜻인지 입증해야 합니다.
3 그러므로 내게 주어진 그 은혜로 내가 여러분 가운데 있는 모든 사람에게 말
합니다. 생각해야 할 것 이상으로 자신을 지나치게 높이 평가하지 말고,[63] 자신을
적절하게 평가하되, 하나님께서 각 사람에게 나누어 주신 믿음의 분량대로 하십
시오. **4** 한 몸에 많은 지체들이 있으나 모든 부분이 다 동일한 기능을 하는 것은
아닌 것처럼, **5** 이와 같이 우리 많은 사람들은 메시아 안에서 한 몸이지만, 각 사
람은 서로의 한 부분이기 때문입니다. **6** 그러므로 우리에게 주어진 은혜를 따라
다른 은사들을 가졌으므로, 그 믿음의 분량을 따라 예언하고, **7** 또 섬김으로 봉
사하며,[64] 또 가르치는 자는 가르침으로, **8** 또 격려하는 자는 격려로, 나눠 주는[65]
자는(엡 4:28) *인색함이 없이* 신실하게, 도움을 주는 후견인이나 보호자는 근면함
과 열심으로, 긍휼을 베푸는 자는 즐거움으로 하십시오.

그리스도인의 삶의 규칙

9 사랑은 거짓이 없어야 합니다. 악을 증오하고, 선한 일들에 붙어 있으며, **10** 형
제의 사랑으로 서로에게 헌신하고 존중하면서 서로 잘하려고 노력하며, **11** 게으
르지 말고 열심히 열정적으로 주님을 섬기며, **12** 소망 가운데 기뻐하고, 환난 중에
인내하며, 기도를 지속하고, **13** *자신이 가진 것으로* 성도들의 필요에 따라 나눠
주고, 잘 대접하기를 힘쓰며, **14** 여러분을 박해하는 자에게 끊임없이 축복하고, 저
주하지 않아야 합니다. **15** 기뻐하는 자들과 함께 기뻐하고, 우는 자들과 함께 우
십시오. **16** 서로 같은 마음을 품고, 교만하지 않으며, *하찮고 천한 일들을* 기꺼이
감당하십시오. 스스로 지혜롭게 여기지 마십시오. **17** 아울러 악으로 악을 갚지 말

62) 용어 해설에서 "다윗의 자손/요셉의 자손"을 찾아보라

63) 각 사람은 자신이 메시아 안에 있다는 자신감과 확신이 있어야 한다.

64) 헬라어 '디아코니아'(Diakonia)는 '사역'으로 번역할 수도 있다. 용어 해설에서 '종'을 찾아보라.

65) 헬라어 '메타디두스'(metadidous)의 정확한 의미는 '다른 사람과 나누다'이다. 누가복음 3장 11절이나 로마서 1장 11절처럼 성경 지식을 나누고 전달하는 것에도 사용된다.

고, 모든 사람 앞에서 선한 생각을 취하여 18 가능하다면 모든 사람과 평화롭게
지내십시오. 19 사랑받는 자들이여, 스스로 원수를 갚지 말고, 여러분은 이제 하
나님의 진노하심에 맡겨야 합니다. 기록되기를, "복수는 나의 것이니, 내가 갚아
줄 것이다"(신 32:35)라고 주께서 말씀하셨기 때문입니다. 20 오히려 "네 원수가 주리
거든 너는 그를 먹이고, 그가 목마르거든 그에게 마실 것을 주어야 한다"(잠 25:21,
22)라고 했습니다. 21 악으로 악을 이기지 말고, 오히려 선을 *행함*으로 악을 이겨야
합니다.[66]

다스리는 자들에게 복종하기[67]

13 1 각 사람은 지속적으로 다스리는 권위에 복종해야 합니다. 하나님 아
래 있지 않은 권위는 없으며, 지금 있는 *권위도* 하나님께서 세우신 것
입니다. 2 그러므로 그 권위에 저항하는 사람은 하나님의 규례를 반대하는 것이
고, 거역하는 자들은 심판을 자초하는 것입니다. 3 그러므로 다스리는 자들은 선
한 일을 행하는 자들에게 두려운 존재가 아니라, 악을 행하는 자에게만 그런 존
재입니다. 따라서 여러분이 권위를 두려워하지 않고 싶다면, 누구든지 선한 일을
행하십시오. 그러면 *권세를 가진 자로부터* 칭찬을 받을 것입니다. 4 하나님의 종
은 여러분에게 선을 행하기 위해 존재하기 때문입니다. 그러나 만일 여러분이 악
을 행한다면 두려워해야 합니다. 그가 쓸데없이 칼을 가지고 있는 것이 아닙니다.
하나님의 종은 악을 행하는 자에게 벌주는 자이기 때문입니다. 5 이런 이유로 복
종할 필요가 있으니, 진노 때문만이 아니라 양심 때문이기도 합니다. 6 그러므로
이 때문에 여러분이 세금도 내야 합니다. 관리들이 이런 일로 *하나님을 섬기며*
지속적으로 마음을 쓰는 것 자체가 하나님의 사역자들이기 때문입니다. 7 여러분
은 즉시 모두에게 빚을 갚아야 합니다. 조세 받을 자에게 조세를, 관세 책임자에
게 관세를 갚고, 두려워할 사람은 두려워하며, 존중할 사람은 존중하십시오.

형제 사랑

8 여러분은 서로에 대한 사랑 외에는 누구에게든지 어떠한 빚도 지지 않아야
합니다. 그러므로 남을 사랑하는 사람은 토라(가르침)를 완수한 것입니다. 9 참으
로, "너는 간음하지 않아야 할 것이다, 너는 살인하지 않아야 할 것이다, 너는 도

둑질하지 않아야 할 것이다, 너는 탐내지 않아야 할 것이다"(출 20:13-15)라는 것과
또 다른 계명들이 있을지라도, "너는 네 이웃을 네 자신처럼 사랑해야 할 것이
다"(레 19:18)라는 말씀에 다 들어 있습니다. 10 사랑은 이웃에게 악을 행하지 않습
니다. 그러므로 사랑은 토라(가르침)의 완성입니다.

메시아의 날이 다가옴

11 그리고 우리는 이 시기, 곧 지금은 여러분이 잠에서 깨어야 할 때라는 사실
을 알고 있습니다. 이제 우리의 구원이 처음 믿던 때보다 더 가까워졌기 때문입니
다. 12 밤이 지나갔고, 낮이 가까이 왔습니다. 그러므로 우리는 어둠의 일들을 벗
어 버리고, 빛의 갑옷을 입어야 합니다. 13 낮에 행동하듯이 단정하게 행해야 합
니다. 방탕하거나 술 취하지[68] 말고, 음란이나 호색 가운데 있지 말며, 다툼이나
시기 가운데 있지 말고, 14 오직 여러분은 주 예슈아 메시아의 마음을 품어(고전
2:16)[69] 그분을 닮고, 육신의 욕망들은 생각도 하지 말아야 합니다.

형제를 판단하지 말라

14 1 여러분은 끊임없이 믿음이 연약한 자를 받아 주어야 하지만, 의견들
에 대해 논쟁하지 마십시오. 2 사실상 모든 것을 먹을 수 있다고 믿는 사
람도 있지만, 연약해서 채소만 먹는 사람도 있습니다. 3 먹는 사람은 먹지 않는 사
람을 무시하지 말고, 먹지 않는 사람은 먹는 사람을 판단해서는 안 됩니다. 하나님
께서 그를 받으셨기 때문입니다. 4 다른 사람에게 속한 종[70]을 판단하는 자여, 그
대는 누구입니까? 그가 서 있든, 넘어지든 그의 주인을 위한 것입니다. 그러나 그
가 서게 될 것은, 그 주인이 그를 세울 수 있기 때문입니다. 5 그러므로 한 사람이
어떤 날을 다른 날보다 더 중요한 날로 정해도, 다른 사람은 모든 날이 똑같다고

66) 9-21절은 예슈아께서 여러 구절에서 가르치신 내용과 관련이 있다. 마태복음 5장 39절과 44절, 마가복음 9장 50절, 누가복음 6장 28절을 참조하라.

67) 바울은 역사상 가장 잔인하고 불의한 지도자 중 한 명인 네로 황제 때 이 편지를 썼다.

68) 여기서 '술 취함'은 무엇이든 중독되는 것을 가리킨다. 용어 해설에서 '주술 또는 마술'을 찾아보라.

69) 주님의 마음을 품으면 우리의 영이 주님과 하나 되어 무엇이 그분의 뜻이고, 그분이 우리에게 원하시는 것이 무엇인지 이해하게 된다.

70) 각 사람은 하나님의 종으로 부름받았다. 용어 해설에서 '종'을 찾아보라.

정할 수 있습니다. 각 사람은 자기 생각에 충분히 확신을 가져야 합니다. 6 어느
한 날을 따로 구별하는 사람은 주님을 위해 구별하는 것이며, 먹는 사람도 주님
을 위해 먹으면서 진심으로 하나님께 감사드리고, 먹지 않는 사람도 주님을 위해
참으며 하나님께 감사드립니다. 7 참으로 우리 가운데 자기 일에만 몰두할 수 있는
자가 아무도 없고, 자기 자신에 대해서만 죽는 사람도 없습니다. 8 그러므로 만일
우리가 살아도 주님을 위해 살 것이며, 죽어도 주님을 위해 죽을 것입니다. 살든
지 죽든지, 우리는 주님의 것입니다. 9 메시아께서 죽은 자들과 살아 있는 자들 모
두의 주님이 되시려고 이것을 위해 죽었다가 다시 살아나셨기 때문입니다. 10 그런
데 그대는 왜 그대의 형제를 판단합니까? 또 왜 그대의 형제를 무시합니까? 그러
므로 우리는 모두 하나님의 심판대 앞에 서게 될 것이니, 11 기록되기를,

"주께서 말씀하시기를, 내가 사는 한, 모든 무릎이 내 앞에 꿇을 것이며,
모든 혀가 공개적으로 하나님께 찬양을 드릴 것이다"(사 45:23)라고 하셨기 때
문입니다.

12 그리하여 그때 우리는 각각 자기에 대하여 하나님께 말씀드리게 될 것입니다.

형제를 넘어지게 하지 말라

13 그러므로 우리는 더 이상 서로 판단하지 말고(마 7:1-6), 오히려 형제 앞에 걸
림돌이나 장애물을 두지 않겠다고 결심해야 합니다. 14 그리고 내가 주 예슈아에
의해 알고 확신하는 것은, 그 자체로는 부정한 것은 아무것도 없고, 그것을 부정
하다고 여기는 사람에게만 그것이 부정하다는 사실입니다. 15 만일 그대의 형제가
음식[71] 때문에 상처를 받는다면, 그대는 더 이상 사랑을 따라 행하는 것이 아닙
니다. 메시아께서 그를 위해 죽으셨으니, 그대가 먹는 것으로 그를 파멸시키지 마
십시오. 16 그러니 여러분이 좋게 여기는 것이 비방거리가 되지 않게 하십시오. 17
하나님의 왕국은 먹는 것과 마시는 것이 아니라 성령 안에 있는 의로움과 샬롬과
기쁨이기 때문입니다(막 7:15; 요일 5:17). 18 메시아를 이렇게 섬기는 사람은 하나님을
기쁘시게 하며 사람들에게 칭찬받습니다. 19 따라서 우리는 샬롬에 대한 것들과
서로를 세워 주는 일들을 추구해야 할 것입니다. 20 그대는 음식 때문에 하나님의
일을 그르치지 마십시오. 모든 것이 정결하지만, 먹는 사람이 다른 사람을 걸려넘
어지게 하는 것은 악한 것입니다. 21 고기도 먹지 않고, 포도주도 마시지 않고, 그
대의 형제를 넘어지게 하는 어떤 일도 하지 않는 것이 좋습니다. 22 그대에게는 믿

음이 있으니, 그대는 그것을 스스로 하나님 앞에서 계속 간직해야 합니다. 자기가
인정하는 것으로 스스로를 정죄하지 않는 사람은 복이 있습니다. **23** 만일 의심하
면서 먹는다면 정죄될 것이니, 그것이 믿음에서 나지 않았기 때문입니다. 그러므
로 믿음에서 나지 않는 모든 것이 죄입니다.

자신이 아니라 동료들을 기쁘게 하라

15 **1** 그리고 우리 강한 자들은 마땅히 힘없는 자의 연약함을 감당하고, 자
신을 기쁘게 하지 않아야 합니다. **2** 우리 각 사람은 선을 세우기 위해 이
웃을 기쁘게 해야 합니다. **3** 심지어 메시아조차도 자기를 기쁘게 하지 않으셨으니,
다음과 같이 기록된 그대로입니다. "너를 비난하는 자들의 모욕이 내 위로 떨어졌
다"(시 69:9). **4** 그러므로 이전에 기록된 것은 무엇이나 우리의 교훈을 위한 것이며,
인내와 성경의 권면을 통해 소망을 갖게 합니다. **5** 그리고 인내와 위로의 하나님께
서는 메시아 곧 예슈아를 따라 우리가 서로를 마음에 품게 해 주셔서 **6** 여러분이
한마음으로 하나님과 우리 주, 곧 메시아이신 예슈아의 아버지께 한목소리로 영
광을 돌리게 하십니다.

유대인과 이방인에게 동일한 복음

7 이런 이유로 메시아께서 하나님의 영광을 위해 여러분을 받아 주신 것처럼
서로 받아 주십시오. **8** 그러므로 내가 말합니다. 메시아께서 하나님의 진리를 위
해 할례의 종이 되셔서[72] 조상들에게 주신 약속들을 확증하셨으므로, **9** 이방인
들이 하나님의 긍휼하심에 대해 찬송할 것이니, 기록된 그대로입니다.

"이로 인해 나는 이방인들 가운데서 주를 찬양하고
주의 이름을 찬송할 것입니다"(시 18:49).

10 그리고 또 말합니다.

"너희 이방인들아, 너희는 이제 그분의 백성과 함께 기뻐해야 한다"(신 32:43).

11 그리고 다시,

"너희 모든 이방인들아, 주를 찬양하라.

71) '그대가 먹는 것'

72) 유대인들과 마음에 할례를 받은 사람들을 한 새 사람 되게 하신 것을 말한다(레 26:41, 신 10:16, 30:6, 렘 9:25, 겔 44:7, 엡 2:15).

그러면 모든 민족이 그분을 찬양할 것이다"(시 117:1)라고 합니다.
12 또 다시 이사야가 말합니다.
"그는 이새의 뿌리가 될 것이며,[73] 이방인들을 다스리기 위해 오실 분이니,
이방인들이 그분께 소망을 둘 것이다"(사 11:10).
13 그러므로 여러분이 믿을 때에 소망의 하나님께서 여러분을 모든 기쁨과 평
화로 채우셔서 성령의 능력으로 여러분에게 소망이 넘치게 하시기를 원합니다.

바울의 선교 사명

14 그러므로 나의 형제들이여, 내가 여러분에 관하여 확신하고 있는 것은 여러
분도 선함으로 충만하다는 것입니다. 여러분이 모든 지식으로 가득 차서 서로를
능히 권면할 수 있기 때문입니다. 15 그러나 내가 어느 부분은 여러분에게 상기시
켜 주려고 더욱 담대하게 쓴 것은, 하나님께서 내게 주신 권능과 능력들 때문입니
다. 16 나는 이방인들에게 메시아이신 예슈아의 사역자가 되어 제사장으로서 하
나님의 복음을 섬겼습니다. 이것은 *주께 나아온* 이방인들로 이루어진 그 제물이
성령의 *지속적인 영향으로* 거룩하게 되어 (하나님이) 받으실 만한 것이 되게 하려는
것입니다. 17 그러므로 나는 메시아, 곧 예슈아 안에서 하나님과의 관계를 자랑합니
다. 18 나는 이방인들을 순종하게 하시려고 메시아께서 나를 통해 행하신 것 외에
는 감히 아무것도 말하지 않을 것이니, 말과 행동으로, 19 기적의 힘과 놀라운 일
들로, 하나님의 성령의 권능으로 이루신 역사이기 때문입니다. 그리하여 내가 메
시아의 복음 전하는 일을 예루살렘에서 일루리곤[74]에 이르기까지 두루 다니며
완수하게 된 것입니다. 20 이와 같이 나는 아직 메시아의 이름을 부르지 않은 곳에
서 복음을 전파하는 것을 영광으로 여겼습니다. 이것은 다른 사람의 터 위에 건물
을 세우지 않으려는 것으로, 21 기록된 그대로입니다.
"그들, 곧 그분에 대해 아무것도 알지 못하던 자들이 볼 것이고,
들어 본 적 없는 자들이 깨닫게 될 것이다"(사 52:15).

바울의 로마 방문 계획

22 이런 이유로 내가 여러분에게 가는 것이 여러 번 막혔습니다. 23 그러나 이제
는 더 이상 이들 지역에서 전할 곳이 없어서 내가 여러 해 전부터 여러분에게 가
기를 원했으므로, 24 스페인으로 가는 길에 여러분을 만나 얼마 동안 여러분과 기

뻠을 나눈 후, 거기서 여러분의 도움으로 스페인까지 가기를 소망합니다. **25** 그러나 나는 지금 성도들을 섬기는 일로 예루살렘에 갑니다. **26** 왜냐하면 마케도니아와 아가야 사람들이 예루살렘 성도들 중 가난한 자들에게 기꺼이 헌금했기 때문입니다. **27** 그들은 기쁨으로 그 일을 했지만, 사실 그들은 예루살렘 성도들에게 빚을 지고 있습니다. 그러므로 이방인들이 유대인들의 영적인 것을 공유했다면, 또한 물질적인 것들로 그들을 섬겨야 합니다. **28** 따라서 이 예루살렘으로의 임무를 마치고 이 열매[75]를 그들에게 확실하게 전달한 후, 나는 여러분에게 들렀다가 스페인으로 돌아갈 것입니다. **29** 아울러 나는 여러분에게 갈 때에 메시아의 충만한 복을 가지고 갈 것을 알고 있습니다.

30 그러므로 형제들이여, 내가 메시아이신 우리 주 예슈아와 그 영(성령)의 사랑으로 여러분에게 권면합니다. 나를 위해 하나님께 간절히 기도함으로 나를 도와주십시오. **31** 내가 유대의 불순종하는 자들로부터 구원받고, 예루살렘에서 성도들이 내 사역을 기쁘게 받아들이도록, **32** 그리하여 하나님의 뜻을 통해 기쁨으로 여러분에게 간 후에 여러분과 함께 새 힘을 얻을 수 있도록 기도해 주십시오. **33** 샬롬의 하나님께서 여러분 모두와 함께 있을 것입니다. 아멘.

개인적인 인사

16 **1** 그리고 우리 자매 뵈뵈를 여러분에게 소개합니다. 그녀 역시 겐그레아[76]에 있는 회중(교회)의 사역자이기에, **2** 여러분이 주 안에서 성도들에게 합당한 것으로 그녀를 영접하고, 곁에서 무엇이든 필요한 것으로 돕게 하려는 것입니다. 또한 그녀가 많은 사람들, 특히 나의 후원자가 되었기 때문입니다.[77]

3 여러분은 메시아, 곧 예슈아 안에서 나의 동역자들인 브리스가와 아굴라[78]에게 문안해야 합니다. **4** 그들은 내 생명을 위해 자신들의 목숨을 내어 놓은 자들

73) 히브리 관용 표현으로 '그는 이새의 자손이 될 것'이라는 뜻이다.

74) 일루리곤은 구 유고슬라비아와 오스트리아 그리고 인접 국가들 일부를 아우르는 지역이었다.

75) 예루살렘 성도들을 위한 성금

76) '겐그레아'는 그리스 북부와 남부를 연결하는 매우 좁은 지역에 위치해 있었고, 멀지 않은 곳에 고린도가 있었다.

77) 문자 그대로 옮기면, "그녀(뵈뵈)는 다른 사람들을 감독하는 여인입니다"이다.

78) 바울은 브리스가를 먼저 언급하여 그녀를 더 높이 평가하고 있음을 드러낸다. 바울은 이들을 수년 전에 고린도에서 만났다(행 18:2).

로, 나뿐만 아니라 이방인들의 모든 회중(교회)들도 그들에게 감사하고 있습니다.
5 그들의 집에서 모이는[79] 회중(교회)에게 문안하십시오. 여러분은 나의 소중한 에
배네도에게 문안해야 합니다. 그는 메시아 안에서 아시아의 첫 열매입니다. **6** 여러
분을 위해 수고하며 여러분 가운데서 가르친 미리암에게 문안해야 합니다. **7** 여러
분은 나의 친척이며 감옥에 같이 갇혔던 안드로니고와 유니아[80]에게 문안해야 합
니다. 그들은 사도들 가운데 뛰어난 자들이며, 나보다 먼저 메시아 안에 있었습니
다. **8** 여러분은 주님 안에서 나의 소중한 암블리아에게 문안해야 합니다. **9** 여러분
은 메시아 안에서 우리의 동역자인 우르바노와 내 소중한 스다구에게 문안해야
합니다. **10** 여러분은 아벨레에게 문안해야 하니, 그는 메시아 안에서 인정받았습
니다. 여러분은 아리스도불로의 가족에게 문안해야 합니다. **11** 여러분은 내 친척
헤로디온에게 문안해야 합니다. 여러분은 주님 안에 있는 나깃수의 가족들에게
문안해야 합니다. **12** 여러분은 드루배나와 드루보사에게 문안해야 합니다. 이 여
인들은 주 안에서 가르치는 일에 많은 수고를 했습니다. 귀하게 여김 받는 버시에
게 문안해야 합니다. 그녀는 주 안에서 많은 수고를 했습니다. **13** 여러분은 주 안
에서 택함 받은 루포와 그의 어머니에게 문안해야 합니다. 그의 어머니는 곧 내
어머니이기도 합니다. **14** 아순그리도와 블레곤과 허메와 바드로바와 허마 및 그들
과 함께 있는 형제들에게 문안하십시오. **15** 빌롤로고와 율리아와 네레오와 그의
자매와 올름바와 그들과 함께 있는 모든 성도에게 문안하십시오.[81] **16** 서로 거룩한
입맞춤으로 문안하십시오. 메시아의 모든 회중(교회)이 여러분에게 문안합니다.

17 그리고 형제들이여, 내가 여러분에게 권면합니다. 여러분이 배운 그 가르침
에 반대해 분열을 일으키고, 여러분으로 하여금 참된 교리에서 떠나게 하는 자들
을 조심하고, 끊임없이 그들로부터 돌아서야 합니다. **18** 이런 사람들은 우리 주 메
시아를 섬기는 것이 아니라 오히려 그들의 배만 불리면서 부드러운 말과 아첨으
로 순진한 사람들의 마음을 속이기 때문입니다. **19** 여러분의 순종을 모든 사람이

79) 이들이 로마에 있었다는 것에서 이 편지가 네로의 통치 초기 5년 사이에 기록되었음을 알 수 있다. 클라우디우스 황제는 AD 49년에 유대인들을 로마에서 추방했다. 뒤를 이어 AD 54년에 황제가 된 네로는 유대인의 귀환을 허용했다가 5년 만에 다시 추방했다.

80) 유니아는 여성이다.

81) 15절까지 남자 18명과 여자 10명이 언급되어 있는데, 바울의 편지 중 여성의 비율이 가장 높다. 바울이 로마에서 사역하고 있는 이들을 이토록 많이 알고 있었다는 사실은 예루살렘 공회가 로마 제국 권력의 중심부에 도달하기 위해 노력했음을 시사한다.

들었습니다. 그래서 나는 여러분과 함께 즐거워하면서도 여러분이 선한 일에는 지혜롭고, 악한 것에 관해서는 순전하기를 원합니다. **20** 그러면 샬롬의 하나님께서 사탄[82]을 여러분의 발 밑에서[83] 속히 궤멸시키실 것입니다. 우리 주 예슈아의 은혜가 여러분과 함께할 것입니다.

21 나의 동역자인 디모데와 내 친척들인 누기오, 야손, 소시바더가 여러분에게 문안합니다.[84]

22 이 편지를 받아 쓰는 나 더디오도 주님 안에서 여러분에게 문안합니다. **23** 나와 온 회중(교회)의 집 주인인 가이오가 여러분에게 문안합니다. 이 도시의 재정을 담당하는 에라스도와 그 형제 구아도가 여러분에게 문안합니다.

24 [메시아이신 우리 주 예슈아의 은혜가 여러분 모두와 함께할 것입니다. 아멘.][85]

25 더불어 내 복음과 메시아이신 예슈아에 대해 선포[86]한 대로 오랜 세월 감추어져 있던 그 비밀을 계시하심으로 여러분을 세울 수 있는 분께, **26** 이제는 영원하신 하나님의 명령에 따라 선지자들의 글을 통해 알려지셔서 믿음의 순종 가운데 계시며 모든 이방인에게 알려지신 분, **27** 홀로 지혜로우신 하나님께, 메시아이신 예슈아를 통해 영광이 그분께 영원히 있을 것입니다. 아멘.

82) 용어 해설에서 '사탄'을 찾아보라.

83) 우리에게는 놀라운 권세가 주어졌다. 용어 해설에서 '발판'을 찾아보라.

84) 바울은 자주 디모데를 '나의 동역자'로 언급하는데, 이것으로 보아 21절은 독립된 문장으로 보이지만, 헬라어 본문 편집자들은 이것을 더디오를 언급한 문장과 함께 묶는다.

85) 초기 사본에는 이 절이 빠져 있다. 5세기경에 덧붙여진 것으로 보인다.

86) 바울은 '내 복음'에 이어 예루살렘 공회의 가르침을 의미하는 '메시아이신 예슈아에 대한 선포'를 언급한다. 다른 편지들에 거짓 가르침들을 언급한 것과는 대조된다. 고린도후서 4장 5절을 참조하라.

고린도전서[1]

인사와 감사

1 1 하나님의 뜻으로 메시아 예슈아의 사도로 부름 받은 바울과 형제 소스
데네[2]는 2 고린도에 있는 하나님의 회중(교회),[3] 곧 메시아 예슈아 안에서
거룩하게 되어 성도라고 불리는 자들과 모든 곳에서 그들의 주요, 우리의 주님이신
우리 주 예슈아 메시아의 이름을 부르는 모든 사람에게 편지합니다. 3 은혜와 샬롬
이 하나님 우리 아버지와 주 예슈아 메시아로부터 여러분에게 있기를 바랍니다.
4 메시아 예슈아 안에서 여러분에게 주어진 하나님의 은혜로 인해 나는 항상
여러분에 대해 나의 하나님께 감사드립니다. 5 여러분이 그분 안에서 모든 것, 곧
모든 말과 모든 지식에 부요해져서 6 메시아에 대한 증거가 여러분 안에서 확증되
어 7 우리 주 예슈아 메시아의 계시를 간절히 기다리는 동안 어떤 *영적인* 은사도
부족하지 않기 때문입니다. 8 또한 그분은 여러분에게 끝까지 힘을 주셔서 우리
주 예슈아 메시아의 날에 흠이 없게[4] 하실 것입니다. 9 하나님은 신실하십니다. 여
러분은 그분으로 말미암아 그분의 아들 메시아 예슈아 우리 주님과 교제하도록
부름 받았습니다.

회중(교회) 안의 분열

10 형제들이여, 내가 여러분에게 권면합니다. 우리 주 예슈아 메시아의 이름으
로 여러분은 모두 같은 것을 말하고, 여러분 가운데 분열이 없어야 하며, 같은 마
음과 같은 뜻으로 완전해져야 할 것입니다. 11 내 형제들이여, 내가 여러분에 대
해 글로에의 집 사람들을 통해 들은 것이 있습니다. 그것은 여러분 가운데 분쟁

1) 본서는 데살로니가서를 보내고 로마서가 기록되기 전인 AD 55년경에 에베소(16:8)에서 기록했다.
2) 사도행전 18장 17절을 참고하라.
3) 용어 해설에서 '회중'을 찾아보라.
4) '책임을 추궁당하거나 고소당할 일이 없게'

이 있다는 것입니다. **12** 그런데 내가 말하는 것은 이것이니, 여러분 각자가 말하기
를, "나는 참으로 바울에게 속해 있다" 또는 "나는 아볼로에게 속해 있다" 또는 "나
는 게바[5]에게 속해 있다" 또는 "나는 메시아께 속해 있다"라고 한다는 것입니다.
13 메시아께서 나누어지셨습니까? 바울이 여러분을 위해 십자가에 매달렸습니까?
아니면 여러분이 바울의 이름으로 침례[6]를 받았습니까? **14** 내가 그리스보와 가이
오 외에는 여러분 중 아무에게도 침례를 주지 않은 것을 하나님께 감사드립니다.
15 그러므로 아무도 내 이름으로 침례를 받았다고 말할 수 없습니다. **16** 그런데 내
가 스데바나 집 사람들에게도 침례를 주었습니다. 그러나 다른 어떤 사람에게 침
례를 주었는지 그 나머지는 모릅니다. **17** 그러므로 메시아께서는 침례를 주라고
나를 보내신 것이 아니라 복음[7]을 전하라고 보내신 것이니, 그분이 말의 지혜를
의존하지 않게 하신 것은 메시아의 십자가가 헛되지 않게 하려는 것입니다.

능력이신 메시아와 하나님의 지혜

18 십자가의 메시지가 길 잃은 자들에게는 어리석음이지만, 구원받은 우리 가
운데 있는 자들에게는 하나님의 능력이니, **19** 다음과 같이 기록되어 있기 때문입
니다.

"내가 지혜 있는 자들의 지혜를 파괴할 것이다.
그리고 지식 있는 자들의 깨달음을 없앨 것이다"(사 29:14).

20 지혜 있는 사람이 어디 있습니까? 서기관이 어디 있습니까? 이 시대의 변론
자가 어디 있습니까? 하나님께서 세상의 지혜 있는 자들을 어리석게 만들지 않
으셨습니까?[8] **21** 세상이 자기 지혜로 하나님을 알지 못했기 때문에, 하나님께서
는 하나님의 지혜로 어리석음의 전도[9]를 통해 믿는 자들을 구원하는 것을 기뻐
하셨습니다. **22** 그러므로 유대인들은 표적을 구하고 헬라인들은 지혜를 찾으나, **23**
우리는 십자가에 못 박히신 메시아를 전파하고 있으니, 유대인에게는 걸림돌이며
이방인에게는 어리석음이지만, **24** 부르심을 받은 자들, 곧 유대인과 헬라인 모두에

5) '게바'는 '바위, 반석'을 뜻하는 아람어 '케파'를 헬라어로 음역한 것이다. 용어 해설에서 '게바'를 찾아보라.

6) 헬라어 '밥티조'의 뜻은 '잠기다, 담그다'이다. 이것은 정결례를 위해 스스로 몸을 물에 담그는 것으로, 천 년 이상 행해 온 유대 관습이었다. 용어 해설에서 '침례'를 찾아보라.

7) 용어 해설에서 '복음'을 찾아보라.

8) 각 질문은 부정적인 대답을 예상하고 있다.

9) 세상의 관점에서 복음이 전하는 메시지는 어리석게 보인다.

게 *우리는* 하나님의 메시아를 *선포하고* 하나님의 능력과 지혜를 *선포하고 있습니*
다. 25 하나님의 어리석은 것이 사람들보다 더 지혜롭고, 하나님의 연약한 것이 사
람들보다 더 강하기 때문입니다.

26 그러므로 형제들이여, 여러분의 부르심을 보십시오. 육신적으로는 지혜 있는
자들이 많지 않고, 부요함과 영향력으로 강한 자들이 많지 않으며, 귀하게 태어
난 자들도 많지 않습니다. 27 그러나 하나님은 세상의 무지한 자들을 택하셔서 지
혜 있는 자들을 부끄럽게 하셨고, 세상의 약한 자들을 택하셔서 강한 자들을 부
끄럽게 하셨으며, 28 세상의 낮은 자들, 심지어 멸시당하고 아무것도 아닌 자들을
택하셔서 전에 있던 것들을 무력하게 하셨습니다. 29 이것은 어떤 육체도 하나님
앞에서 자랑할 수 없게 하신 것입니다. 30 그러나 그분 때문에 여러분은 메시아
예슈아 안에 있고, 그분은 하나님에게서 나와 우리 안에서 지혜와 의로움과 거룩
함과 구원이 되셨습니다. 31 이것은 "자랑하는 자는 항상 주 안에서 자랑해야 한
다"(렘 9:23)[10]라고 기록된 그대로 되게 하시려는 것입니다.

십자가에 죽으신 메시아 전파하기

2

1 그리고 형제들이여, 내가 여러분에게 갔을 때에 말의 훌륭함으로 가지
않았고, 오히려 하나님의 지혜의 비밀을 전했습니다. 2 메시아 예슈아와
십자가에 못 박히신 분 외에는 내가 여러분 가운데 알고 있는 것을 판단하지 않
았기 때문입니다. 3 그래서 나는 약하고 두렵고 크게 떨리는 상태로 여러분에게
갔으며, 4 나의 메시지와 전도도 설득력 있는 지혜로운 말이 아니라 성령과 능력
의 증거로 했습니다. 5 이것은 여러분의 믿음이 사람들의 지혜가 아니라 하나님의
능력 안에 있게 하려는 것입니다.

하나님의 영으로 말미암은 계시

6 그러나 우리는 신령한 것들을 이해할 준비가 된 자들 가운데서 지혜를 말하
는 것이지, 이 시대의 지혜와 멸망될 것들에 관한 이 시대 지도자들의 지혜가 아
닙니다. 7 오히려 우리는 하나님의 지혜, 곧 비밀 안에 감추어진 *지혜를* 말하고 있
습니다. 하나님께서는 이것을 영원 전부터 우리의 영광을 위해 예정하셨습니다. 8
이 시대 지도자들 중에는 이것을 아는 자가 아무도 없었습니다. 만일 그들이 알

았다면 영광의 주님을 십자가에 못 박지 않았을 것입니다. **9** 그런데 이것은 기록
된 그대로입니다.

"'눈으로 보지 못하고 귀로 듣지 못하며'(사 64:3;[11] 52:15),
사람의 마음에 떠오르지 않던 것,
그것을 하나님께서 자신을 사랑하는 자들을 위해 예비하셨다."

10 그러나 하나님께서는 그 영(성령)을 통해 그것들을 우리에게 계시하셨습니다.
그 영(성령)은 모든 것, 심지어 하나님의 깊은 것들까지도 살피시기 때문입니다. **11**
그러므로 그 사람 속에 있는 영 외에 누가 그 사람의 속을 알겠습니까? 이와 같
이 하나님의 영 외에는 아무도 하나님의 일을 알지 못합니다. **12** 그리고 우리는 세
상의 영이 아니라 하나님에게서 온 그 영(성령)을 받았습니다. 이것은 하나님이 우
리에게 값없이 주신 것들을 우리로 깨달아 알게 하시려는 것입니다. **13** 그러므로
바로 이것이 우리가 말하는 것입니다. 인간의 지혜의 말로 가르치는 것이 아니라
그 영(성령)의 가르침으로 하는 것이니, 곧 영적인 가르침들과 결합한 생각들입니
다. **14** 그러나 자연적인 사람은 하나님의 영의 일들을 받아들이지 않습니다. 그것
들이 그 사람에게는 어리석음이기에 그가 알 수가 없으니, 그것들은 영적으로 분
별되기 때문입니다. **15** 그리고 그 영(성령)으로 모든 것을 분별하는 사람은 아무에
게도 판단받지 않습니다.

16 그러므로 "누가 주님의 마음을 알았고,
누가 그분을 가르치겠습니까?"(사 40:13)
그러나 우리는 메시아의 마음을 가졌습니다.
즉, 우리는 그분이 가르쳐 주신 것을 알고 있습니다.

하나님을 위한 동역자들

3 **1** 그리고 형제들이여, 내가 영적인 사람을 대하듯이 여러분에게 말할 수
없어서 육적인 자들을 대하듯이 여러분에게 말합니다. *여러분은* 메시아
안에서 어린아이와 같습니다. **2** 나는 여러분에게 젖을 먹이고 단단한 음식으로 하
지 않았습니다. 여러분이 *단단한 음식을 먹을 만큼* 아직 충분히 강해지지 않았기

10) 히브리 성경을 기준으로 한 것이며, 우리말 성경은 예레미야 9장 24절이다.

11) 히브리 성경을 기준으로 한 것이며, 우리말 성경은 이사야 64장 4절이다.

때문입니다. 그러나 여러분은 지금도 여전히 먹을 수 없습니다. 3 여러분이 아직
도 육적인 사람이기 때문입니다. 여러분 사이에 시기와 다툼이 있으니, 여러분이
육적인 사람이어서 사람을 따라 행하고 있는 것이 아닙니까? 4 어떤 사람은 "나는
참으로 바울에게 속해 있다"라고 말하고, 다른 사람은 "나는 아볼로에게 속해 있
다"라고 하는데, 여러분은 (육적인) 사람이 아닙니까? 5 그러므로 아볼로는 누구입
니까? 바울은 누구입니까? 우리는 여러분이 믿는 그분을 통해 종이 된 자들로,
이는 각자에게 주님이 주신 *임무* 그대로입니다. 6 나는 심었고 아볼로는 물을 주
었지만, 하나님께서 그것을 자라게 하셨습니다. 7 따라서 심는 자나 물 주는 자는
아무것도 아닙니다. 자라게 하시는 분은 하나님뿐입니다. 8 또한 심는 자와 물 주
는 자는 마찬가지이니, 각각 자신의 수고에 따라 자기 상급을 받을 것입니다. 9 그
러므로 우리는 하나님의 동역자들이요, 여러분은 하나님의 경작지이며 하나님의
건물입니다.

10 내가 하나님의 은혜를 따라 숙련된 건축자로서 기초를 놓았으나 다른 사람
이 건물을 짓고 있습니다. 그리고 각 사람은 계속해서 그가 어떻게 건물을 짓고
있는지 보아야 합니다. 11 그러므로 어느 누구도 이미 놓여 있는 기초 외에 또 다
른 기초를 놓을 수 없으니, 그 기초는 예슈아 메시아이십니다. 12 그리고 만일 어
떤 사람이 그 기초 위에 금과 은과 보석들과 나무들과 풀과 짚으로 건축을 한다
면, 13 각 사람의 행위가 밝혀질 것이니, *심판의* 그날이 드러낼 것입니다. 그것이
불 가운데 밝혀질 것이기 때문입니다. 이 불이 각 사람의 행위가 어떠한지 시험할
것입니다. 14 만일 어떤 사람의 일, 곧 그가 세운 것이 남아 있다면, 그는 상급을
받을 것입니다. 15 만일 어떤 사람의 일이 불에 타서 무너진다면, 그는 손해를 입
어도 구원을 받을 것이나 불 속을 통과한 것과 같을 것입니다. 16 여러분은 자신
이 하나님의 성소[12]이며, 하나님의 영이 여러분 안에 거하신다는 사실을 알지 못
합니까? 17 만일 누가 하나님의 성소를 더럽히면, 하나님께서 그를 더럽히실 것입
니다. 하나님의 성소는 거룩한데, 그 성소가 바로 여러분이기 때문입니다.

18 또한 아무도 자신을 속이지 않아야 합니다. 만일 어떤 사람이 스스로 이 시
대 가운데 지혜롭다고 여긴다면, 그는 지혜로운 자가 되기 위해 어리석은 자가 되
어야 합니다. 19 이 세상의 지혜는 하나님 앞에서 어리석음이기 때문입니다. 기록
되기를,

"그분은 지혜로운 자들로 그들의 꾀에 빠지게 하신다"(욥 5:13)라고 하였고,

20 또,

"주님께서 지혜로운 자들의 생각,
그것들이 헛되다는 사실을 아신다"(시 94:11)라고 했습니다.

21 따라서 아무도 사람을 자랑하면 안 됩니다. 모든 것이 여러분의 소유입니다.
22 바울이나 아볼로나 게바나 세상이나 생명이나 죽음이나 현재나 다가오는 것이
나 모든 것이 다 여러분의 것이며, **23** 여러분은 메시아의 것이고, 메시아는 하나님
의 것이기 때문입니다.

사도들의 사역

4 **1** 이와 같이 사람들은 우리를 메시아의 종[13]이자 하나님의 비밀을 맡은
일꾼으로 여겨야 합니다. **2** 또 이런 경우에 그분께서 일꾼들 가운데서 구
하시는 것은 충성된 자를 발견하시려는 것입니다. **3** 그리고 내게는 여러분이나 사
람의 법정에서 판단받는 것이 가장 작은 일입니다. *그것은 중요하지 않습니다.* 사
실상 나는 나 자신을 판단하지 않습니다. **4** 그러므로 내게는 더 이상 양심에 거리
끼는 것이 없습니다. 그렇다고 이것으로 내가 의롭다는 것은 아닙니다. *나는 죄
없는 자가 아니기 때문입니다.* 주님께서 바로 나를 심판하시는 분입니다. **5** 그리하
여 여러분은 주님께서 오실 그때까지 미리 판단하지 마십시오. 그분께서는 또한
감춰진 어둠의 일을 비추어 그 마음의 뜻을 드러내실 것입니다. 그리고 그때에는
각 사람이 하나님으로부터 칭찬을 받게 될 것입니다.

6 그러므로 형제들이여, 나는 이 일들을 나 자신과 아볼로를 예로 들어 모든
그리스도인 교사들에게 어떻게 적용되는지 보여 주었습니다. 이는 우리를 통해
여러분이 "기록된 말씀을 넘지 말라"는 것을 배워 서로에게 교만해지지 않게 하
려는 것입니다. **7** 그러므로 누가 그대를 판단하고 있습니까? 또 그대가 가진 것 중
에 받지 않은 것은 무엇입니까? 그런데 그대가 받았다면, 왜 받지 않은 것처럼 자
랑합니까? **8** 여러분은 이미 배가 부르고 부요하며, 우리를 제쳐 놓고 다스렸습니

12) '성소'가 더 정확한 번역이다. 여기에는 중요한 의미가 있다. 성전 안에는 죄가 있는 상태로 들어가는 뜰과 죄를 처리하는 번제단이 있었다. 성소에 들어가기 전에 죄를 해결하지 않은 제사장은 죽었다. 우리의 몸은 성소이다. 용어 해설에서 '성소'를 찾아보라.

13) '종'에 해당하는 헬라어는 '개인 수행원'으로, 보통 왕이나 높은 지위에 있는 사람을 지키는 군사 또는 경호원을 뜻한다.

다. 나는 여러분이 실제로 다스리기를 바랍니다. 그러면 우리도 여러분과 함께 다스릴 것입니다. 9 내 생각에는 하나님께서 마지막에 우리를 사도로 임명하신 것은 사형 선고를 받은 것과 같습니다. 우리가 천사들에게나 사람들에게나 세상에서 구경거리가 되었기 때문입니다. 10 우리는 메시아 때문에 어리석으나 여러분은 메시아 안에서 지혜롭고, 우리는 약하나 여러분은 강하며, 여러분은 존중받으나 우리는 멸시당합니다. 11 우리는 바로 이 시간까지도 굶주리고, 목마르며, 헐벗고, 매맞고, 거처가 없으며, 12 우리 손으로 일하며 수고하고, 비방을 당하면서도 축복하며, 박해를 견디고, 13 비방 당하기를 청하여, 지금까지 세상이 거부하는 모든 것의 찌꺼기가 되었습니다.

14 나는 여러분을 부끄럽게 하려고 이것들을 쓰는 것이 아니라 내 사랑하는 자녀들을 훈계하려는 것입니다. 15 여러분은 메시아 안에서 일만 명의 엄격한 훈육자를 둘 수 있으나 *사랑 안에서 훈육하는* 아버지는 많지 않습니다. 내가 메시아 예슈아 안에서 복음을 통해 여러분을 낳았기 때문입니다. 16 그러므로 내가 여러분에게 권면합니다. 여러분은 계속해서 나를 본받아야 합니다.[14)] 17 이 일 때문에 내가 디모데를 여러분에게 보냈습니다. 그는 내 사랑하는 아들이며 주님 안에서 신실한 자입니다. 그가 여러분에게 나의 길들, 곧 메시아이신 예슈아 안에 있는 길들을 기억나게 할 것인데, 그것은 내가 모든 회중(교회)마다 가르치는 그대로입니다. 18 그런데 어떤 사람은 내가 여러분에게 가지 못하는 것을 알고 교만해져 있습니다.[15)] 19 주님께서 원하신다면, 내가 속히 여러분에게 갈 것이고, 교만한 자들의 메시지가 아니라 그 능력을 살펴볼 것입니다. 20 하나님의 왕국은 말이 아니라 능력에 있기 때문입니다. 21 여러분은 무엇을 원합니까? 내가 여러분에게 매를 들고 가야겠습니까, 아니면 사랑과 부드러운 심령으로 가야겠습니까?

음행에 대한 심판

5 1 사실 여러분 가운데 음행이 있다는 말이 들리는데, 그런 음행은 이방인들 가운데도 없는 것으로, 자기 아버지의 아내를 취한 사람에 대한 것입

14) 로마서 7장 13-20절의 관점으로 이 부분을 살펴보면, 완전한 사람은 없다는 것이다. 그러나 우리는 다른 사람에게 본이 되는 삶을 살아야 한다.

15) '교만해졌습니다'

니다. 2 그런데 여러분은 교만해져서 슬퍼하지도 않으니, 그가 행한 이 일이 여러
분 가운데서 제거되었어야 하지 않습니까? 3 비록 내가 몸으로는 거기 없지만, 영
으로 함께 있습니다. 그래서 마치 *내가 거기에* 있는 것처럼, 이런 일을 행한 자를
이미 판단했습니다. 4 여러분이 우리 주 예슈아의 이름으로 모일 때에 내 영도 우
리 주 예슈아의 능력으로 함께 있으니, 5 이와 같은 자를 사탄[16]에게 넘겨주어 그
육체는 파멸시키고, 그의 영은 주의 날에 구원받게 해야 할 것입니다. 6 여러분의
자랑은 옳지 않습니다. 적은 누룩이 반죽 전체를 부풀게 하는 것을 여러분은 알
지 못합니까? 7 여러분은 즉시 오래된 누룩을 치워야 합니다. 이것은 여러분이 누
룩이 없는 새로운 덩어리가 되게 하려는 것입니다. 우리의 유월절(양)이신 메시아
께서도 희생되셨기 때문입니다. 8 그러므로 우리는 오래된 누룩이나 사악함이나
악독함이 아니라 누룩이 없는 순전함과 진리로 절기를 지켜야 하겠습니다.

9 내가 전에 여러분에게 음행한 사람들과 사귀지 말라고 썼습니다. 10 하지만
절대로 이 세상의 음행이나 탐욕스러운 자들이나 속이는 자들이나 우상숭배자
들과의 사귐을 피할 수는 없을 것입니다. 그렇게 하려면 여러분이 세상 밖으로 나
가야 할 것이기 때문입니다. 11 그러나 지금 내가 여러분에게 쓰는 것은, 어떤 형제
가 음행하거나 탐욕스럽거나 우상숭배자이거나 폭언을 하거나 술 취하는[17] 사람이
거나 폭리를 취하는 자로 불린다면, 그러한 자와 함께 사귀지 말고 먹지도 말라
는 것입니다. 12 내가 무엇으로 외부 사람들을 판단할 수 있겠습니까? 여러분은
회중(교회) 안에 있는 사람들을 판단하고 있지 않습니까? 13 그러나 하나님께서는
밖에 있는 사람들을 판단하십니다. "너희는 즉시 그 악한 자를 너희 가운데서 제
거해야 한다"(신 19:19; 24:7).

믿지 않는 자들에게 재판받는 문제

6 1 여러분 가운데 어떤 사람은 다른 사람과 소송하면서 어떻게 감히 성도
가 아닌 불의한 자들에게 재판을 받으려 하는 것입니까?[18] 2 또 여러분은

16) 용어 해설에서 '사탄'을 찾아보라.

17) 헬라어 '메뒤도스'(methusos)는 무엇이든 취하게 하거나 중독시키는 것에 지나치게 빠져 있는 것을 가리킨다. 용어 해설에서 '주술 또는 마술'을 찾아보라.

18) 1세기의 회당에서는 재판이 행해졌다. 따라서 바울은 상당히 익숙한 양상들을 설명하고 있는 것이었다. 용어 해설에서 '토라'를 찾아보라.

성도들이 이 세상을 심판할 것을 알지 못합니까?(단 7:22) 그리고 세상이 여러분에
게 심판을 받을 것인데, 여러분은 사소한 송사들도 해결할 능력이 없습니까? 3 여
러분은 사소한 일들은 제쳐놓고라도 우리가 천사들을 심판할 것을 알지 못합니
까? 4 그런데도 일상적인 문제로 소송할 일이 있을 때, 여러분은 회중(교회) 가운
데 설 자리가 없는 자들을 재판관으로 삼는 것입니까? 5 나는 여러분을 부끄럽게
하려고 이 말을 합니다. 그렇다면 여러분 중에는 그 형제 사이에서 판단할 수 있
는 지혜로운 사람이 하나도 없습니까? 6 그래서 형제가 형제를 고소하여 불신자
들에게 재판을 받습니까? 7 서로를 고소한다는 사실 자체가 이미 여러분의 완벽
한 실패를 말해 주고 있습니다. 여러분은 왜 차라리 불의를 당하지 않습니까? 왜
차라리 속아 주지 않습니까? 8 도리어 여러분이 불의를 행하며 속이고 있습니다.
그것도 형제들에게 말입니다. 9 아니면 여러분은 불의한 자들이 하나님의 왕국을
상속받을 수 없다는 사실을 알지 못합니까? 속지 마십시오. 간음하는 자들이나
우상숭배자들이나 음행하는 자들이나 호색하는 자들이나 남색하는 자들이나 10
도둑질하는 자들이나 탐욕을 가진 자들이나 술 취한 자들이나 폭력적인 자들이
나 사기꾼들은 하나님의 왕국을 상속받지 못합니다. 11 여러분 중 어떤 사람들은
이런 부류들이었으나, 주 예슈아 메시아의 이름과 우리 하나님의 영으로 씻음 받
고,[19] 거룩해졌으며, 의롭게 되었습니다.

몸으로 하나님께 영광을 올려 드리라

12 모든 것이 내게 허락되었으나 모든 것이 유익하지는 않습니다. 모든 것이 내
게 허락되었으나 나는 어떤 것에도 지배당하지 않습니다. 13 배를 위한 음식이나
음식을 위한 배나, 하나님께서는 이것도 저것도 없애 버리실 것입니다. 그리고 몸
은 음행을 위한 것이 아니라 주님을 위한 것이며, 주님은 그 몸을 위한 분입니다.
14 하나님께서 주님을 부활시키셨으므로, 그분은 우리를 그분의 능력으로 부활시
키실 것입니다. 15 여러분은 여러분의 몸이 메시아의 지체라는 것을 알지 못합니
까? 그렇다면 메시아의 지체들이 창기의 지체들이 될 수 있습니까? 있을 수 없는
일입니다! 16 또 여러분은 창기와 합하는 사람은 그녀의 몸과 하나가 된다는 사
실을 알지 못합니까? 그러므로 "둘이 한 몸이다"(창 2:24)라는 말씀대로 "그렇게 될
것"입니다. 17 그러나 주님과 연합하는 자는 그분과 한 영이 됩니다. 18 여러분은
계속해서 음행을 피해야 합니다. 사람이 행할 수 있는 모든 죄는 몸 밖에 있지만,

음행에 관한 한 사람은 자기 몸에 죄를 짓습니다(잠 6:32). 19 또 여러분은 여러분의
몸이 성령의 성소[20](엡 2:21, 22)로 하나님께 받은 것이라는 사실을, 그러므로 여러
분이 여러분 자신에게 속하지 않은 것을 알지 못합니까? 20 여러분은 값을 치르
고 산 것이 되었으므로, 여러분은 이제 자기 몸으로 하나님께 영광을 올려 드려
야 합니다.

결혼과 관련된 문제들

7 1 그리고 여러분이 적어 보낸 것들에 대해서는 남자가 여자에게 가까이
하지 않는 것이 좋으나 2 음행의 유혹이 있으므로 남자마다 자기 아내를
두고, 여자마다 자기 남편을 두게 하십시오. 3 남편은 계속해서 자기 아내에 대한
의무에 복종해야 하며, 아내도 그 남편에게 그래야 합니다. 4 아내에게 자신의 몸
에 대한 권한이 있는 것이 아니라 남편에게 있고, 마찬가지로 남편에게 자기 몸에
대한 권한이 있는 것이 아니라 아내에게 있습니다. 5 여러분은 지속적으로 서로
를 거절하면 안 됩니다. 기도에 전념하기 위해 잠시 동안 합의한 경우는 예외입니
다. 그 후에 여러분은 다시 관계를 지속해야 하는데, 이는 사탄이 여러분의 절제
가 부족한 것을 틈타 여러분을 시험하지 못하게 하려는 것입니다. 6 그리고 내가
이 말을 하는 것은 허용이지, 명령이 아닙니다. 7 그러므로 나는 모든 사람이 나처
럼 되기를[21] 원합니다. 그러나 각 사람이 하나님에게서 받은 은사가 있으므로 한
사람은 이렇게, 또 다른 사람은 저렇게 합니다.

8 또 내가 결혼하지 않은 사람들과 과부들에게 말합니다. 그들도 나처럼 지내
는 것이 좋습니다. 9 그런데 만일 그들에게 절제가 없다면 결혼해야 합니다. 시험
받는 것보다 결혼하는 것이 더 낫기 때문입니다. 10 결혼한 사람들에게 내가 아니
라 주님께서 명령하십니다. 아내는 남편과 갈라서지 않아야 합니다. 11 그러나 그
녀가 갈라서더라도 재혼하지 않고 지내거나 그녀의 남편과 화해하게 해야 합니
다. 또한 남편도 아내를 버리지 않아야 할 것입니다. 12 그리고 나머지 사람들을

19) 헬라어 '아폴루오'(apolouc)의 뜻은 '깨끗이 씻어내다, 닦아내다'로, 여기서는 침례를 가리킨다.

20) 헬라어 '나오스'(naos)는 '성소'를 뜻한다. 성전에는 죄인들이 드나드는 바깥뜰과 죄를 처리하는 안뜰이 있었다. 성소에 들어가기 전에 죄를 처리하지 않은 제사장은 그 문턱을 넘자마자 죽었다. 용어 해설에서 '성소'를 찾아보라.

21) 독신으로 지내는 것을 말한다. 바울은 주님의 재림이 임박했다고 믿었다(빌 4:5).

위해 말합니다. 이것은 주님의 말씀이 아니고, 내가 말하는 것입니다. 만일 어떤
형제에게 믿지 않는 아내가 있는데, 그녀가 그와 함께 사는 것에 동의한다면, 그
는 그녀를 버려서는 안 됩니다. **13** 또한 어떤 아내에게 믿지 않는 남편이 있는데,
그가 그녀와 함께 사는 것에 동의한다면, 그녀는 그 남편을 버리면 안 됩니다. **14**
믿지 않는 남편이 아내로 인해 정결해지고, 믿지 않는 아내가 그 남편으로 인해
정결해지기 때문입니다. 그렇지 않다면 여러분의 자녀들이 부정하겠지만, 지금
은 그들이 정결합니다. **15** 그런데 믿지 않는 사람이 갈라선다면 갈라서게 하십시
오. 형제나 자매는 그런 일에 종으로 묶여 있지 않습니다. 하나님께서는 여러분을
샬롬 가운데 부르셨습니다. **16** 그러므로 아내들이여, 그대가 남편을 구원하게 될
지 어떻게 알겠습니까? 또한 남편들이여, 그대가 아내를 구원하게 될지 어떻게 알
겠습니까?

주께서 정해 주신 삶

17 오직 각 사람에게 주께서 나누어 주신 대로, 하나님께서 각 사람을 부르신
대로, 그는 계속해서 이렇게 걸어가야 합니다. 그리고 이와 같이 내가 모든 회중
(교회) 가운데 명령합니다. **18** 누구든지 할례를 받은 상태로 부름 받은 사람은 무
할례자가 되어서는 안 되며, 누구든지 할례 받지 않은 상태로 부름 받았다면 할
례자가 되어서는 안 됩니다. **19** 할례도 아무것도 아니고, 무할례[22]도 아무것도 아
닙니다. 오직 하나님의 계명들을 지키는 것만 중요합니다.[23] **20** 각 사람은 계속해
서 그가 부름 받은 상태로 지내야 합니다. **21** 그대가 종으로 부름 받았다면, 그것
에 마음 쓰지 마십시오. 그러나 그대가 자유로워질 수 있다면, 계속해서 (그 기회
를) 더욱 실질적으로 활용해야 합니다. **22** 주님 안에서 부름 받은 종은 주님의 자
유인이며, 마찬가지로 부름 받은 자유인은 메시아의 종입니다. **23** 여러분은 값을
치르고 산 존재가 되었습니다. 그러므로 사람들의 종이 되어서는 안 됩니다. **24** 형
제들이여, 각 사람은 부름 받은 그 자리에서 하나님 앞에 그대로 머물러 있어야
합니다.

22) 유대인들은 무할례자로 통칭되는 비유대인들이 노아 언약에 매여 있다고 가르친다. 노아 언약에는 "정의를 도모하라, 우상숭배를 금하라, 간음하지 말라, 신성모독하지 말라, 살인하지 말라, 동물을 학대하지 말라, 도둑질하지 말라" 등 일곱 가지 법이 있지만, 할례는 포함되지 않는다.

23) 참된 할례는 '마음의 할례'이다(신 10:16; 30:6; 렘 4:4; 9:25; 겔 44:7).

결혼하지 않은 사람들과 과부들

25 한편 처녀들에 대해서는 내가 주님께 받은 명령은 없으나 주님의 긍휼하심
을 입은 신실한 사람으로서 내 의견을 제안합니다. 26 그러므로 내 생각에는 현재
의 상황 때문에 이것이 좋으니, 사람이 그대로 (독신으로) 지내는 것이 좋습니다.[24)]
27 그대가 아내에게 매여 있다면, 이혼하려 해서는 안 됩니다. 그대가 아내와 이혼
한 상태라면, 아내를 얻으려 하지 마십시오. 28 그러나 그대가 결혼하더라도 죄를
짓는 것이 아니고, 처녀가 결혼하더라도 죄를 짓는 것은 아닙니다. 다만 이러한
사람들은 이 땅에서 고난을 겪을 것이니, 나는 그대가 이런 것들을 겪지 않기를
바랍니다. 29 그리고 형제들이여, 내가 이것을 말하는데, 시간이 얼마 남지 않았습
니다. 지금부터 아내가 있는 자들은 없는 자들처럼 지내고, 30 우는 자들은 울지
않는 자처럼 지내며, 기뻐하는 자들은 기뻐하지 않는 자처럼 지내고, 물건을 사는
사람들은 마치 그것을 소유하지 않은 것처럼 지내며, 31 이 세상의 좋은 것들을
사용하는 사람들은 그것을 다 사용하지 못하는 자처럼 지내도록 하십시오. 이
세상의 현재 모습이 지나가고 있기 때문입니다. 32 그러나 나는 여러분이 염려로부
터 자유롭기를 바랍니다. 결혼하지 않은 남자는 어떻게 주님을 기쁘게 해 드릴지
그분에 관한 일에 마음을 쓰지만, 33 결혼한 남자는 어떻게 그 아내를 기쁘게 할
지 세상에 관한 것들을 염려하여 34 그의 마음이 나뉩니다. 그러므로 결혼하지 않
은 여자와 처녀는 주님의 일들을 염려하여 그 몸과 영이 다 거룩해지지만, 결혼한
여자는 어떻게 그 남편을 기쁘게 할지 세상에 관한 일들에 마음을 씁니다. 35 그
러므로 나는 여러분의 유익을 위해 이 말을 합니다. 이것은 여러분에게 덫을 씌
우려는 것이 아니라 흐트러짐 없이 주님께 헌신하게 하려는 것입니다.

36 그러나 만일 어떤 사람이 자기의 처녀(약혼녀)가 혼기도 지나고, 그녀에게 못할
짓을 하는 것이라고 생각하여 그녀의 남편이 되어 주어야겠다면, 그녀가 원하는 대
로 해 주어야 합니다. 그는 죄를 짓는 것이 아니니, 그들은 결혼해야 합니다. 37 그
러나 그 마음의 결심이 확고하고, 강요도 없으며, 오히려 그 욕망을 제어할 힘이 있
어서 그녀를 처녀로 두기로 해도 잘하는 것입니다. 38 그러므로 자기의 처녀(약혼녀)와

24) 바울은 메시아의 재림이 임박했다고 믿었다. 이것은 29절의 "시간이 얼마 남지 않았다"는 언급에서도 드러난다. 모든 세대가 주님의 재림을 맞을 준비를 하고 살아가야 한다. 그러나 바울의 조언대로 독신으로 지낼 필요는 없다. 야고보는 "여러분은 이제 더 많이 인내하며 여러분의 마음을 강하게 해야 합니다. 주님의 임하심이 가까워졌습니다"(약 5:8)라고 했고, 요한일서 2장 18절도 "지금은 마지막 때"라고 했다. 용어 해설에서 '메시아(그리스도)의 재림'을 찾아보라.

결혼하는 사람도 잘하는 것이지만, 결혼하지 않는 사람은 더 잘하는 것입니다.[25]
39 아내는 남편이 살아 있는 동안에만 매여 있는 것입니다. 그런데 만일 그 남
편이 잠들면,[26] 그녀가 원하는 사람과 결혼할 수 있는데, 오직 주 안에서만 그렇
게 해야 합니다. 40 그리고 만일 그녀가 결혼하지 않고 그냥 지낸다면, 내 판단으
로는 그것이 더욱 복된 일입니다. 나에게도 하나님의 영이 있다고 생각합니다.

우상에게 바친 음식

8 1 그리고 우상들에게 바친 고기에 대해서는(민 25:1-2) 우리 모두에게 지식
이 있다는 것을 압니다. 지식은 높아지게 하나 사랑은 세워 줍니다. 2 만
일 누군가 어떤 것을 안다고 생각한다면, 그는 알아야 할 것을 아직 모르는 것입
니다. 3 그러나 만일 어떤 사람이 하나님을 사랑한다면, 그 사람은 그분께 알려집
니다. 4 그러므로 음식에 대해, 곧 우상들에게 바친 고기에 대해 말하자면, 우상
은 이 세상에서 아무것도 아니며, 한 분 외에는 하나님이 없다는 사실을 우리는
알고 있습니다(신 6:4). 5 참으로 하늘에나 땅에나 신들이라 불리는 것들이 있어 많
은 신들과 많은 주들이 있는 것 같지만, 6 우리에게는 하나님 한 분, 곧 아버지가
계십니다. 그분에게서 모든 것이 나왔고, 우리도 그분 안에 있습니다. 또 한 분이
신 주 예슈아 메시아가 계셔서 그분을 통해 모든 것이 존재하고, 우리도 그분을
통해 존재합니다.

7 그러나 모든 사람이 *이* 지식을 가진 것은 아닙니다. 어떤 사람들은 지금까지
도 거짓 신에게 익숙해져 있어서 우상들에게 제물로 바친 것으로 여기며 음식을
먹고 있으니, 그들의 양심이 약하므로 더럽혀집니다. 8 그러나 음식이 우리를 하나
님 가까이에 두는 것은 아닙니다. 우리가 먹지 않는다고 열등한 것도 아니고, 먹
는다고 우월한 것도 아닙니다.[27] 9 그러나 여러분의 이러한 권한이 어떻게든 연약
한 자들에게 걸림돌이 되지 않도록 주의하십시오. 10 그러므로 만일 어떤 사람이

25) 바울은 메시아의 재림이 임박했다고 믿었다. 그래서 결혼할 필요가 없다고 말하는 것이다. 고린도전서 10장 11절과 빌립보서 4장 5절을 참조하라.

26) 또는 '죽으면'. 용어 해설에서 '죽음'을 찾아보라.

27) 이것은 마태복음 15장 11절과 마가복음 7장 15절에서 예슈아께서 하신 말씀과 연결된다. 영생은 우리가 무엇을 먹느냐에 달려 있지 않다.

28) 용어 해설에서 '비스듬히 앉아서 먹다'를 찾아보라.

여러분을 본다면, 여러분이 우상에게 바친 그 식사 자리에 비스듬히 앉은[28] 것을
알고, 그 연약한 사람의 양심이 세워져서 우상에게 바친 제물을 먹지 않겠습니
까? **11** 그러면 연약한 그 사람은 메시아께서 그를 위해 죽으셨는데, 여러분의 지식
으로 멸망하게 됩니다. **12** 그러므로 여러분이 이런 식으로 자기 형제에게 죄를 지
어 그들의 양심에 상처를 입히고 그들을 연약하게 만들면, 메시아께 죄를 짓는 것
입니다. **13** 따라서 음식으로 인해 내 형제가 죄를 짓게 된다면, 나는 평생 고기를
먹지 않음으로 내 형제가 죄를 짓지 않게 할 것입니다.

사도의 권리

9 **1** 내가 자유인이 아닙니까? 내가 사도가 아닙니까? 또 내가 예슈아 우리 주
를 보지 못했습니까? 여러분이 바로 주님 안에서 내가 이룬 일이 아닙니까?
2 비록 내가 다른 사람들에게는 사도가 아니더라도, 여러분에게는 분명 사도입니
다. 여러분은 주님 안에서 내가 사도라는 것을 증명해 주는 인장이기 때문입니다.
3 나를 조사하고 다니는 사람들에 대한 나의 대답은 바로 이것입니다. **4** 우리에
게 먹고 마실 권리가 없습니까? **5** 우리에게 나머지 사도들이나 주님의 형제들과
게바처럼 자매, 곧 아내를 데리고 (사도적 선교 사역을) 다닐 권리가 없습니까? **6** 아니
면 나와 바나바만 일하지 않을 권리가 없는 것입니까? **7** 누가 자기 삯으로 군복무
를 합니까? 누가 포도원을 만들고 그 열매를 먹지 않습니까? 또 누가 양떼를 치
면서 그 양의 젖을 먹지 않습니까? **8** 내가 사람의 뜻대로 이런 말을 하는 것입니
까? 토라(가르침)도 이러한 것들을 말하고 있지 않습니까? **9** 그러므로 모세의 토라
(가르침)에 기록되기를, "너는 곡식을 타작하는 동안 소의 입에 망을 씌우지 말아
야 할 것이다"(신 25:4)라고 했습니다. 소가 하나님의 관심을 더 많이 받습니까? **10**
분명 그분이 우리를 위해서도 이렇게 말씀하신 것이 아닙니까? 그러므로 쟁기질
하는 사람은 소망을 가지고 쟁기질하고, 타작하는 사람은 소망을 가지고 참여해
야 한다고 기록된 것은 우리를 위해서입니다. **11** 만일 우리가 여러분 가운데 영적
인 것들로 씨를 뿌린다면, 우리가 여러분의 물질적인 것들을 거두더라도 그것이
큰 일입니까? **12** 만일 다른 사람들이 여러분으로부터 지원받는 것에 대한 권리들
을 누린다면, 우리는 더 그래야 하지 않습니까?
그러나 우리는 이 권한을 사용하지 않고 모든 것을 견디었습니다. 이는 메시아

의 복음에 조금도 방해가 되지 않게 하려는 것이었습니다. **13** 여러분은 성전 예식
을 담당하는 자들이 성전에서 나오는 *거룩한* 것들을 먹고, 제단에서 섬기는 자
들이 제단에 바친 것을 나눠 갖는다는 것을 알지 못합니까?(레 6:10-11, 19)[29] **14** 그
러므로 주님은 이와 같이 복음을 전파하는 자들에게 복음으로 (먹고) 살 것을 명
령하셨습니다. **15** 그러나 나는 이것들 가운데 어떤 것도 사용하지 않았습니다. 그
리고 나를 위해 그렇게 해 달라고 이 말을 쓰는 것도 아닙니다. 누군가 나의 자랑
을 헛된 것으로 만들게 하느니, 차라리 죽는 것이 내게 더 낫기 때문입니다. **16** 그
러므로 내가 복음을 전할지라도, 그것은 내게 자랑거리가 아닙니다. 그것은 내가
반드시 해야 할 일이기 때문입니다. 내가 복음을 전하지 않는다면 내게 화가 미칠
것입니다. **17** 그러므로 내가 기꺼이 이 일을 한다면 상을 받을 것입니다. 그러나 마
지못해 하더라도, 나는 직분을 맡았습니다. **18** 그렇다면 내 상은 무엇입니까? 그것
은 내가 값없이 복음을 전하면서 복음 안에서 내 권리를 다 사용하지 않고 사람
들에게 복음을 전할 것이라는 사실입니다.

19 그러므로 내가 모든 것에 자유로웠는데도 스스로 모든 사람의 종이 된 것
은 더 많은 사람을 얻기 위함입니다. **20** 그러므로 내가 유대인들에게 유대인같이
된 것은 유대인을 얻기 위해서였습니다. 비록 나 자신은 율법주의 아래 있지 않았
지만, 율법주의 아래 있는 자들에게는 율법주의자같이 되어 율법주의 아래 있는
자들을 얻고자 했습니다. **21** 또한 나는 하나님의 토라(가르침) 없는 자가 아니라 메
시아의 토라(가르침)에 복종한 자이지만, 토라(가르침) 없는 자들에게는 토라(가르침)
없는 사람처럼 되어 토라(가르침) 없는 자들을 얻고자 했습니다. **22** 내가 약한 자들
에게 약해진 것은 약한 자들을 얻기 위함입니다. 나는 모두에게 모든 것이 되었
습니다. 이것은 모든 사람 가운데 얼마라도 구원하려는 것이었습니다. **23** 내가 복
음 때문에 모든 것을 하는 것은 그분의 동역자가 되기 위함입니다.

24 여러분은 경기장에서 모든 경주자가 달리지만, 한 사람만 상을 받는 것을 알
지 못합니까? 이와 같이 여러분도 상을 받으려고 달리는 것입니다. **25** 그리고 이기
려고 애쓰는 사람은 누구나 모든 일에 절제를 훈련하여 시들어 버린 월계관을 얻
으려 하지만, 우리는 불멸의 것을 받으려 합니다. **26** 그러므로 나는 불확실하게 달
리지 않으며, 허공을 치듯이 주먹을 휘두르지도 않습니다. **27** 그러나 내가 내 몸
을 거칠게 다루며 복종시키는 것은 다른 사람들에게 복음을 전하다가 나 자신이
자격 미달이 되지 않으려는 것입니다.

우상숭배에 대한 경고

10 1 그러므로 형제들이여, 나는 여러분이 무지한 것을 원하지 않습니다.
우리 조상들은 모두 구름 아래 있었고, 모두가 바다를 통과했으며, 2 모
두가 구름과 바다 가운데서 침례를 받음으로 모세와 연합하였고, 3 모두가 동일하
게 신령한 음식을 먹었으며, 4 모두가 동일하게 신령한 음료를 마셨기 때문입니다.
그들은 자기들을 따라오던 신령한 반석에서 나는 것을 마셨는데, 그 반석[30]이 바
로 메시아였습니다. 5 그럼에도 불구하고 하나님께서는 그들 대부분을 기뻐하지
않으셨고, 그들은 광야에서 쓰러졌습니다. 6 그런데 이러한 모습들이 우리의 본보
기가 되었습니다. 그 백성들이 악한 것들을 갈망하던 것처럼, 우리에게도 악한 것
에 대한 열망이 있기 때문입니다. 7 그러므로 여러분은 그들 가운데 어떤 이들처
럼 우상숭배자가 되는 것을 멈춰야 합니다. 기록되기를, "그 백성이 앉아서 먹고
마시며 일어나 뛰놀았다"(출 32:6)라고 하였습니다. 8 우리는 그들 가운데 어떤 이들
이 음행을 하다가 하루에 이만 삼천 명이 쓰러진 것(민 25:1)처럼 음행을 할 수 없
습니다. 9 또 우리는 결코 그들 가운데 어떤 이들이 시험하다가 뱀에게 멸망당했
던 것처럼(민 21:5-6) 메시아를 시험하지 않아야 합니다. 10 그리고 여러분은 그들 가
운데 어떤 이들이 불평하다가 멸망시키는 천사에게 멸망당한 것(민 14:2)처럼 결코
원망하지 않아야 합니다. 11 그러므로 이러한 일들은 본보기로 그들에게 일어난
것이며, 우리를 교훈하기 위해 기록된 것입니다. 우리에게 이 세대의 끝이 임박했
기 때문입니다.[31] 12 따라서 자기가 서 있다고 생각하는 사람은 넘어질까 주의해야
합니다. 13 사람에게 공통적으로 일어나는 일 외에는 여러분에게 시험이 임한 적
이 없습니다. 하나님은 신실하셔서 여러분이 감당할 수 없는 시험을 받는 것을 허
락하지 않으시고, 시험의 때에 인내하여 빠져나갈 길을 내주실 것입니다.[32]

14 나의 사랑하는 자들이여, 바로 이러한 이유 때문에 여러분은 늘 우상숭배를
피해야 합니다. 15 지혜로운 자들에게 하듯이 내가 말합니다. 여러분은 스스로 끊

29) 대부분의 역본에는 이 내용이 레위기 6장 17-18절과 26절에 언급되어 있다.

30) '반석'에 해당하는 헬라어 '페트라'는 반석이신 메시아를 가리키는 히브리어의 깊은 의미를 전달하지 못한다. 하나님이나 메시아를 반석으로 표현하며 사용하는 히브리어는 세 가지이다. 먼저 '초르'(tsor)는 깎아지른 절벽을, '살리'(sali)는 크고 험준한 바위산을, '에벤'(even)은 건축, 특히 모퉁잇돌에 사용되는 깎아 다듬은 돌을 가리킨다.

31) 바울은 자기 세대에 메시아가 재림하실 것이라 믿었다. 그래서 7장 29-38절에서 결혼하지 말라고 권고한 것이다.

32) 욥기 34장 23절과 용어 해설에서 '시험'을 찾아보라.

임없이 내가 말하는 것을 판단해야 합니다. **16** 우리가 축복의 잔에 감사드리고 있
는데, 그것은 메시아의 피로 말미암은 교제가 아닙니까? 우리가 나누는 빵, 그것
은 메시아의 몸과 교제하는 것이 아닙니까? **17** 하나의 빵이 있기 때문에 우리 많
은 사람들이 한 몸입니다. 우리 모두가 한 덩이에서 분배받기 때문입니다. **18** 육신
을 따른 이스라엘을 보십시오. 그들은 제단의 제물들을 나누어 먹는 자들이 아
닙니까? **19** 그렇다면 내가 무엇을 말하고 있습니까? 우상숭배가 뭐라도 됩니까?
아니면 우상이 뭐라도 됩니까? **20** 그러나 이방인들이 바치는 제물은 귀신들에게
바치는 것이지, 하나님께 바치는 것이 아닙니다. 나는 여러분이 귀신들과 교제하
는 것을 원하지 않습니다. **21** 여러분은 주님의 잔과 귀신들의 잔을 함께 마실 수
없고, 주님의 상과 귀신들의 상을 공유할 수 없습니다. **22** 우리가 주님을 질투하게
하려는 것입니까? 우리가 그분보다 더 강합니까?[33]

모든 것을 하나님의 영광을 위해 하라

23 모든 것이 합법적이라도 모든 것이 유익한 것은 아닙니다. 모든 것이 합법적
이라도 모든 것이 세우는 것은 아닙니다. **24** 그리고 아무도 자기를 위해 구해서는
안 되며, 남을 위해 구해야 합니다. **25** 또 여러분은 시장에서 판매되는 모든 고기
를 먹을 수 있습니다. 양심을 위해 근심하거나 아무것도 묻지 말고 드십시오. **26** "땅
과 그것의 충만함이 주의 것"(시 24:1)이기 때문입니다. **27** 만일 불신자들 중 어떤 사
람이 여러분을 초대하여 가고 싶다면, 앞에 차려진 모든 것을 먹되 여러분의 양
심을 위해 아무것도 묻지 말고 드십시오. **28** 그러나 만일 어떤 사람이 여러분에게
말하기를, "이것은 신전 제물입니다"라고 한다면, 그것을 밝힌 사람과 그의 양심
때문에 그것을 먹지 마십시오. **29** 나는 (제물을 먹는) 그 사람이 아니라 다른 사람에
대해 말하는 것입니다. 그러면 나의 자유함이 왜 다른 사람의 양심으로 판단받
습니까? **30** 만일 내가 은혜로 함께 나누는 것이라면, 왜 내가 하나님께 감사하는
것 때문에 악한 말을 듣습니까? **31** 그러므로 여러분은 먹든지, 마시든지, 또는 무
엇을 하든지, 모든 것을 하나님의 영광을 위해 하십시오. **32** 그리고 여러분은 계
속해서 유대인과 헬라인과 하나님의 회중(교회)[34]에 흠 없는 자가 되어야 합니다.
33 내가 모든 방법으로 모든 사람을 기쁘게 하려고 애쓰는 것처럼 말입니다. 나는
나 자신의 유익이 아니라 많은 사람들의 유익을 구하니, 이는 그들로 구원을 받게
하려는 것입니다.

11

1 내가 메시아를 본받는 자인 것처럼 여러분은 끊임없이 나를 본받는 자
가 되어야 합니다.[35]

예배에서 머리[36]를 가리는 문제

2 그리고 내가 여러분을 칭찬하는 것은 여러분이 내 모든 말을 기억하고 있으
며, 내가 여러분에게 전한 교훈들을 그대로 지키기 때문입니다. 3 나는 여러분이
이 사실을 알기 원합니다. 메시아께서 모든 남자의 머리이시고, 남편이 아내의 머
리이며, 하나님께서 메시아의 머리가 되십니다. 4 기도나 예언을 하는 어떤 남자
든지 만일 그의 머리를 가리고[37] 있다면, 자기 머리를 욕되게 하는 것입니다. 5 그
러나 기도나 예언을 하는 어떤 아내든지 그 머리를 가리지 않으면,[38] 자기 머리를
욕되게 하는 것입니다. 그것이 그녀가 머리를 밀어 버린 것과 같기 때문입니다. 6
이제 그 여자(아내)가 (머리를) 가리지 않는다면, 그녀는 머리를 밀어야 합니다. 그러
나 만일 그녀가 깎거나 미는 것이 부끄럽다면, 항상 가려야 합니다. 7 그러므로 남
편은 *긴 머리로* 자기 머리를 가리지 않아야 합니다. 그가 하나님의 형상과 영광이
기 때문입니다. 그리고 여자(아내)는 남편의 영광입니다. 8 남자가 여자에게서 나온
것이 아니라 여자가 남자(아담)에게서 나왔으며, 9 남자도 여자 때문에 창조된 것이
아니라 여자가 남자 때문에 창조되었기 때문입니다. 10 이러한 이유로 아내는 머리
위에 권위를 두어야 합니다. 이것은 *타락한* 천사들[39] 때문입니다. 11 그럼에도 불
구하고 주님 안에서는 남편 없이 아내만 있지 않고, 아내 없이 남편만 있지도 않
습니다. 12 아내가 남편에게서 나오듯이 남편도 여자를 통해 태어나기 때문입니다.
그리고 모든 것은 하나님에게서 나옵니다. 13 여러분은 즉시 이것들을 스스로 판
단해야 합니다. 여자(아내)가 머리를 가리지 않고 하나님께 기도하는 것이 합당합
니까? 14 그리고 본성이 여러분에게 이것을 가르쳐 주지 않습니까? 만일 남자에

33) 부정적인 답변을 예상하는 질문이다.

34) 용어 해설에서 '회중'을 찾아보라.

35) 로마서 7장의 관점으로 이 부분을 살펴보면, 바울은 완벽한 사람이 아니지만, 자신의 모든 생각을 사로잡아 다른 사람들에게 좋은 본을 보이기 위해 부단히 애썼다.

36) 바울은 여기서 여성은 머리를 길게, 남성은 짧게 할 것을 말하는데, 이것은 로마 제국 전반의 공통적인 풍속이었다.

37) 14절을 참고하라.

38) '그 머리가 짧으면'

39) 이것은 영적인 위험을 말하는 것이다. 남편은 항상 기도로 가정을 보호해야 한다.

게 긴 머리가 있으면, 그것이 그에게는 수치이지만, **15** 여자에게는 그것이 영광이
아닙니까? 그 머리카락은 기도숄(탈리트)[40]을 대신해서 여자에게 장식으로 주어진
것이기 때문입니다. **16** 그러나 어떤 사람에게는 반론의 여지가 보이겠지만,[41] 우리
에게는 이런 관행이 없으며, 하나님의 회중(교회)에게도 없습니다.

성찬의 남용

17 그러나 내가 이 교훈들을 전하며 여러분을 칭찬하지 않는 것은, 여러분이 함
께 모일 때에 더 유익하지 않고, 오히려 해롭기 때문입니다. **18** 우선 여러분이 회중
(교회)으로 모일 때에 여러분 가운데 분열이 있다는 말을 내가 들었는데, 나는 부
분적으로 그것을 믿습니다. **19** 여러분 가운데 분파가 있어야 '옳다'고 인정받는 사
람들이 드러날 것이기 때문입니다. **20** 그러므로 여러분이 이것을 위해 함께 모일
때에 여러분이 먹는 것은 주의 만찬이 아닙니다. **21** 각 사람이 자기 만찬을 미리
가져가서 먹으므로 누구는 배가 고프고, 다른 이는 취하기[42] 때문입니다. **22** 여러
분에게 먹고 마실 집이 없습니까? 아니면 하나님의 회중(교회)을 업신여기는 것입
니까? 그래서 넉넉하지 못한 자들을 부끄럽게 하는 것입니까? 내가 여러분에게
무슨 말을 하겠습니까? 내가 여러분을 칭찬하겠습니까? 이 일로는 여러분을 칭찬
하지 않습니다.

성찬에 대한 규례

23 이제 내가 주님에게서 받은 것을 여러분에게 전해 주었습니다. 주 예슈아께
서 배신당하신 그 밤에 빵을 가져다가 **24** 감사드리신[43] 후에 떼시며 말씀하셨습니
다. "이것은 너희를 위해 주는 내 몸이니, 너희가 나를 기념하여 이것을 정해 놓고 행
해야 한다." **25** 마찬가지로 만찬 후에도[44] 잔을 들고 말씀하시기를, "이 잔은 내 피
로 세우는 새 언약이니, 너희는 이것을 정해 놓고 행하여 너희가 마실 때마다 나를
기념해야 한다"라고 하셨습니다. **26** 그러므로 여러분은 이 빵을 먹고, 이 잔을 마실
때마다 주님이 오실 때까지 그분의 죽음을 공개적으로 선포하고 있는 것입니다.

40) 헬라어 '페리볼라이우'(peribolaiou)는 칠십인역 신명기 22장 12절에서 '기도숄'의 역어로 사용되었다. 용어 해설에서 '탈리트 또는 기도숄'을 찾아보라.

41) 반론의 여지가 보인다는 것은 논쟁하고 싶어 한다는 말이다.

42) 취하게 하는 모든 것을 가리킨다. 용어 해설에서 '주술 또는 마술'을 찾아보라.

43) 예슈아는 식사하시기 직전에 빵에 대한 축복과 감사의 기도를 드리셨다. 용어 해설에서 '성찬'을 찾아보라.

자격 없이 성찬을 받음

27 그리하여 누구든지 자격 없이 그 빵을 먹고 주님의 잔을 마시는 사람은 주님의 몸과 피에 대해 죄를 짓는 것입니다. 28 그러므로 사람은 자신을 시험하면서 지속적으로 그 빵을 먹고, 그 잔을 마셔야 합니다. 29 먼저 주님의 몸을 분별하지 않고서 먹고 마시는 사람은 자신을 위한 심판을 먹고 마시는 것이기 때문입니다.
30 이 때문에 여러분 가운데 많은 사람들이 약하고 병들었으며, 죽은[45] 사람들도 많습니다. 31 그러나 우리가 자신을 올바르게 판단하고 있다면 판단을 받지 않을 것이지만, 32 우리가 주님의 판단으로 훈련받는 것은 세상과 함께 정죄당하지 않게 하려는 것입니다. 33 그러므로 나의 형제들이여, 여러분이 함께 와서 먹을 때에 서로를 위해 기다려야 합니다. 34 만일 누가 배고프면 그는 집에서 먹어야 합니다. 이는 여러분이 함께 심판에 들어가지 않기 위함입니다. 그리고 나머지는 언제든 내가 가서 정리할 것입니다.

영적인 은사들

12 1 그리고 형제들이여, 영적인 것들에 관해서 나는 여러분이 무지한 것을 원하지 않습니다. 2 여러분이 아는 대로, 여러분이 이방인이었을 때 끌려다녔던 것은 말 못하는 우상들에게 잘못 인도되었기 때문입니다. 3 이 때문에 나는 여러분에게 다음과 같은 사실을 알려 드립니다. 그것은 하나님의 영으로 말하면서 "저주받을 예수야"라고 하는 사람은 아무도 없으며, 성령으로 말미암지 않고는 "주 예수야"라고 말할 수 있는 사람이 아무도 없다는 것입니다.

4 그리고 다양한 은사들이 있으나 같은 영(성령)이고, 5 다양한 사역[46]이 있으나 같은 주님이시며, 6 다양한 활동들이 있으나 같은 하나님이시며, 그분이 모든 사람 안에서 모든 일을 하십니다. 7 그리고 각 사람에게는 *모두에게* 유익한 방향으로 그 영(성령)의 나타나심이 주어집니다. 8 그러므로 그 영(성령)을 통해 어떤 사람에게는 지혜의 말씀[47]이 주어지고, 또 다른 사람에게는 같은 영을 따라 지식의

44) 유월절 만찬에서 마시는 네 잔의 포도주 가운데 세 번째 잔이다. 세데르와 순서는 같지만, 주님과 제자들이 나눈 음식은 세데르 음식이 아니었다. 용어 해설에서 '세데르'를 찾아보라.

45) 원문을 그대로 옮기면, "자다"이다. 이것은 죽음에 대한 비유적 표현이다. 용어 해설에서 '죽음'을 찾아보라.

46) 헬라어 '디아코니아'(diakɔnia)는 '사역', '봉사' 등으로 번역할 수 있다. 용어 해설에서 '종'을 찾아보라.

47) '지혜의 말씀'은 앞으로 어떻게 행하고 반응해야 할지 알려 준다.

말씀[48]이, 9 또 다른 사람에게는 같은 영으로 믿음이, 그리고 또 다른 사람에게는 한 영으로 치유의 은사들이, 10 그리고 또 다른 사람에게는 기적들을 일으키는 것이, 그리고 또 다른 사람에게는 예언이, 그리고 또 다른 사람에게는 영들을 분별함(요 16:8)이, 그리고 또 다른 사람에게는 여러 종류의 방언들이, 그리고 또 다른 사람에게는 방언의 해석들이 주어집니다. 11 그런데 동일한 그 영(성령)이 이 모든 일에 역사하시면서 자신의 은사들을 각 사람에게, 그분이 원하시는 대로 나누어 주십니다.[49]

많은 지체들을 가진 한 몸

12 그러므로 몸은 하나이지만 많은 부분들이 있고, 그 몸의 모든 부분들이 많을지라도 한 몸인 것처럼, 메시아도 그렇습니다. 13 그러므로 우리도 유대인이나 헬라인이나 종이나 자유인이나 한 영으로 침례[50]를 받아 한 몸이 되었고, 우리 모두 한 영을 받아 마셨습니다. 14 이제 그 몸도 하나가 아니라 여러 부분으로 되어 있습니다. 15 만일 발이 "나는 손이 아니므로 그 몸의 일부가 아니다"라고 말할지라도, 여전히 그것은 그 몸의 일부가 아닙니까? 16 또 귀가 "나는 눈이 아니며, 그 몸에 속하지 않았다"라고 말한다고 해서, 그 몸에 속하지 않은 것입니까? 17 만일 몸 전체가 눈이라면, 어떻게 들을 수 있겠습니까? 몸 전체가 듣는 감각이라면, 어떻게 냄새를 맡을 수 있겠습니까? 18 그러나 이제 하나님께서 그분의 뜻대로 그것들 각각을 그 몸 안에 두셨습니다. 19 그런데 만일 모든 것이 한 부분이라면, 어떻게 몸을 이룰 수 있겠습니까? 20 그러므로 이제 참으로 많은 부분들이 있으나 한 몸입니다. 21 눈이 손에게 "나는 네가 필요 없다"라고 하거나, 머리가 발에게 "나는 네가 필요 없다"라고 말할 수 없습니다. 22 또한 그 몸에서 약하게 보이는 부분들이 훨씬 더 많이 필요하며, 23 우리가 그 몸에서 중요하지 않다고 생각하는 것들을 더 존귀하게 여기고, 볼품없는 부분들을 더 단정하게 꾸미지만, 24 보기에 좋으면 그럴 필요가 없습니다. 그러나 하나님께서는 열등한 부분을 더 크게 높여 주셔서 그 몸을 연합시키셨습니다. 25 이것은 그 몸에 분쟁이 없게 하고, 그 부분들이 서로를 동일하게 돌보게 하시려는 것입니다. 26 그러므로 한 지체가 고통스러우

48) '지식의 말씀'은 전하는 자는 알지 못하지만, 듣는 자는 아는 사실을 말하는 것이다. 여기에는 이름, 날짜, 위치, 특정 사건이나 인물 등에 대한 정보가 포함된다.

49) 성령님은 언제든지, 누구에게나 모든 은사를 주실 수 있다.

50) 헬라어 '밥티조'의 뜻은 '잠기다, 담그다'이다. 용어 해설에서 '침례'를 찾아보라.

면 모든 지체가 함께 고통스럽고, 한 지체가 영광을 얻으면 모든 지체가 함께 즐
거워합니다.

27 여러분은 메시아의 몸이며, 개개인은 그 지체들입니다. **28** 이제 하나님께서
회중(교회) 안에 그것들을 두셨습니다. 첫째는 사도들, 둘째는 선지자들, 셋째는
교사들, 그 다음은 기적을 행하는 자들이며, 그 다음은 치유의 은사와 돕는 은
사와[51] 다스리는[52] 은사와 각종 방언의 은사를 가진 자들입니다. **29** 모두가 사도
들입니까? 모두가 선지자들입니까? 모두가 교사들입니까? 모두가 기적을 행하는
자들입니까? **30** 모두가 치유의 은사를 가지고 있습니까? 모두가 방언을 말하고
있습니까? 모두가 통역을 합니까? **31** 따라서 여러분은 계속해서 더 좋은 은사들을
구해야 합니다.

사랑

그러면 이제 나는 여러분에게 더 좋은 길을 보이겠습니다.

13 **1** 내가 사람들의 방언과 천사들의 언어들로 말해도, 사랑이 없으면 나는
놋쇠나 요란한 꽹과리 소리가 됩니다. **2** 이제 내가 예언의 은사가 있어 모
든 비밀과 모든 지식을 알리며, 모든 믿음이 있어 산을 움직일지라도, 내게 사랑
이 없으면 나는 아무것도 아닙니다. **3** 또 *가난한 자들을 돕기 위해* 내 모든 소유
를 일일이 나눠 주고 내 몸을 자랑스럽게[53] 내어 줄지라도, 사랑이 없으면(미 6:8)
내게 아무 유익이 없습니다.

4 사랑은 오래 참고, 사랑은 친절하며, 시기하지 않습니다. 사랑은 자랑하지 않
고, 교만하지 않으며, **5** 무례하지 않고, 이기적이지 않으며, 화내지 않고, 남에게
악을 행하지 않으며, **6** 불의를 즐기지 않고, 진리 안에서 함께 즐거워하며, **7** 모든
것을 참고, 모든 것을 믿으며, 모든 것을 바라고, 모든 것을 견딥니다.

8 그리고 예언들이 없어지거나 방언들이 그치거나 지식들이 없어질지라도, 사
랑은 결코 소멸되지 않습니다. **9** 우리가 부분적으로 알고, 부분적으로 예언하나

51) 헬라어 '안틸레프시스'(artilepsis)는 가난한 자들과 병든 자들을 돌볼 책임이 있는 자들을 가리킨다.

52) 통치, 지도

53) 5세기 사본에 '자랑스럽다'에 해당하는 단어의 철자가 잘못되어 있다. 그래서 그 의미가 '불사르다'로 바뀌었다.

10 메시아의 재림으로 이끌어 갈 완전한 상태가 올 때에 부분적인 것은 없어질 것
입니다. 11 내가 아이였을 때는 아이처럼 말하고, 아이처럼 생각하며, 아이처럼 이
해했지만, 어른이 되고는 아이의 것들을 버렸습니다. 12 그러므로 지금은 우리가
거울을 통해 희미하게 보고 있으나, 그때는 얼굴과 얼굴을 마주하게 될 것입니다.
지금은 내가 부분적으로 알지만 그때는 내가 온전히 알 것이니, 마치 내가 알려
진 것과 같을 것입니다. 13 그러므로 이제 믿음, 소망, 사랑, 이 세 가지가 남아 있
는데, 이것들 가운데 가장 큰 것은 사랑입니다.

방언과 예언

14 1 여러분은 끊임없이 사랑을 추구하며 영적인 것들을 열망하되, 특별히
예언하기를 열망해야 합니다. 2 방언으로 말하는 자는 사람들에게 말하
는 것이 아니라, 하나님께 말하는 것이므로 아무도 알아듣지 못합니다. 그는 영
으로 비밀을 말하는 것이지만, 3 예언하는 자는 사람들에게 말하면서 세우고 격
려하고 위로합니다. 4 방언으로 말하는 자는 자신을 세우지만, 예언하는 자는 회
중(교회)을 세웁니다. 5 이제 나는 여러분 모두가 방언으로 말하기를 원합니다. 그
러나 여러분이 예언하게 되기를 더욱 원합니다. 그러므로 방언으로 말하는 자가
통역하여 회중(교회)이 세워지도록 하지 않으면, 예언하는 자가 더 낫습니다.

6 그렇다면 이제 형제들이여, 만일 내가 여러분에게 가서 방언으로 말하면서
계시나 지식이나 예언이나 가르침으로 전하지 않는다면, 여러분에게 무슨 유익이
되겠습니까? 7 마찬가지로 피리나 수금 등의 생명 없는 것들이 소리를 낼 때에 음
정을 구분해 주지 않는다면, 어떻게 피리를 부는 것인지 수금을 타는 것인지 알
겠습니까? 8 그리고 만일 나팔이 불확실한 소리를 낸다면, 누가 전쟁에 대비하겠
습니까? 9 이와 같이 여러분이 방언으로 분명하지 않은 말을 한다면, 그 말하는
것을 어떻게 알겠습니까? 그러므로 여러분은 허공에 말하는 것이 될 것입니다. 10
아마 세상에 그렇게 많은 소리들이 있어도 의미를 전달할 수는 없을 것입니다. 11
그러므로 내가 그 소리의 의미를 알지 못한다면, 나는 (상대에게) 외국어를 말하는
것이 되고, 상대방도 나에게 외국어를 말하는 것이 될 것입니다. 12 이와 같이 여
러분도 영적인 것들을 열망하니, 끊임없이 회중(교회)의 성장을 추구하여 그것들
이 풍성해지게 해야 합니다. 13 이런 이유로 방언으로 말하는 자는 계속해서 통역

하게 되기를 기도해야 합니다. 14 그러므로 만일 내가 방언으로 기도한다면, 내 영은 기도하고 있으나 내 마음에는 열매가 없습니다. 15 그렇다면 어떻게 해야 합니까? 나는 영으로 기도하면서 마음으로도 기도할 것입니다. 나는 영으로 노래하면서 마음으로도 찬양할 것입니다. 16 그러므로 만일 그대가 영으로 하나님을 찬양한다면, 무지한 상태에 있는 자[54]가 그대가 드린 감사에 어떻게 "아멘"을 말하겠습니까? 그는 그대가 무슨 말을 하고 있는지도 모르는데 말입니다. 17 그러므로 그대는 감사를 잘하는 것이지만, 다른 사람은 세워지지 않습니다. 18 나는 하나님께 감사하며, 여러분 모두보다 더 많이 방언으로 말합니다. 19 그러나 나는 회중(교회) 안에서 방언으로 일만 마디를 하는 것보다 내 마음의 다섯 마디 말을 해서 다른 사람을 가르치고 싶습니다.

20 형제들이여, 생각할 때에 어린아이가 되지 마십시오! 악을 대할 때는 젖먹이처럼 되어야 하겠지만, 생각할 때는 장성한 사람이 되어야 합니다. 21 토라(가르침)에 기록되기를,

"주께서 말씀하신다.
'내가 이 백성에게 다른 방언들과 다른 입술들로 말할지라도
내게 아무도 순종하지 않을 것이다'"(사 28:11, 12)라고 하였습니다.

22 그래서 방언은 믿는 자들이 아니라 믿지 않는 자들을 위한 표적이며,[55] 예언은 믿지 않는 자들을 위한 것이 아니라 믿는 자들을 위한 것입니다. 23 그러므로 만일 온 회중(교회)이 같은 시간에 함께 와서 모두 방언으로 말한다면, (성경을 모르거나 믿은 지 얼마 되지 않아) 배우지 못한 사람이나 믿지 않는 사람들이 들어왔을 때에 여러분이 미쳤다고 말하지 않겠습니까?[56] 24 그러나 만일 모든 사람이 예언을 하는데 믿지 않거나 은사를 받지 않은 사람이 들어온다면, 그는 모든 사람에 의해 죄를 깨닫고 모든 사람에게 판단을 받아 25 그 마음에 감춰진 것들이 드러나게 되어 얼굴을 땅에 대고 엎드려 하나님을 경배하며 선언하기를, "하나님은 참으로 여러분 가운데 계십니다"라고 할 것입니다.

54) 통역의 은사가 없는 사람이거나, 회당 안에 자리가 분리되어 있는 것처럼 성경을 배운 적이 없는 사람들 사이에 앉아 있는 자일 수도 있다.

55) 방언은 믿지 않는 자들을 위한 표적이다. 그러나 방언으로 기도하는 사람 자신도 세워진다(고전 14:4).

56) 통변, 방언 통역이 필요한 이유를 말해 준다.

모든 것을 질서 있게 하라

26 그렇다면 형제들이여, 어떻게 해야 합니까? 여러분이 함께 올 때에 각 사람에게는 찬송시도 있고, 교훈도 있고, 계시도 있고, 방언으로 전하는 메시지도 있고, 통역도 있는데, 모든 것이 끊임없이 회중(교회)을 세우도록 해야 합니다. **27** 만일 어떤 사람이 방언으로 말한다면, 둘 또는 셋까지만 차례로 하고, 한 사람은 통역해야 합니다. **28** 통역할 사람이 없다면, 회중(교회) 안에서는 침묵하고, 자기 자신과 하나님께만 말해야 합니다. **29** 또한 둘 또는 세 사람이 예언하고, 다른 사람들은 분별해야 합니다. **30** 만일 앉아 있던 또 다른 사람에게 계시가 임한다면, 먼저 하던 사람은 침묵해야 합니다. **31** 그러므로 여러분 모두 한 번에 한 사람씩 예언할 수 있으니, 이는 모든 사람이 배우고 힘을 얻게 하려는 것입니다. **32** 그리고 예언자들의 영은 예언자들에게 복종합니다. **33** 성도들의 모든 회중(교회)에서 그렇듯이, 하나님은 무질서의 하나님이 아니라 샬롬의 하나님이시기 때문입니다[57]

34 여자들은 회중(교회) 가운데 잠잠해야 합니다. 그들에게는 말하는 것이 허락되지 않았기 때문입니다. 토라(가르침)에서 말씀하듯이(창 3:16)[58] 그들은 복종해야 합니다. **35** 그런데 만일 누군가 배우기 원한다면, 그들은 집에서 자기 남편에게 물어야 합니다. 여자들이 회중(교회)에서 말하는 것은 부끄러운 일이기 때문입니다.[59] **36** 아니면 하나님의 말씀이 여러분에게서 나왔습니까? 그분께서 오직 여러분에게만 오셨습니까?

37 만일 어떤 사람이 자신을 예언자나 영적인 사람이라고 생각한다면, 그는 내가 여러분에게 쓰고 있는 이 글이 주님의 명령이라는 것을 알아야 합니다. **38** 만일 어떤 사람이 무시한다면, 그 사람도 무시당하게 될 것입니다. **39** 그러므로 내 형제들이여, 여러분은 끊임없이 예언하기를 구하고, 방언으로 말하는 것을 방해하지 말아

57) 보통은 '성도들의 모든 회중(교회)에서 그렇듯이'를 다음 절과 연결시키지만, 여기서는 은사의 올바른 사용법을 설명하는 문맥에 적용했다. 바울은 여러 교회들에게 은사에 대해 이야기했지만, '교회 안에서 아내들의 발언'에 대해서는 오직 고린도 교회와 에베소에 있는 디모데에게만 써 보냈다. 이들 두 도시는 풍요의 여신을 주신으로 모시는 곳으로, 여성들이 사회에서 주도권을 행사하고 있었기 때문이다.

58) 창세기 3장 16절은 아내가 남편의 다스림을 받게 될 것이라고 말한다. 그러나 바울은 여기서 당시의 전통을 언급한 것일 수도 있다. 그가 고린도와 에베소 교회의 여자들에게만 이렇게 써 보냈다는 사실에 주목하라. 그는 갈라디아서 3장 28절에서는 "그러므로 … 남자나 여자가 없습니다. 여러분이 모두 메시아 예슈아 안에서 하나이기 때문입니다"라고 했다.

59) 34–35절은 상황에 따라 다르게 적용될 수 있다. 바울은 고린도와 에베소 교회에만 여자는 교회 안에서 잠잠하며 가르치지 말라고 전했다(딤전 2:11). 두 도시는 풍요의 여신인 다이아나와 아르테미스의 본고장으로, 여성이 주도적 역할을 했고 신전 매춘도 허용되었다. 사도행전 19장을 보라.

야 합니다.[60] 40 다만 모든 것이 단정하게 질서에 따라 시행되어야 합니다.

메시아의 부활[61]

15 1 그리고 형제들이여, 내가 전에 여러분에게 선포한 복음을 알려 주겠습
니다. 여러분은 그 복음을 받아들였고, 그 안에 서 있으며, 2 그것을 통
해 구원을 받습니다. 여러분이 내가 전한 그 메시지를 굳게 잡고 헛되이 믿지 않
았다면 말입니다. 3 나는 처음에 내가 받은 것을 여러분에게 전해 주었습니다. 그
것은 메시아께서 성경대로 우리 죄를 위해 죽으시고, 4 장사되었다가 성경대로[62]
제삼일에 일어나셨으며(호 6:2), 5 게바에게 보이시고,[63] 그 다음에는 열둘에게 보이
신 것입니다.[64] 6 그 다음에 그분은 오백 명 이상의 형제들에게 한 번에 보이셨는
데, 그들 대부분이 지금까지 남아 있으나 몇 명은 잠들었습니다.[65] 7 그 후에 그분
은 야고보에게 보이셨고, 그 다음에는 모든 사도에게, 8 그리고 맨 마지막에는 제
때에 태어나지 못한 자 같은 나에게도 보이셨습니다. 9 그러므로 나는 사도들 가
운데 가장 작은 자이며, 사도라고 불릴 자격이 없는 자입니다. 내가 하나님의 회
중(교회)을 핍박했기 때문입니다. 10 그러나 하나님의 은혜로 나는 지금의 내가 되었
고, 내 안에 있는 그분의 은혜가 헛되지 않아 내가 그들 모두보다 더 많이 수고하였
습니다. 그러나 이것은 내가 아니라 나와 함께하시는 하나님의 은혜입니다. 11 이제
내가 되었든 그들이 되었든, 우리는 이렇게 전파하고 있으며, 여러분은 그렇게 믿
었습니다.

죽은 자들의 부활

12 또한 메시아께서 죽은 자들로부터 일어나셨다고 선포되었는데, 어떻게 여러
분 가운데 몇 사람은 죽은 자들의 부활이 없다고 말하는 것입니까? 13 그러나 죽

60) 방언을 하는 것은 오늘날도 유효하며, 27-28절의 범위 내에서 격려받아야 할 일이다.

61) 용어 해설에서 '부활'을 찾아보라.

62) 바울이 본서를 기록할 당시에는 '구약 성경'밖에 없었다. 마태복음 12장 40절과 사도행전 2장 24절을 참조하라.

63) 엠마오로 가던 두 제자가 부활하신 예슈아를 만난 사건을 말한다. 누가복음 24장 34절을 참고하라. 게바는 아람어로 '돌멩이'를 뜻한다. 용어 해설에서 '게바'를 찾아보라.

64) 마태복음 28장 16-20절, 누가복음 24장 36-49절, 요한복음 20장 19-23절과 26-29절을 참고하라.

65) 용어 해설에서 '죽음'을 찾아보라.

은 자들의 부활이 없다면, 메시아께서 일어나시지 않은 것입니다. **14** 메시아께서
일어나지 않으셨다면, 우리가 전파하는 것도 헛되고, 여러분의 믿음도 헛된 것입
니다. **15** 그러면 우리가 하나님의 거짓 증인으로 드러날 것입니다. 우리는 하나님께
서 메시아를 일으키셨다고 증거했는데, 죽은 자들이 참으로 일으켜지지 않으면, 그
분은 일어나지 않으셨을 것이기 때문입니다. **16** 죽은 자들이 일으켜지지 않으면 그
분도 일으켜지지 않았고, **17** 메시아가 일으켜지지 않았다면 여러분의 믿음도 헛되
고, 여러분은 여전히 자기 죄 가운데 있는 것이니, **18** 결과적으로 메시아 안에서
자는[66] 자들은 멸망할 것입니다. **19** 우리가 메시아 안에서 소망하는 것이 이 세상
만을 위한 것이라면, 우리는 모두 불쌍한 사람들입니다.

20 그러나 이제 메시아께서 죽은 자들로부터 일으켜지셨고, 잠자는 자들의 첫
열매가 되셨습니다. **21** 그러므로 사망이 한 사람을 통해 왔기 때문에, 죽은 자들
의 부활도 한 사람을 통해 옵니다. **22** 아담 안에서 모든 사람이 죽는 것처럼, 또한
메시아 안에서 모든 사람이 살게 될 것이기 때문입니다. **23** 그러나 각자 자기 순서
가 있습니다. 메시아께서 첫 열매이시고, 그 다음은 메시아께서 오실 때에 그분께
속한 자들이며, **24** 그 후 마지막이 올 것인데, 그때 그분이 그 왕국을 하나님 아버
지께 넘겨 드릴 것이며, 모든 지도자와 모든 권세와 모든 능력이 끝날 것입니다.
25 그분께서 모든 적을 그분의 발 아래 둘 때까지 다스리셔야 하기 때문입니다. **26**
사망은 최후에 멸망할 적입니다. **27** "그분이 만물을 그분의 발 아래 복종시키셨
다"(시 8:7)[67]라고 하셨는데, 만물이 복종하게 되었다고 그분이 말씀하실 때에 만
물을 *메시아께* 복종시키시는 분은 제외되는 것이 분명합니다. **28** 그러나 만물이
그분께 복종하게 되었을 때, 그 아들 자신도 만물을 복종시키는 분께 복종하게
될 것입니다. 이는 하나님께서 모든 것 가운데 모든 것이 되시기 위함입니다.

29 죽은 자들을 위해 침례를 받는 자들은 무엇 때문에 그렇게 하는 것입니까?
만일 죽은 자들이 실제로 일으켜지지 않는다면, 왜 그들을 위해 침례를 받는 것
입니까? **30** 그리고 우리는 왜 매시간 위험에 처하는 것입니까? **31** 형제들이여, 나
는 매일 죽습니다. 내가 메시아 예슈아 우리 주 안에 있는 여러분을 자랑할 정도
로 확실하게 말입니다. **32** 내가 사람(사람의 방식)을 따라 에베소에서 맹수들과 싸웠
다면, 내게 무슨 유익이 있겠습니까? 만일 죽은 자들이 일으켜지지 않는다면,

"내일 우리가 죽을 것이니, 우리가 먹고 마셔야겠다"(사 22:13)라고 했을 것입니다.

33 여러분은 속으면 안 됩니다.

"악한 친구들은 선한 습관을 망칩니다."

34 여러분은 의로운 것에 깨어 있어야 하며, 죄 짓는 것을 멈춰야 합니다. 어떤
사람들이 하나님에 대해 무지하기 때문에 내가 여러분을 부끄럽게 하려고 말하는
것입니다.

부활의 몸

35 그러나 어떤 사람들은 말하기를, "어떻게 죽은 자들이 일으켜지는가?" 또 "어떤
종류의 몸으로 올 것인가?"라고 할 것입니다. 36 어리석은 말입니다! 그대가 심고
있는 것은 *먼저* 죽지 않으면 살지 못합니다(요 12:24). 37 그렇다면 그대가 심고 있는
것은 (완성된) 형체가 아니라 순수한 씨입니다. 그것은 밀이나 다른 알곡들이 되어
나오겠지만, 38 하나님께서는 원하시는 대로 형체를 주시되, 각각의 씨앗에 고유
한 형체를 주실 것입니다. 39 그러나 모든 육체가 다 같은 것은 아니니, 사람의 육
체가 있고, 가축들의 육체와 새들의 육체와 물고기들의 육체가 있습니다. 40 또 하
늘의 형체들과 땅의 형체들도 있으며, 하늘에 속한 영광이 다르고, 땅에 속한 영
광이 다릅니다. 41 해의 영광과 함께 달의 영광 그리고 별들의 영광이 다르며, 별
과 별의 영광이 다릅니다.

42 죽은 자들의 부활도 그렇습니다. 썩을 것으로 심고 썩지 않을 것으로 일으켜
지며, 43 수치스러운 것으로 심고 영광스러운 것으로 일으켜지며, 약한 것으로 심
고 강한 것으로 일으켜집니다. 44 몸은 육적으로 심기지만, 영적인 몸으로 일으켜
집니다. 만일 육적인 몸이 있다면, 영적인 몸[68]도 있습니다. 45 그러므로 기록되기
를, "첫 사람 아담이 산 영이 되었다"(창 2:7)라고 하였으니, 마지막 아담은 생명을
주는 영이 되었습니다. 46 그러나 영적인 것들이 먼저가 아닙니다. 육적인 것들 다
음이 영적인 것들입니다. 47 첫 사람은 땅의 흙에서 왔으나 두 번째 사람은 하늘
에서 나왔습니다. 48 땅에 속한 사람은 땅의 것들과 같고, 하늘에 속한 사람은 하
늘의 본성으로 태어난 자들과 같습니다. 49 그러므로 우리가 늘 흙에서 난 사람의
형상을 지니고 있듯이, 하늘에서 나오신 분의 형상도 지니게 될 것입니다.[69]

66) 여기서 '잠'은 '죽음'을 뜻하는 히브리 관용 표현이다.

67) 히브리 성경을 기준으로 한 것이며, 우리말 성경은 시편 8편 6절이다.

68) 용어 해설에서 '부활한 몸'을 찾아보라.

69) 우리는 날마다 예수아를 닮아 가야 한다. 용어 해설에서 '부활한 몸'을 찾아보라.

50 그러나 형제들이여, 내가 이것을 말합니다. 살과 피는 하나님의 왕국을 상속
받을 수 없고, 썩은 것이 썩지 않을 것을 상속받을 수도 없습니다. **51** 보십시오, 내
가 여러분에게 비밀의 일을 전합니다. 우리는 모두 *죽음으로* 잠들지 않고, 모두
변화될 것이니, **52** 눈 깜짝하는 순간, 마지막 쇼파르(양각나팔)에 그렇게 될 것입니
다. 쇼파르(양각나팔)가 울리면, 죽은 자들이 썩지 않을 것으로 일으켜지고, 우리는
변화될 것입니다(사 26:19; 단 12:13; 계 20:5). **53** 그러므로 이 썩을 몸이 썩지 않을 것을
입어야 하고, 이 죽을 것이 죽지 않을 것을 입어야 합니다. **54** 그리고 이 죽을 몸
이 죽지 않을 것을 입고, 이 썩을 것이 썩지 않을 것을 입게 될 때, 기록된 말씀
이 이루어질 것입니다.

"사망이 승리 안으로 삼켜졌다"(사 25:8).

55 "오 사망아, 네 승리가 어디에 있느냐?

오 사망아, 네 쏘는 것이 어디에 있느냐?"(호 13:14)

56 그러나 죄가 사망의 쏘는 것이며, 죄의 능력은 토라(가르침)[70]에서 *취합니다*.
57 그러나 하나님, 곧 우리 주 예슈아 메시아를 통해 우리에게 승리를 주신 그분
께 감사합니다. **58** 그러므로 나의 사랑하는 형제들이여, 여러분은 계속해서 변함
과 흔들림 없이 항상 주님의 일을 풍성히 해야 합니다. 이는 여러분의 수고가 주
님 안에서 헛되지 않다는 것을 알기 때문입니다.

성도들을 위한 헌금

16

1 그리고 성도들을 위한 헌금에 관해서는, 내가 갈라디아 회중(교회)에게
명령한 대로 여러분도 이제 그렇게 해야 합니다. **2** 토요일 저녁 하브달라[71]
예식 때에 여러분 각자 자기 소득에서 얼마를 얻었든지 따로 떼어 놓으십시오. 그
래서 내가 갈 때 모금하지 않도록 하십시오. **3** 그리고 내가 도착하면, 누구든지 여
러분이 인정한 사람들에게 편지를 써 주어 예루살렘으로 여러분의 선물을 가져
가게 할 것입니다. **4** 만일 내가 가야 할 만한 일이라면, 그들이 나와 함께 갈 것입
니다.

70) 토라는 '가르침', '교훈'을 뜻한다. 용어 해설에서 '토라'를 찾아보라.

71) 안식일이 끝나는 토요일 저녁에 진행되는 예식(예배)을 말한다. 유대인들은 안식 후 첫날을 한 주의 시작으로 정한다. 하브달라 예배는 토요일 해가 진 후 두 시간 정도 지나서 시작된다. 그러므로 사람들은 이 예배를 통해 거룩한 안식일을 마무리하고 새로운 한 주를 맞이하게 된다. 용어 해설에서 '하브달라'를 찾아보라.

바울의 여행 계획

5 또한 나는 마케도니아를 거쳐 여러분에게 갈 것입니다. 내가 마케도니아를 지
나므로 **6** 아마 여러분과 계속 함께 있거나 아예 겨울을 지낼지도 모르겠습니다.
그러면 내가 어디로 가든지, 여러분이 나를 보낼 것입니다. **7** 나는 여러분을 지나
가는 길에 잠깐 보는 것을 원치 않습니다. 주님께서 허락하시면 얼마 동안 여러분
과 함께 있기를 소망하기 때문입니다. **8** 그래서 나는 샤부오트(오순절)[72]까지 에베
소에 머물 것입니다. **9** 나에게 크고 유효한 문이 열렸지만, 많은 대적자들이 있기
때문입니다.

10 그리고 디모데가 *고린도에* 도착하면, 그가 여러분 가운데 두려움 없이 지낼
수 있게 살펴 주십시오. 그는 나처럼 주님의 일을 하는 사람입니다. **11** 그러므로
아무도 그를 멸시하지 마십시오. 오히려 여러분은 그를 평안히 보내 주어 그가 내
게 올 수 있게 해 주어야 합니다. 내가 형제들과 함께 그를 기다리고 있기 때문입
니다.

12 그리고 우리 형제 아볼로에 관해서는, 내가 형제들과 함께 여러분에게 가라
고 수차례 권면했는데, 그가 지금 가는 것은 결코 *하나님의* 뜻이 아니었습니다.
그러나 그는 기회가 생기면 갈 것입니다.

마지막 당부와 문안

13 여러분은 계속해서 깨어 있어야 합니다. 늘 믿음에 굳게 서 있어야 하고, 항
상 용기 있게 행동해야 하며, 지속적으로 힘을 내야 합니다. **14** 여러분이 하는 모
든 일이 항상 사랑으로 행해져야 합니다.

15 형제들이여, 내가 여러분에게 권면합니다. 여러분은 스데바나 집안이 아가야
의 첫 열매[73]로 성도들을 섬기는 일에 자신들을 바쳤다는 것을 알고 있습니다. **16**
그러므로 여러분은 모든 일에 함께하고 수고하는 이러한 자들에게 순종해야 할
것입니다. **17** 그리고 나는 스데바나와 브드나도와 아가이고가 도착해서 기쁩니다.
그들이 여러분의 빈자리를 채웠기 때문입니다. **18** 또한 그들은 내 심령과 여러분
의 심령을 편안하게 해 주었습니다. 그러므로 여러분은 그들이 그러한 사람임을

72) 또는 칠칠절

73) 이들은 아가야 지역에서 처음으로 회심한 사람들이다. 아가야에는 그리스의 주요 도시인 아테네와 고린도가 포함되었다.

인정해야 합니다.

19 아시아의 회중(교회)들이 여러분에게 문안합니다. 아굴라와 브리스가가 그들
의 가정에서 모이는 회중(가정 교회)과 함께 여러분에게 따뜻한 안부를 전합니다.
20 모든 형제가 여러분에게 문안합니다. 이제 여러분은 거룩한 입맞춤으로 서로
문안해야 합니다.

21 문안 인사는 나, 바울의 손으로 씁니다. **22** 만일 어떤 사람이 주님을 사랑하
지 않는다면, 그는 이제 저주받아야 합니다(출교당하여 파멸하게 될 것입니다). 마란 아
타![74] **23** 주 예슈아의 은혜가 여러분과 함께하기를 바랍니다. **24** 나의 사랑이 메시
아 예슈아 안에서 여러분 모두와 함께 있습니다.

74) 히브리어 '마란 아타'(Maran atah)의 뜻은 '오십시오!'이다. 이것을 라틴어로 음역한 것이 '마라나타'이다.

고린도후서[1]

인사

1 1 하나님의 뜻을 따라 메시아 예슈아의 사도 된 바울과 형제 디모데는 고
린도에 있는 하나님의 회중(교회)[2]과 아가야[3] 전 지역에 있는 모든 성도
들에게 편지합니다. 2 은혜와 샬롬이 하나님 우리 아버지와 주 예슈아 메시아로부
터 여러분에게 있기를 바랍니다.

환난 후 바울의 감사

3 우리 주 예슈아 메시아의 아버지 하나님, 모든 긍휼의 아버지, 모든 격려의
하나님을 송축합니다.[4] 4 그분은 우리를 모든 환난 가운데 위로하셔서 우리 자신
이 하나님께 받은 위로와 권면으로 모든 환난 가운데 있는 사람들을 위로할 수
있게 해 주시는 분입니다. 5 메시아의 고난이 우리 가운데 풍성한 것처럼, 메시아
를 통한 우리의 위로도 풍성하기 때문입니다. 6 그러나 우리가 고난을 받아도 여러
분의 위로와 구원을 위한 것이며, 위로를 받아도 여러분을 위로하기 위한 것이니,
이 위로는 우리가 겪고 있는 동일한 고난으로 말미암아 인내 가운데 역사하고 있
습니다. 7 그리고 여러분에 대한 우리의 소망이 굳건한 것은, 여러분이 그 고난에
동참한 것처럼 위로에도 동참한다는 사실을 알기 때문입니다.

8 그러므로 형제들이여, 우리는 아시아에서 당한 시련에 대해 여러분이 모르는
것을 원치 않습니다. 우리가 삶을 포기할 정도로 감당하기 힘들었기 때문입니다.
9 우리에게 그 사형 선고가 내려진 것은 우리 자신을 신뢰하지 않고 하나님, 곧 죽

1) AD 56년경, 데살로니가전·후서와 고린도전서를 써 보낸 후, 아직 로마서는 보내기 전에 기록되었다.

2) 용어 해설에서 '회중'을 찾아보라.

3) '아가야'는 아테네와 고린도 등을 포함하는 그리스의 주요 지역이었다.

4) 보통 '찬송하리로다'로 번역된다. 그러나 유대인들의 기도라는 점을 감안할 때 '복되다'가 더 적합하며, 헬라어 '율로개토스'(Eulogatos)의 주된 의미도 '찬송'보다는 '축복'에 가깝다.

은 자를 살리시는 분을 신뢰하게 하려는 것이었습니다. 10 그분은 그렇게 큰 죽음
에서 우리를 구해 주셨고, 그것을 피하게 해 주실 것입니다. 우리가 그분 안에서
소망을 갖는 것은 그분께서 여전히 우리를 구원하실 것이기 때문입니다. 11 그러
므로 여러분이 우리를 위해 기도로 돕는 일에 참여하면, 많은 사람들이 우리가
큰 위험에서 벗어나 생명으로 옮겨진 것에 대해 감사하게 될 것입니다.

바울의 방문 연기

12 이제 우리의 자랑은 이것이니, 곧 우리 양심이 증거하는 것으로, 우리가 하
나님 앞에서 거룩하고 진실하게 이 땅의 지혜가 아니라 하나님의 은혜로 행하였
는데, 특히 여러분을 대할 때는 더욱 그러했다는 것입니다. 13 사실상 우리는 여
러분이 읽은 것과 아는 것 외에는 써 보내지 않고 있습니다. 그래서 여러분이 완
전히 이해하기를 바랍니다. 14 그러면 여러분이 우리를 알고 있는 부분, 곧 우리가
여러분을 자랑스러워하는 것과 같이 여러분도 우리 주 예슈아의 날에 우리를 자
랑스러워할 것입니다.

15 그리고 이러한 확신이 있었으므로, 나는 여러분에게 더 일찍 가서 두 번째
은혜의 선물을 받게 하고 싶었습니다. 16 그리고 마케도니아로 가는 길에 여러분
에게 들렀다가 마케도니아에서 다시 여러분에게 가서 여러분의 보냄을 받아 유
대로 가려 했습니다. 17 그렇다면 내가 이렇게 하기를 원하면서 가벼움으로 했겠
습니까? 아니면 육체를 따라 원하는 대로 하려고 확실하게 "예"라고 하고는 확
실하게 "아니요"라고 하겠습니까? 18 그러나 하나님은 신실하십니다. 우리가 여러
분에게 전한 메시지는 "예" 다음에 "아니요"가 아닙니다. 19 그러므로 우리, 곧 나
와 실라와 디모데를 통해 전파되신 하나님의 아들, 예슈아 메시아, 여러분 가운
데 계신 분은 "예"도 되셨다가 "아니요"도 되시는 분이 아닙니다. 그분 안에서는
오직 "예"만 되었습니다. 20 그러므로 하나님의 약속은 그게 무엇이든 얼마나 많
이 있든지 그분 안에서 참으로 "예!"입니다. 이런 이유로 우리는 또한 그분을 통
해 "아멘, 하나님께 영광"이라고 합니다. 21 하나님께서는 메시아 안에서 여러분과
함께 우리를 세우시고 우리에게 기름을 부으신 바로 그분이며, 22 우리에게 인장을
찍으시고 우리 마음에 그 영(성령)을 보증으로 주신 바로 그분이십니다.

23 그러나 내가 목숨을 걸고 하나님을 증인으로 요청합니다. 내가 고린도에 다
시 가지 않은 것은 여러분을 아끼기 때문입니다. 24 우리는 여러분의 믿음 위에 군

림하는 사람이 아니라, 여러분의 기쁨을 위해 일하는 동역자들일 뿐입니다. 여러
분이 이미 믿음 가운데 서 있기 때문입니다.

2

1[5] 그러므로 나는 다시는 슬픔 가운데 여러분에게 가지 않기로 스스로
결심했습니다. 2 만일 내가 여러분을 근심하게 한다면, 나로 인해 근심하
는 그 사람 외에 누가 나를 기쁘게 하겠습니까? 3 내가 바로 이것을 쓴 이유는, 내
가 갈 때에 기뻐해야 할 사람들 때문에 근심하지 않으려는 것이며, 내 기쁨이 여
러분 모두의 것임을 여러분 모두에 대해 확신하려는 것입니다. 4 그러므로 나는
많은 시련과 마음의 고통에서 비롯된 많은 눈물로 여러분에게 편지를 썼습니다.
그것은 여러분에게 걱정을 끼치려는 것이 아니라, 특별히 여러분에 대해 넘치는
사랑이 있음을 알게 하려는 것이었습니다.

상처 준 사람 용서하기

5 그러나 만일 어떤 사람이 *여러분의* 근심거리가 되었다면, 그는 내게 근심거리
가 된 것이 아니라 과장하지 않고 말해서 어느 정도 여러분 모두의 근심이 된 것
입니다. 6 그런 사람은 다수에게 받는 이러한 벌로 충분합니다. 7 그러므로 여러분
은 오히려 반대로 용서하고 위로하여 이 사람이 지나친 슬픔에 휩싸이지 않게 해
야 합니다. 8 이런 이유로 나는 여러분에게 그 사람에 대한 *여러분의* 사랑을 확증
하라고 권면합니다. 9 내가 이 편지를 쓴 것은 여러분이 이 모든 일에 순종하는지
여러분의 성품을 알기 위해서였습니다. 10 그리고 여러분이 잘못을 용서해 준 그
사람을 나도 용서합니다. 만일 내가 어떤 것을 용서했다면 메시아 앞에서 여러분
을 위해 한 것이니, 11 이것은 우리가 사탄[6]에게 이용당하지 않으려는 것입니다.
우리는 그의 의도를 모르지 않습니다.

바울의 염려와 안도

12 한편 내가 메시아의 복음을 위해 드로아에 갔을 때, 주님으로 인해 내게 한
문이 열렸습니다. 13 내 형제 디도를 만나지 못해 심령이 편치[7] 않았으나, 나는 그

5) 용어 해설에서 '장과 절 숫자들'을 찾아보라.

6) 용어 해설에서 '사탄'을 찾아보라.

7) 헬라어 '아네시스'(anesis)는 걱정이나 긴장에서 자유함을 뜻한다.

들에게 작별을 고하고 마케도니아로 갔습니다.

14 그러나 메시아 안에서 항상 우리를 승리하게 하시고, 모든 곳에서 우리를 통해 그분에 대한 지식의 향기를 나타내게 하시는 하나님께 감사드립니다. 15 우리는 구원받는 자들 가운데서와 영원한 고통으로 멸망하는 자들 가운데서 하나님을 향한 메시아의 향기입니다. 16 그러나 어떤 사람들에게는 죽음에서 죽음으로 들어가는 향기이지만, 다른 사람들에게는 생명에서 생명으로 들어가는 향기입니다. 그러니 누가 이런 일들에 적합하겠습니까? 17 그러므로 우리는 많은 사람들처럼 하나님의 말씀으로 장사하는 것이 아니라 진심에서 우러난 것, 곧 하나님에게서 온 것으로 하나님 앞과 메시아 안에서 전하고 있습니다.

그 언약의 사명자들

3 1 우리가 다시 스스로를 추천하기 시작하겠습니까? 아니면 어떤 사람들(거짓 사도들)처럼 우리도 여러분에게 또는 여러분으로부터 추천하는 편지가 있어야 합니까?[8] 2 여러분 자신이 바로 우리의 편지입니다. 그것은 우리 마음에 기록되어 모든 사람에 의해 알려지고 읽혀졌습니다. 3 여러분은 우리의 섬김으로 메시아에게서 온 편지임이 밝혀졌습니다. 이것은 잉크가 아니라 살아 계신 하나님의 영으로, 돌판이 아니라 육신의 마음판에 기록된 것입니다.

4 그리고 우리는 메시아를 통해 하나님을 이와 같이 신뢰합니다. 5 우리가 우리 자신에게서 나온 어떤 것을 인식한다고 자격이 있는 것이 아닙니다. 우리의 능력은 하나님에게서 옵니다. 6 그분은 또한 우리에게 문자가 아니라 영으로 새 언약에 대한 종[9]의 자격을 주셨습니다. 문자[10]는 죽이는 것이지만 영은 살아나게 만들기 때문입니다.

7 그러나 돌에 문자로 새겨진 죽음의 사역[11]도 영광이 있어서, 이스라엘 자손들이 모세의 얼굴에 나타난 광채, 곧 사라져 버릴 그 광채로 인해 그의 얼굴을 쳐다볼 수 없었다면, 8 참으로 그 영의 사역은 더욱 확실하게 더 큰 영광 안에 있

8) 부정적인 대답을 예상하는 질문이다.

9) 헬라어 '디아코노스'는 '사역자', '종', '일꾼', '집사' 등으로 번역할 수 있다. 용어 해설에서 '종'을 찾아보라.

10) 문자 하나하나에 얽매이는 삶은 성령을 따르는 삶이 아니라 율법주의이다. 용어 해설에서 '율법주의'를 찾아보라.

11) 이것은 물론 8, 9절의 '사역'도 '봉사', '직분'으로 번역할 수 있다.

지 않겠습니까? **9** 만일 정죄의 사역에 영광이 있다면, 의의 사역은 훨씬 더 큰 영
광으로 가득합니다. **10** 그러므로 이전에는 영광스럽던 것(모세의 얼굴의 광채)이 이 일
에서는 더 탁월한 영광(예슈아의 영광) 때문에 더 이상 영광이 아닙니다. **11** 또한 지
나가 버린 것이 영광으로 존재한다면, 그분은 훨씬 더 큰 영광 가운데 *영원히* 계
십니다.

12 그러므로 우리에게 이와 같은 소망이 있기에 우리는 더욱 담대함으로 말합
니다. **13** 모세는 자기 얼굴을 베일로 가려 이스라엘 자손들에게 없어질 것(그 얼굴
의 광채)을 보지 못하게 했지만, 우리는 그와 같이 하지 않습니다. **14** 그러나 그들의
마음은 완고해졌습니다. 그러므로 현재까지 같은 베일이 옛 언약을 읽을 때에 벗
겨지지 않고 남아 있습니다. *그 베일은* 메시아에 의해 제거되기 때문입니다. **15** 그
래서 오늘까지 모세의 글이 낭독될 때마다 베일이 그들의 마음을 가리고 있습니
다. **16** 하지만 누구든 주께 돌아올 때마다 그 베일이 벗겨집니다. **17** 주는 영이십니
다. 그러므로 주의 영이 계신 곳에 자유[12]가 있습니다(갈 5:13). **18** 우리는 모두 베일
을 벗고, 마치 자기 모습을 거울에 비춰 보듯이 주의 영광을 바라보면서 주의 모
습으로 변화되어 영광에서 영광에 이르게 됩니다. 이것은 주의 영이 이루시는 일
입니다.

질그릇에 담긴 보물

4 **1** 따라서 우리는 자비하심을 입은 그대로 섬기는 이 일을 받았으므로 낙
심하지 않습니다. **2** 오히려 우리는 감춰진 부끄러운 일들을 버리고, 간사
하게 행하지 않으며, 하나님의 말씀을 왜곡하지도 않고, 진리를 드러냄으로 하나
님 앞에서 모든 사람의 양심에 우리 자신을 내세웁니다. **3** 만일 우리의 복음이 가
려졌다면, 그것은 멸망당한 사람들에게 가려진 것이며, **4** 이 세상의 신이 믿지 않
는 자들의 마음을 가려 하나님의 형상이신 메시아의 영광스러운 복음[13]의 빛을 비
추지 못하게 한 것입니다. **5** 우리가 전파하는 것은 우리 자신이 아니라 메시아 예슈
아 주님이십니다. 우리는 예슈아로 말미암아 여러분의 종[14]이 되었습니다. **6** "빛이

12) 이 단어의 기본적인 의미는 '…로부터의 자유'이다. 먼저는 죄로부터의 자유, 다시 말해 더 이상 죄의 노예가 아니라는 것이며(요 8:34), 나아가 영적 전쟁을 통해 묶임으로부터 해방되는 것을 말한다.

13) 용어 해설에서 '복음'을 찾아보라.

14) 또는 노예. 용어 해설에서 '종'을 찾아보라.

어둠 속에서 발할지니라"(사 9:1)라고 말씀하신 하나님께서 메시아 예슈아의 얼굴에
깃든 하나님의 영광을 아는 지식의 빛을 우리 마음에 비추어 주셨기 때문입니다.
7 그러나 우리는 이 보물을 질그릇에 담았습니다. 이는 그 능력의 탁월함이 하
나님의 것이 되게 하고, 우리에게서 나오지 않게 하려는 것입니다. 8 그러므로 우
리는 모든 일에 시련을 당해도 온전히 갇히지 않고, 의심스러우나 당황하지 않으
며, 9 핍박을 받으나 버림받지 않고, 맞아서 쓰러지나 멸망하지 않으며, 10 항상 예
슈아의 죽음을 그 몸에 두르고 있습니다. 이는 예슈아의 생명이 우리 몸[15]에 나
타나게 하려는 것입니다. 11 우리, 곧 살아 있는 자들이 항상 예슈아를 위해 죽음
에 넘겨지는 것도 예슈아의 생명이 우리의 죽을 몸 안에 나타나게 하려는 것입니
다. 12 그리하여 죽음은 우리 안에서 역사하고, 생명은 여러분 안에서 역사합니다.
13 그리고 "내가 믿었으므로 말하였노라"(시 116:10)라고 기록된 그대로 우리가 같은
믿음의 영을 가지고 있고, 믿기 때문에 또한 말하는 것입니다. 14 우리는 주 예슈
아를 일으키신 분께서 예슈아와 함께 우리도 일으키시고, 우리를 여러분과 함께
그분의 심판대 앞에 서게 하실 것을 알기 때문입니다. 15 그러므로 모든 일은 여러
분을 위한 것입니다. 이것은 그 많은 사람들 가운데 풍성한 은혜가 임하여 하나
님의 영광에 대한 감사가 넘치게 하려는 것입니다.

믿음으로 살기

16 이런 이유로 우리는 절망하지 않습니다. 우리의 겉사람은 썩을지라도, 우리
의 속사람은 날마다 새로워지고 있습니다. 17 참으로 우리가 잠시 겪는 시련은 영
원한 충만함, 곧 우리 안에서 영원히 역사할 영광의 무게에 비할 수 없는 가벼운
것입니다. 18 우리는 보이는 것이 아니라 보이지 않는 것들을 주목합니다. 우리가
보는 것들은 일시적이지만, 보이지 않는 것들은 영원하기 때문입니다.

5 1 그러므로 우리는 이 땅에 있는 우리의 장막[16]이 무너지면 하나님께서
지으신 건물, 곧 *사람의* 손으로 짓지 않은 영원한 하늘의 집[17]이 우리에
게 있음을 압니다. 2 참으로 우리는 이 처소에서 탄식하며 하늘에서 오는 그것[18]
을 입기를 갈망합니다. 3 만일 우리가 그것을 입게 되면 벌거벗은[19] 것으로 보이지
않을 것입니다. 4 우리가 참으로 무거운 짐을 진 채 장막[20] 안에서 탄식하는 것은,

우리가 벗어 버리고 싶어서가 아니라 덧입기를 소망하기 때문입니다. 이것은 우리의 죽을 수밖에 없는 존재가 생명에 삼켜지게 하려는 것입니다. **5** 그리고 우리 안에서 이와 동일한 일을 행하시고, 우리에게 그 영(성령)을 보증으로 주신 분은 하나님이십니다.

6 그러므로 우리가 몸 안에 거할 때는 주님에게서 떨어져 있다는 사실을 알면서도 항상 확신에 차 있습니다. **7** 우리가 보는 것이 아니라 믿음으로 행하기 때문입니다. **8** 그러나 우리는 확신에 차 있고, 차라리 몸을 떠나 주님과 함께 있기를 더 원합니다. **9** 그래서 우리는 몸 안에 있든지, 떠나 있든지 그분을 기쁘게 해 드리려고 힘씁니다. **10** 우리 모두가 메시아의 재판석 앞에 나아가서, 선행이든 악행이든[21] 각 사람이 그 몸으로 행한 일에 따라 보응을 받을 것이기 때문입니다.

화해의 사역

11 그러므로 우리는 주께서 두려운 분이심을 알기에 사람들을 설득합니다. 그리고 우리는 이미 하나님 앞에 드러났습니다. 참으로 나는 여러분의 양심에도 우리가 드러나기를 바랍니다. **12** 우리는 또다시 여러분 앞에서 우리 자신을 내세우려는 것이 아니라, 여러분에게 우리를 자랑할 기회를 주려는 것입니다. 그렇게 하여 여러분 앞에서는 자랑하지만, 속으로는 자랑할 것이 없는 사람들에게 대답할 수 있게 하려는 것입니다. **13** 그러므로 우리는 하나님을 위해 정신이 나가기도 하고, 여러분을 위해 온전한 정신 상태이기도 합니다. **14** 메시아의 사랑이 우리를 강권하시니, 우리는 한 사람이 모두를 위해 죽었으므로 모든 사람이 죽은[22] 것이라고 확신합니다. **15** 참으로 그분께서 모든 사람을 위해 죽으신 것은 살아 있는 자들이 더 이상 자신을 위해 살지 않고, 그들을 위해 죽으시고 일으켜지신 분을 위해 살게 하려는 것입니다.

15) 개인의 몸과 교회 공동체로서의 몸을 모두 의미한다.

16) 우리의 육체

17) 이것은 부활한 몸(부활체), 또는 하늘에 있는 처소를 가리킨다. 용어 해설에서 '거처'를 찾아보라.

18) 용어 해설에서 '부활한 몸'을 찾아보라.

19) '하늘의 장막을 입지 못한 채'

20) 현재 우리의 육체

21) 우리가 행한 착한 일과 우리가 저지른 죄를 말한다. 용어 해설에서 '미츠바'와 '죄'를 찾아보라.

22) 침례는 자아의 죽음을 상징한다. 우리는 주님의 생명 안에서 새롭게 태어난다. 용어 해설에서 '침례'를 찾아보라.

16 그러므로 이제부터 우리는 아무도 육체를 따라 알지 않습니다. 전에는 우리
가 육체를 따라 메시아를 알았으나 이제는 더 이상 그렇게 알지 않습니다. **17** 그
러므로 누구든지 메시아 안에 있으면 새로운 피조물[23]입니다. 옛것들은 지나갔으
니, 보십시오, 그가 새롭게 되었습니다. **18** 모든 것이 하나님에게서 나왔습니다. 그
분은 메시아를 통해 우리를 그분 자신과 화해시키시고, 우리에게 화해의 직분을
주셨습니다. **19** 하나님께서 메시아를 통해 세상을 자신과 화해시키셔서 그들의 죄
를 그들에게 돌리지 않으시고, 우리 안에 화해의 메시지를 맡겨 주신 것입니다.
20 그러므로 우리는 메시아의 대사로서, 하나님께서 우리를 통해 권면하시는 것같
이 메시아의 이름으로 청합니다. 여러분은 즉시 하나님과 화해해야 합니다. **21** 그
분께서 죄를 알지도 못하시는 분을 우리 대신 죄가 되게 하신 것은, 우리가 그분
(메시아)을 통해 하나님의 의를 깨닫게 하시려는 것입니다.

6

1 우리가 동역자로서 또한 여러분에게 권면하는 것은 하나님의 은혜를 헛
되이 받지 말라는 것입니다. **2** 그분이 말씀하시기를, "내가 받아들일 만한
때에 네게 귀 기울였고, 구원의 날에 네게 도움을 주었다"(사 49:8)라고 하셨기 때문
입니다. 보십시오, 지금이 받을 만한 때입니다. 보십시오, 지금이 바로 구원의 날
입니다. **3** 우리는 이 사역이 흠 잡히는 일이 없게 하려고 무엇이든 거리끼는 일이
없게 하였습니다. **4** 오히려 모든 일에 우리 자신을 하나님의 종으로 나타내어, 많
은 인내로 시련과 고난과 고통과 **5** 매 맞음과 옥에 갇힘과 훼방과 수고와 불면과
빈번한 굶주림을 겪었고, **6** 순결함과 지식과 인내와 선함으로 성령 안에서 진실한
사랑과 **7** 진리의 메시지와 하나님의 능력으로 일했습니다. 또 공격과 방어를 위한
무기인 의를 가지고 **8** 영광과 수치, 비난과 칭찬을 통과하였으며, 속이는 자들 같
으나 진실하고, **9** 이름 없는 자들 같으나 잘 알려져 있으며,* 죽은 자들 같으나, 보
십시오, 우리가 살아 있고, 불행과 재앙으로 징계받는 자 같으나 죽음에 이르지
않으며, **10** 항상 근심하는 자 같으나 기뻐하고, 가난한 것 같으나 많은 사람들을
부요하게 하며, 아무것도 없는 것 같으나 모든 것을 소유합니다.

11 고린도 사람들이여, 우리의 입이 여러분에게 열려 *자유로이 말합니다*. 우리
의 마음이 넓게 열렸습니다. **12** 그러므로 여러분은 우리 안에서 제한을 받는 것이
아니라, 오히려 여러분의 마음과 내면의 생각으로 제한을 받는 것입니다. **13** 그러나

내가 자녀들에게 하듯이 말하는데, 여러분도 그에 대한 보답으로 동일하게 마음을
넓히십시오.

살아 계신 하나님의 성소

14 여러분은 불신자들과 함께 공평하지 않은 멍에를 매지 마십시오. 의와 불법
이 어떻게 어울리며, 빛과 어둠이 어찌 교제할 수 있겠습니까? **15** 어찌 메시아와
벨리알[24]이 뜻을 같이하며, 믿는 자와 믿지 않는 자 사이에 무슨 공통점이 있겠
습니까? **16** 또 어떻게 하나님의 성소와 우상이 화합할 수 있겠습니까? 우리는 살
아 계신 하나님의 성소[25]이니, 하나님께서 말씀하신 그대로입니다.

"내가 그들 가운데 거하고 행할 것이니,
나는 그들의 하나님이 되고
그들은 내 백성이 될 것이다"(레 26:12; 렘 32:38; 겔 37:27).

17 그러므로 "네가 즉시 그들 가운데서 나와
즉시 그들을 떠나야 한다.
주께서 말씀하신다."
"또 너는 그 더러운 것들을 절대로 만지면 안 된다.
그러면 내가 너희를 받아들일 것이다"(사 52:11, 겔 20:34, 41).

18 "내가 너희에게 아버지가 되고
너희는 내게 아들과 딸이 될 것이다.
만군의 주[26]께서 말씀하신다"(삼하 7:14, 렘 31:8).[27]

7 **1** 그러므로 사랑하는 자들이여, 우리가 이러한 약속들을 가지고 있으니,
우리의 모든 육체와 영의 더러움을 씻고, 하나님을 경외함으로 거룩함을

23) '새로운 피조물'(브리야 하다샤, B'riyah Hadashah)은 1세기에 유대인들이 사용하던 표현이다.

* '세상은 알지 못하나 성도들에게는 잘 알려져 있으며'

24) 사탄

25) 바울은 특별히 '성소'라는 단어를 사용하고 있다. 성전 안에는 죄 가운데 있는 이방인도 드나들 수 있는 바깥뜰이 있었다. 안뜰에 있는 번제단에서 죄를 처리해야 성소에 들어갈 수 있었다. 용어 해설에서 '성소'를 찾아보라.

26) 우리말 성경은 대부분 '전능하신 여호와'로 번역되어 있다. 그러나 유대인 번역자들은 헬라어 '판토크라토르'(Pantokrator)를 '만군의 주'로 번역한다. 용어 해설에서 '만군의 주'를 찾아보라.

27) 히브리 성경을 기준으로 한 것이며, 우리말 성경은 예레미야 31장 9절이다.

이루어야 합니다.

회중의 회개에 대한 바울의 기쁨

2 여러분은 즉시 우리에게 마음을 열어야 합니다. 우리는 아무 잘못도 하지 않
았고, 아무도 타락시키지 않았으며, 이득을 취하지도 않았습니다. 3 내가 여러분
을 정죄하려고 이렇게 말하는 것이 아닙니다. 전에 말했듯이 여러분이 우리의 마
음속에 있어서 함께 죽고, 함께 살 것이기 때문입니다. 4 그러므로 나는 여러분을
크게 신뢰하고 있으며, 여러분에 대해 매우 자랑스럽게 생각합니다. 나에게는 위
로가 넘치고, 우리의 모든 환난 가운데서도 기쁨이 충만합니다.

5 사실 우리가 마케도니아에 이르렀을 때, 육체적으로 쉬지 못하고 모든 일에
고난을 겪고 있었으며, 밖으로는 다툼이 있고 안으로는 두려움이 있었습니다. 6
그러나 낙심한 자들을 위로하시는 하나님께서 디도를 보내셔서 우리를 위로하셨
습니다. 7 그가 온 것뿐만 아니라, 그가 여러분에게서 받은 위로에 위로받았습니
다. 여러분이 나를 그리워하고, 나 때문에 애통해하며, 또 나를 위해 열심을 내고
있다는 소식을 듣고 나는 더욱 기뻤습니다. 8 내가 보낸 편지가 여러분을 근심하
게 했으나 나는 후회하지 않습니다. 그 편지가 여러분을 잠깐 동안 근심하게 했다
는 사실을 알고 후회했지만, 9 지금은 여러분이 근심해서가 아니라 여러분의 근심
이 회개로 이어졌기 때문에 기뻐합니다. 여러분이 하나님을 따라 근심했으니, 더
이상 우리로 인해 손해를 보지 않을 것입니다. 10 하나님 앞에서 하는 근심은 후
회가 아니라 구원에 이르는 회개로 역사하지만, 세상의 근심은 죽음을 낳습니다.
11 보십시오, 하나님의 뜻을 따라 하는 이 근심으로 인해 여러분 가운데 얼마나 큰
간절함이 일어났습니까? 오히려 자신을 깨끗하게 하려는 조바심과 분노와 두려움
과 갈망과 열정을 갖게 되었고 징계하게 되었습니다. 여러분은 모든 일에 스스로
함께 서서 그 문제 가운데 비난받을 것이 없음을 보여 주었습니다. 12 그러므로 내
가 여러분에게 편지를 쓴 것은 부당하게 행하는 사람이나 부당하게 당하는 사람
때문이 아니라, 우리를 위한 여러분의 열심이 하나님 앞에서 드러나게 하려는 것
이었습니다. 13 이로 인해 우리가 용기를 얻었습니다.

또 우리가 받은 격려에 디도의 기쁨이 더해져 더욱 기뻤습니다. 그의 심령이 여
러분 모두로 말미암아 새 힘을 얻었기 때문입니다. 14 나는 그에게 여러분에 대해
무슨 자랑을 하더라도 부끄럽지 않습니다. 우리가 여러분에 대해 말한 것이 다 사

실이듯, 우리가 디도에게 자랑한 것도 사실이 되었기 때문입니다. **15** 그리고 우리
에 대한 여러분 모두의 순종으로 인해 그의 마음은 더욱 여러분에게 향하고 있습
니다. **16** 나는 모든 일에 여러분을 신뢰할 수 있게 되어 기쁩니다.

자유로운 후원

8 **1** 그리고 형제들이여, 우리는 마케도니아에 있는 회중(교회)들에게 주신
하나님의 은혜를 여러분에게 알리려 합니다. **2** 큰 고난의 시련 가운데서
그들의 기쁨이 넘쳤고, 극심한 가난 가운데서도 그들은 넉넉하게 베풀었습니다.
3 내가 증언하는데, 그들은 능력에 따라 드렸을 뿐 아니라 그들의 능력 이상으로
감당하면서 **4** 성도들을 섬기는[28] 이 은혜에 참여하게 해 달라고 우리에게 간절히
요청하였습니다. **5** 그들은 단지 우리가 바라는 대로가 아니라 하나님의 뜻을 따라
먼저 자신들을 주님께 드리고, 우리에게도 내어 주었습니다. **6** 우리는 디도에게 그
가 시작한 대로 여러분 가운데서 이 은혜를 완수하라고 권면했습니다. **7** 여러분은
모든 것, 곧 믿음과 말과 지식과 모든 열심과 우리를 향한 사랑에 있어 풍성한 것
같이, 이 은혜(구제)에도 풍성해야 합니다.

8 나는 이 말을 명령으로 하는 것이 아닙니다. 다만 다른 사람들의 성실함을 *여
러분에게 알려주어* 여러분의 사랑도 진실함을 증명하려는 것입니다. **9** 여러분은
우리 주 예슈아 메시아의 자비로운 호의를 알고 있습니다. 그분께서 부요하심에
도 불구하고 여러분을 위해 가난해지신 것은 그분의 가난으로 여러분을 부요하
게 하시려는 것입니다. **10** 이 일에 대한 내 의견은 이렇습니다. 이 일은 여러분에게
유익하니, 마땅히 해야 할 뿐 아니라 일 년 전에 여러분이 자원해서 시작한 것이
기 때문입니다. **11** 그러니 지금이라도 그 일을 완수해야 합니다. 여러분이 소망하
던 대로 여러분이 시작한 일을 완수하십시오. **12** 드리려는 마음만 있다면, 그것
을 기쁘게 받으실 것입니다. 그러나 없는 것을 드리라는 것이 아닙니다.[29] **13** 이것
은 다른 사람들은 편안하게[30] 하고, 여러분은 고통스럽게 하려는 것이 아닙니다.
다만 공평하게 하려는 것입니다.[31] **14** 이번에는 여러분의 풍부함으로 다른 사람들

28) 예루살렘 성도들을 위한 구제금 모금을 가리킨다.

29) "여러분의 형편 이상으로 드리지는 마십시오."

30) 이것은 긴장, 걱정에서 벗어나는 것을 말한다.

31) "여러분이 모든 짐을 질 필요가 없습니다."

의 부족함을 채워 주고, 나중에는 그들의 풍부함으로 여러분의 부족함을 채워
주어 서로 공평하게 될 것입니다. **15** 이것은 기록되어 있는 그대로입니다.

"많이 거둔 자도 더 넘치지 않았고,
적게 거둔 자도 모자라지 않았다"(출 16:18).

디도와 그의 동료들

16 그러나 디도의 마음에 여러분을 위한 이 열정을 주신 하나님께 감사드립니
다. **17** 그가 이 요청을 받아들였을 뿐만 아니라 더욱 열정적으로 자진하여 여러분
에게 갔기 때문입니다. **18** 그리고 우리는 그와 함께 한 형제를 보냈는데, 그는 복
음을 *전하는 열심*으로 온 회중(교회)에게 칭찬받는 사람입니다. **19** 그뿐만 아니라
그는 주의 영광과 우리가 자원한 일에 대해 우리가 섬기는 이 은혜의 일로 우리
와 동행하도록 회중(교회)의 택하심을 받은 사람입니다. **20** 우리는 이제 우리가 전
하게 될 이 거액의 헌금에 대해 누가 우리를 비난하지 않게 하려고 조심하고 있습
니다. **21** 그래서 우리는 주님 앞에서뿐만 아니라 사람들 앞에서도 도덕적으로 선
하게 행하려고 주의를 기울입니다. **22** 그리고 그들과 함께 많은 일로 부지런하다
고 증명된 한 형제를 보냈는데, 이제는 그가 여러분에 대한 더 큰 신뢰로 더욱 열
심을 내고 있습니다. **23** 디도에 대해 말하면, 그는 나의 동료이자 여러분을 위해
나와 함께 일하는 동역자입니다. 또 우리 형제들은 회중(교회)들을 위한 사도들이
며, 메시아의 영광입니다. **24** 그러므로 여러분은 회중(교회)들 앞에서 여러분의 사
랑과 여러분에 대한 우리의 자랑의 증거를 그들에게 보여 주십시오.

성도들을 위한 헌금

9 **1** 성도들을 돕는 이 사역에 대해서는 내가 여러분에게 쓸 필요가 없습니
다. **2** 내가 여러분의 자원함을 알기 때문입니다. 나는 마케도니아에서 여
러분에 대해 자랑하기를, 아가야에서는 지난해부터 준비했다고 하였습니다. 여러
분의 열심이 많은 사람들을 분발하게 했습니다. **3** 그리고 내가 형제들을 보낸 것
은, 우리가 이 일에 대해 여러분을 자랑한 것이 헛되지 않게 하고, 내가 말한 대로
여러분이 준비하게 하려는 것입니다. **4** 만일 마케도니아 사람들이 나와 함께 가서
내가 자랑했던 것과 달리 여러분이 준비되지 않은 것을 보게 된다면, 여러분은

물론 우리도 수치를 당하게 될 것입니다. 5 그러므로 내가 형제들에게 권하여 그
들이 미리 여러분에게 가서 전에 여러분이 약속한 복[32]을 받게 할 필요가 있다고
생각했습니다. 그래야 이것이 요구에 의한 것이 아니라 복으로 준비될 것입니다.
6 그리고 이것이 바로 인색하게 심는 자는 인색하게 거두고, 풍성하게 심는 자
는 풍성하게 거두게 된다는[33] 말입니다. 7 각자 그 마음에 정한 대로 하고, 억지로
나 마지 못해서 하지 마십시오. 하나님께서는 기쁘게 드리는 자를 사랑하십니다
(출 25:2). 8 그리고 하나님께서는 여러분 가운데 모든 은혜를 풍성하게 하실 수 있
습니다. 이는 여러분으르 하여금 항상 모든 것에 넉넉하여 모든 선한 일에 풍성하
게 하시려는 것으로, 9 기록되어 있는 그대로입니다.

"그가 흩어서 가난한 자들에게 주셨으니,
그의 사랑의 친절한 행위들[34]이 영원하리라"(시 112:9).

10 그러나 씨 뿌리는 자에게 씨앗을 공급하시는 분께서 먹을 양식도 제공하시
고, 여러분의 씨앗을 늘어나게 하시며, 의의 열매가 많아지게 하실 것입니다. 11 모
든 일에 부요하게 된 것은 모든 것에 관대함을 *보이기* 위함입니다. 우리를 통한
이 *넉넉함이* 하나님께 대한 감사를 낳습니다. 12 이 섬김의 사역은 성도들의 필요
를 채워 줄 뿐 아니라 하나님께 드리는 많은 감사를 통해 훨씬 더 풍성해집니다.
13 그들은 이 사역의 증거를 통해 여러분이 메시아의 복음을 고백하고 순종한다
는 것과 그들이나 다른 모든 사람에게 진심으로 나누는 것을 확인하고 하나님께
영광을 돌리게 될 것입니다. 14 또 여러분 위에 임한 하나님의 넘치는 은혜로 인해
여러분을 위해 기도하고, 여러분을 그리워할 것입니다. 15 말로 다할 수 없는 은사
를 주신 하나님께 감사드립니다.

바울이 자신의 사역을 변호하다

10 1 나 바울은 메시아의 온유하심과 겸손하심으로 여러분에게 권면합니
다. 나는 여러분 가운데 있을 때는 겸손하지만, 떠나 있을 때는 여러분
에게 담대합니다. 2 내가 여러분과 함께 있을 때, 우리를 육신에 따라 행하는 자로

32) 헬라어 '율로기아'는 '복,' '찬양', '헌금', '이익' 등을 뜻한다.

33) 용어 해설에서 '심고 거둠'을 찾아보라.

34) 히브리어로는 '쯔다카'이다. 용어 해설에서 '미츠바'를 찾아보라.

여기는 사람들을 단호하게 대하는 것처럼 확신을 가지고 여러분을 단호하게 대하
는 일이 없기를 바랍니다. **3** 우리가 비록 육신 가운데 행하나, 육신을 따르는 군사
처럼 싸우지는 않기 때문입니다. **4** 그러므로 우리의 전쟁 무기는 육적인 것이 아니
라 견고한 진들을 무너뜨리고 이론들을 타파하는 하나님 안에서의 강력함이며, **5**
하나님을 아는 지식에 맞서 높아진 모든 것과 모든 생각을 사로잡아 메시아께 복
종시키는 것입니다. **6** 또 여러분이 온전히 순종하게 될 때, 우리는 모든 불순종을
벌할 준비가 되어 있습니다.

7 여러분은 겉으로 드러나는 것들을 봅니다. 어떤 사람이 자기가 메시아께 속
했다고 확신한다면, 자신이 메시아께 속한 것처럼 우리도 그렇다는 사실을 끊임
없이 생각해야 합니다. **8** 그러므로 내가 우리의 권위에 대해 지나치게 자랑하더라
도 부끄럽지 않을 것입니다. 그것은 여러분을 무너뜨리기 위해서가 아니라 세우기
위해 주께서 주신 것이기 때문입니다. **9** 나는 편지로 여러분을 두렵게 하는 사람
처럼 보이고 싶지 않습니다. **10** 사람들이 "그의 편지들은 참으로 엄격하고 강력하
지만, 그가 직접 나타나면 약하고 그의 말은 형편없다"라고 말하기 때문입니다. **11**
그런 사람은 우리가 떠나 있을 때 편지들을 통해 전하는 말이나 함께 있을 때 행
하는 것이 다를 것이 없다는 사실을 알아 두십시오.

12 우리는 자기를 내세우는 사람들과 같은 부류가 되거나 그들과 비교할 생각조
차 하지 않습니다. 그러나 그들은 자신을 내세우며 비교하고 있으니, (구원과 관련된 일
들을 아는 것에는) 선하지도 올바르지도 않습니다. **13** 이제 우리는 지나치게 자랑하지
않고, 하나님께서 우리에게 정해 주신 범위에 따라 자랑합니다. 여기에는 여러분에
게 가는 것까지 포함됩니다. **14** 우리는 한계를 넘어 여러분에게 간 것이 아니라 메
시아의 복음을 가지고 여러분에게까지 갔습니다. **15** 또 도를 넘어 다른 사람들이
수고한 것을 자랑하지 않고, 다만 여러분의 믿음이 성장하면서 여러분 안에서 우
리의 활동 범위가 확장되기를 바랄 뿐입니다. **16** 우리는 여러분의 지역 너머에 있
는 사람들에게 복음을 전하려는 것이지, 다른 사람들이 자기 영역 안에서 이루
어 놓은 일을 가지고* 자랑하려는 것이 아닙니다. **17** 오히려 "자랑하는 자는 주님
안에서 자랑해야 합니다"(렘 9:23).[35] **18** 그러므로 인정받는 사람은 스스로 칭찬하는
사람이 아니라 주님께서 칭찬하시는 사람입니다.

* '다른 사람들이 세워 놓은 회중(교회)들 안에서'

35) 히브리 성경을 기준으로 한 것이며, 우리말 성경은 예레미야 9장 24절이다.

바울과 거짓 사도들

11 1 여러분은 내가 좀 어리석어도 참아 주기 바랍니다. 그런데 실제로 여
러분은 나를 잘 참아 주고 있습니다. 2 참으로 나는 하나님의 간절한 소
망으로 여러분에 대해 열심을 내고 있습니다. 여러분을 순결한 처녀로서 한 사람,
메시아께 드리려고 중매했기 때문입니다. 3 그러나 뱀이 그 간교함으로 하와를 속
인 것처럼, 여러분의 생각들이 메시아에 대한 그 순결함과 진실함에서 떠나 부패
하지 않을까 두렵습니다. 4 실제로 어떤 사람이 와서 우리가 전하지 않은 또 다른
예슈아를 전파하거나 여러분이 *우리에게서* 받지 않은 다른 영이나 복음을 받아
들이게 하는데도, 여러분은 그것을 잘도 참아 주고 있습니다. 5 나는 내가 (다른 복
음을 전하고 있는) 저 대단한 사도들보다 못하다고 여기지 않습니다. 6 비록 내가 말
에는 부족해도 지식에는 그렇지 않습니다. 나는 이 사실을 여러분 가운데서 모든
일에, 모든 방법으로 알게 했습니다.

7 여러분을 높이기 위해 나 자신을 낮추어 하나님의 복음을 대가 없이 여러분
에게 전한 것이 죄입니까? 8 내가 여러분을 섬기려고 후원을 받은 것은 다른 회중
(교회)들에게서 빼앗은 것과 같습니다. 9 또 나는 여러분과 함께 있을 때에 빈곤했
지만, 아무에게도 부담을 주지 않았습니다. 마케도니아에서 온 형제들이 내게 필요
한 것을 공급하였기 때문입니다. 나는 모든 일에 여러분에게 부담이 되지 않으려고
조심했으며, 앞으로도 그렇게 할 것입니다. 10 내 안에 메시아의 진리가 있으니, 아
가야 지역에서 나의 이러한 자랑은 멈추지 않을 것입니다. 11 왜 그렇습니까? 내가
여러분을 사랑하지 않아서 그렇게 하겠습니까? 그것은 오직 하나님만 아십니다.

12 그러나 나는 지금 하고 있는 일을 앞으로도 계속할 것입니다. 이는 우리와
동등하다고 자랑하면서 기회를 엿보는 자들에게서 그 기회를 박탈하기 위해서입
니다. 13 이런 거짓 사도들은 속이는 일꾼들로, 자신들을 메시아의 사도로 가장합
니다. 14 그러나 놀랄 것 없습니다. 사탄도 자기를 빛의 천사[36]로 가장하기 때문입
니다(사 14:12). 15 그러므로 사탄의 종들이 의의 일꾼으로 가장하더라도 대단한 일
이 아닙니다. 그들의 결말은 그들의 행위대로 될 것입니다.

36) '빛의 천사'의 이름은 '루시퍼'이다. 이것은 '빛'을 뜻하는 라틴어 '룩스'(lux)와 '가져오다'를 뜻하는 '페레'(ferre)가 결합하여 '빛을 옮기는 자'라는 뜻으로 사탄의 또 다른 이름이다. 이사야 14장 12절에서는 '계명성' 또는 '새벽별'이라 불린다. 바빌로니아인들은 새벽별, 곧 '금성'을 풍요의 여신 '이슈타르'라 부르며 숭배했다.

사도로서 바울이 당한 고난

16 내가 다시 말합니다. 아무도 나를 어리석은 자로 여기지 마십시오. 그렇게 하
지 못하겠다면, 나를 어리석은 자로 받아 주어 내가 조금은 자랑할 수 있게 해 주
십시오. **17** 지금 내가 하는 말은 주님을 따라 하는 것이 아니라, 어리석은 자같이
확신을 가지고 자랑하는 것입니다. **18** 많은 사람들이 육체를 따라 자랑하니, 나도
자랑하겠습니다. **19** 그러므로 여러분은 지혜로운 자들의 어리석음을 기꺼이 참아
야 합니다. **20** 어떤 사람이 여러분을 노예로 삼고, 집어삼키며, 빼앗고, 스스로 높
이며, 여러분의 얼굴을 쳐도 참아야 합니다. **21** 부끄럽지만, 이 말을 해야겠습니
다. 우리는 연약해서 그렇게는 못하겠습니다. 그러나 누가 감히 자랑하려 한다면,
어리석은 말이지만 나도 자랑하겠습니다. **22** 그들이 히브리인입니까? 나도 그렇습
니다. 그들이 이스라엘 사람입니까? 나도 그렇습니다. 그들이 아브라함의 씨입니
까? 나도 그렇습니다. **23** 그들이 메시아의 종입니까? 정신 나간 사람처럼 말하지
만, 나는 더욱 그렇습니다. 훨씬 더 많이 수고했고, 훨씬 더 많이 옥에 갇혔으며,
넘치는 매질에, 여러 번 거의 죽을 뻔했습니다. **24** 유대인 *지도자들*에게 사십에
서 한 대 감한 태형을 다섯 번이나 당했으며, **25** 세 번을 몽둥이로 맞았고, 한 번
은 돌에 맞았으며,[37] 배가 세 번 난파되었고,[38] 하루 밤낮을 깊은 바다에서 표류했
으며, **26** 수차례 여행하면서 강들의 위험과 강도들의 위험과 동족의 위험과 이방
인들의 위험과 도시의 위험과 광야의 위험과 바다의 위험과 거짓 형제들 사이의
위험을 겪었고, **27** 수고하고 고생하며, 밤에도 여러 번 자지 못하고, 굶주리며 목
마르고, 여러 번 금식하며, 추위에 떨고 헐벗었습니다. **28** 그 외에도 모든 회중(교
회)에 대한 염려가 날마다 나를 엄습했습니다. **29** 누군가 약해지면, 나도 약해지지
않겠습니까? 누군가 죄를 짓게 되면, 내가 격분하지 않겠습니까?

30 만일 자랑해야 한다면, 나는 나의 연약한 것들을 자랑하겠습니다. **31** 하나
님, 곧 주 예슈아의 아버지, 영원히 찬양받으실 그분은 내가 거짓말하지 않는 것
을 아십니다. **32** 다마스쿠스에서 아레다 왕의 총독이 나를 붙잡으려고 다마스쿠

37) 1차 전도여행 때, 루스드라 지역에서 돌에 맞은 것을 말한다(행 14:19).

38) 이 편지는 사도행전 27장의 난파 사건이 있기 전에 기록되었다.

39) 헬라어 '사르가네'(sargane)는 신약에서 오직 이곳에서만 사용되었다. 바구니의 한 종류로 보이나 실제 크기는 알 수 없다. 꼰 새끼줄로 만든 것으로, 비슷한 종류(광주리)가 사도행전 9장 25절에 언급되어 있다. 누가는 사도 바울이 다메섹을 탈출할 때, '스퓌리스'(spuris)를 사용했다고 설명하는데, 이것은 예슈아께서 마태복음 15장 37절, 마가복음 8장 8절에서 사천 명을 먹이신 후 사용한 것과 동일한 것이다. 그러므로 '사르가네'는 '스퓌리스'와 동일한 크기로 추측된다.

스 성을 포위했지만, 33 나는 광주리[39]를 타고 성벽 창문으로 내려가 그의 손에서
벗어났습니다.

하늘을 방문하다

12 1 자랑하는 것이 유익이 되지는 않지만, 나는 주님의 환상들과 계시들
에 대해 계속 자랑하지 않을 수 없습니다. 2 나는 메시아 안에서 한 사
람을 알고 있는데, 그는 십사 년 전에 셋째 하늘로 이끌려 올라갔습니다.[40] 그가
몸 안에 있었는지, 몸 밖에 있었는지 나는 모르지만, 하나님은 아십니다. 3 내가
이런 사람을 알고 있는데, 그가 몸 안에 있었는지, 몸 밖에 있었는지 나는 모르
지만, 하나님은 아십니다. 4 그는 낙원으로 이끌려 들어가서 표현할 수 없는 말씀
을 들었습니다. 그것은 사람이 말해서는 안 되는 것이었습니다. 5 내가 이런 것들
은 자랑하겠지만, 나 자신에 대해서는 연약함 외에는 자랑하지 않을 것입니다. 6
그러므로 내가 자랑하려 한다 해도 어리석은 자가 되지는 않을 것입니다. 그것
은 내가 진실을 말할 것이기 때문입니다. 그러나 누군가 나를 통해 보고 들은
것에 대해 지나치게 생각할까 자제하고 있습니다. 7 그리고 그 계시들의 탁월함
때문에 내가 자만하지 않도록 내 육체에 가시,[41] 곧 사탄의 사자를 주셨습니다.
그것으로 나를 치셔서 내가 교만하지 않게 하시려는 것입니다. 8 나는 주님께 이
것을 내게서 떠나게 해 달라고 세 번이나 간구했습니다. 9 그러자 그분께서 내게
말씀하셨습니다. "내 은혜가 네게 충분하다. 내 능력은 연약함 가운데서 완전해
지기 때문이다." 그러므로 나는 메시아의 능력을 내 안에 소유하려고 기쁘게 나
의 연약함을 더욱 자랑합니다. 10 이런 이유로 나는 메시아를 위해 연약함과 부
당함과 고난과 박해와 괴로움 가운데 있는 것이 좋다고 생각합니다. 내가 약할
때에 강하기 때문입니다.

고린도 회중을 향한 바울의 염려

11 나는 어리석은 자가 되었습니다. 여러분이 나를 억지로 그렇게 만들었습니

40) 이 편지는 바울과 바나바가 루스드라에서 사역하고(행 14:19-20) 14년 정도 지난 후에 기록된 것으로 추정된다.

41) 이 가시에 대해서는 의견이 분분하다. 이것은 육체의 질병일까? 아니면 힘들게 하는 사람들일까? 에스겔 28장 24절은 위협적인 이웃 나라들을 '아프게 하는 가시'에 비유하고 있다. 헬라어 '스콜롭스'(skolops)는 끝이 뾰족하고 딱딱한 나무 막대기, 사람을 처형할 때 사용하는 '말뚝'을 가리킨다. 그러므로 이것은 육체의 질병이 아니었을 것이다. 민수기 33장 55절과 사사기 2장 3절을 참조하라.

다. 그러므로 나는 마땅히 여러분에게 칭찬을 받아야 했습니다. 비록 내가 아무
것도 아니지만, 뛰어난 사도들보다 부족하지 않기 때문입니다. **12** 사실 나는 여러
분 가운데 참고 인내하면서 사도의 표들, 곧 표적들과 기사들과 이적들을 행하였
습니다. **13** 그러므로 내가 여러분에게 부담을 주지 않은 것 외에 여러분이 다른 회
중(교회)들보다 못한 것이 무엇입니까? 여러분은 즉시 나의 불의함을 용서해야 합
니다. **14** 보십시오, 이제 나는 여러분에게 세 번째로 갈 준비를 하고 있는데, 여러
분에게 짐이 되지는 않을 것입니다. 내가 여러분의 재물이 아니라 바로 여러분을
원하기 때문입니다. 자녀들이 부모를 위해 모아 두는 것이 아니라 부모가 자녀를
위해 그렇게 해야 하는 것입니다. **15** 그리고 여러분의 생명을 위해서라면 내가 (가
진 것을) 기쁘게 쓰고, 나 자신을 온전히 내어 줄 것입니다. 내가 여러분을 더 많이
사랑하는데, 내가 적게 사랑받아야 하겠습니까? **16** 그러나 분명한 것은 내가 여
러분에게 짐을 지우지 않았다는 것입니다. 그러나 그들은 간교한 속임수로 여러
분을 사로잡았습니다. **17** 내가 여러분에게 *거짓 사도들을* 보내지 않았는데, 이들
을 통해 여러분에게서 이득을 취했겠습니까? **18** 내가 디도에게 권면하여 한 형제
를 함께 보낸 적이 있는데, 디도가 여러분에게서 이득을 취했습니까? 우리가 같
은 영으로 행하지 않았습니까? 그들이 나와 같은 길을 걷지 않았습니까?

19 여러분은 우리가 오랫동안 여러분에게 변명하고 있다고 생각할 것입니다. 사
랑하는 자들이여, 우리는 메시아 때문에 하나님 앞에서 말하고 있습니다. 이 모든
것은 여러분을 세우기 위한 것입니다. **20** 나는 가서 여러분에게서 원하지 않는 모
습을 보게 되거나 나에게서 여러분이 원하지 않는 모습을 보게 될까 봐, 곧 여러
분 가운데 다툼과 시기와 분노와 이기적인 욕망과 비방[42]과 헛소문과 자랑과 무
질서가 있을까 두렵습니다. **21** 내가 다시 갈 때에 하나님께서 여러분 앞에서 나를
낮추시고, 전에 죄를 짓고도 그들이 저지른 더러움과 부정함과 음란함을 회개하지
않는 사람들을 보고 슬피 울게 될까 두렵습니다.

마지막 경고와 문안

13 **1** 나는 이제 세 번째로 여러분에게 갈 것입니다. "모든 말은 두세 증인
의 입으로 확정되어야 합니다"(신 19:15). **2** 내가 지금은 여러분을 떠나 있
지만, 두 번째 여러분을 방문했을 때에 전에 죄를 지었던 사람들과 나머지 모두

에게 이미 말했던 것처럼 미리 분명하게 말합니다. 내가 다시 가게 되면 용서하지 않을 것입니다. **3** 여러분은 메시아께서 나를 통해 말씀하신다는 증거를 요구하고 있습니다. 그러나 메시아는 여러분에게 약하지 않고, 여러분 안에서 능력을 보이십니다. **4** 그분은 연약함 가운데 십자가에 못 박히셨으나 하나님의 능력으로 살아 계십니다. 따라서 우리도 그분 안에서 약하지만, 여러분 가운데 있는 하나님의 능력으로 인해 그분과 함께 살게 될 것입니다.

5 여러분은 자신이 믿음 안에 있는지 시험하고, 계속해서 자신을 살펴야 합니다. 여러분은 예슈아 메시아께서 여러분 가운데 계심을 알지 못합니까? 알지 못한다면, 여러분은 자격이 없습니다. **6** 그러나 나는 우리가 자격 없는 자들이 아니라는 사실을 여러분이 알게 되기를 바랍니다. **7** 그리고 우리는 여러분이 어떠한 악도 행하지 않기를 하나님께 기도합니다. 그것은 우리가 인정받은 자들임을 보이려는 것이 아니라, 우리가 인정받지 못한 것처럼 보이더라도 여러분이 선한 일을 행하게 하려는 것입니다. **8** 그러므로 우리는 진리에 대적하는 어떤 것도 할 수 없고, 오직 진리를 위할 뿐입니다. **9** 우리가 약하더라도 여러분이 강하다면 우리는 기쁩니다. 또 우리는 이것을 위해, 곧 여러분이 *훈련받고 연단받아* 강해지기를 기도합니다. **10** 이런 이유로 내가 떠나 있는 동안 이러한 것들을 편지에 쓰는 것은 내가 가서 주께서 내게 주신 그 권위로 엄하게 대하지 않으려는 것입니다. 이 권위는 세우기 위한 것이지 무너뜨리기 위한 것이 아닙니다.

11 마지막으로 형제들이여, 기뻐하십시오. 온전하고, 담대하며, 화목하고, 샬롬 안에 있으십시오. 그러면 사랑과 샬롬의 하나님께서 여러분과 함께하실 것입니다. **12** 여러분은 즉시 거룩한 입맞춤으로 서로 문안해야 합니다. 모든 성도가 여러분에게 문안합니다.

13 주 예슈아 메시아의 은혜와 하나님의 사랑과 성령의 교제가 여러분 모두와 함께하기를 바랍니다.

42) 용어 해설에서 '비방/험담'을 찾아보라.

갈라디아서[1]

인사

1 1 사람들에게서 난 것도 아니고 사람에 의해 된 것도 아니며, 예슈아 메시
아와 그분을 죽은 자들로부터 일으키신 하나님 아버지를 통해 사도가 된
바울은 2 나와 함께 있는 모든 형제들과 함께 갈라디아의 회중(교회)들[2]에게 편지
합니다. 3 은혜와 샬롬이 하나님 우리 아버지와 주 예슈아 메시아로부터 여러분에
게 있기를 바랍니다. 4 그분은 하나님과 우리 아버지의 뜻을 따라 이 악한 세대에
서 우리를 구원하시려고 우리 죄를 위해 자기를 내어 주셨습니다. 5 영광이 그분
께 영원히 있기를 바랍니다. 아멘.

다른 복음은 없다

6 나는 여러분이 은혜 가운데서 여러분을 부르신 분, 곧 메시아를 그렇게 빨리
떠나 다른 복음으로 돌아선다는 사실에 놀랐습니다. 7 다른 복음은 없습니다. 다
만 어떤 *속이는* 자들이 여러분을 혼란에 빠뜨려 메시아의 복음을 왜곡시키려 할
뿐입니다. 8 혹시 우리뿐만 아니라 하늘에서 온 천사일지라도 전에 우리가 여러분
에게 전한 것과 다른 복음을 여러분에게 전한다면, 그는 저주를 받아 멸망할 것
입니다. 9 우리가 전에 말한 것처럼 내가 지금 다시 말합니다. 누구라도 여러분이
이미 받은 것과 다른 복음을 전한다면, 그는 저주를 받아야 합니다.

10 지금 내가 사람들이나 하나님의 마음을 얻으려는 것입니까? 아니면 사람들
을 기쁘게 하려고 애쓰는 것입니까? 만일 내가 사람들을 기쁘게 하려 한다면, 메
시아의 종이 아닐 것입니다.

1) AD 48–57년경에 기록된 것으로 본다.

2) 1세기 당시 갈라디아에는 많은 교회들이 있었다. 갈라디아는 소아시아에 위치한 로마의 속주로, 안디옥, 이고니온, 루스드라, 더베 등의 도시가 여기에 포함되었다. 여기서 안디옥은 지중해 연안에 위치한 시리아의 안디옥과는 다른 도시이다. 용어 해설에서 '회중'을 찾아보라.

바울이 사도가 된 경위

11 형제들이여, 내가 선포한 복음은 사람을 따른 것이 아니라는 것을 여러분에
게 알려 드립니다. 12 내가 받은 그 복음은 사람에게서 받았거나 배운 것이 아니
라, 예슈아 메시아의 계시를 통해 받은 것이기 때문입니다.
13 여러분은 전에 내가 유대(유대교)[3]에 있을 때 행한 일을 들었습니다. 나는 하
나님의 회중(교회)을 지나칠 정도로 박해하고 멸하려 했으며, 14 조상들의 전통에
대한 열정이 남달라서 내 민족 가운데 수많은 동년배보다 유대교 신앙을 수호하
는 데 앞장섰습니다. 15 그러나 나를 내 어머니의 태에서부터 지명하여 그분의 은
혜로 부르신 하나님께서 나를 택하셔서 16 이방인들에게 그 아들을 전파하게 하
시려고 자신의 아들을 나에게 계시하셨습니다. 그때 나는 즉시 혈육과도 상의하지
않았고, 17 나보다 먼저 사도 된 자들을 만나려고 예루살렘으로 올라가지도 않았
으며, 오히려 아라비아로 갔다가 다시 다마스쿠스로 돌아갔습니다.
18 그리고 삼 년 후에 나는 게바[4]를 만나려고 예루살렘으로 올라가서 그와 함
께 십오 일을 머물렀는데, 19 주님의 형제인 야고보를 제외하고는 다른 사도들을 보
지 못했습니다. 20 보십시오, 내가 여러분에게 쓰는 것은 하나님 앞에서 거짓말이
아닙니다. 21 그 후 나는 시리아와 길리기아 지역으로 지나갔습니다. 22 그러나 메시
아 안에 있는 유대인 회중(교회)에게는 내 얼굴이 알려지지 않았습니다. 23 그런데
그들은 "전에 우리를 박해하던 자가 지금은 자신이 없애 버리려고 하던 그 믿음의
복음을 전하고 있다"라는 소문만 듣고, 24 나로 인해 하나님을 찬양했습니다.

다른 사도들이 바울을 받아들이다

2 1 그리고 십사 년 후[5] 나는 바나바와 디도를 데리고 다시 예루살렘으로
올라갔습니다(행 11:30). 2 나는 계시에 따라 올라가서 이방인들에게 전하는
복음을 그들에게도 제시했습니다. *영향력 있다고* 명성이 높은 자들에게는 개별
적으로 했는데, 그것은 내가 달려가야 할 일이나 지금까지 달려온 일이 헛되지 않

3) 헬라어 '유다이스모스'(Ioudaismos)는 보통 '유대교'나 '유대주의'로 번역하는데, 본 뜻은 '유대와 관련된'이다. '유대교'나 '유대주의'라는 말에 포함된 '정형화된 종교적' 색채는 수세기가 지난 후에 나타난 것이다.

4) '게바'는 아람어로 손에 쥘 수 있는 크기의 '작은 돌멩이'를 뜻한다. 용어 해설에서 '게바'를 찾아보라.

5) 이것은 다마스쿠스에서 예슈아를 만난 지 14년이 지났다는 말일 수도 있고, 1장 18절을 기준으로 14년이 지났다는 말일 수도 있다.

게 하려는 것이었습니다. **3** 그러나 나와 함께 있던 디도가 헬라인이었는데도 나는
그에게 할례를 받으라고 강요하지 않았습니다. **4** 그런데 은밀히 들어온 거짓 형제
들 때문에 문제가 일어났습니다. 그들은 예슈아 메시아 안에서 우리가 누리는 자
유[6]를 엿보려고 몰래 들어와 우리를 *율법주의의* 노예로 만들려 했습니다. **5** 그러
나 우리는 복음의 진리가 영원토록 여러분과 함께 있게 하려고 한순간도 그들에
게 굴복하지 않았습니다. **6** 그들이 대단한 사람들이라고 여기는 자들은 내게 아
무것도 전수해 주지 않았습니다. 그들이 전에 어떤 사람들이었는지는 내게 아무
상관이 없습니다. 하나님은 차별하지[7] 않으십니다. **7** 오히려 그들은 베드로가 할
례 받은 자들에게 복음 전하는 것을 맡은 것처럼, 내가 할례 받지 않은 자들을
위해 복음 전하는 일을 맡은 것을 알게 되었습니다. **8** 베드로 안에서 역사하시며
그를 할례 받은 자들의 사도로 세우신 분께서 내게도 역사하셔서 나를 이방인들
을 위한 사도로 세워 주셨습니다. **9** 또 기둥 같은 존재로 인정받는 야고보와 게바
와 요한도 내게 주어진 그 은혜를 알고 나와 바나바에게 교제하자고 손을 내밀었
습니다. 그래서 우리는 이방인들에게로, 그들은 할례 받은 자들에게로 가기로 하
였습니다. **10** 다만 그들은 우리에게 가난한 자들을 기억해 달라고 부탁했는데, 그
것은 내가 열심히 하는 일이었습니다.

안디옥에서 바울이 베드로를 책망하다

11 그러나 게바가 안디옥에 왔을 때, 그가 (할례와 관련하여) 책망받을 일이 있어
서 면전에서 그에게 반발했습니다. **12** 그는 야고보가 보낸 사람들이 오기 전까지
(회심한) 이방인들과 함께 음식을 먹고 있었습니다. 그러나 그들이 오자, 할례 받은
자들을 두려워하여 물러나 따로 앉았습니다. **13** 그러자 나머지 유대인들도 그와
함께 위선을 행하였고, 바나바조차 그들과 함께 위선에 휩쓸리고 말았습니다. **14**
그러나 나는 그들이 복음의 진리로 바르게 행하지 않는 것을 보고 모든 사람 앞
에서 게바에게 말했습니다. "유대인인 당신이 이방인들처럼 행동하고 참으로 유대
인답게 살지도 않으면서, 어떻게 이방인들에게 유대인처럼 살라고 강요할 수 있겠
습니까?"

6) 율법주의로부터의 자유

7) 원문을 그대로 옮기면 '사람을 겉모습으로 취하지'이다. 이것은 히브리 관용 표현으로 '편애한다'는 뜻이다. 하나님은 편애하지 않으신다(신 10:17).

유대인과 이방인 모두 믿음으로 구원받는다

15 우리는 본래 유대인이며, 이방인 출신의 죄인들이 아닙니다. **16** 그러나 사람
이 율법적인 전통의 행위가 아니라 오직 예슈아 메시아를 믿음으로 의롭게 된다
는 것을 알기 때문에, 우리 역시 율법주의의 행위가 아니라 메시아를 믿음으로
의롭게 되기 위해 예슈아 메시아를 믿었습니다. 율법주의의 행위로는 아무도 의
롭게 되지 못할 것이기 때문입니다. **17** 그런데 우리가 메시아 안에서 의롭게 되려
고 하다가 죄인으로 밝혀지면, 메시아께서 죄의 일꾼이십니까? 결코 그렇지 않습
니다. **18** 만일 내가 무너뜨린 이것들을 다시 세운다면, 나 자신을 범죄자로 만드
는 것입니다. **19** 그러므로 나는 토라(가르침)[8]로 인해 율법적인 전통에 대해 죽었습
니다. 이것은 내가 하나님을 향해 살기 위함입니다. 내가 메시아와 함께 십자가에
못 박혔으므로, **20** 이제는 내가 사는 것이 아니라 메시아께서 내 안에 사시는 것
입니다. 그러나 지금 내가 육체 안에 살고 있는 것은 하나님의 아들, 나를 사랑하
셔서 나를 위해 자기를 주신 분을 믿음으로 사는 것입니다. **21** 나는 하나님의 은
혜를 무효화하지 않았습니다. 만일 내가 율법주의로 의롭게 되는 것이라면, 메시
아께서는 헛되이 죽으신 것입니다.

율법주의인가? 믿음인가?

3

1 오 어리석은 갈라디아 사람들이여, 여러분의 눈앞에 예슈아 메시아께
서 십자가에 달리신 것이 분명히 보이는데, 누가 여러분을 미혹했습니까?
2 내가 여러분에게서 알고 싶은 것은 오직 이 한 가지입니다. 여러분이 그 영(성령)
을 받은 것은 율법주의의 행위에서 비롯된 것입니까, 아니면 믿음으로 들은 것에
서 비롯된 것입니까? **3** 여러분이 이렇게도 어리석습니까? 여러분이 그 영(성령)으
로 시작했음에도 불구하고 이제 육체로 마무리하려는 것입니까? **4** 여러분은 그렇
게 많은 고난을 헛되이 겪었습니까? 그렇다면 여러분은 헛수고한 것입니다! **5** 그러
면 그분께서 여러분을 위해 성령을 주시고, 여러분 가운데서 기적들을 행사하신
것은 율법주의의 행위로부터 비롯된 것입니까, 아니면 믿음으로 들음에서 비롯된

8) 토라의 문자적 의미는 '가르침', '교훈'이다. 좁게는 성경의 처음 다섯 권을 지칭하지만, 구약 성경 전체를 가리키는 경우도 있다. 여기서는 토라를 기준으로 '토라를 넘어서는 전통'이 아니라 토라를 기준으로 삼아 지키는 것을 가리킨다. 용어 해설에서 '토라'를 찾아보라.

것입니까? **6** 이는 아브라함이 "하나님을 믿으니, 그것이 그의 의(하나님을 향한 사랑의
담대한 행위들)[9]로 여겨졌다"(창 15:6)라고 한 것과 같습니다.

7 그러므로 여러분은 믿음에서 난 사람들이 아브라함의 자손임을 알고 있습니
다. **8** 그리고 성경은 하나님께서 믿음으로 이방인들을 의롭게 하실 것을 미리 알
고 먼저 아브라함에게 복음[10]을 선포했습니다. "모든 이방인이 너로 말미암아 복
을 받으리라"(창 12:3; 민 24:9). **9** 그리하여 믿음에서 난 사람들은 믿음 때문에 아브라
함의 믿음과 함께 복을 받습니다. **10** 그러나 율법주의의 행위에서 난 사람들은 저
주 아래 있습니다. "누구든지 토라(가르침)[11] 두루마리에 기록된 모든 것 가운데 행
하지 않는 자는 저주를 받는다"(신 27:26)라고 기록되었기 때문입니다. **11** 따라서 율
법주의로는 아무도 하나님 안에서 의롭게 될 수 없는 것이 분명합니다. "의인들은
믿음으로 살아야 할 것"(합 2:4)이라고 하였기 때문입니다. **12** 그런데 율법주의는 믿
음에서 난 것이 아닙니다. 오히려 "이것들(토라의 일들)을 행하는 자는 그것들(토라)
로 인해 살 것이라"(레 18:5) 하였습니다. **13** 메시아께서는 우리 대신 저주받은 자가
되심으로 율법주의의 저주에서 우리를 구속하셨습니다. "나무에 달린 자는 누구
나 저주받은 자다"(신 21:23)라고 기록되었기 때문입니다. **14** 이것은 아브라함의 복이
메시아 예슈아를 통해 이방인들에게 이르게 하고, 우리로 믿음을 통해 그 영(성
령)에 대한 약속을 받게 하려는 것입니다.

율법과 약속

15 형제들이여, 내가 사람의 예를 들어 말하겠습니다. 사람의 유언장이 확정되
면 아무도 그것을 무효화하거나 어떤 내용을 덧붙일 수 없습니다. **16** 그리고 이 약
속들은 아브라함과 그의 씨에게 주어졌습니다. 여러 사람들에게 하는 것처럼 "또
한 그 씨들에게"라고 하지 않고, 한 사람에게 하듯 "또한 네 씨[12]에게"(창 13:15)라고
말씀하시는데, 그분이 바로 메시아이십니다. **17** 그러므로 나는 이렇게 말합니다.
하나님께서 확정하신 언약을 사백삼십 년[13] 후에 생긴 토라(가르침)*의 문자*가 무효
화하여 없앨 수 없습니다. **18** 만일 그 유업이 토라(가르침)의 *문자*에서 비롯된 것이

9) 히브리어로 '쯔다카'라고 한다. 용어 해설에서 '미츠바'를 찾아보라.

10) 용어 해설에서 '복음'을 찾아보라.

11) 여기서 토라는 성경의 처음 다섯 권을 가리킨다. 용어 해설에서 '토라'를 찾아보라.

12) '씨'는 로마서 9장 7-8절에서도 단수형이 사용되었지만, 많은 이들을 가리킨다. 이것은 집합적 단수라는 히브리 어법이다.

라면, 그것은 더 이상 약속에서 나온 것이 아닙니다. 그러나 하나님께서는 아브라
함에게 약속을 통해 값없이 주셨습니다. **19** 그러면 토라(가르침)는 무엇입니까? 그
것은 약속된 그 씨가 오실 때까지 죄 때문에 덧붙여진 것으로, 천사들을 통해 한
중보자의 손으로 제정되었습니다. **20** 그리고 그 중보자는 한쪽만 대변하지 않고,
다른 쪽도 대변하십니다. 그러나 하나님은 한 분이십니다.

종들과 아들들

21 그러므로 토라(가르침)가 하나님의 약속에 위배됩니까? 있을 수 없는 일입니다!
만일 토라(가르침)가 주어짐으로 살릴 수 있었다면, 의롭게 되는 것이 토라(가르침)에
서 나왔을 것입니다. **22** 그러나 성경은 모든 것을 죄의 권세 아래 가두어 놓았습니
다. 이것은 예슈아 메시아를 믿음으로 그 약속이 믿는 자들에게 주어지게 하려는
것입니다.

23 믿음이 오기 전에 우리는 (토라의) 전통 아래 묶여 있는 사람들이었습니다. 그
래서 장차 계시될 믿음이 올 때까지 갇힌 상태로 머물러 있었습니다. **24** 그리하여
토라(가르침)는 우리를 메시아께 인도하는 가정교사가 되었습니다. 이것은 우리를
믿음으로 의롭게[14)] 하시려는 것이었습니다. **25** 그런데 믿음이 온 이후 우리는 더
이상 가정교사의 감찰 아래 있지 않습니다.

26 여러분은 모두 메시아 예슈아를 믿음으로 하나님의 자녀가 되었습니다. **27** 또
한 여러분 가운데 메시아 안으로 침례[15)]를 받은 사람은 메시아로 옷 입은 것입니다.
28 그러므로 유대인이나 헬라인이 없고, 종이나 자유인이 없으며, 남자나 여자가 없
습니다. 여러분이 모두 메시아 예슈아 안에서 하나이기 때문입니다. **29** 그리고 만일
여러분이 메시아께 속했다면, 아브라함의 씨이며 약속에 따른 상속자입니다.

4

1 내가 또 말합니다. 상속자는 모든 것의 주인이지만, 어릴 때는 종과 다
를 바가 없어서 **2** 그 아버지가 정한 날까지 보호자들과 청지기들 아래 있

13) 모세에게 토라가 주어지기 전, 이스라엘 백성이 이집트에 머물던 사백여 년의 기간을 말한다. 주석가에 따라 아브라함부터 토라가 주어진 시점까지 사백 년으로 보는 이들도 있고, 이스라엘이 이집트에 머물던 기간으로 보는 이들도 있다.

14) 우리는 믿음으로 의롭게 된다. 그런데 '의'는 '행위'로 나타나게 된다(약 2:14). 용어 해설에서 '의'를 찾아보라.

15) 헬라어 '밥티조'의 뜻은 '담그다, 잠기다'이다. 용어 해설에서 '침례'를 찾아보라.

습니다. 3 마찬가지로 우리도 어렸을 때에는 이 세상의 기초 원리 아래 종노릇했
습니다. 4 그러나 때가 차자, 하나님께서 그 아들을 보내셔서 한 여자의 몸에서 태
어나게 하시고 토라(가르침) 아래 있게 하셨습니다.[16] 5 이는 율법주의 아래 있는 자
들을 구속하시고, 우리를 자녀 삼으시기 위해서였습니다. 6 이제 여러분은 아들
들이기에, 하나님께서 그 아들의 영을 우리 마음에 보내셔서 우리로 "아바, 아버
지"[17]라고 부르짖게 하셨습니다. 7 그러므로 여러분은 더 이상 종이 아니라 아들
입니다. 그리고 아들이면 또한 하나님으로 인한 상속자입니다.

갈라디아인들을 향한 바울의 염려

8 그러나 전에 여러분이 하나님을 알지 못했을 때에는 본질적으로 신이 아닌
것들을 섬겼습니다. 9 하지만 이제 여러분이 하나님을 알고, 하나님도 여러분을 알
고 계시는데, 어떻게 다시 무력하고 비천한 기초 원리들로 돌아가서 그것들(천체들)
에게 종노릇하려 합니까? 10 여러분은 철저하게 날과 달과 절기와 연도들[18]을 지
키고 있습니다. 11 나는 내가 여러분 가운데서 수고한 것들이 헛된 일이 되지 않을
까 걱정입니다.

12 형제들이여, 내가 여러분에게 간청합니다. 내가 여러분처럼 되었으니 여러분
도 나처럼 되어야 합니다. 그리고 여러분은 내게 잘못하지 않았습니다. 13 여러분
이 아는 대로, 내가 전에 여러분에게 복음을 전한 것은 육체의 연약함[19] 때문이
었습니다. 14 여러분은 내 육체에 있는 시험거리를 무시하지도, 나를 비난하지도
않고, 오히려 나를 하나님의 사자처럼, 메시아 예슈아처럼 맞아주었습니다. 15 그
런데 여러분의 복은 어디에 있습니까? 내가 증언합니다. 여러분은 할 수만 있다
면 눈이라도 빼어 나에게 주었을 것입니다. 16 내가 여러분에게 진리를 말함으로
여러분의 원수가 되었습니까? 17 그들이 여러분에게 열심을 내고 있지만, 선한 것
이 아니라, 오히려 여러분을 우리에게서 떼어 놓아 자기들에게 열심을 내게 하려
는 것입니다. 18 물론 내가 여러분과 함께 있을 때뿐만 아니라 항상 선한 의도를
가지고 열심을 내는 것은 좋은 일입니다. 19 나의 자녀들이여, 여러분 안에서 메시

16) 예슈아는 유대인으로 태어나 유대인으로 자라셨고 토라에 따라 사셨다. 그분은 토라를 변개하신 적이 없다. 마태복음 5장 17-18절을 참조하라.

17) 아람어로 아버지는 '아바'이며, 히브리어로는 '아브'이다.

18) 점성술과 관련된 것들을 말한다.

아의 형상이 이루어질 때까지 나는 다시 해산의 고통을 겪습니다. **20** 지금 내가 여
러분과 함께 있으려 하고 나의 음성을 바꾸려 하는 것은 여러분에게 어떻게 해야
할지 모르기 때문입니다.

하갈과 사라의 비유

21 (율법의) 전통 아래 있기를 원하는 여러분이여, 내게 말해 보십시오. "여러분
은 토라(가르침)를 깨닫지 못합니까?" **22** 아브라함에게 두 아들이 있었는데, 하나는
노예에게서, 하나는 자유인 *아내*에게서 났다고 기록되어 있습니다. **23** 그러나 노예
에게서 난 자는 육체를 따랐고, 자유인 아내에게서 난 자는 약속에 따라 태어났
습니다. **24** 이것은 비유로 말하는 것입니다. 이들은 두 개의 언약들로, 시내산에서
나온 것은 노예, 곧 하갈에게서 난 자입니다. **25** 하갈은 아라비아에 있는 시내산
이며, 그 자녀들과 함께 속박의 멍에[20]를 멘 지금의 예루살렘에 해당합니다. **26** 그
러나 위에 있는 예루살렘은 우리의 어머니, 곧 자유인입니다. **27** 기록되기를,

"아이를 낳지 못하던 여인이여, 네가 이제 기뻐해야 한다.
출산한 적이 없는 자여, 네가 즉시 소리 높여 외쳐야 한다.
이는 홀로 사는 여인의 자녀들이 남편 있는 여인의 자녀들보다
더 많기 때문이다"(사 54:1)라고 했기 때문입니다.

28 그리고 여러분, 형제들이여, 여러분은 이삭처럼 약속의 자녀들입니다. **29** 그
러나 그때에 육체를 따라 태어난 자가 그 영(성령)을 따라 태어난 자를 박해하던
것처럼 지금도 그렇습니다. **30** 그런데 성경이 무엇이라고 말씀합니까? "너는 이제
그 여종과 그녀의 아들을 쫓아내야 한다. 여종의 아들은 자유인 *아내*의 아들과
함께 상속받지 못할 것이기 때문이다"(창 21:10). **31** 형제들이여, 이런 이유로 우리는
여종의 자녀가 아니라 자유인 *아내*의 자녀들입니다.

5

1[21] 메시아께서는 우리를 자유롭게 하시려고 *율법주의에서* 해방시켜 주
셨습니다. 그러므로 여러분은 견고히 서서 다시는 속박의 멍에에 굴복하
지 않아야 합니다.

19) 질병

20) 율법주의를 가리킨다.

21) 용어 해설에서 '장과 절 숫자들'을 찾아보라.

그리스도인의 자유

2 보십시오, 나 바울이 여러분에게 말합니다. 만일 여러분이 할례를 받는다
면,[22] 메시아께서 여러분에게 아무런 유익이 없을 것입니다. 3 그래서 나는 할례
받은 사람은 누구나 모든 율법(전통)을 행할 의무가 있다는 사실을 또다시 증거합
니다. 4 율법주의로 의롭게 되려 하는 여러분은 메시아로부터 분리되고, 은혜에서
떨어져 나갔습니다. 5 그러나 우리는 그 영(성령) 안에서 믿음으로 의롭게 되는 소
망을 간절히 기다리고 있습니다. 6 왜냐하면 메시아 예슈아 안에서는 할례나 무
할례나 아무런 효력이 없고, 사랑을 통해 역사하는 믿음만 효력이 있기 때문입니
다.[23]

7 여러분은 잘 달리고 있었습니다. 그런데 누가 여러분으로 하여금 진리에 복종
하지 못하게 막았습니까? 8 그러한 설득은 여러분을 부르시는 분에게서 온 것이
아닙니다. 9 적은 누룩이 반죽 전체를 부풀게 합니다. 10 나는 여러분이 다른 어떤
생각도 품지 않을 것이라고 주님 안에서 확신합니다. 그러나 여러분에게 문제를
일으킨 사람은 누가 되었든 심판받을 것입니다. 11 형제들이여, 만일 내가 여전히
할례를 전하고 있다면, 왜 여전히 박해를 받겠습니까? 그랬다면 그분께서 십자가
의 걸림돌을 치워 주셨을 것입니다. 12 나는 여러분을 혼란에 빠뜨린 자들이 스스
로 잘려 나갔으면 좋겠습니다.

13 그러므로 형제들이여, 여러분은 자유 안에서 부름 받았습니다. 그러나 육체
안에서만 자유[24]를 행하지 말고, 사랑으로 서로를 섬기십시오(고후 3:17). 14 토라(가
르침) 전체가 "너는 네 이웃을 네 자신처럼 사랑해야 할 것이다"[25](레 19:18)라는 이
한 마디 말씀에 온전히 표현되어 있기 때문입니다. 15 그러나 만일 여러분이 서로
물고 삼킨다면, 서로 멸망하게 될 것이니 조심하십시오!

성령의 열매, 육신의 행위

16 그러나 내가 말합니다. 여러분은 성령 안에서 행하십시오. 그러면 어떤 방식

22) 바울은 이방인 그리스도인들에게 할례 받지 말라고 말하고 있다. 그들이 할례를 받는다면, 1세기 유대교의 모든 율법주의를 충실히 지켜야 한다(3절).

23) 용어 해설에서 '오늘날 지키지 않아도 되는 계명들'을 찾아보라.

24) 우리의 자유는 마음대로 해도 되는 권리가 아니다. 영적인 자유, 즉 죄와 속박으로부터의 자유를 의미한다.

25) 예슈아 시대에 갈릴리에 거하던 유명한 토라 교사 랍비 '힐렐'은 "이웃 사랑이야말로 가장 중요한 계명이다"라고 가르쳤다.

으로든 육신의 욕망을 이루지 않게 될 것입니다. 17 육신은 영을 대적하여 돌아서
고, 영은 육신을 대적합니다. 이들이 서로 대적함으로 여러분은 원하는 것을 하
지 못하게 됩니다. 18 그러나 만일 여러분이 성령[26]의 인도를 받는다면, 육신의 법
아래 있지 않습니다. 19 그리고 육신의 일들은 분명하니, 음란과 부정과 방탕과 20
우상숭배와 주술[27]과 적개심과 분쟁과 시기와 분노와 이기적인 행동과 분열과 당
쟁과 21 질투와 술 취함[28]과 방종 등과 같은 것들입니다. 내가 전에 여러분에게 말
한 것같이 이러한 일들을 행하는 자들은 하나님의 왕국을 상속받지 못합니다.

22 그러나 그 영(성령)의 열매는 사랑과 기쁨과 평안과 인내와 친절과 선함과 신
실함과 23 온유와 절제입니다. 토라(가르침) 안에는 이러한 것들을 금지할 법이 전혀
없습니다. 24 그러나 메시아 예슈아께 속한 자들은 정욕과 함께 그들의 욕망을 십
자가에 못 박았습니다. 25 만일 우리가 그 영(성령)으로 산다면, 그 영(성령)이 지시하
는 삶을 살아야 합니다. 26 우리는 자랑하지 말고, 서로 분을 내거나 시기하지도
말아야 합니다.

서로의 짐을 지라

6 1 형제들이여, 만일 어떤 사람이 무슨 죄를 범한다면, 영적인 여러분은
그러한 자를 온유의 영으로 회복시키고, 동시에 여러분 자신도 유혹에
빠지지 않도록 조심하십시오. 2 서로의 짐을 져 주십시오. 그러면 여러분은 메시
아의 토라(가르침)[29]를 이루게 될 것입니다. 3 그러므로 만일 누구든지 아무것도 아
니면서 무엇이라도 되는 것처럼 생각한다면, 그는 자신을 속이는 것입니다. 4 각
사람은 계속 자기 행위로 증명해야 합니다. 그러면 그는 다른 사람이 아니라 자기
에게만 자랑거리가 있을 것입니다. 5 왜냐하면 각 사람이 자기 짐을 질 것이기 때
문입니다. 6 그리고 그 말씀의 가르침을 받는 사람은 항상 가르치는 자와 모든 좋은
것을 나누어야 합니다. 7 속지 마십시오. 하나님께서는 조롱받지 않으십니다. 그러

26) 목자는 자신의 양 떼들이 가르침을 받아 각자가 제사장으로서 성령으로 살아가며 사역하도록 구비시킬 책임이 있다.

27) 헬라어 '파르마케이아'(pharmakeia)는 환상을 보거나 영들의 음성을 듣기 위해 약을 사용하는 것을 말한다. 용어 해설에서 '주술 또는 마술'을 찾아보라.

28) 무엇이든 취하게 하거나 중독시키는 것을 가리킨다. 용어 해설에서 '주술 또는 마술'을 찾아보라.

29) 토라를 문자 그대로 옮기면 '가르침', '교훈'이다. 용어 해설에서 '토라'를 찾아보라.

므로 사람이 무슨 씨를 심든지,[30] 그대로 거둘 것입니다. **8** 자기 육신에 씨를 심는
자는 그 육신으로부터 썩을 것을, 그 영(성령)에 씨를 심는 자는 그 영(성령)으로부
터 영원한 생명을 거둘 것입니다. **9** 그리고 우리는 선한 일을 하면서 낙심하지 말
아야 합니다. 포기하지 않으면 때가 이르러 거둘 것이기 때문입니다. **10** 그러므로
우리에게 시간이 있을 때, 모든 사람에게 선을 베풀되, 특히 믿음의 가족들에게
그렇게 해야 합니다.

마지막 경고와 축복

11 보십시오, 내가 여러분에게 직접 이렇게 큰 글자로 썼습니다. **12** 육신을 좋게
보이고 싶어 하는 사람들은 누구나 여러분에게 할례 받을 것을 강요하는데, 그들
은 메시아의 십자가 때문에 핍박을 받지 않으려는 것일 뿐입니다. **13** 할례 받은 자
들 자신도 토라(가르침)를 지키지 않으면서 여러분이 할례 받기를 원하는 것은, 여
러분의 육신으로 자랑하려는 것입니다. **14** 그러나 나는 우리 주 예슈아 메시아의
십자가[31] 외에는 자랑할 것이 없기를 소망합니다. 그분을 통해 세상은 나에게 십
자가에 못 박혔고, 나도 세상에 대해 십자가에 못 박혔습니다. **15** 그러므로 할례나
무할례[32]는 아무것도 아니며, 오직 새롭게 창조되는 것이 중요합니다. **16** 이 기준
을 따라 행하는 자들과 하나님의 이스라엘에게 샬롬과 긍휼이 있기를 바랍니다.

17 마지막으로, 아무도 나를 괴롭게 하지 마십시오. 내 몸에 예슈아의 흔적이
있습니다.

18 형제들이여, 우리 주 예슈아 메시아의 은혜가 여러분의 심령과 함께하기를
바랍니다. 아멘.

30) 용어 해설에서 '심고 거둠'을 찾아보라.

31) 본문에는 십자가가 여러 차례 언급되어 있다. 하지만 로마 제국에서 십자가형이 중단된 4세기까지 십자가는 그리스도인의 상징물이 아니었다.

32) 유대인들은 비유대인이 노아 언약 아래에 있다고 가르친다. 노아 언약에는 정의를 널리 실현하고 우상숭배, 음행, 신성모독, 살인, 짐승 학대, 도둑질을 금지하는 일곱 가지 조항이 있는데, 할례는 포함되지 않는다. 신명기 10장 16절과 30장 6절, 예레미야 4장 4절과 9장 26절, 에스겔 44장 7절에서 '마음의 할례'에 대해 찾아보라.

에베소서[1]

인사

1 1 하나님의 뜻으로 메시아 예슈아의 사도 된 바울은 에베소에 있는 메시
아 예슈아의 충성스러운 성도들에게 편지합니다. 2 은혜와 샬롬이 하나님
우리 아버지와 주 예슈아 메시아로부터 여러분에게 임하기를 바랍니다.

메시아 안에 있는 영적인 복들

3 하나님, 우리 주 예슈아 메시아의 아버지, 메시아를 통해 하늘 처소에 있는
모든 영적인 복을 우리에게 주신 분을 송축합니다. 4 그분께서는 세상의 기초가
놓이기 전에 우리를 메시아 안에서 택하셔서 사랑으로 그분 앞에서 거룩하고 흠
이 없게 하셨습니다. 5 그분은 자신의 선하시고 기뻐하시는 뜻에 따라 예슈아 메
시아를 통해 우리를 자녀 삼기로 예정하셔서 6 그 사랑받으시는 분과 함께 우리에
게 베풀어 주신 그분의 영광스러운 은혜를 찬송하게 하셨습니다. 7 우리는 그분 안
에서 그 은혜의 풍성함을 따라 그분의 피로 구속, 곧 죄 사함[2]을 받았습니다. 8
그분께서는 그 은혜로 우리에게 모든 지혜와 명철을 풍성하고 넘치게 주셔서 9 그분
께서 계획하신 선하고 기뻐하시는 뜻에 관한 비밀을 우리에게 알게 하셨습니다. 10
그것은 *아직 무르익지 않았으나* 장차 때[3]가 차면 하늘 위에 있는 것들이나 땅
에 있는 것들이 모두 메시아 안에서 하나로 연합하게 될 것입니다. 11 그분 안에
서 우리의 운명[4]은 결정되었습니다. 그분의 뜻과 목적대로 모든 일을 행하시는
분의 계획에 따라 미리 정해진 것입니다. 12 이것은 메시아 안에서 처음으로 소망
을 품은 우리가 그분의 영광의 찬송이 되게 하시려는 것입니다. 13 여러분도 그분

1) AD 60년경에 기록되었다.

2) 용어 해설에서 '죄'와 '죄 사함'을 찾아보라.

3) 죄악된 시간이 끝나고 사탄이 결박되는 때

4) 헬라어 '클레로오'(kleroo)의 뜻은 '제비 뽑다, 제비로 결정하다'이다. 우리가 선택받은 것은 수고하고 노력했기 때문인가? 우리에게 그럴 만한 자격이 있는가? 그렇다면, 그것은 '은혜'가 아니다.

안에서 그 진리의 메시지, 곧 여러분의 구원에 대한 복음을 듣고 또한 믿어 약속
된 성령으로 인치심을 받았습니다. **14** 성령님은 값을 주고 사신 소유물을 구속하기
까지 우리 유업인 *'구원'*의 보증이 되어 주셔서 그분의 영광을 찬송하게 하십니다.

바울의 기도

15 그러므로 나는 주 예슈아에 대한 여러분의 믿음과 모든 성도에 대한 여러분
의 사랑을 듣고 **16** 기도할 때마다 여러분에 대해 아뢰며 끊임없이 감사드리고 있
습니다. **17** 우리 주 예슈아 메시아의 하나님, 영광의 아버지께서 여러분이 그분에
대해 알도록 지혜와 계시의 영을 주시고, **18** 여러분의 마음의 눈을 밝혀 주셔서
그분의 부르심의 소망과 그분의 영광과 성도들을 위한 유업의 부요함이 무엇인지
알게 하시며, **19** 믿는 자들인 우리 안에서 강한 능력으로 역사하시는 하나님의 권
능이 얼마나 큰지 깨닫게 해 주시기를 바랍니다. **20** 그분께서는 메시아 안에서 역
사하셔서 그를 죽은 자들로부터 일으키시고 하늘 처소 자기의 오른편[5]에 앉히셔
서 **21** 모든 통치와 권세와 능력과 주권보다 훨씬 뛰어나게 하시고, 그에게 이 세대
뿐 아니라 오는 세대의 모든 이름보다 더 뛰어난 이름을 주셨습니다. **22** 또 만물
을 그의 발 아래 복종시키시고, 만물 위에 있는 회중(교회)[6]의 머리가 되게 하셨으
니, **23** 회중(교회)은 그의 몸이요, 모든 것에서 모든 것을 채우시는 분의 충만함입
니다.

사망에서 생명으로

2 **1** 그리고 여러분은 자기의 불법과 죄[7]로 죽은 사람들이므로 **2** 전에는 그
안에서 이 세상에 속한 *악한* 세태를 따라 공중의 권세자, 곧 지금 불순
종의 자녀들 가운데서 역사하는 그 영을 따라 살았습니다. **3** 우리도 전에는 모두
육신의 욕망 가운데 살면서 육신의 생각과 충동대로 행했으며, 다른 이들과 마찬
가지로 본질적으로 진노의 자녀들이었습니다. **4** 그러나 하나님, 곧 긍휼이 부요하
신 분께서 우리를 사랑하신 그 위대한 사랑으로 **5** 결국 죄 가운데 죽었던 우리를
메시아 안에서 살게 하셨습니다. 여러분은 은혜로 구원받은 것입니다. **6** 또한 그

5) '오른편'은 능력과 힘을 상징하는 히브리 관용 표현이다(출 15:6). 용어 해설에서 '오른손'을 찾아보라.

6) 용어 해설에서 '회중'을 찾아보라.

7) 용어 해설에서 '죄'를 찾아보라.

분께서는 우리를 메시아 예슈아와 함께 일으키셨을 뿐만 아니라 그 하늘 처소에 함께 앉히셨습니다. 7 이는 메시아 안에서 우리에게 자비로 베풀어 주신 그분의 은혜가 얼마나 풍성한지 장차 올 세대들에게 보여 주시려는 것입니다. 8 그러므로 여러분은 믿음을 통해 은혜로 구원을 받았습니다. 이것은 여러분 자신에게서 난 것이 아니라 하나님의 선물입니다. 9 행위들에서 나온 것이 아니니, 이는 아무도 자랑할 수 없게 하려는 것입니다. 10 그러므로 우리는 선한 일들[8]을 위해 메시아 예슈아 안에서 창조된 그분의 작품입니다. 하나님께서는 우리가 그것들[9] 가운데서 행하도록 미리 예정해 놓으셨습니다.

메시아 안에서 하나

11 그러므로 여러분은 전에 육체로는 이방인들로, 사람의 손으로 몸에 할례를 받은 사람들에게 무할례자라고 불리던 자였다는 것을 기억하십시오. 12 그때에 여러분은 메시아와 관계가 없었고, 이스라엘 백성에도 속하지 않았으며, 약속의 언약들[10]과도 무관한 외부인이었습니다. 여러분은 소망도 없이 하나님 없는 세상에 살았습니다. 13 그러나 전에는 멀리 떨어져 있었던 여러분이 이제는 메시아 예슈아 안에서 그의 피로 하나님과 가까워졌습니다.

한 새 사람(One New Man)

14 그러므로 그분은 우리의 샬롬이시니, 둘을 하나로[11] 만드시고, 분리된 장벽, 곧 서로 원수 되게 하는 원인을 자기 육체로 허무신 분입니다. 15 그분은 선포된 계명들의 전통을 무효케 하심으로 둘, *곧 유대인과 비유대인(이방인)*을 한 새 사람[12]으로 창조하여 샬롬을 이루게 하시고, 16 십자가[13]를 통해 이 둘을 한 몸으로 만

8) '미츠보트'. 용어 해설에서 '미츠바'를 찾아보라. 우리는 은혜로 구원받았지만, 이후의 삶이 변화되어야 한다.

9) 구체적으로 '선한 일들'을 가리킨다.

10) 바울은 복수형 '언약들'을 사용하여 히브리서 8장 13절과는 달리 각 언약이 이전의 언약들 위에 세워짐을 암시한다. 로마서 9장 4절을 보라.

11) 하나님께서는 야생 올리브나무 가지(교회)를 참올리브나무에 접붙이셨다. 요한복음 10장 16절과 로마서 11장 17–18절을 참조하라.

12) 유대인과 이방인이 하나가 되는 것을 말한다. 이사야 44장 5절, 에스겔 34장 23절과 37장 17, 24절, 요한복음 10장 16절, 로마서 11장 17–24절을 참조하라.

13) 본문에 십자가가 여러 차례 언급되어 있지만, 4세기에 로마 제국이 십자가형을 폐지한 후에야 기독교의 상징이 되었다.

드셔서 하나님과 화해시키셨습니다. 예슈아를 통해 그들의 적개심[14]을 없애 버리
신 것입니다. **17** 그리고 그분은 오셔서 멀리 있는 여러분에게 샬롬의 복음[15]을 전
하셨고, 가까이 있는 자들에게도 샬롬을 전하셨습니다. **18** 그분을 통해 우리 둘
다 한 영(성령) 안에서 아버지께 인도되었기 때문입니다. **19** 그러므로 여러분은 더
이상 이방인이나 낯선 자들이 아니라 성도들과 같은 시민이며, 하나님의 가족입니
다. **20** 여러분은 사도들과 선지자들의 기초 위에 세워졌습니다. 그리고 메시아 예
슈아께서는 그 모퉁잇돌이 되셨습니다. **21** 그분 안에서 모든 건물이 하나로 연결
되어 주님 안에서 거룩한 성소로 지어져 가며, **22** 여러분도 그분 안에서 그 영(성
령)으로 하나님의 처소로 함께 지어졌습니다.

이방인을 향한 바울의 사역

3 **1** 이런 이유로 나 바울은 이방인인 여러분을 위해 메시아 예슈아의 갇힌
자입니다. **2** 여러분은 여러분을 위해 내가 받은 하나님의 은혜에 대한 계획
을 들었을 것입니다. **3** 전에 간략하게 썼듯이 하나님께서는 그 비밀을 내게 계시로
알려 주셨습니다. **4** 여러분이 그것을 읽어 보면, 내가 깨달은 메시아의 비밀을 알
수 있었습니다. **5** 그분께서는 다른 세대들에서는 사람의 자녀들에게 알려지지 않으
셨지만, 이제는 구별된 사도들과 선지자들에게 성령으로 계시되셨습니다. **6** 그것은
이방인들이 복음을 통해 메시아 예슈아 안에서 함께 상속자들이 되고, 한 몸의 지
체가 되며, 약속에 참여하게 된다는 것입니다. **7** 나는 그분의 능력이 역사하시는 대
로 내게 주신 하나님의 은혜의 선물을 따라 이 복음의 일꾼이 되었습니다. **8** 모든 성
도 가운데 가장 작은 자보다 더 작은 나에게 이 선물이 주어진 것은 *첫째,* 이방인들
에게 메시아의 복음의 측량할 수 없는 풍성함을 전하게 하시고, **9** *둘째,* 하나님, 곧
모든 것을 창조하신 분께서 처음부터 감추어 두셨던 모든 비밀을 밝히 드러내시기 위
해서입니다. **10** 그리하여 하나님의 다양한 지혜를 회중(교회)을 통해 하늘들의 통치자
들과 권세자들에게 알리려는 것입니다. **11** 그분께서 메시아 예슈아 우리 주를 통해 세
우신 그 영원한 계획을 따라 **12** 우리는 그분 안에서 담대함을 얻고, 그분을 믿음으
로 확신 가운데 나아갑니다. **13** 그러므로 내가 여러분을 위해 당하는 고난 때문에

14) 유대인과 이방인의 반목과 대립. 용어 해설에서 '대체신학'을 찾아보라.
15) 용어 해설에서 '복음'을 찾아보라.

낙심하지 마십시오. 그것은 여러분에게 영광입니다.

메시아의 사랑을 알라

14 이런 이유로 내가 아버지께 무릎 꿇습니다. **15** 하늘들과 땅에 있는 모든 족
속이 아버지로부터 그 이름을 받습니다. **16** 그러므로 그분께서 그 영광의 부요함
을 따라 그분의 영의 능력으로 여러분의 속사람을 힘이 있게 하시고, **17** 믿음을
통해 여러분의 마음 가운데 메시아께서 살게 하시기를 바랍니다. 또 여러분이 사
랑 안에 뿌리 내리고 세워져서 **18** 모든 구별된 자들과 함께 (메시아의 사랑의) 너비와
길이와 높이와 깊이가 어떠한지 깨닫고, **19** 우리의 지식을 뛰어넘는 메시아의 사랑
을 알게 되어 여러분이 하나님의 모든 충만함으로 채워지기를 바랍니다.

20 이제 우리 안에서 *우리를 위해* 역사하는 그 능력에 따라 우리가 구하거나
상상하는 것 이상으로 훨씬 더 많은 것을 이루어 주실 분께 **21** 회중(교회)과 메시
아 예슈아 안에서 영광이 대대로 영원무궁하기를 바랍니다. 아멘.

몸의 연합

4 **1** 그러므로 주님을 위해 갇힌 자인 내가 여러분에게 권면합니다. 여러분
이 받은 부르심에 합당하게 행하되, **2** 모든 겸손과 온유와 인내로 하고,
사랑으로 서로 참으며, **3** 그 영(성령)이 샬롬의 줄로 하나 되게 하신 것을 힘써 지
키십시오. **4** 몸도 하나고, 영도 하나입니다. 이처럼 여러분도 부름 받을 때, 한 소
망 안에서 부름 받았습니다. **5** 주님도 한 분이시고, 믿음도 하나이며, 침례[16]도 하
나이고, **6** 하나님도 한 분이시니, 모든 것의 아버지이신 그분은 모든 것 위에 계시
고, 모든 것을 통해 계시며, 모든 것 가운데 계십니다.

7 그리고 우리 각 사람은 메시아께서 주시는 선물의 분량에 따라 은혜를 받았
습니다. **8** 그래서 말씀하시기를,

"그분께서 높은 곳에 오르실 때, 네 원수들의 전세를 역전시키셨다.[17]

16) 헬라어로 '밥티스마'(bapt:sma)이다. 용어 해설에서 '침례'를 찾아보라.

17) 문자 그대로 옮기면, '사로잡힌 자를 사로잡다'이다. 이것은 히브리 관용 표현으로 '전세를 역전시켜 적을 이긴다'는 뜻이다. 동일한 표현이 아모스 9장 14절에도 사용되었다. "봐샤브티 에트 샤부트"(V'shavti veyish'vu, 사로잡힌 것을 돌이킬 것이다).

그분께서 사람들에게 선물들을 주셨다"[18](시 68:19)[19]라고 하셨습니다.
9 그리고 그분은 올라가셨습니다. 이렇게 올라가셨다는 것은 그분께서 또한 땅
아래로 내려가셨다는 것이 아니고 무엇이겠습니까? 10 내려가셨던 그분은 만물을
그분의 존재로 채우시려고 모든 하늘들[20] 위의 높은 곳으로 올라가신 바로 그분
입니다. 11 그리고 그분께서 어떤 이들은 사도로, 어떤 이들은 선지자들로, 또 어떤
이들은 복음 전하는 자들로, 또 다른 이들은 목사들과 교사들로 주셨습니다. 12 이
것은 성도들을 준비시켜 사역을 감당하게 하고, 메시아의 몸을 세우게 하시려는
것입니다. 13 그렇게 하여 우리는 모두 하나님의 아들을 믿고 아는 일에 연합하여
성숙한 사람이 되고, 메시아의 온전히 성숙한 경지에까지 이르게 될 것입니다. 14 그
러므로 우리는 더 이상 어린아이가 되지 않음으로 사람들의 교활함과 속임수의
계략으로 가르치는 모든 풍조에 흔들리거나 떠밀리지 않고, 15 오히려 사랑으로
진실해져서 모든 일에 머리이신 메시아에 이르도록 자라게 될 것입니다. 16 그분으
로부터 *메시아의* 온몸이 각 마디를 통해 연결되고 결합되어 각 지체가 분량대로 기
능함에 따라 그분께서 그 몸을 자라게 하시고, 사랑 안에서 스스로 세워져 갑니다.

새로운 삶

17 그러므로 내가 이것을 말하고 주님 안에서 증거합니다. 여러분은 더 이상 헛
된 생각으로 살아가는 이방인들처럼 살지 마십시오. 18 그들은 자기 생각으로 지
각이 어두워져 있고, 그들 가운데 있는 무지함과 그 마음의 무감각함 때문에 하
나님의 생명에서 멀어져 있습니다. 19 그들은 무감각해져서 더 많이 가지려는 욕
망으로 자기 자신을 모든 불결하고 방탕한 행위에 맡겨 버리는 자들입니다. 20 그
러나 여러분은 메시아를 그런 식으로 배우지 않았습니다. 21 여러분이 참으로 그
분에 대해 듣고, 예슈아 안에 있는 진리대로 가르침을 받았다면, 22 과거의 습성
대로 거짓된 욕망을 따라 살다가 멸망해 가는 옛 사람을 벗어 버리고, 23 여러분
의 심령으로 새로워져서 24 하나님의 형상을 따라 진리의 의와 거룩함으로 창조된
새 사람을 입어야 합니다.

18) 본문은 헬라어 사본을 그대로 옮긴 것이다. 그러나, 히브리어 사본에는 "당신(하나님)은 사람들의 선물을 받으셨습니다"로, 하나님께서 유대와 그 땅의 영적 유익을 취하여 이스라엘을 모든 백성의 영원한 고향으로 삼으신다는 뜻이다.

19) 히브리 성경을 기준으로 한 것이며, 우리말 성경은 시편 68편 18절이다.

20) 히브리어로 하늘은 항상 복수형이다. 유대인들은 하늘이 여러 층으로 되어 있다고 생각한다. 그래서 각 층에 해당하는 이름이 따로 존재한다. 용어 해설에서 '하늘'을 찾아보라.

새로운 삶의 규칙

25 이 때문에 거짓을 벗어 던지고, “각자 자기 이웃에게 진실을 말해야 합니
다”(슥 8:16). 우리가 서로의 지체이기 때문입니다. **26** “화를 내더라도 죄짓지 마십시
오”(시 4:5).[21] 해 질 때까지 분노하지 마십시오. **27** 이는 여러분이 마귀에게 자리를
내주지 않기 위함입니다. **28** 도둑질하는 자는 더 이상 훔치지 말고, 오히려 수고하
고 자기 손으로 선한 일을 하여 궁핍한 자와 나눌 것이 있게 해야 합니다(롬 12:8;
히 13:16). **29** 무가치한[22] 말(마 12:36-37)은 입 밖에도 내지 말고, 오직 그들의 필요를
채워 줌으로 세워 주는 선한 말을 하여 듣는 자들에게 도움이 되게 하십시오. **30**
그리고 하나님의 성령을 근심하게* 하지 마십시오. 여러분은 구원의 날까지 그분
께 인치심을 받았습니다. **31** 여러분은 모든 악독과 격분과 분노와 소란과 비방을
모든 악의와 함께 즉시 버려야 합니다! **32** 끊임없이 친절히 대하고, 가엾게 여기며,
하나님께서 메시아 안에서 여러분을 용서해 주신 것처럼 자발적으로 서로를 용서
해야 합니다.

5

1[23] 그러므로 여러분은 사랑받는 자녀답게 계속해서 하나님을 본받아야
하며, **2** 메시아께서 우리를 사랑하시고, 우리를 위해 자신을 하나님께 향
기로운 제물과 희생제물로 드리신 것처럼 지속적으로 사랑 안에서 행해야 합니다.
3 그러나 어떤 음행이나 부정함이나 탐욕도 여러분 가운데 그 이름조차 거론되어
서는 안 됩니다. 이것이 성도들에게 합당합니다. **4** 더러운 말이나 어리석은 대화나
저속한 농담도 섞이지 않아야 하며, 오히려 감사의 말을 해야 합니다. **5** 그러므로
여러분이 잘 알고 있는 대로, 부도덕함이나 더러움이나 탐욕을 행하는 자, 곧 우
상을 섬기는[24] 자들은 메시아와 하나님의 왕국에서 결코 유업을 받지 못합니다.

빛의 자녀로 행하라

6 아무도 헛된 말로 여러분을 속이지 못하게 하십시오! 이런 일들 때문에 하나님
의 진노가 불순종의 아들들에게 임합니다. **7** 그러므로 여러분은 절대로 그들과 어

21) 히브리 성경을 기준으로 한 것이며, 우리말 성경은 시편 4편 4절이다.
22) 헬라어 ‘사프로스’(sapros)의 문자적 의미는 ‘썩은, 부패한’이다.
* 또는 ‘상하게’
23) 용어 해설에서 ‘장과 절 숫자들’을 찾아보라.
24) 구체적으로 ‘탐심’, ‘탐욕’을 ‘우상숭배’로 표현하고 있다. 골로새서 3장 5절을 참조하라.

울리지 않아야 합니다. **8** 여러분이 한때는 어둠에 있었으나 지금은 주님 안에서
빛이기 때문입니다. **9** 빛의 열매는 모든 선함과 의로움과 진리 안에 있습니다. **10** 그
러므로 무엇이 주님께 인정받는 것인지 배우기 위해 힘써야 합니다. **11** 여러분은
열매 없는 어둠의 일들에 참여하지 말고, 오히려 그것들을 드러내야 합니다. **12** 그
들이 몰래 하는 것들은 말하기조차 부끄러운 것들이지만, **13** 모든 것은 빛 아래
드러나 밝혀집니다. **14** 빛 가운데 모든 것이 드러나기 때문입니다. 그러므로 말씀
하시기를,

"자는 자여, 너는 깨어나 죽은 자들로부터 일어나야 한다(사 26:19).
그러면 메시아께서 너를 비추실 것이다"라고 하였습니다.

15 그러므로 여러분은 지혜 없는 자가 아니라 지혜로운 자로서 어떻게 행할지
주의 깊게 살펴 **16** 여러분의 기회를 되찾으십시오. 날들이 악하기 때문입니다. **17**
이 때문에 여러분은 어리석은 자가 되지 말고, 주님의 뜻이 무엇인지 깨달아야 합
니다. **18** 그리고 술 취하지 마십시오. 그 안에 방탕함이 있습니다. 오히려 여러분은
계속해서 그 영(성령)으로 채워져야 하며, **19** 시와 찬송과 영적인 노래로 서로 화답
하고, 주님을 향해 여러분의 마음으로 노래하며 찬양하되, **20** 우리 주 예슈아 메
시아의 이름으로 항상 모든 일에 우리 하나님 아버지께 감사드리십시오.

아내와 남편

21 메시아를 경외함으로 서로에게 복종하되, **22** 아내들은 주님께 하듯 자기 남
편에게 순종하십시오. **23** 이는 메시아께서 회중(교회)의 머리이신 것처럼 남편이 자
기 아내의 머리이기 때문입니다. 그분께서는 바로 몸의 구원자이십니다. **24** 회중
(교회)이 메시아께 복종하듯이 아내들도 모든 일에 자기 남편에게 복종해야 합니
다. **25** 남편들이여, 메시아께서 회중(교회)을 사랑하여 회중(교회)을 위해 자기를 주
신 것처럼 여러분은 계속해서 아내들을 사랑해야 합니다. **26** 그분께서 그렇게 하
신 것은 그분의 *아내, 곧 회중(교회), 신부*[25]를 구별하여 토라(가르침)의 말씀으로 씻
어[26] 정결하게 하시고, **27** 그분을 위한 영광스러운 회중(교회)으로서 점도, 주름도,
그 어떤 것도 없이 *그분의 신부가* 거룩하고 흠 없게 하시려는 것입니다. **28** 이와

25) 아내, 신부, 교회 등 무엇이든 가능하다. 바울은 남편의 기도와 예슈아의 중보를 동일하게 적용하여 이중적 의미를 나타내려 한 것으로 보인다.

26) 출애굽기 14장 22절과 이사야 55장 1절에 근거하여 '토라'를 물에 비유하고 있다. 문자 그대로 번역하면, '말씀을 가지고 물로 씻어'이다.

같이 남편들은 자기 아내를 자기 몸처럼 사랑해야 합니다. 자기 아내를 사랑하는
자는 자신을 사랑하는 것입니다.[27] **29** 자기 육체를 미워하는 사람은 없습니다. 메
시아께서 회중(교회)을 양육하고 아껴 주시듯이 오히려 자기 몸을 양육하고 소중
히 여깁니다. **30** 우리가 그분의 몸의 지체들이기 때문입니다. **31** "그러므로 남자가
자기 부모를 떠나 아내와 합하여 둘이 한 육체를 이룰 것이다"(창 2:24). **32** 이 비밀
이 크니, 지금 나는 메시아 안에서 회중(교회)에 대하여 이렇게 말하고 있습니다.
33 그러나 여러분도 각자 계속해서 아내를 자기 자신처럼 사랑하고, 아내는 남편
을 존중해야 합니다.[28]

자녀와 부모

6 **1** 자녀들이여, 여러분은 계속 주 안에서 자기 부모에게 순종해야 합니다.
이것이 합당하기 때문입니다. **2** "너는 네 아버지와 어머니를 계속해서 공
경해야 한다." 이것은 약속이 있는 첫 번째 계명입니다. **3** "그러면 네가 땅에서 잘
되고 오래 살게 될 것이다"(출 20:12; 신 5:16). **4** 그리고 아버지들이여, 여러분의 자녀
들을 노하게 하지 말고, 그들을 주의 훈계로 양육하십시오.

종과 주인

5 종들[29]이여, 메시아께 하듯 존중과 떨림과 한결같은 마음으로 이 땅의 주인
들에게 순종하십시오. **6** 사람을 기쁘게 하는 자들처럼 눈가림으로 *주인이 볼 때
만 열심히* 하지 말고, 메시아의 종으로서 진심으로 하나님의 뜻을 행하되, **7** 사람
들에게 하는 것이 아니라 주께 하듯 열정을 가지고 섬기십시오. **8** 종이든, 자유인
이든, 누구든지 선을 행하면 주께서 그것을 갚아 주신다는 사실을 아십시오. **9** 그
리고 주인들이여, 여러분도 그들에게 이와 같이 해야 합니다. 위협을 멈추십시오.
하늘에 계신 주께서 그들의 주인이시며 여러분의 주인이시라는 것과 그분이 사람
을 외모로 취하지 않으심을 알아 두십시오(신 10:17).

27) 자기 자신을 사랑하지 않는 사람은 다른 사람도 사랑할 수 없다.

28) 이 구절은 "사랑해야 하니, 그러면 아내가 남편을 존경하게 될 것입니다"로 번역할 수도 있다.

29) 바울은 그리스·로마의 법 아래에 있는 노예들에게 이야기하고 있다. 당시 법에 의하면, 노예는 주인의 소유물로, 심지어 마음대로 죽일 수도 있었다. 용어 해설에서 '종'을 찾아보라.

악에 대한 싸움

10 이제부터 여러분은 즉시 주님과 그분의 능력 안에서 강해져야 합니다. **11** 여
러분은 계속해서 하나님께서 주신 무기로 완전무장하여 마귀의 전략에 맞설 수
있어야 합니다. **12** 이는 우리의 씨름이 피와 살을 가진 자들을 상대하는 것이 아
니라 권세자들과 능력자들과 이 어둠의 세상 주권자들과 하늘들 가운데 있는 사
악한 영적 세력에 대항하는 것이기 때문입니다. **13** 그러므로 여러분은 즉시 하나
님의 무기로 완전무장을 갖추어야 합니다. 이는 여러분이 그 악한 날에 대항하
고, 모든 것을 끝낸 뒤에 설 수 있게 하려는 것입니다. **14** 그러므로 여러분은 먼저
서서 진리의 허리띠를 매고, 의의 흉배를 입으며(사 11:5; 59:17), **15** 발에는 샬롬의 복
음을 위해 준비한 신을 신고(사 11:6-10; 52:7; 나 2:1),[30] **16** 이 모든 것에 더하여 믿음
의 긴 방패를 갖추어 그것으로 악한 자의 모든 불화살들[31]을 소멸시켜야 합니다
(시 7:13). **17** 또 여러분은 즉시 구원의 투구(사 59:17)와 그 영(성령)의 검, 곧 하나님의
말씀[32]을 갖추어야 합니다(사 11:4; 49:2; 호 6:5). **18** 모든 기도와 간구를 통해 항상 그
영(성령)으로 기도하고, 그분 안에서 깨어 있어 모든 성도를 위해 끝까지 인내하고
간구하며, **19** 나를 위해서는[33] 내가 입을 열어 말할 때마다 말씀이 내게 주어져서
그 복음의 비밀을 담대히 전할 수 있도록 기도해 주십시오. **20** 내가 사슬에 매인
대사가 된 것은 마땅히 해야 할 말을 담대하게 전하기 위함입니다.

마지막 인사

21-22 그리고 여러분이 나에 관한 것과 내가 무엇을 하고 있는지 알 수 있도록
주 안에서 사랑받는 형제이며 충성된 사역자인 두기고를 보냈습니다. 그가 여러
분에게 모든 것을 알려 줄 것입니다. 이는 여러분에게 우리에 관한 것들을 알려
주어 여러분의 마음을 위로하려는 것입니다 .

23 하나님 *우리* 아버지와 *우리* 주 예슈아 메시아로부터 믿음과 더불어 샬롬과
사랑이 형제들에게 있기를 바랍니다. **24** 우리 주 예슈아 메시아를 변함없이 사랑
하는 모든 이들에게 은혜가 있기를 바랍니다.

30) 히브리 성경을 기준으로 한 것이며, 우리말 성경은 나훔 1장 15절이다.
31) 원수의 불화살은 과거나 지금이나 맹렬한 화염을 내뿜고 있다.
32) 헬라어 '레마'(Rhema)는 구체적으로 '선포된 말씀'을 가리킨다. 용어 해설에서 '로고스/레마'를 찾아보라.
33) 바울은 에베소에 있는 모든 성도에게(또는 그 외의 모든 사람에게) 자신을 위해 중보해 달라고 부탁했다.

빌립보서[1]

인사

1 1 메시아 예수아의 종인 바울과 디모데는 메시아 예수아 안에 있는 빌립보
의 모든 성도들과 장로들과 집사들에게 편지합니다. 2 은혜와 샬롬이 하나
님 우리 아버지와 *우리* 주 예수아 메시아로부터 여러분에게 임하기를 바랍니다.

빌립보인들을 위한 바울의 기도

3 나는 여러분을 생각할 때마다 하나님께 감사드립니다. 4 내가 모든 기도마다
여러분 모두를 위해 항상 기쁨으로 간구하는 것은 5 첫날부터 지금까지 여러분이
복음[2]에 동참하고 있기 때문입니다. 6 나는 여러분 안에서 선한 일을 시작하신 그
분께서 메시아 예수아의 날까지 그 일을 계속 이루실 것을 확신합니다. 7 내가 여
러분 모두에 대해 이렇게 생각하는 것은 당연합니다. 여러분을 내 마음에 품고
있고, 내가 사슬에 매이든지, 복음을 변호하거나 확증하든지, 여러분 모두가 나
와 함께 은혜에 동참하는 자이기 때문입니다. 8 내가 메시아 예수아의 심정으로
여러분 모두를 얼마나 그리워하는지, 하나님께서 나의 증인이십니다. 9 그리고 나
는 여러분의 사랑이 지식과 모든 깨달음 가운데 점점 더 흘러넘쳐서 10 여러분이
선한 것들과 악한 것들[3]을 분별할 수 있게 되기를 기도하고 있습니다. 그리하여
메시아의 날까지 순결하고 흠이 없게 되고, 11 예수아 메시아로 인해 의의 열매로
가득하게 되어 하나님의 영광과 찬송이 되기를 바랍니다.

1) AD 60년경에 기록되었다.

2) 용어 해설에서 '복음'을 찾아보라.

3) 로마서 2장 18절과 에스겔 22장 26절에서는 '거룩한 것과 속된것'으로 표현했다. 거룩한 것과 속된 것을 분별하는 것은 제사장의 일이었다. 우리 각 사람이 제사장이며 '제사장 나라(왕국)'이다(출 19:6; 벧전 2:9; 계 1:6; 5:10). '선한 것과 악한 것'은 레위기 10장 9-11절에 규정되어 있다.

내가 사는 것은 메시아 때문이라

12 형제들이여, 그러한 일들이 나에게는 복음을 전파하는 데 도움이 되었음을
여러분이 알기 원합니다. 13 메시아를 위해 내가 사슬에 매인 사실이 왕궁 전체의
경호대와 나머지 모든 이에게 전해졌습니다. 14 그리하여 내가 갇힌 것으로 인해
주 안에 있는 형제들 대부분이 말씀을 두려움 없이 더욱 담대하게 전할 수 있을
정도로 확신하게 되었습니다.

15 그런데 사실상 어떤 이들은 시기와 다툼으로, 어떤 이들은 선한 뜻으로 메시
아를 선포하고 있습니다. 16 선한 뜻으로 하는 자들은 내가 복음을 변호하기 위해
임명받았다는 사실을 알기에 참으로 사랑으로 전하지만, 17 시기와 다툼으로 하
는 자들은 갇혀 있는 나에게 괴로움을 더하려고 진실한 마음이 아니라 경쟁심으
로 메시아를 선포하고 있습니다. 18 그러나 그것이 무슨 문제가 되겠습니까? 핑계
로 하든, 진심으로 하든, 무슨 방법으로 하든지 메시아께서 공개적으로 선포되고
있으니, 나는 기뻐하고 또한 기뻐할 것입니다. 19 여러분의 간절한 기도와 예슈아
메시아의 영의 도우심으로 내가 구원받게 될 것을 알기 때문입니다. 20 나의 지속
적인 기대와 소망에 따라 나는 어떤 일에도 부끄러움을 당하지 않고, 늘 그랬듯
이 자유롭고 온전히 담대해질 것입니다. 이제 내가 살든지 죽든지 메시아께서 내
몸 안에서 위대하게 되실 것입니다. 21 그러므로 내게는 사는 것이 메시아이시니,
죽는 것도 유익합니다. 22 그러나 내가 육신 가운데 살아간다면, 그것이 내 수고
의 열매이니, 나 자신을 위해 어떤 것[4]이 더 좋을지 모르겠습니다. 23 나는 그 둘
사이에서 심하게 압박을 받고 있습니다. 나는 세상을 떠나서 메시아와 함께 있기
를 바라고, 참으로 그것이 더 좋은 일이지만, 24 여러분 때문에 내가 육신 가운데
머무는 것이 더 필요한 일입니다. 25 나는 그렇게 믿기 때문에 여러분의 믿음의 진
보와 기쁨을 위해 여러분 모두의 곁에 남아 머물게 될 것을 압니다. 26 이는 내가
여러분에게 다시 감으로 여러분이 메시아 예슈아 안에서 영광을 돌리는 일이 내
안에서 넘치게 하려는 것입니다.

27 여러분은 계속해서 오직 메시아의 복음을 받은 자답게 자격을 갖춰야 합니
다. 이는 내가 가서 여러분을 만나든지 떠나 있든지, 여러분이 한 영 안에 굳건히
서서 한마음으로 연합하여 복음의 신앙을 위해 함께 싸우고, 28 여러분을 대적하
는 자들로 인해 어떤 경우에도 두려워하지 않는다는 소식을 듣기 위함입니다. 그
것이 그들에게는 멸망의 증거이나 여러분에게는 구원의 증거이니, 이것은 하나님

에게서 비롯된 것입니다. 29 메시아를 위해 그것이 여러분에게 주어진 것은, 그분
을 믿을 뿐만 아니라 그분 때문에 고난도 받게 하시려는 것입니다. 30 우리는 동일
한 싸움을 싸우고 있습니다. 이것은 여러분이 내 안에서 보았고, 지금도 내게서
듣고 있는 것입니다.

성도의 겸손, 메시아의 겸손

2 1 그러므로 메시아 안에서 무슨 경고나 사랑의 위로나 그 영(성령)의 교
제나 긍휼이나 자비가 있다면, 2 여러분도 이 사랑을 가지고 마음과 뜻
을 합하여 동일한 것을 생각함으로 같은 관점을 품어 나의 기쁨을 완성해야 합니
다. 3 그리고 이기적인 야망[5]을 따르지 않고 자만하지 않으며, 오직 겸손하게 자신
보다 서로를 더 존중해야 합니다. 4 또 자기의 일만 돌보지 말고, 서로의 일까지도
돌보아야 합니다. 5 그러므로 여러분은 메시아 예슈아 안에 있는 본래의 모습대로
살아가야 합니다. 6 그분께서는 하나님의 형상[6]으로 계셨지만, 하나님과의 동등
됨에 연연하거나 그것을 붙잡으려 하지 않으시고, 7 오히려 자기를 비워 종[7]의 형
상을 취하시고 사람의 모습으로 오셔서 사람의 삶의 방식 가운데 보이셨습니다.
8 그분은 자신을 낮추어 죽기까지, 심지어 십자가[8]에 죽기까지 복종하셨습니다. 9
그러므로 하나님께서 그분을 지극히 높이셔서 모든 이름보다 높은 이름을 주셨
습니다. 10 그리하여 "예슈아!" 그 이름에 하늘의 존재들과 이 땅의 존재들과 땅
아래의 존재들이 무릎을 꿇고 절하게 하시고, 11 모든 혀가 하나님 *우리* 아버지의
영광 안에서 예슈아 메시아를 주님으로 고백하게 하셨습니다(사 45:23).

세상 가운데서 빛을 비추다

12 그러므로 나의 사랑하는 자들이여, 여러분이 항상 순종했던 것처럼 내가 있
을 때뿐 아니라 없을 때에도 훨씬 더 순종하여 두려움과 떨림으로 여러분 자신의

4) 생명이나 죽음

5) 자기 자신을 내세우고 싶은 욕망

6) 헬라어 '모르페'(morphe)는 '외적 모습'을 가리킨다. 예슈아께서 하나님의 겉모습을 닮았다는 말이 아니라, 그분께서 행하시는 모든 일이 하나님의 행하심과 동일하다는 말이다.

7) 또는 노예. 용어 해설에서 '종'을 찾아보라.

8) 로마인들이 십자가형을 중단시킨 4세기가 되어서야 십자가는 그리스도인의 상징물이 되었다.

구원을 계속해서 이루어야 합니다. 13 이는 하나님께서 그분의 선하신 기쁨을 위해 여러분 안에서 결단하고 실행하도록 역사하시는 분이기 때문입니다. 14 여러분은 모든 것을 불평이나 논쟁 없이 지속해야 합니다. 15 이것은 여러분이 흠 없고 순결하여 구부러지고 비뚤어진 세대 가운데서도 흠 없는 하나님의 자녀가 되어 세상 가운데서 별처럼 빛나고[9)] 16 생명의 말씀의 빛을 비추어 내가 헛되이 달리지도 않았고, 헛되이 수고하지도 않았다는 사실을 메시아의 날에 자랑하려는 것입니다. 17 그러나 여러분의 믿음의 섬김과 제물 위에 내가 전제로 부어질지라도 나는 기뻐하고, 여러분 모두와 함께 기뻐합니다. 18 또 여러분도 동일하게 기뻐하고, 나와 함께 즐거워해야 합니다.

디모데와 에바브로디도

19 그리고 나는 주 예슈아 안에서 디모데를 여러분에게 속히 보내기를 원합니다. 그러면 나도 여러분에 대한 소식을 알고 마음에 힘을 얻을 것입니다. 20 여러분에 대한 일들에 같은 마음으로 진지하게 열심을 내는 사람이 아무도 없고, 21 모든 사람이 자기들의 일을 추구할 뿐 예슈아 메시아의 일은 하지 않기 때문입니다. 22 그러나 여러분은 디모데의 연단된 성품을 알고 있습니다. 그는 자녀가 그 아버지에게 하듯 복음 안에서 나와 함께 섬겼습니다. 23 그러므로 나의 상황을 숙고해서 그를 당장 보낼 수 있기를 바랍니다. 24 내가 속히 가게 될 것을 주 안에서 확신합니다.

25 또 나는 에바브로디도를 여러분에게 보내야겠다고 생각했습니다. 그는 나의 형제요, 동료요, 전우요, 여러분의 사도이며, 내 필요를 섬기는 자입니다. 26 그가 여러분 모두를 그리워하면서도 그렇게 할 수 없었던 것은, 여러분이 들은 대로 그가 아팠기 때문입니다. 27 참으로 그가 죽을 만큼 아팠으나 하나님께서 그에게 긍휼을 베푸셨습니다. 그분은 그에게뿐 아니라 나에게도 긍휼을 베푸셔서 근심 위에 근심을 더하지 않게 해 주셨습니다. 28 그래서 나는 그를 서둘러 보냈습니다. 여러분이 그를 다시 보고 기뻐하고, 나도 근심에서 해방되려는 것입니다. 29 그러

9) 별이 어두운 하늘에서만 보이는 것처럼, 믿는 자의 빛도 어두운 세상에서 밝게 빛난다.

10) 할례

11) 용어 해설에서 '회중'을 찾아보라.

12) 용어 해설에서 '부활'을 찾아보라.

므로 여러분은 주 안에서 큰 기쁨으로 그를 맞이하고, 그와 같은 사람들을 존귀
하게 여기십시오. 30 그가 여러분을 대신해 나의 쓸 것을 채우기 위해 목숨을 걸
고 메시아의 일을 하다가 거의 죽을 뻔했기 때문입니다.

참된 의로움

3 1 나의 형제들이여, 덧붙여서 말하는데 여러분은 계속 주 안에서 기뻐해
야 합니다. 여러분에게 같은 말을 쓰는 것이 내게는 그리 번거로운 일도
아니고, 오히려 여러분에게 안전합니다.
2 개들을 경계하고, 악한 일을 행하는 자들을 조심하며, 살을 베어 내는[10] 자들
을 주의하십시오. 3 하나님의 영으로 섬기며, 메시아 예슈아 안에서 자랑하고, 육
신을 신뢰하지 않는 우리가 바로 할례 받은 자들입니다. 4 물론 내 육신에도 신뢰
할 만한 것들이 있습니다. 만일 다른 어떤 사람이 자기 육신에 신뢰할 것이 있다
고 생각한다면, 나는 더욱 그러합니다. 5 팔 일째에 할례를 받았고, 이스라엘 민족
으로 베냐민 지파 출신이며, 히브리인에게서 태어난 히브리인이고, 바리새파를 따
랐으며, 6 열정으로 보면 회중(교회)[11]을 핍박했고, 의로 따지자면 율법주의에 흠이
없는 사람이었습니다. 7 그러나 내게 이익을 주는 것이 무엇이든, 나는 메시아 때
문에 이것들을 해로 여겼습니다. 8 그뿐 아니라 내가 모든 것을 해르 여기는 것은
나의 주 메시아 예슈아에 대한 지식의 가치가 가장 탁월하기 때문입니다. 내가 그
분을 위해 모든 것을 잃어버리고, 나 자신과 그것들을 가치 없다고 여기는 것은
메시아의 은총을 얻고 9 그분께 발견되려는 것입니다. 이것은 율법주의에서 난 것
이 아니라 메시아에 대한 믿음으로 얻는 의, 곧 믿음에 근거한 하나님의 의입니
다. 10 나는 그분과 그분의 부활[12]의 능력과 고난에 동참하는 것을 알기 위해 그
분과 동일한 죽음에 넘겨져서 11 어떻게 해서든지 죽은 자들로부터 부활을 얻고
자 합니다.

목표를 향하여 나아가기

12 나는 이미 얻었거나 완전해져서가 아니라, 메시아 예슈아 아래서 나의 기업
으로 소유하게 된 것, *승리를* 확실하게 붙잡기 위해 달려갈 뿐입니다. 13 형제들
이여, 나는 이미 *기업을* 얻었다고 여기지 않습니다. 다만 한 가지, 뒤에 있는 것은

잊어버리고 *내* 앞에 놓여 있는 *목표를* 향해 질주할 뿐입니다. **14** 나는 메시아 예슈아 안에서 하나님의 높은 부르심의 상을 받으려고 그 목표를 향해 달려가고 있습니다. **15** 그러므로 성숙한 자들인 우리는 이렇게 이해해야 합니다. 만약 여러분이 다르게 생각한다면, 하나님께서 이것을 여러분에게 계시하실 것입니다. **16** 우리가 무엇을 얻었든지, 그것으로 살아가야[13] 합니다.

17 형제들이여, 여러분은 계속해서 나를 본받는 자가 되어야 합니다. 그리고 여러분이 우리를 본보기[14]로 삼은 것처럼 그렇게 행하는 자들을 눈여겨봐야 합니다. **18** 그러므로 많은 이들이 메시아의 십자가의 원수들로 행하고 있습니다. 그들에 대하여는 내가 여러분에게 자주 말했고, 지금도 *슬픔 가운데* 눈물을 흘리며 말합니다. **19** 그들의 최후는 멸망[15]이며, 그들은 자기 배를 신으로 삼고, 그들의 영광은 그들의 수치가 되며, 그들의 마음은 이 땅의 쾌락과 물건들에 있습니다. **20** 그러나 우리의 시민권은 하늘들 가운데 있습니다. 우리는 그곳으로부터 오실 우리의 구원자, 주 예슈아 메시아를 간절히 기다리고 있습니다. **21** 그분께서는 만물을 그분에게 복종시키는 그 능력으로 우리의 천한 몸을 그분의 영광스러운 몸과 같은 모습으로 변화시켜 주실 것입니다.

4

1[16] 그러므로 내가 사랑하고 그리워하는 형제들, 나의 기쁨이자 면류관인 사랑하는 자들이여, 여러분은 주님 안에서 굳게 서 있어야 합니다.

권면

2 내가 유오디아에게 권면하고, 순두게에게 권면합니다. 주 안에서 뜻을 합하십시오. **3** 참으로 그렇습니다! 나는 또한 진실하게 함께 멍에를 멘 여러분 각자에게도 요청합니다. 글레멘드를 비롯하여 나의 다른 동역자들과 함께 복음을 전하는 일에 수고한 이 여인들을 계속해서 도와야 합니다. 이들의 이름이 생명의 두루마리에 있습니다. **4** 여러분은 주 안에서 항상 기뻐해야 합니다. 내가 다시 말합

13) '우리가 이미 붙잡은 만큼 살아가야'

14) 바울은 '완벽한' 사람이 아니었다. 로마서 7장의 관점으로 본문을 보면 다음과 같다. "우리는 모두 해서는 안 될 말과 행동을 하며 살아가지만, 그래도 다른 사람들에게 본이 되는 삶을 살고자 노력해야 한다."

15) 영원한 생명을 상실한 상태를 말한다.

16) 용어 해설에서 '장과 절 숫자들'을 찾아보라.

니다. 기뻐하십시오! 5 그리고 항상 여러분의 관대함이 모든 사람에게 알려져야
합니다. 주께서 가까이 오셨습니다. 6 여러분은 아무것도 염려하지 말고,[17] 기도하
고 간구할 때마다 여러분이 구하는 것들을 속히 하나님께 아뢰되, 감사함으로 해
야 합니다. 7 그러면 모든 이해를 뛰어넘는 하나님의 샬롬이 메시아 예슈아 안에
서 여러분의 마음과 생각을* 지킬 것입니다.

8 마지막으로 형제들이여, 무엇이든지 참되며, 무엇이든지 존경할 만하며, 무엇
이든지 의로우며, 무엇이든지 순결하며, 무엇이든지 기뻐하실 만하며, 무엇이든지
선의로 말하며, 무엇이든지 도덕적인 탁월함과 칭찬할 것이 있다면, 여러분은 계
속해서 이러한 것들을 생각해야 합니다. 9 여러분은 내 안에서 무엇을 배우거나
받거나[18] 듣거나 보았든지, 충실하게 이러한 것들을 행해야 합니다. 그러면 샬롬
의 하나님께서 여러분과 함께하실 것입니다.

빌립보 성도들의 선물에 대한 감사

10 그리고 내가 주 안에서 크게 기뻐하는 것은 이제 나를 생각하는 여러분의
마음이 다시 살아났기 때문입니다. 여러분은 전에도 그것을 생각했으나 *그것을
보여 줄* 기회가 없었을 뿐입니다. 11 내가 궁핍해서 이렇게 말하는 것이 아닙니다.
나는 가진 것에 만족하는 법을 배웠습니다. 12 그러므로 나는 빈곤하게 지내는 법
도 알고, 풍부하게 사는 법도 압니다. 나는 배부르거나 굶주리거나 풍족하거나
궁핍하거나 모든 일과 모든 상황에 대처하는 비결을 배웠습니다. 13 내게 힘을 주
시는 그분 안에서 나는 모든 것을 이길 수 있는 힘을 가졌습니다. 14 그러나 여러
분이 내 고난에 동참한 것은 잘한 일입니다.

15 빌립보 사람들이여, 여러분이 알듯이 내가 복음 전파를 시작하며 마케도니
아로 떠날 때에 나를 위해 말씀 안에서 주고받는 일에 참여한 회중(교회)은 여러
분 외에는 하나도 없었습니다. 16 내가 데살로니가에 있을 때도 여러분은 내게 필
요한 것을 한두 차례 보내 주었습니다. 17 나는 지금 여러분에게 선물을 구하고 있
는 것이 아닙니다. 다만 여러분의 재정에 열매가 풍성하기를 바랄 뿐입니다. 18 나

17) 절대로 염려하지 말라. 염려는 저주이다. 우리에게는 염려가 있을 수 없다. 오직 하나님의 일을 하고자 하는 열정만 있을 뿐이다.

* '메시아 예슈아에 대한 여러분의 마음과 생각과 목적을'

18) 헬라어 '파라람바노'는 보통 '받다'로 번역되는데, 여기서는 '가르침을 통해 배운 것을 자신의 것으로 소화시킨다'는 의미이다. 용어 해설에서 '받다/취하다'를 찾아보라.

는 모든 것을 온전히 받았고, 넘치도록 가지고 있습니다. 여러분이 에바브로디도
를 통해 보낸 선물을 받아 이미 풍족합니다. 그것은 하나님께서 매우 기쁘게 받
으실 향기로운 제물입니다. **19** 그리고 나의 하나님께서 메시아 예슈아 안에서 영
광 가운데 그분의 부요하심으로 여러분의 모든 필요를 가득 채워 주실 것입니다.
20 하나님, 우리 아버지께 영광이 영원무궁토록 있기를 바랍니다. 아멘.

마지막 인사

21 여러분은 이제 메시아 예슈아 안에 있는 모든 성도에게 문안해야 합니다. 나
와 함께 있는 형제들이 여러분에게 문안합니다. **22** 모든 성도, 특히 가이사 가문
의 사람들이 여러분에게 문안합니다. **23** 주 예슈아 메시아의 은혜가 여러분의 영
과 함께하기를 바랍니다.

골로새서[1]

인사

1 **1** 하나님의 뜻으로 메시아 예슈아의 사도 된 바울과 형제 디모데는 **2** 골로
새에 있는 성도들, 곧 메시아 안에 있는 믿음의 형제들에게 편지합니다. 은
혜와 샬롬이 하나님 우리 아버지로부터 여러분에게 임하기를 바랍니다.

골로새 성도들로 인해 하나님께 감사드리다

3 우리는 여러분을 의해 기도할 때에 항상 하나님, 곧 주 예슈아 메시아의 아버
지께 감사드립니다. **4** 우리가 메시아 예슈아에 대한 여러분의 믿음과 모든 성도를
향한 여러분의 사랑을 들었기 때문입니다. **5** (여러분이 이렇게 믿고 사랑한 것은) 여러분
을 위해 하늘들 가운데 쌓여 있는 그 소망 때문입니다. 이것은 여러분이 전에 복
음의 진리의 메시지 안에서 들었던 것입니다. **6** 이 복음이 여러분에게 이르렀고,
여러분은 진리 안에서 하나님의 은혜를 듣고 깨달은 날부터 여러분 가운데서와
같이 온 세상에서도 열매를 맺고 성장하고 있습니다. **7** 여러분은 우리의 사랑하는
동료 종 에바브라에게 이 복음을 배웠습니다. 그는 여러분을 위한 메시아의 충성
된 종이며, **8** 그 영(성령)으로 여러분의 사랑을 우리에게 알려 준 사람입니다.

메시아의 인성과 사역

9 그러므로 우리도 그 소식을 들은 날부터 여러분을 위해 기도하며 간구하기를
멈추지 않았습니다. 우리는 여러분이 모든 영적 지혜와 명철로 그분의 뜻에 대한
지식으로 채워져서 **10** 주님께 합당하게 행하되, 모든 일에 *그분을* 기쁘시게 하기
를 소망하고, 모든 선한 일에 열매를 맺으며, 하나님에 대한 지식 안에서 자라고,
11 그분의 영광스러운 권능에 따라 모든 능력으로 강해지며, 모든 일에 참고 견
딜 수 있기를 바랍니다. 기쁨으로 **12** 그 빛 가운데서 성도들의 유업에 참여하는 자

1) AD 60년경에 기록되었다

가 되기에 합당한 능력을 여러분에게 주시는 아버지께 감사드립니다. **13** 그분께서
는 우리를 어둠의 권세에서 구해 내셔서 그분이 사랑하시는 그 아들의 왕국으로
옮겨 주셨습니다. **14** 우리는 그분 안에서 구속, 곧 죄 사함을 받았습니다. **15** 그분
은 보이지 않는 하나님의 형상이시며, 모든 피조물의 처음 난 자이십니다. **16** 하늘
들과 땅 위에 있는 모든 것, 곧 보이는 것들과 보이지 않는 것들, 왕좌나 주권이나
지도자나 권세자가 모두 그분에 의해 창조되었습니다. **17** 그분은 모든 것보다 먼
저 계셨고, 모든 것이 그분 안에서 유지되고 있으며, **18** 또 그 몸인 회중(교회)[2]의
머리이십니다. 그분께서는 태초에 계셨고, 죽은 자들로부터 처음 난 자가 되셔서
만물의 으뜸이 되셨습니다. **19** 아버지께서는 모든 충만이 그분을 통해 거하게 하
시기를 기뻐하셨고, **20** 그분의 십자가[3]의 피로 샬롬을 이루셔서 땅 위에 있는 것
이나 하늘들 가운데 있는 것을 다 그분을 통해 자기와 화해시키셨습니다.

21 그리고 전에는 여러분이 여러분의 악한 행실 때문에 멀리 떠나 생각하는 방
식이 원수였습니다. **22** 그러나 이제 그분께서 죽음을 통해 자기 육신의 몸으로 여
러분과 화해하게 하셔서 여러분을 거룩하고 흠이 없게 하여 그분 앞에서 책망받
을 것이 없는 자로 세우셨습니다. **23** 만일 여러분이 믿음 안에 거하며, 자신을 위
해 기초를 놓고, 여러분이 들은 그 복음의 소망에서 흔들리지 않으면, 그렇게 될
것입니다. 이 복음은 모든 피조물 안에서 하늘 아래 있는 모든 사람에게 전파되
었고, 나 바울은 그 복음의 종이 되었습니다.

바울의 사명

24 지금 나는 여러분을 위해 당하는 고난을 기뻐하며, 메시아의 남은 고난을
그분의 몸인 회중(교회)을 위해 내 육신에 채웁니다. **25** 내가 하나님의 거룩한 직무
에 따라 종이 되었으니, 그것은 여러분 가운데서 하나님의 말씀을 이루려고 내게
주어진 것입니다. **26** 그 비밀은 시대마다 각 세대들에게는 감추어져 있었는데, 이
제 그분의 성도들에게 밝히 드러났습니다. **27** 하나님께서는 이방인들 가운데 나타
난 이 비밀의 영광의 부요함을 성도들에게 알려 주고 싶으셨습니다. 이 비밀은 바
로 여러분 안에 계신 메시아, 곧 영광의 소망입니다. **28** 우리가 그것을 전파하고,
모든 사람을 훈계하며, 모든 지혜로 가르치는 것은 각 사람을 메시아 안에서 온

2) 용어 해설에서 '회중'을 찾아보라.
3) 십자가는 로마 제국이 십자가형을 중단한 4세기가 되어서야 그리스도인의 상징이 되었다.

전하게 세우려는 것입니다. 29 그리고 나도 이 일을 위해 내 안에서 능력으로 행하
시는 그분의 역사를 따라 수고하며 애쓰고 있습니다.

2 1 그러므로 여러분과 라오디게아에 있는 사람들과 내 얼굴을 직접 보지
못한 사람들에 대해 내가 얼마나 큰 관심을 갖고 있는지 여러분이 알기
를 바랍니다. 2 이는 우리가 사랑 안에서 모든 것에 연합되어 그들의 마음이 위안
을 얻고, 넘치는 깨달음을 얻어 하나님의 비밀인 메시아를 온전히 알게 하려는
것입니다. 3 그분 안에 지혜와 지식의 모든 보물이 쌓여 있습니다. 4 내가 이렇게
말하는 것은 아무도 유혹하는 말로 여러분을 속이지 못하게 하려는 것입니다. 5 내
가 육체로는 떠나 있지만, 영으로는 여러분과 함께 있어서 여러분이 질서 있게 살
아가는 것과 메시아에 대한 여러분의 믿음이 확고함을 보며 기뻐하고 있습니다.

메시아 안에서 충만한 생명

6 그러므로 여러분이 메시아, 주 예슈아를 모셨으니, 계속 그분과 동행해야 합
니다. 7 여러분은 그분 안에서 뿌리를 내리고, 터를 잡으며, 여러분이 배운 대로
믿음 안에 굳건히 서서 감사가 넘치게 해야 합니다. 8 아무도 여러분을 철학이나
헛된 속임수로 사로잡지 않도록 조심하십시오. 그것들은 사람들의 전통과 이 세
상의 원리들을 따르는 것이지, 메시아를 따르는 것이 아닙니다. 9 그분 안에는 신
성의 모든 충만함이 육신으로 거하고 있습니다. 10 그리고 여러분도 지속적으로
그분을 통해 충만해져야 합니다. 그분은 모든 통치와 권세의 머리이십니다. 11 그
리고 여러분은 그분 안에서 사람의 손으로 행하지 않은 할례, 곧 육신의 몸을 벗
어 버리는 메시아의 할례[4]를 받았습니다. 12 여러분이 침례[5]를 받음으로 그분과
함께 장사되었고, 그분을 죽은 자들로부터 일으키신 하나님의 역사를 믿음으로
그분과 함께 일으킴 받았기 때문입니다. 13 여러분은 죄와 그 몸의 무할례 가운데
서 죽었으나, 그분께서 우리 안에 있는 모든 죄를 사하시고, 그분과 함께 여러분
을 살리셨습니다. 14 하나님께서는 우리를 거스르고 대적하는 그 법령 안에 있는
기록들을 지워 버리시고 *그분(예슈아)과 함께* 십자가에 못 박아 그것들을 우리 가

4) 마음의 할례를 말한다. 신명기 10장 16절과 30장 6절, 예레미야 4장 4절과 9장 26절, 에스겔 44장 7절을 참조하라.

5) 용어 해설에서 '침례'를 찾아보라.

운데서 제거해 버리셨습니다. **15** 통치자들과 권세자들을 무장해제[6]시키시고 그분(메시아)을 통해 승리하셔서 그들을 공개적으로 *드러내어* 본보기로 삼으셨습니다.

16 그러므로 아무도 먹고 마시는 것이나 절기나 월삭 또는 안식일[7]로 여러분을 비판하지 못하게 해야 합니다. **17** 그것들은 장차 올 것들의 그림자일 뿐이고, *그림자를 이루는* 그 몸[8]은 메시아의 것입니다. **18** 가식적으로 자신을 낮추며 천사를 숭배하는 자들이 여러분의 상[9]을 빼앗아 가지 못하게 하십시오. 그런 사람은 자기가 환상으로 본 것들을 이유 없이 부풀리며 그의 육신적인 생각으로 근거 없이 과장합니다. **19** 그는 머리에 붙어 있지 않습니다. 온몸은 이 머리로부터 관절과 힘줄을 통해 영양을 공급받고 서로 연결되어 하나님께서 자라게 하시는 대로 성장합니다.[10]

메시아 안에서 새로운 삶

20 여러분은 메시아와 함께 죽어 세상의 초보 원리로부터 벗어났는데, 왜 이 세상에 살고 있는 것처럼 규칙들에 복종하는 것입니까? **21** 여러분은 만지지도 말고, 맛보지도 말고, 손대지도 말라고 하는데, **22** 이런 것들은 모두 사람들의 법칙과 가르침들로 없어지게 되어 있습니다. **23** 이런 규칙과 규범들은 제멋대로 예배하고 과장된 겸손과 몸을 혹사시키는 것에는 지혜로운 것처럼 보이지만, 하나님을 경외하거나 육체의 욕망을 통제하는 데는 아무 효과도 없습니다.

3

1 그러므로 만일 여러분이 메시아와 함께 일으킴[11]을 받았다면, 높은 곳에 있는 것들을 추구해야 합니다. 그곳에는 메시아께서 하나님 오른편에

6) 원문을 문자 그대로 옮기면 '발가벗기다'이다. 이것은 로마 개선식에서 고위층 전쟁 포로들을 발가벗겨 공개적으로 수치를 주던 것을 가리킨다.

7) 원문은 '사바톤'으로 복수 형태이다. 매주 돌아오는 안식일을 말하는 것일 수도 있고, 절기 기간을 지칭하는것일 수도 있다. 여기서는 매주 돌아오는 안식일을 말하는 것으로 보인다. 용어 해설에서 '안식일'을 찾아보라.

8) 성육신하신 하나님의 몸에는 그림자가 생긴다. 이것은 그분의 가르침(토라)과 함께 모든 믿는 자들을 모든 상황 가운데 '그 길'로 나아가게 인도한다. 20절에 다시 한 번 언급된 사람이 만든 전통이나 규례는 관여할 자리가 없다. 또 다른 해석으로는, 앞서 말한 '절기'가 이방인들의 풍습으로, '비판'은 '메시아의 몸'인 교회가 하는 것이다.

9) 구원

10) 하나님만이 그 몸을 성장시키신다.

11) 물에 잠겼다가, 곧 침례를 받고 일어나는 것을 말한다.

앉아 계십니다. 2 여러분은 이 땅의 것들이 아니라 높은 곳에 있는 것들을 지속적
으로 생각해야 합니다. 3 여러분은 죽었고, 여러분의 생명은 메시아와 함께 하나
님 안에 감추어져 있기 때문입니다. 4 여러분의 생명이신 메시아께서 나타나실 때,
여러분도 그분과 함께 영광 가운데 나타나게 될 것입니다.

5 그러므로 여러분은 지금 즉시 땅에 속한 부분들을 죽여야 합니다. 그것들은 음
행과 더러운 것과 정욕과 악한 욕망과 탐심이니, 탐심은 곧 우상숭배[12]입니다. 6 이
런 것들[13] 때문에 하나님의 진노가 불순종의 자녀들에게 임하는 것입니다. 7 여러
분도 한때 그것들 가운데 살면서 이러한 것들 가운데 행했습니다. 8 그러나 이제
여러분은 이러한 것들, 곧 분노와 정욕과 악함과 타락과 악의와 저주와 험담[14]과
악독과 외설과 여러분의 입으로 내뱉는 부끄러운 말을 벗어 버려야 합니다. 9 여
러분은 결코 서로에게 거짓말을 하지 않아야 합니다. 여러분은 옛 사람과 그 행
위들을 벗어 버리고, 10 여러분의 새 사람, 곧 우주를 창조하신 분의 형상을 따라
지식으로 새롭게 된 존재를 입었습니다. 11 거기에는 헬라인이나 유대인, 할례자나
무할례자, 야만인, 스구디아인,[15] 노예나 자유인이 없고, 오직 메시아께서 모든 사
람에게 모든 것이 되십니다.

12 그러므로 여러분은 하나님의 택함을 받고 사랑받는 성도들답게 즉시 긍휼
과 자비와 겸손과 온유와 인내의 마음과 생각들로 옷 입어야 합니다. 13 누가 누
구에게 불평이 있더라도 서로 참아 주고 용서하되, 주께서 여러분을 용서하신 것
같이 여러분도 용서해야[16] 합니다(마 6:14, 15). 14 그리고 이 모든 것 위에 사랑, 곧
완전함의 띠를 더해야 합니다. 15 메시아의 샬롬이 여러분의 마음을 끊임없이 다
스리게 하십시오. 여러분도 그 샬롬에 들어가도록 한 몸으로 부름 받았습니다.
그러므로 계속 감사해야 합니다. 16 메시아의 말씀이 끊임없이 여러분 가운데 풍
성하게 거해야 합니다. 여러분이 *서로를* 가르치고 권면할 때에 모든 지혜로 하고,
하나님의 은혜를 마음에 새기며, 시와 찬송과 영적인 노래들로 하나님을 찬양하
고, 17 말로나 행위로나 여러분이 무엇을 하든지, 모든 것을 주 예슈아의 이름으로

12) '탐심'이 '우상숭배'라고 분명하게 말하고 있다. 레위기 19장 4절과 에베소서 5장 5절을 참조하라.

13) 5절에 언급된 모든 죄악들을 가리킨다.

14) 용어 해설에서 '비방/험담'을 찾아보라.

15) 이들은 오늘날의 우크라이나 초원 지대에 거했다. 스구디아(스키타이)인들은 당시 가장 미개하고 잔인한 민족으로 여겨졌다.

16) 용어 해설에서 '죄'와 '죄 사함'를 찾아보라.

하고, 그분(예슈아)을 통해 하나님 아버지께 감사드려야 합니다.

새로운 삶의 사회적 의무들

18 아내들이여, 여러분은 남편들에게 충실하게 복종해야 합니다.[17] 그것이 주
안에서 합당한 일입니다. **19** 남편들이여, 여러분은 계속해서 아내들을 사랑하고
그녀의 마음을 상하게 하지 말아야 합니다.

20 자녀들이여, 여러분은 모든 일에 빠짐없이 부모에게 순종해야 합니다. 이것
이 주님께 기쁜 일이기 때문입니다. **21** 아버지들이여, 여러분의 자녀들을 결코 화
나게 하지 말고, 그들이 좌절하지 않도록 해야 합니다.

22 종들이여, 여러분은 모든 일에 육신의 주인들에게 복종해야 합니다. 사람의
비위를 맞추는 자들처럼 눈가림을 하지 말고, 신실한 마음으로 주님을 두려워해
야 합니다. **23** 무슨 일을 하든지, 여러분은 사람들에게 하는 것이 아니라 주께 하
는 것처럼 진심으로 해야 합니다. **24** 여러분이 알고 있는 대로, 그 유업을 상으로
받을 것이기 때문입니다. 여러분은 주 메시아를 위하여 일하고 있습니다. **25** 불의
를 행하는 자는 자기가 저지른 불의의 대가를 치르게 될 것이니, 하나님께는 차
별이 없기 때문입니다(신 10:17; 대하 19:7).

4

1[18] 주인들이여, 여러분은 계속해서 여러분의 종들에게 정의와 공의를 베
풀어야 합니다. 여러분이 아는 대로 여러분에게도 하늘에 주인이 계시기
때문입니다.

권면

2 여러분은 지속적으로 기도하고, 감사함으로 깨어 기도해야 합니다. **3** 또한 하
나님께서 우리에게 문을 열어 주셔서 메시아의 비밀을 선포할 수 있도록 우리를 위
해 함께 기도해야 합니다. 내가 이것 때문에 매여 있습니다. **4** 이것은 내가 마땅히
말해야 할 때에 그 비밀을 나타내려는 것입니다. **5** 여러분은 계속해서 외부 사람
들에게 지혜롭게 행하여 그 기회를 최대한 활용해야 합니다. **6** 소금으로 간을 맞
추듯 여러분의 메시지에 항상 은혜가 있게 하여 각 사람에게 어떻게 대답해야 할
지 알게 해야 합니다.

마지막 인사

7 우리의 사랑받는 형제요, 충실한 사역자요, 주 안에서 함께 섬기는 종인 두기고가 나에 대한 모든 것을 알려 줄 것입니다. 8 나는 이런 일들 때문에 그를 여러분에게 보냈습니다. 그는 여러분에게 우리에 대한 것을 알리고, 여러분의 마음을 위로할 것입니다. 9 우리의 사랑받는 신실한 형제 오네시모[19]도 함께 보냈는데, 그는 여러분에게서 온 사람입니다. 그들이 여기서 행한 모든 일을 여러분에게 알려 줄 것입니다.

10 나와 함께 감옥에 갇힌 자인 아리스다고가 여러분에게 문안합니다. 그리고 바나바의 사촌인 마가(행 12:12; 15:39)에 대해 여러분이 지시를 받았으니, 그가 여러분에게 가면 즉시 그를 영접해야 합니다. 11 또 유스도라고 불리는 예수도 있는데, 할례 받은 자들 중에서 오직 이들만 하나님의 왕국을 위해 동역하는 일꾼들이며, 나에게 위로가 되어 준 자들입니다. 12 여러분에게서 온 에바브라가 여러분에게 문안합니다. 메시아 예슈아의 종인 그는 여러분이 하나님에 대한 모든 소망 가운데서 온전하고 충만한 확신으로 서게 하려고 항상 열정적으로 기도하고 있습니다. 13 그러므로 내가 그에 대하여 증언하는데, 그는 여러분과 라오디게아에 있는 자들과 히에라볼리에 있는 자들을 위해 수고를 많이 했습니다. 14 사랑받는 의사인 누가와 데마가 여러분에게 문안합니다. 15 여러분은 즉시 라오디게아에 있는 형제들, 그리고 눔바와 그녀의 집에 있는 회중(교회)에게 문안해야 합니다. 16 그리고 여러분을 위해 이 편지를 읽은 후 즉시 라오디게아에 있는 회중(교회)들 앞에서 이 편지를 읽게 하고, 여러분은 라오디게아에서 오는 것을 읽어야 합니다.[20] 17 그리고 아킵보에게 말하기를, "주 안에서 받은 사명을 위해 항상 조심하여 그것을 완수해야 한다"라고 하십시오.

18 나 바울은 친필로 이 인사를 전합니다. 내가 갇힌 것을 기억하십시오. 은혜가 여러분과 함께하기를 바랍니다.

17) 에베소서 5장 21절에서는 서로 복종하라고 말한다.

18) 용어 해설에서 '장과 절 숫자들'을 찾아보라.

19) 골로새 출신으로, 전에 빌레몬의 종이었던 사람이다.

20) 당시에는 직접 쓰는 것 외에는 사본을 제작할 방법이 없었다. 그래서 하나의 서신을 여러 교회가 회람했다. 용어 해설에서 '사본'을 찾아보라.

데살로니가전서[1]

인사

1 1 바울과 실루아노(실라)와 디모데는 하나님 아버지와 주 예슈아 메시아
안에 있는 데살로니가 회중(교회)[2]에게 편지합니다. 은혜와 샬롬이 여러
분에게 있기를 바랍니다.

데살로니가 사람들의 믿음과 본

2 우리는 항상 여러분 모두로 인해 하나님께 감사하며, 기도할 때마다 언급하면
서 끊임없이 3 여러분의 믿음의 행위와 사랑의 수고 그리고 우리 주 예슈아 메시
아에 대한 소망의 인내를 우리 하나님 아버지 앞에서 기억하고 있습니다. 4 형제
들이여, 우리는 하나님께서 여러분을 사랑하셔서 택하셨음을 압니다. 5 우리의 복
음이 단지 말로만 여러분에게 전해진 것이 아니라 능력과 성령과 큰 확신 가운데
전해졌기 때문입니다. 우리가 여러분 가운데 여러분을 위해 어떻게 사역했는지는
여러분이 아는 그대로입니다. 6 그리고 여러분은 우리와 주님을 본받는 자들이 되
어 많은 고난 중에서도 성령께서 주신 기쁨으로 말씀을 받았습니다. 7 그리하여
여러분은 마케도니아와 아가야에 있는 모든 믿는 자들에게 본이 되었습니다. 8 주
님의 말씀이 여러분으로 인해 마케도니아와 아가야뿐 아니라 하나님을 향한 여
러분의 믿음이 선포되는 모든 곳에 울려 퍼졌습니다. 그러므로 우리는 그것에 대
해 말할 필요가 없습니다. 9 사람들이 우리에 대해 전하고 있기 때문입니다. 그것
은 우리가 여러분에게 어떤 환대를 받았고, 여러분이 어떻게 우상을 섬기다가 살
아 계신 참된 하나님께로 돌이켰는지, 10 그리고 하늘들로부터 오실 그분의 아들,
곧 죽은 자들 가운데서 살아나신 예슈아, 다가올 진노에서 우리를 구원하신 분

1) AD 51–52년경에 기록된 데살로니가서는 바울 서신 중 가장 먼저 기록되었다.

2) 용어 해설에서 '회중'을 찾아보라.

3) 용어 해설에서 '복음'을 찾아보라.

을 어떻게 고대하게 되었는지에 대한 것입니다.

데살로니가에서 바울의 사역

2 1 참으로 형제들이여, 우리가 여러분을 방문한 것이 결코 헛되지 않았다
는 것을 여러분 자신도 알고 있습니다. 2 여러분이 아는 대로 우리는 전에
빌립보에서 고난과 멸시를 당했으나(행 16:19-24), 우리 하나님으로 인해 용기를 얻
어 극심한 반대에 부딪혀도 하나님의 복음[3]을 여러분에게 공개적으로 전했습니
다(행 17:1-5). 3 우리의 가르침은 잘못된 생각이나 부정이나 속임수에서 비롯된 것
이 아닙니다. 4 다만 하나님께서 우리를 시험해 보시고 복음을 맡겨 주셔서 말하
는 것입니다. 이는 사람을 기쁘게 하는 것이 아니라 우리의 마음을 시험하시는
하나님을 기쁘게 해 드리려는 것입니다. 5 여러분이 아는 대로, 참으로 우리는 아
첨하는 말을 한 적이 없고, 탐욕을 채우려고 속임수를 쓴 적도 없습니다. 하나님
께서 증인이십니다. 6 또한 여러분이나 다른 사람들에게 칭찬을 구하지도 않았습
니다. 7 우리는 메시아의 사도로서 권한을 행사할 수 있지만, 어머니가 자식을 돌
보는 것처럼 여러분 가운데서 부드럽게 대했습니다. 8 우리는 이처럼 여러분을 향
한 마음이 간절하여 여러분에게 하나님의 복음뿐 아니라 우리의 생명까지도 나
누어 주려고 결심했습니다. 여러분이 우리에게 사랑받는 자들이 되었기 때문입니
다. 9 형제들이여, 참으로 여러분은 계속 우리의 수고와 고생을 기억해야 합니다.
우리가 여러분 중 어느 누구에게도 부담을 주지 않으려고 밤낮으로 일하면서 *유
일하신* 하나님의 복음을 선포했기 때문입니다. 10 우리가 믿는 여러분을 얼마나
거룩한 자세로 올바르고 흠 없이 대했는지, 여러분과 하나님께서 증인이십니다.
11 여러분이 아는 대로, 우리는 아버지가 그 자녀를 대하듯이 여러분 한 사람 한
사람에게 12 권면하고, 격려하고, 간청하여 하나님, 곧 여러분을 그분의 왕국과 영
광으로 불러 주신 분께 합당하게 행하도록 하였습니다.

13 이 때문에 우리도 *여러분이 그러하듯* 하나님께 끊임없이 감사드리는 것은,
여러분이 우리에게서 하나님의 메시지를 들을 때에 사람의 말이 아니라 참으로
하나님의 말씀으로 받았기 때문입니다. 그분께서는 믿는 여러분 가운데서 역사하
고 계십니다. 14 형제들이여, 여러분은 하나님의 사람으로 부름 받은 자들, 곧 유
대의 메시아 예슈아 안에 있는 사람들을 본받은 자들이 되었습니다. 그들이 유

대인들에게 고난을 받았던 것처럼 여러분도 여러분의 동족들에게 동일한 고난을
받았기 때문입니다. **15** 주 예슈아와 선지자들을 죽인 자들이 우리도 심하게 핍박
하였습니다. 그들은 하나님을 기쁘게 해 드리지 않고 모든 사람을 대적하여 **16** 우
리가 이방인들에게 (말씀을) 전해 구원받게 하려는 일도 방해했습니다. 이렇게 그
들은 늘 자기들의 죄를 *넘치도록* 채웁니다. 그러나 결국 *하나님의* 진노가 그들 위
에 임했습니다.

데살로니가 회중(교회)을 다시 방문하려는 바울의 열망

17 형제들이여, 우리가 한동안 마음은 아니지만 몸이 여러분과 떨어져 있어 의
지할 곳 없는 사람이 되어 우리 모두 여러분을 직접 만나기를 더욱 간절히 열망
하고 있습니다. **18** 우리는 여러분에게 가기를 원했습니다. 사실 나 바울은 몇 번이
고 가고자 했지만, 사탄[4]이 우리를 방해했습니다. **19** 참으로 주 예슈아가 오실 때,
그분 앞에서 우리의 소망이나 기쁨이나 자랑할 면류관이 무엇이겠습니까? 바로
여러분이 아니겠습니까? **20** 여러분은 우리의 영광이요 기쁨입니다.

3

1 그래서 우리는 더 이상 참을 수가 없어서 우리만 아테네에 남기로 하고,
2 우리의 형제이며 메시아의 복음 안에서 하나님의 동역자인 디모데를 여
러분에게 보냈습니다. 여러분을 견고히 세우고 여러분의 믿음을 권면하기 위해서
였습니다. **3** 또 이러한 환난[5]에 아무도 미혹되지 않게 하려는 것이었습니다. 여러
분은 우리가 이 일을 위해 세워진 것을 알고 있습니다. **4** 여러분과 함께 있을 때에
우리가 환난을 당할 것이라고 여러분 앞에서 미리 말했는데, 여러분이 아는 대로
실제로 그렇게 되었습니다. **5** 그로 인해 나는 더 이상 참을 수 없어서 여러분의 믿
음을 알아보려고 디모데를 보냈습니다. 이는 유혹하는 자들이 여러분을 유혹하
여 우리의 수고가 헛되지 않게 하려는 것이었습니다.

6 그러나 지금 디모데가 여러분에게서 돌아와 여러분의 믿음과 사랑에 대한 기
쁜 소식과 여러분이 항상 우리에 대해 좋은 기억을 가지고 있고, 우리가 여러분

4) 용어 해설에서 '사탄'을 찾아보라.

5) 2장 15절을 보라.

6) '거룩한 자'는 심판 날에 임할 천군 천사들을 말한다. 마태복음 16장 27절, 데살로니가후서 1장 10절을 참조하라.

을 보고 싶어 하듯, 여러분도 우리를 간절히 보고 싶어 한다고 전해 주었습니다.
7 형제들이여, 이 때문에 우리가 모든 고난과 환난 중에도 여러분의 그 믿음으로
인해 위안을 얻었습니다. **8** 여러분이 주님 안에 굳게 서 있으면, 우리가 이제 살기
때문입니다. **9** 우리가 여러분으로 인해 하나님 앞에서 누리는 모든 기쁨에 대해
어떻게 하나님께 감사드릴 수 있겠습니까? **10** 우리는 여러분의 얼굴을 보고 여러
분의 믿음에서 부족한 부분을 온전하게 하기 위해 밤낮으로 열심히 기도하며 간
구하고 있습니다.

11 바로 이 하나님 우리 아버지와 우리 주 예수아께서 우리를 방해하는 것들을
없애 주셔서, 우리의 길을 여러분에게 인도해 주시기를 바랍니다. **12** 또 우리가 여
러분을 사랑하는 것처럼 주께서 여러분에게도 서로와 모두를 향한 사랑이 넘쳐
나게 하셔서 **13** 우리 주 예수아께서 그의 모든 거룩한 자[6]와 함께 오실 때, 하나
님 우리 아버지 앞에서 여러분의 마음을 거룩하고 흠 없이 세워 주시기를 바랍니
다. 아멘.

하나님을 기쁘게 해 드리는 삶

4 **1** 형제들이여, 나머지 것들에 대하여는 우리가 주 예수아 안에서 여러분
에게 부탁하고 권유합니다. 여러분은 어떻게 행하고, 어떻게 하나님을 기
쁘시게 할 것인지 우리에게 배웠고 또 그렇게 살고 있으니, 더 넘치게 해야 할 것
입니다. **2** 여러분은 우리가 주 예수아를 통해 어떤 가르침을 주었는지 알고 있습
니다. **3** 이것이 바로 여러분을 거룩하게 구별하신 하나님의 뜻입니다. 그것은 음행
을 삼가고, **4** 여러분 각자가 거룩함과 존중함으로 자기 아내를 취할 줄(벧전 3:7) 알
며, **5** 이방인들, 곧 하나님을 알지 못하는 자들처럼 정욕으로 하지 않고, **6** 다툼으
로 자기 형제의 이익을 침해하는 죄를 짓지 않는 것입니다. 우리가 여러분에게 미
리 말하여 경고한 대로, 주께서는 이 모든 일을 갚아 주시는 분이기 때문입니다
(시 94:1). **7** 하나님께서는 우리를 부정함이 아니라 거룩함에 이르도록 부르셨습니
다. **8** 그러므로 이 경고를 거부하는 자는 사람을 거부하는 것이 아니라, 여러분에게
성령을 주시는 하나님을 거부하는 것입니다.

9 그리고 형제 사랑에 대해서는 내가 여러분에게 쓸 필요가 없습니다. 여러분
이 하나님으로부터 서로 사랑하라는 가르침을 받았고, **10** 참으로 여러분의 형제

들, 곧 마케도니아 전역에 있는 자들에게 이렇게 하고 있기 때문입니다. 그러므로
형제들이여, 우리가 여러분에게 권면하니, 더욱더 그렇게 하십시오. **11** 우리가 여러
분에게 교훈한 대로 안식[7]을 열망하며, 자기 일을 하되, 자기 손으로 일하십시오.
12 이는 여러분이 외부 사람들[8]과 올바르게 행하여 아무런 부족함이 없게 하려는
것입니다.

예슈아의 오심

13 그리고 형제들이여, 우리는 여러분이 잠든[9] 자들에 대하여 알지 못하는 것
을 원치 않습니다. 이는 여러분이 소망이 없는 다른 사람들처럼 슬퍼하지 않게 하
려는 것입니다. **14** 만일 우리가 예슈아께서 죽었다가 다시 일어나셨음을 믿는다면,
하나님께서는 그와 같이 예슈아*의 구속으로* 인해 잠든 자들도 그분과 함께 데려
오실 것입니다.

15 참으로 우리는 여러분에게 주님의 말씀으로 이것을 말합니다. 주님께서 오실
때까지 남아 있을 우리 산 자들은 결코 잠자는 자들을 앞서지 않을 것입니다. **16**
주님께서 친히 명령하시며 천사장의 음성과 하나님의 쇼파르(양각 나팔)[10]와 함께
하늘로부터 내려오시면, 메시아 안에서 죽은 자들이 먼저 일어나고, **17** 그 후에
남아 있는 우리 산 자들이 그들과 함께 구름 속으로 끌려 올라가 공중에서 주님
과 만날 것입니다(계 20:5). 그리하여 우리는 항상 주님과 함께 있을 것입니다. **18** 그
러므로 여러분은 끊임없이 이러한 말로 서로를 위로해야 합니다.

주의 날

5 **1** 그리고 형제들이여, 때와 시기에 대해서는 여러분에게 쓸 필요가 없습
니다. **2** 여러분이 정확하게 아는 대로, 주의 날[11]이 도둑같이 밤에 올 것
이기 때문입니다. **3** *믿지 않는* 사람들이 말하기를, "샬롬이다, 안전하다"(렘 6:14; 8:11;

7) 여기서 '안식'은 노동과 수고를 멈추는 것을 의미한다.

8) 믿지 않는 자들

9) 용어 해설에서 '죽음'을 찾아보라.

10) 헬라어 '살피기'(salpiggi)는 '나팔'로 번역되지만, 여기서는 문맥상 '쇼파르'로 옮기는 것이 적절하다. 용어 해설에서 '쇼파르'를 찾아보라.

11) 심판의 날. 계시록 20장 4절과 11-14절을 참조하라.

겔 13:10)라고 할 그때에 갑작스러운 파멸이 출산의 고통처럼 임할 것이며, 그들은
결코 피하지 못할 것입니다. 4 그러나 형제들이여, 여러분은 어둠 속에 있지 않으
니, 그날이 여러분에게 도둑처럼 갑자기 덮쳐 오지는 않을 것입니다. 5 여러분은
모두 빛의 아들들이며 낮의 아들들이기 때문입니다. 우리는 밤이나 어둠에 속한
자들이 아닙니다.[12] 6 따라서 우리는 다른 사람들처럼 잠자지 말고, 깨어 정신을
차려야 합니다. 7 잠자는 사람들은 밤에 자고, 취하는[13] 사람들은 밤에 취합니다.
8 그러나 우리는 낮에 속하였으므로 깨어 있어야 하며, 믿음과 사랑의 흉갑을 입
고, 구원의 소망을 투구로 써야 합니다(사 59:17). 9 하나님께서 우리를 여기에 세우
신 것은 진노를 받게 하시려는 것이 아니라, 우리 주 예슈아 메시아를 통해 구원
받게 하시려는 것입니다. 10 그분께서 우리 대신 죽으신 것은 우리가 깨어 있든지
자고 있든지, 그분과 함께 살게 하시려는 것입니다. 11 그러니 여러분은 지금 하고
있는 것처럼, 계속 서로를 권면하고 세워 줘야 합니다.

마지막 권면과 인사

12 그러므로 형제들이여, 우리가 여러분에게 부탁하는 것은 여러분 가운데서
수고하고, 주 안에서 여러분을 지도하며, 여러분에게 권면하는 자들을 존중하고,
13 그들이 하는 일로 인해 그들을 사랑 안에서 가장 존귀하게 여기라는 것입니
다. 여러분은 항상 여러분 가운데서 샬롬을 유지해야 합니다. 14 형제들이여, 우리
가 여러분에게 권고하는 것은, 여러분이 수시로 무질서한 자들을 훈계하고, 끊임
없이 낙심한 자를 격려하며, 계속해서 연약한 자들을 돕고, 항상 모든 일에 인내
해야 한다는 것입니다. 15 여러분은 주의하여 어느 누구도 결코 악을 악으로 갚지
않고, 오히려 지속적으로 서로와 모두를 위해 항상 선을 행해야 합니다.

16 항상 기뻐하고, 17 끊임없이 기도하며, 18 계속해서 모든 일에 감사해야 합니
다. 이것이 메시아 예슈아 안에서 여러분을 향한 하나님의 뜻입니다. 19 여러분은
습관적으로 그 영(성령)을 소멸시키지 말고, 20 끊임없이 예언[14]을 멸시하지 말며,
21 오히려 모든 것을 지속적으로 시험하여 입증하고, 끊임없이 선한 것을 굳게 붙

12) '낮'은 '빛'을, '새벽'은 '구속'을, '밤'은 '포로 됨', 곧 '하나님으로부터의 분리'를 암시한다.

13) 무엇이든 취하게 하거나 중독시키는 것을 지나치게 많이 마신 상태를 가리킨다. 용어 해설에서 '주술 또는 마술'을 찾아보라.

14) 예언적 은사를 가리킨다.

잡으며, **22** 악한 모양[15)]은 무엇이든지 멀리해야 합니다.

23 그리하여 샬롬의 하나님께서 친히 여러분을 모든 면에서 완전히 깨끗하게
하시고, 여러분의 영과 혼과 몸을 우리 주 예슈아 메시아께서 오실 때까지 아무
점도 없고, 흠도 없이 온전하게 지켜주시기를 바랍니다. **24** 여러분을 부르신 그분
은 신실하시며, 또한 *말씀하신 것을* 행하시는 분입니다.

25 형제들이여, 여러분은 또한 우리를 위해 끊임없이 기도해야 합니다.

26 거룩한 입맞춤으로 모든 형제[16)]에게 문안하십시오. **27** 내가 주의 이름으로
여러분에게 엄숙하게 명합니다. 이 편지를 모든 회중(교회)에게 읽어 주십시오.

28 우리 주 예슈아 메시아의 은혜가 여러분과 함께 있기를 바랍니다.

15) 여기에는 모든 종류의 악, 악한 모양까지도 포함된다.

16) '모든 형제'는 '모든 남녀 성도들'을 가리킨다.

데살로니가후서[1]

인사

1
1 바울과 실루아노[2]와 디모데는 하나님 우리 아버지와 주 예슈아 메시아
안에 있는 데살로니가인들의 회중(교회)[3]에게 편지합니다. 2 은혜와 샬롬이
하나님 우리 아버지와 *우리* 주 예슈아 메시아로부터 여러분에게 임하기를 바랍니다.

메시아의 재림 때 있을 심판

3 형제들이여, 우리는 항상 여러분에 대하여 하나님께 감사하지 않을 수 없습
니다. 그렇게 하는 것이 그분께 합당하니, 여러분의 믿음이 풍성하게 자라고 있으
며, 서로를 향한 여러분의 사랑이 충만하기 때문입니다. 4 그래서 우리는 여러분
이 모든 박해와 고난 가운데 보여 준 인내심과 충성심을 하나님의 회중(교회)들에
게 자랑합니다. 5 이는 하나님의 의로운 심판에 대한 증거로, 여러분이 하나님의
왕국에 합당한 자들이 되게 하시려는 것입니다. 여러분은 지금 그분의 왕국을 위
해 고난을 당하고 있습니다. 6 하나님께서는 공의로우셔서 여러분을 괴롭히는 자
들에게 괴로움으로 갚아 주시고, 7 지금 환난을 당하고 있는 여러분에게는 우리
와 함께 *핍박으로부터* 안식을 주십니다. 주 예슈아께서 그분의 능력의 천사들과
더불어 하늘로부터 나타나셔서 8 타오르는 불꽃 가운데 하나님을 알지 못하는 자
들과 우리 주 예슈아의 복음에 순종하지 않는 자들을 벌하실 것입니다. 9 그들은
주님 앞과 그분의 능력의 영광에서 떨어져 나가 영원한 멸망의 형벌을 받을 것입
니다. 10 바로 그날[4] 그분께서는 그분의 거룩한 자들[5]과 함께 오셔서 모든 믿는

1) AD 51–52년경에 기록되었다.

2) 실라

3) 용어 해설에서 '회중'을 찾아보라.

4) 심판 날. 계시록 20장 4절과 11–14절을 참조하라.

5) 심판 날에 임할 천군 천사들을 가리킨다. 마태복음 16장 27절과 데살로니가전서 3장 13절을 참조하라.

자에게 영광을 받으시고 경탄의 대상이 되실 것입니다. 이는 우리의 증언을 여러
분이 믿었기 때문입니다. **11** 그러므로 우리는 항상 여러분을 위해 기도합니다. 우
리 하나님께서 여러분을 부르심에 합당한 자로 여겨 주시고, 여러분 안에서 선함
에서 오는 모든 기쁨과 믿음의 행위를 그분의 능력으로 완성해 주시기를 기도하
는 것입니다. **12** 이는 우리 하나님과 주 예슈아 메시아의 은혜를 따라 우리 주 예
슈아의 이름이 여러분 안에서 영광을 받고, 여러분도 그분 안에서 영광을 받게
하려는 것입니다.

토라(가르침) 없는 무법자

2 **1** 형제들이여, 우리 주 예슈아 메시아의 오실 것과 우리가 그분 앞에 함
께 모일 것에 대하여 여러분에게 당부합니다. **2** 사람들이 영으로나 말로
나 우리가 보낸 것으로 추정되는 편지로나 주의 날이 *이미 우리에게* 임박했다고
하더라도 쉽게 동요하거나 두려워하지 마십시오. **3** 아무도 어떤 방식으로든 여러
분을 속이지 못하게 하십시오. 먼저 배교하는 일이 있고, 다음에 무법자[6] 곧 멸
망의 아들이 나타날 것이기 때문입니다. **4** 그는 *토라(가르침)를* 반대하면서 신이라
부르는 것들이나 경배의 대상이 되는 모든 것보다 자기를 높이고, 스스로 하나님
의 성소에 앉아 자기를 하나님이라고 선포하는 자입니다(겔 28:2). **5** 내가 여러분과
함께 있을 때에 이런 일들에 대해 이야기한 것을 기억하지 못합니까? **6** 여러분은
지금 그가 저지당하고 있지만, 자기 때에 나타날 것을 알고 있습니다. **7** 토라(가르
침) 없는 자[7]의 비밀은 이미 작동하고 있습니다. 지금은 그분께서 막고 계시지만,
그는 결국 여러분 가운데서 나올 것입니다. **8** 그리고 그때에 토라(가르침) 없는 자
(무법자)가 나타나면, 주 예슈아께서 그분의 입김으로 그를 죽이시고, 강림하여 나
타나심으로 그를 멸하실 것입니다. **9** 그는 사탄[8]의 활동의 결과로 나타나 큰 권능
과 거짓 표적들과 이적들을 일으키며 **10** 온갖 불의한 속임수로 멸망받을 자들에
게 이를 것입니다. 그들이 자신들을 구원해 줄 진리의 사랑을 받아들이지 않았기
때문입니다. **11** 이 때문에 하나님께서는 그들에게 미혹의 역사를 보내셔서 거짓을

6) '토라 없는 자'로 번역할 수도 있다.

7) 불법자 또는 무법자

8) 용어 해설에서 '사탄'을 찾아보라.

믿게 하십니다. 12 이는 진리를 믿지 않고 불의를 기뻐한 모든 자가 심판을 받게
하시려는 것입니다.

구원을 위해 택함 받음

13 그러므로 형제들이여, 우리는 항상 주님의 사랑을 받는 여러분에 대하여 하
나님께 감사하지 않을 수 없습니다. 하나님께서 여러분을 택하셔서 성령의 거룩하
게 하심과 진리를 믿음으로 구원의 첫 열매가 되게 하셨기 때문입니다. 14 이것을
위해 그분께서 우리의 복음을 통해 여러분을 부르셔서 우리 주 예슈아 메시아의
영광을 얻게 하셨습니다. 15 그러므로 형제들이여, 굳게 서서 *선포된* 말이나 우리
의 편지로 배운 가르침의 본질을 굳게 붙잡으십시오. 16 우리 주 예슈아 메시아와
하나님 우리 아버지, 곧 우리를 사랑하시고 은혜로 우리에게 영원한 위로와 선한
소망을 주신 그분께서 친히 17 여러분의 마음을 위로하시고, 모든 일과 선한 말에
여러분이 굳게 설 수 있게 하십니다.

우리를 위한 기도

3
1 마지막으로 형제들이여, 여러분은 우리를 위해 계속 기도해야 합니다.
여러분에게 그랬던 것처럼 주님의 말씀이 속히 뻗어나가 칭송을 받고, 그
말씀의 가치가 알려지며, 2 우리가 악한 것들과 악인들에게서 벗어나도록 기도해
야 합니다. 믿음은 모든 사람을 위한 것이 아니기 때문입니다. 3 그러나 주께서는
신실하셔서 여러분을 강하게 하시고, 악한 자로부터 여러분을 지켜주실 것입니다.
4 그리고 우리는 여러분에 대해 주 안에서 확신합니다. 우리가 지시하는 것을 여
러분이 행하고 있으며, *우리가 제안하는 것을* 여러분이 행할 것이기 때문입니다.
5 주께서 여러분의 마음을 하나님의 사랑과 메시아의 인내로 이끌어 주시기를 바
랍니다.

게으름에 대한 경고

6 형제들이여, 우리가 여러분에게 우리 주 예슈아 메시아의 이름으로 명령합니
다. 무책임하게 행하며, 우리에게서 받은 전통을 따라 살아가지 않는 모든 형제를
멀리하십시오. 7 여러분은 우리를 어떻게 본받아야 하는지 알고 있습니다. 우리는

여러분 가운데서 게으르지 않았고, **8** 누구에게서도 값없이 음식을 먹지 않았으며,
오히려 노동하고 수고하며 밤낮으로 일하여 여러분 가운데 아무에게도 부담을 주
지 않으려 했습니다. **9** 이는 우리에게 *공급받을 권리인* 권한이 없어서가 아니라 여
러분이 우리를 본받도록 우리 자신이 본을 보인 것입니다.[9] **10** 그러므로 우리가 여
러분과 함께 있을 때에도 누구든지 일하기 싫거든 먹지도 말라고 여러분에게 분
명히 말했습니다. **11** 왜냐하면 여러분 중에 어떤 사람이 무책임하게 행하면서 일
은 하지 않고 참견만 한다는 것을 우리가 들었기 때문입니다. **12** 우리는 그런 사람
들에게 명령하고, 주 예슈아 메시아 안에서 권면합니다. 그들은 조용히 일하여 자
기 빵을 먹어야 할 것입니다. **13** 그러나 형제 여러분, 옳은 일을 하다가 지치지 마
십시오. **14** 그리고 이 편지에 쓴 우리의 메시지에 순종하지 않는 사람이 있거든,
그 사람과 어울리지 않도록 특별히 주의해야 합니다. 그러면 그가 부끄러움을 느
끼게 될 것입니다. **15** 그러나 계속해서 그를 원수처럼 여기지는 말고, 형제로서 훈
계해야 합니다.

축복

16 그리고 샬롬의 주께서 모든 상황 가운데 모든 것을 통해 여러분에게 샬롬을
주시기를 바랍니다. 주께서 여러분 모두와 함께하시기를 바랍니다.

17 나 바울은 모든 편지에서 그리하듯이 친필로 문안합니다. 이것이 내가 편지
를 쓰는 방식입니다. **18** 우리 주 예슈아 메시아의 은혜가 여러분 모두와 함께하기
를 바랍니다.

9) 로마서 7장을 참조하라. 바울은 완벽하지는 않아도 여전히 다른 사람들에게 좋은 본이었다.

디모데전서[1)]

인사

1 1 우리의 구세주이신 하나님과 우리의 소망이신 메시아 예슈아의 명령으
로 메시아 예슈아의 사도가 된 바울은 2 믿음 안에 있는 참된 아들 디모
데에게 편지합니다. 하나님 아버지와 메시아 예슈아 우리 주님으로부터 은혜와
긍휼과 샬롬이 있기를 바랍니다.

거짓 교리에 대한 경고

3 나는 마케도니아로 가면서 그대에게 에베소에 더 오래 있으라고 권하였습니
다. 이것은 그대가 어떤 사람들에게 명령하여 다른 교리를 가르치지 못하게 하고,
4 신화와 끝없는 족보들에 주의를 기울이지 않게 하려는 것이었습니다. 그것들은
믿음 안에 있는 거룩한 훈련보다는 오히려 무익한 논쟁만 일으킬 뿐입니다. 5 그러
나 이 명령의 목적은 깨끗한 마음과 선한 양심과 신실한 믿음에서 비롯된 사랑입
니다. 6 어떤 사람들은 그 목적에서 벗어나[2)] 열매 없는 말에 빠져 7 토라(가르침)[3)]
의 선생들이 되려고 하지만, 그들은 자기들이 무엇을 말하고 있는지, 무엇을 자신
있게 주장하고 있는지 이해하지 못하고 있습니다.

8 그러나 우리가 아는 대로, 사람이 자기 자신에 대해[4)] 합법적으로 사용하기
만 하면 토라(가르침)는 선한 것입니다. 9 또 토라(가르침)는 의로운 사람에게 주어진
것이 아니라 토라(가르침)를 무시하고[5)] 반역하는 자들, 경건하지 않은 자들과 죄인
들, 거룩하지 않은 자들과 하나님을 모독하는 자들, 부모를 죽이는 자들과 살인

1) AD 62–65년경에 기록되었다.

2) '죄'에 해당하는 히브리어의 문자적 의미는 '과녁에서 벗어나다'이다. 본문에 사용된 헬라어 '아스토케오'(astokheo)는 이곳과 6장 21절, 디모데후서 2장 18절에서만 사용되었다. 명사형인 '스토코스'(stokhos)의 뜻은 '표적', '목표'이다. 용어 해설에서 '죄'를 찾아보라.

3) 용어 해설에서 '토라'를 찾아보라.

4) 각 사람은 자신만 돌아볼 뿐, 다른 사람을 바로잡아 주려 해서는 안 된다(마 7:3–5; 눅 6:41, 42).

5) 헬라어 '아노모스'(anomos)는 '고의적으로 죄를 짓는 것'을 뜻한다. 용어 해설에서 '죄'를 찾아보라.

자들, **10** 음행하는 자들, 동성애자들, 인신매매를 하는 자들, 거짓말하는 자들, 위
증하는 자들, 그리고 그 밖에 건전한 가르침에 반하는 행위를 하는 자들을 위한
것입니다. **11** 이 가르침은 찬송받으실 하나님의 영광스러운 복음을 따른 것으로,
나는 이 복음을 위임받았습니다.

자비에 감사하다

12 나는 우리 주 안에서 나를 강하게 하신 메시아 예슈아로부터 감당할 수 없
는 은혜를 받았습니다. 그분께서는 나를 충성스럽게 여기셔서 이 사역[6)]에 부르셨
습니다. **13** 전에는 내가 신성모독 하는 자요, 박해하는 자요, 교만한 자였지만, 믿
지 않는 상태에서 모르고 행한 것이기에 그분께서 긍휼을 베풀어 주셨습니다. **14**
우리 주의 은혜는 메시아 예슈아 안에 있는 믿음과 사랑과 함께 흘러넘쳤습니다.
15 메시아 예슈아께서 죄인들을 구하러 세상에 오셨다는 말씀은 신실하고, 모든
사람이 받아들일 만한 가치가 있습니다. 나는 그 죄인 중에서도 가장 큰 죄인입
니다.[7)] **16** 그러나 이 때문에 내가 긍휼하심을 입었습니다. 메시아 예슈아께서 먼저
내게 모든 인내를 보이신 것은 그분을 믿고 영생을 얻게 될 사람들에게 본보기로
삼으시려는 것이었습니다. **17** 이제 영원하신 왕, 죽지 않으시고 보이지 않으시는
유일하신 하나님께 존귀와 영광이 영원무궁하기를 바랍니다. 아멘.

18 아들 디모데여, 나는 이 명령을 그대 앞에 둡니다. 일찍이 그대에게 선포된
그 예언들을 따라 선한 싸움을 싸우십시오. **19** 그대는 믿음과 선한 양심을 가졌
지만, 어떤 사람들은 *그 예언들을* 거부함으로 그들의 믿음에서 파선하였습니다.
20 그들 가운데 후메네오와 알렉산더가 있습니다. 내가 그들을 사탄[8)]에게 넘겨준
것은, 그들이 징계를 받아 하나님을 모독하지 않게 하려는 것입니다.

기도에 관한 지침

2

1 그러므로 나는 먼저 모든 사람을 위해 간구하고 기도하며 중보하고 감
사하는 가운데 모든 일을 행할 것을 권고합니다. **2** 왕들과 권세 가운데
있는 모든 자를 위해서도 그렇게 해야 합니다. 이는 우리가 경외함과 모든 경건함

6) 헬라어 '디아코니아'(diakonia)는 '봉사', '섬김'으로도 번역할 수 있다. 용어 해설에서 '종'을 찾아보라. 이 구절을 8-11절과 로마서 7장의 관점으로 읽어 보라.

7) 이것은 우리 모두가 지녀야 할 태도이다.

8) 용어 해설에서 '사탄'을 찾아보라.

으로 조용하고 평온한 삶을 살기 위함입니다. **3** 이렇게 하는 것이 우리를 구원하신 하나님 앞에서 선하고 받아들일 만한 일입니다. **4** 그분께서는 모든 사람이 구원을 받고 참되고 올바른 진리를 알게 되기를 원하십니다. **5** 그러므로 하나님은 한 분이시고, 하나님과 사람 사이의 중보자도 한 분이시니, 곧 사람이신 메시아 예슈아이십니다. **6** 그분께서는 모든 사람을 위한 대속물로 자신을 내어 주셨습니다. 이것은 합당한 때에 주신 그분의 증거입니다. **7** 그 안에서 내가 전도자와 사도로 세워졌고, 믿음과 진리 안에서 이방인의 선생이 되었습니다. 나는 진실을 말하고 있으며, 거짓말을 하지 않습니다.

8 그러므로 나는 남자들이 모든 장소에서 기도하되, 거룩한 손을 들어 분노와 다툼 없이 하기를 바랍니다. **9** 마찬가지로 여자들도 자신을 겸손함과 단정함으로 단장하여 수수한 옷을 입고, 금이나 진주나 비싼 옷으로 꾸미지[9] 말고, **10** 하나님을 경외한다고 고백하는 여인답게 오직 선행[10]으로 단장하기 바랍니다. **11** 여자는 온전히 순종하는 가운데 조용히 배워야 합니다. **12** 나는 여자가 남편을 가르치거나 지배하는 행위를 허락하지 않으니, 그들은 조용히 있어야 합니다.[11] **13** 왜냐하면 아담이 먼저 지음 받은 다음에 하와가 지음 받았고, **14** 아담이 속은 것이 아니라 그 아내가 속아서 죄에 빠졌기 때문입니다. **15** 그러나 그들이 절제하며 믿음과 사랑과 거룩함 가운데 머문다면, 자녀들을 낳아 구원받게 될 것입니다.

3

1[12] 이 말은 신실합니다.

장로[13]의 자격

만일 어떤 사람이 장로의 직분을 간절히 원한다면, 그는 선한 일을 바라는 것

9) 헬라어 '플레그마'(plegma)의 기본적인 의미는 '꼬아 놓은 것'이다. 그러므로 '땋은 머리'뿐 아니라 몸에 다는 장식물을 가리키는 것일 수도 있다.

10) 8절에서 남자들이 기도할 때에 어떤 태도를 지녀야 할지 언급한 바울은 이번에는 여성의 태도를 언급한다. 뿐만 아니라 한걸음 더 나아가 '미츠보트'를 언급한다. 용어 해설에서 '미츠바'를 찾아보라.

11) 디모데는 에베소 교회를 이끄는 동안 이 편지를 받았다. 에베소는 풍요의 여신 아르테미스의 본거지로, 여자들이 사회에서 주도권을 행사하고, 여사제들의 신전 매춘 행위도 허용되고 있었다. 바울은 바로 이러한 상황을 염두에 두고 이 지침을 전한 것이다(행 19장).

12) 용어 해설에서 '장과 절 숫자들'을 찾아보라.

13) 헬라어 '에피스코포스'(Episkopos)는 '관리·감독하는 사람'으로, 교회의 어른, 곧 '장로'를 가리킨다. 유대 사회에서는 적어도 60세가 되어야 지도자의 위치에 오를 수 있었다.

입니다. 2 그러므로 장로는 책망받을 일이 없고, 한 아내의 남편이며, 절제할 줄
알고, 신중하며, 존경받을 만하고, 대접을 잘하며, 가르치는 일을 잘하고, 3 술을
즐기지[14] 않으며, 싸움을 좋아하지 않고, 온화하며, 다투지 않고, 돈을 사랑하지
않으며, 4 자기 집안을 잘 다스리고, 모든 길에서 순종하는 자녀들을 둔 사람이어
야 합니다. 5 자기 집을 다스릴 줄 모르는 사람이 어떻게 하나님의 회중(교회)[15]을
돌보겠습니까? 6 새로 개종한 자도 안 됩니다. 이것은 그가 교만해져서 마귀가 받
은 것과 같은 심판에 떨어지지 않게 하려는 것입니다. 7 또한 *회중* 바깥 사람들로
부터 좋은 평판[16]을 받는 자여야 합니다. 이것은 그가 비난과 마귀의 유혹에 빠지
지 않게 하려는 것입니다.

집사[17]의 자격

8 마찬가지로 집사(사역자)들도 신중하고, 속이지 않으며, 술에 중독되지 않고,
불의한 이익을 좋아하지 않으며, 9 깨끗한 양심으로 마음속에 믿음의 비밀을 간직
한 사람이어야 합니다. 10 그리고 먼저 그들을 검증하여 비난받을 것이 없으면 섬
기게 해야 합니다. 11 마찬가지로 그들의 아내들도 진지하고, 남을 헐뜯지[18] 않으
며, 온화하고, 모든 일에 신실해야 합니다. 12 사역자들[19]은 한 아내의 남편으로,
자녀들과 자기 가족들을 잘 다스려야 합니다. 13 그러므로 직분을 잘 감당하는 사
람들은 좋은 지위를 얻고, 메시아 예수아 안에서 믿음의 큰 담대함을 얻게 됩니다.

경건의 비밀

14 나는 그대에게 속히 가기를 바라면서 이 글을 씁니다. 15 그러나 혹여 내가
늦어지더라도 그대가 하나님의 집에서 어떻게 해야 할지 알게 하려는 것입니다.
그 집은 살아 계신 하나님의 회중(교회)이요, 진리의 기둥과 터전입니다. 16 경건으
로 세워지고 자라는 이 비밀은 참으로 위대합니다.

14) 헬라어 '파로이노스'(paroinos)는 '술에 빠져 살아간다'라는 뜻이다.
15) 용어 해설에서 '회중'을 찾아보라.
16) 헬라어 '마르튀리아'(marturia)의 기본 의미는 '증언'이다. '밖에서도 평판이 좋은 사람이어야 한다'는 뜻이다.
17) 헬라어 '디아코노스'는 '집사', '종', '섬기는 자'를 뜻한다. 용어 해설에서 '종'을 찾아보라.
18) 용어 해설에서 '비방/험담'을 찾아보라.
19) 용어 해설에서 '종'을 찾아보라.
20) 여기서 '형제들'은 '남자들'뿐 아니라 교회 전체를 가리킨다.

그분은 육신으로 나타나셨고
성령으로 의롭다 인정받으셨으며,
천사들에게 보이셨고
이방인들 가운데서 선포되셨으며,
세상이 그분을 믿었고
영광 가운데 들려 올라가셨습니다.

배교를 예고하다

4
1 그리고 그 영(성령)이 분명하게 말씀하시기를, 마지막 때에 신실한 자들
중 일부가 믿음에서 떠나 미혹하는 영들과 귀신들의 가르침을 따를 것이
라고 하셨습니다. 2 이것은 거짓말쟁이들의 가르침으로, 그들의 양심은 위선으로
마비되어 있습니다. 3 이들은 결혼을 금지하고 음식물들을 멀리하게 하는데, 그것
들은 신실한 자들과 진리를 아는 자들이 감사로 받도록 하나님께서 창조하신 것
입니다. 4 하나님께서 창조하신 모든 것은 선하고, 감사함으로 받으면 아무것도 버
릴 것이 없으니, 5 하나님의 말씀과 간구로 거룩해지기 때문입니다.

메시아 예슈아의 선한 사역자

6 그대가 형제들[20]에게 이러한 것들을 가르치고, 믿음의 말씀과 그대가 깨달
은 선한 교훈으로 그들을 양육한다면, 메시아 예슈아의 선한 사역자가 될 것입니
다. 7 그대는 세속적이고 헛된 신화들을 물리치고 경건에 이르기까지 끊임없이 자
신을 훈련해야 합니다. 8 육체적인 훈련은 잠시 동안 유익하나 경건은 영원히 유익
합니다. 현재의 생명과 다가올 생명을 약속하기 때문입니다. 9 이 메시지는 신뢰할
만하여 모두 받아들일 가치가 있습니다. 10 이 안에서 우리가 수고하고 애씀은 살
아 계신 하나님 안에서 소망을 갖고 있기 때문입니다. 그분께서는 모든 사람, 특
히 믿는 자들의 구원자이십니다.

11 그러므로 그대는 끊임없이 이것들을 명령하고 가르쳐야 합니다. 12 누구도 그
대가 젊다고 업신여기지 못하게 하고, 계속해서 말과 행동과 사랑과 믿음과 정결
함에 있어서 믿는 자들의 본보기가 되어야 합니다. 13 그대는 내가 갈 때까지 꾸준
히 (말씀을) 읽고, 권면하며, 가르치는 것에 전념해야 합니다. 14 그대는 그대 안에

있는 영적 은사를 무시해선 안 됩니다. 그것은 장로들이 그대에게 안수할 때 예언
을 통해 주어진 것입니다.[21] **15** 그대는 계속해서 이러한 *영적 은사들을* 훈련하고
발전시켜 그대가 전진하는 모습이 모두에게 나타나게 해야 합니다. **16** 그대는 계속
해서 자기 자신과 가르침에 주의를 기울이고, 그것들을 멈추지 않고 계속해야 합
니다. 이렇게 하여 그대는 물론 그대의 말을 듣는 사람들도 구원하게 될 것입니다.

다른 사람을 대하는 태도

5 **1** 그대는 나이 많은 남자를 꾸짖지 말고 계속해서 아버지처럼 대해야 하
며, 나이 어린 자들은 형제처럼 권면하고, **2** 나이 많은 여자들은 어머니를
대하듯이, 나이 어린 여자들은 자매를 대하듯이 모든 것에 정결함으로 권고해야
합니다. **3** 그대는 끊임없이 과부들, 곧 참된 과부들을 존중해야 합니다. **4** 만일 어
떤 과부에게 자녀나 손주들이 있다면, 먼저 그들이 자신들의 집에서 경건함을 보
이고, 그 부모*나 조부모들*에게 보답하는 것을 배우게 해야 합니다. 이것은 하나님
앞에서 받으실 만한 일입니다. **5** 그런데 참된 과부로 홀로 남겨진 사람은 하나님
께 소망을 두고, 밤낮으로 간구하며 기도하는 자리에 머물러 있습니다. **6** 그러나
사치스럽게 생활하는 과부는 비록 살아 있더라도 *이미* 죽은 상태입니다. **7** 그러므
로 그대는 이러한 것들을 끊임없이 명령하여 그들이 비난받지 않게 해야 합니다.
8 만일 어떤 사람이 자기의 친족, 특히 *과부가 된* 자기 가족을 돌보지 않는다면,
그는 믿음을 부인하는 것이며 믿지 않는 자보다 더 악한 것입니다. **9** 과부로 이름
을 올릴 자는 육십세 이상으로 한 남자의 아내였던 사람이어야 하며,[22] **10** 선한 행
실,[23] 곧 자녀들을 잘 양육하거나, 나그네를 잘 접대하는 모습을 보이거나, 성도들
의 발을 씻겨 주거나, 고난받는 자들을 돕거나, 모든 선한 일에 헌신하는 것 등으
로 인정받는 사람이어야 합니다. **11** 그러나 젊은 과부들은 계속해서 거절해야 합
니다. 그들이 정욕을 느껴 메시아를 떠나서 결혼하기 원할 것이기 때문입니다. **12**
그 충동이 그들의 처음 믿음을 무효화하기 때문에 그들은 정죄를 받게 됩니다.

21) 바울이 안수받을 때 예언의 은사가 임했다고 묘사한 것이 중요하다. 15절에서는 영적인 은사들을 훈련하고 발전시키라고 명령한다. 디모데후서 1장 6, 7절을 참조하라.

22) 이 편지는 여성 가장 제도 및 일처다부제로 유명하던 에베소 지역에 전달되었다. 따라서 '한 남편의 아내였던 자'란 동시에 여러 남자와 결혼한 적이 없는 여인을 말하는 것으로 이해할 수 있다.

23) 미츠보트. 용어 해설에서 '미츠바'를 찾아보라.

13 더구나 그들은 이 집 저 집을 다니며 게으름을 몸에 익힐 뿐 아니라 소문을 내
고, 참견하며, 쓸데없는 말을 합니다. **14** 그러므로 나는 젊은 과부들이 결혼해서
아이를 낳고, 집을 다스리며, 원수에게 *회중(교회)*을 비방할 기회를 조금도 주지
않기를 바랍니다. **15** 어떤 여자들은 이미 돌이켜 사탄을 따라갔습니다. **16** 어떤 믿
는 여자에게 과부 친척이 있다면, 자기 소유로 도움을 주어 회중(교회)에게 부담
을 지워선 안 됩니다. 이는 *회중(교회)이* 참된 과부들을 돕게 하려는 것입니다.

17 잘 다스리는 장로들은 항상 갑절로 존경을 받아야 하는데, 특히 말씀을 전
하고 가르치는 일에 수고하는 자들에게 그렇게 해야 합니다. **18** 성경도 말씀하시
기를, "너는 타작하는 소의 입에 망을 씌우지 말 것이라"(신 25:4)고 했고, 예슈아께
서도 "일꾼은 그 삯을 받는 것이 마땅하다"(마 10:10, 눅 10:7)라고 하셨습니다. **19** 그대
는 두세 사람의 증인 없이는(신 17:6, 19:15) 장로에 대한 고발을 받아들여선 안 됩니
다. **20** 그대는 모든 사람 앞에서 죄지은 자를 꾸짖어 나머지 사람들도 두려움을
갖게 해야 합니다. **21** 내가 하나님과 메시아 예슈아와 택함 받은 사자들[24] 앞에서
그대에게 명령합니다. 그대는 *어떤 것도* 선입견이나 편견으로 행하지 말고, 이 원
칙들을 지켜야 합니다. **22** 그대는 아무에게나 쉽게 안수하지도 말고, 다른 사람의
죄들에 동참하지도 말며, 계속해서 그대 자신의 정결함을 지켜야 합니다. **23** 이제
는 물만 마시지 말고, 그대의 위장과 자주 앓는 병을 위해 포도주도 조금씩 적절히
사용해야 합니다.

24 어떤 사람들의 죄들은 모든 사람 앞에 분명하게 드러나 *그들을* 심판에 이르
게 하지만, 어떤 사람의 죄들은 그 뒤를 따라 드러나는 것도 있습니다. **25** 마찬가지
로 선한 일들[25]도 모두에게 알려지며, 드러나지 않은 것들도 숨길 수 없게 됩니다.

6 **1** 멍에 아래 있는 종들은 매사에 자기 주인을 존경받을 만한 자로 여김으
로 하나님의 이름[26]과 그 가르침이 모독당하지 않게 해야 합니다. **2** 그러
나 믿는 주인을 둔 자들은 그들이 형제라고 해서 경솔히 대하지 말고, 오히려 더

24) 사도일 수도 있고, 천사일 수도 있다.

25) 미츠보트. 용어 해설에서 '미츠바'를 찾아보라.

26) 이름에 해당하는 헬라어 '오노마'는 하나님의 속성과 활동성을 의미한다. 용어 해설에서 '오노마'를 찾아보라.

잘 섬겨야 합니다. 그 섬김으로 유익을 얻는 자들이 바로 소중한 성도들이기 때문
입니다.

거짓 가르침과 진정한 부

그대는 이런 것들을 규칙적으로 가르치고 권면해야 합니다. **3** 만일 어떤 사람
이 다른 교리를 가르치며 우리 주 예슈아 메시아의 건전한 말씀과 경건함을 고취
시키는 가르침 안에서 행하지 않는다면, **4** 그는 교만해져서 아무것도 알지 못하면
서 논쟁과 말다툼을 병적으로 좋아하는 사람일 뿐입니다. 이런 데서 시기와 다툼
과 신성모독과 악한 추측이 일어납니다. **5** 그들은 끊임없는 마음의 걸림으로 피폐
해지고, 경건을 재정적 이익의 수단으로 생각하여 스스로 진리를 파괴하고 있습
니다. **6** 그러나 만족함이 있는 경건은 큰 유익이 됩니다. **7** 우리가 세상에 아무것도
가져오지 않았으므로, *결국* 아무것도 가지고 갈 수 없기 때문입니다. **8** 만일 우리
에게 먹을 것과 입을 것이 있다면, 우리는 이것들로 만족해야 할 것입니다. **9** 그러
나 부자가 되려는 자들은 유혹과 시험과 많은 어리석음과 해로운 욕망에 빠지게
되는데, 이런 것들이 사람을 파멸과 멸망에 빠뜨립니다. **10** 돈을 사랑하는 것이
모든 악의 근원이니, 어떤 사람들은 그것을 위해 애씀으로 믿음에서 벗어나 많은
슬픔으로 자신들을 찔렀습니다.

믿음의 선한 싸움

11 그러나 하나님의 사람이여, 그대는 늘 이런 것들을 피하고, 의로움과 경건한
믿음과 인내하는 온화한 사랑을 추구해야 합니다. **12** 그대는 끊임없이 믿음의 선한
싸움을 싸우고, 즉시 영원한 생명을 붙잡아야 합니다. 그대는 이 안으로 부름 받
았고, 많은 증인들 앞에서 선한 고백을 하였습니다. **13** 나는 모든 것에 생명을 주
시는 하나님과 본디오 빌라도에게 선한 증언을 하신 메시아 예슈아 앞에서 그대
에게 명령합니다. **14** 우리 주 예슈아 메시아께서 나타나실 때까지 그대는 흠도 없
고 책망받을 일 없이 이 계명을 지켜야 합니다. **15** 그것[27]은 *하나님께서* 그분의 때
에 보여 주실 것이니, 찬송받으실 유일한 통치자, 왕 중의 왕, 주의 주이신 분, **16**
유일하게 불멸하시는 분, 가까이 할 수 없는 빛,[28] 인류 가운데 아무도 본 적이 없
으며, 아무도 볼 수 없는 그분께 영광과 권세가 영원하기를 바랍니다. 아멘.

17 그대는 끊임없이 이 시대의 부자들에게 명령하여 교만하지 말며, 불확실한

재물에 소망을 두지 말고, 우리의 즐거움을 위해 모든 것을 풍성하게 공급하시는 하나님께 소망을 두며, **18** 선을 행하되, 선한 행실[29]을 많이 하여 너그럽게 나눠 주어 **19** *이렇게 하여* 오는 세대에 자신들을 위해 좋은 기초를 쌓아 그들로 하여금 생명을 붙잡게 하십시오.

20 오, 디모데여, 그대는 이제 속된 말과 거짓된 지식에 바탕을 둔 반론을 피하고 그대가 맡은 것, 곧 올바른 지식과 순수한 복음의 교리를 지켜야 합니다(사 29:13, 시 118:8). **21** 어떤 이들은 이런 반대 이론으로 인해 믿음을 고백하고도 푯대를 놓쳐 버렸습니다. 은혜가 그대와 함께하기를 바랍니다.

27) 예슈아의 재림

28) 이것은 하나님의 광채, 즉 쉐키나 영광의 빛이다. '쉐키나'의 본 뜻은 '거처'(샤칸, dwelling)이다. 즉 하나님이 거하시는 곳에 영광의 광채가 있다.

29) 의, 선행, 미츠보트 모두 여기에 적합한 말들이다. 용어 해설에서 '미츠바'와 '의'를 찾아보라.

디모데후서[1]

인사

1 1 메시아 예슈아 안에 있는 생명의 약속을 따라 하나님의 뜻으로 메시아
예슈아의 사도가 된 바울은 2 사랑하는 아들 디모데에게 편지합니다. 하
나님 아버지와 메시아 예슈아 우리 주님으로부터 은혜와 긍휼과 샬롬이 임하기
를 바랍니다.

경건한 유산

3 나는 밤낮으로 기도할 때마다 쉬지 않고 그대를 기억하며 조상들의 방식을
따라 순수한 양심으로 섬겨 온 하나님께 감사드립니다. 4 나는 그대의 눈물을 기
억하며 그대 보기를 간절히 바라고 있습니다. 그렇게 된다면 나는 기쁨으로 충만
해질 것입니다. 5 나는 그대의 거짓 없는 믿음을 기억합니다. 그것은 그대의 외할
머니 로이스와 어머니 유니게 안에 있던 것으로, 그것이 그대 안에도 있음을 확
신합니다.

하나님의 은사를 다시 불 붙이라

6 이러한 이유로 내가 그대에게 상기시켜서 내 안수를 통해 그대가 받은 하나님
의 은사에 다시 불을 붙이고자 합니다. 7 하나님께서는 우리에게 두려워하는 영[2]
이 아니라 능력과 사랑과 절제의 영을 주셨습니다. 8 따라서 그대는 우리 주님을
증언하는 일이나 그분을 위해 갇혀 있는 나를 부끄러워하지 말고, 이제 하나님
의 능력을 따라 복음을 위해 나와 함께 고난을 받아야 합니다. 9 그분께서는 우리
를 구원해 주시고 거룩한 소명으로 부르셨습니다. 이것은 우리의 행위들이 아니

1) AD 66–67년경에 기록된 것으로 본다.

2) 6–7절은 고린도전서 12장 4–11절에 기록된 성령의 은사들을 활용하라고 권면한다. 성경에는 '두려워하는 영'이 없다. 다만 구약 전반에 "두려워하지 말라"라는 하나님의 명령만 있다.

라 그분의 목적과 은혜를 따른 것입니다. 그 은혜는 메시아 예슈아를 통해 영원
전[3]부터 우리에게 주신 것으로, **10** 우리 구주 메시아 예슈아의 나타나심으로 이제
야 드러나게 되었습니다. 그분께서는 사망의 권세를 깨뜨리시고 복음[4]을 통해 생
명과 죽지 않을 것을 밝히 드러내셨습니다. **11** 나는 이 복음을 위해 선포자와 사
도와 교사로 세워졌습니다. **12** 그러므로 나는 이러한 고난을 당하고 있으나 부끄럽
지 않습니다. 내가 믿고 있는 그분을 내가 알고, 그분께서 그날[5]까지 내가 맡은 것
을 지켜주실 것을 확신하기 때문입니다. **13** 그대는 계속해서 메시아 예슈아를 통해
얻은 믿음과 사랑 안에서 내게 들은 건전한 가르침을 표준으로 삼고, **14** 우리 안에
거하시는 성령을 통해 그대에게 맡겨진 그 선한 것을 직접 지켜내야 합니다.

15 그대가 아는 대로, 아시아에 있는 모든 사람이 나를 버렸습니다. 그들 중에
는 부겔로와 허모게네도 있습니다. **16** 주님께서 오네시보로의 집에 긍휼을 베푸시
기 원합니다. 그는 여러 번 내게 새 힘을 주었고, 내가 사슬에 매인 것을 부끄러워
하지 않았습니다. **17** 오히려 그는 내가 로마에 있는 동안 부지런히 나를 찾아와 만
나 주었습니다. **18** 그날에 주께서 그에게 주님의 긍휼을 베푸시기를 바랍니다. 그
가 에베소에서 어떻게 섬겼는지는 그대가 *나보다* 더 잘 알 것입니다.

메시아 예슈아의 훌륭한 군사

2 **1** 그러므로 내 아들이여, 메시아 예슈아 안에 있는 그 은혜 가운데 계속
해서 강해지고, **2** 여러 증인들 앞에서 내게 들은 것을 신실한 사람들에게
전하여 그들도 다른 사람들을 가르칠 수 있게 해야 합니다. **3** 그대는 메시아 예슈
아의 훌륭한 군사로서 나와 함께 고난을 받아야 합니다. **4** 군사로 복무하는 자는
어느 누구도 삶의 문제에 얽매이지 않습니다. 그것은 *자신을* 소집한 자를 기쁘게
하려는 것입니다. **5** 또한 운동 경기에 출전한 자가 규칙대로 경쟁하지 않는다면,
승리의 관을 쓸 수 없습니다. **6** 수고한 농부가 먼저 열매를 받아야 합니다. **7** 그대
는 종종 내가 말하는 것을 깊이 생각해야 합니다. 주께서 모든 것을 깨닫게 해
주실 것입니다.

3) 창세 전

4) 용어 해설에서 '복음'을 찾아보라.

5) 심판의 날. 계시록 20장 4절과 11–14절을 참조하라.

8 그대가 확실히 기억해야 할 것은, 메시아 예슈아께서 다윗의 씨로 나셔서 죽
은 자들로부터 일으킴 받으셨다는 것입니다. 이것이 바로 내가 전한 복음입니다. **9**
이 때문에 내가 어려움을 견디며, 심지어 범죄자로 사슬에 묶이기까지 했습니다.
그러나 하나님의 말씀은 매인 적이 없습니다. **10** 그러므로 나는 택함 받은 자들을
위해 모든 일을 견딥니다. 이것은 그들도 영원한 영광과 함께 메시아 예슈아 안에
있는 구원을 얻게 하려는 것입니다. **11** 이 말은 신실하여 모든 사람이 받을 만한
것입니다.

우리가 그분과 함께 죽었으면, 또한 그분과 함께 살 것이요,
12 우리가 인내하면, 또한 그분과 함께 다스리게 될 것입니다.
우리가 그분을 부인하면, 그분께서도 우리를 부인하실 것입니다.
13 우리가 믿지 않을지라도, 그분께서는 여전히 신실하시니,
그분께서 자신을 부인하실 수 없기 때문입니다.

인정받는 일꾼

14 그대는 지속적으로 사람들에게 이 일들을 기억하게 하고, 말을 가지고 논쟁
하지 말라고 하나님 앞에서 명령해야 합니다. 그것은 아무 유익도 없고, 듣는 사
람들을 멸망시킬 뿐입니다. **15** 그대는 이제 그 진리에 대한 교리를 바르고 정확하
게 가르쳐서 부끄러움 당할 일이 전혀 없는 일꾼으로 인정받기 위해 부지런히 자
신을 하나님께 드려야 합니다. **16** 그대는 헛되고 무익한 세속적 논의를 피해야 합
니다. 그런 자들은 점점 경건에서 멀어지고, **17** 그들이 하는 말은 암처럼 자라게
될 것입니다. 그들 중에 후메내오와 빌레도가 있습니다. **18** 그들은 진리를 향한 목
표에서 벗어나[6] 부활[7]이 이미 지나갔다고 말하면서 사람들의 믿음을 무너뜨리고
있습니다. **19** 그러나 하나님의 기초는 견고히 서 있고, 거기에는 이렇게 새겨져 있
습니다. "주께서 이제 그분의 소유된 자들을 아신다"(민 16:5). "누구든지 주의 이름
을 부르는 자는 즉시 불의에서 떠나야 한다"(민 16:26). **20** 큰 집에는 금과 은으로 만
든 그릇뿐 아니라 나무와 흙으로 만든 그릇도 있어서 어떤 것은 존귀하게 쓰이
고, 다른 것은 천하게 쓰입니다. **21** 그러므로 이런 *쓸모없고 무익하며 저속한 토론*
들로부터 자신을 깨끗하게 하는 사람은 거룩하게 구별되어 귀하게 쓰이는, 곧 모

6) 목표에서 벗어난다는 것은 '죄짓다'를 뜻하는 히브리 관용 표현이다.
7) 그들은 예슈아께서 이미 재림하셨다고 말하고 다녔다.

든 선한 일에 사용하는 쓸모 있는 그릇이 될 것입니다. **22** 따라서 그대는 끊임없이
젊은이의 욕망을 피하고, 깨끗한 마음으로 주님을 부르는 자들과 함께 의와 믿음
과 사랑과 샬롬을 추구해야 합니다. **23** 또한 그대는 어리석고 무식한 논쟁들을 피
해야 합니다. 그대는 그것들이 다툼을 낳는다는 것을 알고 있습니다. **24** 주님의 종[8)]
은 싸우지 않고, 모든 사람에게 온유해야 하며, 잘 가르치고, 참을 줄 알며, **25** 반
대편에 서 있는 자들을 겸손하게 바로잡아 주어야 합니다. 하나님께서 그들을 회
개시키셔서 진리에 대한 지식을 주실 수도 있고, **26** 그들이 정신을 차리고 마귀의
올무에서 빠져나와 하나님께 사로잡혀 그분의 뜻을 따를 수도 있습니다.

마지막 때의 사람들

3 **1** 그러나 그대는 마지막 날에 어려운 시기가 올 것이라는 사실을 항상 알
고 있어야 합니다. **2** 사람들이 이기적이고, 탐욕스러우며, 교만하고, 우쭐
대며, 하나님을 모독하고, 부모에게 거역하며, 감사하지 않고, 사악하며, **3** 무정하
고, 적대적이며, 모함하고,[9)] 절제하지 않으며, 난폭하고, 선을 사랑하지 않으며, **4**
배신하고, 경솔하며, 스스로 속고, 하나님보다 쾌락을 더 사랑하며, **5** 경건의 모습
은 가졌으나 그 능력은 부인할 것입니다. 그러므로 그대는 항상 이러한 것들을 멀
리해야 합니다. **6** 이런 자들 가운데 남의 집에 가만히 들어가서 여러 가지 욕망에
이끌려 죄들에 빠진 어리석은 여자들을 유인해 내는 사람들이 있습니다. **7** 이 여자
들은 늘 배우기는 하지만, 결코 진리를 아는 지식에 이를 수는 없습니다. **8** 얀네와
얌브레[10)]가 모세에게 대적했던 것처럼 그들도 진리를 대적하고 있으니, 그들은 마
음이 부패하고, 믿음에 대해서는 무가치하며 합당하지 않은 사람들입니다. **9** 그러
나 그들은 더 이상 나아가지 못할 것입니다. 얀네와 얌브레가 그랬듯이 그들의 어
리석음이 모든 사람 앞에서 아주 분명하게 드러날 것이기 때문입니다.

디모데에게 하는 마지막 당부

10 그러나 그대는 나의 가르침과 삶의 방식과 사고방식, 믿음, 사랑, 오래 참음

8) 또는 노예. 용어 해설에서 '종'을 찾아보라.

9) 용어 해설에서 '비방/험담'을 찾아보라.

10) 전승에 따르면 얀네와 얌브레는 바로의 궁정에서 모세와 아론을 대적하며 그들의 기적을 흉내 내던 마술사들의 이름이라고 한다(출 7:11-12).

을 충실하게 따랐고, **11** 안디옥과 이고니온과 루스드라에서 내가 당한 것과 같은
박해와 고난을 겪었습니다. 주께서는 내가 어떤 박해를 당할지라도 그 모든 것으
로부터 나를 구원하셨습니다. **12** 메시아 예슈아 안에서 경건하게 살고자 하는 모
든 사람은 박해를 받을 것입니다(요 15:20). **13** 그러나 악한 사람들과 사기꾼들은 더
욱 악해져서 속고 속일 것입니다. **14** 하지만 그대는 계속해서 그대가 배운 것 안에
머무르며 확신을 가져야 합니다. 그대가 누구에게서 배웠는지 알고, **15** 어려서부터
성경을 알았기 때문입니다.[11] 그것들은 그대에게 메시아 예슈아 안에 있는 믿음을
통해 구원을 얻는 지혜를 줄 수 있습니다. **16** 모든 성경[12]은 하나님의 영감으로 되
었으며, 가르침과 책망과 바르게 함과 의로움[13]을 훈련하기에 유익합니다. **17** 이는
하나님의 사람을 온전하게 하여 모든 선한 일에 대하여 온전히 무장되게[14] 하려
는 것입니다.

4 **1** 내가 하나님과 메시아 예슈아, 곧 산 자와 죽은 자를 심판하실 그분 앞
에서 그분의 나타나심과 그분의 왕국을 두고 *그대에게* 명령합니다. **2** 그
대는 이제 그 말씀을 선포해야 합니다. 때가 되었든 아니든, 준비되어 있어야 합
니다. 바로잡아 주고, 꾸짖고, 격려하되, 큰 인내와 모든 종류의 가르침으로 해야
합니다. **3** 사람들이 건전한 가르침에 귀 기울이려 하지 않고, 자기 안에 있는 욕망
에 따라 듣고 싶어 하는 말만 가르치는 스승들을 많이 둘 것입니다. **4** 그리고 실
제로 그들은 진리에 귀 기울이지 않고 신화에 마음을 빼앗길 것입니다. **5** 그러나
그대는 모든 것에 깨어 있으며, 인내로 고난을 견디고, 전도자의 일을 하며, 그대
의 사명을 완수해야 합니다.

6 나는 여기서 전제물로 부어졌고, 떠날 때가 임박했습니다. **7** 나는 선한 싸움
을 싸웠고, 그 길을 완주했으며, 믿음을 지켰습니다. **8** 마침내 의의 면류관이 나를

11) 디모데의 외할머니인 로이스와 어머니 유니게는 성경을 배운 사람들이었다. 예슈아 시대에 유대인 남자아이는 의무적으로 성경을 공부해야 했지만, 여자아이에게는 선택 사항이었다.

12) 타나크(히브리 성경으로 구약 성경)뿐 아니라 구전 전승과 신구약 중간기에 기록된 글들도 포함된다. 용어 해설에서 '토라'를 찾아보라.

13) 의는 행하는 것이다. 즉 의로운 일을 행하고 말하며, 공정한 태도를 지녀야 한다.

14) 살아 계신 하나님께 헌신한 사람들은 이미 그분의 말씀을 아는 것으로 온전히 무장된 것이다.

15) 심판의 날. 계시록 20장 4절과 11-14절을 참조하라.

위해 준비되어 있습니다. 주님, 곧 의로운 재판장께서 그날[15]에 그것을 내게 수여하실 것입니다. 나뿐만 아니라 그분의 나타나심[16]을 사모하는 모든 사람에게도 그렇게 하실 것입니다.

개인적 부탁

9 그대는 이제 서둘러 내게 오기를 힘써야 합니다. 10 데마는 이 세대를 사랑하
여 나를 버리고 데살로니가로 떠났고, 그레스게는 갈라디아로, 디도는 달마디아
로 갔기 때문입니다. 11 누가만 나와 함께 있습니다. 그대는 마가를 데리고 곧장
여기로 와야 합니다. 그가 내 사역에 유익하기 때문입니다.[17] 12 그리고 나는 두기
고를 에베소로 보냈습니다. 13 그대는 올 때에 내가 드로아에 있는 가보의 집에 두
고 온 겉옷과 두루마리들, 특히 양피지로 된 것을 가져와야 합니다. 14 구리 세공
업자 알렉산더가 내게 많은 악행을 저질렀는데, 주께서 그의 행위대로 갚으실 것
입니다. 15 그대는 계속해서 그를 경계해야 합니다. 그가 우리 메시지를 매우 반대
했기 때문입니다.

16 내가 처음 변론할 때에 아무도 내 곁에 없었고, 오히려 그들 모두가 나를
버렸습니다. 그러나 그것을 그들의 탓으로 돌리지 않기를 바랍니다. 17 그때 주
께서 내 곁에 서셔서 내게 힘을 주셨습니다. 이것은 나를 통해 복음이 온전하게
전파되어 모든 이방인이 듣게 하시려는 것이었습니다. 그래서 내가 사자의 입에
서도 건짐을 받았습니다. 18 주께서 나를 모든 악한 일에서 건져 내시고, 그분의
하늘들의 왕국으로 구원하실 것입니다. 그분께 영광이 영원무궁하기를 바랍니다.
아멘.

19 그대는 이제 브리스가와 아굴라와 오네시보로의 가족에게 문안해야 합니다.
20 에라스도는 고린도에 머물러 있는데, 드로비모는 병이 들어 밀레도에 남겨 두
고 왔습니다. 21 그대는 겨울이 되기 전에 오도록 서둘러야 합니다. 으불로와 부
데와 리노와 글라우디아와 모든 형제[18]가 그대에게 인사합니다. 22 주께서 그대의
영과 함께하시고, 은혜가 여러분과 함께하기를 바랍니다.

16) 예슈아의 초림과 재림. 용어 해설에서 '메시아(그리스도)의 재림'을 찾아보라.

17) 마가는 성숙하고 중요한 사역자로 성장해 있었다. 사도행전 15장 36-39절을 참조하라.

18) '부데와 글라우디아'는 여자이다. 여기서 '형제'는 남자들뿐 아니라 여자 성도들도 포함한다.

디도서[1]

인사

1 1 하나님의 종[2]이며 예슈아 메시아의 사도인 바울은 하나님께서 택하신
자들의 믿음과 경건에 따른 진리에 대한 지식과 2 영원한 생명에 대한 소
망을 위해 보내심을 받았습니다. 이 영원한 생명은 *언제나* 신실하신 하나님께서 시
간이 시작되기 전에 약속하신 것입니다. 3 하나님께서는 적절한 때에 그분의 말씀
을 선포하심으로 이것을 밝히 드러내셨습니다. 그리고 우리의 구원자이신 하나님
의 명령을 따라 나는 이것을 선포하는 일을 맡게 되었습니다. 4 나는 동일한 믿음
으로 참된 아들이 된 디도에게 편지합니다. 하나님 아버지와 메시아 예슈아 우리
구주로부터 은혜와 샬롬이 임하기를 바랍니다.

크레타에서 디도가 할 일

5 내가 그대를 크레타에 남겨 둔 목적은 여전히 남은 일들을 바로잡고, 내가 지
시한 대로 각 도시에서 장로들을 임명하게 하려는 것입니다. 6 장로는 흠이 없고,
한 아내의 남편이며, 방탕이나 불순종으로 비난받지 않는 믿는 자녀들을 둔 사람
이어야 합니다. 7 감독은 하나님의 청지기로서 비난받을 일이 없고, 자기 마음대
로 하지 않으며, 급하게 성내지 않고, 술을 의지하지 않으며, 다투거나 싸우지 않
고, 부정한 이익을 탐하지 않는 사람이어야 합니다. 8 또 그는 나그네를 잘 대접하
고, 선행을 좋아하며, 신중하고, 의로우며, 거룩하고, 절제할 줄 알며, 9 교리에 따
라 믿음의 말씀을 굳게 붙잡는 사람이어야 합니다. 그래야 건전한 교훈으로 권면
하고, *그것에* 반대하는 사람들을 꾸짖을 수 있을 것입니다.

10 이는 훈계를 듣지 않는 사람들과 헛된 말을 하는 사람들(마 12:36, 37)과 속이

1) AD 64–66년경에 기록된 것으로 추정된다. 옥중서신은 아니다(3:12).

2) 용어 해설에서 '종'을 찾아보라.

3) 출처는 에피메니데스의 '오라큘리스'(De Oraculis)이다.

4) 미츠보트. 용어 해설에서 '미츠바'를 찾아보라.

는 자들이 많기 때문인데, 특히 할례 받은 자들 중에 그런 사람들이 많습니다. **11**
그들의 입을 막아야 하니, 그들은 부정한 이익 때문에 적절하지 않은 가르침으로
온 가정을 뒤집어 놓고 있는 자들입니다. **12** 그들 가운데 어떤 예언자가 말하기를,
"크레타 사람들은 항상 거짓말쟁이이고 악한 짐승이며,
게으른 탐식가들이다"[3]라고 했습니다.
13 이 증언이 참됩니다. 그러므로 그대는 항상 그들을 강하게 책망하여 그들이
믿음 가운데 건전해져서 **14** 유대인의 신화나 진리로부터 돌아선 사람의 명령에 따
르지 않도록 해야 합니다. **15** 순결한 자들에게는 모든 것이 순결합니다. 그러나 더
러움에 빠져 있고 믿음이 없는 자들에게는 아무것도 순결하지 않고, 오히려 그들
과 그들의 마음과 양심도 더러워집니다. **16** 그들은 하나님을 안다고 고백하지만,
그들의 행위로 스스로 (그 고백을) 부정하고 있습니다. 그들은 가증하고 불순종하
며 모든 선한 일에 적합하지 않습니다.

온전한 가르침

2 **1** 그러나 그대는 항상 올바른 가르침에 부합하는 말을 해야 합니다. **2** 나
이 많은 남자들은 온화하고, 진중하며, 자제할 줄 알고, 믿음과 사랑과
인내 가운데서 온전한 자가 되게 해야 합니다. **3** 마찬가지로 나이 많은 여자들도
행실이 존경할 만하며, 남을 비방하지 않고, 지나치게 술의 노예가 되지 않으며,
선한 것을 가르쳐야 합니다. **4** 그러면 젊은 여인들을 격려하여 남편과 자녀들을
사랑하게 하며, **5** 스스로 통제하고, 순전하며, 집안일을 잘하고, 남편에게 순종하
는 아내가 되게(엡 5:22) 할 수 있습니다. 이것은 하나님의 말씀이 비방받지 않게 하
려는 것입니다. **6** 마찬가지로 그대는 젊은 사람들에게도 절제하라고 계속 권유해
야 합니다. **7** 모든 일에 그대 자신이 선한 일[4]로 본을 보이고, 가르침에 있어서는
바르고 존경할 만하며, **8** 비난받을 일 없는 온전한 메시지로 해야 합니다. 그러면
대적하는 자가 우리에 대해 악하게 말할 것이 없으므로 수치를 당하게 될 것입니
다. **9** 종들을 권면하여 모든 일에 자신의 주인에게 복종하고, 그들을 만족시키며,
말대꾸하지 않고, **10** 착복하지 않으며, 오히려 전적인 충성과 정직으로 선을 보여,
그들이 하는 모든 일에 우리 하나님의 구원의 가르침이 높임을 받게 해야 합니다.
11 모든 사람을 구원하시는 하나님의 은혜가 나타났습니다. **12** 이 은혜는 우리

를 훈련하여 경건하지 않은 것과 세상의 욕망을 버리고, 이 시대를 바르고 경건하
게 살아가게 합니다. **13** 우리는 복된 소망과 우리의 위대하신 하나님과 구주 예슈
아 메시아의 영광이 나타나기를 기다리고 있습니다. **14** 그분께서 우리를 위해 자
신을 주신 것은 우리를 모든 악[5]에서 구속하시고 정결하게 하셔서 그분을 위해
선한 일[6]에 열심을 내는 특별한 백성으로 삼으시려는 것입니다. **15** 그대는 계속해
서 이것들을 말하고, 모든 권위로 권고하며 꾸짖어야 합니다. 이는 아무도 그대를
업신여기지 못하게 하려는 것입니다.

선한 행위를 계속하라

3 **1** 그대는 계속해서 그들을 일깨워 지도자들과 권세자들에게 다스림을 받
고 순종하여 모든 선한 일을 준비하게 해야 합니다. **2** 또 비방하거나 다투
지 말고, 너그러우며, 모든 사람을 정중히 대하게 해야 합니다. **3** 왜냐하면 우리가
한때 어리석고 순종하지 않으며, 미혹되고 온갖 욕망과 쾌락을 섬기며, 악함과 질
투와 증오와 서로 미워하는 가운데 살았기 때문입니다. **4** 그러나 우리 구주 하나님
의 선하심과 사랑과 자비하심이 나타나서 **5** 그분께서 우리를 구원해 주셨습니다.
그러나 우리가 행한 의로운 일들 때문이 아니라 그분의 긍휼하심을 따라 성령으
로 거듭나고 새롭게 하심으로 구원해 주신 것입니다. **6** 그분께서 우리에게 예슈아
메시아 우리 구주를 통해 성령을 풍성하게 부어 주신 것은, **7** 우리가 그 한 분의
은혜로 의롭게 되어 영생의 소망을 따라 상속자들이 되게 하시려는 것입니다.

8 이 말은 신실하여 모두가 받을 만한 것입니다. 그러므로 나는 그대가 이러한
것들에 관하여 담대하게 말하기를 바랍니다. 이는 하나님을 믿는 사람들이 선한
일들에 전념하게 하려는 것입니다.[7] 이러한 일들은 모두에게 좋은 것이며 유익합
니다. **9** 그러나 어리석은 일들과 족보와 다툼, 전통과 관련된 논쟁은 피해야 합니
다. 그것들은 무익하고 헛되기 때문입니다. **10** 그대는 분열을 일으키는 사람을 한
두 번 훈계한 뒤에 관계를 끊어야 합니다. **11** 그대가 알듯이 그런 사람은 (옳은 길에

5) 또는 모든 불법, 토라(성경, 가르침, 순종) 없이 행하는 것

6) 미츠보트. 용어 해설에서 '미츠바'를 찾아보라.

7) 우리가 은혜로 구원받았다고 말한 후, 곧바로 선한 일에 전념하라고 권면하는 것에 주목하라. 우리는 구원받기 위해 선한 일을 하는 것이 아니다. '구원받고 변화되었기 때문에' 선을 행하는 것이다. 구원받은 결과가 의로운 행위로 나타나는 것이다.

서) 벗어나 죄를 범하면서 스스로를 정죄하고 있습니다.

개인적인 지침과 문안

12 내가 아데마나 두기고를 그대에게 보내면, 그대는 즉시 내가 있는 니고볼리
로 속히 와야 합니다. 내가 거기서 겨울을 보내기로 결심했기 때문입니다. **13** 그대
는 토라 학자인 세나와 아볼로를 보내기에 힘쓰고, 그들에게 아무런 부족함이 없
게 해야 합니다. **14** 또 우리에게 속한 사람들도 자기 자신과 다른 사람들에게 반
드시 필요한 것들을 마련하기 위해 선한 일에 전념하는 것을 배워야 합니다. 이는
그들로 열매 없는 자들이 되지 않게 하려는 것입니다.

15 나와 함께 있는 모든 사람이 그대에게 문안합니다. 그대는 이제 믿음 안에서
우리를 사랑하는 사람들에게 문안해야 합니다. 은혜가 여러분 모두와 함께하기
를 바랍니다.

빌레몬서[1]

인사

1 1 메시아 예슈아를 위해 갇힌 자가 된 바울과 우리 형제 디모데는 친애하
는 우리의 동역자 빌레몬과 2 우리의 자매 압비아와 우리의 동료 군사인
아킵보와 그대의 집에 있는 회중(교회)[2]에게 편지합니다. 3 은혜와 샬롬이 하나님
우리 아버지와 주 예슈아 메시아로부터 여러분에게 임하기를 바랍니다.

빌레몬의 사랑과 믿음

4 나는 기도할 때마다 그대를 언급하며 하나님께 항상 감사드립니다. 5 주 예슈
아와 모든 성도를 향한 그대의 사랑과 믿음에 대해 듣고 있기 때문입니다. 6 그대
의 믿음을 나누어 메시아로 인해 우리 안에 있는 모든 선한 것을 인식함으로 역
사하게 되기를 기도합니다. 7 형제여, 나는 그대의 사랑으로 큰 기쁨과 위로를 받
았습니다. 성도들의 마음이 그대를 통해 새 힘을 얻었기 때문입니다.

오네시모를 위해 부탁하다

8 그러므로 나는 그대가 해야 할 일을 메시아 안에서 아주 담대하게 명령할 수
있지만, 9 오히려 사랑에 호소합니다. 나 바울은 나이 많은 자로, 지금은 메시아
예슈아를 위해 갇혀 있습니다. 10 나는 갇혀 있는 동안 낳은 내 아들 오네시모의
일로 그대에게 부탁합니다. 11 그가 한때는 그대에게 무익하였으나 이제는 그대와
나 모두에게 유익한 사람이 되었습니다. 12 나는 그를 그대에게 돌려보냅니다. 이
사람은 내 마음과 같은 자입니다. 13 내가 복음을 위해 갇혀 있는 동안 그를 내 곁
에 두고 그대를 대신하여 나를 섬기게 하고 싶었지만, 14 그대의 동의 없이는 아무
것도 하고 싶지 않았습니다. 이것은 그대가 강요가 아니라 자원하는 마음으로 선

1) AD 61–62년경에 기록된 것으로 추정된다.
2) 용어 해설에서 '회중'을 찾아보라.

한 일을 하게 하려는 것입니다. **15** 그러므로 그가 잠시 그대를 떠나 있었던 것은
그를 영원히 곁에 두게 하려는 것이었을지도 모릅니다. **16** 그는 이제 종이 아니라
종 이상의 사랑받는 형제로 내게 특별한 사람이며, 그대에게는 육신으로나 주 안
에서 더욱 그러할 것입니다.

17 그러므로 그대가 나를 동역자로 여긴다면, 이제 내게 하듯이 그를 맞아 주어
야 합니다. **18** 만일 그가 그대에게 잘못한 일이나 빚진 것이 있다면, 그것은 내게
돌리십시오. **19** 나 바울은 친필로 쓰니, 내가 갚을 것입니다. 그러나 나는 그대가
내게 (은혜의) 빚을 진 것을 말하지 않을 것입니다. **20** 참으로, 형제여, 나로 하여금
주님 안에서 그대의 덕을 보게 해 주십시오. 그대는 이제 메시아 안에서 내 마음
에 새 힘을 주어야 합니다.

21 나는 그대의 순종을 확신하며 이 편지를 썼습니다. 내가 부탁한 것 이상으
로 그대가 할 것을 알기 때문입니다. **22** 그리고 내가 머물 곳도 마련해 주십시오.
내가 여러분의 기도를 통해 은혜 가운데 여러분에게 가기를 소망합니다.

마지막 인사

23 메시아 예슈아 안에서 나와 함께 갇힌 에바브라가 그대에게 문안하며, **24** 내
동역자들인 마가와 아리스다고와 데마와 누가도 문안합니다. **25** 주 예슈아 메시아
의 은혜가 여러분의 영과 함께하기를 바랍니다.

히브리서[1]

하나님께서 그분의 아들을 통해 말씀하시다

1 1 오래전에 하나님께서 다양한 방법으로 우리 조상들에게 말씀하실 때,
선지자들을 통해 하셨습니다. 2 이러한 날들의 마지막에는 아들을 통해
우리에게 말씀하셨는데, 이 아들을 모든 것의 상속자로 삼으시고, 또 그를 통해
세상을 만드셨습니다. 3 그분은 영광의 광채시요, 하나님의 본성으로 나타나셔서
자기의 말씀 안에 있는 능력으로 모든 것[2]을 붙들어 주십니다. 그분께서는 우리
의 죄를 위해 자신을 정결하게 하신[3] 후에 높이 계신 지존자의 오른편[4]에 앉으셨
습니다. 4 그분께서는 천사들보다 훨씬 뛰어난 이름을 상속받으셔서 천사들보다
훨씬 더 높아지셨습니다.

천사들보다 뛰어난 아들

5 하나님께서 천사들 가운데 누구에게
"너는 내 아들이다,
오늘 내가 너를 낳았다"(시 2:7)라고 하신 적이 있습니까?
그리고
"나는 그에게 아버지처럼 될 것이며,
그는 나의 아들이 될 것이다"(삼하 7:14; 대상 17:13)라고 말씀하신 적이 있습니까?
6 그리고 그분께서 맏아들을 세상으로 데려오실 때에는 이렇게 말씀하셨습니다.
"이제 하나님의 모든 천사가 그에게 무릎을 꿇어야 한다."

1) AD 70년 이전에 기록된 것으로 보인다. 누가 기록했는지 알 수 없지만, 성경에 대해 탁월한 지식을 가진 사람이다.

2) 온 우주

3) 주님은 죄 없는 삶으로 자신을 정결케 하시고 흠 없고 완벽한 제물이 되셨다.

4) 오른편은 힘과 능력을 나타내는 히브리 관용 표현이다. 출애굽기 15장 6절을 참조하라. 용어 해설에서 '오른손'을 찾아보라.

7 또 천사들에 대해서는 이렇게 말씀하셨습니다.
"그분께서는 그의 천사들을 영들로,
그의 사역자들을 불꽃으로 삼으신다"(시 104:4).
8 그러나 그 아들에 대해서는 이렇게 말씀하셨습니다.
"하나님이여, 주의 보좌는 영원무궁하며,
하나님의 왕국의 홀은 의로운[5] 홀입니다.
9 주께서 의로움을 사랑하고 불의를 미워하셨으니,
이 때문에 하나님, 곧 주의 하나님께서 주께 즐거움의 기름[6]을 부어
주의 동료들보다 높이셨습니다"(시 45:7, 8).
10 그리고
"주여, 주께서 태초에 땅의 기초를 놓으셨고,
하늘들도 주의 손으로 만드신 작품입니다.
11 그것들은 없어질 것이나 주는 그대로 계실 것이며,
모든 것은 옷처럼 낡을 것이요,
12 주께서 그것들을 겉옷처럼, 의복처럼 말아 버리실 것이고
그것들은 교체될 것입니다.
그러나 주는 항상 동일하시며
주의 연대는 결코 끝나지 않을 것입니다"(시 102:25-27)라고 하셨습니다.
13 그런데 하나님께서 천사들 가운데 누구에게 다음과 같이 말씀하신 적이 있
습니까?
"내가 네 원수들을 네 발의 발판으로 삼을[7] 때까지
너는 내 오른편[8]에 앉아야 한다"(시 110:1).
14 모든 섬기는 영들은 구원을 상속받게 될 자들을 섬기라고 보냄을 받은 것이
아닙니까?

5) 헬라어 '유뛰테스'(euthutes)의 뜻은 '올바름', '공평', '치우치지 않음' 등으로, '의'를 설명하는 말이다. 용어 해설에서 '의'를 찾아보라.

6) 탈무드에 따르면, '올리브 기름'은 영적인 깨달음을 주는 토라에 대한 지식을 상징한다. '기름'도 기쁨(즐거움)을 상징한다(사 51:3). 그래서 '즐거움의 기름'이라고 한다.

7) 원수를 발판으로 삼는다는 것은 원수의 목을 베기 전에 그 목을 발로 밟는 것을 말한다. 용어 해설에서 '발판'을 찾아보라.

8) 용어 해설에서 '오른손'을 찾아보라.

위대한 구원

2 1 이 때문에 우리는 떠내려가지 않도록 이미 들은 것에 더욱 집중해야 합
니다. 2 천사들을 통해 하신 말씀이 굳게 세워졌고, 모든 범죄와 불순종
에 합당한 형벌이 내려졌는데, 3 우리가 주님을 통해 선포된 이 위대한 구원을 무
시한다면 어떻게 형벌을 피하겠습니까? 이 구원은 주께서 말씀하신 것이고, 그것
을 처음부터 들은 사람들이 우리 가운데 확증해 준 것입니다. 4 하나님께서도 표
적과 징조들[9]과 여러 가지 기적과 그분의 뜻대로 다양하게 나눠 주시는 성령의
은사들로 증거해 주셨습니다(고전 12:11).

구원의 창시자

5 참으로 그분께서는 우리가 말하고 있는 장차 다가올 그 세상을 천사들에게
복종시키지 않으셨습니다. 6 누군가 어디에서 증언하여 말하기를,

"사람이 무엇이기에 그를 기억하시며,
또 그 사람의 아들이 무엇이기에 그를 돌보아 주십니까?
7 그를 잠시 하나님[10]보다 낮추셨다가
그에게 영광과 존귀로 관을 씌워 주시고,
8 만물을 그의 발 아래에 복종시키셨습니다"(시 8:5-6)라고 하였습니다.

이렇게 그분께서는 만물을 그에게 복종시키심으로 그에게 복종하지 않은 것을
아무것도 남겨 두지 않으셨습니다. 그런데도 우리는 아직 만물이 그에게 복종한
것을 보지 못하고 있습니다. 9 그러나 이제 우리는 잠시 천사들보다 조금 낮아지
셨다가 죽음을 겪으심으로 영광과 존귀로 관을 쓰신 예수아를 보고 있습니다. 이
것은 하나님의 은혜로 그분으로 하여금 모든 사람을 대신하여 죽음을 맛보게 하
시려는 것이었습니다.

10 참으로 만물을 만드시고 존재하게 하신 하나님께서 많은 아들들을 영광 가
운데로 인도하시기 위해 그들의 구원의 창시자를 고난을 통해 완전하게 하신 것
은 합당한 일입니다. 11 또한 거룩하게 하시는 분과 거룩하게 되신 분이 모두 한

9) 헬라어 '테라스'(teras)는 일어날 일들에 대한 하늘의 표적, 기적을 가리킨다.

10) 헬라어 사본에는 '천사'로 되어 있으나, 라틴어 역본과 원문인 시편 8편 5절에는 '엘로힘'(elohim), 곧 '하나님'으로 되어 있다.

11) 히브리 성경을 기준으로 한 것이며, 우리말 성경은 시편 102편 22절이다

분에게서 나오셨습니다. 그러므로 그분께서는 그들을 형제들이라고 부르기를 부
끄러워하지 않으시고 **12** 말씀하셨습니다.

"내가 주의 이름을 내 형제들에게 알리고,
회중 가운데서 주를 찬양할 것입니다"(시 102:23).[11]

13 또 "나는 그분을 신뢰할 것이다"(사 8:17)라고 하셨으며,
또다시 "보라, 나와 하나님이 내게 주신 자녀들이다"(사 8:18)라고 하셨습니다.

14 그러므로 그 자녀들이 피와 살을 가졌으므로, 그분도 그들처럼 피와 살을
가지셨습니다. 이것은 그분께서 죽으심으로 죽음의 권세를 가진 자, 곧 마귀를 무
력화하시고, **15** 죽음의 공포 때문에 평생 종노릇하는 자들을 자유롭게 하시려는
것이었습니다. **16** 분명한 것은 그분께서 돕는 천사들이 아니라 아브라함의 씨에
관심이 있으시다는 것입니다. **17** 이러한 이유로 그분께서는 모든 면에서 그분의 형
제들처럼 되셔야 했습니다. 이것은 그분께서 하나님의 일을 맡은 자비롭고 신실한
대제사장이 되어 백성의 죄를 대속하게 하시려는 것이었습니다. **18** 그분께서는 시
험을 받고 고난을 당하셨기 때문에 시험받는 자들을 도우실 수 있습니다.

모세보다 뛰어나신 예슈아

3 **1** 그러므로 하늘의 부르심을 함께 받은 거룩한 형제들이여, 이러한 이유
로 여러분은 이제 우리가 고백하는 믿음의 사도이며 대제사장이신 예슈
아를 깊이 생각해야 합니다. **2** 모세가 하나님의 온 집에서 신실했던 것처럼 그분도
자기를 세우신 분께 신실하셨기 때문입니다. **3** 집을 지은 사람이 그 집보다 훨씬
더 존귀한 것처럼, 그분께서는 모세보다 더 큰 영광을 받으시기에 합당하신 분입
니다. **4** 모든 집은 그것을 지은 사람이 있는데, 만물을 지으신 분은 하나님이십니
다. **5** 모세는 하나님께서 말씀하실 것들을 확증하는 종으로서 하나님의 온 집에
충성하였으나, **6** 메시아께서는 하나님의 집의 아들로서 신실하셨습니다. 그러므로
우리가 소망에 대한 확신과 자부심을 굳게 붙든다면, 우리는 그분의 집입니다.

하나님의 안식을 누릴 사람들

7 그러므로 성령께서 다음과 같이 말씀하셨습니다.

"오늘 너희가 그분의 음성을 듣거든

8 광야에서 시험하던 날에 반역하던 것[12)]처럼
너희 마음을 완고하게 하지 말라.
9 거기서 너희 조상들이 나를 시험하며 떠보았고
내가 행한 일들을 보기를 10 사십 년 동안 그리하였다.
이러한 이유로 내가 그 세대에게 분노하며 말하기를,
'그들의 마음은 항상 빗나가서
나의 길을 알지 못했다'라고 하였다.
11 이에 내가 분노로 맹세하기를,
'그들은 결코 내 안식[13)]에 들어오지 못할 것이다'라고 하였다"(시 95:7-11).

12 형제들이여, 여러분 중에 믿지 않는 악한 마음을 품고 살아 계신 하나님으로
부터 떠나는 사람이 없도록 주의해야 합니다. 13 다만 그날[14)]이라 불리는 날이 올
때까지 죄의 유혹에 빠져 마음이 굳어지는 일이 없도록 날마다 서로 권면해야 합니
다. 14 우리가 처음에 가졌던 강한 확신을 끝까지 견고하게 붙잡을 수 있다면, 메시
아와 함께하는 자들이 될 것입니다. 15 *시편에도* 다음과 같이 기록되어 있습니다.

"오늘 너희가 그의 음성을 듣거든,
반역하던 때처럼 완고하게 하지 말라"(시 95:7-8).

16 말씀을 듣고도 하나님을 화나게 한 사람들[15)]이 누구였습니까? 모세의 인도
를 받아 이집트에서 나온 모든 자가 아닙니까? 17 그리고 하나님께서는 사십 년
동안 누구에게 진노하셨습니까? 그 시신이 광야에 엎드러진 그 죄인들 가운데 있
지 않았습니까? 18 불순종한 자들이 아니라면, 그분께서 누구에게 그분의 안식에
들어오지 못할 것이라고 맹세하셨습니까?(민 14:22-23) 19 따라서 우리는 그들이 믿
지 않았기 때문에 들어가지 못했다는 것을 압니다.

4 1 그러므로 우리는 어떤 경우에도 그분의 안식에 들어가리라는 약속에서
떨어지지 않도록, 여러분 중 제외되는 자가 있을까 두려워해야 합니다. 2
우리도 그들처럼 복음을 들었습니다. 그러나 그들이 들은 복음의 말씀이 *그들에*

12) 고라의 반역. 민수기 16장을 참조하라.
13) 3-4장에 언급된 '안식'은 '영원한 안식'을 가리킨다. 용어 해설에서 '안식'을 찾아보라.
14) 심판의 날. 계시록 20장 4절과 11-14절을 참조하라.
15) 고라의 반역에 가담했던 자들

게 유익이 되지 않은 것은, 들은 사람들이 그것을 믿음과 연합시키지 않았기 때문입니다. 3 믿는 우리는 그 안식에 들어갑니다. 이것은 그분께서 말씀하신 그대로입니다.

"내가 진노 가운데 맹세한 것같이
'그들은 결코 나의 안식에 들어오지 못할 것이다'"(시 95:11).

그러나 그 일들은 이미 세상의 기초가 놓였을 때부터 완수되었습니다. 4 그분은 어디선가 일곱째 날에 대해 다음과 같이 말씀하셨습니다. "그리하여 하나님께서 일곱째 날[16]에 그분의 일을 쉬셨다[17]"(창 2:2). 5 그런데 다시 이렇게 말씀하셨습니다. "그들은 나의 안식[18]에 들어오지 못할 것이다"(시 95:11). 6 그렇다면 이 안식에 들어갈 사람들이 남아 있는 것입니다. 그러나 먼저 그 복음을 들은 사람들은 하나님의 뜻에 완고하게 대적함으로 들어가지 못했습니다. 7 하나님께서는 다시 '오늘'이라는 한 날을 정하시고, 앞서 인용한 대로 오랜 시간 후에 다윗을 통해 말씀하셨습니다.

"오늘 너희가 그분의 음성을 듣거든
너희 마음을 완고하게 하지 말라"(시 95:7-8).

8 만일 여호수아가 그들에게 영원한 안식을 주었다면, 그분께서 나중에 또 다른 날에 대해 말씀하지 않으셨을 것입니다. 9 따라서 샤밧(안식일)[19]의 안식이 하나님의 백성에게 남아 있습니다. 10 하나님의 안식에 들어가는 사람은 하나님께서 자기 일을 쉬신 것처럼, 그의 일도 쉬게 해 주셨습니다. 11 그러므로 우리는 그 영원한 안식에 들어가기 위해 모든 노력을 해야 합니다.[20] 이것은 아무도 하나님의 뜻에 완고하게 대적하다가 멸망의 본에 빠지지 않게 하려는 것입니다.

12 그러므로 하나님의 말씀은 살아 있고,[21] 힘이 있으며, 양날 가진 어떤 칼[22]

16) 안식일

17) 이것은 영원한 안식이다. 하나님께서는 창세기 1장에서 만물을 창조하시고 안식하셨다.

18) 영원한 안식. 용어 해설에서 '안식'을 찾아보라.

19) 일곱째 날인 안식일은 금요일 해 질 녘에 시작하여 토요일 해 질 녘에 끝난다. 안식일에는 여러 가지 금지 조항을 지켜야 했다. 용어 해설에서 '안식일'을 찾아보라.

20) 우리는 바쁜 업무와 휘몰아치는 일상 가운데 모든 짐을 주님께 내어 드림으로(시 55:22) 영원한 안식에 들어갈 수 있다. 그러나 영원한 안식에 들어가도 우리에게는 사명이 있다. 계시록 6장 11절과 14장 13절을 참조하라. 용어 해설에서 '안식'을 찾아보라.

21) 헬라어 문장 구조상 '살아 있다'를 강조하고 있다.

22) 개인이 가지고 다닐 수 있는 작은 칼을 말한다.

보다 예리하여 생명의 호흡과 영, 관절과 골수가 분리되기까지 찔러 생각과 마음
의 의도를 판단합니다. 13 그리고 어떤 피조물도 그분 앞에서 숨을 수 없습니다.
우리의 결산을 받으실 그분의 눈 앞에 모든 것이 낱낱이 드러나 있습니다.

위대한 대제사장 예슈아

14 그러므로 우리에게는 하늘들을 통과하신[23] 위대한 대제사장, 하나님의 아
들 예슈아가 계시니, 우리는 그 고백을 굳게 붙들어야 합니다. 15 우리에게 있는
대제사장은 우리의 연약함을 공감하실 수 없는 분이 아닙니다. 그분께서는 모든
것에 대하여 우리와 매우 동일하게 시험을 받으셨지만, 죄가 없으신 분입니다. 16
그러므로 우리는 그 은혜의 보좌로 담대히 나아가야 합니다. 그러면 긍휼을 얻고
때에 맞게 도우시는 은혜를 받게 될 것입니다.

5

1 모든 대제사장은 사람들 가운데서 택함을 받아 하나님과 관련된 일들을
수행하도록 임명받은 자입니다. 그래서 그는 예물과 속죄를 위한 제물[24]을
바칩니다. 2 그가 무지한 자들[25]과 미혹된 자들을 너그럽게 대할 수 있는 것은 자
기 자신이 연약함에 매여 있기 때문입니다. 3 이 때문에 그는 백성들을 위해 속죄
제를 드리는 것처럼, 자기 자신의 죄들[26]을 위해서도 제물을 바쳐야 합니다. 4 이
명예는 스스로 취하는 것이 아니라 아론처럼 하나님의 부르심을 받아야 합니다.
5 이와 같이 메시아께서도 대제사장이 되셔서 스스로를 영광스럽게 하신 것이
아닙니다. 오히려 그분께서 그에게

"너는 내 아들이다,
내가 오늘 너를 낳았다"(시 2:7)라고 말씀하셨습니다.

6 또 다른 곳에서는

"너는 멜기세덱[27]의 계열을 따르는
영원한 제사장이다"(시 110:4)라고 말씀하셨습니다.

23) 예슈아께서 하늘의 모든 층을 다 통과하셨음을 암시한다. 용어 해설에서 '하늘'을 찾아보라.
24) 여기에는 제물로 바치는 동물들뿐만 아니라, 첫 수확물과 소제물도 포함된다.
25) 의도하지 않은 상태에서 죄를 범한 사람들을 말한다. 용어 해설에서 '죄'를 찾아보라.
26) 용어 해설에서 '죄'와 '죄 사함'을 찾아보라.
27) 히브리어 '멜기세덱'을 그대로 번역하면 '의의 왕' 또는 '의로운 왕'이다.

7 그분께서는 육체로 계시는 동안 자신을 죽음에서 구해 주실 분께 큰 소리로
부르짖으며 눈물로 기도와 간구를 드리셨습니다. 그리고 하나님께서는 그의 경건
함 때문에 들어주셨습니다. 8 그분은 아들임에도 친히 고난을 겪으심으로 순종을
배우셨고, 9 완전하게 되셔서 자기에게 순종하는 모든 사람에게 영원한 구원의 근
원이 되셨습니다. 10 그리고 하나님의 지명을 받아 멜기세덱의 계열을 따르는 대제
사장이 되셨습니다.

배교에 대한 경고

11 이 주제에 대해서는 우리가 할 말이 많으나 설명하기 어렵습니다. 여러분이
듣는 것에 둔해졌기 때문입니다. 12 지금쯤 여러분은 선생이 되었어야 하는데,[28]
오히려 하나님의 말씀의 근본 원리들을 처음부터 가르쳐 줄 사람을 필요로 하고
있습니다. 여러분은 단단한 음식이 아니라 젖을 필요로 하고 있습니다. 13 젖을 먹
는 사람은 모두 아기이기 때문에 의의 가르침에 익숙하지 못합니다. 14 그러나 단
단한 음식은 성숙한 자, 성도들을 위한 것입니다. 이들은 훈련으로 단련된 감각
을 사용하여 선과 악[29]을 모두 분별하는 사람들입니다(겔 44:23; 롬 2:18).

6

1 그러므로 메시아에 대한 초보적인 메시지를 떠나 성숙함으로 나아갑시
다. 죽은 행실을 회개하는 것과 하나님을 믿는 것에 대한 기초를 다시 놓
지 말고, 2 침례들[30]과 안수와 죽은 자들의 부활[31]과 영원한 심판에 대한 가르침
의 터를 다시 닦는 일은 없어야 합니다. 3 하나님께서 허락하신다면, 우리는 이 일
을 할 것입니다. 4 한 번 계시의 빛을 받아 하늘의 은사들[32]을 맛보고, 성령에 참
여한 자가 되어 5 하나님의 말씀의 충만한 분량과 오는 세대의 권능의 일들을 맛

28) 각 사람은 다른 사람을 가르칠 수 있도록 영적으로 성장하되, 말보다는 삶의 모습으로 가르쳐야 한다. 또 하나님의 말씀을 잘 알지 못하는 이들을 가르칠 수 있을 만큼 성경을 잘 알아야 한다.

29) '선과 악'은 제사장들이 판단하던 '거룩한 것'과 '속된 것'을 말한다(겔 22:26). 우리 각 사람은 하나님의 왕국의 제사장이다(출 19:6; 벧전 2:9; 계 1:6; 5:10). 선과 악에 대해서는 레위기 10장 9-11절에 규정되어 있다. 영들을 분별하려면 성령의 은사가 필요하다(고전 12:4-11).

30) 히브리서 기자는 '침례'의 복수형을 사용하여 유대인들의 정결례에 대해 가르치면서 자주 침례를 행하여 하나님과 우리의 언약 관계를 새롭게 하라고 요청하고 있다. 용어 해설에서 '침례'를 찾아보라.

31) 용어 해설에서 '부활'을 찾아보라.

32) 하늘의 은사들은 5장 14절에 언급된 것들을 가리킨다. 29번 각주를 참고하라.

보고도[33] 6 타락한다면, 그들을 다시 새롭게 하여 회개에 이르게 할 수 없습니다.
이는 그런 자들이 자기들을 위해 하나님의 아들을 다시 십자가에 못 박고 업신여
기기 때문입니다. 7 땅이 그 위에 내린 비를 자주 흡수하여 경작하는 사람들에게
유익한 식물을 내면, 하나님의 복을 받습니다. 8 그러나 가시와 엉겅퀴를 내면, 그
땅은 쓸모없게 되고 저주에 가까워져서 결국 불살라지게 됩니다.

9 그러나 사랑하는 자들이여, 말은 이렇게 해도 우리는 여러분이 구원에 속한
더 좋은 것들을 굳게 붙들고 있음을 확신합니다. 10 하나님께서는 불의하지 않으
셔서 여러분이 성도들을 위해 사역했고, 지금도 사역하면서[34] 그분의 이름으로
보인 행위와 사랑을 간과하지 않으십니다. 11 그럼에도 우리는 여러분 각 사람이
소망을 온전히 이룰 것을 확신하며, 동일한 열심을 끝까지 보여 주기를 바랍니다.
12 이것은 여러분이 게으름을 피우지 않고, 오히려 믿음과 인내로 약속을 상속받
은 자들을 본받는 자가 되게 하려는 것입니다.

하나님의 확실한 약속

13 하나님께서 아브라함에게 약속하실 때에 맹세할 더 큰 대상이 없으므로 "자
신을 두고 맹세하며"(창 22:16) 14 말씀하시기를, "내가 반드시 네게 복을 주고 복을
주며, 또 너를 번성하게 하고 번성하게 할 것이다"(창 22:17)라고 하셨습니다. 15 그
리하여 그는 참고 견딘 끝에 그 약속을 받았습니다. 16 사람들은 자기보다 더 큰
대상을 두고 맹세하는데, 이 맹세는 그들에게 아무런 의심이 없도록 확증해 줍니
다. 17 하나님께서는 약속의 상속자들에게 그분의 뜻이 변경될 수 없다는 사실을
더 풍성하게 보여 주시려고 맹세로 그 약속을 보증하셨습니다. 18 이것은 피난처
를 찾아 나온 우리가 하나님은 거짓말을 하실 수 없다는 변치 않는 두 가지 사실
로 인해 큰 용기를 얻어 우리 앞에 놓인 소망을 굳건히 잡게 하시려는 것입니다.
19 우리가 가진 소망은 생명의 닻처럼 견고하고 안전하여 휘장 안[35]으로 들어가게
해 줍니다. 20 선두주자인 예수아께서는 우리를 위해 그곳에 들어가셔서 멜기세덱
의 계열을 따르는 영원한 대제사장이 되셨습니다.

33) 우리는 은사들을 사용하면서 기적을 기대해야 한다. 매일의 삶 가운데 하나님의 놀라운 능력을 경험해야 한다. 이 세대에 능력으로 충만하지는 않아도 경험할 수 있다. 모든 성도가 승리와 능력 가운데 행할 수 있게 훈련받아 하나님을 모르는 사람들을 그분의 왕국으로 데려와야 한다.

34) "너희가 성도들을 위해 봉사했고, 여전히 봉사하고 있기 때문에"로도 번역할 수 있다.

35) 지성소. 용어 해설에서 '성소'를 찾아보라.

멜기세덱의 제사장직

7 1 그러므로 이 "살렘 왕 멜기세덱, 지극히 높으신 하나님의 제사장은 아
브라함이 왕들을 죽이고 돌아올 때에 그를 만나서 축복해 준 자로, 2 아
브라함은 모든 것의 십분의 일[36]을 그에게 나눠 주었습니다"(창 14:17-20). 그 이름을
번역하면, 먼저는 "의의 왕"이지만, 샬롬의 왕이라는 뜻의 "살렘 왕"도 됩니다(창
14:17-20). 3 그는 아버지도 없고, 어머니도 없으며, 족보도 없고, 시작한 날들도, 생
명의 끝도 없으나, 하나님의 아들처럼 되어 영원히 제사장으로 남아 있습니다.

4 그러나 여러분은 조상 아브라함이 전리품의 십분의 일을 준 그 사람이 얼마
나 위대한지 압니다. 5 레위 자손의 제사장직을 맡은 자들이 토라(가르침)[37]에 따라
백성에게서 십분의 일을 취하라는 명령을 받았는데, 이들은 그들의 형제이며 동
일하게 아브라함의 씨에서 나온 자들이었습니다. 6 그러나 멜기세덱은 그 혈통에
속하지 않았는데도 아브라함으로부터 십분의 일을 받았고, 약속을 받은 그를 축
복해 주었습니다. 7 그리고 논쟁의 여지없이 낮은 자가 높은 자에게 축복을 받는
법입니다. 8 또 여기서는 죽을 사람들이 십분의 일을 받지만, 저기서는(멜기세덱의 경
우에는) 영원히 살아 있다는 증거를 받은 사람이 받습니다(시 110:4). 9 그리고 십분의
일을 받는 레위도 아브라함을 통해 십분의 일을 바쳤다고 할 수 있습니다. 10 멜기
세덱이 아브라함을 만났을 때에 레위는 아직 자기 조상 아브라함의 허리에 있었
기 때문입니다.

11 백성들은 제사장 직분을 통해 토라(가르침)를 받았습니다. 만일 레위 지파의
제사장 직분을 통해 완전해질 수 있었다면, 왜 아론의 계열이 아닌 멜기세덱의
계열을 따르는 또 다른 제사장이 일으켜져야 했겠습니까? 12 제사장 직분에 변화
가 생기면, 필연적으로 토라(가르침)도 변화되어야 합니다. 13 이런 것들은 제단에서
직무를 맡아 본 자가 아무도 없는 다른 지파에 속한 분을 말하는 것입니다. 14 우리
주님은 유다 지파에서 나오신 것이 분명하며, 그 지파에 대해서는 모세가 제사장
과 관련하여 말한 적이 한 번도 없었습니다. 15 멜기세덱을 닮은 또 다른 제사장
이 일어난 것을 보면, 이것은 더욱 확실해집니다. 16 그분께서는 육신의 명령의 전
통이 아니라 영원한 생명의 능력을 따라 제사장이 되셨습니다. 17 그러므로 증거

36) 용어 해설에서 '십일조'를 찾아보라.

37) 토라의 문자적 의미는 '가르침', '교훈'이다. 여기서는 성경의 처음 다섯 권인 '모세오경'을 가리킨다. 용어 해설에서 '토라'를 찾아보라.

하기를,

"너는 멜기세덱의 계열을 따르는
영원한 제사장이다"(시 110:4)라고 하였습니다.

18 그러므로 이전의 계명은 연약함과 무익함 때문에 폐기되었습니다. **19** 율법주
의는 아무것도 완전하게 하지 못했기 때문입니다. 하지만 더 나은 소망이 우리에
게 주어졌고, 우리는 바로 그 소망을 통해 하나님께 나아갈 수 있습니다.

20 그리고 그것은 맹세 없이 된 것이 아닙니다. 참으로 레위인들은 맹세 없이
제사장들이 되었습니다. **21** 이 때문에 하나님께서는 오히려 그분을 맹세로 부르셨
습니다.

"주께서 맹세하셨고
그 마음을 바꾸지 않으실 것이니,
너는 영원한 제사장이다"(시 110:4).

22 이와 같이 예슈아께서는 더 나은 언약의 보증이 되셨습니다. **23** 또 제사장들
이 죽으면 제사장의 직무를 계속할 수 없어서 그들의 수가 많아야 했습니다. **24** 그
러나 그분께서는 영원히 계시는 분이므로 영원한 제사장 직분을 가지고 계십니
다. **25** 그분께서는 언제나 자신을 통해 하나님께 오는 자들을 구원하실 수 있습니
다. 그분이 항상 살아 계셔서 그들을 위해 중보하시기 때문입니다.

26 거룩하시고, 흠이 없으시며, 더럽혀지지 않으시고, 죄인들과 구별되시며, 하
늘들보다 더 높은 곳으로 올려지신 분, 이런 분이 우리를 위한 대제사장으로 합
당합니다. **27** 그분께서는 이전의 대제사장들처럼 날마다 먼저 자기의 죄를 위해
희생제물을 드린 다음, 백성들을 위해 *제물을* 드릴 필요가 없습니다. 그분께서
자신을 바쳐 이것을 단번에 이루셨기 때문입니다. **28** 토라(가르침)[38]는 연약함을 지
닌 사람들을 대제사장으로 세우지만, 토라(가르침) 후에 주어진 맹세의 말씀은 영
원토록 완전하게 되신 아들을 대제사장으로 세웠습니다.

새롭고 더 좋은 언약[39]의 대제사장

8 **1** 우리가 말하는 것들의 요점은 우리에게 그런 대제사장이 계시다는 것
입니다. 그분께서는 하늘들 가운데 계신 전능자의 보좌 오른편[40]에 앉으
셔서 **2** 거룩한 것들로 은혜를 베풀어 주시는데, 성도들을 섬기시고 사람이 아니라

주께서 세우신 참된 장막을 섬기십니다. 3 모든 대제사장은 예물과 제물을 바치
기 위해 세워집니다. 그러므로 이 대제사장도 자기를 위해 바칠 것이 있어야 했습
니다. 4 그분께서 땅에 계셨다면, 제사장도 되지 못하셨을 것입니다. 토라(가르침)에
따라 예물을 드리는 제사장들이 있기 때문입니다. 5 그들이 섬기는 곳은 하늘에
있는 장막의 모형과 그림자이며, 모세가 성막을 세우려고 할 때에 하나님께 지시
를 받은 그대로였습니다. "너는 산에서 네게 보여 준 모형대로 모든 것을 만들 것
이니라"(출 25:40)라고 하셨고, 그는 명령을 받은 대로 하였습니다. 6 그러나 이제 그
분께서는 훨씬 더 뛰어난 직분을 받으셨고, 더 좋은 언약의 중보자이시니, 그것은
더 좋은 약속들 위에 세워져 있습니다.

7 그러므로 만일 그 첫 번째 것(언약)에 결점이 없었다면, 두 번째 것(언약)을 찾
지 않았을 것입니다. 8 하나님은 그들에게 결함이 있음을 발견하시고, 다음과 같
이 말씀하셨습니다.

"주께서 말씀하신다.
'보라, 날이 오고 있다.
그때에 내가 새 언약을 이스라엘 집과
유다 집에 세울 것이다.'
9 또 주께서 말씀하신다.
'이것은 내가 그들의 손을 잡고 이집트에서 끌어내던 날에
그들의 조상들과 세운 언약과 같지 않을 것이다.
그들이 내 언약 가운데 머물러 있지 않았기 때문에
내가 그들을 돌보지 않았다.'
10 또 주께서 말씀하신다.
'이것은 내가 그러한 날들 이후에
이스라엘 집과 세울 언약이다.
그때에 내가 그들의 마음에 내 가르침[41]을 두고,
내가 그것들[42]을 그들의 마음에 기록할 것이며,

38) 토라는 '가르침', '교훈'을 뜻한다. 용어 해설에서 '토라'를 찾아보라.
39) 용어 해설에서 '새 언약'을 찾아보라.
40) '하나님의 오른편'은 성육하신 하나님, 곧 예슈아의 능력과 힘을 상징한다.
41) 토라에 담긴 가르침을 말한다. 용어 해설에서 '토라'를 찾아보라.
42) 주님의 가르침, 교훈

나는 그들의 하나님이 되고
그들은 내 백성이 될 것이다.
11 각 사람이 자기 이웃을 가르치지 않을 것이며,
자기 형제에게 주님을 알아야 한다고 하지 않을 것이다.
이는 가장 작은 자들로부터 가장 큰 자들까지
모든 사람이 나를 알 것이기 때문이다.
12 또 나는 그들의 불의를 용서하며[43)]
더 이상 그들의 죄들[44)]을 기억하지 않을 것이다'"(렘 31:31-34).

13 그분은 '새로운'[45)]이라고 말씀하시며 첫 번째 것(언약)을 낡은 것으로 만드셨
습니다. 낡은 것은 곧 사라집니다.[46)]

땅과 하늘의 성소들

9 1 참으로 첫 번째 언약에도 예배의 규례들과 이 땅의 성소가 있었습니다.
2 실제로 장막이 마련되어 첫 번째 방에는 메노라와 상과 진설병이 있었
는데, 이곳을 '성소'라고 부릅니다. 3 그리고 장막 안 두 번째 휘장 너머에는 '지성
소'라고 불리는 방이 있었습니다. 4 여기에는 금 향단[47)]과 전체를 금으로 입힌 언
약궤가 있었고, 그 안에 만나가 담긴 금 항아리와 싹이 난 아론의 지팡이와 언약
의 돌판들이 있었습니다. 5 또 궤 위에는 영광의 두 그룹이 속죄소를 덮고 있었습
니다. 그러나 지금은 이것에 대해 자세히 말하지 않겠습니다.

6 이런 것들이 실제로 첫 번째 장막 안에 갖추어져 있어서, 제사장들은 언제나
들어가 예식들을 수행했습니다.[48)] 7 그러나 두 번째 *방인 지성소에는* 일 년에 한

43) 문자 그대로 옮기면 '나는 자비로울 것이다'이다. 이것은 히브리 관용 표현으로 '내가 용서해 주겠다'라는 뜻이다.

44) 예레미야 31장 34절에서 '그들의 죄(들)'는 히브리어로 '하타템'이다. 이것은 실수로, 부주의하여 지은 죄를 가리킨다. 용어 해설에서 '죄'를 찾아보라.

45) 예레미야 31장 31절에서 '새(로운)'로 번역된 히브리어 '하다쉬'(chadash)의 주된 의미는 '갱신된'이다. 갈라디아서 3장 15-21절을 참조하라.

46) 일부 역본들은 이 부분을 첫 번째 언약이 완전히 파기된 것으로 번역하는데, 바울은 로마서 9장 4절과 에베소서 2장 12절에서 복수형인 '언약들'을 사용하여 그렇지 않음을 말해 준다. 용어 해설에서 '대체 신학'을 찾아보라.

47) 금 향단은 성소 안에 비치했다가 속죄일에만 지성소 안에 들여놓았다.

48) 제사장은 성소에서 하나님을 섬겼는데, 지성소 안에서는 백성을 위해 일했다.

번[49] 오직 대제사장만 들어가는데, 피 없이는 들어가지 않았습니다. 이 피는 대제
사장 자신과 모든 백성이 부지중에 지은 죄[50]를 위해 바치는 것이었습니다. **8** 그러
나 성령께서는 첫 번째 장막이 있는 동안에는 지성소로 들어가는 길이 아직 드러
나지 않았음을 보여 주셨습니다. **9** 이 장막은 현재까지를 상징하는 것으로, 그것
에 따라 드린 예물과 제물은 예배자의 양심을 온전하게 해 주지는 못합니다. **10** 이
것들은 먹는 것과 마시는 것과 다양한 종류의 침례들[51]과 관련된 것으로, 새로운
질서의 때까지만 우리에게 부과된 육신의 규례들에 불과합니다.

11 그러나 메시아께서 높은 차원에 속한 것들의 대제사장으로 오셔서 사람의
손으로 짓지 않은, 곧 이 피조물에 속하지 않은 더 크고 온전한 장막으로 들어가
셨습니다. **12** 그분께서는 염소나 송아지의 피가 아니라 자신의 피로 지성소에 단
한 번 들어가 *우리를 위한* 영원한 구속을 이루셨습니다. **13** 그러므로 만일 염소나
황소의 피와 암송아지의 재를 뿌리는 것이 부정한 자를 거룩하게 하여 그들의 육
신을 깨끗하게 한다면, **14** 영원하신 영(성령)을 통해 자신을 흠 없는 제물로 하나님
께 바치신 메시아의 피는 우리의 양심을 죽은 행실로부터 얼마나 더 깨끗하게 하
여 살아 계신 하나님을 섬기게 하겠습니까?

15 이 *죽음으로* 그분께서는 첫 언약 아래 지은 죄들을 위한 속전을 지불하시
고 새 언약의 중보자가 되셨습니다. 그분께서 죽으심으로 부름 받은 자들은 영원
한 유업의 약속을 받을 수 있었습니다. **16** 그러므로 유언이 있는 곳에는 유언을
한 사람의 죽음이 선포되어야 합니다. **17** 유언은 사람이 죽었을 때만 유효하기 때
문입니다. 유언한 사람이 여전히 살아 있는 동안에는 효력이 없습니다. **18** 이런 이
유로 첫 번째 언약도 피 없이 시작된 것이 아닙니다. **19** 모세는 토라(가르침)에 따라
모든 계명을 온 백성에게 선포하면서 송아지와 염소의 피를 물과 붉은 양털과 우
슬초와 함께 가져다가 그 두루마리와 모든 백성에게 뿌렸습니다. **20** 그리고 말하
기를, "이것은 하나님께서 너희에게 명하신 언약의 피다"(출 24:8)라고 했습니다. **21**
그리고 그는 장막과 직무에 사용하는 모든 그릇에도 동일하게 피를 뿌렸습니다.
22 이어서 그는 토라(가르침)[52]에 따라 모든 기구를 피로 씻었습니다. 피 흘림 없이

49) 욤 키푸르(대속죄일)

50) 생각 없이 실수로 범한 죄들을 말한다. 용어 해설에서 '죄'를 찾아보라.

51) 정결례. 용어 해설에서 '침례'를 찾아보라.

52) 토라의 문자적 의미는 '가르침', '교훈'이지만, 여기서는 성경의 처음 다섯 권을 가리킨다. 용어 해설에서 '토라'를 찾아보라.

는 죄 사함도 없습니다.

메시아의 희생을 통한 속죄

23 그러므로 하늘들에 있는 것들의 모형들은 이렇게 정결해질 필요가 있었지
만, 하늘에 있는 것들은 이보다 더 나은 제물들로 정결해져야 합니다. **24** 메시아
께서는 참된 성소의 모형인 사람의 손으로 만든 성소에 들어가신 것이 아니라 바
로 하늘로 들어가셔서 지금 우리를 위해 하나님 앞에 서 계십니다. **25** 그리고 그
분은 대제사장이 해마다 다른 피를 가지고 성소[53]에 들어가는 것처럼, 자신을 여
러 번 드리지 않으셨습니다. **26** 그렇지 않았다면, 그분께서는 세상의 기초를 놓을
때부터 여러 번 고난을 당하셔야 했을 것입니다. 그러나 이제 그분께서는 모든 시
대 가운데 단 한 번 나타나셔서 자신을 제물로 바치심으로 죄를 없애 버리셨습니
다. **27** 그리고 사람이 한 번 죽는 것은 정해진 일이며, 죽은 후에는 심판이 있습니
다. **28** 이와 같이 메시아께서도 많은 사람들의 죄를 담당하시려고 단번에 제물이
되셨습니다. 그분께서는 자신을 갈망하며 기다리는 사람들을 구원하시기 위해 죄
와 상관없이 두 번째 나타나실 것입니다.

10

1 토라(가르침)는 곧 오게 될 좋은 것들의 그림자일 뿐 실체가 아닙니다.
사람들이 해마다 계속해서 바치는 이러한 제물로는 (하나님께) 나아오는
자들을 결코 온전하게 할 수 없습니다. **2** 만일 온전하게 할 수 있었다면, 예배하
는 자들이 단번에 정결해진 후 죄의식을 갖지 않게 되어 제물 바치는 것을 중단
하지 않았겠습니까? **3** 그러나 이러한 제물들은 매년 죄들을 생각나게 할 뿐입니
다. **4** 황소와 염소의 피는 죄를 *영원히* 없애지 못하기 때문입니다.

5 이러한 이유로, 그분께서는 세상에 오셔서 이렇게 말씀하셨습니다.

"하나님께서는 희생 제물과 예물을 원하지 않으시고
나를 위해 한 몸을 예비하셨습니다.

6 또 하나님께서는 번제와 속죄제를
기뻐하지 않으셨습니다(삼상 15:22; 호 6:6; 시 51:18).[54]

7 그때 내가 말하기를,
'오 하나님, 보십시오! 제가 왔습니다.

두루마리에 저에 대해 기록된 그대로,
저는 주의 뜻을 행하러 왔습니다'라고 했습니다"(시 40:7-8).

8 메시아께서는 처음에 "하나님께서는 희생 제물과 예물을 원하지 않으셨고,
번제와 속죄제를 기뻐하지도 않으셨습니다"(시 40:7)[55]라고 말씀하셨습니다. 이것
들은 토라(가르침)에 따라 바치는 것들입니다. 9 그런 다음에 그분께서 말씀하시기
를, "보십시오! 제가 주의 뜻을 행하러 왔습니다"(시 40:9)[56]라고 하셨습니다. 그분께
서는 두 번째 것을 세우려고 첫 번째 것을 폐하시는 것입니다. 10 하나님의 이러한
뜻 안에서 예슈아 메시아께서 자기 몸을 단번에 영원히 드리심으로 우리는 거룩
해졌습니다.

11 참으로 모든 제사장이 날마다 서서 섬기며 똑같은 제물을 여러 번 바치지
만, 그것은 결코 *우리를 에워싸고 있는* 죄를 완전히 없앨 수 없었습니다. 12 그러
나 이분은 죄들을 위해 한 번 제물을 드리시고 영원히 하나님의 오른편에 앉으셨
습니다. 13 그 후로 원수들이 그분의 발판이 될 때까지[57] 기다리고 계십니다. 14 그
분께서는 한 번의 제사로 정결하게 된 자들을 영원히 온전하게 하셨습니다.

15 그리고 성령께서 우리에게 증거하십니다. 그분께서는 이렇게 말씀하셨습니다.

16 "주께서 말씀하셨다.
'그날들 후에
내가 그들과 함께 맺을 언약은 이것이니,
내 가르침[58]을 그들의 마음에 두고
그것들을 그들의 생각 위에 기록할 것이며,
17 내가 결코 다시는 그들의 죄들[59]과

53) 지성소. 용어 해설에서 '성소'를 찾아보라.

54) 히브리 성경을 기준으로 한 것이며, 우리말 성경은 시편 51편 16절이다.

55) 히브리 성경을 기준으로 한 것이며, 우리말 성경은 시편 40편 6절이다.

56) 히브리 성경을 기준으로 한 것이며, 우리말 성경은 시편 40편 8절이다.

57) 원수를 발판, 발등상으로 삼는다는 것은 '원수의 확실한 패배'를 비유한 것으로, 전쟁의 승자가 적장이나 왕의 목을 발로 밟고 참수하는 것에서 비롯되었다. 여호수아 10장 24절을 참조하라. 용어 해설에서 '발판'을 찾아보라.

58) 또는 토라. 용어 해설에서 '토라'를 찾아보라.

59) 예레미야 31장 34절의 '죄'에 해당하는 히브리어 '하타'(hataah)로, 실수로 부지중에 범한 죄들을 말한다. 용어 해설에서 '죄'를 찾아보라.

불의[60]를 기억하지 않을 것이다'"(렘 31:34).

18 그리고 이러한 *죄와 불법들*에 대한 용서가 있는 곳에는 더 이상 죄들을 위해 드리는 제물이 필요 없습니다.

권면과 경고

19 그러므로 형제들이여, 우리는 예슈아의 피를 힘입어 담대하게 지성소에 들어갈 수 있게 되었습니다. **20** 그분께서는 휘장을 통과하여 그분의 육체로 우리에게 새롭고 살아 있는 길을 열어 주셨습니다. **21** 그리하여 우리에게는 하나님의 집에 계신 대제사장이 계십니다. **22** 우리의 마음은 악한 생각으로부터 정결해졌고, 몸은 깨끗한 물에 씻겨졌으니,[61] 믿음의 온전한 확신 가운데 진실한 마음으로 우리 자신을 나타내야 합니다(겔 36:25). **23** 우리는 흔들림 없이 소망에 대한 고백을 굳게 붙들어야 합니다. 약속하신 그분께서 신실하시기 때문입니다. **24** 또 우리는 서로를 살펴 사랑과 선행[62]에 힘쓰도록 격려하고, **25** 어떤 사람들의 습관처럼 우리의 모임을 중단하지 말고 권해야 할 것이니, 그날이 다가오는 것을 볼수록 더욱 그렇게 해야 합니다.

26 참으로 우리가 진리에 대한 지식을 받은 후에 고의로 죄를 범하고 있다면, 죄를 위해 드릴 제물은 더 이상 남아 있지 않고, **27** 오직 두려움 가운데 심판을 기다리는 일과 하나님의 대적들을 삼킬 맹렬한 불만 있을 것입니다. **28** 모세의 토라(가르침)를 어긴 자도 두세 증인의 증언으로 가차없이 죽게 되는데(신 17:6; 19:15), **29** 하나님의 아들을 짓밟고, 자신을 정결하게 해 준 언약의 피를 부정하게 여기며, 은혜의 성령을 모욕한 자는 얼마나 더 무거운 벌을 받아야 마땅하다고 생각합니까? **30** 우리는

"복수는 나의 것이니, 내가 갚을 것이다"(신 32:35)라고 말씀하시고

"주께서 자기 백성을 심판하실 것이다"(신 32:36; 시 135:14)라고 말씀하신 분을 알고 있습니다.

31 살아 계신 하나님의 손에 떨어지는 것은 두려운 일입니다.

32 여러분은 영적으로 빛을 받고 고난 가운데서 수많은 싸움을 견뎌 낸 지난날

60) '불의'에 해당하는 히브리어는 '아본'(avon)으로, 고의로 지은 죄를 말한다. 용어 해설에서 '죄'를 찾아보라.

61) 침례 또는 정결례를 말한다.

62) 히브리어로는 '미츠보트'라고 한다. '미츠보트'는 '미츠바'의 단수형이다. 용어 해설에서 '미츠바'와 '의'를 찾아보라.

들을 기억해야 합니다. **33** 여러분은 때때로 모욕과 고난을 당하며 공개적으로 수
치를 당했고, 그로 인해 같은 처지에 있는 자들과 고통을 함께하기도 했습니다.
34 또 갇힌 자들을 불쌍히 여겼고, 여러분의 소유를 빼앗겨도 기쁨으로 감당했습
니다. 여러분에게 더 좋고 영원한 소유가 있음을 알고 있었기 때문입니다. **35** 그러
므로 여러분의 확신[63]을 버리지 마십시오. 그것이 큰 상급입니다. **36** 여러분에게
인내가 필요함은 하나님의 뜻을 행한 후에 그 약속을 받기[64] 위함입니다.

37 "머지않아 오실 분께서 오실 것인데,
지체하지 않으실 것이다"(합 2:3).

38 "또 나의 의인은 믿음으로 살게 될 것이다.
그가 뒤로 물러선다면
내 마음이 그를 기뻐하지 않을 것이다"(합 2:4).

39 그러나 우리는 뒤로 물러날 자들이 아니라 믿음으로 생명을 얻을 자들입니다.

믿음[65]

11 **1** 믿음은 우리가 바라는 것들[66]에 대해 확신하는 것이며, 보이지 않는
것들의 증거입니다. **2** 참으로 선조들은 이것으로 인정받았습니다.

3 믿음으로 우리는 하나님께서 하신 말씀[67]으로 온 세상이 창조되었음을 깨달
습니다. 그러므로 보이는 것은 볼 수 있는 것에서 나오지 않았습니다.

4 믿음으로 아벨은 가인과 달리 더 나은 제물을 하나님께 드려 의롭다고 인정
받았습니다. 하나님께서 그의 예물에 대해 증거해 주신 것입니다. 비록 그는 죽었
지만, 믿음으로 말하고 있습니다(창 4:3-10). **5** 믿음으로 에녹은 옮겨져서 죽음을 보
지 않았습니다. 하나님께서 그를 옮기셨기 때문에 그를 찾을 수 없었습니다. 그는
옮겨지기 전부터 하나님을 기쁘시게 해 드렸다고 인정받았습니다(창 5:24). **6** 믿음이
없이는 하나님을 기쁘시게 할 수 없습니다. 그러므로 하나님께 나아오는 자는 그
분이 계신 것과 자기를 찾는 자들에게 상 주시는 분임을 믿어야 합니다. **7** 믿음으

63) 문맥상 '믿음'이란 말로 대신할 수 있다.

64) 헬라어 '코미조'(komizo)의 뜻은 '가져가다', '운반해 가다'이다. 우리는 이 약속을 붙잡고 달려가야 한다.

65) 보통 '믿음'으로 번역하지만, 신약의 기자들은 이 단어를 '신뢰'(trust)의 의미로 사용했다.

66) 기쁨과 확신으로 가득한 구원

67) 원문은 헬라어 '레마'를 사용했다. 용어 해설에서 '로고스/레마'를 찾아보라.

로 노아는 아직 보이지 않는 일에 대해 경고를 받았을 때에 경외함으로 그의 가족을 구원할 방주를 지었습니다. 하나님께서는 이것을 통해 세상을 정죄하셨고, 노아는 믿음을 따라 의의 상속자가 되었습니다(창 6:13-22; 7:1).

8 믿음으로 아브라함은 부르심을 받았을 때에 순종하여 유업으로 받을 땅으로
나아갔습니다. 그는 자신이 갈 곳을 알지 못하고 떠났습니다(창 12:1-5). **9** 믿음으로
그는 약속의 땅에서 나그네로 거류하며, 같은 약속을 상속받은 이삭과 야곱과 더
불어 장막에서 살았습니다(창 23:4; 26:3; 35:12, 27). **10** 그는 하나님께서 설계하시고 세
우신 튼튼한 터를 가진 성읍을 바라고 기다렸던 것입니다. **11** 믿음으로 사라 또한
임신할 수 있는 나이가 한참 지났는데도 아브라함의 씨로 말미암아 잉태하는 능
력을 얻었습니다(창 17:19; 18:11-14; 21:2). 이는 약속하신 분을 신실한 분으로 여겼기
때문입니다. **12** 그리하여 죽은 것과 다름없던 한 사람에게서 하늘의 수많은 별들
과 바닷가의 헤아릴 수 없는 모래와 같이 많은 자손이 태어났습니다(창 15:5-6; 22:17;
32:12; 출 32:13; 신 1:10).

13 이들은 모두 믿음 가운데 죽었습니다. 비록 그들은 그 약속들을 받지 못했
지만, 자기들이 그 땅에서 이방인이자 나그네임을 고백하면서 멀리서 그 약속들
이 *성취되는* 것을 보고 기쁘게 받아들였습니다(창 23:4; 47:9; 시 39:12). **14** 이러한 일들
을 말한 자들은 자기들이 참된 본향을 찾고 있음을 분명히 보여 준 것입니다. **15**
참으로 그들이 떠나온 곳을 생각하고 있었다면, 충분히 돌아갈 수 있었을 것입니
다. **16** 그러나 사실 그들은 더 좋은 곳, 곧 하늘에 속한 곳을 갈망하고 있었습니
다. 그래서 하나님께서는 그들의 하나님이라 불리는 것을 부끄럽게 여기지 않으시
고, 그들을 위해 한 성읍을 예비해 두셨습니다.

17 믿음으로 아브라함은 시험을 받았을 때에 이삭을 데려가서 제물로 바쳤는
데, 그는 하나뿐인 아들이며 약속들을 받은 사람이었습니다(창 22:1-10). **18** 하나님
께서는 아브라함에게 "네 씨라 불릴 자들은 이삭에게서 날 것이다"(창 21:12)라고
말씀하셨습니다. **19** 그래서 그는 하나님께서 이삭을 죽은 자들로부터 일으키실
수 있는 분이라고 여겼습니다. 비유로 말하자면, 죽은 자들 가운데서 그를 되돌
려받은 것입니다. **20** 믿음으로 이삭도 앞으로 일어날 일을 두고 야곱과 에서를 축
복했습니다(창 27:27-29, 39-40). **21** 믿음으로 야곱은 죽을 때에 요셉의 아들들에게 각
각 축복하고 "지팡이의 머리를 의지하여 기도했습니다"(창 48:15-16). **22** 믿음으로 요
셉은 죽을 때에 이스라엘 자손들이 이집트에서 떠날 것을 기억하여 자기의 뼈에

대해 명령하였습니다(창 50:24-25).

23 믿음으로 모세의 부모는 그가 태어난 후 석 달간 그를 숨겼습니다. 그들이
아름다운 아기를 보고 왕의 명령을 두려워하지 않았기 때문입니다. 24 믿음으로
모세는 장성한 후에 바로의 딸의 아들로 불리기를 거부했습니다. 25 그는 일시적
인 죄악의 즐거움을 누리는 삶보다 하나님의 백성과 함께 고난당하는 것을 선택
했습니다. 26 그리고 그는 기름부음 받으신 분을 위해 모욕당하는 것을 이집트의
보화보다 더 큰 재물로 여겼습니다. 그가 장차 받게 될 상을 바라보았기 때문입니
다(출 2:10-12, 15). 27 믿음으로 모세는 왕의 진노를 두려워하지 않고 이집트를 떠났
습니다. 그는 보이지 않는 분을 바라보며 흔들리지 않았습니다(출 12:21-30). 28 믿음
으로 그는 유월절과 피 뿌리는 예식을 행하여 장자를 죽이는 천사가 그들에게 손
을 대지 못하게 했습니다. 29 믿음으로 그들(이스라엘 백성)은 마른 땅을 통과하듯이
홍해를 건너갔습니다. 그러나 이집트 사람들은 그것을 시도하다가 물에 빠져 죽
었습니다(출 14:21-31). 30 믿음으로 그들이 칠 일 동안 여리고 성벽을 에워싼 후에 성
벽이 무너졌습니다. 31 믿음으로 우상숭배자[68] 라합은 정탐꾼들을 샬롬 가운데
맞이하여 불순종한 자들과 함께 멸망하지 않았습니다(수 2:11-12; 6:12-25).

32 그리고 내가 더 이상 무엇을 말하겠습니까? 기드온, 바락, 삼손, 입다, 다
윗, 그리고 사무엘과 선지자들에 대해 말하려면 시간이 부족할 것입니다. 33 그들
은 믿음으로 왕국들을 정복했고, 의를 행했으며, 복음[69]을 받았고, 사자들의 입
을 막았으며(삿 14:6-7; 삼상 17:34-36; 단 6:1-27), 34 불길의 기세를 꺼 버렸고(단 3:23-25), 칼
날을 피했으며, 약함 가운데서 힘을 얻었고, 전쟁에서 강해졌으며, 다른 민족들의
군대를 쓰러뜨렸습니다. 35 여인들은 자기들의 죽은 자들을 부활[70]로 돌려받았습
니다(왕상 17:17-24; 왕하 4:25-37). 그런데 더 나은 부활을 얻기 위해 고문을 받으며 풀
려나기를 거부한 자들도 있었습니다. 36 또 어떤 이들은 조롱과 채찍질과 시련을
당했으며 사슬에 묶여 감옥에 갇히기도 했습니다(왕상 22:26-27; 렘 20:2; 37:15; 38:6; 대하
18:25-26). 37 그들은 돌에 맞고(대하 24:21), 톱질을 당하며, 칼에 죽기도 하고, 양가죽
과 염소가죽을 입고 방황하며, 궁핍과 핍박과 학대를 당하고, 38 광야와 산과 동

68) 헬라어 '포르네'(porne)는 '창녀'로 번역할 수도 있지만, 호세아서와 마찬가지로 온갖 종류의 우상숭배를 나타내는 용어로 자주 사용되었다. 예레미야 3장 6-10절을 참조하라. 용어 해설에서 '창기'를 찾아보라.

69) 용어 해설에서 '복음'을 찾아보라.

70) 용어 해설에서 '부활'을 찾아보라.

굴과 토굴을 떠돌았습니다. 세상은 그들을 받아들일 만한 곳이 되지 못했습니다.
39 그리고 이들은 모두 그들의 믿음에 대해 칭송을 받았으나 자신들을 위해 약
속한 것을 받지는 못했습니다. 40 하나님께서 우리를 위해 더 좋은 것을 정해 두셔
서 우리 없이는 그들이 온전해지지 못하게 하신 것입니다.

주의 훈계

12 1 그러므로 우리를 둘러싼 구름같이 많은 증인들이 있으니, 모든 무거
운 것과 쉽게 빠지는 죄를 벗어 던지고, 꿋꿋이 견디며 우리 앞에 놓인
경주를 뛰어야 할 것입니다. 2 우리의 눈을 믿음의 창시자이자 완성자이신 예슈아
께 고정해야 합니다. 그분께서는 앞에 놓인 기쁨을 얻기 위해 그 수치를 무릅쓰
고 십자가[71]를 견뎌 내셔서 하나님의 보좌 오른편[72]에 앉으셨습니다. 3 그러므로
이제 여러분은 이와 같이 자신을 향한 죄인들의 적개심을 참으신 분을 생각해야
합니다. 그러면 지치거나 낙심하지 않을 것입니다.
4 여러분은 죄와 싸우면서 피 흘려 죽기까지 물리친 적이 없습니다. 5 또 여러분
은 아들들에게 하듯 여러분에게 말씀하시는 권면의 말씀을 잊었습니다.

"내 아들아, 너는 결코 주의 훈계를 가볍게 받지 말고,
그분의 책망에 낙담해선 안 된다.
6 주께서 사랑하시는 자를 훈계하시고,
자신이 아들로 받아들인 모든 자를 징계하시기 때문이다"(잠 3:11-12).

7 훈계를 견디십시오. 하나님은 여러분을 아들들로 대하십니다. 아버지가 훈계
하지 않는 아들이 있습니까? 8 그러나 모두가 받고 있는 훈계를 여러분이 받지 않
는다면, 여러분은 사생아요, 아들이 아닙니다. 9 또 참으로 우리에게는 육신의 아버
지가 있고, 그의 훈계를 존중합니다. 그렇다면 우리 영의 아버지께는 더욱 복종하
고 살아야 하지 않겠습니까? 10 육신의 아버지들은 잠시 동안 자기들이 좋게 여기
는 대로 훈계하지만, 그분께서는 우리의 유익을 위해 우리를 그분의 거룩함에 참여
하게 하려고 훈계하십니다. 11 참으로 어떤 훈계도 그 순간에는 즐겁지 않고 괴롭게
보이지만, 나중에 그것으로 연단받은 자들에게 의와 샬롬의 열매를 맺게 합니다.
12 이러한 이유로 여러분은 즉시 그 늘어진 손과 약해진 무릎들을 강하게 하
고, 13 여러분의 발을 위해 계속해서 길을 곧게 만들어야 합니다. 그러면 다리 저

는 자가 뒤틀려지지 않고, 오히려 즉시 낫게 될 것입니다.

하나님의 은혜를 거부하는 것에 대한 경고

14 여러분은 계속해서 모든 사람과 더불어 샬롬과 거룩함을 추구해야 합니다. 그렇지 않으면 아무도 주님을 보지 못할 것입니다. **15** 누구도 하나님의 은혜에 참여하지 못하는 자가 되지 않도록 주의해야 합니다. 그리하여 쓴 뿌리가 나와서 그로 인해 많은 이들이 더럽혀지지 않도록 해야 합니다. **16** 아무도 음행하거나 자기의 장자권을 음식과 맞바꾼(창 25:33, 34) 에서처럼 세속적인 사람이 되어서는 안 됩니다. **17** 여러분이 아는 대로, 그는 나중에 복을 상속받으려 했으나 거절당했습니다. 그는 눈물을 흘리며 복을 구했지만, 회개의 자리까지 나아가지는 않았습니다(창 27:30-40).

18 여러분은 손으로 만질 수 있고, 불에 타며, 어둠과 흑암과 폭풍 가운데 있는 *시내*산에 이른 것이 아닙니다. **19** 쇼파르(양각 나팔) 소리나 말씀하시는 음성이 들리는 곳도 아닙니다. 그 음성을 들은 자들은 더 이상 자기들에게 말씀하지 말아 달라고 간청하였습니다. **20** 그들은 "짐승이라도 그 산에 접근하면 돌로 칠 것이라"(출 19:12, 13)라는 명령을 도저히 견딜 수 없었던 것입니다. **21** 그것이 무서운 광경이었기에 모세도 두렵고(신 9:19)[73] 떨린다고 말했습니다. **22** 그러나 여러분이 이른 곳은 시온산, 곧 살아 계신 하나님의 도성인 하늘의 예루살렘입니다. 그곳은 축제로 모인 수많은 천사들과 **23** 그 이름이 하늘들에 기록된 장자들의 회중(교회)과 모든 것의 심판자이신 하나님과 완전해진 의인들의 영들과 **24** 새 언약의 중보자이신 예슈아와 아벨의 피보다 더 유익한 말씀을 전하는 뿌려진 피가 있는 곳입니다.

25 여러분은 말씀하시는 분을 스스로 거역하지 않도록 주의하십시오. 듣기를 거부한 자들이 이 땅에서 사람의 경고를 피하지 못했는데, 우리가 하늘에서 오신 분을 거절한다면 얼마나 더 피할 수 있겠습니까? **26** 그분의 음성이 땅을 흔들었지만, 이제 그분께서 약속하며 말씀하시기를, "내가 다시 한 번 이 땅뿐만 아니라 하늘도 흔들 것이다"(출 19:18; 삿 5:4; 시 68:9)[74]라고 하십니다. **27** 그리고 '다시 한번

71) 십자가는 로마 제국이 십자가형을 폐지한 4세기가 되어서야 기독교의 상징이 되었다.

72) '오른편'은 힘과 능력을 상징하는 히브리 관용 표현이다(출 15:6). 용어 해설에서 '오른손'을 찾아보라.

73) 신명기 9장 19절은 모세가 하나님께서 백성들에게 크게 분노하실 것을 두려워했다고 기록한다. 그는 하나님을 대면하는 것을 두려워한 것이 아니었다.

74) 히브리 성경을 기준으로 한 것이며, 우리말 성경은 시편 68편 8절이다.

더'라는 말은 흔들리지 않는 것들을 남겨 두시기 위해 흔들리는 것들을 없애 버
리시겠다는 뜻입니다. **28** 그러므로 우리가 흔들리지 않는 왕국을 받았으니 감사드
립시다. 우리는 이것을 통해 하나님께서 기쁘게 받으시도록 경건함과 두려움으로
그분을 섬길 수 있습니다. **29** 우리의 하나님께서는 또한 삼켜 버리는 불이십니다
(신 4:24; 9:3; 사 33:14).

하나님께서 기뻐하시는 섬김

13 **1** 형제 사랑은 계속되어야 합니다. **2** 여러분은 손님 대접하기를 소홀히
해선 안 됩니다. 이것을 통해 어떤 이들은 의식하지 못한 사이에 천사들
을 대접하였습니다(마 25:35-40). **3** 여러분은 마치 여러분이 갇혀 있는 것처럼 갇힌
자들을 끊임없이 기억하고, 또 같은 몸을 가진 자로서 학대당하는 자들을 기억해
야 합니다. **4** 모든 사람은 결혼을 귀하게 여기고 침실을 더럽히지 마십시오. 하나
님께서는 음행하는 자들과 간음하는 자들을 심판하실 것입니다. **5** 어떤 방식으로
도 돈을 사랑하지 말고, 여러분의 소유에 만족하십시오. 그분께서는 "내가 결코
너희를 떠나지 않으며, 버리지 않을 것이다"(신 31:6; 수 1:5)라고 말씀하셨습니다. **6** 그
러므로 우리는 확실하게 말할 수 있습니다.

"주께서 나의 도움이시니,
내가 두려워하지 않을 것이다.
사람이 내게 어떻게 하겠느냐?"(시 118:6)

7 여러분은 계속해서 여러분에게 하나님의 말씀을 전해 준 지도자들을 기억
해야 합니다. 그들의 삶이 어떤 결말을 맞는지 주의 깊게 살펴보고 그들의 믿음
을 본받아야 합니다. **8** 예슈아 메시아께서는 어제나 오늘이나 영원토록 동일하십
니다(시 102:28;[75] 말 3:6). **9** 여러분은 이상한 가르침들에 이끌려 다니는 것을 멈춰야
합니다. 마음은 음식[76]에 대한 논쟁이 아니라 은혜로 굳게 세워지는 것이 좋습니
다. 음식에 대한 논쟁은 그렇게 살아가는 사람들에게 아무런 유익이 없습니다. **10**
우리에게는 제단이 있는데, 장막에서 섬기는 자들이 제단에서 나는 것을 먹을 권
한이 없습니다. **11** 대제사장은 죄를 속하기 위해 이 짐승들의 피를 성소 안으로
가지고 들어가지만, 그것들의 몸은 진 밖에서 태워 버립니다. **12** 그러므로 예슈아
께서도 자신의 피로 백성을 깨끗하게 하시려고 성문 밖에서 고난을 당하신 것입

니다. **13** 그러므로 우리도 그분의 치욕을 짊어지고 진 밖에 계신 그분께 나아가야 합니다. **14** 이 땅에는 영원한 도성이 없습니다. 다만 우리는 장차 올 도시를 갈망할 뿐입니다. **15** 따라서 우리는 모두 그분을 통해 하나님께 끊임없이 찬양의 제물을 드려야 합니다. 이것은 그분의 이름을 고백하는 입술의 열매입니다. **16** 그러나 여러분은 선을 행하는 것과 관대해지는[77] 것을 결코 잊어서는 안 됩니다. 하나님께서는 이런 제물들을 기뻐하십니다.

17 여러분은 끊임없이 지도자들을 따르고 그들에게 복종해야 합니다. 그들이 여러분의 생명을 위해 결산할 사람들처럼 깨어 있기 때문입니다. 여러분이 불평하지 않으면, 그들은 기쁨으로 이 일을 감당할 것입니다. 이러한 불평은 여러분에게 해로운 것입니다.

18 여러분은 정기적으로 우리를 위해 기도해야 합니다. 우리는 모든 일을 바르게 행하려 하기 때문에 선한 양심을 가지고 있다고 확신합니다. **19** 그리고 내가 더 빠른 시일 내에 여러분에게 돌아갈 수 있도록 기도해 주기를 더욱 간곡히 부탁합니다.

축복과 마지막 인사

20 영원한 언약의 피로 양들의 위대한 목자이신 우리 주 예슈아를 죽은 자들 가운데서 끌어올리신 샬롬의 하나님께서 **21** 그분의 뜻을 행하도록 모든 선한 것으로 여러분을 온전하게 하시고,[78] 예슈아 메시아를 통해 그분의 심판 때에 우리를 그분께서 기뻐하시는 자가 되게 해 주시기를 바랍니다. 영광이 그분께 영원무궁토록 있을 것입니다. 아멘.

22 그리고 형제들이여, 여러분이 끊임없이 이 권유의 말을 받아들이기를 간곡히 권합니다. 나는 여러분에게 간략하게 적어 보냈습니다. **23** 여러분이 아는 대로 우리 형제 디모데가 풀려났습니다. 그가 속히 오면, 그와 함께 여러분을 만나볼 것입니다.[79] **24** 여러분은 이제 모든 지도자와 모든 성도에게 문안해야 합니다. 이

75) 히브리 성경을 기준으로 한 것이며, 우리말 성경은 시편 102편 27절이다.

76) 일차적 의미는 '규례대로 먹을 수 있는 음식'이다. 이것을 영적으로 적용하면, "우리가 먹는 것이 우리"이다. 즉, 우리가 읽고, 연구하고, 보는 것들이 우리를 말해 준다. 그것이 하나님께 더 가까이 이끌어 주는가, 아니면 세상을 추구하여 하나님과 더 멀어지게 하는가?

77) '관대해지라'는 것은 나눔을 말한다. 큰돈을 구제금으로 내라는 말이 아니라, 가지고 있는 것을 형편이 더 어려운 사람과 나누라는 듯이다. 로마서 12장 8절과 에베소서 4장 28절을 참조하라.

78) '온전하게 된다'는 것은 '하나님의 샬롬을 갖는다'는 뜻이다.

79) "그가 머지않아 온다면, 내가 여러분에게 갈 때 그와 동행할 것입니다."

탈리아에서 온 사람들도 여러분에게 문안합니다. 25 은혜가 여러분 모두와 함께하
기를 바랍니다.

야고보서[1]

인사

1 1 하나님과 주 예슈아 메시아의 종[2] 야고보[3]는 흩어져 살아가는 열두 지
파[4]에게 문안합니다.

믿음과 지혜

2 내 형제들이여, 여러 가지 시험[5]이 여러분에게 닥칠 때에 모두 기쁘게 여기
십시오. 3 믿음의 시험이 인내를 만들어 내는 줄 여러분이 알기 때문입니다. 4 그
리고 인내를 온전히 이루어야 합니다. 그러면 여러분이 성숙하고 온전해져서 어
떤 것으로도 모자람이 없게 될 것입니다. 5 그러나 여러분 가운데 누구든지 지혜
가 부족하거든 꾸짖지 않으시고 넉넉하게 주시는 하나님께 구해야 합니다. 그러
면 받을 것입니다. 6 그러나 항상 믿음 안에서 조금도 의심하지 말고 구해야 합니
다. 의심하는 자는 바람이 부는 대로 이리저리 출렁이는 바다 물결과 같기 때문
입니다. 7 그러므로 그런 사람은 아무것도 주께 받기를 기대해선 안 됩니다. 8 그는
두 마음을 품은 사람으로, 그의 모든 길에 안정이 없습니다.

빈곤과 부요

9 낮은 처지에 처한 형제는 자기의 높은 위치를 자랑하고, 10 부요한 자는 비천
함을 자랑해야 합니다. 그가 풀밭의 꽃처럼 사라질 것이기 때문입니다. 11 해가 뜨
고 뜨거운 바람이 불어오면, 풀은 마르고 꽃은 떨어져서 그 아름다움은 사라져

1) AD 50년경에 기록된 것으로 보인다.

2) 용어 해설에서 '종'을 찾아보라.

3) 2002년 11월 〈Biblical Archeology Review〉에 예루살렘에서 발굴된 작은 석관에 대한 기사가 실렸다. 석관에는 '이야코브, 바르 요세프, 아흐 예슈아'라는 문구가 새겨져 있었는데, 이를 번역하면 '요셉의 아들 야곱, 예슈아의 형제'이다.

4) 히브리인들에게 보내는 편지임을 알 수 있다.

5) 용어 해설에서 '시험'을 찾아보라.

버립니다. 이와 같이 부요한 자가 하던 일들도 시들해질 것입니다.

시련과 시험

12 시험과 유혹을 견디는 사람은 복이 있습니다. 그가 *시험을 견뎌* 인정을 받을
때에 그분을 사랑하는 자들에게 약속된 생명의 면류관을 얻을 것이기 때문입니
다. 13 시험을 당하는 자는 결코 "내가 하나님께 시험을 받는다"라고 말하면 안 됩
니다. 하나님께서는 악에게 시험을 받지도 않으시고, 아무도 시험하지 않으시기
때문입니다. 14 오히려 각 사람은 자기의 악한 욕심에 이끌려 시험을 받고 미혹되
는 것입니다. 15 그러므로 욕심이 잉태해서 죄를 낳고, 죄가 완전히 자라면 죽음
을 낳습니다.

16 내 사랑하는 형제들이여,[6] 여러분은 절대로 속아서는 안 됩니다. 17 모든 좋
은 선물과 완전한 선물은 위로부터, 빛들의 아버지께서 내려주시는데, 그분께는 변
함이나 회전하는 그림자도 없습니다. 18 그분께서는 그분의 뜻에 따라 우리를 진리
의 말씀으로 낳으셨고, 우리는 그분의 피조물 가운데 첫 열매가 되었습니다.

말씀 듣기와 행하기

19 내 사랑하는 형제들이여, 여러분은 사람마다 듣기는 속히 하고, 말하기는 천
천히 하며, 화를 내는 것도 더디 해야 한다는 것을 알고 있습니다. 20 사람의 분노
가 하나님의 의를 역사하지 못하게 하기 때문입니다. 21 그러므로 여러분은 모든
더러운 것과 가득한 악을 버리고, 즉시 여러분의 영혼을 구할 수 있는 (여러분 안에)
심겨진 말씀을 겸손하게 받아야 합니다.

22 그리고 여러분은 계속해서 그 말씀을 행하는 자가 되고, 듣기만 하는 자가
되어서는 안 됩니다. 그것은 자신을 속이는 것입니다. 23 만일 어떤 사람이 그 말
씀을 듣고 행하지 않으면, 그 사람은 자신의 얼굴을 거울로 보는 사람과 같습니
다. 24 그는 자기 얼굴을 보고 그 자리를 떠나면 즉시 자기 모습이 어떠했는지 잊
어버립니다. 25 그러나 자유를 주는 완전한 토라(가르침)[7]를 들여다보고 계속해서
그대로 행하는 자는 듣고 잊어버리는 자가 아니라 그것을 실천하는[8] 사람입니다.

6) 여기서 '형제들'은 남녀 회중 전체를 지칭한다.

7) 토라의 문자적 의미는 '가르침', '교훈'이다. 여기서는 성경의 처음 다섯 권을 지칭한다. 용어 해설에서 '토라'를 찾아보라.

8) 용어 해설에서 '미츠바'를 찾아보라. 마태복음 25장 35-40절을 참조하라.

그는 복을 받고[9] 자신이 하는 일에 행복을 누리게 될 것입니다.
26 만일 어떤 사람이 자신을 경건하다고 생각하면서 그 혀를 제어하지 않는다
면, 그는 자기 마음을 속이는 것이고 그의 경건도 소용이 없습니다. **27** 우리 하나
님 아버지 앞에서 정결하고 더럽혀지지 않은 경건이란, 고난 가운데 있는 고아와
과부를 돌보고,[10] 자신을 세상으로부터 흠이 없도록 지키는 것입니다.

차별에 대한 경고

2 **1** 내 형제들이여, 여러분이 차별할 때는 우리 주 영광의 예수아 메시아에
대한 믿음이 없는 것입니다. **2** 만일 금반지를 끼고 화려한 옷을 입은 사람
과 누더기 옷을 입은 가난한 사람이 여러분의 회당에 들어오는데, **3** 여러분이 화
려한 옷을 입은 사람에게는 관심을 가지고 "당신은 여기 좋은 자리에 앉으십시
오"라고 말하면서, 가난한 사람에게는 "당신은 저기, 아니면 내 발판 밑에 앉으시
오"라고 말한다면, **4** 그들 사이에서 판단하되, 악한 동기로 판단한 것이 아니겠습
니까?
5 내 사랑하는 형제들이여, 여러분은 이제 잘 들어야 합니다. 하나님이 세상에서
가난한 자를 택하셔서 믿음 안에서 부요하게 하시고, 그분을 사랑하는 자들에게
약속하신 그 왕국을 상속받게 하지 않으셨습니까? **6** 여러분은 가난한 자를 멸시하
였습니다. 부자들은 여러분을 압제하고 재판정으로 끌고 가지 않습니까? **7** 그들
은 여러분이 받은 선한 이름을 모독하지 않습니까? **8** 그러나 만일 여러분이 성경
에 따라 "너는 네 이웃을 네 자신처럼 사랑할 것이라"(레 19:18)라고 하신 왕의 토라
(가르침)를 완성하면 잘하는 것입니다. **9** 그러나 만일 여러분이 차별한다면 죄를 짓
는 것이며, 토라(가르침)[11] 아래서 범죄자로 드러나게 됩니다. **10** 누구든지 토라(가르
침) 전체를 지키려 하다가 그 한 가지에 걸리면, 모두를 범하는[12] 것입니다. **11** "간
음하지 말라"라고 말씀하신 분께서 또한 "살인하지 말라"라고 하셨습니다. 여러분
이 간음하지는 않았지만 살인을 한다면 토라(가르침)를 어긴 범죄자가 되는 것입니

9) 헬라어 '마카리오스'(makarios)에는 '행복하다'의 의미도 있다.
10) 마태복음 25장 35-40절을 참조하라.
11) 여기서는 성경의 처음 다섯 권을 말한다. 용어 해설에서 '토라'를 찾아보라.
12) 용어 해설에서 '죄'와 '죄 사함'을 찾아보라.

다. 12 그러므로 여러분은 자유를 주는 토라(가르침)에 따라 심판받을 자처럼 말하기도 하고 행하기도 해야 합니다. 13 긍휼[13]을 베풀지 않는 자에게는 긍휼 없는 심판이 있을 것입니다. 긍휼은 즐거운 확신으로 충만하여 심판에 대한 두려움이 없습니다.

믿음과 행함

14 내 형제들이여, 만일 어떤 사람이 믿음을 가졌다고 말하면서 행함[14]이 없다면, 그게 무슨 유익이 되겠습니까? 그러한 믿음이 그를 구원할 수 있겠습니까?[15] (마 7:21; 16:27; 요 5:29; 행 26:20; 롬 2:10, 25-29; 고전 3:8; 엡 2:10; 딤후 4:14; 딛 1:16; 2:14; 3:8 등) 15 만일 형제나 자매가 헐벗고 그날 먹을 양식이 떨어졌는데, 16 여러분 가운데 어떤 사람이 "너희는 이제 평안히 가서 따뜻하게 하고 배부르게 해야 한다"라고 말하면서 그들에게 그 몸에 필요한 것들을 주지 않는다면 무슨 유익이 있겠습니까? 17 그러므로 행함이 없으면, 믿음은 그 자체로 죽은 것입니다.

18 그러나 어떤 사람은 이렇게 말합니다. "당신에게는 믿음이 있고, 나에게는 행함이 있습니다. 이제 행함 없는 당신의 믿음을 보여 주십시오. 그러면 내가 행함으로 내 믿음을 보이겠습니다." 19 그대는 하나님은 한 분이라고 믿고 있습니다. 그것은 잘하는 일입니다. 귀신들도 믿고 떱니다(마 8:29; 막 1:24; 5:7; 눅 4:34; 8:28). 20 오 어리석은 자여, 그대는 행함 없는 믿음이 아무 유익이 없다는 사실을 알고 싶습니까? 21 우리 조상 아브라함이 그의 아들 이삭을 제물로 바쳤을 때에 행함으로 의롭게 된 것이 아닙니까? 22 그대는 그의 믿음이 그의 행함과 함께 역사하였고, 그가 행함으로 완전해졌음을 알고 있습니다. 23 또 "그러므로 아브라함이 하나님을 믿었더니, 그것이 그에게 의(하나님을 향한 사랑의 담대한 행위들)[16]로 여겨졌다"(창 15:6)라는 성경 말씀이 이루어졌고, 그는 하나님의 친구라고 불리게 되었습니다(사 41:8; 대

13) '긍휼'에 해당하는 헬라어 '엘레오스'(eleos)의 온전한 의미는 '환난당하는 자들을 위로하려는 열망으로, 힘들고 어려운 자들에게 친절과 선의를 베푸는 것'이다.

14) 미츠보트. 용어 해설에서 '미츠바'를 찾아보라.

15) 부정적인 대답을 기대하는 질문이다.

16) 히브리어로 '쯔다카'이다. 용어 해설에서 '미츠바'를 찾아보라.

17) 우리는 믿음으로 의롭게 된다. 그러나 의는 구체적 '행위'로 나타나야 한다. 즉 믿음으로 의롭게 된 사람은 그 의를 행동으로 옮길 수밖에 없다. 여기서 '행동'이란 다른 사람들을 위하는 것이다. 마태복음 7장 21-23절을 참조하라

18) 헬라어 '포르네'(porne)는 '창녀' 외에도, 호세아서와 마찬가지로 '우상숭배자'를 의미할 수도 있다. 용어 해설에서 '창기'를 찾아보라.

하 20:7). **24** 그대는 이제 사람이 행함으로 의롭게 되며, 단지 믿음으로만 되는 것이
아님을 알아야 합니다.[17] **25** 마찬가지로 우상숭배자[18] 라합도 정탐꾼들을 환대하
고 다른 길로 보냈을 때에 행함으로 의롭게 된 것이 아니었습니까? **26** 그러므로
영이 없는 육체가 죽은 것처럼, 행함이 없는 믿음 또한 죽은 것입니다.

혀[19]

3 **1** 내 형제들이여, 여러분 가운데 선생이 되는 자가 많지 않아야 할 것입니
다. 선생인 우리가 더 큰 심판을 받을 것을 여러분이 알기 때문입니다. **2** 우
리는 모두 많은 일들에 넘어집니다. 만일 어떤 사람이 말[20]에 넘어지지 않는다면,
그는 자신의 온몸을 제어할 수 있는 온전한 사람입니다. **3** 그리고 우리가 말을 복
종시키려고 그 입에 재갈을 물리면, 그 온몸을 제어할 수 있습니다. **4** 또 배를 보
십시오. 그렇게 큰 것이 강한 바람에 밀려가지만, 아주 작은 키로 조종되어 사공
들이 원하는 곳으로 몰고 갑니다. **5** 마찬가지로 혀 또한 작은 지체지만 큰 일들을
자랑합니다.

얼마나 작은 불이 큰 숲을 태우는지 보십시오. **6** 혀도 불입니다. 우리의 지체들
가운데 놓여 있는 불의의 세상이며, 온몸을 더럽히고, 삶의 수레바퀴를 파멸시키
며, 혀 자체도 지옥[21] 불에 태워집니다. **7** 그러므로 모든 종류의 짐승과 새와 파충
류와 심지어 바다 생물까지 사람이 길들여 왔으나 **8** 사람의 혀는 아무도 길들일 수
없습니다. 그것은 가만 있지 못하고, 악하며, 치명적인 독으로 가득합니다.[22] **9** 우
리는 이 혀로 주 아버지를 찬송하고, 이것으로 하나님의 모습을 따라 지음 받은
사람을 저주하니, **10** 같은 입에서 찬송과 저주가 나오는 것입니다.[23] 내 형제들이

19) "누구든지 자기 입과 혀를 지키는 사람은 그 혼을 곤경에서 지켜 낸다"(잠 21:23). "여호와는 아첨하는 입술과 거만한 말을 하는 혀를 잘라 버리실 것이다. 그들이 말하기를, '우리가 우리의 혀로 이길 것이다. 우리 입술은 우리 것이니 누가 우리를 주관할까?' 라고 한다"(시 12:3-4). "네 혀를 악에서 지키고, 네 입술이 교활한 말을 하지 못하게 하라"(시 34:13). "오 여호와여, 제 입에 파수꾼을 세워 주시고, 제 입술의 문에 보초를 세워 주소서"(시 141:3).

20) 여러 사람 앞에서 하는 말뿐만 아니라 매일의 대화도 예외가 아니다. 마태복음 12장 36-37절을 참조하라. 용어 해설에서 '비방/험담'을 찾아보라.

21) 헬라어로 '게헨나'(Gehenna)이다. 용어 해설에서 '게헨나'를 찾아보라.

22) 예슈아께서는 마가복음 7장 15절에서 "사람에게서 나오는 것들이 그를 더럽히는 것이다"라고 말씀하셨다. 마태복음 15장 11절도 비슷한 내용이다.

23) 잠언 18장 21절은 "사망과 생명이 혀의 능력 안에 있으니, 혀를 사랑하는 자들은 그 열매를 먹을 것이다"라고 말씀한다.

여, 이런 일들이 일어나서는 안 됩니다. **11** 우물이 같은 구멍에서 단물과 쓴 물을
쏟아내겠습니까?[24] **12** 내 형제들이여, 무화과나무가 올리브를 맺거나 포도나무가
무화과를 맺겠습니까?[25] 쓴 물이 단물을 낼 수는 없습니다.

위에서 오는 지혜

13 여러분 가운데서 누가 지혜롭고 학식이 있습니까? 그는 지속적으로 선한 행
실로 겸손하게 그의 지혜를 실천해 보여야 합니다. **14** 그러나 만일 여러분의 마음
에 독한 시기와 다툼이 있다면, 진리를 거슬러 자랑하지 말고 거짓말하지 마십시
오. **15** 이러한 지혜는 위에서 내려온 지혜가 아니라 땅에 속한 것이고, 세속적이
며, 악한 영에게서 나온 것입니다. **16** 시기와 다툼이 있는 곳에는 혼란과 모든 가
치 없는 것과 악한 행위가 있습니다. **17** 그러나 위에서 오는 지혜는 먼저 순결하
며, 다음에는 화평하고 친절하며, 순종적이고 긍휼과 선한 열매로 충만하며, 편
견과 거짓이 없습니다. **18** 화평케 하는 자들은 화평 가운데 씨를 뿌려 의(하나님을
향한 사랑의 담대한 행위들)[26]의 열매를 거둡니다(사 32:17; 마 5:9).

세상과의 우정

4 **1** 여러분 가운데 다툼의 근원은 어디이며, 싸움이 일어나는 근원은 어디
입니까? 여러분의 본성 안에서 싸우고 있는 정욕에서 나오는 것이 아닙
니까? **2** 여러분은 욕심을 부려도 갖지 못하고, 살인하고 다투어도 얻지 못합니다.
여러분이 다투고 싸워도 얻지 못하는 것은 여러분이 구하지 않기 때문이며, **3** 구
해도 취하지 못하는 것은 쾌락을 즐기는 데 쓰려고 잘못 구하기 때문입니다. **4** 간
음하는 사람이여, 세상과 친구 되는 것이 하나님과 원수 되는 일이라는 것을 알
지 못합니까? 누구든지 세상의 친구가 되기를 바라는 자는 하나님을 적으로 만
드는 것입니다. **5** 여러분은 "우리 안에 거하시는 그 영(성령)이 질투하실 정도로 우
리를 갈망하신다"(출 20:5)라는 성경 말씀이 아무 의미도 없는 말이라고 생각합니
까? **6** 그러나 하나님께서는 더 큰 은혜를 베푸십니다. 그래서 그분께서는 다음과

24) 부정적인 대답을 기대하는 헬라어 구문이다. 스트레스 받아서 하는 말에 우리의 진정한 영적 상태가 드러난다.

25) 부정적인 대답을 기대하는 헬라어 구문이다.

26) 히브리어로 '쯔다카'이다. 용어 해설에서 '미츠바'를 찾아보라.

같이 말씀하십니다.

"하나님은 교만한 자를 대적하시지만
겸손한 자에게는 은혜를 베푸신다"(잠 3:34).

7 그러므로 하나님께 순종하고 마귀에게 맞서십시오. 그러면 마귀가 살고자 여러분을 피해 달아날 것입니다. 8 하나님께 가까이 가십시오. 그러면 그분께서 여러분을 가까이하실 것입니다.[27] 죄인들이여, 손을 씻으십시오. 그리고 두 마음을 가진 자들이여, 마음을 정결하게 하십시오! 9 여러분은 이제 괴로워하며 슬피 울고 통곡해야 합니다! 여러분의 웃음을 슬픔으로, 기쁨을 근심으로 바꾸십시오! 10 여러분이 주 앞에서 자기를 낮추면, 그분께서 여러분을 높이실 것입니다(마 23:12; 눅 14:11; 18:14).

형제를 판단하다

11 여러분은 결코 다른 형제를 비방하면[28] 안 됩니다. 형제를 비방하는 자나 그 형제를 판단하는 자는 토라(가르침)[29]를 비방하고 판단하는 것입니다. 만일 여러분이 토라(가르침)를 판단한다면, 토라(가르침)를 지키는 자가 아니라 심판하는 사람이 됩니다. 12 토라를 주시고 심판하시는 분은 오직 한 분뿐이며, 그분만이 구원하시거나 멸망시키실 수 있습니다. 그렇다면 여러분이 누구이기에 이웃을 판단하는 것입니까?

자랑에 대한 경고

13 자, "오늘이나 내일 우리가 이 도시에 들어가 거기서 일 년 일하고 사업을 하여 이익을 남길 것이다"라고 말하는 사람들이여! 14 그러나 여러분은 내일 여러분의 생명이 어떻게 될지 알지 못합니다. 여러분은 잠깐 나타났다가 사라지는 안개이기 때문입니다. 15 대신에 여러분은 "만일 주님이 원하시면 우리가 살 것이니, 그 때 우리가 이런저런 일을 할 것이다"라고 말해야 합니다. 16 그러나 여러분은 지금 거만한 태도로 자랑하고 있는데, 이러한 자랑은 모두 악한 것입니다. 17 그러므로 선을 행해야 한다는 것을 알면서도 행하지 않는 사람에게는 그것이 곧 죄입니다.

27) 용어 해설에서 '고르반'을 찾아보라.

28) 용어 해설에서 '비방/험담'을 찾아보라.

29) 문자적 의미는 '가르침', '교훈'이다. 여기서는 히브리 성경(구약) 전체를 지칭한다. 용어 해설에서 '토라'를 찾아보라.

부자들에게 하는 경고

5 1 자, 부자들이여! 여러분에게 임할 그 참담함 때문에 여러분은 울며 통곡할 것입니다. 2 여러분의 재물은 썩었고, 의복은 좀먹었습니다. 3 여러분의 금과 은은 녹슬었고, 그 녹이 여러분에게 증거가 되어 불같이 여러분의 육체를 삼킬 것입니다. 여러분은 마지막 날까지 재물을 쌓기만 했습니다.[30] 4 보십시오! 여러분의 밭에서 추수한 일꾼들의 품삯, 곧 여러분이 훔친 것들이 소리치고 있으니, 추수한 자들의 부르짖음이 만군[31]의 주의 귀에 들어갔습니다. 5 여러분은 세상에서 안락한 삶을 누리며 사치스럽게 살았고, 살육의 날을 위해 여러분의 마음을 살찌게 했습니다. 6 여러분은 의로운 자를 정죄하고 죽였으나 그는 여러분에게 아무런 저항도 하지 않습니다.

인내와 기도

7 그러므로 형제들이여, 여러분은 이제 주님이 오실 때까지 인내해야 합니다. 보십시오, 농부는 땅에서 나는 귀한 열매를 기대하며, 이른 비와 늦은 비가 올 때까지 인내하며 기다립니다. 8 여러분은 이제 더 많이 인내하며 여러분의 마음을 강하게 해야 합니다. 주님의 임하심이 가까워졌습니다.[32] 9 형제들이여, 심판받지 않도록 서로에 대해 수군거리지 마십시오. 보십시오, 심판자가 문 앞에 서 계십니다. 10 형제들이여, 여러분은 이제 주님의 이름으로 말했던 자들, 곧 선지자들의 고통과 인내를 본보기로 삼아야 합니다. 11 보십시오, 우리는 참은 자들을 복되다고 생각합니다. 여러분은 욥의 인내를 들었고, 주께서 마지막에 어떻게 갚아 주셨는지, *욥의 시련의 결말이 어떤지* 알고 있습니다. 주께서는 자비로우시며 긍휼을 베푸시는 분입니다.

12 그러나 내 형제들이여, 무엇보다도 하늘이나 땅이나 그 외에 무엇을 두고도 맹세하지 마십시오. 여러분은 확실하게 "예!" 또는 "아니요!"라고 하여[33] 심판 아래 떨어지지 않도록 해야 합니다(레 19:12; 민 30:3; 신 23:21, 22; 시 76:11; 전 5:4; 마 5:33-37).

30) 우리가 살아가는 방식, 곧 삶의 태도가 중요하다. 예슈아께서 삶의 주인이 되신 순간부터 우리가 말하고 행한 모든 것이 우리의 상급을 결정짓는다(계 20:12).

31) '하늘의 천사', '사자', '군대' 등을 뜻한다. 이 부분을 '전능하신'으로 번역한 역본들도 있다. 용어 해설에서 '만군의 주'를 찾아보라.

32) 용어 해설에서 '메시아(그리스도)의 재림'을 찾아보라.

33) "확실히 그렇다", "확실히 아니다", 즉 '예, 아니요'를 분명히 하라는 뜻이다. 용어 해설에서 '예, 예 또는 아니요, 아니요'를 찾아보라.

13 누구든지 여러분 가운데서 고난을 당한 자는 계속 기도해야 하며, 즐거워하는
자는 찬송해야 합니다. **14** 누구든지 여러분 가운데서 병든 자는 회중(교회)[34]의 장
로들을 초청하고, 그들은 주의 이름으로 올리브 기름[35]을 바른 후에 그를 위해
기도해 주어야 합니다. **15** 그러면 믿음의 기도가 병든 자를 구원할 것이며, 주께
서 그를 일으키실 것입니다. 또 그가 죄를 범하였을지라도 용서받을 것입니다. **16**
그러므로 여러분은 계속해서 자신의 죄들을 서로 고백하고,[36] 서로를 위해 기도
해야 합니다. 그러면 여러분이 낫게 될 것입니다. 의인의 간구는 매우 강력하여
큰 역사를 일으킵니다. **17** 엘리야는 우리와 같은 성품을 가진 사람이었습니다. 그
런데 그가 비가 오지 않기를 간절하게 기도했더니, 삼 년 육 개월 동안 땅에 비가
내리지 않았습니다. **18** 이어서 그가 다시 기도하자, 하늘에서 비가 내리고 땅이 곡
물을 생산했습니다.

19 내 형제들이여, 여러분 가운데 누가 미혹되어 진리를 떠난 자를 다시 주님께
데려온다면, **20** 그는 죄인을 그릇된 길에서 회심하게 하여 그의 생명을 사망에서
건져 내고, 무수한 죄들을 덮어 준 것이라는[37] 사실을 알아야 합니다.

34) 용어 해설에서 '회중'을 찾아보라.

35) '올리브 기름'은 영적인 깨우침을 주는 '토라에 대한 지식'을 상징한다. 또 기름은 기쁨(즐거움)을 상징하여 (사 51:3) '즐거움의 기름'이라 한다.

36) 늘 똑같이 범하는 죄를 반복적으로 고백하라는 말이 아니다. 죄를 사함 받았으면, 그것으로 끝이다. 이사야 43장 25절, 예레미야 31장 34절을 참조하라. 용어 해설에서 '죄'와 '죄 사함'을 찾아보라.

37) "하나님께 사함 받게, 또는 돌아오게 한 것입니다."

베드로전서[1]

인사

1 **1** 예수아 메시아의 사도 베드로는 디아스포라,[2] 곧 본도와 갈라디아와 갑
바도기아,[3] 아시아와 비두니아의 택함 받은 나그네들에게 편지합니다. **2**
여러분은 아버지 하나님의 미리 아심을 따라 그 영(성령)으로 거룩하게 되어 예슈
아 메시아께 순종하고 그분의 피 뿌림을 받게 되었습니다. 여러분 가운데 은혜와
샬롬이 더욱 충만하기를 바랍니다.

살아 있는 소망

3 우리 주 예슈아 메시아의 아버지 하나님을 찬양합니다. 그분께서는 크신 긍
휼로 예슈아 메시아를 죽은 자들 가운데 부활[4]하게 하심으로 우리를 새롭게 낳
아 주시고,[5] 살아 있는 소망에 이르게 하셨습니다. **4** 또한 여러분을 위해 하늘들
가운데 간직해 오신 썩지 않고 순결하며 사라지지 않는 유업을 받게 하셨습니다.
5 여러분은 마지막 때에 나타나기로 되어 있는 구원을 얻기 위해 믿음을 통해 하
나님의 능력으로 보호받고 있습니다. **6** 그러므로 여러분은 지금 잠시 여러 가지
시험들[6]로 근심할 수밖에 없더라도 계속해서 기뻐해야 합니다. **7** 여러분의 믿음
을 연단하는 것은 불로 단련해도 사라질 금보다 더 가치가 있어서, 예슈아 메시아
가 나타나실 때에 *여러분의 믿음이* 칭찬과 영광과 존귀를 받게 될 것입니다. **8** 여
러분은 그분을 보지 못했지만 사랑하고, 지금도 그분을 보지 못하나 계속 믿으며

1) AD 65년경에 기록된 것으로 추정된다.

2) 히브리서, 야고보서와 마찬가지로 유대인들에게 보낸 편지이다. 유대인들은 박해로 그리스·로마 여러 지역에 흩어져 있었다.

3) 갑바도기아는 소아시아(지금의 터키 일대) 내륙에 위치한 지역으로, 에스겔 27장 11절에서는 '감맛 사람'(우리말 성경에는 '용사'로 번역되었다)으로 나타난다.

4) 용어 해설에서 '부활'을 찾아보라.

5) '다시 태어나게 하셔서'

6) 용어 해설에서 '시험'을 찾아보라.

말할 수 없는 영광의 기쁨으로 즐거워하고 있습니다. **9** 여러분은 믿음의 목표, 곧
존재 자체의 구원을 얻었습니다.

10 이 구원은 여러분 가운데 임할 은혜에 대해 예언했던 선지자들이 주의 깊게
살피고 연구하던 것입니다. **11** 그들은 메시아의 영이 미리 *예언하며* 증거하신 메시
아의 고난과 고난 이후의 영광들이 무엇이고, 어느 때일지 연구했습니다. **12** 그들
은 이 일들이 자기들이 아니라 여러분을 위한 일이라는 사실을 계시로 알게 되었
습니다. 이제 그것들은 하늘로부터 보내심을 받은 성령으로 복음[7]을 통해 여러분
에게 밝혀졌습니다. 이것은 천사들도 들여다보기를 갈망하는 것입니다.

거룩하게 살라

13 이 때문에 여러분은 마음의 허리를 단단히 묶고, 마음을 모아 예슈아 메시
아께서 나타나실 때에 여러분에게 주어질 그 은혜를 온전히 소망해야 합니다. **14**
순종의 자녀로서 무지함 가운데 이전의 욕망을 따르지 말고, **15** 오히려 여러분을
부르신 분께서 거룩하신 것처럼 이제 여러분도 모든 행실에 거룩한 사람이 되어
야 합니다. **16** "너희는 거룩해야 할 것이니, 바로 내가[8] 거룩하기 때문이다"(레 11:44,
45; 19:2; 20:7)라고 기록되었기 때문입니다.

17 또 여러분이 외모로 보지 않으시고 각 사람이 행한 것에 따라 심판하시는 분
을 아버지라고 부른다면, 두려운 마음으로 나그네의 때를 살아야 합니다. **18** 여러
분도 알듯이, 여러분이 조상들에게서 물려받은 헛된 생활방식에서 구속받은 것
은 은이나 금과 같이 부패한 것들로 된 것이 아니라 **19** 흠도 없고, 점도 없는 어린
양 같은 메시아의 귀중한 피로 된 것입니다. **20** 그분께서는 참으로 세상의 기초가
놓이기 전에 알려졌으나 여러분을 위해 마지막 때에 나타나셨습니다. **21** 여러분은
그분을 통해 죽은 자들로부터 그분을 일으키셔서 그분에게 영광을 주신 하나님
을 믿는 자들입니다. 그러므로 여러분의 믿음과 소망은 하나님 안에 있습니다.

22 여러분은 진리에 순종함으로 여러분의 속사람을 정결하게 하여 참된 형제
사랑에 이르게 되었습니다. 그러므로 이제 항상 정결한 마음으로 서로 뜨겁게 사
랑해야 합니다. **23** 이는 여러분 모두가 썩을 씨가 아니라 썩지 않을 씨, 곧 살아
계시고 영존하시는 하나님의 말씀으로 다시 태어났기 때문입니다.

7) 용어 해설에서 '복음'을 찾아보라.

8) 히브리어로 '아니'(ani)라고 한다. 용어 해설에서 '아노키'를 찾아보라.

24 "모든 육체는 풀과 같고
모든 육체의 영광은 풀의 꽃과 같다.
풀은 시들어 가고
꽃은 저버리나
25 주의 말씀은 영원히 남는다"(사 40:6-8).
이것이 바로 여러분에게 선포된 복음의 메시지입니다.

산 돌과 거룩한 나라

2 1 그러므로 모든 악의와 속임수와 위선과 시기와 악담[9]을 벗어 던지고, 2
갓난 아기처럼 순수하고 영적인 젖을 갈망하십시오. 그러면 그것을 통해
성장하여 구원에 이르게 될 것입니다. 3 여러분이 주님의 선하심을 맛보았기 때문
입니다. 4 사람들에게 거절당하셨으나 하나님께 택함 받고 존귀해지신 산 돌이신
그분께 나아가 5 여러분도 산 돌같이 영적인 집으로 계속 세워지고, 거룩한 제사
장이 되어 예슈아 메시아를 통해 하나님께서 기쁘게 받으실 영적인 제물을 드려
야 합니다. 6 성경에도 이러한 말씀이 있습니다.

"보라, 내가 시온에 한 돌을 두니,
내가 택한 값진 모퉁잇돌이다.
그를 믿는 자는 수치[10]를 당하지 않을 것이다"(사 28:16).

7 그러므로 믿는 여러분에게는 귀하지만, 믿지 않는 자에게는
"건축자들이 버린 돌이
모퉁잇돌이 되었으며"(시 118:22)
8 "걸려서 넘어지는 돌,
그들을 죄에 빠지게 하는 바위가 되었습니다"(사 8:14).

걸려서 넘어지는 자들은 그 말씀에 순종하지 않기 때문이며, 또한 그렇게 되도록 정해져 있었습니다.

9 그러나 여러분은 "택함 받은 민족이요, 왕 같은 제사장이며, 거룩한 나라요,

9) 용어 해설에서 '비방/험담'을 찾아보라.

10) 헬라어 '카타이스퀴노'(kataischuno). '수치', '부끄러움'으로 번역되는 경우가 많지만, 히브리 본문은 '로 야히스'(lo yahis)로 '서두르지 않음'을 의미한다. 12세기의 랍비 이븐 에즈라는 이렇게 말했다. "그는 실현되는 것이 아무리 지체될지라도 한결같이 믿음을 지킬 것이다." 용어 해설에서 '이사야 28장 16절'을 찾아보라.

하나님의 소유가 된 백성"(출 19:6)입니다. 그리하여 여러분을 어둠에서 불러내어
그분의 놀라운 빛으로 들어가게 하신 하나님의 능력의 나타남을 선포하게 되었습
니다.

10 "그들이 전에는 백성이 아니었으나
이제는 하나님의 백성이며,
전에는 긍휼하심[11]을 얻지 못했으나
이제는 긍휼하심을 얻은 자들이다"(호 2:25).[12]

하나님의 종으로 살라

11 사랑하는 자들이여, 내가 이방인이자 나그네 같은 여러분에게 권면합니다.
여러분의 영혼과 대적하여 싸우고 있는 육체의 욕망을 멀리하십시오. 12 이방인
들 가운데서 *살아 있는 본으로* 선하게 행하십시오. 이것은 사람들이 여러분을 악
행하는 자들이라고 악평하다가 여러분의 선한 행위들[13]을 보고 감찰하시는 날[14]
에 하나님께 영광을 돌리게 하려는 것입니다.

13 여러분은 이제 주를 위하여 모든 인간적인 제도에 복종해야 합니다. 권세
있는 왕에게나, 14 악한 자들을 징벌하고 선을 행하는 자들을 칭찬하기 위해 왕
이 보낸 지도자들에게 복종해야 합니다. 15 선을 행함으로 어리석은 자들의 무지
한 말을 막는 것이 하나님의 뜻입니다. 16 여러분은 자유를 가졌으므로, 자유인으
로 사십시오. 그러나 그것을 악을 행하는 구실로 삼지 말고, 하나님의 종들[15]처
럼 하십시오. 17 여러분은 이제 모든 사람을 존중하고, 끊임없이 형제를 사랑하며,
계속해서 하나님을 경외하고, 왕을 공경해야 합니다.

메시아의 고난을 따르라

18 집안일을 맡은 종들은 모든 면에서 자기 주인에게 복종해야 합니다. 선하고

11) 헬라어 '엘레에오'(eleeo)는 '자비', '긍휼'을 뜻하는데, 자비는 '용서'를 뜻하는 히브리 관용 표현이다.

12) 히브리 성경을 기준으로 한 것이며, 우리말 성경은 호세아 2장 23절이다.

13) 미츠보트. 용어 해설에서 '미츠바'를 찾아보라.

14) 예레미야 8장 12절의 히브리어 본문에는 '징벌의 때', 곧 심판의 날로 되어 있다. 히브리어 '페쿳다'(pequddah)의 주된 의미는 '방문', '시찰'이지만, BDB(Brown Driver Briggs) 히브리어 사전에는 여러 구절이 '처벌, 징벌'로 되어 있다. 계시록 20장 4절과 11-14절을 참조하라.

15) 또는 노예. 용어 해설에서 '종'을 찾아보라.

온화한 자들뿐 아니라 까다로운 자들에게도 그렇게 해야 합니다. **19** 만일 어떤 사
람이 부당한 일을 당하고도 하나님을 생각하며 고통을 견딘다면, 그것은 은혜입
니다. **20** 만일 죄를 짓고 매를 맞으면서 견디는 것이라면, 무슨 공로가 있겠습니
까? 그러나 선을 행하다가 고난을 당하고 견디는 것이라면, 그것이 하나님의 은
총을 가져옵니다. **21** 여러분은 이 일에 부름 받았습니다. 메시아께서도 여러분을 위
해 고난을 당하시고, 여러분이 그분의 발자취를 따르도록 본을 남겨 놓으셨습니다.

22 "그분께서는 죄를 짓지 않으셨고,
그 입에서 아무 속임수도 발견되지 않았다"(사 53:9).

23 그분께서는 모욕을 당하면서도 모욕으로 갚지 않으셨고, 고통을 당하면서도
위협하지 않으셨으며, 오히려 의롭게 판단하시는 분께 자신을 맡기셨습니다. **24** 그
분께서는 친히 나무에 달려 자기 몸으로 우리의 죄들을 가져가셨습니다. 그리하
여 우리는 죄들에 대해 죽고, 의 안에서 살게 되었습니다(사 53:4, 12). 그분께서 채
찍에 맞으심으로 우리가 나음을 입었습니다(사 53:5). **25** 그러므로 전에는 여러분이
길을 잃은 양과 같았으나 이제는 여러분의 생명의 목자이시며 감독이신 분께 돌
아왔습니다(사 53:6; 겔 34:5, 6).

아내들과 남편들

3 **1** 마찬가지로[16] 아내들도 남편들에게 순종해야 합니다. 그러면 말씀에 순
종하지 않는 남편들이라도, 아내의 행실을 통해 말하지 않아도 그들을 얻
게 될 것입니다. **2** 남편들이 경건한 두려움으로 순결하게 살아가는 여러분의 모습
을 보았기 때문입니다. **3** 머리를 꾸미고, 금으로 치장하며, 아름다운 옷을 입는 외
적인 것들이 아니라 **4** 마음의 내적 성품, 썩지 않을 가치, 곧 영적인 부드러움과
고요함으로 아름답게 해야 합니다. 이것이 하나님 앞에서 뛰어난 가치가 있는 것
입니다. **5** 이전 시대의 거룩한 아내들도 하나님께 소망을 두고 이같이 행하여 남
편들에게 순종했습니다. **6** 사라가 아브라함을 주인이라고 부르며 순종한 것처럼,
여러분도 선을 행하고 어떤 무서운 일에도 전혀 두려워하지 않음으로 사라의 딸
들이 되었습니다.

7 마찬가지로 남편들이여, 여러분의 아내가 더 연약한 그릇임을 알고 함께 살아
가십시오. 여러분이 생명의 은혜를 함께 상속받을 자로서 아내에 대한 존중을 보

인다면,[17] 여러분의 기도가 방해받지 않을 것입니다.

의로움을 위한 고난

8 마지막으로, 모든 *믿는 자*들은 그 영(성령) 안에서 연합하고, 같은 마음을 품
으며, 형제들을 사랑하고,[18] 긍휼을 베풀며, 겸손하되, **9** 악을 악으로 갚거나 비
난을 비난으로 갚지 말고, 오히려 축복해야 합니다. 여러분은 이렇게 하라고 부름
받았으니, 이는 여러분이 복을 상속받게 하려는 것입니다.

10 "생명을 사랑하고
좋은 날들을 보기 원하는 자는
즉시 그의 혀를 금하여 악을 멀리하고
속임수로 말하지 말며,
11 즉시 악에서 돌이켜 선을 행하고
화평을 구하며 찾아야 한다.
12 이는 주님의 눈이 의인들 위에 있고
그분의 귀는 그들의 간구를 향하나
그분의 얼굴은 악을 행하는 자들을 대적하시기 때문이다"(시 34:12-16).

13 만일 여러분이 도덕적으로 선한 일에 열심을 낸다면, 누가 여러분에게 해를
끼치겠습니까? **14** 그러나 여러분이 의로움 때문에 고난을 당하더라도, 복이 있
습니다. 그러므로 여러분은 그것들을 두려워하거나 겁내지 마십시오. **15** 다만 마
음으로 *우리* 주 메시아를 경외하며 여러분 안에 있는 소망에 대해 묻는 모든 사
람에게 항상 답할 것을 준비해야 합니다. **16** 여러분은 깨끗한 양심을 가졌으므로
온유함과 존중함으로 해야 합니다. 그러면 여러분이 비방을 받더라도 메시아 안
에서 선하게 살아가는 모습에 여러분을 욕하던 자들이 수치를 당하게 될 것입니
다. **17** 하나님의 뜻을 바라는 사람이라면, 선을 행하다가 고난[19]을 당하는 것이
악을 행하다가 고난을 당하는 것보다 더 낫습니다. **18** 메시아께서도 죄 때문에 한
번 고난을 당하셨습니다. 의로우신 분께서 불의한 자들을 대신해서 고난을 받으

16) '모든 성도'(2:13), '종들'(2:18)에 이어 세 번째로 '아내들'에게 이야기하고 있다.

17) 이것은 바울이 남편들에게 아내를 사랑하라고 한 골로새서 3장 19절이나 서로에게 순종하라고 한 에베소서 5장 21절과 같은 내용이다.

18) 성도들뿐만 아니라, 이웃까지도 내 몸처럼 사랑하는 것이 진정한 형제 사랑이다.

19) 용어 해설에서 '고난'을 찾아보라.

신 것입니다. 그분께서는 여러분을 하나님께 인도하시기 위해 육체 가운데 죽음을
당하시고 그 영(성령)으로 살리심을 받으셨습니다. **19** 또 그분께서는 그 영[20]과 함
께 가셔서 감옥에 있는 영들에게 전파하셨습니다. **20** 그들은 전에 불순종한 자들
입니다. 노아 시대에 방주가 지어지는 동안 하나님께서 인내하심으로 애타게 기다
리셨지만, 여덟 명만이 물로 구원받았습니다. **21** 이 물은 지금 여러분을 구원하는
침례[21]를 미리 보여 준 것입니다. 침례는 육체의 더러움을 제거하는 것이 아니라,
예슈아 메시아의 부활[22]을 통해 깨끗한 양심이 하나님을 향하여 호소하는 것입
니다. **22** 그분께서는 하늘로 들어가셔서 하나님의 오른편에 계시며, 천사들과 권
세들과 능력들을 복종시키셨습니다.

하나님의 은혜를 맡은 선한 청지기

4 **1** 그러므로 메시아께서 육체 가운데 고난을 당하셨으니, 이제 여러분도 동
일한 생각으로 자기를 무장해야 합니다. 육체로 고난을 받으신 분께서 죄
를 멈추게 하셨습니다. **2** 그러므로 더 이상 욕망 가운데 살지 말고, 남아 있는 시
간 동안 육체 가운데 하나님의 뜻 안에서 살아야 합니다. **3** 여러분은 꽤 오랫동안
이방인들이 좋아하는 일을 행하며 살아왔습니다. 그들처럼 음탕함과 욕망과 술
취함과 방탕과 향락과 불법한 우상숭배에 빠져 있었습니다. **4** 사람들은 여러분이
자신들처럼 이런 방탕에 휩쓸리지 않는 것에 놀라며 여러분을 비방합니다. **5** 그들
은 산 자와 죽은 자를 심판하려고 준비하시는 분께 사실대로 고백하게 될 것입니
다. **6** 그러므로 이것 때문에 복음[23]이 죽은 자들에게 전파된 것입니다.[24] 이것은
그들이 육체로는 사람을 따라 심판을 받으나 영으로는 하나님을 따라 살게 하려
는 것입니다.

7 그러나 모든 것의 끝이 가까워졌습니다. 그러므로 이제 여러분은 신중한 태
도로 자기 절제를 훈련하여 기도해야 합니다. **8** 무엇보다도 끊임없이 서로 사랑해
야 합니다. 사랑은 수많은 죄를 덮어 주기 때문입니다(잠 10:12). **9** 그러므로 불평 없

20) 성령
21) 용어 해설에서 '침례'를 찾아보라.
22) 용어 해설에서 '부활'을 찾아보라.
23) 용어 해설에서 '복음'을 찾아보라.
24) 요한복음 5장 25절을 참조하라.

이 서로 환대하고, 10 각각 자기가 받은 은사대로 하나님의 다양한 은혜를 맡은
선한 청지기들로서 섬겨야 합니다. 11 말하는 사람은 하나님의 말과 훈계로 할 것
이며, 봉사하려면 하나님께서 공급하시는 힘으로 하는 것같이 하십시오. 그러면
모든 일에 예슈아 메시아를 통해 하나님께서 영광을 받으실 것입니다. 그분께 영
광과 능력이 영원무궁토록 있습니다. 아멘.

그리스도인으로서 당하는 고난

12 사랑하는 자들이여, 여러분 안에서 불타는 것,[25] 곧 여러분 가운데서 일어나
는 시련에 대해 이상한 일이 일어난 것처럼 놀라지 마십시오. 13 오히려 메시아의
고난에 참여하는 것이니, 기뻐해야 합니다. 그러면 그분의 영광이 나타날 때에 여
러분이 기쁨으로 환호하게 될 것입니다. 14 여러분이 메시아의 이름을 위해 모욕
을 당한다면, 여러분에게 복이 있습니다. 영광의 영, 곧 하나님의 영이 여러분 위
에서 안식하시기[26] 때문입니다. 15 여러분 가운데 살인자나 도둑이나 악을 행하는
자나 남의 일에 간섭하는 자들처럼 고난을 받는 자가 아무도 없게 해야 합니다.
16 그러나 만일 그리스도인으로서 고난을 받는다면, 그는 부끄러워하지 말고 그
이름[27]으로 하나님께 영광을 돌려야 합니다. 17 하나님의 집의 심판이 시작될 때
가 되었기 때문입니다. 시간이 임박했습니다. 우리가 먼저 심판을 받는다면, 하나
님의 복음에 불순종한 자들의 결말은 어떻게 되겠습니까?

18 또 "의인들이 가까스로 구원받는다면,
경건하지 않은 자들과 죄인들은 어떻게 되겠습니까?"(잠 11:31)

19 그러므로 하나님의 뜻을 따라 고난을 받는 자들은 선을 행하며 자기들의 생
명을 신실하신 창조주께 맡겨야 합니다.

하나님의 양 떼를 돌보라

5 1 그러므로 나는 같은 장로이자 메시아의 고난을 목격한 증인으로, 또한
장차 드러날 영광에 참여할 자로서 여러분 가운데 있는 장로들에게 권면

25) 극심한 시련, 고통스런 시험, 단련하는 불
26) 이것은 일시적인 안식이다. 우리는 이 땅에서 거류하는 동안 안식을 잃어버릴 수도 있다.
27) 일차적으로는 '그리스도인'을, 2차적으로는 '그리스도'를 가리킨다. 우리는 모든 상황 가운데 삶을 통해 그 이름을 영광스럽게 해야 한다. 그 이름을 욕되게 해서는 안 된다.

합니다. **2** 여러분은 계속해서 여러분 가운데 있는 하나님의 양 떼를 돌보며, 억지로 하지 말고, 하나님의 뜻을 따라 자원하는 마음으로 두루 살피며, 부정한 이득을 탐내지 말고 기꺼이 하며, **3** 맡겨진 자들을 지배하려 하지 말고, 그 무리의 본이 되어야 합니다. **4** 그러면 목자장이 나타나실 때에 쇠하지 않는 영광의 면류관을 받게 될 것입니다.

5 마찬가지로 젊은이들이여, 여러분은 항상 장로들에게 순종해야 하며, 서로에 대해 계속 겸손으로 옷 입어야 합니다. "하나님께서 교만한 자들은 대적하시지만, 겸손한 자들[28]에게는 은혜를 주신다"(잠 3:34)라고 하셨기 때문입니다.

6 그러므로 여러분은 이제 하나님의 힘 있는 손 아래서 겸손해져야 합니다. 그러면 그분께서 여러분을 적절한 때에 높이실 것입니다. **7** 여러분의 모든 염려를 즉시 하나님께 맡기십시오. 그분께서 여러분을 돌보시기 때문입니다(시 55:22; 68:19).

8 여러분은 이제 정신을 차리고 주의해야 합니다. 여러분의 대적인 마귀가 사자처럼 으르렁거리며 삼킬 자를 찾아 돌아다니고 있습니다. **9** 여러분은 즉시 믿음으로 강하게 그를 대적해야 합니다. 여러분이 아는 대로, 온 세상에 있는 형제들도 동일한 고난을 겪고 있습니다. **10** 그러나 모든 은혜의 하나님, 메시아 예슈아를 통해 여러분을 그분의 영원한 영광 안으로 부르신 분께서 잠시 고난을 당한 여러분을 친히 온전하게 하시고, 굳세게 하시며, 강건하게 하시고, 견고히 세워 주실 것입니다. **11** 권세가 영원토록 그분께 있을 것입니다. 아멘.

마지막 인사

12 나는 신실한 형제로 여기는 실라를 통해[29] 여러분에게 간단히 써서 권면하고, 이것이 참된 하나님의 은혜임을 증거합니다. 여러분은 이제 그 은혜 안에 서 있어야 합니다. **13** 바벨론에서 함께 택함 받은 자들과 내 아들 마가가 여러분에게 문안합니다. **14** 여러분은 이제 *순결하고 경건한* 사랑의 입맞춤으로 서로 문안해야 합니다. 메시아 안에 있는 여러분 모두에게 샬롬이 있기를 바랍니다.

28) '신실한 남은 자들'에 대한 비유이다. 용어 해설에서 '겸손'을 찾아보라.
29) 실라(실루아노)가 이 편지를 받아 적었다. 그러나 베드로후서는 실라가 받아 적은 것이 아니다.

베드로후서[1]

인사

1 1 예슈아 메시아의 종이며 사도인 시몬[2] 베드로는 우리 하나님과 구주 예
슈아 메시아의 의로우심으로 우리와 동일한 가치가 있는 귀한 믿음을 받
은 자들에게 편지합니다. 2 *유일하신* 하나님과 우리 주 예슈아에 대한 지식을 통
해 은혜와 샬롬이 여러분에게 배가되기를 바랍니다.

그리스도인의 부르심과 택하심

3 그분께서는 자신의 영광과 능력으로 우리를 부르셨습니다. 그분에 대한 지식
을 통해 그분의 신성한 능력의 모든 것이 생명과 경건을 위해 우리에게 주어졌습
니다. 4 또 그분을 통해 매우 귀하고 위대한 약속들이 우리에게 주어졌습니다. 여
러분은 이 약속들을 통해 *허락되지 않은 것들에 대한* 욕망 때문에 발생한 이 세
상의 부패에서 멀리 떠나 신의 본성에 동참하게 되었습니다. 5 그러므로 여러분은
모든 노력을 기울여 즉시 그 행위들[3]로 드러내되, 여러분의 믿음에 도덕적 선함
을, 도덕적 선함에 지식을, 6 지식에 절제를, 절제에 인내를, 인내에 경건을, 7 경건
에 여러분의 형제애를, 그리고 믿음의 형제자매들에 대한 사랑을 보여야 합니다.
8 이러한 것들이 여러분 안에 있고 풍성해질 때, 여러분은 우리 주 예슈아 메시아
에 대한 지식 안에서 무익하거나 열매 없는 자가 되지 않을 것입니다. 9 그러나 이
러한 것들이 없는 자는 눈이 멀어 멀리 보지 못하고, 오래전에 자기의 죄들이 깨
끗해졌다는 사실을 잊어버린 사람입니다. 10 그러므로 형제들이여, 여러분은 더
열심히 여러분의 부르심과 택하심을 확고하게 해야 합니다. 여러분이 이 일들을

1) AD 66–67년경에 기록되었다.

2) '시몬'은 '시므온'과 같은 이름이다. 초기 번역본들이 라틴어 역본을 원문으로 사용하면서 누가복음 2장에 등장하는 선지자의 이름은 '시므온'으로, 베드로의 이름은 '시몬'으로 번역한 것이다. 용어 해설에서 '이름'을 찾아보라.

3) 미츠보트. 야고보서 2장 14–26절을 참조하라. 용어 해설에서 '미츠바'를 찾아보라.

행할 때에 결코 넘어지지 않을 것입니다. 11 이렇게 하면 우리 주, 곧 구주 예슈아
메시아의 영원한 왕국에 들어가는 데 필요한 것을 충분히 갖추게 될 것입니다.

12 그러므로 여러분이 이러한 것들을 알고 현재의 진리 안에 서 있을지라도, 나
는 항상 여러분에게 이러한 것들을 일깨워 주려고 합니다. 13 그리고 내가 이 장
막(몸, 육체) 안에 있는 동안 여러분을 일깨워 분발하게 하는 것이 옳다고 생각합니
다. 14 우리 주 예슈아 메시아께서 내게 알려 주신 대로, 내가 이 장막[4]을 벗어날
때가 멀지 않았음을 알기 때문입니다. 15 내가 죽은 후에도 여러분이 이것들을 기
억할 수 있도록 참으로 나는 항상 열심을 낼 것입니다.

메시아의 영광과 예언의 말

16 우리는 여러분에게 우리 주 예슈아 메시아의 능력과 오심을 알려 줄 때, 교묘
하게 꾸민 신화를 따르지 않았습니다. 우리가 그분의 위엄을 직접 목격했기 때문입
니다. 17 장엄한 영광 가운데 "이는 내 아들, 나의 사랑하는 자이다. 내가 그로 인
해 기쁘다"(마 17:5; 막 9:7; 눅 9:35) 하는 음성이 들려올 때, 그분께서는 아버지 하나님
으로부터 존귀와 영광을 받으셨습니다. 18 우리는 그분과 함께 거룩한 산에 있는
동안 하늘에서 들려오는 이 음성을 들었습니다. 19 그리고 우리에게는 더 확실한
예언의 말씀이 있습니다. 그날[5]이 밝아오고 여러분의 마음에 샛별이 떠오를 때까
지, 등불이 어두운 곳을 밝히는 것처럼 여러분이 그 말씀에 주의를 기울인다면 잘
하는 것입니다. 20 여러분이 먼저 알아야 할 것은 성경의 어떤 예언도 *선지자의* 사
사로운 해석에서 나오지 않는다는 것입니다. 21 예언은 결코 사람[6]의 뜻으로 난 것
이 아니라 성령에 의해 감동된 사람들이 하나님으로부터 받아 전한 것입니다.

거짓 선지자들과 교사들

2 1 그러나 백성 가운데 거짓 선지자들이 있었던 것처럼, 여러분 가운데에
도 거짓 교사들이 일어날 것입니다. 그들은 다른 의견을 피력하면서 여러
분을 파멸시킬 분파를 여러분 안에 몰래 들여오고, 심지어 자기들을 값 주고 사

4) 베드로의 몸, 육신, 그의 혼이 머무는 곳, 거처를 말한다.

5) 심판의 날. 계시록 20장 4절과 11-14절을 참조하라.

6) '사람'으로 번역된 헬라어 '안드로포스'(anthropos)는 '위(하늘)를 바라보는 존재'를 뜻하는 말이다.

신 주님을 부인할 것입니다. 그들이 스스로 철저한 파멸을 재촉하는데도 **2** 많은
사람들이 그들의 사악한 길들을 따를 것이고, 그로 인해 진리의 길이 모욕을 당
할 것입니다.[7] **3** 또 그들은 더 많이 가지려고 탐심으로 지어 낸 메시지로 이득을
얻기 위해 여러분을 이용할 것입니다. 그들의 심판은 오래전부터 지체된 적이 없
었고, 멸망이 그들에게 다가오고 있습니다.

4 하나님께서는 천사들이 죄를 지었을 때에 그들을 용서하지 않으시고, 타르타
로스[8]의 어두운 구덩이에 가두신 후에 심판 때까지 지키도록 넘겨주셨습니다. **5**
또 그분은 옛 세상을 용서하지 않으시고, 경건하지 못한 세상에 홍수를 내리실
때에 의의 선포자인 노아와 다른 일곱 명만 보호하셨습니다. **6** 또 그분은 소돔과
고모라를 정죄하고 파괴하여 잿더미로 만드셔서 경건하지 않은 자들에게 본보기
로 삼으셨습니다. **7** 그리고 호색과 무법한 자의 삶의 방식에 괴로워하던 의로운
롯을 구원하셨습니다. **8** 이 의로운 자는 그들 가운데 살면서 불의한 일들[9]을 보
고 들으며 의로운 존재(영혼)가 날마다 고통을 당했습니다. **9** 주께서는 어떻게 경건
한 자를 시련에서 구하시고, 불의한[10] 자들을 처벌받을 심판의 날까지 가둬 둬야
하는지 아십니다. **10** 무엇보다도 더러운 욕망을 따르며 권위를 무시하는 자들에게
벌을 내리실 것입니다.

대담하며 교만한 그들은 영광스러운 존재들을 모독하면서도 두려워하지 않습
니다. **11** 천사들은 그들보다 권세와 능력이 더 강하지만, 주 앞에서 그들을 대적하
여 모독하는 고발을 하지 않습니다. **12** 그러나 이들은 사로잡혀 죽기 위해 태어난
이성 없는 짐승처럼 그들이 알지 못하는 것을 비방하다가 스스로 타락하여 멸망
할 것이며, **13** 불의의 대가로 해를 당하게 될 것입니다. 그들은 쾌락을 즐기고, 대
낮에 흥청거리며, 여러분과 함께 잔치를 벌이면서 자기들의 속임수를 뽐내며 즐거
워하니, 점과 흠입니다. **14** 그들은 음란함이 가득한 눈으로 죄를 그치지 않고, 불
안정한 영혼들을 유혹하며, 탐심을 갖는 데 마음이 단련되어 있으니, 저주에 합
당한 사람들입니다. **15** 그들은 옳은 길을 버리고 미혹되어 불의의 삯을 사랑한 브

7) 거짓 교사를 따르는 성도들의 부도덕한 행동 때문에 교회가 수치를 당하게 될 것이다.

8) 헬라 신화에 등장하는 '타르타로스'는 히브리의 '스올'이나 '게헨나'와 비슷한 곳으로, 악인들이 죽어서 가는 곳이다.

9) 헬라어 '아노모스'(anomos)는 '고의적인 죄'를 뜻한다. 용어 해설에서 '죄'를 찾아보라.

10) 헬라어 '아디코스'(adikos)는 하나님을 화나게 하려고 죄를 범하는 것을 말한다. 용어 해설에서 '죄'를 찾아보라.

올의 아들 발람의 길을 따라갔다가 16 자신의 악한 행위 때문에 책망을 받았습니
다. 말 못하는 짐승이 사람의 소리로 말하여 그 선지자의 무모한 행동을 막은 것
입니다(민 22:28).

17 이런 사람들은 물 없는 샘이며, 폭풍에 밀려 가는 안개입니다. 그들에게는
깊은 어두움이 준비되어 있습니다. 18 그들은 헛된 말로 자랑하고, 그릇되게 사는
자들에게서 간신히 피한 사람들을 육체의 음란한 욕망으로 유혹하며, 19 그들에
게 자유를 약속하나 정작 자신들은 타락의 종이 되어 있습니다. 누구든지 굴복
당한 자는 굴복시킨 사람의 종이 되기 때문입니다. 20 만일 우리의 주님이며 구주
이신 예슈아 메시아를 아는 지식으로 세상의 더러움을 피한 후에 다시 이것들과
얽혀 패배하면, 그들의 마지막은 처음보다 더 나빠집니다. 21 그들이 의의 길을 알
고도 자기들이 받은 거룩한 계명을 저버린다면, 차라리 그것을 알지 못하는 것이
더 나을 것입니다.

22 "개가 자기 토한 것을 도로 먹은 것 같이"(잠 26:11)
"돼지가 씻은 후에 진흙에서 뒹굴었다"라는 속담이 그들에게 그대로 이루어
진 것입니다.

주님이 오신다는 약속

3 1 사랑하는 자들이여, 내가 이 두 번째 편지를 여러분에게 쓰는 것은 여
러분의 기억을 되살려 순전한 생각을 일깨우려는 것입니다. 2 전에 거룩
한 선지자들이 선포한 말씀과 우리의 주요 구주께서 여러분의 사도들을 통해 우
리에게 주신 명령을 기억나게 하려는 것입니다. 3 여러분이 먼저 알아야 할 것은
이것입니다. 마지막 때에 조롱하는 자들이 육체적 본성을 따라 더러운 욕망대로
여러분에게 와서 조롱하며 4 묻기를, "주께서 다시 오신다는 약속이 어디에 있느
냐?"라고 할 것입니다. 약속의 때를 기다리던 우리 조상들은 잠들었고, 모든 것
은 창조 이후로 이와 같이 그대로 남아 있습니다. 5 그들은 하나님의 말씀으로 오
래전에 하늘들이 창조되었고, 땅이 물에서 나와 물 가운데를 지나며 조화를 이
루고 있는 것과 6 세상이 물에 잠겨 멸망한 것도 의도적으로 잊으려 합니다. 7 그
러나 지금 하늘과 땅은 바로 그 말씀으로 보존되고 있으며, 경건하지 않은 자들
이 심판과 멸망의 날에 불태워질 때까지 유지됩니다.

8 그러나 사랑하는 자들이여, 이 한 가지를 간과하지 마십시오. 주께는 하루가
천 년 같고, 천 년이 하루 같습니다(시 90:4). 9 어떤 사람들이 느리다고 생각하는 것
처럼 주께서는 그분의 약속을 지체하지 않으십니다. 그분께서는 여러분에 대해
오래 참으셔서 아무도 멸망하지 않고 모두가 회개에 이르기를 바라십니다. 10 그
러나 주의 날은 도둑처럼 올 것입니다. 그날에 하늘[11]이 큰 소리와 함께 사라지
고, 모든 것을 구성하는 요소들이 파괴되어 불에 타버리며, 땅과 그 위에서 일어
난 모든 행위가 드러나게[12] 될 것입니다. 11 모든 것이 이렇게 멸망할 것이니, 여러
분은 거룩한 행실과 경건함으로 12 하나님의 날이 오기를 기다릴 뿐 아니라 속히
오도록 힘써야 합니다. 그때에 하늘들[13]이 불에 타서 사라지고, 천체들이 파괴되
며, 그 열기에 녹아 버릴 것입니다. 13 그러나 이제 우리는 그분의 약속대로 의가
거하는 새 하늘과 새 땅을 기다리고 있습니다(사 65:17; 66:22; 계 21:1).

14 그러므로 사랑하는 자들이여, 여러분이 이러한 것들을 기다리고 있으니, 이
제 샬롬 가운데 그분 안에서 점이나 흠 없이 나타나도록 최선을 다하고, 15 우리
주께서 구원을 위해 오래 참고 계심을 항상 생각해야 합니다. 우리의 사랑하는
형제 바울도 그에게 주신 지혜를 따라 여러분에게 편지를 써 보냈습니다. 16 그는
자신의 모든 편지에 이것들에 대해 이야기했는데, 그중에 어떤 것들은 이해하기
어려워서 배우지 못한 자들과 (믿음이) 확고하지 못한 자들이 성경의 다른 부분들
처럼 잘못 해석하여 스스로 파멸에 이르고 있습니다. 17 그러므로 사랑하는 자들
이여, 여러분은 이것을 미리 알았으므로 무법한 자들의 그릇된 생각에 휩쓸려 확
신을 잃지 않도록 주의해야 합니다. 18 여러분은 계속해서 은혜와 우리의 주님이
신 구세주 예슈아 메시아를 아는 지식 안에서 자라야 합니다. 지금부터 영원까지
그분께 영광이 있을 것입니다. 아멘.

11) 여기서 '하늘'과 '땅'은 온 우주가 아니라 지구가 속한 태양계에 국한되는 것으로 보아야 한다. 계시록 21장 1절을 참조하라.

12) 문자적 의미는 '발견되다, 드러나다, 판단받다'이다.

13) 온 우주가 아니라 태양계에 국한되는 것으로 보아야 한다.

요한일서[1]

생명의 말씀

1 1 이 글은 태초부터 계셨고, 우리가 들었으며, 우리 눈으로 보았고, 우리
가 들여다보며, 우리 손으로 만졌던 생명의 말씀에 관한 것입니다. 2 그 생
명이 계시되어 우리가 보았으므로, 여러분에게 그 영원한 생명을 증거하며 전하
는 것입니다. 그분께서는 아버지와 함께 계시다가 우리에게 나타나셨습니다. 3 우
리가 보고 들은 그분을 여러분에게 전하고 있으니, 이는 여러분도 우리와 교제하
게 하려는 것입니다. 우리의 교제는 참으로 우리 아버지와 그분의 아들 예슈아
메시아와 함께하는 것입니다. 4 우리가 이것들을 쓰고 있는 것은 우리의 기쁨을
충만하게 하려는 것입니다.

하나님은 빛[2]이시다

5 우리가 그분께 듣고 여러분에게 전하는 말씀은 이것입니다. 하나님께서는 빛
이시며 그분 안에는 어둠이 전혀 없다는 것입니다. 6 만일 우리가 그분과 교제한
다고 말하면서 어둠 가운데 행하면, 우리는 거짓말하는 것이며, 진리를 행하지 않
는 것입니다. 7 그러나 만일 그분처럼 우리가 빛 가운데 행하면, 우리는 서로 교제
하게 되고, 그분의 아들이신 예슈아의 피가 모든 죄에서 우리를 깨끗하게 해 줍
니다. 8 만일 우리에게 죄가 없다고 말한다면, 우리는 자신을 속이는 것이며, 우리
안에 진리가 없는 것입니다. 9 만일 우리가 죄[3]를 고백하면, 그분께서는 신실하고
의로우셔서 우리의 죄들을 용서하시고, 우리를 모든 불의에서 깨끗하게 해 주실
것입니다. 10 만일 우리가 죄를 짓지 않았다고 말한다면, 그분을 거짓말쟁이로 만
드는 것이며, 그분의 말씀이 우리 안에 없는 것입니다.

1) AD 85–90년경에 기록되었다.
2) '빛'은 오래전부터 살아 계신 하나님을 나타내는 것으로 여겨졌다.
3) 용어 해설에서 '죄'와 '죄 사함'을 찾아보라.

우리의 대변자이신 메시아

2 1 나의 어린 자녀들이여, 내가 이것들을 여러분에게 쓰는 것은 여러분이
죄를 짓지 않게 하려는 것입니다. 그러나 만일 누가 죄를 짓더라도, 우리
에게는 아버지와 중재하시는 분이 계시니, 바로 의로우신 예슈아 메시아이십니
다. 2 그분께서는 우리의 죄들을 사하는 제물로, 우리의 죄뿐만 아니라 온 세상
의 죄들을 위한 제물이십니다. 3 그리고 우리가 그분의 계명들[4]을 지키면, 이것으
로 우리는 그분을 안다는 것을 확신하게 됩니다. 4 "나는 그분을 안다"라고 하면
서 그분의 계명들을 지키지 않는 사람은 거짓말쟁이이며, 그 사람 안에는 진리가
없는 것입니다. 5 그러나 누구든지 그분의 말씀을 지키는 자는 참으로 하나님의 사
랑이 그 사람 안에서 완전해집니다. 이를 통해 우리가 그분 안에 있음을 알게 됩니
다. 6 그분 안에 머물러 있다고 말하는 사람은 그분께서 행하신 그대로 행해야 합
니다.

옛 계명과 새 계명

7 사랑하는 자들이여, 내가 여러분에게 쓰는 것은 새 계명이 아니라 옛 계명입
니다. 이것은 여러분이 처음부터 가지고 있던 것입니다. 이 옛 계명은 바로 여러분
이 들은 메시지입니다. 8 또 나는 여러분에게 새 계명을 쓰고 있습니다. 이것은 그
분과 여러분에게 참되니, 이는 어둠이 지나가고 참 빛이 이미 비치고[5] 있기 때문
입니다. 9 빛 가운데 있다고 말하면서 자기 형제를 미워하는 사람은 아직도 어둠
가운데 있는 것입니다. 10 자기 형제를 사랑하는 사람은 빛에 거하므로, 그 사람
안에는 걸려 넘어지게 하는 장애물이 없습니다. 11 그러나 자기 형제를 미워하는
사람은 어둠 가운데 있고, 어둠 가운데 행하면서 자기가 어디로 가는지 알지 못
합니다. 어둠이 그의 눈을 멀게 했기 때문입니다.

12 어린 자녀들이여, 내가 여러분에게 (이렇게) 쓰는 것은
여러분의 죄들이 그분의 이름 때문에 사함 받았기 때문입니다.
13 아버지들이여, 내가 여러분에게 (이렇게) 쓰는 것은
여러분이 처음부터 그분을 알고 있기 때문입니다.
젊은이들이여, 내가 여러분에게 (이렇게) 쓰는 것은

4) 요한에게 '그분의 계명'이란 히브리 성경(구약)의 모든 계명을 말한다.
5) 이것은 예슈아가 계명들에 비추신 빛으로 계시되었다.

여러분이 악한 자를 이겼기 때문입니다.
14 자녀들이여, 내가 여러분에게 (이렇게) 쓴 것은
여러분이 아버지를 알기 때문입니다.
아버지들이여, 내가 여러분에게 (이렇게) 쓴 것은
여러분이 태초부터 계신 분을 알았기 때문입니다.
젊은이들이여, 내가 여러분에게 (이렇게) 쓴 것은
여러분이 강하고
하나님의 말씀이 여러분 가운데 거하며
여러분이 악한 자를 이겼기 때문입니다.

15 세상이나 세상에 있는 것들을 사랑하지 마십시오. 만일 어떤 사람이 세상을
사랑하면, 아버지의 사랑이 그 사람 안에 없는 것입니다. 16 세상에 있는 모든 것,
곧 육체의 정욕과 눈의 욕망과 자신의 지위와 소유에 대한 자랑은 아버지에게서
온 것이 아니라 세상에서 온 것이기 때문입니다. 17 세상과 그 욕망은 사라지나 아
버지의 뜻을 행하는 자는 영원히 거합니다.

반메시아[6)]

18 자녀들이여, 지금은 마지막 때입니다. 반메시아가 올 것이라고 여러분이 들
은 대로, 지금도 이미 많은 반메시아들이 나타났습니다. 이것으로 우리는 지금
이 마지막 때[7)]인 것을 압니다. 19 그들이 우리에게서 나갔으나 사실 우리에게 속
한 자들은 아니었습니다. 만일 그들이 우리에게 속했다면, 우리와 함께 머물렀을
것입니다. 그러나 그들이 모두 우리에게 속하지 않았기에 그들이 드러나게 된 것
입니다. 20 그리고 여러분 모두가 알고 있듯이, 여러분은 거룩하신 분에게서 기름
부음[8)]을 받았습니다. 21 내가 여러분에게 쓴 것은 여러분이 진리를 알지 못해서
가 아니라 오히려 그것을 알기 때문이며, 모든 거짓이 진리에서 나오지 않기 때문
입니다. 22 누가 거짓말쟁이입니까? 예슈아께서 메시아가 아니라고 말하며 스스로
부인하는 사람이 아닙니까? 아버지와 아들을 부인하는 자가 바로 반메시아입니

6) 헬라어 '안티'(anti)는 본래 '…을 대신하여'라는 뜻이다. 따라서 '반메시아'는 일차적으로 그리스도인의 삶 가운데 메시아의 자리를 차지하고 있는 사람이나 존재, 또는 메시아를 사칭하는 자를 가리키며, 지리적으로는 '맞은편' 또는 '반대편'을 의미한다. '안티'는 나중에야 '대적하다'의 의미를 갖게 되었다. 용어 해설에서 '반메시아'(적그리스도)를 찾아보라.

7) 여러 구절들에서 예슈아와 제자들이 마지막 때를 살아가는 것으로 여겼음을 알 수 있다. 용어 해설에서 '메시아(그리스도)의 재림'을 찾아보라.

다. **23** 누구든지 아들을 부인하는 자에게는 아버지가 계시지 않지만, 아들을 시인
하는 자에게는 아버지도 계십니다. **24** 여러분은 처음부터 들은 것을 계속해서 여
러분 안에 간직해야 합니다. 여러분이 처음부터 들은 것이 여러분 안에 있으면,
여러분은 아들과 아버지 안에 있게 될 것입니다. **25** 그리고 이것이 바로 그분께서
우리에게 약속하신 영원한 생명입니다.

26 나는 여러분에게 여러분을 속이는 자들에 대해 이렇게 썼습니다. **27** 그리고
여러분 안에 그분께 받은 *성령의* 기름부음이 거하고 있으므로, 여러분은 누구에
게 가르침을 받을 필요가 없습니다. 성령의 은사들을 위한 이 기름부음(고전 12:4-
11)은 여러분에게 모든 것(렘 31:33)을 가르쳐 주고, 진실하며, 거짓되지 않습니다.
그러므로 그분께서 여러분에게 가르쳐 주신 대로, 그분 안에 거하십시오.

하나님의 자녀

28 그리고 어린 자녀들이여, 이제 그분 안에 거하십시오. 그러면 그분께서 나타
나실 때에 우리가 담대함을 가지게 될 것이며, 그분께서 오실 때에 그분께 부끄러
움을 당하지 않을 것입니다. **29** 그분께서 의로우시다는 것을 안다면, 의를 행하는
자는 누구나 그분께서 낳으셨다는 것 또한 알게 됩니다.

3

1[9] 여러분은 이제 아버지께서 우리에게 어떠한 사랑을 주셔서 우리가 하
나님의 자녀라 불리게 되었는지 알아야 합니다. 우리는 하나님의 자녀입
니다. 그러므로 세상이 우리를 알지 못하는 것은, 세상이 그분을 모르고 있기 때
문입니다. **2** 사랑하는 자들이여, 이제 우리는 하나님의 자녀입니다. 그러나 우리가
어떻게 될지는 아직 드러나지 않았습니다. 우리는 그분께서 나타나시면, 우리가
그분과 같이 될 것을 압니다. 우리가 그분을 있는 모습 그대로 볼 것이기 때문입
니다. **3** 그리고 그분 안에서 이 소망을 가진 모든 사람은 그분께서 정결하신 것같
이 자신을 정결하게 합니다.

4 죄를 짓는 사람마다 불법을 행하는 것이니, 죄는 곧 불법[10]입니다. **5** 그리고

8) 성령의 은사들

9) 용어 해설에서 '장과 절 숫자들'을 찾아보라.

10) 여기서 '불법'은 '토라가 없는 상태'로 번역할 수도 있다.

여러분이 아는 대로, 그분께서는 우리 죄들을 없애려고 나타나셨고, 그분 안에는 죄가 없습니다. **6** 누구든지 그분 안에 거하는 사람은 죄를 짓지 않습니다. 죄를 범하는 사람은 누구나 그분을 본 적도 없고, 알지도 못한 자입니다. **7** 어린 자녀들이여, 여러분은 아무에게도 속지 않아야 합니다. 의를 행하는 자는 그분께서 의로우신 것과 같이 의롭습니다. **8** 그러나 계속해서 죄를 짓는 자는 마귀에게서 난 자입니다. 마귀는 처음부터 죄를 지었기 때문입니다. 하나님의 아들은 이것을 위해, 곧 마귀의 일들을 멸하시려고 나타나셨습니다. **9** 하나님에게서 난 자는 아무도 죄 짓는 것을 중단없이 계속하지 않습니다. 그분의 씨가 그 안에 거하고, 그가 하나님에게서 났기 때문에 죄를 지을 수 없는 것입니다. **10** 하나님의 자녀와 마귀의 자녀는 이것으로 분명하게 드러납니다. 의를 행하지 않는 사람과 자기 형제를 사랑하지 않는 사람은 누구나 하나님에게서 난 자가 아닙니다.[11]

서로 사랑하라

11 여러분이 처음부터 들은 메시지는 이것이니, 우리가 서로 사랑해야 한다는 것입니다. **12** 가인처럼 되지 마십시오. 그는 악에 속하여 자기 동생을 죽였습니다. 그가 무슨 이유로 그를 죽였습니까? 그의 행위가 악하고, 동생의 행위는 의로웠기 때문입니다. **13** 그리고 형제들이여, 세상이 여러분을 미워하더라도 놀라지 마십시오. **14** 우리는 형제들을 사랑하기 때문에, 우리가 죽음에서 벗어나 생명으로 들어갔다는 것을 알고 있습니다. 사랑하지 않는 자는 죽음 가운데 거합니다. **15** 누구든지 자기 형제를 미워하는 자는 모두 살인자입니다. 여러분이 알듯이 살인자 안에는 영원한 생명이 거하지 않습니다. **16** 이것으로 우리는 그분의 사랑을 압니다. 그분께서 우리를 위해 자기 생명을 버리셨기 때문입니다. 그러므로 우리도 형제들을 위해 생명을 버리는 것이 마땅합니다. **17** 그러나 누구든지 세상의 재물들을 가지고 있으면서 그의 형제가 궁핍한 것을 보고도 마음의 문을 닫고 자비와 긍휼을 베풀지 않으면, 하나님의 사랑이 어떻게 그 사람 안에 있다고 하겠습니까?(신 15:7, 8) **18** 어린 자녀들이여, 우리는 단지 말이나 언어로만 사랑하지 말고, 행

11) 18절을 참조하라.

12) 헬라어 '안티'(anti)는 본래 '…을 대신하여'라는 뜻이다. 따라서 '반메시아'는 일차적으로 그리스도인의 삶 가운데 메시아의 자리를 차지하고 있는 사람이나 존재, 또는 메시아를 사칭하는 자를 가리키며, 지리적으로는 '맞은편' 또는 '반대편'을 의미한다. '안티'는 나중에야 '대적하다'의 의미를 갖게 되었다. 용어 해설에서 '반메시아'(적그리스도)를 찾아보라.

함과 진실함으로 사랑해야 합니다(약 2:15, 16).

하나님 앞에서 확신함

19 우리는 이것으로 우리가 진리에 속한 것을 알고, 우리의 마음을 그분 앞에서
편히 가질 것입니다. **20** 우리의 마음이 우리를 책망할지라도, 하나님께서는 우리
마음보다 더 크시고, 모든 것을 알고 계시기 때문입니다. **21** 사랑하는 자들이여,
만일 우리 마음이 우리를 정죄하지 않으면, 우리는 하나님 앞에서 확신을 가지게
되고, **22** 우리가 구하는 것은 무엇이든 그분으로부터 받게 됩니다. 우리가 그분의
계명을 지키고 있고, 그분께서 기뻐하시는 일들을 행하고 있기 때문입니다. **23** 그분
의 계명은 바로 이것입니다. 그것은 우리가 그분의 아들 예슈아 메시아를 믿고, 그
분께서 우리에게 주신 계명대로 서로 사랑하는 것입니다. **24** 그리고 그분의 계명들
을 지키는 사람은 그분 안에 거하고, 그분도 그 사람 안에 거하십니다. 우리는 그
분께서 우리에게 주신 성령으로 그분이 우리 안에 거하신다는 것을 압니다.

하나님의 영과 반메시아[12]의 영

4 **1** 사랑하는 자들이여, 모든 영을 다 믿지 말고, 그 영들이 하나님에게서 온
것들인지 시험해야 합니다. 많은 거짓 선지자들이 세상에 들어왔기 때문
입니다. **2** 여러분은 이것으로 하나님의 영을 알 수 있습니다. 예슈아 메시아께서 육
체로 오신 것을 선포하는 영은 모두 하나님에게서 온 것이고, **3** 예슈아를 인정하지
않는 영은 모두 하나님에게서 온 영이 아닙니다. 이것이 바로 반메시아, 곧 여러분
이 올 것이라고 들은 그 자입니다. 그는 이미 세상에 와 있습니다. **4** 어린 자녀들이
여, 여러분은 하나님에게서 난 자들이며, 이미 그들을 이겼습니다. 여러분 안에 계
신 분이 세상에 있는 자보다 더 위대하시기 때문입니다. **5** 그들은 세상에서 왔으므
로 세상에 속한 말을 하고, 세상은 그들의 말을 듣습니다. **6** 우리는 하나님에게서
나온 자들입니다. 하나님을 아는 자는 우리의 말을 듣지만, 하나님에게서 오지 않은
자는 우리의 말을 듣지 않습니다. 이것으로 우리는 진리의 영과 미혹의 영을 압니다.

하나님은 사랑이시다

7 사랑하는 자들이여, 우리가 서로 사랑합시다. 사랑은 하나님에게서 오며, 사

랑하는 자는 모두 하나님에게서 나서 *유일하신* 하나님을 알기 때문입니다.[13] **8** 자
기 형제를 사랑하지 않는 자는 하나님을 모르는 자입니다. 하나님은 사랑이시기
때문입니다. **9** 하나님의 사랑은 이것으로 우리에게 나타났습니다. 하나님께서 그
분의 독생자를 세상에 보내셔서 우리가 그분을 통해 살 수 있게 된 것입니다. **10**
사랑은 이와 같습니다. 우리가 하나님을 사랑한 것이 아니라 그분께서 우리를
사랑하셔서 그분의 아들을 우리 죄를 위한 대속물로 보내셨습니다. **11** 사랑하는
자들이여, 하나님께서 우리를 이처럼 사랑해 주셨으니, 우리가 서로 사랑하는 것
이 마땅합니다. **12** 지금까지 하나님을 본 사람은 아무도 없습니다.[14] 우리가 서로
사랑하면, 하나님께서 우리 안에 거하시고, 그분의 사랑이 우리 안에서 완전해집
니다.

13 그분께서 우리에게 그분의 영을 주셨기에, 우리는 이것으로 우리가 그분 안
에 거하고, 그분이 우리 안에 거하시는 것을 압니다. **14** 그리고 아버지께서 그분의
아들을 세상의 구주로 보내셨음을 우리가 보았고, 또 증거합니다. **15** 누구든지 예
슈아께서 하나님의 아들이심을 고백하면, 하나님께서 그 안에 거하시고, 그도 하
나님 안에 거하게 됩니다. **16** 우리는 우리를 향한 하나님의 사랑을 알고, 또 믿었
습니다.

하나님은 사랑이십니다. 그러므로 사랑 안에 거하는 자는 하나님 안에 거하
고, 하나님께서는 그 사람 안에 사십니다. **17** 이것으로 사랑이 우리 가운데서 완전
해졌습니다. 그리하여 우리는 심판의 날에 두려움 없는 확신을 갖게 되었습니다.
우리가 이 세상에서 그분과 같은 자이기 때문입니다. **18** 사랑 안에는 아무런 두려
움이 없고, 완전한 사랑은 두려움을 내쫓습니다. 두려움은 징벌과 관련이 있으며,
두려워하는 자는 사랑 안에서 완전해지지 못한 것입니다. **19** 우리가 사랑할 수 있
는 것은, 그분께서 먼저 우리를 사랑하셨기 때문입니다. **20** 만일 어떤 사람이 "내
가 하나님을 사랑한다"라고 말하면서 자기 형제를 미워하면, 그는 거짓말쟁이입
니다. 눈에 보이는 형제를 사랑하지 않는 자가 보이지 않는 하나님을 사랑할 수는
없습니다. **21** 우리가 그분께 받은 계명은 하나님을 사랑하는 자는 자기 형제도 사

13) 레위기 19장 18절을 참조하라.

14) 이어지는 문장은 각 사람이 이웃을 사랑할 때, 사람들이 우리 안에서 하나님을 보게 된다고 말한다.

15) 야고보서 2장 14-17절 말씀처럼, 우리의 행동이 변화되어야 한다.

16) 여기서 물은 적어도 세 가지, 태어날 때 터지는 양수, 침례 그리고 토라를 의미한다. 이것은 이사야 55장 1절과 출애굽기 14장 22절에 근거한 비유이다.

랑하게 된다는 것입니다.

믿음이 세상을 이긴다

5 **1** 예슈아께서 메시아이심을 믿는 모든 자는 하나님에게서 태어났으며, 낳
아 주신 분을 사랑하는 자는 누구나 그분에게서 난 자도 사랑합니다. **2**
우리는 우리가 하나님을 사랑하고 그분의 계명들을 지킬 때, 이로써 하나님의 자
녀들을 사랑한다는 것을 알게 됩니다.[15] **3** 이것이 바로 하나님의 사랑이니, 우리
가 그분의 계명을 지키고 행하는 것입니다. 그분의 계명은 무거운 짐이 아닙니다.
4 하나님에게서 난 자는 누구나 세상을 이기기 때문입니다. 세상을 이기는 승리는
이것이니, 바로 우리의 믿음입니다. **5** 그러므로 세상을 이기는 자는 누구입니까?
예슈아께서 하나님의 아들이심을 믿는 자가 아니겠습니까?

아들에 대한 증거

6 이분은 물[16]과 피[17]로 오신 예슈아 메시아이십니다. 이분은 물로만 아니라
물과 피로 오셨습니다. 이것을 증거하시는 분은 성령이십니다. 성령은 곧 진리이
시기 때문입니다. **7** 증거하는 자가 셋이 있는데,[18] **8** 바로 성령과 물과 피이며, 그
셋은 한 분 안에 있습니다. **9** 만일 우리가 사람의 증거를 받아들인다면, 하나님의
증거는 더 큽니다. 하나님의 증거는 바로 이것이니, 곧 그분께서 자기 아들에 관
하여 증거하셨다는[19] 것입니다. **10** 하나님의 아들을 믿는 자는 자기 안에 증거가
있으나, 하나님을 믿지 않는 자는 그분을 거짓말쟁이로 만드는 것입니다. 그가 하
나님께서 자기 아들에 관하여 증언하신 그것을 믿지 않았기 때문입니다. **11** 그리
고 증거는 바로 이것이니, 하나님께서 우리에게 영원한 생명을 주셨고, 이 생명이
그분의 아들에게 있다는 것입니다. **12** 그 아들을 모시고 있는 자에게는 영원한

17) 이것은 언약의 피다. 생명은 피에 있다(창 9:4).

18) 일부 역본에는 "하늘에서 증언하시는 분은 셋이 있는데, 아버지, 말씀, 성령입니다. 그리고 이 셋은 하나 안에 있습니다"라고 되어 있다. 그러나 초기 사본 어디에도 이렇게 되어 있지 않다. 편집자인 스투니카(Stunica)의 주장에 따르면, 이것은 16세기에 에라스무스가 라틴어 불가타(Vulgate) 역 최신판에 있는 것을 에라스무스 3세기 헬라어 성경에 덧붙였다가 이후 재판하면서 삭제했다고 한다.

19) 하나님 아버지께서는 예슈아에 관하여 두 가지로 증거하셨다. 먼저 예슈아는 요한복음 5장 36절에서 "내가 하고 있는 이 일들이 바로 내가 아버지께서 보내신 자라는 사실에 대해 증거하고 있다"라고 하셨다. 그리고 예슈아께서 침례 받으시거나 변모되실 때 등 여러 차례 아버지께서 직접 말씀하셨다.

생명이 있고, 하나님의 아들을 모시지 않은 자에게는 영원한 생명이 없습니다.

영원한 생명에 대한 지식

13 나는 하나님의 아들의 이름을 믿는 여러분에게 영원한 생명이 있음을 알게
하려고 이 글을 씁니다. **14** 우리가 그분 앞에서 확신하는 것은 이것이니, 우리가
무엇이든 그분의 뜻을 따라 구하면, 그분께서 들어주신다는 것입니다. **15** 그리고
무엇을 구하든지 그분께서 들어주신다는 것을 알면, 우리가 구하고 요청한 것들
을 그분으로부터 받는다는 것도 압니다.

16 누가 자기 형제가 죄를 범하는 것을 보거든, 그것이 죽음에 이르는 죄가 아
니라면 하나님께 간구하십시오. 그러면 하나님께서 죽음에 이르지 않는 죄를 지
은 자에게 생명을 주실 것입니다. 죽음에 이르는 죄가 있는데, 나는 그것에 대해
간구하라는 것이 아닙니다. **17** 모든 불의가 죄지만, 죽음에 이르지 않는 죄[20]도 있
습니다.

18 우리는 하나님에게서 난 모든 사람은 죄를 짓지 않는다는 것을 알고 있습니
다. 하나님에게서 난 자는 계명을 지키며 자기를 보호하므로, 악한 자가 그를 붙
들지 못합니다. **19** 우리는 우리가 하나님께 속하였고, 온 세상이 악한 자의 권세에
놓여 있음을 알고 있습니다. **20** 또 하나님의 아들이 오셔서 깨달음을 주심으로 우
리가 참된 분을 알게 되었다는 것도 압니다. 우리는 참된 분, 곧 그분의 아들 메
시아 예슈아 안에 있습니다. 이분은 참 하나님이시며 영원한 생명이십니다. **21** 어
린 자녀들이여, 여러분은 이제 거짓된 신들로부터 자신을 지켜야 합니다.[21]

20) 예슈아는 죽지 않는 죄에 대해 먹는 것을 예로 드셨다(마 15:11; 막 7:15).

21) 거짓된 신 또는 우상들은 우리를 유혹하여 물질적인 것을 추구하거나 스포츠 같은 것들에 집중하게 만들면서 우리의 삶을 실질적으로 위협한다. 스포츠 자체는 악한 것이 아니지만, 하나님보다 스포츠에 더 집중하는 것은 잘못이다.

요한이서[1]

인사

1 1 장로인 나는 택함 받은 여인[2]과 그 자녀들에게 편지합니다. 나는 진리
안에서 여러분을 사랑합니다. 나뿐 아니라 진리를 아는 모든 자가 여러분
을 사랑합니다. 2 우리 안에 거하는 진리가 영원히 우리와 함께할 것이기 때문입
니다. 3 은혜와 긍휼과 샬롬이 진리와 사랑 안에서 하나님 아버지와 아버지의 아
들 예슈아 메시아로부터 우리와 함께 있을 것입니다.

진리와 사랑

4 나는 그대의 자녀들이 아버지께서 우리에게 주신 명령대로 진리 안에서 행하
고 있는 것을 알고 대단히 기뻤습니다. 5 여인이여, 이제 내가 그대에게 부탁합니
다. 우리가 서로 사랑합시다. 이것은 새로운 계명을 쓰는 것이 아니라 우리가 처
음부터 가지고 있던 것입니다. 6 그리고 사랑은 이것이니, 우리가 그분의 계명들을
따라 살아가는 것입니다. 또 계명은 이것이니, 그대가 처음부터 들은 그대로 사랑
안에서 행해야 한다는 것입니다. 7 많은 속이는 자들이 세상에 나왔습니다. 이들
은 예슈아 메시아께서 육체로 오신 것을 고백하지 않는 자들입니다. 이런 사람은
속이는 자요 반메시아[3]입니다. 8 여러분은 스스로 조심하여 우리 모두가 수고하
여 이룬 것을 잃지 말고, 온전한 상을 받도록 하십시오. 9 누구든지 올바른 것에
서 벗어나 메시아의 가르침 안에 거하지 않으면, 그 속에 하나님이 계시지 않습니
다. 그러나 그 가르침 안에 거하는 사람은 그 속에 아버지뿐 아니라 아들도 계십

1) AD 96년 이후에 기록되었다.

2) 보통 '교회' 또는 '회중'으로 번역되는 헬라어 '에클레시아'(ekklesia)는 여성명사이다. 따라서 '여인'은 특정 인물을 가리키는 것일 수도 있지만, 이 편지를 회람하는 여러 교회들을 가리키는 것일 수도 있다.

3) 헬라어로 '안티크리스토스(Antichristos)이다. '안티'의 본래 의미는 '…을 대신하여'로, 반메시아는 모든 그리스도인의 삶 가운데 메시아가 계셔야 할 자리를 대신하고 있는 사람이나 존재 또는 메시아를 사칭하는 자들을 가리킨다. 지리적으로는 '…의 반대편(맞은편)'이라는 의미를 가지고 있으며, 나중에 '…을 대적(반대)하여'의 의미를 갖게 되었다.

니다. 10 만일 어떤 사람이 여러분에게 와서 이 가르침을 전하지 않거든, 그를 집
안에 들이지도 말고, 그에게 '샬롬'이라고도 하지 마십시오. 11 그에게 '샬롬'이라
고 하는 사람은 그의 악한 일에 동참하는 것입니다.

마지막 인사

12 여러분에게 쓸 것은 많으나 종이[4]와 잉크로 전하는 것을 원하지 않습니다.
여러분에게 가서 얼굴을 보며 이야기하여 우리의 기쁨이 충만하기를 바랍니다. 13
택함 받은 그대의 자매[5]의 자녀들이 그대에게 문안합니다.

4) 헬라어 '카르테스'(Chartes)는 파피루스로 만든 종이를 가리킨다. 당시에는 흑색 안료와 점성고무를 섞어 만든 잉크를 사용했다.

5) 말 그대로 친자매일 수도 있고, 다른 교회를 가리키는 것일 수도 있다

요한삼서[1)]

인사

1 1 장로인 나는 진리 안에서 사랑하고 존경하는 가이오에게 편지합니다. 2
사랑하는 자여, 그대의 영혼이 잘되는 것처럼 그대가 모든 일에 잘되고
건강하기를 기도합니다. 3 형제들이 와서 진리 안에 살고 있는 그대에 대해, 곧 그
대가 어떻게 진리 안에서 행하고 있는지 증거했을 때에 나는 크게 기뻐했습니다.
4 나에게 내 자녀들이 진리 안에서 행하고 있다는 말을 듣는 것보다 더 큰 기쁨은
없습니다.

협력과 반대

5 사랑하는 자여, 그대는 무슨 일이든 형제들[2)] 사이에서, 심지어 낯선 자들에
게도 신실하게 행하고 있습니다. 6 그들이 회중(교회)[3)] 앞에서 그대의 사랑을 증거
했습니다. 그대가 그들을 하나님께 합당한 방법으로 보낸다면 잘하는 것입니다. 7
그들이 그분의 이름을 위해 나갔고, 이방인들에게서 아무것도 받지 않았기 때문
입니다. 8 그러므로 우리는 마땅히 이러한 자들을 후원해야 합니다. 그렇게 하여
우리는 진리 안에서 동역자가 되는 것입니다.

9 내가 회중(교회)에게 몇 자 써서 보냈는데, 그들 중에서 으뜸이 되기를 좋아하
는 디오드레베가 우리의 권위를 받아들이지 않았습니다. 10 그러므로 내가 간다
면, 그가 행한 행위들을 들춰낼 것입니다. 그는 악한 말로 우리를 비난하는 것도
부족해서 *그곳을 방문한* 형제들을 받아들이지도 않고, 오히려 *맞아들이려는* 사
람들까지 방해하며 회중(교회) 밖으로 쫓아내고 있습니다.

11 사랑하는 자여, 그대는 악한 것을 본받지 말고 선한 것을 본받아야 합니다.

1) AD 96년경 이후에 기록되었다.

2) 여기서 '형제들'은 모든 믿는 자를 가리킨다.

3) 용어 해설에서 '회중'을 찾아보라.

선한 일을 행하는 자는 하나님에게서 난 자이고, 악을 행하는 자는 하나님을 뵙
지 못한 자입니다. **12** 데메드리오는 모든 사람뿐만 아니라 이 진리로도 칭찬을 받
았습니다. 우리도 증거하니, 그대는 우리의 증거가 참되다는 것을 압니다.

마지막 인사

13 그대에게 쓸 것이 많지만, 펜[4]과 잉크로 쓰고 싶지 않습니다. **14** 나는 머지않
아 그대 보기를 바랍니다. 그러면 우리가 얼굴을 마주하며 이야기하게 될 것입니
다. **15** 그대에게 샬롬이 있기를 바랍니다. 여기에 있는 우리의 친구들이 그대에게
안부를 전하니, 그곳에 있는 우리의 친구들 각 사람에게 안부를 전해 주십시오.

4) 헬라어 '칼라모우'(kalamou)는 갈대로 만든 펜을 가리킨다. 다양한 색상의 잉크가 사용되기는 했지만, 본문에 '잉크'로 번역된 헬라어 '멜라노스'(melanos)는 검은색 잉크를 뜻한다. 당시에는 흑색 안료와 점성고무를 섞어 만든 잉크를 사용했다.

유다서[1]

인사

1 1 예슈아 메시아의 종이며 야고보의 형제인 유다는 하나님 아버지께서
사랑하시고, 예슈아 메시아께서 지키시며 부르신 자들에게 편지합니다. 2
여러분 가운데 긍휼과 샬롬과 사랑이 배가되기를 바랍니다.

거짓 교사들에 대한 심판

3 사랑하는 자들이여, 나는 여러분에게 우리가 함께 받은 구원에 대해 쓰려고
모든 노력을 기울이다가, 성도들에게 단번에 주어진 그 믿음을 위해 싸우라고 권
면할 필요를 느꼈습니다. 4 이는 어떤 사람들이 몰래 숨어 들어왔기 때문입니다.
그들은 오래전에 이렇게 정죄받을 것으로 기록된 사람들로, 경건하지 않으며, 우
리 하나님의 은혜를 방탕한 것으로 바꾸고, 우리의 유일한 스승이며 주님이신 예
슈아 메시아를 부인했습니다.

5 또 나는 여러분에게 상기시켜 주고 싶습니다. 그것은 여러분 모두가 아는 대
로, 주께서 이집트에서 모든 백성을 단번에 구원하시고, 그 다음에 믿지 않는 자
들을 멸하셨다는 사실입니다(민 14:28, 29). 6 그리고 처음 지위를 지키지 않고 오히려
자기들의 처소를 떠난 천사들[2]을 큰 날[3]에 심판하시려고 영원한 사슬로 묶어 흑
암 속에 가두어 두셨습니다. 7 또 소돔과 고모라와 그 주변의 도시들도 그들처럼
음행하며 다른 육체를 따르다가, 영원한 불의 심판을 받아 사람들에게 *경고하는*
끔찍한 본보기가 되었습니다.

8 마찬가지로 실제 이 꿈꾸는 자들도 육체를 더럽히고, 큰 권위, 곧 *통치권을*
*소유하신 분*을 거부하며, 영광스러운 천사들을 모독하고 있습니다. 9 그래서 천사

1) AD 66–67년경에 기록되었다.

2) 이 천사들은 사탄을 따르며 하늘을 버렸을 뿐만 아니라, 그들의 성소, 곧 정결한 몸을 버렸다. 베드로후서 2장 4절을 참조하라.

3) 심판의 날. 계시록 20장 4절과 11–14절을 참조하라.

장 미가엘도 모세의 몸을 두고 마귀와 논쟁하며 다툴 때에 감히 정죄하는 말로
저주를 선포하지 않고 "주께서 너를 꾸짖으시기를 바란다"[4]라고 말했습니다. 10 그
런데 참으로 자기들이 저주하는 것을 깨닫지 못하는 이 사람들은 짐승들처럼 본
능, 곧 육체적 감각으로 이해한 것들에 의해 멸망당합니다. 11 그들에게 화가 있을
것입니다. 그들이 가인의 길로 갔고, 대가를 바라다가 발람의 속임수에 빠졌기 때
문입니다(민 22:7; 31:16). 그리고 그들은 고라의 반역으로 멸망당했습니다(민 16:19-35).
12 이들은 아무 거리낌 없이 여러분과 함께 애찬식에 참여하여 *양떼가 아니라* 자
신들만 돌보며 먹어치우는 암초들이며, 바람에 밀려가는 물 없는 구름이고, 뿌리
째 뽑혀 두 번 죽은 열매 없는 늦가을 나무들이며, 13 자기들의 수치스러운 행위
들을 거품처럼 뿜어 내는 바다의 성난 파도이고, 깊은 어둠이 영원히 예비되어 있
는 방황하는 별들입니다.

14 그러나 아담의 칠 대 손인 에녹은 이런 사람들에 대해 예언하며 말하기
를, "보라! 주께서 그분의 수만 성도들과 함께 오셨으니(신 33:2), 15 살아 있는 모든
이들 위에 심판을 내리시기 위함이다"라고 했습니다. 이것은 죄인들이 저지른 경
건하지 않은 모든 행위와 불경건한 죄인들이 그분을 대적하여 말한 모든 거친 말
에 대한 심판입니다. 16 이런 사람들은 원망하는 자들이며, 자기들의 욕망을 따라
행하는 불평하는 자들로, 그들의 입은 큰소리를 치다가도 이익을 얻기 위해 아첨
합니다.

경고와 훈계

17 그러나 사랑하는 자들이여, 여러분은 이제 전에 우리 주 예슈아 메시아의
사도들을 통해 선포되었던 말씀들을 마음에 두어야 합니다. 18 그들이 여러분에
게 말하기를, "마지막 때에 자기 욕심을 따라 살며, 경건하지 않은 자들의 길을 가
는 조롱꾼들이 나타날 것이다"라고 했기 때문입니다. 19 이들은 분열을 일으키는
자들이며, 성령이 없는 육신의 감각적인 본성에 속한 자들입니다. 20 그러나 사랑
하는 자들이여, 성령 안에서 기도하며 가장 거룩한 믿음 안에서 여러분 자신을
견고히 세우십시오. 21 여러분은 끊임없이 하나님의 사랑 안에서 자신을 지키며,
영원한 생명으로 이끄시는 우리 주 예슈아 메시아의 긍휼을 기대해야 합니다. 22
늘 의심하는 자들을 긍휼히 여기고, 23 불구덩이에 빠진 사람들을 끄집어내어 구
원해야 합니다. 또 어떤 사람들에게는 두려움 가운데 긍휼을 베풀되, 그들의 육

신으로 더러워진 튜닉[5]까지도 미워해야 합니다.

송축

24 이제 여러분을 넘어지지 않게 지켜 주시고, 지극한 기쁨으로 흠 없이 그분의
영광 앞에 세워 주실 분, 25 유일하신 우리 구주 하나님께 우리 주 예슈아 메시아
를 통해 영광과 권세와 힘과 능력이 영원 전부터 지금과 영원까지 있을 것입니다.
아멘.

4) 역자 주: 《모세의 승천기》에 기록된 내용으로, 유다가 언급한 것으로 보아 당시 그리스도인들이 이 책에 대해 알고 있었을 것이다.

5) 용어 해설에서 '튜닉'을 찾아보라

계시[1]

(요한계시록)

소개와 인사

1

1 이것은 예슈아 메시아의 계시로, 하나님께서 머지않아 반드시 일어날
일들(단 2:27-30, 45)을 그분의 종들에게 보이시려고 예슈아께 주신 것입니
다. 예슈아께서는 그의 사자들을 보내어 그분의 종 요한에게 알려 주셨고, 2 요한
은 자기가 본 것, 곧 하나님의 말씀과 예슈아 메시아의 증거[2]를 증언했습니다. 3
이 예언의 말씀들을 읽는 자와 듣는 자들[3]과 그 안에 기록된 것들을 지키는 자
들은 복이 있습니다. 그때가 가까이 왔기 때문입니다.
4 요한은 아시아에 있는 일곱 회중(교회)[4]에게 편지합니다. 지금도 계시며, 전에
도 계셨고, 앞으로 오실 그분과 그분의 보좌 앞에 있는 일곱 영과 5 신실한 증인
이시며, 죽은 자들의 첫 열매(시 89:28)이시고, 땅의 왕들의 통치자이신 예슈아 메
시아께로부터 은혜와 샬롬이 여러분에게 임하기를 바랍니다.
우리를 사랑하셔서 자기의 피로 우리를 우리 죄들에서 해방시켜 주시고(사 40:2;
시 130:8), 6 우리로 하나님 아버지의 왕국을 이루시고, 제사장들[5]로 삼아 주신 그
분께(출 19:6; 사 61:6) 영광과 능력이 영원무궁토록 있을 것입니다. 아멘.
7 "보십시오, 그분은 구름과 함께 오실 것입니다(단 7:13).

1) AD 89-96년경에 기록되었다. 용어 해설에서 '배열 순서'를 찾아보라.

2) 이곳과 1장 9절, 20장 4절의 '하나님의 말씀과 예슈아 메시아의 증거'는 히브리어의 반복 형태로, 요한복음 1장 1절의 "태초에 말씀이 계셨다. 그 말씀은 하나님과 함께 계셨고, 그 말씀이 곧 하나님이셨다"와 같이 예슈아께서 하나님의 말씀이심을 강조하는 것이다. 용어 해설에서 '예슈아의 증거'를 찾아보라.

3) 말씀이 기록된 두루마리를 개인이 가지고 있는 경우는 거의 없었고, 회당에 사본 한두 점 정도가 보관되어 있었다. 그러므로 '말씀을 읽는 자'는 회중 앞에서 말씀을 낭독하는 한 사람을, '듣는 자들'은 그것을 듣는 회중 또는 교회를 가리킨다.

4) 용어 해설에서 '회중'을 찾아보라.

5) 장차 하나의 왕국, 한 분의 왕만 있고, 그 왕국의 시민들은 모두 제사장일 것이다.

모든 눈이 그분을 볼 것이며
심지어 그분을 찔렀던 자들도 보게 될 것입니다.
그리고 땅의 모든 족속이 그분 때문에 애곡할 것입니다"(슥 12:10, 12).
참으로 그렇게 될 것입니다! 아멘![6]

8 주 하나님, 지금도 계시며, 전에도 계셨고, 앞으로 오실 만군의 주[7]께서 말씀
하십니다. "나 스스로 있는 자는 알레프와 타브[8](알파와 오메가)이다"(사 44:6).

환상으로 본 메시아

9 여러분의 형제이며, 예슈아 안에서 고난과 왕국과 인고의 기다림에 동참하는
나 요한은 하나님의 말씀과 예슈아의 증거 때문에 밧모라 불리는 섬에 갇혀 있었
습니다. **10** 주의 날에 내가 그 영(성령) 안에 있었는데, 내 뒤에서 나는 나팔 소리
같은 큰 음성을 들었습니다. **11** 말씀하시기를, "네가 본 것을 두루마리[9]에 기록하
여 에베소와 서머나와 버가모와 두아디라와 사데와 빌라델비아와 라오디게아에
있는 일곱 회중(교회)에게 보내라"라고 하셨습니다.

12 그래서 나는 내게 말씀하시는 음성을 확인하려고 몸을 돌렸습니다. 내가 돌
아섰을 때에 일곱 개의 금 메노라(촛대)를 보았고, **13** 그 메노라(촛대)들 가운데 그
사람의 아들 같은 분(단 7:13)이 계신 것이 보였는데, 발까지 내려오는 긴 옷을 입
으시고 가슴에는 금으로 된 띠를 두르고 계셨습니다(겔 9:2; 단 10:5). **14** 그리고 그분
의 머리와 머리카락은 양털과 눈처럼 희고(단 7:9), 그분의 눈은 불꽃같았으며, **15**
그분의 발은 풀무에서 단련된 금보다 더 귀한 금속[10] 같았고(단 10:6), 그분의 음성
은 많은 물들의 소리 같았습니다(겔 1:24; 43:2). **16** 그분의 오른손에는 일곱 개의 별
이 있었고, 입에서는 양쪽에 날이 선 커다란 검[11](사 49:2)이 나와 있었으며, 그분의

6) 용어 해설에서 '아멘'을 찾아보라.

7) 심판의 날에 주님은 그분의 천사들과 함께 오실 것이다.

8) '알레프'는 히브리 알파벳 첫 글자이며, '타브'는 마지막 글자이다. 알레프와 타브로 이르어진 '에트'(et) 바로 뒤에 오는 말은 동사의 직접 목적어가 된다. 용어 해설에서 '알레프'를 찾아보라.

9) 이 편지들은 크기가 6×9인치에서 12×13인치에 이르는 파피루스에 기록되었다. 이 파피루스 낱장을 한 줄로 늘어놓고 스무 장 정도를 이어 붙여 두루마리를 만들었다. 두루마리는 세로로 놓고 오른쪽에서 왼쪽으로 말았다가, 헬라어와 라틴어는 왼쪽에서 오른쪽으로 읽기에 오른쪽부터 펼쳤다. 보통 '책'이나 '두루마리'로 번역되는 헬라어 '비블로스'(biblos)는 파피루스의 속 또는 심을 가리키는 말이다.

10) 보통 '빛난 주석(놋 또는 청동)'으로 번역하지만, 헬라어 '칼콜리바논'(chalkolibanon)은 '금보다 훨씬 더 귀한 금속'을 뜻하는 말이다. 계시록 2장 18절을 참조하라.

11) 주로 야만인들이 사용하던 매우 크고 넓적한 검을 말한다. 이 검을 휘두르려면 엄청난 힘이 필요했다.

얼굴은 정오의 태양이 강하게 비치는 것 같았습니다.
17 그분을 보았을 때에 나는 죽은 사람처럼 그분의 발 앞에 쓰러졌습니다. 그러
자 그분께서 오른손을 내 위에 얹으시며 말씀하시기를, "두려워하지 말라! 나 스
스로 있는 자는[12] 처음과 마지막이며(사 44:6; 48:12) 18 살아 있는 자다. 또 내가 죽
었으나 보라! 내가 영원히 살아 있으며, 사망과 하데스[13]의 열쇠들을 가지고 있다.
19 그러므로 너는 네가 본 것과 일어나고 있는 일들과 이 일들 후에 일어날 일을
기록하라(사 48:6; 단 2:28-29, 45). 20 네가 본 내 오른손의 일곱 별과 일곱 금 메노라(촛
대)의 비밀은 이러하다. 일곱 별은 일곱 회중(교회)의 사자들이며, 일곱 메노라[14](촛
대)는 일곱 회중(교회)이다"라고 하셨습니다.

에베소에 보내는 편지

2
1 "이제 너는 에베소에 있는 회중(교회)의 사자에게 써 보내라.
'오른손에 일곱 별을 쥐고, 일곱 금 메노라(촛대) 사이를 거니시는 분께
서 이렇게 말씀하신다. 2 나는 네가 한 일과 수고와 인내와 악을 참지 않은 것과
사도가 아니면서 자기들을 사도라고 말하는 자들을 시험하여 그들이 가짜임을
밝혀 낸 것을 안다. 3 또 너는 잘 참고 인내했으며, 내 이름 때문에 견디고 지치지
않았다. 4 그러나 너에게 책망할 것이 있으니, 네가 처음 사랑을 버린 것이다. 5 그
러므로 너는 어디서 떨어졌는지 기억해 내고 회개하여 네가 처음에 했던 일들을
하라. 그렇게 하지 않으면, 내가 가서 네 메노라(촛대)를 그 자리에서 옮길 것이다.
6 그런데 네가 이런 일도 했으니, 곧 니골라 당[15]이 하는 일들을 미워한 것이다.
나도 그것을 미워한다(시 139:21). 7 귀 있는 자는 지금 그 영(성령)이 회중(교회)들에
게 말씀하시는 것을 들어라. 이기는 자[16]에게는 내가 하나님의 낙원에 있는 생명
나무에서 나는 것(창 2:9)을 먹게 할 것이다.'"

12) 히브리어로 '아니'(ani)라고 한다. 용어 해설에서 '아노키'를 찾아보라.

13) 히브리어로 '스올'이다. 용어 해설에서 '게헨나'를 찾아보라.

14) 메노라는 성령과 하나님의 말씀을 상징한다. 모든 교회가 이 메노라같이 성령과 하나님의 말씀으로 충만하여 각 사람이 등불처럼 빛을 발하게 해야 한다.

15) 니골라 당은 세상과 타협하라고 가르침으로, 물질 만능주의와 비윤리적 행위가 교회 안으로 비집고 들어오게 만들었다.

16) 전통적인 번역은 '이기는 자'이지만, 사실 헬라어 '니카오'(nikao)의 뜻은 '승리하다', '정복하다'이다. 그러므로 여러 도시의 교회들에게 보내는 편지에서 '이기는 자'를 보거든 '정복자'를 생각하라.

서머나에 보내는 편지

8 "이어서 너는 서머나에 있는 회중(교회)의 사자에게 써 보내라.
'처음과 마지막이며(사 44:6; 48:12), 죽었다가 살아나신 분께서 이렇게 말씀하신
다. **9** 나는 네 고난과 궁핍함을 알고 있다. 그러나 너는 부유한 자이다. 또 유대인
이라 하는 자들의 비방을 내가 아는데, 그들은 아무것도 아니며 사탄[17]의 모임
일 뿐이다. **10** 그러므로 너는 고난당할 것을 두려워하지 말라! 보라, 마귀가 너희
를 시험하려고 감옥에 던져 넣을 것이며, 너희가 열흘 동안 환난을 당할 것이다
(단 1:12, 14). 죽기까지 충성하라. 그러면 내가 생명의 면류관을 네게 줄 것이다. **11**
귀 있는 자는 지금 그 영(성령)이 회중(교회)들에게 말씀하시는 것을 들어라. 이기
는 자는 둘째 사망에게 해를 당하지 않을 것이다.'"

버가모에 보내는 편지

12 "이어서 너는 버가모[18]에 있는 회중(교회)의 사자에게 써 보내라.
'양쪽에 날이 선 큰 검을 가진 분께서 이렇게 말씀하신다(사 49:2). **13** 나는 네
가 사는 곳을 아는데, 그곳은 사탄의 왕좌가 있는 곳이다. 그럼에도 너는 내 이름
을 굳게 붙들고 있다. 너는 나의 충성스러운 증인 안디바[19]가 사탄이 거하는 그곳
에서 죽임 당하던 날에도 나를 믿는 믿음을 부인하지 않았다. **14** 그러나 너에게 몇
가지 책망할 것이 있으니, 네 안에 발람의 가르침을 붙드는 사람들이 있기 때문
이다. 그는 발락을 가르쳐서 이스라엘 자손 앞에 걸림돌을 두어 그들로 우상에게
바친 고기를 먹고 우상숭배[20]를 하게 만든 자이다. **15** 이처럼 네 안에도 니골라
당의 가르침을 붙드는 자들이 있다. **16** 그러므로 너는 이제 회개하라. 그렇지 않으
면, 내가 속히 너에게 가서 내 입의 큰 검[21]으로 그들과 싸울 것이다. **17** 귀 있는
자는 지금 그 영(성령)이 회중(교회)들에게 말씀하시는 것을 들어라. 이기는 자[22]에

17) 용어 해설에서 '사탄'을 찾아보라.

18) 버가모(페르가몬)는 AD 4–5세기에 양피지가 파피루스 대신 문서 기록에 사용되면서 고급 양피지 제작 공정을 발전시킨 도시이다(추후 양피지의 발달로 엄청난 장서를 자랑하는 도서관이 이곳에 들어섰다 – 역자 주). 양피지를 뜻하는 영어 parchment가 이 도시 이름에서 유래한 것이다.

19) 버가모에서 순교한 그리스도인으로, 헤롯 안디바와는 다른 사람이다.

20) 또는 음행. 민수기 25장 1–2절과 31장 16절을 참조하라.

21) 야만인들이 주로 사용하던 매우 크고 넓적한 검으로, 이것을 다루려면 엄청난 힘이 필요했다. 이것은 개인이 소지할 수 있는 가장 강력한 무기이다. 이 검이 주님의 입에서 나와 우리를 위해 싸우심으로 우리의 대적을 물리친다. 우리가 말씀을 알고 믿으면, 하나님의 말씀은 개인이 사용할 수 있는 가장 강력한 무기가 된다.

22) 16번 각주를 참고하라.

게는 내가 감추어져 있던 만나(시 78:24)와 흰 돌을 줄 것이다. 그 돌 위에는 그것을 받는 사람 외에 아무도 모르는 새로운 이름(사 62:2)이 새겨져 있을 것이다.'"

두아디라에 보내는 편지

18 "이어서 너는 두아디아에 있는 회중(교회)의 사자에게 써 보내라.

'하나님의 아들, 그 눈은 타는 불꽃 같고, 발은 금보다 더 귀한 금속 같은 분
(단 10:6)께서 이렇게 말씀하신다. **19** 나는 네 행위와 사랑과 믿음과 봉사와 인내, 그
리고 처음 행위보다 나중 행위가 많음을 알고 있다. **20** 그러나 너에게 책망할 것
이 있으니, 네가 선지자를 자처하는 여인 이세벨을 막지 않은 것이다. 그 여자는
내 종들을 가르치고 속여 음행[23]을 저지르게 하고(왕상 16:31; 왕하 9:22) 우상들에게
바친 고기를 먹게 했다(민 25:1,2). **21** 그리고 내가 그 여자에게 회개할 시간을 주었
으나, 그 여자는 음행(우상숭배)을 회개하려 하지 않았다. **22** 보라, 내가 그 여자를
큰 고통의 침상에 던져 넣을 것이며, 그 여자와 함께 간음한 사람들도 그 행위를
회개하지 않으면 큰 고통 속에 던져 버릴 것이다. **23** 또 그 여자의 자녀들을 영원
한 죽음에 내어 줄 것이다. 그러면 모든 회중(교회)이 내가 사람의 마음과 생각을
살피는 자라는 것을 알게 될 것이다(시 7:9; 잠 24:2, 12; 렘 11:20; 17:10). 나는 너희의 행
위에 따라 각 사람에게 갚아 줄 것이다(시 62:13;[24] 잠 24:12; 렘 17:10). **24** 그리고 이 가
르침을 붙들지 않고, 그들이 말하고 있는 사탄의 깊은 것들을 알지 못하는 너희
두아디라의 남은 자들에게 말한다. 나는 너희에게 다른 짐을 지우지는 않을 것이
다. **25** 다만 내가 갈 때까지 너희가 가지고 있는 것을 굳게 붙들어라. **26** 이기는 자
와 마지막까지 내 일들을 지키는 자에게는

"내가 이방인들을 다스리는 권세를 줄 것이다.

27 그는 쇠지팡이로 그들을 이끌며,

질그릇을 깨듯 그들을 부서뜨릴 것이다"(시 2:9).

28 내가 내 아버지께 이 권세를 받은 것처럼 그에게 새벽 별을 줄 것이다. **29** 귀 있
는 자는 지금 그 영(성령)이 회중(교회)들에게 말씀하시는 것을 들어라.'"

23) 탐욕과 관련된 모든 죄를 말한다. 탐욕은 자기 욕망을 다른 사람들의 필요보다 앞세우는 것이다.

24) 히브리 성경을 기준으로 한 것이며, 우리말 성경은 시편 62편 12절이다.

25) "너는 마땅히 해야 할 일을 완수하지 않고 남겨 두었다." 야고보서 2장 14–24절을 참조하라.

사데에 보내는 편지

3 1 "이어서 너는 사데에 있는 회중(교회)의 사자에게 써 보내라.
'하나님의 일곱 영과 일곱 별을 가지신 분께서 이렇게 말씀하신다. 나는
네 행위들을 아니, 너는 살아 있다는 이름은 있으나 죽었다. 2 너는 깨어 있어 곧
죽게 될 남은 자들을 강하게 하라. 나는 네 행위가 내 하나님 앞에서 완전해진 것
을 찾지 못했다.[25] 3 그러므로 너는 받은 것과 들은 것을 기억하고, 끊임없이 그것
에 주의하여 즉시 회개하라. 네가 깨어 있지 않으면, 내가 도둑같이 갈 것이다. 그
러므로 너는 내가 어느 때에 네게 이를지 알지 못할 것이다. 4 그러나 사데에는 자
기 겉옷을 더럽히지 않은 몇 사람이 있는데, 그들은 흰옷을 입고 나와 함께 다니
게 될 것이다. 그들에게는 그럴 만한 자격이 있기 때문이다. 5 이기는 자는 이와
같이 흰옷[26]을 입을 것이며, 나는 결코 그의 이름을 생명책(출 32:32-33; 단 12:1)에서
지우지 않을 것이고, 그의 이름을 내 아버지와 그분의 천사들 앞에서 시인할 것
이다. 6 귀 있는 자는 지금 그 영(성령)이 회중(교회)들에게 말씀하시는 것을 들어
라.'"

빌라델비아에 보내는 편지

7 "이어서 너는 빌라델비아에 있는 회중(교회)의 사자에게 써 보내라.

'거룩하고 진실하신 분,
"다윗의 열쇠를 가지신 분,
여시면 닫을 자가 아무도 없고
또 닫으시면 열 자가 없는 분"(사 22:20-22)께서 이렇게 말씀하신다.

8 나는 네 행위들을 안다. 보라! 내가 네 앞에 문을 열어 두었으니, 아무도 닫지
못할 것이다. 네가 적은 능력으로 내 말을 지켰고, 내 이름을 부인하지 않았기 때
문이다. 9 보라! 내가 사탄의 모임에서 스스로 유대인이라고 말하나 유대인이 아닌
자들, 거짓말을 하는 자들을 나아오게 하여 그들이 네 발 앞에 엎드려 경의를 표
하게 할 것이다(사 45:14; 49:23; 60:14). 그러면 그들이 내가 너를 사랑한다는 것을 알
게 될 것이다(사 43:4). 10 네가 참고 견디라는 내 가르침을 지켰으므로, 이 땅에 거
하는 자들을 시험하기 위해 온 세상에 임할 시험의 때에 너를 보호해 줄 것이다.

26) '흰옷'은 영적으로 준비된 상태를 상징한다. 전도서 9장 8절을 참고하라. "항상 네 의복을 희게 하고 네 머리에 기름이 부족하지 않게 하라."

11 내가 속히 갈 것이니, 너는 가지고 있는 것을 붙잡아 아무도 네 면류관을 빼앗
지 못하게 하라. 12 내가 이기는 자를 내 하나님의 성소의 기둥으로 삼을 것이며,
그가 다시는 성소 밖으로 나가지 않을 것이다. 또 그에게 내 하나님의 이름[27]과
내 하나님의 성(겔 48:35),[28] 곧 하늘에 계신 내 하나님에게서 내려오는 새 예루살렘
의 이름을 기록하고, 나의 새 이름도 기록할 것이다(사 62:2; 65:15). 13 귀 있는 자는
지금 그 영(성령)이 회중(교회)들에게 말씀하시는 것을 들어라.'"

라오디게아에 보내는 편지

14 "이어서 너는 라오디게아에 있는 회중(교회)의 사자에게 써 보내라.
'그분, 곧 아멘이시고, 신실하고 참된 증인이시며, 하나님의 창조의 시작이신
분께서 이렇게 말씀하신다. 15 내가 네 행위들을 아는데, 너는 차갑지도 않고 뜨겁
지도 않다. 나는 네가 차갑거나 뜨겁기를 바란다.[29] 16 네가 이처럼 미지근하여 차
갑지도 않고 뜨겁지도 않으므로, 내가 너를 내 입에서 뱉어 버릴 것이다. 17 너는
말하기를, "나는 부자다. 부유하여(호 12:8) 아무것도 부족하지 않다"라고 하지만,
자신이 비참하고 불행하며 가난하고 눈멀고 벌거벗은 것을 모른다. 18 내가 너에
게 권고한다. 나에게서 불로 제련한 금을 사서 부자가 되고, 흰옷을 입어 네 벌거
벗은 수치를 드러내지 않게 하며, 네 눈에 안약을 발라 볼 수 있게 하라. 19 나는
내가 사랑하는 자들을 훈계하고 책망한다(잠 3:12). 그러므로 너는 열심을 내어 회
개하라. 20 보라! 내가 문에 서서 두드리고 있다.[30] 만일 누가 내 목소리를 듣고 문
을 열면, 내가 그에게 들어가 그와 함께 먹고, 그는 나와 함께 먹을 것이다. 21 이
기는 자에게는 내가 승리하고 내 아버지와 함께 그분의 보좌에 앉은 것같이[31] 나
와 함께 내 보좌에 앉게 할 것이다. 22 귀 있는 자는 지금 그 영(성령)이 회중(교회)
들에게 말씀하시는 것을 들어라.'"

27) 이름에 해당하는 헬라어 '오노마'는 하나님의 속성과 활동성을 의미한다. 용어 해설에서 '오노마'를 찾아보라.

28) 아도나이 샴마, 곧 '주님이 거기에 계신다.'

29) 헬라어 '오펠론'(ophelon)의 의미를 온전히 옮기면 다음과 같다. "주님은 너희가 차갑거나 뜨겁기를 바라시지만, 너희가 차지도 뜨겁지도 않은 미지근한 상태로 남을 것을 아신다."

30) 그분께서는 바로 지금도 서서 문을 두드리고 계신다.

31) 이 놀라운 말씀을 깊이 생각해 보라. 22장 1절을 참조하라.

천상의 예배

4 1 이러한 일들 후에 내가 보니, 하늘에 열린 문이 있고, 내가 처음에 들었
던 그 음성, 곧 나에게 말씀하시던 쇼파르(양각 나팔) 같은 음성이 말씀하
셨습니다. "너는 여기로 올라 오라(출 19:20, 24). 내가 이 일들 후에 일어나야 할 일
들(단 2:28, 29, 45)을 네게 보여 주겠다." 2 그 순간 나는 그 영(성령) 안에 있었는데, 하
늘에 한 보좌가 세워져 있고, 그 보좌에 한 분이 앉아 계셨습니다(왕상 22:19; 대하
18:18; 시 47:8; 사 6:1; 겔 1:26-27). 3 앉아 계신 분의 모습은 벽옥과 홍옥 같았고, 에메랄
드처럼 보이는 무지개가 그 보좌를 에워싸고 있었습니다. 4 또 그 보좌 주위에 스
물네 개의 보좌들이 있었는데, 보좌들 위에 스물네 명의 장로들이 흰옷을 입고
머리에 금 면류관을 쓰고 앉아 있었습니다(사 24:23). 5 그 보좌에서 번개들과 음성
들과 천둥들(출 19:16; 겔 1:13)이 나오고, 그 보좌 앞에는 일곱 개의 등불이 타오르
고 있었는데(겔 1:13; 슥 4:2), 이것은 하나님의 일곱 영입니다. 6 또 보좌 앞은 수정과
같은 유리 바다였습니다(겔 1:22).

그리고 그 보좌 가운데와 그 보좌 주위에 앞뒤로 눈이 가득한 네 생물이 있었
습니다. 7 첫 번째 생물은 사자 같고, 두 번째 생물은 송아지 같으며, 세 번째 생물
은 사람의 얼굴 같고, 네 번째 생물은 날아가는 독수리 같았습니다(겔 1:5-10; 10:14).
8 이 네 생물은 각각 여섯 개의 날개를 가지고 있었는데(사 6:2), 사방으로 그리고
안쪽[32]에 눈들이 가득했습니다(겔 1:18; 10:12). 그들은 밤낮으로 쉬지[33] 않고 말하
기를,

"거룩, 거룩, 거룩,
만군[34]의 주 하나님(사 6:3),
전에도 계셨고, 지금도 계시며, 앞으로 오실 분이여"(출 3:14)라고 했습니다.

9 이 생물들이 영광과 존귀와 감사를 그 보좌에 앉으신 분(왕상 22:19; 사6:1; 겔
1:26, 27; 대하 18:18; 시 47:8), 곧 영원무궁토록 사시는 분(단 4:34; 6:26; 12:7)께 돌릴 때마다
10 스물네 명의 장로들은 보좌에 앉으신 분 앞에 엎드려 영원무궁토록 사시는 분
께 경배하고, 그들의 면류관을 그 보좌 앞에 던지며 이렇게 말했습니다.

11 "우리 주 하나님,

32) 날개 안쪽

33) 이것은 '짧은 휴식'을 뜻한다. 잠시의 휴식이나 잠이 필요하지 않은 이들은 끊임없이 하나님을 찬양한다.

34) 보통 '전능하신'으로 옮기지만, '만군'이 더 적절하다. 이사야 6장 3절을 참조하라. 용어 해설에서 '만군의 주'를 찾아보라.

주께서는 영광과 존귀와 권능을 받기에 합당하시니,
주께서 만물을 창조하셨고,
참으로 주의 뜻대로 그 모든 것이 창조되었기 때문입니다."

두루마리와 어린양

5 **1** 또 나는 보좌(왕상 22:19; 사 6:1; 겔 1:26-27; 시 47:8; 대하 18:18)에 앉으신 분의 오
른손에 들린 두루마리 하나를 보았는데, 안팎으로 글이 적혀 있었고[35](사
29:11; 겔 2:9-10), 일곱 개의 인으로 봉인되어 있었습니다. **2** 또 내가 보니, 힘센 천사
가 큰 소리로 외치기를, "이 인을 떼고 두루마리를 펴기에 합당한 사람은 누구인
가?"라고 했습니다. **3** 그러나 하늘과 땅 위와 땅 아래 어느 곳에도 그 두루마리를
펴서 볼 수 있는 사람이 없었습니다. **4** 그래서 나는 크게 소리내어 울었습니다. 그
두루마리를 열고 그것을 보기에 합당한 자가 아무도 없었기 때문입니다. **5** 그러자
장로들 가운데 한 사람이 내게 말했습니다. "울지 마십시오! 보십시오! 유다 지파
의 사자(창 49:9-10), 다윗의 뿌리(사 11:1)가 승리하셨으니, 그분께서 일곱 인을 떼고
두루마리를 펼치실 수 있습니다."

6 나는 또한 보좌[36]와 네 생물과 장로들 가운데 전에 죽임을 당한 것 같은 어
린양(사 53:7)이 서 계시는 것을 보았습니다. 그분께는 일곱 뿔과 일곱 눈이 있었는
데(슥 4:10), 그것들은 온 땅으로 보냄을 받은 하나님의 일곱 영입니다(사 11:1-2). **7** 그
리고 그분께서 오셔서 그 보좌에 앉으신 분의 오른손에서 두루마리를 받으셨습
니다. **8** 그분께서 두루마리를 받으시자, 네 생물과 스물네 명의 장로들이 각각 수
금과 연기 나는 향이 가득한 금 대접 하나를 들고 그 어린양 앞에 엎드렸습니다.
연기 나는 향은 성도들의 기도(시 141:2)입니다. **9** 그들은 다음과 같이 새 노래를 불
렀습니다.

"주님은 이 두루마리를 받아
봉인들을 떼기에 합당하신 분입니다.
주님께서 죽임을 당하시고, 주님의 피로 모든 족속과 방언과 백성과 민족 중에
사람들을 사셔서 하나님께 드리셨습니다.

35) 안팎으로 글이 적혀 있는 파피루스 두루마리를 '오피스토그라프'(opisthograph)라고 한다.

36) '보좌'는 우주를 다스리는 통치자의 권세를 상징하기도 한다. 이것은 네 생명체에 둘러싸인 반원 형태일 수도 있고, 네 생명체와 장로과 어린양에 둘러싸여 있을 수도 있다.

10 또 주님께서 그들을 우리 하나님을 위해 왕국과 제사장들로 삼으셔서(출 19:6; 사 61:6)

그들이 이 땅을 다스리게 될 것입니다."

11 그리고 내가 그 보좌를 둘러싼 많은 천사들과 그 생물들과 장로들을 보고,
그 소리를 들었는데, 그들의 수는 수천 수만(단 7:10)이었습니다.[37] **12** 그들이 큰 소
리로 말하기를,

"죽임 당하신 어린양은
능력과 부와 지혜와 힘과
존귀와 영광과 찬송을 받기에 합당하십니다!"(사 53:7; 대상 29:11)라고 했습니다.

13 또 내가 들으니, 하늘과 땅 위와 땅 아래와 바다 가운데 있는 모든 피조물이 말하기를,

"보좌에 앉으신 분과 어린양께
찬송과 존귀와 영광과 능력이
영원무궁토록 있을 것입니다"라고 했습니다.

14 그러자 네 생물이 "아멘"이라고 했습니다. 그리고 장로들은 엎드려 경배했습니다.

일곱 개의 인

6 **1** 나는 어린양이 *일곱 인 가운데* 하나를 떼시는 것을 보았고, 이어서 네 생물 가운데 하나가 천둥 같은 소리로 "네가 오라" 말하는 것을 들었습니다.
2 내가 보니, 흰 말이 있는데(슥 1:8; 6:3, 6) 그 위에 탄 사람은 활을 들고 있었습니다.
그는 면류관을 받고, 정복하러 나가서 모든 적을 이길 수 있었습니다.

3 그리고 그분께서 *두 번째 인*을 떼실 때에 나는 두 번째 생물이 "네가 오라" 말
하는 소리를 들었습니다. **4** 이어서 또 다른 말이 나왔는데, 그것은 붉은 말이었습니다(슥 1:8; 6:2). 그 위에 탄 사람에게는 땅에서 평화를 제거하여 사람들로 하여금 서로 죽이게 하는 권세가 주어졌고, 큰 단검[38]도 주어졌습니다.

5 그리고 그분께서 *세 번째 인*을 떼실 때에 나는 세 번째 생물이 "네가 오라" 말

37) "무수히 많았습니다."

38) 개인이 소지하는 단검 중 크기가 큰 것으로, 기병대가 사용하는 '사브레'와 비슷하다고 볼 수 있다.

하는 소리를 들었습니다. 내가 보니, 검은 말이 있고(슥 6:2, 6) 그 위에 탄 사람은 손에 저울을 들고 있었습니다. **6** 그리고 나는 네 생물들 사이에서 어떤 음성 같은 것을 들었는데, "한 데나리온[39]에 밀이 한 되요, 한 데나리온에 보리가 세 되니, 올리브 기름과 포도주는 상하게 하지 말라"라고 했습니다.

7 그리고 그분께서 *네 번째 인*을 떼실 때에 네 번째 생물이 "네가 오라" 말하는 소리를 들었습니다. **8** 내가 보니, 병든 사람처럼 창백한 말이 있는데, 그 위에 탄 사람의 이름은 사망이고, 그 뒤를 하데스[40]가 따르고 있었습니다. 그들에게는 큰 검과 기근과 사망과 땅의 짐승으로 땅의 사분의 일을 죽일 권세가 주어졌습니다(렘 14:12; 15:3; 겔 5:12, 17; 14:21; 33:27).

9 그리고 그분께서 *다섯 번째 인*을 떼실 때에 나는 하나님의 말씀과 자기들이 증언한 것 때문에 죽임 당한 사람들의 영혼[41]이 제단 아래에 있는 것을 보았습니다. **10** 그들이 큰 소리로 외치며 말하기를, "거룩하시고 참되신 주여, 언제까지 이 땅에 사는 자들을 심판하지 않으시고, 우리의 피를 갚아 주지 않으실 것입니까?"(신 32:43; 왕하 9:7; 시 79:10)라고 했습니다. **11** 그러자 그들 각자에게 흰옷[42]이 주어졌습니다. 그리고 그들의 동료 종들과 그 형제들, 곧 그들처럼 죽임을 당할 사람들(계 20:4)의 수가 채워질 때까지(창 48:19; 롬 11:25) 조금 더 쉬라는 말씀이 들렸습니다.

12 또 내가 보니, 그분께서 *여섯 번째 인*을 떼시자 큰 지진이 났고, 해가 털로 만든 마대처럼 검어졌으며, 달은 온통 핏빛이 되었습니다(욜 3:4).[43] **13** 그리고 하늘의 별들이 땅에 떨어지는데, 마치 강풍에 흔들려 떨어지는 여름 무화과 같았으며(사 13:10; 겔 32:7-8; 욜 2:10; 4:15[44]), **14** 하늘은 두루마리가 말리듯 사라져 버리고(사 34:4), 모든 산과 섬들은 제자리에서 옮겨졌습니다. **15** 또 땅의 왕들과 높은 사람들과 장군들과 부자들과 권력자들과 모든 노예와 자유인들은 동굴과 산의 바위 틈에 숨어서(사 2:10, 19, 21; 렘 4:29) **16** 산과 바위들을 향해 이렇게 말했습니다. "너희는 우리 위에 무너져서 보좌에 앉으신 분의 얼굴과 어린양의 진노로부터 우리를 숨겨 줘

39) '한 데나리온'은 노동자의 하루 품삯이다.

40) 히브리어로는 '스올'이다. 용어 해설에서 '게헨나'를 찾아보라.

41) '숨들' 또는 '생명의 기운'

42) '흰옷'은 영적으로 준비된 상태를 상징한다. 전도서 9장 8절 참고하라. "항상 네 의복을 희게 하고 네 머리에 기름이 부족하지 않게 하라."

43) 히브리 성경을 기준으로 한 것이며, 우리말 성경은 요엘 2장 31절이다.

44) 히브리 성경을 기준으로 한 것이며, 우리말 성경은 요엘 3장 15절이다

야 한다(호 10:8). **17** 그분들께서 진노하시는 큰 날이 이르렀으니, 누가 설 수 있겠느
냐?"(욜 2:11; 나 1:6; 말 3:2)

이스라엘 가운데 인침 받은 십사만 사천

7 **1** 이러한 일들 후에 내가 보니, 네 천사가 땅의 네 모퉁이에 서서 그 땅의
네 바람을 붙잡고 있었습니다(렘 49:36; 겔 37:9; 슥 6:5; 단 7:2). 이는 땅 위와 바
다 위와 심지어 어떤 나무 위에도 바람이 불지 못하게 하려는 것이었습니다. **2** 그
리고 나는 또 다른 천사가 살아 계신 하나님의 인을 가지고 동쪽에서 올라오는
것을 보았습니다. 그는 땅과 바다를 파괴할 권세를 받은 네 천사에게 큰 소리로
외치며 **3** 말하기를, "우리가 우리 하나님의 종들의 이마[45]에 인을 칠 때까지 땅이
나 바다나 나무들을 해치지 말라"(겔 9:4; 계 9:4; 14:1; 22:4)라고 했습니다. **4** 그 후 나는
인침 받은 사람들의 수가 십사만 사천[46]이라고 들었습니다. 이것은 이스라엘 자
손의 모든 지파 가운데 인침 받은 사람의 수였습니다.

5 유다 지파에서 인침 받은 자가 만 이천 명,
르우벤 지파에서 만 이천 명,
갓 지파에서 만 이천 명,
6 아셀 지파에서 만 이천 명,
납달리 지파에서 만 이천 명,
므낫세 지파에서 단 이천 명,
7 시므온 지파에서 만 이천 명,
레위 지파에서 만 이천 명,
잇사갈 지파에서 만 이천 명,
8 스불론 지파에서 만 이천 명,
요셉 지파에서 만 이천 명,
베냐민 지파에서 만 이천 명이 인침 받았습니다.

45) 요한의 어법에 의하면 성도들의 이마에는 '에메트'(진리)라는 인장이 찍혔을 것이다. 용어 해설에서 '배열 순서'를 찾아보라.

46) 십사만 사천(144,000)에서 '144'는 '신성한 정부의 완전성'을, '1000'은 '온전한 통치'를 상징한다

모든 나라에서 온 무리들

9 이러한 일들 후에 내가 보니, 아무도 셀 수 없는 큰 무리가 모든 나라와 족속
과 백성과 방언으로부터 나와 보좌 앞과 어린양 앞에 서 있었습니다. 그들은 흰옷
을 입고 손에 종려나무 가지를 들고 10 큰 소리로 외치며 말하기를,

"우리의 구원이 보좌에 앉으신 우리 하나님과
어린양께 있습니다!"(왕상 22:19; 사 6:1; 겔 1:26-27; 시 47:8; 대하 18:18)라고 했습니다.

11 그러자 모든 천사와 장로들과 네 생물이 보좌 주위에 서 있다가 보좌 앞에
엎드려 하나님께 경배하며 12 말하기를,

"아멘, 찬송과 영광과 지혜와 감사와 존귀와 능력과 힘이
우리 하나님께 영원무궁토록 있을 것입니다. 아멘"이라고 했습니다.

13 그때 장로들 가운데 한 사람이 답하며 내게 말하기를, "흰옷을 입은 이 사람
들은 누구이며, 어디에서 왔습니까?"라고 했습니다. 14 그래서 내가 그에게 말했
습니다. "내 주여, 당신이 아십니다." 그러자 그가 내게 말했습니다. "이들은 큰 환
난을 겪은 사람들(단 12:1)로, 그들의 옷을 어린양의 피로 씻어 희게 하였습니다(창
49:11).

15 '그러므로 그들은 하나님의 보좌 앞에 있고,
그들의 성소에서 밤낮으로 그분을 섬기고 있으며,
보좌에 앉으신 분이 그들 위에 그분의 장막을 치실 것입니다.
16 그들은 더 이상 굶주리지도, 목마르지도 않을 것이며,
태양이나 뜨거운 열기도 더 이상
그들을 덮치지 않을 것입니다'(사 49:10).
17 보좌 가운데 계신 어린양이 그들에게 목자가 되셔서(시 23:1; 겔 34:23)
그들을 생명수의 근원으로 인도해 주시고(시 23:2; 사 49:10; 렘 2:13)
하나님께서 그들의 눈에서 모든 눈물을 닦아 주실 것입니다"(사 25:8).

일곱 번째 인

8 1 그리고 그분께서 일곱 번째 인을 떼시자, 하늘에 반 시간 정도 정적이
흘렀습니다. 2 그때 내가 보니, 일곱 천사가 하나님 앞에 서 있고, 일곱 나
팔이 그들에게 주어졌습니다.

금 향로

3 그 후 또 다른 천사가 와서 분향 제단 옆에 섰습니다. 그는 금 향로를 들고 있었
는데, 모든 성도의 기도를 보좌 앞에 있는 금 제단에 드리기 위해 많은 향을 받
았습니다(출 30:1-3; 시 141:2). **4** 그리고 그 향연이 천사의 손에서 모든 성도의 기도와
함께 하나님 앞으로 올라갔습니다. **5** 이어서 그 천사가 금 향로를 가져다가 제단
의 불을 가득 채워(레 16:12)[47] 땅으로 던지자, 천둥과 우레와 번개와 지진이 일어났
습니다(출 19:16-19).

나팔들

6 그때 일곱 나팔을 가진 일곱 천사가 나팔을 불 준비를 했습니다.

7 그리고 *첫 번째* 천사가 *나팔*을 불자, 우박과 불이 피에 섞여 땅에 쏟아지더
니, 땅의 삼분의 일이 타 버렸고, 나무의 삼분의 일도 타 버렸으며, 푸른 풀도 다
타 버렸습니다(출 9:23-25; 겔 38:22).

8 이어서 *두 번째* 천사가 *나팔*을 불자, 맹렬하게 불이 붙은 산 같은 것이 바다
에 던져지더니, 바다의 삼분의 일이 피가 되었습니다(출 7:20-21). **9** 또 바다 생물의
삼분의 일이 죽고, 배의 삼분의 일이 파괴되었습니다.

10 그리고 *세 번째* 천사가 *나팔*을 불자, 하늘에서 큰 별 하나가 등불처럼 타면
서 떨어져 강들의 삼분의 일과 샘들의 근원을 덮쳤습니다. **11** 그 별의 이름은 '압
신토스'[48]였습니다. 물의 삼분의 일이 압신토스가 되었고, 많은 사람들이 쓴 물을
마시고 죽었습니다(렘 9:15).

12 이어서 *네 번째* 천사가 *나팔*을 불자, 해의 삼분의 일과 달의 삼분의 일과 별
들의 삼분의 일이 타격을 받았습니다. 그리하여 그것들의 삼분의 일이 어두워
져 낮의 삼분의 일이 빛을 잃고, 밤도 그렇게 되었습니다(사 13:10; 겔 32:7-8; 욜 2:10;
4:15[49]).

13 그때 나는 독수리 한 마리가 하늘 한가운데로 날아가는 것을 보았고, 큰 소
리로 말하는 것을 들었습니다. "땅에 사는 사람들에게 화, 화, 화로다. 아직도 세
천사가 불어야 할 나팔 소리들이 남아 있기 때문이다."

47) 이것은 대속죄일에 하는 일이다.

48) 쓴 쑥

49) 히브리 성경을 기준으로 한 것이며, 우리말 성경은 요엘 3장 15절이다.

9

1 이어서 *다섯 번째* 천사가 *나팔*을 불었습니다. 그때 나는 하늘에서 땅으로 떨어지는 별[50] 하나를 보았는데, 그 별은 밑 없는 구덩이(무저갱)의 열쇠를 받았습니다. **2** 그것이 밑 없는 구덩이(무저갱)를 열자, 그 구덩이에서 연기가 올라오는데 큰 용광로의 연기와 같았고(창 19:28; 출 19:18), 그 구덩이에서 나오는 연기로 인해 해와 대기가 어두워졌습니다. **3** 그리고 그 연기에서 메뚜기들이 땅으로 나왔고(출 10:12, 15), 그것들에게는 이 땅의 전갈들이 가진 것과 같은 권세가 주어졌습니다. **4** 그것들은 땅의 풀이나 어떤 푸른 것과 나무도 해할 수 없으며, 오직 그 이마에 하나님의 인침을 받지 않은 사람들만 해칠 수 있다는(겔 9:4; 계 7:3; 14:1; 22:4) 지시를 받았습니다. **5** 또 그들을 죽이지는 말고 다섯 달 동안 고통만 주라는 명령을 받았는데, 그 고통은 전갈에 쏘일 때의 고통과 같았습니다. **6** 그 기간에 사람들은 죽기를 구하나 죽지 못할 것이며(욥 3:21; 렘 8:3; 호 10:8), 죽기를 간절히 바라지만 죽음이 그들을 피해 달아날 것입니다.

7 그리고 메뚜기들의 모습은 전투 준비를 한 말들 같았고(욜 2:4-5), 그 머리에는 금으로 만든 듯한 관들을 썼으며, 그 얼굴은 사람의 얼굴 같았습니다. **8** 또 그것들의 머리털은 여인들의 머리털 같고, 이빨은 사자의 이빨 같았습니다(욜 1:6). **9** 또 철 흉갑 같은 흉갑을 둘렀고, 날개 소리는 전장으로 달려가는 수많은 전차의 소리 같았습니다(욜 2:5). **10** 그것들은 전갈 같은 꼬리와 쏘는 것을 가지고 있었는데, 이 꼬리에는 다섯 달 동안 사람들을 해할 권세가 있었습니다. **11** 그것들의 왕은 밑 없는 구덩이(무저갱)의 천사로, 그 이름은 히브리어로 아바돈,[51] 헬라어로는 아볼루온이었습니다.

12 *첫 번째 화*가 지나갔습니다. 보십시오! 이후에 두 차례의 화가 계속 임할 것입니다.

13 그리고 *여섯 번째* 천사가 *나팔*을 불었습니다. 그때 내가 하나님 앞에 있는 금 제단의 네 뿔에서 나오는 음성을 들었는데, **14** 나팔을 가진 여섯 번째 천사에게 말하기를, "너는 큰 강 유브라데 옆에 묶여 있는 네 천사를 풀어 주어라"라고 했습니다. **15** 그러자 그 해와 달과 날과 시간을 위해 준비된 네 천사가 인류의 삼분의 일을 죽이기 위해 풀려났습니다. **16** 그리고 내가 그들의 수를 들었는데, 기병대의 수가 이억이었습니다. **17** 그리고 나는 환상 가운데 말들과 그 위에 앉은 사람들을 보

50) 사탄. 이사야 14장 12절과 누가복음 10장 18절을 참조하라.

51) 파멸, 지옥

았습니다. 그들은 불같이 붉은 색과 짙은 청색과 유황빛이 나는 흉갑을 둘렀고,
그 말들의 머리는 사자의 머리 같으며, 불과 연기와 유황이 그것들의 입에서 나오
고 있었습니다. **18** 인류의 삼분의 일이 이 세 가지 재앙, 곧 그것들의 입에서 나오
는 불과 연기와 유황으로 인해 죽임을 당했습니다. **19** 그 말들의 힘은 그 입과 꼬
리에 있었는데, 그것들의 꼬리는 뱀과 같아서 머리가 있었고, 그것들이 사람들을
해쳤습니다.

20 그런데 이 세 가지 재앙에 죽지 않고 살아남은 사람들은 자기들의 손으로
저지른 일들을 회개하지 않았습니다. 그들은 귀신들과 우상들, 곧 금, 은, 황동,
구리, 나무로 만들어져 보거나 듣거나 걷지 못하는(시 115:4-7; 135:15-17; 단 5:23) 것들
(신 32:17)을 숭배하는 것을 멈추지 않았고, **21** 또 살인과 주술[52]과 우상숭배[53]와 도
둑질도 회개하지 않았습니다.

천사와 작은 두루마리

10 **1** 그 후 나는 또 다른 힘센 천사가 하늘에서 내려오는 것을 보았습니다.
그는 구름을 입었고, 그의 머리 위에는 무지개가 있으며, 그의 얼굴은
해와 같고, 그의 발은 불기둥 같으며, **2** 펼쳐진 작은 두루마리가 그 손에 있었습니
다. 이어서 그가 오른발을 바다에, 왼발을 땅에 딛고 **3** 사자가 포효하는 것처럼 큰
음성으로 외쳤습니다. 그런데 그가 외치자, 일곱 천둥이 각자 소리를 내며 말했습
니다. **4** 내가 일곱 천둥이 말한 것을 기록하려고 하자, 하늘에서 음성이 들려왔습
니다. "일곱 천둥이 말한 것을 봉인하고, 이것들을 기록하지 말라"[54](단 8:26; 12:4, 9).
5 그리고 내가 본 그 천사, 곧 바다와 땅을 밟고 서 있던 천사가 하늘을 향해 오
른손을 들고 **6** 영원무궁토록 살아 계신 분(신 32:40, 단 12:7), 곧 하늘과 그 안에 있
는 것들과 땅과 그 안에 있는 것들과 바다와 그 안에 있는 것들을 창조하신 분(창
14:19, 22; 출 20:11; 시 146:6; 느 9:6)을 두고 맹세하며 말했습니다. "더 이상 지체함이 없

52) 헬라어 '파르마콘'(pharmakon)은 약물을 사용하여 환각을 일으키고 영들로부터 메시지를 받게 하는 것을 가리킨다. 용어 해설에서 '주술 또는 마술'을 찾아보라.

53) 또는 음행

54) 이곳과 11장 2절은 이스라엘이 흩어져 예루살렘에 대한 권한이 없던 AD 70-1967년을 가리킨다. 요르단이 1948-1967년까지 성전산을 포함하여 예루살렘 절반을 지배했는데, 유대인들은 출입이 허용되지 않아 통곡의 벽에서 기도할 수도 없었다.

을 것이다(겔 12:28). 7 일곱 번째 천사가 소리를 낼 그날, 곧 그가 나팔을 불게 될 때에 그분께서 자기 종 선지자들을 통해 복음[55]을 전해 주신 것처럼 하나님의 비밀이 성취될 것이다"(암 3:7; 슥 1:6; 단 9:6, 10).

8 그리고 하늘에서 다시 들려온 그 음성이 내게 말하며 이르기를, "너는 가서 바다와 땅을 밟고 서 있는 그 천사의 손에서 그 펼쳐진 두루마리를 취하라"라고 했습니다. 9 그래서 내가 그 천사에게 가서 그 작은 두루마리를 달라고 말했습니다. 그런데 그가 내게 말했습니다. "너는 그것을 가져다가 먹어라. 그것이 네 속에서 쓰겠으나 네 입에는 꿀처럼 달 것이다"(겔 2:8; 3:1-3). 10 그래서 내가 그 천사의 손에서 그 작은 두루마리를 받아 먹었는데, 그것을 먹을 때에 내 입에서 꿀처럼 달았으나 배에서는 썼습니다. 11 그때 그들이 내게 말했습니다. "너는 다시 많은 백성들과 나라들과 방언들과 왕들에게 예언하라"(렘 1:10; 25:30; 단 3:4; 7:14).

두 증인

11 1 그리고 천사가 지팡이 같은 갈대 하나를 내게 주며 말했습니다. "너는 일어나서 하나님의 성소와 제단을 측량하고 그곳에서 예배하는 자들을 세어라(겔 40:3; 슥 2:1,2). 2 성소의 바깥 뜰[56]은 제외하고 측량하지 말 것이니, 그곳이 이방인들에게 주어져 그들이 그 거룩한 성을 마흔두 달 동안 짓밟을 것이기 때문이다(사 63:18; 시 79:1). 3 나는 나의 두 증인에게 권능을 줄 것이며, 그들은 거친 삼베옷을 입고 일천이백육십 일 동안 예언할 것이다." 4 이들은 두 그루의 올리브나무로, 그 땅의 주님 앞에 서 있는 두 개의 메노라(촛대)입니다(슥 4:3, 11-14).[57] 5 만일 누구든지 그들을 해치려 한다면, 그들의 입에서 불이 나와 그들의 원수를 삼킬 것입니다. 그렇습니다! 누가 그들을 해치려 한다면, 그는 반드시 이렇게 죽게 될 것입니다(삼하 22:9; 왕하 1:10; 렘 5:14; 시 97:3). 6 이들에게 하늘을 닫을 권세가 있어 그들이 예언하는 날들 동안 비가 내리지 않을 것이며(왕상 17:1), 그들에게 권세가 있어 물을 피로 변하게 하고(출 7:17, 19, 20), 그들이 원할 때마다 모든 재앙으로 땅을 칠 것입니다(삼상 4:8). 7 또 그들이 증언을 마치면, 밑 없는 구덩이(무저갱)에서 올라온

55) 용어 해설에서 '복음'을 찾아보라.

56) 바깥 뜰은 이방인들 외에 죄를 처리하지 않은 사람들도 드나들 수 있었다. 그러나 성소는 오직 제사장들, 곧 죄를 처리한 사람들만 출입할 수 있었다. 용어 해설에서 '성소'를 찾아보라.

짐승(단 7:3)이 그들과 싸워서 이기고(단 7:7, 21), 그들을 죽일 것입니다. **8** 그래서 그
들의 시신이 큰 성의 거리에 놓일 것인데, 이 성은 영적으로 소돔과 이집트라 하
며, 그들의 주님도 그곳에서 십자가에 달리셨습니다. **9** 그리고 백성과 종족과 방
언과 나라들로부터 온 사람들이 그들의 시신을 사흘 반 동안 보면서 무덤에 두지
못하게 할 것입니다. **10** 또 이 땅에 사는 사람들은 그들로 인해 즐거워하고 기뻐하
며 서로 선물을 보낼 것입니다. 이 두 선지자가 이 땅에 사는 사람들을 괴롭혔기
때문입니다. **11** 그런데 사흘 반 후에 하나님으로부터 온 생명의 숨이 그들에게 들
어가자, 그들은 자신들의 발로 일어섰고(겔 37:5), 그들을 구경하던 사람들에게 큰
두려움이 임했습니다. **12** 그때 두 선지자가 하늘에서 그들에게 말하는 큰 음성을
들었습니다. "너희는 여기로 올라오라." 이에 그들은 구름에 싸여 하늘로 올라갔고
(왕하 2:11), 원수들은 그들을 지켜보았습니다. **13** 바로 그때 큰 지진이 나서 그 성의
십분의 일이 무너져 버렸고, 칠천 명이 죽었으며, 살아남은 사람들은 겁에 질려
하늘의 하나님께 영광을 돌렸습니다(겔 38:19-20).

14 *두 번째 화*가 지나갔으나 보십시오, 세 번째 화가 곧 닥칠 것입니다.

일곱 번째 나팔

15 그 후 *일곱 번째* 천사가 *나팔*을 불자, 하늘에 큰 음성이 있어 말하기를,

"세상 왕국이 우리 주님과 메시아의 왕국이 되었고,
그분께서 영원무궁토록 다스리실 것이다"(출 15:18; 옵 1:21; 슥 14:9; 시 10:16; 22:28; 단 2:44; 7:14)라고 했습니다.

16 그러자 자기 보좌에 앉아 있던 스물네 명의 장로들이 하나님의 보좌 앞에
얼굴을 땅에 대고 엎드려 하나님께 경배하며 **17** 다음과 같이 말했습니다.

"지금도 계시고, 전에도 계셨던 만군의 주 하나님,
우리가 주님께 감사드립니다.
하나님께서 그 크신 권능을 취하셔서
다스리기 시작하셨기 때문입니다.

18 이방인들이 분노하자(시 2:1; 46:7[58])

57) 스가랴 4장 14절에 언급된 '기름부음 받은 자 두 명'은 일차적으로 포로 귀환 후 성전을 재건한 여호수아와 스룹바벨을 가리키지만, 오늘날에는 보통 모세와 엘리야의 영을 지닌 사람으로 이해한다. 마태복음 17장 1-8절과 마가복음 9장 2-8절과 누가복음 9장 28-36절을 참조하라.

58) 히브리 성경을 기준으로 한 것이며, 우리말 성경은 시편 46편 6절이다.

주의 진노가 임했고
죽은 자들이 심판받았으며,
주의 종 선지자들(암 3:7; 슥 1:6; 단 9:6,10)과 성도들과
주의 이름을 경외하는 크고 작은 자들에게
상을 주시고(시 115:13),
이 땅을 파괴하는 자들을 멸하실 때가 되었습니다."

19 그러자 하늘에 계신 하나님의 성소가 열리고, 성소 안에 있는 그분의 언약
궤가 보였습니다(왕상 8:1,6; 대하 5:7). 또 번개와 우레와 천둥과 지진(출 19:18; 겔 1:13)과
큰 우박이 있었습니다(출 9:24).

여인과 용

12 **1** 그리고 하늘에 큰 표적이 보이니, 해를 입은 한 여인이 발 밑에는 달을
두고, 머리에는 열두 별의 관을 쓰고 있었습니다. **2** 그 여인은 임신한 상
태였고, 해산의 고통과 괴로움으로 울부짖고 있었습니다(사 66:7; 미 4:10). **3** 그때 하
늘에 또 다른 이적이 보였습니다. 불처럼 붉은 거대한 용[59]이 있는데, 일곱 개의
머리와 열 개의 뿔이 있었고(단 7:7), 그 머리에는 일곱 개의 왕관이 있으며, **4** 그 꼬
리로 하늘의 별 삼분의 일을 끌어다가 땅에 던져 버렸습니다(단 8:10). 그리고 여인
이 아이를 낳으면 삼키려고 이제 막 해산하려는 그 여인 앞에 섰습니다. **5** 여인은
아들(사 7:14; 66:7)을 낳았는데, 이 사내아이는 모든 이방인을 쇠지팡이로 다스릴 자
입니다(시 2:9). 그런데 여인의 아이가 하나님과 그분의 보좌로 이끌려 올라갔습니
다. **6** 그리고 그 여인은 광야로 달아났는데, 거기에는 사람들이 일천이백육십 일
동안 여인을 먹여 살릴 수 있게 하나님께서 마련해 놓으신 곳이 있었습니다.

7 그때 하늘에 전쟁이 일어나서 미가엘(단 10:13, 21; 12:1)과 그의 천사들이 용에 맞
서 싸웠습니다. 용과 그의 천사들도 맞서 싸웠으나 **8** 역부족이어서 하늘에 있을
곳을 찾을 수 없었습니다. **9** 이에 큰 용, 옛 뱀, 마귀와 사탄이라고도 하며 온 세
상을 미혹하던 자가 땅으로 내던져졌고(사 14:12), 그의 천사들도 그와 함께 내쳐졌
습니다. **10** 그때 나는 하늘에서 큰 소리로 다음과 같이 말하는 것을 들었습니다.

59) '리워야단'(Leviathan)이라 불리는 이 용은 땅을 칭칭 감고 있는 거대한 뱀 모양의 해양 생물로, 고대 로마(단 7:7)나 이집트 같은 거대한 세상 권력을 상징한다고 말하는 이들도 있다. 이사야 27장 1절과 계시록 12장 9절을 참조하라.

"이제 우리 하나님의 구원과 능력과 왕국과 그분의 메시아의 권세가 나타났다.
우리 형제들을 참소하던 자,
우리 하나님 앞에서 밤낮으로 그들을 참소하던 자가
쫓겨났기 때문이다(욥 1:9-11; 슥 3:1).
11 그들은 어린양의 보혈과
자신들이 증거한 말씀으로 그를 이겼으며,
그들은 죽기까지 자기들의 목숨을 사랑하지 않았다.
12 그러므로 하늘과 그 안에 사는 자들아,
너희는 계속해서 기뻐하라.
그러나 땅과 바다에는 화가 있다.
마귀가 자기에게 시간이 얼마 남지 않은 것을 알고
큰 분을 품고 너희에게 내려갔기 때문이다."

13 용은 자기가 땅으로 쫓겨난 것을 보고, 사내아이를 낳은 그 여인을 추격했습
니다. 14 그러자 여인은 큰 독수리의 두 날개[60]를 받아 광야에 있는 자신의 처소
로 날아가, 거기서 뱀의 얼굴을 피하여 한 때와 두 때와 반 때 동안 양육받았습니
다(단 7:25; 12:7). 15 이에 그 뱀이 자기 입에서 강물 같은 물을 뿜어 내어 여인을 급류
로 휩쓸어 죽이려 했습니다. 16 그때 땅이 여인을 도와서 그 입을 벌려 용이 입으로
뿜어 낸 물을 삼켜 버렸습니다. 17 그러자 용은 여인 때문에 화가 나서 여인의 씨
가운데서 남은 자들, 곧 하나님의 계명을 지키고 예슈아의 증거[61]를 가진 사람들
과 싸우려고 나갔습니다(단 7:7, 21). 18 그리고 용은 바닷가 모래 위에 섰습니다.

두 짐승

13 1 그때 나는 한 짐승이 바다에서 올라오는 것(단 7:3)을 보았습니다. 그 짐
승에게는 열 개의 뿔과 일곱 개의 머리가 있었는데, 그 뿔들에는 열 개
의 왕관이 있었으며, 그 머리에는 하나님을 모독하는 이름들[62]이 있었습니다. 2 내

60) 하나님께서 이스라엘 자손을 독수리의 날개로 업어 애굽에서 이끌어 내셨다고 말씀하신 출애굽기 19장 4절과 평행을 이룬다.

61) 용어 해설에서 '예슈아의 증거'를 찾아보라.

62) 일부 고대 사본에는 '이름'이 단수형으로 되어 있다. 그래서 하나님을 모독하는 이름이 여러 개인지, 아니면 머리마다 동일한 이름이 적혀 있는 것인지는 분명하지 않다.

가 본 그 짐승은 표범 같았고, 발은 곰 같으며, 입은 사자의 입 같았습니다(단 7:4-
6). 이어서 용은 이 짐승에게 자기의 능력과 보좌와 큰 권세를 주었습니다. **3** 이 짐
승의 머리 가운데 하나가 살해당하여 죽은 것 같더니, 그 치명적인 상처가 회복
되었습니다. 그러자 온 땅이 놀라며 그 짐승을 따르고 **4** 용에게 경의를 표했습니
다.[63] 그가 자기 권세를 짐승에게 주었기 때문입니다. 사람들이 짐승에게도 경의
를 표하며 말하기를, "누가 이 짐승과 같으며, 누가 그를 대적할 수 있겠느냐?"라
고 했습니다.

5 또 그 짐승은 말의 권세를 받아 큰 소리로 하나님을 모독하는 말을 했고, 마
흔두 달 동안 이적을 행할 수 있는[64] 권세를 받았습니다(단 7:8, 20, 25; 11:36). **6** 이에
짐승이 입을 열어 하나님을 모독하며 그분의 이름과 그분의 장막, 곧 하늘에 있
는 그분의 장막에 거하는 사람들을 비방했습니다. **7** 또 그 짐승은 성도들과 싸워
이기고(단 7:7, 21), 모든 족속과 백성과 방언과 나라를 다스릴 권세를 받았습니다.
8 이에 땅에 사는 모든 사람, 세상의 기초가 놓인 이후 죽임을 당하신(사 53:7) 어린
양의 생명책에 이름이 기록되지 않은 사람들은 모두 그에게 경배할 것입니다.

9 귀 있는 사람은 이제 들어야 합니다.

10 "사로잡혀 갈 사람은
사로잡혀 가고,
칼로 죽임 당할 사람은
칼로 죽임을 당할 것입니다"(렘 15:2; 43:11).
여기에 성도들의 인내와 믿음이 있습니다.

11 그 후 나는 또 다른 짐승이 땅에서 올라오는 것을 보았습니다. 그 짐승에게
는 어린양처럼 두 개의 뿔이 있고, 용처럼 말하며 으르렁거렸습니다. **12** 그리고 이
짐승은 첫 번째 짐승의 모든 권세를 그 앞에서 행하여 땅과 거기에 거하는 사람
들이 치명적인 상처에서 회복된 첫 번째 짐승에게 경의를 표하게 했습니다. **13** 또
그 짐승은 큰 기적들을 행하여 사람들 앞에서 하늘로부터 땅으로 불이 내려오게
도 하고(왕상 18:24-39), **14** 첫 번째 짐승 앞에서 자기가 받은 기적들을 행하여 땅 위
에 거하는 사람들을 미혹하였습니다. 그러면서 땅 위에 거하는 사람들에게 전에
칼에 맞아 상처를 입고도 여전히 살아 있는 첫 번째 짐승의 형상(신 13:2-4)을 만들

63) 무릎을 꿇고 이마를 땅에 대고 절하는 것을 가리킨다. 용어 해설에서 '경배하다'를 찾아보라.

64) 다니엘 7장 25절에 따르면, 이 짐승에게는 때를 바꾸어 자연 법칙에까지 영향을 미치는 권세도 있을 것이다.

라고 말했습니다. **15** 또 첫 번째 짐승의 형상에 영을 불어넣어 말할 수 있게 하고, 그 짐승의 형상에게 경의를 표하지 않는 자를 모두 죽이게 했습니다(단 3:5-6). **16** 그리고 그가 강제적으로 작은 자들이나 큰 자들이나 부자들이나 가난한 자들이나 자유인들이나 노예들이나 모두 그들의 오른손이나 이마에 표를 받게 하여 **17** 이 표가 없이는 아무도 사거나 팔지 못하게 했습니다. 이 표는 짐승의 이름 혹은 그 이름의 숫자입니다. **18** 지혜가 여기에 있으니, 깨닫는 자는 그 짐승의 숫자를 세어야 합니다. 그것은 사람의 수이며, 육백육십육입니다.

십사만 사천[65]의 노래

14 **1** 또 내가 보니, 시온산에 어린양이 서 있고, 그와 함께 십사만 사천 명이 서 있는데, 그들의 이마[66]에는 어린양의 이름과 아버지의 이름이 쓰여 있었습니다(겔 9:4;[67] 계 7:3; 9:4; 22:4). **2** 그리고 나는 많은 물들의 소리(겔 1:24; 43:2)와 큰 천둥이 치는 것 같은 소리가 하늘에서 나는 것을 들었습니다. 내가 들은 그 소리는 하프 연주자들이 하프 타는 소리 같았습니다. **3** 그들은 보좌와 네 생물과 장로들 앞에서 새 노래를 부르고 있었는데(시 33:3; 40:3; 96:1; 98:1; 144:9; 149:1; 사 42:10), 이 땅에서 값을 치르고 사신 십사만 사천 명 외에는 아무도 그 노래를 배울 수 없었습니다. **4** 이들은 순결하여 여자들과 더불어 자신을 더럽히지 않은 자들로, 어린양이 가는 곳 어디나 따르는 사람들입니다. 그들은 사람들 가운데서 값을 주고 사서 하나님과 어린양께 드리는 첫 열매들이었습니다. **5** 그들의 입에서는 단 한 가지 거짓도 발견되지 않았으니(시 32:2; 사 53:9; 습 3:13), 그들은 흠이 없는 자들입니다.

세 천사의 메시지

6 그리고 나는 *또 다른 천사*가 하늘 한가운데로 날아가는 것을 보았습니다. 그 천사는 이 땅에 잠시 거하며 체류하는 사람들과 모든 나라와 족속과 방언과 백성에게 선포할 영원한 복음을 가지고 있었습니다. **7** 그 천사는 큰 소리로 말했습니

65) 십사만 사천(144,000)에서 '144'는 거룩한 정부의 완전성을, '1,000'은 온전한 통치를 상징한다.
66) 이마에 쓰여진 이름은 '진리'를 뜻하는 '에메트'일 것이다. 용어 해설 '배열 순서'를 찾아보라.
67) 에스겔 9장 4-6절은 성도들에게 표를 하고 죄인들을 치되, 성소에서부터 시작하라고 말씀한다.

다. "너희는 이제 하나님을 경외하고, 그분께 영광을 돌려라. 그분께서 심판하실 때가 왔으니, 하늘과 땅과 바다와 물의 근원을 만드신 그분께 경배하라"(출 20:11; 시 148:5).

8 그때 또 다른 *두 번째 천사*가 그 뒤를 따르며 말했습니다. "무너졌다, 위대한 바벨론이 무너졌다! 이 바벨론은 자기의 우상숭배[68]로 빚은 진노의 포도주를 모든 이방인에게 주어 마시게 하였다"(사 21:9; 렘 51:7-8).

9 이어서 또 다른 *세 번째 천사*가 그들의 뒤를 따르며 큰 소리로 말했습니다. "짐승과 그 형상에게 경배하고 자기 이마와 손에 그 표를 받는 자는 **10** 하나님의 진노의 포도주를 마실 것이니, 그것은 아무것도 섞지 않고 그분의 진노의 잔에 부어진 것이다(시 75:9;[69] 사 51:17,22; 렘 25:15). 또 그 사람은 거룩한 천사들과 어린 양 앞에서 불과 유황으로 고통을 당하게 될 것이다(창 19:24; 겔 38:22; 시 11:6). **11** 그들을 고통스럽게 하는 불의 연기가 영원토록 피어오를 것이며(사 34:10), 짐승과 그 형상에게 경의를 표한 자들(뿐 아니라), 단지 그 짐승의 이름의 표를 받은 자들도 밤낮으로 쉼[70]을 얻지 못할 것이다. **12** 여기에 하나님의 계명들과 예슈아에 대한 그들의 믿음을 지키는 성도들이 참고 견뎌야 할 이유가 있다."

13 또 나는 하늘에서 울리는 음성을 들었는데, "너는 '지금부터 주 안에서 죽는 자들은 복이 있다'라고 기록하라"라는 말씀이었습니다. 그러자 성령께서 말씀하셨습니다. "그렇다. 그들은 수고를 그치고 쉬게[71] 될 것이니, 그들이 한 일들이 그들을 따라다닐 것이기 때문이다."

땅의 추수

14 또 내가 보니, 흰 구름이 있고, 그 구름 위에 그 사람의 아들 같은 분(단 7:13)께서 앉아 계셨습니다. 그분의 머리에는 금관이 있고, 그분의 손에는 날카로운 낫이 있었습니다. **15** 그때 또 다른 천사가 성소에서 나와 구름 위에 앉아 계신 분께 큰 소리로 외쳤습니다. "이제 주님의 낫을 보내어 추수하십시오. 추수할 때가

68) 온갖 형태의 우상숭배. 용어 해설에서 '창기'를 찾아보라. 하나님의 진노의 포도주 잔은 무시무시한 예언을 뜻하는 관용 표현이다. 신명기 28장 15절, 예레미야 25장 15절, 계시록 16장 19절을 참조하라. 히브리어 '헤마'(chemah)와 헬라어 '뒤모스'(thumos) 모두 큰 분노의 열기를 뜻한다.

69) 히브리 성경을 기준으로 한 것이며, 우리말 성경은 시편 75편 8절이다.

70) 헬라어 '아나파우시스'(anapausis)는 '짧은 휴식'을 뜻하는 말이다. 이들은 잠시의 휴식도 얻지 못하고 지속적으로 고통당하게 될 것이다.

71) 그들의 수고에서 잠시 쉴게 될 뿐이다. 하늘에 있는 자들은 바쁠 것이다. 용어 해설에서 '안식'을 찾아보라.

왔고, 땅의 추수할 것들이 시들어 가고 있기 때문입니다"(욜 4:13[72])).
16 그러자 구름
위에 앉아 계신 분께서 낫을 땅 위로 힘껏 휘두르셔서 이 땅을 추수하셨습니다.
17 그 후 또 다른 천사가 역시 날카로운 낫을 가지고 하늘에 있는 성소에서 나
왔습니다.
18 그리고 불을 다스리는 권세를 가진 또 다른 천사가 제단에서 나와
그 날카로운 낫을 가진 천사에게 큰 소리로 말하기를, "너는 이제 그 날카로운 낫
을 보내어 즉시 이 땅의 포도나무의 포도송이들을 거둬들여라. 포도가 다 익었기
때문이다"라고 했습니다.
19 그러자 그 천사가 낫을 땅으로 힘껏 던져 땅의 포도[73]
를 거두어 하나님의 진노의 포도주 틀[74]에 던져 넣었습니다.
20 그리고 성 밖에서
그 포도주 틀을 밟았는데, 피가 그 포도주 틀에서 나와 말굴레까지 일천육백 스
타디온[75]이나 흘러갔습니다(사 63:3; 애 1:15).

마지막 재앙의 천사들

15
1 또 나는 하늘에서 또 다른 크고 장엄한 이적을 보았습니다. 일곱 천사
가 마지막 일곱 재앙(레 26:21)을 가지고 있었으니, 이것으로 하나님의 진
노는 끝나게 됩니다.
2 또 나는 불이 섞여 있는 유리 바다 같은 것을 보았는데, 짐승과 그 형상과 그
이름의 숫자를 이긴 사람들이 하나님의 하프를 들고 그 유리 바다 위에 서 있었
습니다.
3 그리고 그들은 하나님의 종 모세의 노래와 어린양의 노래를 부르고 있
었습니다(출 15:1).

"주, 만군의[76] 하나님이시여,
주께서 행하신 일들은 크고도 놀랍습니다(출 15:11; 시 92:6;[77] 111:2. 139:14).
오, 만민의 왕이시여(렘 10:10),

72) 히브리 성경을 기준으로 한 것이며, 우리말 성경은 요엘 3장 13절이다.

73) 포도는 여러 가지를 상징한다. 거룩한 포도와 이상한 포도 두 종류가 있는데, 이상한 것은 소돔, 곧 악을 상징한다. 여기서는 하나님의 진노가 소돔의 악을 다루고 있다.

74) '하나님의 진노의 포도주 틀'은 요엘 3장 13절에 근거한 것이다. 요엘 3장 2절은 민족들이 여호사밧 골짜기에 모일 것이라고 하는데. 12절에 의하면 그곳은 하나님의 심판의 골짜기가 된다. 이 골짜기는 예루살렘에서 남쪽으로 19km 정도 떨어져 있다.

75) 약 290km

76) 이것은 '전능하신'으로 번역할 수도 있다. 용어 해설에서 '만군의 주'를 찾아보라.

77) 히브리 성경을 기준으로 한 것이며, 우리말 성경은 시편 92편 5절이다

주의 길들은 의롭고 진실합니다(신 32:4; 시 145:17).
4 주여, 누가 주를 경외하지 않으며
주의 이름에 영광을 돌리지 않겠습니까?(렘 10:6-7)
오직 주만이 죄로 더럽혀지지 않으셨으니,
모든 민족이 와서 주께 절하며 경배할 것입니다(시 86:9; 말 1:11).
주의 의로운 행위들이 드러났기 때문입니다."

5 이러한 일들 후에 내가 보니, 하늘에 있는 증거의 장막의 성소가 열리고(출
38:21; 40:34) 6 일곱 천사가 일곱 재앙을 들고 성소에서 나왔습니다. 그들은 순결하
고 빛나는 아마포 옷을 입고, 가슴에는 금으로 된 띠를 두르고 있었습니다. 7 그
때 네 생물 중 하나가 영원무궁토록 사시는 하나님의 진노로 가득한 금으로 된
일곱 개의 대접을 일곱 천사에게 주었습니다(시 75:9;[78] 사 51:17, 22; 렘 25:15). 8 성소는
하나님의 영광과 권능에서 나오는 연기로 가득했고(출 40:34; 왕상 8:10-11; 대하 5:13-14;
사 6:4; 겔 44:4), 일곱 천사의 일곱 재앙이 완성될 때까지는 아무도 성소 안으로 들어
갈 수 없었습니다.

하나님의 진노의 대접

16 1 또 나는 성소에서 나오는 큰 음성을 들었는데, 일곱 천사에게 이렇게
말씀하셨습니다(사 66:6). "너희는 가서 하나님의 진노의 일곱 대접을 땅
에 쏟으라"(렘 10:25; 겔 22:31; 습 3:8; 시 69:25[79]).

2 이에 *첫 번째* 천사가 가서 그의 *대접*을 땅에 쏟자, 짐승의 표를 받은 자들과
그 형상에 절한 사람들에게 극심한 악성 종기가 생겼습니다(출 9:10; 신 28:35).

3 그리고 *두 번째* 천사가 가서 그의 *대접*을 바다에 쏟자, 바다가 죽은 사람의
피같이 되어 그 속에 살고 있던 모든 생물이 죽었습니다(출 7:17-21).

4 이어서 *세 번째* 천사가 그의 *대접*을 강과 물의 근원들에 쏟자, 그것들이 피가
되었습니다(출 7:19-24; 시 78:44). 5 그리고 나는 물을 주관하는 천사가 다음과 같이
말하는 것을 들었습니다.

78) 히브리 성경을 기준으로 한 것이며, 우리말 성경은 시편 75편 8절이다.

79) 히브리 성경을 기준으로 한 것이며, 우리말 성경은 시편 69편 24절이다.

80) 헬라어 '아마겟돈'(Armageddon)으로 '므깃도의 산'이라는 뜻이다. 므깃도는 예루살렘에서 남쪽으로 약 64km 정도 떨어져 있다.

"지금도 계시고, 전에도 계셨던 거룩하신 분이여,
이것들을 심판하셨으니, 주께서 의로우십니다.
6 그들이 성도들과 선지자들의 피를 쏟았으므로(시 79:3)
주께서 그들에게 피를 주어 마시게 하신 것은
그들에게 합당한 일입니다"(사 49:26).
7 또 나는 제단이 말하는 것을 들었습니다.
"그렇습니다, 만군의 주 하나님,
주의 심판은 참되고 의롭습니다"(시 119:137).

8 그리고 *네 번째* 천사가 그의 *대접*을 태양 위에 쏟자, 사람들을 불로 태워 버
릴 권세가 주어졌습니다. **9** 그런데 사람들은 강한 열기에 타면서도 이 재앙들에
대한 권세를 가지신 하나님의 이름을 모독할 뿐 회개하지도, 그분께 영광을 돌리
지도 않았습니다.

10 또 *다섯 번째* 천사가 그의 *대접*을 짐승의 보좌 위에 쏟자, 짐승의 왕국이 캄
캄해졌고(출 10:21; 사 8:22), 사람들이 고통 때문에 자신의 혀를 깨물었습니다. **11** 그
런데 그들은 여전히 고통과 종기 때문에 하늘의 하나님을 모독할 뿐 자신들의 행
위를 돌이키지 않았습니다.

12 이어서 *여섯 번째* 천사가 그의 *대접*을 큰 강 유브라데에 쏟자, 그 강물이 말
라(사 11:15; 44:27; 렘 50:38; 51:36) 동쪽의 왕들의 길이 마련되었습니다. **13** 그리고 나는
용의 입과 그 짐승의 입과 거짓 선지자의 입에서 개구리 같은 더러운 영들 셋이
나오는 것을 보았습니다. **14** 그들은 귀신들의 영들로 이적들을 행하였는데, 만군
의 하나님의 큰 날의 전쟁에 사람들을 끌어모으기 위해 세상의 왕국들로 나아갔
습니다(마 25:31). **15** "보라, 내가 도둑처럼 갈 것이다. 깨어 있어 자기 의복을 갖춰
입은 자는 복이 있으니, 그는 벌거벗은 몸으로 다니다가 자기의 수치를 보이는 일
이 없을 것이다." **16** 그분께서는 이들을 히브리어로 하르 므깃도[80]라 불리는 곳으
로 모으셨습니다(삿 5:19; 왕하 9:27; 23:29; 슥 12:11).

17 그 후 *일곱 번째* 천사가 그의 *대접*을 공중에 쏟자, 성소의 보좌에서 "다 이
루어졌다"라는 음성이 들려왔습니다(사 66:6). **18** 그리고 번개가 치고 큰 소리가 나
며 천둥이 치고 격렬한 지진이 일어났는데, 이렇게 강력한 지진은 사람이 땅에 생
겨난 이래로 한 번도 일어난 적이 없었습니다(단 12:1). **19** 이에 그 큰 도시가 세 조
각이 나고, 이방인들의 성들도 무너졌습니다. 그리고 하나님께서 큰 바벨론을 기

억하시고 맹렬한 진노의 포도주 잔을 내려 벌하셨습니다(사 51:17, 22; 렘 25:15; 시 75:8).
20 그러자 모든 섬이 사라지고, 산들은 보이지 않았습니다. **21** 또 한 달란트[81)]의 무
게가 나가는 큰 우박이 하늘에서 사람들 위로 떨어지자, 그 재앙이 극심해서 사
람들이 하나님을 모독했습니다.

큰 음녀와 짐승

17 **1** 그리고 일곱 개의 대접을 가지고 있던 일곱 천사 중 하나가 내게 와
서 말했습니다. "여기로 오라. 내가 너에게 많은 물들[82)] 위에 앉아 있는
큰 음녀의 심판을 보여 줄 것이다(렘 51:13). **2** 땅의 왕들은 그녀와 함께 음행을 저질
렀고, 땅에 거하는 자들은 그 여자의 음행[83)]의 포도주에 완전히 취해 버렸다"(사
23:17; 렘 51:7). **3** 또 그가 나를 영 안에서 광야로 데려갔습니다. 이어서 내가 한 여자
가 붉은 짐승 탄 것을 보았는데, 그것은 하나님을 모독하는 이름들로 채워져 있
는 일곱 개의 머리와 열 개의 뿔을 가진 짐승이었습니다. **4** 그 여자는 자줏빛과
주홍색 옷을 입고, 금과 귀한 보석들과 진주로 장식했으며(겔 28:13), 그녀의 손에는
음행[84)]의 가증하고 더러운 것들이 가득 찬 금잔을 들고 있었습니다. **5** 또 그 여자
의 이마에는 '비밀, 큰 성 바벨론, 이 땅의 음행들과 가증한 것들의 어미'라는 이
름이 쓰여 있었습니다. **6** 나는 그 여자가 성도들과 예수아에 대하여 증거하는 자
들의 피에 취해 있는 것을 보았습니다.

또 나는 그 여자를 보고 크게 놀라며 매우 이상하게 여겼습니다. **7** 그러자 천사
가 내게 말했습니다. "왜 놀라느냐? 내가 네게 이 여자와 여자가 올라탄 짐승, 곧
일곱 개의 머리와 열 개의 뿔을 가진 자의 비밀을 말해 줄 것이다. **8** 네가 본 짐
승은 전에 있었다가 지금은 없으나 장차 밑 없는 구덩이(무저갱)에서 올라올 것이
며(단 7:3), 결국 멸망으로 들어갈 것이다. 또 이 땅에 거하는 사람들, 곧 그들의 이
름이 땅의 기초를 놓을 때부터 생명책에 기록되지 않은 자들(출 32:32-33; 시 69:28; 단
12:1)은 그 짐승을 보고 놀랄 것이니, 그것이 전에 있었다가 지금은 없으나 다시 나
타날 것이기 때문이다(단 7:3). **9** 여기에 지혜의 마음이 필요하다. 일곱 개의 머리는

81) 한 달란트의 무게는 34kg 정도이다.
82) '많은 물들'은 15절과 19장 6절처럼 허다한 사람들의 무리를 상징하는 것일 수도 있다.
83), 84) 또는 우상숭배. 용어 해설에서 '창기'를 찾아보라.

그 여자가 타고 앉은 일곱 개의 산이며, 또 일곱 명의 왕이다. **10** 다섯은 쓰러졌고,
하나는 지금 있으며, 다른 하나는 아직 나타나지 않았다. 그러나 그가 와도 잠시
동안만 머물 것이다. **11** 또 전에는 있었으나 지금은 없는 그 짐승이 바로 여덟 번
째 왕이다. 그는 일곱 가운데 하나였던 자로, 결국 멸망으로 들어갈 것이다. **12** 그
리고 네가 본 열 개의 뿔(단 7:24)은 열 명의 왕으로, 아직 왕국을 받지 못했으나
짐승과 함께 잠시 동안 왕의 권세를 쥐게 될 것이다. **13** 이들은 한 가지 목적을 가
지고 있어서 그들의 힘과 권세를 짐승에게 넘겨줄 것이다. **14** 또 이들은 어린양에
맞서 전쟁을 일으킬 것이나 어린양이 그들을 이기실 것이다. 그분은 주들의 주시
요, 왕들의 왕이시며(신 10:17; 단 2:47; 딤전 6:15), 그분과 함께하는 자들은 부르심과 택
하심을 받은 충성된 자들이기 때문이다."

15 또 그가 내게 말했습니다. "네가 본 물들, 곧 음녀가 앉아 있는 물들은 백성
과 무리와 민족과 방언들이다. **16** 또 네가 본 열 개의 뿔과 그 짐승은 그 음녀를
미워하여 황폐하게 만들고 벌거벗긴 다음, 그녀의 살을 먹고 그녀를 불에 태워 버
릴 것이다(레 21:9). **17** 이는 하나님께서 그들에게 그분의 뜻을 이루려는 마음을 주
셔서 하나님의 말씀이 성취될 때까지 하나의 판단으로[85] 그들의 왕국을 짐승에
게 넘겨주도록 하셨기 때문이다. **18** 또 네가 본 그 여자는 이 땅의 왕들을 다스리
는 큰 성이다."

바벨론의 몰락

18 **1** 이러한 일들 후에 나는 또 다른 천사가 큰 권세를 가지고 하늘에서 내
려오는 것을 보았는데, 그의 영광의 빛[86]으로 땅이 환해졌습니다. **2** 그리
고 그가 강한 음성으로 외치며 말했습니다.

"무너졌다! 큰 성 바벨론이 무너졌다!(사 21:9; 렘 51:8)
그 여자(바벨론)가 귀신들의 처소와
모든 더러운 영이 갇힌 곳과
모든 더러운 새가 갇힌 곳과
모든 더럽고 가증스러운 짐승의 감옥[87]이 되었다(사 13:21; 34:11; 렘 50:39).

85) 또는 '뜻을 같이하여'

86) 이것은 영광의 빛이며 계시의 빛이다.

87) 다수의 고대 사본에는 이 부분이 빠져 있지만, UBS 4판 헬라어 본문에는 있다.

3 모든 민족이 그 여자의 우상숭배[88]로 인한
격정의 포도주에 취했고(사 23:17; 렘 51:7)
땅의 왕들은 그 여자와 더불어 음행하였으며,
그 땅의 상인들이 그 여자의 막대한 재력으로
부유하게 되었기 때문이다."
4 그때 나는 하늘에서 말씀하시는 또 다른 음성을 들었습니다.
"내 백성아, 너희는 즉시 그 여자에게서 나오라(사 48:20; 52:11; 렘 50:8; 51:6, 9, 45).
그리하여 그 여자와 함께 죄를 짓지 말고,
그 여자가 받을 재앙을 당하지 말라.
5 그 여자의 죄들이 하늘에까지 닿아(창 18:20-21; 렘 51:9)
하나님께서 그 여자의 범죄들을 기억하셨기 때문이다.
6 그 여자가 너희에게 준 만큼 갚아 주고(시 137:8; 렘 50:15, 29)
그 여자가 한 것의 두 배로 돌려주어라.
그 여자가 섞은 잔에 이제 두 배로 섞어 주어라.
7 그 여자는 스스로 영광을 취하고 향락적으로 살았으므로,
이제 그 여자에게 그만큼 고통과 슬픔을 안겨 주어라.
이는 그 여자가 마음속으로 말하기를,
'나는 여왕으로 앉아 있고 과부가 아니니,
나에게는 결코 슬퍼할 일이 생기지 않을 것이다'라고 하기 때문이다.
8 이 때문에 그 여자에게 한날에 재앙들이 닥칠 것이니,
곧 죽음과 애통과 기근이요,
그 여자는 불에 타 버리고 말 것이다(레 21:9).
그 여자를 심판하시는 분이 전능하신 주 하나님이시기 때문이다"(사 47:7-9; 렘 50:34).
9 그리고 그 여자와 함께 음행[89]하고 사치스럽게 살던 땅의 왕들은 그 여자를
태우는 연기를 보고 크게 울며 애곡할 것입니다(겔 26:16; 27:30-35). 10 그들은 그 여
자가 당하는 고통이 두려워 멀리 서서 말하기를,

88) 또는 음행. 용어 해설에서 '창기'를 찾아보라.

89) 온갖 형태의 우상숭배. 용어 해설에서 '창기'를 찾아보라.

90) 문자 그대로 옮기면 "화로다, 화로다"로, 같은 말을 반복하여 극심한 두려움을 강조하고 있다. 바벨론의 멸망은 11장 14절에 언급된 세 번째 화일 수도 있다.

"아! 이럴 수가![90] 그 큰 성아, 강한 성 바벨론아,
네 심판이 순식간에 임하였다"(겔 26:17; 단 4:30[91])라고 할 것입니다.

11 또 땅의 상인들도 그 여자 때문에 울며 애곡할 것입니다. 이는 그들의 상품을
사 줄 사람이 아무도 없기 때문입니다(겔 27:36). **12** 그들의 상품은 금과 은과 보석과
진주와 고운 아마포, 자주색 옷감과 비단과 홍포, 그리고 각종 향나무와 상아 그
릇들과 가장 귀한 목재와 구리와 철과 대리석으로 만든 모든 기구이며, **13** 계피와
향료[92]와 태우는 향과 향유와 유향과 포도주와 올리브 기름과 고운 가루와 밀과
소와 양, 그리고 말과 수레와 노예들, 그리고 사람들의 목숨[93]이었습니다.

14 "삶의 금지된 것들을 탐하던 네 욕망의 잘 익은 열매들이 네게서 사라졌고,
모든 사치와 화려함도 사라졌고, 네게서 떠나 버렸다.
더 이상 사람들이 이런 것들을 찾지 않을 것이다."

15 그 여자로 인해 부자가 된 상인들은 그 여자가 당하는 고통이 두려워서 멀
리 서서 큰 소리로 울고 애곡하며(겔 27:36) **16** 이렇게 말할 것입니다.

"화로다, 화로다![94] 그 큰 성이여,
고운 아마포와 자주색과 붉은색 옷을 입고
금과 보석과 진주들로 단장했던 자여!"(겔 28:13)

17 이는 그 많은 부가 순식간에 사라져 버렸기 때문입니다. 그러므로 모든 선장
과 해안을 따라 항해하는 모든 자와 선원들과 바다에서 일하는 사람들이 다 멀
리 서서(겔 27:27-29) **18** 그 여자를 태우는 연기를 보고 큰 소리로 외치고 있었습니
다. "저 큰 성과 같은 성이 또 어디 있겠는가?" **19** 또 그들은 자기들의 머리에 먼지
를 뿌리고 큰 소리로 울며 말했습니다.

"화로다, 화로다![95] 큰 성이여,
바다의 배들을 가진 모든 자가
그 여자의 값비싼 물건들로 큰 부를 얻었는데,
한순간에 황폐한 곳이 되고 말았다(겔 27:30-34).

20 하늘과 성도들과 사도들과 선지자들이여,

91) 히브리 성경을 기준으로 한 것이며, 우리말 성경은 다니엘 4장 33절이다.

92) 인도의 향신료로, 생강과에 속하는 풀이다.

93) '사람의 목숨'은 히브리 관용 표현으로 '노예'를 가리킨다. 에스겔 27장 12-13절과 22절을 참조하라. 용어 해설에서 '종'을 찾아보라.

94), 95) 90번 각주를 참고하라.

너희는 영원히 그 여자로 인해 기뻐하라.
이는 하나님께서 너희를 위해 그 여자를 심판하셨기 때문이다.
그분이 너희 수치를 갚아 주셨다."
21 이어서 힘센 천사 하나가 거대한 맷돌 같은 돌 하나를 가져다가 그것을 바다
에 힘차게 던지며 다음과 같이 말했습니다.
"이와 같이 큰 성 바벨론이 매몰차게 던져져서
결코 다시는 찾을 수 없게 될 것이다(렘 51:63-64; 겔 26:21).
22 그리고 하프 연주자들과 노래 부르는 자들과
피리 부는 자들과 나팔 소리가
다시는 네게서 들리지 않고(사 24:8; 겔 26:13),
기술을 가진 장인들도
네 안에서 보이지 않으며,
맷돌 가는 소리도 다시는 네게서 들리지 않을 것이다.
23 그리고 등불도 다시는 네 안에서 보이지 않고,
신랑과 신부의 음성이
다시는 네게서 들리지 않을 것이다(렘 7:34; 16:9; 25:10).
이는 네 상인들이 이 땅의 권력자들이며(사 23:8)
모든 이교도들이 네 마술[96]에 미혹되었고(사 47:9),
24 또 그 여자(바벨론) 안에서 선지자들과 성도들의 피와
땅에서 죽임 당한 모든 자의 피가 발견되었기 때문이다"(렘 51:49; 겔 24:7).

기뻐하라!

19

1 이러한 일들 후에 나는 하늘에 있는 수많은 무리가 내는 큰 소리 같은
것을 들었습니다.
"할렐루야!
구원과 영광과 능력은 우리 하나님의 것입니다!
2 그분의 심판들은 참되고 의로우십니다(시 19:10;[97] 119:137).
그분께서는 음행으로 땅을 타락시킨 큰 음녀를 심판하셔서
그 여자의 손에 묻은 자기 종들의 피를

갚아 주셨습니다"(신 32:43; 왕하 9:7; 시 79:10).

3 그리고 그들은 두 번째로 말했습니다.

"할렐루야!

그 여자를 태우는 연기가 영원무궁토록 피어오릅니다"(사 34:10).

4 그러자 스물네 명의 장로와 네 생물이 엎드려 보좌에 앉으신 하나님께 경배
하며(대하 18:18; 시 47:9) 말하기를, "아멘, 할렐루야!"라고 했습니다.

어린양의 혼인 잔치

5 그때 보좌에서 다음과 같이 말하는 음성이 들려왔습니다.

"너희 모든 종아,

작은 자나 큰 자나 하나님을 경외하는 자들아(시 115:13),

우리 하나님의 영광을

계속해서 찬양하라"(시 22:23; 134:1; 135:1).

6 또 나는 수많은 무리가 내는 소리 같고, 많은 물들이 쏟아지는 소리 같으며(겔
43:2), 강한 천둥소리 같은 음성이 다음과 같이 말하는 것을 들었습니다.

"할렐루야, 우리 주 하나님, 만군의 주께서 다스리십니다(출 15:18; 시 22:29;[98] 93:1; 99:1; 단 7:14; 슥 14:9).

7 기뻐하고 즐거워합시다.

우리가 그분께 영광을 돌릴 것이니,

어린양의 혼인 잔치가 이르렀고

그분의 신부가 다 준비되어

8 그녀에게 빛나고 순결한 고운 아마포 옷을 주어

입게 하셨기 때문입니다.

고운 아마포는 성도들의 의로운 행위[99]들입니다"(사 61:10).

9 그리고 천사가 내게 말했습니다. "너는 이제 '어린양의 혼인[100] 잔치에 부름 받

96) 헬라어 '파르마케이아'(pharmakeia)는 환각을 보거나 영들의 음성을 듣기 위해 약물을 사용하는 것을 뜻한다. 용어 해설에서 '주술 또는 마술'을 찾아보라.

97) 히브리 성경을 기준으로 한 것이며, 우리말 성경은 시편 19편 9절이다.

98) 히브리 성경을 기준으로 한 것이며, 우리말 성경은 시편 22편 28절이다.

99) 의로운 행위를 하지 않은 사람에게는 의복이 주어지지 않는다. 용어 해설에서 '미츠바'를 찾아보라.

100) 용어 해설에서 '결혼'을 찾아보라.

은 자들은 복이 있다'라고 기록하라." 또 그가 내게 말했습니다. "이것들은 하나님의 진리의 말씀이다." **10** 이에 내가 그의 발 앞에 엎드려 경의를 표했습니다. 그러자 그 천사가 내게 말했습니다. "멈추어라! 그러지 말라. 나는 너와 예슈아의 증거를 가진 네 형제들과 함께 종이 된 자이니, 너는 하나님께 경배하라. 예슈아의 증거[101]는 예언의 영이기 때문이다."

흰 말을 타신 분

11 또 나는 하늘이 열려 있는 것을 보았는데(겔 1:1), 거기에 흰 말이 있고(슥 1:8), 신실하고 참되다고 불리는 분께서 그 말을 타고 계셨습니다. 그분께서는 의로 심판하시고(시 96:13; 사 11:4) 싸우시는 분입니다. **12** 그리고 그분의 눈은 불꽃같고(단 10:6), 머리에는 많은 왕관을 쓰고 계셨습니다. 또 그분에게는 자기 외에 아무도 알지 못하는 이름이 쓰여 있었고, **13** 피로 물든 옷을 입고 계셨습니다(창 49:11; 사 63:1-3). 그분의 이름은 하나님의 말씀이라고 했습니다. **14** 그리고 하늘의 군대들[102]이 순결하고 고운 흰 아마포[103]를 입고, 흰 말을 타고, 그분을 따르고 있었습니다.

15 그리고 그분의 입에서 크고 날카로운 검[104]이 나오는데(사 49:2), 그분은 그것으로 이교도들을 치시고, 또 쇠지팡이로 그들을 다스리시며(시 2:9), 만군의 하나님의 타오르는 진노의 포도주 틀을 밟으실 것입니다(사 63:3; 애 1:15; 욜 3:13). **16** 또 그분의 옷과 허벅지 위에는[105] '왕들의 왕, 주들의 주'[106](신 10:17; 단 2:47)라는 이름이 기록되어 있었습니다.

17 그리고 나는 한 천사가 태양 안에 서 있는 것을 보았는데, 그는 하늘을 날아다니는 모든 새[107]를 향해 큰 소리로 외쳤습니다. "와서 하나님의 큰 잔치에 모여

101) 용어 해설에서 '예슈아의 증거'를 찾아보라.

102) 이들은 만군의 하나님을 호위하는 천사들이다.

103) '흰옷'은 영적으로 준비된 상태를 상징한다. 전도서 9장 8절을 참고하라. "항상 네 옷을 희게 하고 네 머리에 기름이 떨어지지 않게 하라."

104) 이것은 크고 넓적한 양날 검으로, 힘이 장사인 사람들만 다룰 수 있는 강력한 무기를 말한다. 하나님의 말씀은 우리 각 사람이 사용할 수 있는 가장 강력한 무기이다.

105) '왕들의 왕, 주들의 주'는 예슈아의 허벅지를 덮고 있는 옷에 기록되어 있다.

106) 13-16절은 다음 구절들과 관련이 있다 – 신 10:17; 시 2:2, 9; 사 49:2; 63:1-3; 애 1:15; 겔 39:17-20; 단 2:47; 암 3:13; 4:13; 욜 3:13; 요 1:1, 14; 딤전 6:15; 계 1:8, 16; 2:12, 16, 17; 4:8; 11:17; 12:5; 14:20; 15:3; 16:7, 14; 17:14; 19:6; 21:22 등.

107) 헬라어 '메수라네마'(mesouranema)를 문자 그대로 옮기면, '천정', '중천'이다. 따라서 '모든 새'는 독수리처럼 아주 높이 나는 새들을 가리킨다.

18 왕들과 수많은 장수들과 용사들과 말들과 그 위에 앉은 자들과 자유인이나 노
예들이나 작은 자나 큰 자 모두의 살을 먹으라"(겔 39:17-20). 19 또 나는 짐승과 땅의
왕들과 그들의 군대들이 말에 타신 분과 그분의 군대와 전쟁을 벌이려고 집결하
는 것을 보았습니다(시 2:2; 마 25:31). 20 그때 짐승과 함께 짐승 앞에서 이적들을 행
하던 거짓 선지자가 붙잡혔는데, 그는 이러한 이적들로 짐승의 표를 받은 자들과
그 형상에게 경배하던 자들을 미혹하던 자입니다. 그 둘은 산 채로 유황이 타고
있는(사 30:33) 불못에 던져졌습니다. 21 그리고 나머지는 말에 타고 계신 분의 입에
서 나오는 검[108]에 죽었고, 모든 새가 그들의 살을 먹었습니다(겔 39:17, 20).

천 년 왕국

20 1 그 후 나는 한 천사가 하늘에서 내려오는 것을 보았는데, 그는 밑 없
는 구덩이(무저갱)의 열쇠와 커다란 사슬을 손에 들고 있었습니다. 2 그리
고 그 천사는 그 용, 곧 마귀요 사탄인 옛 뱀을 잡아 천 년 동안 결박하여 3 밑 없
는 구덩이(무저갱)에 던져 넣어 가두고 그 위에 봉인을 하여, 천 년이 끝날 때까지
더 이상 이교도들을 미혹할 수 없게 했습니다. 이러한 일들 후에 그는 반드시 잠
깐 풀려나게 되어 있습니다.

4 그리고 나는 보좌들과 그 위에 앉은 사람들을 보았는데, 그들은 심판할 권세
를 받은 자들이었습니다(단 7:9,22,27). 또 예슈아의 증거[109]와 하나님의 말씀 때문에
목 베임을 당한 사람들과 짐승 또는 그의 형상을 숭배하지 않았거나 이마 또는
손에 그 표를 받지 않은 사람들의 영혼(계 6:9-11)을 보았습니다. 그들은 다시 살아
나서 메시아와 함께 천 년 동안 다스렸습니다. 5 나머지 죽은 사람들은 천 년이 끝
날 때까지 다시 살아나지 못했습니다. 이것이 첫 번째 부활입니다.[110] 6 이 첫 번째
부활에 참여하는 자들은 복되고 거룩합니다. 두 번째 사망은 이들을 멸할 권세
가 없으니, 그들은 하나님과 메시아의 제사장이 되어 그분과 함께 천[111] 년 동안
다스릴 것입니다(출 19:6; 사 61:6).

108) 이것은 힘이 센 사람들만 사용할 수 있는 거대한 검이다.
109) 용어 해설에서 '예슈아의 증거'를 찾아보라.
110) 다니엘 12장 13절과 고린도전서 15장 52절을 참조하라. 용어 해설에서 '부활'을 찾아보라.
111) 헬라어 '킬리아'(xilia)는 보통 '천'(1,000)을 뜻하지만, 대단히 큰 수를 의미하기도 한다.

사탄의 패배

7 천 년이 끝나면, 사탄이 감옥에서 풀려나 8 땅 사방에(겔 7:2) 있는 이교도들,
곧 곡과 마곡(겔 38:2-39:10)을 미혹하여 전쟁에 끌어들일 것인데, 그 수는 바다의 모
래와 같을 것입니다. 9 그들이 땅의 넓은 곳으로 올라가 성도들의 군대와 그 사랑
받는 도시를 에워쌌더니, 하늘로부터 불이 내려와 그들을 삼켜 버렸습니다(왕하
1:10; 겔 38:22; 39:6). 10 또 그들을 미혹하던 마귀는 불과 유황 못에 무자비하게 던져
졌는데(창 19:24; 시 11:6; 사 30:33; 겔 38:22), 짐승과 거짓 선지자도 그곳에 던져져 밤낮으
로 영원토록 고통받게 될 것입니다.

크고 흰 보좌에서의 심판

11 그리고 또 크고 흰 보좌와 거기 앉으신 분을 보았는데, 그분 앞에서 땅(시
114:3, 7)과 하늘이 사라져 흔적도 없었습니다. 12 또 나는 큰 자나 작은 자나 죽
은 자들이 그 보좌 앞에 서 있는 것을 보았습니다. 그리고 두루마리들이 펼쳐져
있었고, 또 다른 두루마리가 펼쳐졌는데, 그것은 생명책이었습니다(출 32:32-33; 시
69:28; 단 12:1). 죽은 자들은 두루마리들에 기록된 그대로 그들의 행위들에 따라(시
28:4; 62:12; 잠 24:12; 사 59:18; 렘 17:10; 롬 2:6; 고전 3:8) 심판을 받았습니다(단 7:9-10). 13 그러
자 바다가 그 안에 있는 죽은 자들을 내놓았고, 사망과 하데스[112]도 그 안에 있는
죽은 자들을 내놓아 각각 자기가 행한 일에 따라 심판을 받았습니다. 14 그 후 사
망과 하데스가 불못으로 무자비하게 던져졌습니다. 이 불못이 바로 두 번째 사망
입니다. 15 생명책에 기록되지 않은 사람은 이 불못에 던져졌습니다(사 30:33).

새 하늘과 새 땅

21 1 또 나는 새 하늘[113]과 새 땅을 보았습니다(사 65:17; 66:22). 처음 하늘과
처음 땅이 사라지고, 바다도 더 이상 보이지 않았습니다. 2 그리고 거룩
한 성(사 52:1) 새[114] 예루살렘이 하늘에서 하나님으로부터 내려오는 것을 보았는
데, 신랑을 위해 단장한 신부처럼 준비되어 있었습니다(사 61:10). 3 그때 나는 보좌

112) 히브리어로는 '스올'이다. 용어 해설에서 '게헨나'를 찾아보라.

113) '천국'으로 번역할 수도 있다. 천국은 영원한 곳이다. 이 땅과 태양계는 사라지겠지만, 우주는 남아 있을 것이다. 베드로후서 3장 10절을 참조하라.

114) 히브리어나 헬라어 용법상 '갱신된' 또는 '회복된'의 의미로 볼 수 있다. 3장 12절과 21장 5절도 동일하게 적용된다.

에서 큰 소리로 이렇게 말씀하시는 것을 들었습니다. "보라, 하나님의 처소가 사
람들과 함께 있다. 하나님께서 그들과 함께 거하시겠고, 그들은 그분의 백성이 될
것이다. 임마누엘의 하나님께서 친히 그들과 함께 계셔서 그들의 하나님이 되실
것이다(레 26:11-12; 대하 6:18; 사 7:14; 겔 37:27; 슥 2:9). **4** 그리고 그분께서 그들의 눈에서 모
든 눈물을 닦아 주실 것이며, 다시는 죽음이 없고, 통곡이나 부르짖음이나 고통도
없을 것이니, 처음 것들이 지나갔기 때문이다"(사 25:8; 35:10; 65:19).

5 그때 보좌에 앉으신 분께서 말씀하셨습니다. "보라, 내가 모든 것을 새롭게 하
고 있다." 그리고 그분께서 말씀하셨습니다. "이 말들은 신실하고 참되니, 기록하
라." **6** 그분께서는 또 내게 말씀하셨습니다. "다 이루었다! 나 스스로 있는 자는[115]
알레프와 타브(알파와 오메가),[116] 시작과 끝이다(사 44:6; 48:12). 나는 목마른 자에게 생
명의 샘물을 거저 줄 것이다(사 55:1). **7** 이기는 자는 이것들을 상속받을 것이며, 나
는 그의 하나님이 되고, 그는 내 아들이 될 것이다(삼하 7:14). **8** 그러나 두려워하는
자들과 믿지 않는 자들과 가증한 자들과 살인자들과 음행하는 자들과 점치는[117]
자들과 우상숭배자들 그리고 모든 거짓말쟁이들이 받을 몫은 불과 유황이 타오
르는 못이다(창 19:24; 시 11:6; 사 30:33; 겔 38:22). 이것이 두 번째 사망이다."

새로운 예루살렘

9 그리고 마지막 일곱 재앙이 가득 담긴 일곱 유리 대접을 든 일곱 천사 가운
데 하나가 와서 내게 이야기하며 말했습니다. "여기로 오라, 내가 네게 신부, 곧 어
린양의 아내를 보여 주겠다." **10** 그 후 그는 나를 성령으로 크고 높은 산으로 데려
가서 거룩한 성 예루살렘(겔 40:2)이 하늘에서 하나님으로부터 내려오는 것을 보여
주었습니다. **11** 그곳에는 하나님의 영광이 있었고, 그 성의 빛은 귀한 보석과 수정
처럼 맑은 벽옥 같았습니다(사 60:1-2,19). **12** 또 성벽은 크고 높았으며, 열두 개의 문
이 있었습니다. 그 문들에 열두 천사가 있었고, 문마다 이름들이 쓰여 있는데, 그
것은 이스라엘 자손[118] 열두 지파의 이름이었습니다(출 28:21). **13** 문은 동쪽에 세

115) 히브리어로 '아니'(ani)라고 한다. 용어 해설에서 '아노키'를 찾아보라.

116) '알레프와 타브'는 히브리어 알파벳의 처음과 마지막 글자이다. 알레프와 타브로 이루어진 '에트'(et) 뒤에 오는 명사는 관련 동사의 직접 목적어가 된다. 용어 해설에서 '알레프'를 찾아보라.

117) 헬라어 '파르마콘'(pharmakon)은 약물을 사용하여 환각을 일으키고 영들로부터 메시지를 받게 만드는 것을 가리킨다. 용어 해설에서 '주술 또는 마술'을 찾아보라.

118) 우리는 유대인의 문, 곧 유대인의 근원으로 들어간다.

개, 북쪽에 세 개, 남쪽에 세 개, 그리고 서쪽에 세 개가 있었습니다(겔 48:30-35). **14**
또 그 성벽에는 열두 개의 기초가 있었고, 그 위에 어린양의 열두 사도들[119]의 열
두 이름이 있었습니다.

15 그리고 나와 이야기를 나누던 천사는 그 성과 성문과 성벽을 측량하려고 금
으로 된 측량 막대기를 들고 있었습니다. **16** 그 성은 길이와 너비가 같은 정사각형
이었습니다. 그가 막대기로 그 성을 측량하니, 길이와 너비와 높이가 동일하게 일
만 이천 스타디온[120]이었습니다. **17** 이어서 그가 성벽을 측량했는데, 일백사십사
규빗[121]이었습니다(겔 48:16-17). 이것은 사람의 측량, 곧 천사의 측량이었습니다. **18**
그리고 성벽은 벽옥으로 되어 있었고, 그 성은 맑고 투명한 유리 같은 순금으로
되어 있었습니다. **19** 그 성벽의 기초들은 모든 귀한 보석으로 장식되어 있었는데
(사 54:11-12), 첫 번째 기초는 벽옥, 두 번째는 사파이어, 세 번째는 옥수, 네 번째는
에메랄드, **20** 다섯 번째는 홍마노, 여섯 번째는 홍보석, 일곱 번째는 귀감람석, 여
덟 번째는 녹주석, 아홉 번째는 황옥, 열 번째는 녹옥수, 열한 번째는 청옥, 열두
번째는 자수정이었습니다. **21** 또 열두 문은 열두 개의 진주로 되어 있는데, 각각의
문은 하나의 진주로 되어 있었습니다. 그리고 그 성의 거리는 투명한 유리 같은
순금이었습니다.

22 그런데 나는 그 안에서 성소를 보지 못했는데, 만군의[122] 주 하나님과 어린
양이 그 성의 성소이시기 때문입니다. **23** 그리고 그 성에는 해나 달이 빛을 비출 필
요가 없으니, 하나님의 영광과 어린양의 빛이 그곳을 밝혀 주기 때문입니다(사 60:19-
20). **24** 그래서 무리들이 그 빛으로 행하고(사 60:3), 땅의 왕들은 자기들의 영광을
그 성으로 가져오며, **25** 성문들은 종일토록 닫히지 않을 것이니, 거기에는 밤이 없
기 때문입니다(사 60:11; 슥 14:7). **26** 또 사람들은 민족들의 영광과 존귀를 그 성으로
가져올 것입니다(시 72:10-11). **27** 그러나 모든 더러운 것과 가증한 일을 행하거나 거
짓말하는 사람은 아무도 그 안에 들어갈 수 없으며(사 52:1), 오직 어린양의 생명책
(두루마리)에 이름이 기록된 자들만 들어갈 수 있습니다(출 32:32; 시 69:28; 단 12:1).

119) 열둘 모두 유대인이다.

120) 약 2,414km

121) 약 66m

122) '전능하신'으로 번역할 수도 있다. 용어 해설에서 '만군의 주'를 찾아보라.

123) 계시록 3장 21절을 참조하라. 아버지와 아들(어린양)이 하나이기 때문에 보좌도 하나이다. 신명기 6장 4절과 요한복음 10장 30절을 참조하라.

생명의 강

22 1 또 그 천사는 하나님과 어린양의 보좌[123]에서 흘러나오는 수정같이 빛
나는 생명수의 강(토라)을 내게 보여 주었습니다(겔 47:1; 욜 3:18; 슥 14:8). 2 그
성의 거리 한가운데와 그 강의 양 옆에는 열두 가지 열매를 맺는 생명나무가 있어
달마다 열매를 맺고, 그 나무의 잎은 무리들[124]을 치유하는 데 사용되었습니다(창
2:9; 3:22; 겔 47:12). 3 거기에는 더 이상 저주받는 일이 없을 것입니다. 그리고 하나님
과 어린양의 보좌가 그 안에 있어 그분의 종들이 그분을 섬기고, 4 그분의 얼굴을
볼 것이며(시 17:15; 42:2), 그분의 이름[125]이 그들의 이마에 있을 것입니다(겔 9:4; 계 7:3;
9:4; 14:1). 5 더 이상 밤이 없으며, 사람들이 등불이나 햇빛을 필요로 하지 않을 것
이니(슥 14:7), 주 하나님께서 그들을 비춰 주실 것이기 때문입니다. 그리고 어린양
의 생명책에 이름이 기록된 자들이 영원무궁토록 다스릴[126] 것입니다(사 60:19-20; 단
7:18, 27).

메시아의 오심

6 그리고 천사가 내게 말했습니다. "이 말씀들은 신실하고 참되니, 선지자들의
영들의 주 하나님께서 그분의 종들에게 곧 일어나야 할 일을 보여 주시려고 그분
의 천사를 보내셨다"(단 2:28, 29, 45). 7 "그러니 보라! 내가 곧 갈 것이다. 이 두루마리
에 있는 예언의 말씀들을 지키는 자는 복이 있다."

8 나 요한은 이러한 일들을 듣고 본 자입니다. 나는 듣고 본 후 내게 이 일들을
보여 준 천사의 발 앞에 엎드려 경의를 표하려 했습니다. 9 그런데 그가 내게 말했
습니다. "그러지 말라! 나도 너와 네 형제들과 선지자들과 이 두루마리의 말씀들
을 지키는 자들과 같은 종이다. 너는 지금 하나님께 경배하라." 10 또 그는 내게 말
했습니다. "이 두루마리에 있는 예언의 말씀들을 봉인하지 말라. 이는 그때가 가
깝기 때문이다(단 12:4). 11 불의를 행하는 자는 계속 불의를 행하게 하고, 더러운 사

124) 질병과 같은 이전 것들이 사라졌으니 '무리들' 또는 '이교도들'이 아니라 '민족들'로 번역해야 한다고 주장하는 사람들이 있다. 그러나 질병이 사라졌다면, 민족 의식이나 편견 등 나머지 악들도 사라졌을 것이다. 생명나무의 잎은 모든 악한 것의 결과물을 제거한다. 예를 들어 어떤 사람이 소아마비를 치유받았어도 계속 다리를 저는 증상이 남아 있는 것처럼, 각종 악한 것들이 치유되더라도 흉터는 남는다. 생명나무의 잎은 이러한 흉터까지도 제거해 준다. 용어 해설에서 '생명나무'를 찾아보라.

125) 유대교 신비 경전인 조하르에 의하면 여기서 그분, 곧 하나님의 이름은 '에메트'(진리)일 것이다. 용어 해설의 '배열 순서'를 찾아보라.

126) 성도들은 1장 6절처럼 하나의 왕국에서 제사장으로 다스리게 될 것이다.

람은 계속 더러운 채로 두며, 의로운 자들은 계속 의를 행하게 하고, 거룩한 자는
계속 거룩하게 하라."

12 "보라! 내가 곧 갈 것이다. 내가 줄 상을 가져가니(사 40:10; 62:11), 각 사람에게
그의 행위[127]대로 갚아 줄 것이다(시 28:4; 62:13; 잠 24:12; 사 59:18; 렘 17:10; 롬 2:6; 고전 3:8).
13 나 스스로 있는 자는 알레프와 타브(알파와 오메가), 처음과 마지막, 시작과 끝이
다(사 44:6; 48:12)."

14 "자기의 겉옷을 빠는 자들은 복이 있다. 그분께서 그들에게 생명나무[128]를
사용할 수 있는 권리를 주셔서 그들은 그 성의 문으로 들어가게 될 것이다(창 2:9;
3:22; 겔 47:12). **15** 그러나 개들과 술사들과 음행하는 자들과 살인자들과 우상숭배자
들과 거짓을 사랑하고 행하는 모든 사람은 성 밖에 있게 될 것이다."

16 "나 예슈아는 회중(교회)들에게 이러한 일들을 증언하게 하려고 나의 사자
들을 너에게 보냈다. 바로 내가 다윗의 뿌리와 자손이며(사 11:1,10), 빛나는 새벽별
이다(민 24:17). **17** 그 영(성령)과 신부가 말하고 있다. '여기로 오라.' 그리고 이 말씀을
듣는 자도 이제 '오십시오'라고 말해야 한다. 목마른 자는 신실하게 나아오고, 원
하는 자는 생명의 물[129](요 4:14)을 값없이 받으라"(출 14:22; 사 55:1).

18 나는 이 두루마리에 있는 예언의 말씀들을 듣는 모든 자에게 증거합니다.
만일 여기에 무엇을 덧붙이는 자가 있다면, 하나님께서 그에게 이 두루마리에 기
록된 재앙들을 더하실 것이며, **19** 이 예언의 두루마리의 말씀들 가운데 무엇을 없
애는 자가 있다면(신 4:2; 13:1[130]), 하나님께서 이 두루마리에 기록되어 있는 생명나
무와 그 거룩한 성에 참여할 그의 몫을 없애 버리실 것입니다.

20 이러한 일들을 증거하시는 분께서 말씀하십니다. "참으로, 내가 곧 갈 것이
다." 아멘, 주 예슈아여, 오십시오.

21 주 예슈아의 은혜가 여러분 모두와 함께하기를 바랍니다. 아멘.

127) 미츠보트. 용어 해설에서 '미츠바'를 찾아보라.

128) 용어 해설에서 '생명나무'를 찾아보라.

129) '물'은 출애굽기 14장 22절과 이사야 55장 1절에 근거하여 토라를 비유한 것이다.

130) 히브리 성경을 기준으로 한 것이며, 우리말 성경은 신명기 12장 32절이다.

용어 해설

간음 Adultery

요한복음 7장 53절-8장 11절은 '간음'에 대한 내용으로, 대단히 중요한 교훈을 전하고 있다. 타인을 성급하게 비난하거나 정죄하지 말고, 무엇이 옳은지 알고 행해야 한다는 것이다. 본문 비평가(textual scholar)들은 고대 사본들의 어휘와 문법을 연구하여 이 부분이 5세기경에 덧붙여진 것이라고 결론지었다. 또한 그 내용도 유대의 관습이나 사고방식에 익숙하지 않은 사람이 기록했음을 보여 준다. 간음 현장을 덮쳤다면, 혼자서는 간음을 저지를 수 없으니 두 사람을 붙잡았어야 한다. 그런데 여자만 붙잡아 처벌하려 한다.

고대 사회에서는 여자만 처벌하는 것이 일반적인 관행이었다. 일부 모계 사회를 제외하고, 아내는 보통 노예나 물건처럼 남편의 소유물로 여겨졌다. 따라서 여자의 간음은 도덕적인 죄가 아니라 남편에 대한 범죄 행위로, 남편이 마음대로 처벌할 수 있었다. 그러나 유대 사회에서는 간음이 '하나님에 대한 죄'였기에, 연루된 남녀를 모두 돌로 쳐 죽여야 했다. 어느 한쪽의 죄가 덜한 것이 아니었다. 레위기 20장 10절과 신명기 22장 22절은 다음과 같이 기록한다. "어떤 남자가 남편이 있는 여자와 함께 누워 있는 것이 발각되면, 여자와 누운 남자와 그 여자도 모두 죽여 이스라엘에서 악을 제거할 것이라."

요한복음 7장 53절-8장 11절이 신약이 기록되고 한참 후에 덧붙여진 내용이라 해도 "죄는 미워하되 죄인은 사랑해야 한다"는 기본 가르침은 지켜야 한다. 다른 사람의 흠이나 부족함보다는 각자의 부족한 점에 집중하는 것이 더 중요하다.

갈릴리 호수 Sea of Galilee

보통 '갈릴리 바다'라고 부르지만, 사실 바다가 아니라 이스라엘의 식수 대부분을 공급하는 길이 24킬로미터, 너비 11킬로미터 크기의 담수호이다. 칠십인역의 유대인 번역자들은 '호수'를 뜻하는 히브리어를 헬라어 '달랏사'(thalassa)로 옮겼다. 그러나 최초의 영역본 신약 성경이 라틴어 사본을 통해 탄생하면서 '바다'를 뜻하는 라틴어 '마레'(Mare)를 'Sea'로 옮기게 된 것이다. 신약 성경에 등장하는 긴네렛, 디베랴, 게네사렛은 모두 갈릴리 호수의 또 다른 이름들이다.

개종자Proselyte

보통 '회심자'나 '개종자'로 번역되는 헬라어 '프로셀뤼토스'(Proselutos)는 '어떤 장소에서 이방인으로 살아가다'를 뜻하는 동사와 관련되어 '이방인으로 체류하는 것'을 의미한다. 회심자나 개종자는 이방인으로 거하는 것이 아니라 무리에 들어가는 것이다. 오늘날 유대교에서는 헬라어 원어의 의미대로 하나님과 토라 그리고 이스라엘과 유대인을 사랑하지만, 유대교로 회심하지 않은 '의로운 이방인들'을 가리키는 말로 이해한다. 따라서 복음주의적인 그리스도인들도 여기에 포함된다고 할 수 있다. 이 성경에서는 '개종자'로 번역했지만, 마태와 누가가 이 단어를 사용하면서 무엇을 의도했는지 관심을 기울일 필요가 있다. 이 단어는 마태복음 23장 15절, 사도행전 2장 10절, 6장 5절, 13장 43절에서 사용되었다.

거처Dwelling Places

요한복음 14장 2절의 '머물 곳'은 어떤 건물이 아니라, 각 사람이 천국의 조직이나 기능에 들어가게 될 것을 말한다. 헬라어 '모나이'(monai)의 기본적인 의미는 '머무름', '체류, 체재', '거주'로, 요한복음 14장 2, 23절에만 등장한다. 예수아께서는 각 사람을 향한 하늘의 계획을 이루기 위해 이 땅에서 사역하신다고 말씀하신다. 하늘의 집은 이 땅의 집처럼 하루 일과를 마치고 쉬며 여가를 즐기는 곳이 아니다. 우리의 육체는 음식을 먹고 잠을 자야 재충전되지만, 영은 예배하며 말씀을 공부할 때 새 힘을 얻는다. 이후의 세상에서 우리의 영은 잠을 자거나 음식을 먹을 필요가 없다. 먹을 수 있더라도(계 19:17-18) 음식이 꼭 필요한 것은 아니다. 혼인 잔치의 음식 또한 실제적인 것이 아니라 영적인 음식일 가능성도 배제할 수 없다.

또 다른 헬라어 '스케노마'(skenoma)의 기본적인 의미는 '거처', '처소'로, 사도행전 7장 46절과 베드로후서 1장 13-14절에 등장하는데, 사도행전에서는 '광야에서의 성막'을, 베드로후서에서는 '베드로의 육체'를 가리킨다.

결혼Wedding

예슈아 시대의 결혼은 오늘날의 약혼처럼 신랑과 신부의 약속과 합의로 시작되었다. 이때 '케투바'(Ketubah)라는 공식 문서에 서명을 하는데, 여기에 신부를 맞이하기 위해 신랑이 지불한 금액이 명시되어 있었다. 이렇게 케투바에 서명하면 신방에 들지 않아도 부부로 여겨졌다. 그 후 신랑은 보통 가족의 소유지에 아내와 함께 살 곳을 마련하고 아버지의 인정을 받은 뒤, 가서 신부를 맞았다. 언제 신랑의 아버지에게서 인정의 말이 떨어질지는 누구도 알지 못했기에, 신랑과 신부는 항상 준비된 상태로 기다려야 했다. 신랑은 보통 밤에 신부를 맞으러 갔고, 신부는 준비된 상태로 대기하고 있어야 했다. 하객들도 예식 직전에 연락을 받았고, 피로연은 예식과 함께 시작되어 일주일간 지속되었다. 예식 직후, 신랑·신부가 신랑이 마련해 놓은 신방으로 들어가면, 신랑의 친구들이 그 문을 지켰다. 첫날밤이 끝나고 신랑이 기쁨의 탄성을 지르면, 신랑의 친구가 그 기쁜 소식을 하객들에게 전했다(요 3:29).

겸손Humble

히브리어로 '아나우'(anaw)이다. 이 말이 집합적으로 사용되면 특정한 무리를 지칭하게 된다. 구약에서는 모든 환난 가운데 세상의 유혹에 굴복하지 않고 경건하게 남아 있는 소수의 신실한 자들을 가리키는 말로 자주 등장한다. 이러한 '남은 자'는 열왕기상 19장 18절에서 하나님이 바알에게 무릎 꿇지 않은 칠천 명에 대해 말씀하시며 언급되었다. 이외에도 구약에 20여 차례 더 언급되지만, 우리말 성경에는 '겸손한', '가난한', '온유한', '낮은' 등으로 번역되어 있다.

'아나우'가 '남은 자'를 가리키는 경우는 다음과 같다. "겸손한 자들은 여호와 안에서 그 기쁨이 더하겠고, 사람들 중 가난한 자들은 이스라엘의 거룩하신 분으로 인해 기뻐할 것이다"(사 29:19). "주 여호와의 영이 내 위에 임하시니, 여호와께서 내게 기름을 부어 겸손한 자들에게 좋은 소식을 전하게 하셨기 때문이다. 그분이 나를 보내어 마음이 상한 자를 싸매 주고, 사로잡힌 자에게 자유를 선포하며, 묶인 자들의 눈을 열게 하셨다"(사 61:1). "여호와를 구하라, 그분의 공의를 행한 이 땅의 모든 겸손한 자들이여! 의를 구하라! 겸손을 구하라! 어쩌면 너희가 여호와의 진노의 날에 숨겨질지도 모른다"(습 2:3). "그분은 공의로 겸손한 자들을 인도하시고 겸손한 자들에게 그분의 길을 가르치실 것입니다"(시 25:9). "그러나 겸손한 자들은 땅을 상속받고 샬롬의 풍성함으로 기뻐할 것입니다"(시 37:11). "하나님이 땅의 모든 겸손한 자들을 구하시려고 심판하러 일어나실 때입니다, 셀라"(시 76:9). "참으로 그분은 조롱하는 자를 비웃으시지만, 겸손한 자들에게는 은혜를 베푸신다"(잠 3:34).

경배하다Pay Homage

헬라어 '프로스퀴네오'(Proskuneo)는 '경배하다' 외에 '예배하다'로도 번역된다. 여기서 경배한다는 것은 고귀한 사람의 발치에 한쪽 무릎을 꿇고 이마를 땅에 대며 절하는 것을 말한다. 예슈아는 자주 이런 인사를 받으셨다. 프로스퀴네오를 '경배하다'로 옮겨야 할지, '예배하다'로 옮겨야 할지 분명하지 않은 경우가 있는데, 이 성경에서는 예슈아나 다른 사람에게 인사할 때는 '경배하다'로 번역했다. 사도 요한이 천사에게 이런 식으로 인사했을 때, 천사가 그에게 "일어나라"고 말했다(계 19:10). 요한복음 4장 20절은 '예배하다'를 의미하는 것이 확실하다.

게바Cephas

베드로의 이름인 게바는 아람어로 '작은 바위(암석)'라는 뜻이다. 게바는 요한복음 1장 42절, 고린도전서 1장 12절, 3장 22절, 9장 5절, 15장 5절, 갈라디아서 1장 18절, 2장 9, 11, 14절에 등장한다. 이것을 통해 사도들이 베드로를 예슈아께서 붙여 주신 아람어 이름으로 불렀다는 것과, 평소에 헬라어가 아닌 아람어를 사용했음을 알 수 있다. 예슈아 시대의 이스라엘에서 히브리어가 널리 사용되었다는 것이 당시의 문서, 주화, 건물과 기념비에 새겨진 조각 등이 발견되면서 입증되었다.

'작은 돌'을 가리키는 히브리어 '케프'(keph)는 구약 성경에서 100회 이상 등장하는데, '돌'보다는 주로 '발바닥'이나 '손바닥'을 가리키는 말로 사용되었다(렘 4:29과 욥 30:6은 '작은 돌'의 의미로 사용됨 – 역자 주).

헬라어 '페트라'(Petra)는 여성 명사로 '바위' 또는 '반석'을 뜻한다. '페트로스'(Petros)는 남성형으로 신약 성경에서 오직 베드로의 이름으로만 사용되었는데, 고전 헬라어에서는 '작은 돌조각'을 가리키는 말이다.

구약 성경은 세 가지의 히브리어로 반석이신 하나님과 메시아를 표현했다. '추르'(Tsur)는 깎아지른 듯한 바위 절벽을, '셀라'(Sela)는 거대한 바위 절벽을, 마지막으로 '에벤'(Even)은 건축에 사용되는 깎아 다듬은 돌, 특히 '모퉁잇돌'을 가리킨다.

게헨나Gehenna

'힌놈의 골짜기'를 뜻하는 히브리어 '게힌놈'을 헬라어로 음역한 것이다. 힌놈의 골짜기는 예루살렘 외곽에 위치해 있었다. 온갖 오물과 쓰레기, 짐승의 사체, 심지어 사형당한 죄수의 시신 등을 처리하던 곳으로, 쓰레기와 사체들을 태우는 불길이 끊이지 않았고, 타다가 남은 것에는 벌레가 들끓었다. 예루살렘 거주민이나 방문자들은 이곳의 연기와 불길, 벌레를 볼 때마다 '스올'을 떠올렸고, 그렇게 '게헨나'는 '스올'의 동의어가 되었다. 힌놈의 골짜기는 이스라엘에서 일찍부터 인신 제사, 곧 영유아를 이방신 몰록에게 제물로 바치던 곳이다. 여호수아 15장 8절과 18장 16절에 이어, 예레미야 7장 32절, 19장 2, 6절, 32장 35절, 열왕기하 23장 10절, 역대하 28장 3절에 이 골짜기의 온전한 이름 '힌놈의 아들들의 골짜기'가 언급되어 있다. 힌놈은 '애곡', '애가'라는 뜻이다.

고난Suffering

베드로전서 3장 17, 18절은 다음과 같다. "하나님의 뜻을 바라는 사람이라면, 선을 행하다가 고난을 당하는 것이 악을 행하다가 고난을 당하는 것보다 더 낫습니다. 메시아께서도 죄 때문에 한 번 고난을 당하셨습니다. 의로우신 분께서 불의한 자들을 대신해서 고난을 받으신 것입니다. 그분께서는 여러분을 하나님께 인도하시기 위해 육체 가운데 죽음을 당하시고 그 영(성령)으로 살리심을 받으셨습니다." 예슈아는 우리가 박해를 당하게 될 거라고 말씀하셨다(요 15:20). 랍비들의 가르침은 다음과 같다. "'누구든지 자기를 박해하는 이들을 박해하지 않고, 감정이 상해도 침묵하며, 선을 위해 선을 행하고, 고난 가운데 기뻐하는 사람은 하나님의 친구이다. 성경은 이런 사람들에 대해 이렇게 말씀한다. 하나님을 사랑하는 자들은 해와 같이 자신의 능력으로 나아올 것이다.'" 이 가르침은 사사기 5장 31절의 "그분을 사랑하는 자들은 힘있게 떠오르는 태양과 같을 것이다"에 따른 것이다.

고르반Korban

히브리어 '카르반'(Karban)을 헬라어로 음역한 것으로, 하나님께 바치는 예물을 말한다. 종종 '제물'로 번역되는데, 적절한 번역은 아니다. 실제 의미는 '가까이 나아가다'를 뜻하는 동사에서 왔기 때문이다. 예물은 하나님께 더 가까이 나아가 더 높은 영적 차원으로 올라가기 위해 드리는 것으로, 희생과는 반대되는 개념이다. 여호와께 예물을 드리는 것은 희생이 아니다. 예물을 드린 사람은 그 보상으로 복을 받기 때문이다.

'찬양의 제사'를 드린다는 가사가 있는데, 성경에는 '찬양의 제사'라는 말이 없다. 하나님을 찬양하는 것은 '희생(제물)'이 아니기 때문이다. 슬픔과 근심의 때에 즐거워하는 '기쁨의 제사'(시 27:6)와 상실이나 역경의 때에 감사를 표하는 '감사의 제사'(시 107:22)는 있다.

예물은 올바른 태도로 드려야 한다. 하나님은 즐거이 드리는 사람을 사랑하신다(출 25:2; 고후 9:7). 십일조 같은 헌금이든, 교회를 통한 선교, 구제, 또는 교도소 사역이든(마 25:35-40; 사 61:1) 예물을 드릴 때마다, 하나님의 복을 받게 되고, 보다 높은 영적 차원으로 올라가게 된다. 이 원리는 번제와 소제의 규례를 설명한 레위기 1, 2장에 나타나 있다. 죄를 속하기 위해 드리는 예물이나 자원하여 드리는 예물이나 그 유익은 동일하다. 하나님과 새로운 차원의 관계로 올라가게 된다.

국가적인 죄Sin, National

이것은 민수기 이후의 이스라엘 역사 전반에 발생한 문제였다. 에스겔 34장은 이 문제를 이스라엘의 목자들, 곧 세속적이고 종교적인 지도자들과 관련하여 집중적으로 다룬다. 국가적인 죄에는 하나님을 위해 구별된 개인이 있었다. 엘리야가 하나님을 예배하는 이가 자기 외에는 없다고 불평하자, 하나님은 다음과 같이 대답하셨다. "그러나 내가 이스라엘에 칠천 명을 남겨 두었으니, 바알에게 꿇지 않은 모든 무릎들과 입맞추지 않은 모든 입이다" (왕상 19:18).

나라의 명운이 다해도 성도들은 망하지 않았다. 북 이스라엘에 이어 남유다의 백성들도 사로잡혀 가면서 선한 이들도 우상숭배자들과 함께 징계를 받았다. 하지만 에스겔 34장 등에 언급된 것처럼, 하나님은 지도자들에게는 책임을 물으셨다. 오늘날의 민주주의 사회에서는 선출된 지도자와 관료들이 벌을 받지만, 책임은 유권자들이 진다.

성도들은 구원받지만, 역경을 통과하게 된다. 바벨론 포로기에 경건한 백성들이 사로잡혀 가든 본토에 남겨지든 고초를 겪었던 것처럼 말이다. 남겨진 이들은 가난한 하층민들로, 새로운 지배층의 종이 되어 힘겨운 노역에 시달렸다.

'국가적인 죄'가 가져오는 일련의 결과들은 다음과 같다.

1. 성경 공부에 전념하지 않음
2. 계명을 지키지 않음
3. 성경에 충실한 것을 싫어함
4. 교회를 세우는 자들, 곧 지혜로운 자들과 사도들을 미워함
5. 다른 사람들이 말씀에 순종하지 못하게 방해함
6. 하나님의 존재를 부인함
7. 하나님이 계명(윤리)을 주신 것을 인정하지 않음

이런 일들이 국가적으로 일어나고 있다. 민주 국가에서는 국민 개개인에게 투표의 의무가 있다. 나라의 구원과 번영이 유권자의 손에 달려 있다. 투표는 지역 사회와 학교, 정부의 거의 모든 분야에 영향을 미친다. 한 사람이 표를 던질 때, 나라는 그 사람의 표만큼 움직인다. 지금은 모든 믿는 자들이 나라가 거룩해지도록 지속적으로 기도하며 적극적으로 목소리를 내야 할 때이다.

그리스도Christ

헬라어 '크리스토스'(christos)는 '메시아' 즉 '기름부음 받은 자'를 뜻한다. 그래서 이 성경의 신약은 '크리스토스'를 동일한 뜻의 히브리어 '메시아'로 옮겼다.

그물Fish Nets

마태복음 13장 47절의 '그물'은 헬라어 '사게네'(Sagene)이다. 신약에 단 한 번 등장하는 이 그물은 야간에 이루어지는 상업적 어업에 사용되던 큰 그물로, 도넛이나 베이글처럼 중앙에 구멍이 난 둥근 돌들을 추로 사용했다. 이 추들은 보통 단단한 부싯돌로, 어떻게 구멍을 뚫었는지는 알 수 없다. 갈릴리 호수 주변에서는 지금도 2,000-2,500년 된 수많은 그물추들이 발견되고 있다.

'그물'을 가리키는 또 다른 헬라어는 '딕튀온'(diktuon)이다. 이것은 형태나 종류

에 상관없이 전반적인 그물을 지칭한다. 요한복음 21장의 '딕튀온'은 153마리의 물고기가 잡힌 것으로 보아 '사게네'인 듯하다. 마가복음 1장과 누가복음 5장에도 '딕튀온'이 등장하는데, 어떤 종류인지는 확실하지 않다.

또 개인용으로 지름이 6미터 정도 되는 원형 그물에 납으로 된 추가 달린 것도 있었다. 이것은 나일론 그물이 등장한 1950년대까지 사용되었다. 직접적으로 언급되지는 않았지만, 마가복음이나 누가복음에 등장한 어부들 중에는 이 그물을 사용한 이들도 있을 것이다. 수년간 갈릴리의 어업에 대해 연구한 멘델 눈(Mendel Nun)이라는 어부에 따르면, 누가복음 5장의 그물은 작은 투망이라고 한다. 헬라어 사본으로는 그물의 종류를 확인할 수 없지만, 더 작은 것이었을지도 모른다. 지름 6미터의 그물로는 적지 않은 물고기를 잡을 수 있기 때문이다.

기록 시기Dates

신약 성경 각 권이 기록된 시기에 대해서는 대체적으로 의견이 일치하기는 하지만 모두가 동의하는 것은 아니다. 이들이 2-4세기에 기록되었다고 보는 학자들도 있다. 신약 성경 전반을 수놓은 수많은 히브리 관용 표현과 유대교 전통들을 통해 유대인들이 이것을 기록했음을 알 수 있다. 그러나 1세기 이후에 기록된 것이라면 그게 아닐 수도 있다.

나귀Donkey

예슈아가 마지막으로 예루살렘에 입성하실 때 나귀를 타셨다는 것이 마태복음 21장 1-11절, 마가복음 11장 1-11절, 누가복음 19장 28-38절, 요한복음 12장 12-19절에 기록되어 있는데, 이것은 스가랴 9장 9절에 언급된 것 이상으로 중요하다. 이 항목의 마지막 단락을 참고하라.

나귀와 예슈아의 연관성이 처음으로 언급된 곳은 창세기 49장 10-12절이다. "실로가 오실 때까지 유다에게서 왕의 지팡이가 떠나지 않을 것이며 토라 학자가 그의 발 사이에서 떠나지 않을 것이니, 백성들의 모임이 그분께 있을 것이다. 그분은 자기의 나귀 새끼를 포도나무에, 자기의 어린 나귀를 엄선한 포도나무에 매어 자신의 의복을 포도주에 빨고 자신의 옷을 포도의 피에 빠셨다. 그분의 두 눈은 포도주처럼 붉고 이는 우유처럼 흴 것이다." 유다에게서 왕의 지팡이가 떠나지 않을 것이라는 말은 장차 있을 이스라엘의 왕권이 항상 유다 지파에 속할 것이라는 의미이다. 이 왕정은 수백년 후 다윗이 왕이 되면서 시작되었다. 토라 학자가 그의 발 사이에 있을 것이라는 말은 유다 지파가 항상 하나님께 충성할 것이라는 말이다. 랍비들은 이 '토라 학자'가 힐렐의 후손들을 가리킨다고 말한다. 힐렐은 예슈아께서 성장하시는 동안 틀을 깬 새로운 관점으로 갈릴리에서 크게 존경받는 토라 교사였다. 학자들은 모두 힐렐처럼 틀에 갇히지 않는 자유로운 사고를 할 수 있어야 한다.

2세기의 위대한 학자 온켈로스(Onkelos)와 11세기의 라쉬(Rashi)도 다음과 같이 기록했다.

> '실로'는 '그분, 곧 메시아께 드리는 예물'을 뜻하는 '쉐이 로'의 복합어르, 모든 민족들이 왕이신 메시아께 선물로 주어지게 된다는 의미가 내포되어 있다. 이것은 메시아께서 오실 것에 대한 믿음을 보여 주는 토라의 핵심 구절이다. 랍비들은 중세 시대에 기독교 학자들과 논쟁할 수밖에 없을 때, 항상 이 구절을 인용했다.

이것은 메시아가 오시면 유다의 통치가 끝난다는 말이 아니다. 일단 메시아의 통치가 시작되면, 그동안의 유다 왕권이 그것을 알려 줄 것이라는 말이다. 그때, 모든 민족이 메시아의 위대함을 인정하며 그분을 경배하기 위해 모일 것이다.

창세기 49장 11–12절은 마지막 때의 전체적인 모습을 예언한 것이 아니다. 유다가 성공하여 세상에 하나님의 은혜들을 보여 줄 것이라는 중요한 사실을 농업 용어들로 표현해 놓은 것뿐이다. 포도원의 소출이 풍성하여 농부가 포도나무 하나에 자기 나귀를 매어 놓을 것인데, 그 하나의 나무에 나귀가 가까스로 운반할 만큼 많은 양의 포도가 맺힐 것이기 때문이다. 메시아는 전쟁을 위한 말보다는 나귀와 관련이 있다. 그분은 전사(戰士)가 아니라, 포도나무의 비유처럼 번영을 상징하는 평화의 사람으로 그려지신다. 메시아는 무기가 아닌 거룩한 능력으로 전쟁에서 승리하실 것이다.

본문은 메시아에 대한 묘사가 대단히 풍성하다. 메시아께서 그분의 의복을 포도주에, 그 옷을 포도의 붉은 피에 빠실 것이라고 한 것에 주목하라(11절). 계시록 7장 14절에서도 자기 옷을 어린양의 피에 씻어 희게 만든 십사만 사천에 대해 말씀한다.

나병Leprosy of Scripture

이것은 우리에게 알려진 한센병과는 다르다. 히브리어 '짜라아트'(Tsaraat)를 헬라어로 옮긴 것이 '레프라'(Lepra)이며, 여기서 나병을 뜻하는 영어 Leprosy가 나왔다. 민수기 12장 12절에 나타난 미리암의 상태가 오늘날의 나병(한센병) 증상과 같아 보이지만, 피부 발진이나 감염 양상이 다르다.

오늘날 나병은 전염병 중에서도 전염력이 가장 약한 질환으로, 보통 통원 치료를 받는다. 그러나 성경의 나병은 전염성이 매우 강하다.

레위기 14장 33-57절은 집에 핀 나병(곰팡이)에 관해 말씀한다. 이상하게 보이지만, 건물의 감염을 사람의 감염과 관련시킬 만한 타당한 이유가 있었다. 둘 다 미생물 때문에 발생하지만, 이 사실은 17세기 말 현미경을 통해 박테리아나 곰팡이를 발견한 후에야 알려졌다. 히브리어 '짜라아트'는 질병을 의미한다기보다는 '재앙'이나 '재난'으로 번역하는 게 더 나을 수도 있다. 집에 핀 곰팡이는 오늘날에도 건물에 대단히 심각한 문제를 일으킬 수 있기에, 레위기 14장 33-48절의 철저하고 과감한 조치는 납득할 만한 것이었다.

다윗의 자손/요셉의 자손Son of David/Son of Joseph

보통 예슈아를 다윗의 자손이라 부른다. 성경의 여러 구절들에 다윗의 자손이 왕좌에 앉는다고 언급되어 있는 것은 분명한 사실이다. 종려 주일에 예루살렘에 입성하시는 예슈아를 지켜보던 사람들은 머지않아 고대하던 다윗 자손의 메시아적 통치가 시작될 것이라고 생각했다.

그러나 마가복음 10장 47절의 바디매오처럼 치유를 구하며 '다윗의 자손'을 외치던 이들은 목자로서의 그분을 부르는 것이었다. 예슈아는 요한복음 10장 11절에서 "나 스스로 있는 자는 선한 목자이다"라고 하셨고, 21장 16절에서는 베드로에게 "내 양들을 쳐야 한다"라고 말씀하셨다. 그렇다면 목자가 하는 일은 무엇인가? 목자는 양떼를 한데 모아 양육한다. 상처가 생기거나 질병에 걸리면 보살펴주고, 먹을 것과 마실 것과 쉴 곳을 제공하며, 사나운 짐승에게서 보호한다. 이것을 위해 그는 적절한 시기에 초원을 옮겨 다니면서 필요할 때마다 안식처를 제공한다. 또 적절한 때에 양털을 깎아 주고 양 무리를 보존하면서 양털과 젖을 팔기도 한다.

유대교에서는 요셉의 자손도 메시아를 상징하는 것으로 본다. 요셉의 자손은 곡식단 꿈 때문에(창 37:6-7) 농부의 전형으로 여겨진다. 그가 해석해 준 칠 년의 풍작과 칠 년의 흉작 꿈도 같은 맥락이다. 랍비들에 의하면 요셉에 대한 형들의 적개심은 자신들은 목자(양치기)로 부름받았는데, 요셉은 농부로 부름받았기 때문이었다고 한다. 목자와 농부는 서로 다른 삶의 모습을 보여 준다. 농부는 현상을 유지하는 목자와 달리 나가서 땅을 일궈야 한다. 풀밭, 숲, 늪지 등을 개간하고 수고하여 심은 것의 백 배의 결실을 맺도록 해야 한다. 이것은 고되고 강도 높은 노동으로, 씨 뿌리기, 밭 갈기, 수확하기, 모으기, 타작하기, 키질하기, 골라내기, 곡식 갈기, 체질하기, 반죽하기, 굽기 등의 열한 가지는 안식일에 해서는 안 되는 일들이다. 반면 목자는 양털 깎기, 양털로 실 잣기, 양젖 짜기만 금지된다.

요셉의 자손이 땅을 바꾸어 물질적 복을 가져온다면, 유다, 곧 다윗의 자손은 과거를 수호한다. 에스겔 37장 15-17절에서는 각각 유다와 에브라임을 상징하는 두 개의 막대기가 결합하여 하나가 된다. 다윗은 유다의 자손이고, 에브라임은 요셉의 아들이다. 그러므로 이것은 모든 믿는 자들의 하나 됨, 곧 유대인과 그리스도인, 갈라졌던 유대교와 기독교가 메시아를 기뻐하며 하나 되는 것을 시사한다.

흥미롭게도 유대 학자들은 유다나 요셉은 혼자만 잘될 수 없다고 말한다. 두 형제에게는 서로가 필요하다. 요셉의 세상은 새로운 것을 추구하느라 옛것을 잊고, 유다만의 세상은 시대에 뒤쳐진 유대주의에 갇혀 버릴 수 있기 때문이다.

요셉의 자손은 '고통당하는 메시아'와 '다스리는 메시아'를 보여 준다. 예슈아는 이 땅에 오셔서 고통당하셨으나, 다시 오실 때는 다스리실 것이다. 그분은 사역 가운데 목자의 모습과 변화를 촉구하는 말씀으로, 유다와 요셉의 특성을 모두 보여 주셨다. 씨 뿌리는 자의 비유나 "너희는 그 열매로 (사람을) 알아보게 될 것이다"(마 7:16) 등이 변화와 관련된 말씀에 해당한다. 바울도 로마서 12장 2절에서 "마음을 새롭게 하라"며 변화를 촉구했다. 예슈아께서는 우주의 왕을 보좌하는 총리로 요셉처럼 다스리실 것이다. 또한 요셉이 이집트로 팔려 가서 한동안 그 모습을 볼 수 없었던 것처럼, 예슈아도 그러하시다.

오늘날의 교회는 요셉보다는 다윗의 영향력 아래 있다. 변화를 추구하기보다는 현상을 유지하고 있기 때문이다. 사탄의 세력은 지금도 많은 부분을 장악하고 있다. 이것은 자유케 되는 것에 대해 가르치고 사역하는 교회가 거의 없기 때문에 스스로 내어 준 것이다. 메시아가 다스리시는 천 년 동안 사탄은 결박되어 사라질 것이다(계 20:2). 바로 그때 사람들은 사탄의 영향력에서 벗어나 완전히 변화

될 것이다. 그런 의미에서 교회의 현재 상태는 (현상을 유지하는) 다윗의 통치에 가깝다. 그러나 메시아의 통치는 (변화를 일으키는) 요셉의 통치와 같을 것이다. 이처럼 예슈아는 다윗의 자손이시며 동시에 요셉의 자손이시다. 이것은 이천 년 전이나 그분이 다스리시는 기간이나 변함없는 사실이다.

대체 신학Replacement Theology

대체 신학은 신약 성경을 크게 오해하여 생겨난 신학 이론으로, 교회가 이스라엘을 대신하여 하나님의 선민이 되었고, 구약에 예언된 이스라엘의 회복은 교회를 말하는 것이라고 주장한다. 이 이론의 근거로 사용되는 대표적인 구절 중 하나가 바로 히브리서 8장 13절이다. 이것을 '구약, 곧 옛 언약은 폐기되었다'는 의미로 해석하는 경우가 많은데, 대다수의 학자들이 믿는 것처럼 히브리서가 AD 70년(예루살렘 멸망) 이전에 기록된 것이라면, 구약의 폐기를 의도했을 리가 없다. 새로운 언약이 이전 언약을 대체한다는 사상은 AD 2세기 중반에 이단으로 간주된 '마르키온'(Marcion)이 주장한 것이었다. 그러므로 히브리서 기자가 옛 언약의 폐지를 주장한 것이라면, 히브리서는 2세기 말에 기록되었거나 그 후에 변개되었을 것이다.

히브리서 기자가 구약의 폐기를 의도한 것이 아니라는 근거는 또 있다. 히브리서에는 상당히 많은 구약 성경 구절들이 인용되어 있다. 그렇다면 구약이 이제 폐기되었음을 뒷받침하는 구절들만 사용되었어야 할 것이다. 그러나 수많은 구약의 인용과 제사장 직무에 대한 해박한 지식은 오히려 그가 유대인이었음을 말해 준다. 또 디모데에 대한 언급(히 13:23)은 히브리서가 1세기에 기록되었다는 증거에 힘을 실어 준다.

신약 성경의 기록자들은 아무도 구약 성경의 폐지를 말하지 않았다. 예슈아도 마찬가지였다. 예슈아는 요한복음 10장 16절에서 유대인들에게 말씀하시며 이방인들을 '다른 양들'이라고 부르신다. 마태복음 5장 18절에서는 하늘과 땅이 사라질 때까지 토라에서 요드나 바브 하나도 사라지지 않을 것이라고 말씀하셨다. 용어 해설에서 '요드와 바브'를 찾아보라.

바울은 로마서 11장 17-24절에 이렇게 기록했다. "그러나 가지 몇 개가 부러지고 야생 올리브나무인 그대가 그것들에 접붙여졌다면, 그 올리브나무 뿌리의 풍성함에 참여하는 자가 된 것입니다. 그 가지들에 대해 자랑하는 것을 멈추십시오. 그리고 자랑하더라도, 그대가 뿌리를 지탱하는 것이 아니라 뿌리가 그대를 지탱하는 것입니다. 그러면 그대는 말하기를, '가지들이 부러져서 내가 거기 접붙임 받았다'라고 할 것입니다. 참으로 그렇습니다. 그들은 불신으로 꺾였고, 그대는 믿음으로 서 있습니다. 그러므로 자랑하지 말고, 오히려 끊임없이 스스로 두려워해야 합니다. 만일 하나님께서 그 본래의 가지들을 아끼지 않으셨다면, 그대도 아끼지 않으실 것이기 때둔입니다. 그러므로 이제 그대는 하나님의 선하심과 엄하심을 보아야 합니다. 타락한 자들에게는 엄하심이 있으나, 그대가 그 선하심 가운데 남아 있으면 그대 위에는 하나님의 선하심이 있을 것입니다. 그렇지 않으면 그대도 잘려 나갈 것입니다. 그리고 이런 그들이라도 불신 가운데 머물러 있지 않는다면, 접붙여질 것입니다. 하나님께서 그들을 다시 접붙이실 수 있기 때문입니다. 그러므로 만일 그대가 본래의 야생 올리브나무에서 베어져 본성에 반하는 잘 가꾸어진 올리브나무에 접붙여진 것이라면, 이러한 본래의 가지들은 자신들의 *잘 가꾸어진* 올리브나무에 훨씬 더 잘 접붙여질 것입니다." 이어서 그는 26절에서 온 이스라엘이 구원받을 것이라고 말한다.

가야바의 예언 후, 요한복음 11장 52절은 "그 민족뿐만 아니라 흩어졌다가 하나로 모이게 될 하나님의 자녀들을 위해서도 그렇게 하실 것을 예언한 것이었다"라고 말씀한다. 바울은 에베소서 2장 14-16절에 "그러므로 그분은 우리의 샬롬이시니, 둘을 하나로 만드시고, 분리된 장벽, 곧 서로 원수 되게 하는 원인을 자기 육체로 허무신 분입니다. 그분은 선포된 계명들의 전통을 무효케 하심으로 둘, 곧 *유대인과 비유대인*(이방인)을 한 새 사람으로 창조하여 샬롬을 이루게 하시고, 십자가를 통해 이 둘을 한 몸으로 만드셔서 하나님과 화해시키셨습니다. 예슈아를 통해 그들의 적개심을 없애 버리신 것입니다"라고 기록했다. 우리는 유대인과 하나가 될 예정이지만, 유대인들은 다른 누구보다도 그리스도인들에게 더 많은 핍박을 당해 왔다. 그리스도인들이 접붙여진 것이라면, 이제는 하나님이 아브라함과 세우신 최초의 언약과 그 뒤를 이어 수세기에 걸쳐 맺은 언약들의 일부가 된 것이다. 용어 해설에서 '새 언약'을 찾아보라.

데가볼리Dekapolis

'열 개의 도시'를 뜻하는 헬라어이다. 아홉 도시는 요단강 동편, 갈릴리 호수와 사해 사이에, 나머지 하나인 벧산(벧스안)은 요단강 서편, 갈릴리 호수 남쪽에 위치해 있었다. 이들 열 도시는 BC 63년에 로마가 이스라엘을 점령한 후 자유 도시로 선포되었는데, 이것은 각 도시에 대단한 영광이었다.

로고스/레마Logos/Rhema

비슷한 뜻을 지닌 이들 헬라어의 의미는 확장되는 경우가 많다. 로고스가 진술되거나 발언되는 말, 또는 성경 전체를 지칭하는 것으로 여겨진다면, '레마'는 특별한 말이나 구절로 간주된다. 이러한 의미상의 차이는 헬라 철학에서 기원한 것으로, 5세기에 신학자 어거스틴에 의해 기독교 문서에 도입되었다. 사실상 이 두 단어는 칠십인역과 신약 성경에서 동의어로 사용되고 있으며, 헬라어의 강조점은 발음에 있다. 칠십인역에서 이들의 관계를 살펴볼 수 있는데, '레마'는 '말', '언사' 등을 뜻하는 히브리어 '일랏'(ilat)과 '입', '발언' 등을 뜻하는 '페'(peh)의 역어로 사용되었고, '로고스'는 '말씀', '말'을 뜻하는 히브리어 '다바르'(daber/da-bear)와 '말하다'를 뜻하는 '아마르'(omer) 그리고 '말', '발언' 등을 뜻하는 '밀라'(milar)의 역어로 사용되었다. 로고스와 레마 모두 '메시지', '말씀', '가르침' 등으로 번역하는 것이 더 적절한 경우도 있다. 따라서 기록자가 주님에 대해 언급하는 것인지, 성경을 가리키는 것인지는 '레마'와 '로고스'의 용례로 분별하기 어렵다.

마태복음 28장 19절Matthew 28:19

헬라어 원문에도 '아버지와 아들과 성령'이라는 말이 언급되어 있기는 하지만, 이 부분을 AD 325년 니케아 공의회에서 덧붙였다는 많은 증거들이 있다. 마태복음 완성본을 본 적이 있다는 몇몇 초기 기독교 신학자들에 따르면, 초기 사본에는 이 문구가 없다고 한다. 가이사랴의 유세비우스도 이들 중 한 명이다. 그는 삼위일체를 믿는 사람이었음에도, 초기 사본들에는 '아버지와 아들과 성령의 이름으로 침례를 주라'는 문구가 없다고 기록했다. 지금까지 남아 있는 AD 4세기 이전의 마태복음 사본은 두 점에 불과한데, 둘 다 마지막 페이지가 오래전에 파손되었다.

문학 박사인 윌리엄 R. 코너(William R. Connor)는 다음과 같이 말했다. "1–3세기의 사본은 남아 있지 않다. 그러나 현존하는 것보다 훨씬 오래된 사본을 소유했거나 접해 보았을 두 사람의 글이 남아 있어 우리에겐 참 다행이라 할 수 있다. 또한 이 두 사람의 필사본을 직접 인용한 문장들이 여러 문서에 남아 있다. 이를 통해 우리는 1–3세기의 사본이 어떠했을지 유추해 볼 수 있다. 그리고 동시대의 인물들, 이를테면 가이사랴의 유세비우스, 《재세례론》(De Rebaptismate)을 지은 익명의 저자, 오리게네스, 알렉산드리아의 클레멘트, 순교자 유스티누스, 마케도니우스, 유노미우스, 아프라테스 등이 간접적으로 인용한 내용들을 통해서도 초기 사본들에 대한 증거를 얻을 수 있다." 코너 박사의 이러한 주장은 장장 21페이지에 달하기 때문에 전문을 싣지는 못한다. 그러나 원본 마태복음 28장 19절에 '아버지와 아들과 성령의 이름으로 침례를 주라'는 문구가 빠져 있다고 주장하며 그가 내세운 근거들은 참으로 강력하다.

만군의 주Lord of Hosts

헬라어 '판토크라토르'(Pantokrator)를 번역한 것으로, 세속적 헬라어에서는 '전능자'의 의미에 가까워 '헤르메스'나 몇몇 다른 거짓 신들을 가리키는 말로 사용되었다. BC 250년경에 히브리 성경을 헬라어로 번역한 칠십인역에서는 히브리어 '체바오트'(Tsevaot)를 '판토크라토르'로 옮겼다. 체바오트는 '군대', '큰 무리'를 뜻하는 말로, '만군의 주(여호와)'를 지칭한다. 엘리사의 종 게하시가 도단에서 본 것처럼(왕하 6:15-17), 하늘의 군대는 수많은 천사들로 구성되어 있다. '엘 샤다이'(El Shaddai), 곧 전능하신 하나님은 체바오트와 동의어로 여겨진다. 로마서 9장 29절, 야고보서 5장 4절, 계시록 1장 8절, 4장 8절, 11장 17절, 15장 3절, 16장 7, 14절, 19장 6, 15절, 21장 22절을 찾아보라.

맘몬Mammon

마태복음 6장 24절은 다음과 같다. "아무도 두 주인을 섬길 수 없다. 한 사람을 미워하고 다른 사람을 사랑하거나 한 사람에게 헌신하고 다른 사람을 무시할 것이기 때문이다. 너희가 하나님도 섬기고, 재물도 섬길 수는 없다." '맘몬'은 히브리어 '에무나'(Emunah)에서 나온 말에 접두사가 붙은 것이다. 마태복음 6장 24절에도 '맘모나'(Mamona)라는 단어가 등장하는데, 이것은 헬라어가 아니다. 히브리어 '마모네'(Mamone)는 충성스럽고 확고하게 신뢰하며 '믿는 자'를 의미한다. 마태복음 6장 24절의 '맘모나'는 우리와 하나님 사이에 끼어드는 모든 것을 가리킨다. 문맥상 '재물'로 보는 것이 적절하므로, 헬라어 사전에도 '부'나 '재물' 등으로 규정되어 있지만, 실제로는 더 깊은 의미가 있다. 다른 사람이나 자기 재능, 부동산, 주식, 일, 명예, 또는 육신의 힘 등 하나님 외의 것을 믿고 있다면, 하나님을 온전히 섬길 수 없다. 맘몬이 히브리어에서 왔다는 것은 여러 학자들이 믿는 바와 같이 마태복음이 본래 히브리어로 기록되었음을 보여 주는 증거 중 하나이다.

멍에Yoke

예슈아는 마태복음 11장 28-30절에서 멍에에 대해 이렇게 말씀하셨다. "수고하고 무거운 짐진 자들은 모두 내게로 오라. 그러면 내가 너희에게 쉼을 주겠다. 너희는 즉시 내 멍에를 메고 이제는 내게 배워야 한다. 나는 온유하고 마음이 겸손하여 너희가 삶에서 쉼을 얻을 것이다. 내 멍에는 즐겁고, 내 짐은 무겁지 않기 때문이다." 멍에는 한 쌍의 소나 말 등의 짐승을 한데 묶어 부리는 데 사용하는 무거운 나무틀이다. 랍비들은 여호와의 멍에는 '전적인 헌신', 곧 우리를 향한 하나님의 온전한 뜻에 철저하게 순복하는 것을 의미한다고 가르친다. 교만, 소유에 대한 사랑, 명예, 오락과 유희 등 우리의 삶을 향한 하나님의 계획을 방해하는 모든 우상들을 파괴해야 한다. 하나님이 우리의 모든 필요를 공급해 주실 것이다. 이를 위해 가난을 맹세해야 하는 것은 아니다. 하나님은 성도들을 돌보아 주시는 분이다.

멍에는 둘이 함께 써야 하는 것이기에 또 다른 의미가 있다. 보통은 배우자와 멍에를 함께 쓰지만, 하나님이 동반자인 사람도 있다. 멍에를 질 때 중요한 것은 각자의 역할에 충실해야 한다는 것이다. 예슈아는 이 비유 가운데 각자가 멍에를 지는 것이라고, 각자가 자기 몫의 짐을 감당하지 못하면 사역은 온전히 이루어질 수 없다고 말씀하신다. 하나님은 하와를 만드시고 결혼을 제정하셨다. 그녀를 아담과 동등한 존재이자, 그에게 맡겨진 모든 과업의 적임자로 만드셨다. 그래서 일부 역본들은 창세기 2장 18절의 '에제르'(ezer)를 '그의 일을 거들 짝', '그에게 합당한 조력자' 등으로 번역하여 원문의 의미를 잘 살렸다. 부부는 각자의 짐을 질 뿐만 아니라 하나처럼 행해야 한다. 동일해져야 한다는 말이 아니다. 상호 보완적 관계가 되어야 한다. 멍에는 모든 일에 둘이 힘을 합치는 것을 의미하기도 한다. 바울은 믿지 않는 자와의 결혼에 대해 공평하지 않게 멍에를 메지 말라고 했다. 그러므로 사업이든 사역이든 우리는 하나님의 온전하신 뜻에 따라 멍에를 메어야 한다.

멍에의 주체는 부리는 사람이지, 소가 아니다. 두 마리 모두 부리는 사람의 뜻과 명령에 철저히 순종해야 한다. 기운이 넘치는 한 마리가 앞서 나간다고 해서, 나머지 짐승보다 빨리 갈 수도 없다. 금방 지쳐 버릴 뿐이다. 부리는 사람도 계속 고삐를 당기다가 지쳐 버릴 것이다. 순종은 사모해야 할 성품이다.

마태복음 11장 28, 29절에서 예슈아가 말씀하시는 쉼은 일시적인 휴식이다. 일하다가 잠깐 쉬거나 전쟁을 잠시 멈추는 것과 같다. 최전방에서 싸우는 군사들이 틈이 날 때마다 며칠씩 후방으로 이동하여 쉬는 것처럼 말이다. 그들은 전장을 떠난 것이 아니라, 충분히 먹고, 자고, 무기를 닦는 등 다시 싸울 준비를 하고 돌아온다. 히브리서 3, 4장의 하나님의 왕국에서 누리는 '영원한 안식'과 관련하여 사용한 헬라어는 이것과 다르다.

하나님의 멍에는 지기 쉽고 편하며 즐겁기까지 하다. 헬라어 '크레스토스'(chres-tos)는 신약 성경에 일곱 차례 등장하는데, 항상 좋은 것을 의미하며 맛있는 음식의 수식어로 사용되기도 한다. 그러므로 하나님의 멍에가 즐겁다는 것은 적절한 표현이다. 주님의 사역이 항상 쉬운 것은 아니지만, 주님의 멍에는 즐겁다.

신실한 유대인들이 하루 세 번 읊는 '쉐마'라는 기도문이 있다. 이것은 신명기 6장 4절의 "들으라! 순종하라, 오 이스라엘아! 여호와는 우리 하나님이시다! 여호와는 한 분이시다!"로 시작하여, 5-9절과 11장 13-21절, 민수기 15장 37-41절을 이어서 암송한다. 랍비들은 이것을 '하늘의 멍에를 받아들이는 것'이라고 말한다.

주님의 짐은 가벼워서 대수롭지 않다. 마태복음 11장 30절의 '가볍다'에 해당하는 헬라어는 주님의 짐이 무게를 느끼지 못할 만큼 가볍다는 것을 시사한다. 만일 짐이 무겁게 느껴진다면, 분명 무언가 잘못된 것이다. 예슈아가 하나님의 사역이 아니라 자기 열심으로 분주하던 바울에게 (소를 몰 때 쓰는) 가시 채찍을 걷어차고 있다고 말씀하신 것처럼 말이다.

메시아(그리스도)의 재림Coming of Messiah

예슈아께서 지금이라도 오실 수 있다는 것을 믿게 하는 많은 표적들이 있다. 예슈아께서 자신의 재림에 대해 말씀하신 내용 일부를 살펴보자. 마태복음 24장을 읽되, 36절과 42-44절을 주목해서 보라. "그러나 아무도 그 날짜와 시간에 대해서는 알지 못하니, 오직 그 아버지 외에는 하늘의 천사들도, 그 아들도 모른다." "그러므로 너희는 끊임없이 깨어 있어야 한다. 어떤 날에 너희 주님이 오실지 너희가 알지 못하기 때문이다. 그러나 너희가 아는 대로, 몇 시에 도둑이 올지 집 주인이 알았다면, 그는 깨어 있다가 자기 집을 뚫지 못하게 했을 것이다. 이 때문에 너희는 항상 준비되어 있어야 한다. 너희가 그 사람의 아들이 올 시간에 대해서는 지속적으로 생각하지 말아야 하기 때문이다." 이것은 분명한 명령이다. 우리는 주린 자들을 먹이고 불우한 이들을 보살피는 등 주님의 일을 하면서 주님의 재림이 아니라 주님께 집중해야 한다.

마가복음 13장 32-33절에서는 다음과 같이 말씀하셨다. "그러나 그날과 그 시간에 대해서는 아무도 모르니, 심지어 하늘에 있는 천사들도 모르고, 그 아들도 모르며, 아버지만 아신다. 너희는 주의해야 한다! 너희는 늘 깨어 있어야 한다. 그 때가 언제인지 너희가 모르기 때문이다."

누가복음 12장 40절에서 "그러므로 너희는 준비하고 있어야 한다. 그 사람의 아들이 너희가 생각지도 못한 시간에 올 것이기 때문이다"라고 하신 후에, 17장 20-37절에서는 하나님의 왕국이 임하는 것에 대해 말씀하시면서 20절에 "하나님의 왕국은 볼 수 있게 임하지 않는다"라고 하신다. 주님을 기다린다고 해서 더 빨리 오시는 것은 아니다. 그분의 재림을 앞당기는 것이 있을까? 그것은 굶주린 자들을 먹이고 의지할 데 없는 이들을 맞아들이는 등 마태복음 25장 35-40절에 기록된 일들을 하는 것이다. 에베소서 5장 27절은 이것에 대해 "그분을 위한 영광스러운 회중(교회)으로서 점도, 주름도, 그 어떤 것도 없이 거룩하고 흠 없게 하시려는 것"이라고 말한다.

마태복음 10장 23절에서는 "그리고 그들이 이 도시에서 너희를 박해하거든, 너희는 다른 곳으로 피신하라. 진실로 내가 너희에게 말한다. 너희가 이스라엘의 도시들을 다 다니기 전에 그 사람의 아들이 올 것이다." 24장 34절에서는 "진실로 내가 너희에게 말한다. 이 모든 일이 일어날 때까지는 이 세대가 지나가지 않을 것이다"라고 말씀하셨다. 1세기에 이 말씀이 기록된 후, 세대마다 자기들이 바로 주님의 재림을 목격할 세대라고 주장하는 이들이 있었다. 바울도 고린도전서 7장 29절에 "그리고 형제들이여, 내가 이것을 말하는데, 시간이 얼마 남지 않았습니다"라고 언급한 것에서 주님이 곧 재림하시리라 믿었음을 알 수 있다.

마태복음 24장 45-51절은 다음과 같이 말씀한다. "그러면 주인이 그 집 종들을 다스리게 하여 때에 맞춰 음식을 주게 할 충성스럽고 지혜로운 종은 누구냐? 그 주인이 와서 그렇게 하고 있는 것을 보면, 그 종은 복이 있다. 진실로 내가 너희에게 말하는데, 주인이 자신의 모든 소유를 그에게 맡길 것이다. 그러나 만일 악한 종이 속으로 말하기를, '내 주인이 더디 오는구나' 하고 그 동료들을 때리기 시작하며 술친구들과 함께 먹고 마신다면, 그 종의 주인이 그가 예상하지 못한 날, 그가 알지 못하는 시간에 와서 그를 엄히 벌하며, 그의 몫은 위선자들과 함께 있게 될 것이니, 그곳에는 통곡과 이를 갊이 있을 것이다."

분명 우리는 '마지막 때'에 대해 배워야 하지만, 그만큼 당면 과제에 집중하여 성숙한 성도를 일으키고, 복음을 전하며, 가난한 자들을 먹이는 등 세상에 구원을 가져가야 한다. 야고보서 5장 8절에도 "여러분은 이제 더 많이 인내하며 여러분의 마음을 강하게 해야 합니다. 주님의 임하심이 가까워졌습니다"라고 기록되어 있는 것처럼, 모든 세대가 시간이 얼마 남지 않았다는 것을 믿어야 한다. 메시아가 곧 오실 거라고 가르치는 사람들을 무시하지 말라. 그들은 자신의 사명에 순종하여 많은 이들을 주님께 돌이키게 할 뿐만 아니라, 선한 종으로 많은 일들에 헌신하게 하고 있다. 주님은 바로 오늘 밤에 오실 수도 있다!

무교병Unleavened Bread

무교절은 유월절 바로 다음 날인 니산월 15일에 시작되는 절기로, 누룩을 넣지 않고 만든 맛짜라는 무교병을 7일 내내 먹는다. 오늘날에는 유월절과 무교절을 합쳐 유월절이라고 부르는 경우가 많다. 이 절기는 '속박으로부터의 자유', 곧 하나님을 예배하기 위해 이집트의 노예생활에서 해방된 것을 강조한다.

랍비들은 '심판을 위한 부활'이 무교절 기간에 일어날 것이라고 가르친다. 예슈아는 무교절 기간 초실절에 부활하셨다. '심판 날'은 그로부터 몇 달 뒤인 '로쉬 하샤나'에 시작된다는 사실을 기억하기 바란다.

미래 시제Future Tense

원문의 미래 시제는 하나님의 명령으로 번역되는 경우가 많다. 십계명도 미래 시제로 기록되어 있는데, 하나님께 헌신하면 우리의 행위가 변화되어 하늘 아버지께서 하라고 하신 일들은 행하고, 하지 말라고 하신 일들은 더 이상 행하지 않게 되기 때문이라고 말하는 이들도 있다. 하나님께 헌신된 백성이 온전해지지 않음으로, 정말로 그렇게 되었다는 것은 참으로 슬픈 일이다.

미츠바Mitsvah

복수형은 '미츠보트'이다. '종교적, 도덕적 의무'를 가리키는 말로, 계명, 규례, 법도, 절기 준수, 가르침, 강론 등이 여기에 포함된다. 랍비 엘리에젤 벤 예후다는 이렇게 기록했다. "히브리어 '미츠바'의 의미를 적절하고 정확하게 전달할 수 있는 말이 없어서 문맥에 따라 '선한 행위', '법', '계명' 등으로 번역된다. 또 미츠바는 유대 율법의 핵심 개념인 '의무' 또는 '임무'로도 번역할 수 있다."

헬라어 표현에서는 보통 '선한 행실이나 행위'로 번역되는데, '의를 행하는 것'이 일반적인 용법이기 때문에 '의'의 의미도 포함된다고 할 수 있다. 마태복음 6장 2절의 '구제하는 것'은 히브리어 '쩨다카'로도 '미츠바'로도 볼 수 있다. '쩨다카'(Ts'dakah)는 '옳게 행하다', '정당하다'를 뜻하는 히브리어 '쩨데크'에서 나온 말로, 오늘날에는 보통 자선이나 구제를 베푸는 것 또는 십일조를 넘치게 하는 것을 가리킨다. 성경에서 '쩨다카'는 하나님이 요구하시는 '의'를 넘어서는 사랑과 친절의 행위를 뜻한다. 우리는 행위의 결과로 구원받는 것이 아니다. 오히려 구원은 그에 합당한 행위의 근거가 된다. 행위로 의롭게 되는 것이 아니라, 의로운 자이기에 선한 일들을 행하는 것이다.

미츠보트는 우리가 믿음으로 의롭게 되었다는 증거이다(창 15:6). 선한 행위는 우리와 하나님의 관계를 분명하게 보여 준다. 예슈아는 "그 열매로 (사람을) 알아보게 될 것"(마 7:16)이라 하셨고, 바울은 사도행전 26장 19-20절에서 자신을 변호하면서 이렇게 말했다. "아그립바 왕이여, 그런 이유로 저는 하늘의 환상에 순종하지 않을 수가 없었습니다. 그래서 먼저 다마스쿠스에 있는 자들에 이어 예루살렘과 유대 모든 지역과 이방인들에게 회개를 촉구하며 하나님께 돌아올 것과 회개에 합당한 일을 하라고 했습니다." 여기서 '회개에 합당한 일'도 미츠보트나 의로 여겨진다. 용어 해설에서 '의'를 찾아보라.

마태복음 7장 21절, 16장 27절, 누가복음 3장 8절, 요한복음 5장 29절, 사도행전 26장 20절, 로마서 2장 10, 13절, 고린도전서 3장 8절, 에베소서 2장 10절, 디모데후서 4장 14절, 디도서 1장 16절, 2장 14절, 3장 8절, 히브리서 10장 24절, 야고보서 2장 14-26절, 베드로후서 1장 5절, 3장 11절, 요한일서 2장 4절, 3장 16-18, 22절, 5장 2-3절, 계시록 2장 5절, 19장 8절, 20장 12-13절, 22장 12절을 참고하라.

반(反)메시아(적그리스도)Anti-Messiah

헬라어 '안티'(anti)의 본래 의미는 '…을 대신하여'였다. 따라서 반(反)메시아의 근본적인 의미는 '그리스도인의 삶 가운데 메시아가 있어야 할 자리를 대신 차지하고 있는 사람 또는 사물'이다. 이것은 이 세상에 자신을 '메시아'로 나타내는 자,

곧 '거짓 메시아'를 가리키는 말이기도 하다(살후 2:4). 예슈아는 누가복음 21장 8절에서 많은 사람들이 그분의 이름으로 올 것이라고 말씀하셨다.

'안티'의 지리적인 의미는 '(…의) 맞은편', '반대편'으로, 나중에 '반대하다, 적대하다'의 의미를 갖게 되었다. '반(反)메시아'는 분명 '메시아의 대적자'라는 뜻이지만, '안티'의 근본적인 의미는 '…을 대신하여'라는 것을 기억하기 바란다. 스스로 메시아라고 주장하는 사람뿐만 아니라, 그게 무엇이든 우리가 메시아보다 더 높이고 귀하게 여기는 대상이 바로 반(反)메시아이다.

받다/취하다Take/Receive

대부분의 성경들이 '취하다'에 해당하는 히브리어와 헬라어를 '받다', '받아들이다'로 번역하는데, 이것은 원어의 의미를 약화시키는 것이다. 이러한 번역 관행은 최초의 영역본이 라틴어 사본에서 번역되면서 시작되었다. 이 성경에서는 번역 전통이나 관행이 아니라, 본연의 의미를 추구했다. 중요한 것은 "저자는 무엇을 말하고 주님은 뭐라고 말씀하셨는가?"이다.

'취하다'에 해당하는 히브리어는 '라카흐'(laqach)이지만, 헬라어로는 보통 '손에 쥐다, 손으로 잡다'를 뜻하는 '데코마이'(Dekhomai)와 '붙잡다, 움켜쥐다'를 뜻하는 '람바노'(Lambano)가 사용된다. 헬라어 '코미조'(Komidzo)도 '받다'로 번역되는데, 본래 의미는 '빼앗다'이다. 이외에 '아이레오'(aireo)와 '아이로'(airo)도 '취하다'를 뜻하지만, '받다'로는 번역되지 않는다.

신약 성경을 읽다가 '취하다'나 '받다'를 볼 때마다, 그 이면의 '힘과 에너지'를 기억하기 바란다. 우리는 주님의 것들을 열망하고 갈구해야 한다. 취하고 받는 것이 중요한 구절은 요한복음 20장 22절이다. 예슈아는 제자들에게 숨을 내쉬며 이렇게 말씀하셨다. "너희는 즉시 성령을 받아들여야 한다." 라틴어 역본에서는 '받다, 받아들이다, 취하다'를 뜻하는 '아키피테'(accipite)를 사용한다. 그래서 영역본도 전통적으로 '받다'로 번역하고 있지만, 사도 요한은 '람바노'를 사용하여 '가서 움켜잡다, 붙잡다'의 능동적인 의미를 강조했다.

발판Footstool

'발판'은 원수가 처할 험한 상황을 말한다. 시편 110편 1절은 다음과 같다. "여호와께서 내 주께 말씀하신다. '내가 너의 원수들을 네 발판으로 만들 때까지 내 오른편에 앉아 있어라.'" 예슈아는 이러한 '발판'을 수차례 언급하셨다(마 22:44; 막 12:36; 눅 20:43 등). "원수를 발판으로 만든다"는 것의 온전한 의미는 여호수아 10장 24, 26절에 나타난다. "그들이 이 왕들을 여호수아에게 끌어오니, 여호수아는 이스라엘 모든 남자들을 부르고 자기와 함께 간 군 지휘관들에게 말했다. '가까이 와서 이 왕들의 목을 발로 밟으라.' … 그 후에 여호수아가 그들을 쳐 죽이고 다섯 그루의 나무에 매달았다. 그들은 저녁까지 나무에 매달려 있었다." 여호수아가 이 왕들을 쳐서 그 머리를 베어 버림으로 원수들을 완전히 멸한 것이 바로 '원수를 발판으로 만든다'는 의미이다.

배열 순서Book Order

이 성경의 신약은 전통적인 순서대로 되어 있다. 그러나 순서를 바꾸어 읽어 볼 것을 권한다. 복음서에는 1세기 말의 유대학자들이 세운 원칙에 기초한 자연스러운 진행 순서가 있다. 이것은 가장 단순하고 쉬운 것에서 가장 신비롭고 이해하기 어려운 순으로의 진행이다. 이 원칙들은 적절한 순서로 나아가면서 기록자의 관점으로 글을 이해할 수 있게 해 준다. 복음서 기자들의 환경과 배경이 각기 다르기에, 그들의 관점을 알면 도움이 된다. 아래에 각 복음서의 특징을 정리해 놓았다. 이 순서대로 복음서를 읽어 볼 것을 추천한다.

기자	특징
마가	랍비 힐렐(Hillel)은 일반인들을 대상으로 '페샤트'(P'shat, 문자 그대로)라는 일곱 가지 법을 기록했다.
누가	랍비 이쉬마엘(Ishmael)은 귀족들이나 고위층을 위해 '레메즈'(Remez, 힌트)라는 열세 가지 법을 기록했다.
마태	랍비 갈릴(Galil)은 윤리 교육을 위해 '데루쉬'(D'rush, 타작)라는 서른두 가지 법 또는 훈계를 기록했다. '레멜렉'(LeMelekh, 왕에게)이라고도 하는데, 왕족과 레위 지도자들을 대상으로 기록되었기 때문이다.
요한	랍비 벤 요하이(Ben Yohai)는 오직 학식 높은 유대학자들을 대상으로 '소드'(Sohd, 비밀의 단계)라는 마흔두 개 법을 기록했다.

'페샤트', '레메즈', '데루쉬', '소드'의 머리글자를 모아 만든 두문자 PaR'DeS(파르데스)의 본래 뜻은 '과수원'이지만, 현대 히브리어에서는 네 종류의 성경 연구 방법을 지칭하는 말이 되었다. 하나님의 말씀은 때가 되면 언제든지 열매를 거둘 수 있는 과수원과 같다. 또 이 과수원은 한 가지 이상의 방법으로 여러 구절들을 다양하고 바르게 해석할 수 있기에 중요하다. 이를테면 히브리서 11장 5절의 '에녹이 옮겨졌다'는 구절은 창세기 5장 24절에 대한 여러 가지 해석 중 하나이다. '페샤트' 방식의 단순하고 기본적인 의미는 '에녹이 사라졌다(죽었다)'이지만, '데루쉬' 방법으로 해석하면 '에녹은 옮겨졌다'가 된다. 두 해석 모두 옳다. 각각의 복음서에는 이와 같은 방식으로 해석해 볼 만한 예들이 많다. 앞서 제시한 순서대로 복음서들을 읽어 보라. 그러면 성경을 이해하는 폭이 넓어질 것이다. 마찬가지로 서신서도 연대순으로 읽어 보기 바란다. 사도행전 다음에 데살로니가전후서, 고린도전후서, 로마서를 읽고, 빌레몬서를 살펴본 후 갈라디아서로 넘어가라. 바울의 가르침이 새로운 관점으로 이해될 것이다. 또 히브리서를 보기 전에 야고보서를 읽으면 이해하는 데 도움이 된다.

베드로 Peter

게바를 찾아보라.

복음 Good News

'복음,' 곧 '복된 소식'은 히브리어 '메바세르'(M'vaser)를 번역한 것이다. 접두어 'M'은 뒤에 오는 '바세르'(좋은 소식)를 '하나님이 계획하신 일'로 국한한다. 즉, '메바세르'는 온 인류를 위해 하나님이 계획해 놓으신 복을 뜻한다. '바세르'의 어근은 '소식을 가져오다(전하다)'를 뜻하는 '바사르'(basar)이다. 명사 '바세르'의 또 다른 뜻은 '살, 육체'로, '복음'과 '육체'의 연관성을 암시한다.

'메바세르'는 이사야 52장 7절에 등장한다. "좋은 소식들을 가져오며 평화를 선포하고 선의 좋은 소식을 가져오며 구원을 선포하는 이, 시온을 향해 말하기를 '네 하나님이 다스리신다' 하는 이의 산을 넘는 발이 얼마나 아름다운가!" 이사야 61장 1절은 다음과 같이 말씀한다. "아도나이, 여호와의 영이 내 위에 임하시니, 여호와께서 나에게 기름을 부어 겸손한 자에게 좋은 소식을 전하게 하셨기 때문이다. 그분은 나를 보내어 마음이 상한 자를 싸매어 주고, 사로잡힌 자들에게는 자유를, 매여 있는 이들의 눈이 열림을 선포하게 하셨다." 나훔 1장 15절(우리말 성경 1장 15절)은 다음과 같다. "보라, 좋은 소식을 가져오며 샬롬을 선언하는 자의 발이 산 위에 있다. 오 유다야, 네 엄숙한 절기들을 지켜라! 네 맹세를 이행하라! 악한 자들이 더 이상 너를 지나가지 않을 것이기 때문이다. 그는 완전히 끊어졌다."

요한복음 1장 14절은 복음과 육체의 연관성을 보여 주는 참으로 기쁜 소식이다. "그런데 그 말씀이 육체가 되어 우리 가운데 사셨고, 우리는 그분의 영광을 보았는데, 곧 아버지의 독생자의 영광이며 은혜와 진리가 충만했다." 살아 있는 말씀이 오셔서 우리를 가르치시고, 영원한 생명을 가져오는 하나님의 입에서 나오는 모든 말씀으로 어떻게 살아가야 할지 보여 주셨다. 베드로전서 3장 18절은 다음과 같다. "메시아께서도 죄 때문에 한 번 고난을 당하셨습니다. 의로우신 분께서 불의한 자들을 대신해서 고난을 받으신 것입니다. 그분께서는 여러분을 하나님께 인도하시기 위해 육체 가운데 죽음을 당하시고 그 영(성령)으로 살리심을 받으셨습니다." 예슈아는 지금도 바로 이런 상태로 살아 계신다. 우리도 하나님이 정하신 때에 그분과 같은 상태로 변화될 것이다.

복음과 육체의 연관성은 다음에도 나타난다.

1. 창세기 1장 27절에서 '하나님이 사람(육체)을 만드신' 후, 31절에서 "그것이 매우 좋았다"고 말씀하셨다.
2. 창세기 2장 23절에서 아담이 하와에게 "내 뼈 중의 뼈이며 내 살 중의 살이다"라고 말했다.
3. 창세기 2장 24절에서 아담과 하와가 한 육체가 되었다. 이것은 온 인류를 향한 복음이다. 이것으로 거룩하고 경건한 삶에 가장 중요한 요소인 거룩한 결혼 제도가 세워졌다.

복음서들의 조화와 일치 Harmony of the Gospels

복음서들은 조화를 이루고 있다. 그러나 마태복음과 누가복음에 나타난 주기도문이나 팔복, 그리고 복음서의 여러 가지 비유들을 살펴볼 때, 예슈아가 동일한 메시지를 여러 차례 반복하여 가르치셨다는 사실을 기억하라. 그분이 가르치시는 원리들은 토씨 하나 틀리지 않게 그대로 옮겨야 하는 것이 아니었다. 그러므로 비슷한 내용이 다르게 기록된 것을 발견하면, 각각 어디에서, 누구에게 가르친 내용인지 살펴보라. 산상수훈은 좋은 예이다. 마태복음 5장에서는 예슈아가 산에 올라가서 가르치셨는데, 병행구절인 누가복음 6장 17절에서는 산에서 내려와 평지에 서서 가르치셨다고 말씀한다. 즉, 마태와 누가가 동일한 내용을 다르게 기록한 것이 아니라, 서로 다른 메시지라는 것을 알 수 있다.

부Wealth

부는 우리의 구원에 중립적인 존재이다. 부 자체는 악하지도, 선하지도 않지만, 대다수의 삶에 중요한 요소이다. 바울은 디모데에게 "돈을 사랑하는 것이 모든 악의 근원"이라고 갈했다(딤전 6:10). 돈 자체는 악한 것이 아니다. 그러나 돈을 사랑하는 것이 악을 초래할 수 있다는 것은 분명하다. 탐욕은 우리가 대적해야 할 원수이다. 많은 이들이 하나님이 아니라 재물을 믿고 있다. 돈이 그들의 신이 되어 돈을 신처럼 숭배하고 있다.

이 땅에서 하나님의 왕국은 탐욕을 부리지 않고 하나님의 일에 후히 내어 드리는 부유한 이들의 도움을 받는다. 하지만 모두가 부유해야 하는 것은 아니다. 살기 좋은 주거환경 외에도 삶에 꼭 필요한 것들을 누릴 수 있을 정도는 되어야 하지만, 단순히 하나님을 믿는다는 이유로 그 이상의 것을 기대해서는 안 된다.

예슈아는 누가복음 12장 15절에서 "너희는 끊임없이 깨달아 자신을 모든 탐심으로부터 지켜야 한다. 사람의 생명이 그의 소유가 풍부한 데 있지 않기 때문이다"라고 하셨다. 바울은 빌립보서 4장 11절에서 "나는 가진 것에 만족하는 법을 배웠습니다"라고 했다. 누가복음 18장 18-23절의 젊고 부유한 지도자에게는 하나님의 왕국보다 자기가 가진 것들이 더 소중했다. 예슈아는 그 사람의 중심을 보시고 그에게 전 재산을 팔아 가난한 사람에게 나누어주고, 그 후에 자신을 따르라 하셨던 것이다. 우리가 가진 것이 작든 크든, 그것을 하나님의 왕국보다 더 중요하게 여겨서는 안 된다.

부활Resurrection

예슈아 시대의 이스라엘 사람들에게 부활은 생소한 개념이 아니었다. 마르다는 자기 오빠 나사로가 마지막 날, 곧 심판의 날 부활의 때에 다시 살아날 것이라고 말한다(요 11:24). 이처럼 모든 사람이 심판을 위해 부활하게 된다는 것은 일반적인 상식이었다. 부활에 대한 이러한 믿음은 구약의 여러 구절에서 그 근거를 찾아볼 수 있다. 랍비들이 부활과 관련하여 사용하는 구절 중 하나가 민수기 18장 28절이다. "너는 그것(십일조)을 제사장 아론에게 주어야 할 것이라." 분명 약속의 땅에 들어간 후 아론에게 십일조를 주라는 말씀이지만, 그는 그 땅을 보지도 못하고 죽었다. 아론이 십일조를 받을 수 있는 방법은 다시 살아나는 것뿐이다.

신명기 11장 9절은 "또한 여호와께서 너희 조상들에게 그들과 그 씨에게 주기로 맹세하신 땅, 곧 젖과 꿀이 흐르는 그 땅에서 너희의 날 수가 길 것이다"라고 말씀하는데, 이것도 조상들이 부활해야만 누릴 수 있는 것이다. 신명기 31장 16절은 "여호와께서 모세에게 말씀하셨다. '보라. 너는 네 조상들과 함께 잠들겠지만, 이 백성은 일어날 것이다'"라고 말씀한다. 성경의 많은 구절들이 죽음을 '자는 것'으로 표현한다. 그래서 예슈아도 마태복음 22장 32절에서 "'나 스스로 있는 자는 아브라함의 하나님, 이삭의 하나님 그리고 야곱의 하나님이다'라고 하셨다. 그분께서는 죽은 자들의 하나님이 아니라 살아 있는 자의 하나님이시다"라고 하신 것이다.

이사야 선지자는 이사야 26장 19절에서 직접적으로 부활을 선포했다. "당신의 죽은 백성들이 살 것입니다. 그들이 내 죽은 몸과 함께 일어날 것입니다. 너희 먼지 속에 거하는 자들아, 깨어나 노래하라! 너희 이슬은 초목의 이슬 같아서 땅이 죽은 자들을 내어 쫓을 것이다."

부활을 가장 아름답게 표현한 곳은 욥기이다. 그런데 그 내용이 조금 미묘하다. "그에게 아들 일곱과 딸 셋이 태어났다. 그의 재산도 양이 칠천, 낙타가 삼천, 겨릿소가 오백 쌍, 암나귀가 오백이었고 집안 사람들도 대단히 많았으니, 이 사람은 동쪽의 모든 사람들 중에서 가장 큰 자였다"(욥 1:2-3). 그런데 욥기 42장 12-13절은 다음과 같다. "그리하여 여호와께서 욥의 말년에 처음보다 더 많은 복을 주셔서 그에게는 양 만 사천 마리와 낙타 육천 마리와 겨릿소 천 쌍과 암나귀 천 마리가 있었다. 또 그는 아들 일곱과 딸 셋도 두었다." 욥은 시련 후에 양떼와 소떼를 두 배로 돌려받았다. 그런데 어째서 자녀들의 수는 이전과 동일한 걸까? 부활 후에 욥의 자녀는 두 배, 곧 아들 열넷과 딸 여섯이 되기 때문이다. 이것은 자녀를 먼저 보낸 부모들에게 큰 위로가 된다. 언젠가는 그들과 함께할 날이 올 것이다. 다윗도 사무엘하 12장 23절에서 말했다. "나는 그 아이에게 가겠지만, 그 아이는 나에게 돌아오지 못할 것이라."

예슈아는 마태복음 22장 31, 32절에서 부활에 대해 말씀하셨다(위의 내용 참고). 또 동일한 말씀이 마가복음 12장 27절과 누가복음 20장 38절에도 기록되어 있다. 예슈아는 수차례 육신이 죽은 후 영원한 생명에 들어가는 것, 곧 부활에 대해 말씀하셨다. "그러므로 만일 네 손이나 발이 너로 죄를 짓게 하면, 너는 즉시 그것을 잘라 내어 던져 버려라. 네가 저는 다리나 불구로 생명에 들어가는 것이 두 손과 두 발을 가지고 영원한 불 속에 던져지는 것보다 더 낫다. 또 만일 네 눈이 너로 죄를 짓게 하면, 너는 즉시 그것을 빼내어 던져 버려라. 한쪽 눈만 가지고 생명에 들어가는 것이 두 눈을 가지고 불타는 게헨나에 던져지는 것보다 더 낫다"(마 18:8-9). 마태복음 19장 17절과 마가복음 9장 43, 45절도 생명에 들어가는 것에 대해 언급한다.

부활한 몸Resurrected Body

성경에는 죽음에서 부활한 사람들의 이야기가 상당수 등장하지만, 오직 예슈아만 부활하여 영원한 생명으로 들어가셨다. 엘리야와 엘리사가 죽은 자들을 일으켰고, 예슈아도 여러 차례 그와 같이 하셨으며, 베드로는 다비다를, 바울은 유두고를 살려 냈다. 그러나 이렇게 일으켜진 사람들은 모두 유한한 인간의 육신으로 되돌아왔을 뿐이다. 나중에 다시 성경에 언급되거나 지금까지 살아 있는 사람은 아무도 없다. 모두 죽었다고 봐야 할 것이다. 부활한 그들의 육체는 죽었다가 다시 살아났다는 것 외에는 특별한 것이 없다.

그러나 영원한 생명으로 들어간 부활체는 현재의 육체와는 완전히 다를 것이다. 그것은 부활하신 예슈아와 같을 것이다. 예슈아에 대해 알려진 사실과 에스겔 37장 4절을 통해 영생에 들어간 부활체에 대해 많은 것을 알 수 있다. "그러자 그분이 내게 말씀하셨다. '이 뼈들을 향해 예언하며 그들에게 말하라. 오 너희 마른 뼈들아, 여호와의 말씀을 들어라'"(겔 37:4). 우리말 성경에는 드러나지 않지만, 여기서 '그들'은 '뼈들'이 아니라 '백성'을 가리킨다. 히브리어 원문을 살펴보면, '뼈들'은 여성형, '그들'은 남성형으로, 뼈들이 아니라 유대 백성에게 말하라고 지시하셨음을 알 수 있다. 그리고 '…을 향해'로 번역된 히브리어는 '…위에, …에 대해' 등으로도 번역할 수 있다.

이제 부활하신 예슈아에 대해 묘사하고 있는 신약 구절들을 살펴보자.

요한복음 20장 2절은 다음과 같다. "이에 그녀는 시몬 베드로와 또 다른 제자,

곧 예슈아께서 사랑하셨던 제자에게 달려가서 말했다. '사람들이 우리 주님을 무덤에서 가져갔는데, 우리는 그들이 그분을 어디에 두었는지 모릅니다.'" 13절도 예슈아의 육신의 몸이 무덤에서 사라졌다고 말씀한다. 14절은 "그녀는 이렇게 말한 후에 그들을 뒤에 두고 돌아서서 예슈아께서 서 계신 것을 보았으나 그분이 예슈아이심을 알아차리지 못했다"라고 하며, 부활하신 예슈아의 몸이 이전과는 다르게 보였다는 것을 시사한다.

15-16절은 "예슈아께서 그녀에게 말씀하셨다. '여인이여, 왜 울고 있느냐? 누구를 찾고 있느냐?' 그녀는 그분이 동산지기라고 생각하여 그분께 말했다. '선생님, 만일 당신이 그분을 옮겼다면, 그분을 어디로 옮겼는지 제게 말씀해 주셔서 합니다. 그러면 제가 그분을 모셔가겠습니다.' 예슈아께서 그녀에게 말씀하셨다. '미리암아!' 미리암은 그분을 향해 돌아서서 히브리 말로 '랍비여' 라고 했는데, 이것은 '선생님'이라는 뜻이다"라고 하여 예슈아께서 임의로 자신을 알아보게 하실 수 있었음을 암시한다. 이어서 17절은 "예슈아께서 그녀에게 말씀하셨다. '나를 만지지 말라. 내가 아직 아버지께 올라가지 않았기 때문이다. 너는 내 형제들에게 가서 말하기를, "내가 내 아버지, 곧 너희 아버지 그리고 내 하나님, 곧 너희 하나님께 올라갈 것이다"라고 해야 한다'"라고 한다.

19-20절은 "…유대인들 *지도자*들을 두려워하여 제자들이 있는 곳의 문이 닫았는데 예슈아께서 오셔서 그들 가운데 서서 말씀하셨다. '너희에게 샬롬이 있기를 바란다.' 이어서 이 말씀을 하신 후에 그분께서 그 손과 옆구리를 그들에게 보여 주셨다. 그러자 제자들은 주님을 보았으므로 기뻐했다"라고 말씀한다. 부활하신 그분의 몸은 마치 형체가 없는 것처럼, 벽이나 닫힌 문도 통과할 수 있었다.

27절은 다음과 같다. "이어서 그분께서 도마에게 말씀하셨다. '네 손가락을 여기에 넣어 보고, 내 손을 확인해 보아라. 그리고 네 손을 내밀어 내 옆구리에 넣어 보아라. 그리하여 믿음 없는 자가 되지 말고 믿음을 가져라.'" 부활한 몸은 육신과 같은 형체가 있지만, 벽을 통과하거나 눈에 보이지 않을 수도 있다.

누가복음은 24장 3절에서 "들어가서 보니, 주 예슈아의 시신이 없었습니다"라고 하고, 15-16절에서 "그런데 그들이 이 일에 대해 대화하며 논의하고 있는데, 예슈아께서 직접 다가오셔서 그들과 동행하셨으나 그들의 눈이 가려져 그분을 알아보지 못했습니다"라고 한 뒤, 23-27절에서 "'그분의 시신은 보지 못하고 돌아와서 말하기를, 환상 중에 천사들을 보았는데 "그분이 살아 계시다"고 말했다는 것입니다. 그래서 우리와 함께 있던 자들 중 몇 사람이 무덤에 가서 여인들이 말한 그대로라는 것을 알게 됐는데, 그분을 보지는 못했다고 합니다.' 그러자 그분께서 그들에게 말씀하셨습니다. '오, 어리석어서 선지자들이 말한 모든 것을 그 마음으로 더디 믿는 자들아, 메시아께서 이러한 고난들을 겪고 그의 영광으로 들어가야 하는 것이 아니냐?' 그리고 그분께서 모세와 모든 선지자로 시작해서 자신에 대한 모든 성경을 그들에게 설명해 주셨습니다"라고 한다.

30-31절은 다음과 같다. "그런데 그분께서 그들과 함께 비스듬히 앉아 있을 때였습니다. 그분이 빵을 들어 하나님께 감사하신 후 그것을 떼어 그들에게 주시자, 그들의 눈이 열려 그분을 알아보았습니다. 그러나 그분은 그들에게 보이지 않았습니다." 부활하신 주님의 몸은 눈에 보이기도 하고, 보이지 않기도 했다. 보이더라도 다양한 모습들로 나타나 자유자재로 그분을 알아보게도, 알아보지 못하게도 하실 수 있었다. 주님은 누가복음 24장 41-43절에 기록된 것처럼 제자들과 함께 음식을 드셨다. 주님의 손과 옆구리에는 못 자국과 창에 찔린 흔적이 있어 사람의 몸처럼 보였다. 그러나 못자국이 없었다면, 그분의 모습은 완전히 다르게 보였을 수도 있다. 그분은 벽을 통과하실 수 있었는데, 이것은 부활하신 주님의 몸에 살이나 뼈가 없었음을 말해 준다. 그렇다면 어째서 그분의 시신은 무덤에서 사라진 걸까? 우리도 부활하면 무덤에 있던 시신이 사라질까? 그리고 부활의 때에 살아 있는 자들에게는 도대체 무슨 일이 벌어질까?

바울은 고린도전서 15장 35-49절에서 부활한 몸에 대해 다음과 같이 논했다. "그러나 어떤 사람들은 말하기를, '어떻게 죽은 자들이 일으켜지는가? 또 어떤 종류의 몸으로 올 것인가?'라고 할 것입니다. 어리석은 말입니다! 그대가 심고 있는 것은 *먼저* 죽지 않으면 살지 못합니다. 그렇다면 그대가 심고 있는 것은 (완성된) 형체가 아니라 순수한 씨입니다. 그것은 밀이나 다른 알곡들이 되어 나오겠지만, 하나님께서는 원하시는 대로 형체를 주시되, 각각의 씨앗에 고유한 형체를 주실 것입니다. 그러나 모든 육체가 다 같은 것은 아니니, 사람의 육체가 있고, 가축들의 육체와 새들의 육체와 물고기들의 육체가 있습니다. 또 하늘의 형체들과 땅의 형체들도 있으며, 하늘에 속한 영광이 다르고, 땅에 속한 영광이 다릅니다. 해의 영광과 함께 달의 영광 그리고 별들의 영광이 다르며, 별과 별의 영광이 다릅니다.

죽은 자들의 부활도 그렇습니다. 썩을 것으로 심고 썩지 않을 것으로 일으켜지며, 수치스러운 것으로 심고 영광스러운 것으로 일으켜지며, 약한 것으로 심고 강한 것으로 일으켜집니다. 몸은 육적으로 심기지만, 영적인 몸으로 일으켜집니다. 만일 육적인 몸이 있다면, 영적인 몸도 있습니다. 그러므로 기록되기를, '첫 사람 아담이 산 영이 되었다' 라고 하였으니, 마지막 아담은 생명을 주는 영이 되었습니다. 그러나 영적인 것들이 먼저가 아닙니다. 육적인 것들 다음이 영적인 것들입니다. 첫 사람은 땅의 흙에서 왔으나 두 번째 사람은 하늘에서 나왔습니다. 땅에 속한 사람은 땅의 것들과 같고, 하늘에 속한 사람은 하늘의 본성으로 태어난 자들과 같습니다. 그러므로 우리가 늘 흙에서 난 사람의 형상을 지니고 있듯이, 하늘에서 나오신 분의 형상도 지니게 될 것입니다."

비방/험담Gossip/Slander

예슈아가 마태복음 12장 36-37절에서 말씀하신 것처럼, 우리는 자기가 내뱉은 모든 무익한 말에 의해 심판받게 될 것이다. "그리고 내가 너희에게 말하는데, 사람들이 말하는 모든 헛된 말조차도 심판 날에 그 말에 따라 보응받게 될 것이다. 그러므로 너는 네 말 때문에 정당해지고 의롭다고 선포될 것이며, 또 네 말 때문에 정죄받을 것이다."

야고보서 3장 6-9절은 다음과 같다. "혀도 불입니다. 우리의 지체들 가운데 놓여 있는 불의의 세상이며, 온몸을 더럽히고, 삶의 수레바퀴를 파멸시키며, 혀 자체도 지옥 불에 태워집니다. 그러므로 모든 종류의 짐승과 새와 파충류와 심지어 바다 생물까지 사람이 길들여 왔으나 사람의 혀는 아무도 길들일 수 없습니다. 그것은 가만 있지 못하고, 악하며, 치명적인 독으로 가득합니다. 우리는 이 혀로 주 아버지를 찬송하고, 이것으로 하나님의 모습을 따라 지음 받은 사람을 저주하니…"

바울도 로마서 1장 29-30절, 고린도후서 12장 20절, 골로새서 3장 8절과 디모데후서 3장 1-5절에서 동일한 내용을 권고한다. 유대 교사들은 혀가 대부분의 사람들에게 큰 문제를 일으킨다는 사실을 일찍부터 알고 있었다. 그들은 남을 헐뜯고 비방하는 것, 곧 인신공격은 살인과 마찬가지라고 말한다.

남을 비방하거나 헐뜯는 말에 귀기울이는 것은 그의 죄에 동조하고 가담하는 것이나 마찬가지이다. 그 사람은 자기 말을 들어주는 사람이 있다는 사실만으로도 힘을 얻기 때문이다. 누가 다른 사람을 헐뜯거나 부적절한 말을 하기 시작할 때에는 듣고 싶지 않다는 뜻을 표하며 그 자리를 피해야 한다. 그 사람에게 그런 말을 하는 것은 옳지 않다고 알려 주라. 또 들은 내용을 다른 사람에게 전하지 말고, 비방이나 험담 때문에 자리를 피했다는 말도 하지 말라.

비방하고 헐뜯는 것이 죄라는 것을 알려 주는 출처 중 하나는 레위기 14장이다. 우리말 성경으로 보면 나병환자가 정결하게 되는 것에 대한 내용에 불과하지만, 히브리어에는 아주 강력하고 분명한 영적 의미가 담겨 있다. 다름 아닌 나병환자에 해당하는 히브리어 '메쪼라'(M'tsora)가 '악을 찾다, 구하다'를 뜻하는 (두 마디 말) '메쪼 라'와 발음이 같기 때문이다. 유대인들은 일찍부터 이것이 비방하고 헐뜯는 것을 가리킨다는 사실을 알고 있었다.

사실상 레위기 14장에서 나병환자를 정결케 하는 부분 전체가 비방 및 험담과 관련이 있다. 4절에서 새 두 마리를 제물로 바치는 것은 비방과 험담을 일삼는 이들이 수군대며 떠들어대는 것을 상징한다. 둘 중 한 마리는 잡은 후에 제단에 바치지 않고, 마치 비방과 험담을 덮어 버리듯이 땅에 묻는다. 나머지 새는 날려보내는데, 회개한 죄인, 곧 하나님께 사함받고 한 번 더 기회를 얻은 자들, 가서 다시는 죄를 짓지 않도록 풀려난 자들을 상징한다. 새와 함께 가져오는 홍색 실과 우슬초에도 중요한 의미가 있다(4절). 이 실의 붉은색은 곤충을 염료로 하여 물들인 것으로, 회개하는 자의 마음에 새롭게 자리잡은 겸손을 상징한다. 더불어 키 작은 관목인 우슬초도 겸손을 상징한다. 비방과 험담의 근원은 질투와 교만이다. 바로 이 질투와 교만 때문에 다른 사람들을 멸시하고 경멸하며, 아무 거리낌 없이 비방하고 헐뜯게 되는 것이다. 9절에서 머리털과 수염과 눈썹을 모두 밀게 하는 것은, 이것들이 교단을 상징하기 때문이다. 수염은 비방하고 헐뜯는 입 주변을 감싸고 있으며, 눈썹은 시샘하며 쳐다보는 것처럼, 질투의 기본 특성을 상징한다.

창세기 37장 2절을 살펴보면, 요셉에게도 이런 문제가 있었음을 알 수 있다. "야곱의 자손들은 이러하다. 십칠 세의 요셉은 자기 형제들과 함께 양을 치고 있었다. 이 소년은 아버지의 아내들인 빌하와 실바의 여러 아들들과 함께 있었다. 요셉은 그들에 대한 대단히 악한 소식들을 자기 아버지에게 전했다." '대단히 악한 소식'에 해당하는 히브리어는 '딥바 라'(dibbah ra)이다. '딥바'는 '악평, 나쁜 보고'라는 뜻이고, '라'는 '나쁘다, 악하다'는 뜻이다. 즉, '나쁘다, 악하다'는 말이 중복되어 그 의미가 강조되고 있다. 요셉은 악한 의도로 형들을 비방한 것이었다. 그의 목적은 형들의 잘못된 행동을 바로잡아 주는 것이 아니라, 아버지의 총애를 독차지하는 것이었다. 이러한 죄가 통로가 되어 요셉이 보디발의 아내에게 거짓으로 비방을 당하게 되었던 것이다.

우리의 혀는 죄를 범한다. 그러므로 날마다 회개 가운데 행하며 입 밖으로 내는 모든 말을 삼가야 한다. 사람의 혀를 길들일 수 있는 사람은 아무도 없기 때문이다(약 3:8).

비스듬히 앉아서 먹다Reclining to eat

1세기 이스라엘에서 일반적으로 식사하던 모습으로, 이집트에서처럼 노예가 아니라 자유인이라는 상징이었다. 최후의 만찬에서도 세데르 음식을 먹을 때처럼 비스듬히 앉아서 복음서에 기록된 여러 음식들을 먹었다. 음식에 대한 언급이 없어도 '비스듬히 앉는다'는 것은 '식사하다'의 의미로 이해되었다.

긴 의자나 방석을 식탁 주변에 비스듬히 배치하면 각 사람이 공간을 크게 차지하지 않고 음식을 먹을 수 있었다. 요한은 최후의 만찬에서 예슈아의 품(또는 곁)에 기대어 또는 의지하여 있는 것으로 묘사된다(요 13:23-25). 이처럼 어떤 사람 앞에 앉는 사람을 그의 품이나 가슴, 또는 무릎에 기대거나 의지하여 있는 것으로 설명했다. '아브라함의 품에 있다'는 말은 잔치에서 존귀한 자리에 앉는다는 뜻이었다. 누가복음 16장 23-25절은 아브라함의 품에 있는 나사로가 낙원에서 아브라함과 동일한 하늘의 복을 누리고 있다고 말씀한다.

사도Apostle

헬라어 '아포스톨로스'(Apostolos)의 문자적 의미는 '보냄을 받은 자'이다. 고대 회당에는 성경의 정확한 해석을 위해 다른 회당이나 예루살렘의 권위자들, 또는 학교 등으로 보냄을 받는 사람이 있었는데, 이 직책을 히브리어로 '쉘라힘'(Shelahim)이라고 한다. 쉘라힘은 복수형 명사로 '보냄을 받은 자들'이라는 뜻이다.

신약의 사도들은 성경의 올바른 해석을 전하기 위해 예루살렘에서 인근 지역으로 보냄을 받았다. 이런 사도들 중에는 자기를 높이고 드러내느라 예루살렘의 중요 사안은 신경도 쓰지 않는 자들이 있었다. 바울은 고린도후서 11장 12-15절에서 이런 자들에 대해 언급했다. "그러나 나는 지금 하고 있는 일을 앞으로도 계속할 것입니다. 이는 우리와 동등하다고 자랑하면서 기회를 엿보는 자들에게서 그 기회를 박탈하기 위해서입니다. 이런 거짓 사도들은 속이는 일꾼들로, 자신들을 메시아의 사도로 가장합니다. 그러나 놀랄 것 없습니다. 사탄도 자기를 빛의 천사로 가장하기 때문입니다(사 14:12). 그러므로 사탄의 종들이 의의 일꾼으로 가장하더라도 대단한 일이 아닙니다. 그들의 결말은 그들의 행위대로 될 것입니다." 오늘날에도 이런 거짓 사도들처럼 어떤 권위나 지도 아래 있는 것을 거부하고 "나는 오직 하나님과 직접 소통한다"고 주장하는 사역자들이 있다. 그러나 바울이 지적한 자들처럼 되지 않으려면, 어떤 기관이나 지도자의 감독 아래에 있어야 한다.

1세기에는 예루살렘 공회 외에 다른 기관이 없었다. 사도들은 단순히 같은 교회(모임)에 속한 사람을 데리고 나갔다. 당시에는 오늘날과 같은 교회가 없었다. 그래서 회중 전체가 유대인이 아닌 경우에도 그냥 회당이나 가정에서 모임을 가졌다. 사도행전 15장과 21장 23-26절은 바울이 예루살렘 공회에 순종했음을 보여준다. 뵈뵈의 직책이 무엇이었는지는 분명하지 않지만, 로마서 16장 1-2절에는 그녀가 고린도의 자매 도시인 겐그레아 출신으로 바울을 포함한 여러 사람이 그녀의 감독을 받고 있다고 언급한다.

'사도'에 해당하는 라틴어 Missionare(영어의 Missionary '선교사')의 본 뜻은 "보내다"이다. 이것은 사도의 역할을 잘 설명해 주지만, 당시에는 오늘날의 선교 단체나 조직과 같은 개념이 없었으므로, 바울이나 다른 신약 기자들이 그런 의미로 이해한 것은 아니었다.

사본 Manuscript

하나님의 사랑과 구원의 메시지가 담긴 복음은 수많은 이들의 손으로 필사된 헬라어 사본들을 통해 우리에게 전달되었다. 이러한 사본들은 일일이 손으로 옮긴 것이기에 조금씩 다른 부분이 있기는 하지만, 상충되지는 않는다. 대부분이 필사자가 선의로 이해를 돕기 위해 삽입하거나 수정한 것들이기 때문이다. 물론 옮겨 적는 과정에서 실수도 있었다. 그러므로 가장 권위 있고 신뢰할 만한 헬라어 사본을 택하여 성경 기자들이 의도한 내용을 최대한 정확하게 전달하도록 번역하는 것이 가장 좋은 방법이다. 이 목적을 성취하려면 학문적 탁월성은 물론 글의 의도를 온전히 전달해 내는 정확성도 필요하다. 그래야 다음 세대의 믿는 자들을 준비시키고 세울 수 있다. 이 성경을 통해 원문에 가까이 다가가는 동안, 하나님의 말씀이 극적으로 펼쳐지면서 오늘의 우리에게도 직접적이고 새롭게 다가오는 것을 느끼게 될 것이다.

1세기의 원본에 가까워질수록 성경의 기름부음도 커질 것이다. 현존하는 헬라어 사본 가운데 UBS(United Bible Society) 판이 1세기 원문에 가장 근접한 것으로 인정받고 있다. 다양한 사본 간의 차이를 이해하는 것이 중요하다. 현재 우리는 신약 성경에 사용된 약 20만 개의 단어들 가운데 몇 백 개의 단어를 두고 논쟁하고 있다.

사본 간의 차이가 나는 이유

1. 초기 필사자들은 자기들이 성경을 옮겨 적고 있다는 사실을 알지 못했다. 그들은 단순히 친구에게 복음, 곧 좋은 소식을 적어 보내는 것이었다. 코이네 헬라어(대중에 활용되던 헬라어)는 지역에 따라 차이가 있었다. 따라서 필사자들이 자신의 출신 지역에서 통용되는 단어와 표현으로 바꾸었을 가능성이 있다.

2. 일일이 손으로 옮겨 적으면서 실수가 생겼다. 초기 필사본들은 친구나 지인에게 편지로 좋은 소식을 전하는 것에 불과했다. 친구의 편지에 오탈자가 있거나 문법에 오류가 있다고 해서 그것을 문제 삼는 사람은 없다.

3. 일찍부터 복음서들을 일치시키려는 노력이 있었다. 이를테면 마태복음 28장 때문에 마가복음 16장에 후기 부분이 덧붙여졌다.

4. 4세기 이후 로마가톨릭의 이념을 강조하기 위해 일부 문구를 덧붙였다. 예를 들어 마태복음 28장 19절의 '아버지와 아들과 성령의 이름으로 침례를 주라'는 문구는 AD 325년에 콘스탄티누스 황제가 니케아 공의회에서 덧붙인 것으로 지금도 대부분의 성경에 남아 있다.

5. 후대에 덧붙여진 가장 긴 본문은 간음 현장에서 붙잡힌 여성 이야기가 기록된 요한복음 7장 53절–8장 11절이다. 이스라엘, 이집트, 시리아, 아르메니아, 이탈리아 사본들을 포함하여 가장 오래된 사본들 어디에도 해당 본문이 등장하지 않는다. 용어 해설에서 '간음'을 찾아보라.

6. 수도사 중 한 사람이 상석에 앉아 문서를 소리 내어 읽어 주면, 맞은편에 앉은

필사자 무리가 그 내용을 받아 적었을 것이다. 상석에 앉은 수도사가 어느 구절의 의미를 더 강하고 분명하게 밝혀 주는 난외주(주석)를 발견하고 그 내용을 적절한 곳에 받아 적게 하는 경우도 있었다.

7. 필사자들은 오래된 사본들을 따로 분류하여 보존하지 않았다. 읽을 수 없을 정도로 훼손된 사본은 긁어내거나 산성 용액으로 지워 재사용하던지 파기해 버렸다. 재활용한 사본을 '팰림프세스트'(Palimpsest, 글자를 지우고 그 위에 다시 쓰거나 뒷면을 활용하여 만든 문서 사본)라고 부르는데, 2-8세기의 팰림프세스트는 97점 정도이며, 그중 약 36점은 2-3세기의 것이다.

헬라어 사본의 배경

신약 성경은 고대 헬라 문학 중 가장 많이 필사되어 5천 점이 넘는 코이네 헬라어 사본이 있다. 1450년에 인쇄기가 발명되면서 헬라어 본문의 표준화가 가능해졌다. 《에라스무스 헬라어 성경》은 1516년에 출판된 최초의 신약 성경이었다. 에라스무스는 16세기의 위대한 학자였지만, 1516년 판에서 고대 문서들을 학문적으로 연구하지 않았다. 그는 다섯 개의 비잔틴 사본과 12세기의 비(非)비잔틴 사본 하나로 7개월 만에 신약 성경을 출판한 첫 번째 사람이 되었다. 조금 더 종합적인 본문을 가진 공식적인 로마가톨릭 판이 바티칸의 승인을 기다리면서 늦어지자, 프로벤(Froben)이라는 스위스 출판업자가 에라스무스에게 자금을 지원하여 가장 먼저 헬라어 신약 성경을 출판하게 된 것이었다.

신약 성경에 사용된 헬라어를 고전 헬라어와 구별하여 코이네(Koine 공통, 공용) 헬라어라 부른다. 코이네는 고대 지중해와 중동 지역에서 사용되는 공용어였다. 코이네 헬라어 학자들은 사본들을 유사한 변형을 보이는 네 개의 군으로 정리했다. 1,500년간 20만 단어를 일일이 손으로 옮기는 과정에서 조금씩 바뀌거나 수정되었을 수도 있고, 철자가 틀린 단어를 그대로 옮겨 적는 일들이 지속적으로 반복되었을 수도 있다.

모든 고대 사본은 기본적으로 다음 네 개 군에 속해 있다.

1. 비잔틴 본문: 지리적으로 가장 넓게 분포함. 로마 교회의 지배 아래 있던 소아시아 지역부터 유럽 전역에서 가장 많은 사본이 발견됨.

2. 서방(Western) 본문: 2세기에 일부 필사자들이 서로 다른 구절들을 일치시키거나 막힘 없이 읽히도록 조금씩 수정하는 과정에 나타난 것으로 가장 적게 발견됨.

3. 가이사랴 본문: 교부 오리게네스가 가이사랴에 머무는 동안 사용한 것으로, 마가복음에 적지 않은 분량을 덧붙였다.

4. 알렉산드리아 본문: 콘스탄틴 폰 티센도르프(Constantine von Tischendorf) 백작이 발견한 최고(最古)의 온전한 사본. 1844년 5월, 이집트의 성 캐더린 수도원에서 불쏘시개로 사용하는 물건들 사이에서 발견된 이 고대 문헌은 가장 오래된 온전한 형태의 신약 성경 사본으로 밝혀졌다. '알레프 사본' 또는 '시나이 사본'(시내산의 책)이라고도 하며 코이네 헬라어 학자들에게 가장 신뢰할 만한 사본으로 인정받고 있다.

오늘날 공신력을 인정받고 있는 헬라어 본문은 다음 세 가지이다.

1. 텍스투스 레셉투스(Textus Receptus, 헬라어 표준 본문): 킹제임스(King James Version) 성경과 관련된 본문이다. 텍스투스 레셉투스라는 이름은 본래 엘제비르(Elzevir) 형제가 1633년에 헬라어 신약 성경 2판을 내면서 붙인 이름이었다. 이들은 네덜란드의 출판업자로 1624년에 초판을 내고 제7판까지 출판했다. 제2판인 텍스투스 레셉투스는 비평적으로 연구한 결과물은 아니지만 유럽 전역에서 공인 원문 또는 표준 원문이 되었다. 학자들 중에는 텍스투스 레셉투스가 킹제임스 성경 번역에 사용되었다고 여기는 이들도 있다. 그러나 킹제임스 성경은 텍스투스 레셉투스보다 22년 앞선 1611년에 번역이 완료되었다. 따라서 이 본문을 사용했다는 것은 말이 되지 않지만, 동일 군에는 포함된다.

2. 다수 본문(Majority Text): 20세기 중후반에 킹제임스 성경의 편집자들이 텍스투스 레셉투스를 수정하여 비잔틴 사본들과 맞추었는데, 이 본문들이 신약 성경 사본의 다수를 이루기 때문에 달라스신학교의 두 교수가 '다수 본문'이라고 명명한 것이다. 후기 사본들 중에는 고대 사본에 충실한 것들도 있지만, 대부분은 그렇지 않다. 다수 본문의 사본 중에 10세기 이전에 필사된 것은 하나도 없었다. 하지만 상당히 신뢰할 만한 아주 오래된 사본들 수백여 점이 있다. 학자들이 오늘날 살펴볼 수 있는 가장 오래된 사본들은 킹제임스 성경이 번역된 17세기에는 알려지지 않았다는 사실을 이해하는 것이 중요하다.

학자들은 지난 100여 년간 2-3세기경의 사본 30여 점을 손에 넣게 되었지만, 이들 최고(最古)의 사본들은 "다수 본문"을 외치는 사람들에게 외면당했다. 다수 본문은 본문비평 과정을 거치지 않았다. 다만 "더 많은 사본이 그렇게 말하고 있으므로 틀림없이 그것이 옳다"고 주장하는 이들의 지지를 받고 있을 뿐이다.

3. 세계성서공회 연합회 본문(United Bible Society Text, UBS): 세계성서공회 연합회는 신약 성경에 사용된 코이네 헬라어, 곧 공용 헬라어에 정통한 학자들의 모임이다. 이들은 이 고대 문서들을 연구하는 데 평생을 바친 사람들로, 이들의 유일한 목표는 '어느 것이 1세기에 저자가 기록한 원문과 가장 가까운가?'를 결정짓는 것이다. 그렇다면 현존하는 사본들에는 어떤 것이 있을까?

1세기: 현존하는 사본 없음
2세기: 소수의 사본이 남아 있음
3세기 이후: 세기가 바뀔 때마다 사본의 수가 증가한다. 중동과 지중해 지역 초대 교회들이 매주 성경을 낭독할 때 사용하던 성구집도 있는데, 신약 성경의 어떤 책은 이것들을 통해 거의 온전하게 재구성할 수 있다.

고전 헬라어 학자들은 훨씬 적은 사본들을 가지고 연구하여 헬라 고전 문학의 기준을 표준화하였는데, 세계성서공회 연합회에서도 이와 유사한 방법을 사용한다. 세계성서공회 연합회의 이러한 작업을 '본문 비평'(textual criticism), 그 결과물을 '비평적 본문'(critical text)이라고 한다. UBS 4판은 본래 20세기 초에 완성된 '네슬-알란트' 본문으로, 1세기의 원작에 가장 근접한 현대 학문의 업적이라 할 수 있다.

신약 성경 대부분이 서구적 사고의 틀 안에서 번역되어 헬라어 본문의 능력과 권위를 담아내지 못하고 있다. 일례로 주기도문이 그렇다(마 6:9-13). "그러므로 너희는 이렇게 기도하라. '하늘에 계신 우리 아버지여, 아버지의 이름은 즉시 거룩해져야 하며, 아버지의 왕국이 지금 와야 하며, 아버지의 뜻이 하늘에서처럼 땅에서도 곧 이루어져야 합니다."

이것은 주기도문을 문자 그대로 번역한 것으로, 능력뿐만 아니라 책임도 우리에게 있음을 강조하고 있다. 하나님의 이름은 어떻게 이 땅에서 거룩하게 되는가? 그분을 경배하는 이들의 의로운 행위로 그렇게 된다. 우리가 하나님께 무엇을 구하는 것이 아니다. 우리가 더욱 주님을 닮아가도록 기도하는 것이다. 만일 우리가 하나님의 이름을 거룩하게 하지 않고 있다면, 그분의 이름을 모독하고 있는 것이다. 용어 해설에서 '주기도문'을 찾아보라.

하나님의 치유 능력은 성경 전반에 걸쳐 지속적으로 강조된다. 보통 마가복음 16장을 사용하여 치유에 대해 가르치는데, 이 성경은 치유와 해방(구원)에 대한 하나님의 말씀의 완전 무결성을 다른 여러 구절에서도 지속적으로 강하게 입증하며 전달한다. 예슈아는 제자들에게 치유와 축사 사역을 명령하셨고, 그분의 명령은 지금도 유효하다. 거듭난 성도들은 그분의 제자이다. 따라서 누구나 치유와 축사 사역을 할 수 있도록 준비되어야 한다. 세계 곳곳에서 많은 이들이 하나님의 말씀을 가르침 받고, 그분의 경이롭고 변함없는 능력으로 치유 받아 자유로워지고 있다. 믿는 자들은 말씀을 읽어야 한다. 하나님의 말씀을 먹고 성장하고 성숙하라. 고대 사본들이 모든 말씀과 약속들을 증명해 준다. 뿐만 아니라 이 성경의 모세오경에는 하나님의 모든 계명과 가르침과 지시들, 곧 토라가 풍부한 히브리어 관용구와 유대적 뿌리를 드러내는 표현들로 일관성 있고 놀라울 정도로 풍성하게 번역되었다. 이것이 이 새로운 번역본에서 분명하게 나타나는 복음의 능력이다.

"그러므로 나는 복음을 부끄러워하지 않습니다. 복음이 모든 믿는 자에게 구원을 위한 하나님의 능력이기 때문입니다. 유대인이 먼저이고, 그 다음은 헬라인입니다. 또한 하나님의 의가 믿음에서 *나와 더 큰* 믿음으로 향하도록 이 복음 안에서 나타나고 있기 때문입니다. 이는 '의인은 그의 믿음으로 말미암아 살리라'고 기록된 그대로입니다"(롬 1:16-17).

"내가 하나님의 은혜를 따라 숙련된 건축자로서 기초를 놓았으나 다른 사람이 건물을 짓고 있습니다. 그리고 각 사람은 계속해서 그가 어떻게 건물을 짓고 있는지 보아야 합니다. 그러므로 어느 누구도 이미 놓여 있는 기초 외에 또 다른 기초를 놓을 수 없으니, 그 기초는 예슈아 메시아이십니다"(고전 3:10-11).

사탄Satan

히브리어 알파벳으로 '신-테트-눈' 또는 '싸메크-테트-눈'으로 표기한다. 첫 번째 사탄은 민수기 22장 22, 32절 사무엘상 29장 4절, 사무엘하 19장 23절, 열왕기상 5장 18절, 11장 14, 23, 25절, 스가랴 3장 1, 2절, 시편 109편 6절, 욥기 1장 6, 7, 8, 9, 12절, 2장 1, 2, 3, 4, 6, 7절, 역대상 21장 1절에서 '적대자', '대적', '원수', '악한 자', '방해자', '참소자' 등의 뜻으로 나타나며, 동사형은 '미워하다', '비난하다', '저주하다', '대항하여 말하다'의 의미로 성경에서 여러 차례 사용되었다. 두 번째 사탄은 성경에는 나타나지 않는데, '비방', '중상하는 자', '참소자'라는 뜻이다.

사실 이들 두 단어의 차이는 크지 않다. 중요한 것은 성경이 더 강한 의미의 단어를 사용하고 있다는 사실이다. '참소', '고발'뿐만 아니라 적극적으로 악한 목적을 추구하는 것 이상을 내포하고 있기 때문이다.

계시록에 등장하는 용이나 뱀 등의 생물은 사탄이 애쓰고 노력한 결과들을 상징한다. 이사야 27장 1절에는 '리워야단'이 현 세상의 악과 관련된 상징으로 등장한다.

샤부오트Shavuot

밀 수확을 기념하는 절기이다. 레위기 23장 15-22절은 다음과 같다. "또 너희는 안식일 다음 날, 흔들어 바치는 (곡식) 단을 가져온 날(초실절)로부터 세어서 일곱 주를 채우고, 일곱 번째 주가 지나고 다음 날까지 오십일을 세어 새로운 곡식 제물을 여호와께 바쳐야 한다. 너희는 너희가 거주하는 곳에서 십분의 이 에바로 흔드는 빵 두 덩이를 만들어 가져와야 할 것이다. 그것들은 고운 가루로 만들되 누룩을 넣고 구울 것이니, 여호와께 드리는 첫 열매들이다. 또 너희는 빵과 함께 흠이 없는 일 년 된 어린양 일곱 마리와 어린 황소 한 마리 그리고 숫양 두 마리를 바쳐야 할 것이다. 그것들은 여호와께 소제물과 전제물과 함께 여호와께 불로 바치는 번제물, 여호와께 올려 드리는 달콤한 향기의 제물이 되어야 할 것이다. 그런 다음 너희는 숫염소 한 마리를 속죄제물로, 일 년 된 어린양 두 마리를 화목제물로 드려야 한다. 제사장은 그것들을 첫 열매들의 빵과 함께 흔들 것이니, 그 어린양 두 마리와 함께 여호와 앞에서 요제로 바칠 것이라. 이것들은 여호와 앞에서 제사장을 위해 거룩하게 될 것이다. 또 너희는 바로 그날에 너희를 위한 성회를 선포할 것이니, 아무 육체 노동도 하지 말아야 할 것이다. 이것은 너희가 거하는 모든 곳에서 대대로 영원한 규례가 될 것이다. 너희 땅의 수확물을 거둘 때에는 거두는 밭의 모퉁이까지 전부 추수하지 말며, 너희 수확물 가운데 땅에 떨어진 이삭을 줍지도 말 것이라. 너는 그것들을 가난한 자들과 거류민들을 위해 남겨둘 것이라. 나는 여호와, 너희의 하나님이다!"

밭 모퉁이에 떨어진 이삭은 줍지 말라는 것은 레위기 23장에서 유일하게 이 특별한 절기와 상관없는 말씀이다. 이 명령은 농작물이 자기 것이 아니라 하나님의 소유라는 것을 상기시켜 준다.

샤부오트는 두 번째 첫 수확물을 하나님께 드리는 절기이며, 이스라엘 남자들이 반드시 하나님 앞에서 지켜야 하는 3대 절기 중 하나이다. (일부 동방 정교회에서 사용하는) 율리우스력이나 (우리가 일반적으로 사용하는) 그레고리력으로는 해마다 날짜가 달라지는데, 음력은 달(월)이 정해져 있지 않기 때문이다. 음력의 달은 초승달과 함께 시작되어 29–30일간 지속된다. 샤부오트는 무교절의 첫 열매를 드린 날에서 7주를 세고 다음 날, 즉 50일째 되는 날로, 오순절이라 부르기도 한다. 사복음서에 샤부오트라고 밝히지는 않지만, 제자들이 안식일에 밀 이삭을 따는 장면(눅 6:1)이나 예슈아가 어느 절기에 예루살렘으로 올라가시는 장면(요 5:1)은 샤부오트였을 가능성이 있다.

무교절의 초실절부터 샤부오트의 초실절까지 날짜를 계수하여 두 초실절을 하나로 연결하는 것은 예슈아의 부활과 승천 그리고 오순절 성령 강림을 하나로 연결하는 것과 같다.

출애굽기 19장 1절에 따르면, 이스라엘 백성은 이집트를 떠나서 셋째 달, 곧 샤부오트의 달에 시내산에 도착했다. 19장의 나머지 부분은 하나님이 그분의 백성에게 어떤 절차와 과정 가운데 토라를 주셨는지 말씀한다. 그래서 칠칠절, 곧 샤부오트에도 토라를 받은 것을 기념하는 것이다.

'토라'라고 하면 "너희는 내 앞에 다른 어떤 신도 두지 말 것이라"는 말씀이 떠오른다. 이것은 모든 우상을 버려야 한다는 뜻으로, 물질 만능주의, 니골라 철학, 인본주의, 쾌락주의로 물든 이 시대에 대단히 어려운 일이다. 오랜 습관은 버리기 힘들다. 이스라엘 자손들이 광야에서 그런 모습을 보였고, 예슈아께서 마태복음 25장 35–36절에서 말씀하신 일들을 행하기보다 물질적인 것들에 집중하는 우리에게도 그런 모습이 있다. 해당 본문은 다음과 같다. "왜냐하면 내가 주릴 때에 너희가 내게 먹을 것을 주었고, 내가 목마를 때에 너희가 내게 마실 것을 주었으며, 내가 나그네 되었을 때에 너희가 나를 받아들였고, 내가 헐벗었을 때에 너희가 나를 입혀 주었으며, 내가 아플 때에 너희가 나를 방문했고, 내가 갇혔을 때에 너희가 내게 왔기 때문이다."

출애굽기 19장 8절에서 온 이스라엘 백성이 하나님의 말씀에 "여호와께서 하신 모든 말씀을 우리가 행할 것입니다"라고 답했는데, 이날이 바로 샤부오트였다. 따라서 샤부오트는 하나님과 그분의 백성이 영원히 결합하는 결혼식과 같은 날이다.

샤부오트는 그리스도인들에게도 중요하다. 유월절에 일어난 그리스도의 십자가 구원, 무교절의 초실절에 일어난 부활, 사십 일 후의 승천, 샤부오트에 성령을 충만하게 부어 주신 사건을 하나로 이어 주기 때문이다. 이로 인해 우리는 승리의 삶을 사는 능력을 부여 받아 믿지 않는 이들에게 삶의 모습으로 증거할 수 있게 되었다.

예슈아의 부활에서 성령 강림까지의 기간은 무교절의 초실절에서 샤부오트의 초실절까지 오멜을 세는 것과 대구를 이룬다. 샤부오트에 밀로 빚은 빵 두 덩이를 바친 후에 수확한 곡물을 사용할 수 있었던 것처럼, 생명의 빵이신 예슈아도 나머지 곡물들, 즉 이 땅에 남은 그분의 제자들이 성령을 받고 놀라운 능력으로 쓰임 받을 수 있도록 그들 앞에서 하늘로 올라가셔야 했다. 제자들은 사도행전 2장에서 성령 침례를 받은 후, 병든 자들을 치유하고 눌린 자를 자유케 하며, 죽은 자들을 일으키게 되었다.

새 언약New Covenant

예슈아는 누가복음 22장 20절에서 성찬을 행하시며 언약을 새롭게 하셨다. 그러므로 성찬을 행할 때마다 언약을 새롭게 하는 것이다. 해당 본문은 다음과 같다. "그들이 (무교병을) 먹은 후에 마찬가지로 잔을 들고 말씀하셨습니다. '이것은 새 언약의 잔으로 너희를 위해 쏟는 나의 피다.'" 예슈아는 우리가 오늘날에도 행하고 있는 언약 관계를 새롭게 하는 예식에 대해 말씀하고 계신다. 오늘날에는 이 예식을 보통 '성찬'이라고 부른다. 성찬에 참여하는 각 사람은 하나님께 "제가 가진 모든 것이 주님의 것입니다"라고 고백하는 것이다. 그러면 하나님도 우리에게 "내가 가진 모든 것이 다 네 것이다"라고 말씀하신다. 용어 해설에서 '세데르'를 찾아보라.

바울은 로마서 9장 4절과 에베소서 2장 12절에서 복수형 '언약들'을 사용한다. 보통 '새롭다'로 번역되는 히브리어 단어의 어근에는 '새롭게 하다'의 의미가 있다. 그러므로 새 언약은 이전의 언약들을 새롭게 할 뿐만 아니라, 주님의 보혈을 통해 하나님과 더 깊은 관계가 가능해져 새로운 복과 은혜들도 받아 누리게 한다.

이 언약 아래에 있는 사람들이 성경을 읽고 연구할 때 하나님께서 그들의 영에 가르침과 깨달음을 주셔서 감춰진 의미들을 계시해 주신다. 그러면 하나님에 대한 참된 지식을 얻게 되면서 우리의 행동에 변화가 일어나게 된다. 게다가 하나님이 우리의 죄를 더 이상 기억하지 않으신다니, 얼마나 큰 은혜인가! 사탄은 과거의 죄들을 기록해 두었다가 상기시켜 주고 싶어 한다. 사탄의 덫에 걸려들지 마라. 하나님의 책에는 그런 죄는 한 번도 지은 적이 없다고 기록되어 있다. 그러므로 하나님을 믿으라. 용어 해설에서 '죄 사함'을 찾아보라.

생명나무Tree of Life

계시록 22장 2절의 생명나무는 창세기 2장 9절, 3장 22절, 에스겔 47장 12절에 등장하는 생명나무와 동일한 것이다. 생명나무 잎에는 치유의 능력이 있다. 대부분의 번역자들은 '무리들' 대신 '만국, 나라들, 민족들'로 옮기지만, 이 나무의 치유 대상은 '사람들'이다. 사람들이 치유받아야만 나라(민족)들이 평화로울 것이다. 사탄이 무저갱에 던져진 후에는(계 20:2-3) 지금처럼 질병이나 거절, 탐욕, 교만 등의 수많은 악들로 사람들을 괴롭히지 못할 것이다. 가난, 무지, 교만, 증오, 질투 등, 나라의 모든 문제는 사탄이 개인을 공격한 결과이다. 국가적인 정서나 정신은 한 지역의 공통된 영들 때문이다. 사탄이 붙잡혀 더 이상 인류를 괴롭힐 수 없어도, 이전의 공격으로 인한 결과들은 반드시 치유받아야 한다. 보이지 않는 눈과 닫힌 귀가 열리고, 저는 이들이 온전해지며, 마음이 병든 자들이 자유케 되고, 모든 교만과 편견과 증오가 제거되어야 한다. 이런 일들이 이루어지면, 하나님의 평강이 온 땅을 덮겠고 모두가 하나님의 왕국에서 살게 될 것이다.

성경 암송Memorization of Scripture

회당에서 두루마리로 된 성경을 읽으려면, 성경을 암송해야 한다. 오늘날의 히브리 성경들은 모음이 덧붙여져 있지만, 회당에 있는 두루마리에는 여전히 모음이 표기되어 있지 않기 때문이다. 토라 학자들은 예슈아 시대 이전에 두루마리를 보지 않고 성경을 인용하는 것은 옳지 않다는 결론을 내렸다. 인용하는 사람이 실수할 수도 있기 때문이다. 이런 이유로 신약에 인용된 성경 구절들이 온전히 일치하지 않는 것이다. 성경의 의미를 전달하되, 그것이 온전한 인용구가 아니라는 것을 분명히 하는 것이 중요하다. 대표적인 예로 계시록 13장 10절도 예레미야 15장 2절 하반절을 글자 그대로 인용한 것이 아니다.

"사로잡혀 갈 사람은

사로잡혀 가고,
칼로 죽임 당할 사람은
칼로 죽임을 당할 것입니다"(계 13:10).

예레미야 15장 2절 하반절은 다음과 같다.

"죽을 자는 죽음으로,
칼에 맞을 자는 칼로,
기근을 당할 자는 기근으로
사로잡혀 갈 자는 사로잡힘으로 나아간다."

성소Sanctuary

여호와를 위해 따로 구별해 놓은 성전이나 성막의 특별한 공간을 가리킨다. 성소는 두 개의 공간으로 이루어져 있었는데, 첫 번째 공간인 성소에는 메노라(금촛대)와 임재의 빵을 놓는 상과 분향단이 놓여 있었다. 제사장들은 바로 이곳에서 날마다 여호와를 섬겼다. 제사장이 성소에 들어가려면 먼저 자신을 정결하게 해야 했다. 죄의 문제를 해결하지 않고 성소에 들어가는 제사장이 있다면, 그는 문 앞에서 쓰러져 죽었을 것이다(출 28:42-43).

두 번째 공간, 즉 내실을 '지성소'라고 불렀다. 속죄일, 곧 '욤 키푸르'에 분향단을 들여놓는 때가 아니면 지성소 안에는 언약궤만 있었다. 지성소에는 오직 대제사장만 욤 키푸르에 들어갈 수 있었다. 그는 이곳에서 백성과 자신의 죄를 사해 달라고 여호와께 나아가 중보했다.

성전에는 죄인들, 곧 이방인들까지도 드나드는 바깥뜰이 있었고, 이스라엘 백성이 죄의 문제를 해결하던 번제단은 안뜰에 있었다. 성소에는 오직 제사장만 들어갈 수 있었는데, 죄의 문제를 해결한 후, 곧 합당한 제물을 드리고 물두멍에서 몸을 씻은 뒤 거룩한 의복을 입은 후에야 들어갈 수 있었다.

요한복음 2장 18-21절은 다음과 같다. "그러자 유대인 *지도자*들이 그분께 대답했다. '당신이 이런 일들을 하는 것에 대해 우리에게 무슨 표적을 보여 주려는 것이오?' 예슈아께서 그들에게 대답하셨다. '너희가 이 성소를 헐어야 한다. 그러면 내가 삼 일 안에 그것을 일으키겠다.' 그러자 유대인 *지도자*들이 말했다. '이 성소를 사십육 년 동안 지었는데, 당신이 그것을 삼 일 안에 일으킨다는 것이오?' 그러나 그분은 그분의 몸인 성소에 대해 말씀하신 것이었다." 주님은 여기서 '성전'이 아니라 '성소'라고 말씀하셨다. 대다수가 '성전'으로 번역하지만, '성소'가 정확한 번역이다. 헬라어 '나오스'는 '성소'를, '히에론'은 '성전'을 의미한다. 아무도 예슈아의 육신은 죄가 없고 거룩하다는 사실을 부인할 수 없다.

우리의 육신도 어린양의 보혈로 거룩해졌으므로 '성소'라 부른다. 우리는 죄가 허용되는 구역이 있는 성전이나 성막과 같아서는 안 된다. 그래서 바울이 고린도전서 3장 16, 17절과 6장 19절, 고린도후서 6장 16절에서 우리의 육체를 '성령의 성소'라고 한 것이며, 사도 요한도 계시록 11장 2절에서 바깥뜰을 제외하고 성소를 측량해야 했던 것이다. 시편 119편 48절은 "또 내가 당신의 계명들을 향해 내 두 손을 들어올릴 것입니다"라고 한다. 랍비들은 이 구절을 다음과 같이 해설한다. "두 손을 드는 것은 그분의 계명을 행하고 훈련하는 것을 뜻한다." 시편 134편 2절에서도 동일한 주제가 반복된다.

재미있는 사실은 사복음서와 사도행전에는 여러 차례 성전이 언급되었지만, 이후의 책들에는 성전에 해당하는 '히에론'이 고린도전서 9장 13절에서 단 한 번만 사용되었다는 것이다. 그러므로 이후 등장하는 '성전'은 '성소'를 가리키는 것이다. 이제 우리의 몸은 '성소'이기에 날마다 회개 가운데 행해야 한다. 성소에 들어가려면 먼저 죄를 해결해야 하기 때문이다.

성육신하신 하나님God Incarnate

예슈아가 성육신하신 하나님이심을 온전히 이해한다면, 그분을 새롭고 놀라운 방식으로 보게 될 것이다. 대다수의 그리스도인들이 예슈아를 성육신하신 하나님으로 믿고 있다. 하지만 깊은 의미까지 이해하는 사람은 거의 없다. 히브리어로 하나님의 이름 '나는 …이다'는 불완전 시제로, 그분이 과거에도 계셨고, 지금도 계시며, 앞으로도 계실 것이라는 의미를 담고 있다. 하나님은 특정 시제나 시간에 매이는 분이 아니다. 1779년에 존 뉴튼(John Newton)이 이렇게 말했다. "성육신하신 하나님! 그 이름의 신비한 능력을 깨닫는 영혼은 흔들리지 않는 안식 가운데 거하겠고, 시련의 때에 두려워하지도 않을 것입니다."

예슈아께 현재, 과거 그리고 미래의 모든 능력과 권세가 있음을 아는 것은 너무나도 중요하다. 성육신하신 하나님은 모든 그리스도인에게 어떤 의미여야 할까? '성육신'은 '실체화되다', '육신, 특히 인간의 육신으로 구체화되다'의 의미이다. 하나님이 인간의 육신으로 나타나셨다! 이것이 기독교의 근간을 이루는 믿음이다. 그러나 하나님의 성육신의 광범위한 영역을 이해하는 사람은 거의 없다. 먼지 쌓인 교리들 틈에서 이 진리를 찾아내어 깊고도 압도적인 실재로 인생을 만지시는 하나님을 만날 자가 있겠는가? 신화와 신비들을 타파하시고 영원하신 생명이 온전하고 흠 없는 인간의 모습으로 나타나신 것을 설명하고 전개하시는 여호와 하나님을 볼 사람이 있을까?

성육신하신 하나님은 이 놀랍고 기적적인 관점에서 그분의 모든 충만하심으로 자신을 계시해 주고 싶어 하신다. 그분은 온 우주의 왕이신 주 여호와, 위대하신 하나님의 승리와 믿음 안에서 우리를 확고히 세워 주시려는 것이다.

예슈아는 삼십삼 년간 이 땅에 거하셨는데, 마지막 삼 년 반을 가르치고 안수하며 수많은 이들을 치유하고 자유케 하시는 데 사용하셨다. 예슈아의 사역은 그분이 성령으로 잉태되어 탄생하셨다는 이야기에 신뢰성을 더했다. 주님은 요한복음 10장 30절과 다른 구절들에서 자신과 아버지는 하나라고 가르치셨다.

주님의 성령은 온 땅 위에서 끊임없이 운행하신다. 그래서 우리를 위해 그분 자신을 강하게 드러내실 수 있다. 성육신하신 예슈아께서 이 땅에 거하시며 행하신 모든 일에 성령이 함께하셨다. 예슈아가 승천하시고 열흘째 되던 날 샤부오트(오순절)에 임하신 분도 바로 성령이었다. 이것은 요한복음 14장 25-26절에서 설명하신 그대로였다. "내가 너희와 함께 머무는 동안 이것들을 너희에게 이야기했으나 보혜사 성령, 곧 아버지께서 내 이름으로 보내실 그분이 모든 것을 너희에게 가르치시고, 내가 너희에게 말한 모든 것을 생각나게 하실 것이다."

예레미야는 31장 30-34절에서 다음과 같이 말했다. "보라, 여호와의 말이다. 그날들이 이를 것이니, 내가 이스라엘 집안과 유다의 집안과 더불어 새로워진 언약을 맺을 것이다. 내가 그들의 조상들의 손을 잡아 이집트 땅에서 이끌어 내던 날에 맺은 언약, 내가 그들을 통치하는데도 그들이 깨뜨린 언약에 따르는 것이 아니다. 여호와가 말한다. 그러나 그날들 후에 내가 이스라엘 집안과 맺을 언약은 이러할 것이다. 여호와가 말한다. 내가 나의 토라(가르침)를 그들의 내면에 두고 그들의 마음에 기록하여 그들의 하나님이 될 것이며, 그들은 내 백성이 될 것이다. 그러면 각 사람이 더 이상 자기 이웃을 가르치며 그 형제에게 말하기를, '여호와를 알라' 하지 않을 것이다. 그들이 가장 작은 자부터 가장 큰 자에 이르기까지 모두 나를 알 것이기 때문이다. 여호와가 말한다. 내가 그들의 불법을 용서하고 더 이상 그들의 죄를 기억하지 않을 것이다. 여호와, 곧 낮에는 해를 빛으로 주시고 밤에는 달과 별들의 규례들을 빛으로 주시는 분, 바다를 흔들어 파도를 일으키시는 분, 만군의 여호와가 그 이름이신 분이 이렇게 말씀하신다."

성육신하신 하나님 예슈아는 승천하신 후, 성부 하나님께서 각 사람, 곧 온 인류에게 그분의 성령을 보내실 수 있도록 길을 예비하셨다. 요한복음 1장 29-34절에 기록된 것처럼, 예슈아께서 침례를 받으실 때, 성령이 임하셨다. "다음날 요한은 예슈아께서 자기에게 오시는 것을 보고 말했다. '보라, 하나님의 어린양, 세상 죄를 가져가시는 분이다. 이분이 내가 "내 뒤에 오시는 분이 나보다 먼저 계신 것은 그분이 나보다 뛰어나시기 때문이다"라고 말한 바로 그분이다. 나도 그분을 알지 못했다. 그러나 이것을 통해 그분이 이스라엘에 드러나시게 하려고 와서 물로 침례를 주는 것이다.' 또 요한은 증거하며 이렇게 말했다. '나는 그 영(성령)이 하늘에서 비둘기처럼 내려와 그분 위에 머물러 있는 것을 보았다. 나도 그분을 몰랐으나, 물로 침례를 베풀라고 나를 보내신 분께서 말씀하시기를, "누구든지 그 위에 성령이 내려와 머무는 것을 보면, 그가 바로 성령으로 침례를 베푸실 자이다"라고 하셨다. 그리고 내가 보았으므로, 이분이 하나님의 아들이라고 증거한 것이다.'"

성령이 예슈아 위에 임하여 그분을 덮었고 그분은 성령에 잠기셨다. 이렇게 성령에 덮여 잠기는 것을 예루살렘 밖 올리브산에서 예슈아께서 승천하시고 열흘째 되던 날 그분을 따르던 백이십 명과 오늘날의 우리까지도 경험하게 되었다. 바로 이 성령님 때문에 예슈아의 사역 가운데 나타난 능력을 각 사람이 사용할 수 있게 되었다. 아직 성령님의 뜻에 순복하여 자기를 버린 자가 아무도 없기에 예슈아가 행하신 그 모든 일을 행하지 못하는 것이다. 세계 곳곳에서 예배 가운데 기적과 치유가 나타나고 있지만, 여전히 예슈아처럼 행하는 사람은 없다. 모두가 자기 자신을 버리기 위해 힘써야 한다. 그러면 누구나 예슈아가 하신 사역을 그대로 행할 수 있게 된다.

아버지 하나님과 예슈아를 가리키는 여러 가지 이름들 가운데 눈에 띄는 것은 '나 곧 스스로 있는 자'이다. 이것은 모세오경에서만 100회 이상 등장하고, 예슈아도 그분 자신에 대해 약 40회 사용하셨다. 일례로 마태복음 14장 27절은 다음과 같다. "이에 예슈아께서 즉시 그들에게 '너희들은 담대하라! 나 스스로 있는 자다! 두려워 말라!'고 말씀하셨다."

이외에도 하나님과 예슈아께서 함께 사용하신 이름 몇 가지가 있다.

1. 도움: 시편 116편 6절은 다음과 같다. "여호와께서 순진한 이들을 보호하시니, 내가 비천하게 되자 그분이 나를 도우셨다." 여기서 '도우셨다'에 해당하는 히브리어는 '여호시아'(Y'hoshia)로, '예슈아'와 어근이 같다. 모세는 출애굽기 18장 4절에서 하나님을 '나의 도움'이라고 불렀다. "그리고 다른 아들의 이름은 엘리에셀이었다. 그가 말하기를 '내 아버지의 하나님은 나의 도움이시니, 나를 파라오의 칼에서 구원하셨다'라고 했기 때문이다." 여기서 '나의 도움'에 해당하는 히브리어는 '브-에즈리'(b'ezri)이다.

2. 왕 중의 왕 주의 주: 계시록 19장 16절은 다음과 같다. "또 그분의 옷과 허벅지 위에는 '왕들의 왕, 주들의 주'라는 이름이 기록되어 있었습니다." 바울도 디모데전서 6장 15-16절에서 아버지 하나님을 '왕 중의 왕, 주의 주'라고 언급했다. "그것은 *하나님께서* 그분의 때에 보여 주실 것이니, 찬송받으실 유일한 통치자, 왕 중의 왕, 주의 주이신 분, 유일하게 불멸하시는 분, 가까이할 수 없는 빛, 인류 가운데 아무도 본 적이 없으며, 아무도 볼 수 없는 그분께 영광과 권세가 영원하기를 바랍니다. 아멘."

3. 구원자: 빌립보서 3장 20절의 구원자는 예슈아를 가리킨다. "그러나 우리의 시민권은 하늘들 가운데 있습니다. 우리는 그곳으로부터 오실 우리의 구원자, 주 예슈아 메시아를 간절히 기다리고 있습니다." 그런데 히브리 성경에서 하나님도 일곱 차례나 구원자로 지칭된다. 호세아 13장 4절은 그중 하나이다. "그런데 나는 이집트 땅에서부터 주 너의 하나님이니, 너는 나 외에는 다른 신을 알지 못한다. 나 외에 다른 구원자가 없기 때문이다." 이사야 43장 11절과 디모데전서 4장 10절의 구원자도 여호와 하나님을 가리킨다.

하나님의 능력은 그분의 모든 본성에 분명하게 나타난다. 이사야 11장 2절에서는 '능력의 영'이신 성령님으로, 이사야 9장 5절에서는 '강하신 하나님'이신 예슈아로, 이사야 1장 24절에서는 '이스라엘의 능력'이신 우주 만물의 왕으로 나타난다. 가장 중요한 이름 중 하나는 '남편 또는 신랑'이다. 이사야 54장 5절은 다음과 같다. "너를 만드신 분이 네 남편이기 때문이다. 그분의 이름은 만군의 여호와이며 너의 구속자는 이스라엘의 거룩하신 분이다. 그분은 온 땅의 하나님이라 불리실 것이다." 호세아 2장 16절은 "그러므로 여호와가 말한다. 그날에 네가 나를 이쉬,

곧 내(MY) 남편이라 부르겠고, 다시는 바알리, 곧 나의(My) 남편이라 부르지 않을 것이다"라고 한다. 예레미야 3장 14절은 다음과 같다. "내가 이스라엘과 결혼하였다." 그분은 우리의 신랑이며 남편이시다.

우리는 출애굽기 19장 6절에 언급된 '제사장 왕국'이 되어야 한다. "그리고 너희는 나에게 제사장 왕국이요, 거룩한 민족이 될 것이다." 하나님께서 이스라엘 백성을 위해 모세에게 하신 말씀을 예슈아께서 사도들에게 전하여 온 세상에 전파하게 하셨다. 예슈아는 유대 민족을 가르치기 위해 보냄 받으셨다. 그리고 마태복음 10장 5-6절에서 사도들에게도 다음과 같이 지시하셨다. "예슈아께서 이 열둘에게 다음과 같이 명령하신 후 그들을 보내셨다. '너희는 이방인들에게 이르는 그 길로 가지 말고, 사마리아 사람의 도시로 들어가지 말라. 오히려 이스라엘 집의 잃어버린 양들에게 꾸준히 가라.'" 주님이 베드로에게 이스라엘 집뿐 아니라 이방인들에게도 가라고 지시하신 것은 승천하신 후였다. 베드로는 사도행전 10장 34-35절에서 가이사랴의 로마군 관리인 고넬료의 집으로 보냄을 받아 다음과 같이 말했다. "이에 베드로가 입을 열어 말했습니다. '참으로 나는 하나님께서 편애하지 않으시며, 오히려 모든 민족 가운데서 그분을 경외하고 의를 행하는 자를 받으시는 줄 깨달았습니다.'"

하나님은 육신을 입고 오셔서 각 사람이 어떻게 살아가고 사역해야 할지 본을 보여 주셨다. 우리 안에 거하시는 성령님은 예슈아 안에서 행하신 분과 동일하신 분이다. 모세와 동행하셨고 히브리 성경의 다른 많은 이들 가운데서 행하신 바로 그분이다. 자기 자신을 버리고 주님께 온전히 내어 드리기만 하면, 우리 안에 거하시는 하나님께서 자유롭게 행하실 수 있다.

보좌는 하나이고, 하나님도 한 분이시다. 예슈아가 하나님 우편에 앉으셨다는 것은 또 다른 보좌가 있다는 말이 아니다. 이것은 히브리 관용 표현이다. 시편 110편 1절에서 '오른편'은 '능력'을 의미한다. "[다윗의 시편] 여호와께서 내 주께 말씀하신다. 내 오른편에 앉아라, 내가 네 원수들을 네 발판으로 삼을 때까지." 예슈아는 여호와 하나님의 오른편에서 그분의 능력으로 행하셨다. 요한복음 10장 38절은 다음과 같다. "그러나 내가 그 일들을 하고 있다면, 비록 나를 믿지 않더라도 그 일들은 믿어라. 그러면 너희는 아버지가 내 안에 계시고, 내가 아버지 안에 있다는 사실을 알게 되고 계속해서 깨닫게 될 것이다." 요한복음 14장 10절은 "너는 내가 아버지 안에, 아버지가 내 안에 계신 것을 믿지 않느냐? 내가 너희에게 하는 말들은 내게서 나오는 것을 이르는 것이 아니다. 내 안에 거하시는 아버지께서 그분의 일을 하시는 것이다", 요한복음 10장 29-30절은 "그들을 내게 주신 내 아버지께서는 모든 것보다 크시다. 그러므로 아무도 아버지의 손에서 그들을 빼앗을 수 없다. 우리, 곧 아버지와 나는 하나이다", 요한복음 14장 9절은 "예슈아께서 그에게 말씀하셨다. '빌립아, 내가 그렇게 오랫동안 너희와 함께 있었는데, 나를 모르느냐? 나를 본 자는 아버지를 본 것인데, 어떻게 너는 "당신은 우리에게 아버지를 보여 주셔야 합니다"라고 말할 수 있느냐?'"라고 말씀한다.

지금도 그분은 우리의 몸을 통해 이런 일들을 행하신다. 요한복음 14장 15-17절은 우리 안에 계신 분을 보여 준다. "만일 너희가 나를 사랑하면 내 계명들을 지킬 것이다. 그러면 내가 아버지께 구하겠고, 그분께서는 영원히 너희와 함께 계시기 위해 또 다른 보혜사를 너희에게 주실 것이니, 그분은 진리의 영이시다. 그런데 세상은 그분을 받아들일 수 없으니, 그분을 보지도 못하고, 알지도 못하기 때문이다. 그러나 너희가 그분을 아는 것은, 그분께서 너희 곁에 머무시고 너희 안에 계실 것이기 때문이다." 우리 안에 계신 분은 우주 만물의 왕이며 살아 계신 하나님의 영으로, 우리가 기적적인 일들을 행하고 어떤 환경에서든지 승리하는 삶을 살아갈 수 있도록 세워 주신다.

많은 이들이 히브리어 '예슈아'(Y-Sh-A)와 헬라어 '소조'(Sozo)를 잘못 이해하고 있다. '예슈아'의 주된 의미는 '구해내다, 해방하다'이고, 이차적 의미가 '구원하다'이다. '소조'의 뜻은 '구원하다'이지만, 이차적으로 '구해내다, 해방하다'의 의미가 있다. 해방한다는 것은 질병, 거절감, 학대, 중독 외에 마귀의 수많은 궤계들의 악한 영향력을 제거함으로 한 사람을 온전케 하는 것을 말한다. 제사장 왕국인 우리는 예슈아가 우리에게 보여 주신 기름부음 안에서 행하여 구원을 구하는 이들을 온전케 해야 한다.

예슈아는 새로운 종교를 세우려고 오신 것이 아니었다. 새로운 종교는 한 세기가 지난 후 아브라함과 이삭과 야곱의 하나님을 모르는 사람들, 곧 자신들의 유대적 뿌리를 알지 못하는 사람들에 의해 수립되었다. 예슈아는 성육신하신 하나님으로 인류를 향한 하나님의 사랑을 보여 주시려고 이 땅에 오셨다. 예슈아 승천 후 첫 번째 샤부오트(오순절)에 우리에게 성령이 부어져 온 인류에게 하나님의 사랑을 전할 수 있게 되었다. 예슈아는 우리에게 성령을 힘입어 성경대로 살아가야 한다고 가르치셨다. 성경 말씀에 순종하되, 그분의 계명을 규정하는 광범위한 규칙들을 만들 필요가 없다는 것이다.

마가복음 7장 14-23절은 다음과 같다. "이어서 그분께서는 다시 무리를 모으신 후에 계속 그들에게 말씀하셨다. '너희는 모두 내 말을 듣고 깨달아야 한다. 사람의 몸 밖에서 그 사람 안으로 들어가는 것은 아무것도 그를 더럽힐 수 없다. 다만 사람에게서 나오는 것들이 그를 더럽히는 것이다.' [귀 있는 자는 이제 들어야 한다.] 그리고 그분께서 무리를 떠나 집에 들어가시자, 제자들이 그 비유에 대하여 물었다. 그러자 그분께서 그들에게 말씀하셨다. '너희도 깨달음이 없느냐? 밖에서 사람 안으로 들어가는 것은 무엇이든 그를 더럽힐 수 없다는 것을 너희가 이해하지 못하느냐? 그것은 사람의 마음속이 아니라 뱃속으로 들어가서 소화되어 배설물로 나오기 때문이다.' 이어서 그분은 계속해서 말씀하셨다. '사람에게서 나오는 것이 그 사람을 더럽힌다. 사람의 마음에서 나오는 악한 생각들, 곧 부도덕한 것들과 도둑질과 살인과 간음과 탐욕과 악함과 속임과 호색과 인색함과 신성모독과 교만과 어리석음 등 이 모든 악한 것이 속에서 나와 그 사람을 더럽히기 때문이다.'"

그러므로 음식에 대한 가르침들은 구원에 결정적인 요소는 아니지만, 우리의 건강과 안전을 위해 주시는 것이다. 예슈아는 요한복음 5장에서 삼십팔 년 된 병자를 고쳐 주시며 일어나 침상을 들고 가라고 지시하셨다. 그런데 그날은 안식일이었다. 성경은 안식일에 짐을 나르지 말라고 말씀한다. 이 명령은 예레미야서와 느헤미야서에 기록되어 있는데, 운반하는 행위 자체를 금하는 것이 본질이 아니다. 당시 사람들이 돈을 사랑하여 물건을 사고파는 데 집중하면서 안식일의 중요성을 훼손하고 있었던 것이 문제이다. 그래서 예슈아는 무엇이 짐인지 알려 주셨던 것이다. 우리는 주님과 끊임없이 교제하며 그분의 가르침의 영에 순복해야 한다.

성육신하신 하나님은 적어도 다음의 세 가지 일을 하셔야 했다. 첫째, 앞서 설명한 대로 하나님의 가르침을 이해하는 법을 우리에게 가르쳐 주셔야 했다. 둘째, 그분의 충성된 사람들을 보내어 세상에 복음을 전하셔야 했다. 셋째, 믿는 자들에게 악한 영을 제압하는 권세를 주셔야 했다. 마태복음 10장 1절과 28장 18절을 참고하라. 하나님은 교회 안으로 들어온 이교적 요소들로 인해 우리가 그릇된 교리에 빠지게 될 것을 아셨다. 그래서 복음을 받아들이지 않은 유대인들을 통해 성경과 유대적 뿌리를 보호하셨다. 예를 들어 대다수의 성경학자들이 가르치는 삼위일체 교리를 살펴보자. 하나님의 신격이 삼위로 이루어져 있다고 보는 것은 옳다. 먼저 말씀으로 만물을 창조하신 성부 하나님과 성육신하신 예슈아 그리고 이 땅으로 보냄 받으신 성령님이 계신다. 이 셋은 하나이다. 하나님은 한 분이시고 다양한 속성을 지니고 계신다. 우리가 경배해야 할 대상은 삼위일체이신 하나님이다. 십자가에 달리신 예슈아는 십자가에 달리신 하나님이셨다.

이사야 6장 1절의 보좌에 앉으신 여호와는 하나님이시고 예슈아이시고 성령이시다. 이 구절이 흥미로운 것은 보통 다음과 같이 번역하기 때문이다. "웃시야 왕이 죽은 그해에 나는 또한 주께서 높이 들린 보좌에 앉아 계시는 모습을 보았는데, 그분의 옷자락이 성전을 가득 채우고 있었다." '성전'에 해당하는 히브리어 '헤칼'(hekal)에는 '궁전'이라는 뜻도 있다. 궁전에는 보통 보좌가 있다. 그러나 하늘의 성막에는 모세가 보고 이 땅에 그대로 재현해 낸 것처럼 보좌가 없다. 첫 번째 성전이나 두 번째 성전도 마찬가지였다. 에스겔서에 등장하는 세 번째 성전에도 보좌에 대한 언급은 없다. 하나님은 이들 성전에서 대제사장만 들어갈 수 있는 지성소의 언약궤 위에 머무셨다. 이사야 6장 1절에서 여호와 하나님의 옷자락은 온 우주의 왕이 다스리시는 궁전 보좌의 방을 가득 채우고 있다. 그렇다! 하나님의 영은 지성소 시은좌(속죄소) 위에 앉으셨다.

하나님은 수차례 육신의 모습으로 이 땅에 나타나셨다. 아담과 하와, 에녹, 그리고 노아와 함께 이 땅을 거니셨고, 창세기 17장 1-21절에서는 아브라함에게 나타나셔서 대화를 나누셨으며, 창세기 18장에서도 아브라함에게 보이셨다. 창세기 32장 25절에서는 야곱이 밤새도록 어떤 '이쉬(Ish)' 곧 '남자'와 씨름을 한다. 이 남자는 예슈아일 가능성이 크다. '이쉬'에는 '남편'이라는 뜻도 있고, 예슈아는 남편이며 신랑이시기 때문이다.

출애굽기 24장 9-10절은 다음과 같다. "그 후 모세와 아론, 나답과 아비후와 이스라엘의 장로 칠십 명이 올라갔다. 그리고 그들은 이스라엘의 하나님을 보았는데, 그분의 발아래에는 찬란하게 빛나는 사파이어로 포장된 것 같고, 그 맑기가 마치 하늘의 본체 같은 것이 있었다." 출애굽기 33장 10-11절에서는 여호와께서 모세와 얼굴을 마주하고 대화하셨으며, 백성은 자기 장막 문에 서서 경배했다. "그리고 여호와께서는 모세와 얼굴을 마주하고 말씀을 나누셨는데, 마치 사람이 자기 친구에게 이야기하는 것 같았다." 출애굽기 34장 6절에서는 여호와께서 산 위에 있는 모세의 앞을 지나가셔서 그분의 (얼굴은 못 보고) 등(뒷모습)만 보여 주신다.

사무엘상 3장 10절에서는 "그러자 여호와께서 오셔서, 서서 이전처럼 '사무엘아, 사무엘아' 하고 부르셨다"라고 하며, 열왕기상 22장 19절에서는 미가야 선지자가 다음과 같이 말한다. "이에 그(미가야)가 말했다. '그렇다면 여호와의 말씀을 들으십시오. 나는 여호와께서 그분의 보좌에 앉아 계시고 온 하늘 군대가 그분의 좌우에 서 있는 모습을 보았습니다.'" 욥기 42장 5절은 이렇다. "저는 귀로 듣는 것으로 당신에 대해 들었는데, 이제는 제 눈으로 당신을 봅니다." 그리고 다니엘 3장 25절은 이러하다. "그가(왕이) 대답하여 말하기를, '보라, 네 사람이 결박이 풀린 채 불 한가운데서 걸어 다니는 모습이 보이는데, 그들은 아무런 해도 입지 않는다! 그리고 네 번째 사람의 모습은 하나님의 아들 같다.'" 예슈아는 요한복음 3장 13절에서 "그러므로 아무도 하늘로 올라간 적이 없으니, 하늘에서 내려온 자, 곧 그 사람의 아들 외에는 없다"라고 말씀하시며, 과거에 이 땅에 내려오셨다가 하늘로 올라가신 적이 있음을 선언하셨다.

스가랴 14장 1–5절은 하나님이 임하시는 모습을 다음과 같이 전한다. "보라, 여호와의 날이 이를 것이니 네가 빼앗긴 것을 (사람들이) 네 앞에서 나눠 가질 것이다. 내가 모든 이교도(이방인)들을 모아 예루살렘을 대적하여 싸우게 할 것이니, 그 도시가 점령당하여 집들이 약탈당하고 여인들은 욕을 당하며 그 도시 절반이 사로잡혀 가겠지만, 남은 백성은 그 도시에서 끊어지지 않을 것이다. 그때 여호와께서 나아가셔서 그 이교도들을 대적하여 싸우실 것이니, 전쟁의 날에 싸우셨을 때와 같을 것이다. 그날에 그분(여호와)의 발이 예루살렘 앞 동편에 있는 올리브산에 서시겠고, 올리브산 한가운데가 갈라져 동쪽과 서쪽으로 대단히 큰 골짜기가 생길 것이니, 그 산 절반은 북쪽으로, 절반은 남쪽으로 옮겨질 것이다. 그러므로 너희가 그 산들의 골짜기로 달아날 것이니, 그 산들의 골짜기가 아셀까지 이를 것이기 때문이다. 그렇다, 너희가 유다의 웃시야 왕 때에 지진 앞에서 도망치던 것처럼 달아날 것이다. 그리고 여호와 내 하나님이 오시겠고 모든 성도들이 너와 함께 올 것이다." 여기서 하나님의 이름 '여호와' 를 '주'로 번역한 역본들도 있는데, 여기서 오시는 분은 우주 만물의 왕이시다.

대부분의 그리스도인들이 여호와 하나님과 예슈아를 서로 다른 존재, 특히 아버지와 아들로 구별하여 생각한다. 이것은 "하나님은 한 분"이라고 말하는 유대교뿐만 아니라, 성부, 성자, 성령의 삼위일체를 언급하는 기독교 교리와도 근본적으로 충돌한다. 사도신경(사도신조)에서 삼위를 언급하고, 성경에 삼위와 온 땅을 두루 다니시는 성령(대하 16:9)에 대한 구절들이 있는데도, 삼위일체 교리는 헤아릴 수 없이 경이로우신 우리 하나님을 지나치게 단순화시켜 버렸다.

성령님은 요한복음 14장 16절에서 '위로자'(보혜사)로 불리신다. 그런데 여호와 하나님도 이사야 51장 12절에서 "내가 바로 네 위로자(보혜사)다"라고 말씀하신다. 하나님의 영은 우리 안에 계신다(요 17:23). 여호와 하나님은 우리보다 앞서 가시면서 동시에 뒤를 지켜주신다.

하나님이신 예슈아께 속한 것으로 여겨지는 몇 가지 속성들이 여호와 하나님 안에도 있다. 다음 이름들을 살펴보자. 우리는 성육신하신 하나님 예슈아와 여호와 하나님을 구세주, 구원자, 남편, 신랑, '…이신(하시는) 분', 도움, 구원, 왕 중의 왕, 주의 주, 구속자, 우리와 함께하시는 분, 메시아 등으로 알고 있다. 또한 예슈아는 요한복음 14장 9절에서 "나를 본 자는 아버지를 본 것이다"라고 말씀하셨다.

여호와께서 스가랴 14장 3-4절의 올리브산에 발을 딛고 왕으로서 온 땅을 다스리시기 시작하면, 메시아라는 이름이 가장 부각될 것이다. 그 산에 발을 딛고 서시는 분은 바로 여호와 하나님이시다. 그리고 여호와 하나님과 예슈아는 하나이시며 한 분이시다!

세데르 Seder

유월절 식사 절차를 가리킨다. 유월절 만찬이라 부르기도 하지만, 실제로는 소박한 음식이다. 세데르는 '순서, 절차'를 뜻하는 말로, 선택받은 백성들이 이집트의 노예로 속박되어 있다가 풀려나던 날 밤에 먹은 음식을 기념하는 것이다. 세데르를 시작하려면 포도주 잔을 들어 올리고 축복의 말로 식탁을 거룩하게 한다. 그러면 그 식탁을 저녁 예배의 제단으로 사용할 수 있다. 이 첫 잔을 '키두시'(Kiddush)라고 하는데, '성결', '정화'라는 뜻으로 누가복음 22장 17절에 나타난다. 음식에 대한 축복의 말씀은 예슈아가 빵을 집어 드시는 22장 19절에 언급되어 있다. 예슈아는 축사(祝辭)하실 때마다 "오, 복되시다! 주 우리 하나님, 온 우주의 왕이여"라는 말로 시작하셨다. 이어서 빵에 대해 축사하시며 "주께서 이 땅에서 빵을 주셨습니다"라고 하시는데, 여기서 빵은 흐름상 우리에게 필요한 모든 것을 의미한다. 두 번째 잔은 식사하는 동안 마신다. 먹기 전에 출애굽 이야기를 듣고, 식사가 끝난 후에는 하나님께 영광을 돌리며 이스라엘을 축복하는 노래들을 부르는데, 여기에 할렐, 즉 시편 113-118편이 포함된다. 세 번째 잔은 식사 후에 마신다. 예슈아께서 누가복음 22장 20절에서 드신 잔이 바로 이것이다. 세데르는 네 번째 잔, 메시아의 오심을 알리는 엘리야의 잔으로 끝난다. 그러나 이 잔은 마시지 않는다. 정통 유대인 가정에서는 안식일을 맞이하는 금요일 저녁마다 작은 세데르를 행한다.

출애굽기 6장 6, 7절은 세데르의 양식을 보여 준다. 각각의 잔은 여기에 언급된 약속들을 상징하며, 이것을 '구속의 네 가지 표현'이라고 한다. 용어 해설에서 '성찬'을 살펴보라.

성찬Communion

성찬은 세데르에서 기원했다. 성찬에 참여하는 것은 하늘 아버지와의 언약 관계를 새롭게 하는 것이다. 각 사람이 '제가 가진 모든 것이 아버지의 것입니다'라고 말하는 것과 마찬가지이다.

1. 첫 번째 잔

"내가 너희를 이집트인들의 무거운 짐 아래서 꺼내 줄 것이다"(출 6:6). 이것은 이스라엘 자손을 힘겨운 노역의 속박에서 벗어나게 해 주시겠다는 약속이다. 이 첫 번째 잔을 '성결', '정화'를 뜻하는 '키두시'라고 부른다. 세데르는 가족이 모이는 것이다. 이 키두시는 가족의 식탁을 저녁 의식을 위한 제단으로 사용할 수 있도록 정결케 한다. 예슈아께서 누가복음 22장 17절에서 잔을 들고 감사드리며 "오, 복되시다! 주 우리 하나님, 온 우주의 왕, 포도의 열매를 창조하신 분이여"라고 축복하신 것이 바로 이 잔이다. 오늘날에도 전 세계의 유대인 가정과 회당에서 동일한 축사가 키두시와 함께 낭송되고 있다.

2. 두 번째 잔

"나는 너희를 그들의 속박에서 건져 내어 해방시킬 것이다"(출 6:6). 이것은 이집트, 곧 노예살이에서 완전히 벗어나게 하리라는 말씀이다. 히브리어 '나찰'(natsal)의 주된 의미는 '구출하다, 해방하다'이다. 그리스도인들도 각자의 인생 여정 가운데 구출, 해방의 과정을 거쳐야 한다. 각 사람은 속박에서 벗어나게 된다는 약속을 받아들이고 믿음으로 구원을 얻는다. 그러므로 그 다음 단계에는 온갖 속박으로부터의 자유와 해방이 있어야 한다. 그러나 극소수의 교회만이 이러한 구출과 해방을 이룩하고 있다. 교회마다 상처 입은 사람들로 가득하다. 그러므로 이 잔은 우리에게 반드시 필요한 잔이다. 식사 중에 마시는 이 잔은 지금 우리의 신앙 여정을 상징한다. 예슈아는 누가복음 22장 19절에서 음식, 곧 빵을 들고 축사하시며 "오, 복되시다! 주 우리 하나님, 온 우주의 왕, 이 땅에서 빵을 나게 하신 분이여"라고 하셨을 것이다.

3. 세 번째 잔

"나는 뻗은 팔과 큰 심판으로 너희를 구속할 것이다." 이스라엘 백성은 홍해를 건너며 구속받았다. 히브리 성경에 등장하는 유일한 구속자는 자기 친족의 기업을 되사기 위해 값을 치르는 사람, 곧 기업 무를 자이다. 예슈아는 누가복음 22장 20절에서 이 잔을 그분의 피로 새롭게 하는 언약이라고 말씀하셨다. 성찬에 참여할 때마다 우리는 온 우주의 왕이신 하나님과 언약을 새롭게 하는 것이다.

4. 네 번째 잔

"나는 너희를 내게로 이끌어 내어 백성으로 삼고, 너희에게 하나님이 되어 줄 것이니 너희는 내가 너희를 이집트인들의 무거운 짐에서 꺼내 주시는 여호와 너희 하나님이라는 것을 알게 될 것이다"(출 6:7). 이것은 요단을 건너 약속의 땅으로 들어가는 것을 상징한다. 네 번째 잔의 영적 의미는 영원한 생명으로 넘어가는 것이다. 이 네 번째 잔을 엘리야의 잔이라고 부르는데, 부어 놓고 마시지는 않는다. 이것은 엘리야가 와서 메시아의 재림을 전하고 그분의 통치가 시작된 후에야 마실 수 있다. 랍비들 중에는 세 번째 잔과 이 엘리야의 잔 사이에 하나를 더 추가하여 모두 다섯 잔이 있다고 가르치는 이들도 있다. 엘리야의 잔은 메시아의 통치를 선포한다. 하지만 아직 온 인류에게 평화를 가져오는 메시아의 통치가 완성되지 않았기 때문에 우리는 엘리야의 잔을 마실 수 없다.

성찬에 참여할 때 이 넉 잔의 포도주를 기억하고 주께서 우리에게 행하신 일을 기념하라. 이것이 고린도전서 11장 17-26절에서 바울이 권면하는 내용을 균형 있는 시선으로 바라보는 것이다. "그러나 내가 이 교훈들을 전하며 여러분을 칭찬하지 않는 것은, 여러분이 함께 모일 때에 더 유익하지 않고 오히려 해롭기 때문입니다. 우선 여러분이 회중(교회)으로 모일 때에 여러분 가운데 분열이 있다는 말을 내가 들었는데, 나는 부분적으로 그것을 믿습니다. 여러분 가운데 분파가 있어야 '옳다'고 인정받는 사람들이 드러날 것이기 때문입니다. 그러므로 여러분이 이것을 위해 함께 모일 때에 여러분이 먹는 것은 주의 만찬이 아닙니다. 각 사람이 자기 만찬을 미리 가져가서 먹으므로 누구는 배가 고프고, 다른 이는 취하기 때문입니다. 여러분에게 먹고 마실 집이 없습니까? 아니면 하나님의 회중(교회)을 업신여기는 것입니까? 그래서 넉넉하지 못한 자들을 부끄럽게 하는 것입니까? 내가 여러분에게 무슨 말을 하겠습니까? 내가 여러분을 칭찬하겠습니까? 이 일로는 여러분을 칭찬하지 않습니다.

이제 내가 주님에게서 받은 것을 여러분에게 전해 주었습니다. 주 예슈아께서 배신당하신 그 밤에 빵을 가져다가 감사드리신 후에 떼시며 말씀하셨습니다. '이것은 너희를 위한 내 몸이니, 너희가 나를 기념하여 이것을 정해 놓고 행해야 한다.' 마찬가지로 만찬 후에도 잔을 들고 말씀하시기를, '이 잔은 내 피로 세우는 새 언약이니, 너희는 이것을 정해 놓고 행하여 너희가 마실 때마다 나를 기념해야 한다'라고 하셨습니다. 그러므로 여러분은 이 빵을 먹고 이 잔을 마실 때마다 주님이 오실 때까지 그분의 죽음을 공개적으로 선포하고 있는 것입니다."

만찬 후의 세 번째 잔은 '구속의 잔'으로, 안에 든 포도주나 포도즙은 우리의 기업을 무르실 구속자의 보혈을 상징한다. 겸손히 회개하는 마음으로 나아가 "제게 있는 모든 것이 당신의 것입니다"라고 고백하며 지금까지보다 다가올 날들이 더 나아지기를 진심으로 구해야 한다.

쉐키나 Shekhinah

성경에는 등장하지 않지만, 대단히 중요한 말이다. '살다, 거주하다'를 뜻하는 히브리어 동사 '샤칸'(sh-kh-n)에서 파생된 말로, 랍비들이 하나님의 임재를 이야기할 때 사용한다. 하나님의 임재에는 언제나 찬란한 빛이 함께한다. 그래서 임재는 빛과 관련이 있고, 이제는 쉐키나와 연결이 되는 것이다. 관련된 단어는 '성막 또는 장막'을 뜻하는 '미쉬칸'(mishkan)으로, 보통 '모세의 장막'을 가리키는 말로 사용되지만, '거처'로 번역되는 경우도 있다.

쇼파르 Shofar

헬라어 '살핑크스'(salpigx)는 '쇼파르'뿐 아니라 '나팔'로도 번역된다. 쇼파르는 백성들을 회개의 자리로 부를 때 사용되기에 '나팔을 불어 기념하는 날'(레 23:24)이 심판의 날이 될 것이라고 생각하는 이들이 많다. 보통 이날을 '나팔절'이라고 부르지만, 히브리 성경에는 '절기'나 '나팔'이라는 말이 없다. 쇼파르는 고린도전서 15장 52절과 데살로니가전서 4장 16절에서 사용되는 악기이다. 여기서 헬라어 살피기

(salpiggi)는 보통 '나팔'로 옮기는데, 부활의 상황에서는 '쇼파르'로 번역하는 것이 옳다. 심판을 위해 부활하는 것이기 때문이다. 유대 학자들은 부활이 무교절 기간에 일어난다고 말한다. 무교절 기간이든 나팔을 불어 기념하는 날이든, 쇼파르 소리에 부활이 시작될 것이다. 고린도후서 5장 10절에서 바울이 나팔을 의도했다면, 영원한 하늘 왕국을 기념하는 초막(장막)절을 가리키는 것이 분명하다.

수콧Sukkot

보통 '장막절', '초막절'이라고 불리는데, '초막절'이 히브리어 의미에 더 가깝다. 수콧은 농작물 재배기의 세 번째 초실절과 함께 가을 추수를 기념하는 절기이다. 용어 해설에서 '초실절' 항목을 참고하라. 레위기 23장 39절은 다음과 같다. "일곱째 달 십오 일, 너희가 그 땅의 열매를 거둬들이는 때에 칠 일간 여호와께 절기를 지켜야 할 것이니, 첫째 날은 안식일이 될 것이요 여덟 번째 날도 안식일이 될 것이라." 수콧 기간 첫째 날과 여덟째 날(쉬미니 아쩨레트, 요 7:37)은 안식일이다. 이 기간에는 가정마다 집 밖에 '수카'(sukkah)라는 초막을 세우는데, 종려나무 가지로 만든 임시 구조물로 그늘을 제공하는 것 외에는 그다지 효용이 없다. 적지 않은 비가 내리면 지붕과 벽으로 곧바로 들이칠 정도이다. 온 가족이 이 수카 안에서 음식을 먹고 남자들은 잠도 자야 한다. 수카는 손님, 심지어 이방인들도 들어와서 식사도 하고 이야기도 나눌 수 있었다.

수콧은 '곡', '마곡'이라는 이름과 은밀하게 연결되어 있다. 히브리어로 '곡'(Gog)은 '지붕'을 뜻한다. 그런데 실제 가옥과 엉성한 수카(수콧의 단수형)의 지붕은 크게 다르다. 수카는 나뭇가지로 만든 임시 처소로 견고하지 않다. 비가 쏟아지면 안으로 들이치고 강한 바람이 불면 날아가 버린다. 사람들은 견고한 벽을 세워 타인으로부터 자신을 지키고 보호한다. 그러면서 상황을 지배하시는 하나님과 그분의 능력까지도 막아낼 수 있다는 착각에 빠지게 되었다. 자기 힘으로 스스로를 안전하게 지켜낼 수 있을 뿐만 아니라, 자신의 운명을 개척할 수 있다고 생각하는 것이다. 그들은 인간의 위대함이라는 견고한 벽을 세우고 '튼튼한 지붕'을 덮어 씌운 뒤 더 이상 하나님을 의지할 필요가 없다고 생각했다.

곡과 마곡의 전쟁은 곡, 곧 지붕과 수카의 싸움이다. 인간의 위대함을 전제한 '지붕의 환상'과 사람의 눈에 엉성하기 짝이 없는 '수카의 진리'가 크게 한 판 붙는다. 지붕은 완벽해 보인다. 그러나 그 안에는 안식이 없다. 수카는 엉성해 보인다.

그러나 그곳에는 하나님의 보호하심에 대한 즐거운 신뢰가 있고 그로부터 흘러나오는 평안이 있다. '마곡' 은 '곡' 앞에 접두사 M이 붙은 형태이다. 이 접두사 M이 붙으면 '무언가를 쏘는' 그림이 연출된다. 인간은 하나님의 거룩한 능력이 다가오는 것을 막으려고 활을 쏘아 화살들로 이뤄진 방어벽을 구축한다. 이것이 곡이고 마곡이다. 사람이 하나님을 향해 쏘는 화살은 철학이다. 그는 자신의 철학으로 벽을 세우고 지붕을 올린 후 그 안에 스스로를 가둔다. 마곡은 하나님을 대적하는 철학이다. 이 땅에 자신의 영향력을 행사하려는 인간의 노력을 대변한다.

수콧 여섯째 날은 "호쉬아 나 라바! 지금 우리를 구하소서!"라고 하며 구원을 부르짖는다. 이날은 구원을 위한 회개의 때이며, 11일 전의 욤 키푸르를 기억하는 날이다. 예슈아 당시인 제2성전 시대에는 시편 118편 25절의 '호쉬아 나!'를 노래하며 예루살렘 곳곳을 행진했다. 히브리어 '호쉬아 나'(Hoshea na)를 헬라어로 옮겨 적은 것이 '호산나'이며, 그 뜻은 '지금 우리를 구원하소서'이다. 예슈아가 바로 이 날 예루살렘에 승리의 입성을 하셨다고 말하는 사람도 있다. 그러나 중요한 것은 날짜가 아니다. 예슈아께서 승리의 입성을 하실 때, 모든 이들이 이러한 관행과 그것의 온전한 의미를 알고 있었다는 사실이 중요하다.

쉬미니 아쩨레트(Shemini Atseret)– 수콧 여덟째 날을 가리킨다. 쉬미니 아쩨레트 다음 날은 토라를 완독하고 다시 처음부터 읽기 시작하는 것, 곧 심카트(Simchat) 토라(토라의 기쁨)를 기념한다. 이것은 성경 시대 이후에 정착된 기념일이다. 오늘날 예루살렘에서는 수콧의 마지막 날, 심카트 토라와 쉬미니 아쩨레트를 한꺼번에 기념한다.

시험 Trials

"사람에게 공통적으로 일어나는 일 외에는 여러분에게 시험이 임한 적이 없습니다. 하나님은 신실하셔서 여러분이 감당할 수 없는 시험을 받는 것을 허락하지 않으시고, 시험의 때에 인내하여 빠져나갈 길을 내주실 것입니다"(고전 10:13). 일부 역본들에는 여호와 하나님께서 '피할 길이나 벗어날 길을 마련해 주실 것'이라고 되어 있는데, 이것은 문자 그대로 번역한 것이다. 피하고 싶겠지만, 그것은 그리스도인다운 모습이 아니다. 누구나 불편함이나 끔찍한 고통의 시기를 통과한다. 그러나 하나님은 항상 그 과정을 끝까지 견딜 수 있는 힘을 주신다. 이것은 믿음에 굳게 서서 하나님의 일들을 행하는 법을 배우며 여호와 하나님 안에서 성숙해 가는 하나의 과정이다. 시련은 하늘의 시험이다. 하나님의 뜻과 사람의 본성 또는 옳다고 여기는 것 사이에서 선택하게 만들기 때문이다. 우리는 믿음 안에 굳게 서서 우리를 통해 역사하시는 하나님의 능력을 세상에 증거해야 한다. 하나님은 시험이 시작되기 전에 우리가 어떻게 반응할지 이미 알고 계신다.

출애굽기 17장 7–8절을 기억하라. "그래서 그는 이스라엘 자손들 때문에 그곳의 이름을 맛사와 므리바라 불렀으니, 그들이 '여호와께서 우리 가운데 계신가? 안 계신가?' 라고 하며 여호와를 시험했기 때문이다. 그때 아말렉이 와서 이스라엘과 르비딤에서 싸웠다." 여기서 무슨 일이 있어도 피해야 할 중대한 상황 두 가지가 벌어졌다. 첫째, 이스라엘 백성이 하나님의 임재를 의심했다. 둘째, 아말렉이 몰려왔다. 우리가 하나님의 임재를 의심하는 순간, 아말렉이 몰려오는 것을 보게 된다. "기억하라, 너희가 이집트에서 나오던 길에 아말렉이 너희에게 무슨 일을 행했는지, 그가 길에서 너를 만나 뒤처진 자들, 네가 지쳐 피곤할 때 뒤쪽에 있던 모든 연약한 자들을 어떻게 쳤는지 말이다. 그는 하나님을 경외하지 않았다"(신 25:17–18). 사탄은 우리의 가장 연약한 부분을 공격한다. 만일 "주님, 어디에 계십니까? 왜 우리와 함께하지 않으십니까?"라고 부르짖는다면, 더 큰 문제, 모두가 피하고 싶어 하는 악순환을 끌어들이게 될 것이다.

믿음의 차원을 높이고 항상 다음 말씀을 기억하라. "어떤 방식으로도 돈을 사랑하지 말고, 여러분의 소유에 만족하십시오. 그분께서는 '내가 결코 너희를 떠나지 않으며, 버리지 않을 것이다'(신 31:6; 수 1:5)라고 말씀하셨습니다"(히 13:5). 헬라어에서는 부정의 말을 반복하여 그 내용을 강조한다. 히브리서 기자는 어떤 상황이나 환경이든 하나님께서 단 한순간도 당신을 떠나거나 버리지 않으신다고 말씀한다. 공의의 하나님은 각 사람이 감당할 수 없는 시험을 당하게 하시지 않는다(고전 10:13).

"이는 우리의 씨름이 피와 살을 가진 자들을 상대하는 것이 아니라 권세자들과 능력자들과 이 어둠의 세상 주권자들과 하늘들 가운데 있는 사악한 영적 세력에 대항하는 것이기 때문입니다"(엡 6:12). "모든 기도와 간구를 통해 항상 그 영(성령)으로 기도하고, 그분 안에서 깨어 있어 모든 성도를 위해 끝까지 인내하고 간구하며"(엡 6:18). "내가 너에게 명령하지 않았느냐? 강하라! 담대하라! 떨지 말라! 낙담하지 말라! 여호와 너의 하나님이 네가 어디로 가든지 너와 함께하신다"(수 1:9).

믿음의 차원을 높이라. 힘들고 지칠 때가 있을 것이다. 그러나 어디를 가든지 여호와 하나님이 함께하신다는 것을, 그분은 결코 우리를 버리거나 포기하지 않으신다는 것을 온전히 확신하라. 절대로 "하나님이 우리 가운데 계신가? 계시지 않는가?" 하고 말하지 말라(출 17:7). 하나님이 우리와 함께하셔서 끝까지 인내하고 견딜 수 있게 해주실 것이다.

신약의 각 권들Books in New Testament

신약 시대의 책은 보통 두루마리로 되어 있었다. 그러나 여러 장의 가죽이나 파피루스를 묶은 '코덱스'(Codex) 형태도 적지 않았다. 갈대로 만든 펜으로 기록했기에 글자 크기가 컸고, 양피지나 파피루스 표면이 거칠어서 힘을 주어 눌러 써야 했다. 글자 하나의 크기가 대략 2.5센티미터 정도였으니, 작은 책이라도 얼마나 부피가 컸을지 상상할 수 있을 것이다. 예를 들면, 마태복음 사본 두루마리의 길이는 9미터나 되었다. 당시에는 숙련된 필경사들이 일일이 손으로 베껴 써야 했고 가죽과 파피루스 값도 매우 비싸서 책을 많이 소유한 사람은 거의 없었다. 이스라엘 사람 대다수가 글을 읽고 쓸 줄 알았고 성경 일부를 가지고 있는 사람도 있었지만, 보통은 말씀을 듣고 암기했다. 이제는 책이 엄두를 내지 못할 정도로 비싸지도 않고 쉽게 구할 수 있음에도, 유대인들은 여전히 성경을 암기한다. 1995년 텔레비전에 이스라엘의 어느 학교가 소개되었는데, 열 살이면 누구나 타나크(구약) 전체를 암기하고 있어서 어느 구절이든 다른 구절과 연관지어 토론할 수 있다고 했다. 유대인 형제들은 지금도 우리보다 훨씬 더 많은 말씀을 암기하고 있다.

심고 거둠Sowing and Reaping

바울은 고린도후서 9장 6-10절에 다음과 같이 기록했다. "그리고 이것이 바로 인색하게 심는 자는 인색하게 거두고, 풍성하게 심는 자는 풍성하게 거두게 된다는 말입니다. 각자 그 마음에 정한 대로 하고, 억지로나 마지 못해서 하지 마십시오. 하나님께서는 기쁘게 드리는 자를 사랑하십니다(출 25:2). 그리고 하나님께서는 여러분 가운데 모든 은혜를 풍성하게 하실 수 있습니다. 이는 여러분으로 하여금 항상 모든 것에 넉넉하여 모든 선한 일에 풍성하게 하시려는 것으로, 기록되어 있는 그대로입니다. '그가 흩어서 가난한 자들에게 주셨으니, 그의 사랑의 친절한 행위들이 영원하리라'(시 112:9). 그러나 씨 뿌리는 자에게 씨앗을 공급하시는 분께서 먹을 양식도 제공하시고, 여러분의 씨앗을 늘어나게 하시며, 의의 열매가 많아지게 하실 것입니다."

바울은 예루살렘 회중을 위한 물질을 심는 것에 대해 이야기한다. 이 원칙은 사역후원금과 구제금 모두에 적용된다. 보통 이것을 재정적으로 심는 것에 대한 상징으로 사용하는데, 우리는 매일의 삶 가운데 돈보다 더 많은 것을 심는다. 심는 것 가운데 무엇을, 어디에, 얼마나 심는지 주의하여 살펴보라. 과도하게 심거나 결실하지 않을 땅에 심어 씨를 낭비하는 일이 없도록 하라.

재정을 심는 비유에 적용할 수 있는 것은 분명하지만, 우리가 가장 많이 심는 씨앗은 돈이 아니라 행위이다. 날마다 하루 종일 우리가 행하고 말하는 것들 말이다. 히브리 지혜자는 말했다. "자선을 행하는 자가 모든 제물을 바치는 자보다 더 크니, '사랑의 친절과 공의를 행하는 것을 여호와께서 제사보다 기쁘게 받으신다'(잠 21:3)라고 하기 때문이다."

우리가 내뱉는 모든 말과 행하는 모든 것이 심겨지고 있다는 사실을 기억하라. 기회를 놓치는 것은 씨를 뿌리지 않는 것과 같다. 용어 해설에서 '의' 항목을 살펴보라.

십일조Tithe

마태복음 23장 23절은 다음과 같다. "위선적인 서기관과 바리새파 사람들아, 너희에게 화가 있다. 너희가 박하와 약초와 향신료를 십일조로 바치면서, 토라(가르침)의 더 중요한 것들인 공의와 자비와 믿음은 저버렸기 때문이다. 그러나 이것들을 해야 했다면, 저것들도 저버리지 않았어야 한다." 예슈아께서 십일조를 드려야 한다고 말씀하셨기에 우리는 십일조의 당위성을 인정한다. 아브라함과 야곱이 십일조를 드렸다. 그리고 하나님은 레위기 27장 30절에서 십일조를 명하신 뒤, 민수기 18장 21-28절과 신명기 12장 6-17절, 26장 12절에서 보충하셨다. 에스겔, 아모스, 말라기, 느헤미야 그리고 역대하에도 십일조에 대해 기록하고 있고, 신약에도 여섯 차례 언급되었지만, 십일조를 하지 말라고 언급된 곳은 없다.

신명기 14장 28-29절은 다음과 같다. "너는 삼 년 끝에 그해 소산의 모든 십일조를 내어 네 성문 안에 쌓아야 할 것이다. 그리하여 네 성문 안에 있는 레위인과 (그는 너와 함께 하는 몫이나 기업이 없으니) 거류민과 고아와 과부가 나와서 배불리 먹게 할 것이니, 여호와 네 하나님께서 네 손으로 하는 모든 일에 복 주시게 하려는 것이다."

다음은 신명기 26장 12-13절이다. "셋째 해 곧 십일조를 드리는 해에 네 소산의 모든 십일조 드리기를 마치고 그것을 레위인과 거류민과 고아와 과부에게 주어 그들이 네 성문 안에서 먹고 배부르게 한 다음, 너는 여호와 네 하나님 앞에 말해야 한다. '저는 주께서 제게 명령하신 모든 계명대로 거룩한 것들을 제 집에서 가지고 나와 레위인과 거류민과 고아와 과부에게 주었습니다. 저는 주님의 계명들을 범하지도, 잊지도 않았습니다.'"

신명기 14장 28절의 "너는 삼 년 끝에 그해 소산의 모든 십일조를 내어…"를 3년치 십일조를 모으라는 말로 오해하는 경우가 있는데, 이것은 그해, 곧 3년째 되는 해의 십일조를 가져오라는 말이다. 이스라엘에서 십일조는 7년 주기로 운용된다.

첫 해의 십일조 – 지역의 제사장과 레위인들을 위해 하나님께 드린다.

둘째 해의 십일조 – 예루살렘에 있는 제사장을 위해 하나님께 드린다. 절기를 위해 예루살렘에 머무는 동안 십일조를 드리는 자와 온 가족이 먹고 남은 것을 제사장에게 가져간다. 십일조를 드리는 사람이 부유해서 그의 일행 전체가 예루살렘에서 먹을 음식값을 댈 수 있어도, 여전히 올리브 열매 하나 같은 십일조의 상징적 음식물을 먹어야 했다.

셋째 해의 십일조 – 신명기 14장 29절의 "그리하여 네 성문 안에 있는 레위인과 (그는 너와 함께 하는 몫이나 기업이 없으니) 거류민과 고아와 과부가 나와서 배불리 먹게 할 것이니, 여호와 네 하나님께서 네 손으로 하는 모든 일에 복 주시게 하려는 것이다"라는 말씀대로 레위인과 가난한 사람들을 위해 하나님께 드린다. 이것을 '구제의 십일조'라 부른다.

넷째, 다섯 째, 여섯 째 해의 십일조 – 첫째, 둘째, 셋째 해 십일조의 운용 방법을 한 번 더 반복한다.

일곱째 해의 십일조 – '쉬미타', 곧 안식년이기에 어떤 작물도 재배하지 않아서 십일조를 드리지 않는다.

민수기 18장 27-28절은 다음과 같다. "그러면 너희가 들어 올려 바치는 제물은 너희에게 타작마당의 곡식이나 포도즙 짜는 틀의 충만함같이 여겨질 것이다. 그러므로 너희도 이스라엘 자손에게 받은 너희 모든 십일조 중에서 여호와께 들어 올려 바치는 제물을 드리고, 그것으로부터 여호와의 들어 올려 바치는 제물을 제사장 아론에게 주어야 할 것이다." '십일조'는 히브리어 '마아세르'(M'ASER)로, '10'에 해당하는 히브리어 '아세르'(ASER)에 접두사 '마'(Ma)가 붙은 형태이다. 이 '마'는 이 단어가 명사라는 것을 말해 준다. 십일조는 아낌없이 자원하는 마음으로 드려야 하며, 대단한 것이 아니다.

십일조 외에

느헤미야는 십일조 외에 하나님께 드린 다섯 가지 예물을 다음과 같이 기록한다. "또한 우리는 우리를 위해 규례들을 만들어 매년 1. 우리 하나님의 집 사역을 위해 삼분의 일 세겔씩 내기로 했다. 이것은 진설병과 지속적으로 드리는 소제와 안식일들과 초하루에 지속적으로 드리는 번제, 정해진 절기들과 거룩한 것들과 이스라엘의 대속을 위한 속죄제물과 우리 하나님의 집의 모든 일을 위한 것이다. 그리고 제사장들과 레위인들과 백성들 가운데 제비를 뽑아 2. 우리 조상들의 가문을 따라 매년 정해진 때에 우리 하나님의 집으로 나무를 예물로 가져와 토라(가르침)에 기록된 대로 여호와 우리 하나님의 제단에서 태우게 하고, 3. 우리 땅의 첫 열매와 모든 과일나무의 첫 열매들을 매년 여호와의 집에 가져오게 하며, 4. 토라(가르침)에 기록된 대로 우리의 맏아들과 가축의 처음 난 것과 소떼와 양떼의 첫 새끼들을 우리 하나님의 집으로, 곧 우리 하나님의 집에서 사역하는 제사장들에게 데려가게 했다. 그리고 5. 우리 반죽과 들어 올려 바치는 제물의 처음 것과 온갖 종류의 나무들과 포도주와 기름의 처음 것을 제사장들에게 가져가 우리 하나님의 집에 있는 방들에 들이며, 6. 우리 땅의 십일조를 레위인들에게 가져가게 하여 바로 이 레위인들이 우리 경작지의 모든 도시들에서 십일조를 받게 하였다. 그리고 아론의 자손인 제사장은 레위인들이 십일조를 받을 때에 함께할 것이며, 레위인들은 십일조의 십일조를 우리 하나님의 집 여러 방들, 곧 보고(寶庫)에 들여야 할 것이다. 7. 이스라엘 자손과 레위 자손들은 곡물과 새 포도주와 기름의 들어 올려 바치는 제물을 성소의 기물들을 두는 방들, 사역하는 제사장들과 문지기들과 노래하는 자들이 있는 곳으로 가져가야 할 것이다. 그러므로 우리는 우리 하나님의 집을 버려두지 않을 것이다"(느 10:32-39).

이런 예물 중에는 바구니에 담아 오는 초실절 예물처럼 작은 것들도 있고, 민수기 18장 15-16절에 따라 다섯 세겔로 속하는 맏아들처럼 가치가 상당한 것들도 있었다(3분의 1세겔은 2드라크마이다. 1드라크마는 예슈아 당시 노동자의 하루 품삯으로 5세겔은 30일치 급여에 해당한다, 마 17:24). 하나님은 우리가 자주 자원하는 마음으로 넉넉하게 드리기를 바라신다. 다윗은 다음과 같이 말했다. "모든 것이 주님으로부터 왔으니, 주님의 소유로 주님께 드렸을 뿐입니다"(대상 29:14).

특별한 은혜가 있을 때마다 하나님께 감사제물과 화목제물과 서원제물을 드려야 한다. 나무를 바치는 것은 제비뽑기로 정했기에 땅이 없는 제사장도 드릴 수 있었다. 농경지에 나무를 벨 수 있는 조림지가 포함되어 있는 농경 사회에서는 제비를 뽑는 것이 공정한 방법이었다. 그러나 오늘날에도 이것을 시행하려면, 제비뽑기가 아니라 공공재에 대한 평가액으로 결정해야 할 것이다.

성경의 원칙을 급여에 기초한 오늘날의 경제에 적용하는 것은 쉬운 일이 아니다. 대부분의 나라에서 근무 시간이나 연봉에 따라 급여를 받고 있으며, 성경 시대처럼 농작물을 키우거나 물물교환에 의존하는 사람은 거의 없다. 그뿐만 아니라 일곱 번째 해는 쉬미타, 곧 안식년으로 작물을 거두지 않았기에, 십일조도, 초실절 예물도 없었다. 수확물의 첫 이삭 한 단을 바치는 초실절 예물을 급여에 기초한 현대 경제 상황에 적용할 방법이 없다. 장인이나 기술자 등 농업 외에 다른 직종에는 초실절 예물에 해당하는 항목 자체가 없었다. 초실절 예물은 그것을 받은 제사장의 소유가 되었는데, 제사장은 보수를 받지 않고, 십일조와 여타 예물 가운데 양식을 취했다. 십일조에는 양떼나 소떼 등 살아 있는 동물도 포함되어 있어서 곡물과 마찬가지로 교환할 수 있었다. 성경은 하나님께 십일조 외의 것들을 기쁨으로 후히 드리라고 말씀한다.

예물과 관련하여 모든 성도는 하나님의 말씀으로 돌아가야 한다. 율법주의자가 되라는 말이 아니다. 우리의 청지기직이 하나님의 뜻에 부합하도록 마음을 열고 성령님의 인도하심을 받아야 한다는 말이다. 더 많은 십일조 헌금이 선교와 사역자들 그리고 가난한 자들을 돕는 데 사용되어야 한다. 교회의 재정 구조를 개편하려면 많은 희생과 시간이 필요할 것이다. 하나님의 원리, 곧 가르침을 이해하고 변화가 필요하다는 사실을 깨닫는 것부터 시작해야 한다. 대부분의 목회자와 사역자들이 생활의 어려움을 겪고 있다. 믿는 자들이 성경의 원칙을 마음에 새기고 십일조뿐 아니라 훨씬 더 많은 것을 드리며, 목회자들과 당회가 교회 재정을 나누는 것에 대한 하나님의 계획을 이해하면, 하나님이 교회에 맡기신 모든 일을 수행하게 될 것이다.

아가파오 Agapao

신약 성경에서 100회 이상 사용된 고대 헬라어 동사이다. 많은 이들이 동사형인 '아가파오'와 명사형인 '아가페'(agape)가 신약 성경에만 등장한다고 생각하는데, 둘 다 (귀족 사회에서 통용되던) 고전 헬라어에서 사용되던 말이다. 고전 헬라어에서 아가파오는 '환영하다', '즐기다', '(…에) 만족하다'의 뜻으로 사용되었으나 1세기 이스라엘에서는 마태복음 5장 43절의 '네 이웃을 사랑하라'처럼 '사랑하다'의 의미로 사용되었다. 아가파오는 다양한 형태로 변형된다. 명사형인 '아가페'는 여성 명사이자 중성 명사로 '사랑'을 뜻하고, '아가페마이'(agapemai)는 '사랑의 대상'을 지칭하는 명사이며, '남자다움을 사랑하다'라는 뜻의 '아가페노르'(agapenor)는 '영웅'들을 지칭하는 명사로 사용되었고, '아가페시스'(agapesis)는 '애착', '아가페티코스'(agapetikos)는 '다정함'을 뜻하는 명사이다. '아가페토스'(agapetos)는 '사랑받을 만한', '사랑받는', '존경받는'을 뜻하는 형용사이다.

신약 성경에는 동사 '아가파오'와 여성 명사 '아가페' 그리고 형용사 '아가페토스'만 사용되었는데, 특히 여성 명사 아가페는 헬라어 문학 작품 어디에도 나타나지 않는 어미의 격 변화를 보인다. 헬라어 명사와 형용사는 문장 안에서 어떻게 사용되느냐에 따라 어미의 격 변화를 보인다.

'아가페'는 예슈아 탄생 전 수세기 동안 헬라주의자들에 의해 일상적으로 사용되었을 것이다. BC 250년경에 히브리 성경을 헬라어로 번역한 70인역(LXX)에 십여 차례 사용되었는데, 여성 명사 '아가페', 중성 명사 '아가페', '아가페시스' 그리고 '아가파오' 등 적어도 네 개의 파생 형태로 나타난다. 여성 명사 아가페는 사무엘하 13장 15절, 아가 2장 4, 5, 7절, 3장 5, 10절, 5장 8절, 7장 6절, 8장 4, 6, 7절, 전도서 9장 1, 6절에 사용되었다. 마가를 제외한 모든 신약 성경의 기자들이 '아가페'라는 단어를 사용했을 뿐만 아니라, 그 횟수도 115회에 이르는 것으로 보아 고대 로마 전역에서 일상적으로 사용되었던 것이 분명하다. BC 5–3세기경에 완성된 표준 헬라어, 즉 '코이네 헬라어'(Koine Greek)는 AD 3–4세기경 라틴어에 그 자리를 내어줄 때까지 오랫동안 로마 제국의 공용어 역할을 했다. 로마, 고린도, 갈라디아, 에베소, 빌립보, 골로새, 데살로니가 등 여러 도시에서 코이네 헬라어를 사용했고, 히브리서, 베드로전후서, 유다서, 요한서신 등의 기자들은 이들 도시에 헬라어 서신을 보냈다.

'아가파오'의 유의어인 '필레오'(Phileo)는 신약에서 24회만 사용되었다. 필레오가 사용된 예는 요한복음 5장 20절, 11장 3절, 16장 27절, 고린도전서 16장 22절이다.

아노키Anokhi

하나님이 자신을 지칭하실 때 사용하는 대단히 중요하고 강력한 히브리어이다. 기본형인 '아니'(Ani)에 의미나 동작을 한정하는 어미 '키'(khi)가 붙으면 '아니'가 '아노'로 변형되면서 '나(하나님)이기 때문에, 나라서' 등을 뜻하게 된다. 랍비 벤 예후다(Ben-Yehuda)는 '아노키'를 '어떤 목적(뜻)이 있는 나(하나님)'라고 정의했다. 이것은 하나님이 특정 구절 가운데 명령하시는 것은 그냥 하시는 말씀이 아니라는 뜻이다. 히브리 성경에서 '아노키'는 백여 차례, '아니'는 수백 차례 등장한다. '아노키'가 사용된 구절들은 아래에 정리되어 있다. 하나님은 각각의 구절에서 크고 강렬한 의도와 목적을 가지고 말씀하셨다. 이 구절들을 읽을 때, 하나님이 특별히 강조하시는 부분이 있다는 사실을 기억하라. 그분은 우리의 방패가 되어 주시고, 우리와 동행하시며, 우리의 구원자가 되시며, 우리의 허물을 지워 버리시고, 우리의 죄를 기억하시지 않기로 결심하셨다. 용어 해설에서 '죄 사함' 항목을 살펴보라.

'아노키'는 신약에서 마태복음 22장 32절, 마가복음 12장 26절, 사도행전 7장 32절 세 곳에서 언급되었는데, 모두 출애굽기 3장 6절을 인용한 구절들이다. "또 그분이 말씀하셨다. '나 스스로 있는 자는 네 조상의 하나님, 곧 아브라함의 하나님, 이삭의 하나님, 야곱의 하나님이다.' 이에 모세가 자기 얼굴을 가리니, 하나님을 바라보기가 두려웠기 때문이다."

이외에 하늘 아버지께서 아노키를 사용하신 구절들은 다음과 같다.

창세기 15:1 "이 일들 후에 주의 말씀이 환상 가운데 아브람에게 임하여 말씀하시기를, '두려워하지 말라, 아브람아! 나 스스로 있는 자는 너의 방패니, 네 보상이 지극히 클 것이다.'"

창세기 20:6 "또 하나님이 꿈 가운데 그(아비멜렉)에게 말씀하셨다. '그렇다, 나 스스로 있는 자는 네가 순결한 마음으로 이렇게 했다는 것을 안다. 그래서 나 스스로 있는 자도 네가 나에게 범죄하지 않도록 막아 그녀에게 손을 대지 못하게 한 것이다.'"

창세기 26:24 "그리고 주께서 그날 밤에 그에게 나타나 말씀하셨다. '나 스스로 있는 자는 네 아버지 아브라함의 하나님이다. 두려워하지 말라! 나 스스로 있는 자가 너와 함께하고 너에게 복을 주어 내 종 아브라함을 위해 네 씨를 번성하게 할 것이다.'"

창세기 28:15 "또 보라, 나 스스로 있는 자가 너와 함께하며 네가 가는 모든 곳에서 너를 지키고, 너를 이 땅으로 다시 데려올 것이다. 내가 너에게 말한 것을 이루기까지 나는 너를 떠나지 않을 것이다."

창세기 31:13 "나 스스로 있는 자는 네가 기둥에 기름을 붓고 나에게 맹세한 베이트엘의 하나님이다. 이제 일어나 이 땅에서 나가 네 가족의 땅으로 들아가라."

창세기 46:3 "또 그분이 말씀하셨다. '나 스스로 있는 자는 하나님, 네 아버지의 하나님이다. 두려워하지 말고 이집트로 내려가거라! 내가 너를 큰 민족으로 만들어 주겠다.'"

출애굽기 4:11 "그러자 여호와께서 그에게 말씀하셨다. '누가 사람의 입을 만들었느냐? 또 누가 말 못하는 자나 못 듣는 자나 보는 자나 눈먼 자를 만들었느냐? 나 스스로 있는 자는 여호와다!'"

출애굽기 4:12 "이제 여기서 나가라! 나, 곧 스스로 있는 자다! 내가 네 입과 함께하며 네게 할 말을 가르칠 것이다."

출애굽기 4:23 "또 내가 너에게 말한다. 내 아들을 보내어 나를 섬기게 하라! 그런데도 네가 그를 보내기를 거절하면, 보라, 나 스스로 있는 자가 네 아들, 네 장자를 칠 것이다."

출애굽기 20:2 "나 스스로 있는 자는 너를 이집트 땅 속박의 집에서 데리고 나온 여호와 네 하나님이다."

출애굽기 20:5 "너는 그들에게 절하거나 그들을 섬기지 말아야 할 것이니, 나 스스로 있는 자는 여호와 네 하나님, 질투하는 하나님으로, 나를 미워하는 자들의 삼사대 자손에게 아비들의 죄악을 갚는다."

출애굽기 23:20-22 "보라, 나 스스로 있는 자가 네 앞에 천사를 보내어 그 길에서 너를 지켜 내가 예비해 놓은 곳으로 데리고 들어갈 것이다. 그를 조심하고 그의 음성에 순종하며 그를 화나게 하지 말라. 그가 네 허물을 용서하지 않을 것이니, 내 이름이 그 안에 있기 때문이다. 그러나 네가 그의 음성에 순종하여 내가 말한 모든 것을 행하면, 내가 네 원수들의 원수가 되고, 대적들의 대적이 될 것이다."

출애굽기 34:10-11 "그러자 그분이 말씀하셨다. '보라, 나 스스로 있는 자가 언약을 벨 것이니, 네 모든 백성 앞에서 내가 온 땅이나 어떤 민족 가운데서도 행하지 않은 놀라운 일들을 행할 것이다. 너는 모든 백성 가운데서 여호와의 일을 보게 될 것이다. 내가 너에게 두려움을 일으키는 일을 행할 것이기 때문이다. 나 스스로 있는 자가 오늘 네게 명령하는 것을 잘 지켜라! 보라! 내가 네 앞에서 아모리인과 가나안인과 헷 사람과 브리스인과 히위인과 여부스인을 쫓아낼 것이다.'"

신명기 4:8 "또 오늘 나 스스로 있는 자가 너희에게 주는 이 모든 토라만큼 의로운 규례와 판결을 가진 큰 민족이 있느냐?"

신명기 5:6 "나 스스로 있는 자는 너를 이집트 땅, 노예로 있던 집에서 데리고 나온 주 너의 하나님이다."

신명기 5:9-10 "너는 그들에게 절하거나 그들을 섬기지 말아야 할 것이니, 나 스스로 있는 자는 여호와 네 하나님, 질투하는 하나님으로, 나를 미워하는 자들의 삼사대 자손에게 아비들의 죄악을 갚고, 나를 사랑하고 내 계명들을 지키는 자들의 천대에게는 긍휼을 베푼다."

신명기 5:31 "그러나 너는 여기 내 옆에 서라. 그러면 내가 너에게 모든 계명과 규례와 판결들을 말해 줄 것이니, 너는 그것들을 그들에게 가르쳐서 나 스스로 있는 자가 그들에게 주어 소유하게 할 땅에서 행하게 할 것이라."

신명기 11:26–28 "보라! 나 스스로 있는 자가 오늘 너희 앞에 복과 저주를 둔다. 내가 오늘 너희에게 명령한 여호와 너희 하나님의 명령들에 순종하면 복이요, 여호와 너희 하나님의 명령들에 순종하지 않고 내가 오늘 너희에게 명령한 그 길에서 벗어나 너희가 알지 못하는 다른 신들을 따르면 저주다."

신명기 31:23 "그리고 그분은 눈의 아들 여호수아에게 명령하며 말씀하셨다. '강하라! 담대하라! 네가 이스라엘 자손들을 내가 그들에게 맹세한 땅으로 데리고 들어갈 것이니, 나 스스로 있는 자가 너와 함께할 것이다.'"

여호수아 11:6 "이에 여호와께서 여호수아에게 말씀하셨다. '그들 때문에 두려워하지 말라! 내일 이때 즈음 나 스스로 있는 자가 그들을 넘겨줄 것이니, 모두가 이스라엘 앞에서 죽임당할 것이다.'"

여호수아 13:6 "레바논에서 미스르봇 마임(뜨거운 샘들)까지 산지의 모든 주민들, 곧 모든 시돈 사람들을 내가 이스라엘 자손들 앞에서 몰아낼 것이니, 오직 나 스스로 있는 자가 너에게 명령한 대로 그것을 제비 뽑아 이스라엘에게 유업으로 나누어 주어라."

사사기 6:18 "'부탁드립니다! 내가 당신에게 올 때까지, 예물을 가져와 당신 앞에 둘 때까지 여기서 떠나지 마십시오.' 그러나 그분이 말씀하셨다. '네가 다시 올 때까지 나 스스로 있는 자가 머물러 있을 것이다.'"

사무엘상 24:5 "그러자 다윗의 사람들이 그에게 말했다. '보십시오. 오늘이 여호와께서 당신에게 "보라, 나 스스로 있는 자는 네 원수를 네 손에 넘겨주어 네게 좋은 대로 행하게 할 것이다"라고 말씀하신 바로 그날입니다.' 그래서 다윗은 일어나서 사울의 옷자락을 몰래 베어냈다."

사무엘하 12:7 "그러자 나단이 다윗에게 말했다. '당신이 그 사람입니다. 이스라엘의 여호와 하나님께서 이렇게 말씀하십니다. 나 스스로 있는 자가 너에게 기름을 부어 이스라엘의 왕으로 삼았고 내가 너를 사울의 손에서 구해내어…'"

이사야 43:11 "나는 스스로 있는 자다. 나 스스로 있는 자는 여호와니, 나 외에는 구원자가 없다."

이사야 43:25 "나는 스스로 있는 자다. 나 스스로 있는 자는 나를 위해 네 허물들을 지워 버리는 자니, 네 죄들을 기억하지 않을 것이다."

이사야 44:24 "여호와, 네 구속자, 태에서부터 너를 지으신 이가 이렇게 말한다. 나 스스로 있는 자는 모든 것을 만드는 자니, 홀로 하늘들을 펼치며 혼자서 땅을 넓게 펴고…"

이사야 46:9 "오래전의 일들을 기억하라! 나 스스로 있는 자는 하나님이다. 다른 이는 없다. 내가 하나님이니, 나와 같은 이가 없다."

이사야 51:12 "나는 스스로 있는 자다. 나 스스로 있는 자가 너를 위로하는 이다! 죽을 사람을 두려워하고 풀같이 될 사람의 아들을 두려워하니, 너는 누구냐?"

이사야 51:15 "그러나 나 스스로 있는 자는 바다를 깨뜨려 파도를 일으키는 여호와 네 하나님이니, 만군의 여호와가 그 이름이다."

예레미야 3:14–15 "오 배신의 자녀들아 돌아오라, 여호와가 말한다. 나 스스로 있는 자가 너희와 결혼하였다. 나는 너희를 도시에서 하나, 가족에서 둘을 취하여 시온으로 데려올 것이다. 그리고 내 마음을 따르는 목자들을 너희에게 주어 지식과 깨달음으로 너희를 먹이게 할 것이다."

예레미야 6:19 "오 땅아 들으라! 보라, 나 스스로 있는 자가 이 백성 위에 악을 가져올 것이니, 그들의 생각의 열매이다. 그들이 나의 말들, 곧 나의 토라(가르침)

를 마음에 새기지 않고 그것을 거절했기 때문이다."

예레미야 18:11 "그러므로 가서 이제 유다 사람들과 예루살렘 주민들에게 말하여 이르기를, '여호와 하나님이 이렇게 말씀하신다, 보라, 나 스스로 있는 자가 너희를 대적할 악을 만들고 너희를 대적할 계획을 세우고 있다. 이제 돌아오라! 각 사람은 자기의 악한 길에서 돌아서서 너희 길과 행위들을 선하게 하라' 하셨다고 하라."

예레미야 29:11 "나 스스로 있는 자가 너희를 향하여 가지고 있는 생각들, 계획들, 그리고 의도들을 나 스스로 있는 자가 알고 있다. 여호와가 말한다, 그것은 평안에 대한 생각들이지 악한 생각들이 아니니, 너희에게 미래와 소망을 주려는 것이다."

예레미야 29:23 "그들이 이스라엘 가운데 극악한 짓을 저지르고 자기 이웃의 아내들과 간음하며 내 이름으로 내가 그들에게 명령하지 않은 거짓말을 전했기 때문이다. 나도 안다. 나 스스로 있는 자가 아는 자이며 증인이다. 여호와가 말한다."

예레미야 33:8-9 "그들이 나에 대해 저지른 모든 죄악에서 그들을 깨끗하게 할 것이다. 그들이 저지르고 나에 대해 거역한 모든 죄악들을 용서해 줄 것이다. 그곳(예루살렘)이 나에게 기쁨의 이름이 되며, 나 스스로 있는 자가 그들을 위해 행하는 모든 선을 듣게 될 땅의 모든 이교도들 앞에서 찬양과 명예가 될 것이다. 그리고 그들은 나 스스로 있는 자가 그곳을 위해 마련하는 모든 좋은 것과 샬롬에 두려워 떨 것이다."

예레미야 35:14 "레갑의 아들 요나답이 자기 아들들에게 포도주를 마시지 말라고 한 말들을 이행하여 그들은 오늘까지 조금도 마시지 않고 자기들의 조상의 명령에 순종한다. 나 스스로 있는 자가 너희에게 말하였고 일찍 일어나서 말했는데도, 너희는 내 말을 마음에 새기지 않았다."

호세아 11:9 "내가 맹렬한 나의 분노를 집행하지 않고, 돌이켜 에브라임을 멸망시키지 않을 것이다. 나 스스로 있는 자는 하나님이며 사람이 아니고, 네 가운데 있는 거룩한 자이기 때문이다. 그러므로 내가 진노로 들어가지 않을 것이다."

호세아 12:10-11 "나 스스로 있는 자는 이집트 땅에서부터 여호와 네 하나님이니, 내가 너를 엄숙한 절기의 날들처럼 장막 안에 거하게 할 것이다. 나 스스로 있는 자는 또한 선지자들을 통하여 말하였으며, 내가 많은 환상을 보여 주었고 선지자들의 사역을 통해 비유를 사용했다."

미가 3:8 "그러나 진정으로 나 스스로 있는 자는 여호와의 영에 의한 능력과 정의와 용기로 충만하여 야곱에게는 그의 죄악을, 이스라엘에게는 그의 죄를 선포한다."

말라기 3:23 "보라, 크고 두려운 여호와의 날이 임하기 전에 나 스스로 있는 자가 너에게 엘리야 선지자를 보낼 것이니, 그가 아버지들의 마음을 자녀들에게, 자녀들의 마음을 자기 아버지들에게 돌이켜 내가 와서 저주로 이 땅을 치지 않게 할 것이다."

시편 46:11 "가만히 있어 나 스스로 있는 자가 하나님이라는 것을 알라. 나는 이교도들 가운데 높임을 받고 땅에서 높임을 받을 것이다."

시편 81:11 "나 스스로 있는 자는 너를 이집트 땅에서 데리고 나온 여호와 네 하나님이니, 네 입을 크게 열라. 그러면 내가 채워 줄 것이다."

이 표현이 사용될 때마다 하나님이 어떤 중요한 일을 행하기로 결단하셨다는 사실을 기억하라.

아브라함의 시련 Trials of Abraham

아브라함의 시련은 살다 보면 언제, 어디서나 어려움과 도전이 있다는 사실을 말해 준다. 다음 글은 위대한 유대 철학자 마이모니데스(Maimonides)가 12세기경에 기록한 것이다.

1. 집과 가족을 떠났다.

"그때에 여호와께서 아브람에게 말씀하셨다. '여기서 빠져나가라! 네 땅과 네 친족과 네 아버지의 집을 떠나 내가 네게 보여 줄 땅으로. 그러면 내가 너를 큰 민족으로 만들어 주겠다. 그리고 네게 복을 주어 네 이름을 크게 할 것이니, 너는 복이 될 것이다. 내가 너를 축복하는 이들에게 복을 주고 너를 저주하는 자를 저주할 것이니, 네 안에서 땅의 모든 민족이 복을 받을 것이다.' 그래서 아브람은 여호와께서 자기에게 말씀하신 대로 떠났는데, 롯도 그와 함께 갔다. 아브람이 하란을 떠날 때 75세였다. 아브람이 자기 아내 사래와 형제의 아들 롯과 그들이 모은 모든 소유물과 그들이 하란에서 얻은 모든 영혼들(제자들)을 데리고 갔다. 그들이 가나안 땅으로 가려고 길을 떠나 결국 가나안 땅에 도착했다"(창 12:1-5).

2. 하나님이 아브람에게 가나안 땅에서 큰 민족을 이루게 될 것이라고 약속하신 후, 큰 기근이 들었다.

"이후 그 땅에 기근이 들었다. 아브람은 이집트로 내려가 거기서 거류했으니, 그 땅에 기근이 극심했기 때문이다"(창 12:10).

3. 이집트의 부패함 때문에 아내인 사래를 빼앗기고 말았다.

"파라오의 고관들도 그녀를 보고, 파라오에게 칭찬하자, 그 여자가 파라오의 궁전으로 불려갔다"(창 12:15). 우리는 이 세상에서 살아가지만, 이 세상에 속한 자가 아니다. "내가 전에 여러분에게 음행한 사람들과 사귀지 말라고 썼습니다. 하지만 절대로 이 세상의 음행이나 탐욕스러운 자들이나 속이는 자들이나 우상숭배자들과의 사귐을 피할 수는 없을 것입니다. 그렇게 하려면 여러분이 세상 밖으로 나가야 할 것이기 때문입니다. 그러나 지금 내가 여러분에게 쓰는 것은 어떤 형제가 음행하거나 탐욕스럽거나 우상숭배자이거나 폭언을 하거나 술 취하는 사람이거나 폭리를 취하는 자로 불린다면, 그러한 자와 함께 사귀지 말고 먹지도 말라는 것입니다. 내가 무엇으로 외부 사람들을 판단할 수 있겠습니까? 여러분은 회중(교회) 안에 있는 사람들을 판단하고 있지 않습니까? 그러나 하나님께서는 밖에 있는 사람들을 판단하십니다. '너희는 즉시 그 악한 자를 너희 가운데서 제거해야 한다' "(고전 5:9-13).

4. 네 명의 왕과 전쟁을 벌여야 했다.

창세기 14장 14절에 '하니크하이브'(Chanikhaiv)라는 중요한 단어가 있는데, '그의 제자들'이라는 뜻이다. 이것은 아브라함이 영적 지도자였음을 말해 준다. 뿐만 아니라, 그는 불과 318명을 이끌고 네 왕의 연합군과 싸우러 나갔다. "시날 왕 아므라벨, 엘라살 왕 아리옥, 엘람 왕 그돌라오멜, 고임 왕 디달의 때에 이런 일이 있었다. 그들이 소돔 왕 베라, 고모라 왕 비르사, 아드마 왕 시납, 스보임 왕 세메벨, 벨라 곧 소알의 왕과 전쟁을 벌였다. 이들 모두가 싯딤 골짜기, 곧 염해에 함께 모였다. 그들은 12년 동안 그돌라오멜을 섬기다가 13년째 해에 반역을 일으켰다. 그리하여 14년째해에 그돌라오멜이 여러 왕들과 함께 와서 아스드롯 가르나임에 있는 르바 족속과 함에 있는 수스 족속과 사웨 기랴다임에 있는 엠 족속을 쳤다. 또 세일산의 호리 족속을 치고 광야 근처에 있는 엘바란까지 나아갔다. 그리고 돌아오는 길에 엔미스밧 곧 가데스에 이르러 아말렉 온 땅과 하사손다말에 거하는 아모리 족속도 쳤다.

그러므로 소돔 왕과 고모라 왕과 아드마 왕과 스보임 왕과 벨라(곧 소알) 왕이 나가서 싯딤 골짜기에서 그들과 전쟁을 벌였는데, 엘람 왕 그돌라오멜과 고임 왕 디달과 시날 왕 아므라벨과 엘라살 왕 아리옥, 네 왕이 다섯 왕과 싸웠다.

그런데 싯딤 골짜기에는 역청 구덩이가 가득해서 소돔과 고모라의 왕들이 도망치다가 거기에 빠졌고, 남은 사람들은 산으로 도망쳤다. 그들은 소돔과 고모라의 모든 물건과 식량을 빼앗아 가버렸다. 또 그들은 소돔 땅에 거하던 아브람의 형제의 아들 롯과 그의 재물도 가지고 떠나버렸다.

그런데 도망쳐 나온 사람이 와서 히브리 사람 아브람에게 말했다. 아브람은 에스골의 형제이며 아넬의 형제인 아모리 사람 마므레의 평지에서 거하고 있었으니, 이들은 아브람과 동맹을 맺고 있었다. 그러므로 아브람이 자기 형제가 사로잡혀 갔다는 소식을 듣고 자기 집에서 태어난 제자들 318명을 무장시켜 단까지 그들을 추격했다"(창 14:1-14). 숫적으로 압도적인 열세였기에 하나님만이 승리를 가져오실 수 있었다. 기드온, 여호사밧 그리고 다윗과 골리앗의 싸움도 마찬가지였다. 원수를 보지 말고 하나님만 바라보라.

5. 사라가 아이를 낳지 못하는 것에 실망한 후 하갈을 첩으로 들였다.

"아브람의 아내 사래는 자녀를 낳지 못했다. 그녀에게는 이집트인 여종이 있었는데, 이름이 하갈이었다. 이에 사래가 아브람에게 말했다. '보소서. 여호와께서 내가 아이를 갖지 못하게 하셨으니, 바라건대 내 여종에게 들어가소서. 내가 그녀에 의해 자녀들을 얻게 될지도 모릅니다.' 아브람은 사래의 음성을 귀담아 들었다. 그리하여 아브람의 아내 사래가 자신의 이집트인 여종 하갈을 데려다가 남편인 아브람에게 주어 아내로 삼게 한 것은, 아브람이 가나안 땅에 거주한 지 10년째 되던 해였다"(창 16:1-3).

6. 할례를 명하셨다.

"너는 네 포피의 살에 할례를 행할 것이라. 그러면 그것이 나와 너 사이에 언약의 징표가 될 것이다"(창 17:11).

7. 아비멜렉에게 사라를 빼앗겼다.

"아브라함이 그곳을 떠나 남쪽 네게브 땅으로 가서 가데스와 수르(술) 사이에 거하며 그랄에 머물렀다. 그런데 아브라함이 자기 아내 사라에 대해 말했다. '그녀는 내 누이다.' 그러자 그랄 왕 아비멜렉이 사람을 보내어 사라를 데려갔다. 그러나 하나님이 밤중에 아비멜렉의 꿈에 나타나서 말씀하셨다. '보라. 네가 데려온 그 여자로 인해 너는 이제 죽은 사람과 다름없으니, 그녀가 한 남자의 아내이기 때문이다.' 하지만 아비멜렉은 그녀를 가까이하지 않았으므로 말했다. '주여, 의로운 이 교도도 죽이십니까? 그가 제게 "이 여인은 내 누이다"라고 말하지 않았습니까? 그녀도 직접 "그는 내 오라비다"라고 말했습니다. 저는 온전한 마음과 결백한 손으로 이렇게 하였습니다.' 그러자 하나님이 꿈속에서 그에게 말씀하셨다. '그렇다. 나는 네가 온전한 마음으로 이렇게 했다는 것을 안다. 그래서 나도 네가 나에 대해 죄를 범하지 않게 하려고, 그녀에게 손을 대지 못하게 한 것이다. 이제 그 남자의 아내를 돌려주어라. 그는 선지자이니, 그가 너를 위해 기도하면 네가 살겠지만, 네가 그녀를 돌려주지 않으면 분명 죽을 줄 알라. 너와 네 소유된 모든 사람이 죽을 것이다.'

그리하여 아비멜렉이 아침 일찍 일어나 자기의 모든 종들을 불러 이 모든 것을 그들의 귀에 말하니, 그 사람들이 몹시 두려워했다. 그 후 아비멜렉은 아브라함을 불러 그에게 말했다. '당신은 우리에게 무슨 일을 한 것이오? 내가 당신에게 무슨 잘못을 하였기에 나와 내 왕국에 큰 죄를 가져온 것이오? 당신은 내게 해서는 안

되는 일을 했소.' 아비멜렉은 또 아브라함에게 말했다. '당신은 무엇을 봤기에 이런 일을 행한 것이오?'

그러자 아브라함이 말했다. '내가 이곳에는 하나님을 경외함이 없으니, 내 아내 때문에 그들이 나를 죽이겠다 생각했기 때문입니다. 게다가 그녀는 참으로 내 여동생입니다. 그녀는 내 아버지의 딸이지만, 내 어머니의 딸은 아니기에 내 아내가 되었습니다. 하나님이 나를 아버지의 집을 떠나 방황하게 하셨을 때, 내가 그녀에게 말했습니다. '이것이 당신이 내게 보여 줄 친절이오. 우리가 어디를 가든 당신은 항상 나에 대해 "이 사람은 내 오라비다"라고 말하시오'"(창 20:1-13).

8. 사라가 아들을 낳은 후 하갈을 쫓아냈다.

"그래서 그녀는 아브라함에게 말했다. '이 여종과 그 아들을 쫓아내세요. 이 여종의 아들은 내 아들 이삭과 함께 상속자가 될 수 없을 것입니다!'"(창 21:10). 하갈을 내쫓는 것과 이스마엘을 쫓아내는 것은 별개의 시련이었다.

9. 이스마엘을 쫓아내라는 명령

"그때 하나님이 아브라함에게 말씀하셨다. '그 아이와 여종 때문에 네 눈에 근심하지 말라. 사라가 네게 말한 모든 것에, 그녀의 음성에 귀 기울여라. 네 씨는 이삭 안에서 부름 받을 것이기 때문이다'"(창 21:12).

10. 이삭을 결박하여 제단에 바쳤다.

"이 일들 후에 이런 일이 있었다. 하나님이 아브라함을 시험하며 말씀하셨다. '아브라함아!' 이에 그가 대답했다. '제가 여기 있습니다.' 그러자 그분이 말씀하셨다. '네 아들, 곧 네 사랑하는 독자 이삭을 데리고 모리아 땅으로 가라! 거기, 내가 네게 지시할 산들 중 하나에서 그를 제물로 바쳐라.' 그래서 아브라함은 아침 일찍 일어나 나귀에 안장을 얹고 자신과 함께하는 젊은이들 가운데 두 명과 아들 이삭을 데리고 제물에 쓸 나무를 쪼갠 뒤, 일어나 하나님이 자기에게 지시하신 곳으로 갔다. 그리고 사흘째 되는 날, 아브라함이 눈을 들어 저 멀리에 있는 그 장소를 바라보았다. 아브라함은 자기의 젊은이들에게 말했다. '너희는 나귀와 함께 여기 머물러 있어라. 나와 아이는 저기로 가서 예배하고 너희에게 돌아오겠다.' 아브라함은 번제에 쓸 나무를 취하여 아들인 이삭에게 지우고, 자신은 손에

횃불과 칼을 들고 둘이 함께 갔다. 그때 이삭이 아버지 아브라함에게 말했다. '내 아버지여!' 아브라함이 대답했다. '내 아들아, 내가 여기 있다.' 그러자 그(이삭)가 말했다. '불과 나무는 여기 있는데, 번제를 위한 어린양은 어디에 있습니까?' 아브라함이 대답했다. '내 아들아, 번제를 위한 어린양은 하나님이 친히 준비하실 것이다.' 그렇게 그들 두 사람은 함께 갔다. 하나님이 그에게 말씀하신 장소에 그들이 이르자, 아브라함은 거기에 제단을 쌓고 나무를 가지런히 놓은 뒤, 자기 아들 이삭을 결박하여 제단의 나무 위에 올려놓았다. 아브라함은 손을 뻗어 칼을 들고 아들을 죽이려 했다. 그때 여호와의 천사가 하늘에서 그를 부르며 말했다. '아브라함! 아브라함!' 이에 그가 대답했다. '제가 여기 있습니다.' 그(천사)가 말했다. '그 아이에게 손을 대지 말라! 그에게 아무 일도 하지 말라! 이제 나는 네가 하나님을 경외하는 것을 알겠으니, 네가 네 아들, 곧 네 독자도 아끼지 않았음을 내가 보았기 때문이다'"(창 22:1–12).

이것은 사역이든, 사업이든, 무엇이든 당신에게 가장 중요한 것을 제단에 올려놓아야 한다는 것을 말해 준다. 다윗은 사무엘상 16장 12–13절에서 왕으로 기름 부음 받았지만, 실제로 왕좌에 오르기까지는 오랜 기간이 걸렸다. 그동안 그는 골리앗과의 결투, 여러 전쟁에서의 승리와 성공, 사울의 박해 등을 겪어야 했다. 용어 해설에서 '이사야 28장 16절' 항목을 찾아보라.

아비야 계열Division of Abijah

역대상 24장 1–19절에는 다음과 같이 기록되어 있다. "아론의 아들들의 계열은 이러하다. 아론의 아들들은 나답과 아비후와 엘라살(엘르아살)과 이다말이다. 그러나 나답과 아비후는 자신의 아버지보다 먼저 죽었고 자녀가 없었다. 그래서 엘라살과 이다말이 제사장의 직임을 수행하였는데, 다윗이 그들, 엘라살의 후손들 중에서는 사독과 이다말의 후손들 중에서는 아히멜렉에게 그들의 섬김의 직임에 따라 나누어 주었다. 이다말의 후손들보다 엘라살의 후손들 중에 더 많은 우두머리들이 있어서 그들을 이와 같이 나누었다. 엘라살의 후손들 중에는 그 조상의 가문에 따라 열여섯 명의 우두머리가 있었고, 이다말의 후손들 중에는 그 조상의 가문에 따라 여덟 명의 우두머리가 있었다. 그들을 이와 같이 제비 뽑아 분류하여 나누었으니, 성소를 책임지는 사람들과 하나님의 집을 책임지는 사람이 엘라살의 후손들 중에도 있고 이다말의 후손들 중에도 있었다. 레위인들 중에 한 사람, 서기관 느다넬의 아들 스마야가 왕과 고관들과 제사장 사독과 아비아달의 아들 아히멜렉과 제사장 가문의 우두머리들과 레위인 가문의 우두머리들 앞에서 그들의 이름을 기록하였다. 엘라살을 위해 으뜸가는 한 집안과 이다말을 위한 한 집안을 뽑았다.

첫 번째 제비는 여호야립에게, 두 번째는 여다댜(여다야)에게 나왔다. 세 번째는 하림, 네 번째는 스오림, 다섯 번째는 말기야, 여섯 번째는 미야민, 일곱 번째는 학고스, 여덟 번째는 아비야, 아홉 번째는 예수아, 열 번째는 스가냐, 열한 번째는 엘리아십, 열두 번째는 야김, 열세 번째는 훕바, 열네 번째는 예세브압, 열다섯 번째는 빌가, 열여섯 번째는 임멜, 열일곱 번째는 헤실이고 열여덟 번째는 합비세스, 열아홉 번째는 브다히야, 스무 번째는 여헤스겔, 스물한 번째는 야긴, 스물두 번째는 가물, 스물세 번째는 들라야, 스물네 번째는 마아시야가 나왔다. 이것이 이스라엘의 하나님 여호와께서 그들의 조상 아론에게 명령하신 대로 여호와의 집에 들어가서 섬기는 그들의 순서였다."

이들 스물네 개 조는 다윗이 정한 것이었다. 엘라살 계열의 수장 16명과 이다말 계열의 수장 8명이 24개 조를 이루어 각 조가 한 주씩, 매년 두 차례 성전에서 섬겼다. 여덟 번째였던 아비야 계열의 사가랴는 6월과 12월에 한 주씩 성전에서 섬겼을 것이다. 물론 이것은 음력에 근거한 것이기에 양력으로는 약간의 차이가 있을 수 있다. 어쨌든 이렇게 계산해 보면 침례자 요한은 3-4월이나 9-10월경에 태어났을 것이고, 예슈아께서도 그로부터 6개월 뒤인 3-4월이나 9-10월경에 탄생하셨을 것이다. 문제는 유대력의 윤년이다. 음력인 유대력은 1년이 51주이기에 3개 조는 성전에서 3회를 섬겨야 했다. 그러나 윤년에는 4개 조가 추가로 섬겼다. 이런 윤년 제도가 시작된 것이 4세기이다. 그러므로 사가랴 당시인 1세기의 날짜 계산법이 어떠했는지는 알 수 없다. 용어 해설에서 '유대력' 항목을 찾아보라.

안식 Rest

'안식'으로 번역되는 헬라어는 세 가지이다. 첫 번째 '에파나파우오마이'(epanapauomai)의 뜻은 '기대다', '무엇을 의지하다'로, 신약 성경에서 누가복음 10장 6절과 로마서 2장 17절 두 곳에서만 사용되었다. 나머지 두 단어는 훨씬 더 많이 사용되었는데, 이 둘 사이에는 큰 차이가 있다.

먼저 '카타파우시스'(katapausis)는 히브리서 3장 11, 18절, 4장 1, 3, 5, 10, 11절에서

영원한 왕국에서 누리는 영구적인 안식의 의미로, 사도행전 7장 49절에서는 '영원한 왕국'을 지칭하는 말로 사용되었다. 동사형인 '카타파우오'(katapauo)는 히브리서 4장 4, 8, 10절에서 사용되었고, 사도행전 14장 18절에서 무리를 말리는 것과 관련하여 한 번 더 등장한다.

'아나파우시스'(anapausis)는 일하다가 잠시 쉬어 가는 것처럼 '일시적인 휴식'을 말한다. 삶 가운데 스트레스를 받지 않기 위해 취해야 하는 휴식으로, 마태복음 11장 29절, 12장 43절, 누가복음 11장 24절, 계시록 4장 8절, 14장 11절에서 사용되었다. 동사형인 '아나파우오'(Anapauo)는 마태복음 11장 28절에서 예슈아가 쉼을 주리라 말씀하실 때 사용되었다. 우리는 육신적으로 과로하지 않을 뿐만 아니라, 영적으로도 고갈되지 않도록 쉬어야 한다. 하나님과 함께할 시간이 없을 정도로 바쁘다면, 그분과의 교제가 끊어져 스트레스를 받지 않도록 우선순위를 바꿔야 한다. 이외에도 '아나파우오'는 신약 성경에서 마태복음 26장 45절, 마가복음 6장 31절, 14장 41절, 누가복음 12장 19절, 고린도전서 16장 18절, 고린도후서 7장 13절, 빌레몬서 1장 7, 20절, 계시록 6장 11절, 14장 13절 등 열한 곳에서 사용되었다. 고린도전후서와 빌레몬서에서는 '새 힘을 얻다', '마음이 편안하다' 등으로 번역되었고, 계시록에서는 약속된 쉼이 일시적인 것이기에 우리에게 할 일이 있을 것을 암시한다. 하나님의 영원한 안식에 들어가도 우리에게는 여전히 해야 할 일이 있을 것이다.

안식일Sabbath(Shabbat)

복수형은 '샤바토트'(Shabbatot)이다. 이것은 '여러 안식일들' 외에도 '특정 절기일'이나 '여러 주'를 지칭한다. 특정 절기일에는 안식일처럼 모든 일이 금지되는 것은 아니다. 본업만 금지될 뿐, 요리를 하거나 잡다한 일은 허용된다. 용어 해설에서 '예비일' 항목을 찾아보라. 또 샤바토트는 예슈아가 안식일마다 회당에서 가르치신 것처럼, 안식일에 규칙적으로 어떤 일이 일어나는 것을 의미할 수도 있다. 문제는 복수형인 샤바토트가 사용될 때, 무엇을 가리키는지가 항상 명확한 것은 아니라는 사실이다. 예를 들어 마가복음 2장 23절에서는 제자들이 곡식 알갱이를 뜯자, 바리새파 사람들이 복수형인 샤바토트를 사용하여 예슈아의 관심을 끈다. 그날은 밀 수확이 시작되는 샤부오트(칠칠절)였을 수도 있다. 제자들의 행동은 바리새파 사람들이 정해 놓은 법에만 걸릴 뿐, 레위기 23장의 권고를 어기는 것은 아니었던 것 같다. 안식년에는 수확은 할 수 없어도 그날 먹을 양식을 줍거나 뜯을 수 있었다.

유대인의 시간 개념에서 하루는 해 질 녘에 시작된다. 그러므로 안식일도 해 질 녘에 시작되어 그다음 날 해 질 녘에 끝난다. 그리고 그로부터 두 시간 후에는 여호와께 온전히 바쳐진 거룩한 날을 마무리하고 회중을 세상으로 돌려보내는 '하브달라'라는 예식을 진행한다. 안식일에는 돈을 사용하는 것은 물론 돈에 대해 이야기할 수도 없는데, 이 예식을 마친 후에야 돈에 손을 대거나 돈에 대해 이야기할 수 있다.

안식일이 금요일 해 질 녘에서 토요일 해 질 녘으로 바뀌었다는 내용은 신약 성경 어디에도 나타나지 않는다. 하브달라를 이해하면 신약 성경을 제대로 이해할 수 있다.

예슈아는 종종 안식일에 해서는 안 되는 일을 행하셨다고 비난받으셨다. 하지만 주님은 안식일에 성경에서 금하는 일을 행하신 적이 없다. 출애굽기 20장 8절의 제4계명은 안식일을 거룩하게 지키고 그날에는 아무 일도 하지 말라고 말씀한다. 바리새파 사람들은 치유를 일의 범주에 포함시켜 금지시켰다. 그러나 성경은 안식일에 병 고치는 것을 금하지 않는다. 예레미야 17장 21-22절은 다음과 같이 권고한다. "여호와께서 이와 같이 말씀하셨다. '너희는 스스로 주의하라. 안식일에 짐을 지거나 예루살렘 성문들로 들여오지 말라. 안식일에는 너희 집에서 짐을 나르거나 아무 일도 하지 말고, 내가 너희 조상들에게 명령한 대로 안식일을 거룩하게 하라.'" 예슈아는 요한복음 5장 10-11절에서 38년 된 병자에게 침상을 들고 가라 명령하시며, 무엇이 큰 짐인지 넌지시 보여 주셨다. 부피와 무게가 상당한 물건을 나르는 것은 일이 되었기에 금지되었다. 율법주의자들 중에는 손수건 같은 작은 물건을 짐으로 규정하는 이들도 있다. 그러나 이런 것들을 규정하려면, 성령에 따라야 한다. 안식일에 짐을 나르지 못하게 하는 것은 물건을 사고파는 것과 관련이 있다. 큰 짐을 나르는 것 자체가 노동이며 일이기 때문이다. 이런 것들은 각자가 기도하는 자세로 성령님의 인도를 받아 판단해야 한다. 안식일에 하지 말아야 할 일들이 언급된 구절은 출애굽기 20장 8-11절, 35장 3절, 예레미야 17장 21절, 느헤미야 10장 32절, 13장 15절 등이다.

이사야 58장 13-14절은 다음과 같다. "만일 네가 안식일로부터 네 발길을 돌려 내 거룩한 날에 네 즐거움을 행하는 것에서 돌이켜 안식일을 즐거운 날이라, 여호와의 거룩한 날을 존귀하다 하며, 제멋대로 행하거나 자기의 즐거움을 찾거나 자기의 말을 하지 않고 그분을 존중하면, 그때 너는 여호와 안에서 즐거움을 누리겠고, 내가 너를 이 땅의 높은 곳들에 태우고 네 조상 야곱의 유산을 먹일 것이다. 여호와의 입이 말씀하신 것이다."

알레프Alef

알레프는 히브리어 알파벳의 첫 글자이다. 본서 계시록 1장 8절, 21장 6절, 22장 13절에서는 헬라어 알파벳의 첫 글자인 '알파'(α)와 마지막 글자인 '오메가'(ω) 대신 히브리어 알파벳의 첫 글자인 '알레프'와 마지막 글자인 '타브'를 사용하였다. 히브리어는 사도들의 모국어였을 뿐만 아니라, 사해사본 등의 고고학적 발굴을 통해 예슈아 시대에 널리 사용되었다는 것이 증명되었다. 알레프와 타브를 함께 적은 '에트'(et)는 명사 앞에 놓여 전치사 역할을 한다. 그리고 '에트' 뒤의 명사는 동사의 행위를 받는 직접 목적어가 된다. 자세한 내용은 용어 해설 '배열 순서' 항목의 '요한복음'을 찾아보라.

예비일Preparation Day

해가 져서 안식일이 시작되기 전까지 낮 동안 마무리해야 하는 일들을 가리키는 것으로, 마태복음 27장 62절, 마가복음 15장 42절, 누가복음 23장 54절, 요한복음 18장 28절, 19장 14, 31, 42절에 언급되어 있다. 공관복음(마태복음, 마가복음, 누가복음)과 요한복음의 시기가 일치하지 않는다고 말하는 사람들이 있는데, 공관복음은 최후의 만찬을 '세데르'라 부르지만, 요한복음은 '세데르'라 부르지 않는다. 대신 요한복음 13장에 최후의 만찬 장면이 묘사되어 있다. 문제는 요한복음 본문에 안식일 전날인 예비일과 함께 세데르를 먹는 것과 유월절도 함께 언급되어 있다는 것이다. 만일 유월절과 안식일이 겹친 경우라면, 문제가 커진다.

오늘날 유대교에서는 무교절 첫날인 니산월 15일에 유월절을 기념한다. 15일이 유월절이 되려면, 레위기 23장 5절의 '14일 해 질 녘'을 '15일 오후'로 해석해야 한다. 출애굽기 12장 6절과 레위기 23장 5절은 '해 질 녘'을 히브리어 '바인 하르바임'(bain harba'im)으로 표현하는데, 이것은 빛과 어둠 사이의 시간, 곧 새벽녘이나 황혼을 지칭한다. 민수기 33장 3절은 다음과 같다. "그들은 첫째 달 십오 일, 곧 유월절 다음 날에 라암셋을 떠났다." 유월절을 히브리어로 '페사흐'라고 하는데, 페사흐의 제물인 '유월절 어린양'은 아빕월 또는 니산월 14일 저녁에 먹어야 했다.

그러므로 이렇게 생각해 볼 수 있다. 예슈아 시대에는 예비일 전날에 유월절을 기념했다. 무교절 첫날에 세데르를 먹는 것은 나중에 생긴 변화였다. 출애굽기 12장 18절, 민수기 28장 16–18절, 여호수아 5장 10절은 14일 저녁에 유월절 음식을 먹을 것을 말씀한다.

예슈아께서 제자들과 유월절 음식을 드시던 그날은 안식일과 겹치지 않는다. 레위기 23장 5–8절은 이렇게 말씀한다. "첫째 달 십사 일 해 질 녘은 여호와의 유월절이다. 같은 달 십오 일은 여호와께 무교절이니, 너희는 칠 일 동안 무교병을 먹어야 한다. 무교절의 첫째 날에 너희는 거룩한 모임을 가질 것이며 아무 노동도 하지 말 것이라. 그러나 칠 일 동안 여호와께 불로 드리는 제물을 바칠 것이며 일곱째 날에는 거룩한 모임이니, 너희는 아무 노동도 하지 않을 것이라."

유월절 다음 날인 무교절 첫날과 마지막 날은 안식일이다. 욤 키푸르를 제외한 절기일들도 안식일이기는 하지만, 온전한 안식일은 아니고, 본업만 금지된다. 레위기 원문에서는 매주 돌아오는 안식일을 '샤밧 샤바톤'(Shabbat Shabbaton)이라고 하는데, 일부 역본들은 이것을 '온전한 안식'으로 번역한다. 절기 중에 생존을 위해 허용되는 모든 일을 '메라베트 아보다'(M'labet Avodah)라고 하는데, 가정에서 요리하는 것도 포함된다. 마가복음 15장 42절과 누가복음 23장 54절은 절기가 아니라, 매주 안식일을 말하는 것이 분명하다. 요한복음 19장 31절 역시 예비일과 안식일을 연결하고 있다. 세 구절 모두 준비, 특히 '미크베'라는 정결 예식이 필요한 온전한 안식일에 대해 이야기하고 있다. 예슈아 시대에 율법을 준수하는 모든 유대인들은 안식일을 준비하며 몸을 물에 담갔는데, 나중에는 매주 안식일뿐 아니라 절기를 준비하는 예식으로 미크베를 행하게 되었다.

탈무드에는 미크베 외에 안식일의 음식 준비에 대해서도 언급하는데, 해가 져서 안식일이 시작되기 전에 미리 먹을 음식을 준비해 놓아야 했기 때문이다. 유월절에 먹을 음식은 당일에 준비해야 했다. 출애굽기 12장 16절은 다음과 같다. "또 첫째 날에 거룩한 집회가 있고, 일곱째 날에도 너희에게 거룩한 집회가 있을 것이니, 이날들에는 각 사람이 먹어야 하는 것 외에는 어떤 일도 하지 말라. 오직 그 일만 너희가 해도 좋다." 이 구절은 유월절 전날과 무교절 전날은 예비일이 아니었음을 말해 준다. 예비일은 매주 안식일 전날을 가리키는 표현이었다.

세데르는 니산월 14일 해가 진 후에 준비하여 그날 밤에 먹어야 했다. 출애굽기 12장 6–11절은 다음과 같다. "너희는 같은 달 십사 일까지 그 양을 잘 지켰다가 그날 저녁 이스라엘 온 회중이 모여 양을 잡을 것이라. 그리고 그들은 그 피를 취하여 양을 먹을 집들의 출입문 양쪽 설주와 위쪽 인방에 뿌릴 것이라. 또 그들은 그 밤에 그 고기를 불에 구워 무교병과 먹되, 쓴 나물을 곁들여 먹을 것이라. 그것을 날것으로 먹거나 물에 삶아 먹지 말고 그것의 머리와 다리와 내장과 함께 불에 구워 먹어라. 그것의 아무것도 아침까지 남겨 두지 말 것이니, 아침까지 남아 있는 것은 불에 태워 버릴 것이라. 너희는 이와 같이 그것을 먹을 것이라. 허리에 띠를 두르고 발에 신을 신고 손에 지팡이를 쥔 채 먹으라. 그리고 급하게 그것을 먹을 것이니, 이것이 여호와의 유월절이다." 유월절에는 예비일이 없다.

요한복음에는 18장 28절과 19장 14절에 두 차례의 세데르가 언급되어 있다. "이어서 사람들이 예슈아를 가야바에게서 총독의 관저로 끌고 갔는데, 새벽이었다. 그러나 그들은 몸을 더럽히지 않고 세데르(유월절 만찬)를 먹으려고 관저에 들어가지 않았다." "그런데 그날은 유월절을 위한 예비일로 제육시쯤이었다. 이어서 그가 유대인 *헬라주의자*들에게 말했다. '보시오, 당신들의 왕이오.'" 세데르를 먹으려면 오늘날 그리스도인들이 침례라고 부르는 정결례를 행해야 했는데, 안식일, 곧 유월절은 해 질 녘에 시작되기에 낮 동안에 끝내야 했다. 가야바의 집에 모인 사람들은 해 뜨기 전까지 거기에 있었다. 이날이 예비일이었다면, 아직 정결례를 행하지 않았을 것이기에 '세데르를 먹으려고'라는 표현은 맞지 않는다. 이미 세데르를 먹은 게 아니라면 정결례를 행하기에는 너무 이른 시간이었다. 유월절은 준비를 시작하며 먹게 되어 있었다. 그러므로 예슈아와 제자들이 먹은 음식은 유월절 세데르였다. 그날 오후에는 모든 사람이 정결례탕에 갔다. 성전의 솔로몬 누각과 예루살렘에 있는 수백 개의 회당에는 충분한 정결례탕이 갖춰져 있어 절기를 지키러 온 수천 명을 수용할 수 있었다.

요한복음 13장 1-30절은 예슈아께서 세데르를 먹기 전에 제자들의 발을 닦아 주시는 장면이다. 그러므로 요한복음 18장 28절의 '세데르를 먹으려는 것이었다'와 19장 14절의 '유월절을 위한'은 유월절이 안식일이었다고 생각한 후대의 필사자에 의해 덧붙여진 것이 분명하다. 그는 예비일 낮, 해가 지며 안식일이 시작되기 전까지 몸을 씻어야 했다는 사실을 몰랐던 것 같다. 또 세데르를 가정에서 먹는다는 것과 프라에토리움에 들어가면 제사장은 성전에서 직무를 수행할 수는 없지만, 가족과 함께 세데르를 먹을 수 있다는 사실도 몰랐던 듯하다. 마태, 마가, 누가 모두 예슈아가 세데르를 드신 후 날이 밝았을 때 십자가형을 당하셨고, 그날은 예비일이었다고 전한다.

보통 신약 성경의 단어 하나하나를 전부 1세기의 저자가 기록했을 것이라고 생각하지만, 그렇지 않다. 초기의 필사자들은 자기들이 옮겨 적는 것이 나중에 성경이 될 것을 알지 못했다. 그들은 단순히 친구나 지인들에게 복음을 보내는 것이었다. 따라서 정확하고 엄격한 기준을 가지고 전문적으로 필사할 필요가 없었다. 또 하나의 문제는 지역마다 다른 헬라어 방언의 집합체인 '코이네 헬라어'이다. 예를 들면 그리스에서 온 사람이 시리아에서 믿는 사람을 만나 그의 기록을 베껴 쓰는 경우, 시리아 지역의 코이네 헬라어를 그리스 지역의 코이네 헬라어로 바꿔 써야 했다.

2세기 이후 16세기에 첫 번째 헬라어 본문이 출판되기까지 지속적으로 사본에 변화가 가해졌다. 신약 성경 사본은 유대 서기관들이 필사한 히브리어 마소라 사본이나, 전문 필경사들이 옮긴 헬라어 고전 문학작품의 기준을 따르지 않았다. 신약 성경 사본에 가해진 변화들은 대부분 내용을 분명하게 하려고 덧붙인 것들과 옮겨 적는 과정에서 발생한 오탈자들이었다. 신약의 필사자들은 유대인이 아니었다. 그래서 그들이 덧붙인 내용 대부분은 간음하다 붙잡힌 여인의 경우처럼, 유대 경전이나 관습에 대한 지식이 없음을 보여 준다. 이렇게 덧붙여진 부분들이 복음의 기본적인 메시지를 손상시키는 것은 아니다. 하지만 원문에 가까워질수록 그 기름부음은 커질 것이다. 용어 해설 '간음'과 '사본' 항목에서 신약 성경에 어떤 부분들이 새롭게 추가되었는지 살펴보라.

예비일은 다소 혼동되는 주제이다. 마가복음 15장 42절, 누가복음 23장 54절, 요한복음 19장 31절은 모두 안식일을 위한 예비일이었다고 정확하게 기록한다. 마가와 누가는 그것이 세데르 후였다고 기록하고, 요한은 세데르를 먹었다고 언급하지는 않지만, 13장에서 최후의 만찬 후에 예비일이 되었다고 기록한다. 마가복음과 누가복음과 요한복음은, 유대 관습에 익숙하지 않은 필사자가 후대에 덧붙인 요한복음 18장 28절의 '세데르를 먹으려는 것이었다'와 19장 14절의 '유월절을 위한' 외에는 상충되는 부분이 없다.

예슈아는 목요일 저녁에 세데르를 드신 후 붙잡히셔서 고초당하시고 금요일 낮에 십자가에 달리셨다. 그리고 해가 져서 안식일이 시작되기 전에 무덤에 안치되셨다. 금요일 저녁 해가 지면서 안식일이 시작되었고, 그날은 그해의 무교절 첫날이기도 했다. 토요일 저녁에 해가 지고 셋째 날, 곧 그해의 초실절이 시작되었다. 이렇게 예슈아가 무덤에 계신 지 이틀 밤이 지나가고 사흘째 날이 되었다. 셋째 날 새벽녘 예슈아가 부활하셨다. '제삼일'이라는 말은 마태복음 16장 21절, 17장 23절, 20장 19절, 27장 64절, 누가복음 9장 22절, 18장 33절, 24장 7, 46절 등에 기록되어 있다. 요나서 1장 17절을 인용한 마태복음 12장 40절에만 '삼 일 낮과 삼 일 밤'이라고 언급되어 있고, 나머지 여덟 구절은 예슈아의 부활을 언급하며 '제삼일'이라는 표현을 사용한다. 1세기의 사본이 남아 있지 않아서 이것이 확실한지는 알 수 없다. 다만 예슈아가 사흘 밤을 무덤에 계셔야 했다면, 제사일에 부활하셨을 것이다.

아래는 시간 순으로 정리해 놓은 것이다.

날짜	일어난 일	날수
니산월 14일		
목요일 해 질 녘	유월절 시작	제1일
	세데르	
	예슈아가 붙잡히심	
	고초당하심	
다음 날 아침	십자가에 달리심	
오후	예비일로 안식일을 준비함	
	장사되심	
니산월 15일		
금요일 해 질 녘	안식일	제2일
	무교절 첫날	
	예슈아의 시신이 하루 종일 무덤에 있음	
니산월 16일		
토요일 해 질 녘	초실절	제3일
토요일 밤–일요일 새벽	예슈아의 부활	

흥미로운 것은 아주 오래전에 유대의 주석가들이 의로운 자들의 부활이 무교절 기간에 일어날 것이라고 했다는 사실이다. 우리가 여기서 살펴본 예슈아처럼 말이다.

예슈아(예수)Y'shua

주님의 히브리식 이름으로, 갈릴리 지역에서는 '예슈'(Yeshu)라 발음한다. 예슈의 뿌리어는 '…에서 구원하다, 구해내다'를 뜻하는 동사 '이솨'(Y-Sh-A)이다. 헬라어에는 'sh' 발음이 없어서 s로 바뀌고, 끝에 명사의 격변화를 알려 주는 s를 붙여 Iesous(이에수스)가 되었다. 신약 성경에서 예슈아의 이름이 처음으로 등장하는 마태복음 1장 1절에만 예슈아에 가깝게 어미 s가 없는 Iesou(이에수)로 되어 있다. 1970년대에 '요셉의 아들이며 예슈아의 형제인 야고보'라고 새겨진 유골함이 예루살렘에서 발견되었다. 돌로 된 이 유골함은 진품이라는 것이 입증되어 2002년 《성서고고학 리뷰》(Biblical Archeology Review) 지 2002년 11-12월호에 "예슈아의 동생 야고보의 유골이 담긴 상자"로 소개되었는데, 이것이 '예슈아'의 이름이 직접 언급된 최초의 물건이다.

예슈(Yeshu)는 수많은 발굴 현장에서 발견되는 평범한 이름이었다. 예슈아라는 이름은 구약에서 총 20회 등장하는데, 에스라서에 여덟 번, 느헤미야서에 열한 번, 그리고 역대상에 한 번 나타난다. 열 명은 제사장들과 레위인들과 유다 지파의 지도자이며, 나머지 한 명은 느헤미야 8장 17절의 눈의 아들 여호수아이다(원문에는 '예슈아'로 표기되어 있다). '예슈아'(Yeshuah)라는 명사도 있는데, 구약에 75회 정도 등장하며 '승리', '복지', '건강', '구원', '구출' 등으로 번역되었고, 신약 성경에서는 이것을 '호산나'로 음차했다. 호산나는 "지금 구원을"이라는 뜻이다. 예슈아가 예루살렘에 입성하실 당시 사람들이 실제로 외친 말은 '예슈아-나' 혹은 '호쉬아-나'였다. 접미사 '나'는 '지금' '당장' 또는 요구하는 차원에서 '제발'의 의미를 갖는다. 예슈아(Yeshuah)는 구원보다는 구출, 해방의 의미가 크다. 마태복음 21장 9, 15절, 마가복음 11장 9-10절, 요한복음 12장 13절에서 사람들은 나귀를 타고 예루살렘에 입성하시는 예슈아를 향해 '호산나'를 외쳤다. 이것은 로마의 정복자들에게서 해방시켜 달라고 요청하는 것이었다. 그들은 예슈아를 예루살렘의 왕좌에 앉으셔서 이스라엘을 온전히 독립시키고 회복하러 오신 메시아로 여겼다. 마가복음 10장 47절의 바디매오처럼 그분을 '다윗의 자손'이라고 부르던 사람들의 마음도 마찬가지였다. 용어 해설에서 '다윗의 자손/요셉의 자손'을 찾아보라.

예슈아의 증거Testimony of Y'shua

핵심 구절은 계시록 19장 10절이다. "이에 내가 그의 발 앞에 엎드려 경의를 표했습니다. 그러자 그 천사가 내게 말했습니다. '멈추어라! 그러지 말라. 나는 너와 예슈아의 증거를 가진 네 형제들과 함께 종이 된 자이니, 너는 하나님께 경배하라. 예슈아의 증거는 예언의 영이기 때문이다.'" 여기서 '증거'는 다음의 두 가지를 의미한다.

첫째, 우리가 예슈아에 대해 증거해야 한다는 것이다. 우리는 반드시 말과 행동으로 예슈아를 증거해야 한다. 우리가 세상과 구별된 다른 존재라는 것을 가족과 친구와 이웃과 동료 등 만나는 모든 이들에게 드러내야 한다. 전심으로 하나님께 헌신하고 있다는 것을 삶으로 보여야 한다.

둘째, 더 깊은 의미는 하나님의 말씀이신 예슈아를 말하는 것이다. 이것은 요한복음 1장 1절이 말씀하는 바와 같다. "태초에 말씀이 계셨다. 그 말씀은 하나님과 함께 계셨고, 그 말씀이 곧 하나님이셨다." 계시록 1장 2, 9절, 20장 4절에서는 '하나님의 말씀과 예슈아의 증거'라는 표현을 사용하는데, 이것은 히브리어의 반복 어법으로 '그분이 바로 말씀(성경)'이라는 것을 강조하는 것이다. 시편 119편 2절은 "전심으로 그분을 구하며 그분의 증거들을 지키는 사람들은 행복하다"라고 한다. 유대 주석가들은 여기서 '그분의 증거들'이 하나님과 이스라엘의 관계를 증거하는 토라와 미츠보트를 가리킨다고 말한다. 하나님을 전심으로 섬기는 사람들은 그분의 말씀, 성경과 미츠보트, 곧 그분의 계명을 안다. '그분의 증거들'이라는 표현은 구약 성경에 열 번 등장한다.

요한은 계시록 19장 10절에서 '예언의 영'이라는 표현을 사용하는데, 이것은 '행위', 곧 하나님의 말씀대로 행하고 그분의 계명을 행동으로 옮기는 것을 말한다. 하나님의 계명을 행하는 것이 '예언의 영'이며, 모든 예언을 성취하는 것이 그 목표요 목적이다. 하나님의 백성이 그분의 모든 명령을 행함으로 그분의 온전하신 뜻이 드러나고 그분이 선포하신 모든 말씀이 성취되는 것과 같다. 그러므로 우리는 하나님의 말씀을 알고 그분의 뜻대로 행하는 데 전념해야 한다. 그리하여 성육신하신 예슈아가 이 땅에서 행하시던 것처럼 우리도 하나님의 뜻과 온전히 일치되게 행해야 한다. 예언의 영은 일찍부터 토라 학자들이 사용하던 용어이다. 따라서 주의 사자가 이 말을 했을 때, 요한은 그 의미를 이해했을 것이다. 주석서에는 예언의 영에 인도함을 받은 많은 사람들의 예가 정리되어 있다. 몇 가지를 살펴보면 다음과 같다.

– 모세의 짐을 나눠 진 칠십 장로들

– 에스골 골짜기의 포도송이를 따온 정탐꾼들

– 두 명의 정탐꾼에게 추격하는 자들이 사흘 후에 돌아올 거라고 일러 준 라합

– 보아스의 밭으로 간 룻

예슈아의 증거는 바로 예언의 영이다. 우리 모두가 예언의 은사를 받았다. 각 사람은 그것으로 살아가며 하나님의 온전하신 뜻에 따라야 한다. 그리하여 위에 언급된 사람들처럼 하나님의 온전하신 뜻을 이 땅으로 가져와야 한다. 로마서 13장 14절은 다음과 같다. "오직 여러분은 주 예슈아 메시아의 마음을 품어 그분을 닮고, 육신의 욕망들은 생각도 하지 말아야 합니다." 주님의 마음을 품는다는 것은 영을 주님께 맞추어 그분의 뜻이 무엇인지, 우리가 어떻게 하기 원하시는지 깨닫는 것이다. 이것은 고린도전서 2장 16절의 "그러나 우리는 메시아의 마음을 가졌습니다"의 주된 의미이기도 하다. 용어 해설에서 '주기도문' 항목을 찾아보라.

영감 있는 책들을 집필한 준 라이스(June Rice)는 다음과 같이 말했다. "히브리어 구절들에는 한 가지 공통점이 있는데, 각각의 구절이 여러 시대에 걸쳐 완성되는 하나님의 계획과 관계가 있다는 것이다. 사건 하나하나가 예언적 시간에 맞춰 진행된다. 그러므로 이 땅에는 자연적인 시간과 예언적 시간, 두 개의 시간이 존재하는데(개인적인 예언도 포함됨), 둘 다 하나님의 예언적 시간에 따라 진행되기 때문에 해산의 고통처럼 빈도수가 증가하다가 마침내 특별한 탄생의 순간에 이르게 된다.

예슈아의 증거는 지금은 우리 안에서 다스리시지만, 결국 새 하늘과 새 땅에서 다스리실 그분 자신을 가리킨다. 이것은 왜 우리에게 서로가 필요한지, 성도들의 활동이 왜 그렇게 중요한지를 보여 준다. 구약 성경에 언급된 '대언의 영'은 항상 '다른 사람과의 연계'를 상정한다. 이를테면, 모세에게는 칠십 인의 장로가 있었다(그들은 하나님의 정부를 구성한다). 여호수아와 갈렙에게는 열 명의 정탐꾼이 있었다. 그들은 포도를 따서 진영으로 가져갔다(정탐 중 포도를 딴 것은 그 땅을 정복한 후 큰 결실을 얻게 된다는 예표였다. 그러나 그 열 명의 정탐꾼은 믿음을 견지하지 않았다). 보아스에겐 룻이 있었다. 룻이 그의 밭으로 갔던 일은 마침내 그 혈통으로 태어나신 예슈아에게로 이어졌다. 인간으로서는 예상할 수 없는 전혀 새로운 일이 일어난 것이다. 그뿐만이 아니다. 이방인과 유대인이 예슈아의 십자가를 통해 '한 새 사람'(One New Man)이 되었다. 그리고 이방인과 유대인의 연합이라는 새로운 '탄생' 방식으로 교회가

출범했다. 정말 놀라운 일 아닌가!"

예슈아의 계보Genealogy of Y'shua

마태복음과 누가복음의 계보가 다르기 때문에 이 둘을 면밀히 연구해 볼 필요가 있다. 누가복음의 계보는 미리암의 것이라는 주장은 아무 근거도 없다. 심지어 본문에는 미리암의 이름조차 언급되어 있지 않다. 그뿐만 아니라 유업은 오직 부계로만 상속될 수 있었다.

토마스 D. 레아(Thomas D. Lea)는 《신약의 배경과 메시지》(The New Testament: Its Back ground and Message)에서 다음과 같이 말한다. "일부 학자들은 계대혼의 관습을 언급하며 이러한 차이를 설명한다. 초기 기독교 지도자인 아프리카누스(Africanus, AD 220년경)는 헬리(눅 3:23)가 자식이 없이 죽자, 어머니는 같으나 아버지가 다른 야곱이 헬리의 아내와 결혼하여 요셉을 낳아 주었다(마 1:15-16)고 말했다. 이 관점에 의하면, 마태복음은 요셉의 생물학적 아버지인 야곱을 따랐고, 누가복음은 (계대혼에 의한) 법적 아버지인 헬리를 따른 계보가 된다."

그의 책에는 또 다른 관점도 소개되어 있다. "J. G. 메이컨(Machen)은 마태가 다윗의 자손 가운데 공식적인 왕위 계승자들만 기록한 반면, 누가는 미리암의 남편 요셉이 속한 가문의 자손들만 정리해 놓았다고 말한다. 이러한 관점에 의하면, 마태복음에 요셉의 아버지로 기록된 야곱이 자녀 없이 죽었기 때문에 후계가 헬리의 자손에게 넘어간 것 같다."

복음서의 계보들은 요셉을 예슈아의 법적 아버지로 기록한다. 그러나 우리가 아는 바와 같이 예슈아는 동정녀에게서 나셨고 성육신하신 하나님이시기에, 요셉은 그분의 아버지가 아니다. 마태복음 1장 18절과 누가복음 1장 35절은 성령 하나님이 예슈아의 아버지라고 밝힌다.

'예, 예' 또는 '아니요, 아니요' Double Yes or No

'정말 그렇습니다!' 또는 '확실하게 아닙니다!'라는 뜻이다. 이러한 이중 부정과 이중 긍정은 현대 히브리어에서도 여전히 사용되고 있다.

오노마Onoma

이름을 뜻하는 헬라어 '오노마'는 그 존재의 속성과 활동성을 의미한다. 마태복음 6장 9절, 28장 19절, 누가복음 11장 2절, 요한복음 5장 43절, 10장 25절, 12장 28절, 17장 6, 11, 12, 26절, 디모데전서 6장 1절, 계시록 3장 12절, 14장 1절, 16장 9절을 살펴보라. 그 외에도 마태복음 1장 21, 23, 25절, 10장 22절, 마가복음 13장 13절, 누가복음 1장 31, 49절, 2장 21절, 24장 47절, 요한복음 1장 12절, 사도행전 2장 21절, 4장 12절, 로마서 2장 24절, 10장 13절을 참고하라.

오늘날 지키지 않아도 되는 계명들 Ignored Commandments

오늘날 지키기에 적절하지 않은 계명들이 있다. 대표적으로 동물 제사를 꼽을 수 있는데, 유대인들은 AD 70년에 성전이 파괴되고 다른 나라들로 추방되면서 이러한 동물 제사를 중단했다. 신명기 12장 14절은 이스라엘에게 오직 한 곳에서만 제물을 바치라고 명령한다. "너는 여호와께서 네 지파들 중 하나에 택하실 곳에서 번제를 드리고 거기서 내가 너에게 명령한 모든 것을 행할 것이라." 하나님이 택하신 곳은 예루살렘의 성전산이라는 곳이다. 유대교에는 제3성전에서 다시 제사 드릴 준비를 하는 자들도 있고, 동물 제사는 더 이상 적절하지 않다고 말하는 사람들도 있다. 그들은 호세아 6장 6절 등의 구절을 언급한다. "그러므로 내가 원하는 것은 사랑의 친절이지 제물이 아니며 번제보다는 하나님을 아는 지식이다." 이외에도 사무엘상 15장 22절, 이사야 1장 11절, 시편 40편 7절, 잠언 21장 3절이 있다. 예슈아께서 완전하고 영원한 제물이 되셨기 때문에 또 다른 피의 제사는 필요하지 않다. 그분의 피는 지금도 우리 위에 부어지고 있다(눅 22:20).

사회적 진보와 발전 때문에 문제 삼지 않는 계명들도 있다. 간음을 저지르거나 안식일을 범하면 돌을 던져 죽이는 것 등이 여기에 해당한다. 더 이상 성경에 명시된 대로 처벌하지 않지만, 그 안에 담긴 영적 원리인 영적 죽음, 곧 영생을 잃어버리는 것은 지금도 작용하고 있다.

사도 바울은 할례를 더 이상 고수하지 않아도 되는 계명에 포함시킨다. 로마서 2장 28-29절은 다음과 같다. "겉모습이 유대인인 자가 유대인이 아니며, 육신에 행한 할례가 할례가 아닙니다. 내면적으로 유대인인 사람이 유대인이며, 문자가 아닌 영으로 마음에 행해진 할례가 할례입니다. 그의 칭찬은 사람이 아니라 하나님에게서 옵니다." 또 갈라디아서 5장 2-3절에서는 이방인 회심자들을 언급하며 이렇게 말한다. "보십시오, 나 바울이 여러분에게 말합니다. 만일 여러분이 할례를 받는다면, 메시아께서 여러분에게 아무런 유익이 없을 것입니다. 그래서 나는 할례 받은 사람은 누구나 모든 율법(전통)을 행할 의무가 있다는 사실을 또 다시 증거합니다." 이것은 바울이 스스로 생각해 낸 것이 아니라 이미 성경에 기록되어 있었다. "그러므로 너희 마음의 포피에 할례를 행하고 더 이상 목을 곧게 하지 말라"(신 10:16). "스스로 여호와께 할례를 행하여 너희 마음의 장애물들을 제거하라"(렘 4:4). "보라, 여호와의 말씀이다. '그날이 오고 있다. 내가 할례 받은 모든 자들을 할례 받지 않은 자들과 함께 벌할 것이다. 이집트와 유다와 에돔과 암몬과 모압 자손들과 가장 먼 구석, 광야에 거하는 모든 자들에게 그럴 것이다. 이는 모든 이방인들이 할례 받지 않았고, 이스라엘의 온 집도 마음에 할례를 받지 않았기 때문이다"(렘 9:24-25).

이 모든 계명과 관련하여 우리는 하나님께 마음을 드리고, 회개 가운데 걸으며, 행위, 곧 삶의 모습으로 아브라함, 이삭, 야곱의 하나님과 지속적인 관계 가운데 있다는 것을 증거해야 한다. 다른 사람을 살피지 말고, 기도하는 마음으로 최선을 다해 계명의 정신을 따라야 한다.

오른손 Right Hand

오른손은 대단히 중요한 히브리 관용 표현으로 두 가지 의미가 있다. 먼저, 오른손은 힘과 능력을 상징한다. 출애굽기 15장 6절을 살펴보자. "여호와여, 당신의 오른손이 능력 가운데 영화롭게 되었나이다. 여호와여, 당신의 오른손이 원수를 쳐 산산조각 내셨나이다." 둘째, 오른손은 구원을 상징한다. 시편 20편 7절을 살펴보자. "이제 나는 여호와께서 그분의 기름부으신 자를 구원하시는 것을 압니다. 그분은 거룩한 하늘에서 오른손의 구원하시는 능력으로 그의 말을 들으십니다." 이 때문에 왼손은 재앙과 참사, 심판을 상징하게 되었다. 예슈아는 하나님의 오른손이시다. 그분은 육신으로 행하셨을 때와 마찬가지로 지금도 이 땅에서 하나님의 능력이시다. 그리고 그분의 구원하시는 능력은 부활하신 때부터 이 땅에 있었고 영원토록 있을 것이다.

손에는 또 다른 의미가 있다. 스가랴 8장 9, 13절을 살펴보자. "만군의 여호와가 이와 같이 말한다. 성전을 세우려고 만군의 여호와의 집의 기초를 놓던 날에 선지자들의 입으로 전한 이 말씀들을 이날에 듣는 너희여, 너희 손이 힘있게 될 것이다." "오, 유다의 집과 이스라엘의 집아, 너희가 민족들 가운데 저주가 된 것 같이 내가 너희를 구원하겠고, 너희는 복이 될 것이다. 두려워하지 말라. 너희 손이 힘있게 될 것이다!" "네 손이 힘있게 될 것이다"라는 표현이 두 절에 모두 사용되었는데, 여기서 '손'은 '결심' 혹은 '결단'을 비유한 것이다.

오순절Pentecost

펜테코스트는 샤부오트나 칠칠절을 가리키는 헬라어이다. 밀 수확을 이틀 동안 기념하는 절기로, 주요 절기 중 가장 짧다. 헬라어 '펜테코스트'나 히브리어 '샤부오트' 모두 무교절 기간의 초실절에서 '일곱 번의 안식일'을 계수하라는 명령에서 온 이름이다. 샤부오트는 '여러 주', 곧 무교절의 초실절(보리)에서 다음 초실절(밀)까지 일곱 주를 보내고 그 다음 날인 50일째 되는 날을 가리키는 히브리어이다. 이 기간을 '오멜(보리를 묶은 단)을 센다'고 한다. 용어 해설에서 '샤부오트' 항목을 찾아보라.

오천 명을 먹이신 곳Location of the Feeding of the Five Thousand

누가복음 9장 10절에 의하면 이곳은 벳새다 근처이다. 벳새다라 불리는 도시는 두 곳이 있는데, 하나는 갈릴리 바다 서편 가버나움과 디베랴 사이에 위치해 있고, 나머지 하나는 갈릴리 바다 북동쪽 구석에 위치해 있었다. 이곳은 가버나움에서 북동쪽으로 약 11킬로미터 거리에 있었고, 디베랴에서는 갈릴리 바다 대각선 방향에 위치해 있었다.

복음서에는 제자들이 동쪽에서 서쪽, 곧 갈릴리 북동쪽 구석에 위치한 벳새다에서 가버나움으로 배를 타고 가다가 강한 역풍과 마주쳤는데, 이때 예슈아가 물 위를 걸어 그들을 따라잡으셨다고 기록한다(막 6:48 이후, 요 6:19). 그들은 이 강한 바람 때문에 경로를 이탈하여 갈릴리 바다 서편에 있는 벳새다(막 6:45) 대신 게네사렛(막 6:53)에 이르렀다. 게네사렛은 가버나움 북서쪽에 위치한 평원으로 농사에 적합한 땅이다.

요드와 바브Yod and Vav

이들은 히브리어 알파벳에서 가장 작은 두 글자이다. 마태복음 5장 18절은 다음과 같다. "진실로 내가 너희에게 말한다. 하늘과 땅이 사라지게 될 때까지 철자 '요드' 하나 또는 '바브' 하나도 결코 토라(가르침)에서 사라질 수 없으니, 모든 일이 일어날 때까지 그럴 것이다." 누가복음 16장 17절도 비슷하지만, 율법의 한 획,

곧 바브만 기록되어 있다(요드라면 일점). 구약 성경이 히브리어로 기록되었고, 고대부터 오늘에 이르기까지 이스라엘의 회당과 성전에서 드리는 모든 예배도 히브리어로 진행되고 있다. 이런 이유로 히브리어가 오늘날까지도 보존될 수 있었던 것이다.

당시 예슈아께서는 히브리어 '요드'와 '바브'를 사용하셨을 것이다. 그런데 이것을 헬라어로 옮기면서 그에 상응하는 '이오타'를 사용한 것이다. 헬라어에는 v음이 없기 때문에 히브리어 '바브'에 해당하는 글자가 없다. 마태와 누가는 헬라어의 '케라이아'(keraia)를 사용하여 이 문제를 해결했다. 케라이아를 토라 사본의 장식을 가리키는 말이라고 주장하는 사람들이 있는데, 케라이아의 실제 의미는 '작은 뿔이나 갈고리'이다. 히브리어 문자 '바브'의 뜻도 '갈고리', '못'이다. 그러므로 예슈아는 '바브'라는 글자를 언급하신 것이 분명하다. 예슈아 시대에 작성된 사해 사본의 토라 두루마리에서는 어떤 장식도 발견되지 않았다. 그러므로 케라이아는 장식을 가리키는 것이 아니다. 요드와 바브는 히브리어 알파벳의 가장 작은 두 글자일 뿐만 아니라 '연문자'(soft letters)로도 불리는데, 상황에 따라 생략해도 철자가 잘못된 것이 아니기 때문이다. 즉, 예슈아는 이 땅이 존재하는 한, 생략해도 아무 지장 없는 글자들마저 토라에서 제거될 수 없다고 말씀하신 것이었다. 우리는 성경의 처음 다섯 권, 곧 토라에 대해 더 많은 것을 배울 필요가 있다.

욤 키푸르(속죄일)Yom Kippur, Day of Atonement

로쉬 하샤나가 포함된 7월, 곧 신년의 제10일이다. 욤 키푸르는 절기가 아니라 회개의 날로, 그리스도인에게도 대단히 중요한 날이다. 신약에서는 유일하게 사도행전 27장 9절에 '금식 절기'로 언급되어 있다. 이날이 그리스도인에게도 중요한 것은 온전한 사람이 아무도 없기 때문이다. 우리는 매년 지난해보다 더 발전하고 나아지기로 다짐해야 한다.

유대력Jewish Calendar

달의 위상 변화에 따른 역법으로, 초승달이 뜰 때 매월 첫날이 시작된다. 음력인 유대력은 29-30일씩 열두 달, 1년이 대략 354일이기에 윤년이 자주 돌아온다. 적어도 3년에 한 번, 때로는 2년 후에 윤년이 돌아온다.

AD 4세기경, 힐렐 2세는 수학과 천문학적 계산에 기초하여 확정된 달력을 제정하였다. 지금도 사용되는 이 달력은 달의 길이를 표준화했으며 19년을 주기로 윤달을 추가하여 태양력과 맞추었다. 윤달인 제2 아달월은 제3년, 6년, 8년, 11년, 14년, 17년, 19년차에 나타난다. 본서가 출간된 1997년의 10월 2일은 유대력으로 새로운 주기(19년)가 시작되는 유대력 제5758년이었다.

이렇게 정해지기 전에는 아달월 1일에 보리 수확을 살펴보며 윤달을 결정하였다(아달월은 유대력의 12월이고 태양력으로는 2-3월 정도에 해당한다 - 역자 주). 만일 아달월 1일에 예측하기를 향후 2주 안에 보리를 수확하지 못할 것 같으면, 무교절의 초실절을 지키기 위해 그다음 달을 '제2 아달월'로 불렀다. 춘분도 항상 아달월이었다.

에스더서의 내용을 기념하는 부림절(아달월 14일)은 아달월의 유일한 축제일이다. 윤년에는 부림절을 제2 아달월에 지키는데, 이것은 유월절(니산월 14일) 4주 전을 부림절로 지키려는 관습 때문이다. 부림절은 유대인을 말살시키려는 아각 사람 하만의 악한 계획에서 구원받은 것을 기념하는 날이다. 에스더 9장 24절은 다음과 같다. "아각 사람 함므다다의 아들로 모든 유대인의 원수인 하만이 유대인들을 몰살시키려는 음모를 꾸미고 부르, 곧 제비를 뽑아 그들을 소멸시키고 멸망시키려 했기 때문이다." 부림절에는 에스더서를 읽으며 유대 민족을 이러한 죽음에서 구원해 주신 하나님의 기적적인 역사를 이야기한다.

유대력의 새해는 일곱째 달인 티슈리월 1일에 시작되는데, 태양력으로는 보통 8월 말에서 9월 중순 사이이다. 이날을 '신년'을 뜻하는 '로쉬 하샤나'라고 하며 거룩한 날로 기념한다. 이날은 세상이 창조된 것을 기념하는 날이며, 하나님이 각 사람을 위해 행하신 모든 일을 기억하기 위해 구별된 날이다. 또 속죄일인 욤 키푸르(티슈리월 10일)를 준비하며 회개해야 하는 날이다. 유대력의 1월은 니산월이지만, 한 해는 그로부터 6개월 앞선 티슈리월에 시작된다. 이는 하나님이 출애굽기 12장 2-3절에 모세에게 유월절과 출애굽을 명령하시며 다음과 같이 말씀하셨기 때문이다. "이달이 너희에게 달들의 시작, 곧 한 해의 첫 달이 될 것이다. 이스라엘 온 회중에게 말하기를, 이달 열번째 날에 모든 사람은 자신을 위하여 양 한 마리를, 그들의 집에 따라 한 집에 한 마리씩 취할 것이라."

니산월 첫날이 새해가 되는 것이 자연스럽지만, 그렇게 하지 않는다. 로쉬 하샤나를 새해로 정하는 성경적 근거는 출애굽기 23장 16절과 34장 22절의 "한 해의 끝에 수장절(티슈리월 15일)을 지켜라"이다. 1월인 니산월에는 유월절 해 질 녘에 있었던 예슈아의 마지막 세데르(최후의 만찬)를 기념한다. 초실절은 유월절 다음 날

해 질 녘에 시작되며 예슈아의 부활을 기념한다. 성경은 이날부터 샤부오트까지 일곱 주에 하루를 더하여 '오멜을 센다'고 말한다. 샤부오트에 해당하는 헬라어는 '50'을 뜻하는 펜테코스트(오순절)이다.

유월절passover

이스라엘 자손이 이집트의 속박에서 풀려난 것을 기념하는 절기이다. 이날은 '세데르'라는 만찬을 먹으며 하나님이 이집트의 노예살이에서 기적적으로 해방시켜 주신 것을 가르친다. 예슈아와 제자들, 그리고 신약의 모든 기자들도 유월절을 기념했다. 그러나 AD 196년에 이슈타르(Ishtar) 숭배가 유월절 기념을 대신하게 되었다. 이슈타르는 바빌론의 다산의 여신이다. 헬라어에는 'sh' 발음이 없어서 이 이름을 헬라어로 옮기면서 이스타르(Istar)가 되었고, 헬라어와 라틴어에서는 알파벳 I가 장모음 'EE'로 발음되기 때문에 다시 영어로 옮기는 과정에서 이스터(Easter)가 되었다. 이슈타르 축제에는 번식을 상징하는 계란과 토끼를 가져왔다. 이것은 유대적 뿌리와 상관없이 행해졌는데, 이교도의 풍속을 유지하게 허락함으로 이방인들이 조금 더 수월하게 그리스도인이 되게 하려는 것이었다.

율법주의Legalism

인간의 방식으로 성경을 규정하는 것을 말한다. 물론 그 동기는 선한 것이다. 성경에서 막연하거나 분명하지 않은 부분들을 누구나 이해하고 다를 수 있도록 범위를 분명히 하는 것이다. 그러나 문제는 성경 말씀이 아니라 인간의 해석에 집중하게 된다는 점이다. 이것은 방향이 잘못된 것이다. 우리는 사람의 해석이나 전통이 아니라, 오로지 하나님께 초점을 맞추어야 한다. 예를 들어 오늘날 대부분의 교회가 안식일과 관련하여 '안식일 규례는 지킬 필요가 없다', '사실 매일이 안식일이 아닌가?'라고 하며 성경의 금지 조항을 무시하고 있다. 그러나 안식일의 정수(精髓)를 이해하고 있다면, 절대로 그렇게 말하거나 행동하지 않을 것이다. 예슈아는 결코 안식일에 금지된 일들을 행하지 않으셨다. 그러나 율법주의자들은 그분이 (선한 의도로 명확하고 일관성 있게 규정해 놓은) 장로들의 전통을 지키지 않는다고 비난했다. 율법주의는 성령의 인도함을 받는 것과 정반대되는 태도이다. 용어 해설에서 '안식일' 항목을 찾아보라.

의 Righteousness

우리는 믿음과 은혜로 의롭게 되지만, '의'는 행위이다. '의'는 히브리어 어근 '짜다크'(Ts-d-k)의 명사형이다. '짜다크'와 헬라어 '디카이오'(Dikaio)는 둘 다 '옳게 행하다', '의롭다'는 뜻으로, 주어의 행동을 필요로 하는 동사이다. 믿음으로 의롭게 되면, 행동이 변화되어야 한다. 사도 요한은 요한일서 2장 3-6절에서 다음과 같이 말했다. "그리고 우리가 그분의 계명들을 지키면, 이것으로 우리는 그분을 안다는 것을 확신하게 됩니다. '나는 그분을 안다'라고 하면서 그분의 계명들을 지키지 않는 사람은 거짓말쟁이이며, 그 사람 안에는 진리가 없는 것입니다. 그러나 누구든지 그분의 말씀을 지키는 자는 참으로 하나님의 사랑이 그 사람 안에서 완전해집니다. 이를 통해 우리가 그분 안에 있음을 알게 됩니다. 그분 안에 머물러 있다고 말하는 사람은 그분께서 행하신 그대로 행해야 합니다."

신약 성경에는 사도행전 16장 31절과 같은 구절들이 여러 차례 등장한다. "당신은 즉시 주 예슈아를 믿으시오. 그러면 당신과 당신의 식구들이 구원을 받을 것입니다." 바울과 누가 그리고 신약의 모든 기자들에게 '믿는다'는 것에는 사도행전 26장 19절처럼 '행위'가 따라야 했다. 사도행전 26장 19-20절은 다음과 같다. "아그립바 왕이여, 그런 이유로 저는 하늘의 환상에 순종하지 않을 수가 없었습니다. 그래서 먼저 다마스쿠스에 있는 자들에 이어 예루살렘과 유대 모든 지역과 이방인들에게 회개를 촉구하며 하나님께 돌아올 것과 회개에 합당한 일을 하라고 전했습니다."

이러한 행동의 변화는 바로 위로부터 오는 것이다. 그래서 사도 바울도 이것을 로마서 5장 17절에서 '의의 선물'이라고 표현한 것이다. 더 나은 사람이 되기 위해 각자가 할 수 있는 일이 많지만, 믿음과 하나님에 대한 헌신으로 의의 은사를 받으면 훨씬 더 많은 일을 할 수 있다.

바울은 고린도전서 6장 9-10절에서 다음과 같이 말했다. "아니면 여러분은 불의한 자들이 하나님의 왕국을 상속받을 수 없다는 사실을 알지 못합니까? 속지 마십시오. 간음하는 자들이나 우상숭배자들이나 음행하는 자들이나 호색하는 자들이나 남색하는 자들이나 도둑질하는 자들이나 탐욕을 가진 자들이나 술 취한 자들이나 폭력적인 자들이나 사기꾼들은 하나님의 왕국을 상속받지 못합니다."

유대인들에게 '믿는다'는 말은 앞서 요한일서 2장 3-6절에서 살펴본 것처럼, 행동의 변화를 요구한다. 야고보서 2장 14절과 용어 해설의 '미츠바' 항목을 살펴보라.

에스겔 18장 5-9절은 다음과 같다. "그러나 만일 어떤 사람이 의로워서 정의와 자애를 실천하며, 산 위에서 먹거나 이스라엘 집의 우상들에게 그들의 눈을 들거나 이웃의 아내를 더럽히거나 부정함 가운데 있는 여인을 가까이 하지 않고, 아무도 압제하지 않으며, 저당 잡은 것을 돌려주고, 누구의 것도 강탈하지 않으며, 주린 자에게 빵을 주고, 벌거벗은 자를 옷으로 덮어 주며, 높은 이자에 꾸어 주거나 이자를 받지 않고, 불의에서 손을 뗀다면, 그는 사람과 사람 사이에서 공정하게 판결하는 자이며, 나의 법규대로 행하고 나의 법령을 진실하게 행하여 지키는 자이다. 그는 의로운 사람이니, 그는 반드시 살 것이다. 아도나이 여호와의 말씀이다."

의와 거룩은 모든 관계의 기초이다. 각 사람은 하나님과 다른 사람들 그리고 심지어 동물들과도 관계를 맺는다. 우리는 최선을 다해 옳게 행하고 자신을 순결하게 지켜야 한다. 이것이 최소한의 기준이다. 우리의 하늘 아버지는 레위기 11장 45절에서 이렇게 말씀하셨다. "내가 바로 너희 하나님이 되려고 너희를 이집트 땅에서 데리고 나온 여호와이다. 그러므로 너희는 거룩할 것이니, 이는 내가 거룩하기 때문이다!" 이 땅에서 육신으로 살아가는 동안 온전한 사람은 아무도 없다. 그러나 각자가 힘써 의롭게 행하고 순결함을 지켜야 한다. 하나님은 우리의 중심을 아실 뿐만 아니라, 우리의 믿음과 어린양의 보혈을 보신다. 그분을 인정하고 옳게 행하며 자신을 순결하게 지키는 한, 우리에게는 영생이 있다. 이것이 바로 최소한의 의다. 이 기준 이상으로 살아가는 것은 하늘 아버지께서 상으로 주시는 엄청난 복이며 은혜이다. 이렇게 의의 기준 이상으로 살아가는 것을 히브리어로 '쯔다카'라고 하는데, 이 성경에서는 보통 '의(하나님을 향한 사랑의 담대한 행위)'로 옮겼다.

이름Names

본서는 '예슈아'와 '미리암' 외에 개역개정 성경의 인명을 그대로 따랐다. 우리말 성경의 인명은 히브리어나 헬라어보다는 라틴어 발음을 따른 것이다. 베드로의 예를 살펴보자. 그의 이름은 마태복음 4장 18절에 '시몬 베드로'로 등장한다. 그런데 베드로후서 1장 1절에는 '시므온'으로 기록되어 있다(우리말 성경은 '시몬'으로 통일시켜 놓았다). 이것은 성전에 오신 아기 예슈아를 만난 시므온(눅 2:25)과 같은 표기이다. 이 외에도 여러 명의 이름이 '시므온'으로 기록되어 있다.

이름 두 번 부르기 Double Names

예슈아께서 "마르다야, 마르다야"라고 하신 것처럼, 이름을 두 번 부르는 것은 상대에게 강한 메시지를 전하고자 할 때 사용하는 히브리어 화법이다. 예슈아는 끊어서 "마르다야! 마르다야!" 하고 부르셨는데, 이것은 매우 단호하고 엄중하게 상대방의 이목을 집중시키는 방법이다. 사람들이 "주여! 주여!" 하고 외치는 것은 엄중하기보다는 간청하는 것이었다. 이런 화법은 현대 히브리어에서도 여전히 사용되고 있다.

이름의 순서 Placement of a Name

두 명 이상의 이름이 등장하는 경우, 가장 중요한 이름을 맨 앞에 두었다. 이를테면 사도행전에서는 남편인 아굴라보다 부인인 브리스길라의 이름을 먼저 기록하여 그녀에게 더 큰 경의를 표했다.

이방인 Gentile

신약 성경에서 보통 '이방인'으로 번역하는 헬라어 '에드노스'(ethnos)의 정확한 뜻은 '이교도'이다. 이방인을 뜻하는 영어 gentile은 '이교도'를 뜻하는 라틴어 Gentilis를 그대로 음차한 것이다. 최초의 영역본이 불가타(Vulgate) 역을 사용하면서 라틴어를 그대로 음차하여 생겨난 표현인 것이다. 이후 다른 번역자들도 수세기 동안 정치적 올바름(차별이나 멸시 표현을 삼가는 서구 사회의 원칙 – 편집자 주)을 이유로 성경의 원 기록자들이 사용한 '이교도' 대신 '이방인'을 사용하고 있다.

이사야 28장 16절 Isaiah 28:16

로마서 9장 33절, 10장 11절, 베드로전서 2장 6절에 인용된 이 구절의 마지막 문장은 헬라어로 다음과 같이 번역되는 경우가 많다. "그분을 믿는 사람은 부끄러움을 당하지 않을 것이다." 그러나 히브리어 원문은 "믿는 사람은 결코 다급하지 않을 것이다"로 그 의미가 더 강하고 깊다. '믿는 사람'에 해당하는 히브리어 '마아민'(ma'amin)의 근본적인 의미는 '훈련', '충성', '성실'이다. 단순히 '믿는 것'과 힘든 시간을 보내며 '충성하는 것'은 다르다. 야고보서 2장 19절은 다음과 같다. "그대는 하나님은 한 분이라고 믿고 있습니다. 그것은 잘하는 일입니다. 귀신들도 믿고 떱니다." 마귀는 하나님과 그분의 능력을 잘 알지만, 그분께 순종하거나 충성하지 않는다.

'다급하지 않다' 또는 '부끄러움을 당하지 않다'에 해당하는 히브리어는 다소 난해하지만, 쉽게 이뤄지지 않는 일을 지칭한다. 12세기의 랍비 이븐 에즈라(Ibn Ezra)는 이렇게 말했다. "오랫동안 일이 이루어지지 않고 지연되더라도 신실한 사람은 확고한 믿음 안에 머물 것이다." 하나님께 사역의 비전을 받았다면 때와 시기는 우리가 아니라 그분께 속한 것이라는 사실을 알아야 한다. 하나님이 그분의 때와 시기에 모든 일을 이루시는 동안, 믿음을 붙잡으라. 만일 하나님보다 앞서간다면, 그것은 하나님의 사역이 아니라 우리의 사역이 된다. 그런 사역에 재정적인 성공이 있을지는 모르지만, 영적인 성공은 없을 것이다. 사역의 비전을 받았다면 시작하기 전에 준비 기간이 필요할 수도 있다.

더디게 보이지만 하나님이 우리 안에서 일하고 계실 수도 있다. 바울은 빌립보서 4장 11-13절에서 이렇게 말했다. "내가 궁핍해서 이렇게 말하는 것이 아닙니다. 나는 가진 것에 만족하는 법을 배웠습니다. 그러므로 나는 빈곤하게 지내는 법도 알고, 풍부하게 사는 법도 압니다. 나는 배부르거나 굶주리거나 풍족하거나 궁핍하거나 모든 일과 모든 상황에 대처하는 비결을 배웠습니다. 내게 힘을 주시는 그분 안에서 나는 모든 것을 이길 수 있는 힘을 가졌습니다."

시편 105편 17-19절은 다음과 같다. "그분이 그들보다 앞서 한 사람을 보내셨는데, 요셉, 곧 종으로 팔린 자였다. 사람들이 그의 발을 족쇄에 상하게 하고 그를 쇠 안에 두기를, 그의 말이 임할 때까지 그리하였다. 여호와의 말씀이 그를 깨끗하게 했다." 이것은 요셉이 노예로 감옥에 갇혀 있던 때를 말하는 것이다. '깨끗하게 하다'에 해당하는 히브리어의 어근은 '제련하다', '시험하다', '정화하다', '불태우다' 등을 뜻하는 말이다. 사역자를 깨끗하게 하든 다른 요소들을 준비하는 것이든, 하나님의 때를 기다리며 보내는 시간에는 목적이 있다. 우리는 바울처럼 결핍의 때에도 만족할 줄 알아야 한다. 결핍은 바울이 기록한 것처럼 물질일 수도, 사역의 어려움일 수도 있다. 누구에게나 사역이 있다. 각 사람이 제사장이라는 사실을 기억하라. 우리는 하나님 아버지의 왕국이며 제사장이다(계 1:6). 중요한 것은 순종하고 만족하며 기다리는 것이다. 그리고 하나님이 우리 안에서 그분의 뜻을 행하시는 동안 믿음을 지키며 영적으로 성장해야 한다.

이중 부정Double Negative

보통 이중 부정은 강한 긍정을 나타내지만, 헬라어에서는 그와 정반대로 부정의 의미를 강화한다.

인구 조사Census

성경은 전쟁에 나갈 수 있는 남자만 계수했다. 예수아께서 각각 오천 명과 사천 명을 먹이실 때도 마찬가지였다. 민수기 1장 3절은 20세 이상 50세 이하의 남자만 계수하라고 규정하였다. 여자나 어린이, 노인, 장애가 있는 사람들은 계수하지 않았다. 그러나 고대 로마에서 시행된 인구 조사에는 이러한 조건이 적용되지 않았다.

일용할 양식Daily Bread

주기도문의 '일용할 양식'이 무엇을 말하는지는 명확하지 않다. '일용할'에 해당하는 헬라어 '에피우시온'(epiousion)은 마태복음 6장 11절과 누가복음 11장 3절 외에 다른 어떤 고대 문헌에도 나타나지 않는다. 이것은 코이네 헬라어 어휘에 속한 말이 아니기에, 학자들은 '에피우시온'의 성분을 분석하여 그 뜻을 결정해야 했다. 의견 일치를 보지는 못했지만, 하루 정도 사용할 수 있는 양식이나 생필품을 의미한다는 것이 대다수의 의견이다. 이 성경에는 '오늘을 사는 데 필요한 것', '생존에 필요한 것'으로 번역되어 있다.

장과 절 숫자들Chapter and Verse Numbers

장과 절은 성경 각 권이 완성되고 한참 후에 덧붙여졌다. 장 숫자는 AD 1207-1228년에 캔터베리 대주교로 있었던 스티븐 랭튼(Stephen Langton)이 붙인 것이다. 그리고 1551년에 '스테파누스'라고도 하는 인쇄업자 로베르 에스티엥(Robert Estienne)이 신약 성경 본문에 절 숫자를 덧붙였다. (유대인들이 사용하는) 히브리 성경과 우리가 사용하는 구약 성경은 절이 조금씩 다른데, 시편은 특히 더하다. 히브리 성경은 표제를 절로 여기기 때문이다. 장 숫자가 다른 곳은 민수기, 말라기, 요엘서뿐이다. 민수기 16장 36-50절에 해당하는 내용이 히브리 성경에서는 17장 1-15절이다. 하지만 내용이 빠지거나 더 있는 것은 아니다. 또 히브리 성경의 말라기는 3장에서 4장으로 넘어가는 것이 아니라, 4장이 3장에 포함되어 있다. 반면 히브리 성경의 요엘서는 3장에서 끝나는 것이 아니라, 일부 절이 4장에 포함되어 있다. 랭튼 주교가 사용한 성경은 라틴어 불가타역이었고, 로베르 에스티엥의 신약 성경은 16세기 초 에라스무스 사본에서 내려온 비잔틴 헬라어 역본이었다.

접속사Conjunctions

성경에는 접속사가 과도하다 싶을 정도로 사용되었는데, 히브리어의 정해진 양식 때문이다. 학자들에 따르면, 이 접속사가 하나의 행동이나 말이 다른 행동이나 말과 연결된다는 것을 확인시켜 준다고 한다. 그러므로 접속사들이 의도적으로 사용되었다는 사실을 기억하라. 신약 성경의 문장들이 상당히 긴 것은, 헬라어 문장이 길기 때문이다. 신약 성경은 본래 구두점 없이 기록되었지만, UBS(United Bible Society) 사본을 출간한 학자들은 적당한 곳에 구두점을 붙였다. 어색할 정도로 긴 문장이 성경의 흐름에 기여하는 경우도 있기 때문에 신약 성경 번역시 접속사 대신 마침표를 넣는 것을 최소화하여 문장의 수를 줄였다.

정결하게 함Cleanse

예슈아는 어떻게 나병환자에게 손을 대셔서 그를 정결케 하실 수 있었을까? 민수기 19장 22절은 이렇게 말씀한다. "부정한 사람이 무엇을 만지든지 부정할 것이니, 누구든지 그것을 만지는 자도 저녁까지 부정할 것이다." 나병환자는 도시나 마을 밖에서 살았는데, 사람이든 물건이든 그가 접촉하는 모든 것이 부정해졌기 때문이다. 하지만 예슈아는 나병환자에게 손을 대심으로 그를 깨끗하게 하셨다(눅 5:13). 예슈아는 살아 있는 말씀, 곧 살아 있는 토라(가르침)이시다. 요한복음 1장 14절은 "말씀이 육신이 되어 우리 가운데 사셨다"고 말씀한다. 그러므로 살아 있는 토라께서 만지는 자마다 정결하게 된다. 레위기 6장 27절에서 "그(속죄제물) 살에 닿는 것마다 거룩해질 것이다"라고 말씀하셨기에 두 배로 정결하게 된다.

제자Disciples

예슈아와 함께 다닌 자들, 또는 주님을 믿은 모든 이들을 가리킨다. 열두 사도에게는 많은 시간을 함께한 수많은 남녀 동료들이 있었다. 가룟 유다의 빈 자리는 주님과 함께 다니던 사람 중에서 선출되었다. 열두 명을 제자로 언급한 경우도 있고, 사도로 표현한 경우도 있다. 마가복음 4장 10절, 14장 12, 17절, 누가복음 6

장 13–16절, 8장 1–3절, 19장 37절을 살펴보라.

종Servant

신약 성경에서 '종'으로 번역되는 헬라어는 '디아코노스'(Diakonos), '오이케타이스'(oiketays), '둘로스'(doulos) 세 가지가 있다. 하지만 이 셋은 완전히 다른 말들이다. 디아코노스는 '사역자'나 '집사'로, 둘로스와 오이케타이스는 '노예', '하인'으로도 번역된다. 오이케타이스는 몸종, 요리사, 유모, 집사 등 집안일을 하는 노예나 하인으로, 특정 기간에 특정한 일을 위해 값을 주고 산 사람을 말한다. 주님은 우리를 그분의 피로 사셨다. 그러므로 믿는 자는 완전히 그분께 속한 자가 되었다는 의미에서 그분의 종이 되어야 한다. 주님은 단순히 각 사람과 계약한 고용주 같은 분이 아니다. 이것이 노예제도와 다른 점이다. 우리에게 자유 의지가 있어서, 우리가 원하면 계약을 파기할 수 있기 때문이다. 로마서와 디도서, 야고보서, 베드로후서와 유다서의 기록자들은 자신을 예슈아 혹은 하나님의 '둘로스', 곧 종으로 칭하고, 다른 사람들과의 관계에서는 '디아코노스'를 사용한다. 이 성경에서는 이것을 전달하기 위해 종과 사역자라는 표현을 사용하였다. 예슈아는 마태복음 20장 28절에서 섬김을 받기 위해서가 아니라 섬기러 오셨다고 말씀하셨다. 이처럼 사역자는 사람들을 섬기는 일에 세워진 사람이다.

히브리 성경에서 '노예'는 거의 대부분이 '종', '하인'을 가리킨다. 그리스·로마법에서 노예는 소유물로 여겨 주인이 마음대로 할 수 있었다. 노예를 죽이는 것은 죄가 아니었다. 그러나 유대법, 곧 성경에서 노예는 '하인'(오이케타이스 참조)으로, 주인이 그를 상하게 하는 경우 자유롭게 풀어 줘야 했다. "만일 어떤 사람이 자신의 남종이나 여종의 한쪽 눈을 쳐서 멀게 하였다면, 그는 그 눈 대신 그를 놓아 주어야 할 것이다. 그가 자기 남종이나 여종의 이를 때려 부러뜨린 경우, 그 이를 대신하여 그를 놓아 주어야 할 것이다"(출 21:26–27). 또 그 종이 새롭게 시작할 수 있도록 장려금도 지급해야 했다. "네 마음에 이러한 악한 생각이 들지 않도록 주의하라. '일곱째 해, 면제의 해가 가까이 왔다' 하고, 네 눈이 네 가난한 형제를 향해 악한 눈길을 보내며 네가 그에게 아무것도 주지 않아서 그가 너에 대해 여호와께 부르짖으면 그것이 네게 죄가 될 것이다. 너는 반드시 그에게 줄 것이며, 그에게 주고 네 마음이 근심하지 않아야 할 것이다. 이 때문에 여호와 네 하나님께서 너의 모든 일들과 네 손이 닿는 모든 것에 복을 주실 것이다"(신 15:9–10). 모든 히브리인 종은 일곱 번째 해, 곧 안식년에 풀려났고, 오십년째 해, 곧 희년에는 모든 종이 풀려났다.

히브리 성경에 언급된 '노예'는 '종'이나 '하인'으로 이해하면 된다. 히브리 성경에서 유일하게 노예가 언급된 곳은 에스겔 27장 13절로, '네페쉬 아담'(nefesh adam)이라는 표현을 사용하였는데, 보통 '인간의 영혼' 또는 '인간의 생명'으로 번역된다. 신약에서 유일하게 그리스·로마의 노예를 지칭하는 곳은 계시록 18장 13절로, 바빌론의 멸망에 부의 손실을 입고 슬피 우는 상인들에 대해 묘사하며 헬라어 '소마타'(somata)를 사용한다. 이것은 노예제도 하에서 소유물로서의 '사람'을 가리키는 것이다.

죄Sin

히브리 성경에는 죄에 해당하는 여섯 개의 히브리어가 등장한다. 아래의 세 단어는 일반적인 모든 악을 지칭한다.

아발(Avel) – 불법, 불의, 왜곡

라샤(Rasha) – 사악한, 잔인한, 악한

사돈(Zadon) – 사악함, 악함, 오만, 적의

나머지 세 단어에는 하나님이 죄로 분류하신 악한 의도가 담겨 있다(출 34:6-7).

아본(Avon) – 고의적인 죄, '불법', '불의'로 번역됨. '죄를 범하다'를 뜻하는 '아바'(Avah)가 어원이다.

페샤(Fesha) – 의도를 가지고 지은 죄를 가리킴. '허물'로 번역됨. '죄를 짓다', '반역하다'를 뜻하는 '페샤'(Pesha)에서 파생된 말로, 하나님을 화나게 하려고 범하는 죄를 말한다. 하나님은 이런 죄들도 지워 주신다(사 43:24-25).

카타아(Khata-ah) – '무심코 범한 죄'로 번역됨. 어원은 '죄를 범하다', '어기다, 위반하다', '(과녁에서) 빗나가다' 등을 뜻하는 '하타'(Hata)이다. 성경에서 카타아는 부주의로 또는 무지로 범한 죄를 가리킨다.

(히브리어 성경을 헬라어로 번역한) 칠십인역 출애굽기 34장 7절을 통해 유대인 번역자

들이 죄와 관련된 이 단어들을 어떻게 이해했는지 살펴볼 수 있다. 용어 해설에서 '헬라주의자'와 '칠십인역' 항목을 찾아보라.

아본 – 헬라어 '아노미아'(anomia). '불법', '무법', '불법(무법)자'

페샤 – 헬라어 '아디키아'(adikia). '불의', '의롭지 못함', '사악함'

카타아 – 헬라어 '하마르티아'(amartia). '실패', '잘못', '죄'

신약 성경에서는 이들 중 '하마르티아'가 가장 많이 사용되었다.

죄를 가리키는 네 번째 헬라어 '아스토케오'(astokheo)는 히브리 관용 표현인 '과녁을 빗나가다'에서 기인했다. 헬라어로 '과녁', '표적'은 '스토코스'(stokhos)이며, 여기에 접두사 '아'가 붙어 부정형을 만들고 어미를 변화시켜 동사화한 것이 '아스토케오'이다. 디모데전서 1장 6절, 6장 21절, 디모데후서 2장 18절, 세 구절에만 등장한다.

사람들은 죄의 경중을 따지려는 경향이 있다. 하나님도 잠언 6장 16-19절에서 죄의 경중을 가리시는 것처럼 보인다. "여호와께서 이들 여섯 가지를 싫어하시고, 일곱 가지가 그분께 가증한 것이니, 교만한 눈과 거짓말하는 혀와 무고한 자의 피를 흘리는 손들과 악한 일들을 꾀하는 마음과 신속하게 악을 향해 달려가는 발과 거짓을 말하는 거짓 증인과 형제들 가운데 불화를 뿌리는 자이다." 오만과 교만에 이어 거짓말이 살인보다 먼저 언급되었다는 사실에 주목하라. 하나님이 무겁게 여기시는 죄가 따로 있는 것이 아니다. 하나님은 의도를 살피신다.

죄 사함 Forgiveness of Sin

히브리 성경의 여러 구절들이 죄 사함을 선언하고 있는데, 용서받는 절차, 공식이 있다.

1. 타인에 대한 용서

한 가지 전제 조건이 있어서 그것이 없이는 아무리 회개해도 용서받을 수 없다. 죄인은 먼저 다른 사람의 작은 잘못들을 용서해야 한다. 그러면 하나님이 그의 회개하는 마음을 받아 주실 것이다. 예슈아는 주기도문에서 이렇게 가르치셨다. "우리에게 잘못한 모든 사람의 크고 작은 모든 일을 우리가 완전히 용서한 것처럼 아버지께서 우리 죄를 즉시 용서해 주셔야 합니다"(마 6:12). 그분은 계속해서 14-15절에서 다음과 같이 말씀하신다. "그러므로 만일 너희가 *다른 모든* 사람의 잘못들을 용서하면, 너희의 하늘 아버지께서도 너희를 용서하실 것이다. 그러나 만일 너희가 *다른 모든* 사람을 용서하지 않으면, 너희 아버지께서도 너희의 죄를 용서하지 않으실 것이다." 마가복음 11장 25절과 골로새서 3장 13절은 이러한 원리를 다시 한번 확인한다.

2. 자기 자신 용서하기

다른 사람을 용서하듯이, 반드시 자기 자신도 용서해야 한다. 우리의 죄를 지워 주시는 하나님의 위대한 기적을 기억하라. 자기 자신을 포함한 다른 모든 사람과의 일을 바로잡은 후에야 하나님과의 일들을 바로잡을 수 있다. 과거의 실수나 잘못 때문에 자책하지 말고, 자신을 용서하라. 자기 자신을 사랑하지 않는 사람은 배우자나 자녀는 물론 다른 사람을 사랑할 수 없다. 자기 자신을 용서하고 사랑하라. 그리고 회개하면, 하나님의 사랑과 용서가 당신을 통해 흘러갈 수 있다. 에베소서 5장 28절을 살펴보라.

3. 다른 사람의 용서 구하기

예슈아는 마태복음 5장 22-24절에서 다음과 같이 말씀하셨다. "그러나 내가 너희에게 말하는데, 자기 형제에게 화를 내는 모든 사람은 심판받을 것이다. 그리고 누구든지 자기 형제를 '바보'라고 하면 그 사람은 산헤드린에 갈 죄인이며, 누구든지 '어리석은 자'라고 말하는 자는 불타는 게헨나에 들어갈 죄인이다. 그러므로 네가 제단 위에 예물을 드리다가 네 형제가 너에게 반감을 가진 것이 기억나면, 즉시 제단 앞에 예물을 두고 가서 먼저 네 형제와 화해하라. 그 다음에 돌아와서 네 예물을 바쳐야 한다." 탈무드는 부지중에 지은 죄에 대해 용서를 구하라고 분명히 말한다. 또 하나님 앞에 나아가기 전에 부지중에 상처 받은 사람들과의 일을 바로잡으라고 한다. 용어 해설에서 '비방/험담' 항목을 찾아보라.

상대방의 용서를 구하는 것은 자기 죄를 고백하는 것이다. "그러므로 만일 네 형제가 네게 죄를 지으면, 너는 가서 너와 그 사람 사이에서만 그 죄를 깨닫게 해야 한다. 만일 그가 네 말을 들으면, 너는 네 형제를 얻은 것이다. 그러나 만일 그가 듣지 않으면, 너는 한두 사람을 함께 데려가서 '두세 증인의 입으로 모든 말을 확증하도록' 해야 한다. 그런데 만일 그가 그들의 말도 듣지 않으려 한다면, 너는 즉시 회중(교회)에 말해야 하며, 만일 그가 회중(교회)의 말도 듣지 않으려 한다면, 너는 그들을 이방인이나 세리같이 여겨야 한다"(마 18:15-17).

이것 외에 제삼자나 여러 사람 앞에서 죄를 고백하는 것은 무리나 집단에게 피해를 끼치지 않은 한 요구되지 않는다. "그러므로 여러분은 계속해서 자신의 죄들을 서로 고백하고, 서로를 위해 기도해야 합니다. 그러면 여러분이 낫게 될 것입니다. 의인의 간구는 매우 강력하여 큰 역사를 일으킵니다"(약 5:16). 여기서 죄를 고백하는 대상은 피해를 입은 당사자를 말한다. 지금도 이 구절을 오해하는 사람들이 있는데, 야고보는 죄를 공개적으로 고백하라거나 동일한 죄를 거듭 고백하라고 말하지 않았다. 어쨌든 일단 회개하면 하나님이 그 죄를 없애 주신다(사 43:25).

4. 회개

"오 이스라엘의 집아, 그러므로 내가 너희 각 사람을 그의 길에 따라 심판할 것이니, 아도나이, 여호와의 말씀이다. 회개하라! 네 모든 죄악에서 돌이켜 불법이 네 멸망이 되지 않게 하라"(겔 18:30). 성경은 '돌아오라'는 말로 회개를 표현하는 경우가 많다. 호세아 6장 1절에서 "자, 여호와께 돌아가자! 그분이 찢으셨으니, 그분이 우리를 낫게 하실 것이다. 그분이 치셨으니, 그분이 우리를 싸매어 주실 것이다"라고 한 것처럼 말이다. 회개는 단순히 뉘우치고 후회하는 것을 넘어 행동의 변화를 요구하기 때문에 돌아온(간)다는 표현이 적절하다. 행동의 변화 없이는 진정한 회개도 없다. 같은 죄를 반복하지 않겠다고 결심해야 한다. 회개 기도의 본이 되는 시편 51편을 참고하라.

5. 하나님의 용서

죄 사함과 관련하여 하나님의 위치를 명백히 보여 주는 세 구절이 있다. 먼저 출애굽기 34장 7절은 "수천대에 사랑과 친절(자애)을 간직하며 불법과 과오(허물)와 죄를 용서한다"라고 말씀한다. 이사야 43장 25절에서는 "나 스스로 있는 자는 나 자신을 위해 네 죄악을 없애 주는 자니, 내가 네 죄들을 기억하지 않을 것이다"라고 하며, 마지막으로 예레미야 31장 33절에서는 "그들 각 사람이 더 이상 자기 동료를 가르치며 여호와를 알라 하지 않을 것이다! 그들 모두가 그들의 가장 작은 자부터 가장 큰 자까지 나를 알 것이니, 내가 그들의 불법(iniquity, 히. avon)을 용서하고 더 이상 그들의 죄(hata-ah)를 기억하지 않을 것이다. 여호와의 말이다"라고 기록했다.

6. 백지 상태

다음 구절들을 통해 회개하면 모든 죄, 심지어 하나님을 화나게 하려는 의도로 저지른 죄들까지도 사함 받는다는 것을 알 수 있다. 사함 받은 모든 죄는 하나님의 기억에서 제거된다. "죄를 지은 사람은 죽을 것이다. 아들이 아버지의 불법을 지지 않을 것이요, 아버지가 아들의 불법을 지지 않을 것이다. 의로운 자의 의가 그 위에 임하겠고, 악한 자의 악도 그 위에 임할 것이다. 그러나 악한 자가 자신이 저지른 모든 죄에서 돌이키고 내 모든 법규를 지키고 합법적이고 옳은 일을 행하면, 그는 반드시 살겠고 결코 죽지 않을 것이다. 그가 저지른 모든 죄악이 그에 대해 언급되지 않을 것이다. 그는 자기가 행한 자기의 의 안에서 살 것이다. 내가 악인이 죽는 것을 조금이라도 기뻐하겠느냐? 아도나이, 여호와가 말한다. 그가 그의 길에서 돌아와 사는 것을 기뻐하지 않겠느냐?"(겔 18:20-23) 이렇게 하여 에스겔은 하나님이 죄들, 심지어 다른 절들에 언급되지 않은 죄들까지도 기억하지 않으신다는 것을 확신하게 되었다. 자비로우신 하늘 아버지는 용서하시고 잊으신다. 하나님은 모든 것을 아시지만, 사함 받은 죄는 기억하지 않으신다. 에스겔 33장 11절은 다음과 같다. "그들에게 말하라. 주 여호와가 말한다. 내가 사는 한, 나는 악한 자의 죽음을 기뻐하지 않으며, 악한 자가 그의 길에서 돌이켜 사는 것을 기뻐한다. 돌이키라. 너희 악한 길에서 돌이키라. 어찌하여 너희가 죽겠느냐, 오 이스라엘 집아." 사함 받은 죄는 지워져서 다시 기억되지 않는다. 이사야 43장 25절은 "나 스스로 있는 자는 나 자신을 위해 네 죄악을 없애 주는 자니, 내가 네 죄를 기억하지 않을 것이다"라고 한다.

몇 년 전에 어떤 랍비가 이런 말을 했다. "가장 크고 위대한 기적은 죄인이 회개할 때 일어난다. 바로 그때 하나님이 그 사람을 죄짓기 전의 상태로 되돌려 놓으시기 때문이다." 즉, 죄를 지은 적이 없는 상태가 되는 것이다. 그러므로 지나간 죄에 대한 죄책감은 하나님이 아니라 참소자에게서 온 것이라는 사실을 기억하라. 사탄은 우리가 죄책감에 시달리기를 바란다. 하나님은 회개한 죄는 기억하지 않으신다고 말씀하신다(사 43:25). 하나님의 용서를 받아들이라. 다시는 과거의 죄에 매일 필요가 없다는 사실을 기억하라. 죄 자체가 제거되는 것이 가장 위대한 기적이다.

주기도문(주의 기도)Lord's Prayer

주기도문은 예슈아께서 마태복음 6장 9–13절에서 제자들에게 가르쳐 주신 기도이다. 이런 이유로 이것을 '주기도문'이 아니라 '제자들의 기도'로 불러야 한다고 주장하는 이들도 있다. 그러나 주님이 가르쳐 주신 기도이기에 '주기도문'이라 부르는 것이 합당하다. 사실 이 기도를 무엇이라 부르는지는 중요하지 않다. 우리는 이렇게 기도하되, 예슈아께서 가르쳐 주신 대로 적극적인 자세로 기도해야 한다.

하늘에 계신 – 창조주요 온 우주의 왕이신 하나님의 역할을 인식하는 것이다. 기도할 때마다 하나님을 인정하고 찬양하며 그분께 모든 영광을 올려 드려야 한다. 바리새인들의 기도에도 히브리어로 '쉐바 샤마임'(Sh'ba shamayim 하늘에 계신)이라는 표현이 사용되었다. 시편 115편 16절은 "하늘에 관해서는, 하늘은 여호와의 것이지만, 땅은 그분이 사람에게 주셨다"고 말씀한다.

우리 아버지여 – 온 우주의 왕이신 하나님과 우리의 관계를 직접적으로 표현하는 말로, 우리를 향한 그분의 사랑과 관심 그리고 마치 어린 자녀가 자기 아버지에게 순종하듯 우리가 그분께 순종해야 한다는 것을 생각나게 한다. 바리새인들은 히브리어로 '아비누'(Avinu), 곧 '우리 아버지'라고 하며 기도를 시작하는 경우가 많다. 이들은 호세아 11장 1절을 성경적 근거로 언급한다. 호세아 11장 1절은 "이스라엘이 청년이었을 때 내가 그를 사랑했다"로 시작된다. 이사야 63장 16절과 다른 구절들도 하나님을 '우리 아버지'라 부른다. 이렇게 시작된 기도는 다음과 같이 이어진다.

아버지의 이름은 즉시 거룩해져야 하며 – 이것은 명령이다. 기도하는 사람들은 단순히 하나님의 이름을 모독하지 않도록 조심할 뿐만 아니라, 그분의 이름이 거룩히 여김을 받으실 일들을 행해야 한다. 이사야 29장 23절은 "그러나 그가 자기 자녀들, 곧 그의 한가운데서 내 손이 이룬 일을 보면, 그들이 내 이름을 거룩하게 하고 야곱의 거룩하신 분을 거룩하게 할 것이며 이스라엘의 하나님을 경외하게 될 것이다"라고 말씀한다. 우리의 행위가 그분의 이름을 거룩하게 한다. 이것은 선택 사항이 아니다. 우리가 말하고 행하는 모든 것으로 온 우주의 왕이신 하늘 아버지께 영광을 돌려야 한다.

아버지의 왕국이 지금 와야 하며 – 메시아의 통치가 이 땅에 시작되기를 구하는 것이다. 예슈아는 누가복음 11장 20절에서 "그러나 만일 내가 하나님의 손가락으로 귀신들을 내쫓는 것이라면, 하나님의 왕국이 이미 너희에게 임한 것이다"라고 말씀하셨다. 또 누가복음 17장 21절에서는 "하나님의 왕국이 너희 안에 있다"고 하셨다. 이것은 바로 지금 이 땅 가운데 적극적으로 하나님의 왕국의 삶을 살아가라는 또 하나의 명령이다. 이것이 우리가 보게 될 왕국의 전부라는 말이 아니다. 다만 우리에게 왕국의 권세가 주어졌다는 것을 믿고, 그 권세를 사용하라고 말씀하시는 것이다. 우리는 영적 전쟁의 원리들에 대해 거의 이해하지 못하고 있기에 정복자로 살아가기까지 갈 길이 멀다. 이것은 유대인의 생각과도 일치한다. 랍비 엘리에셀 벤 예후다는 2000년 8월 11일에 다음과 같은 글을 썼다. "우리는 최소한의 공통분모도 받아들이지 못하고 있으니, 밑바닥까지 내려간 것이다. 하나님은 보다 높고 영적인 세상을 이룩하라고 도전하며 명령하신다. 바로 지금 일어나 이 땅 가운데 그분의 왕국을 일으키고 세우라 말씀하신다. 오직 하나님의 왕국만이 우리의 생존을 보장해 줄 수 있다."

아버지의 뜻이 하늘에서처럼 땅에서도 곧 이루어져야 합니다 – 오늘날 이 땅에서 하나님의 뜻을 행할 자는 누구인가? 바로 우리이다. 이것은 하나님께 무엇을 해 달라고 간청하는 것이 아니다. 하나님이 무엇을 원하시든 우리가 그것을 행하는 것이다. 우리는 하나님의 대리인이다. 즉 하나님은 우리를 통해 이 땅에서 일하신다. 다시 말하지만, 이것은 하나님께 구하는 것이 아니라, 우리가 하나님의 온전하신 뜻 가운데 행하겠다고 결단하는 것이다. 모든 상황 속에서 어떤 길을 걷고 누구를 만나든지 하나님의 뜻을 행하는 것은 각자의 선택이고 결정이다.

이와 같이 주기도문 전반부는 온전히 우리가 해야 할 일이다. 하나하나가 공동의 책임이 아니라 개인의 책임이기에, 예슈아는 믿는 자 한 사람 한 사람을 강하게 세우시고자 이 기도를 가르쳐 주신 것이다. 기도문에 담긴 내용대로 하나님의 명령을 수행하고 하나님과의 친밀한 관계 속에서 그분의 뜻을 수행해 나가는 성도들이 모여 예배드릴 때, 주께서 이 기도문의 후반부 내용을 당신을 위해, 당신을 대신하여 이뤄 주실 것이다.

아버지께서는 지금 우리가 오늘을 사는 데 필요한 것을 주셔야 하며 – '오늘을 사는 데 필요한'에 해당하는 헬라어 '에피우시오스'(epiousios)는 초기 전도자들이 새롭게 만든 말로 보인다. 이것은 마태복음 6장과 누가복음 11장에서만 등장하며, 학자들 중에는 이 단어를 '매일의'이나 '내일을 위한'으로 번역하는 이들도 있다. 그러나 중요한 것은 이 문장이 명령문이라는 것이다. 우리는 하늘 아버지와 맺은 언약 때문에 마치 어린 자녀가 아빠에게 말하듯이 요청할 수 있다. 예슈아는 온 우주의 왕이신 하늘 아버지께 담대하게 아뢸 것을 가르쳐 주고 계신다.

우리에게 잘못한 모든 사람의 크고 작은 모든 일을 우리가 완전히 용서한 것처럼 아버지께서 우리 죄를 즉시 용서해 주셔야 합니다 – 먼저 우리가 다른 모든 사람의 크고 작은 일들을 용서한 후에야 하나님께 우리의 죄를 용서해 달라고 구할 수 있다. '우리'라고 기록되어 있지만, 이것은 개인적인 요청이다. 아무도 이 일을 대신해 줄 수 없다. 믿는 자는 누구나 다른 사람의 크고 작은 잘못을 용서해 주어야 한다. 일단 다른 모든 사람을 완전히 용서해야 우리의 모든 죄를 사해 달라고 담대하게 요청할 수 있다. 마태복음 5장 7절을 살펴보라.

그리고 우리를 유혹으로 이끌지 마시고, 아버지께서 우리를 악한 자에게서 구해 주셔야 합니다 – '이끌다'에 해당하는 헬라어 '에이스페로'(eisphero)의 뜻은 '가지고(데리고) 들어가다'이다. 그리고 '유혹'에 해당하는 헬라어 '페이라스모스'(peirasmos)에는 '시험', '시련'이라는 뜻도 있다. 힘든 시기를 보낼 때, 우리는 보통 하나님이 우리를 시험하신다고 여긴다. 물론 그런 경우도 있다. 시험을 당하는 사람은 맡겨진 일을 해낼 수 있음을 스스로 증명해야 한다. 하나님은 이미 그 사람이 어떻게 할지 아신다. 그분은 우리에게 사명을 주신다. 우리가 쉼이나 휴식이 아니라 섬김으로 부름 받았기 때문이다. 특수 부대원처럼 과분한 임무가 주어질 때, 우리는 항상 환경을 탓하며 불평한다. 그러나 특수 부대원은 불평하지 않는다. 그러므로 특수 부대원들이 전쟁을 준비하듯 우리도 영적 전쟁을 대비하여 대대적인 훈련을 받아야 한다. 하나님은 우리를 유혹하지 않으신다. 그분은 우리를 시험하실 뿐이다. 예슈아가 무리를 먹일 빵을 어디에서 살 수 있겠느냐는 질문으로 빌립을 시험하신 것처럼 말이다(요 6:6). 시험 때문에 사명을 포기하거나 사명에서 벗어나지 않으려면, 또는 사탄의 매서운 공격에서 벗어나려면, 하나님께 "우리를 악한 자에게서 구해 주셔야 합니다!"라고 간구해야 한다.

예슈아는 주기도문에서 무엇보다도 아버지를 창조주요 온 우주의 왕, 모든 것을 주셨기에 우리가 가진 전부를 받기에 합당하신 분으로 인정해야 한다고 가르치셨다. 그것을 받아들이고 어린 자녀가 부모에게 무엇을 해 달라고 조르듯이 우리의 필요를 표현해야 한다. 하나님은 우리를 모든 악한 영과 질병과 가난, 다른 사람과의 관계 등에서 해방시켜 주실 뿐만 아니라, 우리의 모든 필요를 채워 주신다. 주기도문은 '우리'라는 복수형을 사용하고 있지만, 개개인의 필요를 아뢰는 것이다. 각 사람의 믿음이 부족한 것을 채워 주거나 구하지 않은 것을 대신해 줄 사람은 아무도 없다.

예슈아는 누가복음 11장 9-13절에서 이렇게 말씀하셨다. "그러므로 내가 너희에게 말한다. 너희는 끊임없이 구해야 한다. 그러면 그것이 너희에게 주어질 것이다. 너희는 끊임없이 찾아야 한다. 그러면 너희가 찾을 것이다. 너희는 끊임없이 두드려야 한다. 그러면 너희에게 열릴 것이다. 구하는 모든 사람이 받고, 찾는 사람이 찾으며, 두드리는 자에게 열릴 것이기 때문이다. 그러므로 너희 가운데 어떤 이가 생선을 구하는 아들에게 생선 대신 뱀을 주겠느냐? 또는 알을 구하는데 전갈을 주겠느냐? 그러므로 너희 악한 자들도 자녀에게는 좋은 선물을 줄 줄 아는데, 하물며 하늘에 계신 아버지께서 구하는 자들에게 성령을 주시지 않겠느냐?" 이 원리는 모든 복음서에 나타난다. 하지만 다른 성도가 이겨내지 못했다고 해서 그의 믿음을 판단하거나 영적이지 않은 사람으로 여기지 말라. 바울에게 육체의 가시가 있었다고 해서 그를 영적이지 않은 사람이라고 판단하지는 않는다. 또 하나님이 에스겔의 아내를 데려가셨을 때, 에스겔이나 그 아내에게 죄가 있어서나 믿음이 부족해서가 아니었다는 사실을 기억하라.

주술 또는 마술Sorcery

'파르마케이아'(pharmakeia), '파르마큐오'(pharmakeuo), '파르마큐스'(pharmakeus), '파르마코스'(pharmakos), 이 네 개의 헬라어가 '주술' 또는 '마술'로 번역되었다. '파르마큐오'는 환상을 보거나 영들의 음성을 들으면서 주문을 걸기 위해 약을 사용한다는 의미의 동사로, 여기서 두 개의 명사가 파생되었다. 갈라디아서 5장 20절, 계시록 9장 21절, 18장 23절에서 사용된 '파르마케이아'는 '주술'을 가리키지만, 계시록 21장 8절에서 사용된 '파르마큐스'는 약을 제조하거나 사용하는 사람을 지칭한다. 계시록 22장 15절에 사용된 '파르마코스'는 이런 약에 빠져 있는 사람을 가리킨다. 이 구절들을 통해 소위 기분 전환(recreational)을 위해 약물을 사용하는 것이 죄라는 주목할 만한 증거를 발견하게 된다(미국이나 유럽 여러 나라에서는 기분 전환용 향정신성 약물을 사용하는 것이 합법이다). 수많은 구절들이 술 취함이 죄라고 말씀한다. 누가복음 21장 34절, 로마서 13장 13절, 갈라디아서 5장 21절은 무엇이든 취하게 하는 것은 잘못된 것이라고 말씀한다. 이들 구절에 사용된 헬라어는 '메타이'(methai)로, 거의 대부분 '술 취함'으로 번역된다. 메타이의 문자적 의미는 '취하게 하는 것'으로, 이 세 구절은 알코올뿐만 아니라 무엇이든 취하게 하는 것을 지칭한다. 무엇이든 취하게 하는 것은 죄이기에 지혜롭고 현명하게 피해야 한다.

죽음Death

죽음은 세 가지 관용구로 표현되는데, 그중 하나가 마태복음 2장 18절과 계시록 17장 8, 11절의 '없다'이다. 이러한 표현은 창세기 5장 24절과 예레미야 31장 15절처럼 타나크(히브리 성경)에서도 종종 찾아볼 수 있다. 또 다른 관용 표현은 요한복음 11장 11-16절의 나사로처럼 '잠들다'로, 상당히 자주 사용된다. 인간의 유한한 육체가 죽으면, 주님이 다시 오실 때까지 잠들어 있게 된다. 사도행전 7장 60절은 스데반이 종교적인 사람들의 돌에 맞아 잠들었다고 말씀한다. 시편 17편 15절은 "그리고 나, 나는 의로움 가운데 당신의 얼굴을 볼 것이니, 깨어날 때에 당신의 모습에 만족할 것입니다"라고 말씀하는데, 여기서 '깨어난다는 것'은 사후 세계를 가리키는 것이다. '자는 자들'에 대해 언급하는 아가서 7장 9절은 랍비들이 사용하는 부활에 관련된 수많은 구절 중 하나이다. 세 번째 관용 표현은 신약 성경에는 나타나지 않고 이사야 58장 8절에서 사용되었다. "그러면 네 빛이 새벽처럼 터져 나오고 네 치유가 신속하게 솟아날 것이니, 네 의로운 행위가 너를 앞서갈 것이며 여호와의 영광이 너를 모아들일 것이다." '모아들인다'는 것은 '영생에 들어간다'는 말로, '조상에게 모인다'로 언급되는 경우가 많다. 용어 해설에서 '부활'을 찾아보라.

마태복음 18장 6-9절에서는 죽음에 대한 다른 관점을 살펴볼 수 있다. "누구든지 나를 믿는 이들 가운데 가장 작은 자 하나를 죄짓게 하면, 연자 맷돌을 자기 목에 걸고 깊은 바다에 빠지는 것이 더 나을 것이다. 죄를 짓게 하는 사람들 때문에 이 세상에 화가 있다! 죄의 유혹이 없을 수는 없으나 그 유혹을 초래하는 사람에게 화가 있기 때문이다. 그러므로 만일 네 손이나 발이 너로 죄를 짓게 하면, 너는 즉시 그것을 잘라 내어 던져 버려라. 네가 저는 다리나 불구로 생명에 들어가는 것이 두 손과 두 발을 가지고 영원한 불 속에 던져지는 것보다 더 낫다. 그리고 만일 네 눈이 너로 죄를 짓게 하면, 너는 즉시 그것을 빼내어 던져 버려라. 한쪽 눈만 가지고 생명에 들어가는 것이 두 눈을 가지고 불타는 게헨나에 던져지는 것보다 더 낫다."

또 마가복음 9장 42–48절은 다음과 같다. "또한 누구든지 나를 믿는 이 작은 사람들 중 하나라도 죄를 짓게 하면, 그는 연자 맷돌을 그 목에 두르고 바다에 던져지는 것이 더 낫다. 그리고 만일 네 손이 너로 죄짓게 하면, 너는 즉시 그것을 잘라 내야 한다. 네가 장애를 가지고 영원한 생명으로 들어가는 것이 두 손을 가지고 게헨나의 꺼지지 않는 불 속에 들어가는 것보다 더 낫다. [거기서는 그들의 벌레도 죽지 않고, 그 불도 소멸되지 않는다.] 그리고 네 발이 너로 죄짓게 하면, 너는 즉시 그것을 잘라 내야 한다. 네가 저는 다리로 영원한 생명에 들어가는 것이 두 발을 가지고 게헨나에 던져지는 것보다 더 낫다. [거기서는 그들의 벌레도 죽지 않고, 그 불도 소멸되지 않는다.] 그리고 네 눈이 너로 죄짓게 하면, 너는 즉시 그것을 빼내야 한다. 한 눈으로 하나님의 왕국에 들어가는 것이 두 눈을 가지고 게헨나에 던져지는 것보다 더 유익하다. 거기서는 그들의 벌레도 죽지 않고, 그 불도 소멸되지 않는다."

이처럼 우리가 죽음이라 부르는 것을 예슈아는 영원한 생명에 들어가는 것이라고 말씀하신다. 바울도 데살로니가인들에게 아무 소망도 없는 이교도들(이방인들)처럼 슬퍼하지 말라고 가르쳤다. "그리고 형제들이여, 우리는 여러분이 잠든 자들에 대하여 알지 못하는 것을 원치 않습니다. 이는 여러분이 소망이 없는 다른 사람들처럼 슬퍼하지 않게 하려는 것입니다. 만일 우리가 예슈아께서 죽었다가 다시 일어나셨음을 믿는다면, 하나님께서는 그와 같이 예슈아의 구속으로 인해 잠든 자들도 그분과 함께 데려오실 것입니다" (살전 4:13–14).

창기 Harlot

헬라어 '포르네이아'(porneia)는 보통 '창기', '행음하는 자' 또는 '음행'으로 번역된다. 일차적인 의미는 이와 같지만, 호세아 1장 2절, 요한복음 8장 41절, 계시록 2장 21절 등과 같이 우상숭배와 관련하여 사용되기도 한다. 또 다른 예로 라합을 들 수 있다. 그녀가 창기였는지는 확실하지 않지만, 이스라엘이 가나안을 정복하기 전에 여리고에서 우상을 숭배하던 것은 분명하다.

이사야 23장 15–18절은 부(富)에 대한 올바른 관점을 제시하면서 두로의 호화로운 삶을 창기와 연결 짓는다. "또 그날에는 두로가 한 왕의 날들대로 칠십 년을 잊혀지게 될 것이며, 칠십 년이 지난 후에는 두로가 창기의 노래와 같아질 것이다. 수금을 들고 그 도시를 돌아다녀라, 너 잊혀진 창기야. 감미로운 선율에 많은 노래를 불러 네가 기억되게 하라. 칠십 년이 지난 후에 여호와께서 두로를 방문하실 것이니, 두로가 다시 창기 일을 하여 땅 위에 있는 세상의 모든 왕국들과 음행을 할 것이다. 그러나 그녀의 상품과 번 돈은 여호와께 거룩한 것이 되어 그것을 간직하거나 쌓아 두지 못할 것이다. 그녀의 상품은 여호와 앞에 거하는 자들에게 넉넉히 먹을 것과 좋은 옷이 될 것이다."

예레미야 3장 9절은 "그녀가 자기의 음행을 가볍게 여겨 그 땅을 더럽히고 돌과 나무(우상들)와 간음을 저질렀다"고 말씀한다. 예레미야 4장 3, 4절에서 회개를 촉구하는 것에 대해 어떤 유대 주석은 다음과 같이 말한다. "유대인들은 하나님의 뜻에 철저히 헌신하며 그 마음에 할례를 행하여(신 10:16, 30:6, 렘 4:4, 9:25) 죄악된 생각과 의지가 구원의 효력을 무너뜨리지 않도록 해야 한다."

천군(천상의 군대)Heavenly Hosts

히브리어로 '츠바오트'(Tsvaot)라고 한다(왕하 6:17 참고). 이것은 만군의 여호와께서 거느리시는 군대이다. 히브리 성경을 헬라어로 번역한 칠십인역은 '츠바오트'를 '판토크라토르'(Pantokrator)로 옮겼다. 이 성경은 판토크라토르를 '만군'으로 번역했는데, 이것이 유대인 기록자들이 의도한 바와 가장 가깝기 때문이다. 신약 성경 로마서 9장 29절과 야고보서 5장 4절에서는 히브리어 츠바오트를 음차한 헬라어 '사바오트'(Sabaoth)가 사용되었다.

초실절Firstfruits

세 차례의 수확제 중 초실절은 감사가 넘치는 기쁨의 축제이다. 가져오는 농작물의 양은 무교절 기간에는 보리 2.3리터, 샤부오트에는 밀로 빚어 기름을 바른 빵 두 덩이이다(샤부오트는 칠칠절, 오순절, 맥추절로 번역된다. 이때 즈음, 보리 추수가 끝나고 밀 추수가 시작된다 – 역자 주). 수콧에는 온 가족이 추수한 예물을 광주리에 담아 하나님께 바쳤는데, 왕은 두 사람이 겨우 운반할 정도로 큰 광주리에 예물을 담아 가져왔다. 중요한 것은 최상의 것을 수확할 때까지 기다리지 않고 맨 처음 거둔 것을 하나님께 바친다는 사실이다. 신명기 26장 2절은 예물을 바구니에 담아 가져오라고 말씀한다. "네가 여호와 네 하나님이 네게 유업으로 주시는 그 땅에 들어가 그것을 차지하고 거기에서 살 때에, 너는 여호와 네 하나님이 네게 주실 땅의 모든 소산 중 첫 열매를 취하여 한 바구니에 넣어 여호와 네 하나님이 자기 이름을 두려고 택하실 장소로 가져갈 것이라. 너는 그때의 제사장에게 가서 이렇게 말하라. '오늘 제가 여호와 당신의 하나님 앞에서 고백합니다. 여호와께서 우리 조상들에게 맹세하여 우리에게 주시기로 한 그 땅에 제가 도착하였습니다.' 이후 제사장은 네 손에서 그 바구니를 취하여 여호와 네 하나님의 제단 앞에 놓아야 할 것이다"(신 26:1-4).

신명기 26장 2절에 기록된 대로, 예물을 바친 후 그 사람은 다음과 같이 말해야 한다. "또 너는 여호와 네 하나님 앞에서 말하여 이르기를, '제 조상은 떠돌아다니는 아람 사람입니다. 그가 얼마 안 되는 사람들을 이끌고 이집트로 내려가 거기에 거류하다가 크고 강하고 수가 많은 민족이 되었습니다. 그러자 이집트 사람들이 우리를 괴롭히고 학대하며 힘겨운 노예 일을 시켰습니다. 그래서 우리가 여호와 우리 조상들의 하나님께 부르짖자, 여호와께서 우리의 음성을 들으시고 우리의 고통과 수고와 압제를 보셨습니다. 그리고 여호와께서 강한 손과 펴신 팔과 큰 두려움과 표적들과 기적들로 우리를 이집트에서 데리고 나오셨습니다. 그분은 우리를 이곳으로 데려오셔서 이 땅, 곧 젖과 꿀이 흐르는 땅을 우리에게 주셨습니다. 자, 이제 보십시오. 제가 여호와 당신께서 제게 주신 땅의 첫 열매를 가져왔습니다.' 이후 너는 그것을 여호와 네 하나님 앞에 두고 여호와 네 하나님 앞에 경배할 것이며 여호와 네 하나님께서 너와 네 집에 주신 모든 좋은 것을 너와 레위인과 너희 가운데 있는 이방인과 함께 즐거워할 것이라"(신 26:5-11). 각 사람은 첫 열매를 성전에 바치며 5-10절에 기록된 말씀을 선포했다.

초실절에 바치는 수확물은 신명기 8장 8절에 정리되어 있다. "밀과 보리와 포도와 무화과와 석류의 땅이요, 올리브 기름과 꿀의 땅이다." 이들은 초실절에만 바치는 수확물이었다. 무교절 기간은 보리 수확기였기에 보리를 가져왔는데, 이전에 처음으로 수확한 작물을 가져오지 못한 사람은 그 다음 초실절에 해당 작물을 바칠 수 있었다. 가져오는 작물의 양은 많지 않았다. 제물을 가져오는 농부가 엄청난 양을 수확했더라도 소제는 보리 2.3리터 정도였다. 중요한 것은 맨 처음 수확한 것을 드린다는 데 있었다. 아주 적은 양이지만, 그것을 드림으로 하나님을 향한 헌신과 그분의 공급하심에 대한 감사를 표현하는 것이다. 초실절의 예물은 그것을 집전한 제사장의 몫이 되었다. 다윗은 이스라엘 전역에 흩어져 있던 제사장들을 24개 조로 편성했다(대상 24장). 급여를 받는 사람은 아무도 없었고, 십일조와 각종 예물 중 자신이 취할 수 있는 몫으로만 살았다.

칠십인역Septuagint

칠십인역은 BC 250년경 이집트 알렉산드리아에서 히브리 성경을 헬라어로 번역한 것에 붙여진 이름이다. 칠십인역은 BC 284–247년까지 재위한 프톨레마이오스 필라델포스가 명령한 것으로, 그는 이 작업을 위해 예루살렘에 있는 열 지파에서 70명 혹은 72명의 유대인 학자들을 알렉산드리아로 불러들였다. 이 학자들 중에 서기관은 포함되지 않았던 것으로 보이는데, 그들은 열 지파가 아니라 레위 지파 출신이었기 때문이다. 게다가 헬라어를 말하는 유대인, 즉 헬라주의자들 중에 서기관은 찾아보기 힘들었다.

'칠십인역'이라는 이름은 '70'을 뜻하는 라틴어 '셉투아진타'를 그대로 옮긴 것이다. 칠십인역이 번역되면서 회당에 출입하지 않는 이름뿐인 유대인들과 문명화된 사회의 비유대인들도 성경을 접할 수 있게 되었다. 하지만 칠십인역의 가치는 헬라주의자들, 곧 헬라어를 사용하는 유대인들이 히브리어를 어떤 헬라어 단어로 옮겼는지 보여 준다는 데 있다. 지난 세기까지는 헬라어 원문을 번역하면서 고전 헬라어와 일반 헬라어 문헌에 기초하여 그 의미를 결정지었는데, 칠십인역을 통해 히브리어 성경에 더 가까운 의미와 뜻을 파악할 수 있게 되었다. 용어 해설에서 '헬라주의자' 항목을 찾아보라.

침례Immerse

헬라어 '밥티조'(baptizo)의 뜻은 '(물에) 담그다'이다. 유대인들은 예슈아가 탄생하시기 천 년 전부터 회개한 후 또는 부정해졌을 때 미크베(Mikveh)라는 정결 의식을 행했다. 따라서 예슈아 당시의 사람들에게 오늘날 우리가 침례 또는 세례라 부르는 의식은 전혀 낯선 것이 아니었다. 오늘날 우리가 보는 구약 성경에 '침례'라는 단어가 등장하지 않는 것은, '침례' 대신 다른 표현으로 번역해 놓았기 때문이다. 이를테면 보통 레위기 16장 4절 하반절을 "그의 몸을 씻고"로 번역하는데, 여기서 '씻다'에 해당하는 히브리어 '라하츠'(rakhatz)는 헬라어 '밥티조'와 마찬가지로 '(…에) 담그다'라는 뜻이다. 몸을 담그려면 개울이나 샘, 받아놓은 빗물 등 흐르는 물을 찾아야 했다. 몸을 물속에 완전히 잠기게 하는 것을 일곱 차례 반복하는 것을 정결례, 곧 '미크베'라고 한다. 나아만이 열왕기하 5장 10절에서 행한 것이 바로 '미크베'였다.

오늘날 유대교에서 행하는 것과 마찬가지로 신약 성경에 등장하는 침례는 대부분 스스로 물속에 들어가 몸을 담그는 일종의 '자가 침례'였다. 요단강에서 침례를 베풀던 요한과 그의 제자들이 강둑에 서서 말씀을 선포하면, 회개하는 사람들은 강물 속으로 걸어 들어가 스스로 몸을 담갔다. 베드로가 성전에서 말씀을 전할 때도 마찬가지였다. 성전의 솔로몬 주랑에는 몸을 담글 수 있는 수많은 못이 있었다. 그래서 회개하라는 베드로의 외침에 구원 받은 삼천 명이 약 20분 내로 침례를 받을 수 있었던 듯하다.

신약에는 다른 사람들에게 침례를 받는 예가 많이 등장한다. 이를테면 빌립은 사도행전 8장 38절에서 에티오피아의 환관에게 침례를 베풀었다. 침례를 베푸는 사람은 받는 사람의 머리에 손을 얹고 물속에 완전히 잠기게 누르는데, 받는 사람이 물 밖으로 나오기 힘들 정도로 힘을 가하여 자아를 죽이고 새롭게 태어남을 일깨워 준다. 이것은 아기가 양수를 터뜨리며 태어나는 고통스러운 과정과 일맥상통한다.

예슈아 시대에는 회당마다 몸을 담글 수 있는 정결례탕이 있었다. 이 탕들은 살아 있는 물, 곧 개울물이나 지붕에 있는 수조에 빗물을 받아 채웠다. 요한복음 2장 6절에는 (손을 씻는) 정결 의식에 쓸 물을 담아 놓은 돌 항아리가 등장한다. 돌은 의식적으로 부정해지지 않았기에 돌 항아리를 사용했던 것이다. 또한 금속이나 유리 그릇은 부정해지더라도 물에 담가 씻으면 다시 정결해지지만, 토기는 깨뜨려야 했다. 대부분의 그리스도인들은 단 한 차례 침례를 받지만, 유대교에서는 시체나 피에 접촉하는 경우, 또는 총독 관저(요 18:28)처럼 부정하게 여기는 곳에 드나들 때마다 침례를 받았다. 또 안식일을 준비하기 위해서도 침례를 받았다. 용어 해설에서 '예비일' 항목을 찾아보라.

지금도 1세기 교회 방식대로 침례를 주는 교단도 있고, 물을 뿌리는 교단도 있다. 초대교회에서는 항상 물에 몸을 담그는 침례를 행했지만, 점차 물을 붓기 시작했고, 물을 뿌리는 곳도 생겨났다. 물을 뿌리는 침례는 AD 1311년 라벤나 공회에서 공식화되었다.

탈리트 또는 기도숄Prayer Shawl

민수기 15장 37-41절에서 모세는 탈리트에 대한 말씀을 받는다. "그리고 여호와께서 모세에게 이렇게 말씀하셨다. '이스라엘 자손에게 말하고 그들에게 명령하여 그들을 위하여 자손 대대로 겉옷 끝에 술을 만들고 파란색 실을 그 끝에 달게 하라. 그러면 너희는 그 술을 보고 여호와의 모든 계명을 기억하여 그대로 행하게 될 것이며, 너희 자신의 마음과 눈을 따라 잘못된 길로 가지 않게 될 것이다. 너희는 그렇게 내 모든 계명을 기억하고 행하여 너희 하나님께 거룩해질 것이다. 나 스스로 있는 자는 너희 하나님이 되려고 너희를 이집트 땅에서 인도해 낸 여호와 너희 하나님이다. 나는 여호와 너희의 하나님이다.'"

히브리어로 '찌찌트'(tsitsit)라고 하는 '술'은 겉옷의 끝자락에 달려 있었다. 이 겉옷은 오늘날의 기도숄보다 더 커서 찌찌트가 달린 판초처럼 보였다. 다시 말해 중앙에 머리가 들어갈 만한 구멍이 있는 커다란 천 같은 것이었다. 앞쪽에 달린 술을 뒤쪽으로 묶은 뒤, 뒤쪽에 달린 술은 앞으로 넘겨 묶었다. 이것이 요한복음 19장 23절의 이음새 없이 위에서부터 통으로 짠 옷이다. 최근 성경 시대의 겉옷이 대거 발굴되었다. 이 옷은 출애굽기 22장 26절에 언급된 것처럼 담요로도 사용했다.

이렇게 만든 옷을 탈리트 또는 기도숄이라고 부르는데, 탈리트를 착용하는 목적은 입는 사람을 포함하여 모든 사람이 그것을 보고 여호와의 모든 계명들을 기억하는 데 있다. 총 613개의 계명에는 하나님의 약속도 포함되어 있었다. 예슈아 시대에 기름부음 받은 하나님의 사람이 기도숄을 입은 모습을 보자, 사람들은 그 술, 곧 찌찌트에서 하나님의 모든 능력을 보게 되었다. 그래서 마태복음 9장 20절과 누가복음 8장 44절에서 혈루증을 앓던 여인이 예슈아의 옷술에 손을 댔고 마태복음 14장 36절과 마가복음 6장 56절에서 많은 이들이 그분의 탈리트에 달린 술이라도 만지려 했던 것이다. 히브리 성경을 헬라어로 옮긴 칠십인역의 번역자들은 찌찌트를 '크라스페돈'(kraspedon)으로 옮겼고, 복음서에도 찌찌트에 해당하는 곳에 크라스페돈을 사용하고 있다. 예슈아는 마가복음 5장 41절에서 야이로의 딸을 일으키시며 기도숄을 사용하셨다. 그분이 야이로의 집으로 가시는 동안, 혈루증으로 고통 받던 여인의 치유 사건이 일어났으므로, 당시 탈리트를 입고 계셨던 것은 분명하다.

바울, 브리스길라, 아굴라처럼 기도숄을 만들려면 랍비들의 훈련을 받아야 했다(행 18:2-3). 기도숄 또는 천막 만드는 자로 번역된 헬라어 '스케노포이오이'(skenopoioi)는 사도행전 외에 성경 다른 부분이나 일반 헬라어 문헌 어디에도 나타나지 않는다. 누가가 만들어 낸 말이거나, 헬라어를 사용하는 유대인들 사이에서 기도숄 만드는 것에 대해 언급할 때 통용되던 말일 수도 있다. 유대인들은 기도숄을 '천막' 또는 '기도의 골방'이라고 했다. 기도하며 기도숄을 뒤집어쓰고 있는 동안에는 '작은 밀폐실'이 조성되기 때문이다.

바우어 안트(Bauer Arndt)와 깅리치(Gingrich)의 헬라어 사전은 거의 한 단락 전체를 '스케노포이오이'를 설명하는 데 할애한다. 바우어는 스케노포이오이가 어떤 일인지 분명하게 밝히지는 않지만, 전문직이었고 학자들이 생각하는 것처럼 평범한 천막을 만들거나 가죽을 세공하거나 텐트를 세우는 일은 아니었을 것이라고 말한다. 바울과 브리스길라와 아굴라, 세 사람은 '천막'이라 불리는 특정 품목의 제작을 위해 랍비들에게 특별한 기술을 훈련받아야 했다. 이 천막은 바로 기도숄이다. 기도하는 동안 기도숄을 머리에 쓰고 두 눈을 가리면, 그것을 천막, 곧 기도의 골방이라 불렀다. 기도숄을 만드는 일은 여러 가지 도구나 재료를 가지고 다닐 필요가 없었다. 그래서 바울은 주요 도시들을 여행하는 동안 계속 일을 할 수 있었을 것이다. 바우어는 스케노포이오이가 어떤 일이었다고 확정 짓지는 않는다. 하지만 기도숄 만드는 일이 가장 유력하게 부각된다.

대부분이 마태복음 25장 35-36절에 기도숄과 관련된 내용이 있다는 사실을 알지 못한다. "왜냐하면 내가 주릴 때에 너희가 내게 먹을 것을 주었고, 내가 목마를 때에 너희가 내게 마실 것을 주었으며, 내가 나그네 되었을 때에 너희가 나를 받아들였고, 내가 헐벗었을 때에 너희가 나를 입혀 주었으며, 내가 아플 때에 너희가 나를 방문했고, 내가 갇혔을 때에 너희가 내게 왔기 때문이다." 여기서 '입혀 주었다'에 해당하는 헬라어 '페리에발레테'(periebalete)는 몸에 겉옷을 두르는 것을 말하는데, 유대인들에게 겉옷은 기도숄이었다. 겉옷만 입혀 주었다는 것에서 이 사람이 단순히 헐벗은 사람이 아니라 이방인이었음을 알 수 있다. 그리고 기도숄을 입혀 주었다는 것은 이 이방인의 물질적 필요뿐 아니라 영적인 필요도 채워 주었음을 시사한다.

고린도전서 11장 15절도 기도숄과 관련된 내용이다. 헬라어 '페리볼라이우'(peribolaiou)는 '싸는 것', '덮개' 등 겉옷을 가리키는 말이다. 우리말 성경은 보통 '쓰는 것', '덮는 것', '가리는 것' 등으로 번역했다. 신명기 22장 12절은 "네 몸을 덮는 덮개, 곧 기도숄의 네 모서리에 술을 만들 것이라"고 말씀한다. 술은 기도숄의 귀퉁이에 달린 찌찌트이다. '(네 몸을 덮는) 덮개'에 해당하는 히브리어 '케수카'(k'sootkha)에 다른 의미는 없다. 칠십인역은 신명기 22장 12절의 '케수트'를 '페리볼라이우'로 옮겼다. 바울은 여성들에게 기도숄 대신 긴 머리가 주어졌다고 분명하게 말했다. 출애굽기 22장 26절에서는 '그의 덮개'를 뜻하는 '케수트호'(k'soot-ho)로 표현하여 이 커다란 옷이 담요로도 사용됨을 보여 준다.

기도숄과 관련하여 성경에서 가장 아름다운 장면 중 하나가 룻기 3장 9절이다. 룻은 보아스의 발치에 누워 그의 기도숄로 자신을 덮어 달라고 청한다. 대부분의 역본에는 룻이 그의 옷자락을 펴서 자신을 덮어 달라고 청한 것으로 번역되어 있지만, 히브리어 원문은 "당신의 날개를 펴서 나를 덮어 주십시오"이다. 기도숄을 걸치고 두 팔을 옆으로 뻗은 뒤, 손목에서 옆구리까지 길게 늘어지는 부분을 '날개'라고 부르는데, 이것은 히브리인들의 오랜 전통과 관련이 있다. 수컷 새가 암컷 새와 짝짓기할 때 날개를 펴는 것처럼, 유대인의 전통에서도 결혼할 때 신랑이 신부에게 자신의 기도숄을 덮어 준다. 이러한 전통이 발전하여 오늘날의 '후파'(hupah)가 된 것이다. 후파는 혼인 예식을 치르는 신랑·신부를 덮어 주기 위해 기도숄로 만든 장막을 말한다. 사실 룻은 보아스에게 그의 기도숄을 펼쳐 자신을 덮어 달라고 하면서 "저와 결혼해 주세요"라고 말한 것이었다. 보아스의 즉각적인 답변으로 그가 그 말의 의미를 온전히 이해했음을 알 수 있다. 그는 자신이 기업 무를 자라는 사실을 알고 있었던 것이다.

토라(가르침)Torah

그리스도인들은 토라에 대해 크게 오해하고 있다. 토라는 구약 성경에서 200회 이상, 토라에 해당하는 헬라어 '노모스'(Nomos)는 신약 성경에서 200회 이상 나타난다. 노모스는 칠십인역 번역자들이 히브리어 '토라'를 헬라어로 옮기며 사용한 말이다. 성경 번역자들은 보통 '토라'와 '노모스' 모두 '율법'으로 옮기는데, 히브리어도 헬라어도 그런 의미가 아니다. 토라는 율법이 아니라, '가르침', '교훈'을 뜻하는 말이다. 지금까지 알고 있던 '율법'에 대한 것들을 의식적으로 지우기 바란다.

유대인의 성경, 곧 구약의 처음 다섯 권을 토라라고 한다. 그러나 넓게는 구약 성경 전체와 랍비들의 가르침까지도 포함한다. 중요한 것은 '가르침'이다. 우리는 창세기부터 신명기까지의 가르침으로 하나님이 우리에게 바라시는 삶을 살아가야 한다.

토라에 해당하는 헬라어 '노모스'도 보통 '율법'으로 번역된다. 제정된 모든 종류의 규범, 질서, 관습 등 법을 의미하기는 하지만, 신약에 사용된 노모스의 90퍼센트는 토라로 번역하는 것이 더 정확하다. 토라가 '가르침'이나 '법'을 뜻하는 말이기에 이해하기 어렵겠지만, 그럴 만한 이유가 있다.

랍비 엘리에셀 벤 예후다는 다음과 같이 기록했다.

"유대교의 법은 도덕성에 기초하여 삶의 모든 영역을 다룬다. 사회적으로 아무런 영향을 미치지 않더라도 유대인 한 사람의 깊은 생각, 관념, 사고, 의도, 사적인 행위 등이 전부 포함된다. 유대교의 법은 각 사람이 하나님이 지켜보시는 가운데 서 있다고 여기기 때문이다. 모든 법이 우리를 보다 나은 하나님의 종이 되게 하고, 세상이 그분의 것이기에 우리가 이 세상의 요구에도 부응해야 한다는 것이다. 하나님은 자신이 만드신 세상을 사랑하셔서 자비와 은혜로 행하신다. 그런데 어찌 우리가 함부로 행하겠는가?

그러므로 이 법은 사회나 사람들의 권리를 지키고 보호하는 장치라기보다는 각 사람의 의무와 관련이 있다. 히브리어 '미츠바'(Mitzvah)는 그 의미를 그대로 살릴 수 있는 말이 없어서 다양한 문맥에서 '선한 행위', '율법' 또는 '계명' 등으로 번역되었는데, 유대교 법의 핵심 개념인 의무나 책임의 의미로 이해될 수도 있다. 그러므로 유대교의 법은 '어떤 것이 합법적인가'가 아니라 '하나님은 우리가 어떻게 행하기 원하시는가', 즉 '우리의 의무는 무엇인가'에 관심을 둔다. 토라의 재판관은 종교 재판관이나 정부 권력을 대표하여 판단하려고 재판석에 앉는 것이 아니다. 그는 하나님의 말씀과 뜻을 사람의 언어로 해석하는 특권을 부여 받은 교사로 재판석에 앉는다.

유대법의 또 다른 특징은 공동체 중심적이라는 것이다. 그 기원은 토라지만, 세부적인 내용의 근원은 미쉬나와 게마라이다. 이들은 유대 땅이 파괴되어 유대인들에게 주권이나 독립권이 없던 때, 에레츠 이스라엘(Eretz Yisrael), 곧 이스라엘 땅 밖에서 기록되고 편집되었다. 12세기의 마이모니데스(Maimonides) 법전과 16세기의 유다 카로(Juda Caro) 법전은 이 법, 곧 미츠보트만이 유대인의 순수성을 지켜 주던 외국 땅에서 기록되었다. 유대인들은 질서와 예절을 상실한 혼돈의 세상 가운데 자기들만의 '제정된 법 제도'를 가지고 있었다. 그래서 외국 땅에서도 살아남을 수 있었던 것이다. 또한 미츠보트는 모든 망명지에서 유대인들의 결속을 지켜 주었다. 동서남북 어디에서든 유대인들은 미츠보트로 하나가 되었다.

> 유대교의 법 체계는 강제성 없이 작동하여 물리적인 제재를 가하거나 처벌할 수 없었다. 재판이 열리는 회당이나 학교 곁에는 죄인을 수감하는 장소는 물론, 법정의 명령을 이행하는 경찰관이나 집행관도 없었다. 재판관은 철저하게 무장 해제한 상태로 앉았으며, 그에게는 아무것도, 어떤 권력도 없었다. 토라를 존중하는 마음과 백성의 양심이 전부였다.
> 유대교의 법은 각 사람의 성품과 인격을 다듬고 성장시켜 외적 힘이 부족한 것을 내적 정결함으로 대신하는 데 집중한다. 감옥이 무서워서가 아니라, 각 사람이 법과 그것의 결정을 받아들였기 때문에 따랐던 것이다. 그래서 처벌 제도가 없어도 충실하고 신속하게 법의 결정과 명령대로 행했다. 또한 율법이 의롭고, 인정이 있으며, 사려 깊고, 하나님의 사랑으로 가득하다는 사실을 깨닫고 받아들였기 때문에, 쩨데크, 곧 하나님의 공의에 대한 참된 가르침의 원리에 허영심과 이기심을 철저하게 내려놓고 법을 지켰던 것이다."

그리스도인들이 이해하는 성경의 율법은 토라 본연의 의미와는 거리가 있다. 그러므로 가지고 있는 성경에 율법 또는 법이라는 단어가 등장하면 따로 표시해 두거나 가급적 '토라'로 바꾸길 바란다.

토라에 대한 비유 세 가지

1. 물 – 이사야 55장 1절 "오 모든 목마른 자여, 물로 나아가라! 돈 없는 자도 가라! 음식을 사서 먹어라! 그렇다. 가라! 돈 없이 값 없이 포도주와 우유[1]를 사라"와 출애굽기 14장 22절 "이스라엘 자손은 마른 땅을 밟고 바다 한가운데로 들어갔고, 물들은 그들의 오른편과 왼편에 벽이 되었다"에 근거함. 이 구절은 에베소서 5장 26절 등의 구절들에 새로운 의미를 부여한다. "그분의 *아내, 곧 회중(교회), 신부*를 구별하여 토라의 말씀으로 씻어 정결하게 하시고."

2. 빛 – 잠언 6장 23절 "이 계명은 등불이고, 그 토라(가르침)는 빛이며 교훈이 담긴 책망은 생명의 길이다"에 근거함. 탈무드에는 토라의 지식이 영적인 깨달음을 준다고 기록되어 있다. 토라는 우리의 길을 비춰 주어 우리가 가야 할 길, 곧 영적인 깨달음을 준다.

---

1) 포도주와 우유는 하나님의 가르침에 대한 비유이다.

3. 올리브 기름 – 이사야 51장 3-4절 "여호와께서 시온을 위로하실 것이니, 그녀의 모든 황폐한 곳을 위로하시고, 광야를 에덴같이, 사막을 여호와의 동산같이 만드실 것이다. 기쁨과 즐거움과 감사와 노래 소리가 거기에 있을 것이다. 내 백성아, 내게 주목하라! 오 내 백성아, 내게 귀 기울여라. 가르침(토라)이 내게서 나가고, 나는 내 공의를 만민의 빛으로 머물게 할 것이다"에서 나옴. 기름은 빛의 근원이며 기쁨의 원천이다. 그래서 '기쁨의 기름'으로 불린다.

바울은 고린도전서 6장 1-7절에 다음과 같이 기록했다. "여러분 가운데 어떤 사람은 다른 사람과 소송하면서 어떻게 감히 성도가 아닌 불의한 자들에게 재판을 받으려 하는 것입니까? 또 여러분은 성도들이 이 세상을 심판할 것을 알지 못합니까? 그리고 세상이 여러분에게 심판을 받을 것인데, 여러분은 사소한 송사들도 해결할 능력이 없습니까? 여러분은 사소한 일들은 제쳐놓고라도 우리가 천사들을 심판할 것을 알지 못합니까? 그런데도 일상적인 문제로 소송할 일이 있을 때, 여러분은 회중(교회) 가운데 설 자리가 없는 자들을 재판관으로 삼는 것입니까? 나는 여러분을 부끄럽게 하려고 이 말을 합니다. 그렇다면 여러분 중에는 그 형제 사이에서 판단할 수 있는 지혜로운 사람이 하나도 없습니까? 그래서 형제가 형제를 고소하여 불신자들에게 재판을 받습니까? 서로를 고소한다는 사실 자체가 이미 여러분의 완벽한 실패를 말해 주고 있습니다. 여러분은 왜 차라리 불의를 당하지 않습니까? 왜 차라리 속아 주지 않습니까?"

고대 이스라엘은 회당이나 성전에서 민형사 사건을 모두 처리했다. 바울은 초대교회에도 그러한 본을 따르라고 말하고 있다. 그리스도인이 이방인의 법정에 서는 일은 없어야 하고 교회 안의 분쟁은 스스로 해결해야 한다는 것이다. 1세기에는 회당마다 재판관이 세워져 있었는데, 토라에 대한 지식과 구성원의 삶에 토라의 원칙을 적용해 줄 수 있는지가 주요 자격이요 능력이었다. 토라는 그들의 법전이며, 성경의 처음 다섯 권에 기록된 613개 계명에 근거한 모든 법적 결정의 지침서였다. 토라의 법령에 대해서는 오래전부터 알고 있었지만, 긍정적인 명령 248개와 부정적인 명령 365개, 총 613개 조항이 계수되어 기록된 것은 3세기 이후의 일이었다.

이 중에는 우리가 이해하지 못하는 것들도 있다. 613개 계명 대부분이 대인관계를 다루고 있는데, 대다수가 말에 관한 것이다. 따라서 예슈아가 마태복음 5

장 22절에서 다음과 같이 말씀하셨을 때 듣는 이들은 그리 놀라지 않았을 것이다. "그러나 내가 너희에게 말하는데, 자기 형제에게 화를 내는 모든 사람은 심판받을 것이다. 그리고 누구든지 자기 형제를 '바보'라고 하면 그 사람은 산헤드린에 갈 죄인이며, 누구든지 '어리석은 자'라고 말하는 자는 불타는 게헨나에 들어갈 죄인이다."

예루살렘 외에도 지역마다 산헤드린이 있었는데, 토라에 따라 그 지역의 문제를 해결하는 장로들의 의회였다.

예슈아 훨씬 이전에 고대 히브리인들은 '눈에는 눈 이에는 이'(출 21:24)와 같은 구절들을 문자 그대로 받아들이지 않기로 결정했다. 하나님이 공의로우시다는 것이 그 전제인데, 한쪽 눈이 먼 사람이 두 눈이 멀쩡한 사람을 쳐서 눈을 멀게 하면, 남은 한쪽 눈도 멀게 하여 맹인으로 만들어야 하기 때문이다. 이것은 공정한 처사가 아니었다. 또 이가 없는 사람이 다른 사람의 이를 부러뜨린 경우에는 처벌을 피하게 되었는데, 이것도 공정한 처사가 아니었다. 그래서 이와 유사한 구절들은 금전적인 처벌(벌금)의 근거로 사용되었다.

토라는 간음과 관련하여 다른 고대 국가의 법과 큰 차이를 보인다. 유대 사회에서는 두 사람이 간음하다가 붙잡히면, 남녀 모두 처벌을 받아야 했다. 그러나 다른 고대 국가들에서는 여자만 처벌받았는데, 그들의 법이 도덕적 문제가 아니라 재산권과 관련이 있었기 때문이다. 여자는 남편의 소유물이었다. 그래서 여자가 처벌받았던 것이다. 용어 해설에서 '간음' 항목을 찾아보라.

이와 같이 토라가 법적 결정의 기준이 되기에 유대인 기자들이 토라를 법 또는 율법으로 언급하는 경우가 있는 것이다. 토라와 율법의 이러한 근본적인 차이를 아는 것은 신약의 진리를 이해하는 데 대단히 중요하다. 이것은 그동안 기독교 안에서 배운 율법의 의미와는 확연히 다르다. 토라는 '가르침'이고 '교훈'이며 '지침'이다. 그러므로 성경에서 율법이라는 단어를 볼 때마다 그 자리에 '토라'가 있어야 한다는 사실을 기억하라.

튜닉Tunics

히브리어 '케토네트'(K'tonet)에 해당하는 헬라어가 '튜닉'이다. 그러나 구약 성경에 기록된 '통으로 짠 옷'은 고대 그리스·로마 배경의 영화에 등장하는 튜닉과는 완전히 다르다. 오늘날 이스라엘 땅에서 판초와 같은 형태의 외투가 많이 발견되고 있다. 판초처럼 직사각형 모양에 중앙의 구멍에 머리를 넣어 입는 옷으로, 양쪽 팔목을 덮는 너비와 어깨에서 무릎까지 내려오는 길이가 이 옷의 표준이었다. 이것이 나중에는 기도숄이 되었다(민 15:37-41). 성경에는 이것보다 더 큰 의복 두 점이 나타나는데, 하나는 요셉의 옷(창 37:3)이고 다른 하나는 다말의 옷(삼하 13:18)이다. 양쪽 손바닥을 덮고 어깨에서 발바닥까지 내려오는 것으로, 상위 계층임을 보여 주는 옷이었다. 예슈아는 마가복음 12장 38절에서 "끌리는 긴 옷을 입고 다니는 자들", 곧 자신의 높은 지위를 과시하는 자들을 비판하셨다. 용어 해설에서 '탈리트 또는 기도숄'을 찾아보라.

피Blood

황소와 염소의 피는 죄를 제거했다. "제사장은 속건제의 숫양으로 그를 위해 속죄할 것이며 그는 사함 받게 될 것이다"(레 5:16 하반절)라는 말이 레위기에서만 열 차례 언급되어 있다. 예슈아 시대에는 책이 너무 비싸서 중요한 글들은 통째로 암기했다. 유대인 아이들에게는 성경을 암송하는 것이 중요했다. 아이가 다섯 살이 되면 아버지가 정결과 거룩의 책인 레위기부터 시작하여 날마다 외워야 할 부분을 가르쳤다. 따라서 신약 성경의 기자들과 히브리서, 야고보서, 베드로전후서의 수신자들은 이미 어렸을 때 위 언급된 말씀을 암송했다. 히브리서 10장은 예슈아 희생의 영원성을 강조하고 있다. 즉, 그분이 온 인류를 위해 단번에 자기의 피를 흘려 영원토록 죄를 속하셨다는 사실을 강조한다. 히브리서 10장 1-4절은 다음과 같이 말씀한다. "토라(가르침)는 곧 오게 될 좋은 것들의 그림자일 뿐 실체가 아닙니다. 사람들이 해마다 계속해서 바치는 이러한 제물로는 (하나님께) 나아오는 자들을 결코 온전하게 할 수 없습니다. 만일 온전하게 할 수 있었다면, 예배하는 자들이 단번에 정결해진 후 죄의식을 갖지 않게 되어 제물 바치는 것을 중단하지 않았겠습니까? 그러나 이러한 제물들은 매년 죄들을 생각나게 할 뿐입니다. 황소와 염소의 피로는 죄를 *영원히* 없애지 못하기 때문입니다."

고대부터 유대인들은 피를 상징하는 붉은 포도주로 언약을 표현했다.

하누카(수전절)Hanukkah

하누카는 히브리어로 '봉헌의 절기'이며, 그 역사는 대단히 흥미롭다. 성경에는 요한복음 10장 22-23절에 단 한 번 언급되어 있다. "그 무렵 예루살렘에 있는 사람들에게 수전절이 왔다. 때는 겨울이었고, 예슈아께서 성전 안에 있는 솔로몬의 주랑을 걷고 계셨다."

BC 170년경 시리아를 다스리던 안티오코스 4세 에피파네스가 제단에 돼지를 제물로 바쳐 성전을 더럽혔다. 그는 유대인들을 죽이기보다는 유대교 관습을 금하여 유대교를 말살시키려 했다. 토라를 읽는 것과 할례를 행하는 것, 그리고 안식일과 주의 절기를 지키는 것이 금지되었다. BC 167년 맛다디야후 하스모니아라는 제사장이 아들들과 소수의 추종자들을 데리고 게릴라전을 벌이기 시작했다. 그들이 유대 산지와 사마리아 지역에서 펼친 게릴라전은 정말 놀랍고도 대단해서 오늘날에도 게릴라전을 벌이는 자들이 그들의 위업을 기록한 책들을 연구할 정도이다. 전쟁 초반에 맛다디야후가 죽고 셋째 아들 유다 하스모니아가 그 뒤를 이어 전설적인 전략들을 내놓았다. 그는 출애굽기 15장 11절의 "미 카모카 바-엘림 아도나이(Mi Camokha BaElim Adona'y)", 즉 "여호와여, 신들 가운데 누가 당신과 같겠습니까?"라는 말씀을 전면에 내세웠다. 각 단어의 첫 글자를 조합하면 '마카비'가 되는데, 이것이 나중에 유다와 그를 따르는 이들을 지칭하는 이름이 되었다. 철자가 다르기는 하지만, '망치'에 해당하는 히브리어의 발음도 '마카비'이기에 그는 '유다 마카비', 곧 망치 같은 유다라고 불렸다. 외경으로 분류되는 마카비서는 이들의 승리를 기록해 놓은 책이다.

BC 164년 이들은 성전을 탈환했다. 이것은 종교의 자유를 위해 싸운 첫 번째 전쟁이요, 최초의 성공적인 게릴라전이었다. 이들은 곧바로 성전을 수리하고 봉헌해야 했다. 율법에 의하면, 성전의 봉헌은 8일에 걸쳐 매일 성소의 메노라에 거룩한 기름을 바르는 등 여러 절차를 거쳐야 한다. 전승에 의하면 그들에게는 하루 사용할 기름밖에 없었다고 한다. 하지만 더는 기다릴 수 없어서 곧바로 성전 정화 작업을 시작했는데, 여호와께서 놀라운 창조의 기적을 일으키셔서 하루 사용할 양으로 8일 내내 사용할 수 있게 해 주셨다. 이러한 이유로 하누카는 '빛들의 축제'로도 불린다. 용어 해설에서 '헬라주의자' 항목을 찾아보라.

하늘Heavens

히브리어의 하늘은 항상 복수형인데, 성경에 기록된 일곱 층으로 이루어져 있기 때문이다. 각각의 이름은 '도크'(Dok), '라키아'(Rakia), '쉐카킴'(Shechakim), '스불'(Zevul), '마온'(Maon), '마콘'(Machon), '아라보트'(Aravot)이다.

도크: "…그분은 하늘을 휘장(도크)[2] 처럼 펴시고 거하실 천막처럼 치시는 분이다"(사 40:22). 도크는 아침에 사라졌다가 저녁에 다시 나타나며 날마다 창조의 일을 새롭게 시작한다. 도크는 천체 망원경으로 볼 수 없는 온 우주를 지칭한다.

라키아: "그리고 하나님이 하늘의 궁창(라키아)에 그것들을 두어 땅을 비추게 하셨다"(창 1:17). 이것은 별과 해와 달, 행성 등 다양한 천체들이 정해진 궤도를 돌며 별자리, 태양계, 은하수 등을 이루는 우주 공간을 가리킨다. 라키아는 육안으로 볼 수 있는 영역이다.

쉐카킴: "그러나 그분은 위에서부터 하늘(쉐카킴)에 명령하여 하늘의 문들을 여셨고, 그들에게 만나를 비처럼 내려 먹게 하셨으며, 하늘의 곡식을 그들에게 주셨다"(시 78:23-24). 바로 이곳에 의인들을 위해 만나를 가는 맷돌이 있다. 하나님의 말씀은 지금도 기적적으로 우리를 먹여 주신다. 쉐카킴은 대기층을 가리킨다.

스불: "제가 당신이 거하실 집(스불), 영원토록 거하실 곳을 지었습니다"(왕상 8:13). 바로 이곳에 천상의 예루살렘과 성전이 있어서 미카엘이 하늘의 제단에 제물을 바친다. 스불이 이런 곳이라는 사실을 어떻게 알 수 있을까? "하늘에서 내려다보시고 당신의 거룩과 영광의 처소(스불)에서 보십시오"(사 63:15)라고 말씀하기 때문이다.

마온: "여호와께서 낮에는 그분의 친절과 사랑을 명령하시고, 밤에는 그분의 노래가 나와 함께할 것이다"(시 42:9). 하나님을 섬기는 천사들이 밤새 노래하며 머무는 곳이다. 신명기 26장 15절에서 "하늘에서, 주님의 거룩한 처소(마온)에서 굽어보시고…"라고 말씀하기에, 이곳이 하늘임을 알 수 있다.

마콘: 눈, 비, 우박, 회오리바람, 폭풍 등이 보관되어 있는 곳이다. 신명기 28장 12절은 "여호와께서 자신의 선한 보고, 곧 하늘을 열어 계절에 맞게 네 땅에 비를 주시고"라고 말씀한다. 열왕기상 8장 39절에서 "그때에 당신의 거처(마콘) 하늘에서 들으시고…"라고 하기에 이곳이 하늘이라는 것을 알 수 있다.

---

2) 탈무드에서는 이 '도크' 대신 동의어인 빌론(Vilon)을 사용하고 있다.

> 아라보트: 이곳에 의, 심판, 자비가 있으며 생명과 평화, 복이 보관되어 있다. 그리고 여호와께서 죽은 자들과 함께 소생시키실 의인들의 영이 거하는 곳이기도 하다. 오파님, 스랍, 거룩한 카이요트(Chayyot, 생물), 섬기는 천사들도 이곳에 거하며, 우주 만물의 왕이 영광의 보좌에 앉아 계신 곳이기도 하다. "구름(아라보트)들을 타시는 분, 그 이름 야흐(Yah)로 인해 찬양하라"(시 68:5). 생명의 보고에는 아직 태어나지 않은 모든 생명의 기운이 있다. 하나님이 창조를 마치셨을 때(창 2:1), 태어날 모든 생명체, 우리의 후손까지도 이미 다 만들어 놓으셨기 때문이다. 의인의 영은 조상들과 함께 자고 있는 죽은 자들을 말한다.

도크, 라키아, 쉐카킴은 우주, 눈에 보이는 밤하늘과 태양, 대기를 나타낸다는 사실에 주목하라. 이들은 천체 망원경으로 보이지 않더라도 실재하는 물리적 존재들이다. 거기에 다양한 물체가 있고 또 여러 가지 기상학적, 물리학적 현상이 나타난다. 나머지 넷은 각각 물리적이면서도 영적인 하늘이다. 이 중 셋은 '거처, 처소'로 번역되는데, 우리에게 필요한 정보는 아니다. 이들 세 하늘에는 어떤 존재들이 있는데, 스불에는 천상의 예루살렘이, 마온에는 섬기는 천사들의 무리가, 그리고 아라보트에는 다양한 천상의 존재들과 보좌 그리고 성도들의 영이 거하고 있다. 바로 이 아라보트가 바울이 고린도후서 12장 2절에 언급한 셋째 하늘일 것이다.

하나님의 왕국Kingdom of God

'하늘들의 왕국'이라고도 한다. '하나님의 왕국'이라는 말에는 여러 가지 의미가 담겨 있다. 왕국은 무엇이라고 단정짓기 어려운 개념이다. 마태복음 6장 33절과 누가복음 11장 20절은 각각 "그러나 너희는 먼저 하나님의 왕국과 그분의 의를 끊임없이 찾아야 한다. 그러면 이 모든 것이 너희에게 주어질 것이다", "그러나 만일 내가 하나님의 손가락으로 귀신들을 내쫓는 것이라면, 하나님의 왕국이 이미 너희에게 임한 것이다"라고 말씀한다. 이처럼 왕국은 하나님 자신을 지칭하는 경우도 있다. 동일한 맥락의 마태복음 12장 28절은 "그러나 만일 내가 하나님의 영으로 귀신들을 쫓아내는 것이라면, 하나님의 왕국이 이미 너희에게 임한 것이다"라고 말씀한다. 이것은 살아 계신 하나님의 성령을 받은 사람은, 질병이든 귀신 들린 가다라인(또는 거라사인)을 억압하던 악한 영들이든, 마귀의 영향력에서 해방될 것을 기대해야 한다는 말이다.

또 마태복음 8장 11절과 19장 28절에서는 각각 "내가 너희에게 말한다. 많은 이들이 동쪽과 서쪽으로부터 와서 아브라함과 이삭과 야곱과 함께 하늘들의 왕국에서 비스듬히 앉아 먹을 것이며", "이에 예슈아께서 그들에게 말씀하셨다. '진실로 내가 너희에게 말한다. 나를 따르는 너희는 그 사람의 아들이 모든 것을 회복하여 그의 영광의 보좌에 앉을 때에 열두 보좌에 앉아 이스라엘의 열두 지파를 심판할 것이다'"라고 말씀하며 '영원한 왕국'을 지칭하기도 한다.

마태복음 12장 28절을 다시 한번 살펴보라. 이제 우리는 주어진 권세를 사용하여 예슈아가 이 땅에 계시는 동안 행하신 모든 일들, 즉 병든 자를 고치고 눌린 자를 자유롭게 하며 죽은 자를 일으키는 일들을 행하여 하나님의 왕국을 이 땅에 가져와야 한다.

요한복음 14장 11-14절은 다음과 같다. "나를 믿으라. 곧 내가 아버지 안에, 아버지께서 내 안에 계시는 것을 믿으라. 그렇게 하지 못하겠다면, 이러한 일들 때문에라도 믿으라. 진실로 진실로 내가 너희에게 말한다. 나를 믿는 자는 내가 하고 있는 그 일들을 할 것이며, 그는 심지어 이것들보다 더 큰 일들을 할 것이니, 내가 아버지께 가기 때문이다. 너희가 내 이름으로 무엇을 구하든지 내가 다 행하여 아버지께서 아들 안에서 영광을 받으시게 될 것이다. 무엇이든지 너희가 내 이름으로 내게 구하는 것을 내가 행할 것이다." 이것이 바로 지금 이 땅 가운데 진정한 왕국의 삶을 사는 것이다.

사도행전 1장 6-8절에는 어떤 이들이 메시아의 통치, 곧 보좌에 앉으신 왕으로 통치하시기를 구하는 내용이 분명하게 언급되어 있다. "그러자 그들이 와서 그분께 물으며 말하기를, '주님, 당신은 지금 이스라엘에서 그 왕국을 회복하실 것입니까?' 라고 했습니다. 그러나 그분이 그들에게 말씀하셨습니다. '아버지께서 그분의 권한으로 정하신 때와 시기는 너희가 알 것이 아니다. 그러나 성령이 너희에게 임하시면 너희가 권능을 받고 예루살렘과 온 유대와 사마리아와 땅끝까지 내 증인이 될 것이다.'"

마가복음 4장 11절은 "너희에게는 하나님 왕국의 비밀이 주어졌다"고 말씀한다. 왕국에는 여러 가지 의미가 있으므로, 이 표현이 등장할 때마다 묵상하며 적절한 의미를 분별해 내야 한다. 왕국은 하나님 자신과 영원한 왕국(천국), 우리 안에 있는 하나님의 왕국의 증거, 그리고 메시아의 통치 등을 의미한다.

마태복음 6장 9-10절의 주기도문은 다음과 같다. "하늘에 계신 우리 아버지여, 아버지의 이름이 즉시 거룩해져야 하며, 아버지의 왕국이 지금 와야 하며, 아버지의 뜻이 하늘에서처럼 땅에서도 곧 이루어져야 합니다." 예슈아는 우리에게 하나님의 왕국이 즉시 이 땅에 임할 것을 강하게 선포하라고 가르치신다. 하나님이 그 왕국을 가져오시도록 하라는 말이 아니다. 바로 지금 이 땅 가운데 왕국의 삶을 살아가도록 온 힘을 다해야 한다는 뜻이다.

누가복음 17장 20-21절은 다음과 같다. "그리고 바리새파 사람들에게 하나님의 왕국이 언제 오느냐는 질문을 받자, 그분께서 그들에게 대답하며 말씀하셨습니다. '하나님의 왕국은 볼 수 있게 임하지 않는다. 그러므로 "보라, 그것이 여기 있다, 저기 있다"고 말하지 않아야 할 것이니, 보라, 하나님의 왕국이 너희 안에 있기 때문이다.'" 예슈아는 마태복음 12장 28절에서 이렇게 말씀하셨다. "그러나 만일 내가 하나님의 영으로 귀신들을 쫓아내는 것이라면, 하나님의 왕국이 이미 너희에게 임한 것이다." 마태복음 28장 18-20절에는 예슈아의 지상명령이 기록되어 있다. "그때 예슈아께서 오셔서 그들에게 말씀하셨다. '하늘과 땅의 모든 권세가 내게 주어졌다. 그러므로 너희는 가서 모든 이방인을 제자로 삼고, 그들에게 아버지와 아들과 성령의 이름으로 침례를 주어야 하며, 내가 너희에게 명령한 모든 것을 그들이 지키도록 가르쳐야 한다. 그러므로 보라, 바로 내가 그 시대의 종말까지 항상 너희와 함께 있을 것이다.'" 예슈아의 모든 제자들은 마태복음 10장 7-8절처럼 하나님의 왕국을 선포해야 한다. "그리고 너희가 가는 동안 '하늘들의 왕국이 가까이 왔다'고 선포하라. 너희는 끊임없이 질병들을 고치고, 죽은 자를 일으키며, 나병환자를 깨끗하게 하고, 귀신들을 쫓아내라. 너희가 거저 받았으니, 이제 거저 주어라."

하나님의 왕국이 각 사람 안에 있다. 우리가 그 왕국이다. 그러므로 지금 이 땅 가운데 왕국의 삶을 나타낼 책임이 각자에게 있다. 우리 각 사람이 바로 지금 하나님의 뜻을 행할 자들이다. 마태복음 11장 28-30절은 다음과 같다. "수고하고 무거운 짐진 자들은 모두 내게로 오라. 그러면 내가 너희에게 쉼을 주겠다. 너희는 즉시 내 멍에를 메고, 이제는 내게 배워야 한다. 나는 온유하고 마음이 겸손하여 너희가 삶에서 쉼을 얻을 것이다. 내 멍에는 즐겁고, 내 짐은 무겁지 않기 때문이다." 여호와의 멍에는 철저한 영적 순종을 의미한다. 신명기 6장 5절을 보라. "그러므로 너는 네 온 마음과 네 존재와 네 모든 힘을 다하여 여호와 네 하나님을 사랑해야 할 것이다." 마태복음 22장 36-38절은 "'선생님, 토라(가르침)에서 어느 것이 가장 큰 계명입니까?' 이에 그분께서 그에게 말씀하셨다. '너는 주 너의 하나님을 네 마음과 생명과 네 모든 생각을 다해 사랑할 것이다. 이것이 가장 크고 으뜸 되는 계명이다'"라고 말씀한다. 이처럼 온 세상이 볼 수 있도록 하나님의 왕국을 나타내려면, 영적 순종이 필요하다.

우리의 말과 행동 그리고 반응(태도)이 하나님의 이름을 거룩하게 한다. 바로 이것이 우리가 주기도문 가운데 "아버지의 이름이 즉시 거룩해져야 합니다"라고 하며 맹세하는 내용이다. 요한복음 17장 20-21절은 다음과 같다. "저는 그들뿐만 아니라 그들이 전하는 메시지 때문에 저를 믿게 될 사람들에 대해서도 구합니다. 이는 아버지께서 제 안에, 제가 아버지 안에 있는 것같이 모두 하나가 되어 세상으로 하여금 아버지께서 저를 보내셨다는 사실을 믿게 하려는 것입니다." 각 사람에게서 예슈아 안에 거한다는 증거들이 나타나야 한다.

주기도문에는 그 외에 여러 가지 의미가 담겨 있지만, 예슈아가 우리에게 기도하게 하신 것은 '바로 지금 이 땅에서의 하나님의 왕국'이다. 즉 우리는 하나님과 동행하며 이 세상과는 다르게 행하여 사람들이 그 차이를 볼 수밖에 없도록 만들어야 한다.

영국의 랍비 수장이었던 고(故) J. H. 헤르츠(Hertz)는 다음과 같이 기록했다. "평화는 소극적이거나 수동적인 개념이 아니다. 그러므로 평화는 아무것도 행하지 않는 것이 아니다. 그것은 개인을 위해서든 사회를 위해서든, 하나님의 왕국이라는 윤리적이고 영적인 목표를 향해 온 인류가 조화롭게 힘을 모아 협력하는 것이다. 선지자들은 모든 사람, 모든 민족과 들판의 짐승에까지 미칠, 온 우주에 가득할 메시아적 평화를 고대했다"(사 11:6-9). 이러한 목가적인 통치는 이사야 11장 6-9절에 잘 묘사되어 있다. "이리도 어린양과 함께 거하고 표범이 새끼 염소와 함께 누우며 송아지와 젊은 사자와 살진 짐승이 함께 있고 어린아이가 그들을 이끌 것이다. 암소와 곰이 함께 먹으며 그 새끼들이 함께 눕고 사자가 소처럼 짚을 먹을 것이다. 또 젖 먹는 아이가 독사의 구멍에서 놀고 젖 뗀 아이가 독사의 굴에 손을 넣을 것이다. 그것들은 나의 모든 거룩한 산에서 해를 입히거나 멸망시키지 않을 것이니, 물들이 바다를 덮는 것처럼 여호와를 아는 지식이 땅에 충만할 것이기 때문이다."

하브달라Havdalah

하브달라는 안식일 다음 날을 시작하는 예식으로, 히브리어로 '분리', '구별'이라는 뜻이다. 해가 져서 안식일이 끝나고 한 시간 후, 회당에서는 세속의 일상으로 돌아가기 위한 예식을 행한다. 해가 진 후 바로 시작하지 않는 것은 안식일이 끝난 것을 확실히 하여 안식일을 범하지 않으려는 것이다. 두 시간을 더 기다렸다가 하브달라를 시작하는 회당도 있다. 하나님을 떠나 세속의 일상으로 돌아가는 하브달라 예식이 끝난 후에야 사람들은 돈을 사용하여 물건을 매매하거나 돈에 대해 이야기할 수 있다. 바울이 고린도 교회의 성도들에게 구제금을 모으라고 지시한 것도 하브달라 후였다(고전 16:2). 드로아에서 바울이 늦게까지 말씀을 전하자, 유두고가 졸다가 창문에서 떨어진 사건이 있는데, 이것도 하브달라 예식 중에 일어난 일이었다(행 20:7).

할렐Hallel

'찬송', '찬양'이라는 뜻으로, '세데르 학가다'(Seder Haggadah)와 관련이 있다. '학가다'의 뜻은 '이야기'이며, 유월절 만찬 중에 자녀와 아버지가 주고받는 질문과 대답을 가리키는 말이다. 유월절 식사를 마친 후에 이 할렐이라는 시편 113-118편을 노래한다. 유대인들은 매주 안식일이 시작되는 금요일 저녁에 가정에서 소규모의 세데르를 행한 후에도 할렐을 부른다.

헬라주의자Hellenists

신약 성경에는 헬라주의자들이 수차례 언급되어 있다. 이스라엘의 헬라주의자들은 알렉산드로스 대왕이 BC 332년에 이집트로 향하면서 이스라엘 땅을 침략한 직후에 등장했다. 알렉산드로스 대왕은 무자비한 독재자가 아니었다. 그는 자신이 정복한 나라들에 엄청난 자치권을 주었다. 그가 원하는 것은 조세와 무역이었다. 그래서 비교적 소수의 병력만 남겨 두고도 그 땅의 충성을 유지할 수 있었던 것이다. 그리고 나라마다 종교의 자유가 허락되어 이스라엘 사람들이 헬라 문화에 매료되지 않는 한 별다른 영향을 받지 않을 수 있었다. 그러나 이스라엘 사람들은 새로운 무리가 들여온 헬라 문화의 다양한 면모들, 풍요와 극장과 운동경기에 빠져들었다.

이러한 헬라 문화의 영향을 가장 크게 받은 사람들은 부유층과 권세가들이었다. 그들은 히브리어 대신 헬라어로 말하고, 회당이나 성전이 아니라 극장이나 경기장에 드나들기 시작했다. 상황이 이런데도 이들은 스스로를 '의롭다'는 뜻의 히브리어 '짜디크'(Tsadeek)로 칭했다. 이 '짜디크'를 헬라어로 음차한 것이 '사두개'이다. 이들은 스스로 의롭다고 여겼지만, 겉보기에만 유대인일 뿐 헬라주의에 물들어 있었다. 정복자들을 추종하여 마치 정복자들처럼 행동하는 사람들을 부역자라 불렀는데, 대제사장들이 헬라주의자들 가운데서 나왔고, 예슈아 시대에는 로마 제국의 임명을 받았다. 본디오 빌라도의 전임자였던 발레리우스 그라투스 때부터 뇌물을 받고 대제사장을 임명하면서 부패한 정치적 관행이 시작되었다. 시리아 총독인 구레뇨도 이를 승인했다.

'경건한 자들', '분리되어 나온 자들'이라는 뜻의 '하시딤', '리프로트'라고도 하는 이들이 헬라주의자들에 반대했다. 예쉬바(학교)의 뛰어난 학생들이 여기에 속했는데, 이들은 랍비라고도 불렸다. 하시딤은 나중에 '자기를 부인하는 자들' 또는 '의견을 달리하는 자들', '분리자', '은둔자', '경건한 체하는 자들'이라는 뜻의 '파루시'(Parush)가 되었다. 바로 이 '파루시'를 헬라어로 표기한 것이 '바리새'이다. 바리새파와 사두개파는 산헤드린을 대표하는 자들이었지만, 강력하게 반목하며 대립했다. 이러한 대립이 표면화된 모습이 사도행전 23장 6–10절에 나타나 있다. 오늘날의 하시딤은 18세기에 동유럽에서 일어난 세력으로 고대의 하시딤과는 관련이 없다.

알렉산드로스의 뒤를 이어 헬라 제국을 통치한 자들은 이스라엘을 강하게 억압하여 BC 168년에 성전을 더럽히고 토라를 읽는 것과 안식일 성수를 금지했다. 이에 하스모니아라는 제사장 가문의 인도 하에 유대교에 충성을 맹세한 경건한 자들이 들고일어나서 승리했다. 용어 해설에서 '하누카(수전절)'를 찾아보라. 그러나 불과 몇 년 지나지 않아 그들은 또다시 셀레우코스 왕조의 지배를 받게 되었고, 그 상태는 BC 64년에 헤롯 히르카누스 2세의 원조 요청을 받아들인 로마가 그 땅을 점령할 때까지 지속되었다. 하스모니아 가문은 아론의 후손임에도 계속해서 왕으로 다스렸다. 뿐만 아니라 그들은 다른 지파 사람이 왕이 되지 못하도록 금했다. 결국 하스모니아 가문도 부패와 타협의 길을 걷자, 랍비들은 그들이 유다 지파가 아닌데도 왕을 자처하여 이렇게 되었다고 해석하기도 했다. 야곱이 창세기 49장 10절에서 유다에게 다음과 같이 예언했기 때문이다. "유다에게서 왕의 지팡이가 떠나지 않을 것이며…" 이것은 왕권을 상징하는 '왕의 지팡이'가 항상 유다 지파에 속할 것이라는 뜻이다.

헤롯 대왕은 이두매(에돔)의 군대 지휘관 헤롯 히르카누스 2세, 안티파테르라고도 하는 자의 아들이었다. 헤롯은 로마의 환심을 사는데 성공하여 최초로 '유대인의 왕'이라 불렸으며, 그의 후손들도 1세기 내내 로마의 꼭두각시 왕 노릇을 했다. 헤롯 대왕은 BC 37–BC 4년까지 다스렸다.

사두개인들은 헬라주의자들이었다. 그래서 신약 성경에 자주 언급된다. 헬라주의자들은 사도행전 6장 1절, 9장 29절, 11장 20절과 21장 37절에도 등장한다. 이러한 관점에서 가야바는 요한복음 11장 50절에서 "한 사람이 백성을 위해 죽음으로 민족 전체를 잃지 않는 것이 당신들에게 유익하다는 사실을 깨닫지 못하고 있소"라고 한 것이었다. 메시아의 등장은 이스라엘의 헬라주의 통치자들이 구축해 놓은 세상을 완전히 파괴할 것 같았다. 본디오 빌라도와 구레뇨가 안나스와 가야바를 대제사장으로 임명했다는 사실을 기억하라. 그들은 강력한 정치 세력인 헬라주의자들을 세운 것뿐이었다. 헬라주의자와 바리새파 사이의 깊은 갈등은 갓 태어난 교회에서도 나타난다. 사도행전 6장 1–6절에서는 헬라주의자들이 교회 지도자들에게 헬라파 과부들의 생계를 외면하고 있다며 불평한다.

하누카(수전절)는 파루시가 헬라주의자들의 지지를 받던 헬라 제국에 승리한 것을 기념하는 절기이다. 이것은 하나님의 가르침에 충성하기로 서약한 자들이 이교도 신앙과 타협하고 그것을 용인한 헬라주의자들을 물리친 사건이었다. 이것은 오늘날 세계 곳곳에서 벌어지고 있는 영적 전쟁과 유사하다. 하나님의 가르침을 지키려는 자들과 동성애를 또 다른 삶의 방식으로, 낙태를 선택으로 받아들이며 온갖 악을 허용하는 자들이 있다. 지금 그 둘 사이에 치열한 전쟁이 벌어지고 있다. 학교에서는 '문화적 다양성'이라는 명목하에 신비사술과 거짓 종교들을 가르치고 장려하면서 기독교의 가르침과 의식은 금지하고 있다. 전쟁 무기로는 이 싸움에서 승리할 수 없다. 믿는 자들의 마음이 연합되어 부흥의 불씨가 타올라야 한다.

호산나 Hosanna

히브리어로는 '호쉬아–나'이며, 그 뜻은 '지금 우리를 구하소서'이다. '호쉬아'는 '예슈아'와 동일한 어근에서 나온 말이고, 마지막에 붙은 '나'는 '지금 당장'을 요구하는 말인데 거칠거나 무례한 느낌은 없다. '제발!', '간청하오니' 혹은 '보십시오!' 정도로 번역하는 것이 적당하다. 종려나무 가지를 흔들며 인사하는 것은 예루살렘의 보좌에 앉아 다스리실 메시아를 맞이하는 것으로, 수콧 여섯째 날에 행해지던 관례였다. '호쉬아나'를 외치던 모든 이들은 이 사실을 알고 있었고, 예슈아가 왕좌를 차지하러 오신 메시아라고 생각했다. 마태복음 21장 8–9절, 마가복음 11장 8–9절, 누가복음 19장 37–38절, 요한복음 12장 12–13절을 참고하라.

회중Congregation

헬라어 '에클레시아'(Ekklesia)는 '특정한 목적을 가진 사람들의 모임'을 뜻하는 말로, '회중'으로 옮기는 것이 적절하다. 우리말 성경에서는 '교회'로 번역되었지만, 신약 성경에는 '교회'를 뜻하는 헬라어가 없다. '사람들의 모임' 또는 '집회'를 뜻하는 헬라어 '쉬나고게'(Sunagoga)도 '교회'로 번역되는 경우가 있지만(약 2:2), 이 역시 적절한 번역이 아니다. 에클레시아나 쉬나고게는 둘 다 사람들을 가리키는 말이지만, 교회는 보통 어떤 '조직'이나 '단체' 또는 '건물'을 지칭하는 것으로 여기기 때문이다. 사람이 조직이나 건물보다 훨씬 더 중요하다. 에클레시아는 히브리 성경의 헬라어 역본인 칠십인역에서 '회중'의 역어로 사용되었다.

히브리어 '아멘'에는 아무 뜻도 없다

'아멘'은 이합체(acrostic) 단어로, 히브리어 체계에는 '아멘'의 어원이 되는 말이 없다. 이합체는 각 단어의 앞 글자를 연결하여 특정 단어를 형성하거나 특별한 의미를 창출해 내는 방식으로, 주로 시에서 사용된다. 시편 145편은 대표적인 이합체 시이다('눈'(נ) 제외). 아멘은 '하나님은 신실한 왕이시다'를 뜻하는 히브리어 문장 '엘 멜레케 네에만'의 이합체 단어로, 엘, 멜레케, 네에만의 앞 글자는 각각 알레프(a, A), 멤(m, M), 눈(n, N)이고 이 세 글자를 연결하면 '아멘'(אמן, AMeN)이 된다.

윌리엄 J. 모포드 William J. Morford

윌리엄 J. 모포드 박사는 1953년에 호바트(Hobart)컬리지를 졸업한 후, 1955년에 미네소타대학원에서 병원 행정 과정을 마쳤다. 1989년까지 캐롤라이나 남부에서 의료센터를 운영하다가, 1988년에 크리스천 인터내셔널(Christian International)의 학생 상담 스태프로 임명되어 예언적 은사들에 대해 가르쳤다.

1993–1999년까지 현대 히브리어를 이스라엘의 국어로 만드는 데 평생을 바친 랍비 엘리에젤 벤 예후다 문하에서 히브리어를 배운 그는 20여 년간 히브리어와 헬라어를 깊이 연구하며 성경의 유대적 뿌리와 문화를 이해하기 위해 엄청난 노력을 기울였다. 오래전부터 아내와 함께 수차례 이스라엘을 여행하며 그들의 사역으로 언젠가 이스라엘이 돌아오기를 고대하고 있다.